ISBN 978-0-656-64398-1
PIBN 10452232

ZEITSCHRIFT

FÜR DIE GESAMTE

STAATSWISSENSCHAFT

In Verbindung mit

HERAUSGEGEBEN

VON

Dr. **K. BÜCHER**

o. Professor an der Universität Leipzig.

Ergänzungsheft XIV.

Beiträge zur Lehre von den Lohnformen.

Von

Dr. Otto von Zwiedineck-Südenhorst.

TÜBINGEN
VERLAG DER H. LAUPP'SCHEN BUCHHANDLUNG
1904.

Beiträge

zur

Lehre von den Lohnformen.

Von

Dr. Otto von Zwiedineck-Südenhorst
ord. Professor an der technischen Hochschule in Karlsruhe.

Mit 2 Kurven.

TÜBINGEN
VERLAG DER H. LAUPP'SCHEN BUCHHANDLUNG.
1904.

DRUCK VON H. LAUPP JR IN TÜBINGEN.

Vorwort.

Die nachstehenden Abschnitte, zu deren Entstehung die Studien für einen Vortrag im Karlsruher Ortsverein Deutscher Ingenieure, sowie die daran sich knüpfende Diskussion die Veranlassung boten, behandeln das Problem der Lohnbemessungsmethoden und das der Stabilisierung des Arbeitsverhältnisses bei gemeinwirtschaftlichen Anstalten und Unternehmungen. Weder die verschiedenen Lohnbemessungsmethoden, Zeit- und Werklohn, sowie irgendwelche Prämiensysteme, noch die rechtlich begründete Ständigkeit (Stabilisierung) eines Arbeitslohnverhältnisses können füglich als besondere »Lohnformen« bezeichnet werden. Dass sie unrichtigerweise unter diesem Schlagwort behandelt zu werden pflegen, soll im I. Abschnitte begründet werden. Gleichwohl glaubte ich bei der Wahl des Titels dieser Studien der bisher üblichen Systematik und Terminologie Rechnung tragen zu sollen.

Für die Aufnahme der Studien in die Reihe der Ergänzungshefte bin ich dem Herrn Herausgeber zu besonderem Danke verpflichtet, weil ich an dieser Stelle wohl darauf rechnen darf, mit einem weiteren Leserkreis in Fühlung zu treten, woran mir im Hinblicke auf die Aktualität der erörterten Fragen sehr gelegen ist.

Welsberg im Pustertal, September 1904.

Der Verfasser.

Inhalt.

Seite

Berichtigungen.

S. 56 Z. 17 von unten ist zu ergänzen nach »Autor«: [1]).
S. 66 Z. 4 ist zu ergänzen nach »Figur«: Diagramm II.
S. 66 Z. 9 » » lesen: (AWH) statt (AWX).
S. 71 Z. 9 » » » : Leistungen statt Leistung.

ZEITSCHRIFT
FÜR DIE
GESAMTE STAATSWISSENSCHAFT.
Herausgegeben von
Dr. K. Bücher,
o. Professor an der Universität Leipzig.

Ergänzungsheft XI.

Der Musterlagerverkehr der Leipziger Messen.

Von

Dr. Paul Leonhard Heubner,
Handelskammersekretär.

Mit zwei Uebersichtskarten.

TÜBINGEN.
VERLAG DER H. LAUPP'SCHEN BUCHHANDLUNG.
1904.

Preis im Einzelverkauf M. 3.—.
für die Abonnenten der „Zeitschrift für die gesamte Staatswissenschaft“ oder der „Ergänzungshefte“ M. 2.—.

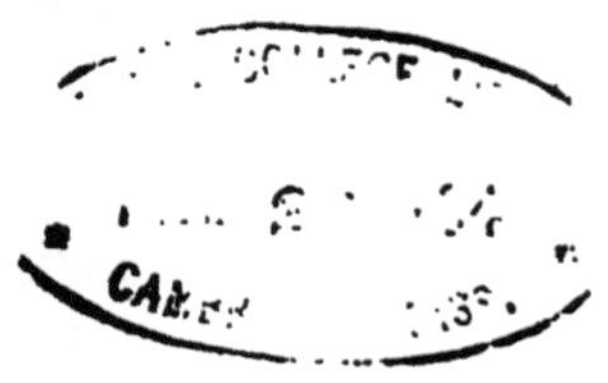

Einleitung.

Der Grosshandelsverkehr der Leipziger Messen vollzieht sich heute für die Erzeugnisse der Keramik, der Glas-, Metall-, Kurz-, Galanterie-, Spielwaren- und verwandten Industrien in der Form des Musterlagerverkehrs. Diese Form des Verkehrs besteht darin, dass von den Verkäufern zur Messe nur Muster der zu verkaufenden Waren ausgestellt werden und von den Einkäufern nach diesen Mustern gekauft wird, wogegen die Waren selbst auf der Messe gar nicht erscheinen, sondern an den Empfänger von ihrem Lagerungs- oder Herstellungsort aus gelangen. Im folgenden soll dieser Mess-Musterlagerverkehr des näheren untersucht werden. Die Punkte, deren Erörterung von wissenschaftlichem Interesse ist, sind zunächst seine Entstehung und bisherige Entwickelung. Es wird darzulegen sein, wie die Mustermessen aus den früheren Warenmessen hervorgewachsen sind und warum sich die neue Verkehrsform nur für die oben genannten Warengattungen herausgebildet hat, während bei anderen Geschäftszweigen nach wie vor die Ware selbst zur Messe gebracht wird und eine grosse Reihe von Waren dem Messhandel gänzlich verloren gegangen ist. Im Zusammenhang damit soll auch erzählt werden, auf welche Weise und durch welche Mittel die Entfaltung des Musterlagerverkehrs gefördert worden ist. Weiter werden wir zu betrachten haben, welche Ausdehnung und Gestaltung der Leipziger Mess-Musterlagerverkehr jetzt nach Zeit, Ort und Gegenstand der Ausstellung, sowie nach Zahl, Art und Herkunft der Teilnehmer aufweist, welche wirtschaftliche Bedeutung er besitzt und welche Stellung er neben den andern Formen des Absatzes gewerblicher Erzeugnisse einnimmt.

I.

Die Entstehung des Mess-Musterlagerverkehrs.

Für die Beantwortung der Frage, wie sich der Mess-Musterlagerverkehr entwickelt hat, ist es zunächst wesentlich, ob die Beziehungen der an ihm beteiligten Geschäftszweige zu den Leipziger Messen von Anfang an in der Ausstellung von Mustern bestanden haben oder ob sich diese Form für sie erst im Laufe der Zeit herausgebildet hat. Die genannten grossen Gruppen von Geschäftszweigen begreifen sämtlich Industrien in sich, deren Beziehungen zu den Leipziger Messen älter sind als der Mess-Musterlagerverkehr, daneben aber auch manche, die erst während dessen Entfaltung entstanden sind. Die letzteren haben sich von Anbeginn an in der Form des Musterausstellens beteiligt, jene schauen dagegen zum Teil schon auf ein Jahrhunderte langes Bestehen zurück und hängen in ihrer geschichtlichen Entwickelung mit der ganzen Entwickelung der Leipziger Messen eng zusammen. Eine umfassende, quellenmässige Erforschung der gesamten Vorgeschichte des Mess-Musterlagerverkehrs, für die in den Archiven, nach den Quellenübersichten *Hasses* und einzelnen veröffentlichten Urkunden zu urteilen, ein reiches, unbearbeitetes Material vorhanden sein dürfte, ist im Rahmen der vorliegenden Abhandlung und innerhalb der für ihre Drucklegung in Aussicht genommenen Zeit nicht angängig. Es muss genügen, wenn hier, vorzugsweise auf Grund einiger zeitgenössischer Schriften des achtzehnten und neunzehnten Jahrhunderts, angedeutet wird, welche der jetzt im Messmusterlagerverkehr vertriebenen Warengattungen schon in früheren Zeiten auf die Messe gebracht wurden, zwischen wem und in welcher Weise sich ihr Umsatz vollzog und welche Tatsachen späterhin allmählich eine Umwandlung und den jetzigen Zustand herbeiführten.

Gewisse Schlüsse für den anzustellenden Rückblick gestatten schon die von 734 Firmen, etwa einem Drittel der gegenwärtigen Musterlager-Aussteller, ermittelten Gründungsjahre ihrer Betriebe. Es fallen davon in die Zeit

bis 1700:	5	von 1861 bis 1870: 107
von 1701 » 1800:	44	» 1871 » 1880: 139
» 1801 » 1830:	54	» 1881 » 1890: 123
» 1831 » 1860:	145	» 1891 » 1900: 127

Die 49 Betriebe, die hiernach vor 1800 bestanden haben, gaben an als

Gründungsjahr	Sitz	Verkaufsartikel
1627	Piesau (S.-Mein.)	Hohlglas
1630	Neuwelt (Böhmen)	Glas
1642	Allersberg b. Nürnberg	Leonische Drähte
1656	Kaiserswalde, Post Langenbrück i. Schl.	Kristall- und Farbenglas
1688	Mägdesprung a. Harz	Kunstgusswaren in Eisen, Zink u. s. w.
1710	Meissen	Porzellan
1735	Doccia (Italien)	Keramik
1742	Hochstein u. Kupferschmelz (Pfalz)	Kunstgussgegenstände
1742	Grünhainichen i. S.	Holz- und Blechspielwaren
1743	Bernsbach i. S.	Blech-, Eisen- und Holzwaren
1747	Fürstenberg a. d. W.	Porzellan
1747	Nymphenburg	»
1749	Frankfurt a. d. O.	Wachswaren
1755	Bonn	Steingut
1755	Bonn-Poppelsdorf	»
1760	Steinbach-Liebenstein	Stahlwaren, Werkzeuge u. dgl.
1762	Volkstedt b. Rudolstadt	Luxusporzellan
1764	Freiberg i. S.	Zinngusswaren
1765	Wallendorf i. Th.	Porzellan
1766	Leipzig	Spielwaren
1767	Ruhla i. Th.	Tabakpfeifen
1768	Blumenbach b. Strany (Mähren)	Glaswaren
1768	Nürnberg	Zinnfiguren
1770	Friedrichsgrund i. Schl.	Glas und Kristallglas
1772	Limbach b. Alsbach i. Th.	Porzellan
1772	Adolf b. Winterberg (Böhmen)	Kristallglas
1775	Klingenthal i. S.	Musikinstrumente, Saiten
1775	Neu-Ruppin	Kunstdruckerei-Erzeugnisse
1775	Meistersdorf (Böhmen)	Glas-, Kristall- und Luxuswaren
1777	Ilmenau i. Th.	Porzellan
1778	Leipzig-Plagwitz	Chirurgische Artikel
1779	Wilsdruff-Dresden	Metallwaren
1780	Kl. Schmalkalden	Eisen- und Stahlkurzwaren
1783	Rauenstein b. Eisfeld i. Th.	Porzellan
1785	Paris	Galanterie-, Bronze- und Kurzwaren
1785	Nürnberg	Spielwaren
1785	Haida (Böhmen)	Kristallglas
1785	Grünhainichen i. S.	Holzspielwaren
1786	Fürth	Kurz- und Spielwaren
1789	Grünhainichen i. S.	Haus- und Küchengeräte, Spielwaren

Gründungsjahr	Sitz	Verkaufsartikel
1790	Haida (Böhmen)	Kristallglas
1792	Mümliswyl (Schweiz)	Kämme
1792	Waldkirchen b. Zschopau	Holzspielwaren
1793	Liegnitz	Zinnspielwaren
1795	Ruhla i. Th.	Tabakpfeifen
1795	Eisenberg (S.-Altenburg)	Porzellan
1797	Höhr b. Koblenz	Brüyère-Pfeifen
1797	Mainz	Lithogr. Bedarfsartikel
1799	Leipzig	Kunstgegenstände[1].

Dass Erzeugnisse dieser, namentlich über das mittlere Deutschland verstreuten, Betriebe mit auf den Leipziger Messen erschienen, ist wahrscheinlich, bildeten doch die Messen damals, wie noch weit ins neunzehnte Jahrhundert hinein, die wichtigste Einrichtung des kaufmännischen Verkehrs, deren kein Zweig des Handels entraten konnte, nachdem sie das ganze Mittelalter hindurch bis an die Schwelle der neueren Zeit überhaupt die einzigen Zeiten und Stätten gebildet hatten, wo Waren im grossen umgesetzt wurden. Von der Meissner Porzellanmanufaktur z. B. wird berichtet: »Der Verkauf der Porzellanwaren ... erfolgte anfangs hauptsächlich auf den Leipziger Messen«, während für die spätere Zeit auch von Konsignationen, von ins Ausland ausgesandten Reisenden und an grösseren Plätzen engagierten Kommissionären die Rede ist[2]). Man darf ferner annehmen, dass ausser den oben aufgeführten noch viele andere Betriebe gleicher oder ähnlicher Art im 17. und 18. Jahrhundert vorhanden waren und zu den Leipziger Messen unmittelbar oder mittelbar in Beziehung standen, die sich nicht bis heute forterhalten haben oder ihr Gründungsjahr nicht mehr angeben können. Es gibt ausdrückliche Belege dafür, dass Waren der erwähnten Gattungen auf den Messen jener Zeit eine Rolle spielten. So treten in einer Urkunde aus dem Jahre 1580 Beutler und Täschner, Bürstenbinder, Nadler und Messerschmiede auf, vermutlich Handwerker und

1) Nach Erhebungen des Mess-Ausschusses der Leipziger Handelskammer vom Nov. 1900 und vom Nov. 1902.

2) *Böhmert*, Urkundl. Geschichte u. Statistik der Meissner Porzellanmanufaktur von 1710 bis 1880. Zeitschr. des K. Sächs. Stat. Bür. XXVI. Jahrg. 1880 S. 46. Vgl. auch *Stieda*, Die Anfänge der Porzellanfabrikation auf dem Thüringerwalde, Jena 1902 S. 138/139 und 145/146 über die teils unmittelbaren, teils mittelbaren Beziehungen der Porzellanfabrik in Wallendorf zu den Leipziger Messen.

Händler oder Verleger in einer Person, die sowohl im einzelnen als auch im grossen verkauften, und 1640 nennt ein Schreiben des Leipziger Rates »Nürnberger Kurze, Messing- und Pfennigwertwaren«, »so jährlich mit grossen Summen anher kommen und von hier weiter auf Hamburg, nach Schlesien, Polen, England, Schottland, Preussen, ja sogar nach Ost- und Westindien gehen« [1]). *Marperger,* dessen 1711 erschienene »Beschreibung der Messen und Jahrmärkte« eine grosse Fülle, für unsere Betrachtung wertvoller, Daten bietet, berichtet gleichfalls von den »fast alle Mess zum Vorschein kommenden neuen Inventiones an Nürnberger Waaren, welche die Curiosität angenehm, und zum ersten- und andernmahl, biss sie endlich gemein werden, verkäufflich« mache, von »in Teutschland von Silber, Stahl und Holtz gemachten Kunstwaaren«, inbesondere dem Augsburgischen »Silberwerck«, ferner von »Galanterien« und ausserdem ganz allgemein von den »Nürnbergischen, Augspurgischen, Thüringischen, Voigtländischen und Sächsischen manufacturen, welche ihren Sammelplatz in Leipzig aufgeschlagen«, mit einem Hinweis auf den »bey einem so grossen Confluxu vieler tausend Frembden« möglichen Absatz seiner manufacturen . . . [2]). Zu den Nürnberger Waren ist, wie Johann Samuel *Heinsius* ein Menschenalter später in seiner »Allgemeinen Schatzkammer« berichtet, »fast alles zu zehlen, was zu des menschlichen Leibes Nothdurfft aus Wolle, Flachs, Gold, Silber, Messing, Stahl und Eisen, aus Holtz und anderen unzehligen Mineralien, mehr gedachtes Nürnberg ausgiebet«, z. B. auch »so genannte Poppen oder Docken von Tragant und Mehl, ingleichen von gepaptem Papier, Schachteln und andere Holtzwaaren, Messer, Spiegel, Schellen und dergleichen« [3]) [4]). Als Artikel, die von Leipzig »in weit entlegene Länder verführet werden«, bezeichnet dieselbe Quelle auch »schöne Spiegel und Trinckgläser«.

1) *Hasse,* Geschichte der Leipziger Messen, Leipzig 1885 S. 177 u. 459.

2) I S. 361. 66. II S. 394. 386. I S. 52. 65. 67.

3) Leipzig 1742. Bd. I S. 531, II S. 1322 u. III S. 541/42.

4) Von den Nürnberger Kaufleuten wurden um dieselbe Zeit die thüringischen (Sonneberger) und erzgebirgischen Holz- und Spielwaren auf die Messen gebracht, die Sonneberger schon weit früher, die erzgebirgischen bis in die ersten Jahrzehnte des 19. Jahrhunderts herein. Vgl. *Sax*. Die Hausindustrie in Thüringen. I. Das Meininger Oberland. Jena 1882, S. 6. (Sammlung nationalökonomischer und statistischer Abhandlungen des staatsw. Sem. zu Halle a. S. Herausgeg. von Conrad. II. Bd. Jena 1878/88) und Jahresber. der Handels- und Gewerbekammer Chemnitz auf 1863. S. 116.

Ueber das Silberwerk aus Augspurg sagt *[illegible]* an anderer Stelle: »Die Arbeit so daselbst verfertiget wird, bestehet meistentheils in getriebener und anderer wohlgemachten Gold- und Silber-Arbeit, schönen Schreib-Tischen, künstlichen Uhren, schönen Schildereyen und guten Kupfer-Stichen. Ihre Arbeit wird vor die feinste, und ihr Silber mit vor das beste in Deutschland der Probe nach gehalten. Daher verführen sie ihre Arbeit weit und breit, und siehet man auf denen Leipziger und Frankfurter Messen die Gewölber derer Augspurger Silber-Händler mit erstaunendem Reichthum angefüllet«[1]. Als Galanterie-Waren endlich werden in dem nämlichen Werke aufgeführt: »Indianische« Stoffe, Taffete, Atlasse, Damaste, Strümpfe, allerhand Arten von güldenen und silbernen Galonen, Litzen, Knöpfe, Tressen, Spitzen, Frantzen, Quasten, Bänder, Echarpes vor Frauenzimmer, Kopf-Zeuge, Kappen, Mützen, Handschuhe, Flore, Halstücher, Nacht-Zeuge, Nacht-Mäntel, ferner Theezeug, Spiegel, Kästgen, Schencktische, Schreibzeuge, Futterale, Degen-Gefässe, Schuh-Schnallen, Ringe, Federn auf die Hüte, Schnupftobacks-Dosen, Balsam-Büchsen, Messer und Scheeren. Es wird dazu bemerkt, dass die Galanterien, »welche mehrentheils die Frantzosen und Italiäner führen, deren auch viele von Nürnberger und Augspurgern verfertiget werden, in Deutschland absonderlich auf der Leipziger Oster- und Michaelis-Messe eingekaufft werden, wohin viele Nationes ihre Galanterie-Waaren, die sie absonderlich machen, bringen, und aus der ersten Hand verkauffen«[2].

Mögen nun auch die Nürnberger, Augsburger und anderen deutschen und fremdländischen Kurzwaren schon vor zweihundert Jahren für den Leipziger Messhandel wichtig gewesen sein, so fielen die Hauptumsätze doch jedenfalls auf andere Gegenstände. Die Mengen, in denen die einzelnen Warengattungen um jene Zeit auf die Messe kamen, sind aus den mir bekannten älteren und neueren Werken nicht zu ermitteln und dürften vielleicht auch auf Grund des in den Archiven ruhenden Aktenmaterials nur schwer und ungenügend festzustellen sein. Dagegen findet sich bei *Hasse*, allerdings erst für das Jahr 1824, eine spezialisierte Uebersicht der zu den Messen eingegangenen Waren abgedruckt, welche die Erzeugnisse der Keramik, Kurz- und Galanteriewaren u. dergl. innerhalb des gesamten Messwaren-

1) I S. 304 305.
2) II S. 513.

verkehrs noch sehr zurücktreten lässt und an andrer Stelle wiedergegeben werden soll [1]). Ein Zeugnis aus dem Jahre 1682 bekundet aber wenigstens, welche Artikel überhaupt neben den im Vorhergehenden betrachteten vorkamen und erlaubt, schon aus ihrer grossen Zahl und Mannigfaltigkeit, auch bis zu einem gewissen Grade auf ihre Bedeutung für den Messverkehr zu schliessen. Die Waren, die darin aufgezählt werden, sind der Mehrzahl nach Nahrungs- und Genussmittel und sonstige Produkte des Bodenbaus und der Viehzucht, Rohmaterialien und Hilfsstoffe der verschiedensten Gewerbe, insbesondere der Textil-, der Leder- und der Metall-Industrie, zu einem kleinen Teil auch Fertigfabrikate wie Gewebe, Papier und Waffen [2]).

W o h e r die verschiedenen Waren auf die Messe kamen und w o h i n sie von da gingen, ist teilweise aus den Ausführungen *Marpergers* über die Situation der Handels-Stadt Leipzig zu ersehen, »nach welcher sie gleichsam das Zentrum eines florissanten Churfürstenthums und auch zugleich vieler anderer ihr von Osten, Westen, Süden und Norden, angräntzenden herrlichen Reichen und Länder mehr ist, welche Länder alle vielerhand ungleiche Natur- und Kunstgaben ausgeben können«: ». . . da bringet der Oesterreicher sein Ungarisch Leder, etwas von Saffran, Türkischen Saffian, Wein etc. und erhandelt dagegen viel über und von Hamburg kommende Holländische, Englische und Spanische Waaren, allerhand Wollen-manufacturen an Tüchern, Zeugen, Strümpfen, feine Leinwand, Coton und Nessel-Tuch, und was Sachsen selbst an seinen Manufacturen auszugeben hat . . . Der Böhmische Kauffmann versilbert seine Landes-Waaren, und ziehet hingegen eine unbeschreibliche Menge Kram-Waaren wieder davor aus der Messe, sonderlich aber solche, die zum Verlegen so vieler Böhmischer Grafen- und Herren-Höfe nöthig seyn. Schlesien zeiget sich mit seinem grossen Leinwands-Handel«, denn wenn auch nach England, Holland und Spanien viele hundert Kisten die Oder und die Spree und Elbe hinab gingen, so gebe es doch auch noch viele Käufer, die nicht »bey so grossen Parteyen aus Schlesien verschreiben, sondern lieber ihr Sortement in Leipzig suchen, mehrenteils darum, weil nicht selten ein guter baratto gegen andere dahin gebrachte Waaren, welche Schlesien wieder nöthig hat, zu

1) Vgl. S. 9 und Anlage I.

2) Waage-Tax-Register des Rates der Stadt, abgedruckt bei *Marperger* a. a. O. I. S. 315 ff.

machen ist. Eben diese Schlesische Kauff-Leute führen auch viel Polnische Waaren, an Leder, Wachs, Wolle etc. und verhandeln solche an die in Leipzig sich aufhaltende Fremde . . . Pommern und die Marck-Brandenburg bringen und holen diverse Kram-Waaren, und bedienen sich hingegen der Italiänischen, die ihnen in grossen Sortementen an Tafft, Damast und andern Seiden-Zeug vorgelegt werden: und ob gleich sonst vielerhand andere Waaren besagten Ländern von der Ost-See, und auf dem Elb-Strom, wie auch von Dantzig zu kommen, so müssen sie doch die Italiänische aus und über Leipzig haben« [1]).

Die Verkäufer der auf den Messen erscheinenden Artikel waren teils Fremde und zwar, wie schon *Marperger* unterscheidet, entweder die Waren selbst fabrizierende »Manufacturiers« oder »nur Verlegers« oder sonstige »ins Gross, das ist bey gantzen Stücken und Centnern« handelnde »Grossirers«, teils Leipziger Kaufleute, namentlich »Commissionaires oder Factors«, die »gegen gebührende Provision ausländische Kaufleute in Empfang und Versendung ihrer Waaren, Eincassiren und Auszahlen ihrer Gelder etc.« bedienten [2]). Die Wichtigkeit der »commissiones und Factoreyen« und der Geschäfte überhaupt, die die Leipziger Bürger in den Händen hatten, zeigt *Marperger*, indem er als eine der ersten Voraussetzungen für die Entwickelung, Prosperität und Nützlichkeit einer grossen Messe das Vorhandensein von Einwohnern mit hinlänglichem Kapital und Kredit hinstellt. Diese könnten sich dadurch »eine gute Factorey-Gebühr durch Spedirung und in Empfangnehmung der Fremden ihrer Güter verdienen, nebenst den Fremden in gleichem Preiss aus der Frembde Waaren in allerhand Sortementen darlegen, und Trutz denen Frembden mit fremden auf die Mess gelockten Käuffern und Verkäuffern handeln, und dadurch in dem Schoss ihrer Stadt einen perpetuirlichen Handel ausser und inner Mess-Zeiten sich etabliren, ein Requisitum«, dem Leipzig vollauf genüge, wie es überhaupt gleich Frankfurt a. M. im Unterschied zu Naumburg, Braunschweig, Frankfurt a. O. und andern mehr »alle zu einer solennen Mess erforderte qualitäten« besitze. Es trifft sicherlich auch für Leipzig zu, was er in anderem Zusammenhang hinsichtlich der Kapitalkraft Frankfurts nochmals besonders hervorhebt, dass nämlich die Einwohner »den grössten Theil ihrer Mess selbst« machten, »und

1) I S. 63/68.
2) *Marperger*, Vorrede an die Leser.

was noch die Ausländer thun, doch dergestalt mit durch ihre Hand gehen lassen« könnten, »dass einigen durch Provision, Factorey-Gebühr, Interesse von Vorschuss, Wechsel-Agio und dergleichen ja so viel, und offt mehr von des Frembden Waaren an Gewinn in Händen bleibt, als der Fremde selbst nicht deren zu haben sich rühmen« könnte [1]).

So die Leipziger Messen nach Art und Herkunft der Waren und Fremden und den Formen des sich abwickelnden Verkehrs am Ausgang des 17. und am Anfang des 18. Jahrhunderts. Eine ähnliche Zusammensetzung und Struktur behielten sie nach den Berichten der Kommerzien-Deputation bez. der Geheimen Finanzräte und nach *Hasses* statistischen Zusammenstellungen über den Mess-Personen- und den Mess-Waren-Verkehr eine Reihe verschiedener Jahre [2]) bis in die ersten Jahrzehnte des neunzehnten Jahrhunderts, doch nahm ihre wirtschaftliche Bedeutung infolge der glänzenden Entfaltung der sächsischen Industrie noch beträchtlich zu, wie sich auch die beherrschende Stellung, die sie vom Anfang des 18. Jahrhunderts an im Handel des ganzen europäischen Ostens eingenommen hatten, weiter befestigte [3]). Für die Ostermesse und die Michaelismesse des Jahres 1824 gibt die bereits erwähnte Uebersicht *Hasses* [4]) von dem Anteil der einzelnen Warengattungen ein genaues Bild. Wie aus ihr laut der *Anlage I* des näheren hervorgeht, fallen von dem

Wareneingang der	Ostermesse 1824	Michaelismesse 1824
auf Kolonialwaren, Spirituosen, Nahrungs- und Genussmittel	28187 Ztr.	20313 Ztr.
» Material- und Farbwaren, Mineralien, Metalle u. s. w.	14494	14815
» Schafwolle, Baumwolle, Rauchwaren, Leder u. s. w.	19013 »	20936 »
» Wollen-, Baumwoll- und Leinenwaren	50144 »	41385 »
» gemeine Handwerkswaren	5816	5152
» Papier, Bücher u. s. w.	9817	4013
» Seide und Galanteriewaren, Kurzwaren, Glas u. Porzellan u. dgl.	11290 »	10323 »
zusammen	138761 Ztr.	116937 Ztr.

1) I, S. 49. 54. 56. 68.

2) *Hasse* a. a. O. S. 309/446, 304/309 u. 262/71.

3) *Hasse* S. 2. Während *Marperger*, aus Höflichkeit gegen die Frankfurter, die grössere Bedeutung der Messen Leipzigs nur durchblicken lässt, ist das Uebergewicht Leipzigs über Frankfurt bei *Savary*, Dict. univ. de Comm., Paris 1723 Bd. II S. 105, bereits ausdrücklich anerkannt.

4) a. a. O. S. 264/267.

der weitaus grösste Teil also auf Nahrungs- und Genussmittel, Rohstoffe, Rauchwaren u. dgl. und Textilfabrikate, nur ein kleiner Teil hingegen auf Galanterie- und Kurzwaren u. s. w. einschliesslich der Seide und Seidenwaren.

Eine wesentliche Umwandlung vollzog sich in der Gestaltung des Messverkehrs innerhalb der folgenden Jahrzehnte. Die Ursachen waren die fortgesetzte Ausbreitung des Fabriksystems, die rasche Vermehrung und freiere Bewegung der Bevölkerung infolge der grossen wirtschaftlichen und rechtlichen Reformen, die dadurch herbeigeführte Steigerung des Güterverbrauchs, die gleichzeitig vor sich gehende politische, zunächst zollpolitische Einigung Deutschlands und die Ausbildung des modernen Verkehrswesens.

Die einzelnen Zweige des Messverkehrs wurden davon in sehr verschiedener Weise berührt.

Für eine Reihe von Artikeln war es beim Messhandel weniger auf die Besichtigung und Auswahl der Ware angekommen als auf ihren Transport und ihren Austausch in grossen, gleichartig beschaffenen Mengen. Für sie hatten die Leipziger Messen neben den andern grossen Messen, insbesondere der Frankfurter, die Stätten gebildet, an denen sich überhaupt ein Umsatz grossen Stils im Binnenlande hatte entfalten können. Sie hatten dem Handel neue Verbindungen und Absatzwege eröffnet, ihm die Vorteile des Wettbewerbs gesichert und zur Anlage oder Aufnahme von Kapitalien, zur Begleichung und Einziehung der Schulden und Forderungen sowie zur Abwickelung der gesamten Geld-, Wechsel- und Kreditgeschäfte Gelegenheit gegeben. Ermöglicht und künstlich gefördert hatten die Erfüllung dieser Aufgaben die den Fremden eingeräumten Vergünstigungen, vor allen Dingen die berühmten kaiserlichen Privilegien, nach denen sich an Leib und Gut des auf der Messe Weilenden niemand vergreifen durfte, jeder Reisende auf den nach Leipzig führenden Strassen mit seinen Waren kaiserlichen Schutz genoss und Leipzig zugleich mit dem Niederlage- und Stapelrecht das Vorrecht besass, dass »hinfüro kein Jahrmarkt, Messe oder Niederlage inner fünfzehn Meilen« im Umkreis errichtet werden konnte. Diese der Stadt Leipzig 1497 und 1507 von Maximilian I. verliehenen Privilegien [1]) waren

1) Das noch ältere, erste, von Friedrich III. 1466 gewährte Privilegium ist weniger weittragenden Inhalts und bezieht sich auch im Unterschied zu den späteren, für alle drei Messen geltenden, nur auf die Neujahrsmesse. *Hasse* a. a. O. S. 17.

ihr fast von dessen sämtlichen Nachfolgern nach oft jahrelanger, grosse Geldopfer kostender Bearbeitung der jeweilig zu gewinnenden hohen Würdenträger [1]) immer wieder erneuert worden und Jahrhunderte hindurch in Geltung und allgemein anerkannt und gefürchtet geblieben [2]). Der Zerfall des alten Reichs hatte nun aber ihren Untergang mit sich gebracht, auch wären sie in den 30er und 40er Jahren, ebenso wie die früher so wichtigen Zollvergünstigungen, bei den veränderten Verhältnissen überflüssig und gegenstandslos geworden. Es war daher nur natürlich, dass die mehr oder weniger fungibeln Waren dem Messverkehr nach und nach verloren gingen, nachdem sich der Handel mit ihnen auf den Messen einige Zeit in dem alten Geleise noch forterhalten, zu einem grossen Teil aber auch schon längst in einen ständigen, in Leipzig ansässigen, spezialisierten Grosshandel umgebildet hatte, wie es ähnlich mit dem Geld- und Kredit- und dem Buchhandel der Fall gewesen war. Die verschiedenen Zweige des heutigen Leipziger Grosshandels mit Waren der fraglichen Art, so namentlich der gesamte Wollhandel, der Garnhandel, der Produktenhandel, der Handel mit Tabak, Weinen, Kolonial- und Materialwaren, Fischen und anderen Nahrungs- und Genussmitteln, der Handel mit Metallen, Farbwaren, Drogen, Chemikalien, Fettwaren und Oelen, verdanken ihren Ursprung und ihre grosse Ausdehnung wohl sämtlich dem früheren Messhandel. Sie waren berufen, dessen für diese Waren nicht mehr geeignete Formen durch neue, passendere zu ersetzen und nehmen seine Stellung gewissermassen auch heute noch ein.

Bei mehreren von ihnen erinnern an den Ursprung aus den Messen besondere, zum Teil den Namen »Messe« tragende Einrichtungen, die entweder aus den Messen selbst hervorgegangen oder ihnen in manchen Punkten nachgebildet und verwandt sind, teilweise auch noch mit ihnen zusammenhängen. Zu diesen Einrichtungen zählen zunächst die Ledermessbörse, die Borstenmessen und Borstenmärkte, die Ausstellung des deutschen Kürschnervereins und die Papierfachausstellung des Mitteldeutschen Papier-

1) Vgl. die kulturgeschichtlich interessanten Mitteilungen und Kostenberechnungen *Hasses* a. a. O. S. 22—33.

2) Bezeichnend sind die scharfen Bemerkungen *Büsch*'s (sämtliche Schriften, dritter Band, Wien 1814, S. 369 ff.), aus denen noch deutlich die Missgunst spricht, die dem binnenländischen Wettbewerber der geschickten Wahrung und Ausbeutung seiner alten Vorrechte wegen von Hamburg aus entgegengebracht wurde.

industrie-Vereins (»Papiermesse«), auf die alle noch zurückzukommen sein wird. Weiter gehört dazu der zur Ostermesse 1825 ins Leben getretene Börsenverein der deutschen Buchhändler, der regelmässig einmal im Jahre, am Kantatesonntag und den nächstfolgenden Tagen, in Leipzig zur »Buchhändlermesse« zusammenkommt. Zu ihr werden in der an dem genannten Sonntag stattfindenden ordentlichen Hauptversammlung die Geschäfte des Vereins und allgemeine Angelegenheiten des Buchhandels beraten, während an den folgenden Tagen zwischen dem Sortimentsbuchhändler und dem Verleger oder dessen Beauftragten, dem Kommissionär, abgerechnet wird. Dies geschieht dadurch, dass die dem Sortimentsbuchhändler seit der letzten Messe mit der Berechtigung zur Rückgabe überlassenen, von ihm nicht abgesetzten Bücher dem Verleger bez. Kommissionär zurückgegeben werden (»Remittenden«) oder ihre weitere Belassung auf dem Lager des Sortimentsbuchhändlers gestattet wird (»Disponenden«) und für die im vorhergehenden Kalenderjahr verkauften Bücher die Bezahlung erfolgt. Der Sortimentsbuchhändler geniesst seitens des Verlegers bei diesem Ausgleich ein sog. Messagio [1]).

Wie die Buchhändlermesse ist dem Messverkehr ferner die Garnbörse entsprungen, eine regelmässig im Frühjahr und im Herbst stattfindende Zusammenkunft von Spinnern, Händlern, Webern und andern Grossverbrauchern, die dem persönlichen Meinungsaustausch sowie auch dem Abschluss von Geschäften zwischen den Besuchern dient. Seit einigen Jahren werden in Verbindung mit ihr gewöhnlich kleine Ausstellungen veranstaltet, namentlich von Neuheiten auf textilindustriellem Gebiet wie Apparaten, Patenten u. s. w., gelegentlich auch von Mustern in fremden Ländern gangbarer Gewebe, Proben von Baumwollernten u. a. m. [2]).

Eine nicht aus den Messen selbst entstandene, ihnen aber nachgebildete Einrichtung ist schliesslich die seit 1898 jeden Herbst in Leipzig abgehaltene »Deutsche Fahrradmesse und Mo-

1) Vgl. *K. Dziatzko*, Art. »Buchhandel« im Handw. d. Staatsw. II. Aufl. Jena 1899 Bd. II, S. 1122 ff. und *Bücher*, Der deutsche Buchhandel und die Wissenschaft, Leipzig 1903 S. 14 ff.

2) *Hasse*, Verwaltungsbericht der Stadt Leipzig für die Jahre 1866—1877, 3. Heft (Allg. Teil): Die Stadt Leipzig und ihre Umgebung, geographisch und statistisch beschrieben. Leipzig 1878 S. 366. Jahresberichte der Handelskammer Leipzig 1901 S. 28, 1902 S. 46.

torwagen-Ausstellung«. Sie wurde durch den Verband deutscher Fahrradhändler gelegentlich seines Verbandstages im Jahre 1898 hervorgerufen und bezweckt, soweit es sich um die Fahrräder handelt, in erster Linie die Anknüpfung und Förderung der Beziehungen zwischen Fabrikanten, Gross- und Kleinhändlern, mit der Motorwagen-Abteilung dagegen vor allem die Vorführung der Leistungen dieser Industrie in der Oeffentlichkeit. Die Ausstellung erstreckt sich ausser auf Fahrräder und Automobilfahrzeuge auf Fahrrad-Bestand- und Zubehörteile aller Art, Maschinen für den Fahrradbau, Fahrrad-Ständer und -Körbe, elektrische Zündapparate, feuersichere Benzingefässe, Anhängewagen u. dgl., auch auf Gegenstände verwandter Industrien wie Schreibmaschinen, Nähmaschinen, Registrierkassen u. s. w. und wird von Firmen aus allen Teilen Deutschlands und in zunehmendem Masse auch von solchen des Auslandes beschickt. Die Zahl der Aussteller erreichte 1902 gegen 100, die der Besucher, unter denen sich sehr viele Käufer befanden, rund 25000[1]).

Wesentlich anders als bei jenen oben betrachteten Warengattungen, für die die Bedeutung der Messen hauptsächlich nur in den erörterten geschichtlichen, vom Wesen der Verkaufsgegenstände unabhängigen Tatsachen bestanden hatte und die dem Messhandel daher unter den veränderten neuen Verhältnissen verloren gehen mussten, verhielt es sich bei einer zweiten Gruppe von Waren. Sie umfasst solche Artikel, bei denen jedes Stück oder jeder Posten in seiner natürlichen Beschaffenheit oder technischen Ausführung eine individuelle Verschiedenheit zeigt, sodass der Käufer die Ware, um die vorteilhafteste Wahl treffen zu können, in Augenschein nehmen muss, wozu ihn die Messen mit in den Stand gesetzt hatten. Es gehören hierher die schon unter den wenigen Handelsartikeln des Mittelalters [2]) und vermutlich auch bereits im 13. und 14. Jahrhundert auf den Leipziger Messen [3]) mit an erster Stelle stehenden Rauchwaren und Tuche, ferner Felle, Leder, Borsten, Federn und dergl. und, in geringerem Grade, die übrigen Wollwaren, die Seidenwaren, Leinen-

1) Jahresber. d. Handelsk. 1902 S. 47 und die vorhergehenden Jahre.

2) *Bücher*, Entst. d. Volksw. 3. Aufl. Tübingen 1901 S. 147.

3) Wann die Leipziger Märkte als Jahrmärkte ihren Anfang genommen und wann sie sich zu Messen erweitert haben, lässt sich nicht bestimmt angeben. Nachweisbar ist nur, dass im Jahre 1170 Jahrmärkte und im Jahre 1268 Messen vorhanden waren. *Hasse* a. a. O. S. 5/6.

und Baumwollwaren. Für diese Waren blieb dem Messverkehr die in ihrem Charakter begründete Bedeutung, wenn auch in sehr verschiedenem Masse, erhalten, und zwar nahm der Messhandel mit ihnen allen zunächst einen den allgemeinen Wirkungen der Eisenbahnen entsprechenden Aufschwung, der sich für einige von ihnen von Dauer erwies, für die andern dagegen teils von einem Stillstand, teils von einem Rückgang gefolgt war. Zu weltwirtschaftlicher Bedeutung gelangte als Zweig des Messverkehrs wie des ansässigen Grosshandels der Rauchwarenhandel. Die Umwälzungen im Verkehrswesen erlaubten ihm eine Entfaltung, die bei der grossen Entfernung seiner Haupt-Bezugs- und Absatzgebiete sonst undenkbar gewesen wäre. Welchen Umfang die zu den Messen, namentlich zur Ostermesse, sowie das Jahr hindurch erfolgenden Umsätze erreichen, durch die der ganze Kontinent versorgt und zwischen den Hauptproduktionsländern, Russland und Amerika, der gegenseitige Austausch ihrer Erzeugnisse vermittelt wird, lässt sich nach der bis 1900 auf rund 50 bezw. 40 Millionen Mark gestiegenen Ein- und Ausfuhr Deutschlands [1]) ermessen, die fast ausschliesslich auf Leipzig zu rechnen ist, da anderwärts ein nennenswerter Rauchwarenhandel in Deutschland nicht besteht. Von gewissem Belang ist sodann noch der Messhandel mit Leder, Fellen, Borsten, Rosshaaren, Bettfedern, Schuhmacherbedarfsartikeln, Tuchen, Leinen- und Baumwollstoffen, der gleichfalls zum Teil in einen ständigen, ansässigen Grosshandel übergegangen ist, wogegen eine Reihe anderer Erzeugnisse der textilen Industrien, die früher für die Messe sehr wichtigen Seidenstoffe, Bänder und dergl., wollene Damenkleiderstoffe u. a. m. gegenwärtig auf ihr nicht oder fast nicht mehr vertreten sind. Der Grund ihres Verschwindens ist darin zu erblicken, dass diese Artikel heutzutage in der Hauptsache durch Reisende und Agenten nach Mustern verkauft werden, die dem Käufer zur Beurteilung der zu fertigenden Ware genügen. In derselben Weise vollzieht sich übrigens auch der Absatz von Tuchen und andern Geweben, von denen noch Lager zur Messe gebracht werden, nebenher, zum Teil auf den Messen selbst, nach Proben. Die weitere Förderung und Ausdehnung des Verkaufs von Fabrikaten der Textilbranche innerhalb des Messverkehrs nach Mustern ist vor einigen Jahren vom

1) Statistik des Deutschen Reichs. Neue Folge, Bd. 129. Berlin 1900. Tab. I S. 11 und 24 (Nr. 405. 404 und 756) und Monatliche Nachweise, Dezember 1900, S. 85 und 167.

Mess-Ausschuss der Handelskammer auf Anregungen aus Interessentenkreisen zum Gegenstand einer Umfrage gemacht worden; die von der Mehrzahl der Beteiligten geltend gemachten Bedenken haben es indessen rätlich scheinen lassen, von der weiteren Verfolgung des Gedankens abzusehen.[1]).

Eine verbleibende dritte Gruppe der Waren, die in den ersten Jahrzehnten des 19. Jahrhunderts auf die Leipziger Messen gebracht wurden, hält zwischen fungibeln Waren wie den ins Auge gefassten Rohprodukten, Materialwaren u. s. w. und nicht fungibeln wie Rauchwaren, bei denen jedes Fell individuellen Charakter besitzt, die Mitte. Die dazu gehörigen Artikel erheischen nach Stoff, Form, Farbe und sonstiger Beschaffenheit seitens desjenigen, der sie vor ihrem Ankauf kennen und beurteilen will, gleichfalls eine Besichtigung, können aber mit ganz denselben, ihnen von Maschinen oder Menschenhand verliehenen Eigenschaften in beliebigen Mengen hergestellt und infolgedessen nach einem einzelnen Exemplar gewählt werden. Den Seidenzeugen, Damenkleiderstoffen und andern Textilfabrikaten gegenüber, für die dasselbe in gewissem Grade auch zutrifft, kommt bei ihnen noch hinzu, dass ihr Transport wegen ihres Gewichts, ihrer Form oder ihres Herstellungsmaterials schwieriger und kostspieliger ist. Für diese Waren — keramische, Glas-, Metall-, Holz- Papier- und Lederwaren, Spielwaren, Musikinstrumente und verwandte Artikel — trat an die Stelle des Austauschs der Waren selbst auf den Messen ihr Verkauf nach dort ausgestellten Mustern: die verhältnismässige, auch für blosse Probe-Exemplare in Betracht kommende Schwierigkeit ihres Transports erhielt sie den Messen in Gestalt des Mess-Musterlagerverkehrs, ähnlich wie früher die Notwendigkeit der Messen überhaupt in der allgemeinen Schwierigkeit des Warentransports begründet gewesen war, zugleich blieb aber die Erleichterung des letzteren durch das neue Verkehrswesen auch auf sie nicht ohne Einfluss, sondern entzog den Messen die Güter selbst, die fortab nur noch durch Muster vertreten wurden.

Der Ursprung dieses Mess-Musterlagerverkehrs liegt in der Mitte des 19. Jahrhunderts. Die allmählich vor sich gehende Umwandlung wurde schon in ihren Anfangsstadien erkannt und richtig beurteilt und weiterhin fortgesetzt beobachtet. Im Jahre 1852

---

1) Jahresber. d. Handelskammer für 1898 S. 51.

bezeichnete *Hübner* in seinem Jahrbuch für Volkswirtschaft und Statistik [1]) als wahrscheinlich, dass für gewisse Waren die Messen in Zukunft weniger Warenlager als Musterlager sein würden. Aus den 60er Jahren gibt es sodann Zeugnisse, die bekunden, dass sich die Tendenz der Umwandlung um jene Zeit bereits deutlich äusserte. Ein Schreiben des Leipziger Rates über die Verhältnisse der Messen an den Stadtrat in Zürich vom 22. Okt. 1864 enthält die Bemerkung, dass der Grosshandel in vielen Artikeln »nur durch Musterlager« vertreten sei [2]) und im Jahresbericht der Handelskammer für 1865/66 wird mit Nachdruck hingewiesen auf die »in gewissen Branchen immer mehr und mit bestem Erfolg sich ausbreitende Sitte, die Messe mit Musterlagern zu beziehen — eine Sitte, welche dem Messgeschäft in diesen Branchen eine neue zeitgemässe und zukunftreiche Gestalt« gebe [3]). Die alte Form des Geschäfts wich der neuen indessen nur schrittweise. In einer Denkschrift der Handelskammer vom Januar 1872 [4]), ebenso in ihrem Jahresbericht für 1883 [5]) ist in ähnlicher Weise wie ein und zwei Jahrzehnte vorher noch immer von der in manchen Geschäftszweigen »mehr und mehr aufkommenden Gewohnheit, die Messe nur mit Musterlagern zu beziehn« und der »immer mehr sich vollziehenden Umwandlung«, »dass in den meisten Zweigen vorwiegend nur Musterlager zur Messe gebracht werden« [6]) die Rede.

Mit diesen Beobachtungen drängte sich massgebenden Persönlichkeiten und Behörden die Frage auf, wie der neue, vielversprechende Zweig des Messhandels am besten zu f ö r d e r n sei, insbesondere, ob sich für ihn eine Aenderung der seitherigen Mess-Verfassung in der Richtung einer Festlegung und Früherlegung der Messen empfehle. Die alten Termine, nach denen die Ostermesse acht Tage nach Ostern, die Michaelismesse acht Tage vor dem Sonntag vor Michaelis begann und beide vier Wochen dauerten — die Neujahrsmesse kam für den Mess-Musterlager-

1) Leipzig 1852, S. 225.

2) *Hasse*, Geschichte der Leipz. Messen, S. 502.

3) Leipzig 1867, S. 158.

4) Abgedruckt bei *Hasse* a. a. O. S. 505.

5) S. 29.

6) Vgl. ferner die Bemerkung *Schultzes* über die nur in Mustern erfolgende Zuführung böhmischer Glaswaren u. s. w. »Die Leipziger Messen und die Entwicklung des Leipziger Handels von 1835—1875«, Zeitschr. d. K. Sächs. Stat. Bur. 187 S. 91, auch *Hasse*, Die Stadt Leipzig und ihre Umg., Leipzig 1878 S. 390.

verkehr weniger in Betracht — waren berechnet und geeignet gewesen, die Kunden rechtzeitig mit den gewünschten Waren zu versehen, solange diese schon vor der Messe angefertigt waren. Nachdem jedoch für die betr. Geschäftszweige der Einkauf nach blossen Mustern und mit ihm mehr und mehr der Kauf auf Anfertigung zur Herrschaft gelangt war, die bestellte Ware also nach der Messe vielfach erst hergestellt werden musste, konnte die bisherige Messzeit den Bedürfnissen der Käufer, die für den Empfang der Ware auf denselben Zeitpunkt angewiesen blieben, nicht mehr entsprechen. Vor einem klaren Abschluss der im Gange befindlichen Entwickelung glaubte man indessen, von einer Einwirkung auf sie durch Umgestaltung der hergebrachten Messordnung zunächst absehen zu sollen, zumal die Ansichten und Wünsche der beteiligten Kreise vielfach auseinandergingen und langjährige frühere Verhandlungen über Aenderungen der Messtermine und eine eventuelle Festlegung des Osterfestes entgegenstehender Bedenken und Schwierigkeiten wegen negativ verlaufen waren [1]). Ein Anlass, in den natürlichen Verlauf der Dinge, vielleicht verfrüht, einzugreifen, bestand auch umsoweniger, als Leipzig im Gegensatze zu den beiden Frankfurt, denen unter den modernen Verhältnissen nur ihre Leder- und ihre Tuchmesse erhalten blieben, der einzige der alten Messplätze war, wo sich eine derartige Entfaltung eines jungen Zweigs des Messverkehrs verheissungsvoll ankündigte. Je deutlicher aber diese Entfaltung fortschritt und ihre weittragende wirtschaftliche Bedeutung verriet, die der Ausfall der Michaelismesse 1892 wegen der drohenden Choleragefahr noch in besonders helles Licht setzte [2]), umso wachsamer hatte sie Leipzig zu verfolgen und desto mehr musste es darauf bedacht sein, sie zu fördern und ihr jede etwaige Schädigung oder Störung fern zu halten.

---

1) Vgl. *Hasse*, Geschichte, S. 219 ff.

2) Näheres hierüber sowie über die im nächsten Abschnitt berührten Gegenstände enthalten die Jahresberichte der Leipziger Handelskammer 1892 ff.

II.

Die Förderung und bisherige Entwickelung des Mess-Musterlagerverkehrs.

Um dem Rate der Stadt inbezug auf die Erfüllung dieser Aufgaben mit Rat und Tat zur Seite zu stehen, trat, infolge einer Anregung des Kommerzienrats C. Gustav Herrmann in der öffentlichen Sitzung der Handelskammer vom 17. Oktober 1892, am 29. Oktober 1892 aus deren Mitgliederkreis unter Herrmanns Vorsitz ein »Mess-Ausschuss« ins Leben, dem zugleich auch Vertreter der städtischen Kollegien angehörten. Seine Tätigkeit richtete sich zunächst auf die einer gründlichen Erörterung bedürftige, seit langem schwebende Frage der zeitlichen Verlegung der Messen, wurde aber vor deren Lösung in hohem Masse nach einer andern Seite hin in Anspruch genommen, nämlich zur Abwehr einer den Leipziger Messen von aussen, von Berlin her, drohenden Gefahr.

Es hatte sich hier eine Vereinigung einer Anzahl Fabrikanten und namentlich auch Agenten gebildet, die den Messmusterlagerverkehr der keramischen, Bronze-, Kurz-, Spielwaren- und verwandten Branchen oder Teile davon von Leipzig nach Berlin zu ziehen versuchen wollten. Mochte auch Leipzig als geschichtlicher und geographischer Sammelpunkt der Vertreter der beteiligten Industrien und der deutschen wie ausserdeutschen Käuferschaft eine ernstliche Gefährdung seiner Messen nicht zu befürchten haben, so musste es doch einer Unternehmung, die weite Kreise beunruhigen und die Entwickelung der neuen Verhältnisse beeinträchtigen konnte, mit Entschiedenheit entgegentreten. Dies geschah dadurch, dass vom Mess-Ausschuss alle Firmen, bei denen als bekannten regelmässigen Ausstellern ein wohlbegründetes Interesse an dem Bestande und der weiteren Entfaltung der Leipziger Messen vorauszusetzen war, zu einer Stellungnahme zu den Berliner Bestrebungen veranlasst wurden. Es ward dazu ein Formular ausgesandt, in dem man die Verpflichtung einging, in keiner Weise an den geplanten Berliner Veranstaltungen teilzunehmen, und die Hoffnung aussprach, die Entstehung einer Doppelmesse in Leipzig und Berlin im Keime erstickt zu sehen. Diese Erklärung wurde sofort von mehr als 800 Ausstellern unterschriftlich vollzogen zurückgesandt, um dann mit diesem Ergebnis in der deutschen und der ausländischen Presse Veröffentlichung zu finden. Nachträglich gingen noch weit über 100 Erklärungen desselben Inhalts ein, während weitere 200 Firmen, ohne sich so streng zu binden, gleichfalls entschieden für Leipzig gegen Berlin eintraten. Damit hatten sich ziemlich genau ²/₃ aller bekannten Messbesucher ausdrücklich gegen das Berliner Unternehmen ausgesprochen. Diese Kollektiverklärungen, deren erste in der *Anlage II* wiedergegeben ist, wurden auf Wunsch der Beteiligten allerwärts veröffentlicht und verbreitet und bilden in der Geschichte der Leipziger Messen ein denkwürdiges Blatt.

Der von der fraglichen Berliner Vereinigung mit der Abhaltung einer »Messe« in Berlin kurz vor der Leipziger Michaelismesse des Jahres 1893 angestellte Versuch, eine Reihe Geschäftszweige von der Leipziger Messe loszulösen, missglückte denn auch mangels genügender Beteiligung [1]) und erlebte keine Wieder-

1) Die ganze Angelegenheit wurde erklärlicherweise in der Oeffentlichkeit lebhaft erörtert. Nach einer Flugschrift von *O. F. Fincke:* »Unfreiwillige« Statistik der Berliner Herbstmesse, Berlin, Anfang Oktober 1893, S. 5, hat ein wirklich messähnlicher Verkehr nur in dem in der Dresdener Strasse gelegenen City-Hotel stattgefunden, wo das »Zentral-Bureau« der Messe eingerichtet gewesen ist und 72 auswärtige Firmen mit gutem Erfolg ausgestellt haben sollen. Den ausserhalb dieses Hotels befindlichen, auf die ständigen Berliner Musterlager beschränkten Ausstellungen sei dagegen durchaus kein messmässiger Eindruck abzugewinnen gewesen. Eine günstigere Beurteilung ist dem Berliner Unternehmen in einer im Verlag der Tonwaren-Industrie in Bunzlau 1893 erschienenen Broschüre »Die Sonder-Messe in Berlin und ihr Verhältnis zur Leipziger Messe« von *Gustav Steinbrecht* zu teil geworden, doch wird auch hier (S. 8 und S. 29/30) ausdrücklich anerkannt, dass die Gegnerschaft der Fabrikanten wohl zu verstehen sei, wenn man sich den Vorteil der zentralen Lage Leipzigs vergegenwärtige, sowohl für den Handel an sich, als auch für die ausstellenden Fabrikanten Bayerns, Thüringens, Sachsens und Oesterreich-Ungarns. Es unterliege ja keinem Zweifel, dass die Fabrikanten, wissend, was sie in Leipzig gehabt hätten, für eine Messe in Berlin grösstenteils keine Neigung besässen, »in den Hauptgründen wohl einmal, weil ihnen, die sie ja doch meistens Vertreter stetig in Berlin haben, ihr direkter Verkehr mit der Kundschaft, ihre direkte Einwirkung auf das Geschäft durch ihre Vertreter abgenommen würde; dann behaupten sie

holung, die erfolgreicher gewesen wäre. Es zeigte sich also die Wahrheit des zwei Jahrhunderte alten Ausspruchs *Marperger*'s, dass »die neu zu introducirenden Messen und Jahr-Märkte, welche etwan auff das Tapet gebracht werden, vorher wohl überleget seyn« müssen, »sintemahl nicht alle species der Handlung oder Commerciorum sich ohne Unterschied auf alle Oerter und zu allen Zeiten appliciren und practiciren lassen« [1]).

Nach der erfolgreichen Zurückweisung der Bestrebungen der Berliner Vereinigung konnte der Mess-Ausschuss zur weiteren Klarstellung der Frage einer Neuordnung der Messtermine schreiten. Die zu diesem Behufe vorgenommene Befragung aller bekannten und vermutlichen Mess-Aussteller, insgesamt 1961 Firmen, offenbarte die für die keramischen, Metall-, Holzwaren- und verwandten Branchen nunmehr zum Abschluss gelangte Umwandlung der Warenlager- zur Musterlagermesse sowie die schon besprochene Notwendigkeit früherer Termine für diesen Teil des Messverkehrs. Zu dem Interesse der Musterlager-Aussteller an einer Früherlegung der Messen stand jedoch das der nach wie vor die Ware selbst zur Messe bringenden Verkäufer namentlich des Rauchwaren- und des Lederhandels, soweit es sich um die Ostermesse handelte, im Gegensatz. Einmal sind die natürlichen Verhältnisse dieser Geschäftszweige schon an sich anders geartet als die der Musterlagerbranchen, ausserdem kam vor allem aber auch die Abhängigkeit der Oster-Rauchwaren- und -Ledermesse von den Londoner Rauchwaren-Auktionen und der Frankfurter Ledermesse in Betracht, sodass sich eine gleichzeitige Verschiebung auch dieser Veranstaltungen nötig gemacht hätte. Angesichts dessen sowie der Unmöglichkeit, überhaupt einen einheitlichen, den Interessen aller entsprechenden Termin zu finden, entschied man sich, für die am Musterlagerverkehr beteiligten Geschäftszweige eine früher abzuhaltende »Vormesse« von der allgemeinen Ostermesse, die an das Osterfest gebunden blieb, ab-

ferner oder werden es tun — nicht ohne Grund, um offen zu sein — dass ihre Interessen von Vertretern, die noch die Interessen von einer oder mehreren, gewöhnlich konkurrierenden Fabriken wahrzunehmen haben, nicht in so intensivem Masse berücksichtigt werden können, als sie es wünschen, verlangen und verlangen müssen. Nimmer auch werden sich die konkurrierenden Fabrikanten dazu verstehen, vielleicht selbdritt die Musterzimmer ihres Berliner Vertreters als Asyl für die Zeit der Messe zu erwählen, um etwa einen »Mühlendamm« in moderner Auflage zu inszenieren'«

1) a. a. O. I. S. 45

zuzweigen. Um einer etwaigen Verschleppung der Sache zu begegnen, die sich seitens Preussens oder Braunschweigs im Falle ihrer Berufung auf den Artikel 24 der alten Zollvereinsverträge [1]) hätte ergeben können, verzichtete man von vornherein für die neue sog. Vormesse, die ausdrücklich als eine blosse Ausstellung von Musterlagern eingeführt werden sollte, sowohl auf die Eröffnung von Messkonten als auch auf die Aufstellung von Buden und Ständen auf öffentlichen Strassen und Plätzen. Die erwähnten Beschränkungen waren umso unbedenklicher, als sich der Messgrosshandel der fragl. Geschäftszweige, für den die Vormesse geschaffen wurde, ausschliesslich in der Form des Musterlagerverkehrs und in geschlossenen Gebäuden vollzog und die ausländischen Aussteller sich für ihre Muster des für solche bestehenden, Zollfreiheit gewährenden Vormerkverfahrens bedienen konnten.

Für die Michaelismesse liess sich eine ähnliche Trennung vermeiden, da für sie der Wahl eines gemeinsamen früheren Termins unüberwindliche Hindernisse nicht im Wege standen. Ebenso begegnete eine in Anregung gebrachte anderweite Festlegung der nur für Rauchwaren, Leder und dergl. und Textilfabrikate in Frage kommenden Neujahrsmesse keinen wesentlichen Schwierigkeiten.

Die Termine, die nach genauer Prüfung und gegenseitiger Abwägung der vielfach auseinandergehenden Wünsche und Vorschläge beim Königl. Ministerium des Innern schliesslich beantragt wurden und zugleich eine längst angestrebte Verkürzung der Oster- und Michaelismesse von vier auf drei Wochen vorsahen, waren die folgenden:

	Beginn:	Ende:
Vormesse	erster Montag des März	Sonnabend der darauf folgenden Woche.
Ostermesse	erster Sonntag nach Ostern	vierter Sonntag nach Ostern.
Michaelismesse	letzter Sonntag des August	dritter Sonntag des September.
Neujahrsmesse	dritter Januar	sechzehnter Januar [2]).

1) Es durften danach gewisse Messprivilegien nicht erweitert oder neu erteilt werden. — Eine Untersuchung der ebenso interessanten wie verwickelten rechtlichen Seite der Angelegenheit ist im Rahmen eines blossen Abschnittes dieser Arbeit leider nicht möglich. Sie hätte insbesondere anzuknüpfen an den erwähnten Artikel 24 der Zollvereinsverträge von 1833, die dazu gehörigen Separatartikel (»Verträge und Verhandlungen aus dem Zeitraum von 1833 bis einschliesslich 1836 über die Bildung und Ausführung des deutschen Zoll- und Handelsvereins«, Bd. 1, 2, 3 vorhanden in der Bibliothek des Reichstags) und die bekannte Delbrücksche Abhandlung »Der Artikel 40 der Reichsverfassung«, Berlin 1881.

2) Die Ergebnisse der in der Angelegenheit veranstalteten Umfragen sind in

Sie befinden sich laut der als *Anlage III* beigegebenen Bekanntmachung des Rates der Stadt Leipzig seit 1894 in Kraft. Hinzuzufügen ist noch, dass der Beginn der Ledermessen, der zugleich den Termin der Ledermessbörse [1]) bildet, besonders, nämlich zur Ostermesse auf deren ersten Montag und zur Michaelismesse seit 1899 auf den Mittwoch der dritten Messwoche festgesetzt ist, während er zur Neujahrsmesse mit deren Anfang zusammenfällt. Auch die Borstenmessen haben bestimmte Termine für sich, die regelmässig bekannt gemacht werden [2]).

Nachdem die neue Ordnung geschaffen war, galt es vor allem, sie zur allgemeinen Kenntnis zu bringen und dafür zu sorgen, dass sie sich bei Ausstellern und Einkäufern einbürgerte. Diesem Zweck diente die vom Mess-Ausschuss in den Jahren 1894 bis 1896 in zwanglosen Heften herausgegebene »Zeitschrift des Leipziger Messverbands«. Sie stellte sich die Erörterung und Klarstellung aller die Leipziger Messen betreffenden Angelegenheiten zur Aufgabe und wurde den den Verband bildenden Messbesuchern, die zu ihm einen kleinen Jahresbeitrag zu leisten hatten, unentgeltlich zugesandt, überdies auch im Buchhandel verbreitet. Als sie für die Zeit des Uebergangs von der alten zur neuen Mess-Ordnung und für die Periode, in der die Berliner Bestrebungen noch von sich reden machten,

Auftrage des Mess-Ausschusses von *Pohle*, der damals zweiter Sekretär der Leipziger Handelskammer war, in zwei Denkschriften zusammengestellt worden: »Unterlagen für die Frage der zeitlichen Verlegung der Leipziger Messen« und »Weitere Unterlagen u. s. w.«, beide Leipzig 1893 erschienen.

1) Die »Ledermessbörse«, die jedesmal am Anfangstag der Ledermesse nachmittags 5—7 Uhr im grossen Saal der Neuen Börse abgehalten wird, ist eine Zuammenkunft von Händlern und Industriellen, die der Aussprache über die Geschäftslage und der Anbahnung grösserer Abschlüsse dient, wobei vielfach auch Muster mit vorgelegt werden. Ihr Besuch beträgt nach den Angaben des Vorstandes der Messbörse für Lederindustrie zu Leipzig zur Ostermesse gewöhnlich gegen 700 Personen; zu den übrigen beiden Messen ist er geringer. Genannt werden mag an dieser Stelle ferner die »Ausstellung des deutschen Kürschnervereins«, die regelmässig an einem der ersten Tage der Ostermesse in einem anderen Saale der Neuen Börse stattfindet. Sie dient der Vorführung der Neuheiten auf dem Gebiete der Pelzkonfektion, von Zutaten, Besatzartikeln, Werkzeugen und Maschinen, Gestellen und Büsten für Schaufenster sowie noch manchen sonstigen Erzeugnissen und wird von Ausstellern und Käufern aus ganz Deutschland besucht, von denen viele zugleich auch Besucher der Rauchwaren, Leder- oder Tuchmesse sind.

2) Ausser den zur Zeit der Messen stattfindenden drei Borsten-Messen besitzt Leipzig noch zwei Borsten-Märkte, die am Montag nach Invocavit und am letzten Montag im Juni beginnen.

ihren Zweck erfüllt hatte, beschloss der Mess-Ausschuss, sie eingehen zu lassen, um als Ersatz dafür die Herausgabe eines offiziellen Verzeichnisses der Mess-Verkäufer in die Hand zu nehmen und damit den Messbesuchern etwas noch Nützlicheres und Zusagenderes zu bieten, als ihnen weiterhin eine Zeitschrift hätte sein können. Ein Verzeichnis der Mess-Einkäufer hatte er schon seit 1894 regelmässig jährlich herausgegeben und den Ausstellern unentgeltlich zugestellt. In ähnlicher Weise sollte nun, und zwar zweimal jährlich, auch ein offizielles Verkäufer-Verzeichnis erscheinen und gratis den Käufern überlassen werden. Ein nichtoffizielles Aussteller-Adressenbuch war von einer Privatunternehmung seit längerer Zeit bereits aufgelegt und vom Mess-Ausschuss mehrere Male aufgekauft und unentgeltlich versendet worden, eine befriedigende Vereinbarung über regelmässige Abnahme mehrerer tausend Exemplare seitens des Mess-Ausschusses hatte sich jedoch mit der betreffenden Firma nicht erreichen lassen. Ausserdem waren über die ganze Einrichtung des Buches und die bei seiner Herausgabe befolgten Grundsätze aus den Kreisen der Messbesucher häufig Beschwerden laut geworden, die trotz entsprechender Schritte des Mess-Ausschusses zu dem erwünschten Erfolg nicht geführt hatten, was für den Beschluss der Herausgabe eines eigenen offiziellen Verkäufer-Verzeichnisses den Ausschlag gab [1]).

Die Einrichtung des Inhaltes, der Bearbeitung und der Verbreitung des »Offiziellen Leipziger Mess-Adressbuchs (Verkäufer-Verzeichnisses)« wie des offiziellen »Verzeichnisses der auf den Leipziger Messen verkehrenden Einkäufer«, die seither noch verschiedentlich Vervollkommnung gefunden hat, verdient einen kurzen Ueberblick.

Der Inhalt beider Verzeichnisse zerfällt in zwei Abschnitte:

1) Einen eigentümlichen Versuch zur Herausgabe eines offiziellen Leipziger Mess-Adressbuchs stellt bereits eine allerdings nicht zur Ausführung gelangte, kurfürstliche Verordnung vom Jahre 1718 dar. Es heisst darin: »Wir vernehmen, dass die auf die Messe kommenden fremden Kaufleute nicht sogleich erfahren können, in welchen Häusern sowohl in der Stadt, als in den Vorstädten, diese oder jene Ware anzutreffen. Da es aber dem Publikum zuträglich sein würde, wenn solches durch gedruckte Nachricht männiglich kund gemacht würde; als ist hiemit unser Befehl, ihr wollet sämtliche Makler vor euch fordern . . . Diese sollen nun vorzüglich ein akkurates Verzeichnis aufstellen aller Gassen, Häuser und darin befindlicher Gewölbe, Läden und anderer Lager, der Namen aller daselbst handelnden Personen, getrennt nach In- und Ausländern, mit Angabe der Waren, mit denen ein jeder handelt.« *Hasse*, Geschichte a. a. O. S. 237.

1) Musterlagerbranchen, 2) andere Geschäftszweige. Das Einkäufer-Verzeichnis enthält innerhalb dieser Abschnitte die einzelnen Firmen in alphabetischer Reihenfolge mit Angabe ihres Sitzes und der genauen Adresse, der von ihnen hauptsächlich gekauften Warengattungen, der von ihnen besuchten Messen und neuerdings auch, soweit als möglich, ihrer Leipziger Messwohnung. Im Mess-Adressbuch bestehen vier Unterabschnitte: Firmen-, Branchen-, Strassen- und Ortsverzeichnis. Im Firmenverzeichnis werden die Aussteller in alphabetischer Reihenfolge unter Hinzufügung ihres Geschäftszweigs, ihres Herkunftsortes, der Messen, zu denen sie ausstellen, und ihres Messlokals aufgenommen, desgleichen Angaben gemacht über die Natur des Betriebs, das Gründungsjahr, die Zahl der beschäftigten Arbeiter, etwaige Spezialitäten, Auszeichnungen u. s. w. sowie ferner die Telegrammadresse, die Fernsprechnummer, die Namen der Inhaber und die etwaigen Zweigniederlassungen und ständigen Vertreter aufgeführt. Das Branchenverzeichnis zeigt die Ausstellenden mit Herkunftsort und Messlokal in der alphabetischen Reihenfolge der Warengattungen. Das Strassen- und das Ortsverzeichnis endlich bieten eine Uebersicht der Strassen des Messviertels und der Herkunftsorte in alphabetischer Reihenfolge. Ausserdem enthält das Buch neben dem Prospekt, der neuen Mess-Ordnung und einer Tabelle der Messtermine für das laufende und das jeweils folgende Jahr einen für die Zwecke der Messen besonders bearbeiteten Plan der inneren Stadt, einen kleinen Plan des grössten Messgebäudes, des Städtischen Kaufhauses, und einen Anzeigenteil. Die Aufnahme erfolgt wie im Einkäufer-Verzeichnis unentgeltlich, soweit nicht der prospektgemäss verfügbare Raum überschritten wird. Bei darüber hinausgehenden Raumansprüchen ist zur Deckung der Mehrkosten ein im Prospekt und auf den Formularen bezeichneter Beitrag zu leisten. Reklamen irgend welcher Art, Anwendung besonderen Druckes, Beifügung von Fabrikmarken, Abbildungen und dergl. sind im Hinblick auf die Bestimmung des Buchs, den Einkäufern ein gleichmässig und übersichtlich angeordneter Führer zu sein, nur in dem dafür eingerichteten Anzeigenteil zugelassen. Mit seiner Besorgung und mit der des Anzeigenteils des Einkäufer-Verzeichnisses ist vom Mess-Ausschuss eine Leipziger Firma betraut.

Die Bearbeitung der beiden Verzeichnisse geschieht auf Grund jedesmal vor den Messen zur Versendung gelangender

Fragebogen, da sich allein auf diesem Wege die Richtigkeit und Vollständigkeit ihres Inhalts erreichen und den wechselnden Bedürfnissen und Wünschen der Aufzunehmenden Rechnung tragen lässt. Diese regelmässigen, fürs Einkäufer-Verzeichnis jährlich, fürs Messadressbuch halbjährlich stattfindenden Erhebungen, auf denen sich jede Auflage neu aufbaut, dienen ausserdem zugleich der statistischen Erfassung des Messverkehrs, der Festsetzung der erforderlich scheinenden Zahl Bücher-Exemplare und der Vormerkung für die vorherige Gratisversendung oder persönliche Gratisaushändigung des Mess-Adressbuchs an die Einkäufer, bezw. des Einkäufer-Verzeichnisses an die Aussteller. Befragt werden dabei alle Firmen, die dem Mess-Ausschuss im Laufe der Zeit als Messbesucher bekannt geworden sind, auch wird auf die jeweilig erfolgten Umfragen durch Notizen in der Fachpresse aufmerksam gemacht, damit etwa nicht berücksichtigte Interessenten sich noch rechtzeitig melden können. Eine Ergänzung und Kontrolle findet die Einrichtung in gewissen während der Messe selbst getroffenen Massnahmen, so durch die Ausbeutung der polizeilichen Fremdenzettel, die vor einigen Jahren auf Antrag des Mess-Ausschusses mit einer Zusatzfrage nach der Messbesucher-Eigenschaft versehen wurden und ihm für seine Zwecke zeitweise zur Verfügung gestellt werden, namentlich aber auch durch die an den öffentlichen Abgabestellen geführten Einzeichnungslisten. Als solche Abgabestellen, an denen die Messbesucher das ihnen zugedachte Verzeichnis, soweit es ihnen nicht schon zugeschickt worden ist, gegen Eintragung ihres Namens und ihrer Adresse unentgeltlich verabreicht bekommen, fungieren die Geschäftsstelle des Mess-Ausschusses im Städtischen Kaufhause und eine Reihe im Messviertel befindlicher Ladengeschäfte, deren Inhaber die gemeinnützigen Bestrebungen des Mess-Ausschusses dadurch in anerkennenswerter Weise unterstützen. Ueberdies wird das Mess-Adressbuch in allen bedeutenderen Hotels der Stadt sowie in den Restaurants, Kaffees und Zigarrengeschäften des Messviertels zur beliebigen Einsicht jedermanns ausgelegt und deutschen und ausländischen Handelskammern, deutschen und fremden Konsulaten, wirtschaftlichen Vereinen, öffentlichen Bibliotheken und den Behörden der am Messverkehr beteiligten Verwaltungszweige übersandt, um allerwärts und jederzeit als Quelle näherer Auskunft über die Leipziger Messen zu Gebote zu stehen.

Neben den erörterten Aufgaben, der Abwehr der Berliner

Agitation, der Neuordnung der Mess-Termine, der Herausgabe einer Zeitschrift und zweckdienlicher Verzeichnisse der Aussteller wie der Einkäufer, fielen dem Mess-Ausschuss während seiner auf die Förderung der Messen gerichteten Tätigkeit noch zahlreiche andere Angelegenheiten zu. Sie betrafen hauptsächlich dreierlei: 1) den Mess-Reiseverkehr nach Leipzig, 2) den Mess-Fremdenverkehr und die Unterkunftsverhältnisse in Leipzig, endlich 3) das Mess-Ausstellungswesen und den Mess-Geschäftsverkehr.

Hinsichtlich des Mess-Reiseverkehrs liefen fortgesetzt Beschwerden ein über die kurze Gültigkeitsdauer der sächsischen und preussischen Rückfahrkarten, über die Ueberfüllung der Wagen und über die schlechten Anschlüsse und Verbindungen, auf die der nach Leipzig fahrende angewiesen ist. In dem ersten der drei Punkte hatte das Vorgehen des Mess-Ausschusses und der Handelskammer im Interesse der Messbesucher insofern einen raschen, erfreulichen Erfolg, als eine 1897 an die Königl. Generaldirektion der sächsischen Staatseisenbahnen gerichtete Eingabe die gewünschte Verlängerung der Rückfahrkarten-Gültigkeit auf 10 Tage am 15. April 1898 für Sachsen herbeiführte. Erfolglos blieben dagegen die bei der Kgl. preussischen Eisenbahnverwaltung in derselben Richtung wiederholt erhobenen, zuletzt im Februar 1901 dringlich erneuerten Vorstellungen, die jahrelang und noch am 18. März 1901 unter Vertröstung auf schwebende Verhandlungen über eine allgemeine Personentarifreform abschlägig beschieden wurden. Umso angenehmer war die Ueberraschung, als sich Preussen endlich veranlasst sah, dem Beispiel Süddeutschlands und Sachsens zu folgen, und am 4. Juli 1901 die Geltungsdauer aller Rückfahrkarten im Gebiete der preussisch-hessischen Eisenbahngemeinschaft, wie innerhalb weniger Tage darauf in ganz Deutschland, sogar auf 45 Tage ausgedehnt ward. Von gewissem Erfolg begleitet waren ferner die bei den zuständigen Stellen erfolgten Vorstellungen wegen der oft beklagten Ueberfüllung namentlich der von Nord- und Westdeutschland kommenden Züge, wenn auch die erwirkte Vermehrung der Wagen der Steigerung des Verkehrs zu den Messen zuweilen noch nicht entsprach, sodass sich stetig erneute Vorstellungen nötig machten. Ein sichtbares Zeichen des Erreichten sind aber z. B. die seit 1897 an gewissen Tagen vor Beginn der Messen von Amsterdam nach Leipzig durchlaufenden Wagen, mit deren Einstellung ein Wunsch zahlreicher holländischer Messbesucher in Erfüllung gegangen ist. Sehr bescheiden waren hingegen leider die Erfolge, die in Beziehung auf bessere Zugverbindungen erzielt wurden. Die zahlreichen beim Mess-Ausschuss angebrachten Beschwerden und Anträge lieferten ebensoviele neue Beweise, wie berechtigt und notwendig die in dieser Richtung seit Jahren von der Leipziger Handelskammer unternommenen Schritte gewesen, und fanden bei der weiteren Behandlung der Eisenbahn-Angelegenheiten durch die zuständigen Ausschüsse und das Plenum und der Aufstellung der einzelnen der preussischen Eisenbahnverwaltung gegenüber geltend zu machenden Forderungen nach Möglichkeit mit Berücksichtigung. Dem unausgesetzten Bemühen und entschiedenen Vorgehen der Kammer gelang es denn auch, eine Reihe nicht unwesentlicher Verbesserungen im Laufe der Zeit herbeizuführen, doch war das, was erreicht wurde, nur ein kleiner Bruchteil von dem, was gefordert werden durfte. Auf welche Punkte sich die von der Kammer gestellten Anträge im einzelnen bezogen und inwieweit den von ihr verfochtenen Wünschen Erfüllung zu teil ward oder versagt blieb, zeigen die betr. Abschnitte ihrer Jahresberichte [1]), aus denen hervorgeht, dass seitens der Handelskammer Leipzig nichts versäumt worden ist, Leipzig diejenige Stellung im deutschen Eisenbahnnetz und diejenige verkehrspolitische Behandlung zu sichern, auf die es vermöge seiner Grösse, seines Handels, seiner Industrie und seiner Messen Anspruch hat.

Wiederholt beschäftigte den Mess-Ausschuss und das Plenum der Handelskammer auch die Frage des Mess-Fremdenverkehrs und der Unterkunft der Fremden in Leipzig. Wie an allen Orten, wo bei bestimmten Gelegenheiten viele Fremde zusammenströmen, war auch in Leipzig zu den Messen schon von alters her häufig Mangel an Unterkunftsgelegenheit und als Folge davon eine erhebliche Steigerung der Wohnungspreise aufgetreten [2]). Besonders empfindlich äusserte sich dieser Missstand, als die Zahl der die Messen besuchenden Personen mit der Entfaltung des Messmusterlagerverkehrs anhaltend wuchs [3]). Um der Ueberfüllung der Hotels und dem Mangel an geeigneten Wohnungen tunlichst abzuhelfen, liess sich der Mess-Ausschuss die Nachweisung von Privatwohnungen angelegen sein, zunächst

1) Vgl. insbesondere 1901 S. 41 ff. und 1902 S. 55 ff.

2) Vgl. z. B. die 1711 von *Marperger* empfohlene ausführliche Verordnung a. a. O. II. S. 212.

3) Die Zahl der beim Polizeiamt der Stadt Leipzig zu Beginn der Muster-

durch gelegentliche Entgegennahme von Anmeldungen vermietbarer Zimmer und Mitteilung der Adressen der Vermieter an Nachfragende, späterhin aber ausserdem, unter Mitwirkung des Leipziger Verkehrsvereins, durch Errichtung besonderer Auskunftsstellen in der Nähe der Bahnhöfe, wofür Zimmer anzumelden die Einwohner der Stadt öffentlich aufgefordert wurden. Die ankommenden Fremden erhielten von der Veranstaltung durch Plakate auf den Bahnhöfen und überdies durch besondere Zettel Kenntnis, die die beteiligten Kgl. Sächsischen und Preussischen Eisenbahnverwaltungen entgegenkommender Weise auf den letzten Stationen vor Leipzig in die Züge verteilen liessen. Die Einrichtung erfreute sich reger Benutzung und wurde in manchen Punkten noch verbessert und weiter ausgestaltet.

Schwieriger war es, wirksam den Beschwerden über die sogenannten Messpreise der Gastwirte zu begegnen. Sie betrafen teils die Erhöhungen der Preise an sich, teils sonstige, damit nicht oder nur bedingt zusammenhängende Unannehmlichkeiten, deren Hauptgrund meist in der Unklarheit der bei der Ermietung der Zimmer getroffenen Abmachungen lag. Ein Aufschlag auf die Preise war den Gastwirten, soweit er sich innerhalb angemessener Grenzen bewegte, bei dem grossen Andrang wohl kaum zu verargen und jedenfalls nicht zu verbieten. In der Zeit, als eine Zersplitterung des Messverkehrs durch die Berliner Agitation zu befürchten stand, hatten wohl eine Reihe von Hotelbesitzern die Erklärung abgegeben, dass »Messpreise« fortan nicht mehr berechnet werden sollten, ob und inwiefern jedoch diese Erklärungen

---

lagermessen zur Anmeldung gelangten Fremden (ohne die Herbergsfremden) betrug

1901.		1902.		1902.		1903.	
Aug. 22.	593	Febr. 28.	516	Aug. 28.	609	Febr. 27.	447
» 23.	672	März 1.	587	» 29.	616	» 28.	646
» 24.	694	» 2.	853	» 30.	843	März 1.	809
» 25. (Beginn d. Mich-M.)	857	» 3. (Beginn d. Oster-Vorm.)	1870	» 31. (Beginn d. Mich.-M.)	905	» 2. (Beginn der Oster-Vorm.)	2598
» 26.	1870	März 4.	1708	Sept. 1.	1302	März 3.	1848
» 27.	1770	» 5.	1022	» 2.	1949	» 4.	1251
» 28.	1260	» 6.	777	» 3.	1451	» 5.	669
» 29.	984	» 7.	571	» 4.	1022	» 6.	633
» 30.	922	» 8.	482	» 5.	775	» 7.	399
» 31.	601	» 9.	402	» 6.	565	» 8.	458

Zusammengestellt auf Grund der im Polizeiamt seit Juni 1901 für die einzelnen Tage erfolgenden Aufzeichnungen. Nicht enthalten sind in den Zahlen viele Messfremde, die in Privatwohnungen abgestiegen und polizeilich nicht angemeldet worden sind.

noch als bindend angesehen und rechtlich verwertet werden könnten, ist schwer zu sagen und praktisch auch von wenig Bedeutung, da die Inhaber der betreffenden Hotels vielfach gar nicht mehr dieselben Personen sind, die jene Urkunden vollzogen haben. Soweit die allmählich wieder auftretenden Preiserhöhungen aber über ein gewisses Mass hinausgingen, mussten sie ungerechtfertigt erscheinen und auf die Dauer auch eine Schädigung der Leipziger Gastwirte selbst erwarten lassen; z. B. wurde verschiedentlich beobachtet, dass manche Messfremde ihr Quartier lieber in Vororten und Nachbarstädten Leipzigs aufschlugen. Um solchen ungerechtfertigten Preisaufschlägen und namentlich auch Missverständnissen über die zu zahlenden Preise und den daraus folgenden Weiterungen soviel als möglich entgegenzuwirken, wandte sich der Mess-Ausschuss an die Gastwirte wiederholt mit Vorstellungen. Zugleich wurde, nach erneuter Verhandlung über die Angelegenheit in der öffentlichen Gesamtsitzung der Handelskammer vom 26. Oktober 1900, darauf hingewiesen, dass unliebsamen nachträglichen Auseinandersetzungen aller Art und bis zu gewissem Grade auch willkürlichen Preissteigerungen durch das Anschlagen der Preise in den Zimmern vorzubeugen sein dürfte, und beim Rate der Stadt beantragt, auf Grund des § 75 der Gewerbe-Ordnung eine entsprechende Anordnung zu erlassen. Diesem Antrage ist von den Städtischen Kollegien bei der Aufstellung des am 1. Januar 1902 in Kraft getretenen neuen Regulativs für Gast- und Schankwirtschaftsbetrieb durch die Aufnahme der folgenden Bestimmung entsprochen worden, die allgemeinem Beifall begegnete: »§ 8. Gastwirte sind überdies verpflichtet, ein Verzeichnis der Preise für Nachtquartier, Licht und Bedienung in den einzelnen, nach Nummern bezeichneten Fremdenzimmern beim Gewerbeamte zur polizeilichen Abstempelung in einem Exemplar einzureichen und es in den Fremdenzimmern an augenfälliger Stelle anzuschlagen. Diese Preise dürfen zwar jederzeit abgeändert werden, bleiben aber so lange in Kraft, bis die Abänderung dem Gewerbeamte angezeigt und das abgeänderte, polizeilich abgestempelte Verzeichnis in den Gastzimmern angeschlagen ist. — Die Ueberschreitung der Preise ist strafbar (§§ 75, 148 Z. 8 der Gewerbe-Ordnung)« [1]).

1) Auf Beschwerden Reisender wegen Ueberschreitung der verzeichneten Preise steht der Ortspolizeibehörde eine vorläufige Entscheidung vorbehaltlich des Rechtsweges zu (§ 75 der G.-O. Satz 3).

Einen weiteren Hauptpunkt, wo der Entwickelung des Messverkehrs förderliche Massnahmen einzusetzen hatten, bildeten das Mess-Ausstellungswesen und der Mess-Geschäftsverkehr. Waren früher die Waren von den Fremden zum grossen Teil auf Höfen, Strassen und öffentlichen Plätzen, in einfachen und engen Buden und Ständen feilgeboten worden, so erheischten der Umschwung, der sich in den letzten Jahrzehnten des 19. Jahrhunderts vollzog und der fortgesetzt wachsende Anteil der Musterlagerbranchen andere und grössere Räumlichkeiten, als sie dem Besucher der Messen bis dahin genügt hatten. Es galt daher, dem schon seit längerer Zeit beklagten Mangel an solchen durch Errichtung heller und geräumiger, neuzeitlich ausgestatteter Gebäude abzuhelfen. Den Anfang dazu machte der auf die Anregung und warme Befürwortung *Herrmanns* in den Jahren 1895 und 1896 durchgeführte Umbau des alten Gewandhauses zu einem allen modernen Anforderungen entsprechenden Messpalast, dem Städtischen Kaufhaus, das nach Vollendung des von den Städtischen Kollegien 1898 beschlossenen Erweiterungsbaus jetzt einen ganzen Strassenblock einnimmt und für sich allein mehr als dreieinhalbhundert Ausstellern Raum gewährt. Nach dem Vorbild dieses städtischen Unternehmens erfolgte mit der anhaltenden Steigerung des Verkehrs die Erbauung einer Reihe privater Ausstellungsgebäude, die gleichfalls für die Zwecke der Messen besonders eingerichtet wurden und zum Teil ihnen ausschliesslich dienen. Ihre Zahl ist noch gegenwärtig in beständigem Zunehmen begriffen. Ausser auf die Beschaffung neuer Räumlichkeiten richteten sich die Wünsche der Messbesucher weiter vielfach auch auf den Nachweis in den Messgebäuden freistehender Ausstellungs-Lokale und -Stände, auf die Orientierung in den einzelnen Gebäuden und den in ihnen vor sich gehenden Verkehr überhaupt. Eine Nachweisung von Lokalen und Ständen hatte seitens des Mess-Ausschusses vor und während der Messen schon von Anfang an stattgefunden, die vermehrte Nachfrage führte aber zu ihrer Vervollkommnung durch halbjährliche Herausgabe eines gedruckten Verzeichnisses, das neben den Adressen der Vermieter genaue Angaben über Lage, Grösse, Lichtverhältnisse, Ausstattung und Preis der verfügbaren Räume aufnahm und allen Nachfragenden kostenfrei zur Verfügung gestellt wurde. Die Anregungen, die in Bezug auf die Orientierung in den Messgebäuden auftraten, betrafen teils die Konzentration der verschiedenen Geschäftszweige auf bestimmte Gebäude, teils die Anbringung von Schildern und sonstigen Orientierungsmitteln in den Eingängen und Treppenhäusern. Hinsichtlich beider Punkte musste die Herbeiführung und Erprobung den Beteiligten zusagender Massnahmen in erster Linie diesen selbst überlassen bleiben, da sich die Wünsche und Ansichten der Aussteller und der Einkäufer vielfach widersprachen. Der Mess-Ausschuss fand indessen Gelegenheit, wenigstens gewisse, auf beiden Seiten erwünschte Veranstaltungen unmittelbar oder mittelbar zu fördern und zu unterstützen, so z. B. die Papierfachausstellungen des Mitteldeutschen Papiervereins, die elektrotechnischen Messausstellungen und sonstige Kollektiv-Ausstellungen von Fabrikanten desselben oder verwandter Industriezweige, die Ersetzung oder Ergänzung der oft in buntem Wirrwarr aufgehängten Reklame-Plakate durch rasch übersehbare gemeinschaftliche Orientierungstafeln, vor allem auch die Bearbeitung der von den Inhabern der grossen Ausstellungsgebäude herausgegebenen besonderen Führer, die mit den bezüglichen Seiten des Mess-Adressbuchs im Manuskript verglichen wurden.

Zwei weitere, mehr den Mess-Geschäftsverkehr an sich betreffende Fragen, mit denen sich der Mess-Ausschuss zu befassen hatte, waren das öfters beobachtete, von Einkäufern wie Ausstellern gleich beklagte vorzeitige Schliessen der Musterlager und der Besuch der Messgebäude durch Privatpersonen. In ehemaligen Zetien waren Klagen über das Verweilen der Messfremden und die Hinausziehung des Geschäfts über die Termine der Messen hinaus an der Tagesordnung gewesen. Mit der Ausbildung des Kauf und Verkauf vereinfachenden und beschleunigenden Musterlagerverkehrs traten an ihre Stelle bezeichnenderweise Beschwerden der umgekehrten Richtung. Manche Fabrikanten, die schon in den ersten Tagen mehr Aufträge erhalten hatten, als sie überhaupt ausführen konnten, auch solche, deren Kollektionen wenig Anklang fanden, sahen davon ab, ihre Musterlager bis zum offiziellen Ende der Messe oder auch nur bis zum Ablauf der ersten Woche noch offenzuhalten, und andere, die das verfrühte Einpacken jener störend empfanden, folgten schliesslich ihrem Beispiel. Die Folge war, dass sich der Hauptverkehr mehr und mehr auf die ersten Tage zusammendrängte, wozu die kurze Gültigkeitsdauer der norddeutschen Rückfahrkarten und der Andrang in den Hotels noch beitrugen. Um Abhilfe zu schaffen, wurden im Städtischen Kaufhause und den grösseren privaten Ausstellungsgebäuden hinsichtlich der Zeit des Einpackens gewisse Beschränkungen eingeführt, die dem Missstand auch bis zu gewissem Grade steuerten. Ausserdem erging an die Ausstellerschaft durch die Fach- und Tagespresse und allerwärts verteilte Flugblätter die Aufforderung, mit dem Einpacken ihrer Muster zum mindesten nicht vor Ende der ersten Woche zu beginnen, damit die allerseits beklagte Störung und übermässige Zusammendrängung des Verkehrs vermieden werde und im Interesse aller Beteiligten eine grössere Einheitlichkeit Platz greife. Diese Aufforderung wurde allgemein mit Genugtuung begrüsst und war von sichtlich guter Wirkung.

Eine Beeinträchtigung des Verkehrs zwischen Ausstellern und Einkäufern verursachte ebenso der Besuch der Ausstellungsgebäude seitens des schaulustigen Publikums, worüber verschiedentlich Beschwerden laut wurden, die als einen Hauptgrund dieses Missstandes die Messmuster-Verkäufe mancher Aussteller an Private hinstellten. Um Verkäufe dieser Art überflüssig zu machen, errichtete der Rat in seinem Geschäftszimmer im Städtischen Kaufhause eine Vermittelungsstelle, an der die Aussteller, die ihre Muster am Schluss der Messe zu veräussern wünschten, mit Händlern, die solche in grösseren oder kleineren Posten zu kaufen suchten, in Verbindung gesetzt wurden.

Ausser den erwähnten Gegenständen betraf die Tätigkeit des Mess-Ausschusses im Laufe der Jahre noch zahlreiche andere, z. B. die Vermehrung der Droschken an den Bahnhöfen, die tägliche Veröffentlichung der Fremdenlisten, die Regelung des Postschalterdienstes, die Beseitigung des in gewissen Jahren in die Ostervormesse fallenden Busstages [1]), die zur Messe in Leipzig tagenden Versammlungen von Interessenverbänden und die Erweiterung der den Messbesuchern gebotenen Gelegenheiten zur Erholung und Unterhaltung [2]). Vor allem umfasste der Wirkungskreis des Mess-Ausschusses aber auch den Verkehr mit den Messbesuchern und Messinteressenten in Messangelegenheiten aller Art durch

1) In dieser Angelegenheit wurden von den Sächsischen Handels- und Gewerbekammern am 15. April 1901, in Weiterverfolgung früherer Schritte und unter besonderem Hinweis auf die Ostervormesse, an die Ev. Luth. Landes-Synode gemeinschaftliche Vorstellungen gerichtet, sie waren jedoch nicht von Erfolg begleitet.

2) Namentlich auch durch das neue Zentral-Theater, dessen Projekt und Erbauung dem damaligen Vorsitzenden des Mess-Ausschusses, Stadtrat *Heinrich Dodel*, in erster Reihe mit zuzuschreiben ist.

täglichen, zeitweise äusserst umfangreichen Schriftwechsel und gelegentliche persönliche Aussprache während der Messe.

Alle diese Schritte, die der Mess-Ausschuss im Interesse der Messbesucher und der Messen unternahm, trugen wesentlich dazu bei, dass sich der Messmusterlagerverkehr günstig fortentwickelte und an Umfang und Bedeutung stetig gewann. Die von manchen Seiten gehegte Befürchtung, jedes Rütteln an den althergebrachten Einrichtungen könnte den Messen nur schaden, erwies sich als unbegründet, es zeigte sich im Gegenteil, dass deren weitere Entfaltung alle Erwartungen übertraf und mit der Einführung der Oster-Vormesse und der Früherlegung der Herbstmesse ein äusserst glücklicher Griff getan worden war. Gelegentlich einer im Jahre 1901 im Zusammenhang mit den Erhebungen fürs Einkäufer-Verzeichnis vorgenommenen Befragung der Einkäufer, welche etwaigen Massnahmen zur weiteren Förderung des Messverkehrs noch erwünscht und geeignet scheinen könnten, wurde von zahlreichen Firmen ausdrücklich anerkannt und betont, dass man mit der neuen Ordnung das Richtige getroffen habe. Nur eine verschwindende Zahl, im ganzen 48 Firmen oder 0,6 Proz. der Befragten, darunter 22 den Musterlagerbranchen angehörige, oder noch nicht 0,4 Proz. der Einkäufer dieser Geschäftszweige befürworteten eine Aenderung der Messverfassung, meist dahingehend, dass die 1894 als einziger Ausweg erkannte Teilung der Ostermesse wieder beseitigt werden möchte und im übrigen in so verschiedener Richtung, dass eine bessere Vereinigung ihrer Wünsche als auf die geltenden Termine gar nicht zu erzielen wäre.

Von grossem Einfluss auf die steigende Ausdehnung des Messhandels in seiner neuen Form war aber auch eine Reihe von Tatsachen allgemeiner Natur. Die meisten Industrien, deren Erzeugnisse im Messmusterlagerverkehr vertrieben werden, hatten sich in den letzten Jahren und Jahrzehnten ausserordentlich gehoben. Die Erhöhung der Lebenshaltung, die die wirtschaftliche Aufwärtsbewegung des ausgehenden 19. Jahrhunderts hervorgerufen hatte, und das mit ihr stärker auftretende Interesse für Galanterie- und Luxuswaren, die dadurch begünstigte Blüte der Kunstgewerbe, die gleichzeitige Entstehung sonstiger zahlreicher Industrien, die mannigfache Gegenstände der verschiedensten Verwendungsarten auf den Markt brachten und der alten Ausstellerschaft zuwuchsen, nicht zum mindesten auch der Abschluss der Handelsverträge, der auf die an den Messen beteiligten Exportindustrien ungemein fördernd wirkte — alle diese Umstände führten dazu, dass der Musterlagerverkehr der Leipziger Messen zu einer grossartigen Entfaltung gelangte und Leipzig in ihm seinen ehemaligen, zum Teil verschwundenen oder zurückgegangenen Messhandel zu neuem Glanz und Ruhm erstehen sah.

Ein beredtes Zeugnis des Aufschwungs sind die Zahlen der Aussteller und Einkäufer.

Im Jahre 1893 belief sich die Zahl der bekannten und vermutlichen Aussteller aller Geschäftszweige, an die die erwähnte Umfrage wegen der zeitlichen Verlegung der Messen gerichtet wurde, auf 1961, wovon 1277 auf die Musterlagerbranchen und 684 auf den Handel mit Rauchwaren, Leder und dergl. und Textilfabrikaten entfielen. Von ihnen antworteten im ganzen 925 Firmen, darunter 653 Musterlageraussteller und 272 den übrigen Geschäftszweigen angehörende [1]). Wie viele von den 1036 Firmen, die sich nicht äusserten, gleichwohl Messbesucher waren, muss dahinstehen, jedenfalls blieb aber die Zahl der wirklich beteiligten Betriebe hinter der der herangezogenen Adressen zurück.

Demgegenüber betrug die Zahl der nach der Feststellung ihrer Beteiligung auf Grund ihrer eigenen Angaben ins offizielle Leipziger Mess-Adressbuch aufgenommenen Aussteller

in der		Musterlagerbranchen	Handel mit Rauchw., Leder und dgl. und Textilfabr.	Zusammen Firmen
1. Aufl. für d. Oster-Vormesse	1897	**1286**	—	1286
2. » » » Oster-Vor- und Ostermesse	»	**1377**	587	1964
3. » » » Michaelismesse 1897 u. Neuj.-M.	1898	**1649**	639	2288
4. » » » Oster-Vor- und Ostermesse	»	**1701**	720	2421
5. » » » Michaelismesse 1898 u. Neuj.-M.	1899	**1824**	783	2607
6. » » » Oster-Vor- und Ostermesse	»	**1964**	791	2755
7. » » » Michaelismesse 1899 u. Neuj.-M.	1900	**2178**	881	3059
8. » » » Oster-Vor- und Ostermesse	»	**2317**	880	3197
9. » » » Michaelismesse 1900 u. Neuj.-M.	1901	**2437**	973	3410
10. » » » Oster-Vor- und Ostermesse	»	**2634**	956	3590
11. » » » Michaelismesse 1901 u. Neuj.-M.	1902	**2537**	978	3515
12. » » » Oster-Vor- und Ostermesse	»	**2659**	957	3616
13. » » » Michaelismesse 1902 u. Neuj.-M.	1903	**2780**	936	3716
14. » » » Oster-Vor- und Ostermesse	»	**2658**	923	3581
15. » » » Michaelismesse 1903 u. Neuj.-M.	1904	**2839**	?	? [2])

Die Zahl der nach analogen Feststellungen und Anmeldungen im Einkäufer-Verzeichnis aufgenommenen Einkäufer war

1) *Pohle*, Unterlagen S. 6.

2) Noch nicht genau feststehend.

	Musterlagerbranchen	Handel mit Rauchw., Leder und dgl. und Textilfabr.	Zusammen Firmen
in der 1. Auflage 1894	**792**	1171	1963
» » 2. » 1895	**1429**	1431	2860
» » 3. » 1896	**1485**	1425	2910
» » 4. » 1897	**1637**	1396	3033
» » 5. » 1898	**1948**	1425	3373
» » 6. » 1899	**3466**	1864	5330
» » 7. » 1900	**4809**	2023	6832
» » 8. » 1901	**5595**	2072	7667
» » 9. » 1902	**6401**	1935	8336
» » 10. » 1903	**7579**	?	? [1]).

Zu beiden Zahlenreihen ist zu bemerken, dass ihr rasches Anwachsen, namentlich gegenüber den ersten Auflagen, nicht ausschliesslich auf der Steigerung des Verkehrs, sondern zu einem Teile auch auf der fortgesetzten Vervollkommnung der Vorkehrungen beruht, die eine möglichst erschöpfende Erhebung bezwecken, doch beweist gerade die Tatsache, dass sich trotz solcher statistisch-technischer Verbesserungen Zunahmen auch späterhin immer noch aufs neue herausgestellt haben, den wirklichen, dauernden Aufschwung.

1) Noch nicht genau feststehend.

III.

Die heutige Ausdehnung und Gestaltung des Mess-Musterlagerverkehrs.

a) nach Zeit, Ort und Gegenstand der Ausstellung.

Dem Vorhergehenden ist zum Teil bereits mit zu entnehmen, zu welcher Ausdehnung und Gestaltung der Messmusterlagerverkehr gegenwärtig gelangt ist. Wie es sich damit im einzelnen verhält, soll im folgenden Abschnitt eine nähere Darstellung finden.

Ueber seine Gestaltung und Ausdehnung in Bezug auf die Zeit ist dem Gesagten nur Weniges hinzuzufügen. Wie wir sahen, konzentriert er sich auf zwei Zeitpunkte im Jahre, die durch die Mess-Ordnung gesetzlich geregelten Termine der Oster-Vormesse und Michaelismesse, von denen die erstere am ersten Montag im März, die letztere am letzten Sonntag im August beginnt. Dass sich der Hauptverkehr in den Musterlagern nicht auf die vollen 13 Tage der Ostervormesse und die 22 Tage der Michaelismesse ausdehnt, auf die er sich nach der Mess-Verfassung erstrecken dürfte, sondern in der Regel auf die erste Woche beschränkt, wurde gleichfalls bereits erörtert. Noch festzustellen bleibt dagegen, in welchem Umfang jede der beiden Messen von Ausstellern und Einkäufern besucht wird. Die weitaus überwiegende Mehrzahl aller Verkäufer, ebenso die grosse Mehrzahl der Einkäufer, beteiligen sich sowohl an der Oster-Vormesse als auch an der Michaelismesse. Nach den Erhebungen des Mess-Ausschusses für die 14. Auflage des Mess-Adressbuchs und die 10. Auflage des Einkäufer-Verzeichnisses waren von der

Gesamtzahl der		Besucher der Ostervormesse	%	Besucher der Michaelismesse	%	Besucher beider Messen	%
Aussteller	(2658):	2646	99,5	2414	91	2402	90,5
deutschen Einkäufer	(5978):	4885	82	4498	76	3405	57
ausländ. »	(1601):	1424	89	675	42	498	31
Einkäufer überhaupt	(7579):	6309	84	5173	69	3903	52

Wie hinsichtlich der Zeit weist der Messmusterlagerverkehr auch hinsichtlich des Ortes der Ausstellung eine grosse Konzentration auf. Die Stätten, an denen er sich in der Hauptsache abspielt, befinden sich innerhalb eines wenige Strassen zählenden, annähernd quadratischen Viertels, das nicht mehr als etwa 54 000 qm oder noch nicht den neunten Teil der nur wenig ausgedehnten inneren Stadt einnimmt (rund 490 000 qm ohne die Fläche des sie umfassenden Promenadenrings). Den Rahmen dieses Messmusterlagerviertels, dessen zwischen 200 und 290 m lange Seiten den vier Himmelsgegenden zugekehrt sind, bilden im Osten die Universitäts-Strasse, im Süden die Magazingasse mit ihrer Peterskirchhof benannten Verlängerung, im Westen die Peters-Strasse, im Norden der Markt und die Grimmaische Strasse, wobei von einigen von aussen einmündenden Strassen, wie z. B. der Reichs-Strasse, Hain-Strasse u. s. w. und verschiedenen in der Nähe des Viertels gelegenen Hotels, in denen ebenfalls ausgestellt wird, abgesehen ist. Es gehören ferner dazu eine Strasse namens Neumarkt, die das Viertel nordsüdwärts schneidet und mehrere diese Strasse mit der Universitäts-Strasse einerseits und der Peters-Strasse anderseits verbindende Gassen und Durchgänge. Um die Lage der genannten Strassen zu einander und innerhalb der inneren Stadt zu veranschaulichen, ist im *Anhange* der kleine *Stadtplan*, den der Mess-Ausschuss für die Messen bearbeitet hat und den Messadressbüchern einfügen lässt, beigegeben [1]).

Innerhalb dieses Mess-Viertels zeigt der Mess-Musterlagerverkehr abermals eine, beständig zunehmende, Konzentration auf wenige grosse Ausstellungs-Gebäude. Nach den Erhebungen für die 14. Auflage des offiziellen Leipziger Mess-Adressbuchs stellten 1587 Firmen oder rund 60 Proz. aller Aussteller in insgesamt nur 14 Gebäuden mit mehr als je 40 Lokalen und Ständen aus. Das grösste davon ist das den ganzen Raum zwischen Neumarkt, Kupfergässchen, Universitäts-Strasse und Gewandgässchen füllende Städtische Kaufhaus mit einer Grundfläche von 5300 qm einschliesslich oder 4500 qm ausschliesslich des in seiner Mitte befindlichen Hofes und einer Ausstellerzahl von 364 Firmen. Es

---

1) Die im nördlichen Teile der inneren Stadt rot hervortretenden Gebäude und Höfe dienen dem Mess-Handel mit Rauchwaren, Borsten u. dergl. (Brühl/Park-Str.), Leder (Ritter-Str./Goethe-Str.) und Tuchen (Hain-Str./Gr. Fleischergasse).

folgten dann nach der Zahl der Aussteller das Gebäude Peters-Strasse 44 (»Leipziger Messpalast Rudolf Fleischhauer«) mit 277 Firmen, darunter in einem Stockwerk für sich 123 Kollektiv-Aussteller der »Papiermesse«, der »Reichshof« (Ecke Grimmaische und Reichs-Strasse) mit 206 Firmen, das Grundstück »Auerbachs Hof« zwischen Neumarkt und Grimmaischer Strasse mit 132 Ausstellern, das Geschäftshaus der Firma Moritz Mädler (Peters-Strasse 8) mit 114 Ausstellern, ferner vier Gebäude mit je etwa 80 Ausstellern (Markt 16 — Peters-Str. 7, Peters-Str. 17, Peters-Str. 20, Peters-Str. 25) und fünf mit je 40—50 Ausstellern (Neumarkt 20/22, Neumarkt 3, Universitäts-Str. 18/24, Peters-Str. 24 und Peters-Str. 26). Daneben gab es etwa noch ein Dutzend Gebäude, in denen je 20—40 Musterlager untergebracht waren, während sich der Rest der Ausstellerschaft auf eine grössere Anzahl sonstiger Häuser des Messviertels selbst und seiner unmittelbaren Umgebung verteilte.

Die Waren, die den Gegenstand der Ausstellung in diesen Musterlagern bilden, sind der mannigfachsten Art. Um einen besseren Ueberblick über sie zu gewinnen, als ihn die blosse Aufzählung der zahlreichen im Branchenteil des Mess-Adressbuchs vorkommenden Gruppen gewähren würde, werden wir sie in ein möglichst einheitliches System zu bringen haben. Es bieten sich dazu zwei Haupt-Einteilungsgründe, von denen der eine auf das Angebot und die Erzeugung, der andere auf die Nachfrage und den Verbrauch hindeutet, nämlich Stoff bez. Herstellungsart auf der einen, und Gebrauchszweck bez. Verwendungsform auf der andern Seite.

Die im Musterlagerverkehr ausgestellten Waren sollen im folgenden zunächst nach dem ersten und hierauf nach dem zweiten dieser beiden Prinzipien klassifiziert werden. Bei ihrer Einteilung nach Stoff und Herstellungsart wird indessen dieses Moment für sich allein nicht völlig ausreichen, da viele Erzeugnisse nicht ausschliesslich oder vorwiegend aus einem, sondern aus mehreren Stoffen zugleich hergestellt sind[1]. Zur Vervollständigung des Systems wird deshalb nebenher auch das Prinzip der Verwendung

1) *Emminghaus* glaubt aus diesem Grunde die Unterscheidung der Waren nach der Verwendung allgemein vorziehn zu sollen, gibt jedoch zu, dass auch diese Klassifikation ihre Mängel habe, da in zahlreichen Gewerben verschiedenen Zwecken dienende Gegenstände hergestellt würden. Allg. Gewerkslehre. Berlin 1868, S. 19 ff.

bereits mit herangezogen werden müssen, wie dies die Reichs-Gewerbe-Statistik tut, indem sie von den 15 Gewerbe-Gruppen ihrer Gewerbe-Abteilung B (Industrie einschl. Bergbau und Baugewerbe) 7 nach dem verarbeiteten Stoff, 5 nach der Art der Herstellung bez. der Gewinnung und 3 nach dem Zweck oder der Art der Verwendung bildet, während die innerhalb der Gruppen unterschiedenen Klassen und Arten teilweise und zwar wiederum vorwiegend auf Stoff oder Herstellungsart und teilweise auf den genannten andern Einteilungsgründen beruhen. An das in dieser Weise aufgestellte System kann sich unsere Klassifikation der zu den Musterlagermessen vertriebenen Erzeugnisse anlehnen.

Von welchen einzelnen Gewerbe-Arten im Messmusterlagerverkehr Erzeugnisse vertrieben werden und wie gross die Zahl ihrer Aussteller ist, geht aus der Uebersicht der ***Anlage IV*** hervor [1]). Von allen im volkswirtschaftlichen Sinne zum Gewerbe gehörigen Gewerbe-Arten überhaupt (242) sind danach 102 oder 42 Proz. an den Leipziger Musterlagermessen mehr oder weniger beteiligt und zwar verteilen sich diese 102 Gewerbe-Arten auf die sämtlichen 13 Gewerbe-Gruppen, die nach der Ausscheidung der örtlich gebundenen Bergbau- und Baugewerbe (Gruppen III u. XV) als Gesamtheit der eigentlichen Industrien übrig bleiben. Zu den Ausstellerzahlen ist zu bemerken, dass eine Reihe von Firmen unter mehreren Gewerbe-Arten, -Klassen oder auch -Gruppen zugleich vorkommen, doch beträgt die Summe der in der Tabelle erscheinenden Zahlen nur $^1/_1$ und einen Bruchteil der wirklichen gesamten Ausstellerzahl und dieses Verhältnis wird noch kleiner, wenn man zum Zwecke eines summarischen Ueberblicks wenige grosse Haupt-Gruppen bildet, da hierbei ein Teil der Doppelaufführungen wegfällt. Eine solche Zusammenfassung hat am besten auf die nachstehende Gruppierung hinauszulaufen und ergibt dann das folgende Bild:

———

1) Diese Uebersicht sowie die gesamte übrige in diesem Abschnitt vorkommende Aussteller-Statistik ist auf Grund der Erhebungen für die 10. Aufl. des off. Leipz. Mess-Adressbuchs (1901) aufgemacht. Eine so wesentliche Aenderung in Umfang und Zusammensetzung des Aussteller-Verkehrs, dass eine vollständige Erneuerung des ganzen im folgenden wiedergegebenen Zahlenmaterials erforderlich wäre, ist seitdem nicht eingetreten. (Vgl. die chronol. Zusammenstellung oben auf S. 34).

1) Gewerbe-Klasse IV d (Keramik)	360	Aussteller
2) » » IV e (Glaswaren)	281	»
3) » Klassen V b u. c (Metallwaren)	550	»
4) » Gruppe XII (Waren aus Holz- und Schnitzstoffen)	572	»
5) » Gruppen X u. XI (Papier-, Gummi- u. Lederwaren)	482	»
6) die übrigen Gruppen und Klassen	739	» [1]).

Der im vorhergehenden durchgeführten, im wesentlichen auf der Unterscheidung nach dem Stoff beruhenden Einteilung soll jetzt eine solche nach dem Gebrauchszweck an die Seite gestellt werden. Mehr oder weniger auf diesem Prinzip begründete Klassifikationen finden sich vielfach vor, z. B. in der schon erwähnten *Emminghaus*'schen Gewerkslehre [2]), in dem Katalog der Pariser Weltausstellung von 1900 [3]) und in der systematischen Gruppierung der Waren in der Handelsstatistik [4]), zu einer Anlehnung in ähnlicher Weise wie an die Reichs-Gewerbe-Statistik bietet sich aber für unsern Zweck nirgends Gelegenheit, vielmehr werden wir uns ein dafür geeignetes System schaffen müssen. Die Gruppen, die es zu enthalten hat, und die Mess-Verkaufsartikel, die unter sie fallen, sind die folgenden:

Gruppe 1, Kunst- und Luxusgegenstände. Zu ihr sollen die Gegenstände gerechnet werden, die ausschliesslich den Genuss ihres Anblicks zu gewähren bestimmt sind: Figuren und Büsten, Nippsachen, Wandplatten, Bilder, Heiligen- und Wallfahrtsartikel, oder die zugleich auch einen praktischen Zweck zu erfüllen haben, ihre wesentliche Eigenschaft als Kunst- und Luxusgegenstände aber in ihrer Bezeichnung andeuten: Vasen, Jardinièren und sonstige Blumenbehältnisse, Album-, Photographie-, Uhren-, Lampen- und Goldfisch-Ständer, Vogelkäfige, Bilder-, Spiegel- und Photographie-Rahmen, Säulen, Salontische, Wandschirme, Spiegel, Etagèren und andere Luxusmöbel. Eine weitere

1) Es sind dies die Aussteller, die, wie noch näher zu erörtern sein wird, als Fabrikanten oder Verleger in Spalte 4 der Tabelle vorkommen, zusammen 2984, darunter 805 Doppelaufführungen, mithin 2179 verschiedene Firmen. Nicht mitgezählt sind also die in Spalte 5 und 6 enthaltenen Grossisten u. s. w. und Agenten mit denen zusammen sich die Zahl der ausstellenden Firmen auf 2445 beläuft. Der Unterschied von 189 Firmen gegen die oben S. 34 angeführte Ausstellerzahl (2634) beruht darauf, dass eine Reihe Firmen bei der Aufbereitung des Erhebungsmaterials auszuscheiden waren, z. B. solche, die ihren Messbesuch als unbestimmt bezeichnet oder über ihren Geschäftszweig nur ganz allgemeine Angaben gemacht hatten wie »Kurzwaren«, »Galanteriewaren«, »Bäderartikel«, »Exportartikel«.

2) a. a. O. S. 20 ff.

3) Amtl. Katalog d. Ausst. des deutschen Reichs S. 419.

4) z. B. Statistik des deutschen Reichs Neue Folge, Bd. 129, Berlin 1900 S. 366—392.

Reihe Artikel, die ihr der Beschaffenheit nach gleichfalls zugeteilt werden könnten, den praktischen Gebrauchszweck aber mehr in den Vordergrund treten lassen, sei es als Beleuchtungsgegenstände, Tafelgeräte, Uhren, Schreibtischutensilien oder Toiletteartikel, werden dagegen besser den nächsten Gruppen zuzuteilen sein.

Gruppe 2, Beleuchtungsgegenstände. Zu ihr zählen die für die Beleuchtung gebrauchten Gegenstände verschiedenster Art: Lampen, Kronleuchter, Ampeln, Kerzen, Leuchter, Lichtmanschetten, Feuerzeuge u. dergl.

Gruppe 3, Tafelgeschirr und Tafelgeräte. Sie vereinigt die auf der Tafel erscheinenden Erzeugnisse vor allem der keramischen und Glas-, aber auch der Metall- und anderen Industrien: Tafelservices, Tafelaufsätze, Bowlen, Syphons, Liqueursätze, Bierservices, Krüge, Becher und Pokale, Weinkühler, Servierbretter, Rolltischdecken, Menagen und sonstige Tafelgeräte, während die Tafel-Messer, -Löffel und -Gabeln, da von den in der Küche verwendeten kaum trennbar, lieber der

Gruppe 4, Küchengeräte und Wirtschaftsgegenstände, mit einzuordnen sind. Sie umfasst zwei in ihren Gebrauchszwecken einander verwandte Gattungen von Artikeln, einerseits zur Beschaffung, Zubereitung und Aufbewahrung der Nahrungsmittel bestimmte: Gartengeräte, Markttaschen und -Netze, Wagen, Kochöfen, Kochgeschirr, Backformen, Messerwaren, Löffel, Gabeln, Korkzieher, Eieruhren, Brot- und Gurkenhobel, Gewürz- und Eierschränke, Salzfässer, Eisschränke, Küchenmöbel, anderseits der Instandhaltung der Wohnung und Kleidung sowie der Annehmlichkeit der Bewohner dienende: Möbelklopfer, Federwedel, Bürsten und Pinsel, Wichskasten, Matten, Läufer, Teppich-Kehrmaschinen, Wringmaschinen, Gardinenspanner, Kleiderbügel, Wäsche-Klammern und -Leinen, Zuggardinen-Einrichtungen, Jalousien, Schlösser, Werkzeuge, Leitern, Mausefallen, Schornsteinaufsätze, Thermometer, Badeöfen, Wärmeflaschen, Badeartikel, Schwämme, Hängematten, Feld- und Klappstühle, Kloset-Apparate.

Gruppe 5, Galanteriewaren, Reise- und Toiletteartikel. Den zu ihr gehörenden Waren ist im Gegensatz zu denen der obigen vier Gruppen gemeinsam, dass sie ausschliesslich von einer Person benutzt werden. Sie dienen dieser teils zur Verschönerung, Bekleidung oder Schmückung des Körpers, wie Kammwaren, Frisierzangen, Rasiermesser, Parfümerien,

Necessaires und sonstige Toiletteartikel, Nadeln, Knöpfe, Hosenträger, Gürtel, Hut- und Haarschmuck, Ohrgehänge, Ketten, Broschen, echte und unechte Bijouterien, teils als Utensilien oder Behältnisse, die von ihr dauernd oder zeitweise getragen oder mitgeführt werden: Brillen, Klemmer, Operngläser, Fächer, Pompadours, Taschen, Portefeuille, Etuis, Zigarrenspitzen und -Abschneider, Schnupftabakdosen, Tabakpfeifen, Schirme, Stöcke, Plaid- und Schirmriemen, Koffer und sonstige Reiseartikel.

Gruppe 6, Spielwaren. Unter sie fallen die tausenderlei Sächelchen, die die künftigen Beschützer und Ernährer zu unterhalten und heranzubilden haben: Soldaten, Festungen, Waffen, Fahnen und andere Militärrequisiten, Spiel- und Schaukelpferde, Pferdeställe, Rollwagen, Eisenbahnen, Kaufläden, Baukasten und Laubsägekasten, oder ähnliche Aufgaben für die dereinstigen Mütter und Hausfrauen erfüllen sollen: Badekinder, Täuflinge, gekleidete und ungekleidete Puppen und Püppchen aller Grössen und Gattungen, Puppenstuben und -Küchen, Puppenwagen, -Möbel, -Betten, -Koffer und sonstige Ausstattungsartikel, Puppen-Schnittmuster und Kinder-Kochherde und endlich solche, die beiden aufwachsenden Geschlechtern und zum Teil auch Erwachsenen Vergnügung und Anregung zu gewähren bestimmt sind: Glas- und Steinmärbel, Gummibälle, Woll- und Plüschtierchen, Aufstellschachteln, mechanische und optische Spielwaren, Kinder-Gartengeräte, Gartenspiele, Gesellschafts- und Beschäftigungsspiele, Schach- und Damenbretter, Zauberapparate, Luftballons, Vexier-, Scherz- und Juxartikel. Nicht mit hierher rechnen wollen wir hingegen Artikel, deren Aufgabe im Unterschied zu den Spielwaren in engerem Sinne mehr in einer besonderen Richtung, nämlich in der der Entwickelung ganz bestimmter körperlicher oder geistiger Fähigkeiten und Fertigkeiten liegt, vielmehr dürften die Waren dieser Art — z. B. Zimmerturngeräte, Schlittschuhe, Jugendschriften, Kolorierbücher, Farbenkasten, Kindermusikinstrumente — zweckmässiger anderen, noch anzuführenden Gruppen einzureihen sein, von denen sie sich überdies nur schwer trennen lassen würden. Von der Gruppe Spielwaren seien ferner ausgeschieden zu Gunsten der

Gruppe 7, Dekorationsartikel, Christbaumschmuck, Attrappen, Karneval- und Kotillonartikel eine Reihe von Gegenständen, die wie Attrappen in Gestalt von Figuren oder Früchten, Bigotphons, Kotillonorden, Masken u. s. w. ihr Leben häufig als Spielsachen beschliessen, zunächst aber bei Geschenken, Festen und dergl. Gelegenheiten Verwendung finden. Ausser Attrappen, Bonbonnièren, Masken, Karneval- und Kotillongegenständen begreift die Gruppe noch andere, vorwiegend dekorativen Zwecken dienende Waren: Christbaumschmuck, Lametta, Düten, Knallbonbons, Illuminationslaternen und Feuerwerkskörper, künstliche Blumen und präparierte Pflanzen, Makartbouquets, Papierausstattungen, Blumentopfhüllen, Fliegenbälle, Lampenschirme und Sargverzierungen. Ihr zuzugesellen ist auch die Warengattung »Japan- und Chinawaren«, unter der im Zweifel Zimmerdekorationsartikel in erster Linie stets mit zu verstehen sind, sodass ihre Einfügung an dieser Stelle der ausschliesslichen Einordnung unter eine der Gruppen 1 bis 7 oder unter die Gruppe 8 vorzuziehen sein möchte.

Gruppe 8, Schreib- und Zeichenwaren, Schul- und Bureauutensilien. Sie enthält einesteils Artikel, die Unterlage oder Mittel der graphischen Darstellung von Gedanken sind: Papier, Gratulationskarten, Patenbriefe, Ansichtspostkarten, Poesiealbums, Notizbücher, Geschäftsbücher, Etiketten, Briefumschläge, Blei- und Farbstifte, Kreide, Schiefer-Griffel und -Tafeln, Tinte, Federn und Federhalter, Tintenlöscher, Farben, Tusche, Stempel, Schreibmaschinen, Kopierutensilien, Rechenmaschinen, Reisszeuge, Lineale, Kolorierbücher und Bemalungsartikel, Abziehbilder, Siegelmarken, Bilderbogen, Jugendschriften, Kalender, Bücher und Fachzeitschriften, andernteils Gegenstände, die Materialien und Utensilien der eben bezeichneten Art oder mit ihrer Hilfe hergestellten Erzeugnissen zur Aufbewahrung dienen: Schreibpulte, Schreibmappen, Schreibzeuge, Tintenfässer, Federkasten, Farbkasten, Briefordner und Briefbeschwerer, Sammelmappen, Schultaschen, Briefmarken- und Postkartenalbums.

Gruppe 9, Musikinstrumente, Uhren und Automaten. Zu ihr gehören Vorrichtungen, die das Ohr und das Auge durch die auf ihnen hervorgerufenen melodischen und rhythmischen Vorgänge ergötzen, ferner solche, die die Zeit messen und deren Verlauf anzeigen, endlich solche, die, im Vollzug ihrer Dienste gleichfalls an genau abgemessene Zeiteinheiten gebunden, in mit ihnen verbundenen Behältnissen Münzen und Gegenstände aufnehmen, bezw. automatisch daraus verabfolgen: Drehpianinos, Harmoniums, Pianos, Geigen, Mund- und Ziehharmonikas, Flöten, Guitarren, Zithern, Saiten, Holz- und Metall-Blasinstrumente, Drehorgeln, Phonographen, automatische Musikinstrumente aller Gattungen und Grössen von den Spieldosen bis zu den Riesenorchestrions, sonstige Musikinstrumente [1]), Kindermusikinstrumente, Uhrwerk-Bilder, mechanische Schaufensterfiguren, Kinematographen, Taschen- und Zimmer-Uhren, Uhrfournituren und Uhrgehäuse, Waren-Automaten und Kontrollkassen.

Gruppe 10, Wissenschaftliche und gewerbliche Instrumente und Bedarfsgegenstände, Sportartikel und Fahrzeuge. Für diese letzte Gruppe verbleiben zunächst Gegenstände, die teils für besondere berufliche und gewerbliche, teils für allgemeine geschäftliche Zwecke gebraucht werden: chemische, pharmazeutische und chirurgische Instrumente und Utensilien, Bandagen, künstliche Augen, Accumulatorenkasten, Isolatoren und sonstige elektrotechnische Waren, Gas- und Wasserleitungsgegenstände, Maschinen, z. B. Kartonnagen-Maschinen, Mikrometer, Senklote, Wasserwagen, Massstäbe, photographische Bedarfsartikel, Lupen und Linsen, Lack, Klebestoffe, Beschläge, Glasbuchstaben, Firmenschilder, Plakate, Schaufenstereinrichtungen, Blechemballagen, Kisten. Hinzugefügt seien diesen Warengattungen weiter, zur Vermeidung der Bildung noch mehr kleinerer Gruppen, die noch übrig bleibenden, sportlichen und Beförderungszwecken dienenden Dinge: Sportartikel, Jagdartikel, Angelutensilien, Peitschen, Waffen, Schlittschuhe, Turngeräte, Fahrräder und Fahrrad-Garnituren, Wagen, Kinderwagen, Leiterwagen, Krankenfahrstühle und Schlitten.

Ordnet man die Aussteller in diese zehn Gruppen ein, so bietet sich die Uebersicht auf S. 45.

In dieser Zusammenstellung fehlen eine Reihe von Ausstellern, die keine näheren, den Gebrauchszweck ihrer Waren andeutende Angaben gemacht haben. Für das Gesamtergebnis ist dies indessen belanglos, da derartige Fälle verhältnismässig selten sind. Den Zahlen ist ferner hinzuzufügen, dass viele Aussteller in mehreren der zehn Gruppen und manche auch in mehreren der vier Spalten a—d zugleich vorkommen. Für das Verhältnis der zehn Gruppen zu einander und ihrer Verteilung auf die Spalten a—d bleibt dies jedoch ohne Bedeutung. Diese Verteilung ist übrigens, zumal das Erhebungsmaterial oft nur den Gebrauchszweck, nicht aber zugleich Stoff oder Herstellungsart der Ausstellungsgegenstände erkennen lässt, ohne Rücksicht auf die Klassifikation der

1) Vgl. *Anlage IV* unter VI f. 1—4; Kindermusikinstrumente sind dort nicht mit inbegriffen.

Es stellen aus:	Firmen	darunter erscheinen als Aussteller von a. Keram. u. Glaswaren	b. Metallwaren	c. Waren aus Holz und Schnitzst.	d. Gummi-, Papier- u. Lederw.
1) Kunst- und Luxusgegenstände	858	431	225	178	93
2) Beleuchtungsgegenstände	244	102	98	28	32
3) Tafelgeschirr und Tafelgeräte	334	241	94	36	8
4) Küchengeräte und Wirtschaftsgegenstände	805	188	311	238	162
5) Galanteriewaren, Reise- und Toiletteartikel	748	157	211	200	167
6) Spielwaren	723	150	145	186	164
7) Dekorationsartikel, Christbaumschmuck, Attrappen, Karneval- und Kotillonartikel	394	106	73	70	118
8) Schreib- u. Zeichenwaren, Schul- und Bureauartikel	413	37	88	99	147
9) Musikinstrumente, Uhren und Automaten	245	35	81	38	18
10) Wissenschaftliche und gewerbliche Instrumente u. Bedarfsgegenstände, Sportartikel und Fahrzeuge	327	65	62	49	96

Anlage IV. und die Zusammenfassung auf S. 40 erfolgt, mit der eine genaue Uebereinstimmung wegen der Doppelaufführungen ohnehin nicht zu erzielen gewesen wäre. Es sind daher z. B. auch Verkäufer von Waren wie Glasinstrumenten, Metallblasinstrumenten und Holzblasinstrumenten, die dort in den Gewerbeklassen VI f und g bezw. in der Gruppe 6 erscheinen, hier der Vollständigkeit halber mit unter a, b und c eingereiht.

Die heutige Ausdehnung und Gestaltung des Mess-Musterlagerverkehrs nach

b) Art, Zahl und Herkunft der Aussteller.

Gegenüber dieser grossen Mannigfaltigkeit und Vielgestaltigkeit in Bezug auf Stoff, Herstellungsart und Bestimmung der ausgestellten Waren erscheint die Zusammensetzung des Leipziger Messmusterlagerverkehrs nach der Art der Aussteller, soweit nicht ihr Geschäfts-Zweig, sondern die Natur ihres Betriebs in Frage kommt, bis zu gewissem Grade gleichmässig und einheitlich, insofern nämlich, als die Ausstellerschaft mit Ausnahme eines geringen Bruchteils aus Industriellen besteht. Es geht dies hervor aus den in dem Erhebungsmaterial und teilweise in den Firmen selbst enthaltenen Bezeichnungen des Geschäftszweigs, die fast durchweg mit Worten wie »Fabrik«, (Glas-)

»Hütte«, (Glas-) »Raffinerie«, »Manufaktur«, »Werke«, »Fabrikation«, »Herstellung«, »Verfertigung«, »Erzeugung« und dergl. zusammengesetzt und vielfach auch von Angaben über die Zahl der beschäftigten Arbeiter begleitet sind. Einen gewissen Anhalt für die Annahme der Eigenschaft als Industrielle bietet ferner, soweit andere Unterlagen fehlen, in zahlreichen Fällen die Herkunft der Aussteller, die noch statistisch und kartographisch zu veranschaulichen sein wird. An dieser Stelle mag aber bereits bemerkt sein, dass die Mehrzahl aller ausstellenden Firmen aus mittleren und namentlich kleinen, über ganz Deutschland und Mitteleuropa verstreuten Plätzen stammt, z. B. die grosse Hälfte der die Ausstellerschaft entsendenden Orte noch nicht 5000 Einwohner zählen. Im Zweifel darf daher wohl überall da, wo eine Firma aus einem solchen kleinen Ort ausschliesslich Erzeugnisse e i n e r bestimmten Gewerbeart zur Messe bringt, auf einen industriellen Betrieb geschlossen werden, zumal wenn der Ort ein bekannter Standort der betr. Industrie ist. Es wäre nun interessant, festzustellen, wie viele dieser am Leipziger Messmusterlagerverkehr teilnehmenden Industriellen, zu denen 2179 Firmen oder 89 Proz. der Aussteller zu rechnen sind, auf das gewerbliche Betriebssystem der Fabrik und wie viele von ihnen auf das des Verlags hausindustrieller Erzeugnisse entfallen. Eine solche Feststellung ist jedoch leider hier nicht möglich. Sie scheitert einmal an der Unzulänglichkeit der dem Material hierüber zu entnehmenden Anhaltspunkte, ausserdem aber auch an den vielfach vorkommenden, oft sogar vorherrschenden Uebergangsformen, die ein- und denselben Betrieb gleichzeitig als Fabrik- u n d Verlags-Unternehmen erscheinen lassen. Ebenso wäre es nicht angängig, die Aussteller aus bestimmten Orten und Gegenden bekannter Hausindustrien etwa sämtlich ohne weiteres als Verleger zu zählen, da fast überall auch eine grössere oder kleinere Zahl daneben bestehender Fabriken in Betracht kommt. Im allgemeinen lässt sich sagen, dass die Aussteller von keramischen Waren, Hohl- und Kristallglas, Eisenguss, Blechwaren, Erzeugnissen aus Nickel, Kupfer, Bronze und andern Metalllegierungen meist Fabrikanten, die Aussteller von Waren aus Papier, Leder, Holz und sonstigen Schnitzstoffen, Korbwaren, Spielwaren, Christbaumschmuck, Glasperlen und dergl., Musikinstrumenten, Messerwaren und andern Metall-Kurzwaren dagegen teils Fabrikanten, teils Verleger, in manchen dazu gehörigen einzelnen Industrien auch vorwiegend Verleger sind.

Was für Fabriken übrigens in den verschiedenen Hauptgeschäftszweigen unter den ausstellenden Betrieben vorkommen, zeigt die Zusammenstellung der freilich nur wenig zahlreichen Firmen, von denen Arbeiterzahlen ermittelt sind. Von 382 Ausstellern, die Angaben darüber gemacht haben, beschäftigen

	je **10—50** Arbeiter:	**51—200** Arbeiter:	über **200** Arbeiter:
1) Keramik	11 (zus. 330 Arb.)	33 (zus. 4565 Arb.)	41 (zus. 21 763 Arb.)
2) Glaswaren	8 (» 226 »)	16 (» 2166 »)	17 (» 10 990 »)
3) Metallwaren	24 (» 800 »)	43 (» 4285 »)	18 (» 8 580 »)
4) Holzwaren etc.	33 (» 1115 »)	42 (» 4490 »)	24 (» 14 605 »)
5) Leder- u. Papierw.	26 (» 805 »)	30 (» 3310 »)	20 (» 13 415 »)
6) sonstige Waren	34 (» 1084 »)	48 (» 6030 »)	47 (» 28 885 »)
	136 (zus. 4360 Arb.)	212 (zus. 24846 Arb.)	167 (zus. 98 238 »)
unter 1—6 mehrfach vorkommend	32 (» 1055 »)	56 (» 6435 »)	45 (» 20 390 »)
insgesamt	**104** (zus. 3305 Arb.)	**156** (zus. 18411 Arb.)	**122** (zus. 77 848 Arb.)

Unter diesen Betrieben befinden sich viele Aktiengesellschaften, Kommandit-Aktiengesellschaften und Gesellschaften mit beschränkter Haftung. Die Zahl der überhaupt als Aussteller beteiligten industriellen Unternehmungen dieser Arten und ihre Verteilung auf die einzelnen Geschäftszweige stellt sich folgendermassen dar:

	Aktiengesellschaften und Kommanditgesellschaften auf Aktien:	Gesellschaften mit beschränkter Haftung
1) Keramik	18 aus 18 verschied. Orten	15 aus 15 verschied. Orten:
2) Glaswaren	19 » 14 » »	5 » 5 » »
3) Metallwaren	21 » 15 » »	10 » 7 » »
4) Holzwaren etc.	10 » 9 » »	7 » 7 » »
5) Leder- u. Papierwaren	6 » 5 » »	3 » 3 » »
6) Sonstige Waren	30 » 17 » »	14 » 11 » »
	104 aus 78 verschied. Orten	54 aus 48 verschied. Orten.
unter 1 bis 6 mehrfach vorkommend	34 » 29 » »	11 » 18 » »
insgesamt	**70** aus 49 verschied. Orten	**43** aus 30 verschied. Orten.

Neben der grossen Mehrzahl industrieller Aussteller, die die von ihnen ausgestellten Waren in eigner Betriebsstätte oder ausserhalb des Hauses herstellen bezw. herstellen lassen, sind am Messmusterlagerverkehr als Verkäufer weiter eine Reihe von Firmen beteiligt, die zwischen den Fabrikanten und Verlegern einerseits und den deren Waren aufnehmenden Händlern andrerseits eine vermittelnde Stellung einnehmen: Grosshändler und Agenten. Zu den Grosshändlern zu zählen sind einmal die den Markt des Inlands und der Nachbarländer versorgenden Grossisten im engern Sinne, sodann die namentlich die überseeische Ausfuhr bewirkenden Kommissions- und Exportgeschäfte, wie z. B. Nürnberg, Sonneberg, Wien, Paris, Hamburg solche als Aussteller zur Messe entsenden, ferner die zu ihr ausstellenden Buch- und Kunstverlagshandlungen und endlich auch eine Anzahl Importfirmen, die Fabrikate Japans, Chinas, Indiens, Amerikas oder fremdländische Rohmaterialien für die Messmusterlagerbranchen wie Bambusrohr, Horn, Perlmutter und dergl. zum Verkauf bringen. Alle diese vier Kategorien von Grosshandelsunternehmungen haben gemein, dass sie selbständig zwischen den Produzenten und den weiteren Wiederverkäufern stehen und die einzelne zu ihnen gehörige Firma wegen des Bezugs ihrer Waren meist mit vielen Lieferanten oder Kommittenten desselben oder verschiedener Geschäftszweige zugleich Verbindungen unterhält. Sie unterscheiden sich dadurch von den Agenten, die, im Dienste ihrer Geschäftsherrn stehend, für diese gegen Provision Verkäufe abschliessen oder in die Wege leiten und in der Regel nur eine beschränkte Zahl nicht miteinander konkurrierender Firmen vertreten.

In welcher Weise sich die Gesamtheit der Mess-Aussteller für die Erzeugnisse der einzelnen Gewerbearten auf die drei Gruppen 1) Fabrikanten und Verleger, 2) Grossisten u. s. w. und 3) Agenten verteilt, erhellt aus der *Anlage IV*. Zu beachten ist darin der beim Auslande aus naheliegenden Gründen stärkere Anteil der Grossisten u. s. w., ferner bei den Grossisten und Agenten aus Deutschland sowohl wie dem Auslande der Umstand, dass ihre Zahl in den betr. Spalten mehr hervortritt als es dem tatsächlichen Verhältnis zu Spalte 4 bezw. 8 und 12 entspricht. Es ist dies der Fall, weil derselbe Grossist bezw. derselbe Agent fast immer als Aussteller von Erzeugnissen m e h r e r e r Gewerbearten aufzuführen gewesen ist, sodass sich z. B. die Summen der Spalten 5 und 6 auf das $2^1/_2$- bezw. 3fache der wirklichen Gesamtzahlen belaufen, während die der Spalte 4, wie schon früher bemerkt wurde, nur $^1/_1$ und einen Bruchteil der tatsächlichen Gesamtheit der Fabrikanten und Verleger ausmacht. Ohne die Doppelaufführungen sind die Gesamtzahlen für die drei Gruppen die folgenden:

			davon aus			
		%	Deutschland	%	dem Auslande	%
1) Fabrikanten u. Verleger	**2179**	89	1942	89,5	237	86,5
2) Grossisten, Kommissions- u. Exportgeschäfte, Importfirmen, Buchhandlg.	**176**	7,25	145	6,75	31	11,25
3) Agenten	**90**	3,75	84	3,75	6	2,25
	2445	100	**2171**	100	**274**	100

Sehen wir nun, wie es sich mit der Herkunft der Aussteller im einzelnen verhält. Es bieten sich dafür vier Gesichtspunkte: 1) die Lage der Herkunftsorte, 2) ihre Grösse, 3) ihre Ausstellerzahl und 4) der Geschäftszweig der aus ihnen kommenden Aussteller.

Die Lage der die Ausstellerschaft entsendenden Orte wird durch die im Anhang befindliche *Karte* veranschaulicht. Es sind darauf die einzelnen Orte je nach dem Geschäftszweig, den sie auf der Messe hauptsächlich vertreten, in Gestalt von Rechtecken verschiedener Farbe eingezeichnet, sodass die Karte zugleich ein Bild der Standorte der betr. Industrien gibt. Zur Vermeidung eines zu grossen Formates ist dabei nur der mittlere Teil Deutschlands zur Darstellung gebracht, der die grosse Mehrzahl der fragl. Orte aufweist, während die übrigen, ausserhalb des Rahmens der Karte fallenden Orte nach Massgabe ihrer geographischen Breiten- bezw. Längen-Lage auf dem Rande durch Pfeile angedeutet sind. Angesichts der grossen Zahl der in Betracht kommenden Eintragungen und der Notwendigkeit eines tunlichst kleinen Massstabs haben Gebirge, Flüsse u. s. w. nicht oder nur zum Teil Aufnahme finden können, doch dürfte die Orientierung durch die auf der Karte erscheinenden Grenzen und grösseren Städte schon hinlänglich gewährleistet sein.

Um einen Ueberblick über all die bunt durcheinander liegenden Herkunftsorte zu gewinnen, empfiehlt sich eine Einteilung in grössere, zusammenhängende Gebiete. Am zweckmässigsten erscheint mir die folgende:

1) Königreich Sachsen;

2) die Stadt Berlin für sich;

3) Norddeutschland: Brandenburg, Posen, Ost- und Westpreussen, Pommern, Mecklenburg-Schwerin, Mecklenburg-Strelitz, Schleswig-Holstein, Lübeck, Hamburg, Bremen, Oldenburg ausschliesslich Birkenfeld, Lippe, Schaumburg-Lippe und die Provinz Hannover ausschliesslich des Regierungsbezirks Hildesheim;

4) die Provinz Sachsen ohne die Kreise Erfurt, Schleusingen und Ziegenrück, die von ihr umschlossenen Teile thüringischer Staaten (Sondershausen, Greussen, Frankenhausen, Allstedt, Schlotheim u. s. w.), Braunschweig, Anhalt und der Regierungsbezirk Hildesheim;

5) die thüringischen Staaten ausschliesslich der bezeichneten Gebietsteile und einschliesslich der preussischen Kreise Erfurt, Schleusingen, Ziegenrück und Schmalkalden;

6) Hessen-Nassau ohne Schmalkalden, Oberhessen, Waldeck, Westfalen, Rheinland mit Birkenfeld;

7) der westliche Teil Süddeutschlands: Elsass-Lothringen, Pfalz, Rheinhessen, Starkenburg, Baden, Hohenzollern, Württemberg;

8) Bayern rechts vom Rhein;

9) Schlesien;

10) Böhmen;

11) das übrige Ausland.

Von diesen elf Gebieten sind am Leipziger Messmusterlagerverkehr beteiligt

					% d. Orte	% d. Aussteller
1) das Kgr. Sachsen	mit 118	versch. Orten	u. 727	Ausstellern [1])	: 19	30
2) Berlin	» 1	Ort	» 368	»	: —	15
3) Norddeutschland	» 31	» Orten	» 90	»	: 5	3,5
4) Prov. Sachsen usw.	» 36	» »	» 88	»	: 6	3,5
5) Thüringen	» 132	» »	» 388	»	: 21	16
6) Westf., Rheinland, Hessen	» 61	» »	» 163	»	: 10	6,5
7) das westliche Süddeutschland	» 48	» »	» 122	»	: 8	5
8) Bayern r. v. Rh.	» 46	» »	» 155	»	: 7,5	6,5
9) Schlesien	» 33	» »	» 70	»	: 5,5	3
10) Böhmen	» 61	» »	» 148	»	: 10	6
11) d. übrige Ausland	» 49	» »	» 126	»	: 8	5
zusammen	616 [2])	versch. Orte	m. 2445	Ausstellern	: 100	100

Die unter 11 erscheinenden 49 Orte und 126 Aussteller verteilen sich hauptsächlich auf Oesterreich, Frankreich, England, Holland, Belgien und Italien, in zweiter Linie auch auf die Vereinigten Staaten, Skandinavien, Ungarn und die Schweiz.

In die Augen springt bei den obigen Zahlen vor allem die starke Beteiligung des mittleren und südlichen Deutschlands im Gegensatz zu dem schwachen Anteil des grossen als Norddeutschland zusammengefassten Gebiets[3]), besonders wenn man Berlin für sich rechnet. Unterscheidet man, um wenige grosse Gruppen

1) Davon 359 aus Leipzig.

2) Bei Firmen, die Betriebe an mehreren Orten zugleich haben, ist aus praktischen Gründen stets nur ein Ort gerechnet. Da solche Fälle ziemlich zahlreich vorkommen, bleiben die gewonnenen Zahlen hinter den wirklichen noch zurück.

3) Rund 245 000 qkm oder 45 Proz. des Flächeninhalts ganz Deutschlands.

zu erhalten, einen nördlichen, einen mittleren und einen südlichen Streifen Deutschlands, wobei zu dem südlichen auch Böhmen hinzugenommen werden soll, so ergibt sich das folgende Bild:

			% d. Orte	% der Aussteller
a) Norddeutschland mit Berlin (2 u. 3):	32 Orte mit	458 Ausstellern:	5	18,5
b) Mittl. Deutschland (1, 4, 5, 6 u. 9):	380 » »	1436 » :	61,5	59
c) Süddeutschland u. Böhmen (7, 8 u. 10):	155 » »	425 » :	25,5	17,5
d) das übrige Ausland (11):	49 » »	126 » :	8	5
	616 Orte mit	2445 Ausstellern:	100	100

Das Gebiet, das die weitaus überwiegende Mehrzahl, etwa 97 Proz. aller ausstellenden Firmen sendet, lässt sich durch eine Ellipse bezeichnen, die in ihren östlichsten und westlichsten Punkten in Oberschlesien und Belgien den mit ihrer grossen Achse zusammenfallenden 50. Breitenkreis schneidet und mit ihren beiden Bogen an der nördlichsten Stelle Berlin und im Süden Wien und München noch mit einschliesst. In ihrer kleinen Achse, etwas nördlich von deren Mitte, also fast genau im Mittelpunkt der beschriebenen Fläche, liegt die Messstadt Leipzig.

Hinsichtlich der Grösse der beteiligten Orte gestattet deren hohe Zahl: 616, davon 506 in Deutschland und 110 im Auslande, bereits den Schluss, dass die meisten nur eine niedrige Einwohnerzahl haben können, da es im ganzen deutschen Reich nicht mehr als rund 400 Orte mit über 10000 und darunter nur gegen 200 mit mehr als 20000 Einwohnern gibt. Eine Einteilung in sieben Ortsgrössenklassen mit den Einwohnerziffern 2, 5, 10, 20, 50 und 100 tausend als Grenzen führt zu dem nachstehenden Ergebnis[1]:

Von Orten mit				% d. Orte	% d. Aussteller
bis zu 2 000	Einwohnern senden	206 Orte	271 Aussteller:	33,5	11
über 2 000 bis 5 000	» »	143 »	320 » :	23	13
» 5 000 » 10 000	» »	93 »	269 » :	15	11
» 10 000 » 20 000	» »	72 »	236 » :	12	10
» 20 000 » 50 000	» »	46 »	171 » :	7,5	7
» 50 000 » 100 000	» »	16 »	48 » :	2,5	2
» 100 000	» »	40 »	1130 » :	6,5	46
	zusammen	616 Orte	2445 Aussteller:	100	100

Der grosse Anteil der untersten Grössenklassen namentlich in Bezug auf die Zahl der Orte, aber auch in Bezug auf die Zahl

1) Zu Grunde gelegt ist dabei die deutsche Volkszählung vom 2. Dez. 1895 mit dem »Verzeichnis der Gemeinden und Wohnplätze von mindestens 2000 Einwohnern«, Vierteljahrshefte zur Statistik des deutschen Reichs, Berlin 1897 III, S. 3—44 und *Ritter*'s Geogr.-Stat. Lexikon, 8. Aufl., Leipzig 1898.

der Aussteller, den die obige Uebersicht erkennen lässt, geht noch deutlicher hervor, wenn man die Zahlen in vier grössere Gruppen zusammenfasst:

	Von ihnen senden				% der Orte	% der Aussteller
a) die Orte bis zu 5 000 Einw.:	349	Orte	591	Aussteller:	56,5	24
b) über 5 000 bis 20 000 » :	165	»	505	» :	27	21
c) » 20 000 » 100 000 » :	62	»	219	» :	10	9
d) » 100 000 » :	40	»	1130	» :	6,5	46
	616	Orte	**2445**	Aussteller:	100	100

Die Zahl der Aussteller, die die einzelnen Orte entsenden, kann nach den dargelegten Zahlen in den meisten Fällen ebenfalls nicht hoch sein, da sie im Durchschnitt nur 2445 : 616, also noch nicht 4 und bei Ausscheidung von Leipzig und Berlin sogar nur 1718 : 613 oder 2,8 beträgt. Im einzelnen verhält es sich damit wie folgt:

						% der Orte	% d. Aussteller
Je 1	Aussteller senden	385	Orte mit	385	Ausstellern:	62	15,5
» 2	» »	83	» »	166	» :	13,5	7
» 3 bis 5	» »	83	» »	307	» :	13,5	12,5
» 6 » 10	» »	36	» »	255	» :	6	10,5
» 11 » 20	» »	17	» »	234	» :	2,75	9,5
» 21 » 30	» »	5 [1])	» »	126	» :	1	5
» 31 » 100	» »	5 [2])	» »	245	» :	1	10
» über 100	» »	2 [3])	» »	727	» :	0,25	30
	zusammen	**616**	Orte mit	**2445**	Ausstellern:	100	100

Auch hier tritt zu Tage, dass die untersten der unterschiedenen Klassen, die Orte mit nur wenigen Ausstellern, die grosse Mehrzahl bilden und auch zur Ausstellerschaft ein sehr beträchtliches Kontingent stellen. Noch deutlicher zeigt dies wiederum eine zusammenfassende Gruppierung:

Orte mit	Von ihnen senden:				% der Orte	% der Aussteller
a) je 1 bis 2 Ausstellern:	468	Orte	551	Aussteller:	75,5	22,5
b) » 3 » 10 » :	119	»	562	» :	19,5	23
c) » 11 » 100 » :	27	»	605	» :	4,75	24,5
d) » über 100 » :	2	»	727	» :	0,25	30
	616	Orte	**2445**	Aussteller:	100	100

Es bleibt noch zu untersuchen, in welchem Verhältnis die

1) Hamburg, Köln, Frankfurt a. M., Fürth, Offenbach a. M.

2) Dresden, Nürnberg, Sonneberg, Wien, Olbernhau.

3) Berlin und Leipzig.

verschiedenen Geschäftszweige zu den Herkunftsorten der Aussteller stehen. Dieses Verhältnis ist das folgende:

	Es entsenden:				% der Orte	% der Aussteller
1) Fabrikanten u. Verleger v. keramischen Waren	207	Orte mit	360	Ausstellern dieser Art:	18	11
2) von Glaswaren	126	» »	281	» » »	11	8,75
3) » Metallwaren	195	» »	550	» » »	17	17
4) » Waren aus Holz u. s. w.	218	» »	572	» » »	19	17,5
5) » Waren a. Leder, Papier u. s. w.	140	» »	482	» » »	12	15
6) » sonst. Waren	225	» »	739	» » »	19	22,5
7) Grossisten u. s. w.	31	» »	176	» » »	2,75	5,5
8) Agenten	14	» »	90	» » »	1,25	2,75
zusammen	1156	Orte mit	3250	Ausstellern	100	100
unter 1—6 mehrfach vorkommend	540	» »	805	»		
	616	Orte	2445	Aussteller.		

Die vorstehenden Zahlen ergeben, dass die Erzeugnisse jeder der sechs unterschiedenen Industriegruppen von mehreren hundert Firmen aus etwa hundert bis zweihundert verschiedenen Orten ausgestellt werden, die Gestaltung und Zusammensetzung des Messmusterlagerverkehrs insoweit also eine gewisse Gleichmässigkeit aufweist, wie sich eine solche in anderer Richtung auch in den vorhergehenden Statistiken ausspricht, insofern nämlich, als die meisten Aussteller-Herkunftsorte Orte Mittel- und Süddeutschlands, Orte mit kleinen Einwohnerzahlen und Orte mit je nur wenigen Ausstellern sind.

Um zu sehen, ob und bis zu welchem Grade eine solche Gleichmässigkeit nicht nur im ganzen, sondern auch im einzelnen besteht, hat man die im Vorhergegangenen zunächst getrennt von einander angewandten vier Gesichtspunkte der Lage, Grösse, Einwohnerzahl und Branche wechselseitig zu verbinden. Man erhält dann, da sich 4 Momente a, b, c, d in der sechsfach verschiedenen Weise ab, ac, ad, bc, bd und cd vereinigen lassen, eine sechsfache Gliederung des vorhandenen Zahlenmaterials, wie sie in den 6 Tabellen der *Anlage V* durchgeführt ist.

Die Haupttatsachen, die aus diesem Tabellenwerk hervorgehen, sind die folgenden.

Der ersten der Tabellen, die zugleich eine Einteilung nach Lage und Ausstellerzahl der Herkunftsorte bringt, ist zu entnehmen, dass bei sämtlichen unterschiedenen Gebieten, Berlin selbstredend ausgenommen, die Zahl der Orte mit nur

1 Aussteller grösser, zum Teil wesentlich grösser ist als die aller übrigen Orte zusammen. Sie beträgt bei dem Königreich Sachsen, Norddeutschland und Thüringen je 57—59 Proz., bei Schlesien, der Provinz Sachsen u. s. w., Südwestdeutschland, dem westlichen Mitteldeutschland und Böhmen 61—66 Proz., bei dem übrigen Ausland und Bayern 74 und 78 Proz. der Gesamtzahl der beteiligten Orte. Auch die Zahl der Aussteller aus diesen Orten macht infolgedessen, obwohl jeder nur eine Firma entsendet, von der Gesamtzahl der Aussteller der betr. Gebiete durchweg einen sehr ansehnlichen Teil aus, bei dem Königreich Sachsen, Norddeutschland, Thüringen und dem westlichen Mitteldeutschland je 19—20 Proz. (bei Sachsen unter Ausscheidung Leipzigs), bei Bayern, der Prov. Sachsen u. s. w., Südwestdeutschland und Böhmen 23—27 Proz., bei dem übrigen Ausland und Schlesien je 29 Proz. Uebereinstimmend kommt sodann überall der grösste Teil oder doch ein Hauptteil der Aussteller aus den Orten mit 2—10 Ausstellern, bei Bayern und dem Ausland ohne Böhmen freilich nur 17 bez. 27 Proz., bei allen andern Gebieten dagegen mehr als 40 Proz. und bei Thüringen sowie der Prov. Sachsen u. s. w. sogar die grosse Hälfte, nämlich 52 bez. 63 Proz. Mehr oder weniger gleichmässig verteilt auf alle Herkunftsländer sind endlich auch die 29 Orte mit über 10 Ausstellern bez. die aus ihnen kommenden Firmen, deren Prozentsatz zwar bei der Prov. Sachsen u. s. w. nur 13 Proz. beträgt und bei Bayern (Nürnberg-Fürth!) 61 Proz. erreicht, sich bei allen übrigen Gebieten (unter Ausscheidung wieder von Leipzig und Berlin) hingegen zwischen 28 und 45 Proz. der betr. Ausstellergesamtzahl bewegt.

Beträchtlichere Verschiedenheiten offenbart die zweite Tabelle, in der Lage und Einwohnerzahl der Orte in Beziehung gesetzt sind. Sie zeigt zunächst ein starkes Ueberwiegen der Orte unter 2000 Einwohner bei Thüringen mit 79 Orten oder 60 Proz. der Orte und 117 Firmen oder 30 Proz. der thüringischen Aussteller. Es erklärt sich dies teils aus der hohen Siedelungsdichte Thüringens an sich, teils aus der Dezentralisation seiner Industrien, die die vierte Tabelle näher erkennen lassen wird. Aehnlich liegen die Verhältnisse in Böhmen, wo 48 Proz. der Orte und 26 Proz. der Aussteller auf Orte unter 2000 Einwohner fallen, wie solche Orte weiter auch bei Schlesien und Bayern mit je 37 Proz. der Ortszahl und 17 bez. 12 Proz. der Ausstellerzahl erhebliche Anteile aufweisen. In den übrigen Gebieten finden sich die höchsten Ortszahlen meist in der zweiten Ortsgrössenklasse, der von 2000—5000 Einwohnern, so bei dem Königreich Sachsen, der Provinz Sachsen u. s. w., Norddeutschland und Südwestdeutschland (mit 33, 28, 20 und 33 Proz. der betr. Ortszahlen), ferner in der Klasse von 10000—20000 Einwohnern beim westlichen Mitteldeutschland (mit 25 Proz.) und in der Klasse über 100000 Einwohnern beim Ausland ohne Böhmen (mit 31 Proz.). Die Mehrzahl der Aussteller entsenden bei dem Königreich Sachsen (ohne Leipzig), Thüringen und Böhmen die drei Klassen von 2 bis 5000, 5—10000 und 10—20000 Einwohnern (die drei Klassen zusammen beim Königreich Sachsen 67 Proz., bei Thüringen 63 Proz., bei Böhmen ebenfalls 63 Proz. der Aussteller), während bei der Prov. Sachsen u. s. w., dem westlichen Mitteldeutschland, Südwestdeutschland und Bayern namentlich auch Orte von 20 bis 50000 Einwohnern und bei Norddeutschland, Schlesien und dem Auslande ferner die Orte mit mehr als 50000 und mehr als 100000 Einwohnern wesentlich mit in Betracht kommen, welch letztere übrigens bei allen der unterschiedenen Gebiete — ausser Thüringen und Böhmen — zur Ausstellerschaft ein bedeutendes Kontingent stellen.

Die nächste der Uebersichten verbindet die Gesichtspunkte der Einwohner- und der Ausstellerzahl der Herkunftsorte. Die Mehrzahl der Orte, die nur einen oder wenige Aussteller entsenden, gehört danach zu den kleineren Orten, doch zeigt sich dies in auffälliger Weise nur für die 385 Orte mit je 1 Aussteller, von denen 45 Proz. unter 2000, 23 Proz. 2—5000, 14 Proz. 5 bis 10000, 10 Proz. 10—20000 und nur 32 Orte oder 8 Proz. über 20000 Einwohner haben. Dagegen verteilen sich die Orte mit je 2, 3—5 und 6—10 Ausstellern ziemlich gleichmässig auf die verschiedenen Ortsgrössenklassen, auch sind die 29 Orte mit mehr als 10 Ausstellern zur Hälfte kleinere und mittlere (7 mit unter 10000, 7 mit 10—50000 und 15 mit über 100000 Einw.). Beachtenswert ist, dass wohl die Mehrzahl der kleineren Orte bloss durch wenige Firmen, nicht aber umgekehrt die Mehrzahl der grösseren und grossen Städte durch zahlreiche Aussteller beteiligt ist. Unter den 16 Plätzen über 50000 Einwohner senden z. B. nur 2 und unter den 40 Grossstädten nur 19 mehr als 5 Aussteller, während reichlich zwei Drittel der 65 Orte mit über 5 Ausstellern in den unteren und mittleren Grössenklassen begriffen sind. (26 unter 10000, 18 von 10—50000 und nur 21 mit mehr als 50000 Einw.)

In den folgenden drei Tabellen sind die ermittelten Zahlen nach den Geschäftszweigen auf der einen und nach Lage, Grösse und Ausstellerzahl der Herkunftsorte auf der andern Seite gruppiert.

Die geographische Verteilung der Aussteller der verschiedenen Geschäftszweige, die im einzelnen durch die Karte dargestellt ist, findet in der ersten dieser drei Zusammenstellungen ihren ziffernmässigen Gesamtausdruck. Die Gebiete, die die sechs unterschiedenen Industriegruppen auf der Messe vertreten, sind in der Reihenfolge ihres Beteiligungsumfanges:

Für Erzeugnisse der Keramik:

	% d. Aussteller solcher	% der Orte
Thüringen	43	39
Böhmen	9	10
Bayern	8,5	10,5
d. westl. Mitteldeutschland	8	8
Ausland (ausser Böhmen)	7,5	10
Provinz Sachsen u. s. w.	6	5
Kgr. Sachsen	5,5	5
Berlin	5,5	0,5
Schlesien	2,5	4
Norddeutschl.	2,25	4
SW.-Deutschl.	2,25	4
	100	100

Für Glaswaren:

	% der Aussteller	% der Orte
Böhmen	28	25,5
Thüringen	14,5	14
Kgr. Sachsen	13	11
Berlin	12	0,75
Bayern	8,5	8
Schlesien	6,5	11
d. westl. Mitteldeutschland	6	10,5
Norddeutschl.	4,5	4
Ausland	3,5	8
SW.-Deutschl.	2,5	4,75
Prov. Sachsen u. s. w.	1	2,5
	100	100

Für Metallwaren:

	% der Aussteller	% der Orte
Kgr. Sachsen	26	21,5
Berlin	23	0,5
d westl. Mitteldeutschland	13	18
Thüringen	8,5	13
Bayern	7,5	7,75
SW.-Deutschl.	7	11
Böhmen	4,5	8,75
Prov. Sachsen u. s. w.	3,75	7 75
Norddeutschl.	2,75	5,25
Ausland	2,5	3,5
Schlesien	1,5	3
	100	100

Für Holzwaren u. dgl.:

	% der Aussteller	% der Orte
Kgr. Sachsen	32	22
Thüringen	19,5	25
Berlin	10,75	0,5
Bayern	8	7
SW.-Deutschl.	5,75	10
d. westl. Mitteldeutschl.	4,75	7,5
Ausland	4,75	6,5
Prov. Sachsen u. s. w.	4,5	6,5
Böhmen	3,75	6
Schlesien	3,75	5
Norddeutschl.	2,5	4
	100	100

Für Leder-, Gummi- und Papierwaren:

	% der Aussteller	% der Orte
Kgr. Sachsen	32,5	26,5
Thüringen	25,5	29
Berlin	16,5	0,75
SW.-Deutschl.	5,75	8
d. westl. Mitteldeutschland	4,5	8,5
Bayern	4	4,25
Schlesien	3,75	5,75
Norddeutschl.	2,75	6,5
Prov. Sachsen u. s. w.	2,25	5,75
Ausland	1,75	3,5
Böhmen	0,75	1,5
	100	100

Für sonstige Waren:

	% der Aussteller	% der Orte
Kgr. Sachsen	36	25
Berlin	19	0,5
Thüringen	12	22,5
d. westl. Mitteldeutschland	7,75	10,5
SW.-Deutschl.	5	9
Bayern	4,75	4
Böhmen	4	9
Prov. Sachsen u. s. w.	3,75	5,75
Ausland	3,5	5,75
Norddeutschl.	2,75	4,5
Schlesien	1,5	3,5
	100	100

Diese Verhältniszahlen bekunden, dass bei jedem der sechs Geschäftszweige zwar gewisse Gebiete für sich allein den dritten oder vierten Teil der in Frage kommenden Aussteller und Orte in Anspruch nehmen, daneben aber auch alle andern Gebiete mit grösseren oder geringeren Prozentsätzen beteiligt sind, also durchweg die verschiedensten Länder zusammenwirken, um dem Messmusterlagerverkehr seine vielgestaltige Zusammensetzung zu verleihen. Anders verhält es sich mit den Grossisten, Export- und Kommissionsgeschäften u. s. w., deren Hauptteil aus nur wenigen Gegenden und Orten, namentlich aus den Gebieten mit Plätzen wie Berlin, Hamburg, Leipzig, Dresden, Wien, Paris, Nürnberg, Frankfurt a. M. und Köln kommt und bei den Agenten, deren Herkunftsorte vor allem Berlin, Leipzig und Hamburg sind.

Die Verteilung der Geschäftszweige auf die verschiedenen Ortsgrössenklassen in der fünften Tabelle lässt bei den keramischen und Glaswaren in erster Linie die kleinen Orte, bei den andern vier Industriezweigen hingegen mehr die mittleren und grossen Plätze hervortreten und bei den Grossisten und Agenten einen weitaus überwiegenden Anteil der Grossstädte erkennen. Aehnlich steht es nach der letzten Tabelle mit den Beziehungen zwischen Geschäftszweigen und Ortsausstellerzahlen insofern, als von den Ausstellern von Metallwaren, Holzwaren, Leder- und Papierwaren und Waren der sechsten Gruppe im Gegensatz zu denen von keramischen und Glaswaren und ebenso von der Zahl der Grossisten und Agenten ein beträchtlicher Teil auf die meist grösseren Plätze mit zahlreichen Ausstellern entfällt.

Die Ausdehnung und Gestaltung des Mess-Musterlagerverkehrs

c. nach Art, Zahl und Herkunft der Einkäufer.

Ausser in der Art und Herkunft der Aussteller zeigt sich die Gestaltung des Messmusterlagerverkehrs in der Art und Herkunft der Einkäufer.

Die Art der einkaufenden Firmen nach dem Geschäftszweig geht aus den im Vorstehenden enthaltenen Ausführungen und Uebersichten insofern bereits mit hervor, als darin die Waren, die zur Messe ausgestellt und gekauft werden, aufgeführt und nach verschiedenen Gesichtspunkten klassifiziert sind. Ziffermässig festzustellen, wie sich die Gesamtheit der Einkäufer nach Geschäftszweigen verteilt, ist auf Grund des vorhandenen Materials nicht angängig, da die ermittelten Angaben vielfach zu unbestimmt oder zu allgemein sind, auch gelangt nur zur Erhebung, welche Warengattungen die befragte Firma in dem gegebenen Augenblick vorzugsweise zu kaufen beabsichtigt; dies hängt aber wieder von dem jeweiligen Vorrat und Bedarf ab und wechselt häufig, sodass dieselbe Firma bald diese, bald jene Waren als ihre Haupteinkaufsartikel nennt. Davon abgesehen würde sich einer solchen Einteilung die grosse Schwierigkeit entgegenstellen, dass die meisten Einkäufer nicht wie die Aussteller nur Erzeugnisse einer, sondern vieler, ganz verschiedener Industrien führen und zwar in so mannigfaltigen, ineinander übergreifenden Kombinationen, dass eine versuchte Klassifikation entweder lückenhaft oder zu kompliziert sein müsste und jedenfalls nur beschränkten Wert hätte. Aus ähnlichen Gründen verbietet sich auch die statistische Gliederung des Einkäufer-Verkehrs nach den Formen der Geschäftsbetriebe. Es muss daher genügen, deren Hauptarten im allgemeinen anzuführen.

In erster Reihe stehen die Firmen, die dem Handel angehören. Es sind zum Teil Grosshändler des In- und Auslandes, die die für eigene Rechnung bestellten Waren an Wiederverkäufer absetzen, zum Teil Einkaufskommissionäre und Exportagenten, die die Beziehungen zwischen dem die Ware weiter vertreibenden Händler einerseits und dem sie liefernden Industriellen andrerseits vermitteln, endlich sind es, der Zahl nach zum weitaus grössten Teile, Inhaber von Ladengeschäften, die sich unmittelbar für den Bedarf des Publikums eindecken, von den alle denkbaren Dinge vertreibenden Warenhäusern bis zu den vornehmsten Spezialgeschäften und von den ganze Stadtviertel einnehmenden amerikanischen und Pariser Riesenbazaren bis herunter zu kleinen Handlungen bescheidener Provinzorte. Neben dem ständigen Verkehre dienenden Betrieben gehören dazu auch zahlreiche Saisongeschäfte an Badeplätzen, ferner Unternehmungen, die sich auf den Jahrmarkts- oder den Hausierhandel gründen, Konsumvereinigungen und vorübergehend auftretende Wiederverkäufer wie Lotterien und Bazare zu Wohltätigkeitszwecken.

Zu all diesen zum Gross- und Kleinhandel zählenden Betrieben gesellt sich weiter eine grosse Zahl dem Gewerbe zugehöriger Firmen, namentlich Fabrikanten und Verleger, die Rohmaterialien, Halbfabrikate, Hilfsstoffe, Maschinen oder Werkzeuge für ihre Fabrikation, Artikel zur Verpackung und Ausstattung ihrer Erzeugnisse oder von ihnen mit diesen zusammen vertriebene

Waren kaufen. Vielfach sind es Industrielle, die zugleich auch auf der Messe ausstellen und auf diese Weise doppelt an ihr beteiligt sind, wie in anderem Zusammenhang an der Hand von Beispielen näher erörtert werden wird. Endlich kommen dazu noch viele Handwerker, von denen gleichfalls teils gewerbliche Materialien und Hilfsmittel, teils Fabrikate zum blossen Mitverkauf an die Kundschaft angeschafft werden, wie z. B. Schreib- und Zeichenwaren von Buchbindern, Blechwaren und Lampen von Klempnern, Schirme und Stöcke von Drechslern.

In mancher Hinsicht gewährt einen Anhalt für die Art der einkaufenden Firmen auch ihre Herkunft, im besondern die Lage und Grösse der Herkunftsorte und die Zahl der aus ihnen zur Messe kommenden Einkäufer.

Wie sich die Einkäuferschaft nach der Lage der Herkunftsorte auf die verschiedenen Staaten des Deutschen Reichs und des Auslandes verteilt, zeigen die ersten Spalten der *Anlage VI*, während die folgenden eine weitere Gliederung nach der Einwohner- und der Einkäuferzahl der Orte geben. Es ist aus dieser Anlage zu sehen, dass sämtliche deutschen Einzelstaaten, auch die kleinsten, durch Entsendung von Käufern beteiligt sind, dass ferner alle Länder Europas mit Ausnahme einiger kleiner Staatengebilde der drei südlichen Halbinseln und ebenso die meisten wichtigeren Länder der fremden Erdteile zum Einkäuferverkehr beitragen, die Beziehungen der Leipziger Messe also den ganzen Erdball umspannen.

Unter den Ländern Deutschlands steht an der Spitze Preussen mit etwa der Hälfte der deutschen Einkäufer und Orte in folgender Verteilung:

	Firmen	Orte	Firmen	Orte
Provinz Sachsen	— —	— —	580	140
Berlin	— —	— —	436	1
Rheinland, Schlesien	389 bez. 341	76 bez. 79	730	155
Westfalen, Hannover, Hessen-Nassau, Brandenburg	je zwischen 241 und 163	zw. 77 und 52	839	249
Schleswig-Holstein, Pommern, Posen, Ostpreussen, Westpreussen	» » 90 » 56	» 28 » 21	366	123
Hohenzollern	» » — » —	» — » —	1	1
			2952	669

Es folgen dann

Königreich Sachsen	» » — » —	» — » —	1324	184
» Bayern	» » — » —	» — » —	475	97
Freie Stadt Hamburg	» » — » —	» — » —	196	2

	Firmen	Orte	Firmen	Orte
Königr. Württemberg	— —	— —	113	32
Sachsen-Weimar, Baden, Grossh. Hessen, S.-Meiningen, Anhalt, S.-Coburg-Gotha, Braunschweig, S.-Altenburg	je zwischen 104 und 55	zw. 23 und 13	619	144
Freie Stadt Bremen	» » — » —	» — » —	48	2
Els.-Lthr., Mecklenb.-Schw., Reuss j. L., Schwarzb.-Rud., Schwarzb.-Sondrsh., Reuss ä. L.	» » 42 » 20	» 14 » 3	197	53
Freie Stadt Lübeck	» » — » —	» — » —	15	1
Grossh. Oldenburg, Lippe, Schaumburg-Lippe, Waldeck, Mecklenb.-Strelitz	» » 13 » 3	» 7 » 2	39	22
		Deutsches Reich:	5978	1206

Von der ausländischen Einkäuferschaft entfallen ungefähr $^1/_3$ der Firmen und $^2/_5$ der Herkunftsorte auf

		Firmen	Orte
Oesterreich-Ungarn		578	135
davon Böhmen	283 Firmen aus 83 Orten,		
das übrige Oesterreich	224 » » 31 »		
und Ungarn	71 » » 21 »		

Weiter folgen

	Firmen	Orte		
Grossbritannien, Niederlde., Dänemark, Frankreich, die Ver. Staaten, Russland, Schweiz	je zwischen 163 u. 92	zwischen 33 u. 13	790	136
Belgien, Schweden, Norwegen, Italien, Rumänien	» » 68 » 20	» 15 » 4	181	42
Serbien, Argentinien, Spanien, Kanada, Australien, Uruguay und die übrigen	» » 9 » 1	» 4 » 1	52	25
		Ausland:	1601	338
		Deutschland und Ausland zusammen:	**7579**	**1544**

Bildet man zum Zwecke einer summarischen Uebersicht, wie oben bei der Ausstellerstatistik geschehen, grössere Gruppen, deren jede die Einkäufer und Orte eines zusammenhängenden, geschlossenen Gebietes umfasst, so gewinnt man bei Beibehaltung der dort angewandten Einteilung für Deutschland und entsprechender Gruppierung der Zahlen für das Ausland das folgende Bild. Es senden

		% der deutschen Einkäufer	% der Einkäufer überhaupt	% der deutschen Orte	% der Orte überhaupt
1) Königr. Sachsen	1324 Firmen aus 184 Orten:	22,25	17,5	15,25	12
2) Berlin	430 » » 1 Ort.	7,25	5,75	—	—

					% der deutschen Einkäufer	% der Einkäufer überhaupt	% der deutschen Orte	% der Orte überhaupt
3) Norddeutschland	995	Firmen aus	257	Orten:	16,75	13	21,5	17
4) Prov. Sachsen u. s. w.	761	» »	190	»	12,5	10	15,75	12,25
5) Thüringen	469	» »	110	»	7,75	6,25	9	7
6) Westfalen, Rheinland, Hessen	862	» »	215	»	14,5	11,5	17,75	14
7) das westl. Süddeutschl.	354	» »	89	»	6	4,5	7,5	5,75
8) Bayern r. d. Rh.	436	» »	81	»	7,25	5,75	6,75	5,25
9) Schlesien	341	» »	79	»	5,75	4,5	6,5	5
Deutsches Reich:	5978	Firmen aus	1206	Orten:	100	78,75	100	78,25
10) Oesterreich-Ungarn	578	» »	135	»	36 [1])	7,5	40 [2])	8,75
11) Ost- u. Nordeuropa (Balkanländer, Russland, Skandinavien, Dänemark)	304	» »	55	»	19	4	16	3,5
12) West- u. Südeuropa (Schweiz, Belgien, Luxembg., Holland, Grossbrit., Frankr., Spanien, Italien)	587	» »	115	»	36,75	7,75	34	7,5
13) Nordamerika (Verein. Staaten u. Kanada)	104	» »	20	»	6,5	1,5	6	1,25
14) die anderen aussereuropäischen Länder	28	» »	13	»	1,75	0,5	4	0,75
Ausland:	1601	Firmen aus	338	Orten:	100	21,25	100	21,75
Deutschl. u. Ausland zusammen	**7579**	» »	**1544**	Orten:		100		100

In die Augen fällt an diesen Zahlen zunächst der starke Anteil des Auslandes mit mehr als dem fünften Teil der Gesamtzahl der Firmen sowohl wie der Orte, weiter der beträchtliche Anteil jedes einzelnen der unterschiedenen neun Gebiete Deutschlands und die bis zu gewissem Grade auch in der Verteilung auf die Ländergruppen des Auslandes vorhandene Gleichmässigkeit. In allen drei Punkten weicht die Gestaltung des Einkäuferverkehrs von der des Ausstellerverkehrs erheblich ab, wie sich bei einem Vergleich mit den oben auf S. 50 aufgeführten Zahlen deutlich zeigt. Es fallen danach von

1) % der **ausländischen** Einkäufer.

2) % der **ausländischen** Orte.

	den deutschen				allen			
	Firmen		Orten		Firmen		Orten	
	bei den Aus-stellern	bei den Ein-käufern	bei den Aus-stellern	bei den Ein-käufern	bei den Aus-stellern	bei den Ein-käufern	bei den Aus-stellern	bei den Ein-käufern
	%	%	%	%	%	%	%	%
auf das Ausland	—	—	—	—	11	21,25	18	21,75
» Norddeutschland	4	16,75	6	21,5	3,5	13	5	17
» die Prov. Sachsen u. s. w.	4	12,5	7	15,75	3,5	15,75	6	12,25
» das westl. Mitteldeutschland	7,5	14,5	12	17,75	6,5	11,5	10	14
dahingegen								
» das Kgr. Sachsen	33,5	22,25	23,5	15,25	30	17,5	19	12
» die Stadt Berlin	17	7,25	—	—	15	5,75	—	—
» Thüringen	18	7,75	26	9	16	6,25	21	7
ferner								
auf Böhmen	54	17,5	55,5	24,5	6	3,75	10	5,5
	v. d. ausländ. Firmen u. Orten							

während bei Bayern, Südwestdeutschland und Schlesien derartig grosse Unterschiede zwischen Aussteller- und Einkäuferverkehr nicht obwalten. Die Einkäuferschaft ist also der Herkunft nach gleichmässiger verteilt als die Ausstellerschaft, was in dem vergleichsweise schwächeren Anteil des Königreichs Sachsen, Berlins, Thüringens und Böhmens einerseits und der stärkeren Beteiligung auch Norddeutschlands, der Prov. Sachsen, des westl. Mitteldeutschlands und des Auslandes ausser Böhmen andrerseits zum Ausdruck gelangt. Die Erklärung dafür findet sich in dem Umstand, dass für den Einkäuferverkehr der über alle Länder und Orte verbreitete Bedarf massgebend ist im Gegensatz zu dem Ausstellerverkehr, der naturgemäss hauptsächlich aus den Gegenden herrührt, in denen sich die Standorte der Erzeugung der betr. Waren befinden.

Eine wesentliche Verschiedenheit zwischen Einkäufer- und Ausstellerbesuch besteht auch in Bezug auf die Grösse der Herkunftsorte. Sie offenbart sich, wenn man eine Verteilung auf die oben S. 51 unterschiedenen 7 Ortsgrössenklassen vornimmt und die beiderseitigen Verhältniszahlen nebeneinanderstellt. Man erhält dann folgende Uebersicht[1]):

1) Zu Grunde gelegt ist dabei die deutsche Volkszählung vom 1. Dez. 1900 mit dem »Verzeichnis der Gemeinden und Wohnplätze des deutschen Reichs von

Es kommen aus Orten mit	. . Ein-käufer	aus . . . Orten	% der Ein-käufer-zahl	% der Einkäufer-Herkunfts-orte	% der Aus-steller-zahl	% der Aussteller-Herkunfts-orte
bis zu 2 000 Einw.	334	284	4,5	18	11	33,5
2 001 bis 5 000 »	667	389	8,75	25,25	13	23
5 001 » 10 000 »	643	289	8,5	19	11	15
10 001 » 20 000 »	842	216	10,75	14	10	12
20 001 » 50 000 »	1134	172	15	11	7	7,5
50 001 » 100 000 »	638	72	8,5	4,75	2	2,5
über 100 000 »	3321	122	44	8	46	6,5
zusammmen	7579	1544	100	100	100	100

Beachtlich ist dabei in erster Linie der geringere Anteil der Orte bis zu 2000 Einwohnern und der grössere Anteil derjenigen zwischen 20000 und 100000 Einwohnern auf seiten des Einkäuferverkehrs, während sich die beiderseitigen Prozentsätze bei den Orten zwischen 2000 und 20000 und ebenso denjenigen über 100000 Einwohnern mehr oder weniger die Wage halten. Die Einkäuferschaft verteilt sich demnach wie nach der Lage so auch nach den Grössenklassen der Herkunftsorte im allgemeinen gleichmässiger als die Ausstellerschaft, die sich entsprechend den Standorten der ausstellenden Industrien hauptsächlich aus kleinen Orten und aus den Grossstädten rekrutiert, im Gegensatz zur Einkäuferschaft, bei der auch die Plätze mittlerer Grösse als die nach den Grossstädten wichtigsten Konsumtionszentren eine bedeutende Rolle spielen. Relativ klein, absolut recht erheblich ist aber auch der Anteil der kleinen Orte am Einkäuferbesuch, vor allem in Bezug auf die Zahl der Orte, was sich aus dem starken Zuspruch aus Bädern und Luftkurorten erklärt, in denen Galanteriewaren und dergl. oft in weit grösseren Mengen umgesetzt werden als in kleinen und mittleren Städten.

Im grossen und ganzen treten diese Züge der Verteilung des gesamten Einkäuferverkehrs auf die Ortsgrössenklassen auch bei den verschiedenen Ländern, namentlich denen Mitteleuropas, zu Tage, wenn dabei auch im einzelnen viele lokal begründete Abweichungen vorkommen, wie dies die Spalten 3 bis 9 der *Anlage VI* und die Zusammenstellung in der *Anlage IX* des näheren zeigen. Hervorzuheben ist aber jedenfalls, dass ein

---

2000 und mehr Einwohnern«, Vierteljahrshefte zur Statistik des deutschen Reichs Berlin 1902, I, S. 109—160, *Ritters* Geogr.-St. Lexikon, 8. Aufl., Leipzig 1898 und für die ausländischen grösseren Städte *Wichmanns* geogr.-statistische Notizen in »Justus Perthes' Taschen-Atlas«, 40. Aufl., Gotha 1903, S. 25—80.

sehr beträchtlicher Unterschied zwischen den Ländern des Deutschen Reichs und dem Ausland besteht, das zwar gleichfalls aus Orten a l l e r Grössen Käufer schickt, den Hauptteil seiner Käuferschaft jedoch aus Grossstädten sendet, nämlich 67,75 Proz. mit Einschluss oder 79,5 Proz. mit Ausschluss Oesterreich-Ungarns, während bei Deutschland der Anteil seiner 33 Grossstädte nur 37,5 Proz. ausmacht. Welches diese ausländischen Grossstädte sind, ist aus der *Anlage VII* ersichtlich, die zugleich auch eine Uebersicht der beteiligten ausländischen Orte der beiden nächstniederen Grössenklassen gewährt.

Der dritte Einteilungsgrund, der sich auf das den Einkäufer-Verkehr betreffende Erhebungsmaterial anwenden lässt, ist die Z a h l d e r E i n k ä u f e r a u s j e d e m O r t e. Das Nähere hierüber ist ebenfalls den *Anlagen VI* und *IX* sowie, im Zusammenhang damit, der *Anlage VIII* zu entnehmen, die die deutschen Orte mit mehr als je 10 Messeinkäufern aufweist. Eine entsprechende Ergänzung hinsichtlich des Auslandes bietet die schon betrachtete *Anlage VII* mit den ausländischen Orten über 20000 Einwohnern, unter denen sich sämtliche ausländischen Einkäufer-Herkunftsorte mit mehr als je 10 Firmen mit befinden, wenn man drei böhmische Plätze mit geringeren Einwohnerziffern aber mehr als je 10 Einkäufern ausnimmt. Die aus diesen Uebersichten hervorgehenden Haupttatsachen sind ziemlich einfacher und einheitlicher Natur, insofern nämlich, als auch in Bezug auf die Ortseinkäuferzahl und zwar bei Deutschland sowohl wie beim Auslande die Verteilung des Einkäuferbesuchs eine gewisse Gleichmässigkeit verrät, wie eine solche in analoger Weise ebenfalls der Ausstellerverkehr zeigt.

Es kommen aus Orten mit	. . . Einkäufer	aus . . . Orten	% der Einkäuferzahl	% der Einkäufer-Herkunftsorte	% der Ausstellerzahl	% der Aussteller-Herkunftsorte
je 1 Firma	705	765	10.25	40,5	15.5	62
„ 2 Firmen	512	250	6.75	10,25	7	13,5
je 3 bis 5 „	075	204	12.75	17	12,5	13,5
„ 6 „ 10 „	003	134	13	8.75	10,5	6
„ 11 „ 20 „	1074	70	14,25	5	9.5	2,75
„ 21 „ 30 „	558	22	7.25	1.5	5	1
„ 31 „ 100 „	1000	20	14.75	1,5	10	1
„ über 100 „	1000	7	21	0.5	30	0,25
zusammen	**7379**	**1544**	100	100	100	100

Eine gewisse Regelmässigkeit herrscht endlich auch in den Beziehungen zwischen Orts-Einkäufer- und Orts-Einwohner-Zahl.

Sie spricht sich darin aus, dass die kleinen Orte natürlicher Weise meist nur einen oder wenige Käufer, die Plätze mittlerer Grösse hingegen deren oft eine ganze Reihe und die Grossstädte ihrer vielfach Dutzende zur Messe entsenden, worüber die am Schluss der *Anlage IX* befindliche Tabelle näheren Aufschluss gibt. Freilich sind durchaus nicht umgekehrt alle grossen und mittleren Städte durch zahlreiche Firmen vertreten, vielmehr gibt es deren auch viele mit nur wenigen oder nur einem Mess-Einkäufer, namentlich im Auslande, wie die *Anlagen VI* und *VII* erkennen lassen.

IV.

Die Bedeutung des Mess-Musterlagerverkehrs.

In der Darstellung der Entstehung und gegenwärtigen Ausdehnung und Gestaltung des Leipziger Mess-Musterlagerverkehrs ist vielfach zugleich auf seine wirtschaftliche Bedeutung und die Vorteile hingewiesen worden, die er Käufern und Ausstellern bietet. Worin diese Vorteile bestehen, soll in einigen Punkten im folgenden noch näher betrachtet werden.

Von Wichtigkeit für die Käufer ist zunächst die Vereinigung so zahlreicher verschiedener Geschäftszweige, die sie in den Stand setzt, schnell und bequem ihren Bedarf an Waren der verschiedensten Gattungen zu decken. Die grosse Mehrzahl der Messeinkäufer, der inländischen sowohl wie der ausländischen, führen gleichzeitig Erzeugnisse mehrerer Produktionszweige, entweder, wie viele Grosshandlungen und Spezialgeschäfte, Waren gleicher Verwendungsart aber verschiedener Herstellung, z. B. Kunst- und Luxusgegenstände aus Porzellan, Glas, Metall, Holz u. s. w. oder, wie die meisten sogenannten Kurz-, Galanterie- und Spielwarengeschäfte, Waren aus verschiedenem Material und für verschiedene Gebrauchszwecke zugleich. Aehnlich wie in der grossen Zahl der zur Ausstellung gelangenden Warengattungen begegnet der Käufer einer ausserordentlichen Mannigfaltigkeit weiter auch in dem Angebot innerhalb des einzelnen Industriezweigs, das für denselben Artikel oft einem Wettbewerb Dutzender von Lieferanten entspringt. In welch hohem Masse die in Betracht kommenden Industrien durch Entsendung von Ausstellern an der Messe beteiligt sind, würde sich am deutlichsten offenbaren, wenn sich der Zahl der Aussteller einer bestimmten Warengattung überall die Zahl der vorhandenen Betriebe, in denen diese Warengattung hergestellt wird, gegenüberstellen liesse. Eine solche

Gegenüberstellung ist indessen, auch unter Beschränkung auf das Deutsche Reich, nur in sehr unvollkommener Weise möglich, da die untersten Einteilungen der Reichsgewerbestatistik, die Gewerbe-Arten, neben Messmusterlager-Branchen meist zugleich noch andere, dem Messverkehr fern stehende Industriezweige umfassen. Ausserdem wird die Vergleichbarkeit unserer Messaussteller-Statistik mit der Gewerbe-Statistik dadurch beeinträchtigt, dass zwischen beiden ein Zeitraum von mehreren Jahren liegt und ferner die Art der Aufbereitung des Erhebungsmaterials, insbesondere auch die Behandlung der zusammengesetzten Betriebe, auf beiden Seiten in manchen Fällen nicht übereinstimmen mag, obgleich die Messstatistik nach den Grundsätzen der Reichsstatistik aufgemacht worden ist. Immerhin gibt wenigstens bei einzelnen Gewerbe-Arten eine Nebeneinanderstellung der Zahl der Fabrikanten und Verleger deutscher Herkunft (*Anlage IV* Spalte 8) und derjenigen der von der Reichsstatistik im Jahre 1895 nachgewiesenen Betriebe mit über 10 oder 20 Arbeitern einen gewissen Anhalt, z. B. beträgt die

bei Gewerbe-Art	Zahl der zur Messe ausstellenden deutschen Fabrikanten u. Verleger	Zahl aller in Deutschland vorhandenen Betriebe mit mehr als 10 Personen [1]	mehr als 20 Personen
IV d 4 feine Tonwaren u. s. w.	72	88	68
IV d 6 Porzellan	183	216	188
IV e 2 Glasveredelung	87	106	59
V b 7 Zinkwaren	42	51	27
V b 13 Verschied. Metallwaren	191	360	239
VI e Zeitmessinstrumente (Uhren)	50	103	65
VI f 2 Geigen	16	24	—
VI f 3 Harmonikas	40	53	34
VI f 4 Verschied. Musikinstrumente	91	90	51
VI h Beleuchtungsapparate	102	137	93
VIII c 2 Wachswaren	18	36	24
X a 4 Papiermaché	17	20	12
X b 2 Kartonnage	134	415	202
XI c 1 Lederwaren	99	333	142
XII d Korbwaren	41	117	56
XII g 3 Dreh- und Schnitzwaren	240	333	178
XII h 1 Kammwaren	19	32	20

Die durch die Messe gegebene Vereinigung so zahlreicher Industrieller der beteiligten Branchen schliesst für den Käufer neben der gebotenen reichhaltigen Auswahl an sich den weiteren Vorteil ein, dass diese Auswahl innerhalb der Messstadt wiederum

1) Also einschliesslich derjenigen der letzten Spalte mit mehr als 20 Personen.

auf ein kleines Häuser-Viertel von nur 200 bis 290 m ins Geviert und zu 60 Proz. der Aussteller auf 14 Gebäude dieses Viertels mit je über 40 bis zu 364 Ausstellerlokalen oder -Ständen konzentriert ist. Wollte ein Waren aller Gattungen kaufender Messbesucher die zur Messe anwesenden Verkäufer, deren Ausstellungen er bei seinem Rundgang durch die Musterlager in rascher Aufeinanderfolge in Augenschein zu nehmen vermag, nacheinander einzeln an ihren Herkunftsorten aufsuchen, würde er mehrere Jahre hindurch ununterbrochen zu reisen haben. Nicht viel anders liegen die Verhältnisse auch für denjenigen, dessen Bedarf sich ausschliesslich auf einen der hauptsächlicheren Geschäftszweige erstreckt, deren jeder durch Aussteller aus einer grossen Zahl weit verstreuter Orte vertreten ist.

Von wesentlicher Bedeutung für den K ä u f e r sowohl wie den V e r k ä u f e r ist sodann der Umstand, dass beide auf der Messe als einem gemeinsamen, regelmässigen Treffpunkt persönlich zusammenkommen, der Detaillist, Grosshändler, Exporteur oder Einkaufskommissionär auf der einen, der Aussteller, vor allem also der Fabrikant oder Verleger der betreffenden Erzeugnisse, auf der andern Seite. Die grosse Wichtigkeit dieser persönlichen Vereinigung des Käufers und des Verkäufers ist bereits von *Pohle* mit Nachdruck hervorgehoben worden[1]). Der Nutzen, den sie bringt, fällt beiden Teilen zu. Der Einkäufer hat das Bedürfnis, seine Bestellungen bei dem Fabrikanten bezw. dem Verleger selbst aufzugeben, um beim Einkauf zugleich über die verschiedensten die Fabrikation und die Fabrikationsbedingungen betreffenden Gegenstände Auskünfte zu haben, die kein anderer zu erteilen in der Lage ist. Er will wissen, welcher Veränderung die Ware in Beziehung auf Form, Farbe, Ausstattung und Material fähig ist, um vielleicht selbst Vorschläge zu neuen Mustern machen zu können, denen sich nach seinem Dafürhalten die allgemeine Geschmacksrichtung zuwenden wird, oder um nach seinen eigenen Angaben bestimmte Typen anfertigen zu lassen, die speziellen in seiner Heimat herrschenden Bedürfnissen Rechnung tragen. Weiter hat die unmittelbare persönliche Berührung und Gelegenheit zur Aussprache den Vorzug, dass sich Missverständnissen aller Art und den aus ihnen entstehenden Weiterungen in vielen Fällen vorbeugen lässt, ganz allgemein aber, und das ist wohl mit das

1) Unterlagen u. s. w. S. 31.

Wichtigste, auch den, dass sich Käufer und Verkäufer überhaupt näher kennen und beurteilen lernen, als es ein nur schriftlicher oder mittelbarer Verkehr erlaubt.

Die ausserordentlich grosse Zahl der Einkäufer, die sich aus nah und fern zur Messe einfindet, ist für den Verkäufer von ähnlicher Bedeutung wie die grosse Zahl der anwesenden Aussteller für den Käufer. Es wäre auch hier wieder sehr interessant, der Zahl der zur Messe kommenden deutschen Firmen die der im Jahre 1895 reichsstatistisch nachgewiesenen Betriebe gegenüberzuhalten, um festzustellen, welcher Prozentsatz aller als Messeinkäufer in Betracht zu ziehenden Firmen am Messmusterlagerverkehr teilnimmt. Eine solche Gegenüberstellung ist jedoch für die Einkäuferbeteiligung noch weit schwieriger als für den Ausstellerverkehr, soll indessen unter den nötigen Vorbehalten und Zuhilfenahme einer Schätzung wenigstens versucht werden. Der Punkt, an dem sie einsetzen kann, ist allein die Gewerbe-Art XVIIIa 13, Handel mit Kurz- und Galanteriewaren, die 16811 Betriebe zählt und wohl mindestens die Hälfte aller in Deutschland als Messeinkäufer in Frage kommenden Geschäfte umfassen dürfte. Ausser Betracht gelassen werden müssen dagegen die verschiedenen übrigen zum Handel gehörigen Gewerbearten, u. a. XVIIIa 5 Handel mit Metallen und Metallwaren, XVIIIa 6 Handel mit Maschinen, XVIIIa 14 Handel mit verschiedenen Waren, und die zum Gewerbe im volkswirtschaftlichen Sinne gehörenden Gewerbearten, die gleichfalls eine absolut nicht unbedeutende, im Verhältnis zu ihren Gesamtzahlen sowie zur Gewerbeart XVIIIa 13 aber nur eine kleine Zahl für den Besuch der Messe in Betracht kommender Betriebe enthalten. Rechnet man auf die ausser Betracht zu lassenden Gewerbearten zusammen die Hälfte der 5978 deutschen Einkäufer, so würden für die in der Gewerbeart XVIIIa 13 vereinigten Kurz- und Galanteriewarenhandlungen rund 3000 Einkäufer-Firmen verbleiben, die den 16811 Betrieben der Gewerbeart gegenüberzustellen wären, sodass also ohne Rücksicht auf den Umfang der Betriebe und die Grösse und Entfernung der Herkunftsorte jedes fünfte bis sechste aller im ganzen Deutschen Reich vorhandenen Kurzwarengeschäfte als Messeinkäufer anzusehen wäre. Dieses Verhältnis, das ohne Zweifel als ein Zeugnis der grossen Bedeutung der Leipziger Messe für die auf ihr Absatz suchenden Industrien gelten kann, steht hinter dem wirklichen aber vielleicht noch wesentlich zurück, da man den Anteil der

Gewerbeart XVIIIa 13 ohne grosse Gefahr schliesslich auch auf $^2/_8$ schätzen darf, in welchem Falle sich dann schon etwa jeder vierte Betrieb als Messeinkäufer darstellen würde, ganz abgesehen davon, dass die Zahl der die Messe zum Einkauf besuchenden nur unvollständig zu ermitteln ist.

Weit sicherer und klarer als aus derartigen, zum Teil auf Schätzungen angewiesenen Vergleichen mit der Reichs-Gewerbe-Statistik erhellt aber das Verhältnis der durch den Messmusterlagerverkehr vermittelten Nachfrage zu dem gesamten über Deutschland verzweigten Bedarf aus den Verhältniszahlen der zum Einkäuferverkehr beitragenden grösseren Orte. Nach der letzten Volkszählung gibt es in Deutschland

Orte mit			davon senden Einkäufer		
10 bis 20 000	Einwohner:	249	166	oder	67 %
20 » 50 000	» :	153	132	»	87 »
50 » 100 000	» :	41	41	»	100 » [1])
über 100 000	» :	33	33	»	100 »

Ausser diesen allgemeinen Vorteilen, die die zur Messe gebotene grosse Auswahl und die regelmässige Zusammenkunft Tausender von Ausstellern und Käufern beiden Teilen gewährt, entspringen dem Messmusterlagerverkehr für gewisse Klassen oder Gruppen von Käufern und Verkäufern noch manche besonderen Vorteile.

Die unter den Ausstellern befindlichen Inhaber kleinerer Fabriken und Verlagsgeschäfte besitzen in der Musterlagermesse vielfach das einzige Mittel selbständigen Absatzes. Der geringe Umfang ihres Betriebs und ihr beschränktes Kapital würden ihnen oft gar nicht erlauben, den Vertrieb ihrer Waren anstatt oder ausser auf der Messe noch durch mehrere Reisende und Agenten oder auf sonstigem Wege zu suchen, denn hierzu wären, wie wir weiter sehen werden, bedeutend höhere Aufwendungen erforderlich, als ein jährlich zweimaliger kurzer Besuch des meist wenig entfernten Leipzig und die dortige vorübergehende Ausstellung nur einer Musterkollektion erheischen. Einen besondern Nutzen hat die Messe ferner für viele Inhaber kleinerer Geschäfte, die zum

1) In den Statistiken der *Anlagen VI* und *IX* sind die selbständigen über 50 000 Einwohner zählenden Vororte Berlin-Rixdorf, Berlin-Schöneberg und Hannover-Linden, aus denen ebenfalls Messeinkäufer kommen, mit zu Berlin bez. Hannover gerechnet, sodass dort nur 38 Orte von 50 bis 100 000 Einwohnern erscheinen, während in Wirklichkeit alle 41 Orte dieser Grössenklasse durch Käufer zur Messe vertreten sind.

Einkauf kommen. Sie verschafft ihnen die Möglichkeit, gleich den Leitern grösserer Unternehmungen Hunderte verschiedener Kollektionen zu besichtigen und ihren Bedarf u. a. bei manchem leistungsfähigen Lieferanten zu decken, der sich sonst um ihre Kundschaft kaum bewerben würde, die ihm zur Messe gegebenen kleinen Aufträge aber ganz gern mit ausführt. Besonders nützlich ist der Besuch der Messe für solche Vertreter kleinerer Ladengeschäfte weiter insofern, als er ihre Kenntnisse und ihren Gesichtskreis erweitert, sie vielleicht bestimmt, sich den einen oder andern für sie gut verkäuflichen Artikel zuzulegen und sie vor allem veranlasst, dem Einkauf ungeteiltes Interesse entgegenzubringen. Zu Hause bei ihnen ist das letztere oft nicht möglich, vielmehr erfolgt dort die Durchsicht von Mustern und Katalogen und die Erteilung von Bestellungen, wegen der anwesenden Kundschaft oder mangels genügenden Platzes, häufig nur nebenher und unter erschwerenden Umständen.

Wie den kleineren Betrieben bringen die Musterlagermessen aber auch den grossen manche besonderen Vorteile. Der grosse Detaillist, der Grosshändler, der deutsche Kommissionär und Exporteur, der ausländische Importeur, der Warenhauseinkäufer — man denke an die ihre Einkäufer zur Messe sendenden Unternehmungen John Wanamaker in Philadelphia und New-York und Louvre und Bon Marché in Paris — sie alle können bei der Deckung ihres vielseitigen und umfangreichen Bedarfs aus der Mannigfaltigkeit der vorhandenen Auswahl und dem Wettbewerb der Aussteller in ganz besonders hohem Grade Nutzen ziehn. Aehnlich steht es mit den grösseren Verkäufern, die im Messmusterlagerverkehr ihre Leistungsfähigkeit durch die Ausstattung und Reichhaltigkeit ihrer Kollektion am augenfälligsten zu offenbaren vermögen.

Eine besondere Bedeutung hat die Musterlagermesse ferner für die Firmen Leipzigs, die sie ohne Aufwand an Zeit und Geld für die Reise nach Belieben besuchen können. Sie setzt manchen, der als Inhaber eines Geschäfts gleichen Umfanges aus Königsberg oder Metz kaum kommen würde, in die Lage, sich im Einkauf und dadurch auch im Wettbewerb den grösseren Betrieben gegenüber leichter auf der Höhe zu halten, was bis zu gewissem Grade auch für die Einkäufer aus der Umgebung Leipzigs und den weniger entfernten Gegenden überhaupt gilt. Von erheblicher Wichtigkeit ist sodann der Messmusterlagerverkehr für eine Reihe Leipziger Firmen und den Handel und die Industrie Leipzigs insofern, als er in einzelnen der beteiligten Geschäftszweige die Entfaltung eines hervorragenden ansässigen Grosshandels und einer regen industriellen Tätigkeit herbeigeführt hat, so für Kurz- und Galanteriewaren, Papierwaren, Holzwaren, Metallwaren und vor allem auch Musikinstrumente. Es wäre eine sehr lohnende Aufgabe, die hier aber nicht gelöst werden kann, zurückzuverfolgen, wie die betreffenden Zweige des heutigen Leipziger Handels und Gewerbfleisses im Zusammenhang mit der neueren Entwickelung der Messen Fuss gefasst oder an Ausdehnung gewonnen haben. In welchem Umfange Leipziger Betriebe zur Zeit als Verkäufer beteiligt sind und wie sie sich auf die Hauptgeschäftszweige verteilen, ist aus den statistischen Uebersichten hervorgegangen. Beachtenswert ist dabei, dass sich das Messgeschäft bei ihnen meist ebenso wie bei den auswärtigen Ausstellern vollzieht, z. B. viele Leipziger Firmen, die nicht schon selbst ein passendes Lokal im Messviertel besitzen, daselbst gleich den fremden Ausstellern für die Dauer der Messe ein solches mieten. Nach den zu den obigen Statistiken benutzten Erhebungen war dies bei nicht weniger als 114 Leipziger Firmen der Fall.

Besondere Vorteile gewährt der Messmusterlagerverkehr endlich denjenigen Firmen, die zugleich ausstellen und einkaufen. Die Zahl der Firmen, von denen Angaben über eine solche doppelte Beteiligung an der Messe vorliegen, beträgt etwa 400. Diese Ziffer darf jedoch nicht als genau zutreffend angesehen werden, da manche Firmen, die sich zugleich als Einkäufer und Verkäufer bezeichnen, gleichwohl kein Ausstellungslokal angemeldet haben und andrerseits von manchen Ausstellern, die zugleich Käufer sind, dies nicht angezeigt worden sein dürfte. Einen gewissen Anhalt gewährt übrigens auch die Zahl der Orte, die ausstellende und kaufende Firmen entsenden. Sie beläuft sich auf 357, kann aber nur in sehr beschränktem Umfang zu Schlüssen benutzt werden, da die Aussteller und Einkäufer aus diesen Orten vielfach nicht identisch, sondern ganz verschiedene Firmen sind, auch bei den dazu gehörigen kleinen Orten, die oft zugleich Standorte von Hausindustrien und Bäder oder Luftkurorte sind, als solche aber einerseits Industrielle und andrerseits Inhaber von Ladengeschäften zur Messe schicken.

Nichtsdestoweniger sind die Fälle, in denen sich die Mess-Einkäufer- und die Mess-Verkäufer-Eigenschaft verbinden, jedenfalls sehr häufig. Den Gegenstand des Einkaufs der ausstellenden Firmen bilden dabei, wie schon oben auf S. 58 bei der Betrachtung der Art der Einkäufer beiläufig erwähnt wurde, teils Materialien, Bestandteile oder Hilfsmittel für die Fabrikation, teils Artikel zur Ausstattung und Verpackung der eignen Erzeugnisse, teils endlich mit diesen zusammen vertriebene Waren. So kaufen z. B. Aussteller von Bronze-, Alfenide-, Britannia- und andern Metallwaren Montierungsartikel von Glas, Porzellan, Fayence und Majolika, Glasraffinerien und Aussteller von Holzgalanteriewaren bronzene Beschläge, Porzellanmalereien und Anstalten für Photokeramik weisses Porzellan, halbfertige Pfeifenköpfe und dergl. In ähnlicher Weise beziehen Industrielle der Kurz- und Spielwarenbranchen von andern Mess-Ausstellern Abziehbilder für Schatullen und Federkästen, gestanzte Räder zu Wägelchen, Eisenteile zu Holzgewehren, Lederbälge, Musikschwenker und sonstige Artikel zur Puppenverfertigung, kleine Püppchen, Porzellan- und Metallsächelchen zur Ausstattung von Puppenhäusern. Zur fertigen Ausstattung oder zur wirkungsvollen Aufmachung der eigenen Erzeugnisse in den Schaufenstern der Abnehmer werden ferner gekauft Porzellanküchengarnituren für abgepasste Regale von Holzwarenfabrikanten, Vasen und Korbwaren von Fabrikanten künstlicher Blumen, Brote und Gurken aus Wachs oder Pappe von Ausstellern von Brotschneidemaschinen und Gurkenhobeln, während als Beispiel neben den eigenen Waren vertriebener fremder Artikel der Ankauf von Kolorierbüchern und Bilderbogen durch Verleger von Farbenkasten angeführt sein mag.

Sind die erörterten allgemeinen und besonderen Vorteile, die der Leipziger Messmusterlagerverkehr dem Käufer und dem Verkäufer gewährt, darin begründet, dass er Angebot und Nachfrage in einem bestimmten, regelmässigen Zeitpunkte an einem Orte zusammenführt, so ist der Umstand einer solchen zeitlichen Vereinigung dabei für eine grosse Reihe von Geschäftszweigen noch in einem besonderen, engeren Sinne wesentlich, nämlich für alle die Geschäftszweige, deren Artikel einem periodisch auftretenden Konsum dienen. Es sind das teils Waren, für die die Zeit des Bedarfs die Sommer- und Reisezeit ist, so die Bäder- und Andenken-Artikel, die Reiseartikel und die Sportartikel, teils sind es Waren, deren Hauptverbrauch auf ein paar Wintermonate beschränkt ist, so die vor Weihnachten am stärksten gehenden Spielwaren, die Christbaumverzierungen und sonstigen Weihnachtsartikel, wie überhaupt zahlreiche Artikel der Luxus- und Galanteriewarenbranche vornehmlich zu Weihnachts-Geschenken gekauft zu werden pflegen, endlich auch alle jene Erzeugnisse der Kartonnage, die ihre Bestimmung im Kotillon oder im Karneval erfüllen. Dass für die Beteiligung dieser Geschäftszweige an den Musterlagermessen und für den ganzen Messmusterlagerverkehr diese Periodizität des Bedarfs von wesentlicher Bedeutung ist, liegt auf der Hand. Eine besondere Untersuchung der Absatz- und Produktionsverhältnisse jeder der fraglichen Branchen für sich würde zugleich ergeben, inwiefern die Ausfuhr nach fremden Ländern mit andern Sitten und Jahreszeiten die ungleichmässige Verteilung der Beschäftigung für den mitteleuropäischen Markt ausgleicht und in welchem Grade die Erhaltung des Exports für solche Saison-Industrien eine Lebensbedingung bildet.

Bei einer Untersuchung dieser Art würde sich auch offenbaren, welche wirtschaftlichen Tatsachen auf der Seite des Konsums wie der Produktion das Wesen und die Bedeutung des Leipziger Messmusterlagerverkehrs in letzter Linie im einzelnen bestimmen. Was die wissenschaftliche Literatur an einschlägigen Abhandlungen oder Quellenmaterial zur Zeit aufzuweisen hat, ist recht bescheiden. Am besten steht es dabei noch hinsichtlich der Hausindustrie, die seit der Klärung und Bereicherung des historisch-ökonomischen Wissens über die gewerblichen Betriebssysteme ein Gegenstand zahlreicher Forschungen geworden ist, nachdem den gewerblichen Zuständen in ihren konkreten Erscheinungen seit dem Weichen der alten Kameralistik Jahrzehnte hindurch eine nähere Beobachtung überhaupt versagt geblieben war. Behandeln die vorhandenen Schriften und Aufsätze über Hausindustrien in erster Reihe gewöhnlich nur die Arbeiterverhältnisse, so lassen sie doch in manchen Fällen auch die Stellung und Tätigkeit des Verlegers und die Bedingungen des Vertriebs der Produkte bis zu gewissem Grade mit erkennen [1]). Schon soweit

1) Vgl. beispielsweise: Hausindustrie und Heimarbeit in Deutschland und Oesterreich in den Schriften des Vereins für Sozialpolitik Bd. LXXXIV, Leipzig 1899, S. 155 ff.: *Uhlfelder*, Die Zinnmalerinnen in Nürnberg und Fürth; Bd. LXXXVI, Leipzig 1899, S. 215 ff.: *Ehrenberg*, Die Spielwarenhausindustrie des Kreises Sonneberg; S. 370 ff.: *Wilfling*, Die Hausindustrie u. Heimarbeit auf d. Gebiete d. Kamm- und Fächermacherei in Wien; S. 481 ff.: *Kostka*, Die Heimarbeit in der Hohlglasindustrie Nordböhmens; Bd. LXXXVIII, Leipzig 1900, S. 269 ff.: *Grunow*, Die Solinger Industrie; über dens. Gegenstand ebenda S. 51 ff.; ferner die verschie-

danach und auf Grund persönlicher Beobachtung des Messverkehrs ein Ueberblick zu gewinnen ist, sind die Verhältnisse nicht nur innerhalb der einzelnen Geschäftszweige sondern auch an den einzelnen Standorten der Industrien und bei den einzelnen Betrieben dermassen verschiedenartig und vielgestaltig, dass an dieser Stelle von einem Versuch, sie auch nur in einigen Hauptzügen anzudeuten, schlechterdings abgesehen werden muss.

---

denen im Anschluss an die Berufs- und Gewerbezählung v. 1895 in der Zeitschr. des K. Sächs. Stat. Bür. erschienenen Aufsätze und betreffs der erzgeb. Holz- und Spielwarenerzeugung die zum Teil sehr eingehenden Beschreibungen und Angaben in den Jahresberichten der Handelskammern Dresden und Chemnitz für 1863 S. 100 ff. bezw. 115 ff. und die späteren Jahre.

V.

Die Stellung des Mess-Musterlagerverkehrs neben den andern Formen der Absatzgewinnung.

In den vorhergehenden Abschnitten ist besonderes Gewicht darauf gelegt worden, den Ursprung des Messmusterlagerverkehrs aus den früheren Warenmessen darzutun und hervorzukehren, dass er mit ihnen in der Periodizität, der räumlichen Konzentration, dem Umfang wie der Vielgestaltigkeit von Angebot und Nachfrage und dem unmittelbaren persönlichen Verkehr zwischen Käufern und Produzenten noch wesentliche Berührungspunkte besitzt. Wie wir gesehen haben, sind es aber nur gewisse, wenn auch sehr zahlreiche Zweige der industriellen Produktion, die sich für den Vertrieb ihrer Erzeugnisse dieser neuen Form des Messhandels bedienen, während für die meisten der übrigen ehemals auf den Messen gehandelten Warengattungen der Absatz heute in anderen Formen erfolgt. Solche Formen sind die Absatzvermittelung durch die Reklame, durch Reisende und Agenten, Ausfuhrmusterlager und Ausstellungen. Warum sie den an den Musterlagermessen beteiligten Geschäftszweigen nicht genügen, ist bereits verschiedentlich mit gestreift worden, hat aber innerhalb der bisherigen Betrachtung noch nicht im Zusammenhang beleuchtet werden können. Im folgenden soll das Verhältnis des Messmusterlagerverkehrs zu jenen andern Absatzformen gezeigt werden.

1. Die Vorzüge der Reklame als Mittel der Absatzgewinnung liegen in verschiedener Richtung. Der Absatz suchende Fabrikant oder Verleger kann durch die öffentliche Anzeige oder gedruckte Preislisten und Kataloge seine Ware zahlreichen Interessenten anpreisen, die er sonst mit seinem Angebot nicht er-

reichen würde. Ihr Kreis ist schon bei Aussendung mehrerer hundert Anerbietungen oder bei Benutzung einer einzigen, zweckmässig gewählten Veröffentlichung sehr gross und lässt sich noch beliebig vervielfachen. Adressbücher und Adressen-Bureaux, Fach- und Tageszeitungen, Zeitschriften und Inseratenblätter geben miteinander wetteifernd reiche Gelegenheit dazu. Ein weiterer Vorzug ist die Möglichkeit nachhaltiger Einwirkung auf die heranzuziehenden Käufer durch häufige Wiederholung des Anerbietens. Zu dessen Vielfältigkeit und Nachhaltigkeit gesellt sich oft eine grosse Mannigfaltigkeit oder eine streng individuelle Ausprägung der gewählten Reklame. Durch den Reiz steten Wechsels, Auftreten in täglich neuem Kleide, an täglich andern Stellen, ebenso durch den Ausdruck erhabener Ruhe, Erscheinen in stets gleichem Gewande, an stets gleichem Orte, weiss die Reklame, auf beiden Wegen sich ewig verjüngend, beständig zu locken und fortgesetzt zu wirken.

Diese Vorteile werden indessen durch beträchtliche Mängel und Schwierigkeiten eingeschränkt. Von den Tausenden von Personen, an die sich die Anpreisung richtet, lesen und beachten sie nur die wenigsten, dafern sie nicht durch ihren Umfang und ihren Charakter, ihr Vorkommen an allen Orten, zu allen Zeiten oder in allen Gestalten das Auge in ganz besonderem Grade gefangen nimmt. Hierzu bedarf es aber grosser Uebung und Geschicklichkeit, guten Geschmackes, unerschöpflicher Erfindungsgabe, zäher Ausdauer und vor allem sehr ausgedehnter Geldopfer. Erfüllen sich diese Voraussetzungen, so ist damit ein wirklicher Erfolg doch noch keineswegs sicher. Die Reklame wird selbst dann den Unternehmer in der Regel nur bekannt machen, vielleicht auch tatsächlich zu Geschäftsabschlüssen führen, in den seltensten Fällen aber für sich allein genügen, den gesamten erforderlichen Absatz zu vermitteln.

Ihr Anwendungsgebiet wie ihre Leistungen sind hiernach von vornherein beschränkt. Sie sind es namentlich bei den Geschäftszweigen, die im Mittelpunkt unsrer Betrachtung stehen. Ein grosser Teil der Verlags- und Fabrikbetriebe der Spielwaren- und Musikinstrumenten-, Kurz- und Galanteriewaren- wie auch der keramischen, Glas- und Metallwarenverfertigung könnte die hohen Kosten einer ausgedehnten Reklame überhaupt nicht tragen. Betriebsumfang und Produktionsfähigkeit wären viel zu gering, die Aufwendungen für eine solche zu ersetzen. Sehr wesentlich ist dabei, dass diese Industrien vielfach in erster Linie für die Ausfuhr arbeiten, die Kosten und Schwierigkeiten wirksamer Verbreitung der Anpreisung sich also noch ungemein vermehren würden. Aber auch für die dazu zählenden grösseren Betriebe bildet die Reklame bei der Verschiedenartigkeit von Stoff und Form, Ausführung und Gebrauchszweck der Erzeugnisse kein selbständiges Instrument der Absatzgewinnung, sondern in der Hauptsache nur ein Mittel, den Absatz selbst vorzubereiten und zu fördern.

2. Die im allgemeinen wichtigste und verbreitetste Form des Vertriebs gewerblicher Erzeugnisse ist die Absatzvermittelung durch Reisende und Agenten. Ihr Hauptvorteil gegenüber der Aussendung vervielfältigter Anerbietungen und der öffentlichen Anzeige in der Presse beruht darin, dass der Käufer von dem Angestellten oder Vertreter des Industriellen an Ort und Stelle aufgesucht wird. Die Mittel des Angebots sind wirksamere als Schrift und Bild: das gesprochene Wort und die Ware selbst, diese meist in der Gestalt des Musters, das gewöhnlich vermöge seines geringen Umfangs bequem zu befördern ist und die Ware für den Abschluss des Geschäfts in genügender Weise vertritt. Die Kosten bewegen sich unter normalen Verhältnissen innerhalb mässiger Grenzen. Der Absatzsuchende bringt seine Erzeugnisse durch einen oder wenige Reisende, die er unterhält, an den verschiedensten Orten auf den Markt und findet für seine Ausgaben an Gehalt und Spesen in dem erzielten Umsatz meist den erforderlichen Ersatz. Verwendet er statt fest angestellter Reisender Provisionsreisende oder an den wichtigeren Orten ständige Agenten, so vermindern sich seine Aufwendungen unter Umständen noch, da sie dann, von der Beschaffung der Muster abgesehen, vorwiegend nur in einer Verkaufsprovision bestehen.

Auf der andern Seite zeigt die Vermittelung des Absatzes durch Reisende und Agenten manche Schwächen. Der Zahl der Orte und der Personen, auf die sie sich erstrecken kann, sind ziemlich enge Schranken gezogen. Der Reisende, der binnen kurzer Zeit ein ausgedehntes Gebiet bereisen muss, vermag von der in Betracht kommenden Kundschaft nur einen Teil zu besuchen. Ebensowenig ist durch Agenten, die allein für ihren Wohnsitz oder eine bestimmte Gegend bestellt sind, auf alle dem Geschäftszweige angehörenden Kreise einzuwirken, wenn nicht ihre Bezirke und Beziehungen zusammen das ganze Land bedecken. Damit sich Kundenkreis und Absatz in der erforderlichen Weise ausdehnen, muss die Zahl der Reisenden und Agenten daher häufig verhältnismässig gross sein. Die allgemeinen Geschäftskosten, insonderheit auch die Aufwendungen für die Kollektionen, erreichen dann aber eine beträchtliche Höhe.

Sind die Herstellungskosten der Muster an sich schon bedeutend und die Muster wegen ihrer Beschaffenheit ausserdem schwer zu versenden oder mitzuführen, so wird der Unternehmer die Dienste von Reisenden und Agenten nur in beschränktem Masse verwenden und verwerten können. Bei den Waren, deren Vertrieb wir hier ins Auge fassen, ist dies der Fall. Ihre Eigenart und Mannigfaltigkeit bedingen die Vorführung ganzer Stücke und dazu noch einer reichhaltigen Auswahl solcher, da Material, Form und Ausstattung der Ware anders nicht genügend zu zeigen sind. Wie die Anfertigung der Probestücke besonders hohe Kosten erheischt, so auch ihre Beförderung, bestehn sie doch aus Porzellan, Glas, Metall, Holz und dergleichen Stoffen, die sie schwer, zerbrechlich oder sperrig machen. Dazu kommt, dass der Kreis der zu gewinnenden Abnehmer und mithin die erforderlich werdende Zahl von Reisenden und Agenten grösser ist als bei den meisten andern Geschäftszweigen. Nicht nur der grosse Käufer, der Exporteur, der Grosshändler, das bedeutende Spezialgeschäft, das Warenhaus, auch der gesamte mehr oder weniger spezialisierte Kleinhandel bis herunter zu den bescheidensten Betrieben kleiner Orte und zum Handwerker zählen vielfach mit zur Kundschaft. Andererseits ist das in- und ausländische Absatzgebiet oft so ausgedehnt, der Ort des Bedarfs so entlegen, dass sich die Bereisung oder eine ausreichende Bestellung von Vertretern verbietet. Entscheidend sind dabei vor allem die Kosten der Herstellung, Beförderung und Instandhaltung der Muster. Das Reisenden- und Agentengeschäft trägt aus diesen Gründen, soweit es nicht wie namentlich bei geringerem Umfang der Unternehmungen überhaupt fehlt, oft einen andern Charakter als den gewöhnlichen. Seine Bedeutung beruht dann weniger in der Darbietung einer vollständigen Auswahl als in der Vorzeigung von einzelnen besonders gangbaren oder besonders neuen Artikeln, gewissermassen nur von Mustern von Mustern, weniger in der Einholung der Bestellungen als in der blossen Einleitung und Unterstützung des Absatzes.

3. Eine dritte, erst in den letzten Jahrzehnten entstandene

Form der Absatzgewinnung ist die Einrichtung der Ausfuhrmusterlager. Es sind dies nichtöffentliche dauernde Muster-Ausstellungen genossenschaftlich vereinigter Industrieller in einer gemeinschaftlich unterhaltenen Anstalt, die den Zweck verfolgen, den Absatz nach dem Auslande zu vermitteln. Sie sollen den im Lande weilenden fremden Käufer und den heimischen Exporteur mit den Erzeugnissen der Beteiligten bekannt machen und sie veranlassen, Bestellungen darauf zu erteilen, sei es an Ort und Stelle durch den Leiter des Instituts, in späterem schriftlichen Verkehr oder im Wege des Besuchs der Ausstellenden an den meist nahe gelegenen Produktionsorten.

Ihr Nutzen für den Absatzsuchenden wird aus dem Prinzip der Assoziation hergeleitet. Man erblickt ihn hauptsächlich darin, dass ein solches Institut Industrielle, die ihren Kundenkreis aufs Ausland auszudehnen wünschen, die Kosten der Absatzgewinnung auf eigene Faust aber noch nicht auf sich zu nehmen vermögen, den im Exportgeschäft bereits eingeführten Firmen gegenüber zum Wettbewerb befähige. Die Aufwendungen, die die Beteiligung an einem Ausfuhrmusterlager voraussetzt, sind in der Tat auch verhältnismässig gering. Bei dem ältesten und bekanntesten dieser Institute, dem 1882 auf Vorschlag *Hubers* ins Leben gerufenen Exportmusterlager in Stuttgart, beträgt z. B. der jährliche Beitrag für einen Geviertmeter Raum und die Aufnahme in den von der Direktion verbreiteten Katalog fünfzig Mark. Zu vergüten sind daneben eine mit dem Aussteller vereinbarte Provision auf alle zwischen ihm und den Besuchern des Musterlagers im Laufe der Zeit zustandekommenden Geschäfte sowie die Porti und sonstigen Auslagen [1]). In engen Grenzen bleiben die Aufwendungen namentlich aber insofern, als nur eine Kollektion nötig ist, Herstellungs- und Beförderungskosten der Muster sich also entsprechend beschränken. Ebenso ist nicht zu verkennen, dass ein Ausfuhrmusterlager durch die Vereinigung von Mustern verschiedener Industrieller die Orientierung über vorhandene Bezugsquellen wesentlich erleichtern und sich einer vielseitigen Benutzung und gedeihlichen Entwickelung erfreuen kann. So beliefen sich bei dem Stuttgarter Unternehmen im Jahre 1902 die Zahl der Firmen, die am Lager und schriftlich bestellten, auf 406, die Zahl der von ihnen gegebenen Aufträge auf 1828 und die Zahl der Empfänger

1) Ausstellungs-Bedingungen des Exportmusterlagers Stuttgart §§ 1 und 7.

dieser Aufträge auf 506, während ausserdem noch weitere 65 Aufträge durch Agenten an andern Plätzen und 917 durch die in Hamburg unterhaltene Filiale des Instituts eingingen[1]). Die Orte, aus denen die Besucher und Aufträge kamen, verteilten sich auf alle wichtigeren Länder Europas und der fremden Erdteile.

Nicht zu verkennen sind auf der andern Seite aber auch die Schwierigkeiten, mit denen ein Ausfuhrmusterlager zu kämpfen hat. Es gehören dazu vor allem das schwer erfüllbare Erfordernis steter Instandhaltung und Erneuerung der ausgestellten Muster und die notwendige Beschränkung des einzelnen Ausstellers auf einen engen Raum. Eine weitere Schwierigkeit erwächst aus der üblichen Ausdehnung der Ausstellung auf Erzeugnisse nicht nur verwandter Industrien und eines bestimmten Industrie-Bezirks, sondern aller denkbaren Gewerbe und sehr verschiedener Erzeugungsorte, die an die Waren- und Geschäftskenntnis des Leiters der Anstalt ausserordentlich hohe Anforderungen stellt. Sehr erschwerend kann auf die Entfaltung des Unternehmens endlich auch der Umstand wirken, dass die Bestellungen vielfach nicht an Ort und Stelle, sondern nachträglich im Wege unmittelbaren Verkehrs zwischen dem Kaufenden und dem Lieferanten erteilt werden, wenn der letztere in solchen meist unkontrollierbaren Fällen die Zahlung der Provision an das Institut zu vermeiden sucht. Es können dann die Einnahmen der Anstalt leicht so zusammenschrumpfen, dass der ganze Betrieb, wie z. B. kürzlich bei dem früheren Exportmusterlager in Frankfurt a. M., wegen ungenügender Rentabilität eingestellt werden muss.

Für die Keramik, die Glas-, Metall- und Holzwarenfabrikation, die Verfertigung von Kurz- und Spielwaren und dergl. kommen diese Mängel und Schwierigkeiten in besonders hohem Masse in Betracht. Gerade der rasche Wechsel des Geschmacks und der Bedürfnisse, die rastlose Schaffung von Neuheiten, der Reichtum und Umfang der vorzuführenden Kollektionen sowie die Mannigfaltigkeit der Industrie-Zweige und Produktions-Standorte bilden hier die Bedingungen, denen die Formen des Vertriebs gerecht werden müssen. Das genossenschaftliche Ausfuhrmusterlager mag wohl dem Aussteller von Erzeugnissen dieser Industrien recht gute Dienste leisten, wird im allgemeinen aber nur einen gewissen Teil des Absatzes der betr. Firmen zu vermitteln imstande sein

1) Jahresbericht des Exportmusterl. Stuttg. auf 1902.

und auch den Absatz selbst weniger bewirken als nur anbahnen.

4. Es verbleiben für unsere Betrachtung die öffentlichen Ausstellungen. Sie unterscheiden sich von den bisher besprochenen Formen der Absatzvermittelung zunächst dadurch, dass sie einem doppelten Zweck dienen. Grundsätzlich sind sie Veranstaltungen gemeinnütziger Natur, die die Leistungsfähigkeit eines bestimmten Bezirks, eines bestimmten Geschäftszweigs oder aller Länder und Gewerbe überhaupt vor Augen führen, die gewerbliche Technik wie den Handel mit dem In- und Auslande heben und fördern und weiten Kreisen mittelbar zugute kommen sollen. Zugleich sind sie aber für den einzelnen Ausstellenden eine Gelegenheit, die Aufmerksamkeit auf sein Unternehmen zu lenken, von mancher Seite Bestellungen zu erhalten und zahlreiche neue Beziehungen anzuknüpfen. In dieser zweiten Hinsicht allein, als Form geschäftlicher Absatzgewinnung, haben uns die Ausstellungen hier zu beschäftigen.

Die Vorteile, die sie dem Absatzsuchenden gewähren, sind zum Teil soeben angedeutet worden. Der Aussteller ist in die Lage gesetzt, seine Erzeugnisse einer grossen Zahl zusammenströmender Interessenten augenfällig zu unterbreiten, sofort manche Umsätze zu erzielen und sich namentlich für späterhin neue Absatzwege zu öffnen. Ausserdem kann er unter Umständen auf das Privat-Publikum einwirken, es von den Vorzügen seines Fabrikats überzeugen, allerwärts Nachfrage danach hervorrufen und auf diese Weise durch unmittelbare Beeinflussung des Konsums seinen künftigen Absatz steigern. Neben der Förderung des Absatzes an sich bieten die Ausstellungen noch andere, mehr mittelbare Vorteile. Dazu gehören die Aufführung in den Katalogen, die Erwähnung in den Berichten und vor allem die Verleihung dem Ansehn und weiteren Erfolg der Unternehmung förderlicher Auszeichnungen.

Diese Vorteile sind jedoch meist teuer erkauft und werden in ihrer Wirkung durch mancherlei Umstände wesentlich beeinträchtigt, so durch die Verteilung und Ablenkung des Interesses der Anwesenden infolge der überwältigenden Vielheit des Sehenswerten und der zahlreich gebotenen Erholungen und Vergnügungen, ferner durch den einherwogenden Verkehr schaulustiger Privatpersonen, der in der Regel von Ausstellern und Kaufinteressenten gleich lästig empfunden wird. In erster Linie von

Belang ist aber die ausserordentliche Höhe der Kosten. Um von seiner Beteiligung Nutzen zu haben, muss der Aussteller durch seine Schöpfungen selbst wie durch den Geschmack und die Grossartigkeit ihres Aufbaus hervorragen, auf den Beschauer von Fach Eindruck machen, das Publikum in Staunen und Entzücken versetzen. Dazu bedarf es aber langer Vorbereitungen, grossen Aufwandes an Zeit und Geld, Material und Ausstattung, auch beträchtlicher Ausgaben für die Verpackung und den Transport. Ist das Ausstellen an sich oft mit nur geringen Kosten verknüpft, so kosten der Aufenthalt in der von Fremden erfüllten Ausstellungsstadt und die ausgedehnten Reklameveranstaltungen, von denen der Erfolg nicht zum mindesten mit abhängt, umsomehr. Als Kosten eigentlicher Absatzgewinnung lassen sich indessen diese Aufwendungen kaum ansehn. Sie sind weniger laufende Ausgaben im regelmässigen Geschäftsbetrieb als eine Kapitalanlage, die den Gewinn erst im Laufe der Zeit bringen soll und vielen unmöglich ist oder nicht notwendig scheint.

Bei den Erzeugnissen der Kunst- und Luxusgewerbe, der Wirtschaftsartikel-, Galanterie- und Spielwaren-Industrien erheischen Anfertigung, Beförderung und Anordnung der auszustellenden Gegenstände wegen ihres Stoffes, ihrer Ausführung, ihres Umfangs und ihrer Verschiedenartigkeit besonders hohe Aufwendungen. Nichtsdestoweniger pflegen gerade diese Geschäftszweige auf den Ausstellungen an erster Stelle mit vertreten zu sein, weil in Waren der gedachten Arten fortwährend neue künstlerische Ideen zur Verkörperung gelangen, praktische Vervollkommnungen auftauchen oder sonstige Neuheiten herauskommen. Von dem Stande solcher fortschreitender Entfaltung von Zeit zu Zeit ein Zeugnis abzulegen, sind die Ausstellungen der rechte Ort. Es gilt dies hier umsomehr, als für Gegenstände, die den Körper, die Tafel oder die Wohnung schmücken, ihre Bestimmung im Haushalt, im Familienkreise oder bei froher Festlichkeit erfüllen, nicht nur Gewerbetreibende und Händler, sondern alle Schichten des Volkes Sinn und Verständnis besitzen, einer Vorführung in der Oeffentlichkeit daher desto grössere Bedeutung zufällt. Freilich kann sich der Kreis derer, die in den Wettkampf eintreten, nicht sehr weit erstrecken. Nur grössere und mittlere Betriebe werden sich den an den Teilnehmer gestellten Anforderungen gewachsen fühlen, während der grossen Schar kleinerer Unternehmungen eine Beteiligung meist kaum möglich sein dürfte.

Auch für die Beteiligten stellen jedoch die Ausstellungen kein eigentliches Mittel des Absatzes dar. Selbst wenn sie in erster Linie nicht einer einmaligen oder in längeren Zeitabständen wiederholten Reklame sondern einem regelmässigen Warenvertrieb dienen wollten, würde sie bei den fraglichen Geschäftszweigen schon die Beschränktheit des verfügbaren Raumes hierzu ungeeignet machen, die den einzelnen gewöhnlich nur ein Plätzchen für einige wenige Schaustücke finden lässt, ihm keinesfalls aber die Ausbreitung einer umfangreichen Auswahl erlaubt.

5. Neben diesen Formen der Absatzvermittelung durch die Reklame, durch Reisende und Agenten, Ausfuhrmusterlager und Ausstellungen steht der Musterlagerverkehr der Leipziger Messen.

a) Den Gegenstand des Absatzes bilden bei ihm Erzeugnisse aus Glas, Porzellan, Ton, Stein, Metall, Leder, Pappe, Holz und noch vielen andern Stoffen, Dinge, deren Herstellung, Gestalt und Verwendung gleich mannigfach sind.

Die Reklame kann ihren Vertrieb günstigstenfalls nur wirksam unterstützen, nicht aber für sich allein bewerkstelligen. Sie könnte es nicht, selbst wenn die Abbildung, die Beschreibung oder die einfache Bezeichnung solcher Waren deren Vorführung zu ersetzen vermöchte. Auch zur blossen Aufzählung wäre die Zahl der sämtlichen Artikel, die der einzelne Industrielle anzubieten hat, oft zu gross.

Das Reisenlassen genügt als Mittel der Absatzgewinnung gleichfalls nicht. Die Kollektionen büssen durch Bruch und Beschädigung bei der Ueberführung von Ort zu Ort erheblich ein und müssen vor allem beschränkt sein. Sie können nur einen Teil der Erzeugnisse des Absatzsuchenden begreifen, dessen Leistungsfähigkeit nicht im vollen Lichte zeigen.

Der Fabrikant unterhält deshalb häufig, mag er Reisende ausschicken oder nicht, bei Agenten an Hauptabsatzzentren ständige Musterlager. Auch diese werden jedoch im allgemeinen kaum viel vollständiger als die Reisemuster sein, schon weil derselbe Agent oft ein Dutzend und mehr Fabrikanten zugleich vertritt, deren ganze Kollektionen er gar nicht bei sich unterzubringen wüsste.

Das Gleiche gilt für die genossenschaftlichen Ausfuhrmusterlager, wo der dem einzelnen zu gewährende Raum noch beschränkter ist und bis zu gewissem Grade auch für die öffentlichen Ausstellungen, deren Teilnehmer in dieser Hinsicht nur sehr bescheidene Ansprüche erheben dürfen.

Anders beim Leipziger Messmusterlagerverkehr. Es stehen hier dem Verkäufer offene Stände und geschlossene Lokale jeder Grösse zur Verfügung, sodass die Ausstellung einer einzigen Firma zuweilen für sich mehr Raum einnimmt, als ein Agent oder ein mittleres Ausfuhrmusterlager-Institut allen Vertretenen zusammen zu bieten haben. Der einzelne Aussteller, der betreffende Geschäftszweig und die ganze Gruppe verwandter Industrien sind infolgedessen in der Lage, dem Käufer ein erschöpfendes Bild von dem zu geben, was der Gewerbfleiss und der Wettbewerb auf dem fraglichen Gebiete zu leisten vermögen. Die Messe ist daher für den das erste Mal als Käufer kommenden Gründer oder Uebernehmer eines Geschäfts eine Enthüllung alles Wissenswerten, für den regelmässigen Messbesucher die günstigste Gelegenheit, die im Einkauf zu befolgende Richtung zu erkennen und seine Auswahl zu treffen, für den Absatzsuchenden der beste und oft der einzig gangbare Weg, seine Erzeugnisse abzusetzen.

b) Neben der Beschaffenheit der ausgestellten Waren ist von Wichtigkeit, dass der Bedarf an ihnen, z. B. bei Bäder- und Geschenkartikeln, Reise- und Sportutensilien, Weihnachts-, Kotillon-, Karneval- und Osterartikeln, mit dem Wechsel der Jahreszeiten und Geschmacksrichtungen, der Vergnügungen und Feste periodisch auftritt.

Die einmalige oder nur in langen Zeiträumen wiederkehrende öffentliche Ausstellung kann als Hauptform der Absatzgewinnung hier nicht geeignet sein, ebensowenig, angesichts der Schwierigkeit steter Ergänzung und Erneuerung der Muster, das ständige Musterlager beim Agenten oder im genossenschaftlichen Ausfuhrmusterlager-Institut.

Die Reklame und das Angebot durch Reisende vermögen den gedachten Verhältnissen eher Rechnung zu tragen, die Reklame, indem sie innerhalb einer kürzeren Zeitdauer desto ausgedehnter und nachhaltiger angewendet werden kann, das Reisegeschäft insofern, als es sich ohnehin gewöhnlich nur auf einen kleinen Teil des Jahres erstreckt.

Tritt die Unzulänglichkeit der beiden zuletzt genannten Absatzformen in der fraglichen Hinsicht hiernach weniger zu Tage, so darf doch nicht übersehen werden, dass die Bedeutung des Mess-Musterlagerverkehrs unter dem Gesichtspunkte der Zeit nicht bloss auf einer Periodizität beruht, wie sie unter Umständen auch anderen Vertriebsarten eigen sein kann, sondern auf einer in ganz bestimmten Terminen ausgedrückten Periodizität, der Abhaltung in einem ein für allemal festgesetzten, allgemein bindenden Zeitpunkte. Nur dadurch ist es möglich, dass die Kollektionen aller jener Industriellen vollständig ausgerüstet und bis zum letzten Augenblick bereichert zugleich auf dem Platze erscheinen und Käufer und Verkäufer die Vorteile geniessen, die eine derartige zeitliche Konzentration von Angebot und Nachfrage zu gewähren vermag.

c) Mit dieser zeitlichen Konzentration verbunden ist eine räumliche und persönliche Vereinigung, die den Messmusterlagerverkehr ebenfalls von den andern Formen der Absatzgewinnung unterscheidet.

Bei der Reklame finden wir das Gegenteil einer räumlichen Zentralisation. Sie darf sich nicht damit begnügen, nur an einem einzigen verkehrsreichen Platze oder nur in einer einzigen wichtigen Veröffentlichung aufzutreten, sondern muss sich aller Gelegenheiten bedienen, an allen Orten werben. Sie wendet sich dann wohl an eine grosse Zahl von kauffähigen Personen, diese wird jedoch in den meisten Fällen immerhin ziemlich beschränkt sein, denn selbst die weitestgehende Reklame kann alle einem Geschäftszweige im In- und Auslande angehörenden schlechterdings nicht erfassen.

Verstreut sind auch die Orte, an denen die Tätigkeit des Reisenden einzusetzen hat. Die Gebiete und die Zahl der Plätze und Händler, die er zu besuchen vermag, sind gleichfalls begrenzt. Gerade bei den fraglichen Industrien wollen aber Kundenkreis und Absatzgebiet ausgedehnt sein. Um seine Beziehungen zu vermehren und zu erweitern, sucht deshalb der Produzent seinen Absatz vielfach auch an dritten Orten, indem er an Plätzen, die vermöge ihrer Lage und ihres Verkehrs dazu besonders geeignet scheinen, bei Agenten oder in einem genossenschaftlichen Ausfuhrmusterlager ständig eine Kollektion unterhält oder die an solchen Orten stattfindenden öffentlichen Ausstellungen beschickt. Die Zahl der Käufer bleibt jedoch auch hier überall in mehr oder weniger engen Schranken, es handelt sich immer nur um gewisse Gruppen von Personen, nur um einen Teil der Gesamtheit der in Frage kommenden Abnehmer.

Der Musterlagerverkehr der Leipziger Messen umfasst dagegen mit seinen Beziehungen nicht nur bestimmte Plätze oder Gebiete und bestimmte Gruppen von Personen, sondern fast sämtliche wichtigeren Plätze Europas und der ganzen Erde, Tausende von Absatzstätten von den Metropolen und den grossen Welthandelshäusern herab bis zu Orten und Betrieben der bescheidensten Art, alle geschäftlichen Kreise, die im Vertrieb von Waren der fraglichen Gattungen überhaupt irgendwo tätig sind. Er vereinigt jedesmal nicht weniger als $2^1/_2$ tausend Absatzsuchende aus mehr als 600 verschiedenen Orten mit einer nachgewiesenermassen dreifachen, vielleicht aber noch weit höheren Zahl von Käufern aus allen Weltteilen und schafft dadurch eine Konzentration von Angebot und Nachfrage, wie sie in ähnlicher Weise nirgends auf dem Erdball wieder vorkommt.

Was die Musterlagermesse zum regelmässigen Sammelpunkte der Kaufenden und Verkaufenden macht, ist die Lage Leipzigs inmitten der beteiligten Industriebezirke. Die Gebiete, in denen die vertretenen Gewerbe ihre Standorte haben, liegen entweder, wie das Königreich und die Provinz Sachsen, Thüringen, das nördliche Böhmen, Ober- und Unterfranken, in nahem Umkreise oder, wie die übrigen mittel-, süd- und westdeutschen Produktionsländer, noch in wenig erheblicher Entfernung, in konzentrischen Kreisen um ihren verkehrsgeographischen Mittelpunkt, die Messstadt Leipzig. Dieser Umstand verbürgt die Vorführung vollständiger, reichhaltiger Kollektionen und vor allem auch die persönliche Anwesenheit der Industriellen selbst.

Während die Reklame als eine mehr oder weniger unpersönliche, an alle Welt gerichtete Anpreisung in der Regel nur wenig Beachtung findet und das Angebot durch den Reisenden, den Agenten, das Ausfuhrmusterlager, oft auch das auf der Ausstellung, ein Angebot durch einen Vertreter darstellt, verkehren auf den Leipziger Musterlagermessen Produzent und Käufer miteinander persönlich. Der Produzent ist dadurch in den Stand gesetzt, die Bekanntschaft seiner Abnehmer zu machen, sich mit ihnen über alle mit dem Geschäft zusammenhängenden Punkte auszusprechen und bei der Bewirkung der Verkäufe Kenntnisse und Kräfte zu verwerten, die ihrer Natur nach nur er in sich vereinen kann. Es sind das seine Erfahrungen als Industrieller, seine genaue Kenntnis der technischen und ökonomischen Bedingungen der Produktion, sein Interesse nicht nur an dem augenblicklichen Kaufabschluss, sondern an der Unternehmung als solcher und ihrem dauernden Gedeihen, Kenntnisse und Kräfte, die lediglich da in den Dienst der Absatzgewinnung treten, wo zwischen dem Produzenten und dem Kunden eine unmittelbare Berührung Platz greift.

d) Wie wir gefunden haben, sind die Vorteile, die den uns beschäftigenden Geschäftszweigen die Reklame, die Verwendung von Reisenden und Agenten, das genossenschaftliche Ausfuhrmusterlager und die öffentliche Ausstellung bieten, denen des Messmusterlagerverkehrs nicht entfernt vergleichbar. Dieser allein vermag als Form der Absatzvermittelung allen Anforderungen zu entsprechen. Die Aufgaben jener liegen mit den seinigen wohl insofern in derselben Richtung, als es sich ebenfalls um die Vermittelung des Absatzes handelt. Die Reklame, der Reisende oder Agent, das Ausfuhrmusterlager und die Ausstellung wollen dabei aber in erster Linie den Absatzsuchenden und seine Erzeugnisse bekannt machen, einführen, den Absatz anbahnen oder unterstützen, weniger ihn selbst, wie der Messmusterlagerverkehr, bewirken. Dieser bedient sich daher auch vielfach jener andern Mittel, um sich durch sie vorzubereiten und zu ergänzen. Es gilt das von den Reisenden und Agenten, die den Kunden bewegen, sich die Messausstellung ihres Geschäftsherrn anzusehen, ihn, wie es häufig im Exportgeschäft geschieht, zum Einkauf nach Leipzig begleiten oder nach der Messe die in Leipzig entstandenen Beziehungen erhalten und pflegen und daselbst eingeleitete Geschäfte zum Abschluss bringen. Aehnlich verhält es sich mit den Ausfuhrmusterlagern und öffentlichen Ausstellungen insofern, als deren Besucher mit ihnen dort bekannt gewordenen, gleich ihnen zur Messe kommenden Firmen auf dieser Geschäfte machen [1]), sowie mit der Reklame, die in allen ihren Formen zur Steigerung des Messverkehrs beiträgt.

1) So besuchen nach Angabe des Leiters des Stuttgarter Exportmusterlagers von der Gesamtheit der dort ausstellenden Firmen, die auch zahlreiche Aussteller nicht auf der Messe vertriebener Waren wie Chemikalien, Weine, Liköre, Zigarren, Kolonialwaren, Konserven, Cement, Metalle, Garne, Gewebe, Bänder, Spitzen u. dergl., fertige Kleider und Wäsche, Schuhe, Handschuhe, Strumpf- und Wirkwaren und noch vieler anderer Artikel umfasst, ca. 10 Proz. die Leipziger Messe, vermutlich die grosse Mehrzahl der den Messmusterlagerbranchen angehörigen Mitglieder, deren Zahl ich nicht genau habe ermitteln können. Ebenso begibt sich der Leiter des genannten Instituts seit dessen Gründung im Jahre 1882 regelmässig auf die Leipziger Frühjahrsmesse, um hier mit Fabrikanten und Einkäufern zu sprechen.

Das ganze Jahr über werden die Beteiligung an der Messe und das Messlokal am Kopfe der Briefbogen und Rechnungen, der Preislisten und Kataloge, in Inseraten, Bezugsquellenlisten und Adressbüchern angezeigt, beim Herannahen der Messe ausserdem noch in Tausenden von Messeinladungen durch Zirkulare und Bekanntmachungen in der Fach- und Tagespresse, Zeitschriften und Offertenblättern. Auf der Messe selbst begegnet der Fremde auf Schritt und Tritt Veranstaltungen der Reklame, durch die ihn jeder an sich zu ziehen strebt. Die Aussenwände, Eingänge und Treppenhäuser der Gebäude des Messviertels treten ihm mit Schildern und Plakaten bedeckt entgegen, in deren Zahl und Grösse, Aufschrift und Farbe einer den andern zu übertreffen sucht. In ihren Dutzenden von Wiederholungen dienen sie dem Käufer oft von der Strasse bis ins Zimmer des Ausstellers als willkommener Wegweiser, oft verwirren sie ihn aber auch, indem sie den Namen des einzelnen in dem bunten Gewimmel gleichsam untergehen lassen. Zu der an den Ort gebundenen Reklame gesellen sich die wandernde, die rollende, die schwebende, die allgegenwärtige: die Reklame durch Plakatträger, Triumphwagen, fliegende Drachen und Luftballons, Scherz- und Vexierfiguren der wundersamsten Arten, zu der auf das Auge wirkenden die tönende, die duftende, die wohlschmeckende: die Reklame durch die im Sange wetteifernden Stimmen der Phonographen, die an die Menge verbreiteten Sträusschen, Nipp-Parfümerien, Konfekt- und Zigarettenschächtelchen, zu der einfachen die potenzierte: die Reklame der Reklameartikelfabrikanten.

Als nützlichste aller Reklamen wirkt für die Mess-Aussteller zweifellos aber ihre Aufführung im offiziellen Leipziger Mess-Adressbuch. Vor jeder Herbst- und Frühjahrsmesse trägt es als Vorbote des grossen Wettkampfes die Namen der sich einfindenden Firmen in die Welt hinaus, in Tausenden von Exemplaren, die den Messeinkäufern unentgeltlich und portofrei vor ihrem Messbesuch zueilen. Während der Messe wird es den Käufern, die es nicht schon besitzen, kostenlos ausgehändigt und überdies zu beliebiger Einsicht allerwärts ausgelegt. Nach Erfüllung seiner Aufgabe als Messführer dient es dann noch bis zur nächsten Messe täglich als Adressennachschlagebuch und Bezugsquellennachweis. Es vermittelt somit auf dem Schauplatze des Messverkehrs selbst wie fern von ihm jährlich Hunderttausende einzelner Beziehungen und macht auf diese Weise nicht nur für den einzelnen Reklame, sondern für alle Aussteller zugleich, für die Institution, für die Stadt, für ganz Deutschland und Mitteleuropa, für Hunderte von Zweigen des deutschen und fremden Gewerbfleisses.

e) Wie verhält es sich nun mit dem Messmusterlagerverkehr im Vergleich zu den übrigen Formen der Absatzgewinnung hinsichtlich der Kosten?

Die Aufwendungen, die eine ausgedehnte Reklame erheischt, erreichen aus den erörterten Gründen eine beträchtliche Höhe, ebenso die Kosten erfolgreicher Beteiligung an öffentlichen Ausstellungen. Recht teuer sind auch die Beschaffung einer Mehrzahl von Kollektionen für Reisende und Agenten und ihre Vorführung an einer Reihe verschiedener Plätze. Weniger kostspielig scheint, wenn auch vielleicht nicht immer im Verhältnis zu dem erzielten Nutzen, die Unterhaltung einer Auswahl von Mustern in einem genossenschaftlichen Ausfuhrmusterlager.

Die Kosten der Teilnahme an den Musterlagermessen werden im wesentlichen bedingt durch die Anfertigung, Versendung und Unterbringung der Muster sowie die Reise und den Aufenthalt des Ausstellenden und seines Personals.

Die Aufwendungen für die Herstellung der Mess-Kollektion sind nicht unbedeutend, mögen sie auch hinter denen, die zuweilen öffentliche Ausstellungen veranlassen, zurückstehen. Es kann indessen fraglich scheinen, ob diese Aufwendungen überhaupt in die Kosten des Messbesuchs eingerechnet werden müssen, da eine vollständige Kollektion doch jeder Fabrikant, gleichviel an welchem Orte, schliesslich braucht. Aber selbst wenn es zu geschehen hat, bleibt die Anfertigung einer einzigen, in sich abgeschlossenen Kollektion immer noch ebenso billig wie die einer ganzen Anzahl einen Teil der Muster begreifender. Eine absolute Ersparnis tritt jedenfalls da ein, wo die Messkollektion die alleinige ist, Vervielfältigungen von ihr gar nicht bestehen, die Darbietung der Erzeugnisse nur zur Messe und etwa noch am Produktionsorte, nicht ausserdem durch Reisende oder Agenten erfolgt.

Beträchtlich sind desgleichen die Kosten der Beförderung der Kollektion auf die Messe, die ihrer Ausstellung daselbst, die der Reise und des Aufenthalts. Oft sind es zehn bis zwanzig grosse Kisten, die aus einer einzigen Fabrik ihren Weg ins Messlokal nehmen, nicht ein blosser Stand oder ein kleineres Zimmer, sondem weite Räumlichkeiten, die die Ausstellung des einzelnen einnimmt, nicht ein Industrieller allein, sondern ein ganzer Stab von Inhabern oder Direktoren und Angestellten, die gemeinschaftlich zur Messe fahren, alle dort wohnen, essen und trinken müssen, etwas sehen und sich vergnügt machen wollen.

Ermässigend auf Transport- und Reisekosten wirken aber die zentrale Lage Leipzigs und der Umstand, dass die Messmuster nicht wie die Muster des Reisenden eine fortwährende, sondern nur eine ein- oder höchstens zweimalige Beförderung verlangen, nicht wie oft die zahlreichen Agenten-Kollektionen auf dem teuersten, sondern auf dem nur bei einer grössern Sendung benutzbaren billigsten Wege ans Ziel gelangen und vielfach auch wie in ständigen Musterlagern dauernd am Platze bleiben, um zur nächsten Messe wieder ausgepackt und teilweise erneuert zu werden.

Auch auf die Aufwendungen für die Ausstellung der Muster üben gewisse Tatsachen einen mindernden Einfluss. Das Städtische Kaufhaus, das zur Zeit etwa 14 Proz. aller Aussteller beherbergt, bietet seinen Raum zum Selbstkostenpreise, braucht keinen Gewinn abzuwerfen, sondern nur das Areal- und Baukostenkapital zu verzinsen [1]). Aehnliche Vorteile in Beziehung auf Lage, Ausstattung und Preis der Lokale suchen in gegenseitigem Wettbewerb die grossen privaten Bauunternehmungen zu gewähren [2]), die mit dem Kaufhause bereits 60 Proz. der Aussteller aufnehmen und an Zahl fortgesetzt noch wachsen. Dazu kommt endlich das Angebot von Räumlichkeiten in jedem Hause und Stockwerke der im Messviertel gelegenen Strassen seitens Gewerbetreibender und Privater [2]), die sich mit ihrem Betrieb oder Haushalt während

1) Nach Angaben des Rates und den Haushaltplänen und Rechnungen der Stadt Leipzig stellten sich mit dem Vergrösserungsbau die Arealkosten auf rund 2 Millionen Mark, die Baukosten gleichfalls auf rund 2 Millionen Mark, der Bruttoertrag und die Unterhaltungskosten im Durchschnitt der letzten Jahre auf etwa 200 000 bez. 35 000 Mark, der Nettoertrag also auf etwa 165 000 Mark oder $4^1/_4$ Proz. Dabei sind noch keinerlei Rücklagen für ausserordentliche Ausgaben oder Abschreibungen gerechnet und ebensowenig ein Betrag für Gehälter des Verwaltungspersonals und sonstige den Betrieb belastende allgemeine Kosten eingestellt. Die Bemessung der Mietpreise für die einzelnen Räume ist nach Stockwerk und Lage verschieden. Der Satz für den Geviertmeter schwankt, von den Läden im Erdgeschoss und etlichen besonders vorteilhaft, z. B. an den Kreuzpunkten der Gänge liegenden Musterzimmern abgesehen, zwischen 12 und 30 Mark jährlich. Die Muster können das Jahr über am Platze bleiben.

2) Nach dem Verzeichnis freistehender Messlokale wurden z. B. gefordert: in einem der neuen privaten Messgebäude in der besten Lage für Geviertmeter und

der Messen in die hinterste Ecke des Ladens, in die Werkstatt, in Küche, Schlaf- oder Kinderzimmer zurückziehen, um aus dem besten Teil ihrer Räume den Nutzen zu ziehen, der ihnen als Hausbesitzern in Gestalt einer Mess-Grundrente anheimfällt oder als Mietern im Wohnungspreise oft schon mit angerechnet ist.

Am stärksten zeigt sich die Wirkung des sich vieltausendköpfig zusammendrängenden Verkehrs bei den Aufenthaltskosten, in dem zuweilen auftretenden Mangel an Gelegenheit, in der gewünschten Weise unterzukommen und in der dem Andrang entspringenden Steigerung der Unterkunftspreise, den sogenannten Messpreisen der Gastwirte. Es sind hier nicht nur die Firmen, sondern die Personen und nicht nur die auf Seiten des Verkaufs beteiligten, sondern auch die Käufer, deren Berater und Reisegefährten, Familienangehörige und Angestellte, die, den sonstigen Fremdenverkehr vervielfachend [1]), eine schwer zu befriedigende allseitige Nachfrage herbeiführen. Aber auch hier fehlen nicht ausgleichende Kräfte vermehrten und geregelten Angebots. Mit ihren zahlreichen Gasthäusern, in denen die Zimmerpreise zu Messzeiten wohl einen Aufschlag erfahren [2]), infolge des Zwanges der polizeilichen Abstempelung und des Anschlagens der Preise aber nicht jeden Augenblick willkürlich verändert werden können, mit ihren weiten Kreisen von Bürgern, die wie den Mustern des Fremden im Messviertel so dem Fremden selbst in allen Teilen der Stadt Unterkunft zu gewähren bereit sind [3]), mit ihren neu erstehenden Ge-

Jahr je nach dem Stockwerk 15—60 Mark; in einem zweiten, ähnlichen, für einen Raum von 12 Geviertmetern im 2. Stock 200 Mark für die Messe oder 400 Mark jährlich; in sonstigen, nicht ausschliesslich Messzwecken dienenden Häusern: für einen Ladenraum von 20 G.M. nach der Univers.-Str. (dem Kaufh. gegenüber) mit Schaufenster und mehreren Tafeln 550 Mark jährlich; für ein Zimmer von 46 G.M. im 1. Stock nach der Grimm.-Str. (zw. Un.-Str. und Neumarkt) 350 Mark für die Messe, 650 Mark jährlich; für ein zweifenstr. Zimmer von 15 G.M. im 1. Stock im Gewandgässchen (dem Kaufhaus gegenüber) 200 Mark für die Messe; für einen Raum von 20 G.M. im Erdgeschoss nach dem Neumarkt 450 Mark für beide Messen zusammen; für 2 Stände und 2 kleinere Zimmer im 2. Stock eines der meistbenutzten Häuser der Peters-Strasse je 30—50 Mark für die Messe, 60—100 Mark für das Jahr. Die Preise schliessen Heizung und Beleuchtung ein.

1) Vgl. oben S. 27, Anm. 3.

2) In manchen Gasthäusern, wo die Messpreise n e b e n den gewöhnlichen angeschlagen sind, einen gewiss nicht als übermässig hoch anzusehenden Aufschlag von 10—15 Proz., in andern allerdings oft auch eine weit beträchtlichere Erhöhung.

3) Der Preis, der für 1 Zimmer mit 1 Bett einschl. Frühstück und Bedienung gefordert wird, ist gewöhnlich 3 Mark, zuweilen auch nur 2 Mark für die Nacht.

bäuden und Strassen, die allerwärts an den Stätten alter emporschiessen und Bewohnern und Gästen alle neuzeitlichen Annehmlichkeiten darbieten, mit ihren grossen anmutigen Vororten endlich, die unter Aufopferung weniger Pfennige und Minuten für die Strassenbahnfahrt jeden Augenblick mit dem Messviertel leicht vertauschbar sind — mit allen diesen Mitteln erschliesst die Messstadt jedem Fremden ein geeignetes Quartier. Er braucht sich nur ein solches zu wählen und zu sichern, den ihm gebotenen Wohnungsnachweis oder die Zeitung zu benutzen und rechtzeitig eine Postkarte zu schreiben, um dann nicht bei seiner Ankunft in der Nacht mit andern wenig Weitblickenden von Hotel zu Hotel wandern und eine vielleicht recht kostspielige Schlafstätte auf Umwegen suchen zu müssen.

Nach alledem werden die Kosten der Beteiligung am Messmusterlagerverkehr an sich wie im Vergleich zu den absoluten Kosten, die die andern Formen der Absatzgewinnung bedingen, als angemessene zu bezeichnen sein. Man wird sie namentlich als solche anzusehen haben, wenn man in Betracht zieht, dass der Musterlagerverkehr der Leipziger Messen in dem gesamten Absatzsystem der fraglichen Produktionszweige den Mittelpunkt einnimmt, indem er jene andern Formen, soweit er sie nicht verdrängt und ersetzt, mitbenutzt und ihrer Entfaltung die Grundlage gewährt. Der Käufer, der vor oder nach der Messe den Produktionsort besucht, den der Reisende, der Agent, das Ausfuhrmusterlager, die Ausstellung oder die Reklame heranziehen, den der Kommissionär oder Exportagent zum Einkaufe nach Leipzig führen, er erscheint an dem gemeinsamen Treffpunkte, an dem sich Verkäufer und Käufer aller Länder regelmässig versammeln. Ebenso greifen zahlreiche auf schriftlichem Wege oder durch Vermittelungspersonen ausser Messzeiten zustande gekommene Geschäfte auf zur Messe angeknüpfte Verbindungen oder dort erteilte Probeaufträge zurück. Der Mess-Musterlagerverkehr bedeutet für die beteiligten Industrien etwa dasselbe wie für die Landwirtschaft die Ernte, er bringt auf dem mühevoll vorbereiteten Boden die Früchte zur Reife, die teils selbst erst wieder Frucht tragen sollen, zum grössten Teile aber unmittelbaren Nutzen geben. Die Kosten des Dienstes, den er dem Absatzsuchenden leistet, dürfen daher nur im Zusammenhang der Absatzgewinnung im ganzen, unter Berücksichtigung aller mit der Messe in der einen oder andern Weise zusammenhängender Verkäufe, in Beziehung auf den gesamten Jahresumsatz, gemessen und beurteilt werden. Der Musterlagerverkehr der Leipziger Messen hat dann aber nicht nur als die an sich vorteilhafteste, sondern auch als die kaufmännisch lohnendste und volkswirtschaftlich billigste Form der Vermittelung des Absatzes zu gelten. Jene Hunderte von Inhabern mittlerer und kleinerer Betriebe, die weder Reklame machen und die öffentlichen Ausstellungen beschicken noch reisen lassen oder Agenten besitzen, die Aufwendungen dafür zu tragen oft auch gar nicht imstande wären, würden und könnten sonst doch nicht an der Messe teilnehmen, und auf der andern Seite würden und könnten doch auch nicht alle jene grossen Unternehmungen, die alle Mittel der Reklame benutzen, auf allen Ausstellungen vertreten sind, überallhin Reisende senden, allerwärts Agenten und ständige Musterlager haben, gleichwohl auf die Leipziger Musterlagermesse angewiesen bleiben, die regelmässige Beteiligung an ihr allem voranstellen, sie als das beste und hauptsächlichste Mittel des steten Absatzes und dauernden Erfolges betrachten.

Quellen und Literatur.

Handelskammer Leipzig: Akten (»Hebung der Messen«, »Mess-Ordnung«, »Mess-Berichte«, »Kaufhaus und Messlokale«, »Messpreise«, »Mess-Adressbuch, Organisation und Verbreitung«, »Mess-Adressbuch, Korrespondenz«, »Einkäufer-Verzeichnis«, »Kleine Eingänge«), statistische Erhebungen (Frage- und Anmeldebogen, Zählkarten, Zwischentabellen u. s. w.), Bekanntmachungen, Sitzungsberichte, Flugblätter u. dergl. 1892—1903.

Polizeiamt Leipzig: Aufzeichnungen des Meldeamtes über den Fremdenverkehr der einzelnen Tage 1901—1903.

Rat der Stadt Leipzig: Regulativ für Gast- und Schankwirtschaftsbetrieb vom 1. Januar 1902.

Verträge und Verhandlungen aus dem Zeitraum von 1833 bis einschliesslich 1836 über die Bildung und Ausführung des deutschen Zoll- und Handelsvereins, 3 B., vorhanden in der Bibliothek des Reichstags.

Bohmert: Urkundl. Geschichte und Statistik der Meissner Porzellanmanufaktur von 1710—1880 (Zeitschr. des K. Sächs. Stat. Bür. 26. Jahrg. Dresden 1880. 4°).

Bücher: Entstehung der Volkswirtschaft. 3. Aufl. Tübingen 1901. 8°.

Bücher: Der deutsche Buchhandel und die Wissenschaft. Leipzig 1903. 8°.

Büsch: Sämtliche Schriften. 3. Bd. Wien 1814. 8°.

Delbrück: Der Artikel 40 der Reichsverfassung. Berlin 1881. 8°.

Dziatzko: »Buchhandel« (Handwörterb. d. Staatsw. 2. Aufl. Jena 1899. 2. Bd. 8°).

Ehrenberg: Die Spielwarenhausindustrie des Kreises Sonneberg (Schriften des Vereins für Sozialpolitik Bd. LXXXVI Leipzig 1899. 8°).

Emminghaus: Allg. Gewerkslehre. Berlin 1868. 8°.

Exportmusterlager Stuttgart: Ausstellungs-Bedingungen. 4°.

Eportmusterlager Stuttgart: Jahresbericht auf 1902. 4°

Fincke: »Unfreiwillige« Statistik der Berliner Herbstmesse. Berlin 1893. 16°.

Grunow: Die Solinger Industrie (Schriften des Ver. f. Sozialpol. Bd. LXXXVIII. Leipzig 1900. 8°).

Handelskammer Leipzig: Jahresberichte 1863—1902. 31 B. Leipzig. 8°.

Handelskammer Leipzig: Unterlagen für die Frage der zeitlichen Verlegung der Leipziger Messen. Im Auftrage des Mess-Ausschusses der Handelskammer zusammengestellt von Dr. *L. Pohle.* Leipzig 1893. 8°. — Weitere Unterlagen für die Frage der zeitlichen Verlegung der Leipziger Messen. Im Auftrage des Mess-Ausschusses der Handelskammer zusammengestellt von Dr. *L. Pohle.* Leipzig 1893. 8°.

Handelskammer Leipzig: Offizielles Leipziger Mess-Adressbuch (Verkäufer-Verzeichnis), herausgeg. vom Mess-Ausschuss der Handelskammer Leipzig. 15 Auflagen. 1897—1903 Leipzig. 8°.

Handelskammer Leipzig: Verzeichnis der auf den Leipziger Messen verkehrenden Einkäufer, herausgeg. vom Mess-Ausschuss der Handelskammer Leipzig. 10 Auflagen 1894—1903. Leipzig. 8°.

Handelskammern Chemnitz und Dresden: Jahresberichte auf 1863 und die späteren Jahre. 8°.

Hasse: Geschichte der Leipziger Messen. Leipzig 1885. gr. 8°.

Hasse: Die Stadt Leipzig und ihre Umgebung, geographisch und statistisch beschrieben. (Verwaltungsbericht für die Stadt Leipzig für die Jahre 1866—1877. 3. Heft (Allg. Teil) Leipzig. 1878. 8°).

Heinsius: Allgemeine Schatzkammer der Kauffmannschaft. Leipzig 1742. 3 B. fol°.

Hübner: Jahrbuch für Volkswirtschaft und Statistik. 1852. Leipzig. 8°.

Kaiserl. Statist. Amt: Statistik des deutschen Reichs. Gewerbe-Statistik von 1895 (Bd. 113/119). Auswärtiger Handel (Bd. 129). Berlin 1898—1900. fol°.

Kaiserl. Statist. Amt: Monatliche Nachweise (1900). 8°.

Kaiserl. Statist. Amt: Vierteljahrshefte 1897, III und 1902, I. fol°.

Königl. Sächs. Statist. Büreau: Zeitschr. des K. Sächs. St. B. Aufsätze im Anschluss an die Berufs- und Gewerbezählung von 1895. Dresden 44. bis 46. Jahrg. 1898—1900. 4°.

Kostka: Die Heimarbeit in der Hohlglasindustrie Nordböhmens (Schriften des Ver. f. Sozialpol. Bd. LXXXVI. Leipzig 1899. 8°).

Marperger: Beschreibung der Messen und Jahrmärkte. 2 B. Leipzig 1711. 8°.

Pariser Weltausstellung von 1900: Amtl. Katalog der Ausstellung des deutschen Reichs. Berlin. 8°.

Rat der Stadt Leipzig: Haushaltungspläne und Rechnungen auf die Jahre 1891 ff. Leipzig. fol°.

Ritter: Geogr.-Statist. Lexikon. 8. Aufl. Leipzig 1898. 2 B. gr. 8°.

Savary: Dictionnaire univ. de Commerce. Paris 1723. 3 vol. fol°.

Sax: Die Hausindustrie in Thüringen. I. Das Meininger Oberland. Jena 1882 (Sammlung nationalökon. und statist. Abhandlungen des staatsw. Sem. zu Halle a S. Herausgeg. v. Conrad 2. Bd. Jena 1878/88. 8°).

Schultze: Die Leipz. Messen und die Entw. d Leipz. Handels von 1835—1875. (Zeitschr. des Kön. Sächs. Stat. Bür. 21. Jahrg. Dresden 1875. 4°).

Steinbrecht: Die Sonder-Messe in Berlin und ihr Verhältnis zur Leipziger Messe. Bunzlau 1893. 8°.

Stieda: Die Anfänge der Porzellanfabrikation auf dem Thüringerwalde Jena 1902. 8°.

Uhlfelder: Die Zinnmalerinnen in Nürnberg und Fürth. (Schriften des Ver. f. Sozialpol. Bd. LXXXIV. Leipzig 1899 8°).

Wichmann: Wichmann's geogr.-statist. Notizen in Justus Perthes' Taschen-Atlas. 40 Auflage. Gotha 1903 8°.

Wilfling: Die Hausindustrie und Heimarbeit auf dem Gebiete der Kamm- und Fächermacherei in Wien (Schriften des Ver. f. Sozialpol. Bd. LXXXVI. Leipzig 1899. 8°).

Anlagen.

Anlage I.

Einzelnachweisung der zur Oster- und Michaelismesse 1824 in Leipzig eingegangenen und daselbst mit der Handelsabgabe verrechneten Waren nach dem Gewicht (Zentner).

	Ostermesse 1824.			Michaelismesse 1824		
	inländische	ausländische	zusammen	inländische	ausländische	zusammen
1. Apotheker- und Drogueriewaren	146	1 815	1 961	154	918	1 072
2. Rohe Baumwolle		950	950		466	466
3a. Baumwollene Waren aller Art	7362	12 051	19 413	5776	10 966	16 742
3b. „ Garne	79	6 180	6 259	109	4 801	4 910
4. Branntwein, Arrak, Rum, engl. und and. Biere, Essig	8594	1 355	9 949	6914	680	7 594
5. Kolonialwaren		9 482	9 482		6 806	6 806
6. Eisen, Stahl, grobe Eisenwaren, Blech, Draht	702	2 209	2 911	647	1 813	2 460
7. Fische, gesalzene, geräucherte Heringe		247	247	-	865	865
8. Glas und Glaswaren	70	1 561	1 631	8	1 309	1 317
9. Gold- und Silberwaren	19	37	56	42	44	86
10. Haare und Haarwaren	34	864	898	47	1 100	147
11. Gemeine Handwerkswaren, als Tischler, Töpfer, Schuhmacher u. dgl.	4203	1 613	5 816	3597	1 555	5 152
12. Instrumente	76	143	219	74	73	147
13. Ital. u. Konditorwaren, Delikatessen u. Früchte, Zuckerbäckerw. u. dgl.	68	707	775	46	324	370
14. Kurze Waren aller Art, Uhren	135	4 219	4 354	93	3 650	3 743
15. Leinenwaren aller Art	7384	2 691	10 075	4402	2 600	7 002
16. Leder, Häute	318	9 295	9 613	192	8 226	8 418
17. Feine Lederwaren	54	463	517	79	678	757
18. Material- und Farbwaren	2484	7 956	10 440	3095	8 515	11 610
19. Mineralien, Metalle, Steine und Steinwaren	128	1 015	1 143	205	510	715
20. Papier, Bücher, Kupferstiche, Landkarten, Musikalien und Tapeten	2554	7 263	9 817	1496	2 517	4 013
21. Porzellan und Steingut	226	652	878	153	512	665
22. Rauchwaren und Pelzwerk	54	4 668	4 722	17	2 301	2 318
23. Sämereien und andere landwirtschaftliche Erzeugnisse	70	801	871	55	436	491
24. Seide, seidene u. halbseid. Waren, Putzmacher- u. Galanteriewaren	416	5 199	5 615	347	3 241	3 588
25. Schafwolle	117	2 713	2 830	426	8 081	8 507
26. Schafwollene Waren aller Art	4739	9 668	14 407	3830	8 811	12 641
27. Talg, Wachs, Wallrat u. dgl. Waren, Seife	130	800	930	32	1 069	1 101
28. Wein	15	1 067	1 082	12	2 002	2 014
Zusammen	40 117	98 644	138 761	31 028	85 009	116 037

Anlage II.

Erklärung,

die sogenannte Berliner Vormesse betr.

Die Handelskammer Leipzig ist ermächtigt, im Namen der unten verzeichneten Firmen, deren Inhaber zu den regelmässigen Besuchern der Leipziger Messe gehören, die Erklärung abzugeben, dass dieselben sämtlich in ihrem eigenen Interesse, wie auch in dem ihrer Kundschaft sich verpflichtet haben, an der in Berlin für Ende August und Anfang September d. J. von einzelnen Firmen geplanten sogenannten Vormesse in keiner Weise sich zu beteiligen. Durch diese Erklärung, zu deren Vermittelung die Handelskammer von einer grossen Anzahl bedeutender Industrieller der keramischen Branche angeregt worden ist, wird hoffentlich die für Fabrikanten wie Einkäufer gleich verhängnisvolle Entstehung einer Doppelmesse in Leipzig und Berlin im Keime erstickt werden! Andernfalls würden die unausbleiblichen Folgen sein: teilweise Auflösung der Messen in Fachmessen, wodurch die Vorteile, die aus der gleichzeitigen Vertretung aller überhaupt die Messe besuchenden Geschäftszweige entspringen, verloren gehen müssten. Ferner: Zersplitterung des Besuchs, was die Fabrikanten in die Notwendigkeit versetzen würde, in Berlin und in Leipzig auszustellen, wodurch ihnen ohne Erhöhung des Gewinns nur doppelte Kosten erwachsen würden.

Zu dieser Erklärung haben sich die unterzeichneten Firmen umsomehr veranlasst gefühlt, als sie durch die ihnen von der Handelskammer zugegangenen Mitteilungen die Gewissheit erlangt haben, dass der Rat der Stadt Leipzig sowie die Handelskammer Leipzig den berechtigten Wünschen und Beschwerden der Messbesucher bezüglich verschiedener Uebelstände, die in den letzten Jahren immer mehr hervorgetreten sind, das weitgehendste Entgegenkommen zeigen. Besonders freudig ist es in dieser Hinsicht begrüsst worden, dass der vom Rate beschlossene, mit grossen Kosten verknüpfte Umbau des alten Gewandhauses zu einer Mess-Ausstellungshalle voraussichtlich schon bis zur nächsten Ostermesse soweit gefördert sein wird, dass eine grössere Anzahl zweckmässiger Ausstellungsräume zu angemessenen Preisen den Messbesuchern zur Verfügung gestellt werden kann.

Die günstige Wirkung dieser Massregel — Verhütung der Preisübervorteilung Messfremder — wird durch die schon zur nächsten Herbstmesse unter Mitwirkung der Handelskammer ins Leben tretende Neu-Organisation des Wohnungs-Nachweises für Messfremde, worüber s. Z. die Handelskammer nähere Bekanntmachungen erlassen wird, noch verstärkt werden.

Endlich wird zu dem eben erwähnten Zeitpunkte, einem oft ausgesprochenen Wunsche der Mess-Interessenten entsprechend, von der Handelskammer die tägliche Herausgabe einer Liste der zum Besuche der Messe eingetroffenen Fremden, eventuell in der Form eines besonderen Messanzeigers eingerichtet werden.

Allen Wünschen und Beschwerden der Messbesucher hat die Handelskammer auch weiterhin sorgfältige Prufung und tatkräftige Förderung zugesagt. Insonderheit gilt dies von den ihr vor kurzem übermittelten Wünschen in betreff einer zeitlichen Verlegung der Messen, die gegenwärtig noch zusammengestellt werden und auf Grund deren die Handelskammer sich dann schlüssig werden wird, was sie dem Ministerium in dieser schwierigen Frage vorzuschlagen hat.

Leipzig, den 12. August 1893.

Die Handelskammer.

A. Thieme, Vorsitzender. Dr. Pohle.

Es folgen hierunter verzeichnet 842 Firmen.

Anlage III.

Bekanntmachung
die Leipziger Messen betreffend.

Zufolge der von uns im Einvernehmen mit der hiesigen Handelskammer und der Gewerbekammer gestellten Anträge hat das Königliche Ministerium des Innern im Einverständnis mit dem Königlichen Finanzministerium und nach Vernehmung mit der Königlich Preussischen und Herzoglich Braunschweigischen Regierung wegen anderweiter Festsetzung der Zeit und Dauer der hiesigen Messen Folgendes bestimmt:

I. Die Neujahrsmesse beginnt fortan am 3. Januar und endigt am 16. Januar.

II. Die Ostermesse beginnt fortan für Gross- und Kleinhandel am Sonntage Quasimodogeniti (erster Sonntag nach Ostern) und währt unter Beibehaltung der Bezeichnungen »Böttcherwoche«, »Messwoche«, »Zahlwoche« bis zum Sonntage Cantate (vierter Sonntag nach Ostern) einschliesslich. Das Einläuten erfolgt am Sonntage Misericordias Domini (zweiter Sonntag nach Ostern), das Ausläuten am Sonntage Jubilate (dritter Sonntag nach Ostern).

III. Die Michaelismesse beginnt fortan für Gross- und Kleinhandel am letzten Sonntage im August und währt unter Beibehaltung der Bezeichnungen »Böttcherwoche«, »Messwoche«, »Zahlwoche« 22 Tage. Das Einläuten erfolgt am zweiten, das Ausläuten am dritten in die Messe fallenden Sonntage.

Durch diese neuerliche Festsetzung der Zeit und Dauer der hiesigen Messen wird im übrigen an den bestehenden Einrichtungen und Zuständigkeitsverhältnissen etwas nicht geändert.

Sodann haben wir mit Genehmigung des Königlichen Ministeriums des Innern und im Einvernehmen mit der hiesigen Handelskammer und Gewerbekammer beschlossen,

in der Zeit vom ersten Montag im März bis zum Sonnabend der darauf folgenden Woche fortan alljährlich eine sog. Vormesse, d. h. eine Ausstellung von Musterkollektionen und Musterlägern in grösserem Umfange für die am Schlusse aufgeführten Warengattungen stattfinden zu lassen, durch welche den Interessenten die Anschaffung ihres Bedarfs durch Ankauf nach Probe oder Muster ermöglicht werden soll.

Messkonten für diese Vormesse werden nicht eröffnet. Ebenso wenig wird die Aufstellung von Buden und Ständen auf öffentlichen Strassen und Plätzen gestattet.

Zur Vormesse zugelassen werden nur:

Porzellan-, Majolika-, Steingut-, Terracotta- und Ton-, Kristall-, Glas-, Bronze-, Eisen- und Zinkgusswaren, Aluminium-, Alfenide-, Nickel- und sonstige Metallwaren aller Art, Beleuchtungsartikel, Lederwaren, Photographie-Albums, Holzwaren, Korbwaren, Papierartikel, Bijouterieartikel, Japan- und Chinawaren, künstliche Blumen, Puppen und Spielwaren aller Gattungen, Eisenwaren, Haus- und Küchengeräte, Drahtwaren, Musikinstrumente, optische Waren, Seifen und Parfümerien, Stöcke, Peitschen, Luxusartikel, Kurz- und Galanteriewaren aller Art.

Leipzig, am 2. Juni 1894.

Ia. $\frac{2559}{778}$.

Der Rat der Stadt Leipzig.

Dr. Georgi. Lampe.

Anlage IV. Die Ausstellerschaft d. Leipz. Musterlagermessen nach Warengattungen.

	Es werden ausgestellt Erzeugnisse der folgenden, reichsstatistisch unterschiedenen Gewerbe-Arten von	Firmen insgesamt, darunter	Fabrikanten u. Verleger	Grosshändler u. s. w.	Agenten	Firmen aus Deutschland, darunter	Fabrikanten u. Verleger	Grosshändler u. s. w.	Agenten	Firmen aus dem Ausland, darunter	Fabrikanten u. Verleger	Grosshändler u. s. w.	Agenten
1	2	3	4	5	6	7	8	9	10	11	12	13	14
IVa 2	Schieferwaren	2	2	—	—	2	2	—	—	—	—	—	—
8	Feine Steinwaren	23	20	3	—	17	15	2	—	6	5	1	—
9	Spielwaren aus Stein	13	13	—	—	13	13	—	—	—	—	—	—
d 4	Feine Tonwaren u. s. w.	113	97	2	14	86	72	1	13	27	25	1	1
5	Fayencen	141	108	7	26	97	69	3	25	44	39	4	1
6	Porzellan	256	211	13	32	220	183	6	31	36	28	7	1
7	Spielwaren aus Ton und Porzellan	93	89	2	2	87	84	1	2	6	5	1	—
e 1	Glashütten	153	119	7	27	86	58	3	25	67	61	4	2
2	Glasveredelung	131	122	2	7	96	87	2	7	35	35	—	—
3	Glasbläserei	54	50	3	1	41	39	1	1	13	11	2	—
4	Spiegel	41	35	5	1	39	34	5	—	2	1	—	1
5	Spielwaren aus Glas	28	28	—	—	24	24	—	—	4	4	—	—
Va 1	Gold- und Silberwaren	37	27	9	1	29	20	8	1	8	7	1	—
3	Gold- und Silber-Drahtzieherei	17	15	1	1	17	15	1	1	—	—	—	—
b 3	Zinnwaren	60	57	1	2	59	56	1	2	1	1	—	—
4	Spielwaren aus Metall	118	107	10	1	116	105	10	1	2	2	—	—
7	Zinkwaren	48	43	1	4	47	42	1	4	1	1	—	—
8	Aluminiumwaren	4	4	—	—	4	4	—	—	—	—	—	—
9	Galvanoplastische Waren	10	10	—	—	10	10	—	—	—	—	—	—
10	Sonst. Verarbtg. unedler Metalle ausser Eisen	63	57	3	3	60	55	3	2	3	2	—	1
12	Neusilberwaren u. s. w.	60	43	13	4	49	40	5	4	11	3	8	—
13	Sonst. Erzeug. u. Verarb. von Metalllegierungen	255	218	24	13	209	191	6	12	46	27	18	1
c 1	Eisengiesserei und Emaillierung	24	19	3	2	21	18	2	1	3	1	1	1
4	Blechwaren	184	166	14	4	174	159	11	4	10	7	3	—
9	Schlosserei	27	21	4	2	26	21	3	2	1	—	1	—
11	Zeug-, Sensen- und Messerschmiedewaren	73	63	6	4	66	60	3	3	7	3	3	1
14	Eiserne Kurzwaren	95	76	10	9	90	74	7	9	5	2	3	—
16	Nadler- und Drahtwaren	68	60	6	2	66	59	5	2	2	1	1	—
17	Schreibfedern	9	4	4	1	9	4	4	1	—	—	—	—
VIa 8	Maschinen und Apparate	104	90	7	7	100	89	5	6	4	1	2	1
c 1	Kinderwagen u. s. w.	16	16	—	—	15	15	—	—	1	1	—	—
2	Wagen	10	10	—	—	10	10	—	—	—	—	—	—
3	Fahrräder (aus Holz)	1	1	—	—	1	1	—	—	—	—	—	—
e	Zeitmessinstrumente	70	55	11	4	63	50	10	3	7	5	1	1
f 1	Pianinos u. s. w.	11	8	2	1	11	8	2	1	—	—	—	—
2	Geigen	17	16	—	1	17	16	—	1	—	—	—	—
3	Harmonikas	45	45	—	—	40	40	—	—	5	5	—	—
4	Sonst. mus. Instrumente	113	101	7	5	103	91	7	5	10	10	—	—
g 1	Math., phys. und chem. Instrumente u. Apparate	58	48	8	2	52	46	5	1	6	2	3	1
2	Chir. Instrum. u. Apparate	27	26	—	1	26	25	—	1	1	1	—	—
h	Beleuchtungsapparate	133	117	4	12	116	102	2	12	17	15	2	—
i 4	Elektr. Apparate u. Hilfsgegenstände	30	27	1	2	24	22	—	2	6	5	1	—
VIIb	Chem., pharm. und phot. Präparate	13	11	2	—	12	11	1	—	1	—	1	—
d 1	Farbematerialien	14	12	2	—	12	11	1	—	2	1	1	—
2	Bleistifte	13	3	9	1	13	3	9	1	—	—	—	—
3	Pastellstifte und Kreiden	6	3	3	—	6	3	3	—	—	—	—	—
e 1	Explosivstoffe					5	5	—	—	—	—	—	—

Anlage IV. Die Ausstellerschaft d. Leipz. Musterlagermessen nach Warengattungen (Schluss).

Es werden ausgestellt Erzeugnisse der folgenden, reichsstatistisch unterschiedenen Gewerbe-Arten von			Firmen insgesamt, darunter	Fabrikanten u. Verleger	Grosshändler u. s. w.	Agenten	Firmen aus Deutschland, darunter	Fabrikanten u. Verleger	Grosshändler u. s. w.	Agenten	Firmen aus dem Ausland, darunter	Fabrikanten u. Verleger	Grosshändler u. s. w.	Agenten
1		2	3	4	5	6	7	8	9	10	11	12	13	14
VIIIc	2	Wachswaren	22	18	2	2	22	18	2	2	—	—	—	—
e	1	Kerzen	3	2	—	1	3	2	—	1	—	—	—	—
–	3	Parfümerie	24	20	2	2	22	20	—	2	2	—	2	—
	4	Klebestoffe	13	9	—	4	13	9	—	4	—	—	—	—
IXc	1	Seidenweberei	1	1	—	—	1	1	—	—	—	—	—	—
d		Gummiweberei	5	5	—	—	5	5	—	—	—	—	—	—
f	1	Häkelei und Stickerei	28	28	—	—	28	28	—	—	—	—	—	—
h		Posamenten	9	8	—	1	8	7	—	1	1	1	—	—
i	1	Seilerei	14	12	1	1	13	11	1	1	1	1	—	—
	2	Netze, Fahnen etc.	19	18	1	—	17	17	—	—	2	1	1	—
Xa	2	Papier und Pappe	13	4	6	3	13	4	6	3	—	—	—	—
	4	Papiermaché	19	17	2	—	19	17	2	—	—	—	—	—
	6	Bunt- und Luxuspapier	14	9	5	—	13	9	4	—	1	—	1	—
	8	Spielw. aus Papiermaché	18	18	—	—	18	18	—	—	—	—	—	—
b	1	Buchbinderei	183	156	21	6	170	151	14	5	13	5	7	1
	2	Kartonnage	139	134	4	1	135	134	1	—	4	—	3	1
XIb	1	Wachstuch und Ledertuch	10	9	1	—	10	9	1	—	—	—	—	—
	3	Gummiwaren	30	24	3	3	28	22	3	3	2	2	—	—
	4	Spielwaren aus Kautschuk	21	19	—	2	19	17	—	2	2	2	—	—
XIc	1	Lederwaren	141	104	29	8	125	99	18	8	16	5	11	—
	2	Spielwaren aus Leder	138	132	3	3	138	132	3	3	—	—	—	—
XIIb	1	Holzdrahtwaren	2	2	—	—	2	2	—	—	—	—	—	—
	2	Grobe Holzwaren	29	28	—	1	28	27	—	1	1	1	—	—
	3	Tischlerei	90	81	7	2	85	80	5	—	5	1	2	2
d		Korbwaren	53	47	5	1	44	41	2	1	9	6	3	—
f		Holz- etc. Geflechte und Gewebe	21	13	7	1	14	12	1	1	7	1	6	—
g	1	Drechslerwaren	75	68	7	—	59	55	4	—	16	13	3	—
	2	Spielwaren aus Holz etc.	248	210	32	6	231	203	22	6	17	7	10	—
	3	Dreh- und Schnitzwaren	309	261	37	11	273	240	23	10	36	21	14	1
h	1	Kammwaren	31	22	6	3	28	19	6	3	3	3	—	—
	2	Bürstenwaren	48	41	6	1	46	41	4	1	2	—	2	—
	3	Stöcke und Schirme	45	35	8	2	32	28	2	2	13	7	6	—
i		Spiegelrahmen etc.	24	22	2	—	22	21	1	—	2	1	1	—
XIIIa	3	Konditorei etc. (Tragantwaren)	5	5	—	—	5	5	—	—	—	—	—	—
	7	Kakao und Chokolade	2	1	1	—	1	1	—	—	1	—	1	—
XIVa	3	Kleider und Wäsche	1	1	—	—	1	1	—	—	—	—	—	—
	5	Ausstattung von Puppen	29	29	—	—	26	26	—	—	3	3	—	—
	6	Künstl. Blumen u. Federn	32	31	—	1	32	31	—	1	—	—	—	—
	7	Filzwaren	11	11	—	—	11	11	—	—	—	—	—	—
	8	Mützen, Mützenschirme	1	1	—	—	1	1	—	—	—	—	—	—
	11	Hosenträg., Kravatten etc.	10	8	1	1	10	8	1	1	—	—	—	—
	12	Korsetts	1	1	—	—	1	1	—	—	—	—	—	—
b		Schuhmacherei	1	1	—	—	1	1	—	—	—	—	—	—
c	2	Perrücken	8	8	—	—	8	8	—	—	—	—	—	—
XVIb	1	Buchdruckerei	9	9	—	—	9	9	—	—	—	—	—	—
	2	Stein- und Zinkdruckerei	13	13	—	—	13	13	—	—	—	—	—	—
	3	Kupfer- u. Stahldruckerei	3	3	—	—	3	3	—	—	—	—	—	—
	4	Farbendruckerei	40	38	—	2	37	36	—	1	3	2	—	1
c		Photogr. u. Lichtdruckerei	3				3	3	—	—	—	—	—	—
XVIIb		Graveure etc., Stempelfabrikation	15				15	14	—					
d		Gipsfig., Glasbilder etc.	67				58	57	1					

Anlage V.

Die Ausstellerschaft der Leipziger Musterlagermessen nach Lage, Grösse und Ausstellerzahl der Herkunftsorte, sowie Geschäftszweigen.

aus:	Es kommen . . . Aussteller aus . . . Orten mit																Zusammen				Aussteller auf 1 Ort
	1		2		3–5		6–10		11–20		21–30		31–100		über 100						
	Ausstellern																				
	A.[1]	O.[2]	A.	O.	A.	O.	A.	O.	A.	O.	A.	O.	A.	O.	A.	O.	A.	%	O.	%	
1) Königr. Sachsen	67	67	36	18	64	18	54	8	54	4	—	—	93	2	359	1	727	30	118	19	6 1/4
2) Berlin	—	—	—	—	—	—	—	—	—	—	—	—	—	—	368	1	368	15	1	0	368
3) Norddeutschland	18	18	14	7	6	2	22	3	—	—	30	1	—	—	—	—	90	3,5	31	5	3
4) Prov. Sachsen u. s. w.	22	22	12	6	12	3	31	4	11	1	—	—	—	—	—	—	88	3,5	36	6	2 1/2
5) Thüringen	76	76	32	16	88	24	83	11	56	4	—	—	53	1	—	—	388	16	132	21	3
6) Westf., Rheinl., Hess.	40	40	14	7	27	7	25	4	12	1	45	2	—	—	—	—	163	6,5	61	10	2 3/4
7) Westl. Süddeutschl.	31	31	8	4	28	8	20	3	11	1	24	1	—	—	—	—	122	5	48	8	2 1/2
8) Bayern r. d. Rh.	35	35	6	3	20	5	—	—	12	1	27	1	55	1	—	—	155	6,5	46	7,5	3 1/2
9) Schlesien	20	20	16	8	15	4	—	—	19	1	—	—	—	—	—	—	70	3	33	5,5	2 1/8
10) Böhmen	40	40	18	9	29	7	14	2	47	3	—	—	—	—	—	—	148	6	61	10	2 1/2
11) d. übrige Ausland	36	36	10	5	18	5	6	1	12	1	—	—	44	1	—	—	126	5	49	8	2 1/2
	385	385	166	83	307	83	255	36	234	17	126	5	245	5	727	2	2445	100	616	100	4

aus Orten mit . . . Einwohnern	Es kommen . . . Aussteller aus . . . Orten in																						Zusammen				Aussteller auf 1 Ort
	dem Königr. Sachsen		Berlin		Norddtschld.		Prov. Sachsen u. s. w.		Thüringen		Westf., Rheinl., Hessen		dem westl. Südd.		Bayern r. Rh.		Schlesien		Böhmen		d. übr. Ausland						
	1		2		3		4		5		6		7		8		9		10		11						
	A.	O.	A.	O.	A.	O.	A.	O.	A.	O.	A.	O.	A.	O.	A.	O.	A.	O.	A.	O.	A.	O.	A.	%	O.	%	
bis zu 2 000	41	27	—	—	3	3	7	6	117	79	14	12	7	7	18	17	12	12	38	29	14	14	271	11	206	33,5	1 1/4
über 2 000 bis 5 000	98	39	—	—	12	6	19	10	69	25	13	7	25	16	24	13	11	6	44	17	5	4	320	13	143	23	2 1/4
» 5 000 » 10 000	113	32	—	—	5	4	11	6	83	14	11	10	11	8	7	6	4	3	16	5	8	5	269	11	93	15	3
» 10 000 » 20 000	34	12	—	—	7	6	6	4	91	8	26	15	23	9	3	3	11	6	33	7	2	2	236	10	72	12	3 1/4
» 20 000 » 50 000	7	4	—	—	9	5	22	7	23	5	30	9	34	3	34	3	5	3	2	2	5	5	171	7	46	7,5	3 3/4
» 50 000 » 100 000	2	1	—	—	9	2	—	—	5	1	6	1	9	3	2	2	8	2	—	—	7	4	48	2	16	2,5	3
über 100 000	432	3	368	1	45	5	23	3	—	—	63	7	13	2	67	2	19	1	15	1	85	15	1130	46	40	6,5	28
	727	118	368	1	90	31	88	36	388	132	163	61	122	48	155	46	70	33	148	61	126	49	2445	100	616	100	4

[1] A. = Aussteller. — [2] O. = Orte.

Anlage V (Fortsetzung).

aus Orten mit … Ausstellern	Es kommen … Aussteller aus … Orten mit: bis zu 2000 Einwohnern A.	O.	2000 bis 5000 A.	O.	5000 bis 10 000 A.	O.	10 000 bis 20 000 A.	O.	20 000 bis 50 000 A.	O.	50 000 bis 100 000 A.	O.	über 100 000 A.	O.	Zusammen A.	%	O.	%	Aussteller auf 1 Ort
1	173	173	88	88	53	53	39	39	19	19	5	5	8	8	385	15,5	385	62	1
2	32	16	38	19	34	17	26	13	18	9	6	3	12	6	166	7	83	13,5	2
3— 5	54	15	86	23	45	12	33	9	40	11	24	6	25	7	307	12,5	83	13,5	3 3/4
6— 10	12	2	74	11	49	6	56	8	20	3	13	2	31	4	255	10,5	36	6	7
11— 20	—	—	34	2	56	4	29	2	23	2	—	—	72	7	234	9,5	17	2,75	14
21— 30	—	—	—	—	—	—	—	—	51	2	—	—	75	3	126	5	5	1	25
31—100	—	—	—	—	32	1	53	1	—	—	—	—	160	3	245	10	5	1	49
über 100	—	—	—	—	—	—	—	—	—	—	—	—	727	2	727	30	2	0,25	363
	271	206	320	143	269	93	236	72	171	46	48	16	1130	40	2445	100	616	100	4

aus:	Es kommen aus … Orten … Fabrikanten u. Verleger von: 1 keram. Waren A.	O.	2 Glaswaren A.	O.	3 Metallwaren A.	O.	4 Holzw. u. s. w. A.	O.	5 Leder- u. Papierw. A.	O.	6 sonstigen Waren A.	O.	7 Grossist., Kommiss., Exp. und Import. A.	O.	8 Agenten A.	O.	Zusammen A.	O.	unter 1—6 mehrfach vorkommend A.	O.	ohne die Doppelaufführungen A.	O.
1) dem Konigr. Sachsen	20	11	37	14	144	42	182	49	157	37	265	57	78	6	34	1	917	7	190	99	727	118
2) Berlin	20	1	34	1	126	1	62	1	80	1	139	1	16	1	31	1	508	8	140	7	368	1
3) Norddeutschland	8	8	13	5	15	10	15	9	13	9	21	10	14	2	14	3		6	23	25	90	31
4) der Provinz Sachsen u. s. w.	22	10	3	3	21	15	25	14	11	8	28	13	2	2	—	—			24	29	88	36
5) Thüringen	155	81	40	18	46	26	112	54	124	41	90	50	3	2	—	—			182	140	388	132
6) Westf., Rheinland, Hessen	29	17	16	13	71	35	27	16	21	12	57	24	10	3	1	1			69	60	163	61
7) dem westlichen Süddeutschland	8	8	7	6	38	21	33	22	28	11	37	20	1	1	2	2			32	43	122	48
8) Bayern r. d. Rh.	31	22	24	10	42	15	46	15	19	6	35	9	20	3	1	1			63	35	155	46
9) Schlesien	9	8	18	14	8	6	21	11	18	8	12	8	1	1	1	1			18	24	70	33
10) Italien	32	20	79	32	25	17	22	13	3	2	30	20	3	2	1	1			47	46	148	61
11) dem übrigen Ausland	26	21	10	10	14	7	27	14	8	5	25	13	28	8	5	3			17	32	126	49
	360		281		550		572		482		739		176		90				805		2445	
%	11		8,75		17		17,5		15		22,5		5,5		2,75							
		207		126		195		218		140		225										

Anlage V (Schluss).

aus Orten mit … Einwohnern	Es kommen aus Orten … Fabrikanten u. Verleger von keram. Waren 1		Glaswaren 2		Metallwaren 3		Holzw. u. s. w. 4		Leder- und Papierw. 5		sonstigen Waren 6		Grossist., Komm., Exp. u. Imp. 7		Agenten 8		Zusammen		unter 1—6 mehrfach vorkommend		ohne die Doppelaufführungen	
	A.	O.	A.	O.	A.	O.	A.	O.	A.	O.	A.	O.	A.	O.	A.	O.	A.	O.	A.	O.	A.	O.
bis zu 2 000	99	78	69	56	32	30	70	56	32	26	53	48	—	—	—	—	355	294	84	88	271	206
über 2 000 bis 5 000	91	48	59	[illegible]	58	35	92	48	36	23	83	46	1	1	—	—	420	221	100	78	320	143
» 5 000 » 10 000	52	23	23	15	66	42	89	36	63	25	76	39	6	3	—	—	375	183	106	90	269	93
» 10 000 » 20 000	33	18	32	11	47	29	75	27	74	21	58	31	6	4	—	—	325	141	89	69	236	72
» 20 000 » 50 000	16	13	17	10	67	26	36	17	37	18	54	26	10	2	1	1	238	113	67	67	171	46
» 50 000 » 100 000	9	6	5	2	12	10	14	9	13	7	9	6	—	—	1	1	63	41	15	25	48	16
über 100 000	60	21	76	12	268	23	196	25	227	[illegible]	406	29	153	21	88	12	1474	163	344	123	1130	40
	360	207	281	126	550	195	572	218	482	140	739	225	176	31	90	14	3250	1156	805	540	2445	616

aus Orten mit … Ausstellern	Es kommen aus … Orten … Fabrikanten u. Verleger von keram. Waren 1		Glaswaren 2		Metallwaren 3		Holzw. u. s. w. 4		Leder- und Papierw. 5		sonstigen Waren 6		Grossist., Komm., Exp. u. Imp. 7		Agenten 8		Zusammen		unter 1—6 mehrfach vorkommend		ohne die Doppelaufführungen	
	A.	O.	A.	O.	A.	O.	A.	O.	A.	O.	A.	O.	A.	O.	A.	O.	A.	O.	A.	O.	A.	O.
1	107	107	67	67	84	84	93	93	46	46	88	88	3	3	1	1	489	489	104	104	385	385
2	41	29	20	13	37	27	53	38	24	21	43	32	5	3	—	—	223	163	57	80	66	83
3— 5	74	35	50	23	72	40	63	33	49	30	98	49	6	3	2	2	414	215	107	132	307	33
6— 10	71	20	28	9	50	18	72	28	48	20	85	29	6	5	4	2	364	131	109	95	255	36
11— 20	23	8	34	5	61	14	61	14	52	11	65	15	11	5	5	4	312	76	78	59	234	17
21— 30	5	1	8	3	17	4	23	4	23	4	26	4	24	4	[illegible]	1	136	25	10	20	126	5
31—100	13	5	26	4	54	6	93	6	87	6	61	6	40	6	3	2	377	41	132	36	245	5
über 100	26	2	48	2	175	2	114	2	153	2	273	2	81	2	65	2	935	16	208	14	727	2
	360	207	281	126	550	195	572	218	482	140	739	225	176	31	90	14	3250	1156	805	540	2445	616

Anlage VI.

Die Einkäuferschaft der Leipziger Musterlagermessen nach Lage, Grösse und Einkäuferzahl der Herkunftsorte.

	Es kommen … Firmen	aus … Orten in	davon … Firmen aus … Orten mit je … Einwohnern: bis zu 2000		2000 bis 5000		5000 bis 10 000		10 000 bis 20 000		20 000 bis 50 000		50 000 bis 100 000		über 100 000		… Mess-Einkäufern: 1		2		3 bis 5		6 bis 10		über 10	
	1	2	3		4		5		6		7		8		9		10		11		12		13		14	
Königr. Sachsen	1324	184	40	33	128	65	193	51	144	21	116	9	56	2	647	3	77	77	50	25	176	48	131	19	890	15
Stadt Berlin	436	1	—	—	—	—	—	—	—	—	—	—	—	—	436	1	—	—	—	—	—	—	—	—	436	1
Prov. Brandenburg	163	66	13	10	18	15	31	17	22	9	50	10	20	4	9	1	35	33	22	11	44	12	51	7	11	1
„ Posen	72	21	1	1	5	4	16	8	10	4	10	2	8	1	22	1	9	9	10	5	17	4	14	2	22	1
„ Ostpreussen	68	25	3	3	12	8	7	5	6	4	12	4	—	—	28	1	13	13	16	8	11	3	—	—	28	1
„ Westpreussen	56	27	3	2	11	10	12	7	8	4	4	2	8	1	10	1	17	17	8	4	13	4	18	2	—	—
„ Pommern	80	28	8	7	4	4	14	8	8	3	21	5	—	—	25	1	13	13	12	6	30	8	—	—	25	1
Grh. Mecklenburg Schwerin	40	14	1	1	6	5	4	3	5	2	14	2	10	1	—	—	7	7	6	3	6	2	10	1	11	1
„ „ Strelitz	3	2	—	—	—	—	—	—	3	2	—	—	—	—	—	—	1	1	2	1	—	—	—	—	—	—
Prov. Schleswig Holstein	90	22	5	2	9	6	11	5	7	4	6	2	12	1	40	2	7	7	12	6	19	6	—	—	52	3
Freie Stadt Lübeck	15	1	—	—	—	—	—	—	—	—	—	—	15	1	—	—	—	—	—	—	—	—	—	—	15	1
„ „ Hamburg	196	2	—	—	—	—	1	1	—	—	—	—	—	—	195	1	1	1	—	—	—	—	—	—	195	1
„ „ Bremen	48	2	—	—	—	—	—	—	—	—	11	1	—	—	37	1	—	—	—	—	—	—	—	—	48	2
Herzogtum Oldenburg	11	5	—	—	2	2	2	2	—	—	7	1	—	—	—	—	4	4	—	—	—	—	7	1	—	—
Fürstent. Schbg. Lippe	5	2	—	—	—	—	5	2	—	—	—	—	—	—	—	—	—	—	2	1	3	1	—	—	—	—
„ Lippe	13	7	2	2	1	1	4	3	6	1	—	—	—	—	—	—	5	5	2	1	—	—	6	1	—	—
Prov. Hannover ohne Regb. Hildesheim	135	33	10	8	11	8	11	5	21	6	25	5	15	1	42	1	15	15	14	7	14	4	35	5	57	2
Reg.-Bez. Hildesheim	83	21	3	3	10	7	18	7	15	2	37	2	—	—	—	—	10	10	4	2	22	6	10	1	37	2
Herzogtum Braunschweig	64	16	4	4	12	6	8	2	16	3	—	—	—	—	24	1	7	7	4	2	22	5	7	1	24	1
„ Anhalt	72	13	1	1	11	5	3	3	6	1	21	2	30	1	—	—	6	6	2	1	11	3	6	1	47	2
Prov. Sachsen ohne die Kreise Erfurt, Ziegenr. u. Schleussingen	524	134	42	37	97	54	36	16	88	13	150	11	—	—	111	2	69	69	44	22	79	21	67	10	265	12

	1	2	3		4		5		6		7		8		9		10		11		12		13		14	
den von d. Prov. Sachsen umschloss. [illegible]len ds Fürstt. Schw.-Sondershausen	11	3	3	1	4	1	4	1	—	—	—	—	—	—	—	—	—	—	—	—	11	8	—	—	—	
des Fürstt. Schw.-Rudolstadt	4	2	—	—	2	1	2	1	—	—	—	—	-	—	—	—	—	—	4	2	—	—	—	—	—	
des Grh. Sachsen-Weimar	3	1	—	—	3	1	—	—	—	—	—	—	—	—	—	—	—	—	—	—	3	1	—	—	—	
Grh. Sachsen-Weimar im [illegible]gen	101	21	8	6	22	8	6	2	8	1	57	4	—	—	—	—	9	9	4	2	14	4	25	5	49	
Hzgt. Sachsen-Meiningen	77	23	13	10	9	6	7	3	48	4	—	—	—	—	—	—	12	12	8	4	9	3	16	2	32	
« Sachsen-Coburg-Gotha	69	20	11	11	12	4	17	3	—	—	29	2	—	—	—	—	13	13	2	1	7	2	7	1	40	
« Sachsen-Altenburg	55	14	6	6	4	1	11	5	5	1	29	1	—	—	—	—	8	8	2	1	16	4	—	—	29	
Fürst[illegible]tum Reuss ä. L.	20	3	1	1	—	—	9	1	—	—	10	1	—	—	—	—	1	1	—	—	—	—	19	2	—	
« « j. L.	38	7	1	1	9	4	2	1	—	—	26	1	—	—	—	—	3	3	4	2	5	1	—	—	26	
Fst. Schw.-Sondersh. (Gehren u.s.w.)	10	3	—	—	3	2	—	—	7	1	—	—	—	—	—	—	1	1	2	1	—	—	7	1	—	
« Schw.-Rudolst. (Rudolst. u.s.w.)	32	9	3	3	17	5	—	—	12	1	—	—	—	—	—	—	4	4	—	—	10	3	6	1	12	
d. [illegible]ten Erf., [illegible]r., Schleuss.	56	6	2	2	2	1	1	1	5	1	—	—	46	1	—	—	3	3	2	1	5	1	—	—	46	
d. hess. Kreis Schmalkalden	11	4	1	1	3	2	7	1	—	—	—	—	—	—	—	—	2	2	2	1	—	—	7	1	—	
Prov. [illegible] im übrigen	206	48	18	17	23	16	11	6	22	5	10	1	24	1	98	2	31	31	14	7	15	4	24	3	122	
[illegible]en	19	8	3	3	8	3	1	1	—	—	7	1	—	—	—	—	5	5	—	—	7	2	7	1	—	
Fürstentum Waldeck	5	4	3	2	2	2	—	—	—	—	—	—	—	—	—	—	3	3	2	1	—	—	—	—	—	
I rdv. [illegible]en	241	77	8	7	36	21	25	15	29	13	77	16	47	4	19	1	33	33	32	16	67	18	53	6	56	
« Rheinland	389	76	6	6	11	11	34	17	34	16	87	13	48	4	169	7	35	35	22	11	47	13	53	7	232	
Fürstentum [illegible]feld	2	2	1	1	1	1	—	—	—	—	—	—	—	—	—	—	2	2	—	—	—	—	—	—	—	
I [illegible] sen und Starkenburg	63	10	1	1	3	3	6	2	—	—	12	1	41	3	—	—	4	4	2	1	4	1	—	—	53	
Pfalz	39	16	3	3	4	3	2	2	13	4	14	8	3	1	—	—	7	7	6	3	18	5	8	1	—	
Elsass-Lothringen	42	12	1	1	2	2	4	3	4	2	3	1	13	2	15	1	5	5	6	3	3	1	13	2	15	
Grossh. [illegible]en	96	18	2	2	3	3	3	2	12	5	26	3	26	2	24	1	8	8	4	2	8	2	14	2	62	
Hohenzollern	1	1	1	1	—	—	—	—	—	—	—	—	—	—	—	—	1	1	—	—	—	—	—	—	—	
Königreich Württemberg	113	32	3	3	9	6	17	11	21	6	34	5	—	—	29	1	15	15	10	5	25	7	22	3	41	
[illegible]rn r. d. Rh.	436	81	24	20	51	27	22	13	29	8	58	8	79	3	173	2	43	43	28	14	37	19	49	7	279	
I rdv. Schlesien	341	79	14	12	29	19	23	14	66	18	70	11	50	4	89	1	35	35	34	17	44	12	88	11	140	
Deutschland:	5978	1206	273	23[illegible]	609	353	590	249	680	166	1033	132	551	38	2242	33	579	579	400	200	822	222	780	104	3397	1
Böhmen	283	83	38	28	35	16	29	18	101	16	26	3	2	1	52	1	47	47	28	14	40	11	43	6	125	
Oesterreich im übrigen	224	31	3	3	6	3	4	3	25	9	10	6	12	2	164	5	13	13	12	6	29	8	22	3	148	
Ungarn	71	21	3	3	1	1	3	3	2	2	5	4	8	6	49	2	17	17	6	3	—	—	—	—	48	
Schweiz	92	33	4	4	7	7	8	8	6	4	21	6	6	1	40	3	21	21	8	4	10	3	22	3	31	
Frankreich	100	17	5	4	—	—	3	3	1	1	—	—	2	2	89	7	11	11	6	3	3	1	6	1	74	
Belgien	68	15	3	2	—	—	—	—	5	4	5	3	2	2	53	4	8	8	10	5	4	1	—	—	46	
	838	[illegible]	56	44	49	27	47	35	140	36	67	22	32	14	447	22	117	117	70	35	86	24	93	13	472	

Anlage VI (Schluss).

Die Einkäuferschaft der Leipziger Musterlagermessen nach Lage, Grösse und Einkäuferzahl der Herkunftsorte.

	Es kommen ... Firmen	aus ... Orten in	davon ... Firmen aus ... Orten mit je: bis zu 2000 Einwohnern		2000 bis 5000		5000 bis 10 000		10 000 bis 20 000		20 000 bis 50 000		50 000 bis 100 000		über 100 000 Einwohnern		1 Mess-Einkäufern		2		3 bis 5		6 bis 10		über 10 Mess-Einkäufern	
	1	2	3		4		5		6		7		8		9		10		11		12		13		14	
	838	200	56	44	49	27	47	35	140	36	67	22	32	14	447	22	117	117	70	35	86	24	93	13	472	11
Luxemburg	2	2	1	1	—	—	—	—	—	—	1	1	—	—	—	—	2	2	—	—	—	—	—	—	—	—
Niederlande	132	22	1	1	3	3	—	—	7	5	8	5	8	4	105	4	12	12	6	3	12	4	—	—	102	3
[illegible]annien	163	15	1	1	—	—	—	—	—	—	—	—	1	1	161	13	8	8	4	2	8	2	12	2	131	1
Dänemark	109	13	1	1	4	4	2	2	6	2	8	2	7	1	81	1	9	9	—	—	5	1	14	2	81	1
Norwegen	26	4	—	—	—	—	—	—	—	—	6	2	3	1	17	1	—	—	2	1	7	2	—	—	17	1
Schweden	43	11	—	—	—	—	3	2	5	3	6	3	3	1	26	2	4	4	4	2	9	3	7	1	19	1
Russland	96	18	1	1	—	—	—	—	1	1	1	1	15	6	78	9	5	5	8	4	6	2	27	4	50	3
Rumänien	20	5	—	—	1	1	—	—	1	1	1	1	6	1	11	1	3	3	—	—	—	—	6	1	11	1
[illegible]ien	9	3	—	—	1	1	—	—	1	1	—	—	7	1	—	—	2	2	—	—	—	—	7	1	—	—
Türkei	1	1	—	—	—	—	—	—	—	—	—	—	—	—	1	1	1	1	—	—	—	—	—	—	—	—
Italien	24	7	—	—	—	—	—	—	—	—	1	1	—	—	23	6	5	5	—	—	—	—	6	1	13	1
[illegible]en	6	4	—	—	—	—	—	—	—	—	1	1	1	1	4	2	2	2	4	2	—	—	—	—	—	—
d. [illegible]inigten Staaten von Amerika	98	18	—	—	—	—	—	—	—	—	—	—	3	2	95	16	5	5	14	7	5	1	33	4	41	1
[illegible]la	6	2	—	—	—	—	—	—	—	—	—	—	—	—	6	2	1	1	—	—	5	1	—	—	—	—
Mexiko	1	1	—	—	—	—	—	—	—	—	—	—	—	—	1	1	1	1	—	—	—	—	—	—	—	—
Brasilien	1	1	—	—	—	—	—	—	—	—	1	1	—	—	—	—	1	1	—	—	—	—	—	—	—	—
Uruguay	5	1	—	—	—	—	—	—	—	—	—	—	—	—	5	1	—	—	—	—	5	1	—	—	—	—
Argentinien	8	1	—	—	—	—	—	—	—	—	—	—	—	—	8	1	—	—	—	—	—	—	8	1	—	—
[illegible]le	1	1	—	—	—	—	—	—	—	—	—	—	—	—	1	1	1	1	—	—	—	—	—	—	—	—
Australien	5	1	—	—	—	—	—	—	—	—	—	—	—	—	5	1	—	—	—	—	5	1	—	—	—	—
Niederl. Indien	2	2	—	—	—	—	—	—	1	1	—	—	—	—	1	1	2	2	—	—	—	—	—	—	—	—
Philippinen	1	1	—	—	—	—	—	—	—	—	—	—	—	—	1	1	1	1	—	—	—	—	—	—	—	—
[illegible]ina	1	1	—	—	—	—	—	—	—	—	—	—	1	1	—	—	1	1	—	—	—	—	—	—	—	—
Syrien	1	1	—	—	—	—	1	1	—	—	—	—	—	—	—	—	1	1	—	—	—	—	—	—	—	—
Aegypten	2	2	—	—	—	—	—	—	—	—	—	—	—	—	2	2	2	2	—	—	—	—	—	—	—	—
Ausland:	1601	338	61	49	58	30	53	40	162	50	101	40	87	34	1079	89	186	186	112	56	153	42	213	30	937	24

Anlage VII.

Die Einkäuferschaft ausländischer Herkunft aus Orten mit mehr als 20 000 Einw.

Es kommen aus	Zahl der Firmen
Wien	148
London	131
Kopenhagen	81
Paris	74
Amsterdam	61
Prag	52
Ofenpest	48
Brüssel	46
New-York	41
Warschau	28
Rotterdam	24
Stockholm	19
Zürich	19
Haag	17
Kristiania	17
Mailand	13
Basel	12
Bukarest	11
Lodz	11
Riga	11
Philadelphia	10
San Franzisko	10
Genf	9
Buenos Aires	8
Moskau	8
Baltimore	7
Gothenburg	7
Odessa	7
Birmingham	6
Chicago	6
Genua	6
Graz	6
Lille	6
Manchester	6
St. Petersburg	6
Boston	5
Montevideo	5
Sydney	5
Toronto	5
Antwerpen	4
Brünn	4
Glasgow	4
Leeds	4
Lemberg	4
Kiew	3
Lyon	3
Utrecht	3
Barcelona	2
Bordeaux	2
Buffalo	2
Charkow	2
Cincinnati	2
	1031

Es kommen aus	Zahl der Firmen	
	1031	
Cleveland	2	
Indianapolis	2	
Liverpool	2	
Lüttich	2	
Madrid	2	
Marseille	2	
Milwaukee	2	
Pittsburg	2	
Plymouth	2	
Triest	2	
Wilna	2	
Alexandria	1	
Bristol	1	
Cardiff	1	
Dublin	1	
Gent	1	
Halifax (England)	1	
Hamilton (V. St.)	1	
Hull	1	
Kairo	1	
Kansas City	1	
Manila	1	
Mexiko	1	
Montreal	1	
Nancy	1	
Nantes	1	
Neapel	1	
New-Orleans	1	
Palermo	1	
Preston	1	
Providence	1	
Saloniki	1	
Santiago de Ch.	1	
Soerabaja	1	
Szegedin	1	
Turin	1	
Venedig	1	
aus 89 Orten mit mehr als 100 000 Einw.		1079
Krakau	9	
Aarhus	7	
Belgrad	7	
Bern	6	
Helsingfors	6	
Jassy	6	
Arnheim	3	
Bergen	3	
Libau	3	
Linz	3	
	53	1079

Es kommen aus	Zahl der Firmen	
	53	1079
Malmö	3	
Agram	2	
Groningen	2	
Kowno	2	
Leiden	2	
Minsk	2	
Nashville	2	
Pilsen	2	
Temesvar	2	
Arad	1	
Bialystock	1	
Brügge		
Grosswardein	1	
Haarlem		
Limoges		
Mecheln		
Peoria		
Pressburg	1	
Reading		
Samara		
Theresiopel	1	
Tourcoing	1	
Thintau	1	
Zaragoza	1	
aus 34 Orten 50 000 b. 100 000 Einw.		87
Reichenberg	16	
Aussig	7	
Odense	7	
St. Gallen	7	
Drammen	4	
Neuchâtel	4	
Biel	3	
Breda	3	
Budweis	3	
Chaux de Fonds	3	
Przmysl	3	
Norrköpping	3	
Fiume	2	
Helsingborg	2	
Herzogenbusch	2	
Innsbruck	2	
Luzern	2	
Mons	2	
Salzburg	2	
Stavanger	2	
Verviers	2	
Winterthur	2	
Aalborg	1	
	84	1166

Anlage VII (Schluss).

Es kommen aus	Zahl der Firmen		Es kommen aus	Zahl der Firmen		Es kommen aus	Zahl der Firmen
	84	1166		96	1166		1267
Charleroi	1		Simbirsk	1		aus 50 Orten mit 10 000 bis 20 000 Einwohnern	162
Craiova	1		Troppau	1			
Karlskrona	1		Vitoria (Spanien)	1			
Kaschau (Ungarn)	1		Zombor (Ungarn)	1		aus 40 Orten mit 5000 bis 10 000 E.	53
Laibach	1		Zwolle	1			
Luxemburg	1		aus 40 Orten mit 20 000 bis 50 000 Einw.		101	aus 36 Orten mit 2000 bis 5000 E.	58
Maastricht	1						
Mantua	1					aus 49 Orten mit bis zu 2000 E.	61
Nimwegen	1						
Oedenburg	1		aus 163 Orten mit mehr als 20 000 Einwohnern		1267	aus 338 Orten des Auslandes	1601
Pola	1						
Santos (Brasilien)	1						
	96	1166			1267		

Anlage VIII.

Die Einkäuferschaft deutscher Herkunft aus Orten mit mehr als je 10 Einkäufern.

Es kommen aus	Zahl der Firmen	
Berlin	436	
Leipzig	393	
Hamburg	195	
Dresden	184	
Nürnberg	119	
aus 5 Orten mit über 100 Einkäufern		1327
Breslau	89	
Chemnitz	70	
Frankfurt a. M.	65	
Magdeburg	61	
Köln	56	
München	54	
Fürth	52	
Halle	50	
Erfurt	46	
Hannover	42	
Düsseldorf	38	
Bremen	37	
Kassel	33	
aus 13 Orten mit 31 bis 100 Eink.		693
Dessau	30	
Plauen i. V.	30	
Altenburg	29	
Stuttgart	29	
Königsberg	28	
Solingen	28	
Gera	26	
Görlitz	26	
Stettin	25	
Zwickau	25	
Braunschweig	24	
Hildesheim	24	
Mannheim	24	
Wiesbaden	24	
Zittau	24	
Altona	22	
Elberfeld	22	
Posen	22	
Sonneberg	21	
aus 19 Orten mit 21 bis 30 Eink.		483
		2503

Es kommen aus	Zahl der Firmen	
		2503
Eisenach	20	
Dortmund	19	
Freiberg i. S.	19	
Halberstadt	19	
Quedlinburg	19	
Kiel	18	
Bernburg	17	
Eisleben	17	
Gotha	17	
Remscheid	17	
Bayreuth	16	
Naumburg	16	
Nordhausen	16	
Würzburg	16	
Barmen	15	
Duisburg	15	
Essen	15	
Jena	15	
Karlsruhe i. B.	15	
Krimmitschau	15	
Lübeck	15	
Meissen	15	
Offenbach	15	
Osnabrück	15	
Strassburg	15	
Wernigerode	15	
Annaberg i. S.	14	
Bautzen	14	
Beuthen	14	
Döbeln	14	
Krefeld	14	
Mühlhausen i. Th.	14	
Olbernhau i. S.	14	
Weimar	14	
Aschersleben	13	
Darmstadt	13	
Göttingen	13	
Hagen i. W.	13	
Mainz	13	
Mittweida i. S.	13	
Riesa	13	
Zeitz	13	
Bielefeld	12	
Flensburg	12	
Heidelberg	12	
	678	2503

Es kommen aus	Zahl der Firmen	
	678	2503
Koburg	12	
Münster i. W.	12	
Rudolstadt	12	
Trier	12	
Ulm	12	
Weissenfels	12	
Worms	12	
Aue	11	
Auerbach i. V.	11	
Augsburg	11	
Bremerhaven	11	
Forst	11	
Freiburg i. Br.	11	
Glauchau	11	
Hof	11	
Liegnitz	11	
Saalfeld	11	
Schwerin	11	
Waltershausen	11	
aus 64 Orten mit 11 bis 20 Eink.		894
aus 101 Orten mit mehr als 10 Eink.		3397
aus 104 Orten mit 6 bis 10 Eink.		780
aus 222 Orten mit 3 bis 5 Eink.		822
aus 200 Orten mit 2 Einkäufern		400
aus 579 Orten mit 1 Einkäufer		579
aus 1206 Orten Deutschlands		5978

Anlage IX: Die Einkäuferschaft der Leipziger Musterlagermessen nach Lage, Grösse und Einkäuferzahl der Herkunftsorte (Zusammenfassende und vergleichende Uebersicht).

aus:	Es kommen . . . Firmen aus . . . Orten mit je . . . Einwohnern: bis zu 2000		2000 bis 5000		5000 bis 10 000		10 000 bis 20 000		20 000 bis 50 000		50 000 bis 100 000		über 100 000		Zus. . . . Firmen	% der Einkäufer aus Deutschl. bezw. d. Ausland.	% de Einkäufer überhaupt	Zus. . . . Orte	% der Orte in Deutschland bezw. d. Ausl.	% der Orte überhaupt	Einkäufer auf 1 Ort
1. Königr. Sachsen	40	33	128	65	193	51	144	21	116	9	56	2	647	8	1324	22,25	17,5	184	15,25	12	7
2. Berlin	—	—	—	—	—	—	—	—	—	—	—	—	436	1	436	7,25	5,75	1	—	—	436
3. Norddeutschland	46	36	79	63	118	66	96	38	160	34	88	10	408	10	995	16,75	13	257	215	17	4
4. Prov. Sachsen u s.w.	53	46	139	75	71	29	125	21	208	15	30	1	135	3	761	12,5	10	190	15,75	12,25	4
5. Thüringen	46	41	81	33	60	17	85	9	151	9	46	1	—	—	469	7,75	6,25	110	9	7	4¼
6. Westf., Rheinl., Hess.	39	36	81	54	71	39	85	34	181	33	119	9	286	10	862	14,5	11,5	215	17,75	14	4
7. Südwestdeutschland	11	11	21	17	32	20	50	17	89	13	83	8	68	3	354	6	4,5	89	7,5	5,75	4
8. Bayern r. d. Rh.	24	20	51	27	22	13	29	8	58	8	79	3	173	2	436	7,25	5,75	81	6,75	5,25	5½
9. Baden	14	12	29	19	23	14	66	18	70	11	50	4	89	1	341	5,75	4,5	79	6,5	5	4¼
Deutschland	273		609		590		680		1033		551		2242		5978	100	78,75				
%	4,5		10,25		9,75		11,25		17,5		9,25		37,5		100						
		235		353		249		166		132		38		33	—	—	—	1206	100	78,25	
%		19,25		29,25		20,5		14		11		3,25		2,75	—	—	—	100			
Einkäufer auf 1 Ort	1¼		1¾		2½		4		8		14½		68		—	—	—	—	—	—	5
10. Oesterreich-Ung.	44	34	42	20	36	24	128	27	41	13	22	9	265	8	578	38	7,5	135	40	8,75	4¼
11. Ost- u. Nordeuropa	2	2	6	6	5	4	14	8	22	9	41	11	214	13	304	19	4	55	16	3,5	5½
12. West- u. Südeuropa	15	13	10	10	11	11	19	14	37	17	20	11	475	39	587	36,75	7,75	115	34	7,5	5
13. Nordamerika	—	—	—	—	—	—	—	—	—	—	3	2	101	18	104	6,8	1,5	20	6	1,25	5¼
14. andere aussereurop. Länder	—	—	—	—	1	1	1	1	1	1	1	1	24	9	28	1,75	0,5	13	4	0,75	2
Ausland	61		58		53		162		101		87		1079		1601	100	21,25				
%	3,75		3,5		3,25		10		6,25		5,5		67,75		100						
		49		36		40		50		40		34		89	—	—	—	338	100	21,75	
%		14,5		10,75		11,75		14,75		11,75		10		26,5	—	—	—	100			
Einkäufer auf 1 Ort	1¼		1½		1¼		3¼		2½		2½		12		—	—	—	—	—	—	4¾
Insgesamt	334		667		643		842		1134		638		3321		7579		100				
%	4,5		8,75		8,5		10,75		15		8,5		44		100						
		284		389		289		216		172		[illegible]		[illegible]	—	—				100	

Anlage IX (Fortsetzung).

aus:	Es kommen … Firmen aus … Orten mit je 1		2		3 bis 5		6 bis 10		11 bis 20		21 bis 30		31 bis 100		über 100		Zusammen … Firmen	… Orte
	Mess-Einkäufern																	
1. Königreich Sachsen	77	77	50	25	176	46	131	18	164	12	79	8	70	1	577	2	1324	184
2. Berlin	—	—	—	—	—	—	—	—	—	—	—	—	—	—	436	1	436	1
3. Norddeutschland	127	127	106	53	157	44	141	19	93	7	97	4	79	2	195	1	995	257
4. Prov. Sachsen u. s. w.	92	92	58	29	148	33	90	18	184	12	78	3	111	2	—	—	761	190
5. Thüringen	56	56	26	13	66	18	87	11	112	8	76	3	46	1	—	—	469	110
6. Westf., Rheinld., Hessen	109	109	70	35	136	37	137	17	144	10	74	3	192	4	—	—	862	215
7. Südwestdeutschland	40	40	28	14	58	16	57	8	118	9	53	2	—	—	—	—	354	89
8. Bayern r. d. Rh.	43	43	28	14	37	10	49	7	54	4	—	—	106	2	119	1	436	81
9. Schlesien	35	35	34	17	44	12	88	11	25	2	26	1	89	1	—	—	341	79
Deutschland	579		400		822		780		894		483		693		1327		5978	
%	9,75		6,75		13,5		13		15		8		11,5		22,5		100	
		579		200		222		104		64		19		13		5		1206
%		48		16,5		18,5		8,75		5,25		1,5		1		0,5		100
Einkäufer auf 1 Ort	1		2		3¾		7½		14		25		54		265		5	
10. Oesterreich-Ungarn	77	77	46	23	69	19	65	9	50	3	23	1	100	2	148	1	578	135
11. Ost- und Nordeuropa	24	24	14	7	27	8	61	9	69	5	28	1	81	1	—	—	304	55
12. West- und Südeuropa	69	69	38	19	37	11	46	7	61	4	24	1	181	3	131	1	587	115
13. Nordamerika	6	6	14	7	10	2	33	4	—	—	—	—	41	1	—	—	104	20
14. and. aussereurop. Länder	10	10	—	—	10	2	8	1	—	—	—	—	—	—	—	—	28	13
Ausland	186		112		153		213		180		75		403		279		1601	
%	11,5		7		9,5		13,75		11,25		4,75		25,25		17,5		100	
		186		56		42		30		12		3		7		2		338
%		55		16		12,75		8,75		3,5		1		2,25		0,75		100
Einkäufer auf 1 Ort	1		2		3¾		7		15		25		58		140		4¾	
Insgesamt	765		512		975		993		1074		558		1096		1606		7579	
%	10,25		6,75		12,75		13		14,25		7,25		14,75		21		100	
		765		256		264		134		76		22		20		7		1544
%		49,5		16,25		17		8,5		5		1,5		1,5		0,5		100
Einkäufer auf 1 Ort	1		2		3¾		7⅜		14¼		25		55		223		4⅞	

Anlage IX (Schluss).

aus Orten mit je	Es kommen . . . Firmen aus . . . Orten mit je																Zusammen	
	1		[illegible]		3 bis 5		6 bis 10		11 bis 20		21 bis 30		31 bis 100		über 100		. . . Firmen	. . . Orte
	Mess-Einkäufern																	
bis zu 2 000 Einw.	249	249	50	25	35	10	—	—	—	—	—	—	—	—	—	—	334	284
über 2 000 bis 5 000 »	254	254	136	68	203	57	63	9	11	1	—	—	—	—	—	—	667	389
» 5 00 » 10 00 »	135	135	134	67	261	72	88	13	25	2	—	—	—	—	—	—	643	289
» 10 00 » 20 00 »	62	62	86	43	230	60	283	39	137	10	44	2	—	—	—	—	842	216
» 20 00 » 50 000 »	24	24	56	28	171	45	294	38	459	37	130	5	—	—	—	—	1134	172
» 50 00 » 100 00 »	15	15	18	9	26	8	129	17	216	16	136	5	98	2	—	—	638	72
über 100 00 »	26	26	32	16	49	12	136	18	226	15	248	10	998	18	1606	7	3321	122
	765		512		975		993		1074		558		1096		1606		7579	
		765		256		264		134		76		22		20		7		1544

Fleischer-Pl.

ZEITSCHRIFT
FÜR DIE
GESAMTE STAATSWISSENSCHAFT.
Herausgegeben von
Dr. K. Bücher,
o. Professor an der Universität Leipzig.

Ergänzungsheft XII.

Das Schuldenwesen der deutschen Städte im Mittelalter.

Von

Dr. Bruno Kuske.

TÜBINGEN.
VERLAG DER H. LAUPP'SCHEN BUCHHANDLUNG.
1904.

Preis im Einzelverkauf M. 2.50.

A. Grundlagen und Ursachen der städtischen Schulden im Mittelalter.

Die von heute gesehen merkwürdigen Formen des öffentlichen Kredites in den deutschen Städten des Mittelalters können nur aus ihren allgemeinen und besonderen historischen Bedingungen heraus verstanden werden. Das städtische Schuldenwesen ist allgemein abhängig von den gesamten wirtschaftlichen und rechtlichen Verhältnissen seiner Zeit. Es ist besonders abhängig von der Entwicklungsstufe, auf der sein unmittelbarer Träger, das mittelalterliche städtische Gemeinwesen, als politischer Körper und als Kollektivwirtschaft steht. Der Zusammenhang mit den allgemeinen Zuständen, besonders mit privatrechtlichen Institutionen, soll zugleich mit der Entstehung der Schuldformen und ihrer Nebenerscheinungen dargestellt werden. Es bleibt demnach zuerst eine kurze Charakteristik des mittelalterlich städtischen Gemeinwesens übrig, soweit es Bedingung seines Schuldenwesens ist.

Die Städte haben sich als grössere Verbände materieller und geistiger Interessen aus der Zahl gleichförmiger, sich selbst genügender Einzelwirtschaften abgesondert und zusammengeschlossen. Anfangs tragen sie noch hervorragend die Merkmale ihrer naturalwirtschaftlichen Herkunft. Neben dem Markte wohnte zuerst noch eine zahlreiche rein ländliche Bevölkerung, die erst allmählich in den Verkehr hineingezogen wurde, bis schliesslich nur wenig naturalwirtschaftliche Spuren übrig blieben. Die arbeitsteilige Produktionsweise mit wechselseitigem Güteraustausch ergriff die ganze Ansiedelung und verwandelte sie in einen wirtschaftlichen Organismus, dessen Teile einander ergänzten und so von einander abhingen, dass sie nicht mehr für sich allein bestehen konnten.

Wie als Wirtschaftseinheit, sonderte sich die Stadt auch als militärischer Körper ab; äusserlich zeigte sich das an durch die Umgürtung mit Festungswerken. Der Markt wurde zugleich Burg.

Hand in Hand mit dieser Entwicklung ging die Umbildung der sozialen Struktur der Bevölkerung, die Entstehung neuer Rechts- und Verfassungsformen. Die Bevölkerung, die den Verkehr vermittelte, erlangte grössere persönliche Freiheit und gelangte bald dahin, in der Stadt unter freien Leiheverhältnissen zu wohnen. Neues Recht mit dem Zwecke, Verkehr zu schützen und zu fördern, entstand im Marktrecht; es erweiterte sich durch Aufnahme burgrechtlicher Bestandteile zum Stadtrecht. Zugleich machten sich neue öffentliche Organisationen nötig. Es entstand städtisches Beamtentum und schliesslich eine städtische Regierung, zum erstenmale ein öffentliches Organ ausschliesslich für den Dienst einer Allgemeinheit.

Diese Neubildungen vollzogen sich anfangs unter der fördernden Einwirkung aller naturalwirtschaftlichen Mächte. Der Stadtherr war an der Vergrösserung und Belebung besonders finanziell interessiert. Er war es, der häufig seine Hintersassen frei liess, der den Zuziehenden Land zu freier Leihe gegen niedrigen Zins austat, der neues Recht bestätigte und seine Ministerialen der Stadt als Beamte vorsetzte, eben um mit Hilfe der neuen wohlhabenden Bevölkerung die Einkünfte aus seinen Gerechtsamen zu steigern und neue zu begründen.

Diese finanziellen Interessen des Stadtherrn und die wirtschaftlich-rechtlichen der Stadt mussten bei deren weiteren Entwickelung kollidieren. Es musste der Augenblick kommen, da sich die Bürger in der Entfaltung ihrer Kräfte zum Zwecke grösseren Wohlstandes durch ihren Herrn gehemmt, bedrückt und ausgebeutet fühlten. Es entstand ein tiefer Gegensatz zwischen den beiden Interessenten an der Stadt. Der Stadtherr wollte seine Hoheitsrechte im alten Stile weiter ausüben und ihren Ertrag immer mehr steigern. Die Bürger aber wollten einen Gebrauch dieser Rechte zu ihren Gunsten und beanspruchten sie schliesslich ganz für sich selbst. So wollten sie niedrige Zölle, während der Herr hohe wünschte. Sie verlangten eine beständige und gute Währung, der Herr dagegen übte sein Münzrecht mit Münzverruf und -verschlechterung aus. So war es für ihn rentabler.

Die Stadt war aus ihrer inneren Natur heraus genötigt, die errungene Sonderstellung immer weiter auszubilden und sie in Unabhängigkeit zu verwandeln. Diesem Zwange gesellten sich gemeinwirtschaftliche Motive hinzu. Fast jedem Hoheitsrechte entsprach ein direkter wirtschaftlicher Ertrag, der zur Aneignung reizen half. Der Besitz von Gerichtsbarkeit, Geleite- und Fremdenrecht, Münz- und Steuerrecht, Judenschutz und Allmende war zugleich der Besitz von zum Teil sehr ergiebigen Finanzquellen.

In den Besitz der Gerechtsame konnte die Stadt auf verschiedene Weise gelangen. Selten wurden sie dem Stadtherrn mit dem Schwerte abgerungen. Sie wurden vielmehr durch gewisse hervorragende Dienste erworben. Die Stadt leistete ihrem Herrn bei seinen politischen Unternehmungen Kriegs- und Geldhilfe und erlangte dafür Privilegien. Es sei nur an das Verhältnis der Städte zu den Saliern erinnert. Von überwiegender Bedeutung beim Erwerbe der Hoheitsrechte aber war der Kauf. Der wachsende städtische Wohlstand liess Kreditgeschäfte zwischen dem geldbedürftigen Herrn und der Stadt entstehen. Da das Mittelalter Personalkredit in der Hauptsache nicht kannte, vollzogen sich diese meist in Gestalt des Kaufes. Der Stadtherr musste den Gläubiger satzungsmässig sichern, und er tat das durch Uebertragung von Hoheitsrechten zur Nutzniessung bis zur Wiedereinlösung. Diese blieb aber oft genug aus, und wenn sie befristet war, ging das Eigentumsrecht an die Stadt über. Sehr häufig fiel der Weg über die Satzung weg. Es fand direkter Kauf statt.

Auf diese Weise entwickelte sich die Stadt zur Unabhängigkeit. Der Grad derselben war zum guten Teile von der wirtschaftlichen Ausstattung der Stadt bedingt. Damit ist ein wichtiger Erklärungsgrund für die so vielartige staatsrechtliche Stellung der deutschen Städte des Mittelalters gegeben. Die Lebensbedingungen der einzelnen waren ja sehr verschieden.

So wiesen schliesslich die Städte eine Reihe von Abstufungen öffentlichrechtlicher Stellung auf, von den Freistädten über die Reichsstädte zu den geringeren Graden der Landeshoheit in den Territorialstädten, und innerhalb jeder Art glich keine völlig an Machtumfang der anderen. Jede Stadt war ein Individuum.

Die entwickeltsten unter diesen Gemeinwesen waren für ihre Zeit fertige Staaten, die in vieler Beziehung zugleich die Entwicklungsträger zum modernen Staat bildeten. Dieser kleine »Stadtstaat« knüpfte selbständig auswärtige Beziehungen an. Er schloss Verträge ab und ging Bündnisse ein zur Wahrung und Erweiterung seiner politischen Macht und zur Entfaltung seiner Wirtschaftskräfte. Es mögen nur die grossen Städtebünde und die zahlreichen kleinen Einungen angedeutet werden, die Münzverträge und -unionen, die Verträge über Niederlassung, freies Geleit, gegenseitigen Bürgerschutz und Gerichtsstand. Gegebenen Falls führte die Stadt Krieg mit eigenem militärischen Aufgebot.

Die innere Politik suchte durch bis ins einzelnste gehende Massnahmen die Wirtschaftsverhältnisse zu ordnen und zu fördern, zu grösstmöglicher Wohlfahrt der Bürger. Die Stadt unterhielt öffentliche Verkaufsstände, Wagen und andere Messungen. Sie besass eigene Wirtschaftsbetriebe, wie Mühlen, Brauhäuser, Herbergen, Färbereien, Bleichen, Lohhäuser, Ziegeleien, Steinbrüche, Schmelzhütten und Münzen, meist Betriebe, die vom einzelnen wegen der Grösse ihrer Produktionsmittel nicht errichtet werden konnten oder deren Bewirtschaftung durch die öffentliche Gewalt aus Gründen der Sicherheit und Solidität des Verkehrs und der Versorgung der Bürger mit unentbehrlichen Gütern geboten war. Es waren das zum Teil Funktionen, die schon Fronhof und Dorfgenossenschaft ausgeübt hatten und die dann von der Stadt in grösserem Massstabe weitergebildet wurden.

Diesen Massnahmen stand die Ausübung der Gerichtsgewalt und der Polizei zur Seite.

Von den Aufgaben des Gemeinwesens werden sein Bedarf und seine Ausgaben bedingt.

Die fortwährenden Aufgaben der Verwaltung, der äusseren Politik und gewisse Leistungen an den Herrn stellten den ordentlichen Bedarf der mittelalterlichen Stadt dar. Die ihm entsprechenden Ausgaben erstreckten sich auf die Besoldung von Bürgermeistern, Ratsbeamten, Wächtern, Henkern, Spielleuten, Söldnern, Schornsteinfegern und sonstigen Beamten, auf die Erhaltung öffentlich-städtischer Gebäude, der Befestigungen und Waffen. Dazu kamen Kosten für Schreib-, Beleuchtungs- und Heizmaterial, für Speisung der Ratsherren und Wegzehrung von Ross und Mann bei Gesandtschaften nach auswärts. Endlich mussten Abgaben an den Stadtherrn geleistet werden, Zahlungen für freies Geleit oder Bundessteuern.

Beamtengehälter sind besonders in früheren Perioden noch selten und in geringen Summen vertreten, die den tatsächlichen Einnahmen des Beamten nicht entsprechen. Seine Besoldung beruhte vielmehr noch auf dem Dotationsprinzip, das aus naturalwirtschaftlichen Zuständen herübergenommen war und dem Lehnswesen seine Entstehung verdankte. Der Beamte bezog seinen Gehalt aus Nutzungen, womit sein Amt ein für allemal ausgestattet war, oder er behielt die aus seinem Amte direkt hervorgehenden Einnahmen mindestens teilweise für sich. Der städtische Haushalt konnte so die Sorge um Beamtenbesoldung ausschalten, und die Stadtrechnungen befassten sich auch nur wenig damit. Aehnlich war es mit den öffentlichen Nutzungen. Sie waren meist verpachtet, und der Pächter hatte für die Instandhaltung des Betriebes selbst zu sorgen. Die Stadt war nur an dem regelmässigen Eingange des ihr gebührenden Ertragsteiles interessiert.

Die ordentlichen Ausgaben standen in den verschiedenen Städten natürlich nicht in gleichen Verhältnissen zu einander. Einige kamen in manchen Städten überhaupt nicht vor. Charakteristisch für das Mittelalter ist nun, dass sie auch in derselben Stadt von Jahr zu Jahr stark schwanken, sehr oft um das Mehrfache. Der Bau einer neuen Brücke, einer Mauer, eines Turmes liess die Ausgabesummen häufig plötzlich emporschnellen. Dasselbe geschah, wenn die Stadt neue auswärtige Beziehungen anknüpfte oder in eine Fehde verwickelt wurde. Dann erhöhen sich die Botenlöhne und -auslösungen beträchtlich. Eine Gesandtschaft an den König oder nach Rom konnte das finanzielle Gleichgewicht ins Wanken bringen, ähnlich der Besuch des Königs oder eine fürstliche Hochzeit. Als Beispiel für den wandelbaren Charakter der ordentlichen Ausgaben mögen die Mainzer Stadtrechnungen von 1438—43 dienen[1]). Die regelmässigen Ausgaben (»stediges gemeines ussgeben« und »ussgeben des unkostes«) beliefen sich dort:

1438	auf	4590 Pfd.	1441	auf	5707 Pfd.
1439	»	5089 »	1442	»	5842 »
1440	»	4754 »	1443	»	4004 »

Davon entfielen auf

	Gesandtschaften (reide)	Bauten	Beamte
1438:	534 Pfd.	774 Pfd.	1566 Pfd.
1439:	760 »	761 »	1236 »
1440:	332 »	2028 »	799 »
1441:	620 »	2182 »	1658 »
1442:	1139 »	1289 »	1415 »
1443:	389 »	1083 »	1218 »[2]).

1) *Hegel*, Städtechroniken 17, s. 114 ff.

2) Von anderen Etats sei noch der Hamburger herangezogen: Ausgaben für Bewachung des Turmes zu Neuwerk: 1350: 88 Pfd. 1354: 63 Pfd. 1356: 199. 1358: 88. 1376: 268. 1378: 317 Pfd.

Für Bauten: Arbeitslohn: 1350: 88 Pfd. 1351: 69. 1353: 204. 1358: 79.

Die Gesamtausgaben sind also 1442 fast 1,5mal so hoch wie 1443.

Die Gesandtschaften von 1442 erforderten beinahe das 3,5-fache von 1440. 1442 schloss die Stadt nämlich einen Bund mit dem Pfalzgrafen Ludwig, sie holte ausserdem vom Könige eine Bestätigung ein und hatte Einungsverhandlungen mit dem Kölner Erzbischof zu führen. Dabei wurden insgesamt 1019 Pfd. 2 sch. verritten.

Die Baukosten sind 1440 und 1441 fast 300 Proz. von denen in den Jahren vorher. Ursache war die Errichtung eines Eisbrechers im Rheinstrome.

Die Gehälter und Besoldungen schwanken um das Doppelte: vgl. 1440 mit 1438 und 1441. 1438 wurden die Söldner neu eingekleidet; 1441 fanden Gehaltserhöhungen statt, der Rat erhielt eine »presencie«, und die Kleidung der Söldner wurde zweimal bezahlt. Das bedeutete Rüstung gegen den Erzbischof.

Die Ausgaben der Stadt stiegen aber sehr bedeutend, wenn es galt, ausserordentliche Bedürfnisse zu befriedigen. Der schon vorhin erwähnte Erwerb von Hoheitsrechten war sehr kostspielig. Zwar handelte es sich dabei meist um erwerbs- und staatswirtschaftliche Anlagen, die einen direkten oder, indem sie der Allgemeinheit zu gute kamen, einen indirekten Ertrag lieferten. Aber doch konnte die Stadt den augenblicklichen Anforderungen bei ihrem Kaufe meist nur unter grossen Anstrengungen genügen. — Der Besitz der Gerechtigkeiten musste dann häufig beim Wechsel des Stadtherrn neu bestätigt werden. Das ging auch nicht ohne erhebliche Kosten ab. Die Reichsstädte zahlten an den König bedeutende Summen, um nicht verpfändet zu werden und dadurch an ihren Freiheiten Verluste zu erleiden.

Sehr in Anspruch wurde die Stadt auch genommen, wenn sie ihrem Herrn Kredit gewähren musste oder wenn sie in kriegerische Verwicklungen geriet. Erlitt sie dabei Niederlagen, so bedeutete das die Zahlung hoher Kriegsentschädigungen und Lösegelder. Nicht zu vergessen sind die schweren Schäden, die der aus Holz,

---

1360: 131. 1370: 295. 1371: 432. 1373: 690. 1380; 339. 1386: 1070. Aehnlich für Kalk: 1350: — Pfd. 1351: 2 Pfd. 1352: 5. 1353: — Pfd. 1355: 66 Pfd 1356: 162. 1358: 2 Pfd. Die Ausg. für Ziegel, Holz und Eisenwerk schwanken ganz parallel.

Für »Reisen«: 1350: 135 Pfd. 1351; 60. 1352: 84. 1353: 77. 1355: 234. 1356: 278. 1357: 70. 1360: 383. 1370: 198. 1371: 398. 1372: 158. 1374: 567. 1377: 75 Pfd. *Koppmann*, Kämmereirechnungen der St. Hamburg. I, s. LXXXIX ff.)

Fachwerk und Stroh leicht gebauten Ansiedelung aus den häufigen Feuersbrünsten erwuchsen.

Das Verhältnis der ausserordentlichen zu den ordentlichen Ausgaben mögen folgende Beispiele veranschaulichen.

Basel kaufte 1373 die bischöflichen Zölle, Fronwage, Muttamt u. a. für 12500 Gulden, die Münze für 3000; im Jahre 1386 die Reichsvogtei für 1000 Gulden, 1386—92 Kleinbasel für 35300, 1404 das Viztum- und Brotmeisteramt für 400; 1424 das Oberzunftmeisteramt für 2000. Seine ordentlichen Ausgaben betrugen 1361/62 aber nur 6830 Gulden, die ordentlichen Einnahmen, die hier schon angeführt werden mögen, rund 6890 Gulden [1]).

Mainz zahlte 1436 für ein Darlehn an den Grafen von Virneburg 6500 Gulden, 1438 an den Erzbischof für Bestätigung der Privilege 1200; 1439 verursachte ihr sein Einzug 200 Gulden Kosten, die Einung mit dem Kölner 1400; 1441 ein Prozess gegen den Erzbischof 630. Der Besuch des Königs im Jahre 1442 kostete 880 Gulden und das Bündnis mit dem Pfalzgrafen 3250 [2]).

Dortmund kaufte in den Jahren 1286 und 1313 $^1/_3$ resp. $^1/_6$ der Gerichtsbarkeit je für 400 Mark [3]), 1343 die halbe Grafschaft für 2277 Mark [4]), 1376 den grossen Königshof für 6800 Gulden [5]), eine Fehde mit dem Erzbischof von Köln und dem Grafen von der Mark kostete im Jahre 1388 38337 Gulden zur Kriegführung und 17636 zum Friedensschlusse, zusammen also fast 56000 Gulden; die laufenden Ausgaben aber betrugen ungefähr 2200, die Einnahmen hielten sich noch darunter [6]).

Nürnberg hatte 1388/89 89444 Pfd. ordentliche Ausgaben, als ausserordentliche kamen hinzu 76466 Pfd. Die ordentlichen Einnahmen beliefen sich auf 107255 Pfd. [7]).

Köln hatte in den 70er Jahren des 14. Jahrhunderts jährlich 70000 Mark ordentliche Ausgaben. 1376—80 führte es eine Fehde gegen den Erzbischof. Die Ausgaben im ganzen stellten sich nun:

1376 auf 170544 Mark
1377 » 162226 »
1378 » 157592 »
1379 auf 98541 Mark
1380 » 135941 » [8]).

1) *Schönberg*, Finanzverh. d. St.B., s. 66 ff.

2) *Hegel*, 17, s. 105.

3) Dortm. U.B. I, nr 176 u. 326.

4) Ebd. I, nr 385.

5) Ebd. II, 1 nr 58—60.

6) *Kübel*, Dortm. Finanz- u. Steuerverh. s. 27.

7) *Hegel*, 1, s. 293 f.

8) *Knipping*, Schuldenw. d. St. K. (Westd. Ztschr. f. Gesch. u. Kunst XIII 1894), s. 348.

Die ungemein schwankenden ordentlichen Ausgaben brachten zusammen mit den hohen ausserordentlichen in die städtische Finanzwirtschaft grosse Unsicherheit. Das Gemeinwesen war noch zu unreif und im Verhältnis zu seinen umfassenden Aufgaben zu klein, als dass es möglich gewesen wäre, künftigen Bedarf vorherzusehen und einen ihm entsprechenden Etat aufzustellen. Man lebte aus der Hand in den Mund, befriedigte die Bedürfnisse, wie sie plötzlich auftraten, aus Mitteln, die man in demselben Augenblick erst ausfindig machte und die sich gerade darboten. — Der Unreife des öffentlichen Haushaltes entsprach eine gewisse Unreife der Köpfe, ökonomische Berechnungen anzustellen und geordnet aufrecht zu erhalten. Man verstand das eigentliche Rechnen nur mangelhaft und war im Umgange mit Zahlen sehr unbeholfen. Die Rechnungsbücher der Städte beweisen das deutlich. Die einzelnen Posten sind häufig nicht genügend geordnet, oft sind sie durchgestrichen und mit undeutlichen Darüberschriften versehen. Es ist schon als Fortschritt zu bezeichnen, wenn Einnahmen und Ausgaben getrennt gebucht sind. Dazu hat man sich häufig verschrieben, falsch addiert und subtrahiert. Eine Abrechnung, die auf Schilling und Pfennig, ja auf das Pfund stimmt, ist selten. Periodische Ueberblicke über den Gang der Wirtschaft werden erst später eingeführt. Es war mancher blutige Aufstand nötig, bis die Gemeinde die herrschenden Geschlechter zu vierteljährlichen, monatlichen oder häufigeren Abrechnungen zwang.

Schwankend wie die Ausgaben waren auch die Einnahmen. Sie flossen der Stadt aus Gerechtigkeiten und Nutzungen zu und wurden durch Steuern ergänzt. Die Stadt bezog Gebühren, Bussen, Schlagschatz, Zinse, Geleit- und Schutzgelder. Dazu kamen Zölle und Verbrauchsabgaben (Ungelder, Accisen), die sich von Wein, Bier und Getreide in späteren Jahrhunderten auf fast alle öffentlich umgeschlagenen Güter ausdehnten. Daneben wurden direkte Steuern erhoben: Kopf-, Vermögens- und Grundsteuern. Ab und zu wurden ausserordentliche Einnahmen gemacht, so in Konzessionsgebühren von Juden und Lombarden oder aus Gedingnis.

Die ordentlichen Ausgaben wurden meist durch die Einkünfte aus Gerechtigkeiten und Nutzungen bestritten, ergänzt durch Ungelder, die sich dann sogar zum Hauptfaktor der Deckung des Finanzbedarfs aufschwingen. Sie waren ebenso unbestimmbar wie die Ausgaben und ähnelten ihnen auch in der Unregelmässigkeit des Auftretens.

Die Mainzer Stadtrechnung zählt für die Periode von 1438—43 folgende Einnahmesummen auf:

1438: 22 347 Pfd.	1441: 27 083 Pfd.
1439: 26 252 »	1442: 26 261 »
1440: 26 810 »	1443: 24 580[1]).

Die Höhe der Einnahmen ist also auch unbeständig, freilich nicht in dem Masse wie die der Ausgaben. Die Schwankung beträgt nur etwa 20 % (vgl. 1441 und 1438).

Ein Vergleich der absoluten Einnahme- und Ausgabehöhen zeigt nun, dass die Einnahmen die ordentlichen Ausgaben bei weitem übertreffen, sodass man fortwährende Ueberschüsse vermuten könnte. Tatsächlich ist das aber nicht der Fall. Diese Einnahmen von wenig verschiedener Höhe wurden nicht nur zur Deckung der ordentlichen, sondern auch der ausserordentlichen Ausgaben erzielt. Sie entsprachen der Summe aller Ausgaben und nivellierten deren grosse Unterschiede rechnerisch auf Durchschnittshöhen. Der unvorhergesehen eintretende Bedarf konnte durch die regelmässigen alten Einnahmen, die den ordentlichen Ausgaben etwa die Wage hielten, natürlich nicht gedeckt werden. Das konnte nur ausserordentlich geschehen. Dazu standen der Stadt verschiedene Wege offen. Sie verkaufte entweder Eigentum, oder sie schrieb ausserordentliche Steuern aus, oder sie nahm Anleihen auf. Sie bevorzugte meist den letzten Weg. Die Aufnahme von Anleihen war technisch am einfachsten, sie stellte in kurzer Zeit fast beliebig hohe Summen zur Verfügung. Da der ordentliche Bedarf bereits sehr schwankte, kamen Anleihen in jedem Jahre vor. Sie waren ordentliches Deckungsmittel der städtischen Finanzwirtschaft und unterschieden sich dadurch wesentlich von den Anleihen des modernen Staates.

Die Steuer folgte nun der Anleihe nach. Sie diente der Schuldentilgung und -verzinsung. Dazu führte man sie ein und erhöhte sie durch Aufschläge oder durch mehrmalige Erhebung innerhalb ihrer Periode. Besonders bevorzugt waren dabei die direkten Steuern. Sie lieferten einen Ertrag, der ungefähr sicher berechnet werden konnte und zu bestimmten Terminen einkam. Damit liessen sich die Schulden planmässig verwalten, die nach Zinszahlung und teilweise nach Tilgung ebenfalls terminisiert und

1) *Hegel*, 17, S. 111 ff.

der Höhe nach bestimmt waren. Sie stellten gewissermassen eine Antizipation der Steuer dar, freilich der Steuer, die erst noch zu errichten oder zu erhöhen war.

Die Steuern zur Schuldzahlung bewirkten also die oben konstatierte Gleichmässigkeit der Gesamteinnahmen. Sie selbst hielt man auch für ausserordentliche Einnahmen, und man beabsichtigte, sie nach Erfüllung ihres Zweckes wieder fallen zu lassen. Freilich blieben sie in den meisten Fällen bestehen; denn der Bedarf der Stadt komplizierte und vergrösserte sich, und die Finanzlage wurde oft genug schlimmer statt besser.

Die oben genannten Mainzer Einnahmen enthielten ebenfalls Steuererträge zu Schuldzahlungen. Die Stadt hatte Anleihen aufgenommen und verzinste und tilgte sie durch eine Vermögenssteuer, die durch Ungelder ergänzt wurde. Das zeigen die Rachtung von 1437 [1]) und die Details der Rechnung von 1444. Die Schatzung wurde auf 14 Jahre von 1 Proz. auf 1 1/2 Proz. des Vermögens erhöht.

Köln erhöhte im Jahre 1378 die Wein- und Haferaccise. Der Rat sagte am Schlusse der entsprechenden Verordnungen: »Item so wat van deser vurs. assysen kumpt, dat sal man keren an die scholt der steide, doch also dat der stat blyven sal alsulegen gelt, as der steide uysgescheiden is in yr behouf, as vurs. is« [2]).

Aehnlich verfuhr die Stadt mit der Grundsteuer. 1385 versprach sie ihren Bürgern auch die Abschaffung der Accise auf Wein und Grut, sobald die Schulden von 2500 und 500 Gulden an zwei Gläubiger abgezahlt wären, ebenso die Aufhebung der grossen Accise auf Fleisch und des Weisspfennigs an dem Motter nach Tilgung einer Schuld von 4000 Gulden an die Stadt Mainz [3]).

Dortmund wollte die Weinaccise im Jahre 1377 nur solange um einen Vierling pro Quart erhöhen, als die Leibrentner lebten, die durch den Kauf des Königshofes entstanden waren [4]).

Hildesheim erhob 1342 zur Schuldentilgung eine einmalige Vermögenssteuer von sogar 10 Proz., die fast den Anschein einer Zwangsanleihe hat, aber von vornherein ohne die Absicht der

1) *Hegel* 17 s. 86, 17.
2) *Stein*, Akten II, nr 49 u. 50.
3) *Ennen-Eckertz*, Quellen zur Gesch. d. St. K. 5, nr 337.
4) Dortm. U.B. II, 1 nr 66, vgl. 228.

Rückzahlung ausgeschrieben wurde und auch nie zurückgezahlt worden ist [1]).

Der städtische Haushalt zeigt, wie schon aus der kurzen Darstellung hervorgeht, geldwirtschaftliche Merkmale und entspricht damit der Entwicklungshöhe des städtischen Wirtschaftslebens, das sich durch Kundenproduktion und Tausch unter Vermittelung des Geldes charakterisiert. Die Stadt bezog den weitaus grössten Teil ihrer Einnahmen in Geld. Mit Naturalien wusste die städtische Verwaltung nur wenig anzufangen. Daher wurden die städtischen Nutzungen meist verpachtet. Sie sollten Geld ertragen. Geldwirtschaftlich war auch das Wehrsystem. Der persönliche Heeresdienst der Bürger hörte auf, sie wurden durch Söldner vertreten. Die Beamten wurden immer mehr in Geld besoldet, und ihre Einkünfte aus dem Amt gingen in Geld ein. Die Nutzungen, womit dieses dotiert war, bewirtschafteten sie meist nicht mehr selbst. Sie bezogen Geldleistungen davon.

Auch das städtische Schuldenwesen ist geldwirtschaftlich geartet.

Die städtischen Schulden waren schwebend oder fundiert, beides im Sinne der älteren Terminologie.

Die fundierten Schulden wurden auf Grund eines Vertrages aus bestimmten Einnahmen verzinst, die dem Gläubiger bei Zahlungsverzug verfallen sollten, ein Kriterium, das den schwebenden Schulden fehlte. Im Laufe der mittelalterlichen Entwicklung fand jedoch, wie sich noch zeigen wird, eine Annäherung beider in der Richtung statt, dass die speziell bestimmte Garantieleistung für die fundierte Schuld wegfiel.

Beide Arten wurden noch zu gleichen Zwecken aufgenommen, zur Deckung des schwankenden ordentlichen, wie auch des ausserordentlichen Bedarfes.

Im Vordergrunde des städtischen Schuldenwesens standen die fundierten Schulden als Leibrentenschuld und Ewigrentenschuld.

---

1) *Doebner*, I, nr 918.

B. Die Formen der Schulden.

I. Die Leibrentenschuld.

1. Die Entstehung der Leibrente und ihre Uebernahme durch die Stadt.

Die Leibrente ist als Form des öffentlichen Kredites der Städte kein vollständig neues Institut. Sie ist aus Rechtsverhältnissen hervorgegangen, die lange vor der Entstehung der deutschen Stadt schon gebräuchlich waren. Sie wurde von der Stadt nur übernommen und weitergebildet.

Die Entwicklung der Leibrente geht von den Schenkungen aus, die der Kirche zu Seelgeräten dargebracht wurden. Diese treten sofort mit deren Begründung auf deutschem Boden im frühen Mittelalter auf.

Die einfachste Form ist die unbedingte Schenkung, bei der die Kirche sofort Eigentumsrecht und die mit Usufruct verbundene Gewere am Gute antritt:

Ein gewisser Rodulf schenkt »dem heiligen Gallus« ein Gehöft zu Hönstetten im Hegau mit allem Zubehör. Um 700[1]).

Das Ehepaar Adalbert und Ermensina schenkt (»pro anime nostrae remedium«) dem Kloster Fulda, das der noch lebende Erzbischof Bonifacius gestiftet hat, einige Grundstücke. 750[2]).

Aus späterer Zeit: Ein gewisser Adalbert schenkt St. Peter in Würzburg einen Weingarten von fünf Joch »pro remedio animae suae« und »absque aliqua conditionis interiectione.« 1105[3]).

Häufig verpflichtete der Schenker die Kirche zu gewissen Kulthandlungen zu gunsten seiner Seele, oder er schränkte den

1) *Wartmann*, U.B. der Abtei St. Gallen I, nr 2, vgl. nr 1. 3. 4 u. v. a.

2) *Schannat* C., Trad. Fuld nr 1 u. a.

3) *Schannat*, Vind. litt. I, s. 64 nr 20, vgl. ebd. s. 46. Mittelrh. U.B. III, nr 114. 119.

Genuss des Gutsertrages dadurch ein, dass er Almosenverteilungen davon verordnete. Beides musste an bestimmten Tagen, etwa an seinem Todestage oder dem Tage eines Heiligen, ausgeführt werden. Die Kirche hatte da ein Anniversar abzuhalten, dessen Verlauf manchmal bis ins einzelnste vorgeschrieben war, oder der Spender verlangte die Unterhaltung einer ewigen Lampe an seinem Grabe oder bei einem Altare. Man stiftete Kerzen, Bilder und Altäre aus den Einkünften der geschenkten Güter.

König Karl schenkt St. Gallen den Hof Stamheim unter der Bedingung, dass davon zu Ehren St. Otmars fortwährend acht Menschen genährt werden sollen. 879[1]).

Derselbe schenkt St. Gallen einen Hof mit einer Kirche, woraus für sein Seelenheil auf dem St. Victorsberg immer zwölf Pilger verpflegt werden sollen. 885[2]).

Der Kanonikus Friedrich von Würzburg schenkt dem Kloster St. Michael in Bamberg 100 Pfund Silber zum Ankauf eines Grundstückes, von dessen Ertrag eine Memorie des Stifters abzuhalten ist[3]).

Die Gräfin Luccardis von Saarbrücken und ihr Sohn Simon schenken 10 sol. Zinsen von Liesdorf dem Kloster Walgassen zu einer ewigen Lampe über dem Grabe des verstorbenen Grafen. 1218[4]).

Die letztgenannten Beispiele stammen aus späterer Zeit; sie zeigen schon geldwirtschaftliches Gepräge.

Die Schenkung konnte auch so bedingt werden, dass ihr tatsächlicher Vollzug von dem Eintritt eines bestimmten Ereignisses, nämlich dem sicheren Tode des Stifters abhängig gemacht wurde. Es entstand die donatio post obitum. Oder sie erfolgte so, dass die Kirche sofort Eigentumsrecht und Besitz erhielt, dem Schenker aber den Besitz zurückgeben musste. In diesen Fällen lagen precaria oblata oder precaria remuneratoria vor. Diese drei Schenkungsformen wurden angewendet, wenn der Schenker minder begütert war und die Nutzung nicht entbehren konnte, — besonders dann, wenn er sein ganzes Eigentum hingab. Dem ideellen Motive gesellten sich hier wirtschaftliche Rücksichten zu, die mitunter so vorherrschend wurden, dass jenes nur ein äusserer

1) *Wartmann*, II, nr 612.
2) *Wartmann*, II, nr 642.
3) 12. Jahrh.? *Schannat*, Vind. litt. I, s. 47 nr 19.
4) Mittelrh. U.B. III, nr 95. Vgl. Brem. U.B. I, nr 459.

Schmuck des abgeschlossenen Rechtsverhältnisses blieb, ja schliesslich ganz verschwand, besonders seit sich die Stadt des Institutes bemächtigte.

Donatio post obitum und precaria oblata brauchen sich in ihren praktischen Wirkungen nicht von einander zu unterscheiden; sie können es aber; denn bei der Prekarie konnte die Familie des Schenkers nach seinem Tode im freien Leihebesitz des Gutes bleiben. Stets aber unterscheiden sich beide rechtlich. Bei beiden findet eine Schenkung statt, aber bei der donatio post obitum wird ein Eigentumsrecht des Beschenkten erst mit dem Tode des Schenkers begründet, während das bei der precaria oblata und auch der remuneratoria schon mit der Uebergabe der Urkunde geschieht. Der Beschenkte hatte darnach aber die Verpflichtung, das Gut dem Stifter zur lebenslänglichen Nutzung zurückzuleihen (per precariam prestare).

Für die hier beabsichtigten Untersuchungen kommen die juristischen Unterschiede zwischen den einzelnen Geschäften nur insofern in Frage, als es gilt, von ihnen aus den Weg zur städtischen Leibrente zu finden. Und so ist zu konstatieren, dass die donatio post obitum in dieser Richtung nicht entwicklungsfähig sein konnte, und das eben, weil sie kein sofortiges Eigentumsrecht des Beschenkten begründete. Der Schenker blieb in allen seinen Rechten ungeschmälert, er war nur in der Weiterbegebung des Gutes bei seinem Tode gebunden. Es kommen also hier nur die Prekarien in Betracht, zuerst die precaria oblata.

Hrothardus überträgt an Sanct Gallen seinen gesamten Besitz mit der Formel »cum domibus, edificiis, viniis, mancipiis, hortificis, pumificis, pratis, campis, silvis, aquis aquarumque decursibus, mobilibus atque immobilibus, cultis et incultis« vom Tage der Ausstellung der Urkunde an. Er bedingt sich aus, dass er alles zur Leihe zurückerhält: »in eam vero rationem, ut per precariam de vobis hoc recipiam«; er verpflichtet sich aber dafür zu einem Zins von jährlich 30 Mass Bier, 40 Broten, 3 Frontagen und 3 Frischingen. Die Precaria ist erblich. 762 [1]).

Rodsinda hat dem Kloster St. Gallen ihre Güter geschenkt. Der Abt Johannes und der Convent geben ihr alles zu lebenslänglichem Niessbrauche und gegen Zins zurück: »pro preca-

1) *Wartmann*, I, nr 33. — Ueber erbliche Prekarien vgl. a. *Seeliger*, Grundherrsch. s. 50 f.

riam (!) prestavimus ut ipsa diebus vite sue annis singulis inde censum solvat de ipsa terra.« Diese Leihe ist nicht erblich, vermutlich war die Schenkerin kinderlos. 762[1]).

Walrammus schenkt dem Kloster Fulda Ackerland, Weinberge und Hörige unter Vorbehalt des Niessbrauches: »ea scilicet ratione, ut dum ad vixero, sub usu et beneficio tantum, absque ullo preiudicio vel dominatione aliqua, rem antedictae Basilicae excolere debeam.« 765[2]).

Die Zahlung eines Zinses als Rekognitionsgebühr war nicht unbedingt erforderliches Merkmal der Prekarie. Sie wird manchmal nicht verabredet, und doch geht aus dem Wortlaut der Urkunde hervor, dass der Schenker das Gut nur per precariam behält, vgl. Trad. Fuld. Nro. 21 und 34.

In den Städten erscheint die precaria häufig als Häuserleihe: »Ich maister Heinrich, — — — ziegelmaister, tun chunt allen den di disen brief lesent, hoerent oder sehent, daz ich min hus, daz an dem bruekline lit vor dem obren badhuse und die hofstat, da daz hus ufstat und alle hofsache vor und hinten, daz min rechtes aigen was, gegeben han dem heiligem gaiste uf daz spital ze Augspurch vnd han im daz ufgeben und han mich sin verzigen mit gelesten worten nach dirre stet reht; und han ich hus und hofstat und allez daz derzu gehoert her wider enphangen von des spitals maister Hermannen von Bannacher ze einem cinse ze minem libe, daz ich ellin iar — — — geben sol, die weil ich leb.« 1285[3]).

Der Priester Ulrich von St. Moritz in Constanz schenkt der Domkirche ein Haus zu seinem Seelgerät. Er erhält es mit einem Wachszinse belastet zurück. Nach seinem Tode geht der Besitz auf seinen Sohn Konrad über gegen drei Schillinge jährlich. Alle weiteren Prekaristen zinsen vier Schillinge. 1176[4]).

Die Prekarie musste nicht nur auf die Nachkommen vererbt werden, sie konnte auch auf Personen nachreichen, die dem Schenker irgendwie nahe standen:

Wolfger schenkt einen Hof zu Pfohren an St. Gallen unter Vorbehalt des Niessbrauches gegen einen Zins von 2 Pfennig

1) *Wartmann*, I, nr 36, vgl. nr 17. 82. 83. 84. 85. 87 ff. u. viele andere.

2) Trad. Fuld. s. 11, nr 21 dgl. nr 34 (772) 35 (772).

3) U.B. d. St. Augsburg, I, nr. 95.

4) *Beyerle*, Grundeigentumsverh. i. K. II, nr 5; vgl. 6. 8. 9. 13. 16 (1/2 Haus), 17. 23 u. a. Kölner Schreinsk. I, s. 16 u. 34. Bremer U.B. I, nr 329.

oder ein Malter Korn. Die Prekarie soll auf seine Schwester nachreichen, die aber dann 4 Pfennig oder zwei Malter Korn zu zinsen hat. 842 [1]).

Der Canonicus Johannes errichtet eine Stiftung zum Oratorium der heiligen Catharina in Coblenz. Er behält den Niessbrauch, der nach seinem Tode auf den Scholaren Wienand und dessen Mutter übergeht. 1212 [2]).

Häufig sind mehrere Personen Schenker, oder ein Schenker zieht andere in den sofortigen Genuss des Gutes mit ein. Sie erhalten die Nutzniessung zu gesamter Hand zurück. Nach dem Tode des einen geht sie unverkürzt auf den anderen über. Manchmal zahlt dann der Ueberlebende einen Seelzins für den Verstorbenen.

Das Ehepaar Arugis und Gomahill schenkt für sein Seelenheil dem Kloster Fulda Güter und Hörige; auf zwei Leben soll die Nutzniessung zurückgegeben werden. Mainz 772 [3]).

Perahtold und seine Gattin Gersinda übertragen an St. Gallen eine Kirche, ihren Besitz in Reutlingendorf, zwei Drittel einer Hufe und 1/2 Mühle in Möhringen. Beide bleiben im Genusse der Güter, dieser reicht aber nur auf die Frau nach. 790 [4]).

Gisela von Bachfeld schenkt St. Michael in Bamberg 15 Hufen. Sie und ihr Gatte sollen den Niessbrauch haben, so lange sie leben, gegen 1 sol. jährlich. 11. Jahrh.[5]).

Ein Bremer Bürger schenkt an St. Anschar in Bremen ein Haus. Er, seine Frau und Sophia Wolsulver bewohnen es gemeinsam weiter, alle bis an ihr Lebensende. 1266 [6]).

Beim Tode eines der Prekaristen kann ein Teil des Gutes vollständig an die Kirche übergehen, der Ueberlebende behält nur das übrige bis zu seinem Tode.

Egispertus und seine Gattin Machtildis schenken St. Peter in Würzburg ein Gut und acht Joch Weinland. Sie behalten sich Niessbrauch gegen Zins vor. Stirbt der Mann zuerst, so behält die Frau nur das Gut; stirbt aber sie früher, so bleibt

---

1) *Wartmann*, II, nr 384.

2) Mittelrh. U B. III, nr 2 u. *Beyerle*, II, nr 11 vgl. bes. a. *Seeliger*, Grundherrschaft s. 49.

3) Trad. Fuld. s. 20 nr 37.

4) *Wartmann*, I, nr 127.

5) *Schannat*, I, s. 44.

6) Bremer U.B. I, nr 329.

der Mann nur im Besitze des Weinberges. 1103[1]).

Ein anderes Ehepaar schenkt zwei Weinberge an St. Peter in Würzburg gegen lebenslänglichen Niessbrauch unter jährlichem Zins. Der Ueberlebende behält nur einen Weinberg. 1113[2]).

Das wirtschaftliche Moment tritt noch schärfer hervor bei der precaria remuneratoria. Sie unterscheidet sich von der oblata dadurch, dass der Schenker hier nicht nur sein dargebrachtes Gut zurückerhält, sondern obendrein noch ein anderes, das bisher der Kirche gehörte. Er benützt beide bis zum Tode und erhöht dadurch seine Lebenshaltung.

Der Abt Gottfried gibt einer Witwe den Weingarten, den sie St. Stephan und St. Peter in Würzburg geschenkt hat, zur lebenslänglichen Nutzniessung zurück, dazu erhält sie auf ihre Bitte ein Viehgehege und täglich die Praebende eines Mönches. Alles soll auf ihre Tochter nachreichen, »si ea se taliter ut decet virginem, sine crimine et infamia continuerit«. 1114[3]).

Der edle Kleriker Diotbald übergibt dem Erzbischof von Salzburg eine Hörige, Chriza, mit ihren drei Kindern und erhält dafür auf die Zeit seines Lebens und seiner Verwandten Kisala zwei Knechte und zwei Mägde mit ihren Kindern. 925[4]).

Die Salzburger Traditionsbücher enthalten zahlreiche Beispiele von precariae remuneratoriae[5]).

Die Prekarie verwandelte sich nun in Kauf, wenn die Wiederverleihung durch den Beschenkten ausblieb, dieser alle Rechte am Gute erhielt und sich nur zu vertragsmässig festbestimmten periodischen Leistungen an den Schenker verpflichtete. Die Leihe hörte auf, indem statt eines immobilen Gutes das Recht auf Rentgenuss zurückgegeben wurde. Die vom Beschenkten gezahlte Rente enthält keine Anerkennung eines Eigentumsrechtes des Schenkers, dieser hatte sich ja dessen ausdrücklich begeben. Sie ist vielmehr Kaufpreis, Entgelt für ein erhaltenes Kapital. Der Beschenkte wird zum Rentverkäufer, der Prekarist wird Rentkäufer.

Uebergangsformen von der Prekarie zum Rentkauf liegen vor, wenn sich der Schenker, der das Gut zur Nutzniessung zurück-

---

1) *Schannat*, I, s. 63.

2) Ebd. I, s. 68.

3) Ebd. I, s. 69, nr 34.

4) Salzb. U.B. I, Codex Odalberti nr 15.

5) Vgl. auch *Roth*, Feudalität, s. 147 ff.

erhalten hat, für Zeiten der Not und des Alters Versorgung im Kloster ausbedingt. Er gibt dann die Gewere auf und bezieht im Kloster eine Rente.

Liutprecht schenkt sein Eigentum in Lautrach unter Vorbehalt des Niessbrauches gegen einen Zins von zwei Pfennig. Er darf, wann er will, ins Kloster ziehen und sich dort für den übrigen Teil seines Lebens kleiden und nähren lassen. Der Besitz geht in diesem Falle ans Kloster über. Lebt aber in diesem Augenblicke seine Gattin Hildebrich noch, so sollen ihr vier Morgen zur Nutzniessung bleiben, solange sie lebt. Die 2 Pfennige zahlt sie aber weiter. 855 [1]).

Ein gewisser Hemmo schenkt an St. Peter in Würzburg ein praedium unter Vorbehalt des Niessbrauches, wird er krank oder alt, so will er im Kloster Nahrung und Kleidung erhalten (ut si vel afflicto infirmitate, vel deficienti senectute necessaria vitae deficerent a claustro victum et vestitum quodusque viverem, reciperem), Ende 12. Jahrh. [2]).

Leihe in Verbindung mit Rentkauf liegt auch in folgendem Falle vor:

Der Priester Ensfried zu Welschbillig schenkt dem Kloster Himmerode einen Weinberg zu Trier. Er behält Zeit seines Lebens Besitz und Genuss gegen zwei Eimer jährlichen Zins. Nach seinem Tode sollen Abt und Konvent einer Frau und ihrer Tochter für die Zeit ihres Lebens jährlich acht Malter Weizenmehl, 1/2 Malter Hülsenfrüchte, ein Quart Zukost, je einen Mantel und ein Paar Schuhe zahlen. Die Ueberlebende bezieht nur die Hälfte weiter. 1231 [3]).

Die Entwickelung zum Kauf konnte auch von der precaria remuneratoria ausgehen. Es sei hier nochmals auf die oben S. 17 zitierte Urkunde hingewiesen, wo die Prekaristin nebenbei eine Praebende erhält. Schärfer tritt der Uebergang hervor, wenn der Schenker zu seinem eigenen Gut nicht ein der Kirche gehöriges Grundstück bekommt, sondern jährlich bestimmte Einkünfte:

Das Ehepaar Ramoald und Gotala schenkt St. Peter in Würzburg einen Besitz (possessionem quantulumcumque) und neun Hörige als Seelgerät. Dafür haben beide lebenslängliche

1) *Wartmann*, II. nr 443; vgl. nr 403 (847: Altersversorgung).
2) *Schannat*, I. s. 80, nr 77, vgl. s. 50, nr 8; s. 58, nr 11.
3) Mittelrh. U.B. III. nr 445.

Nutzniessung und erhalten dazu jährlich vier Quart Getreide, vier Quart Malz und ein mittelmässiges Schwein. 1108 [1]).

Ein edler Mann namens Scrot schenkt dem Hochstift Brixen einen Besitz in Tristach bei Lienz. Er erhält ihn mit seiner Gattin zum lebenslänglichen Niessbrauch zurück, ausserdem sechs Hufen in Asling und jährlich ein Pferd und vier Quart Wein. 1050 [2]).

Beispiele von reinem Rentkauf kommen schon früh vor, und zwar stets im Zusammenhang mit dem Eintritt ins Kloster. Mönch und Nonne können ihren Grundbesitz nicht mehr selbst bewirtschaften, sie bringen ihn daher dem Kloster zu und erwerben damit das Recht lebenslänglicher Versorgung.

Habraam schenkt sein ganzes Eigentum an St. Gallen »pro remedio anime suae vel parentorum suorum et propter nutrimentum diebus vite sue.« 774 [3]).

Heriker schenkt dem hl. Petrus in Rangendingen ³/₄ seines Eigentums. Dafür zahlt ihm das Kloster als Rente linnene und wollene Kleider, Tuch und Nahrungsmittel. 795 [4]).

Cospert schenkt St. Gallen verschiedene Besitzungen. Das Kloster hat ihm, solange er weltlich bleibt, jährlich 8 sol. zu zahlen in Silber, in Kleidern oder in Vieh (ut illis oportunum esse videtur), ausserdem gibt es ihm einen Knecht und eine Magd. Wenn er zur Pfalz oder nach Italien zieht, hat es ihm einen berittenen Mann und ein starkes Pferd zur Verfügung zu stellen. Tritt er ins Kloster ein, so will er eine besondere Zelle für sich haben, die Praebende zweier Mönche, jährlich ein Wollkleid, zwei Leinenkleider, sechs Schuhe, ein Paar Handschuhe und andere Kleider. 816 [5]).

Godilda, Herzogin von Lothringen, schenkt der Abtei Echternach verschiedene Hufen im Gau Mainfeld und einigen Dörfern, ausserdem eine Mühle und Weinland gegen eine lebenslängliche Praebende. Erste Hälfte 9. Jahrh. [6]).

Die Rente reicht nach, so wie die precaria erblich ist:

1) *Schannat*, I, s. 67, nr 28.

2) Acta Tirol. I, nr 73; vgl. auch das Citat bei *Wopfner*, Gesch. der freien bäuerl. Erbleihe in Deutschtirol: Steir. U.B. I, nr 246.

3) *Wartmann*, I, nr 72; vgl. 9. 12. 44. 45. 198. 201. 220.

4) Ebd. I, nr 139.

5) Ebd. I, nr 221.

6) Mittelrh. U.B. II, Nachtr. nr 32; vgl. 48.

Ein Ehepaar und ihr im Kloster eingetretener Sohn schenken St. Matthias bei Trier drei Weingärten bei Coblenz. Die Eltern sollen $^1/_2$ des Ertrages während der Zeit ihres Lebens erhalten, ausserdem 6 Malter Weizen, 12 Malter Weizenmehl, ein Malter Erbsen, zwei Lammfelle jährlich. Auf den überlebenden Teil reicht die halbe Rente nach. 1214[1].

Die kinderlosen Eheleute Heinrich und Christine von Engers schenken dem Kloster Wülfersberg Ackerland gegen eine jährliche Rente von vier Malter Weizenmehl. Zwei davon gehen auf den Ueberlebenden über. 1243[2]).

Die Rente wird später geldwirtschaftlich gewendet:

Arnold von Chunstat schenkt St. Michael in Bamberg ein praedium bei Fullebach. Dafür soll seine Tochter Bertha eine Praebende und jährlich ein halbes Pfd. erhalten. 12. Jahrh.[3]).

Heinrich von Villich, Bürger zu Köln, und Mechthild, seine Frau, haben der Kirche zu Sayn 10 köln. Mark geschenkt. Damit hat diese einen Weinberg in Metternich gekauft. Sie zahlt davon beiden jährlich vier Eimer Wein auf eigene Rechnung und Gefahr in Köln. 1248[4]).

Im letzten Falle wird die Rente auf Grund einer Geldzahlung noch naturalwirtschaftlich fundiert und dann in Naturalien geleistet. Auch in den Städten vollzieht sich der Rentkauf im Anfange noch unter diesen Erscheinungen.

Der Domherr Magister Alexander schenkt dem Paulskloster in Bremen und dem Marienkloster in Heiligenrode 30 Mark Silber. Dafür wird ihm der Zehnte zu Driftsethe und der Zehnte nebst zwei Hufen zu Hagen gegeben. 1157[5]).

Das Kreuzkloster in Braunschweig verkauft einem Kaplan ein Haus auf Lebenszeit. 1326[6]).

Das Kloster St. Aegidien in Braunschweig verkauft der Klausnerin Druden für fünf Mark Silber eine jährliche Leibrente von 2 chori Roggen, einem chorus Weizen und einem Mass Weizenmehl. 1339[7]).

---

1) Mittelrh. U.B., nr 21, vgl. nr 445.
2) Ebd. III, nr 785.
3) *Schannat*, I, s. 50, nr 26.
4) Mittelrh. U.B. III, nr 944.
5) Brem. U.B. I, nr 45.
6) *Haenselmann*, III, 1. nr 177; vgl. 192. 203; *Doebner*, IV, nr 486. 502.
7) *Haenselmann*, III, 2, nr 603; vgl. III, 1 nr 17. 81.

Der Neustädter Rat zu Braunschweig bekundet, dass Herr Ludolf von Dungelbeck von St. Andreae für 10 Mark ein Leibgedinge von einer Mark gekauft hat. 1322 [1]).

Der Rentkauf hat im letztgenannten Falle den Charakter der religiösen Schenkung ganz abgestreift. Bei einigen der Käufe sonst behält sich der Rentner einen Seelzins vor, der in den schon erwähnten verschiedenen Gestalten geleistet wird. Aber die Formeln pro remedio animae oder gar die langen Einleitungen religiösen Inhalts fehlen, die in den alten Schenkungsurkunden einen breiten Raum einnehmen. Es heisst in den Briefen nun einfach: »Nos NN vendidimus x marcas pro x marcis.« oder NN hat gekauft x Mark Geld auf seinen Leib für x Mark.

Der Rentkauf hat zugleich, besonders wenn er ohne satzungsmässige Sicherung des Käufers abgeschlossen wird, den Charakter eines Kreditgeschäftes angenommen. Der Käufer erhält für die Uebergabe seines Kapitals künftige Leistungen zugesichert, ein Recht auf Rentgenuss. Aeusserlich drückt sich das dadurch aus, dass der Austausch von Vertragsurkunden, der bei der precaria stattfand, fortfällt. Nur der Verkäufer — der frühere Beschenkte — übergibt ein Instrument, den Rentbrief, der den andern in seinem Rechte sichert.

Derartige nicht naturalwirtschaftlich gesicherte Geschäfte konnten vor der Entstehung der Stadt als Rechtssubjekt nur mit geistlichen Korporationen abgeschlossen werden. Nur diese konnten den unbeschadeten Genuss einer Rente für unabsehbare Zeit garantieren. Einzelnen Personen war das unmöglich; ihnen gewährte man im Mittelalter nur in sehr beschränktem Umfange Kredit ohne dingliche Sicherung. Starb der Schuldner, so starb nach der Rechtsanschauung auch seine Schuld. Der Gläubiger konnte sich allenfalls aus seiner fahrenden Habe schadlos halten. »Swer sô daz erbe nimt, der sal durch recht die schult gelden alsô verne, so daz erbe gewerет an varnder habe« [2]). Die geistliche Korporation war aber unsterbliche Persönlichkeit; sie fiel nicht unter jenen Rechtssatz, ihr allein konnte daher Kredit ohne dingliche Sicherstellung gewährt werden. Damit hat sie neue verkehrswirtschaftliche Erscheinungen geschaffen und entwickeln helfen.

Mit der Stadt war nun eine zweite unsterbliche Persönlichkeit

---

1) *Haenselmann*, III, 1, nr 58; vgl. nr 119; III, 2, nr 496. 597.

2) Ssp. Ldr. I, 6.

entstanden, die als Rentverkäufer ähnlich in Frage kommen konnte. Und tatsächlich griff sie die Leibrente auf und benützte sie als Anleiheform. Sie befriedigte dadurch eigene Bedürfnisse und kam zugleich denen der Kapitalisten entgegen, die ihr Geld sicher anlegen wollten, schon aus äusseren Gründen. Wenn sie es in ihren leichten Häusern, dazu unter geringer öffentlicher Sicherheit aufbewahrten, konnte es sehr leicht durch Diebstahl oder Brand verloren gehen. Bei einer Korporation aber erwarb man dafür ein immaterielles Gut, das nicht verderben konnte, das zugleich auch einen wirtschaftlichen Ertrag sicherte. Daher kam es, dass man der Stadt wertvolle Urkunden, fahrende Habe und so auch Geld als Depositum übergab. Selten mag man in dem Vertrauen auf sichere Aufbewahrung getäuscht worden sein. Zufälle waren trotzdem nicht ausgeschlossen. Das Kloster Teistungenburg hatte dem Rate zu Quedlinburg einmal 200 Gulden als Depositum übergeben; das wurde diesem »met oreme eigen gelde« gestohlen. Er musste sich verpflichten, dafür einen ewigen Jahreszins von einer Tonne Heringen zu zahlen. 1437 [1]).

Die Reception der Leibrente durch die Stadt ist nicht ohne allmählichen Uebergang erfolgt. Es sind Leibrentverträge mit Städten überliefert, die zugleich die Stiftung eines Seelzinses enthalten und auf den Ursprung dieses städtischen Kreditgeschäftes hindeuten. Der Rentkäufer verpflichtete die Stadt, nach seinem Tode an eine geistliche Anstalt zugunsten seiner Seele weiterzuzahlen. Es kam auch vor, dass die Kirche ausgeschaltet wurde. Die Stadt musste selbst an einem bestimmten Tage die Rente zu wohltätigen Zwecken verwenden. Die Entwicklung dieser Geschäfte mag hier und da dadurch gefördert worden sein, dass die Stadt in den Besitz von Spitälern gelangt war oder Patronatsrechte über sie und auch über Kirchen ausübte.

Der Neustädter Rat zu Braunschweig verkauft im Namen der Kirche zu St. Andreas an die Witwe Johann Salgens und ihre Tochter Elisabeth eine Mark-Leibrente für 12 Mark. Die Provisoren der Kirche sollen sie zu Michaelis und Fasten je zur Hälfte auszahlen. Der Rat bürgt dafür. 1322 [2]).

Die Witwe Friedrichs von Welle stiftet dem städtischen Spital in Braunschweig 40 Mark gegen ein Leibgedinge. 1334 [3])

1) U.B. d. St. Quedlinburg II, nr 184.
2) *Haenselmann* III, 1, nr 44, vgl. nr 45.
3) Ebd. III, 2 nr 447; vgl. 524.

Der Rat zu Hildesheim verkauft eine 10 prozentige Leibrente an Hildebrand von Uppen. Nach seinem Tode soll damit eine ewige Lampe in der Andreaskirche erhalten werden. 1338 [1]).

Halberstadt verkauft eine Rente an einen Magdeburger, die nach seinem Tode an das Kloster Marienstuhl gezahlt werden soll. 1437 [2]).

Göttingen verkauft eine Leibrente; nach dem Tode des Rentners sollen »to eynem troste Hanses des Goltsmedes und siner eyliken husvrowen seelen unde siner elderen und aller kristenen lude seele« am ersten Montag in den Fasten an jeden Armen ein Brot und ein Hering gegeben werden; am Sonntage vorher sollen die Herren des sitzenden Rates je ein Quart Wein, zwei Kämmerer und ein Schreiber je $^1/_2$ Stübchen »vor ore arbeyd de almosen unde spende also uttoghevende unde entrichtende« erhalten. 1380 [3]).

Sehr häufig zahlte der Rat die Rente schon bei Lebzeiten des Rentners zu frommen Zwecken aus. Hier, wie bei den soeben genauer zitierten Beispielen, liegt jedoch schon ewige Rente, oder mindestens eine Kombination derselben mit der Leibrente vor; das gleiche ist der Fall, wenn die Kirche die ihr zu Seelzins übergebenen Gelder bei der Stadt weiter anlegt. Diese Geschäfte sind daher an anderer Stelle ausführlicher zu behandeln, hier beweisen sie nur den Zusammenhang der städtischen Kreditformen mit Einrichtungen, die vor der Zeit der Stadt bereits üblich waren.

Die Uebernahme der Leibrente durch die Stadt ging in einigen Fällen so weit, dass diese das Recht der Kirche zu Leibrentverkauf zu beschränken suchte und es sogar vollständig aufhob. Sie sicherte sich das Monopol. Eine Beschränkung liess sie namentlich eintreten, wenn die Käufer der Kirche liegendes Gut statt Geld übergaben. Dann entstand die Gefahr, dass sich in der toten Hand zuviel Grundbesitz anhäufte, ein Umstand, der der Stadt besonders darum zum Schaden gereichte, weil das Kirchenvermögen wenigstens in früheren Zeiten der städtischen Entwicklung steuerfrei war. So gebot Konstanz der Kirche den so-

1) *Doebner*, III, Nachtr. nr. 102, vgl. ebd. IV, nr 504: Der Seelzins wird von der Stadt niedriger an das Domkapitel gezahlt.

2) Magd. U.B. II, nr 373; vol. 378.

3) U.B. d. St. Göttingen, I, nr 293.

fortigen Verkauf der von Leibrentnern übergebenen Grundstücke[1]). Das gleiche war im Züricher Stadtrecht angeordnet[2]).

Das Monopol für Leibrentverkauf lässt sich in Braunschweig und anderen Städten nachweisen.

Braunschweiger Stadtrecht von 1349: »we lifgeding kopen wil, de scal it kopen van deme rade unde anders nergen, he en do it mit des rades vulborde, bi X marken«[3]).

Soest 1365: »Niemand soll lyfftrecht kopen oder verkopen, se ene kopen de weder den Rad van Soest un weder deghene de van des Rades weghen un von der meynheit wegen darto gesat sint«[4]).

Nordhausen 1308: »Nichein burger sal nicheinerlei zu liben koufen, dan czu unsen burgern auf dem hus«[5]).

2. Die Eigenschaften und Arten der Leibrentenschuld.

Schon oben wurde das Wesen des Rentvertrages von dem der Leihe unterschieden. Der Rentvertrag war ein Kaufvertrag. Die Leistung des Käufers bestand in der Uebergabe eines Kapitals, die des Verkäufers in der Zusicherung eines Forderungsrechtes auf die Rente. Daraus folgt, dass der Verkauf von Leibrenten nur in beschränktem Sinne ein Kreditgeschäft war. Rentkäufer und -verkäufer standen einander nicht so gegenüber wie Gläubiger und Schuldner. Der sog. Gläubiger hatte hier das Eigentumsrecht auf sein Kapital vollständig und für immer aufgegeben. Beim Rentverkauf kontrahierte die Stadt demnach eine von seiten des Gläubigers unkündbare Schuld.

Dieser wieder verfolgte beim Abschluss des Vertrages den Zweck, sich lebenslänglich eine Einnahme zu sichern, sich wohl gar lebenslänglich vollständig dadurch zu versorgen und für immer vor Mangel zu schützen. Ueberdies erhoffte er noch einen besonderen Nutzen daraus. Wenn er nämlich lange lebte, so überstieg die Summe aller Renten, die er erhielt, den von ihm eingezahlten Betrag. Er hatte also ebenfalls kein Interesse an der Auf-

1) [illegible] Wirtschaftsgesch. des Schwarzwaldes, s. 105.

2) [illegible] I, nr 48 [illegible] Anm. s. 10. Verordn. aus 1. H. d. 14. J. nr 157.

3) [illegible] I nr 30 § 30, vgl. nr 53 § 65 (1380). — nr 61 § 163; nr 62 § [illegible] nr 66 § [illegible] (144[illegible]).

4) [illegible]

5) [illegible] des [illegible] Vereins III 4 s. 57.

hebung des Verhältnisses. Die Leibrente war daher auch von seiten der Stadt unkündbar.

Nur durch besondere Vereinbarung bei Abschluss des Vertrages konnte die Stadt das Recht der aktiven Kündbarkeit erhalten. Solche Erscheinungen waren jedoch Ausnahmen, die selten vorkamen. Bei dringendem Bedarfe musste die Stadt Leibrenten zu jedem nur annehmbaren Preise verkaufen; es konnte sich dabei ereignen, dass auch junge Leute, die voraussichtlich lange Zahlungen beanspruchten, Leibrentner wurden. Das einzige Mittel, hier Nachteile zu vermeiden, war, dass sich die Stadt Ablösungsrecht ausbedang. Dann entstand ein Geschäft, das ein Analogon zu Prekarienverträgen liefert, bei denen sich der Prekarist den Rückkauf des Eigentumsrechtes am Gute offen liess[1]).

Köln verkaufte seit 1416 ablösbare Leibrenten. Als es der Stadt aber unmöglich wurde, die Kapitalien zurückzuzahlen, gab sie den Brauch wieder auf und behielt ihn nur jungen Leuten gegenüber bei[2]).

Zu Ende des 15. Jahrh. sieht man sie dagegen wieder Leibrenten ablösen[3]):

»Item Herr Sybolt Inccus hait kauft of sine leptage — 26 Gulden gelts an golde — und er hat darumme geben 312 g. an golde; mit solicher sommen gelts der raid die gülte widder abelosen mag, wanne ime fuglichen würdet.« Mainz 1437[4]).

Aus Braunschweig ist ein viel früherer Fall bedingter Ablösung überliefert: Der Rat verkaufte im Jahre 1306 an einen Geistlichen eine Leibrente von 10 Mark für 110 Mark. Binnen vier Jahren durfte er sie zurückkaufen[5]).

Die ablösbaren Leibrenten in Köln und Mainz unterscheiden sich von den gewöhnlichen unkündbaren auch durch einen niedrigeren Rentfuss. In beiden Städten zahlte man sie zu $8\,^1/_3$ statt 10 Proz. Hier fällt ein Teil der Amortisationsquote, die die Leibrente ja enthält, weg, weil die Stadt das Kapital zurückgeben durfte.

Die Leibrente tritt als städtische Schuldform in verschiedenen

---

1) Vgl. *Seeliger*, Grundherrschaft s. 21 und die dort citierten Verträge aus *Wartmann*.

2) *Knipping*, s. 358.

3) Vgl. *Stein*, Akten, II, nr 443: 1484, ebd. nr 458: 1486.

4) *Hegel*, 18 s. 105.

5) *Haenselmann*, II, nr 304.

Arten auf, die denen der precaria oblata ganz entsprechen. Typisch ist die Leibrente auf ein Leben. Sehr häufig wird aber auch die Leibrente auf mehrere Leben angewendet, die nachreichende Gülte, die auch hier ihre verschiedenen Gestalten annimmt.

1. Mehrere Personen kaufen eine Rente gemeinsam. Sie erhalten sie zu gesamter Hand und verzehren sie gemeinsam. Nach dem Ableben des einen bleibt der andere im Genusse der Rente.

Der Rat zu Lübeck verkauft eine Leibrente von 20 Mark für 200 Mark an Johann Woltfogel und seine Ehefrau. Der überlebende Teil bezieht das Geld unverkürzt weiter: »uno autem eorum decedente, nihilominus superstiti modis prehabitis ipsos redditus sine diminucione qualibet integraliter, quamdiu vixerit, persolvemus.« 1286[1]).

»Dith is lifgheding, dat de Rad utgift: .... Hannen unde Sophien Borchwede 1/2 fert to paschen, 1/2 fert Michaelis to erer beyder live. . . Thideric van Vorden und Sophie van Garde leghe hebbe gekoft van deme Rade III marc geldes to erer beyder live.« Um 1320[2]).

2. Die Stadt zahlt an jede von mehreren Personen auf Grund desselben Kapitales bestimmte Quoten als Renten. Mit dem Tode eines jeden erlischt auch sein Teil.

1341 kauft ein Bürger vom Rate zu Augsburg für sich, seine Frau und Tochter für 300 Pfd. eine jährliche Leibrente von 50 Pfd. Der Rat hatte davon an den Käufer selbst 25 Pfd. zu zahlen, an seine Frau 15 Pfd. und an die Tochter 10 Pfd. Mit dem Tode eines jeden fiel die entsprechende Rente weg[3]).

Hans Winterkaste in Mainz kauft seine Töchter ähnlich ein. Er übergab der Stadt 260 Gulden gegen eine jährliche Rente von 26 Gulden, jede Tochter sollte Zeit ihres Lebens 13 Gulden erhalten[4]).

3. Die Stadt verkauft die Rente zunächst nur an eine Person und verspricht, sie nach ihrem Tode an eine andere von ihr bestimmte weiter zu zahlen.

»Der Tundenvischen 1 mr. to paschen, 1 mr. Michaelis. Wanne se sterft, so vallet de sulven II mr. up ere suster de Keyeschen, oc to erem live.« [5])

1) U.B. Lüb., I, nr 493; vgl. nr 535. Dortm. U.B. II, 1, nr 259 B 2 (1390 ff.).

2) *Haenselmann*, II, nr 872 s. 511, vgl. *Hegel*, 1, s. 266: Nürnberg. U.B. d. St. Goslar III, nr 419 a. u. c.

3) U.B. d. St. Augsburg, I, nr 382.

4) *Hegel*, 18 s. 106. ebd. 1, s. 266.

5) *Haenselmann*, II, nr 872 s. 511. — Vgl. nr 304.

Meist wurde die Rente auf das zweite Leben erniedrigt gezahlt: Lübeck verkaufte 1289 40 Gulden für 400 Gulden. Der Ueberlebende erhielt nur 25 Gulden; dgl. 1290: 8 Gulden statt, 10 Gulden von einem Kapital von 100[1]).

Die Mainzer Stadtrechnungen führen an: »lipgedinges gulte, die man halb bi leben und halb nach dode gibit« [2]). Hier wurde also schon an den ersten Rentner weniger gezahlt, ein Modus, der auch sonst die Regel gewesen ist, wie aus dem Vergleich der Rentfüsse im weiteren Verlaufe der Untersuchung noch hervorgehen wird.

III. Die Ewigrentenschuld.

1. Die Entstehung der Ewigrente und ihre Uebernahme durch die Stadt.

Aus der precaria ist der Leibrentkauf entstanden. Ebenfalls aus einer naturalwirtschaftlichen Leiheform entwickelte sich die Ewigrente, und zwar aus der Erbleihe.

Es war im Mittelalter eine alltägliche Erscheinung, dass der Grundherr Land zu freier Leihe austat und dafür einen Zins bezog, der einen Ertragsanteil am Gute ausdrückte und zugleich die Anerkennung eines Eigentumsrechtes. Der Beliehene besass das Gut erblich und konnte vom Herrn nicht daraus vertrieben werden, ausser wenn er den Vertrag verletzte. Bei Erbgang und manchmal auch beim Wechsel des Herrn hatte der Beliehene eine Rekognitionsgebühr (Ehrschatz, Besthaupt) zu entrichten.

Arnold hat die Weiterentwicklung dieses ländlichen Leihverhältnisses in der Stadt klar und umfassend dargestellt[3]), sodass hier nur in grossen Zügen auf diesen Vorgang eingegangen werden soll.

Die Erbleihe tritt in der Stadt hauptsächlich als Häuserleihe auf. Den aufblühenden Städten zogen zahlreiche landlose Leute zu, die nun von den Grundherren Land gegen einen Zins zur Leihe nahmen, um sich darauf als Handwerker und Kaufleute niederzulassen. Sie zahlten den Grundzins in Geld. Sie betrieben Landwirtschaft höchstens als Nebengewerbe oder überhaupt nicht mehr. Der Grund und Boden kam für sie nicht mehr als

1) U.B. Lüb., I, nr 536 u. nr 555. Vgl. *Haenselm.* II, nr 315. U.B. d. St. Goslar III, nr 419a.

2) *Hegel*, 17, s. 91. 99 ff.

3) *Arnold*, Zur Geschichte des Eigentums in den deutschen Städten.

direkter Produktionsfaktor, sondern als Standort der Unternehmung in Frage, er konnte also keinen Naturalertrag mehr liefern. Dieser städtische Zins deutete an, dass sich neben dem Boden ein anderer Produktionsfaktor verselbständigt hatte, die Arbeit, und dass ein dritter sich zu künftiger Geltung zu entwickeln begann, das Kapital.

Auf dem geliehenen Boden wurde nun das Haus gebaut, und man erkannte sofort seine wirtschaftliche Bedeutung für den Besitzer und damit weiter, dass hier ein neues Objekt entstanden war, das Zinse tragen konnte. Alsbald begann man auch, es damit zu belasten. Das geschah schon, wenn der Grundherr das Haus bereits auf dem zu verleihenden Boden besass, oder wenn er die Mittel zum Bau gab. Der Beliehene zahlte dann einen Grundzins und einen Hauszins.

Zugleich aber setzte nun eine Entwicklung ein, die von der Leihe ab und zum Rentkauf hinüberführte. Dieser Uebergang wurde auf verschiedene Weise vermittelt.

Man schenkte das Haus der Kirche und empfing es zur Leihe zurück, aber belastet mit einem ewigen Seelzins.

Der Priester Ulrich von St. Moritz in Konstanz schenkt der Domkirche ein Haus zu seinem und des Magisters Udalrich Seelgerät. Er erhält es zur Nutzniessung zurück, die auf seinen Sohn Konrad nachreichen soll. Dieser hat dann jährlich 3 Schillinge Seelzins zu entrichten, jeder fernere Besitzer zahlt 4 Schillinge, 1176[1]).

Der Handwerker konnte auch zum Bau des Hauses oder zu dessen Erweiterung und Ausbau (melioratio) Geld leihen müssen. Da überliess er dem Darlehngeber sein Haus, um es von ihm zur Leihe zurückzuerhalten und ihm davon einen Zins zu zahlen, der nun als zweiter Hauszins galt, der Zins von der Besserung. Der Darlehngeber tritt als Erbzinsmann an die Stelle des ersten, dieser selbst wird Afterleiher.

Frau Margareta von Oberwinterthur empfängt von Frau Agnes der Meigerin 180 fl. und verkauft ihr dafür 10 fl. Rente von ihrem Haus, das vom Domstift zu Erbe geht. Sie lässt die Rentkäuferin vom Stift beleihen und nimmt dann von ihr das Haus zu Erbleihe gegen 10 fl. und 1 sch. Ehrschatz. Basel 1337[2]).

---

1) *Beyerle*, II, nr 5 vgl. 4. 6 u. s. w. Kölner Schreinsk. I, s. 16 III, nr 2. Von 1/2 Haus wird Seelzins gezahlt. Vgl. *Arnold* a. a. O. s. 97 ff.

2) *Arnold*, s. 108.

Im weiteren Verlaufe fiel dann das Moment der Leihe ganz aus. Der Geldgeber überliess sein Kapital, ohne dass ihm das Haus übertragen wurde, einfach gegen einen Zins; anfangs war dieses Geschäft noch vom Grundherrn zu genehmigen, dann fiel auch das weg. Jetzt lag reiner Rentkauf vor.

Wir, Friedrich von Karben, ritter, schultheizze . . die scheffen und der rait zu Frankinvort, bekennen uffenliche an diesem Briefe . . daz Heilmann . . unde Cyse sine eliche wirten vor uns stunden an unsir geinwortekeit und irkanten sich uffinberliche, daz sie mit gesameter hant hetten virkauft eine marc geldes eweger gulde uf irme hus . . Heilmanne von Rendele . . Metzen siner elichen wirten und iren erben . . um nunzehen marc penninge genger und geber. Und ist die marc geldes der erste cyns und fellet alle iayr auf den sundag zu mittefasten. . . 1333 [1]).

Die Rente wurde für immer vom Hause gezahlt, daher »ewige Gulte«, »Ewiggeld«, oder, da sie auf die Erben des Käufers überging, »Erbrente«. Sie war eine Reallast wie der Grundzins, dem sie nachgeahmt war.

Mit der Leibrente hat die Ewigrente gemein, dass sie auf Grund eines Kaufes gezahlt wurde, der mit endgültiger Uebergabe eines Kapitales an den Verkäufer vollzogen worden war. Während jedoch die Ewigrente klar dem Grundzins entspricht, ist die Leibrente Entschädigung für entgangene Nutzniessung, und ihr Zweck, den Rentner lebenslänglich zu versorgen, lässt die Entstehung aus der Leihe weniger genau erkennen. Dazu kommt, dass sie nach der Uebergabe des Grundstückes und später des Geldkapitals selten dinglich gesichert erscheint. Sie ist nach ihrer vollen Ausbildung niemals eine Reallast. Daher werden Leibrentenkäufe vorherrschend nur mit juristischen Personen abgeschlossen, während Ewigrenten sehr häufig von einzelnen Privatpersonen erworben werden.

Die Leibrente ist auf dem Lande entstanden und von den Städten fertig übernommen worden. Sie hat dort nur eine Umwandlung in geldwirtschaftlichem Sinne erfahren. Die Ewigrente ist ein Produkt des städtischen Verkehrs, ein eigentümlich geldwirtschaftliches Institut, wiewohl im engen Anschlusse an naturalwirtschaftliche Einrichtungen entstanden. Sie bildete sich erst aus, nachdem die neue städtische Wirtschaftsweise Geldkapital ent-

1) *Bohmer*, U.B. Frankf. s. 522. Bsp. für die Einwilligung des Leiheherrn und reine Rentkäufe s. *Arnold*, s. 113 ff.

wickelt hatte; denn sie wird stets mit Geld, nie mit liegendem Gute gekauft, wie ursprünglich die Leibrente. Aber das Geld wird gewissermassen durch die Sicherung in ein solches verwandelt. Daher hielt das Mittelalter die Rente auch nie für Zins im modernen Sinne, und eine bewusste Umgehung des kanonischen Zinsverbotes konnte darum beim Rentkauf nicht vorliegen.

Die städtische Finanzwirtschaft übernahm die Ewigrente in den Formen, die zwischen Einzelpersonen üblich waren und entwickelte sie weiter.

Bemerkenswert ist hier zunächst der Verkauf von Seelzinsen, der bei Behandlung der Leibrente bereits gestreift wurde und der häufig kombiniert mit ihr auftritt.

Die Stadt erhielt ein Kapital gegen die Verpflichtung, an eine bestimmte Kirche nach dem Tode oder auch schon bei Lebzeiten des Rentners Zins zu zahlen oder Almosen zu verteilen. So liess sie für ihre »Gläubiger« Kerzen und ewige Lampen brennen, Messen lesen oder bestimmte Gesänge anstimmen.

Der Rat zu Hildesheim verkauft dem Dominikanerkonvent von St. Paul für 12 Mark eine Rente von einer Mark. Dieses Geld hatte Heinrich von Ursleben zu seinem Seelgeräte gestiftet. Der Konvent übergab es aber dem Rate; »sibi affectantes dictas marcas in loco tuto reservare«. 1333 [1]).

Der Rat zu Magdeburg verkauft dem Kloster S. Laurentius eine Mark Silber für 15 Mark, die Hans von Ewiczen und seine Frau zu Seelgerät gestiftet hatten. 1435 [2]).

Der Rat zu Leipzig verkauft an die Seelwarten des Nikolaus Moller 30 fl. für 500. 1432 [3]).

In den genannten Beispielen legt die Kirche ein Kapital, das ihr selbst zu Seelzins übergeben worden ist und das vielleicht einst Leibrentenkapital war, bei der Stadt weiter an. Es wird sich später zeigen, dass auch der umgekehrte Weg möglich war.

Aber ebenso häufig treten die Privatpersonen zu gleichen Zwecken direkt mit der Stadt in Verbindung.

Der Rat zu Chemnitz verkauft an Nickel Romer und andere für 140 fl. jährlich 11 fl. Rente zu einem ewigen Salve, das

1) *Doebner*, I, nr 860.

2) U.B. Magdebg. II, nr 340, vgl. III, nr 73.

3) Cod. dipl. Sax. II, 9 nr 205; vgl. ebd. II, 6 nr 180; — vgl. U.B. Magd. III, nr 798; nr 1213; U.B. d. St. Halberstadt II, nr 915. — U.B. d. St. Basel VII, nr 50; VIII, nr 412.

alltäglich zu singen ist. Freitags soll man nach dem Salve mit brennenden Kerzen vor des heiligen Kreuzes Altar treten und die Antiphonien o crux gloriosa, o crux adoranda u. a. singen, dann wird eine Kollekte gesprochen. Halb zu Michaelis und zu Walpurgis zahlt der Rat die Rente folgendermassen: Der Pfarrer erhält davon jährlich einen Gulden, seine Kapläne 2, der Schulmeister für das Singen 6, der Kirchner für das Läuten 2. Der Stifter hat das Seelgerät ausserdem mit ewigen Zinsen zu dem Geleuchte beim Salve ausgestattet. 1436[1]).

Nach einer anderen wegen ihrer Details ebenfalls sehr interessanten Urkunde stiftet ein Priester eine Predigerstelle zu dem neuen Altar von St. Jakob in Chemnitz. Er kauft dazu für 300 fl. vom Rate eine Rente von 15 fl., die dem Prediger als Gehalt zu zahlen sind. Der Rat sichert sich im Rentbriefe ein Mitwirkungsrecht bei der Besetzung der Stelle und fordert eine bestimmte Vorbildung von dem anzustellenden Geistlichen: »Eyn prediger den eyn icczlicher pfarrer ader sein stathelder wirt uffnemen, der sal sein ein licentiat in der heiligen schrifft edder ein baccalaureus in der heyligen schrifft adder eyn meister in den freyen kunsten, der do bewert ist in eyner universitet adder ein baccalaureus in den geistlichen rechten. Und wenn ein pfarrer had fleis gethan und kan keynen prediger gehaben in mossen als oben berurt ist, so mag er uffnemen eynen baccalaureum arcium adder sust einen slechten nicht baccalaureum, der doch ein bewerter sitiger unde gelarter ist, uff eyne frist unde zceit ane geferde. 1467[2]).

Magdeburg zinst auf Grund einer Stiftung an eine Kirche Wachs. 1466[3]).

Zu manchen dieser mit der Errichtung einer Stifung verbundenen Rentverträge war die Genehmigung der vorgesetzten kirchlichen Behörden nötig, von Bischof, Kapitel oder Probst[4]).

Die Rentkäufe zu frommen Stiftungen wurden auch unter Ausschaltung der Kirche abgeschlossen. Der Rat verteilte die Rente an Arme oder wandte sie zu irgend einem anderen wohltätigen Zwecke an.

1) Cod. dipl. Sax. II, 6 nr 118 vgl. 119. 171.
2) Cod. dipl. Sax. II, 6 nr 195
3) U.B. Magdeburg III, nr 20.
4) Cod. dipl. Sax. II, 8 nr 290.

Peter Schober kauft vom Rate zu Leipzig für 200 fl. eine jährliche Rente von 11 fl. Dieser zahlt sie an den Käufer aus, der damit vier Tücher kaufen, zuschneiden und an Arme verteilen soll. Er ist verpflichtet, das Geld in keiner Weise in seinen eigenen Nutzen zu kehren. Nach seinem Tode übernimmt der Rat die Verteilung. 1452[1]).

Der Rat zu Hameln verkauft im Jahre 1441 für 100 fl. eine Rente zu 7 fl. Jährlich in der Meindwoche soll er damit armen Leuten eine Spende geben. Jeder Stadtkämmerer soll dabei ½ Stübchen Wein, drei Stadtknechte ein Quart erhalten[2]).

Dass aber die fromme Stiftung des Rentners von seiten der Stadt als Kreditgeschäft aufgefasst wurde, beweist der Wortlaut der Briefe. Die Stadt sagt ausdrücklich, sie habe das Geld sofort in ihrem Nutzen verwendet: »und wir dy genanten . . gulden vorder an unser stat nutz und fromen schynbarlich brocht und gewand haben«[3]), noch etwas deutlicher: »an unser stat nutcz, buwe und fromen schynbarlich und nutzclich gekart und gewand habin«[4]). Vor allem aber behielt sich die Stadt immer ein Ablösungsrecht vor.

Die Uebernahme der rein wirtschaftlich gearteten Ewigrente konnte der Stadt nicht schwer fallen, da sie Besitzer zahlreicher Wirtschaftsbetriebe, Häuser und Nutzungen war. Sie hatte also Objekte, die sie mit Renten belasten konnte.

Die ersten Rentenschulden sind demnach in der Regel speziell auf ein städtisches immobiles Gut fundiert.

Der Rat zu Dortmund verkaufte im Jahre 1377 für 246 fl. dem »N. . . . und synen erven jarliker rente sestin gude alde guyldene sware schylde, ghuyd van gholde und swair van ghewychte uythe unseme gruythaus; to solen dey gruytmeistere dey to der tiit synt, alle jar to twen teilen in dem jare als half to Michele« bezahlen[5]).

1373 verkauft der Rat eine Rente von einer Mühle, er betont dabei: »und synt dey ersten rente dy uthe desser molen und al eren behoryncgen vorg. gae.«[6]).

---

1) Cod. dipl. Sax. II, 8 nr 290.

2) *Meinardus*, U.B. d. St. u. des Stiftes Hameln I: *Donat*, nr 126.

3) Cod. dipl. Sax. II, 6 nr 195.

4) Ebd. II, 8 nr 290.

5) Dortm. U. B. II, 1 nr 68.

6) Ebd. II, 1 nr 38.

Aehnlich bezogen andere »Gläubiger« Renten von städtischen Wohnhäusern, Buden, Bänken, Läden und erhielten sie von den Bewohnern, Betriebsleitern oder Pächtern direkt ausgezahlt. Zu Gunsten der Gruithausrentner verordnete die Stadt, niemand solle anderes als Gruitbier verkaufen, bis die darauf fundierten Renten abgelöst wären [1]).

Eine Rente konnte auch auf mehrere Immobilien zugleich gelegt werden. 1336 verpflichtete sich Dortmund einem Bürger zu einem »redditus 3 marcarum et 6 solidorum bonorum denariorum .... de quibus due marce solventur ex domo, que dicitur lohus, prout sita est in festo nativ. dom., 8 sol. ex cubiculo iuxta Berchoven et 10 sol ex cubiculo Teleke barbitonsoris et Jo. de Dingen mediatim in festo pasche et mediatim die Victoris« [2]).

Bremen verkaufte Wurtzinse, Schlagschatz u. a. Schliesslich scheint der grösste Teil der Nutzungen und Gerechtsame belastet gewesen zu sein. 1330 gebot die Stadt wenigstens jedem Ratsherren, binnen acht Tagen nach seiner Wahl mindestens eine Mark zur Ablösung der Renten und Entlastung der Einkünfte zu zahlen. Die Renten, die er abgelöst hatte, genossen er und seine Erben so viel Jahre lang, als er Mark geopfert hatte [3]).

In Hameln und Lübeck sind Renten von Mühlen gebräuchlich. Sie werden von den Müllern direkt an die Gläubiger gezahlt [4]).

Auch Wechsel der Fundierung war möglich. Eine Dortmunder Rente wurde 1374 von einem Pelzerhause auf eine Sattlerbude verlegt [5]).

Die Pfleger eines Seelgerätes in Augsburg veröffentlichen eine Bestimmung, wonach der Rat die Fundierung der Rente verlegen darf. 1364 [6]).

Die Erwerbseinkünfte der Stadt konnten jedoch den sich vergrössernden Bedarf in immer geringerem Masse decken. Von grösserer Bedeutung wurden dazu vielmehr die Steuern, deren System sich vergrösserte und ausgestaltete. Es verschaffte schliesslich der Stadt den grössten Teil der nötigen Deckungsmittel. Die Steuern flossen aus den Händen der Beamten der Stadtkasse zu

1) Dortm. U.B. II, 1, nr 68, 35.

2) Ebd. I, 1, nr 525; vgl. II, 1, nr 31; vgl. Brem. U.B. III, nr 179.

3) Brem. U.B. II, nr 313.

4) *Meinardus* I, Donat, nr 135 (1350) nr 151, Lüb. U.B. I, nr 62.

5) Dortm. U.B. II, 1, nr 46.

6) Augsb. U.B. II, nr 581.

und bewirkten, dass diese sich zur Zentrale der Finanzwirtschaft entwickelte und sich beherrschend über die kleinen öffentlichen Nebenhaushalte der wirtschaftlichen Unternehmungen erhob. Diese Zentralisation der Einnahmen hatte auch die der Ausgaben zur Folge.

Da sich nun die Schulden der Stadt parallel zu ihrem Bedarf vergrösserten und schliesslich über den Ertrag der Erwerbseinkünfte hinauswuchsen, so dass der Stadt nichts mehr zur Belastung übrig blieb, so wurden auch die Steuererträge die Quelle, woraus Rentzahlungen erfolgten. Daher zentralisierten sich diese ebenfalls auf die Stadtkasse. Auf diese wurden die Rentner nun angewiesen. Die spezielle Fundierung der Renten auf einzelne Immobilien wurde durch die allgemeine auf die Gesamtheit der städtischen Einnahmen ersetzt, eine Entwicklung, die mit dem einfachen Zahlungsversprechen der Stadt abschloss.

Eine Uebergangsform kann aus Goslar angeführt werden: Die Stadt will von ihren Mühlen zahlen, geschieht an diesen Schaden, so von anderen Einkünften: »in quo si defectus aliquis fuerit, de aliis nostris redditibus sine contradictione qualibet persolventur« [1]). 1311.

Anfangs klangen auch gewisse Formeln in den Verträgen noch an die der früheren speziellen Fundierung an. Der Rat versprach noch, wovon er allgemein zahlen wollte: Chemnitz verkauft 1436 eine Rente »vom Rathause und von allen renten der stat Kempnicz und von allen gutern, die darczu gehoren, uswennig und inwennig« [2]). Laufenburg verkauft 1368 Renten an Basel »ab der Stadt Allmende und Einkommen« oder »von den Stadtgütern« [3]), andere Städte »von allem nutze und abekommunge der Stadt«, »von allen nutzen, renten und zinsen der Stadt«, »aus der Stadt«, »aus unser stad schote, rente, gulde und gude«, »de nostrae civitatis camera seu redditibus«, »de fisco nostrae civitatis«, »de promptuariis nostrae civitatis« »de tabula«. In Lübeck hiessen die Ewigrenten »Weichbildrenten«.

Nur in kritischen Zeiten griff die Stadt zu naturalwirtschaftlichen Fundierungsformen zurück, entweder zur Realbelastung oder sie sicherte den Forderungsberechtigten durch Satzung.

---

1) U.B. d. St. Goslar II, nr 238.
2) Cod. dipl. Sax. II, 6, nr 118.
3) U.B. d. St. Basel IV, nr 326. VIII, nr 203.

2. Die Wiederkaufsrente.

Die Ewigrente konnte sich als regelmässig anwendbare ordentliche Form des öffentlichen Kredites nur einbürgern, wenn es der Stadt möglich gemacht wurde, sich wieder davon zu befreien, wenn sie also Ablösungsrecht erhielt. Sie wäre sonst bei ihrem fortgesetzt wachsenden und dabei immer sprunghaft eintretenden Bedarf, der ja die Anleihe zum ordinarium machte, nach und nach mit einer ungeheuren Schuld belastet worden, die schliesslich eine Finanzwirtschaft überhaupt unmöglich gemacht hätte. Ferner hätte sie nie von dem Sinken des Rentfusses dadurch profitieren können, dass sie die Schuldformen umtauschte.

Tatsächlich schloss sie auch die Ewigrentkäufe nur unter der Bedingung des Ablösungsrechtes ab. Sie brachte hier ein wichtiges mittelalterliches Rechtsinstitut in Verbindung mit dem Rentkauf, den Verkauf auf Wiederkauf. Die Ewigrente wurde Wiederkaufsrente (Losungsgülte). Die Ablösbarkeit der Renten ist nicht von den Städten neu eingeführt worden; sie hatte sich schon bei privaten Rentverträgen entwickelt, wenn der Rentenpflichtige ein Interesse an der Lösung des Verhältnisses hatte.

Die Ablösung war manchmal stadtrechtlich befohlen, so in Lübeck seit 1240, in Hamburg seit 1270, in Danzig seit Ende des 14. Jahrhunderts [1]).

Zahlreiche Rentbriefe deuten auf die Umbildung der Ewigrente hin und damit auf die sekundäre Entstehung der Wiederkaufsrente. Wo nämlich kein Gesetz die Ablösbarkeit aller Ewigrenten forderte, wurde sie dem Rate durch besondere Vereinbarung mit dem Käufer zugestanden und von jenem als Begünstigung betrachtet. Der Wortlaut der Urkunden beweist das.

Dortmund verkauft 1336 eine Rente, »hac tamen apposita condicione, quod ex speciali favore et amicicia possumus dictos redditus reemere« [2]).

Der Rat zu Braunschweig schreibt in einem Briefe von 1338: »De gnade hebbet se uns ghedan, dat we moghen de marck gheldes wederkopen umme alsodanne ghelt, swanne we willet« [3]).

Dortmund 1373: »und umme sunderlix vrentschap und gunst so hevet Johann Mureman .... gegeven alsodane maicht, dat wii

1) *Neumann*, Gesch. d. Wuchers, s. 234 ff.

2) Dortm. U.B. I, 2, nr 525a.

3) *Haenselmann*, III, 2, nr 569.

van eme eff van synen erven mogen desse vorg. elleven guylden geldes alle jaer bynnen veyrtten naichten na sunte Mertyns kopen . . .[1]).

Halberstadt: »we hebbe uns de macht beholden, dat we de vif mark mogen wedder afgeven«. 1437[2]).

Chemnitz: »Wen wir aber so stathaftig worden und die gnanten wir schock czinsis weder kouffen ader abelosen welden, des wir gancze macht haben«). 1445. »Auch haben sie uns dy gonst getan solch zins wen wir so stathaftig worden abczulosen«. 1458[4]).

Basel: »Man sol ouch wissen, daz die vorgenanten von Basel uns und unser nachkomen dem rate und den burgern von Louffemberg in disem kouffe ein semlich gnade und fruntschaft getan hant, ... so sollent si uns die vorgenanten zweyhundert und dry und drissig guldin geltes zinses widerumb geben ze kouffende und disen brief lidig und los wider antwurten umb dieselben 3500 guldin ane alle widerrede und ane alles verziehen«[5]).

Der Käufer konnte auch dem Rate eine besondere Urkunde ausstellen, worin er das Rückkaufsrecht ausdrücklich anerkennt[6]).

Die Ablösung war häufig gewissen, sie beeinträchtigenden Bedingungen unterworfen. Der Rat zu Goslar verkaufte eine Rente an einen Bürger, die erst nach Rückkauf aller anderen Renten abgelöst werden durfte: »non licebit nobis reemere dictos redditus, nisi prius omnis census redimendus reemptus fuerit et extinctus«. 1321[7]).

Der Rückkauf durfte manchmal nicht vor Ablauf einer bestimmten Zeit erfolgen: entweder erst nach einigen Jahren[8]), oder er war nach Ablauf einer Zeit nicht mehr erlaubt[9]). Er konnte auch an Kündigungstage und -fristen und Rückzahlungstage gebunden sein.

Die Kündigung war z. B. nur zwischen Ostern und St. Jo-

1) Dortm. U.B. II, 1, nr 38.
2) U.B. v. Halberstadt, II, nr 882.
3) Cod. dipl. Sax. II, nr 135.
4) Ebd. nr 180, vgl. 195.
5) U.B. d. St. Basel, IV, nr 326.
6) Dortm. U.B. II, 1, nr 206b (1388).
7) U.B. d. St. Goslar, III, nr 557b.
8) Ebd. III, nr 643b u. c (1323): erst nach 2 Jahren; *Meinardus* I, nr 286: nach 3 Jahren.
9) Dortm. U.B. I, 2, nr 525a. Eine Rente ist »per annos quattuor« ablösbar (1336).

hannes gestattet, worauf dann die Rückzahlung zu Michaelis erfolgte [1]); ähnlich: Kündigung in der Meindwoche mit Ablösung zu Ostern [2]), — Kündigung nur zu Michaelis oder Ostern mit Rückzahlung ein Vierteljahr darnach [3]).

Die Bindung der Kündigung an einen bestimmten Tag fällt weg, es bleibt aber eine Kündigungsfrist bestehen [4]).

Kündigung und Rückzahlung fallen zusammen, sind aber an eine bestimmte Zeit im Jahre gebunden, z. B. an die Woche nach Ostern oder Michaelis [5]), an die Woche nach Mittwinter [6]), nur zwischen St. Johannes und Mittsommer [7]), an St. Peter und Paul [8]), St. Walpurgis [9]), St. Michaelis [10]), Weihnachten [11]).

Die Ablösung der Seelzinse stand der Stadt ebenso offen wie die der Renten. Aber sie war verpflichtet, sie so vorzunehmen, dass der Zins nicht einging.

Leipzig 1470: »unde auch, wenn wir solch summe geltis, also obfurmelt ist, nach seynem tode wider abekouffen wurden, vns zcubeflissigen, das dy sechs hundert guldenen widder nutczlich solden angelegt werden, vnde das mit wissenschaft ader volwort des altaristen des gnanten altars sant Ganggolffs, das sein solche andacht nicht zcurucke ginge ader verkurtczt wurde« [12]).

Chemnitz 1467: »Dyselbigen (vom Rat abgelösten) dreyhundert gulden sal alsodanne der pfarrer, der iczunt ist oder zukunfftig sein wirt mit willen unde wissen unsers raths alt und new an andere gewisse ende leyhen uff das sulchs gestiffte nicht vorgehe« [13]).

Im Jahre 1449 löste Chemnitz eine Rente von 27 fl. mit 441 fl. ab, die bisher an die Pfarrkirche zu einer Seelenmesse ging. Der

---

1) Hameln: *Meinardus*, I, Donat nr 135, 20. Vgl. ebd. 135, 3. Ostern-Pfingsten und Michaelis.

2) *Meinardus* I, Donat, nr 135, 21.

3) Hildesheim, 1343: *Doebner*, I, nr 934.

4) Ganzjährlich: Cod. dipl. Sax. II, 6, nr 195; ½jährlich: *Meinardus* I, Donat. nr 135, 17. ¼jährlich: Cod. dipl. Sax. II, 6, nr 99.

5) Dortm. U.B. II, 1, nr 206b (1388).

6) Ebd. II, 2, nr 1041 (1400).

7) *Meinardus*, Donat, nr 135, 14.

8) Ebd. nr 135, 2.

9) Ebd. nr 135, 3.

10) Ebd. nr 135, 5.

11) Dortm. U.B. I, 2, nr 525.

12) Cod. dipl. Sax. II, 9, nr 277; vgl. nr 248.

13) Ebd. II, 6, nr 149.

Rat gab das Kapital dem Abte der Kirche, dieser legte 9 fl. hinzu und kaufte nun von der Herzogin Margarete von Sachsen eine Rente von 30 fl. auf das Schloss Colditz. Diese zweite Anlage war günstiger als die erste, der Rentenfuss erhöhte sich dabei von $6\,{}^{1}/_{7}$ Proz. auf $6\,{}^{2}/_{3}$ [1]).

In Basel fand die Ablösung hoher Renten auch ratenweise statt. 1452 zahlte es von 800 fl. 100 zurück und erniedrigte dadurch die Rente um 5 fl.

Der grosse Fortschritt in kreditwirtschaftlicher Richtung, der in der Ablösbarkeit der Rente lag, wurde nun vervollständigt, wenn dem Rentenberechtigten ebenfalls das Kündigungsrecht zugestanden wurde. Damit war der Charakter des Rentkaufes beseitigt. Der Rentkauf verwandelte sich in das Geschäft des kündbaren Darlehens, und die fundierte Schuld der Stadt wurde in die schwebende übergeführt.

III. Die schwebende Schuld.

1. Die Entstehung der schwebenden Schuld.

Die schwebende Schuld trat in den mittelalterlichen Städten in der Form des beiderseits kündbaren Darlehens auf. Dieses ist auf dem Boden des alten Konsumtivkredites entstanden. Es konnte sich in späterer Zeit aber auch aus der Wiederkaufsrente entwickeln. Dieser Prozess verlief nicht ohne Uebergangsstufen.

Das Kündigungsrecht des Rentners konnte an gewisse Bedingungen geknüpft sein:

> Der Rat zu Hameln verkauft an zwei Brüder für 44 Mark eine Wiederkaufsrente von 4 Mark. Verzieht der Rat mit der Zahlung zu St. Walpurgis, so hat er dem Rentner binnen $^{1}/_{4}$ Jahr Kapital und versessene Zinsen zurückzuzahlen. Ende 14. Jahrh. [2]).

Der Rentner wurde hier in seinem Rechte auf Rente dadurch gesichert, dass sich sein Eigentumsrecht am Kapital erneuerte, sobald der Rat in Verzug geriet. Dasselbe konnte bei Seelgerätstiftungen eintreten, die in der Form des Rentkaufs gemacht wurden.

> In Hameln wird ein wiederkäuflicher Seelzins in der Weise gesichert, dass der Stifter oder seine Erben dem Rate das Kapital kündigen dürfen, falls er den Zins nicht mehr an die Armen

---

1) Cod. dipl. Sax. II. 6, nr 149.

2) *Meinardus*, I, Donat, nr 141.

verteilt. Die Pflege des Seelgerätes geht dann an sie über. 1441[1]).

Aus Basel wird ein Fall erwähnt, dass der Rentner den Rat gebeten hat, einen Teil des Kapitals abzuzahlen. Der Rat gibt ihm von 2200 fl. 200 zurück und beseitigt damit zugleich 20 fl. Rente. 1471[2]).

In Goslar kommen frühzeitig beiderseits kündbare Rentverträge vor. Rentner und Rat haben Kündigungsrecht nach zwei Jahren vom Abschluss des Vertrages an; es wird dann mit Beachtung einer Frist von ¼ Jahr ausgeübt[3]). In einem anderen Falle hat nur der Rat zwei Jahre abzuwarten, der Rentner darf jederzeit achtwöchentlich kündigen, und zwar das ganze Kapital oder nur einen Teil davon[4]). Die zwei Jahre fallen auch weg, es bleibt nur eine Kündigungsfrist übrig. Diese ist in einem Falle in ihrem Beginn fest bestimmt. Für den Rat ist es der Monat vor Weihnachten, für den Rentner der Monat vor St. Johannes. Zu anderer Zeit darf nicht gekündigt werden[5]). Meist fällt aber diese Beschränkung fort[6]).

Der Lüneburger Rat verkauft an einen Hannoveraner eine Wiederkaufsrente. Beide Teile dürfen zu den zwölf Nächten vor und nach Weihnachten kündigen; zu Ostern zahlt der Rat zurück[7]).

Auch in Braunschweig kommt beiderseitige Kündigung vor[8]).

Zu den ebengenannten Zwischenformen ist zu bemerken, dass mit ihrer Aufzählung nicht zugleich behauptet wird, die Entwickelung der Wiederkaufsrente zum beiderseits kündbaren Darlehn habe sich überall notwendig auf diesem fein abgestuften Wege vollzogen. Sehr häufig mögen überhaupt keine allmählichen Uebergänge vorangegangen sein, ebenso häufig blieb die Entwicklung des Kündigungsrechtes im Mittelalter ganz aus. Auch zeitlich ist sie verschieden eingetreten, in Goslar schon im 14., an anderen Orten erst im 15. Jahrhundert. Der Unterschied zwischen Wiederkaufsrente und schwebender Schuld konnte sich aber fast auf einen Namensunterschied reduzieren. Die so entstandenen Darlehnsver-

1) *Meinardus*, I, Donat, nr 126.

2) U.B. d. St. Basel, VIII, nr 397.

3) U.B. d. St. Goslar, III, nr 643 c (1323) vgl, 604 b.

4) Ebd. III, nr 643 b.

5) Ebd. III, nr 238 (1311).

6) Ebd. III, 516, a.—c. (1320). 604 a. c. (1322). nr 643 a. d. c.

7) *Sudendorf*, IV, s. 184.

8) *Haenselmann*, III, 2, nr 571, 14.

[illegible] sich vor den anderen nur dadurch aus, dass sie [illegible] Schuldverhältnisse begründeten und häufigere und [illegible] vorsahen.

Der grösste Teil der schwebenden Schuld ist ohne Zusammenhang mit den Anleihen entstanden. Sie hiess Leihgeld- oder [illegible] und wurde damit scharf vom Rentkauf unterschieden. Das Mittelalter erkannte diesen sehr richtig nicht als Schuldform an. Bei Begründung der rechten Schuld war der [illegible] an der Gebende, der immer ein Eigentumsrecht an seinem Kapital behielt. Er war »Gläubiger«, die Stadt Schuldner, die die Pflicht hatte, das Darlehn pünktlich zurückzuzahlen. Die rechte Schuld war ausgesprochenes Kreditgeschäft ohne Fundierung.

Die kurzfristige, beiderseits kündbare Anleihe hat ihre Vorbilder ebenfalls in naturalwirtschaftlichen Instituten. Schon früh hat eine Wirtschaft von der anderen in Zeiten ausserordentlichen oder sonst eigenartigen Bedarfs Verzehrungsguter oder Geld geliehen, bei Missernte oder zu Mitgift, Lösegeld, Bussen und Heerfahrt. Das Geld erlangte als Leihgut die Oberhand. In den meisten Fällen kleidete man aber das Kreditgeschäft in die Form des Kaufes. Der Gläubiger liess sich dinglich sichern, und die beiden Satzungen oder Verkauf auf Wiederkauf sind dabei die gewöhnlichen Mittel.

Die städtische Entwicklung hat auch hier in kreditwirtschaftlichem Sinne fördernd eingewirkt. Kaufmann und Handwerker konnten die Satzung mit Gewere des Gläubigers nicht mehr anwenden, weil sie keine liegenden Güter mehr besassen, die sie dem Gläubiger zur Nutzniessung überlassen konnten, und diesem wäre das selbst lästig gewesen. Er hatte denselben Beruf wie der Schuldner und konnte sich kaum noch mit Landwirtschaft befassen. Häuser kamen aber zur Satzung in geringer Zahl in Betracht. Dazu kam, dass die Entwicklung des Betriebskredites zahlreicher als je kurzfristige Schuldverhältnisse entstehen liess, deren dingliche Sicherstellung zu verkehrshemmend war. Man liess sie daher fallen und wandte das auf Personalkredit beruhende kurzfristige Darlehen an. Diese Aenderung des Kreditgeschäftes hat aber auf die Entstehung des Kapitalzinses fördernd eingewirkt. Dieser führte sich immer mehr statt der satzungsmässigen Sicherung ein.

2. Die Eigenschaften der schwebenden Schuld.

Das Geld erschien dem Mittelalter noch lange als Verzehrungsfonds, der bei seiner Verwendung verschwand. Erst allmählich erkannte man die Beziehungen, die es zur Produktion haben kann, dass es Kapital darstellen und indirekt einen Ertrag veranlassen kann. Von Leihgeld wurde daher kein Zins gezahlt. Rechtlich kleidete sich dieser Zustand in das kanonische Zinsverbot, das freilich offiziell erst auftrat, als man die kapitalistische Natur des Geldes bereits einzusehen begann. Es wurde dann durch die Autorität der Bibel und durch scholastische Beweisführungen gestützt.

Aus Gründen des kanonischen Zinsverbotes ist ein grosser Teil der schwebenden Schuld unverzinslich.

Köln lieh 1379—92 768 948 Mark. Von 146 Gläubigern verlangten 137 keinen Zins, darunter befanden sich einige Grosskaufleute mit sehr bedeutenden Leihkapitalien, so Heinrich von der Eren mit 16000 fl., Johann Hirtzelin mit 16730 und 11 122 Mark; das höchste Kapital belief sich auf 53 333 Mark. Durchschnittlich kamen auf jeden Gläubiger 3000 M. [1]).

Hildesheim bezog im Jahre 1360 von Braunschweig ein unentgeltliches Darlehn von 1100 Mark, das in Jahresraten von 100 Mark zurückgezahlt werden sollte [2]).

Göttingen lieh ebenso zinsfrei von Erfurt 1500 fl. im Jahre 1437. Dieses hatte freilich das Recht der Zinsaufnahme bei Juden oder Christen, wenn die Rückzahlung nicht pünktlich erfolgte [3]). Hier lag also die Möglichkeit vor, dass die Schuld verzinslich wurde.

Augsburg bezog im Jahre 1389 vom Bischof ein Darlehn von 7000 fl. Die Rückzahlung erfolgte in Raten [4]).

Im Jahre 1312 lieh das belagerte Rostock von Lübeck unverzinslich für 1000 Mark Mehl, Bier, Fleisch und Pfeile [5]).

Diese Anleihen wurden gewöhnlich auf kurze Zeit aufgenommen, $^1/_2$, $^3/_4$, ein ganzes Jahr. Durch Verzug der Rückzahlung dehnten sich diese Fristen aber auch auf sehr lange Zeit aus. So

1) *Knipping*, s. 350.
2) *Doebner*, II, nr 164.
3) U.B. d. St. Göttingen II, nr 183.
4) U.B. Augsb. II, nr 761.
5) Lüb. U.B. I, nr 450.

schuldete Dortmund der Stadt Stralsund 500 fl. trotz wiederholter Mahnungen 20 Jahre lang [1]).

Die unverzinslichen Leihgelder bestanden häufig auch in Depositen, die von der Stadt mit verwendet wurden. Dafür bietet Lübeck sehr interessante Beispiele, die zugleich zeigen, welchen Anteil das städtische Schuldenwesen an der Entwicklung der kreditwirtschaftlichen Geldsurrogate hat.

Lübeck empfing am 4. August 1285 von dem päpstlichen Legaten Raynerius de Orio den Zehnten der Diözesen Lübeck und Ratzeburg im Betrage von 1500 fl. als Depositum. Es stellte darüber einen Schuldschein aus und versprach die Rückzahlung des Geldes an den Inhaber des Papieres in Brügge, und zwar durch Robert de Bursa und in turonischen Groschen (128 Pfd.) [2]). Das geschah auch. Robert de Bursa zahlte »nomine et ex parte« der Stadt an den Lombarden Bonifaz de Orio [3]).

Der Sinn dieses Vorganges ist folgender: Lübeck befriedigte mit der Aufnahme des Depositums ein Anleihebedürfnis. Der päpstliche Gesandte erlangte damit Sicherheit für die ihm anvertrauten Gelder und ersparte die kostspielige und riskante Barsendung. Er schickte an einen päpstlichen Geschäftsträger (Bonifaz de Orio) nur den Schuldschein der Stadt. Diese selbst vermied die Barsendung ebenfalls. Sie liess einen Brügger Geschäftsfreund für sich zahlen, den sie wahrscheinlich schriftlich benachrichtigte. Sie vertauschte also die Gläubiger. — Wie Robert de Bursa entschädigt wurde, kann man aus Urkunden von 1290 entnehmen. Die Stadt beauftragte einen ihrer Bürger, Reineke Mornevech, der sich in Geschäften in Brügge aufhielt, an ihre dortigen Gläubiger zu zahlen und sich das Geld dazu durch Anleihen zu verschaffen [4]). (Er soll das vor Zeugen tun und sich nach der Bezahlung die Schuldbriefe zurückgeben lassen). Mornevech lieh nun u. a. von zwei Hamburger Kaufleuten Herding von Werder und Lüdeke Buck 150 Mark am 1. Aug. 1290 und gab ihnen dafür Anweisungen auf die Stadt Lübeck:

»Confiteor et recognosco, me brugis recepisse et habuisse de Herdingo de werdere et ludekino dicto bouc, civibus hamburgensibus centum et quinquaginta marcas sterlingorum per

1) Dortm. U.B. II, 1, nr 229 (1390). III, 1, nr 360 (1407); 451 (1410).
2) U.B. Augsb. II, nr 761.
3) Lüb. U.B. I, nr 461.
4) Ebd. II, 1, nr 75.

decem solidos ad opus et utilitatem civitatis lubicensis pro quibus denariis teneor et promitto dare et solvere in lubeke antedictis herdingo et ludekino vel eorum alteri aut ipsorum mandato vel alterius eorum centum et quinquaginta marcas argenti lubicensis pagamenti infra quindenam postquam predictus herdingus et ludekinus venerint in hamborgh sine dilatione ulteriori [1]).

An demselben Tage schickte Mornevech an den lübischen Rat einen Avisbrief über die Anweisung mit dem Ersuchen, dieser zu entsprechen.

»Vestre discrete honestati notum facimus, quod in brugis recepimus ad utilitatem vestram de herdingo et ludekino, civibus hamburgensibus latoribus presencium, centum marcas. Hinc est, quod vestre honestati supplicamus, exorantes in quantum possumus, ut quotienscunque vel quandocunque ipsi vel alter ipsorum aut eorum nuncius vel unius eorum secum deferens litteras patentes super dictis denariis confectas, ad vos venerit, ipsis vel eorum alteri . . . taliter solvere et delibare dignemini ne ob me aliquas expensas seu dampnum aliquod incurrant, quia ipsis tenemur refundere per ipsorum simplex verbum. Ceterum rogamus vestram honestatem, si aliquo modo hoc facere possetis, ut predictos denarios ipsis in hamborgh reddere et solvere ad ipsorum voluntatem faceretis, scilicet centum . . . . marcas . . . . pagamenti« [2]).

Dieser Brief wurde also den Gläubigern zugleich mitgegeben. Diese waren Kaufleute, die Geschäfte in Lübeck oder mindestens in Hamburg verrichteten. Sie entledigten sich wie der päpstliche Legat des Risikos, das Geld auf ihrer Reise zu verlieren. Sie erhielten es 14 Tage nach ihrer Ankunft in Hamburg ausgezahlt, 14 Tage nach Sicht des Briefes, — in anderen Fällen auch an einem bestimmten Tage des Jahres [3]). Mornevech gab der Stadt Gesamtbericht über die für sie geleisteten Zahlungen und die Einnahmen, die meist aus Anleihen stammten. Es waren 4371 Mark Ausgaben mit 34 Mark Unkosten und 4405 Mark Einnahmen. Beide Posten hoben einander also auf [4]).

Aehnliche Geldgeschäfte wie Lübeck nahm Danzig vor. Im

1) Lüb. U.B., I, nr 556; vgl. nr 558.
2) Ebd. I, nr 557; vgl. ferner nr 559. 560. 566. 567. II, nr. 73. 74.
3) Ebd. I, nr 558: Ostern.
4) Ebd. I, nr 568.

Jahre 1409 lieh der preussische Sendbote Dassel in London von einem Ritter 80 Nobel. Er stellte ihm eine Anweisung auf Danzig aus, das die Summe aber an den Breslauer Bürger Schwarz zahlen sollte [1]).

Auch in Danzig hatte die Kirche grössere Summen (Ablassgelder) deponiert. Im Jahre 1448 forderte der Papst den Hochmeister auf, diese Gelder einzuziehen. Die Stadt hatte sie aber verbraucht und stellte dafür zwei Schuldscheine aus, jeden über 250 Gulden und nach $^1/_2$ bez. 1 Jahr zahlbar [2]).

Neben der unverzinslichen schwebenden Schuld nimmt aber auch die verzinsliche einen breiten Raum ein. Wurde sie bei Christen bezogen, so musste das Zinsverbot auf irgend einem Wege umgangen werden, und das spätere Mittelalter war darin sehr erfinderisch.

Am verbreitetsten war die Vertauschung des Wortes Zins durch ein anderes, das harmloser klang. Wenn nämlich die Stadt auf kurze Frist von ihren Bürgern lieh, etwa auf $^1/_2$ bis ein Jahr, so versprach sie, bei Versäumnis der Rückzahlung ein 10prozentiges Handgeld (pena et interesse, capcio) als Verzugszins zu entrichten. Darnach hatte sie das Recht, sich des Kapitals noch einmal auf die ausbedungene Zeit zu bedienen. Dieser Vorgang konnte sich dann weiterhin wiederholen.

Am 25. Februar 1390 lieh Dortmund von einer Frau von Kerpen 6000 Gulden, die am 29. Juni 1391 zurückgezahlt werden sollten. Die Stadt befand sich nun in so bedrängter Lage, dass man bei Abschluss des Geschäftes auf beiden Seiten wissen konnte, wie unmöglich die Einhaltung des Termines war. Demnach musste man auch sicher mit der Zahlung des Handgeldes rechnen, das auf 600 Gulden festgesetzt war und binnen 14 Tagen nach dem Termin entrichtet werden musste. Das Kapital sollte dann ein weiteres Jahr im Besitze des Rates bleiben [3]). Aehnliche Verträge schloss die Stadt über 2000, 1000, 300 und 250 Gulden ab [4]).

Basel wurde am 28. Juli 1373 dem Erzpriester Werner Schal 2860 fl. schuldig, bis zum 16. Oktober zahlbar. 14 Tage nach der Mahnung des Gläubigers hatte die Stadt 10 Prozent Verzugszins zu zahlen [5]).

---

1) *Neumann*, Geschichte des Wechsels, s. 128.

2) *Neumann*, Gesch. des Wuchers, s. 86.

3) Dortm. U.B. II, 1, nr 246.

4) Ebd. II, 1, nr 240 ff. u. 260 B 47 a.—c.; 48—51.

5) U.B Basel IV, nr 368.

In allen diesen Fällen liegen deutliche Umgehungen des Zinsverbotes vor.

Hierher gehören auch die Tuchgeschäfte, die Breslau zu Anleihezwecken abschloss [1]). Die Stadt übernahm von einem Grosshändler ein Leihkapital in Tuch, das sie als Naturalleistung — Steuer an den Herzog — weiter reichte. Der Kaufmann erhielt nach einiger Zeit Geld zurück, den angeblichen Kaufpreis des Tuches. Tatsächlich übertraf aber dieser den Marktpreis bedeutend, so dass in Wahrheit eine kurzfristige verzinsliche Anleihe vorlag.

Die Tuchgeschäfte wurden später im geldwirtschaftlichen Sinne weiter ausgebildet. Der Gläubiger gab der Stadt nicht mehr das Tuch, sondern das Geld, das scheinbar in Tuch umgerechnet wurde. Der Kaufmann erhielt mehr Geld zurück. Die Differenz war in Wahrheit Kapitalzins. Die Stadt aber buchte ihn als »perdicio in paunis«.

Das Zinsverbot wurde auch umgangen, wenn eine Schuld in schlechtem Gelde gemacht und die Rückzahlung in gutem vereinbart wurde. In Breslau war das geprägte Geld $^1/_5$ geringer als Feinsilber, so dass solche Anleihen mit 20 % verzinst wurden [2]).

Verwandt damit ist die Rückzahlung zu höherem Kurse. Der Danziger Geschäftsträger in Brügge lieh von einem Kölner, namens Swarte, 100 Pfd. zu 8 Mark und versprach ihm, das Pfd. zu 11 Mark zurückzuzahlen. Die Stadt war aber nur mit 10 einverstanden. Es kam zum Prozess. Swarte gewann [3]).

Unverhüllt trat der Kapitalzins auf, wenn es sich um Anleihen von Juden, Cawerzen oder Lombarden handelte, und zwar unter dem Namen Schaden und Wucher. Die Juden hatten das Zinsprivileg allgemein, die christlichen Geldhändler besassen es persönlich; jene, weil sie ausserhalb der Christenheit standen, diese, weil sie sich allgemein und nicht zum wenigsten der Kirche unentbehrlich gemacht hatten. Sie nahmen von der Stadt 10—15 %. Es kamen sogar Zinseszinsen vor:

> Dortmund lieh 1390 von einem Juden 800 fl. zu 15 %. Die versessenen Zinsen waren zum Kapital zu schlagen und mit diesem weiter zu verzinsen [4]).

---

1) *Beyer*, Schuldenwesen der St. Breslau, s. 73 ff.
2) *Beyer*, a. a. O. s. 77.
3) *Neumann*, Gesch. d. Wechsels, s. 157.
4) Dortm. U.B. II, 1, nr 258.

IV. Die Verwendung der einzelnen Schuldformen im städtischen Haushalte.

1. Das gegenseitige Verhältnis der Schuldformen.

Das Verwendungsverhältnis der drei Schuldformen im städtischen Haushalt war lokal sehr verschieden.

In manchen Städten, wie in Augsburg oder Breslau scheint die schwebende Schuld vor der fundierten eingesetzt zu haben. Die Urkundenbücher überliefern wenigstens für jene ältere Nachrichten. Breslau nahm nach dem Henricus pauper in den Jahren 1299—1337 9315 Mark schwebende Anleihen auf, 10818 Mark wurden in derselben Zeit zurückgezahlt, so dass man lückenhafte Buchungen vermuten muss [1]). Das erste Zeugnis eines Rentkaufs ist erst aus dem Jahre 1337 erhalten.

Aus den meisten Städten wird die Anwendung beider Formen von Anfang an zugleich überliefert.

Sehr verschieden ist nun das gegenseitige Verwendungsverhältnis der einzelnen Formen nach ihrer Höhe.

Breslau nahm 1337—57 7781 Mk. Rentenschuld und 5896 Mk. schwebende Schuld auf. In den nächsten dreissig Jahren trat letztere zu gunsten jener weit zurück: 1357—97 verkaufte die Stadt im ganzen für 29025 Mk. wiederkäufliche Erbrenten und für 9300 Mk. Leibrenten und zahlte 1387 etwa 1330 Mk. jährlich. Ihre ordentlichen Ausgaben betrugen 4033 Mk., die Schuldverzinsung beanspruchte also fast 33 Proz. davon. 1387—1418 nahm sie 53 650 Mk. Erbrentenschuld und 17 170 Mk. Leibrentenschuld auf, darunter 1409 allein 11 786 Mk. und 1440 Mk. [2]).

Auffallend ist also das Ueberwiegen der Erbrentenschuld. Ihre häufigere Anwendung gegenüber der schwebenden Schuld erklärt sich daraus, dass die Stadt bei ihr Eigentümerin des Kapitals wurde und die Tilgung vollständig selbst bestimmte. Bei kurzfristigen Anleihen wäre sie an Rückzahlungstermine gebunden oder der Gefahr der Kündigung ausgesetzt gewesen, wenn gegen diese nicht bestimmte Zahltermine schützten. Besonders in kritischen Zeiten wäre dieser Fall sehr häufig eingetreten. Die Lage der Stadt konnte dann geradezu verhängnisvoll werden. — Ausser-

1) *Beyer*, a. a. O. s. 80.

2) Ebd. s. 80.

dem war der Zinsfuss der schwebenden Schuld beträchtlich höher als der Rentenfuss.

Die Bevorzugung der Erbrente vor der Leibrente wird durch das Verhältnis der Rentenfüsse bewirkt. Für jene betrug er 8 1/3 Proz., für diese 10—12 Proz. Der Unterschied ist relativ gering. Die Rentkäufer zogen daher Erbrenten vor. Sie konnten hier immer hoffen, ihr Kapital zurückzuerhalten, und sie bezogen doch eine im Vergleich zu den Leibrenten, bei denen das Kapital endgültig verloren war, hohe Rente. Diese reichte aber, auch wenn die Stadt keine Ablösung vornahm, auf die Erben nach. In dem Verhältnis beider Rentarten in der Stadtschuld drückt sich also die Zwangslage der Stadt bei der Aufnahme der Anleihen aus. Sie musste sich dem Angebot der Darleiher bis zu einem gewissen Grade fügen.

Sie hätte freilich von der Vorherrschaft der Leibrente Nutzen gehabt. Gesetzt, sie verkaufte zwei gleichhohe Renten, die eine als Leibrente zu 10 Proz., die andere als ablösbare Erbrente zu 8 1/3 Proz., so musste sie für diese mit Ablösung stets mehr zahlen als für jene. Rentabler war die Wiederkaufsrente erst, wenn der Leibrentner länger als 60 Jahre nach Abschluss des Vertrages lebte. Dieser Fall trat selbstverständlich kaum ein. *Beyer* ist es gelungen, aus den Breslauer Rentverzeichnissen die Lebensdauer von 64 Leibrentnern zu ermitteln. Es lebten davon: 1 Rentner noch 39 Jahre; 1 Rentner: 37 Jahre; 1 : 36; 1 : 32; 3 : 28; 2 : 26; 2: 23; 2: 22; 1: 21; 3: 20; 21: 10—20; 20: 1—10; 3: 1 Jahr. Nimmt man von den 10—20 und 1—10 Jahren die mittleren Jahre 15 und 5 als Durchschnittsjahre an, so ergibt sich als Durchschnittslebensdauer der 64 Rentner ein Zeitraum von 14 Jahren. In dieser Zeit zahlte die Stadt, wieder 100 Mk. Kapital angenommen, an die Leibrentner 140 Mk., an die Wiederkaufsrentner mit Ablösung 216 2/3 Mk.

In Köln war das Verhältnis der Schuldformen ganz anders geartet. Die Stadt nahm hier sehr hohe schwebende Schulden auf und bevorzugte unter den Rentschulden die Leibrente. Erst im 15. Jahrhundert steht dieser die Wiederkaufsrente ebenbürtig zur Seite. Im Jahre 1393 hatte die Stadt eine schwebende Schuld von 135 184 Mk. und nahm 64428 Mk. Leibrentenkapital auf. 1414—31 bezog sie 354728 Mk. Leihgeld und 478627 Mk. Rentenkapital. Von diesem entfielen aber jetzt 244475 Mk. auf 5prozentige Leibrenten. 1432—73 nahm sie 542685 Mk. in Leibrenten und 335989 Mk. in Erbrenten auf[1]).

Der Zinsunterschied von 5 Proz. hat jedenfalls die anfängliche Vorherrschaft der Leibrente begründen helfen. Für die Stadt wurden diese erst nach 20 Jahren kostspieliger als die Wiederkaufsrente. Dass aber diese trotzdem neben jener Geltung erlangte, ist daraus erklärlich, dass der dringende Bedarf der Stadt doch zu ihrer Anwendung nötigte und dass auf der anderen Seite die Gläubiger sehr oft nicht willens waren, sich ihres Kapitals endgültig zu entäussern. Sie wollten es nur vorübergehend anlegen; denn sie wussten, dass die Stadt doch schliesslich die Ablösung vornehmen würde. Von grossem Einflusse war hier auch die Weiterbegebungsfähigkeit des Rentbriefes, die sich zu gunsten der Rentenberechtigten allmählich entwickelt hatte. Er konnte den Brief, damit also sein Recht auf Rente verkaufen, wenn die Stadt mit der Kündigung des Kapitals zauderte. Ferner kommt hier von Seiten der Stadt noch in Betracht, dass die Wiederkaufsrente momentan geringere periodische Zahlungen beanspruchte als die Leibrente, eine Eigenschaft, die der Stadt in schwierigen Lagen nur erwünscht sein konnte.

Aehnliche Erscheinungen wie in Köln bietet die Schuld in allen Städten, die gleich hohe Zinsunterschiede aufweisen. Jede der beiden Rentformen hatte hier ihre individuellen Vorteile für Rentenkäufer und -verkäufer, und beide hielten einander in der Verwendung ungefähr die Wage.

Mainz zahlte 1437 9403 fl. jährliche Wiederkaufsrente und 9095 fl. Leibrente; für 1444 sind die entsprechenden Zahlen 10372 fl. und 9510 fl. Die Anleihekapitale betragen für die

Wiederkaufsrenten	1437:	239193 fl.	und 1444:	249418 fl.
Leibrente	1437:	rund 91000 fl.	» 1444:	95000 fl.

Der Rentfuss betrug bei Wiederkaufsrenten 3, $3^{1}/_{3}$, 4 und 5 Proz., für Leibrenten 10 Proz. Schwebende Schulden kamen wenig zur Anwendung, nur einmal nennt die Stadtrechnung ein Leihgeld von 8000 fl.

Nürnberg bevorzugte anfangs Leibrenten, später aber erlangten die Wiederkaufsrenten mindestens die gleiche Bedeutung:

1389/90 zahlte die Stadt jährlich 6427 Pfd. Leibrenten, die Wiederkaufsrenten sind in ihrer Höhe nicht sicher zu ermitteln, *Hegel* nennt 382 Pfd. 1433/34 belief sich die Leibrente auf 10316 Pfd., das Ewiggeld auf 8292 Pfd.; 1442 auf 7469 Pfd. und

1) *Knipping*, a. a. O. s. 352.

19641 Pfd. — Die Gesamtausgabe betrug 1433/34 59955 Pfd., die Verzinsung der Schuld nahm mit 18608 Pfd. etwa 33 Proz. davon in Anspruch; 1442 steigerte sich das Verhältnis bei einer Ausgabe von 60660 Pfd. auf 45 Proz. Sie verschlang den grössten Teil der Einnahmen, die auf etwa 35000 Pfd. standen[1]). Die Stadt war daher fortgesetzt zu neuen Anleihen genötigt, nur um den dringendsten Bedarf zu befriedigen. Die Folge musste eine vollständige Zerrüttung ihrer Finanzen sein, die nicht ohne schädliche Wirkungen auf ihre Machtstellung bleiben konnte. Tatsächlich hat der Ruin des Haushaltes bei mancher Stadt an dem Verfall ihrer Selbständigkeit grossen Anteil gehabt.

2. Die Konversionen.

Die verschiedene Rentabilität der einzelnen Schuldarten und die Umbildungen, die jede im Laufe der Zeit erfuhr, veranlasste sehr häufig Konversionen. Die Stadt ersetzte eine Schuldsorte durch eine vorteilhaftere oder entlastete schwierige Finanzperioden zu ungunsten zukünftiger.

Die Konversionen konnten innerhalb der gleichen Schuldform vorgenommen werden.

Eine Form der Leibrente wurde in eine andere verwandelt, in Mainz z. B. die volle in eine solche auf mehrere Leben; vereinzelt sogar so, dass der Rentner für seine Lebenszeit vollständig zum Besten seiner Erben verzichtete[2]).

Zweck dieser Operation waren momentane Erleichterung der finanziellen Verpflichtungen und ihre Verschiebung auf spätere Zeiten; denn die Rente auf mehrere Leben wurde auch bei Lebzeiten des ersten Rentners niedriger gezahlt; sie betrug statt 10 Proz. nur $8^1/_3$ Proz., in Mainz sogar nur die Hälfte der vollen Rente. Die Rechnung spricht von Renten, die »halb bi leben und halb nach dode« zu zahlen sind.

Da der Leibrentenvertrag unkündbar war, konnte er nur auf dem Wege gütlicher Vereinbarung beider Teile geändert werden. In Zeiten der Not gelang es dem Rate auch nicht selten, seine Leibrentner zur Bewilligung von Nachlässen an der jährlichen Rente oder auch von Kapitalerhöhungen zu veranlassen, ohne dass er bei diesen zu grösseren Zahlungen verpflichtet wurde. Die Räte von Braunschweig, Dortmund und Mainz erhalten $^1/_3$

1) *Hegel*, 1, s. 294 ff.

2) Ebd. 17, s. 108.

oder $^1/_2$ der jährlichen Rente nachgelassen. Auf versessene Zinse wird häufig verzichtet.

Die Stadt Köln erlangte in den 90er Jahren des 14. Jahrhunderts von einigen Leibrentnern nachträglich Ablösungsrecht, sogar unter Erniedrigung des Rentenfusses von 10 auf $8^1/_3$ Proz.[1]). Seit 1422 aber konvertierte sie wieder umgekehrt, da die finanzielle Lage Ablösung nicht zuliess.

Die Konversion der Wiederkaufsrente war insofern leichter, als die Stadt hier auf Grund ihres Kündigungsrechtes ohne Einwilligung der Rentner vorgehen konnte, freilich nur in günstigen Zeiten.

Wenn der Rentenfuss sank, wurden Renten verkauft und mit den Kapitalien die alten höher verzinslichen abgelöst. In Breslau beauftragte der Rat die Bürger, die Renten zum neuen Fusse kaufen wollten, ihr Kapital den alten Rentenberechtigten direkt zu zahlen. Er stellte ihnen dann neue Rentbriefe aus [2]).

Basel hatte Ende des 14. Jahrhunderts Wiederkaufsrenten zu 7—10 Proz. verkaufen müssen. Als der Rentfuss von Jahr zu Jahr auf 4 Proz. sank, nahm der Rat fortgesetzt entsprechende Konversionen vor. Er verkaufte Renten zu dem niedrigeren Fusse und löste mit den dabei erhaltenen Kapitalien die älteren ab [3]).

Breslau verwandelte um 1370 seine 10 prozentige Wiederkaufsrente in eine $8^1/_3$ prozentige [4]).

Köln löste im 14. Jahrhundert wiederholt 5 prozentige Erbrenten mit 4 prozentigen Rentkapitalien ab [5]).

In zahlreichen Fällen blieben die Gläubiger dieselben. Der Rat veranlasste sie zu Aufzahlungen auf das Kapital, ohne dass sich dadurch die Rente erhöhen sollte. Das geschah in Breslau [6]) und Magdeburg [7]). Von den zahlreichen Baseler Beispielen seien hier nur einige hervorgehoben. Die Stadt konvertierte im Jahre 1454 Wiederkaufsrenten von

30 fl.	für	600 fl.	auf	30 fl.	für	690	=	5 %	auf	$4^1/_3$ %	
25 »	»	500 »	»	25 »	»	575	=	5 »	»	$4^1/_3$ »	
15 »	»	300 »	»	15 »	»	345	=	5 »	»	$4^1/_3$ »	
25 »	»	500 »	»	25 »	»	625	=	5 »	»	4 »	
30 »	»	600 »	»	30 »	»	750	=	5 »	»	4 »	[8]).

1) *Knipping*, s. 358.
2) *Beyer*, s. 8.
3) *Schönberg*, s. 112 ff.
4) *Beyer*, s. 89.
5) *Knipping*, s. 361, 370.
6) *Beyer*, s. 89.
7) U.B. d. St. Magdeburg, III, nr 2.
8) U.B. d. St. Basel, VII, nr 411, VIII, nr 2.

Die Hamburger Kämmereirechnungen führen u. a. Buchungen über Schuldenverzinsung und Tilgung an[1]):

	pecunia accepta supra censum:	pro censu redempto:	pro censu dato:
1350:	246 Pfd.	244 Pfd.	314 Pfd. 9 sch.
1351:	— »	194 » 8 sch.	350 » 13 »
1352:	— »	18 »	295 »
1353:	570 »	136 »	304 »
1354:	688 »	— »	268 »
1355:	312 »	77 »	341 »
1356:	1040 »	16 »	371 »
1357:	392 »	24 »	— »
1358:	72 »	— »	433 »
1360:	715 »	— »	449 » 6 »
1370:	360 »	708 »	567 »
1371:	458 »	1296 »	501 » 8 »

Es wurden also fortgesetzt Renten zugleich verkauft und abgelöst.

Eine versteckte Konversion fand statt, wenn man die Renten in schlechterem Gelde als das Hauptgeld bezahlte[2]).

Konversionen, die keinen direkten Nutzen zum Ziele hatten, wurden vorgenommen, wenn man einen Rentner durch den anderen ersetzte[3]).

Die Position des Rentners war in Zeiten der Konversionen, die zugleich Zeiten günstiger Finanzlage waren, ziemlich schwach. Er musste sich meist fügen und auf das ihm ungünstige Geschäft eingehen. Er musste vielfach zufrieden sein, dass er für sein Kapital überhaupt noch eine Anlagestelle fand. Eine Magdeburgerin bat einmal den Rat zu Zerbst, die Kündigung, die er gegen sie hatte ergehen lassen, doch zurückzunehmen, sie wollte gern 4 Proz. statt 5 beziehen, wenigstens solange sie lebte. (»Ersamen leven herren bewiset mik hir guden willen ane, des und alles gudes ik mik juk wol vermode und genczliker ghetruwe, dar na do gij mik besunderen wol to danke«[4]). Der Kanonikus Hordorp hat vom Zerbster Rate ebenfalls Kündigung erhalten. Er unterhandelte wenigstens erst, bevor er das Geld in Magdeburg weiter anlegte; er schrieb dem Rate seine »andacht« gegen die Kündigung. Dieser antwortete aber abschlägig, dass er das Geld nicht behalten wolle[5]).

---

1) *Koppmann*, I, s. XXVI.
2) *Knipping*, s. 361 f.
3) *Schönberg*, s. 102 ff.
4) U.B. d. St. Magdeburg, III, nr 2 (1465).
5) Ebd. III, Nachtr. nr 15.

Die zweite Art der Konversion ist die Vertauschung einer Schuldart mit einer anderen.

Da Leibrenten nur sehr ausnahmsweise ablösbar waren, konnten sie zu Konversionen wenig in Betracht kommen. Sie waren ja dadurch eine günstige Schuldform, dass sie in vielen Fällen durch den Tod des Rentners rasch getilgt wurden.

Wiederkaufsrenten liessen sich leicht in Leibrenten umwandeln. Die Stadt verkaufte Leibrenten und löste mit den Kapitalien Wiederkaufsrenten ab. Ganz besondere Anregungen empfing sie dazu, wenn der Fuss der letzteren hoch war. Die langdauernde Verzinsung dieser Schuld war dann sehr lästig; deshalb schritt sie zur Konversion, sobald sich die Finanzlage einigermassen besserte.

Köln löste Mitte des 15. Jahrhunderts 4- und 5 prozentige Wiederkaufsrenten mit $8^1/_3$ prozentigen Leibrentenkapitalien ab. Nach der Revolution von 1512 wurde der Rat beauftragt, für jede absterbende Leibrente eine neue gleichhohe zu verkaufen und mit dem Gelde Wiederkaufsrenten abzulösen[1]).

In Frankfurt empfingen einmal fünf Ratsherren aus der Stadtkasse 2889 fl., die durch Leibgedingsverkauf eingekommen waren, um »damide widderkaufe abe zu losen, als in der Rad daz befolen hat«[2]).

Mainz veranlasste durch Zusicherung höherer Renten einige Wiederkaufsrentner, ihre Renten in Leibrenten zu verwandeln[3]).

Die kurzfristige beiderseits kündbare Anleihe gewährte der Stadt einen Augenblicksvorteil. Sie gelangte dabei rasch in den Besitz beliebig grosser Summen, was in Zeiten grossen und sehr dringenden Bedarfs von hoher Bedeutung war. Nachher aber traten die lästige Verzinsung an Juden und Lombarden und die Zahlung der Handgelder ein, und sie machten die rechte Schuld zur kostspieligsten von allen. Die Stadt suchte sich ihrer daher möglichst bald wieder zu entledigen. Sie verwandelte die schwebende Schuld in fundierte Rentenschuld.

Aus diesem Grunde verkaufte Köln ebenfalls die bereits besprochenen zahlreichen Leibrenten. Die Zahlen für die schwebende Schuld werden daher durch die Rentenkapitalien zum grossen Teil aufgehoben. Man darf beide Zahlen nicht addieren,

1) *Knipping*, s. 378 f.

2) *Kriegk*, s. 393.

3) *Hegel*, 17, s. 229.

um ein Bild der Gesamtverschuldung zu erhalten.

Ein Dortmunder Geschäftsträger verkauft im Jahre 1390 in Köln Renten und löst mit den Kapitalien Schuldbriefe auf die Stadt bei Juden ein: »Ende och ich sey gerne, dat wy een deel annewardes van den juden comen konnten« [1]).

Der grosse Rat von Augsburg beschloss im Jahre 1341, Leibrenten zu verkaufen, um damit die Stadt »von den Juden zu lösen« und »mit dem mindern schaden den groezzern schaden fuerchoemen« [2]).

Auf der anderen Seite nehmen die Städte aber vereinzelt auch schwebende Schulden auf, um fundierte damit abzulösen, — so Hildesheim. Das schon genannte Darlehn von 1100 Mk. vom Braunschweiger Rate wurde zur Einlösung verpfändeter städtischer Nutzungen verwendet. Aehnliche Zwecke wurden mit den anderen Anleihen eines Stadtrates bei einem anderen verfolgt.

Diese Art der Konversion in eine Schuldform, die oben als die kostspieligste gekennzeichnet wurde, ist hier aber leicht verständlich. Alle diese Darlehen waren unverzinslich.

1) Dortm. U.B. II, 1 nr, 259, 1.

2) U.B. d. St. Augsburg I, nr 382.

C. Die allgemeinen Zustände des städtischen Schuldenwesens.

I. Die Personen.

1. Der Schuldner.

Das Recht, öffentlichen Kredit beliebig in Anspruch zu nehmen, hatten die Freistädte und die Reichsstädte. Für diese lässt sich wenigstens aus den benützten Quellen nicht das Gegenteil beweisen, dass der König sie in dieser Beziehung eingeschränkt hätte. Anders war es bei vielen Städten der Landes- oder Grundherren. Diese waren häufig und besonders, wenn es sich um grosse Summen handelte, an die Genehmigung des Herrn gebunden.

Breslau musste sich, seit es unter der Krone Böhmens stand, häufig den Direktiven des Königs unterwerfen. Er genehmigte Höhe und Form der Anleihen und schrieb manchmal auch die Gläubiger vor. Karl IV. erlaubte der Stadt 1361, Leibrenten und 1378, 1000 Schock Groschen Wiederkaufsrenten zu verkaufen [1]). Er schränkte den Verkauf an Geistliche ein [2]).

Viele Landstädte kamen bei ihren wenig umfassenden Aufgaben freilich nicht in Versuchung, bedeutende Anleihen aufzunehmen, — ausgenommen die Hansestädte, die ja auswärtige Politik im grössten Stile trieben und sich überhaupt einer freieren Stellung unter ihren Herren erfreuten. Treten alle jene Gemeinwesen dennoch als Schuldner für grössere Summen auf, so hat das einen Grund, der eben mit ihrer Stellung zum Landesherren zusammenhängt. Sie mussten häufig ihren Kredit in dessen Dienst stellen und in seinem Auftrage und Interesse leihen. Die Stadt

---

1) *Beyer*, s. 94; vgl. s. 96: Wenzel.

2) Ebd. s. 192 f.

trat als Schuldnerin an seine Stelle und nahm die Anleihen als eigene auf. Das erklärt die häufige starke Verschuldung von Städten wie Braunschweig, Lüneburg und Hildesheim.

Besonders beliebt war die Benützung des städtischen Kredites bei den grossen Landesherren des Ostens.

Für Johann von Brandenburg müssen u. a. folgende Städte Anleihen aufnehmen: Im Jahre 1490 Salzwedel 1200 Gulden gegen eine jährliche Wiederkaufsrente von 72, und 400 Gulden gegen 24 in Magdeburg [1]), ebenso Brandenburg 1000 Gulden gegen 60 [2]), im Jahre 1491 Stendal 1000 Gulden gegen 60 [3]) und Gardelegen noch einmal die gleiche Summe [4]). Der Markgraf stellte allen diesen Städten Schadlosbriefe über alle in seinem Interesse aufgewendeten Summen aus.

Aehnlich verfahren die sächsischen Landesherren mit ihren Städten:

Freiberg verkauft im Auftrage des Kurfürsten Friedrich II. eine Wiederkaufsrente von 100 Schock Groschen für 3600 rheinische Gulden. Der Kurfürst verspricht in einem besonderen Briefe, die Stadt schadlos zu halten. 1447 [5]).

Ebenso leihen Leipzig und Zwickau gemeinsam für Kurfürst Ernst und Herzog Albrecht 23 000 Gulden [6]), Chemnitz leiht 3000 [7]) und verkauft für die Fürsten eine Rente von 30 Gulden für 600 [8]).

Döbeln verkauft für Herzog Georg eine Wiederkaufsrente von 300 Gulden für 6000 [9]).

Auch zahlreiche Städte Mitteldeutschlands und Norddeutschlands, die dem Erzbischof von Magdeburg, den Herzögen von Braunschweig, dem Landgrafen von Thüringen und den Grafen von Schwarzburg gehörten, wurden häufig für diese Schuldner [10]).

---

1) Cod. dipl. Brand. I, 14 nr 515.

2) Ebd. I, 9, nr 313.

3) Ebd. I, 15, nr 472.

4) U.B. d. St. Magdeburg III, nr 779

5) Cod. dipl. Sax. II, 6, nr 140 und 141.

6) Ebd. II, 6, nr 225.

7) Ebd. nr 247.

8) Ebd. nr 229.

9) Ebd. nr 450.

10) U.B. Magdeburg III, nr 531: Barby; nr 911: Stassfurt; nr 927: Salze; nr 987: Sudenburg; nr 988: Burg; nr 993: Gross-Salze; nr 1204 Halle. — *Kostanecki*, Der öffent. Kredit im MA. s. 9. — Jenaer U.B. nr 369. — Arnstädter U.B. nr 184 ff., 194 ff.,

In den unabhängigen Städten lag die Aufnahme von Anleihen vorwiegend in den Händen des Rates. Dieser entschied in seiner Gesamtheit über Höhe, Form und Tilgung der Schuld. Er vertrat äusserlich auch die Stadt als Schuldner. Daher beginnt jeder Schuldbrief mit der Aufzählung der Ratsmitglieder und ihrem Schuldbekenntnis: »Wir NN ... Bürgermeister und Rat der Stadt ... bekennen und bezeugen in diesem Brief«, oder »machen bekannt allen, die diesen Brief sehen oder hören lesen, dass wir ...« Der Rat war der Gemeinde für den Stand der Schuld auch verantwortlich. Liess er Misswirtschaft einreissen, so konnte das zu schweren inneren Krisen führen, in denen der Rat gestürzt und durch einen anderen ersetzt wurde; man verjagte seine Mitglieder und konfiszierte ihr Gut. Gerade der üble Stand der Finanzen lieferte eine der häufigsten Ursachen zu den sozialen Bewegungen in den Städten des späteren Mittelalters. Das war so in Mainz, wie in Braunschweig und Breslau und anderen Städten [1]). Das Ergebnis eines jeden dieser Aufstände waren immer verschärfte Kontrollmassregeln bei der Verwaltung des städtischen Haushaltes und besonders bei der Aufnahme von Anleihen. Der Rat musste häufiger Rechnung legen und sich die Teilnahme der Gemeinde in der Schuldenverwaltung gefallen lassen. In Mainz musste z. B. die Gemeinde die Rentverkäufe genehmigen. Er teilte also sein Recht, im Namen der Stadt Anleihen aufzunehmen mit dieser [2]).

Etwas lockere Zustände scheinen bei der Aufnahme von Anleihen zeitweise in Augsburg geherrscht zu haben. Dort hatten die Herren angeblich auf den Namen der Stadt, tatsächlich jedoch in ihre private Tasche geliehen, so dass zahlreiche Leute zu Schaden gekommen waren, als sie ihr Geld zurückerhalten wollten. Am 23. Juni 1303 verordnete daher der Rat »daz nieman niht auf die gemain borgen sol an der gemainen wort und willen; und swer darüber borgen welle, der borge auf sin reht und vorder sin gelt von den, den er geborget hat, der stat an schaden« [3]).

---

207 ff., 446. 447. 448. 455. 800. — Erfurter U.B. nr 989. — *Sudendorf*, IV, nr 74: Lüneburg. — *Beyer*, s. 86, 94: Breslau.

1) *Hegel*, 17 s. 4. 48. 50. — *Kostanecki* s. 44 ff. — *Beyer*, s. 100.

2) Vgl. auch Breslau, *Beyer*, 1130.

3) U.B. d. St. Augsburg I, s. 191.

2. Die Gläubiger.

Dem Stadtrat als einzigem Vertreter des anleihebedürftigen Gemeinwesens stellte sich bei der Begründung der Schuldverhältnisse eine Schar von sehr verschiedenen Gläubigern gegenüber. Der Ausdruck Gläubiger mag hier der Kürze halber für das richtigere Rentner und Gläubiger oder zusammengefasst Forderungsberechtigte erlaubt sein.

An ihre Personen stellten die meisten Städte keine besonderen Anforderungen. Jeder, der ein Kapital zu günstigem Preise darbot, war im Bedarfsfalle als Gläubiger zugelassen.

In einzelnen Städten konnten jedoch die Geistlichen ausgeschlossen sein. Es wurde schon erwähnt, dass Karl IV. in der Stadt Breslau die Ablösung der an Geistliche verkauften Renten befahl. Die Stadt lag auch zeitweise mit den Domgeistlichen im Streite und vermied daher Rentverkäufe an sie [1]).

Auch in Bremen scheint man Sonderbestimmungen inbezug auf Geistliche gekannt zu haben, wenigstens wird einmal die Weiterbegebung eines Rentbriefes an Geistliche ausdrücklich verboten:

> »Licebit etiam prefatis Ludero et heredibus suis vendere, obligare civibus nostris quibuscunque voluerint, preter ecclesiasticas personas predictos redditus.« 1361 [2]).

Beim Verkaufe von Leibrenten beachtete man das Alter der Käufer.

Das Nordhausener Gesetz von 1350 gibt ganz bestimmte Vorschriften über die Höhe der Rente je nach dem Lebensalter. An Rentner im Alter von 40—50 Jahren soll die Stadt für 10 Mark eine Mark zahlen, von 50—60 für 8 Mark, bei älteren Personen ist die Höhe der Rente der Willkür des Rates überlassen. Die Uebertretung dieser Vorschriften wird mit 10 Mark bestraft [3]).

In Mainz, Dortmund und Köln haben die Zünfte an der Finanzwirtschaft des Rates auszusetzen, dass er Leibrenten an zu junge Leute verkauft habe. Der Vertrauensmann der Stadt Dortmund, der in Köln Renten verkaufte, fragt einmal bei seinem Rat besonders an, ob er Leibrenten an eine 36jährige und an eine 24-

---

1) *Beyer*, s. 129.

2) Bremer U.B. III, nr 179.

3) Neue Mitteilungen des thür.-sächs. Vereins III, 4, s. 37.

jährige Person absetzen solle. Es wurde ihm nicht erlaubt [1]).

Für offen verzinsliche Anleihen kamen nur Juden und Lombarden (Cawerzen) in Betracht. Zur Ausübung ihrer Geldgeschäfte in der Stadt hatten sie sich vom Rate Niederlassungserlaubnis auszuwirken. Sie erhielten dann gegen Abgaben befristete Konzessionen (auf drei, vier, sechs Jahre), die immer wieder erneuert werden mussten [2]).

Sonst rekrutierten sich die Gläubiger der Stadt aus allen Schichten der Bevölkerung: aus geistlichen und weltlichen Korporationen (Hospitäler, Domkapitel, Klöster, Kirchen, Innungen, Fabriken, Stadtgemeinden), aus adeligen Herren, einzelnen Geistlichen, Handwerkern, Kaufleuten, Ehefrauen, Witwen, Dienstboten und Kindern. Die geistlichen Korporationen sind durch zahlreiche Dotationen vermögend geworden. Innungen und Gilden haben Kassen gegründet. Handwerker und Kaufleute fangen an, aus dem Absatz ihrer Produkte und Waren Kapitalüberschüsse zu machen. Frauen sicherten sich durch den Kauf einer Leibrente ihren Unterhalt bis zum Tode oder wurden durch testamentarische Bestimmung ihrer Väter und Männer gesichert. Eltern kaufen ihre Kinder ein [3]), ebenso Dienstherren ihr Gesinde [4]).

Zahlreiche Gläubiger waren auswärtige Bürger, so dass die Stadt oft weithin Schuldner war. Köln nahm Anleihen auf in Mainz, Aachen, Frankfurt und Dortmund. Dieses war an Städte in Süddeutschland und Holland, an der Nord- und Ostsee verschuldet. Es hatte sogar Gläubiger in Dorpat [5]) und London [6]). Die Gläubiger von Mainz wohnen in den Städten von Basel und Augsburg an bis hinab nach Wesel und Dortmund, die der meissnischen Städte zum Teil in Oberdeutschland. Hameln, Braunschweig, Lüneburg und Breslau sind an zahlreiche Nachbarstädte verschuldet; Breslau auch an Köln und Soest und bis nach Ostpreussen und Polen hinein. Das sind Erscheinungen, die rege wirtschaftliche Beziehungen unter den einzelnen Städten beweisen. Manchmal überwiegen sogar die auswärtigen Gläubiger. Mainz zahlte im Jahre 1444 8256 Gulden Rente an eigene Bürger, fast

1) Dortm. U.B. II. 1. nr 250 (1300).
2) Ebd. II. 1. nr 10 ff (1373—77).
3) *[illegible]* 18. s. 100; ebd. 1. s. 200.
4) Dortm. U.B. II. 1. nr 250 (1300).
5) Ebd. III. 1. nr 202
6) Ebd. III. 1. nr 207.

12 000 aber nach auswärts. Die Ursache ist wohl Kapitalmangel auf dem heimischen Geldmarkte, der nicht wenig durch die demokratische Bewegung mit hervorgerufen wurde; denn diese veranlasste zahlreiche wohlhabende Patrizier zur Auswanderung. Dazu können vielleicht noch politische Erwägungen des Rates gekommen sein. Er bevorzugte auswärtige Gläubiger, um den Einheimischen nicht noch mehr Gründe zu liefern, sich um die städtische Verwaltung zu kümmern und sie zu beeinflussen. Welche nachteiligen Folgen die Verschuldung an das »Ausland« aber auch haben konnte, wird sich im weiteren Verlaufe der Untersuchung zeigen.

Unter den auswärtigen Gläubigern verursachten die Leibrentner besondere Schwierigkeiten, da die Stadt ihre Lebensdauer nicht genau kontrollieren konnte. Sie suchte dann auf verschiedene Weise Nachrichten über den Tod dieser Rentner zu erlangen und war für jede in ihrem Sinne günstige Botschaft dankbar.

In Mainz führt die Stadtrechnung als »stediges gemeines ussgeben« an: »bodenbroit zu geben, als die gulte abestorbit« [1]).

Frankfurt sandte 1357 den Stadtschreiber nach Oppenheim, »umb zu besehene, die lypgedinge uff der stad han, ob die noch lebetin.« 1397 verzeichnete es 16 Schilling »eim zu bodenbrode, der uns sagte, dass einer tot war, der 300 gulden geldis uff der stat hatte«. 1408 schickte der Rat Leute nach Aachen »rechnunge zu virhoren und auch zu tun mit den, die lypgedinge uff der stat hatten und auch zu Cobelentze und zu Collen zu irfarn, wer von todes wegen abgegangen wer«. 1440 wurde »1 gulden der von Coln boden geschenkt, der uns sagete, daz uns da faste lipgedinge abegestorbin weren« [2]).

Im Leibrentenbuche von Köln sind Lebensbescheinigungen überliefert. Dortmund schreibt in einem Falle an Köln: ». . wy begheret uw to wetene, tat Rechard van Afferden unse borgere lyvede unde levede uppe den dagh sunte Gereonis unde Victoris nest geleden vor datum desses breves unde ok Agnetell zyn wyf de livet unde levet uch unde dis is uns wittich unde kundich, des moge gy uns to betruwen . . .« [3]). 1400.

Dortmund sandte im Jahre 1394 auch an Duisburg die Liste

1) *Hegel*, 17, s. 109.

2) *Kriegk*, s. 92.

3) Dortm. U.B. II, 2, nr 887. — Vgl. Dortmunder Bescheinigungen für Köln ebd. III, 1, nr 430. 431.

seiner dortigen Leibrentner und bat um Bezeichnung der Gestorbenen [1]).

II. Die Verzinsung der Schuld.

1. Der Rentenfuss und der Zinsfuss.

Mit der Begründung des Schuldverhältnisses ging die Stadt eine Reihe von Verpflichtungen ein, worunter die periodischen Gegenleistungen mit am wichtigsten sind. Diese bestanden in Renten- und Zinszahlungen.

Sie erfolgten in einem bestimmten Verhältnisse zum Grundkapital, zu einem bestimmten Fusse, für dessen Benennung man meist noch nicht die heute übliche Relation auf 100 hatte. Man setzte vielmehr den Zins gleich einer Währungseinheit und sagte dann, für wie viel dargebotene andere man sie zahlen wollte: für 10 fl. einen, für 11, 12, 13 .... 20, 25, 30 einen. Im Rentenbriefe aber wurde dieses gekürzte Verhältnis von Kapital und Rente noch nicht zu deren Bestimmung benützt. Man nannte die Rente, wie sie wirklich für das erhaltene Kapital gezahlt werden sollte. Auch Zins und Handgeld wurden gleich in absoluter Zahl genannt, wiewohl man immer erkennt, dass sie in einem bestimmten, abgerundeten Verhältnis zum Kapital gezahlt wurden. Der Zins wurde auch in Summen benannt, die wöchentlich oder monatlich gezahlt werden sollten.

Der Rentenfuss war örtlich und zeitlich sehr verschieden. Am meisten zeichnete sich noch der der Leibrente durch Beständigkeit aus. Man kann sagen, dass er sich durch das Mittelalter hindurch in den meisten Städten auf 10 Proz. hielt. Das ist im Vergleiche zum Ewigrentfuss hoch, aber dadurch erklärlich, dass die Leibrente eine Amortisationsquote für das dargereichte Kapital enthielt und zugleich dem Rentenpflichtigen sehr günstige Aussichten bot, in absehbarer Zeit von seinen Verpflichtungen befreit zu werden. Ausnahmen vom 10 Proz.-Fuss kamen natürlich vor. In manchen Städten entwickelte er sich erst im Laufe des 14. Jahrhunderts aus höheren Füssen. So wurden in Goslar zu Anfang des 14. Jahrhunderts 12 $^1/_2$ Proz. gezahlt, später noch 11 $^1/_9$, bis schliesslich 10 Proz. vorherrschend wurden, ähnlich war es in Hameln, Dortmund und Nürnberg. In der Stadt Dortmund

1) Dortm. U.B. II, 2, nr 944.

mag die durch schwere politische Verwicklungen veranlasste schlechte Finanzlage zu Ende des 14. Jahrhunderts Rückschläge mit sich gebracht haben. Es wurden dort um diese Zeit $12^1/_2$ bis 11 Proz. gezahlt, während sich rings in den Nachbarstädten längst 10 Proz. eingebürgert hatten. Der Geschäftsträger der Stadt in Köln schrieb auch manchmal, dass er Leibrenten nur zu niedrigen Preisen losschlagen könne, da die Stadt weniger Kredit habe.

Jedenfalls hat man auch im Einzelfalle manchmal Ausnahmen zu gunsten des Käufers zugelassen, wenn er in sehr hohem Alter stand. In Chemnitz z. B., das in der Höhe seines Rentfusses den anderen meissnischen Städten ähnelt, kommt trotzdem noch im Jahre 1423 ein Leibrentverkauf zu 14 Proz. vor.

In anderen Städten war der Durchschnitt von 10 Proz. im 15. Jahrhundert unterschritten: so in Hannover mit $8^1/_3$ Proz., in Magdeburg und Zerbst mit 8 und 9 Proz., auch in Köln kommen vereinzelt $8^1/_3$ Proz. vor, ebenso in Lüneburg und Braunschweig: hier schon einmal im Jahre 1307. Vielleicht sind in solchen Fällen die Käufer noch jung gewesen.

Im Osten hielt er sich dagegen sehr lange bedeutend höher. In Breslau sind 10 Proz. im 14. Jahrhundert eine seltene Ausnahme; vorherrschend waren vielmehr $13^1/_2$, $13^1/_3$ und 12 Proz.: aus dem Jahre 1347 wurden sogar einmal $16^2/_3$ Proz. genannt, auch im 15. Jahrhundert wurden $13^1/_2$ gezahlt.

Die Leibrente auf mehrere Leben hatte einen geringeren Fuss, denn sie wurde länger ausgezahlt; die Regel waren $8^1/_3$ Proz. bei 10 Proz. der Rente auf ein Leben, in Städten mit höherem Fusse stand sie jedenfalls höher, in Dortmund um 1390 auf etwa 9 Proz. und darüber, in Breslau auf 10 Proz.

Dagegen kommen in Basel auch $7^1/_7$ und in Nürnberg $5^5/_9$ Proz. vor. Auch hier mochten wohl eigentümliche Einzelfälle Ausnahmen verursachen. Es ist denkbar, dass die Stadt eine Leibrente niedrig zahlen wollte, wenn sie auf Söhne oder Töchter mit voraussichtlich langer Lebensdauer nachreichen musste.

Der Wiederkaufsrentfuss weist grössere Verschiedenheiten auf als der Leibrentfuss. Durch das ganze Mittelalter hat er überall fallende Tendenz. Zugleich aber ist er auch sonst zeitlich und örtlich grösseren Schwankungen unterworfen. Er spiegelt immer die wirtschaftliche und politische Lage einer Stadt treu wieder, ebenso die verschiedene Entwicklungshöhe der grösseren Wirtschaftsgebiete Deutschlands in einer bestimmten Zeit.

Am niedrigsten ist er im Rheingebiet und in Süddeutschland. Dort sank er in Basel von 7 und noch mehr Prozenten im 14. Jahrhundert auf 4 Proz. und tiefer im 15. Jahrhundert. *Neumann* gibt auf seiner Rentenfusstabelle höhere Zahlen an[1]). Diese beziehen sich aber auf den privaten Rentfuss. Die Stadt bot grössere Sicherheiten als der einzelne Verkäufer. Sie war eine unsterbliche Persönlichkeit, das Haus des Privatmannes aber konnte abbrennen oder verlassen werden, und so konnte das Recht des Käufers auf die Rente einschlummern, sehr häufig vielleicht, um nie wieder zu erwachen. Niemand wollte ja die Brandstätte neu bebauen oder das leere Haus kaufen oder beziehen; denn wer das unternahm, hatte alle darauf lastenden Rentleistungen weiter zu erfüllen. Und nicht einmal einer der dazu gehörigen Rentgläubiger wagte es, das ihm von Rechts wegen zustehende Haus zu übernehmen, weil er dann an seine Mitgläubiger deren Renten zu zahlen hatte. Auf eine nähere Betrachtung der eigentümlichen Erscheinung, dass in den mittelalterlichen Städten zahlreiche Häuser unbewohnt waren, muss hier natürlich verzichtet werden.

Der öffentliche Rentfuss hielt sich daher unter dem privaten. In Basel, Mainz und Köln entwickelte er sich im 15. Jahrhundert zu sehr modernen Höhen. Es kommen 3 und 3 1/3 Proz. vor. Dem kulturell hochentwickelten Westen standen die Hanse- und ostfälischen Städte (Hannover, Hildesheim, Hameln, Braunschweig, Lüneburg) nur wenig nach. Hier überwogen 6 und 5 Proz.[2]). Bremen hatte in der zweiten Hälfte des 14. Jahrhunderts 6 1/4 Proz. Das ist weniger als Basel, Köln und Dortmund um dieselbe Zeit aufwiesen.

Auch die obersächsischen Städte erfreuten sich eines mässigen Rentfusses. In Leipzig, Freiberg, Chemnitz, Magdeburg, Zerbst und Halberstadt waren sogar 4 Proz. im 15. Jahrhundert keine Seltenheit. Sonst herrschten 5 Proz. vor. — Am weitesten im Rückstand war der Osten. In Breslau bezeichneten 10 Proz. und 8 1/3 Proz. die gewöhnliche Höhe. Geringere Füsse von 7 1/7 und 6 Proz. sind als Ausnahmen zu betrachten. *Neumann* bezeichnet sogar 10 Proz. bis über die Mitte des 15. Jahrhunderts als den alleinherrschenden Privatrentfuss, erst am Ende desselben Jahrhunderts lässt er ihn auf 9 1/2 Proz. sinken, und die Höhen

1) Gesch. des Wuchers, s. 268.

2) Vgl. auch die Zahlen bei *Neumann*, s. 266 ff.

von Nordwest- und Mitteldeutschland werden erst tief im 16. Jahrhundert erreicht. Die preussischen Städte und Danzig bestätigen mit ihrem Rentfusse die im Vergleich zum Westen geringere Entwicklungshöhe des Ostens [1]).

Die Abwärtsbewegung des Rentfusses vollzog sich in vielen Städten unter Rückschlägen, die von irgendwelchen Unglücksfällen verursacht wurden.

In Mainz hielten im Jahre 1437 der 3 1/3 und 5 Proz.-Fuss einander die Wage, 1444 überwog aber der letztere. Die Stadt hatte in dieser Zeit eine schwere Finanzkrise zu durchlaufen [2]). Dortmund war durch seine Fehde mit dem Kölner Erzbischof und den Grafen von der Mark in eine ähnliche Lage geraten. Die Leibrenten stiegen daher wieder auf 12 1/2 Proz. und die Wiederkaufsrenten vereinzelt sogar auf 10 Proz. (1400) [3]). — In Braunschweig bewirkte der Aufstand der Zünfte im Jahre 1374 ein plötzliches Steigen der Wiederkaufsrenten von 6 auf 10 und 11 Proz. [4]). — Breslau stand 1417 am Vorabend eines Aufstandes. 1460 führte es Krieg, erst um 1470 traten wieder normalere Verhältnisse ein. Jene Zustände aber mussten natürlich ebenfalls ein Sinken des Rentfusses verhindern.

In Basel trat einmal eine vorschnelle Abwärtsbewegung ein: 1430 auf 4 Proz. Ursache davon war die Ausprägung besserer Münzen während des Konzils [5]). Später erhöhte sich der Fuss vorläufig wieder auf 5 Proz.

Ob die einheimischen und fremden Rentner bei Bemessung der Rente verschieden behandelt wurden, lässt sich nicht mit Sicherheit erkennen. In Basel scheint es, als wären die auswärtigen Renten niedriger als die einheimischen. Jene wurden auch häufiger von Konversionen getroffen. Es ist anzunehmen, dass die Stadt Fremden manchmal nur einen niedrigeren Fuss zu bewilligen suchte, weil sie Unkosten hatte, wenn sie das Geld schickte.

Die schwebende Schuld verpflichtete zu den höchsten periodischen Leistungen, zu Zinsen im Stile des Mittelalters. 15—20 Proz. bilden in allen Städten den Durchschnitt, wiewohl auch weniger vorkommen, in Nürnberg z. B. abwärts bis zu 10 Proz.

---

1) *Neumann*, s. 271.

2) *Hegel*, 17.

3) Dortm. U.B. II, 2, nr 1042.

4) *Kostanecki*, s. 45.

5) *Schönberg*, s. 108 u. 122.

Dieser Zinsfuss ist mit dem von Privaten zu zahlenden verglichen, 25, 30 Proz., immer noch als niedrig zu bezeichnen. Für die Stadt machte sich der Vorteil der ewigen Persönlichkeit auch in diesem Falle geltend. Dass der Zinsfuss aber höher steht als der Rentfuss begründet sich damit, dass der kurzfristigen Anleihe die Fundierung und fast immer die dingliche Sicherstellung fehlte, woran das Mittelalter so sehr gewöhnt war. Der Zins musste die entgangene Nutzniessung eines Pfandes ersetzen und für ein bedeutendes Risiko entschädigen.

Er war besonders hoch bei Judendarlehen. Die mittelalterlichen Juden waren ihres Eigentums nie sicher. Als des Königs Kammerknechte waren sie seiner Willkür vollkommen preisgegeben; er konnte die Städte mit einem Privileg zur Judenverfolgung ausstatten, die dann unter ideellem Vorwand, aber mit materiellen Zielen nur zu gründlich ausgeführt wurde. Einer der grossartigsten dieser Beutezüge gegen die andersgläubigen Geldhändler wurde im Jahre 1385 von König Wenzel gemeinsam mit dem schwäbischen Städtebunde unternommen.

38 Städte verabredeten im Juni dieses Jahres auf dem Tage zu Ulm Tilgung der Judenschulden[1]). König Wenzel erteilte gegen Zusicherung von 40000 fl. aus der zu erhebenden Beute seine königliche Gnade dazu. Die Städte, sowie die Privatschuldner in Gestalt von Fürsten, weltlichen und geistlichen Herren, Bürgern und Bauern, Männern und Frauen sollen Nachlass der Schulden erhalten in der Weise, dass von den innerhalb des letzten Jahres vor dem Tage der Verabredung kontrahierten Schulden nur das Kapital zurückgezahlt werden solle. Von den älteren Schulden seien Kapital und Zinsen zu addieren und von der Summe nur $^3/_4$ zu zahlen [2]). Die privaten Schuldner haben der Stadt, wo ihre jüdischen Gläubiger eingesessen sind, Sicherheit für die Zahlung zu leisten und zwar mit Pfändern, wie sie üblich von sterblichen Personen gesetzt werden mussten — guten Schlössern, Dörfern und anderen Pfändern. Die Sicherstellung soll durch ein Schiedsgericht von vier angesehenen Männern bestimmt werden, von denen je zwei durch den Schuldner und durch die Stadt zu berufen sind. Kommen diese nicht überein, so haben des Königs Landgraf Hans von Leuchtenberg und Berchtold Pfinzinger von Nürnberg

---

1) Reichstagsakten I, nr 272 ff.

2) Reichstagsakten I, nr 267 u. 272.

ihnen einen gemeinen Mann zur endgültigen Entscheidung beizugeben. Die Schuldner haben zwei Jahre Frist, müssen aber das Kapital mit 10 Proz. verzinsen; eigenen Bürgern darf die Stadt andere Fristen stellen. Wer mit der Teilung nicht einverstanden ist, geht ihrer Vorteile verlustig.

Bei dieser Vereinbarung liess man sich von keinem anderen Zwecke leiten als dem, die Städte von ihren eigenen Judenschulden zu befreien und obendrein als Gläubiger an Stelle der Juden den Privaten gegenüber einzusetzen.

Die Ausführung des Planes wurde damit eingeleitet, dass am 16. Juni 1385 in allen Städten zugleich die Juden verhaftet wurden. Die nicht ansässigen wurden an ihre Heimatsstadt ausgeliefert. Darauf nahm man die Tilgung der Judenschulden zu gunsten der städtischen Finanzen vor.

Der Stadt Nürnberg brachte das Unternehmen allein 80986 Gulden ein; davon war sie selbst 7000 Gulden schuldig gewesen (»und dieselben brief sind zersniten«[1]). 15000 Gulden waren an den König abzuliefern. — Der Burggraf wurde der Stadt durch den Wechsel der Gläubiger 8000 Gulden schuldig; er musste sie durch Verpfändung von Gericht und Zoll sicher stellen.

Nichts destoweniger wurden die Borggeschäfte zwischen Bürgern und Juden sofort wieder aufgenommen, so dass bereits im Jahre 1390 ein neuer Schuldenerlass vorgenommen wurde[2]).

Nichtigerklärung von Judenschulden durch den König kamen auch anderwärts vor.

Im Jahre 1353 riefen die Bürger von Augsburg die königliche Gnade gegenüber den »bösen briefen umb unredliche schulde« der Juden an. Karl IV. erklärte die Stadt aller Judenschulden für ledig und verbot Fürsten, Grafen und Herren und allen Leuten, weder die Klagen der Juden gegen die Stadt anzunehmen, noch ihnen irgend welche Hilfe zu leisten[3]).

Die Juden wurden aber nicht nur als ausserordentliche Finanzquellen in Anspruch genommen, sondern auch als ordentliche. Sie mussten die ungestörte (!) Ausübung ihrer Geschäfte durch hohe jährliche Schutzgelder erkaufen.

So war es nur natürlich, dass sie ihre verlorenen Vermögen und die bedeutende Ausnahmesteuer möglichst rasch durch hohen

1) *Hegel*, 1, s. 123 f.

2) Ebd. s. 26.

3) U.B. d. St. Augsburg II, nr 395.

Zinsfuss zu ersetzen suchten. Dazu kam ferner, dass sie als Geldhändler und Darleiher nahezu unentbehrlich waren; der von ihnen geforderte Zinsfuss war Monopolpreis. Schliesslich mag auch das Odium, das ihrem Berufe unter dem kanonischen Zinsverbote anhaftete, den Zinsfuss etwas mit erhöht haben.

Das Handgeld, das sich die Christen zahlen liessen, belief sich in den meisten Fallen auf 10 Proz. Damit ist das Risiko dieser Gläubiger ausgedrückt. Es war geringer als das der Juden, trotzdem grösser als das der Rentner. Man schätzte die Sicherheit des Darlehns geringer ein als die der Rentforderung.

2. Die Zahlungsform.

Bei Festsetzung der periodischen Leistungen war zunächst die Bestimmung der Währung wichtig, in der sie zu erfolgen hatten, und das aus doppeltem Grunde.

Zuerst war die Währung von Ort zu Ort verschieden. Jede Stadt bildete ein selbständig entwickeltes, in sich geschlossenes Wirtschaftsgebiet, dessen Einrichtungen etwa ebenso individuell waren, wie heute die der grossen Nationalstaaten.

Der zweite Grund war in der immer mehr zunehmenden Münzverschlechterung gegeben. Der Gläubiger musste gewärtig sein, dass ihm die Stadt für sein gutes Geld schlechtes zurückzahlte.

Der Baumeister einer Fabrik in Magdeburg beschwert sich einmal beim Rate zu Zerbst, dass ihm dieser eine Rente in schlechtem und fremdem Gelde geschickt habe: »ock weren itlicke groschen dar manck, dede gulden X ₰, alsze grote Staleberger, Henneberger und andere bosze groschen, so feylen daran eyn gulde werth geldes und .... VI grote penninge Magdeburgisch.« 1504 [1]).

An anderer Stelle wurde schon erwähnt, dass die Stadt die Zahlung in anderer Währung auch zwangsweise vornahm und so versteckt den Zinsfuss erniedrigte.

Beiden Gründen entsprechend nennt die Währungsklause, der Schuldurkunden die Währung eines bestimmten Ortes und die Qualität des Geldes. Die Stadt will zahlen mit ihrer »witte und wighte«, oder »wighte und were«, »gutes löthiges Silber« Gulden »gut von Golde und recht von Gewichte« oder »boni denarii apud nos usuales«.

---

1) U.B. d. St. Magdeburg III, nr 1298.

In Basel wird im Jahre 1390 die Währung der Schuldzahlungen ausserdem durch einen Spruch der Hausgenossen geregelt: Alle Schulden sollen in der Währung des Schuldbriefes gezahlt werden[1]).

Wie etwa verfahren wurde, wenn die Stadt ihre Währung änderte, lässt eine Züricher Münzordnung von 1351 vermuten: Bei Aenderung der Währung setzte die Stadt eine Dreierkommission ein, die die Schuldzahlung in der neuen Münze berechnete[2]).

Zahlungstermine waren bei Abschluss des Kreditgeschäftes für die Renten- und Zinszahlungen und meist auch für die Tilgung der Darlehensschuld besonders zu vereinbaren.

Die Renten wurden wöchentlich, vierzehntäglich, monatlich, $^1/_4$-, $^1/_2$- und ganzjährlich gezahlt. Am gebräuchlichsten war der Halbjahrstermin. Hierbei entstanden Terminpaare aus symmetrisch in den Halbjahren gelegenen Tagen, die sich über das ganze Jahr verstreuten: Ostern-Michaelis, Ostern-Remigius, Walpurgis-Aller-Heiligen, Pfingsten-St. Martin, Urban-Andreas, Urban-St. Katharina, Johannes Bapt. — Weihnachten, Johannes — Zwölf Nächte, Mariae Himmelfahrt — M. Reinigung, Lambert—Gertrud, Matthäus — M. Verkündigung. Die Paare liessen sich aus den Urkunden noch vermehren.

Die Verteilung der Termine über das ganze Jahr entsprach dem Eingange der Erträge aus den städtischen Nutzungen und Ungeldern. Er erfolgte unregelmässig von Tag zu Tag, und da die Stadt ihre Finanzwirtschaft zunächst besonders auf diese Einkünfte basierte, war sie genötigt, die Termine zu zerstreuen. Ein Sammeln für eine bestimmte Zeit zum Zwecke der Bedarfsdeckung gab es nicht. Das änderte sich erst, als die direkten Steuern unter den Einnahmen in den Vordergrund traten. Diese waren bestimmt terminisiert, und man konnte nun Renttermin und Steuertermin zusammenlegen. Damit ist zugleich eine gewisse Reife der städtischen Finanzwirtschaft gekennzeichnet. Die Stadt fängt an, Bedarf und Deckung vorauszuberechnen, ein Budget aufzustellen. Die Zusammenlegung der Termine ist zugleich ein Zeichen für die geldwirtschaftliche Fundierung der Schuld auf die städtische Kammer. — Während des Mittelalters ist die ausschliessliche Bevorzugung ganz weniger Termine jedoch nirgends durchgedrungen.

1) U.B. d. St. Basel V, nr 140.

2) Zürch. Stadtb. I, 1, nr 358.

Sehr häufig ist neben dem Termin eine Frist von acht oder vierzehn Tagen (Meindwoche, Zwölfnächte, Osterwoche) angesetzt. Hierin zeigen sich naturalwirtschaftliche Spuren. Die Naturalleistungen der früheren Zeit konnten meist nicht an einem bestimmten Tage erfolgen, da sie sehr häufig von natürlichen Bedingungen abhingen, besonders von der Reife der Früchte und der Tiere. In den Städten behielt man die damals üblichen Fristen noch bei, zum Teil gewohnheitsmässig, zum Teil aber auch aus Notwendigkeit; denn die städtischen Nutzungen und Ungelder lieferten während des Jahres ungleiche Erträge. Es konnte kommen, dass die Stadt gerade am Fälligkeitstage einer Rente keine Barvorräte hatte und daher die Zahlung um einige Tage verschieben musste. Sehr oft nicht um einige Tage, sondern um Wochen!

Dortmund fundierte im Jahre 1377 die Zahlung bestimmter Renten auf die Weinaccise. Diese ergab im Sommer weit mehr als im Winter. Die Folge war, dass besonders im Winter die den Terminen beigegebenen Fristen erheblich überschritten wurden, so dass starke Verzögerungen eintraten. Die gleichen Erscheinungen finden sich an allen Orten. Die Gläubiger der Stadt nahmen deren Unpünktlichkeit jedoch nicht allzu tragisch auf. Man war dergleichen im Mittelalter gewöhnt. Die Tugend der Pünktlichkeit ist erst unter den erschwerten Bedingungen geschaffen worden, die das Wirtschaftsleben der neueren Zeit den Menschen stellt.

In dem Dortmunder Leibrentenbuch ist u. a. auf Blatt 2 eine Leibrente von 20 Gulden eingetragen[1]), die von der Stadt zu Ostern zu zahlen war. 1379 geschah das pünktlich, 1380 aber am 7. Mai, 1381 am 27. Juli, 1382 am 16. Juni, 1383 am 11. Nov., 1384 am 6. Dez., 1385—90 »von denen, die auf dem Königshof sassen«, 1391 am 7. Juli, 1392 am 17. Sept., 1394 am 13. April.

Im Dortmunder Urkundenbuch sind zahlreiche Mahnbriefe wegen versessener Renten gesammelt. Im Jahre 1393 fordert da ein Gläubiger von der Stadt, sie möge ihm die Leibrente, die er nun schon zu 10 Terminen nicht erhalten habe, endlich auszahlen[2])!

Auch Zerbst bekam zahlreiche Mahnbriefe zugeschickt. Nur einige seien besonders hervorgehoben: Bethmann Losze ersucht den Rat um Zahlung von 15 Gulden, nachdem er schon fünf

1) Dortm. U.B. II, 1, nr 69.

2) Ebd. II, 2, nr 676.

Mahnbriefe darum vergeblich geschrieben[1]).

Jakob Querstede mahnt im Jahre 1498 den Rat wegen rückständiger Renten aus den Jahren 1491—93[2]).

Auch Martin Sehusen zu Magdeburg mahnt die Stadt wegen einer Rente, die schon mehrere Jahre hindurch versessen ist[3]).

Die Vereinbarungen über den Zahlungsort sind überaus mannigfaltig, sodass sich kein allgemein gültiges Prinzip dabei feststellen lässt. Die Stadt liess Renten und Zinsen durch den Berechtigten holen, sie brachte sie aber auch. Beides lässt sich zugleich z. B. in Magdeburg und Zerbst nachweisen, wo die reichhaltigen Ueberlieferungen überhaupt einen der besten Einblicke in die Erscheinungen des städtischen Schuldenwesens gewähren.

Zu Weihnachten 1446 kamen Kämmerer von Zerbst nach Magdeburg und zahlten dort »vielen Leuten« ihre Renten aus[4]), ein andermal tat das der Bevollmächtigte der Stadt, Heinz Sconemann[5]). Eine an eine Magdeburgerin verkaufte Rente soll jährlich im Hause »zur goldenen Leuchte« in Magdeburg gezahlt werden[6]). 1509 quittiert ein Magdeburger an Zerbst über eine Rente von 50 Gulden, die ihm der Bote Hans Winkel gebracht hat[7]). Im Jahre 1468 schickt dagegen ein Magdeburger einen Boten nach Zerbst, um 70 Gulden zu holen[8]). 1469 verkaufte Magdeburg an das Kloster Lehnin 100 g für 700 g. Das Kloster hat die Rente durch einen Boten holen zu lassen. Die Stadt muss ihn aber zwei Tage und zwei Nächte lang frei beherbergen[9]). Diese Verpflichtung deutet wohl an, dass der auswärtige Rentner von der Stadt die Uebersendung des Geldes auf ihre Kosten erwartete. Diese ist auch in anderen Städten häufig. Mainz führt z. B. die auswärtigen Renten u. a. an die Kasse der Stadt ab, wo der Rentner wohnte. Dieser holte sie dann ab[10]). Hamburg ist verpflichtet, eine Rente auf seine »kosten und aventure« in Lübeck auszuzahlen[11]). Riga gibt einmal einem seiner Bürger,

1) U.B. d. St. Magdeburg III, nr 1150 (1500).
2) Ebd. Nachtr. nr 150.
3) Ebd. nr 1169.
4) Ebd. II, nr 516.
5) Ebd. II, nr 704.
6) Ebd. II, nr 797.
7) Ebd. III, nr 1464.
8) Ebd. III, nr 81; vgl. nr 167; III, Nachtr. nr 74.
9) Ebd. III, nr 103.
10) *Hegel*, 17, vgl. *Knipping*, s. 387.
11) Lüb. U.B. X, nr 616.

der in Geschäften nach Lübeck fährt, 200 Gulden zur Zahlung an den Lübecker Rat mit, dem es das Geld schuldete. Hier scheint es sich jedoch um die Rückgabe eines Darlehns zu handeln [1]).

Köln hingegen scheint im allgemeinen an dem Brauche festgehalten zu haben, dass es für auswärtige Gläubiger selbst Zahlungsort sei [2]).

Für schwebende Schulden konnte einer der grossen Handelsplätze Zahlstelle sein oder der Wohnort der dritten Person, auf die der Gläubiger die Summe anwies (s. oben S. 42 ff.).

Manchmal ist der Zahlungsort in das Belieben der Rentner gestellt, so in Hameln. Die Betreffenden dürfen hier wählen zwischen Hameln und Hannover, Hildesheim-Hameln-Hannover, Hildesheim-Hannover [3]).

Zahlreiche Schuldurkunden enthalten keine Bestimmung des Zahlungsortes. Dann ist wohl die leihende Stadt als solcher anzunehmen.

III. Die Sicherung der Gläubiger und die Mobilisierung der Rente.

1. Die dingliche Sicherung der Gläubiger.

Die Forderungen der Gläubiger mussten von der Stadt sehr häufig im ausgedehntesten Masse gesichert werden. Sie tat das dinglich und persönlich.

Die direkte dingliche Sicherung war durch die Belastung der städtischen Immobilien mit Renten zum Teil unmöglich geworden. Ihre alten naturalwirtschaftlichen Formen, die beiden Satzungen, konnten daher nicht mehr hervorragend zur Verwendung kommen. Die Stadt hatte nichts übrig, was sie dem Forderungsberechtigten zur Nutzniessung überlassen oder vorbehalten konnte.

Ganz verdrängt ist die Satzung gleichwohl nicht, und Beispiele ihrer Verwendung liegen immer noch vor.

Braunschweig sicherte am Anfange des 14. Jahrhunderts seine Leibrentner satzungsmässig durch Häuser und Kramläden. Die Objekte wurden ihnen zur lebenslänglichen Nutzung überlassen, nach dem Tode fielen sie an die Stadt zurück.

»Dhe Rat heft vorkoft Santberghe dat hus bi sunte Petere

---

1) *Neumann*, Gesch. des Wechsels, s. 88.

2) *Knipping*, s. 394.

3) *Meinardus*, I, Donat. nr 135; vgl. *Knipping*, s. 394.

mittere stenkamere dhar dhe jodhen inne wesen hadden vor XX marc to semme liven. Svan sin to kort wert, so valt dhat weder an dhen Rat in dher Oldenstat.« 1312[1]).

Dortmund verkauft 1316 einen Garten auf vier Jahre für 19 Mark. Wird er binnen dieser Zeit nicht eingelöst, so verfällt er dem Käufer und seinen Erben für immer[2]).

Dortmund verkauft im Jahre 1384 an den Bürger Johann Gravenkamp und seine Hausfrau Grete einen Gaden für 10 Mark. Der Käufer muss dem Rate jährlich 2 Mark zahlen, ausserdem behält dieser sich das Recht des Wiederkaufs vor[3]).

In den beiden zuletzt zitierten Fällen liegt Verkauf auf Wiederkauf vor, der sich praktisch und auch rechtlich nur wenig von der Satzung mit Gewere des Gläubigers unterscheidet.

Im Jahre 1386 verkauft dieselbe Stadt an den Priester Christian Rudenhovede den Teich vor dem Osttore auf Lebenszeit[4]).

Die Ratsherren von Lüneburg verpfänden 1384 an die Ritter Hermann und Hans Spörken die Schlösser Dannenberg und Pretzetze für 1750 Gulden zu 10 Proz., dazu die Hälfte der Vogtei beider Schlösser bis zu 100 Mark ihrer Einkünfte. Die beiden Gläubiger sollen Burg und Vogtei beschirmen und verwalten und alle Einkünfte, die den pflichtigen Zins der Stadt übersteigen, an diese abführen. Sind sie aber geringer, so will die Stadt das Fehlende zubessern. Sie darf Schlösser und Vogtei jederzeit einlösen. Die Rente wird dann von ihr nach »antale der tijt in deme iare« entrichtet. Die Saat, die bei der Ablösung auf dem Felde steht, wird von der Stadt nach Schätzung von beiderseitigen »Freunden« besonders vergütet[5]).

In einem anderen Falle borgt Lüneburg von einer Vikarie in Lübeck 615 Mark. Es verspricht, dafür die Einkünfte von einem Wispel Salzrente zu zahlen oder einen Wispel für die Vikarie anzukaufen[6]).

In Göttingen werden Teile des Stadtgrabens und Häuser auf Lebenszeit verkauft[7]).

Auch Todsatzung kommt vor.

---

1) *Haenselmann*, II, 375; vgl. 310. 329. 332.

2) Dortm. U.B. I, 1, nr 351.

3) Ebd. II, 1, nr 151.

4) Ebd. II, 1, nr 179.

5) *Sudendorf*, IV, nr 74.

6) U.B. d. St. Lüneburg I, nr 617 (1369).

7) U.B. d. St. Göttingen I, nr 232 (1365); nr 288 (1378): auf zwei Leben.

Lüneburg verpfändet Sülzgut an einen Gläubiger in der Weise, dass »se schollet de dree wispel soltes also lange in den weren behölden, dat se de vorscr. summen gheldes suender jenigen brock dorut geboret hebben«[1]).

Die Anwendung der Satzung auch ohne Gewere des Gläubibigers in ihrer naturalwirtschaftlichen Form in den Städten nachzuweisen, stösst auf Schwierigkeiten. Die Rente ist ablösbar und dadurch der sog. jüngeren Satzung so ähnlich geworden, dass man beide schwer von einander unterscheiden kann.

Die Satzung wurde nun auch wie manches andere naturalwirtschaftliche Institut in den Städten geldwirtschaftlich weiter entwickelt. Aus ihr sind Steuerverpachtung und Steuerverpfändung hervorgegangen.

Die Steuerverpfändung (Steuerverkauf) wurde so vorgenommen, dass die Stadt den Rentner oder Gläubiger in Besitz und Nutzung der Steuer einsetzte, solange, bis sie diese wieder einlöste oder bis sich der Gläubiger bis zur Höhe seiner Forderung daraus schadlos gehalten hatte. Diese letzte, der Todsatzung nachgebildete Form konnte natürlich nicht bei Rentenschulden angewendet werden.

Dortmund verkaufte im Jahre 1336 die Weinaccise auf Wiederkauf für 26 Mark 6 sol. in der Weise »quod nemo a vectura deponere debet vina, nisi cum scitu trium et nisi prius accisa sit promissa« bei 10 sol. Strafe[2]).

1407 überlässt die Stadt einem Gläubiger wegen 250 Gulden und der davon versessenen Zinsen und wegen versessener Leibrenten die Accisewage auf 10 Jahre[3]).

Köln übergab im Jahre 1389 einigen Gläubigern zur Abtragung einer Schuld die Fleischaccise: »so hayn wir die vurgenante unse samenburgere darumb gesat ind setzen overmitz diesen brieff in unser steede assysen, die wir haven an dem vleyssche . . . ind yn volkomen moege ind macht gegheven, dieselve assysen upzobueren, upzoheyven ind zo untfangen ind die vorgenante schoult danneaff zo betzalen also lange, bis die vurgenante schoult volkoemeligen verricht ind wail betzailt sy«[4]).

Aehnlich überlässt die Stadt schon 3 Jahre früher Heinrich van der Eren für 1860 Gulden die Accise vom Bestadepfennig und

1) U.B. d. St. Lüneburg II, nr 982 (1383).

2) Dortm. U.B. I, 1, nr 525 c.

3) Ebd. III, 1, nr 348.

4) *Ennen-Eckertz*, V, nr 427.

verpflichtet sich daneben zu einer wöchentlichen Zahlung von 20 Goldgulden, bis die Schuld durch beides getilgt ist. Darnach soll der Gläubiger noch ein Jahr lang (als Zins!) die Weinaccise beziehen [1]).

Die Gewere über die Steuer, die dem Gläubiger in den eben zitierten Fällen zugestanden wurde, konnte auch ausbleiben.

Dortmund erhöhte im Jahre 1377 den Schoss um einen Vierling von der Mark, um einen Gläubiger für 1333 Gulden rechter Schuld zu sichern. Der Schossmeister übergab das Geld den sechs Bürgen der Stadt, und diese führten es an den Gläubiger ab [2]). Der Steuerzuschlag fiel weg, nachdem die 1333 Gulden bezahlt waren.

Die Steuer wurde auch als Verfallpfand gesetzt, falls die Stadt mit den Zahlungen in Verzug geriet.

Köln wandte diese Form ebenfalls an, wie aus einer Urkunde von 1275 hervorgeht [3]): Wenn die Stadt an neun Bürger 1530 Mark Leihgeld nicht zum bestimmten Termine zurückzahlt, wird ihnen der Malzpfennig zur Verfügung gestellt, bis sie daraus vollständig befriedigt sind. Die Stadt erhob die Steuer aber selbst und gab nur ihren Ertrag an die Gläubiger ab.

Mainz verpfändete für den Verzugsfall den Zoll. 1444 [4]).

Mit der Steuerverpfändung ist die Steuerverpachtung verwandt, nur dass hier der Rückgang der Steuer an die Stadt zeitlich bedingt war und nicht mehr dadurch, dass der Gläubiger in der Höhe seiner Forderung glatt entschädigt wurde. Der Pächter bezog Zinsen in dem Ueberschusse, den ihm die Steuer während der Pachtfrist bringen konnte. Er unterlag aber auch einem Risiko; denn die Steuer konnte auch unerwartet weniger einbringen, als er Pacht gezahlt hatte.

Köln verpachtete im Jahre 1275 den Braupfennig für 2704 Mark auf vier Jahre an ein Konsortium kölnischer Bürger. Diese wurden sogar gegen ein etwaiges Defizit gesichert. Der Rat versprach, es zu decken [5]).

Für eine nicht genannte Summe überliess die Stadt einem Bürger, seiner Frau und seinen Erben die Accise vom Gewand-

---

1) *Ennen-Eckertz*, V, nr 354 (1386).
2) Dortm. U.B. II, 1, nr 78.
3) *Ennen-Eckertz*, III, nr 109.
4) *Hegel*, 17, s. 97, 23.
5) *Ennen-Eckertz*, III, nr 113.

schnitt auf zwei Jahre 1381 [1]); ebenso den Ertrag des Molters auf ein Jahr [2]), ferner die Bieraccise auf zwei Jahre [3]), die Accise von der Domwage und der Eisenwage [4]), Tonnen- und Salzpfennig [5]).

Im Jahre 1387 verpachtete die Stadt an Heinrich Mölenpesch und Ambrosius von Busti die Krahnaccise auf zwei Jahre. Die Pächter zahlten nicht eine einmalige Summe, sondern verpflichteten sich schriftlich und durch Eidschwur auf die Heiligen, wöchentlich 110 Mark an die Rentkammer abzuliefern [6]).

1396 wurde auch der Unterkauf von Obst gegen jährliche Zahlungen von 165 Mark an zwei Terminen verpachtet [7]).

Im Jahre 1398 erliess der Rat eine Verordnung über die Accisepacht: Weder Amt noch Gaffel sollen Accise pachten. Die Pacht soll vielmehr auf dem Rathaus ausgerufen (meistbietend versteigert) werden. Mehr als zwei haben sich nicht an einer Pacht zu beteiligen, die Pächter müssen darauf Brief und Siegel geben und Bürgen setzen. Uebertretungen werden mit 1 Jahr Turm bestraft [8]).

Direkte Steuern wurden häufig derart verpfändet, dass der Gläubiger eine Summe zahlte, gegen die er für eine gewisse Zeit steuerfrei blieb.

Im Jahre 1390 kaufte ein Dortmunder Bürger der Stadt eine Rente von 28 Mark für 232 Mark ab. 8 Mark davon behielt der Rat immer als Steuer zurück, während er die übrigen 20 von verschiedenen Nutzungen wirklich erhielt [9]).

Die Stadt erteilte Wucherkonzessionen an Juden auf sechs Jahre unter der Bedingung, dass diese ein einmaliges Darlehn gewährten. Dafür blieben sie vom Judenschutze frei [10]).

Die Stadt Erfurt befreite die Juden von allen städtischen Abgaben gegen jährliche Pauschalsummen von 250 Pfd. 1375 [11]). Im

1) *Ennen-Eckertz*, V, nr 261.

2) Ebd. V, nr 360. — Vgl. a. *Stein*, Akten II, nr 8 (1335).

3) Ebd. V, nr 437.

4) Ebd. nr 425.

5) Ebd. nr 424.

6) Ebd. nr 300. — Vgl. das Verzeichnis der Pachttermine für verschiedene Accisen bei *Stein*, Akten II, nr 67 (1382).

7) Ebd. nr 200.

8) *Stein*, Akten, II, nr 70.

9) Dortm. U B. II, 1, nr 230.

10) Ebd. II, 1, nr 28 (1379).

11) Erf. U.B. II, nr 754.

Jahre 1380 mussten sie einmal 2200 Mark in drei Raten, ausserdem für die nächsten fünf Jahre je 1000 Pfd. Pfennige und 50 Mark zahlen, ebenfalls gegen Abgabenfreiheit [1]). Tatsächlich kann es sich hier jedoch um Zusammenlegung von Steuern handeln.

Der Rat zu Zürich erliess 1398 einen Aufruf an die Bürger, der Stadt Geld zum Rathausbau zu leihen; sie sollten das dann weniger an Steuern zahlen. Wer grössere Summe leihen würde, sollte sie aus einer neu einzuführenden Steuer zurückerhalten [2]).

Neben der Sicherung durch Liegenschaften und Steuern wurde in manchen Städten auch die durch Faustpfand verwendet.

Mainz war an den Rat zu Frankfurt und an andere Orte verschuldet. Es hatte dafür den Silberschatz, Gulte und Briefe verpfändet [3]).

Lüneburg sicherte den Rat zu Hannover für eine Schuld durch die Auslieferung von Kriegsgefangenen. Aus dem zu erwartenden Lösegeld sollte sich Hannover schadlos halten. 1371 [4]).

Bei Anwendung von Satzung und Faustpfand wurde der Gläubiger durch ein ganz bestimmtes Gut gesichert. Dazu aber war er auch allgemein gesichert dadurch, dass er sich aus irgendwelchen Vermögensteilen der Stadt entschädigen konnte. Dazu gehörte auch — und das war besonders wichtig — das Vermögen aller ihrer Bürger. Man sah die städtische Gemeinde als eine Genossenschaft an, in der die Allgemeinheit für das Wohl ihrer Glieder bis ins einzelnste sorgen sollte, wo aber auch diese mit Leib und Gut für jene einzustehen hatten. Die Bürger waren für die finanziellen Verpflichtungen des öffentlichen Haushaltes Nichtgenossen gegenüber solidarisch haftbar mit ihrem ganzen Vermögen.

Um 1400 wurden die Güter der Dortmunder Kaufleute rings im Lande gekrodet [5]), die Bürger selbst sogar gefangen gesetzt [6]). Den Gläubigern der Stadt war ausdrücklich in den Verträgen zugestanden worden, das Gut der Stadt »kummeren, harren ind arrestieren, antasten ind gryffen« zu dürfen [7]).

1418 befahl der preussische Grossmeister die Beschlagnahme alles Breslauer Eigentums zu Gunsten der hier ansässigen Gläubiger [8]).

1) Erf. U.B. II, nr 834.
2) Zürch. Stadtb. I, 2, nr 149. 150.
3) *Hegel*, 17 s. 225.
4) U.B. d. St. Lüneburg II, 714.
5) Dortm. U.B. II, 2, nr 1030. 1031. 1043. 1046. 1047. III, 319—32 u. a.
6) Ebd. III, 1, nr 320. 325. 332.
7) Ebd. II, 1, nr 258.
8) *Beyer*, s. 103.

Mainzer Bürgern wurden um 1440 ihre auswärtigen liegenden und fahrenden Güter genommen [1]).

Köln verbot im Jahre 1484 den Bürgern der fremden Städte, die nach Köln Renten schuldeten, freies Geleit zu gewähren [2]).

Die Beschlagnahme fand unter Mitwirkung des auswärtigen Gerichtes statt, bei dem sie vom Gläubiger beantragt wurde [3]). Unbedingt notwendig scheint jedoch die Mitwirkung des Gerichtes nicht überall gewesen zu sein. Nach einer Magdeburger Urkunde bat der Gläubiger nur den Rat der Stadt um Erlaubnis, das anwesende Gut der schuldenden Stadt (Zerbst) bekümmern zu dürfen [4]).

Eine andere Form der Bekümmerung war die, dass sich der Gläubiger das Gut nur als Unterpfand sistierte und die Stadt veranlasste, es mit der Schuldsumme zu lösen. So verfuhr der Graf von der Mark zu Gunsten eines seiner Untertanen mit Dortmunder Eigentum in Köln. Dieses wurde »hinter das Gericht gelegt« [5]).

Ob die betroffenen Bürger von ihrer Stadt entschädigt wurden, ist nicht immer sicher zu ermitteln. In Mainz war es der Fall. Dort wurde ein Ehepaar, dem ein Gläubiger der Stadt auswärtige Grundstücke »aberklagt« hatte, durch eine Leibrente auf zwei Leben abgefunden. Andere erhielten einmalige Geldentschädigungen zugebilligt. Die Stadtrechnung von 1444 erwähnt 1488 Gulden »ungeverlich uberslagen« als bezahlt »von aberclageter guter wegen, die den burgern von der stedte schult wegen aberclagt waren« [6]).

Die solidarische Haftpflicht der Bürger hatte zur Folge, dass diese es am eigenen Vermögen ganz empfindlich spüren mussten, wenn sich die Stadt in schlechter Finanzlage befand. Die privaten auswärtigen Beziehungen wurden dann stark gefährdet und oft ganz gestört. Jeder hatte daher ein eigenstes lebhaftes Interesse an einer soliden Finanzwirtschaft. Die Solidarhaft der Bürger macht die Heftigkeit, mit der die revolutionären Bewegungen in den Städten manchmal auftraten, mit begreiflich.

Sie veranlasste aber in schlechten Zeiten auch zahlreiche Bürgerschaftsaufsagen. Ein Dortmunder Kaufmann schreibt an

---

1) *Hegel*, 17, s. 261.

2) *Stein*, Akten, II, nr 446.

3) *Hegel*, 17, s. 261. — Dortm. U.B. III, 1, nr 231 u. 232.

4) U.B. d. St. Magd. III, nr 1453.

5) Dortm. U.B. III, 1, nr 231.

6) *Hegel*, 17, s. 105 u. 130.

seine Stadt: »Wetet, dat myn dink also gelegen es, dat ich wanderen wil unde moet, unde angest hebbe gekrodet to sine of in kroet to komene van der stadt wegen von Dorpmunde; war ume ich dar inne vorwaren wel unde segge op mine burgerschap to Dorpmunde op jue genade. Vart wol in gode« [1]).

Diese Aufsagen gingen besonders von Kaufleuten aus, die ja besonders ausgedehnt mit dem »Auslande« verbunden waren. Sie gehörten meist den Geschlechtern an, die als Inhaber der städtischen Gewalt für die Finanzwirtschaft verantwortlich waren. Sie legten keine hohen Proben von Patriotismus ab, wenn sie die Stadt, die sie mehr oder weniger selbst in eine schlimme Lage gebracht hatten, dann im Stiche liessen. Ihre Handlungsweise wurde dadurch noch unfeiner, dass gerade sie als die Wohlhabendsten in schlimmen Zeiten die berufensten Stützen des Gemeinwesens waren. So aber verschärften sie die Situation noch dadurch, dass sie der Verschuldung der Stadt erhebliche Steuerausfälle hinzufügten.

Die Stadt suchte daher manchmal die Abwanderung zu beschränken oder unmöglich zu machen.

Augsburg hatte, durch starke Verschuldung veranlasst, neue Steuern eingeführt und die Auswanderung während der Dauer dieses Zustandes verboten. Trotzdem waren einige Bürger aus der Stadt gefahren. Da erteilte Karl IV. im Jahre 1376 der Stadt die Macht, alle Ausgefahrenen und die, die noch ausfahren würden, an allem ihrem Gute in jeder Weise bekümmern, angreifen und aufhalten zu dürfen, bis sie mindestens die dreifache Steuer geleistet hätten. Die Betroffenen sollten deshalb vor niemand ein Klagerecht gegen die Stadt haben [2]).

Mainz verpflichtete im Jahre 1428 alle Auswanderer, eine Vermögenssteuer noch 10 Jahre lang weiter zu zahlen [3]).

Die grosse politische Bedeutung der Solidarhaft veranlasste die Städte häufig, sie durch Sonderverträge aufzuheben. So erhielten die Dortmunder Bürger im Jahre 1400 trotz der starken Verschuldung ihrer Stadt an Köln dort freies Geleit, nachdem sich Dortmund unter Vermittelung des Kölner Rates mit einem Teile der Leibrentner auf bestimmte Termine geeinigt hatte, zu denen die versessenen Renten gezahlt werden sollten [4]).

---

1) Dortm. U.B. II, 2, nr 1049; vgl. II, nr 1058. 1159. III, 1, nr 123. 124. 187 (1—4).

2) U.B. d. St. Augsburg II, nr 667.

3) *Hegel*, 17, s. 60 u. 69.

4) Dortm. U.B. II, 2 nr 1053. 1054.

Zwischen Lüneburg und Lübeck bestand ebenfalls ein Vertragsverhältnis über freies Geleit, das jedoch für besondere Fälle aufgehoben wurde. 1371 lieh Lüneburg von Lübeckern 2900 Gulden. Der lübische Rat verbürgte sich für die Stadt seinen Bürgern gegenüber. Dazu wurde diesen das Recht zugestanden, die Lüneburger zu bekümmern [1]). Dasselbe geschah in einem Vertrage von 1375, nur wurde hier die Bekümmerung auf Lüneburger Gut in Hamburg und Lübeck eingeschränkt [2]).

Aus Westdeutschland liegen zahlreiche andere Verträge vor: Köln und Soest hoben 1276 gegenseitig die Gemeinbürgschaft auf und vereinbarten, dass die Bürger beiderseits nur noch für persönliche Schulden zu haften hätten [3]). Aehnlich vertrug sich Köln mit Lüttich [4]), mit Huy [5]), mit St. Trond [6]), mit Deventer [7]) und Nürnberg. Dieses erteilte wenigstens den Bürgern von Köln und ihrem Gute auf Bitten ihres Rates vom 7. Dez. 1394 bis zum 1. Mai 1395 freies Geleit [8]).

Eine weitere Form der Sicherstellung ist die Zinsaufnahme auf Kosten der Stadt. Der Gläubiger hat das Recht, das fällige Geld bei Verzug auf Kosten der Stadt von Juden oder Christen zu beziehen.

Mainz 1441: »Das ist zu wissen, wer es sache, das sich die rechenunge of eine vierzehen tage verstiesse . . . so sollen ine . . denselben gulden geltis . . erfollen und darnach in den andern vierzehen dagen of den mondag unverlustig geben an alle geverde. geschee aber alsdan soliche bezalunge auch nit . . so mogen die vorgenanten eelude Heintz und Else (Rebstock) oder wem sie die forderunge gebent, des verfallen geltis zu stund oder wann sie wollent die erschienen gulte entnemen und ussgewinnen zu cristen, juden, cauwerzenen oder wo sie die gewinnen mogen of gewonlichen schaden. und die entnemunge solicher gulten . . sollen sie vierzehen dage zuvorhine . . . uns oder unsern nachkommen zu ieder zit verkondigen und wissen lassen, of das wir und unser nachkommen uns darnach wissen zu richten und was scha-

1) U.B. d. St. Lüneburg II, nr 707.
2) *Sudendorf*, V, nr 62.
3) *Ennen-Eckertz*, III, nr 137.
4) *Lacomblet*, II, nr 702.
5) *Ennen-Eckertz*, III, nr 153.
6) Ebd. nr 154.
7) *Lacomblet*, II, nr 610.
8) *Ennen-Eckertz*, VI, nr 205.

den dan also darof gehet, den schaden sollen wir richten und bezalen mit der erschienen gulten und iendes ieren einfeltigen worten zu glouben« [1]).

Auch Basel [2]), Frankfurt [3]), Köln [4]), Leipzig [5]) und Chemnitz [6]) kennen die Sicherung durch Zinsaufnahme, und Stralsund lässt sie i. J. 1410 Dortmund androhen [7]). Die Stadt wurde dabei zu der sehr unliebsamen »Konversion« einer Rentenschuld in eine schwebende genötigt, die vom Gläubiger gekündigt werden durfte und auch hohe Verzinsung erforderte. Die Städte schienen diese Massnahme auch zu fürchten, sie gestanden daher das Recht dazu häufig erst nach der erfolglosen Anwendung anderer Mittel zu; in Köln [8]) und Laufenburg (Basel) [9]) erst nach vierwöchigem Einlager des Rates. In Mainz musste sie nach der oben zitierten Urkunde 14 Tage vor Vollzug angezeigt werden.

Die Entschädigung des Gläubigers durch ausserordentliche Zahlungen bei Verzug, etwa durch Verzugszins oder seine Abart, den Rutscherzins, ist bei Anwendung des öffentlichen Kredites in den Städten selten geübt worden. Dem Verfasser gelingt es nicht, allgemeingültige Beweise dafür zu erbringen. Knipping findet das Recht auf Verzugszins in Köln bei Renten des 14. Jahrhunderts, anfangs $16^2/_3$ Proz., um 1360 $11^1/_9$ Proz., um 1380 10 Proz., 1433 $8^1/_3$ Proz. monatlich [10]). Das bereits besprochene Handgeld hatte ebenfalls den Charakter des Verzugszinses.

2. Die persönliche Sicherung.

Die allgemeine dingliche Sicherung des Gläubigers wurde durch eine persönliche ergänzt. Die Stadt stellte häufig besondere Bürgen, die mit Leib oder Vermögen oder mit beidem zugleich einzustehen hatten. Das geschah vorzüglich bei rechter Schuld — wiewohl die Bürgschaft auch mit Rentverkauf verbun-

1) *Hegel*, 17, s. 260 ff.
2) U.B. d. St. Basel, IV, nr 326 (1368).
3) *Böhmer*, U.B. d. R.-St. Frankf. I, s. 745 (1376).
4) *Knipping*, s. 387 (1377).
5) Cod. dipl. Sax. II, 8, nr 270 (1451).
6) Ebd. II, 6, nr 101 (1423).
7) Dortm. U.B. III, 1 nr 450.
8) *Knipping*, s. 387.
9) U.B. d. St. Basel, IV, nr 368.
10) *Knipping*, s. 385 f.

den sein konnte — und weiter, wenn es sich um hohe Summen handelte und der Gläubiger auswärts wohnte.

Die berufensten Bürgen waren die Ratsherren, die im Namen der Stadt die Anleihe aufnahmen. Aber auch andere wohlhabende Bürger konnten in Betracht kommen. Ihre Zahl ist sehr verschieden, 2, 4, 8, 12 bis 24, 30 und 36, überhaupt der ganze Rat können es sein [1]).

Manchmal wird der Rat einer oder mehrerer befreundeter Städte als Bürge gesetzt. So haftet Basel für Strassburg um 12500 Gulden gegen einen Schadlosbrief [2]). Freiburg bittet Basel um den gleichen Dienst [3]). Die Räte von Aschersleben und Quedlinburg haften wegen 1700 Gulden für Halberstadt [4]).

Besonders charakteristisch ist die leibliche Haftung in Gestalt des Einlagers (obstagium, Giselschaft). Der Rat musste innerhalb einer bestimmten Frist nach dem Verzuge »mit zwei oder drei Pferden« in die Stadt des Gläubigers oder, wohin dieser wünschte, einreiten und dort solange auf eigene Kosten leben, bis die Schuld bezahlt war. Das Einlager konnte demnach eine sehr teure Art Bürgschaft werden; es sollte ein starker Ansporn zur Erfüllung der übernommenen Verpflichtungen sein. Beispiele für die Anwendung des Einlagers liegen aus den verschiedensten Städten vor, aus Dortmund [5]) und Köln [6]), aus Erfurt [7]) und Chemnitz [8]), Basel [9]) und Zürich [10]).

In Köln wurde Einlager vier Wochen nach Verzug bezogen; in Dortmund nach einem der Verträge vierzehn Tage, nachdem der Gläubiger beim Pförtner des Osttores einen Mahnbrief hatte abgeben lassen; auch in Basel war eine Frist von 14 Tagen nach der Mahnung gelassen. In Erfurt trat es 8 Tage nach Verzug ein. In Chemnitz war keine besondere Frist bestimmt, der Ort aber auf einen Umkreis von 5 Meilen von der Stadt beschränkt.

1) U. B. d. St. Basel VII. nr 200. 277. 278 VIII. nr 10. II. 35. III. 203. 403 IV.
2) Ebd. VI. nr 102 (1410).
3) Ebd. IV. nr 323.
4) U. B. d. St. Halberstadt II. nr [illegible] (144[illegible]).
5) Dortm. U.B. II 1 nr 420. 255 ([illegible]). III 1 nr 130. 671. 710.
6) [illegible]
7) [illegible] U.B. nr 833 ([illegible]).
8) [illegible]
9) U. B. d. St. Basel [illegible]
10) [illegible]

Wurde einer der Bürgen durch eine echte Not an der Erfüllung seiner Verpflichtungen verhindert, so musste sofort oder auch innerhalb einer bestimmten Frist ein Ersatzmann gestellt werden, oder der Gläubiger durfte einen solchen zitieren. In Basel war es dem Bürgen erlaubt, einen berittenen Mann als Vertreter zu senden; dieser musste jedoch »als vil zeren, als er selber tete ane geverde«[1]).

Den Juden gegenüber scheint man in der Zubilligung von Einlager zurückhaltend gewesen zu sein. Es stellte eine Art Knechtschaft dar, und Juden sollten nicht christliche Knechte haben. Sicher hat dieser Grundsatz, der sich schon in den Kapitularien Karls des Grossen findet[2]), hier eingewirkt. So ist vielleicht ein komplizierter Fall von Bürgschaft in Dortmund verständlich. Dort versprachen im Jahre 1390 drei Kölner Bürger für eine Schuld der Stadt von 1000 Gulden an zwei Juden mit ihrem ganzen Vermögen zu haften. Der Rat von Dortmund aber leistete ihnen Rückbürgschaft, indem er sich erst ihnen gegenüber zu Einlager verpflichtete[3]).

In Zürich wurde das Einlager im Jahre 1372 nur den in der Stadt ansässigen Lombarden gegenüber erlaubt[4]), nicht aber den Juden, die zu ähnlichen Zwecken vorhanden waren wie jene[5]).

In Erfurt aber verpflichtete sich der Rat wegen einer Schuld von 1000 Gulden, mit vier Pferden Einlager in den Häusern der Juden zu halten[6]).

Die Sicherung des Gläubigers wurde durch ein Klagerecht gegen die Stadt vervollständigt.

Er durfte diese zunächst auf ihre Kosten mahnen. Dabei konnte eine dem Einlager verwandte Institution zur Anwendung kommen, die immissio, das Einlager des Gläubigers beim Schuldner. Dortmund erlaubte einem Gläubiger wegen 4000 Gulden mit 6, 12, 18 oder 24 Pferden in die Stadt zur Mahnung einzurei-

1) U.B. d. St. Basel IV, nr 326. 368.

2) Capitulare de Judaeis: Ut nullus Judeus neminem christianum in wadium ab ullo Judeo aut ab alio christiano mittere praesumat, ne deterior fiat; quod si facere praesumat, secundum suam legem restituat et debitum et wadium simul perdat. M.G.L.L. I, 194, 18.

3) Dortm. U.B. II, 1, nr 255.

4) Zürcher Stadtb. I, 2, nr 19.

5) Ebd. I, 1, nr 415 (1364).

6) Erf. U.B. II, nr 835.

ten[1]), — einem anderen wegen 1000 Gulden mit 1—3 Pferden[2]).

Die erfolglose Mahnung zog die Klage vor einem weltlichen oder geistlichen Gerichte nach sich. Die Stadt wurde zur Zahlung verurteilt. Der Gläubiger erhielt, wenn sie nicht erfolgte, Anleite in das Gut der Stadt. Diese musste die Kosten des Verfahrens tragen.

Die Klage konnte bei jedem Gerichte angebracht werden, ein Umstand, der sehr häufig ausserpolitische Verwicklungen nach sich zog. Ein ausführliches Beispiel dafür liefert Dortmund. Die Stadt wurde im Jahre 1397 vom geistlichen Gerichte des Kölner Erzbischofs wegen ihrer Schulden an Geistliche gemahnt, mit Exkommunikation bedroht und auf Klage der Gläubiger vorgeladen. Als sich die Stadt nicht unterwarf, wurde die Exkommunikation im Jahre 1399 »campanis pulsatis, candelis accensis, extinctis et in terram proiectis« vollzogen[3]). Da aber die Klagen vor dem Kölner Offizial nicht aufhörten und die Exkommunikation ihre verhängnisvollen Wirkungen geltend machte, wandte sich die Stadt nach Rom um Hilfe[4]). Bonifaz IX. beschränkte darauf ihren Gerichtsstand auf das Gericht des Dortmunder Dechanten und beauftragte den Bischof von Paderborn mit der Aufhebung der Exkommunikation. Sehr wahrscheinlich ging der Papst hier bewusst gesetzlich vor und zwar im Sinne einer Verordnung Bonifaz' VIII., wonach wegen Geldforderungen niemals das Interdikt verhängt werden dürfe[5]).

Von bedeutenden Folgen war für dieselbe Stadt der Rechtszug an das königliche Hofgericht, wo sie ebenfalls von ihren Gläubigern verklagt wurde. Nach Privilegien Karls IV. und Ruprechts konnte die Stadt zwar nur vor ihrem eigenen Gericht verklagt werden[6]), sie hatte sich jedoch um ihres Kredites willen in speziellen Fällen dieses Rechtes ausdrücklich begeben[7]). Mehrere Gläubiger reichten nun wirklich Klage bei dem Hofgericht ein, und so wurde die Stadt im Jahre 1404 wiederholt zur Zahlung

1) Dortm. U.B. II, 1, nr 252 (1391).

2) Ebd. nr 253.

3) Ebd. III, 1, nr 45. 1—7.

4) Ebd. nr 134—138.

5) Vgl. Verkündigung des Mainzer Erzbischofs an Frankfurt: *Böhmer*, U.B. d. Reichsst. Frankf. I, s. 450 (1319).

6) Dortm. U.B. II, 1, nr 83; III, 1, 148. 162.

7) Ebd II, 1, 252 ff. III, 1, 164. 179.

verurteilt und den Gläubigern Anleite in das Stadtgut gegeben[1]). Auf Befehl des Königs wurde diese für die Gläubiger von Ministerialen vollstreckt. So soll Johann von Wyenhorst 28 genannten Bürgern (Ratsherren) an all ihr Gut gehen, »es sy dorffere, erbe, eygen, lehen, pfandschafte, zinse, gulte, rente, libgedinge, zehenden, koufmanschatze, heuse, hofe, ekere, wisen, holzer, wasser, wunne, weide, lude oder gute, varndes oder ligendes, besuchts und unbesuchts, nichtsz ussgenommen umme achttusend gulden minner oder mere« — sechs Wochen und drei Tage lang. Der König fügt hinzu: »Wann tust du des nicht, man richtet darumb zu dir als recht ist«[2]). Zum Teil scheinen die Gläubiger auch jetzt trotz der wohlwollenden Ratschläge des Königs[3]) nicht befriedigt worden zu sein. Ende 1404 tat der Hofrichter Engelhart von Weinsberg die Stadt Dortmund in die Reichsacht[4]). Nur die Gnade des Königs verhinderte, dass diese tatsächlich wirksam wurde[5]).

In einem Frankfurter Falle griff aber der König Karl IV. ganz energisch trotz eines Urteils des Hofgerichtes zu gunsten der Stadt ein. Er vernichtete mit einem Briefe »genczlichen und leuterlichen solch ladunge, klag, anleite, eht und nutzgewer«, die der Ministeriale Eberhard Praun von Zürich vor dem Hofgericht auf Bürgermeister, Schöffen, Rat und Bürger von Frankfurt erlangt hatte. Die Stadt aber hatte dem König und dem Reich oft »nuczlichen, unverdrozzen und getrewlichen hilf, stete vleissig und merklich dinst getan«[6]).

Im Jahre 1509 verwickelte der Magdeburger Simon Rode die Stadt Zerbst in einen Prozess wegen einer Forderung von 62 Gulden. Von beiden Seiten wurden die Herzöge von Braunschweig und Fürsten von Anhalt, der Kurfürst von Brandenburg, der Erzbischof und die Stadt Magdeburg in den Streit hineingezogen, der drei Jahre dauerte und zahlreiche Verhandlungen zwischen den einzelnen Teilnehmern verursachte[7]).

Aus Niedersachsen kann endlich noch eine andere üble Folge

1) Dortm. U.B. III, 1, nr 200. 201. 220.

2) Ebd. III, 1, nr 200 (1404).

3) Ebd. III, 1, nr 204. 209—11. 217. 237.

4) Ebd. III, 1, nr 220.

5) Ebd. III, 1, nr 325—327.

6) *Böhmer*, U.B. d. Reichsst. Frankf. I, s. 738 (1374).

7) U.B. d. St. Magdeburg III, 1, nr 1404 1414. 1418—20. 1448. 1450. 1451. 1468. 1479. 1481. 1484—85. 1490. 1500. 1504. 1509. 1516. 1519. 1522.

nachgewiesen werden, von der die Stadt bei hartnäckigem Zahlungsverzug betroffen werden konnte. Das ist die Ehrloserklärung. Der Gläubiger liess rings im Lande Briefe, — Flugblätter! — umgehen, worin er aller Welt mit derben Schimpfworten die Zahlungsunfähigkeit der Stadt verkündete.

Ein drastisches Beispiel gibt ein Brief, den ein gewisser Dietrich von Altena an die Städte Dortmund, Unna, Minden u. a. sandte, und worin er die Stadt Iserlohn wegen nicht bezahlter 77 Gulden ehrlos erklärte. Er habe das grosse Siegel der Stadt Jahre lang einer Sau und darnach einer Katze umgebunden, so dass es so beschmutzt und »smelick unvledich« gemacht sei, dass es kein ehrenhafter Mann mehr an seinem Briefe tragen könne. Er habe »over desse vorgenanten bosen wichtere gescreven in dren heren landen, dar umme, dat men ze erkenne vor anderen erberen luden« — »und leyven vrende, ich warne ju unde alle gute lude vor drey vorgenanten bosen wichtere, borgermestere to Iserenlon unde vor erme falschen segele unde vor ere sekerheid lovede unde truwen, alz vorgescreven steid«[1]).

Im Jahre 1392 schreibt der Dortmunder Rat an den von Unna, Johann Muremann habe seine verfallene Wiederkaufsrente von Unna nicht erhalten und daher den Brief der Stadt schmählich »auf die Strasse tragen wollen«. Unna solle die Sache rasch regeln[2]).

Die Räte der verschiedenen Städte treten überhaupt häufig in Schuldangelegenheiten in gegenseitige Verhandlungen ein. Die Stadt nimmt sich ihrer Bürger für ihre Forderungen gegen andere Gemeinwesen an oder bittet sie auf deren Ansuchen um Geduld[3]).

Die Entwicklung der Schuldverhältnisse suchte in der Sicherung des Gläubigers immer grössere Vereinfachung eintreten zu lassen. Eine Garantie nach der anderen fiel fort, und die Schuldurkunden beschränkten sich mehr auf wesentliche Teile. Der öffentliche Kredit befestigte sich, begünstigt durch die allgemeine kreditwirtschaftliche Entwicklung. Eine ganz abnorme Erscheinung und ganz von lokalen Zuständen bedingt waren aber trotzdem jene Kölner Anleihen, die überhaupt ohne Ausfertigung von Schuldverschreibungen aufgenommen wurden. Es kam hier vor,

---

1) Dortm. U.B. III, nr 69 (1400).

2) Ebd. II, nr 642.

3) Ebd. II u. III. — U.B. d. St. Magdeburg III, nr 712. 891 nr 1556. — U.B. d. St. Lüneburg II, 707. — *Hegel*, 17.

dass die Finanzbeamten die Schuld nur in das Register eintrugen, der Gläubiger aber kein Beweismittel seines Forderungsrechtes erhielt. 1493 schrieb der städtische Kämmerer Gerhard von Wesel: »wer solchs sijns glienden geltz umb loven ind sterven begerden eyn warzeichen ader zedel van bewijsen van der rentkameren zu haven, sculden men engheven, we whale solchs ungewonlich is« [1]).

8. Die Mobilisierung der Rente.

Die Vereinfachung der Schuldverträge ging Hand in Hand mit einem anderen Entwicklungsvorgang in kreditwirtschaftlicher Richtung. Es ist die Mobilisierung der Rente.

Der Rentner hatte, wie bereits gesehen wurde, nur in seltenen Fällen das Ablösungsrecht erhalten und befand sich dadurch dem Verkäufer gegenüber in einem gewissen Nachteile, der freilich notwendig aus dem Wesen des Rentkaufes folgte. Bei dem sich immer mehr bereichernden Wirtschaftsleben der Städte, das zugleich immer häufigere wechselseitige Zahlungsverpflichtungen mit sich brachte, war es nun notwendig, dass der Rentner in den Stand gesetzt wurde, im Notfalle sein Forderungsrecht oder wenigstens eine einzige Rentzahlung an einen anderen, seinen Gläubiger, abtreten zu können. Die Rente musste mobilisiert werden. Zur Entwicklung dieser Einrichtung war nicht eine Neuschöpfung nötig; man konnte sich auch hier an alte Vorbilder anlehnen und zwar an die Verkäuflichkeit des Rechtes auf Zins, dem ja die wichtigste Rentform, die Ewigrente, nachgebildet war. Es braucht hier nicht erst nachgewiesen zu werden, dass dieser Zustand längst bestand. Es ist eine bereits feststehende Tatsache.

Man übertrug ihn nun auf das Rentengeschäft und zwar in ziemlich früher Zeit, freilich lokal mit sehr verschieden rascher Weiterbildung.

Zuerst fand die Weiterbegebung des Rentbriefes auf Grund eines Vertrages zwischen dem ersten und zweiten Rentberechtigten statt. Er wurde vor Zeugen und vor Gericht abgeschlossen und äusserlich durch einen Willebrief ausgedrückt. Der Rentbrief selbst ermächtigte dazu durch die Ordreklausel »oder wer diesen Brief mit seinem Willen inne hat«.

---

1) *Knipping*, s. 383.

In Basel verkaufte Peter Schorler von Todtnau vor dem bischöflichen Offizial eine städtische Rente von 14 fl. für 350 fl. an das Kloster St. Maria Magdalena. Zeugen sind Johann Botzmann von Durlach und Burckart Segenser[1]). 1482.

Ein Rentbrief in Mainz von 1441 sagt: »oder weme sie disen brief mit gutem wissen, willen und reddelicher kundschaft ingebent . . dem sollen wir plichtig und gehorsam sin diese vorgeschriebene gulte usszurichten und zu bezalen« [2]).

In Dortmund lautet die Weiterbegebungsklausel: »eff demheldere dis breyfs mit eren willen«. 1388 [3]).

Auch Schuldverschreibungen sind hier weiterbegebungsfähig: »efte dee disses breyves en holdere is mit Hinrikes willen« [4]).

In Magdeburg wird eine Rente vor Zeugen geschenkt [5]). 1475.

In Köln [6]), den ostfälischen Städten [7]) und in Breslau [8]) ist die Weiterbegebung mit Willebrief gleichfalls nachgewiesen worden.

Die umständliche Ausstellung des Willebriefes fiel später in den meisten Städten dem Verkehrsbedürfnis zum Opfer. Die Ordreklausel wurde ersetzt durch die alternative Inhaberklausel »oder wer diesen Brief inne hat«.

Dieser Uebergang vollzog sich manchmal mit Hilfe gewisser Zwischenformen: Die Klausel wurde so gehalten, dass sie ein Widerspruchsrecht des ersten Inhabers gegenüber dem zweiten bestehen liess. Der Brief musste von ihm freiwillig übergeben worden sein.

»Wy borghermestere on de Rad der stad to Luneb. bekenned un betughed in dessem breve dhe ghevestend is mit unsser stad inghesegele dat we rechter schuld schuldigh sin Joanne Tureken etc. . . on deme de dessen bref heft ane ore weddersprake hundert mark«. 1372 [9]).

In Magdeburg wurde der Rat einfach vom ersten Inhaber

1) UB. d. St. Basel VIII, nr 634; vgl. nr 224; nr 145: Schenkung einer Rente.

2) *Hegel*, 17 s. 260.

3) Dortm. U.B. II, 1, nr 206.

4) Ebd. II, 1, nr 245; vgl. 244.

5) U.B. d. St. Magdeburg III, nr 242.

6) *Knipping*, s. 389.

7) *Kostanecki*, s. 89.

8) *Beyer*, s. 136 ff.

9) *Sudendorf*, IV, nr 263.

beauftragt, die Rente auf den anderen zu übertragen, oder der Handwechsel wurde ihm einfach angezeigt:

Arnd Bordmann bittet den Rat von Zerbst, 10 Gulden Rente auf das Kloster S. Maria Magdalena zu überschreiben[1]). 1440.

Die einfache Anzeige ist jedenfalls darum geblieben, weil der Rat die Rente schickte[2]).

Ein sehr frühes Beispiel für die unbeschränkte Weiterbegebung liefert ein Lübecker Rentbrief von den städtischen Mühlen. Die Urkunde war von 1290. Der Rat schrieb darin: »eam preterea dicto Volmaro concedimus potestatem, ut ipsos redditus sicut suas res mobiles et merces dare, legare, vendere vel alienare possit, ita tamen, quod reemendi auctoritas per hoc, quam nobis reservamus non ledatur« [3]).

Sonst kommt die durch die alternative Inhaberklausel mobilisierte Rente allgemein meist erst im 15. Jahrhundert vor.

Ein Baseler Rentbrief wurde im Jahre 1447 in Mainz gepfändet. Er war von 1425 und lautete auf zwei Leben und 26 fl. für 312 fl. ($8^1/_3$ Proz.). Das Mainzer Gericht versteigerte das Papier meistbietend und erzielte dafür 182 fl., so dass es sich nun zu $14\,^2/_7$ Proz. »verzinste«. Man kann hier schon von Rentenkurs reden, der durch das Alter der Leibrentner bestimmt wurde und vielleicht auch durch eine gewisse Zahlungsunsicherheit, die gerade bei einem Leibrentenbrief auf zwei Leben eintreten konnte. Der Käufer hatte richtig geurteilt; denn im Jahre 1449 musste er die Stadt Basel wegen Verzugs vor dem Mainzer Gerichte verklagen. Erst die Verurteilung scheint die Rente gesichert zu haben[4]).

Ein regelrechter Kurs, der jedenfalls vorherrschend von dem Kredite der Stadt abhing, hatte sich auch für Danziger und Breslauer Rentbriefe und Schuldscheine entwickelt. Die Danziger Chronik berichtet aus dem Jahre 1466: »Auch so musste die gemeine geloben, das niemand brife kaufen solde, die auf die stadt lauten, er solde sie in der stad beste kauffen und dem rath zur hand weisen« [5]).

Der Rat wollte also Briefe auf die Stadt in die Hände seiner Bürger bringen, doch so, dass diese ihm erlaubten, sie zum Kurs-

1) U.B. d. St. Magdeburg II, nr 403.
2) Ebd. III, nr 187.
3) Lüb. U.B. I, nr 62.
4) U.B. d. St. Basel VI, nr 203, VII, nr 115 u. 199.
5) *Weinreich*, Danziger Chronik, s. 4.

werte einzulösen, und auf einen Gewinn zu gunsten der Stadt verzichteten.

Der Stadt Breslau wurde im Jahre [illegible] vom Landesherrn erlaubt, gewisse Renten zu dem Preis abzulösen, wofür sie gekauft worden waren[1].

Auch in Köln ist die alternative Inhaberklausel angewendet worden, [illegible] dies erst [illegible][2]. In Magdeburg geht sie aus den formlosen Schenkungen von Renten an geistliche Institute hervor[3].

Aus dem eben erwähnten Baseler Falle wurde schon ersichtlich, dass auch die Leibrentenbriefe verkäuflich waren. Nur bot hier der Altersunterschied der späteren Rentner von den ersten Schwierigkeiten. In Köln und jedenfalls auch sonst wurden diese so gelöst, dass der Rat die Rente nur solange zahlte, als der erste Rentner lebte. Der zweite musste daher stets eine Lebensbescheinigung des ersten beibringen, bevor er die Rente erhielt. Im Jahre 1418 hob der Rat diese Bestimmung für Aachen auf. Dafür wurde ein Kölner Vertrauensmann in Aachen beauftragt, der Stadt den Tod jedes ersten Rentners anzuzeigen[4].

In Breslau waren Leibrentenbriefe nicht weiterbegebungsfähig[5].

Auch in Goslar scheint das der Fall gewesen zu sein. Die Stadt verkauft 1327 eine Rente, die nur an den ersten Käufer und seinen sicheren Boten ausgezahlt werden soll; bei einem anderen Kauf will der Rat nicht verpflichtet sein, die Rente einem Dritten auszuzahlen, an den sie verkauft oder verpfändet ist[6].

Wie der Rentbrief war auch die einzelne Rente weiterbegebungsfähig. Sie war ja zum Teil Holschuld. Schon daher wurde Stellvertretung bei der Erhebung eingeführt. Diese geschah durch den Dritten auf Grund einer Vollmacht, die als Aufforderung an den pflichtigen Rat abgefasst war.

Solche Anweisungen sind in allen Städten üblich. Besonders zahlreich und verschiedenartig sind sie aus Magdeburg überliefert. Die Stadt verrichtet hier die Dienste einer Bank, die für Kunden

1) *Heyer*, s. 105.
2) *Knipping*, s. 389.
3) U.B. d. St. Magdebg. III, nr 299 (1478); vgl. nr 1457 (1509).
4) *Knipping*, s. 395.
5) *Heyer*, s. 143.
6) U.B. d. St. Goslar III, nr 770, 1 u. 4.

auf Grund ihrer Guthaben Zahlungen leistet. Der Erzbischof lässt z. B. eine Rente des Rates von Salze fortgesetzt an einen seiner Gläubiger in Magdeburg zahlen. Ein Magdeburger bittet den Rat, 34 fl., die ihm fällig sind, an einen dortigen Bürger zu zahlen, dem er die gleiche Summe schuldet [1]).

In anderen Fällen ersucht der Dritte den Rat um Auszahlung. Klaus Regenwart, Bürger zu Magdeburg, ersucht den Rat von Zerbst um Auszahlung einer Rente von 16 Schock Groschen, die ihm ein Hallenser Bürger schuldet [2]).

Die Anweisung der Rente und auch des Darlehns auf den Gläubiger in der pflichtigen Stadt hilft jedenfalls die auswärtigen Gläubiger erklären. Diese standen häufig in Geschäftsverbindungen mit Bürgern der Stadt oder mit Leuten, die dort ebenfalls Geschäfte besorgten, und wurden deren Schuldner. Sie bezahlten diese dann an ihrem Wohnorte oder ihrem Verkehrsorte mit Hilfe der Anweisung. So wurde die riskante und kostspielige Barsendung vermieden. Es wurde schon an anderer Stelle auf diese Geldgeschäfte eingegangen und gezeigt, wie die Stadt an der Entstehung der Geldsurrogate beteiligt war. Hier mögen nur noch zwei Dortmunder Anweisungsbeispiele gegeben werden:

Diederich Stovehase in London bittet Dortmund, seinem Bevollmächtigten, Albert Swarte, eine Leibrente von 30 g. auszuzahlen. Etwaige Reste weist er auf Gerwin von Altenbrekerfelde in Köln an [3]).

Stralsund weist 250 g. von den 500, die ihm Dortmund schuldet, auf den Rat von Lübeck an, zahlbar in Heidelberg, wo sich dieser augenblicklich befindet [4]).

Die Zahlungsanweisung lautete stets auf den Namen eines Dritten. Sie ist damit weniger mobil gewesen als der Rent- und Schuldbrief; aber auch diese haben im Mittelalter die reine Inhaberklausel noch nicht erhalten. Auch sie blieben Namenpapiere. Inhaberpapiere zu entwickeln blieb erst einer späteren Zeit vorbehalten. Die unbeschränkt verkäuflichen Papiere des städtischen Kredits waren aber nicht mehr weit davon entfernt. Wie der

1) U.B. d. St. Magdeburg III, nr 1274, vgl. II, nr 516; III, nr 129. 973. 1146; Nachtr.: nr 46. 83. — Vgl. Lüb. U.B. II, 2 nr 1041. 1093. — *Knipping*, s. 381.

2) U.B. d. St. Magdeburg III, nr 211 (1473).

3) Dortm. U.B. III, 1, nr 207.

4) Ebd. 1, nr 415. 421. 426. 432. (1409).

städtische Kredit in seinen Anfängen deutlich überall die Spuren seiner naturalwirtschaftlichen Herkunft zeigt, so ragt er am Ende des Mittelalters in kreditwirtschaftliche Entwicklungsstufen hinein, und er hat an der Schöpfung modern kreditwirtschaftlicher Institutionen einen ganz hervorragenden Anteil genommen.

Quellen und Literatur.

Codex diplomaticus Lubecensis I—X.
Bremisches Urkundenbuch I—IV.
Sudendorf, U.B. der Herzöge von Braunschweig und Lüneburg und ihrer Lande I—X.
Haenselmann, U.B. der Stadt Braunschweig I—III.
Doebner, U.B. der Stadt Hildesheim I—VIII.
Bode, U.B. der Stadt Goslar I—III.
U.B. der Stadt Göttingen I—II.
Hertel, U.B. der Stadt Magdeburg I—III.
U.B. der Stadt Lüneburg I—III.
Meinardus, U.B. des Stiftes und der Stadt Hameln.
Beyer, U.B. der Stadt Erfurt I—II.
Janicke, U.B. der Stadt Quedlinburg I—II.
Schmidt, U.B. der Stadt Halberstadt I—II.
Codex dipl. Saxoniae Regiae II, 4—15.
Rübel, Dortmunder U.B. I—III.
Hoeniger, Kölner Schreinskarten des 12. Jahrh. I—II.
Ennen-Eckerts, Quellen zur Geschichte der St. Köln I—VI.
Stein, Akten zur Geschichte der Verfassung und Verwaltung der Stadt Köln I—II.
Beyer, Mittelrheinisches U.B. I—III.
Böhmer, U.B. der Reichsstadt Frankfurt I.
Schannat, Vindemiae litterariae I—II, 1723.
» Corpus traditionum Fuldensium.
Hegel, Städtechroniken, I, XVII u. XVIII.
Meyer, U.B. der St. Augsburg I—II.
Wackernagel, U.B. der St. Basel IV—VIII.
Beyerle, Grundeigentumsverhältnisse und Bürgerrecht im mittelalterlichen Konstanz Bd. II.
Wartmann, U.B. der Abtei St. Gallen I.
Redlich, Die Traditionsbücher des Hochstiftes Brixen; Acta Tirolensia I.
Hauthaler, Salzburger U.B. I. Traditionscodices.
Weinreich, Danziger Chronik.

Hüllmann, Finanzgeschichte des Mittelalters. 1805.
Arnold, Zur Geschichte des Eigentums in den deutschen Städten. Basel 1861.
Rosental, Zur Geschichte des Eigentums in der Stadt Würzburg. Würzburg 1878.

Heusler, Institutionen des deutschen Privatrechts. I—II. Leipzig 1886.

Bücher, Die Entstehung der Volkswirtschaft. Tübingen 1901.

Gobbers, Die Erbleihe und ihr Verhältnis zum Rentkauf. Ztschr. f. Rechtsg. IV, 1883.

Lamprecht, Deutsches Wirtschaftsleben im Mittelalter. Bd. I. Leipzig 1885.

Inama-Sternegg, Deutsche Wirtschaftsgeschichte II u. III. Leipzig 1891. 1899. 1901.

Seeliger, Die soziale und politische Bedeutung der Grundherrschaft im späteren Mittelalter. Leipzig 1903.

Wopfner, Beiträge zur Geschichte der freien bäuerlichen Erbleihe Deutschtirols im Mittelalter. *Gierkes* Untersuchungen, 67. Heft. 1903.

Rietschel, Die Entstehung der freien Erbleihe, Z. f. R.G. XXII. 1902.

Roth, Feudalität und Untertanenverband. Weimar 1863.

Jäger, Die Rechtsverhältnisse des Grundbesitzes in der Stadt Strassburg während des Mittelalters. 1888.

Neumann, Geschichte des Wuchers in Deutschland. Halle 1865.

Endemann, Studien in der romanisch-kanonistischen Wirtschafts- und Rechtslehre. Berlin 1874.

Endemann, Die nationalökonomischen Grundsätze der kanonistischen Lehre. Jena 1863.

Funk, Geschichte des kirchlichen Zinsverbotes. Tübingen 1876.

Neumann, Geschichte des Wechsels im Hansagebiete. 1863.

Kriegk, Frankfurter Bürgerzwiste und Zustände im Mittelalter. 1862.

Bücher, Der öffentliche Haushalt der Stadt Frankfurt im Mittelalter. Tübinger Ztschr. 52. 1896.

Brunner, Zur Geschichte des Inhaberpapieres in Deutschland. Forschgn. z. Gesch. des deutschen u. franz. Rechts. 1894.

Gothein, Wirtschaftsgeschichte des Schwarzwaldes I. 1892.

Beyer, Schuldenwesen der Stadt Breslau. Breslau 1901.

Knipping, Das Schuldenwesen der Stadt Köln im 14. u. 15. Jahrh. Westd. Ztschr. XIII, 1894.

Kostanecki, Der öffentliche Kredit im Mittelalter. Schmollers Forschgn. X, 1. 1889.

Rübel, Dortmunder Finanz- und Steuerwesen. Dortmund 1892.

Huber, Der Haushalt der Stadt Hildesheim. Kempten 1901.

Keller, Die Verschuldung des Hochstiftes Konstanz im 14. und 15. Jahrh. Freiburg 1903.

Volkswirtschaftliche Abhandlungen der Badischen Hochschulen.

Herausgegeben von **Carl Johannes Fuchs, Heinrich Herkner, Karl Rathgen, Gerhard von Schulze-Gävernitz, Max Weber.**

I. Band. 1. Heft: Die Unternehmerverbände (Konventionen, Kartelle). Ihr Wesen u. ihre Bedeutung. Von Dr. R Liefmann. 1897. Im Abonn. M. 4.—, im Einzelv. M 5.—. **2. Heft: Colberts politische u. volkswirtschaftliche Grundanschauungen.** Von Dr. G. H. Hecht. 1898. Im Abonn. M. 1 60, im Einzelv. M. 2.—. **3. Heft: Genueser Finanzwesen mit besonderer Berücksichtigung der Casa di S. Giorgio: I. Genueser Finanzwesen vom 12. bis 14. Jahrhundert.** Von Dr. Heinrich Sieveking. 1898. Im Abonn. M. 5.—, im Einzelv. M. 6.—.

II. Band: 1. Heft: Mannheim und die Entwickelung des südwestdeutschen Getreidehandels. I. Geschichte des Mannheimer Getreidehandels. Von Dr. Walter Borgius. 1899. Im Abonn. M. 5.—, im Einzelv. M. 6.—. **2. Heft: Mannheim und die Entwicklung des südwestdeutschen Getreidehandels. 2. Heft: Gegenwärtiger Zustand des Mannheimer Getreidehandels.** Von Dr. Walter Borgius. 1899. Im Abonn. M. 2.50, im Einzelv. M. 3.—. **3. Heft: Die Feldbereinigung auf der Gemarkung Merdingen.** Eine agrarpolitische Studie. Von Ernst Blum. Mit 3 lithographischen Tafeln und 2 Abbildungen im Text. 1899. Im Abonn. M. 2.—, im Einzelv. M. 2.50.

III. Band. 1. Heft: Ueber Wesen und Formen des Verlags (der Hausindustrie). Ein Beitrag zur Kenntnis der volkswirtschaftlichen Organisationsformen von Dr. R. Liefmann. 1899. Im Abonn. M. 2.80, im Einzelverkauf M. 3.40. **2. Heft: Zehentwesen und Zehentablösung in Baden.** Von Adolf Kopp. 1899. Im Abonn M. 3.50, im Einzelv. M. 4 20. **3. Heft: Genueser Finanzwesen. II. Die Casa di S. Giorgio.** Von Dr. Heinrich Sieveking. 1899. Im Abonn M. 6.—, im Einzelv. M. 7.—.

IV. Band. 1. Heft: Die gesetzlich geschlossenen Hofgüter des badischen Schwarzwaldes. Von Dr. Georg Koch. 1900. Im Abonn. M. 3.—, im Einzelv. M. 4.—. **2. Heft: Agrargeschichte und Agrarwesen der Johanniterherrschaft Heitersheim.** Ein Beitrag zur Wirtschaftsgeschichte des Breisgaus. Von Dr. Joseph Ehrler. 1900. Im Abonn. M 2.—, im Einzelv. M. 2.50. **3. Heft: Fichte's Sozialismus und sein Verhältnis zur Marx'schen Doktrin.** Von Marianne Weber. 1900. Im Abonn. M 3.—, im Einzelverk M. 4.—. **4. Heft: Beiträge zur Sozialstatistik der deutschen Buchdrucker.** Von Dr. Walter Abelsdorff. Mit einer Vorbemerkung von Prof. Dr. Max Weber und vielen Tabellen. 1900. Im Abonn. M. 2.80, im Einzelv. M. 4.—. **5. Heft: Konfession und soziale Schichtung.** Studie über die wirtschaftliche Lage der Katholiken und Protestanten in Baden. Von Dr. Martin Offenbacher. Mit 4 in den Text eingedruckten Karten u. mit Tabellen. 1900. Im Abonn. M. 2.80, im Einzelv. M. 4.—.

V. Band: 1. Heft: Die Entwicklung des Sparkassenwesens im Grossherzogtum Baden. Von Dr. Friedrich Schulte. 1901. Im Abonn. M. 2.40, im Einzelv. M. 3.50. **2. Heft: Beitrag zur Geschichte des Stadtwaldes von Freiburg in Breisgau.** Von August Gerber. Mit vielen Tabellen. 1901. Im Abonn. M. 3.60, im Einzelv. M. 5.—. **3. Heft: Die Entwickelung des Handels mit gebrauchsfertigen Waren von der Mitte des 18. Jahrhunderts bis 1866 zu Frankfurt a. M.** Von Hugo Kanter. Mit Tabellen. 1902. Im Abonn. M. 4.—, im Einzelv. M. 5.—. **4. Heft: Das Postwesen in der Kurpfalz im 17. und 18. Jahrhundert.** Von R. Grosse. 1902. Im Abonn. M. 2.50, im Einzelv. M. 3.—. **5. Heft: Die Allmenden im Grossherzogtum Baden.** Eine historische, statistische und wirtschaftliche Studie. Von Dr. Bernhard Ellering. Mit 5 Tabellen und 1 Karte. 1902. Im Abonn. M. 3.—, im Einzelv. M. 4.—.

VI. Band. 1. Heft: Die Wirkung der Handelsverträge auf Landwirtschaft, Weinbau und Gewerbe in Elsass-Lothringen. Von Leo Berkholz. Mit einer Vorbemerkung von Prof. Dr. C. J. Fuchs und vielen Tabellen. 1902. Im Abonn. M. 5.50, im Einzelv. M. 7.—. **2. Heft: Die russische Naphthaindustrie und der deutsche Petroleummarkt.** Von Hellmuth Wolff. Mit Tabellen und 2 Kartogrammen. 1902. Im Abonn. M. 2 80, im Einzelv. M. 3.60.

Bei Bezug von Band I—VI auf einmal werden die Hefte zum Abonnementspreis berechnet.

Druck von H. Laupp jr in Tübingen.

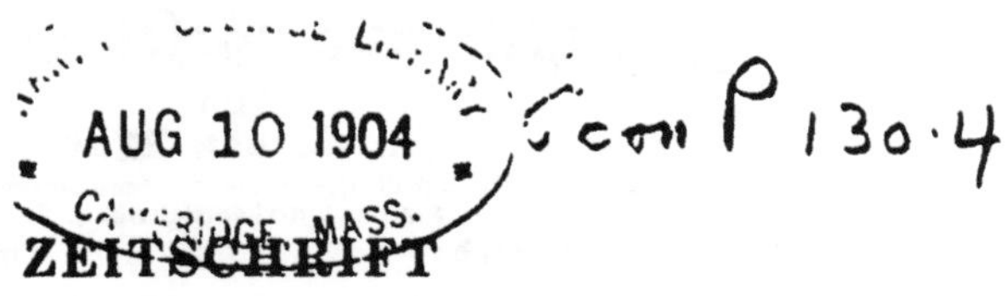

ZEITSCHRIFT

FÜR DIE

GESAMTE STAATSWISSENSCHAFT.

Herausgegeben von

Dr. K. Bücher,

o. Professor an der Universität Leipzig.

Ergänzungsheft XIII.

Der

Frondienst als Arbeitssystem.

Seine Entstehung und seine Ausbreitung im Mittelalter.

Von

Dr. Oskar Siebeck.

Einleitung.

Es ist bekannt, daß jene denkwürdige gesetzgeberische Tätigkeit aller deutschen Staaten, die man gemeinhin unter dem Namen Bauernbefreiung zusammenfaßt, eine der unerfreulichsten Perioden in der Geschichte unsrer Landwirtschaft abschließt. Das 18. Jahrhundert ist erfüllt von Zwistigkeiten der Bauern und ihrer Herrschaften, denen jene bald mit offener Gewalt den Gehorsam verweigerten, bald durch Processe allerhand Zugeständnisse abzutrotzen versuchten. *W. v. Polenz* hat in seiner Dorftragödie »Junker und Fröner« ein überaus lebenswahres Bild dieser Zustände entworfen.

Den Hauptgegenstand des Streites bildeten fast immer die Frondienste. Es darf uns daher nicht Wunder nehmen, wenn diese in der juristischen Literatur jener Jahre eine große Rolle spielen, und man sollte denken, daß die Auffassung, die die Wissenschaft von der rechtlichen Natur dieser Arbeitsleistungen hatte, für die in jenen Processen geübte Praxis entscheidend geworden wäre. Aber bei einer eingehenden Prüfung der Literatur des 18. Jahrhunderts über diesen Gegenstand sieht man sich in dieser Erwartung getäuscht. Es hat sogar im Gegenteil den Anschein, dass das Interesse des grundbesitzenden Adels, dem in den meisten Fällen ein Recht auf »ungemessene Dienste« zugesprochen wurde, ausschlaggebend war für die Entscheidung der großen Mehrzahl der damaligen Juristen und Cameralisten in der Frage: Woraus erklärt sich die Verpflichtung des Bauern zu Frondiensten, speciell zu gutsherrlichen Diensten?

Mit geradezu verblüffender Uebereinstimmung und Kritiklosigkeit wird diese Frage beantwortet. »Ostendam ego operas esse servitutis effectum apud Germanos« schreibt *Jo. Georg Estor* 1742[1]). »Die Frohndienste kommen von der Leibeigenschaft her«. Denn »jeder Leibeigene musste frohnen. Es sind daher die Frohnen nach dem ersten Ursprunge als ein Ausfluß der ehemaligen Leibeigenschaft zu betrachten« heißt es 1759 in *Lauhn*'s »Abhandlung von denen Frohndiensten der Teutschen« [2]) und 1776 bei *Johann Wiegand* [3]): »Die Urheber (der Sklaverey) waren Ueberwinder und die Ueberwundenen wurden Sklaven; welche ihren Herren die häußliche Arbeit verrichten und als Knechte das Feld bebauen mußten, woraus nachher die Frondienste entstanden sind«.

Ohne Wahl ging diese Darstellungsweise in die cameralistischen Sammelwerke jener Zeit über, so z. B. in *Bergius*' Policey- und Cameralmagazin: »Die Fronden haben ihren Ursprung aus der alten Teutschen Leibeigenschaft und die Befugniß solche von denen Unterthanen zu fordern, gründet sich in der potestate dominica« [4]).

Man muß von außen kommende Einflüsse der oben erwähnten Art annehmen, wenn man die Geflissenheit begreifen soll, mit welcher diese Gelehrten einen Mann ignorierten, der schon lange gegen diese Auffassung von der Entstehung der Frondienste Front machte. *Joh. Leonh. Hauschild*, Rechtsconsulent zu Dresden, gibt denn auch in seinen »Juristischen Abhandlungen« vom Jahre 1771 [5]) seinem berechtigten Groll Ausdruck: »Es ist fast unglaublich, wie blind die Historici und Jui (Juristen) einander in der Beschreibung der Frohndienste gefolget« (pag. 6). Er hält die übliche Erklärung des Wortes Fron (= heilig, Herr) für unrichtig, nach seiner Ansicht enthält es vielmehr in der Grundbedeutung »etwas gemeinsames und allgemeines, das auch pro publico angenommen werden

1) *Jo. Georg Estor*, Commentatio de praesumtione contra rusticos in causis operarum harumque edemptione licita. Jena 1742, pag. 9.

2) *Bernh. Friedr. Rudolf Lauhn*, Abhandlung von denen Frohndiensten der Teutschen 1759, p. 4.

3) *Johann Wiegand*, Oekonomische Betrachtungen über die Leibeigenschaft. Wien 1776, pag. 7 f.

4) *Joh. Heinr. Ludw. Bergius*, Policey und Cameralmagazin, 9 Bände 4°, Frankfurt a. M. 1767—74. Vgl. Band II, s. v. Dienstwesen pag. 166.

5) a. Juristische Abhandlungen von Bauern und den Frohndiensten, auch der in Rechten gegründeten Vermuthung ihrer natürlichen Freiheit. Dresden und Leipzig 1771.

b. Die in a. pag. 66—116 enthaltene Schrift von 1738 (!) ist mir nicht zugänglich gewesen. Sie erschien unter dem Titel: De praesumtione pro libertate naturali in causis rusticorum. Dresden 1738.

kann« (pag. 7). Und so sind auch die Fronen oder Frondienste diejenigen gewesen, »welche allgemein aufgebothen, angesagt und gefordert und vom gemeinen Landvolke mit Bewilligung geleistet worden«. »Von solcher allgemeinen Dienstleistung heißen sie auch in Bayern Scharwerk« (p. 9). Ja schließlich definiert er die Frondienste ihrer ursprünglichen Gestaltung nach als »operae omnibus indictae et exactae, welche dem ganzen Haufen des Landvolkes abgefordert worden und sonsten auch petitiones, preces, Beethen, Beetdienste id est gebethene oder aufgebothene Dienste hießen« (p. 11).

Seine Gegner scheinen, wenn sie sich überhaupt die Mühe gaben, ihn zu widerlegen, mit eigentümlichen Waffen gekämpft zu haben. Wenigstens bemerkt er einmal von einer solchen Gegenschrift, von der des *Joachim Jakob Reineccius*[1]): »Wer sich abmüßigen kann und will, seinen Tractat zu lesen, der muß seine allegata besonders, was alte fränkische und teutsche Gesetze betrifft, nachschlagen und da wird er finden, daß öfters in dem allegato gar nicht stehet, was seine theses beweisen solle, wie schon mit einem und anderem angezeiget« (*Hauschild* a. a. O. pag. 162).

So erfreulich an sich *Hauschild*'s Opposition ist[2]) und so sehr es zu bedauern ist, dass er Jahrzehnte lang unbeachtet blieb — denn in seinen Gedanken steckt wic unsere Untersuchung ergeben, wird, ein gesunder Kern — von einer wirklichen Erfassung des Problems ist bei ihm so wenig die Rede als bei seinen Gegnern.

Die Kenntnis von der unglaublichen Mannigfaltigkeit der Frondienste in der neueren Zeit ist so allgemein, daß man Bedenken tragen muß, einen so selbstverständlichen Satz wie den auszusprechen, daß ein Zurückführen aller dieser Verpflichtungen auf

---

1) *Joachim Jakob Reineccius*, De rustico quondam servo commentatio, Jena 1745.

2) Man vergleiche das Loblied des Magdeburger Justiz-Commissarius und Notarius *Ferd. Friedr. Weichsel:* »Obschon des trefflichen gründlichen *H.*'s Standpunkt und Ziel nur beschränkt waren, so leuchtet er doch als ein so herrliches Gestirn vor allen übrigen Schriftstellern in dieser Materie hervor, daß die letzteren in der Tat sich vor ihm hätten schämen müssen, wenn diese Art Leute überhaupt für Wahrheit und gründliche Forschung mehr Sinn gehabt und sich nicht bloß in einem übertönenden, wenn auch noch so leeren Geschrei gefallen hätten! . . . Die spätere Zeit wird gewiß den Namen dieses Mannes, wie er es verdient, weit über so viele unverdient berühmte Namen erheben.« Rechtshistorische Untersuchungen das gutsherrlich-bäuerliche Verhältniß in Deutschland betreffend. 2 Theile. Als 3. Theil Beiträge zur Charakteristik des gutsherrlich-bäuerlichen Verhältnisses in Deutschland, Zerbst 1830. Bd. III. pag. 23.

eine gemeinsame Wurzel, der Nachweis einer einzigen Art von Beziehungen in der socialen Gliederung unsrer Vorfahren, von Organisationsformen ihres Wirtschaftslebens, aus denen diese Arbeitsverhältnisse abzuleiten wären, unmöglich ist. Aber soviel um die Wende des 18. und 19. Jahrhunderts über die Entstehung der Frondienste geschrieben wurde, der erste, der in dieser Hinsicht klar sah, war *Paul Wigand*[1]) — soweit meine Kenntnis der Literatur reicht. In seiner 1828 erschienenen Schrift über die Entstehung etc. der Dienste unterscheidet er servicium, officium, opus und definiert:

1. servicium = jeder Waffen- und Heerdienst, und alles, was aus dem vom Beamtenverhältniß nun sich losreißenden Lehnsverhältniß hervorgeht und damit zusammenhängt.

2. officium, Amt = jeder Dienst, der vermöge eines Auftrags gegen Belohnung oder ein beneficium oder freiwillig vermöge der Ministerialität, und mit Beziehung auf den Grundbesitz geschieht.

3. Jeder andere Dienst der nicht vom Heerbann, von der fränkischen Beamtenverfassung, vom Kriegs- und Lehnwesen ausgeht, hat seinen Ursprung in der Hörigkeit, und heißt zur Unterscheidung opus . . .

Paul Wigand erkennt zum ersten Mal die Bedeutung des »scharfen Gegensatzes zwischen öffentlichem Dienst und Privatdienst oder solchem, der auf eine Verbindung mit dem Gut und auf ein Hörigkeitsverhältniß sich gründet« für die Frage der Entstehung der Dienstpflicht. Unter den Begriff des öffentlichen Dienstes fällt für ihn nicht allein »der öffentliche Dienst des Krieger- und Beamtenstandes« und »die allgemeine Pflicht für die Bedienung, Unterhaltung und Fortschaffung Jener, wenn sie im öffentlichen Dienst sind, zu sorgen«, sondern auch Dienste, die aus einer Gemeindepflicht abzuleiten sind, »denn jede Gemeinschaft und Genossenschaft ist zu wechselseitigen Hülfsleistungen verpflichtet und es giebt da manches, was mit gemeinschaftlichen Kräften muß bewirkt werden«[2]).

Wenn wir den Dienst des Lehnsmanns (vgl. oben 2) ausscheiden, haben wir in den Unterscheidungen *Wigand*'s schon das

1) Dr. *Paul Wigand*, Die Dienste, ihre Entstehung, Natur, Arten und Schicksale, mit bes. Rücksicht auf die Geschichtsquellen der ehemaligen Abtei Corvey, Hannover 1828, p. 35.

2) a. a. O. pag. 90.

Programm für unsere ganze Untersuchung.

Was in späterer Zeit »Frondienst« heißt, geht zurück auf eine, unter Umständen auf mehrere der drei ursprünglichen Gestaltungen des Arbeitssystems, die mit wenigen Worten wie folgt skizziert werden können:

1. Der fränkische Staat verlangte von seinen Mitgliedern Arbeitsleistungen verschiedenster Art. — Staatliche Frondienste.

2. Auch die kleineren genossenschaftlichen Verbände der deutschen Bauern zogen ihre Genossen zu allerhand Arbeiten heran. — Genossenschaftliche Frondienste.

3. Eine grosse Rolle spielen die Frondienste endlich in der Großgrundherrschaft des früheren Mittelalters. Dieses spezifisch grundherrschaftliche Arbeitssystem ist von besonderem Interesse, weil eine befriedigende Lösung der Frage von seiner Entstehung auch für die so viel umstrittene Frage nach der Entstehung der Grundherrschaft selbst einige neue Gesichtspunkte wird eröffnen können. — Grundherrschaftliche Frondienste.

Auf die Grundherrschaft wurden später vom Staat öffentliche Rechte übertragen; außerdem gelangten die Grundherren in manchen Markgenossenschaften zu einer überragenden Stellung. Daraus folgte für sie der Empfang von Arbeitsleistungen, die bisher die Inhaber dieser Gewalten bezogen hatten. Von diesen soll im zweiten Teile der Untersuchung grundsätzlich abgesehen werden. Diese Uebertragungen und Vermengungen des Arbeitssystems sollen in einem letzten, dritten Capitel behandelt werden.

Die Anfänge der Wandlungen, deren zuletzt gedacht wurde, — für die ursprünglichen Gestaltungen des Arbeitssystems (1—3) versteht sich das von selbst — sind ebenfalls schon lange vor der Wende des Mittelalters und der Neuzeit zu erkennen. Für die wirtschaftlichen und socialen Verhältnisse dieser Zeit bietet aber fast nur der deutsche Südwesten genügende Quellen. Es ist ja bekannt, daß die Entwicklung der ländlichen Besitz- und Arbeitsverhältnisse in diesen Teilen Deutschlands einerseits, in Ostdeutschland — im großen und ganzen in den Gebieten östlich der Elbe — andrerseits zu allen Zeiten der Geschichte tiefgehende Gegensätze aufweist. So verlockend ein Vergleich der Ausbildung des Systems der Fronden in den beiden Gebieten gewesen wäre, so mußte doch von einem solchen Abstand genommen werden. Denn da sich die neuere Forschung mit diesen Fragen noch kaum beschäftigt hat, schien es wünschenswert, zunächst die Genesis des Arbeitssystems darzustellen. Und diese ist aus dem oben angeführten Grunde im Südwesten Deutschlands zu suchen.

Das Arbeitssystem der neuzeitlichen Gutsherrschaft des deutschen Ostens ist übrigens von einem Zeitgenossen, dem Popularphilosophen und Uebersetzer *Adam Smith*'s, dem Breslauer *Christian Garve* (1742—98) nach der psychologisch-ethischen Seite erschöpfend dargestellt worden. Man merkt seinen Vorlesungen »Ueber den Charakter der Bauern« an, dass die Ethik, wie er selbst urteilte, stets sein eigentliches Arbeitsgebiet war [1]). Denn die günstigen so gut wie die schädlichen Wirkungen, die der Frondienst jener Zeit auf Leben und Wirtschaftsführung des Bauernstandes ausübte, werden hier mit erstaunlicher Tiefe erfaßt.

---

1) *Christian Garve*, Ueber den Charakter der Bauern und ihr Verhältniß gegen die Gutsherrn und gegen die Regierung. 3 Vorlesungen in der Schlesischen Oekonomischen Gesellschaft gehalten. Breslau 1786. Vgl. dazu Allgemeine deutsche Biographie, Band VIII 385 ff. — »Das ist gerade die Arbeit, die ich am liebsten und wie ich denke am besten tue.«

Erstes Kapitel.

Oeffentliche Dienste.

Einen Unterschied zwischen öffentlichem und privatem Recht kennt das frühe Mittelalter nicht, dem platten Lande ist er bis in die Neuzeit hinein fremd geblieben. Von einem Gegensatz von öffentlichen Diensten einerseits, privaten Herrschaftsdiensten andrerseits kann also zunächst nicht die Rede sein. Auch die Gegenüberstellung von öffentlichen Diensten und einem grundherrlichen Arbeitssystem hat ihre Bedenken. Denn wenn man von Grundherrschaft redet, hat man im allgemeinen eine Form der wirtschaftlichen und socialen Organisation im Auge, für die gerade gewisse Befugnisse bezeichnend sind, die ihr nur durch Uebertragung von öffentlichen Gewalten her zukommen.

Aber auf dem Gebiete des Dienstwesens — ein Ausdruck unter dem die Literatur des 18. Jahrhunderts (*Bergius* u. a.) alle Arten von Diensten zusammenfaßt — kann man bei den germanischen Völkern von vorneherein unterscheiden:

1) Arbeitsleistungen, die der einzelne als Angehöriger eines genossenschaftlichen Verbandes, als Volksgenosse der germanischen civitas, als Markgenosse, als Mitglied eines Deichverbandes u. dgl. zu verrichten hat und

2) Dienste, die er im Interesse einer einzelnen Wirtschaft, zu der er in einem anderen Verhältnis steht als zu der Wirtschaft der übrigen Genossen, die er im Interesse seiner Grundherrschaft leisten muß. Auf einer gewissen Stufe der Entwicklung angelangt, vermag eben diese Grundherrschaft die Arbeitskraft der von ihr abhängigen Leute in verstärktem Maße anzuspannen, weil sie in manchen Punkten das Erbe jener genossenschaftlichen Verbände angetreten hat.

Die älteste Genossenschaft germanischen Rechts, bei der wir über Rechte und Pflichten der Mitglieder hinreichende Nachricht haben, ist die civitas der Stammesgenossen, die Völkerschaft. Träger der öffentlichen Gewalt ist stets ausschliesslich das concilium, die Versammlung aller wehrhaften Volksgenossen. Ihre vornehmste Aufgabe ist nach innen Wahrung des Volksfriedens, nach außen Schutz gegen feindliche Angriffe. Um diesen Zwecken gerecht zu werden, nimmt die civitas in ausgedehntem Maßstab die Arbeitskraft der Volksgenossen in Anspruch.

Man hat sich gewöhnt, Dingpflicht und Wehrpflicht als die wichtigsten öffentlichen Pflichten des freien Germanen anzusehen. Das ist nur unter der Voraussetzung zutreffend, daß man mit dem Worte Dingpflicht nicht ausschließlich die Verpflichtung, bei den Gerichtsversammlungen zu erscheinen und an der Rechtsprechung teil zu nehmen, im Auge hat. Denn in Zeiten, da die allgemeine Teilnahme an der Findung des Urteils aufgehört hat, bleibt in den Genossenschaften germanischen Rechts eine andere allgemeine Pflicht der Genossen bestehen: die Pflicht dem »Gerüfte« zu folgen, d. h. auf Anrufung hin einen Mißetäter zu verfolgen und handfest zu machen. Diese bei allen germanischen Völkern verbreitete Institution geht darauf zurück, daß jeder Volksgenosse für die Wahrung des Volksfriedens mitverantwortlich ist und deshalb jeden friedlosen Menschen, wo er ihn finden mag, töten muß[1]).

Es ist zur Genüge bekannt, dass an diesem genossenschaftlichen Charakter der germanischen Verfassung nichts geändert wurde, wenn an der Spitze der civitas ein König stand. Selbst in den grossen Stammesreichen, wie im fränkischen Reich die Merowinger, sind die Könige noch in den wichtigsten Fragen an die Entscheidung der Reichsversammlung gebunden[2]). Erst eine so gewaltige Persönlichkeit wie Karl der Große war imstande hier Wandel zu schaffen. Aber er tat es in der für eine solche Gestalt und unter den gegebenen Verhältnissen einzig möglichen Art. Die öffentliche Gewalt, die bisher die Versammlung aller Genossen inne gehabt hatte, wurde nun völlig mit der Person des einen Königs identificiert. Nicht der Gedanke an die Zugehörigkeit zu einem mächtigen Staate macht dem einzelnen gewisse Leistungen zur Pflicht, sondern die Treue, die er dem Könige zugeschworen hat.

Dieses System des Königsdienstes, soweit es für die Entstehung von Frondiensten von Bedeutung geworden ist, erfordert

1) *Brunner*, Abspaltungen der Friedlosigkeit. Ztschr. für R.G. 1890 XI. 62 ff.
2) *Waitz*, Deutsche Verfassungsgeschichte I ^{3} 361 f.

zunächst unsere Beachtung. Da es sich in der Hauptsache um unbestrittene Dinge handelt, ist eine cursorische Betrachtungsweise am Platze.

I. Abschnitt.

Servitium regis.

Unter dem Namen »Königsdienst« hat man sich entsprechend dem Sprachgebrauch des frühen Mittelalters gewöhnt die verschiedenartigsten Leistungen zusammenzufassen: Beherbergungs- und Verpflegungspflichten, Abgaben und Materiallieferungen neben Arbeitsleistungen aller Art [1]). Für uns haben natürlich nur die letzteren Interesse, aber auch nur insoweit, als auf sie die spätere Bezeichnung »Frondienst« paßt. Damit scheiden alle diejenigen Dienste aus, die in der Feudalität ihren Ursprung haben, das ist in der Hauptsache der Kriegsdienst.

Die Bezeichnung servitium regis trifft in der Tat ganz das Richtige. Was der einzelne in der germanischen Zeit dem Volke schuldet, dem er durch Stammesverwandtschaft angehört, muß er seit Karl dem Großen dem Könige leisten, dem er Treue geschworen hat. Darüber lassen die Quellen der carolingischen Zeit keinen Zweifel. Ein Capitular von 853 leitet die Pflicht, jeden Verbrecher zu verfolgen, aus dem Fidelitätseid ab [2]). Dasselbe lässt sich für die allgemeine Wehrpflicht nachweisen [3]).

Die Veränderungen in der Aushebung zum Kriegsdienst unter der Regierung Karls des Großen sind bekannt. Nicht sowohl diese als noch vielmehr die stets zunehmende Bedeutung der feudal organisierten Reiterheere machte die allgemeine Aushebung aller Volkskreise zum Dienst im Felde immer mehr zur Ausnahme. Sie erfolgte nur noch gegen besonders gefährliche Gegner, wie gegen die Sorben [4]), oder wenn der Feind schon im

1) *Maurer*, Geschichte der Fronhöfe, der Bauernhöfe und der Hofverfassung in Deutschland. Erlangen 1862/63. I. 402 ff.

2) Cap. Karls II. 853 MG. Cap. II. 270 f. cap. 4: De latronibus autem commendaverunt, ut missi omnibus denuntient in illa fidelitate, quam Deo et regi unusquisque debet et promissam habet, et in illa christianitate, qua pacem proximo unusquisque servare debet, ut sine exceptione alicuius personae nec pro amicitia vel propinquitate aut amore vel timore ullus latronem celet, sed illum missis illorum manifestet.

3) *Boretius*, Beiträge zur Capitularienkritik. Leipzig 1874. pag. 102 142.

4) Cap. de causis div. 807? MG. Cap. I. 136 cap. 2: si vero circa Surabis patria defendenda necessitas fuerit, tunc omnes generaliter veniant.

Lande war, wenn also unmittelbare Gefahr für das Vaterland drohte [1]. Während sonst nur die Lehnsleute unter ihren seniores ins Feld zogen, mußten zur lantweri, ad patriae defensionem alle ohne Ausnahme (omnis populus) in der Zusammensetzung, wie sie der Zufall ergab (communis), ausziehen. Es ist dasselbe Verhältnis, wie wenn heutzutage der Landsturm aufgerufen wird. Auch Geistliche, die sonst von allen Lasten befreit waren, mußten diesem Aufruf Folge leisten [2]. Wer dem Aufgebot zur lantweri nicht nachkam, verfiel der Buße von 60 solidi, die allein auf Nichtbefolgung königlicher Gebote gesetzt war, dem Königsbann oder wie er in allen Straffällen, die sich auf die Landesverteidigung bezogen, hieß: dem Heerbann [3]. Wer den Heerbann für versäumten lantweri-Dienst nicht bezahlen konnte, geriet in servitium regis solange bis die volle Summe entrichtet war. Die Bestimmung ist denen über Versäumnis des Dienstes im offenen Felde nachgebildet.

Unter dieselbe Strafe ist die Versäumnis von einer Reihe andrer militärischer Dienste gestellt, zu denen alle Untertanen des Königs in gleicher Weise verbunden sind und die den Zwecken der Sicherung dienen sollen. In den Grenzmarken [4] und an der Meeresküste [5] waren diese natürlich besonders dringlich.

Schon ein Capitular Karls des Großen von 811 bestimmt, der Graf dürfe den Heerbann nicht selbst eintreiben »non per aliquem

1) *Waitz* IV² 574. 616. — Conv. apud Marsnam 847, MG. Cap. II. 71. Karl der Kahle verordnet cap. 5: Et volumus, ut cuiuscunque nostrum homo, in cuiuscunque regno sit, cum seniore suo in hostem vel aliis suis utilitatibus pergat; nisi talis regni invasio, quam lantweri dicunt, quod absit, acciderit, ut omnis populus illius regni ad eam repellendam communiter pergat. — Edict. Pist. 864, MG. Cap. II. 322. c. 27: ad defensionem patriae omnes sine ulla excusatione veniant. — Vgl. auch *Baldamus*, Das Heerwesen unter den späteren Karolingern 1879. pag. 51 f.

2) Cap. v. Quiercy 877. MG. Cap. II. 358. c. 10. Si (aliquis ex fidelibus nostris seculo ... renuntiare voluerit ... et si) in alode suo quiete vivere voluerit, nullus ei aliquod impedimentum facere praesumat, neque aliud aliquid ab eo requiratur, nisi solummodo, ut ad patriae defensionem pergat.

3) Karl d. Kahle bestimmt im Mersener Conventus 847 MG. Cap. II. 71 c. 5: Et quia in hostem aut propter terram defendendam aut propter terram adquirendam itur, de lantweri, id est de patriae defensione, non aliter nisi secundum istum modum in lege aut in capitulis de pauperibus Francis, qui si non habent, unde heribannum persolvant, ut se in servitium regis tradant, et tamdiu in eodem servitio maneant, usque dum ille heribannus fiat persolutus.

4) *Waitz* IV², 616 f.

5) Const. de exped. Benev. 866 MG. Cap. II. 95 c. 1. Pauperes vero persones ad custodiam maritimam vel patriae pergant.

occasionem, nec de wacta nec de scara nec de warda nec pro heribergare neque pro alio aliquo banno«. Der Heerbann steht natürlich nur auf Nichtbefolgung irgend welcher Gebote (banni), die auf den Krieg Bezug haben; »heribergare« ist Einquartierung und Verpflegung des Königs oder seiner Beamten, »wacta« und »warda« sind offenbar dasselbe Wort in der deutschen (wacht) und in der romanischen (quarde) Form. »Scara« kann ein Botendienst sein, wie *Brunner*[1]), *Waitz*[2]), *Lamprecht*[3]) ganz allgemein annehmen. Doch scheint mir hier wahrscheinlicher zu sein, dass es eine dritte Bezeichnung für dieselbe Sache ist. Es würde dann soviel heißen wie Scharwache, eine Wache, bei der sich einzelne Mannschaftsgruppen ablösen[4]). *Maurer* übersetzt dieselbe Stelle kurz nacheinander einmal mit Wachedienst, das andremal mit Anlage und Unterhaltung von Warten und Wachttürmen[5]). Mit beiden trifft er das Richtige. Wo befestigte Plätze angelegt wurden, wurden ohne Zweifel diejenigen Bevölkerungskreise, die im Kriegsfall als Wachmannschaften einrücken mußten, zu Bau- und Instandsetzungsarbeiten herangezogen. Als im 10. Jahrhundert der »Burgbann« an die verschiedensten particularen Gewalten verliehen wurde, erwarben diese damit den Anspruch, dass die Umwohnenden nicht allein »ad civitatem confugere«, sondern auch in »ea operari« mußten[6]). Der Burgbann des 10. Jahrhunderts, ein vom König erteiltes Privileg, ist im 9. Jahrhundert noch integrierender Bestandteil des königlichen Heerbannes.

Der Dienst zur lantweri und der Sicherungsdienst haben mit dem regulären Kriegsdienst im offenen Felde das gemeinsam, daß sie alle unter Heerbann stehen, ihre Unterlassung wird mit der höchsten Buße, die allein der König durch seine Beamten verhängen kann, geahndet. In anderer Beziehung stehen sie aber im scharfen Gegensatz zum Dienste in der mobilen Armee. Diese

1) Deutsche Rechtsgeschichte. 1887/92. II. 232.

2) Verfassungsgeschichte IV² 26 n.

3) Deutsches Wirtschaftsleben im Mittelalter. Leipzig 1885/86, I. 811.

4) *Grimm*, Wb. VIII. 2227 s. v. Scharwache.

5) Fronhöfe I. 447 u. 448.

6) Vgl. die Urkunde Ottos für Corvei 940 MG. Diplomata I. 113 f. . . . ut omnes abbates, qui super monachos in Nova Corbeia . . . constituentur, . . . bannum habeant super homines, qui ad prefatum coenobium et ad civitatem circa illud debent constructam confugere et in ea operari . . . nullus . . . potestatem habeat exercendi ullius banni quem burgban vocant, nisi ipsius monasterii abba et cui ipse vult committere. — Dazu Ed. Pist. 864. c. 27: ad civitates novas operentur.

ist im 9. Jahrhundert in der Hauptsache zusammengesetzt aus den Contingenten der königlichen Lehensträger, aus Leuten, die von mehreren kleinen Grundbesitzern ausgerüstet sind und aus mittleren Grundbesitzern, die vermöglich genug sind, um sich selbständig auszustatten. Der sicherlich beträchtliche Rest der Bevölkerung genügt seinen militärischen Pflichten durch lantweri und wactae. »Ut illi, qui in hostem pergere non potuerint, iuxta antiquam et aliarum gentium consuetudinem ad civitates novas et pontes ac transitus paludium operentur et in civitate atque in marca wactas faciant; ad defensionem patriae omnes sine ulla excusatione veniant« bestimmt 864 Karl II. im Edictum Pistense [1]). »Pauperes vero personae ad custodiam maritimam vel patriae pergant« hieß es in dem Mobilmachungsbefehl für die expeditio Beneventana von 866 [2]) die »pauperes«, die nicht leistungsfähig genug sind, um sich für den Dienst im offenen Felde, »in hostem«, auszurüsten sind ausschliesslich zu dieser Art von Dienst verpflichtet. Denn wenn das Bedürfnis darnach eintrat, dann war jedesmal die Feldarmee schon mobil, oder sie wurde mindestens gleichzeitig mobil gemacht. Dadurch wurden lantweri und wactae zu einem weniger vornehmen militärischen Dienst. Es sind hier schon die Anfänge des späteren Zustandes zu erkennen, wo die »Landfolge« ein für den Bauernstand charakteristischer öffentlicher Dienst ist.

Dieselbe Bedeutung wie dem Dienst in der mobilen Armee (de hoste publico) und dem Sicherungsdienst (wacta) legt eine Urkunde Karls der Arbeit zum Bau von Brücken bei (pontes componendum) [3]). Dementsprechend wird verhältnismäßig lange an dem Grundsatz festgehalten, daß die Immunität von der Verpflichtung zum Brückenbau nicht befreie: »non anteponatur emunitas« bestimmt in dieser Richtung ein italienisches Capitular Pippins, des Sohnes Karls des Großen [4]). Auch das Bannrecht findet darauf Anwendung [5]).

Ludwig der Fromme befiehlt seinen missis zu verschiedenen Malen strenge Aufsicht über den Bau und die alljährlich im Früh-

---

1) MG. Cap. II. 321 f. c. 27.
2) ibid. pag. 95. c. 1.
3) bei *Waitz* IV². 36.
4) MG. I. 192. c. 4. Vgl. *Brunner*, Rechtsgeschichte. II. 294.
5) *Waitz* IV². 35.

jahr notwendige Instandsetzung der Brücken an[1]). Zur Arbeit aufgeboten wurden die Einwohner durch die comites. Wenn im Gau eines Grafen die Brücken nicht in Ordnung waren, so mußte sich der Graf rechtfertigen, warum er seine pagenses nicht aufgeboten oder warum er die Säumigen nicht gemeldet hatte[2]).

In italienischen Capitularien wird wiederholt auf »antiqua consuetudo« Bezug genommen, wenn von der Verpflichtung zum Brükkenbau die Rede ist[3]). Man darf daraus vielleicht schliessen, daß es sich in den Gegenden, für die diese Capitularien erlassen sind, um bloße Neubelebung römischer Institutionen handelt. Mit aller Schärfe ist das für eine letzte Gruppe von Diensten behauptet worden, die in karolingischer Zeit dem Könige geleistet werden mußten: für die Transportdienste. Wenn dem Könige, seinen Beamten und anderen von ihm ermächtigten Personen Pferde (veredi) und Beipferde (paraveredi), oder Beförderung zu Wagen (angariae und parangariae) gewährt werden mußten, so sei das nichts weiter als eine Uebertragung der römischen Posteinrichtungen auf deutsche Gebiete[4]). Dem kann zugestimmt werden, nur darf man nicht übersehen, daß eine solche Uebertragung nicht möglich gewesen wäre, wenn ihr nicht uralte germanische Sitten zu Hilfe gekommen wären. Denn es war Pflicht eines Jeden, der nicht in üblen Ruf kommen wollte, Fremde nicht nur gastlich aufzunehmen, sondern auch seinen Gästen mit frischen Pferden weiterzuhelfen und ihnen das Geleite zu geben[5]).

In der 2. Hälfte des 9. Jahrhunderts legt Karl II. diesen

---

1) Cap. miss. 821 c. 11... MG. Cap. I. 301. hi pagenses, qui eos (pontes) facere debent, a missis nostris admoneantur, ut eos celeriter restaurent... Admonitio 823—25 MG. cap. I. 303. c. 22. Ut ubi pontes antiquitus fuerunt .... restituantur et renoventur, ita ut ad missam S. Andreae restaurati fiant... Et missi nostri... volumus ut renuntient in quibus locis nostra iussio impleta, in quibus sit neglecta aut aliqua impossibilitate vel certa ratione dilata.

2) Cap. Miss. Worm. 829. MG. Cap. II. 16, c. 11: De pontibus publicis destructis placuit nobis, ut hi, qui iussionem nostram in reparandis pontibus contempserunt, volumus ac iubemus, ut omnes homines nostri in nostram praesentiam veniant rationes reddere, cur nostram iussionem ausi sunt contempnere; comites autem reddant rationem de eorum pagensibus, cur eos aut non constrinxerunt, ut hoc facerent, aut nobis unntiare neglexerunt.

3) Cap. Mantuanum II. MG. Cap. I. 197. c. 7. De pontibus vero vel reliquis similibus operibus que ecclesiastici per iustitiam et antiquam consuetudinem cum reliquo populo facere debent hoc precipimus ... Vgl. auch Pippini Ital. reg. cap. c. 4, MG. Cap. I. 191 f.

4) *Brunner* II. 229.

5) *Kalund* in *Paul*'s Grundr. d. German Philol. 1. A. II. 2. 249, 2. Aufl. III, 451.

Transportdiensten noch denselben Wert bei wie dem Dienst im offenen Felde. Das Edictum Pistense von 864 verbietet den Grafen und sonstigen öffentlichen Beamten widerrechtliche Eingriffe in den Vermögensbestand ihrer Gauleute, des besonderen noch das Wegnehmen von Pferden, weil diese sonst nicht fähig wären »hostem facere et debitos paraveredos secundum antiquam consuetudinem nobis exsolvere«.

Wenn überhaupt in jener Zeit von öffentlichen Pflichten die Rede sein kann, so ist das am ehesten bei den im Vorhergehenden geschilderten Verhältnissen der Fall. Der einzige Rechtsgrund, demzufolge diese Dienste geleistet werden müssen, ist der dem König geleistete Fidelitätseid. Und der König ist eben für die Auffassung jener Zeit der alleinige Träger der öffentlichen Gewalt.

Um die verschiedenen Arbeitsleistungen, die so im engeren Sinne als servitium regis zu bezeichnen sind — in der weiteren Bedeutung umfaßt das Wort Königsdienst auch Abgaben und Naturalleistungen aller Art — nochmals zu überblicken, so waren es in erster Linie militärische Dienste zur Verteidigung des durch Angriff bedrohten Vaterlandes (lantweri, wactae), die als allgemeine, gleiche Pflicht aller bestehen blieben, als der Dienst in der mobilen Armee nur noch Pflicht der Lehnsträger des Königs war. Die Leute, die im Kriegsfall als Besatzung für Befestigungen eingezogen wurden, mußten auch im Frieden an den Befestigungsanlagen arbeiten. Die Verkehrswege, vor allem die Brücken, wurden ebenfalls durch öffentliche Dienste der Untertanen unterhalten. Endlich wurden diese — ebenso wie einst im römischen Reiche — für die Beförderung des Königs und der öffentlichen Beamten nutzbar gemacht.

Nicht alle diese »Dienste« freilich waren Arbeitsleistungen. Wenn bloß ein veredus gestellt werden mußte, mußte niemand zur Begleitung mitgegeben werden. Und das unterblieb offenbar ziemlich häufig. Denn es bestehen Bestimmungen für die Empfänger von veredi, die die Rückgabe unterlassen oder durch Fahrlässigkeit den Verlust oder Untergang der Tiere verschuldet haben. Das ist doch wohl nur möglich, wenn das Pferd ohne Begleitung mitgegeben wurde [1]).

1) Praeceptum pro Hispanis 844. MG. Cap. II. 259 c. 1: Si autem hi, qui veredos acceperint, reddere eos neglexerint, et eorum interveniente neglegentia perditi seu mortui fuerint, secundum legem Francorum eis, quorum fuerunt, sine dilatione restituantur vel restaurentur.

Auch wenn ein paraveredus gefordert wurde, war die Absicht des Empfängers lediglich die, durch ein weiteres Pferd die Beförderung zu beschleunigen und zu erleichtern, der Besitzer des Pferdes oder sein Knecht ging nur »en qualité de conducteur« (*Guérard*) mit. Aber immerhin war die Arbeitskraft des Begleiters für die Dauer der Reise ihrer normalen Bestimmung entzogen [1]).

II. Abschnitt.

Genossenschaftliche Dienste.

Jede Genossenschaft hat gemeinsame Interessen, setzt sich gemeinsame Zwecke, deren Kosten aus Beiträgen der Genossen gedeckt werden müssen, wenn sie nicht durch deren persönliche Arbeit erfüllt werden. In den bäuerlichen Genossenschaften des Mittelalters wird man von vorneherein nicht anders erwarten, als daß Arbeiten, die im Interesse der Genossenschaft nötig werden, von den Mitgliedern selbst geleistet werden [2]). Wie tief dieser Grundsatz noch heute in den Anschauungen der deutschen Bauern begründet liegt, hat sich erst in jüngster Zeit aus Anlaß der großen Ueberschwemmungen in Schlesien wieder gezeigt. In der Gemeinde Altmohrau (Kreis Habelschwerdt) verweigerten sämtliche 27 Gemeindemitglieder die Zahlung der außerordentlichen Wassersteuern und erklärten sich dafür in einem Schreiben an den Landeshauptmann bereit, die Ufer selbst wiederherzustellen [3]).

In der mittelalterlichen Markgenossenschaft nimmt das Princip der Mitarbeit der Genossen für gemeinschaftliche Zwecke eine bedeutungsvolle Stelle ein. Denn sie dient der Erfüllung von Zwecken, die in der Neuzeit zu einem guten Teil Aufgaben des Staats und anderer über der modernen Gemeinde stehender Verbände geworden sind.

Die Markgenossenschaft des Mittelalters fällt entweder zusammen mit der Gesamtheit der in einem Dorfe begüterten und wohnenden Bauern oder sie umfaßt mehrere Dorfverbände zugleich. Wenn wir zunächst den ersten, einfacheren Fall annehmen, so ergibt sich für unsere Darstellung der Vorteil, daß wir leichter einen Ueberblick über die Gesamtbelastung der bäuer-

1) *Guérard*, Polytyque de l'abbé Irminon de St. Germain I. 819.

2) *Heusler*, Institutionen des deutschen Privatrechts. Leipzig 1885|86. I. 297.

3) Berliner Tageblatt vom 3. Januar 1904.

lichen Wirtschaft durch genossenschaftliche Dienste überhaupt gewinnen.

Die Markgenossenschaft des Mittelalters ist in erster Linie — wie die germanische civitas im großen — eine Rechts- und Friedensgemeinschaft. Wie die Volksgenossen der civitas sind daher die Markgenossen verpflichtet, vor Gericht zu erscheinen, wenn nötig, das Recht zu weisen, vor allem auch das Gericht in der Vollziehung des Urteils zu unterstützen. Der Polizeidienst ist ebenso auf die Dienstleistungen der Genossen basiert, wie dies in der germanischen civitas der Fall war [1]).

Entsprechend den kleineren Verhältnissen verbindet das tägliche Leben die Markgenossen mit der Zeit enger untereinander, als dies in jener größeren Gemeinschaft vielleicht je der Fall gewesen. Daher verlangen nicht nur der Schutz der gemeinen Mark gegen Waldfrevel, die öffentliche Sicherheit und der Dorffrieden, sondern auch die Sicherheit jedes einzelnen Genossen und der Friede seines Hauses jederzeit die Hilfsbereitschaft der Nachbarn [2]). Zur Pflicht den Rechtszustand wahren zu helfen, kommt die nachbarliche Beistandspflicht.

Ein ähnliches Nebeneinander von Pflichten läßt sich deutlich erkennen bei den Bestimmungen über markgenossenschaftliche Feuerpolizei. Dem vom Feuer bedrängten Genossen muß geholfen werden, darum müssen alle herbeieilen und löschen helfen. Aber auch die Allgemeinheit, das ganze Dorf ist bei jedem Brande in Gefahr. Es ist darum in aller Interesse, daß es gelingt, das Feuer auf seinen Herd zu beschränken. Darum müssen die Löscharbeiten möglichst bald begonnen werden. Strenge Strafen treffen daher den Brandbeschädigten, der das Feuer in seinem Hause nicht so-

1) *Maurer*, Geschichte der Markenverfassung in Deutschland. Erlangen 1856. p. 189 f.

2) W. Mayenburg, Oest. W. V. 171. 18. Umb lötter und freihart, die den leuten in ihre heuser geent über ihren willen, die die leut umb gab nötten wöllen, da soll ain nachpaur dem andern zutretten und dem andern helfen. — W. Rattenberg, Oest. W. II. 112, 29: Wenn einer im Haus durch unverschämte Bettler belästigt wird, dann sollen ihm die Nachbarn »mit gewerter hand zu hilf komen, den nottädinger guetlichen abweisen; wo das nit helfen (tet), ine ermanen, mit inen zu der herrschaft geen oder sich gefangen ze geben; wolt er des kains thuen, so solten sie ine gwöltigen und zu gerichts handen bringen, wie sie der kunnen bekomen; ob er sich aber zu wöhr stellen, und si ine krump und lamp oder gar zu todt schliegen, so sollen si es aber gegen der herrschaft auch meniglichen onentgolten sein, allain gegen gott verantwurten si es; darzue sollen edl und unedl, reich und arm, niembt ausgeschlossen verholfen sein«.

fort »beschreit« oder gar seine Sachen austrägt, ehe er es beschrieen hat[1]). Für Schaden, der anderen erwächst, weil der Genosse, in dessen Haus es brennt, nicht rechtzeitig Feuerlärm gemacht hat, muß dieser aufkommen. In Fällen der Not müssen also alle Nachbarn dem gefährdeten Genossen beispringen, aber zugleich muß e r das Interesse der Allgemeinheit wahren helfen.

Ganz selbverständlich ist es, daß alle Genossen zur Hilfsleistung bereit sind, sobald für irgendwelche Sachen, die im Gesamteigentum aller stehen, Gefahr im Verzug ist. Die Verpflichtung zur Feuerfolge bei Bränden im Allmendwald ist bekannt[2]). Im Hochgebirge ist der Grundbesitz der Genossen durch die Fährlichkeiten der Jahreszeiten und der Witterung noch besonders bedroht[3]). Wenn eine »lähn« (Lawine) losgeht, müssen daher in

1) W. Stans, Oest. W. II. 169. 5: Item ob ain prunst aufkäm ainem in sein haus und gemächen, der soll das beschreien, alsbald er dessen gewar wiert, und soll seines guets nicht austragen. Tuet er das und hat das feur laut beschrirn: auf auf, lieben nachpaurn! es print in meinem haus! so ist er seinen nachpaurn oder dem gericht, noch niemant nichts darumb schuldig; tät aber ainer oder ains das nicht, und beschrir das feur nicht, als vorsteet, und trieg sein guet aus, der ist schuldig, allen schaden abzutragen und zu piessen. — Aehnlich bestimmt W. Weer, Oest. W. II. 172. 9 ... tät aber ainer das nicht und trueg aus und beschreiet das nit, so dan nach derselben prunst ainer oder mer auch schaden beschäch, den ist er verfallen umb ir schaden und dem gericht zween und funfzig phunt perner. — W. Bruneck, Oest. W. V. 483. 5: Item, wann ein feur in einem hause aufkumbt und wurd es offenlich beschrirn von dem wirt im hause oder von andern, die im hause sind, e e d a n n d a s f e u r ü b e r d a s d a c h k u m b t, so ist er der herschaft chain pen schuldig; kumbt aber das feur über das dach, so ist er vervallen L ℔ perner. — W. Rum 1540, Oest. W., II. 219. 6: Item ob auch ain feur in ainem haus aufkäm, so soll derselb oder desselben leute von stund an ain geschrai machen, d a m i t m a n b e i z e i t m u g g e r e t t e n; ob aber das nit geschäch, und was schaden daraus geschech, darumb soll derselb verfallen sein. — Nur die dem unmittelbar Beschädigten zunächst wohnenden Nachbarn durften, weil für sie die Gefahr bei einer weiteren Verbreitung des Feuers am größten war, daran denken, die eigenen Sachen zu retten. W. Kematen, Oest. W. II. 260. 18. 2 H. 14 Jhs. ob ain feur aufgieng, das niemant außtragen soll, dann die negsten drei heuser unten und oben, die andern sollen zuelaufen und sollen helfen reten und welcher das nicht tät, der wär komen umb 5 pfunt.

2) *Maurer*, Markenverfassung 188.

3) W. Taufers 1568, Oest. W. IV. 114. 30: So ver man aus wasser- oder feursnot oder ander beweglicher ursach, davor gott der herr sein und bewaren well, den gloggenstraich, die gemain in der eil zu berueffen, verursacht, soll ieder nachpar in der gemain von stund an zu errötung desselben am platz, oder wo die notturft erfordert, erscheinen und wer darin ohn bewegliche ursach außbleibt, soll umb ain gulden gephendt werden. — W. Graun 1617, Oest. W. III. 335. 24:... wann mer ain ...

den Gemeinden der tirolischen Hochtäler alle Mann auf sein, um zu verhindern, daß sie einen andern Weg nimmt als durch den »runst«, die, eine öde Talrinne, jedes Jahr von neuem so hergerichtet werden muß, daß die zu Tal gehenden Erd- und Schneemassen kein Hindernis und keinen Ausweg finden *(Tschengels)*. Außer zu den Notstandsarbeiten werden die Gemeindegenossen hier zu regulären Arbeiten herangezogen, die zu Prohibitivzwecken nötig werden.

Der reguläre Arbeitsbedarf der mittelalterlichen Markgenossenschaften ist auch sonst recht beträchtlich. Die für die tirolischen Gemeinden wichtigsten Arbeiten faßt das Dorfbuch von *Morter* zusammen als »die vier g m a i n a r b e i t e n in jar: erstlichen ain der Etschwall, die ander an der Etsch, die dritt an der alb, und noch aine an gemainen weg auf all zufall« [1]).

Tille setzt für Arbeit am Etschwal schlechtweg Arbeit an den Wälen. Das ist richtig, denn die Instandhaltung der Wäle (Wal vom rom. aquale) aller Art war für die Tiroler Gemeinden besonders wichtig. So wasserreich die Hochtäler der Alpen zu allen Zeiten des Jahres sind, so schwierig ist doch eine regelmäßige Wasserversorgung. Oft ist es überhaupt nicht möglich, des reißenden Elementes Herr zu werden. Da nehmen denn in den tirolischen Weistümern die Bestimmungen über die Herstellung und Instandhaltung der Wäle, Tragwäle, Brunnen und Wasserleitungen einen breiten Raum ein. Auch der Mühlbach wurde von der Gemeinde »gepaut und ausgeschöpft«. Die Gemeinde Gaiss hatte dafür einen »gemainen pflueg« [2]), zu dessen Bedienung die

---

hochgewiter anfallen thuet, also daß zu besorgen, der pach möchte außpröchen, so sollen die dorfmaister und fünfer bei nächtlicher weil ir fleissigs aufsechen und guet acht haben, darmit man dem gwalt zeitlichen firkumen und schaden verhiet werd, und ob si hilf bedörfen, soll man inen gehorsamb sein. — W. Tschengels, Oest. W. IV. 181. 30: Sobalt die lähn, so Gott gnädig verhieten wolle, anfalt, hat die ganze gmain sich auf den runst zu begeben und auf alle mögliche gröde nach einzulaiten und zu erhalten, darbei aber kein aignes oder particulär intreße zu schaden der gmain oder aines dritten nicht zu suechen, allermaßen dann sollicher runst alle johr der gröde nach (in gerader Richtung) außzustöcken und zu eröffnen ist .... — Zu »lähn« vgl. *Schmeller*, Bayr. Wb. I. 1399. *Schöpf*, Tirol. Idiotikon 364.

1) W. Morter, Oest. W. IV. 228. 5: Vgl. *Tille*, Die bäuerliche Wirtschaftsverfassung des Vintschgaues. Innsbruck 1895.

2) W. Gaiss V. 507. 20: es solle jerlichen . . das mülpächl ungever umb Michaeli, wo nit zwo-, doch wenigist ainmahl , mit dem darzue verhandnen gemainen pflueg aufs fleissig- und tiefist gepaut und ausgeschöpft, und zu dem ende die ge-

Bauern, »so gemeend vich haben« (Zugvieh, spannfähiges Vieh) ihre Gespanne stellen mußten.

Die zweite Gruppe von Gemeinarbeiten (*W. Morter:* arbait an der Etsch) bezieht sich auf Bauten zur Sicherung der Flußufer, die in Tirol ganz allgemein »archen« (vom lat. arceo) heißen. Der Archenbau gab Anlaß zur Bildung von besonderen Arbeitsgenossenschaften, auf die wir später zurückkommen werden.

Die Gemeinarbeit an der alb war besonders im Frühjahr notwendig, da die Weide den Winter über und noch mehr zur Zeit der Schneeschmelze oft starken Verwüstungen ausgesetzt war. Ehe das Vieh hinauf getrieben werden konnte, mußten die Viehwege und Stege hergerichtet werden, und die Weide selbst mußte jedes Jahr, »sobald es äpper ist und vor das vich außgehet«, geputzt und geräumt werden [1]). In Mieders mußte die Nachbarschaft außerdem noch auf der gemeinen Weide einen Zaun oder Graben machen, »damit die stier und jungen kalbelen in schlegen nit untereinander gehen« [2]). Ganz von selbst versteht es sich, daß ein Jeder so schnell als möglich zur Hilfe herbei eilte, wenn das Vieh, der wertvollste Besitz jeder Wirtschaft, auf der Alb in Gefahr kam, sei es, daß es von einem schlimmen Wetter überrascht wurde [3]) oder daß gar Wölfe in die Herden einfielen [4]).

---

main, insonderheit die paurn, so gemeend vich, es seie ross oder oxen, haben, hierzue durch die dorfmaister angewisst werden.

1) W. Holzgau, Oest. W. III. 128. 6. — W. Flirsch III. 246. 31: Eh vor diser viehausloß geschiecht, sind die viehwege und stege gut herzurichten, welches der dorfmeister zu besorgen und öffentlich kund zu machen hat. W. Elbigenalp. III. 122. 38: Damit . . . die gemainen ehehäften und vichwaiden durch die iberlegte stain (Steinschläge sind während der Schneeschmelze bes. häufig) und iberzognes cemmat (Gestrüpp?) nit mehr also minieret werden, wie es sich de facto befunden, *sollen sie* fürters öfters geraumbt und geputzet werden. *Der dazu Aufgebotene soll*, es mag hernach ain, zwai oder drei tag erfordern, dessen keines wegs zuwider haben.

2) W. Mieders, Oest. W. II. 271 note.

3) W. Reschen, Oest. W. III. 326. 5: Wenn eine ungünstige schneewitterung beim vieh im berge einfallen oder ein wildes thier unter das vieh kommen sollte, so sollen den hirten und schäfern leute in hinlänglicher anzahl nach maas des bedarfes eilfertigst zugeschiket werden, und ieder, der hierzu nach der rod aufgebothen wird, hat sich keinerdings zu widern, sondern seine hilfe bestermassen und schleunigst zu leisten.

4) W. Kufstein, Oest. W. II. 18: Wann man auf des pern, wolf, lux, wiltschwein und dergleichen schedliche thier gejaid aufpeut, das alsdann ain jeder auf seie und an das gejaid ziehet. *Es ist bezeichnend, dass erst so junge Weistümer* (W. Reschen stammt von 1794, W. Kufstein aus dem Anfang des 17. Jahrh.) *Bestimmungen über*

An letzter Stelle nennt das Morterer Dorfbuch unter den Arbeiten »noch aine an gemainen weg auf all zufall«. Der letzte Zusatz bezieht sich offenbar darauf, daß Wege und Straßen nur in Ausnahmefällen durch Gemeinarbeit im Sinne von gemeinsamer Arbeit der Genossen hergestellt wurden. Für gewöhnlich war jeder einzelne für die Erhaltung der Wegstrecken, die über sein Grundstück oder daran entlang führten, verantwortlich. Nur wenn der Schaden so groß war, daß seine eigenen Arbeitskräfte nicht mehr ausreichten, konnte er die Hilfe der Genossen beanspruchen [1]). Es machte dabei keinen Unterschied, ob es sich um einen Feldweg oder des Reiches Straße handelte.

Wenn ein solcher Weg von einem Zaun gekreuzt wurde, mußte der, der den Zaun errichtet hatte, gleichzeitig dafür sorgen, daß der Zaun, wenn nicht geöffnet, so doch überstiegen werden konnte [2]). Diese Verpflichtung zeigt deutlich, auf welche Weise diese Wegebaulasten entstanden sind. Ursprünglich ist der Inhaber eines Grundstücks nur verpflichtet, seinen Nachbar oder auch mehrere Genossen über einen Teil seines Besitzes gehen und fahren zu lassen. Bei manchen dieser »Wege« wurde mit der Zeit ein Mindestmaß von künstlicher Anlage wünschenswert, schon im Interesse des Inhabers des belasteten Grundstückes. Denn je besser der Weg, desto weniger sind die Benützer genötigt, bei nassem Boden vom Wege abzuweichen. Es war daher ganz natürlich, daß Jeder für

---

Beistandspflichten der in Rede stehenden Art enthalten. Früher brauchte man dafür keine Vorschriften.

1) W. Hefenhofen, *Grimm* V. 128. § 35: Wo landstraßen zwüschend güeteren hingond und dieselben landstraßen geprästhaftig werdend, da sollend die anstößer die einanderen helfen machen. Ob aber groß schlipfinen oder ander landpresten kemend, so söllend in ein gemaind die helfen machen ... — W. Magdenau, *Grimm* V. 190. § 27 f. Wo ainer guot hat, das an des richs straß stoßet, der sol die straß buwan und machen, das si iederman wol mug riten und gon. Und ob er das nit tuot, so mag ietlicher und welcher wil, den hag ufbrechen. wederthalb er wil, und faren durch korn, durch höu und was da ist, und enethalb wider umbher, und ouch die heg uf brechen, das er damit nit fräfnet, noch wider rechtz tuot ... Wo zwaier guter an des richs straß zämen stoßent, da sol ietwedra tail die straß von sinem guot machen siben schuo wit, und wär dazwischent me ze machen, das sol die gemaind tuon und machen. Beschäch aber deheinost. das wuotgessinen (wütende Wassergüsse) oder erdbruch kämint, davon ain weg verschlipfti, den sond gmain nachburen dem helfen machen und wider ze buw bringen, wenn er si dazuo berüft.

2) W. Peitingau, *Grimm* III. 654. § 62: Alsbald er dan den ackher zugesät, so soll er die gassen paid verzäunen, und sol ein gute stigel machen, daß ein jeglicher mann oder frau mit einem sack wol darüber steigen mag.

sich für den Teil des Weges aufkam, der über sein Land ging, und es ist auch nicht weiter zu verwundern, wenn selbst die einzige interlocale Verkehrsader des Mittelalters, »des reichs strass«, soweit sie durch Dorfgemarkung führte, durch Baulasten der Anlieger unterhalten wurde.

Führte ein Weg über die gemeine Mark, so fiel die Baulast natürlich der Gesamtheit zu[1]).

Brücken wurden fast immer von allen Genossen gemeinsam gebaut[2]). Doch konnte es vorkommen, daß ein Steg, der beide Ufer auf dem Grundbesitz e i n e s Bauern berührte, von diesem in Stand gehalten werden mußte[3]).

Im Gebirge gibt es außer Feldwegen und Dorfstraßen noch andere Anlagen, die den Wirtschaftsbetrieb erleichtern können. Wenn bei solchen alle gleichmäßig interessiert sind, wird zu ihrer Herstellung ebenfalls zur Gemeinarbeit aufgeboten. Auf diese Weise wird in Nassereien alljährlich die »haubtheiriße« (Riese = eine Einrichtung, um Holz und andere Lasten zu Tal zu bringen) in Stand gesetzt, und wenn das Heu zu Tal gezogen wird, muß die ganze Gemeinde helfen[4]).

Die Markgenossenschaft ist nicht blos eine G e m e i n s c h a f t z u r W a h r u n g v o n R e c h t u n d F r i e d e n und als Eigen-

1) W. Sarntheim, Oest. W. V. 274, 36: Es solle auch ain ieder gesessner gerichtsman für sein hofmarken weg und steg machen und in gueten wirden halten, wie von alter her komen ist . . . Dann in wäldern und auf der gemain sollen die nachpern alle mit ainander zu machen und die weg zu bessern schuldig sein, wie von alter herkomen . . . .

2) W. Naturns, Oest. W. V. 22, 1: Ittem, wann man die holzprugken oder den Etschwall machen will, das solt man am suntag vor der kirchen berueffen, und so man die glocken leidt zum dritten mall, und so soll aus ieden haus ein redlich mensch da sein, das woll arbaiten mag.

3) W. Mieders, Oest. W. II. 273, 1: die pruggen unter dem Muntes soll Paul Prunner wegen aines flecks in der örlau machen, und den gatter darbei Valtin Wiser auch wegen aines flecks grunts in der örlau.

4) W. Nasserein, Oest. W. III. 256. 21: wegen der gmainen haubtheirißen ist von gmainswegen hiemit beschlossen worden, nemblichen, wann die zeit des heiziechens verhanden, solle man aigentliche anstalt machen, vor der kirchen offentlichen zu ieder menigelichs nachricht außriefen lassen, auf welichem tag die anstalt gemacht; und welicher auf gedachten rißen . . . hei zu ziechen hat, den meerern thail nit rißen helfen wurde, dem solle durch den verordneten gerichtsfronboten von gmainswegen auf selbigen riß das hei zu ziechen auf vierzechèn tag lang genzlichen abgestelt und verpoten sein. *Auch* W. Elbigenalp, Oest. W. III. 122. 10: *rechnet unter die grossen Gemeindsarbeiten ausser* archgepeus *noch* r i ß - weg- und straßmachen, uch waidpuzen und dergleichen.

tümerin der Allmende und in sofern, als sie auf wirtschaftlichem Gebiete gegenüber den particularen Sonderinteressen das öffentliche Interesse wahrt, eine W i r t s c h a f t s g e n o s s e n s c h a f t, sie ist im Mittelalter auch eine r e l i g i ö s e G e m e i n s c h a f t. Daher finden wir auch in den verschiedensten Gebieten Deutschlands die Auffassung vertreten, daß der kirchliche Dienst nichts anderes als Gemeindedienst sei. Wie zur Gemeindearbeit wird auch zu den Kreuzgängen angetreten [1]).

Entsprechend der Mehrheit von Zwecken, denen die mittelalterliche Markgenossenschaft zu dienen berufen ist, nimmt sie die Arbeitskraft ihrer Mitglieder nach den verschiedensten Richtungen in Anspruch. Als Rechts- und Friedensgemeinschaft verlangt sie nicht nur Teilnahme an der Rechtssprechung, die der einzelne eher für sein gutes Recht als für seine Pflicht halten mochte; der gesamte Polizeidienst wird durch Dienste der Genossen geleistet. Ruhe und Ordnung im Dorfe zu wahren, die Friedensstörer zu verfolgen und zu ergreifen, jedem Nachbarn beizuspringen, wenn er in seinem Hause durch aufdringliches Volk belästigt wurde, zu retten und zu helfen, wenn die Elemente den Besitz eines Genossen oder die gemeine Mark bedrohten, war Pflicht eines Jeden. Lange Zeit genügte das Solidaritätsgefühl der Markgenossen, das Bewußtsein, daß man seinem Nachbarn zur Hilfe in der Not verpflichtet ist, um die Befolgung dieser Pflichten zu gewährleisten. Erst in späterer Zeit wurde es notwendig, diesen Forderungen der Sitte durch gesetzliche Bestimmungen Nachdruck zu verleihen.

Aehnlich mag es bei den genossenschaftlichen Diensten der Fall gewesen sein, die man unter dem Wort der tirolischen Weistümer »G e m e i n a r b e i t« zusammenfassen kann. Es sind das zum kleineren Teil Arbeiten auf dem im Gesamteigentum der Genossen stehenden Grund und Boden (Arbeiten auf der gemeinen

1) *[illegible]* a. a. O. pag. 160. — W. S. Peter (Schwarzwald). *Grimm* I. 353, 42: uß jedem huß sol ein erber bot gan, wan man mit dem crütz gat, den ein lutpriester im gut nimpt. — W. Cappel bei Achern (Baden). *Grimm* I. 417: Item so man mit den crützen gat, so sol uß jedem huß ein mensch mit gon, das da opferbar ist. Beschicht das nit, so verfellet derselbe der kirchen ein pfunt wachs, und daran soll man nützit schencken. — W. Langtaufers. Oest. W. III. 341: . . . daß man gott umb alle gnaden und gaben sich demütig und danckparlich solle einstellen umb bittag oder kreuzgeng und wan man mit kreuz zu gehn pfleget, solle von jeder ehe ain persohn mit kreutz gehn, welcher aber ungehorsamb erfunden [illegible] solle gepfendt werden.

Weide). Wichtiger sind die von allen Genossen ausgeführten Arbeiten, die erst eine zweckmässige Wirtschaftsführung für den einzelnen ermöglichen: Wasserversorgung, Bau von Wegen und Brücken. Die Sicherung der Flußufer durch Archen kam zunächst den Inhabern der am Wasser gelegenen Grundstücke zugute. Eine größere Ueberschwemmung konnte aber den gesamten Bestand an Feldern bedrohen. Alle diese Arbeiten wurden ebenfalls ohne Zweifel von allen lange Zeit bereitwilligst getan, ohne daß ein gesetzlicher Zwang bestanden hätte. Ich kenne keine bessere Veranschaulichung für diesen Zustand des selbstverständlichen Zusammenarbeitens aller und für seine Motive als den Eid, den noch im 15. Jahrh. in Breitenbach (Hessen) neu aufgenommene Genossen schwören mußten: »er sal unsern rechten hern geloben truwe unde holt zu syne unde iren schaden zu warnen, zu tag und zu nacht, unde welche zyt en des noid sy; he sal daß selbe geloben den nackeburn unde dem lantmann, he sal auch geloben, daß he wolle buwen wege und stege mit andern sin(en) nackeburn, a l l e i n e k a n e r n i c h t v e l e g e m a c h e n« [1]).

Es ist selbverständlich, daß der neue Genosse auch seinen Nachbarn hilft »iren schaden zu warnen zu tag und zu nacht« und daß er mit ihnen für die öffentlichen Bedürfnisse arbeitet, denn »alleine kan er nicht vele gemachen«; ohne daß die allgemeinen Bedürfnisse der Sicherheit und des Verkehrs (wege und stege) befriedigt werden, ist seine Existenz gar nicht möglich. Solange diese Solidarität der Interessen allen bewußt blieb, war eine gesetzliche Regelung der in Rede stehenden Pflichten entbehrlich. In der Tat sind die Weistümer, aus denen unsre Kenntnis über Gemeinarbeit u. s. w. geschöpft ist, ohne Ausnahme sehr jung, und wenn es noch eines Beweises dafür bedürfte, daß die einschlägigen Bestimmungen ihre Ausführlichkeit nur dem Schwinden des genossenschaftlichen Geistes verdanken, so würden einige wenige Belege aus den Tirolischen Weistümern genügen [2]).

---

1) *Grimm* III. 355.

2) W. Elbigenalb, Oest. W. III. 122. 20: dieweilen *bei den grossen Gemeindsarbeiten* aine große unordnung und nachläßigkeit vermörket, indeme oftmahls kaumb fünfzehn biß zwainzig personen darbei zugegen erfunden, *wurde beschlossen*, daß sodann auß iedem also aufgebottnen hauss das stärkste darzu zu gehen schuldig.... — W. Haimingen, Oest. W. III. 66. 5: dieweil bißhero von jar zu jarn in den gemainen aufpoten, es sei zum wög, prunnen machen oder anderwerts, gar schlechter gehorsam verspirt, auch iheweils durch wolangesessene nachpern schlechte pueben oder mäd-

Es leuchtet ein, daß es sich hier um zwei grundsätzlich verschiedene Arten von genossenschaftlichen Diensten handelt. Im Gegensatz zu den Polizei- und Sicherheitsdiensten, die im öffentlichen Interesse notwendig sind, kommt jene andere Gruppe von Diensten, die wir unter dem tirolischen Wort »gemeinarbeit« zusammengefaßt haben, nur solchen Genossen zugute, die eine eigene Wirtschaft haben. Ursprünglich, solange die Markgenossenschaft identisch war mit der Gesamtzahl aller im Dorfe ansässigen Hauswirte, bedurfte die Frage, w e r zu den genossenschaftlichen Diensten verpflichtet war, keiner besonderen Regelung. Alle Genossen mussten in gleicher Weise mitarbeiten. Der Stand des einzelnen machte dabei keinen Unterschied. Wenn in Nauders Archen gebaut werden, sollen »alle hauswirt, edl und unedl, dahin komen mit ihren hacken, und welliche edlleut mit hauen und mit gumpfen an ir arbeit geent, sollen daran arbeiten, welche edlleut das aber nicht tuent, die sollen der arbeit daran vertragen und iberhoben sein, aber mit andern iren waffen sollen sie dannocht darzue komen« [1]).

Das wurde erst anders, als in den deutschen Landgemeinden Leute Eingang fanden, denen nicht mehr volles Genossenrecht erteilt wurde, Handwerker und Tagelöhner, die kein eigenes Feld bebauten, unter Umständen nicht einmal im eigenen Hause wohnten. Sie sind unter dem Namen Kötter, Brinksitzer, Beisitzer, Tauner (nicht, wie man vermuten könnte, von tafern, sondern von tagwen = tagwerk) in ganz Deutschland nachzuweisen [2]). Daß sie zu Polizei- und Sicherheitsdiensten (Gerichtsfolge, Feuerfolge u. s. w.) genau so wie die Markgenossen verpflichtet waren, kann keinem Zweifel unterliegen. Die Wahrung der öffentlichen Sicherheit lag ja auch in ihrem Interesse. Und in den meisten Fällen handelt es sich hier um rasche Hilfe in der Not, bei der es ziemlich belanglos ist, ob der einzelne dabei einer rechtlich festgelegten Pflicht gemäß handelt, oder ob er gegen ein Gebot der Sitte verstößt, wenn er den Nachbar im Stiche läßt.

Anders bei der Gemeinarbeit. Die alten Markgenossenschaften verwandelten sich durch den Ausschluß der Tauner in Nutzungsgenossenschaften. Die Nutzung der gemeinen Mark blieb

---

len darzue geschickt, *soll künftighin* ain ieder nachper selbs persohnlich oder durch ainen taugenlichen starken knecht zu rechter stunt erscheinen ....

1) W. Nauders, Oest. W. III. 315. 10.

2) *Gierke*, Das deutsche Genossenschaftsrecht I. 607 f. *Heusler*, Institutionen des deutschen Privatrechts I. 289.

den alten Markgenossen vorbehalten. Arbeiten, die allein diesen zugute kamen, mußten natürlich auch von diesen allein getan werden. So teilt z. B. noch heute die Fronordnung der Gemeinde Bretzwil[1]) die Fronen in Fronen erster und zweiter Klasse. In die erste Klasse fallen die Fronen an den Waldwegen der Gemeinde und die an den Gemeindeallmenden. Diese »sind einzig den Ortsbürgern, so die Gemeindenutzungen genießen, überbunden und sollen von denselben zu gleichen Teilen getragen werden«. Zum Putzen und Räumen der Albweide sind daher nur die »so albsgerechtigkeit haben und die alb genießen wollen«[2]), »so vich aufkern«[3]) verpflichtet.

Auch an anderen Anstalten, die durch Gemeinarbeit hergestellt wurden, waren gewisse Gruppen unter den Dorfgenossen vorwiegend oder ausschliesslich interessiert, so besonders die Besitzer von Wiesengrund an der Instandhaltung der Wäle. Darum sollen in Perfuchs die Wäle durch diejenigen, so »die rod darinnen haben, geschöpft, gemacht und die notwendigen rinnen darzue gericht« werden[4]); in Naturns sollen zum Walbau alle aufgeboten werden, »so daraus wässern«[5]). Ein Bauer, der Wiesen besitzt, hält natürlich Vieh. In den meisten Gemeinden waren daher die, die aus dem Wal wässern, dieselben wie die, die Albsgerechtigkeit haben. Darum bestimmt auch W. Oberlana[6]), daß schuldig sind, den wal zu machen »alle, die äcker und wisen, oder vich für den hirten haben zu schlagen«.

Während also die Gerichts- und Sicherheitsdienste zweifellos zu allen Zeiten von allen Einwohnern des Dorfes geleistet werden mußten, sind zu den Herstellungsarbeiten nur diejenigen verpflichtet, für deren Wirtschaftsführung sie von Bedeutung sind. Nur wer die Nutzungen einer Albweide, eines Wals etc. genießt[7]), wird zu den Arbeiten herangezogen, die notwendig sind, um diese Nutzungen in ihrem Bestand zu erhalten.

Zum kirchlichen Dienst ist offenbar jeder Vorsteher eines Haus-

---

1) Durch die Gemeindeversammlung B. genehmigt 19. X. 1873, im Druck erschienen Liestal 1874.

2) W. Tarsch, Oest. W. IV. 288. 17.

3) W. Mauren, Oest. W. II. 292. 13.

4) W. Perfuchs, Oest. W. III. 206. 35. rod, rodel (rotulus) Register = die, die im Nutzungsregister eingetragen sind, die die Nutzung darin haben.

5) W. Naturns, Oest. W. V. 21. 20.

6) W. Oberlana, Oest. W. V. 155. 1.

7) Vgl. auch *Tille* a. a. O. 164.

halts verpflichtet, selbst zu erscheinen oder einen Boten zu schicken. Nach den oben citierten Weistümern muß ein Mann erscheinen »uß iedem huß« [1]) oder »uß ieder ehe« [2]).

Es wurde schon zu Beginn dieses Abschnittes daran erinnert, daß durchaus nicht immer Dorfverband und Markgenossenschaft zusammenfielen. In vielen Fällen war eine Mark im Besitz von mehreren Dorfschaften. Alle, die in dieser gemeinsamen Mark Wunn und Weide genossen, wurden natürlich zu den Markfronden herangezogen. Sie alle mußten die Mark schützen gegen Feuers- und Wassersnot, sie mußten böswillige Eingriffe in den Bestand der Mark verfolgen und zur Anzeige bringen, sie mußten endlich zu den in der Mark notwendigen Instandsetzungsarbeiten ihre Arbeitskraft stellen.

Gemeinsamer Grundbesitz mehrerer Dörfer war aber nicht der einzige Anlaß zu einer Arbeitsgemeinschaft über den einzelnen Dorfverband hinaus. Die Weistümer des späteren Mittelalters enthalten verschiedentlich freie Abkommen mehrerer Gemeinden mit dem ausgesprochenen Zweck, die gemeinsame Erledigung gewisser großer Arbeiten zu regeln. Die Dörfer Elmen und Klimm im Lechtal haben »wegen machung des nothwendigen archengepäus, auch anderer gemainsamben sachen halber« eine Archenwesens-verbrüderung geschlossen [3]). Der Testwal bei Mals machte soviel Arbeit, daß, »wenn si .. ains tags ainig werden, ihn ze machen«, nicht nur die Nachbarn von Burgeis und von Mals, sondern auch eine ganze Anzahl umliegende Höfe »ausserhalben der baiden paurschaften« helfen müssen [4]). Die Vintschgauer Gemeinden Stablen und Tablant »sambt iren mitverwonten, den Höfern und perkleiten (den höher gelegenen Höfen, die nicht zum Dorf gehören, Wunn und Waide aber mit den Dorfleuten genießen)« haben ein Abkommen getroffen, damit »ain ieder angeseßne und verwonter . . . sein auferlegte schuldige robatt und dienstperkait in den ehaften gemainen arbaiten, pruggen- und wassergepeuen darzustrecken wiße«. Außer den Arbeiten auf der gemeinsamen Waide (chaften gemainen arbaiten), wird auch der Bau von Archen und Brücken gemeinsam erledigt. Jedes Dorf hat ferner bestimmte

1) W. S. Peter und Cappel. *Grimm* I. 353. 417.

2) W. Langtaufers. Oest. W. III. 341. 41.

3) Oest. W. III. 117. 27.

4) W. Ellmen und Klimm. Oest. W. III. 71 f.

Wegstrecken zu unterhalten. Wenn es grössere Beschädigungen nicht innerhalb 14 Tagen repariert, ist es dem andern Dorf zu einer Conventionalstrafe von 5 Pfund Berner verfallen [1]).

Auch sonst lassen sich in Deutschland Arbeitsgenossenschaften nachweisen, die durchaus nicht an den Dorfverband gebunden sind, im Binnenlande außer zu Vorkehrungsmaßregeln gegen Bergrutsche, Ueberschwemmungen u. dgl. zur Entsumpfung und Trockenlegung von Morasten, an der See die Deich- und Sielgenossenschaften [2]).

1) W. Staben und Tablant, Oest. W. IV. 328, 28 f. — Wo aber ainer oder der andern nachparschaft ir tail angemelten Stäbner weg auß gottsgwalt durch lähn, wolkenbruch, gerigen oder wasserguß zerrissen, zerbrochen oder verderbt wurde, so solle alsdann dieselb gemain iren tail am selben weg . . . in vierzechen tagen, den negsten nach dato solliches schadens, on lengern verzug widerumben machen und pessern, damit manglhalben des wegs niemands an seinen nutzen auf dem veld von ungewiter schaden neme, auch geferligkait des wegs an vich und leuten verhuet werde. Wo aber dieselb gemain solchen iren tail am weg in den bestimbten negsten vierzechen tagen darnach nit widerumben pessern und ganz machen wurde, damit er zum fahren gebraucht mög werden, so soll si alsdann der andern nachperschaft fünf pfund perner pueß und straff verfallen sein . . . .

2) *Heusler*, I. 296. *Gierke* I. 613 f.

Zweites Kapitel.

Grundherrliche Dienste.

In diesem Teile unsrer Untersuchung soll uns ausschließlich das für die frühmittelalterliche Grundherrschaft charakteristische Arbeitssystem beschäftigen. Es wird sich ergeben, daß diese privaten Wirtschaftsdienste auf herrschaftlichem Grund und Boden nicht — wie man allgemein annimmt — eine Neuschöpfung der organisatorischen Tätigkeit der Grundherren der fränkischen Zeit sind. Vielmehr bestanden schon in germanischer Zeit ähnliche Arbeitsverhältnisse zwischen Herren und unfreien Hintersassen. Deren Dienste waren so geartet, daß Freie, die sich seit Beginn der fränkischen Zeit in ähnliche Abhängigkeitsverhältnisse begaben, sich zu solchen Arbeitsleistungen verpflichten konnten, ohne damit der Würde ihres Standes Abbruch zu tun. Waren sie doch durch ihr bisheriges Leben an harte Arbeit gewöhnt.

[illegible] Anschauung von der Organisation dieser Wirtschaftsdienste lassen uns erst die Quellen des späteren Mittelalters, die Weistümer, gewinnen. Diese gehören einer Zeit an, [illegible] die Grundherrschaft ihre [illegible] Bedeutung [illegible] hat. [illegible] Rechtfertigung be- [illegible]

[illegible]

was wir aus den früheren Quellen, die so überaus dürftig und lückenhaft sind, erschließen, nachzuprüfen imstande sein.

Unter Großgrundherrschaft versteht man in der deutschen Wirtschafts- und Verfassungsgeschichte diejenige Organisationsform des ländlichen Grundbesitzes, die, wie man allgemein annimmt, vom 8. bis ins 13. Jahrhundert über ganz Deutschland verbreitet war und für den größten Teil der Bevölkerung jener Jahrhunderte, was die Herrschaftsrechte des einzelnen an Grund und Boden, was seine wirtschaftliche Lage, was seine sociale Stellung angeht, von grundlegender Bedeutung war [1]).

Die Organisation der einzelnen Grundherrschaft denkt man sich etwa wie folgt: Vom Mittelpunkt der Grundherrschaft, vom Fronhof aus wird nur ein Teil des dem Grundherrn gehörigen Landes bewirtschaftet, das Salland, Herrenland, die terra indominicata. Um diese in weitem Umkreis zerstreut, oft in Gemengelage mit freiem Bauernland oder mit dem Besitze anderer Herrschaften, liegt das »herrschaftliche Bauernland«, die mansi (Hufen) und kleinere Grundstücke, die hospitia und accolae, mit denen Freie, Halbfreie und Unfreie beliehen sind [2]). Zweck der Verleihung ist fast immer nicht allein die Bewirtschaftung des Leiheguts, die Beliehenen sind für den Grundherrn meist ebenso wertvoll als Arbeitskräfte für den Eigenbetrieb auf der terra indominicata.

Diese Wirtschaftsdienste der auf herrschaftlichem Boden sitzenden Bauern sind es nun, die uns vorwiegend interessieren. Wann und auf welche Art wurden sie zuerst gefordert?

Die für die Erforschung des grundherrschaftlichen Betriebssystems im allgemeinen am besten geeigneten Quellen, die Polyptycha des 9. und 10. Jahrhunderts und die späteren Urbare, die Traditionsurkunden und Formeln geben uns für diese Frage nur mangelhafte Aufschlüsse. Wenn in diesen Quellen, besonders in denen der ersten Gruppe, Polyptychen und Urbaren, irgend welche Leistungen verzeichnet sind, so geschieht dies vom Standpunkt des Bezugsberechtigten aus. Darum beschränkt sich das Interesse dieser Aufzeichnungen auf quantitative Momente.

Viel wertvoller speciell für unsere Untersuchung ist eine andere Art von Quellen, deren schon oben gedacht wurde: die

1) Vgl. *Inama-Sternegg*, Deutsche Wirtschaftsgeschichte I, 346 ff.

2) *Seeliger*, Die sociale u. polit. Bedeutung der Grundherrschaft im früheren Mittelalter, Leipzig 1903, p. 41. 54.

Weistümer, sowohl die Hofrechte der zu einem Fronhof gehörigen Hofgenossenschaften als auch die Weisungen von mehr autonomen Bauerngemeinden, in denen einzelne Herren grundherrliche Rechte besitzen. Diese beiden Arten von Weistümern sind stets unter Anteilnahme aller, die an der Weisung interessiert sind, oder doch mindestens unter Zuziehung von deren Vertretern entstanden. Dieser ihrer Entstehung verdanken diese Rechtsquellen eine Frische und Unmittelbarkeit, die ihnen an sich schon einen eigenen Reiz verleihen, die sie aber auch zu einer Fundgrube von der allergrößten Ergiebigkeit machen in allen Fällen, wo es sich wie in dem unsrigen darum handelt, Einblicke in das Leben der deutschen Bauern zu gewinnen.

Wie schon angedeutet, gehören sie zum größten Teil einer Zeit an, in der die großen Grundherrschaften ihre einstige Bedeutung verloren haben. Aber in einzelnen deutschen Landstrichen hat die grundherrliche Organisation der Carolingischen Zeit längeren Bestand gehabt, so in Teilen des Schwarzwalds und manchen Gegenden des Oberrheintals. Hier sind uns einige Weistümer erhalten, die das Arbeitssystem der Grundherrschaft eingehend beschreiben.

Dann darf auch nicht übersehen werden, daß in manchen Teilen Deutschlands die oben geschilderte Organisation des Großgrundbesitzes von dem in Rede stehenden Arbeitssystem überdauert wurde. Als infolge der Verminderung des Sallandes — es wurden immer größere Teile desselben in kleine Leihegüter zerschlagen — die Wirtschaftsdienste der arbeitspflichtigen Bauern gegenstandslos zu werden drohten, da übertrugen die Grundherrn diese eigentümliche Art der Bewirtschaftung auf das durch Neubruch gewonnene Land, die Achten oder Beunden [1]). Der Wirtschaftsbetrieb auf Beundeland blieb solange dem auf Salland gleich, bis die Hofgenossenschaften — so die Gehöferschaften des Mosellandes [2]) — diesen Betrieb selbst in die Hand bekamen. Weistümer, die sich auf grundherrlichen Beundebetrieb beziehen, werden wir also auch für unsere Untersuchung heranziehen dürfen.

Die Organisation der frühmittelalterlichen Grundherrschaft hat in einem für uns wichtigen Punkte Aehnlichkeit mit dem in der

1) *Inama-Sternegg* II. 277. *Lamprecht*, Deutsches Wirtschaftsleben I. 430 f. u. 782 f.

2) *Lamprecht*, I. 438 ff.

römischen Kaiserzeit normalen landwirtschaftlichen Betrieb. *Max Weber* hat nachgewiesen, daß seit Beginn der Kaiserzeit als Regel anzunehmen ist, daß die Wirtschaft auf dem Hauptgute des Grundherren nicht mehr ausschließlich mit Arbeit der familia rustica, d. h. seiner auf dem Gute kasernierten Sklaven, sondern auch mit Frondiensten der auf Vorwerken und Außengütern sitzenden Pächter — coloni — betrieben wird [1]).

Im fränkischen Reich war der überwiegende Teil des Großgrundbesitzes in der Hand von Kirchen und Klöstern. Es liegt in der Natur der Sache, daß diese am ehesten einen geordneten Wirtschaftsbetrieb einführten. Dadurch wurde ihr Beispiel von maßgebendem Einfluß auf die Organisation anderer Grundherrschaften. Bei den Einrichtungen der christlichen Kirche jener Jahrhunderte darf man fast immer annehmen, daß für sie Einrichtungen im römischen Reiche vorbildlich gewesen sind. Es läge darum nahe, bei dem Arbeitssystem der Grundherrschaft des deutschen Mittelalters an eine Uebertragung der Betriebsweise der römischen Latifundien, wie sie *M. Weber* zum ersten Male erkannt hat, zu denken. Daß man je soweit kommen wird, genau abzugrenzen zwischen, ihrem ursprünglichen Wesen nach deutschen Bildungen einerseits und Nachahmung römischer Zustände andrerseits, ist ja in allen den Fällen, wo eine Einwirkung römischer Cultur möglich ist, kaum zu erwarten. Wir werden uns jedenfalls begnügen müssen, wenn wir eine befriedigende Antwort finden auf die Vorfrage: Ist diese eigentümliche Arbeitsorganisation im deutschen Mittelalter verständlich, ohne daß man eine Uebertragung römischer Einrichtungen annimmt? Sind in den Zeiten, da die Germanen von römischer Cultur noch nicht beeinflußt sind, die socialen Verhältnisse etwa derart, daß sich schon aus ihnen heraus der später so deutlich hervortretende Gegensatz von Grundherrn und frondenden Bauern erklären läßt?

I. Abschnitt.

Die Arbeitsteilung zwischen Herren und Knechten in der germanischen Zeit.

Für die Erforschung germanischer Zustände haben wir in der Hauptsache drei Arten von Quellen:

---

1) *Max Weber*, Römische Agrargeschichte. Stuttgart 1891 — im letzten Capitel; *desselben* Art. Agrargeschichte (Altertum) im Hdw. d. Stw. ²I. 57—84.

1) Die Berichte der römischen Schriftsteller jener Zeit.

2) Die Denkmäler späterer Zustände, die sich als Weiterbildungen oder Ueberreste der früheren auffassen lassen.

3) Vergleiche mit Völkern, die auf einer ähnlichen Stufe kulturellen und wirtschaftlichen Lebens stehen, die uns die Ethnologie ermöglichen soll [1]).

Da wir die Verwandtschaft späterer Zustände mit solchen der germanischen Zeit erst nachweisen wollen, kommt die zweite Quellengruppe vorerst für uns nicht in Betracht. Was die Parallelen aus der Ethnologie angeht, so darf man nicht vergessen, daß diese stets nur zur Verdeutlichung, gewissermaßen als Illustrationen herangezogen werden dürfen. Irgend welche Lücken der Berichterstatter damit auszufüllen, ist immer sehr bedenklich.

Von römischen Schriftstellern kommt für uns nur Tacitus in Betracht; denn Caesar berichtet über die sociale Gliederung, besonders über die Frage: wer verrichtet bei den Germanen die landwirtschaftliche Arbeit, so gut wie nichts. *Wittich* [2]) hat — in wichtigen Punkten im Anschluß an *R. Hildebrand* [3]) — versucht, plausibel zu machen, die magistratus ac principes Caesars seien »reiche Herdenbesitzer« und »Unternehmer des Ackerbaus« gewesen, in deren »Dienst und Auftrag« die Aermeren (gentes et cognationes hominum) durch die Not gezwungen den Acker bestellt hätten [4]). *Kötzschke* [5]) und *Rachfahl* [6]) haben die Unhaltbarkeit dieser Auslegung nachgewiesen. Die magistratus ac principes sind nichts anderes als die ausführenden Organe der über die Ackerverteilung beschließenden Volksversammlung (quantum et quo loco visum est). Für unser Problem bringt also Caesar keinen Aufschluß.

---

1) *Rachfahl*, Zur Geschichte des Grundeigentums. Conrad's Jahrb. f. Nat. und Stat. III. F. 19. Bd. 1900 pag. 161.

2) Die wirtschaftliche Cultur der Deutschen zur Zeit Caesars. Histor. Ztschrft. 1897. N. F. 43 p. 45—67.

3) *Richard Hildebrand*, Recht und Sitte auf den verschiedenen wirtschaftlichen Culturstufen. Jena 1896.

4) Caesar bell. gall. VI 22: magistratus ac principes in annos singulos gentibus cognationibusque hominum, qui una coierunt, quantum et quo loco visum est agri, attribuunt atque anno post alio transire cogunt.

5) Die Gliederung der Gesellschaft bei den alten Deutschen. Zeitschr. f. Geschichtswissenschaft N. F. II. Bd. pag. 269.

6) in dem oben citierten Aufsatz »Zur Geschichte des Grundeigentums« in Conrad's Jahrb. III. F. 19. Bd. pag. 1 f. 161 f.

Der Bericht des Tacitus über die Fragen, die für unsere Untersuchung von Interesse sind, ist gerade in den letzten Jahren Gegenstand lebhaften Streites gewesen. Soviel darüber geschrieben wurde, eines ist noch nirgends genügend betont worden: Tacitus bezw. seine Gewährsmänner — es bestand zu seiner Zeit eine reiche römische Literatur über die allgemein interessierenden Germanen — sie alle messen die germanischen Verhältnisse mit römischem Maßstab, sie bezeichnen die Stände der Germanen mit römischen Namen: servi, libertini, coloni etc. Jedem Leser muß es auffallen, daß Tacitus selbst fühlt, wie wenig die römischen Ausdrücke passen; er steht offenbar Zuständen gegenüber, die seinem socialen Empfinden kaum verständlich sind. Wenn wir aus Tacitus ein einwandfreies Bild von den socialen Verhältnissen des germanischen Volkes überhaupt und von der Arbeitsteilung zwischen Herren und Knechten im besonderen ableiten wollen, so müssen wir vor allem, was die römische Landwirtschaft und ihre Arbeitskräfte angeht, vollkommen klar sehen.

Es ist schon oben angedeutet worden, daß unsre Auffassung von der Beschaffenheit dieser landwirtschaftlichen Betriebe auf *M. Weber*'s Untersuchungen über die römische Agrargeschichte beruht. Als Hauptquelle benutzt *Weber* Columella »de re rustica«. Dieses Buch ist zu Lebzeiten Senecas, also vor 65 n. Chr. verfaßt[1]). Die Germania des Tacitus stammt von ungefähr 98 n. Chr. Man darf also zweifellos annehmen, daß die römischen Agrarverhältnisse, wie Tacitus sie kannte, im wesentlichen dieselben sind, wie sie Columella schildert.

Normal ist für die römische Landwirtschaft jener Zeit der große Betrieb. Aehnlich wie nach dem ewigen Landfrieden in Deutschland entstanden nach dem Aufhören der politischen Tätigkeit der possessores in Rom »Gutsherrschaften« [2]). Ein solcher Güterkomplex ist »eine Combination eines mit Arbeitern betriebenen Hauptgutes mit fronpflichtigen Bauernwirtschaften«. Diesen beiden Arbeiterkategorien entsprechen auf dem römischen latifundium die servi und die coloni.

1) *Schanz*, Geschichte der röm. Literatur II. 462.

2) Die für den Begriff »Gutsherrschaft« allein entscheidende Tatsache ist die, dass sich auf den herrschaftlichen Gütern neben den Bauernwirtschaften eine Gutswirtschaft befindet. *G. F. Knapp*, Die Bauernbefreiung und der Ursprung der Landarbeiter 1887. I. pag. 2.

Der Sklavenbetrieb auf einem solchen Gute ist streng militärisch organisiert. Die servi schlafen in Kasernen, essen gemeinsam, werden gruppenweise zur Arbeit geführt, nachdem sie morgens („beim Antreten“) vom vilicus „nachgesehen“ worden. Bei der Arbeit werden sie von eigenen monitores zum Fleiß angetrieben, womöglich bis zu völliger Ermattung, damit die müßigen Köpfe unter ihnen auf keine unnützen Gedanken kommen (Columella). Aengstlich wird aus ähnlichen Gründen vermieden, daß die Sklaven bei der Arbeit mit freien Arbeitern in Berührung kommen. Da der Herr ein Interesse an möglichst zahlreichem Nachwuchs hat, unterliegt der geschlechtliche Verkehr der servi der Aufsicht des vilicus.

Was nun die Frondienste der coloni angeht, so nimmt *M. Weber* wohl mit Recht an, schon in republikanischer Zeit sei für Fälle außergewöhnlichen Arbeitsbedarfs, also hauptsächlich für die Erntezeit, darauf gerechnet worden, „daß ihre Kinder und auch sie selbst als Arbeitskräfte für den Gutsherrn zu haben sein würden“ (a. a. O. p. 244). Diese Gewohnheit war um die Mitte des 1. Jahrhunderts unserer Zeitrechnung schon so weit eingebürgert, daß sie für den Betrieb eines großen Gutes als wesentlicher Faktor ins Gewicht fiel; das geht aus Columella unzweideutig hervor. Nachdem er in den ersten 6 Capiteln seines ersten Buches (de re rustica) Anlage und Einrichtung eines Gutes besprochen hat, beginnt er cap. 7: His omnibus ita vel acceptis vel compositis praecipua cura domini requiritur, cum in ceteris rebus, tum maxime in hominibus. Atque hi vel coloni vel servi sunt ... Comiter agat dominus cum colonis facilemque se praebeat et avarius opus exigat quam pensiones. Es ist klar, er geht jetzt zu den Arbeitskräften über. Mit dem zuletzt angeführten Satze will er sagen, der Herr solle bei dem Colonen nicht auf die Pacht (pensiones), sondern auf die Arbeitsleistung (opus) den Hauptwert legen[1]. Wenn daher nicht an Arbeitsleistungen der coloni auf dem vom Hofgut aus bewirtschafteten Lande gedacht wäre, wäre die Behandlung von colonorum opus in diesem Zusammenhange kaum zu verstehen.

An den Tagen, an denen sie für den Herrn arbeiten, werden die coloni vom Hofgut aus verköstigt (Weber a. a. O. p. 245). Ueber die Organisation dieser Arbeitsdienste erfahren wir nichts.

---

1) Vgl. [illegible]

Die Vermutung *Weber's*, »daß die Pächter jeder einen bestimmten Teil des Herrenlandes mitzubestellen und abzuernten hatten«, entbehrt der quellenmäßigen Grundlagen.

Um nun zu dem Bericht des Tacitus über die servi der Germanen zu kommen, so erfahren wir zunächst ganz allgemein von allen Unfreien Cap. 20: »dominum ac servum nullis educationis deliciis dignoscas: inter eadem pecora, in eadem humo degunt, donec aetas separet ingenuos, virtus agnoscat«. Ob einer Herr oder servus ist, kann man nicht an irgendwelchen Feinheiten der Erziehung erkennen. Sie leben zwischen demselben Vieh und in demselben Schmutz, erst mit der Wehrhaftmachung der Freien tritt eine Trennung ein. Bis zu einem Alter von 12—15 Jahren [1]) wachsen also die Kinder der servi und der Freien zusammen auf [2]). Diese Tatsache ist für die Classenbildung zweifellos von nicht zu unterschätzender Bedeutung. Man denke nur daran, wie ängstlich es heutzutage vermieden wird, daß Kinder und junge Leute verschiedener Classen miteinander in Berührung kommen, und wieviel an gegenseitigem Verständnis dadurch verloren geht.

Auf den Gegensatz zu römischen Verhältnissen braucht bloß hingewiesen zu werden; er liegt nach dem oben gesagten klar zu Tage.

Ganz dem entsprechend ist auch die Behandlung, die der servus bei den Germanen von seinem Herrn erfährt. Cap. 25: »verberare servum ac vinculis et opere coercere rarum: occidere solent, non disciplina et severitate, sed impetu et ira, ut inimicum, nisi quod impune est«. Die Römer hatten für ihre Sklaven eigene Sklavengefängnisse (ergastula). Bei den Germanen waren nach Tacitus solche Strafen sogut wie körperliche Züchtigungen selten. Allerdings konnte der Herr seinen Unfreien ungestraft töten. Aber wenn auch in rechtlicher Beziehung strenge Schranken zwischen Herren und Knechten gezogen waren, durch das tägliche Leben wurden diese Gegensätze wesentlich gemildert [3]).

Was nun die Verwertung dieser unfreien Arbeitskräfte angeht, so ist sicher, daß der überwiegende Teil der servi

---

1) Diese Altersgrenze ergibt sich, wenn man die physische Waffenfähigkeit als entscheidend annimmt. *Heusler*, Institutionen I. 114 ff.

2) *Wittich* hat seiner grundherrlichen Theorie zuliebe dieser Stelle des Tacitus eine eigentümliche Wendung gegeben (Grundherrschaft in Nordwestdeutschland, Leipzig 1896, pag. 110 Note), deren Unzulässigkeit *Brunner* nachgewiesen hat. (Nobiles und Gemeinfreie in der Zeitschr. der Savignystiftung XIX. 1898 pag. 105.)

3) Vgl. hierüber auch *Brunner*, Rechtsgeschichte I. 97 u. *Gierke*, Genossenschaftsrecht II. 34.

auf Grund und Boden der Herren **angesiedelt** wurde. Germania cap. 25 ›Ceteris servis non in nostrum morem discriptis per familiam ministeriis utuntur; suam quisque sedem, suos penates regit. Frumenti modum dominus aut pecoris aut vestis ut colono iniungit[1]) et servus hactenus paret: cetera domus officia uxor ac liberi exequuntur‹. Daraus darf man nun freilich nicht mit *Wittich*[2] schließen, in der eigenen Wirtschaft des Herrn seien überhaupt keine Unfreien beschäftigt worden. Tacitus liebt es auch sonst, das worauf es ihm gerade ankommt, einseitig hervorzuheben. Und er sagt ja nicht: non in domo utuntur, der erste Satz von Cap. 25 enthält nur die Beobachtung: den Germanen sei die in Rom übliche Einteilung der Sklaven nach ihren Verrichtungen (per ministeria) unbekannt. Aber jedenfalls muß man annehmen, daß nur ein verhältnismäßig geringer Teil der Freien in der eigenen Wirtschaft unfreies Hausgesinde beschäftigte. Sonst wäre der Bericht des Tacitus nicht zu verstehen.

Wer verrichtete nun in einem solchen Haushalt, in dem die Knechte fehlten, die landwirtschaftliche Arbeit? Den Herrn schildert Tacitus als Krieger, der die Zeit über, die er nicht ins Feld zieht, auf der faulen Haut liegt. Die betreffenden Stellen in cap. 15 und 22 sind bekannt. Daraus darf zweifelsohne geschlossen werden, ›daß der freie deutsche Mann nicht selbst regelmäßig (sic!) den Pflug führte‹[3]). Das ist bei einem Manne, der seinen Körper für stete Kämpfe, die an die Gewandtheit des einzelnen große Anforderungen stellten, gestählt halten mußte, kaum anders denkbar. Für ihn taugte die zähe Arbeit am Pfluge schlecht. *Wit-*

1) Es mag schon hier darauf hingewiesen werden, welche auffallende Aehnlichkeit die hier beschriebene Art Land auszutun mit den Bedingungen hat, unter denen Jahrhunderte später z. B. das Kloster S. Gallen Land ausleiht. In zwei gleichlautenden Urkunden von 782 Jan. 11 (U.B. SGall. I. no 95 und 96 übertragen 2 Leute ihren Besitz ans Kloster in ea vero ratione, ut dum advivo ipsas res possedeam et annis singulis exinde censum solvam, hoc est 10 modia de **a n o n a** et una maldra de **f r u m e n t o** et aut in **c e r a** aut in **v e s t i m e n t i s** aut in **f r i s g i n g a** (Frischling Du Cange) tremisse valente et . . . . operare. — 826 no 297 . . . annis singulis inde censum solvam, id est soldum in **a r g e n t o** probato aut in **f e r r a m e n t i s** aut **v e s t i b u s n o v i s**. — 844 no 300 . . . annis singulis in censum prosolvam, ad ipsum monasterium in tribus rebus uno solido valente, hoc est in **a r g e n t o** et **g r a n o** vel in **t e x t u r a f e m i n e a**.

2) Grundherrschaft in Nordwestdeutschland p. 110 und Histor. Zeitschr. 1897 pag. 258. Gegen *Wittich*: *Brunner*, Nobiles u. Gemeinfreie. pag. 106.

3) So *Wittich*, Zur Frage der Freibauern. pag. 253; *Zeitschr.* der Savignystiftung Bd. XXII, 1901.

tich geht aber zuweit, wenn er aus cap. 15: »delegata domus et penatium et agrorum cura feminis senibusque et infirmissimo cuique ex familia« folgert, der Freie sei auch zu träge gewesen, um die Leitung und die Beaufsichtigung seines Haushalts und seiner Wirtschaft überhaupt zu übernehmen [1]). Selbst wenn die Bedeutung des Wortes cura diese Auslegung zuläßt — die Beantwortung dieser Frage steht uns nicht zu — so hat man auf alle Fälle Grund anzunehmen, daß Tacitus hier übertreibt, sei es nun infolge seiner oft pointierten Schreibweise, sei es weil seine Landsleute, auf deren Bericht er fußt, die ihnen fremdartigen germanischen Verhältnisse nicht richtig beurteilten.

Wir werden nirgends auf Widerspruch stoßen, wenn wir annehmen:

1. daß der eigene landwirtschaftliche Betrieb des freien Germanen sich stets in sehr bescheidenen Grenzen hielt, wird doch seine Existenz von den Vertretern der grundherrlichen Theorie sogar schlechthin geleugnet,

2. daß das System, nach dem in diesem Betriebe gewirtschaftet wurde, eine wilde Feldgraswirtschaft war, ähnlich der im Schwarzwald noch heute üblichen Egartenwirtschaft.

Was in einem solchen Betrieb für einen »Betriebsleiter«, der die schwere Ackerarbeit von andern verrichten läßt, zu tun übrig bleibt, ist nicht viel. Wenn die Römer, für deren agrarpolitische Anschauungen der Großbetrieb das Normale war, diesen Betriebsleiter für einen nihil agens, für einen Müßiggänger hielten, darf uns das nicht Wunder nehmen. Die wirtschaftliche Betätigung des freien Germanen, des »Grundherren« *Wittich*'s beschränkte sich in der Hauptsache darauf, daß er der Aussaat und der Ernte — nicht immer — beiwohnte, teils zur Aufsicht, teils um im Notfall das eine oder das andere Mal selbst Hand anzulegen. Wir werden einen solchen Grundherrn in späteren Jahrhunderten wieder finden.

Daß der freie Germane tatsächlich einen wie immer gearteten landwirtschaftlichen Eigenbetrieb führte, folgt aus cap. 15 (domus . . . et agrorum cura). Wollte man annehmen, diese Stelle beziehe sich nur auf die comites, dann käme man zu der eigentümlichen Auffassung, daß nur die Gefolgsleute diesen »Nebenbetrieb« hatten, die übrigen Freien wären dann so gestellt gewesen, daß

---

1) *Wittich* a. a. O. pag. 255.

sie darauf verzichten konnten [1]). Das geht natürlich nicht an.

Aber wer leistet in einem solchen Betrieb die schwere Feldarbeit, wenn Knechte fehlen und der Herr sie zu leisten außer Stande ist?

Nach den Annahmen (1.—2.), die wir oben für die Organisation des landwirtschaftlichen Betriebs gemacht haben, läßt sich sehr wohl denken, daß die Germania cap. 15 angeführten minimalen Arbeitskräfte für den größten Teil des Wirtschaftsjahres ausreichten. Dazu stimmt auch die Beobachtung, die man bei allen primitiven Ackerbauern macht, daß alle Pflanzenproduction das eigentliche Arbeitsgebiet der Frauen ist. Bei einem einigermaßen entwickelten Ackerbau ist aber natürlich unbedingt notwendig, daß zu gewissen Zeiten — Pflug- und Erntearbeit — bessere Arbeitskräfte zur Verfügung standen. Waren diese vorhanden?

Sehen wir uns die Germania cap. 25 behandelten Unfreien noch einmal genauer an: Sie führen eigenen Haushalt und eigene Landwirtschaft (suam quisque sedem, suos penates regit). Der Boden, auf dem sie sitzen, gehört dem dominus. An diesen liefern sie einen [illegible], der in Getreide, in Vieh oder in Erzeugnissen ihres [illegible] wird (frumenti modum dominus aut pecoris aut vestis [illegible]). Wegen dieses Verhältnisses zu ihrem Herrn vergleicht Tacitus die Knechte der Germanen mit den römischen Colonen [illegible].

Diese waren, wie oben gezeigt wurde, für die römische Grundherrschaft [illegible] der Mitte des ersten Jahrhunderts von Bedeutung [illegible] der Ernte [illegible] zunehmen, daß die Hintersassen in der Wirtschaft des Herrn, wenn es gerade notwendig wurde, aushalfen. Denn um rechtlich fixierte Frondienste kann es sich selbstredend nicht handeln — über solche hätte Tacitus ausführlich berichtet. — Das ganze Verhältnis zwischen Herrn und Knecht ist so geartet, daß man viel eher auf eine Art freundnachbarlichen Aushelfens schließen muß, wie es in den deutschen Gemeinden gleichgestellter Nachbarn allgemein Sitte war.

Es ist kein Zweifel, daß die Pflicht gegenseitiger Hilfeleistung auch auf wirtschaftlichem Gebiete zu allen Zeiten für die deutschen Bauerngemeinden bezeichnend war. So behauptet der junge Meier Helmbrecht, wenn er nur einmal ritterlich gekleidet sei, werde es ihm niemand mehr ansehen, daß er früher seinem Vater und andern Bauern Zäune und Mauern gezogen habe [1]).

Als man in Messelshausen (Baden) im Jahre 1813 (!) die Fronden ablöste, wurde auch folgendes berücksichtigt: Hat man bei Baulichkeiten z. B. bei dem Aufschlagen, größere Hülfe nötig, so müssen sich die Männer und jungen Bursche, die man auslesen wird, als Nachbarn gefallen lassen, Hilfe zu leisten. Hierbei erhält der Handlanger täglich eine Maß Wein und für 4 Kreuzer Weck oder Brot [2]).

Aber nicht genug mit dieser Hilfe bei Bauarbeiten. Die Sitte verlangte offenbar, daß die Nachbarn bei der Feldbestellung einander aushalfen, sei es nun mit ihrer eigenen Arbeitskraft, sei es mit der Stellung von Vorspann. Dafür finden sich in den verschiedensten Gegenden Belege.

Im Inntal, in Weerberg [3]) entbindet solche Hilfeleistung von der Verpflichtung, bei der Gerichtsversammlung zu erscheinen: »Wan daß ehhaft täding zu zeiten einfall, das man paut, das ain nachtper den andern ainen beistant thuet, so mögen drei bei dem pfluege bleiben und sein, die andern schuldig zu erscheinen. Fallt es aber zu zeiten ein, das man pracht, so mögen zwen bei den pflueg bleiben und sein, die andern schuldig zu erscheinen«. Im allgemeinen brauchte man im Mittelalter an

1) *Wernher*'s des Gärtners Meier Helmbrecht Vers 322 ff.:

ob ich ie geziunte zûn
dir oder ander iemen,
des meldet mich niemen.

2) *Zehnter*, Geschichte des Ortes Messelshausen. Heidelberg 1901 pag. 83.

3) W. Weerberg, Oest. W. II. 175. 25.

[illegible] Bauer mochte da [illegible] Da mußte der Nachbar [illegible] dem Ehalting zu erscheinen.

[illegible] Regensberg mußten [illegible] zur Verfügung [illegible] und [illegible] von Wä- [illegible] die Besamnung ihm [illegible] sin [illegible][2].

[illegible] im Appenzellischen bei Nördlingen wurde [illegible] in aigner [illegible] aufrufen [illegible] dem neven [illegible] oder sonst [illegible][3].

[illegible] der gegenwärtigen [illegible] Südwestdeutschlands [illegible] hohes Alter zu [illegible] ältesten Zeiten [illegible] Nachbarn eine solche Hilfe hatte, [illegible] Herr [illegible] dem Hintersassen, der auf seinem eigenen [illegible].

[illegible] beseitigt auch die Schwierigkeiten[4], die [illegible] des letzten Satzes in der oft citierten Stelle Germania cap. 25 [illegible] im Wege standen: cetera domus officia uxor ac liberi exsequuntur. Wenn bessere Arbeitskräfte vorhanden waren, traf der auf der Scholle des Herrn angesiedelte servus eben der [illegible], im übrigen versahen Frau und Kinder die Arbeit. Dazu paßt auch cap. 15: delegata domus et penatium et agrorum cura feminis senibusque et infirmissimo cuique ex familia.

1) [illegible]
2) [illegible]
3) [illegible] — Ueber die nachbarliche Pflicht der gegenseitigen Unterstützung vgl. auch Maurer, Einleitung [illegible] Markenverfassung 188, Dorfverfassung [illegible] — Gierke, Genossenschaftsrecht [illegible]
4) [illegible] die Literatur über diese Stelle bei [illegible] Deutsche Altertumskunde [illegible] pag. [illegible]

Diese eigentümliche Verteilung der landwirtschaftlichen Arbeit bei den Germanen zur Zeit des Tacitus ist für uns erst dadurch zur Gewißheit geworden, daß eine Untersuchung *Schönfeld*'s über den Wirtschaftsbetrieb der isländischen Bonden (Bauern) einen genauen Einblick in die socialen Verhältnisse eines andern germanischen Volkes ermöglicht, das auf einer ähnlichen Culturstufe steht[1]). Das Bild, das uns hier entworfen wird, weist erstaunliche Aehnlichkeit mit der Schilderung des Tacitus auf.

Island wurde seit 874 von Norwegen aus colonisiert. Das Christentum wurde erst ums Jahr 1000 vom Mutterlande aus durch norwegische Missionare eingeführt. Die Quellen *Schönfeld*'s sind die Sagas, epische Dichtungen, die meist Vorgänge aus der Geschichte Islands in den Jahren 930—1030 erzählen. Da in Norwegen das Christentum erst nach der Auswanderung nach Island Eingang fand, ist an Veränderungen, die die römische Kirche auf der colonisierten Insel hätte hervorbringen können, nicht zu denken.

Die Besiedelung erfolgte ohne irgend welche einheitliche Organisation durch einzelne Seefahrer, Vikinger, die mit ihrer Familie und eigenen Leuten — auf der Fahrt erbeuteten manche noch einige Knechte — auf ihren Schiffen dem neuen Eiland entgegenfuhren. Dort nahm jeder von einem beliebigen Stück Land Besitz. Bezeichnend ist der in den Sagas gebrauchte Ausdruck »Landnahme« für die Besiedelung. Auf diese Weise entstanden gleich zu Beginn oft recht umfangreiche Grundherrschaften. In seinem Eigentum war der einzelne Grundherr durch nichts beschränkt.

Abgesehen von der Bildung privaten Grundeigentums weisen die isländischen Zustände noch einen wesentlichen Unterschied gegenüber den von Tacitus geschilderten auf. Klima und Bodenverhältnisse haben in Island bis heute alle Versuche mit Körnerbau scheitern lassen. Die Landwirtschaft besteht ausschließlich in Viehzucht und Wiesencultur. Diese letztere hat aber ihre besonderen Schwierigkeiten. Da der Sommer sehr kurz ist, muss das Gras in verhältnismäßig kurzer Zeit zur Reife kommen und — was für uns wichtiger ist, schnell geschnitten, getrocknet und eingebracht werden. Dazu gehören Menschen, mehr Menschen als in einer umfangreichen Wirtschaft mit ausschließlicher Viehzucht

1) *Dagobert Schonfeld*, Der isländische Bauernhof und sein Betrieb zur Sagazeit. — Quellen und Forschungen zur Sprach- u. Culturgeschichte der german. Völker. 91. Heft. Strassburg 1902.

das ganze Jahr über beschäftigt werden. Auch hier also ein Mißverhältnis zwischen dem durchschnittlichen Arbeitsbedarf während des Jahres und dem zur Zeit der Ernte.

Der isländische Bauernhof zerfällt in einen Winterhof (Hauptgut) und einen oder mehrere Sommerhöfe (Vorwerke). Der Winterhof ist von großem Wiesenareal umgeben, auch von dem um den Sommerhof gelegenen Grund und Boden wird ein Teil des Graswuchses geschnitten. Das übrige dient dem Vieh als Weide — soweit dieses nicht auf den höchstgelegenen, im Gemeinbesitz mehrerer Höfe befindlichen Bergweiden, den allmenningr, sommert.

Die Arbeitskräfte des Bonden sind abgesehen von den Familiengliedern in der Hauptsache unfreie Arbeiter. Die ganze Familie des Herrn arbeitet jedoch wacker mit. Die Sagas tadeln an verschiedenen Stellen den Herrn, der nicht selbst Hand anlegt. Sogar auf dem entlegenen Sommerhof, wo die Heuernte im allgemeinen später stattfinden muß als unten im Tal, sind der Gutsherr und seine Frau zugegen, wenn die Arbeit rasch vorwärts gehen soll [1]).

Die Bewirtschaftung der Vorwerke, der Sommerhöfe, überträgt der Herr den zuverlässigsten unter seinen Unfreien [2]). Sein Verhältnis zu diesen zeigt merkwürdige Analogien zu dem, was wir bei Tacitus vom dominus und seinen servi erfahren. Die Kinder des Knechts wachsen mit denen seines Herrn zusammen auf, beide genießen eine gemeinsame Erziehung [3]). Auch die Lebenshaltung des erwachsenen Knechtes, der im Hause seines Herrn bleibt, ist der des Herrn überraschend ähnlich. Die beiden Mahlzeiten des Tages werden in dem großen Wohn- und Speisezimmer des Hauses (stofa) von allen Männern, Herren und Knechten gemeinsam eingenommen. Wenn dann nicht — wie es hie und da Sitte war — die Speisen in Portionen verteilt werden, ist es ganz selbstverständlich, daß Herr und Knecht aus derselben Schüssel zugreifen [4]). Nachtlager haben Knechte und Mägde meist unter demselben Dache wie die Herrschaft, natürlich nur, wenn die Größe des Haushalts nicht eine Verteilung in mehrere Gebäude gebietet [5]).

1) *Schönfeld* a. a. O. pag. 71. 73.

2) ibid. pag. 70.

3) ibid. 85.

4) ibid. 65 f.

5) ibid. 86.

Geschlechtliche Verhältnisse zwischen Knecht und Magd werden vom Herrn respectiert. Ob man darum von einer Duldung der Ehe reden kann, bleibt dahingestellt. Jedenfalls erfahren wir einmal, daß der Herr einen Knecht in seinem Anrecht an eine Magd, das dieser durch einen Gast gefährdet glaubt, schützt: »Ich werde auf sie Acht geben, sodaß dir wie ihr keine Schande geschieht« [1]).

Dementsprechend berichten die Sagas auch erstaunliche Züge von Anhänglichkeit der Knechte und von Fürsorge des Herrn, vor allem der Herrin für ihre Knechte [2]). So milderte auch hier das tägliche Leben die Härte des Gesetzes, nach dem der Herr seinen Knecht ohne Sühne töten konnte.

Nach dem Gesagten bedarf es keines Nachweises dafür, daß die auf Vorwerke gesetzten Knechte auf dem Haupthofe aushalfen, wenn dort die Arbeit besonders streng war, wenn das Heu schnell eingebracht werden musste. Helfen doch dem isländischen Bonden sogar G ä s t e vornehmer Abkunft bei der Arbeit. Von einem besonders reichen Herrn wird einmal gerühmt, er habe jungen Leuten aus vornehmem Geschlecht sein Haus gastlich geöffnet und keine Arbeitsleistung von ihnen verlangt [3]).

Diese Arbeitsorganisation der isländischen Bonden wurde in unsere Betrachtung hereinbezogen nicht etwa, um damit die Richtigkeit unsrer Auslegung des Tacitus zu beweisen — diese spricht für sich selbst — sie kann aber wohl zur Illustration des Berichtes der Germania gute Dienste leisten. Die isländischen Verhältnisse sind aber auch insofern äußerst lehrreich, als sie klar erweisen, wie willkührlich *Wittich* verfährt, wenn er der antiken u n d d e r m i t t e l a l t e r l i c h e n W e l t die Anschauung zuschreibt, alle Erwerbstätigkeit sei ein schmutziges Geschäft, das der anständige Mensch nur notgedrungen ergreift [4]). Für die römischen Zeitgenossen des Caesar oder des Tacitus wird es niemanden einfallen, das zu bestreiten. Daß die Germanen ebenso gedacht hätten, berichtet Tacitus mit keinem Wort. Und was von seiner Schilderung der trägen Lebensweise der Freien zu halten ist, darüber wurde oben ausführlich gehandelt.

---

1) *Schonfeld* a. a. O. p. 61. 2) ibid. p. 87 f.

3) ibid. p. 72. — Aehnliche Gewohnheiten darf man wohl bei den alten Israeliten annehmen. So scheint es wenigstens nach der *Kautzsch*'schen Uebersetzung von Exod. 20. 10: »noch der Fremde, der sich in deinen Ortschaften aufhält«.

4) *Wittich*, a. a. O. pag. 254.

Durch den Gang unsrer Untersuchung wurden wir gezwungen, zu einer der umstrittensten Fragen der deutschen Wirtschafts- und Verfassungsgeschichte Stellung zu nehmen, zu der Frage nach der Entstehung der großen Grundherrschaften. Für den Kundigen bedarf es kaum der Erörterung, welchen Standpunkt wir vertreten. *Wittich*, dem Vorkämpfer der grundherrlichen Theorie, mußten wir an mehreren Stellen widersprechen. Wir glauben dargetan zu haben, dass seine Construction, nach der die Germanen sich gliedern in Grundherren, die l e d i g l i c h v o n R e n t e n l e b e n, und selbständige unfreie Ackerbauer, sich mit einer einwandfreien Auslegung der Quellen nicht vereinbaren läßt.

Wir gehen aber mit *Wittich* insofern zusammen, als wir die Entstehung der Grundherrschaft n i c h t a u s s c h l i e ß l i c h den oft dargestellten Umbildungen der vorcarolingischen Epoche, also etwa des 6.—8. Jahrhunderts, zuschreiben. Aber während *Wittich* glaubt, schon in der germanischen Zeit die für die Grundherrschaft charakteristische Gestaltung des G r u n d e i g e n t u m s nachweisen zu können, und darüber andere wichtige Momente übersehen hat, haben wir versucht zu zeigen, daß sich das eigentümliche A r b e i t s s y s t e m der mittelalterlichen Grundherrschaft aus den Zuständen, wie wir sie aus dem zuverlässigen Bericht des Tacitus erkennen können, verstehen läßt, ohne daß man spätere Einflüsse zur Erklärung heranzieht — sei es nun Nachahmung römischer Einrichtungen, seien es die bekannten Gründe für die Bildung großer Grundherrschaften. Die letzteren haben natürlich der Gestaltung von Grundeigentum und socialen Verhältnissen die Richtung gegeben. Aber die Voraussetzungen für die großen Betriebe, im besonderen ein geeignetes Arbeitssystem haben schon in germanischer Zeit bestanden.

Dieses Arbeitssystem war nicht das Werk organisatorischer Tätigkeit der Grundherren. Vielmehr war das Verhältnis zwischen Herren und Knechten von jeher derart, daß es ganz selbstverständlich war, daß der unfreie Hintersasse in der Wirtschaft seines Herren aushalf, wenn dessen gewöhnliche Arbeitskräfte nicht mehr ausreichten. Das gedachte Verhältnis zwischen Herren und Knechten ist den germanischen Völkern offenbar lange Zeit eigentümlich gewesen. Läßt es sich doch sowohl bei den Germanen, die die Zeitgenossen des Tacitus gekannt haben, als auch bei den skandinavischen Bauern, die um die Wende des ersten Jahrtausends Island colonisiert haben, nachweisen.

II. Abschnitt.

Die wirtschaftliche Arbeit der Freien der fränkischen Zeit.

Unsre bisherigen Ausführungen haben gezeigt, daß schon in germanischer Zeit die wirtschaftliche Betätigung der Freien sich nicht darauf beschränkte, die Renten der Hintersassen einzuziehen. Vielmehr beteiligt sich auch der Hausherr an den in der Wirtschaft notwendigen Arbeiten — freilich nur insoweit, als es mit seiner kriegerischen Lebensweise vereinbar ist.

Man wird ohne weiteres vermuten, daß in Zeiten größerer Seßhaftigkeit, da das Kriegshandwerk im Leben des freien Deutschen nicht mehr die Rolle spielt wie vor der Völkerwanderung, die Arbeitskraft des Freien für seine Wirtschaft mehr Gewicht bekommt. Die herrschende Ansicht nimmt ja auch in der Tat an, das deutsche Volk habe um diese Zeit der Mehrzahl nach aus freien Bauern bestanden, die ihre eigene Hufe bebauten. Aber von seinem Standpunkt aus folgerichtig hat *Wittich* das auch für die fränkische Zeit bestritten[1]).

Demgegenüber hat schon *Kötzschke*[2]) auf die Strafbestimmungen der Volksrechte für Störung des Feldbaus, die sich meist auf Freie und Unfreie beziehen, hingewiesen. *Wittich* weiß diese Einwendungen nicht zu widerlegen. Denn wenn die lex Salica »freie Colonen als Bauern voraussetzen« soll, ist nicht einzusehen, wie der Freie, dem doch vorher alle wirtschaftliche Arbeit »ein schmutziges Geschäft« gewesen, sich blos deshalb, weil er sein Eigen einem Andern übertragen mußte, zu solcher Arbeit verstehen sollte.

Ein scheinbar schwerwiegendes Argument bringt *Wittich* gegen die zweite Gruppe von volksrechtlichen Bestimmungen, die *Kötzschke* anführt, bei, gegen die Verbote der Sonntagsarbeit. Lex Baiuw. (Appendix I, 1) bestimmt nämlich für den dritten Uebertretungsfall durch einen Freien: »perdat libertatem suam et sit servus, qui noluit in die sancto esse liber«. Daraus schließt *Wittich*, dem Gesetzgeber seien »nicht frei sein wollen« und »wirtschaftliche Arbeit verrichten« gleichbedeutende Begriffe. Daher

1) Vgl. *Wittich*, a. a. O. bes. pag. 331 f.

2) *Kötzschke*, Die Gliederung der Gesellschaft bei den alten Deutschen. Zeitschr. für Geschichtswissenschaft N. F. II. 310 f.

benehme sich der Freie, der wirtschaftliche Arbeit verrichtet, wie ein Unfreier.

Es liegt auf der Hand, daß diese Schlüsse nur berechtigt sind, wenn die in Rede stehenden Bestimmungen der Volksrechte eigene Schöpfungen des Gesetzgebers sind. Gelingt es uns, für dessen »Anschauungsweise« irgend welche Quellen zu entdecken, aus denen diese Bestimmungen übertragen sind, so ist der Einwand *Wittich*'s hinfällig.

Man könnte gegen *Wittich* vielleicht geltend machen »noluit esse liber« müsse nicht notwendig heißen »eine eines Freien unwürdige Arbeit verrichten«, es könne gerade so gut in einer ähnlichen Bedeutung gebraucht sein, wie wenn wir heute sagen: »ich bin an dem und dem Tage frei«. Für ungefähr dieselbe Zeit, in die L. Baiuw. fällt, ist liber esse für »straflos ausgehen« belegt [1]). Aber zum Glück sind wir nicht auf solche dürftigen Einwendungen angewiesen. Die völlige Abhängigkeit der Volksrechte, was die Verbote der Sonntagsarbeit angeht, von anderen, früheren Quellen — sogar in den Worten, auf die *Wittich* so großes Gewicht legt — beweist zur Genüge, daß sie nicht die selbständige Anschauungsweise ihres Gesetzgebers wiederspiegeln.

Die beiden Stellen lauten: lex Alamann. c. 38 MG. LLNat. V 1 pag. 98: »Die Dominico nemo opera servilia praesumat facere, quia hoc lex prohibuit et sacra scriptura in omnibus testavit. Siquis servus in hoc vitio inventus fuerit, vapuletur fustibus. Liber autem corripiatur usque ad tertiam vicem. Si autem post tertiam correptionem in hoc vitio inventus fuerit et Deo vacare die Dominico neglexerit et opera servilia fecerit, tunc tertiam partem de hereditate sua perdat. Si autem super haec inventus fuerit, ut diei Dominico honorem non inpendat et opera servilia fecerit, tunc coactus et probatus coram comite, ubi tunc dux ordinaverit, in servitium tradatur et, quia noluit Deo vacare, in sempiternum servus permaneat«.

Wenn der servus Sonntags bei der Arbeit betroffen wird, wird er geprügelt; der liber aber wird die beiden ersten Male verwarnt, beim dritten Male tritt eine erhebliche Vermögensstrafe ein; wenn er darnach noch einmal ertappt wird, verliert er nach der Entscheidung des Herzogs (ubi tunc dux ordinaverit) auf immer seine Freiheit.

---

1) Vgl. unten pag. 48 note 4.

Die **nach** der Lex Alam. entstandene Lex Baiuw. bestimmt im Appendix I, 1 MG. LL III 335: »Si quis die dominico operam servilem fecerit: liber homo, si bovem iunxerit et cum carro ambulaverit, dextrum bovem perdat, si autem secaverit fenum vel collegerit, aut messem secaverit aut collegerit, vel aliquod opus servile fecerit die dominico, corripiatur semel vel bis, et si non emendaverit, rumpatur dorso eius 50 percussiones; et si iterum praesumpserit operare die dominico, auferatur de rebus eius tertiam partem; et si nec cessaverit, tunc perdat libertatem suam et sit servus, qui noluit in die sancto esse liber.

Si servus autem, pro tale crimine vapuletur; et si non emendaverit, manum dextram perdat«.

Neu ist im Gegensatz zu Lex Alam. die Bestimmung, daß dem Freien, der am Sonntag einspannt, der rechte Ochse genommen wird. Wenn er mit der Hand ein opus servile tut, wird er ähnlich bestraft, wie im alemannischen Volksrecht: Ein oder zweimal wird er verwarnt, arbeitet er trotz der Verwarnung, so muß auch der Freie eine Prügelstrafe über sich ergehen lassen (rumpatur dorso eius 50 percussiones). Beim dritten Uebertretungsfalle wird auch dem freien Bajuwaren der dritte Teil seines Vermögens entzogen, und im vierten verliert auch er seine Freiheit. Wenn beim servus die Prügelstrafe nicht verschlägt, wird ihm die rechte Hand abgehauen.

Begründet wird das Verbot mit Exodus 20. 10. Während dieses Gebot im Texte der Vulgata lautet: »Non facias omne opus in eo tu . . .« haben die jüngeren Hss. der L. Baiuw. »Nullum opus servile facias in die sancto neque tu . . .« [1]).

Die Vorschriften der Lex Baiuw. gehen aber noch weiter: »Si quis in itinere positus cum carra vel cum nave, pauset die dominico usque in secunda feria«.

Ein vorzügliches Argument — so könnte es scheinen — hat sich *Wittich* in diesen Bestimmungen entgehen lassen, den synonymen Gebrauch von operare und opus servile facere. Wir werden aber sehen, daß daraus berechtigterweise von niemand

---

1) Eine ähnliche Umgestaltung erleidet Exod. 35. 2 auf der Synode von Friaul 796, die diese Stelle als Begründung für das Gebot der Sonntagsruhe citiert. Vulgata: Sex diebus facietis opus, septimus dies vobis erit sanctus, sabbatum, et requies Domini, qui fecerit **opus** in eo, occidetur. — Conc. Forojuliense 796: Ipsum est enim sabbatum Domini delicatum, de quo scriptura dicit: Qui fecerit in eo **opus servile**, id est peccati, morte moriatur. Mansi XIII. 851.

Schlüsse über die Auffassung der Deutschen vom Arbeiten gezogen worden sind.

Wenn wir nach Quellen der Volksrechte für ihre Verbote der Sonntagsarbeit suchen, werden wir solche am ehesten in der Gesetzgebung der christlichen Kirche finden. Denn von ihr ging im Mittelalter die Forderung der Sonntagsruhe der Natur der Sache nach aus. Auf den verschiedensten Synoden hat der Clerus seine Stellung zu dieser Frage fixiert. Auch private Sammlungen kirchenrechtlichen Charakters, so besonders die Poenitentialien (Bußordnungen) des ausgehenden 7. und beginnenden 8. Jahrh.[1]) enthalten detaillierte Strafbestimmungen für Arbeiten am Sonntag. Daß die beiden süddeutschen Volksrechte gerade von diesen letzteren Quellen stark abhängig sind, hat schon *K. Lehmann* angedeutet [2]).

Die dem Freien angedrohte Vermögensstrafe ist ihnen entnommen. An deren Stelle kann nach den Bußordnungen beim dritten Uebertretungsfalle ganz allgemein Prügelstrafe treten [3]). Nach L. Baiuw. konnte das dem Freien nur passieren, wenn er trotz der Warnung — auch diese kennen die Beichtbücher (arguunt) — arbeitet.

Auch die Strafverknechtung des Freien im Falle der Sonntagsarbeit hat ihren Vorgang in Quellen des angelsächsischen Kirchenrechts [4]).

1) *Wasserschleben*, Die Bussordnungen der abendländischen Kirche 1851. Das sog. Poen. des Theodor von Canterbury († 690) ist nach dessen Tode in England, Poen. Cummeani Mitte des 8. Jahrh. im fränk. Reich entstanden.

2) Zur Textkritik und Entstehungsgeschichte des alamannischen Volksrechtes. Neues Archiv der Ges. f. ältere deutsche Geschichtskunde, Band X. pag. 500.

3) Qui operantur die dominico, eos Graeci prima vice arguunt et secunda tollunt aliquid ab eis, tertia vice tertiam partem de rebus aut vapulant vel 7 dies poeniteant. *Wasserschleben* a. a. O. 146. 167. 210. 488. 524.

4) Synode von Berghampstead 697. Mansi XII. 111 f.

c. 10. Si servus ex mandato domini opus servile praestiterit a vespera diei solis post occasum eius usque ad occasum vesperae diei lunae (von der Sonntags-Vesper d. i. Samstag Abend bis zur Montags-Vesper d. i. Sonntag Abend — vgl. *Grotefend*, Zeitrechnung s. v. Vespere prime, secunde), octoginta solidis illud dominus compenset.

c. 11. Si servus hoc faciat proprio motu eo die sex solidos ipse domino pendat aut cutem suam.

c. 12. Si liber homo autem id fecerit tempore vetito, sit reus collistrigii; et qui eum detulit, habeat mulctae et aestimationis capitis dimidium.

Eine 691 oder 692 an unbekanntem Ort abgehaltene Synode bestimmt (Mansi XII. 57 f.):

c. 13. Si servus homo die Dominica operetur iussu domini sui, liber sit (kann

Nach einem Synodalbeschluß von 697 wird dem Freien, der Sonntags an der Arbeit betroffen wird, das Halseisen angelegt (sit reus collistrigii), der Denunciant hat halben Anteil an der Buße und an der Entscheidung über das Leben des Straffälligen. In L. Alam. wird der ertappte Freie coactus et convictus vor den Grafen geführt, und der Herzog entscheidet dann, ob er verknechtet werden soll.

Eine andere englische Synode (691 oder 692) ordnet die Strafverknechtung mit denselben Worten an wie L. Baiuw.: »perdat libertatem suam«.

Noch andere Gründe zwingen zu der Annahme, daß kirchenrechtliche Quellen den alamannischen und bajuwarischen Gesetzgebern zum Muster gedient haben. Die Acten »ex concilio regum, quibus legatus Romanae sedis interfuit Bonefatius« bestimmen de die dominico cap. 23: »Si quis die dominico opera servilia fecerit, liber homo si boves iunxerit dextrum bovem perdat«[1]). Das ist wörtlich die Bestimmung, die L. Baiuw. gegen L. Alam. neu hinzugefügt hat. Ein concilium regum, im Beisein zweier Könige, an dem Bonifatius teilnahm, konnte nur vor der Abdankung Karlmanns, also zwischen 740 und 747 stattfinden. Da es ausgeschlossen ist, daß ein von fränkischen Königen einberufenes Concil das damals auf alle Fälle noch ganz neue bajuwarische Volksrecht[2]) citiert, so kann dieses concilium regum mit Sicherheit als Quelle für das letztere angesehen werden. Die bayrische Synode von Dingolfing endlich, die in der Zeit von 769—771 stattgefunden hat[3]), beginnt in ihren Akten gleich cap. 1 mit der Sonntagsruhe, und verweist hierfür nicht allein auf das Volksrecht (legem), sondern auf decreta canonum, auf die Beschlüsse früherer Concilien[4]).

natürlich nur heißen: er soll straflos ausgehen) et dominus debeat 30 solidos pro poena. Si autem servus absque eius scitu operetur, verberibus caedatur, vel cutis pretium solvat (muß Sühnegeld für seine Haut bezahlen). Si autem liber[e] eo die operetur [absque domini iussu (sic!)], perdat libertatem suam, vel 60 solidos: et sacerdos duplum debeat. Es ist nicht anders denkbar, als dass ein Abschreiber den Text hier sinnwidrig verdorben hat. Denn wie kann ein servus libertatem perdere? Das absque domini iussu ist eine sinnlose Wiederaufnahme des vorhergehenden absque eius scitu.

1) Mansi XII. Appendix 110. — *Hefele*, Conciliengeschichte III. 580 f.

2) Es ist entstanden in den Jahren 739—749, *Schröder*, Deutsche Rechtsgeschichte[4] pag. 246.

3) *Hefele* a. a. O. III, 609 f.

4) Synode von Dingolfing (Mansi XII, 851) cap. 1. De die dominico ita con-

Die Strafzumessungen von L. Alam. und L. Baiuw. für Freie, die am Sonntag arbeiten, haben also ihre Quelle in Bestimmungen teils der angelsächsischen Kirche des ausgehenden 7. Jahrhunderts, teils der fränkischen Kirche im Zeitalter des Bonifatius. Das ist für unsere Untersuchung wichtig. Denn originäre Schöpfung solcher Vorschriften, wie sie besonders L. Baiuw. enthält, könnte vielleicht Schlüsse über die Auffassung der wirtschaftlichen Arbeit in damaliger Zeit rechtfertigen, ähnlich denen, die *Wittich* gezogen hat.

Daß es in Wirklichkeit damals etwas ganz Gewöhnliches war, daß der vollfreie Mann wirtschaftliche Arbeit in weitem Umfang tat, ergeben außerdem noch mit aller Bestimmtheit zwei Quellen des fränkischen Reichsrechts aus verschiedenen Zeiten — wiederum Sonntagsruhegesetze.

Das Decret Childeberts II. von 596 verbietet jedem Freien (quiscunque ingenuus) am Sonntag alle Arbeiten außer denen, die zum Lebensunterhalt unbedingt notwendig sind, und setzt für den freien Salfranken, für den (freien) Römer und für den Unfreien besondere Bußen fest [1]).

Karl der Große erläßt 789 in der Admonitio generalis ein ausführliches Sonntagsruhegesetz, das in der Hauptsache auf den Canones des 3. Concils von Orleans (538) beruht, die schon in einem Capitular Pippins (MG. Cap. I 36) citiert sind.

Darin werden verboten zunächst im allgemeinen — der Tradition folgend — opera servilia. Dann werden die einzelnen Arbeitsarten aufgezählt. Nicht nur wirtschaftliche Arbeit, Feldarbeit, opera ruralia, auch die Abhaltung von Gerichtstagen und Jagden muß am Sonntag unterbleiben [2]).

[illegible]

1) [illegible]

2) [illegible]

Diese Stelle zeigt zugleich, was von der Bezeichnung opus servile, die meines Wissens zum ersten Mal 697 in den Acten der Synode von Berghampstead [1]) vorkommt, zu halten ist. Die Quellen des 6. Jahrhunderts kennen nur die Bezeichnungen opus rurale oder corporale opus [2]). Im 8. Jahrhundert ist opus servile so sehr zur stehenden Redensart geworden, daß die Hss. selbst die Bibelcitate in dieser Richtung abändern [3]). Placita und venationes sind natürlich kein Knechtsgeschäft. Ein materieller Hintergrund ist also hinter dem Ausdruck opus servile auf keinen Fall zu suchen.

Für die Zeit vom 6. bis zum Ende des 8. Jahrhunderts läßt es sich also nicht bestreiten: der freie Deutsche arbeitete in seinem landwirtschaftlichen Betriebe für gewöhnlich tüchtig mit. Belegt ist seine Betätigung allerdings nur für die in der Außenwirtschaft erforderlichen Arbeiten, für die Feldbestellung, für Bauarbeiten, Holzfällen u. s. w. [4]). Häusliche Verrichtungen waren Sonntags gestattet [5]). Wenn diese in den Aufzeichnungen der verbotenen Arbeiten fehlen, darf daher daraus noch nicht geschlossen werden, daß sie von den durch das Verbot Betroffenen nicht getan wurden.

In der Außenwirtschaft arbeitet aber der Freie, wie früher gezeigt wurde, nicht nur für sich selbst. Wenn sein Nachbar ihn brauchte, half er diesem im Feld oder bei größeren Bauarbeiten.

---

1) Vgl. oben pag. 48 note 4.

2) Com. Aurelianense III. 538 MG. Concilia I. 82. cap. 31. De opere tamen rurali ... censuimus (scil. esse) abstenendum. — Guntchramni regis edictum 585 Nov. 10. MG. Capit. I. 11: ab omni corporali opere suspendatur. — Conc. von Chalons zwischen 639—654. MG. Concilia I. 212. cap. 18: ut ... die Dominico ruralia opera ... nullus penitus non presumat.

3) Vgl. oben p. 47.

4) Conc. Aurel. MG. Concilia I. 82.

cap. 31: De opere tamen rurali, id est arata vel vinea vel sectione messione, excussione (Aussaat), exarto (Rodarbeit) vel saepe (Zäune ziehen) censuimus abstenendum.

Admonitio generalis 789 Capit. I. 61.

cap. 81: .. quod nec viri ruralia opera exerceant nec in vinea colenda nec in campis arando, metendo vel foenum secando vel saepem ponendo nec in silvis stirpare vel arbores caedere (für den eigenen Holzbedarf) vel in petris laborare (Arbeit in Steinbrüchen) nec domos construere nec in orto laborare....

5) Vgl. das oben pag. 50 citierte Dekret Childeberts II. v. 596. — Das Edict Guntchranis von 585 (MG. Capit. I. 11) gestattet am Sonntag alles zu tun »quod ad victum praeparari convenit«.

So verlangte es alteingebürgerte Sitte.

Wenn nun solch ein Freier seine Selbständigkeit aufgab, wenn er sein Land einem Mächtigeren auftrug, so trat er zu diesem in ein Abhängigkeitsverhältnis, dessen nähere Beschaffenheit für uns gleichgiltig ist. Wichtig ist aber, daß dieser Mächtigere in den meisten Fällen sein Gut sicherlich schon vorher auf dieselbe Art bewirtschaftete, wie Tacitus das von den Freien überhaupt berichtet. Seine unfreien Hintersassen hatten von jeher ausgeholfen, wenn die im Hause wohnenden Arbeitskräfte nicht mehr ausreichten. Der Freie, der in seine Munt trat, war von früher an strenge Arbeit gewöhnt, unter Umständen zwang ihn die Sitte, seinem gleichgestellten Nachbar mit seiner Arbeit beizuspringen. Was sollte ihn da hindern, sich gegenüber dem Muntherrn zu ähnlichen Arbeitsleistungen zu verpflichten?

Die Ansicht, daß die Verpflichtung zu Wirtschaftsdiensten auf Herrenland mit den germanischen Begriffen von Freiheit nicht vereinbar sei und daß sich deshalb nie freie Landleiher zu solchen vertragsmäßig verpflichten, hat früher *Guérard*, in letzter Zeit *Seeliger* widerlegt [1]). Die von *Seeliger* für diesen Nachweis vorzugsweise benutzten Trad. Sang. reden sogar einmal ausdrücklich von Diensten freier Leute. 764 schenkt D. »casa curtile et terra salica, et servos duos his nominibus . . .; ingenui duo commanent terram illam et si vultum (wohl statt volunt tum) manire post obitum meum, qualum servicium mihi fecerunt, talem faciant vobis (dem Kloster Sangallen), his nominibus . . .« [2]).

Auch der Zustand, da diese Dienste nur zur Aushilfe eingefordert wurden, wenn der Arbeitsbedarf besonders groß war, liegt in den Jahren 761—790, in denen das Kloster Sangallen besonders häufig bei seinen Verleihungen Arbeitsleistungen der Precaristen ausbedingt [3]), nicht so ferne, als man denken sollte. Während die Natural- und Geldzinse stets per singulos annos, Jahr für Jahr bezahlt werden müssen, ist bei der Festsetzung der Arbeitsleistungen der Zusatz nicht selten: quando opus fuerit, quando

1) *Guérard*, Polypt. de l'abbé Irminon 1844 I. 754 f. 822 und *Seeliger*, Grundherrschaft im früh. M A. p. 34.

2) Sangaller Urk.Buch no 42. I. pag. 43.

3) Die Sangaller Uebertragungsurkunden setzen in folgendem Verhältnis den census — unter diesem Ausdruck werden stets alle Arten von Gegenleistungen, Arbeit sogut wie Zins, zusammengefaßt — fest:

opus est[1]).

Je größer die einzelne Grundherrschaft war, desto mehr wurde es natürlich zum Bedürfnis für alle Beteiligten, derartige Pflichten rechtlich festzulegen. Da grundherrschaftliche Aufzeichnungen nur von großen und größten Grundherrschaften auf uns gekommen sind, ist es kein Wunder, wenn in ihnen jede Spur fehlt, die den gedachten ursprünglichen Charakter dieser Dienste erkennen liesse.

Daß aber in der Tat die Wirtschaftsdienste, die die mittelalterliche Grundherrschaft von ihren Hintersassen begehrt, ursprünglich als Hilfeleistungen zu denken sind — ähnlich denen, wie sie gleichgestellten Nachbarn geleistet werden müssen, wird sich mit unwiderleglicher Bestimmtheit ergeben, wenn wir im folgenden Abschnitt das grundherrschaftliche Arbeitssystem genauer kennen lernen. Unsre Hauptquelle hiefür werden die Weistümer sein, auf deren Bedeutung für wirtschaftsgeschichtliche Untersuchungen schon mehrfach hingewiesen wurde.

---

in den Jahren	Zins	Arbeit	Arbeit und Zins
751—760	4	—	2
761—770	10	1	5
771—780	11	—	5
781—790	10	1	5
791—800	19	.	3
801—810	23		2
811—820	28		3
821—830	48	1	2
831—840	28	—	1
841—850	18	1	1

Unter »Zins« ist Geldzins oder Naturalzins oder beides zusammen zu verstehen. — Erst seit den 760er Jahren wird die Zahl der Trad. überhaupt so groß, daß solche Vergleiche sinngemäß angestellt werden können. Und merkwürdig, gerade unter diesen ältesten Dokumenten spielt die Verabredung von Arbeitsleistungen diese Rolle.

1) 770 S. Gall U.B. I. no 56: trado atque transfundo, in ea ratione, ut ... censum ... persolvam, id est per singulos annos 30 siclas de cervisa ... et quando opus fuerit aut ad messem vel pratum colligendum vel ad reliqua in passiato (*Du Cange* = en pais?) faciam.

787 no 113: in censum vobis annis singulis persolvamus 7 maldras de grano ... et ... arare debeamus et 6 dies in anno, quando opus est foris (sic!) operare sive in messe vel foenum secandum. mittamus duos mancipia in opus vestrum; et quando opus est pontes aedificare vel novas facere, mittamus unum hominem ad opus ... et sit ibi tantos dies, quantum necesse est.

III. Abschnitt.

Das grundherrschaftliche Arbeitssystem.

Als letztes Argument gegen die Auffassung, daß die grundherrschaftlichen Wirtschaftsdienste ohne Unterschied von Freien und von Unfreien geleistet wurden, könnte geltend gemacht werden Formula Turon. 43, wornach der Commendant, der nichts mehr hat, wovon er sich ernähren oder kleiden könnte (unde me pascere vel vestire debeam), sich dem Muntherrn zu »ingenuili ordine servicium vel obsequium« verpflichtet [1]). Es muß also nach der Anschauung jener Zeit [2]) auch Dienste gegeben haben, die einem Freien nicht zugemutet werden konnten, die immer nur von unfreien Knechten verrichtet wurden. Darnach könnte es scheinen, die im letzten Abschnitt gezogenen Folgerungen gehen zu weit.

Allein bisher wurde nur der Nachweis geführt, daß die zu einer Grundherrschaft gehörigen Leute alle — ohne Unterschied des Standes — zur Arbeit im grundherrlichen Betrieb herangezogen wurden. Darüber, wie weit die Verpflichtung zur Arbeitsleistung im einzelnen ging, welche Arbeiten von ihm verlangt wurden und welche nicht, müssen wir erst noch ins Klare kommen.

Von Arbeiten, die der Freie in der eigenen Wirtschaft verrichtete, haben wir bisher nur solche in der Außenwirtschaft kennen gelernt. Aber das hatte seinen Grund in der Natur der benutzten Quellen. Und dann darf man auch nicht ohne weiteres annehmen, daß die Grundherrschaft keine anderen Arbeiten von ihm verlangte, als er sie bisher zu tun gewohnt war.

Als Gegensatz zu »ingenuili ordine servicium« wird man von vornherein die Arbeit derjenigen unfreien Arbeiter vermuten, die im herrschaftlichen Hauswesen selbst wohnten, die Arbeit des unfreien Haus- und Hofgesindes. In der Tat findet diese Vermutung [illegible] Quelle des 12. Jahrhunderts Bestätigung.

§ 1. Die Arbeit des unfreien Gesindes.

[illegible] von Maurs-

[illegible]

münster im Elsass ein Weistum über die Rechte seines Klosters auf [1]). Dieses hat 3 Arten von Hufen: »mansi ingenui seu liberi, mansi serviles, mansi proprii«.

Den hauptsächlichsten Bedarf an landwirtschaftlicher Arbeit decken die Dienste der mansi serviles. Die mansi ingenui leisten nur Spanndienste. Aber auch von den mansi serviles dürfen gewisse Arbeiten nicht verlangt werden: »pro his ac talibus seu aliis minimis praefatis iusticiolis« haben die Besitzer der mansi serviles — so berichtet das Weistum — »ex omnibus mansis hereditatis sue quosdam« ausgeschieden und dem hl. Martin aufgetragen. Die Inhaber der so entstandenen mansi proprii sind »ad omnia ac si proprii servi« dem Kloster zu gehorchen verpflichtet.

Was für ein Vorgang verbirgt sich zwischen dieser zweifellos tendenziösen Darstellung? Das Kloster bezog offenbar schon seit langer Zeit von den Inhabern der mansi liberi und der mansi serviles gewisse Dienste. Die mansi proprii wurden vom Kloster erst später ausgetan. Das geht aus dem Texte des Weistums deutlich hervor.

Die Dienstpflicht der mansi proprii wird zu der der mansi serviles in scharfen Gegensatz gebracht. Arbeiten in Haus und Hof dürfen den Inhabern der mansi serviles nicht zugemutet werden, sie müssen von denen der mansi proprii verrichtet werden: so das Dreschen des Getreides und das Messen und Sortieren der gedroschenen Frucht auf der Tenne (in area). Die Weintrauben werden von allen bis zur Kelter befördert, aber nur »mansi proprii torculas intrabunt, uvas inportabunt, in prelo calcabunt« (in der Presse treten). Das Holz wird von allen bis zur Küche oder bis zur Bäckerei (pistrinum) getragen, aber »mansi serviles non importabunt, non secabunt«.

Diese betreten überhaupt kein herrschaftliches Gebäude (domum non intrabunt), weder um einen Herd zu bauen, noch um den Backofen zu heizen, noch um zu kochen oder mit zu essen oder zu trinken. Das einzige Mal, wo es unumgänglich notwendig ist, beim Abladen der Erntewagen, wird es ausdrücklich hervorgehoben: »in dominicam granicam (Scheune) intrabunt«.

Die mansi proprii müssen die Kloaken reinigen, während die mansi serviles beim »Stalldienst« auch den Stall nicht betreten. Sie müssen nur außen den Mist, den die mansi proprii heraus-

1) *Schoepflin*, Alsatia Diplomatica 1772 I. pag. 225—230. Nr. 275. Die »Differentiae mansorum« ebda. pag. 227.

werfen, auffangen und zum Haufen schichten (sub divo in unum congerunt).

Die Arbeitszeit der mansi serviles ist genau begrenzt: vor dem ersten Glockenzeichen müssen sie antreten; wenn es zur Vesper läutet, sollen sie nach Hause gehen. Die mansi proprii müssen nachts den Hof bewachen, ev. den »Stock«, das Gefängnis (cippum dominicum). Auf Reisen müssen sie den Abt begleiten: »ad omnia et in omnibus, ac si proprii servi, obtemperabunt«. Sie sind nach ihrer ganzen Stellung in der grundherrschaftlichen Arbeitsorganisation nichts anderes als unfreies Hofgesinde.

Und doch sind sie mit mansis beliehen. Man muß allerdings vermuten, daß der mansus proprius das Normalmaß eines mansus nicht erreichte. Ein Hauswirt, der eine ganze Hufe bebaut, kann unmöglich zu täglicher Dienstpflicht herangezogen werden. Dementsprechend beziehen die possessores der mansi proprii ihren ganzen Lebensunterhalt vom Kloster (comedunt sufficienter ac bibunt), während die übrigen Fronarbeiter nur an den Tagen, an denen sie für das Kloster arbeiten, von dort verpflegt werden[1]). Aber jedenfalls stellen auch die mansi proprii eine selbständige Wirtschaft vor.

Woher rührt dann der scharfe Gegensatz, in den ihre Dienste zu denen der mansi serviles gebracht werden? Wir haben schon oben darauf hingewiesen, daß ohne Zweifel die Verleihung der mansi proprii jüngeren Datums ist als die von mansi liberi und serviles. Der Name mansi proprii macht es sehr wahrscheinlich, daß es ursprünglich eigene Leute des Klosters waren, die auf diese Hufen gesetzt wurden. Dazu passen auch die Arbeiten, die von ihnen verlangt wurden. Wir finden hier also den interessanten Vorgang, daß unfreies Hausgesinde, das bisher im herrschaftlichen Haushalt lebte, auf Teilen des herrschaftlichen Grundbesitzes angesiedelt wird und doch in der Arbeitsteilung innerhalb der Grundherrschaft seine Stellung als Gesinde behält. Ihre Dienste sind auf ihren Grundbesitz radiciert, wie die der mansi serviles und der mansi ingenui.

Diese Umwandlung ist bei der Abfassung des Weistums (Mitte des 12. Jahrh.) noch nicht aus der Erinnerung verschwun-

---

1) Abbas autem unicuique secantium dare debet panem honestum, altero anno carnes, altero caseum et item altero vinum, altero cerevisiam . . . abbas unicuique aratro tres panes dare debet, ad tria iugera cerevisiam, ad quartum vinum. *Schoepflin* a. a. O. pag. 225. 226.

den, ja sie war für die Auffassung der Zeitgenossen vielleicht ein Novum. Trotzdem die Dienste der mansi proprii somit auf demselben Rechtsgrund beruhen wie alle andern, dieser ganz bewußt zum Ausdruck gebrachte Gegensatz.

Es kann demnach kein Zweifel sein, daß auch in früheren Zeiten zwischen der Arbeit frondender Hintersassen und dem Dienst des unfreien Hofgesindes scharf geschieden wurde.

Das ist auch der Sinn der Abmachung von Form. Turon. 43. So bitter dem Commendanten die Not auch zugesetzt hat, er bleibt doch auf seiner Hofstelle und leistet daher nur »ingenuili ordine servicium«. Die Dienstleistungen in Haus und Hof des Herren, die dessen Gesinde verrichtet, werden von ihm nicht gefordert. Es ist m. E. derselbe Vorgang, wie wenn sich im 8. Jahrh. verschiedene Sangaller Precaristen verpflichten, »quando opus est foris operare« oder zu einigen Arbeitstagen »in forano opere«[1]). Alle Arbeit in der Außenwirtschaft ist ingenuili ordine. Es liegt in der Natur der Innenwirtschaftsarbeit, daß der Arbeiter zu jeder Tageszeit für sie zu haben sein muß. Darum muß das Hofgesinde womöglich im herrschaftlichen Haushalte leben[2]).

§ 2. Oekonomische Bedeutung des Frondienstes.

Wie das Beispiel von Maursmünster gezeigt hat, ist der Gegensatz zwischen Gesindearbeit und Frondienst schon im 12. Jahrh. im Begriff, verwischt zu werden. Das ist insofern bezeichnend, als es am Ende des Mittelalters kaum eine landwirtschaftliche Arbeit gegeben hat, die nicht als auf Grund und Boden radicierter Frondienst geleistet werden konnte. Es hätte daher keinen Wert, wenn wir die hier in Rede stehenden Arbeitsarten zusammenstellen wollten. Wir können uns hier umsomehr auf einige andeutende Worte beschränken, als alles Wichtige über die ökonomische Bedeutung des Frondienstes aus den Untersuchungen von *Guérard, Inama-Sternegg, Lamprecht* zur Genüge bekannt ist.

Im Vordergrunde stehen die Dienste zur Bestellung des herrschaftlichen Sallandes: Pflugarbeit und Erntearbeit sind davon die wichtigsten. Die Bespannung der Dienstpflichtigen wurde nicht allein zum Einfahren der Ernte, sondern auch zum Transport der Zinse und sonstigen Einnahmen, später auch zur Ver-

1) S Gall U.B. no 113 (787): quando opus est foris operare sive in messe vel foenum secandum. no 140 (795): in forano opere in dies tres.

2) *Grimm*, Rechtsaltertümer[4] I, 487.

mittlung des Handelsverkehrs herangezogen [1]). Auch der grundherrliche Nachrichtendienst war durch Frondienst organisiert [2]); ebenso die für die Sicherheit des Fronhofes, der Vorräte, der Herden und vor allem die zum Schutz der Ernte notwendigen Wachdienste [3]), des weiteren Bau- und Herstellungsarbeiten aller Art, besonders das Errichten von Zäunen auf herrschaftlichem Boden [4]).

Auch der Weinbau wurde in manchen Grundherrschaften von frondenden Bauern betrieben, obwohl man die hier erforderliche Sorgfalt nur von einem Arbeiter erwarten sollte, der am Ertrag des Weinbergs interessiert ist [5]); und das ist der Fronarbeiter der Natur der Sache nach nicht.

§ 3. Dinglicher Charakter der Verpflichtung zum Frondienst.

Die frühesten grundherrlichen Aufzeichnungen, die Urbarien des 9. und 10. Jahrhunderts, haben zwei Methoden, die der Grundherrschaft zufließenden Arbeitsleistungen zu verzeichnen. Die einen, so das Polyptychon Irminons, des Abtes von St. Germain des Prés, führen die auf herrschaftlichem Grundbesitz sitzenden coloni, lidi, servi namentlich auf und setzen bei jedem die Zinse und Leistungen, die er schuldet, hinzu. Z. B. Pol. Irmin. VIII. 6: »Gerulfus colonus et uxor eius colona, nomine Saxa, homines sancti Germani. Tenet mansum ingenuilem 1, habentem de terra arabili bunuaria 2 et dimidium, de vinea aripennum 1 et quartam partem de aripenno. Arat ad hibernaticum perticas 4, ad tremisam perticas 2. Cetera solvit sicut Vulfardus« [6]).

Die anderen, so das Polyptychon der Abtei Saint-Remi in Reims 8 verzeichnen, nach Ortschaften getrennt den herrschaftlichen Grundbesitz und die von den einzelnen Hufen eingehenden Bezüge an Zins und Arbeit. Z. B. Polypt. S. Remigii XIII: »Notitia census debiti villarum S. Remigii, quantum solvitur ab ipsis, quibusve terminis: . . . 16. De Isla 15 mansi de terra de S. Chosma, solventes 10 solidos in festo S. Remigii, in Nativitate 15 pullos cum ovis, in Pasca similiter. In vindemiis vero debet unusquis-

1) *Lamprecht* a. a. O. I. 812 f., 816 f., II. 248.
2) ibid. I. 809.
3) ibid. I. 781.
4) *Guérard*, Polyptyque de l'abbé Irminon I. 763 f.
5) *Guérard* I. 746 f. Dazu *Inama-Sternegg*, Wirtschaftsgeschichte I. 414 f.
6) *Guérard* a. a. O. II. 70 f.

que mansus 15 dies et post 15 (scil. dies laborare)« [1]).

Beide Methoden zugleich verwendet das Prümer Urbar, so z. B.: »Est in Kerpene mansus 1 et iugera 12. Mansus solvit solidos 5. Balduicus habet in Kerpene mansum 1 et iugera 11. Farabertus habet in Oreheym mansa 3. Solvit unusquisque libram lini, pro suale denarios 12, pro hostilicio denarios 9, pullos 3, ova 10; iugera facit et corvadas, tres dies in ebdomada, claudit in curte et in campo, wactas facit in dominico« [2]).

In den späteren Urbarien ist es durchaus die Regel, daß die Dienste als Lasten der einzelnen Güter, nicht ihrer Inhaber aufgezeichnet werden. Ein Blick in die Uebertragungsurkunden einer Großgrundherrschaft — wir wählen wieder die überaus ergiebigen Sangaller Traditionen — zeigt, warum diese dingliche Auffassung der Arbeitslasten in der frühmittelalterlichen Grundherrschaft allgemein werden mußte:

Der Tradent der mit seinem dem Kloster übertragenen Grundbesitz wieder beliehen wird, nimmt die Verpflichtung zu Arbeitsdiensten nicht nur für seine Person auf sich. Regelmässig wird in den Urkunden zugleich auch festgesetzt, daß die Erben des Tradenten nur dann im Besitz des Gutes bleiben sollen, wenn sie dieselben Leistungen erfüllen [3]).

---

1) *Guérard*, Polypt. de S. Remy de Reims 1853 pag. 25. 27.

2) *Beyer*, Mittelrhein. U.B. Band I. 1860, no 135. pag. 187.

3) Für Naturalzins findet sich diese Clausel schon in der ältesten Trad. Sang (U.B. no 3) zwischen 716—720: Ego E. et filii mei T. atque R. . . . tradimus . . . in anno reddamus carram de vino et carram de siligine et carram de feno et firiskingam. Et si filiis meis infantes nati fuerint, . . . ita solvant censum et habeant potestatem; si noluerint censum inde reddere, omnia . . . sint concessa ad ecclesiam SGallonis.

Für Arbeitsleistungen zum ersten Male 754 (no 18): . . . pro istas res proservire volo annis singulis, hoc est 30 seglas cervesa, 40 panis, frischenga tremesse valiente et 30 mannas et arare duos jochos in anno et recollegere et intus ducere et angaria, ubi obus est. Et si infans meus simul proservire voluerit, faciat sicut superius, et si proservire noluerit, nullam habeat potestatem. — 789 (no 120): . . . annis singulis exinde censum solvere, hoc est . . . et unaquaque zelga unum juchum arare, sicut mos est in domnico arare, et 2 dies ad messes collegere et alios 2 ad fenare; et filii mei A. et H. et R. et eorum filii ipsum censum solvant et ipsas res possedeant. — 809 (no 203) tritt E. den Besitz an, mit dem sein Vater vom Kloster beliehen worden war: in ea ratione . . . ut cum eodem censu, quem pater meus solvebat . . . ego ipse proservire debeam annis singulis, id est 5 denarios et tres operare in anno dies, in fossione vinearum unum et in secatione foeni unum et in messione unum, et tres jurnales arare in anno uno. Similiter faciant

Dass die Sangaller Traditionen besonders häufig im Vergleich zu andern Urkunden jener Zeit Erblichkeit der Precarie statuieren [1]), ist für uns nebensächlich. Jedenfalls zeigen die angeführten Stellen, daß die Erfüllung der im Precarienvertrag festgesetzten Dienstpflicht eine wesentliche Voraussetzung für die Vererbung des Besitzrechtes am Leihegut bildet. Da ist es denn ganz natürlich, daß in der Auffassung des Grundherrn Zins und Dienst als Leistung des Gutes galten, nicht seines Besitzers.

Für die tatsächliche Ableistung der Arbeitspflicht folgt aus dieser Verdinglichung, daß es gleichgültig ist, wer die geschuldete Arbeit leistet. Das belastete Gut muß eben dafür aufkommen, daß dem Herrn das bestimmte Quantum an Arbeitskraft zur Verfügung gestellt werde. Diese Consequenz hat das Kloster Sangallen schon frühe, in der 2. Hälfte des 8. Jahrhunderts bei seinen Leiheverträgen gezogen [2]).

Manche Grundherrschaften mögen erst später diesem Beispiel gefolgt sein. Aber das ist für unsere Untersuchung nebensächlich, denn wir wollen ja das, was für den Frondienst als Arbeitssystem wesentlich ist, was dem System über die localen und zeitlichen Verschiedenheiten hinaus gemeinsam ist, zur Darstellung bringen.

Im späteren Mittelalter galt die Auffassung von den Frondiensten als Reallasten ohne jede Ausnahme. Denn als in dieser Zeit landwirtschaftliche Lohnarbeiter aufkamen, konnte der Fronpflichtige auch solche mit der Vertretung beauftragen [3]).

---

filii mei et procreatio mea legitima praedictum censum solvant . . ., si easdem habere voluerint res. — 827 oder 828 (no 304) . . . ea ratione, ut ipsi (die Beliehenen) et filii ipsorum et omnis procreatio illorum eandem hobam habeant et annis singulis inde censum persolvant, id est decem modia de grano et pullos 12 et cum carra quatuor bubus adjunctis duas ductiones faciant. . . . Vgl. ausserdem no 80 (776) no 86 (779) no 113 (787).

1) *Seeliger*, Grundherrschaft pag. 15.

2) 759 (no 24) . . . annis ingulis persolvam censum inde, id est . . . unius hominis anni vertente operas tres; ebenso 762 (no 33). — 776 oder 779 (no 80): . . . ut nobis censum solvat, hoc est . . . et per singulas araturas singulas juches arare faciat et collegere et intus ducere. — 779 no 86: censum . . . solvam, hoc est . . . et juchum unum arare et seminare faciam et intus ducere — no 89 unum juchum arare faciam et unum diem segare annis singulis. — 787 (no 113): mittamus duos mancipia in opus vestrum . . . mittamus unum hominem ad opus; 847 (no 402): duos dies in estivali tempore operari faciam.

3) W. Sennheim, Elsaß (1354) *Grimm* IV. 118 f.: wer das ein hueber lúte gewunne umb lon. die sinen tagwen (Frondienst) sollent vollebringen . . ., den sont wir

§ 4. Frauenarbeit.

Wir haben gesehen, daß die Verpflichtung zum Frondienst schließlich darauf hinauslief, daß das belastete Gut für die im einzelnen Fall geforderte Arbeitskraft aufkommen mußte. Je nach der Art der Arbeit, die geleistet werden mußte, stand daher nichts im Wege, daß Frauen den Frondienst leisteten). Wie die angeführten Stellen zeigen, werden sie hauptsächlich zum Mähen und anderen Erntearbeiten verwendet.

Für uns ist nun von besonderem Interesse die eigentümliche Behandlung, die die Fronarbeiterinnen genießen. In Valmünster darf die verheiratete Arbeiterin am Frontage ihr Kind und ihre Magd mitbringen. Alsdann fällt der Herrschaft nicht nur die Verpflegung der Arbeiterin zur Last, sie muß auch Kind und Magd verpflegen als andere Fröner[2]). Oder aber die Frau bekam ausdrücklich Zeit, ihre Kinder zu versorgen[3]).

Man wird zugeben müssen, daß in vielen Fällen die Heranziehung von Frauen zu Frondiensten eine Art Zwangsmaßregel der Herrschaften darstellt[4]). Aber selbst unter solchen an sich

mit essen und trincken tuen als anderen unseren gedingten knechten und einen nachtleip (vgl. unten) geben.

1) W. Zillisheim (Oberelsaß), *Grimm* IV. 69: Item vonn unnd ab den frongüettern, so ein fraw abbtissin zue Z. ligen unnd den huebern verlühen hat, so mannig huoben ein hueber tregt, der soll zue yeder hueb zwen schnitter geben, zue dem winterkhorn ein mann unnd zue dem habern ein weib ... — W. Nothalden (Unterelsaß), I 683 ... zwei jar nach einander einen kneht an die matte, howe helfen ze machen, und am dritten jare ein megetin. — W. Widensolen (Oberelsaß) 1364 IV. 160: und soent die snitter wip sin und nút man.

2) W. Valmünster (Lothringen) 1497, *Grimm* II. 67: Were auch sach, daß ein fraw die froin thete, so mag sie mit ihr bringen ihr kindt und ihr magt, die das kindt hüete; die sollen alles das genießen, alß andere fröner. [Item deß morgens sollen sie han waßer und brodt, und zu mittage brodt und keßbrude.]

3) W. Ohnenheim (Unterelsaß). Anf. 15. Jh. *Grimm* IV. 239: Was frowen sint ouch am snitte, die soellent har jn gan, so der hirte jngatt ze undern (wenn das Vieh sich auf der Weide in den Mittagsstunden niederlegt und ruht, *Schmeller*, Bayr. W.B. I. Sp. 116) und soellent wider usgon, so das vihe usgat. — W. Weier auf'm Land (Oberelsaß) 1480 IV. 211: wer es, dz man die frauwen mannete, so sollen sie heuwen; unnd wer es dz ein frauw ein khindt daheimen hette, so soll sy heimziehen 3 stundt im tage und soll zw jren kinden lugen ... — W. Buch (Reg.Bez. Coblenz) 1551 II. 199: Und ob in dieser (heu-)arbeit ein frauwen personn were, so soll sie voll macht haben, binnen rugen (?) und schlaffzeit der mitarbeiter ire kinder mit gepürlicher zeit zu versehen und alsdan widderumb kommen, und unseres gn. herrn werck zu dem ende verhelffen.

4) W. Blies-Ransbach (bei Saargemünd 1532), *Grimm* II. 36: wan ein armer sein

unerfreulichen Verhältnissen, wie sie z. B. in Ransbach zweifellos vorlagen, wird noch darauf Rücksicht genommen, daß die Frau zu Hause unentbehrlich ist.

§ 5. Arbeitszeit.

Es kann uns hier nicht darauf ankommen zu ermitteln, wie viele Frontage in jedem Wirtschaftsjahr die Grundherrschaft im allgemeinen von den ihr zu Diensten verpflichteten Leuten verlangt. Die unglaubliche Mannigfaltigkeit dieser Bestimmungen macht es völlig unmöglich, in dieser Richtung irgend welche allgemein gültige Grundsätze festzustellen. Schon die wenigen Citate, die wir aus den Sangaller Traditionen gegeben haben, zeigen zur Genüge, welche Schwankungen in dieser Beziehung innerhalb e i n e r Grundherrschaft bestanden. Dagegen ist zu erwarten, daß die Dauer des einzelnen Frontages sich nach Regeln bestimmt, die bis zu einem gewissen Grade allgemein anerkannt waren.

Der Arbeitstag des landwirtschaftlichen Arbeiters im Mittelalter läßt sich natürlich nicht nach Stunden bemessen. Denn unsre Einteilung des Tages in Stunden zu je 60 Minuten ist dem früheren Mittelalter — vor allem auf dem platten Lande — stets fremd geblieben [1]). Der Tag beginnt mit Sonnenaufgang und endet mit Sonnenuntergang; seine Dauer schwankt daher zwischen ca. 6 Stunden im December und ca. 18 Stunden im Juni. Dieser Zeitraum wird in 12 · Stunden · eingeteilt, sodaß sich für die mittelalterliche Stunde je nach der Jahreszeit eine Dauer von 30 Minuten bis 1 Stunde und 30 Minuten ergibt. Im täglichen Leben des früheren Mittelalters waren nur diejenigen Stunden bemerkbar, auf die die einzelnen gottesdienstlichen Handlungen fielen: vor Beendigung der prima, der ersten Stunde ([illegible] V. im Dezember, 4[illegible] V. im Juni) mußte die Frühmesse gelesen werden, vor Ende der tercia das Hochamt, am Schluß der 12. Stunde wurden die vespere abgehalten (so genannt nach vespera = Aufgang des Abendsterns).

Nach denselben Grundsätzen regelt sich auch der Arbeitstag:

[illegible] hatt. [illegible] den [illegible] sie ire [illegible]

1) Vgl. [illegible] Stunden. Auch [illegible]

»ante pulsatam primam aderunt, sonante vespera abibunt« bestimmt um die Mitte des 12. Jahrh. das W. Maursmünster [1]).

Der frühe Beginn der Arbeit ist übrigens dem ganzen mittelalterlichen Leben gemeinsam. Der Frankfurter Rat begann seine Sitzungen noch im 14. Jahrhundert um die erste Stunde des lichten Tages, erst im 15. Jahrhundert schob man den Anfang auf 7h im Sommer, auf 8 event. 9h im Winter hinaus [2]). So darf es nicht Wunder nehmen, wenn der Beginn des Frontags fast ohne Ausnahme auf die Zeit zwischen Sonnenaufgang und prima hora festgesetzt wird [3]).

Wenn ein ganzer Tag gearbeitet werden mußte, endete die Arbeitspflicht wohl meist mit Sonnenuntergang [4]). Doch kam es auch vor, daß der Arbeitstag darüber hinaus verlängert wurde. Die Grundherrschaft Prüm läßt wenigstens ihre Hüfner auch bei Licht dreschen [5]).

1) Ebenso bestimmt W. Münster (Oberelsaß) 1339 *Grimm* IV. 185: Die frönling sollen auch sein umb freygmeß (Frühmesse) zeit an dem werckh und sollendt ab dem werck ghon, so man vesper leüttet. — Eine ältere Art der Bemessung der Arbeitszeit stellt wohl dar: W. Schwanheim (bei Höchst, Reg.Bez. Wiesbaden) 15. Jahrh. I. 522: *der Fronschnitter* sal morgens ußgeen, so die kuwe ußgeent, und sal ußblieven biß die kuwe den zagil weder in kerent (bei *Benecke*, Mittelhochd. Wörterb. III. 1861 s. v. zagel übers.: bis die Hirten mit dem Rindviehe nach Hause treiben). Vgl. *Grimm*, Rechtsaltertümer [4]. I. 51.

2) Vgl. *Grotefend* a. a. O. I. 116.

3) S. Thomas W. Ravengiersburg (Reg.Bez. Coblenz) *Grimm* II. 179; ... soll der arme man, der die acht (Frondienst) schuldig ist, kommen des morgens in den hof, wann die sonn aufgeht. W. Waldfischbach (Pfalz) 1536 I. 778: ... jährlich einen tag von aufgang der sonne bis zu deren untergange ... frohnen. — W. Griesbach (Oberelsaß) V. 388 § 7: die schnitter sollent — angon zuo frůmeß zit ..., und sollent zů vesperzit abgon. — W. Sulzbach (Oberelsaß) 1507 IV. 72: bey sonnenschein ain und abfaren. — W. Thundorf (Thurgau) 1463 V. 119 § 14: bi sunnen von hus an den tagwen gan. — W. Gross-Krotzenburg (im Fränkischen am Main) 1415 III. 510: welcher plug auch nit were off der vorg. herren gut, er die sonne offginge, der were auch verfallen mit der egen. pene. — Ein Curiosum von rein localer Bedeutung ist wohl die folgende Bestimmung aus Sennheim (Oberelsaß) 1354 IV. 118: So ein huober, sin suen oder sin gedingter botte sinen tagwen (Frondienst) tuet, der mag an einem zistag jn die statt gon und zwen schuehe kouffen, und wider an gon und sinen tagwen vollefueren, oder eins anderen tages ein bette mit hanffsomen oder mit louche segen und wider an gon und sinen tagwen vollbringen.

4) W. Zarten (Schwarzwald) 1397 I. 341: so sü ze abende heim gant, so sol man sü als zitlich lassen gan, daz sü tages heim komen mögent ze iren hüsern.

5) Glosse des Abtes Cesarius zum Prümer Urbar (M.R. U.B. I. 144): De hiis fasciculis (von denen in R. jede Hufe 5 liefern muss) procurabitur lumen in domo

Es brauchte aber nicht immer der ganze Tag in herrschaftlichem Dienste gearbeitet zu werden. So verlangt das Kloster Maursmünster in einem Dorfe (Gouderetheim?) von Ende Mai bis Johanni de singulis diebus die Arbeit der dienstpflichtigen Hufen »post meridiem«, von Beendigung der Erntearbeiten an bis Martini »a meridie usque ad vesperam«[1]).

In diesem Falle wird man eine Nachwirkung der süddeutschen Volksrechte annehmen dürfen. Denn diese stellen nach dem Muster des gallischen Rechts den Grundsatz auf, daß die »servi ecclesiastici dimidium (tres dies) sibi, dimidium (tres dies) in dominico« arbeiten müssen[2]). In dem genannten Dorfe führt Maursmünster diese Teilung zu verschiedenen Jahreszeiten verschieden durch: In den Monaten April und Mai muß im ganzen 4 Wochen fürs Kloster gearbeitet werden, von Martini bis Weihnachten drei Tage in jeder Woche; und die Dienstfreiheit von Weihnachten bis Anfang April sollte offenbar die stärkere Anspannung der Arbeitspflichtigen zur Erntezeit rechtfertigen. Aber bezeichnenderweise ist Gouderetheim das e i n z i g e Dorf, in dem Maursmünster dieses System anwendete, in jedem andern Dorfe verlangte es seine Dienste wieder nach anderen Grundsätzen. Ein neuer Beweis für die fast unüberwindlichen Schwierigkeiten, auf Grund dieser grundherrlichen Aufzeichnungen zu einer umfassenden Beurteilung der quantitativen Belastung der Fronarbeiter zu gelangen.

Auch in anderen Gegenden war es offenbar nichts Seltenes, daß nur halbe Frontage geleistet wurden. Zum Beleg können zwei Weistümer aus dem Fränkischen und aus der Wetterau dienen[3]).

Wenn es entsprechend der dem Mittelalter eigentümlichen

---

dominica, quam appellamus vulgariter »vronhof«. Praeterea quando mansionarii triturant segetem dominicam in decembri, quia tunc temporis dies breves sunt, inde etiam et eis procurabitur lumen.

1) Urbarialaufzeichnungen von cca. 1120 bei *Schöpflin* a. a. O. no 249 pag. 199: In Aprili et Majo faciunt plenum servitium 4 epdomatibus. A Majo usque ad missam S. Johannis singulis diebus post meridiem; a missa S. Johannis de singulis mansis duo mancipia, donec foenum et annona conducantur, singulis diebus. Post hec serviunt a meridie usque in vesperam, usque ad missam S. Martini; a missa S. Martini usque in natale Domini 3 diebus singulis epdomatibus.

2) Lex Alamann. c. 22 LL. Nat. Mg. V. 1 pag. 82.

3) W. Gross-Krotzenburg (Franken) 1565 *Grimm* III. 506: Item quodlibet aratrum cuiuslibet hominis in villa Crotzenburg predicta tenetur arare ante festum nativitatis beate Marie usque ad meridiem in bonis dominorum. — W. Florstadt (Wetterau) 1416 III. 448: von dem ufgange der sonnen biß mittage oder biß man mittag lüdet.

Bemessung der Tageszeiten scheinen könnte, daß der Arbeitstag im Sommer oft eine für unsere Begriffe abnorme Ausdehnung nahm, so darf nicht übersehen werden, daß die Arbeit der Fröner oft unterbrochen wurde. Entweder wurde ihnen gestattet, unter Tags heimzugehen, oder sie konnten nach dem Mittagessen ausruhen[1]).

Viel bedeutender aber war die Verminderung, die der Arbeitstag durch die zahlreichen Mahlzeiten erlitt, die den Fronarbeitern gereicht werden mußten. Diese werden uns im nächsten § beschäftigen.

Der Grundsatz, daß »die Sonne jedes Geschäft regelte« — wie gezeigt worden ist, wurde die Arbeitszeit nach dem Stand der Sonne bemessen — soll nach der Ansicht *Grimm*'s soweit ausgedehnt worden sein, daß bei »trübem Himmel« keine Fronarbeit geleistet werden mußte[2]). Derart unpraktische Consequenzen hat das Mittelalter aus seinem Formalismus wohl nie gezogen. Die Stellen, auf die *Grimm* sich stützt, sowie einige andere zeigen mit wünschenswerter Deutlichkeit, daß der wahre Grund ein anderer war: die Feldarbeiten, um die es sich handelt, konnten bei Regenwetter gar nicht getan werden[3]). Auch die Anschauung, daß ungünstige Witterung stets vom Dienst befreite, ist unhaltbar. Wenn man auf dem Felde nicht arbeiten konnte, gab es immer

1) W. Griesbach (Oberelsaß) *Grimm*, V. 388 § 7: *Die Schnitter sollen* ... angon zuo frümeßzit, und sollent zwürent in dem tag heim gon, ob si sein notturftig sein, und sollent zu vesperzit abgon. — W. Buch (Hunsrück) 1551 II. 199 vgl. oben pag. 43. — W. Sundhofen (Unterelsaß) IV. 153 f.: so der hürte zue underen ingaht (vgl. pag. 42 note 4), so sollent auch sie gan ruehen ... und der hürte wüder ussgaht, so sollent sie auch bereitt sin wider uss zu gande. — W. Widensolen 1364 II. 160: die Schnitter soent us gan frige (in der Frühe), so der hirte us gat, und ze undern wider hein, so der hirte heingat, und suellent slaffen; und so der hirte wider usvert, so soent ouch si usgan. W. Lindschied (Reg.Bez. Wiesbaden) 17. Jahrh.! IV. 576: Wann die kühe zu dorff gehen, soll der schnitter ruhen, bis die kühe wieder ausgehen.

2) *Grimm*, Rechtsaltertümer[4] I. 488.

3) Der a. a. O. angeführte Zartener Dingrodel *Grimm*, W. I. 341: regnet es aber, so sönt sü nüt komen. — W. Gildweiler (Oberelsaß) 1394 IV. 58: Wer das regen khem oder wie es witterte, so soll man in schickhen tragen mist oder anders schaffen, das er seinen lohn verdient. — W. Sennheim (Oberelsaß) 1354 IV. 118 f.: wer das ein ungewitter einen hueber ... abtribe, der sol jnn den hoff gon bant reinen (?), stúde boren (?), einen stal misten oder ander werck, die jnn dem hoff ze tuend werent, und sont do mit jren tagwen geton haben. Were ouch dz jnn dem hofe nútz zetuend were, so sont sy wider heim gon und jren tagwen geton haben.

noch genug Dinge, die man von den Frönern erledigen lassen konnte.

§ 6. Beköstigung der Fronarbeiter.

Daß das Hofgesinde der mittelalterlichen Grundherrschaft seinen ganzen Lebensunterhalt stets auf dem Fronhofe erhält, wurde schon oben (§ 1) ausgeführt; heißen diese Leute doch schon in carolingischen Quellen nach der praebenda, die sie beziehen, praebendarii, provendarii [1]).

Auch die gewerblichen Arbeiter der mittelalterlichen Städte, die Gesellen ebensogut wie die Lehrlinge, leben in der Regel im Haushalt ihres Meisters [2]). Eine Ausnahme machen in dieser Hinsicht in der Hauptsache nur die Bauhandwerker [3]). Diese haben einen bedeutsamen Zug mit den Hauptvertretern des ländlichen Gewerbes im Mittelalter gemeinsam. Bei ihnen allen spielt die Werkstattarbeit eine sehr untergeordete Rolle, sie arbeiten fast ausschließlich auf der Stör.

Die Verköstigung des Störers fällt dem Kunden zur Last. Was über diese nach dem heutigen Stande der Forschung im einzelnen ausgesagt werden kann, hat *Grotefend* s. v. Mahlzeiten zusammengestellt. Demnach bekommen diese Arbeiter nach ungefähr 2stündiger Arbeit eine Morgensuppe; das Mittagessen, prandium, mittagmal, imbiß wird ihnen je nach der Jahreszeit zwischen 11 und 2 Uhr gereicht. Im Laufe des Nachmittags bekommen sie meist noch eine Zwischenmahlzeit — in Württemberg ist diese noch heute fast in allen Gesellschaftsklassen als »Vesper« allgemein üblich — so beziehen die Frankfurter Steinsetzer außer in der Zeit von Martini bis Lichtmeß zwischen 3 und 4 Uhr ein afterundern brot. Der Arbeitstag endet zwischen 4 und 6 Uhr. Die Abendmahlzeit gehört ihm — nach der Auffassung der von *Grotefend* benutzten Quellen — nicht mehr an und scheint dementsprechend den Störern auch nicht mehr gereicht worden zu sein [4]). In allen den Fällen, wo der Störer mehrere Tage im Hause des Kunden blieb, ist das natürlich kaum denkbar.

Die Naturalverpflegung der Fronarbeiter wird in den wirt-

---

1) Brevium exempla ad describendas res ecclesiasticas et fiscales. Boretius, Cap. (M.G.) I. 251. cap. 7.

2) *Stahl*, Das deutsche Handwerk 1875 pag. 206. 274.

3) *Stahl*, a. a. O. 206. 277. 330.

4) *Grotefend*, Zeitrechnung I. 116 f.

schaftsgeschichtlichen Quellen, vor allem in den Weistümern, so breit behandelt, daß sie der Forschung nicht entgehen konnte, während die Aufschlüsse über die Verpflegung der gewerblichen Arbeiter eben recht spärlich zu sein scheinen.

Inama-Sternegg hat schon darauf hingewiesen, dass durch diese Pflicht der Wert der Arbeitsleistung für die Herrschaft wesentlich beeinträchtigt wurde[1]). Manche Herrschaften mochten deshalb denjenigen, die sich am Frontage selbst verpflegten, gewisse Erleichterungen einräumen. Die Oeffnung von Thundorf (Thurgau) bestimmt z. B., daß demjenigen, »welicher da bi im selb isset«, der Arbeitstag doppelt angerechnet werde; »welichem man aber zu essen git, der mag nit mer denn ainen tagwen ervolgen« [2]).

Andrerseits hielten die Arbeitspflichtigen offenbar mit großer Zähigkeit an diesem ihrem Rechte fest. Dem Kloster Ebersheimmünster gelingt es wenigstens nur für die Zeit, wo die Feldarbeit noch nicht so sehr drängt, die Verpflegungspflicht abzuwälzen, in der Zeit nach Sonnenwende, wo die Leute ihre Arbeitskräfte am nötigsten brauchten, mußte die Verpflegung stets geliefert werden[3]).

Wenn wir schon hiernach vermuten müssen, daß es sich um ein durch uraltes Herkommen sanctioniertes Recht der Fronarbeiter handelt, so wird eine ins einzelne gehende Untersuchung der herrschaftlichen Beköstungspflicht diese Vermutung zur Gewißheit machen.

Schon eine Quelle des 12. Jahrhunderts bezeugt, daß die Fronarbeit im Laufe des Morgens durch eine kleine Mahlzeit unterbrochen wurde: »recipit secans in mane panem et caseum« bestimmt das Urbar von S. Maximin[4]). Diese Gepflogenheit läßt sich bis ins 17. Jahrhundert verfolgen[5]).

1) Wirtschaftsgeschichte II. 263.

2) *Grimm* V. 119 § 14.

3) W. Ebersheimmünster (Oberelsaß) 1320 I. 669: machit min herre sine zwene bruegele vor sunigehttage, so helfent si ime mit irre spise. Dut ers aber nach sunigehten, so mus er si spisen.

4) *Lamprecht* I. 431.

5) W. Zarten (Schwarzwald) 1397 *Grimm* I. 340: wele siner hindersässen... ein pfluog het, der sol ime ein iucherten erren, und sol man dem, der den pfluog hebt, ze morgen einen gebütlotten weggen, zwei eiger, und ein schenkbecher vol rotes wines geben, und dem, der da mennet (das Gespann, die mene, führt) nüwent (nichts als) einen gebütlotten weggen. — Fröner W. S. Maria ad Martyres 1443 *Lamprecht* III. no 235: zu der rechter zit, als man pfleget das morgenbroit zu essen, sal man geben ieklichem froener ein muthsch (Mütschel scheint überall eine besondere, vom Gewöhnlichen abweichende Form von Brot zu sein *Schmeller* I 1700 u.

Nach den späteren Quellen (vgl. W. Lommershausen und Simmerer Bericht) fällt diese Mahlzeit ungefähr in die gleiche Zeit wie die Morgensuppe der Handwerker. Wenn diese Morgenmahlzeit neben dem Mittagessen etwas sehr reichlich erscheinen mag, so muß daran erinnert werden, daß die Hauptmahlzeit in manchen Fällen wegfiel, wenn der Frontag Mittags schon zu Ende war. Dann bekamen die Arbeiter etwas mit nach Hause, wie in Simmern [illegible].

Mußte den ganzen Tag für die Herrschaft gearbeitet werden, so wird man annehmen dürfen, daß den Fronern regelmäßig um die Mittagszeit ein kräftiges Mahl gegeben wurde [1].

[illegible] W. [illegible] und [illegible] kës und [illegible] zu [illegible]. — W. Ap[illegible] [illegible] wann sy gewerket hand [illegible] — W. [illegible]münster [illegible] des morgens sollen sie [illegible] und brodt, und zu [illegible] — W. Lommershausen [illegible] ca. 1580 II. [illegible] man zweyen [illegible] ein paar [illegible] eyer, zweyer[illegible] zu geben schuldig, [illegible] — Bericht über den Simmerer [illegible] bei *Lamp*[illegible] sich ein[illegible] einem jeiwederen ein [illegible] umb 10 uhr wie[illegible] schul[illegible] ... W. [illegible] IV 576. § 5. [illegible] der schnitter des [illegible] Morgensuppe schon [illegible] bis das der mittag [illegible] bis die kühe [illegible].

1) W. [illegible] 1320 [illegible] einen dag [illegible] = Hauptmahlzeit [illegible] eime [illegible] ein brot, [illegible] — W. Münster 1330 IV. 185: [illegible] der Nebenbedeutung [illegible] 1452 ein britt, [illegible] nach ge[illegible] — W. [illegible] einen gesalzenen [illegible] genug, und [illegible] ab wercke [illegible] — [illegible] 1443 [illegible] 235: Item zu [illegible] etwas und ein [illegible] esset, so sal

Daß die Fröner nach dem Mittagessen einen Mittagsschlaf halten durften, wurde schon im vorigen § nachgewiesen.

Außer Morgensuppe, Mittagsimbiß und Abendbrot, auf das wir nachher noch kommen müssen, wurde ihnen in manchen Fällen auch Nachmittags eine kleinere Zwischenmahlzeit gereicht. Was in Frankfurt »afterundern« heißt, heißt im Schwarzwald und Oberrheintal schlechtweg »undern« [1]).

Die zweite Hauptmahlzeit des Tages, das Abendessen bezogen sie auf zwei Arten: entweder bekam jeder Arbeiter ein genau festgesetztes Quantum Lebensmittel mit, oder die Herrschaft gab allen Arbeitern zusammen noch ein gemeinsames Mahl.

Im ersteren Falle wurden einem jeden, wenn er von der Arbeit heimging, 1, 2 oder mehr Nachtbrote verabreicht. Diese waren meist für einen recht gesunden Appetit berechnet. Es mußten Brote sein, die der Scheffe nicht durch den eingestemmten Arm bringen kann, die vom Fuß übers Knie hinaufreichten oder so hoch wie ein Pflugrad waren. Die Bemessung nach dem Arm des Scheffen deutet fast auf eine Art amtliche Nachprüfung hin [2]).

---

man geben eier ader kes daebi; item ein flesch mit win, das man zwei ader dru mael moege mit umb schenken. — W. Benrath 1545 Gr. II. 117: den frohnern soll man geben essen z u m i t t a g und keyn soppen des morgens (man beachte die ausdrückliche Verneinung!); nemblich zum ersten dieck erbiß, darnach die brühe von dem schaffleisch (das die Schöffen bekommen) zum dritten brey, und sollen ihr brodt selber mit bringen.

1) Vgl. *Schmeller* I. 116. Dazu das oben citierte W. Ebersheimmünster 1320 ferner W. Zarten I. 341: So die froner koment an das werk, daz sü denne tuon sönt, sü sniden oder höwentt, so sol man von dem gotzhus je zwein einen gebütlotten weggen gen ze y m b i s und anders brotes genuog, und einen schenkbecher vol rotes wines, und ze m o r g e n und ze u n d e r e n (diese beiden Mahlzeiten stehen doch offenbar im Gegensatz zur Hauptmahlzeit, zum ymbis) ze essende als gewonlich ist. Und sol man ieglichem ze nachtbrot gen zwey brot.... W. Lufingen (wohl im Kanton Zürich) I. 304: dü meyern (die Meierin) hät och datz recht, wenne sie dien schnittern ze essene bringet, es si ze m o r g e n ze dem i m b i ß, oder ze n o n e... offenbar dieselben 3 Mahlzeiten wie in W. Zarten. Die nona hora fällt in den Monaten April—August in die Zeit zwischen 3^{30} und 4^{30} Uhr Nachmittags. — Fröner W. S. Maria ad Martyres 1443 *Lamprecht* III. no 235: § 6: Item zu der v e s p e r z i t (soll man jedem Fröner geben) aber ein müthsch und des naichtg, so si heim gênt, zwae mutschen.

2) W. Wittnau (Baden Bez.A. Freiburg) 1344 I. 313: Und sol man in des abuntz iclichun ein a b u n t b r o t gen, dz er m i t i m h e i m t r a g — W. Valmünster 1497 II. 67: Item wan der fröner des tags gefrönt hatt, und wider heim will ziehen, so soll der hoibmann einem ieden ploigmann geben z w e y b r o i t

Aber — so möchte es uns wenigstens scheinen — dieser Bezug der Nachtbrote ist blos ein Ueberrest anderer Gebräuche: ebenso oft, wenn nicht öfter, bestimmen die Weistümer, daß der Arbeitsherr den Fronarbeitern nach getaner Arbeit ein gemeinsames Mahl geben muß. Diese Sitte verdient ganz besondere Beachtung. Denn die Ausführung ist oft so originell und eigenartig, daß sich schon dadurch jedem Beobachter die Frage nach dem Ursprung dieser Bräuche aufdrängt.

Besonders die elsäßischen Weistümer sind reich an derartigen Bestimmungen: die Arbeiter müssen nicht allein den Tag über auf dem Felde verpflegt werden, wenn sie Abends von der Arbeit nach dem Meierhof zurückkommen, bekommen sie dort nochmals eine Zehrung [1]).

---

mit ihm heim zu tragen; die broder sollen so groß seyn, daß ein scheffen nit mit den minsten noch mit den meisten, wanne er seine finger uff die huef seiner seythen setzt (wenn er den Arm in die Seite stemmt) binnent seinem gebougeten armen durchgaen mag. — W. Ohnenheim, Anfang 15. Jahrh. IV. 239: So sol man den schnittern geben ze essende, als gewönlich ist snittern ze gebende, und sol jn nachtbrot geben, der 9 uß einem sester vol werdent. — W. Waldfischbach 1536 I. 778: dagegen solle der maier jedem derselben an jenem tage zu essen und am abende ein stück brod nach haus zu tragen geben. — W. Gildweiler 1394 IV. 58: Der froner soll auch bei sonnenschein dannen gohn; wann er seinen tagwen volfueret, so soll im der meyer geben nachtleib, den soll er setzen uff seinen fuoss und soll obwendig seinem knüw einen ranfft abschneiden, oder einen solchen leib, dern man vier macht uss einem sester voll. — Aehnlich W. Widensolen 1364 IV. 160. — W. Tettingen (Reg.Bez. Trier) II. 46: Item, wan die huber uff dem hoff zacker (= zu Acker) faren, ist man iedem zwey brot schuldig als hoch ein pflugradt, und so dick als der stock bis zum loch.

1) W. Logelnheim 1404 IV. 145: den die do erent (pflügen)..., sol man geben zuo essende an dem velde kese und brot; wenne si aber koment in des meigers hoffe, so sol man in genuog geben gusottener bonen mit specke. — und in einer andern Fassung desselben W. pag. 150: wenne man dem meiger eret, so sol er den ackerlüten an dem velde wecken gen, das einer ob den knüwen gnuog isset. Und wenne sü herhein koment, so sol er inen geben speck und bonen und roten win, und sol es inen do mitte wol bieten. — W. Oberhergheim (in der Nähe von Logelnheim) 1429 IV. 139: Wan auch dieselben pfluog von acker komendt, so soll der meyer jnen gnug geben zu essen, gesotten und gebratten, und wiss gutt ruckenbrot und weins gnug. Hett aber der huober deheiner gegen dem meyer veyntschafft, also das er nit wolte jn des meyers hoffe komen (sic!), dem soll der meyger haim senden jn sin huwße zwy stück rintfleysch, zwäy stück gebrattes, ein mass wins und zway pfenningwertt brotts. — W. Sundhofen IV. 154: denen, die ihm pflügen, soll der meyer zue acker fuder geben, kese und brodt. Und so die meistere zue essende heimkomment, so soll mann jhn zue essende geben zweyerhande fleisch und zweyerhande wün.

Aber auch für andere Gegenden läßt sich diese Sitte aus Weistümern belegen [1]).

Schon die bisher angeführten Stellen zeigen, daß den Fronarbeitern erstens meist ein recht reichliches Mal vorgesetzt wurde, zweitens aber — was für uns viel wichtiger ist — daß der Meier ihnen gegenüber bei diesen Veranstaltungen bis ins 15. Jahrhundert und darüber hinaus nicht die »gestrenge Herrschaft« vertrat, sondern viel eher ihr Wirt, ihr Gastgeber war. Wenn ein Oberhergheimer mit dem Meier so stand, daß es ihm nicht paßte, an seinem Tische im Meierhofe zu essen, dann mußte ihm der Meier Rindfleisch, »2 stuck gebrattes«, Wein und Brot, also ein ganz anständiges Abendessen ins Haus schicken.

Im Mittelalter ist es ganz selbstverständlich, daß solche Gelegenheiten mit der Zeit in eine große Trinkerei ausarteten [2]). In einem späteren Stadium des Arbeitssystems wirkte in dieser Hinsicht das Recht der Fröner, die Bußen der Ausbleibenden zu vertrinken, noch verstärkend. Doch läßt sich dasselbe für grundherrliche Fronden nicht nachweisen [3]).

Auch wo diese für das Mittelalter so bezeichnende Entartung nicht eintrat, gestaltete sich das Mahl der Fronarbeiter zu einem kleinen Feste. In Wittnau (1344) dürfen sie aus dem Viehstand

---

1) Vgl. außer den bisher passim angeführten Stellen W. Dommershausen (Hunsrück) II. 210: W a n s i e m i t d e m m a h e n g e t h a n, ist man inen wiederumb zweyen und zweyen ein schußel mit erbiß, ein schußel mit grünem fleisch, zweyerley keeß und brod genug, und jedterm 3 hoffkraußen voll wein zu geben schuldig. dem vormaher 4 kraußen. — W. Appenweier (am Oberrhein) 1486 I. 843: zu der herbstfrönde soll man in geben alten und nüwen win zu trinken, und wenn sie h e i m z u h u s k o m m e n, sol man in ze essen geben gesottes und gebrates. Item zu der frönde in der vasten git man den frohndern einest pier und einest win im feld und darnach im hus zu essen.

2) W. Grosskems (im Badischen bei Basel) 1384 I. 654 f. § 5. Die von N. sollent auch den 2 meiern erren . . . und sond die zween meier . . . inen geben, wenn sy inen geerrent und geerdent, brot und büekkin fleisch und rothen win, und sond sy die pfluge heim schicken und die knaben, und sond die manknechte bliben (vgl. oben pag. 92: so die m e i s t e r e . . . heim komment), unz (so zu lesen = bis) die sternen an den himmel stond; sodann sond die meier . . . einen sester nuß schütten um den heerd oder um das fur, und welcher me zu einem male nemme, denn ein muß, der soll die urten gelten (= die Zeche, das, was die Gäste verzehrt haben, bezahlen, *Schmeller* I. 152). — W. Artolsheim (Unterelsaß) 1320 I. 698: so sü die jucharte dunt, so sol man geben jedem meister zwene heringe, und iedem knehte ein und zwei muser, und bieres was er getrinken mag, und trü trincken wins.

3) Vgl. W. Biebelnheim, 15. Jahrh. IV. 627 § 3 und W. Kieselbach 1549, II. 196.

des Klosters ein Stück auswählen, das soll man ihnen auf dem Feld oder in der Küche zubereiten [1]). In Prüm (1222) wird den Frönern gar Bannbackhaus und Bannbrauhaus zur Verfügung gestellt, damit sie dort selbst Brot und Bier, wie sie es im eigenen Haushalt gewohnt sind (in suo ordine), backen und brauen [2]). In Bassenheim soll, »so men beginnet sniden«, der Kellner und sein Weib auf den Hof kommen und »sol sie bachen, obe man sin bedurfe« [3]).

Die oft sehr ins einzelne gehenden Bestimmungen über Reihenfolge und Quantitäten der zu verabreichenden Speisen sind in manchen Fällen so gehalten, daß man deutlich erkennt: es war jedesmal ein allgemeines Fest, wenn die Fröner bewirtet wurden [4]). Auf das Lindschieder W, nach dem der Frontag mit einem Tanzvergnügen der Arbeiter endete, hat schon *Bücher* hingewiesen [5]).

Die Beköstigung der Fronarbeiter, wie sie in diesem § des näheren geschildert wurde, ist offenbar etwas ganz anderes als die

1) *Grimm* I. 313: Und von des dienstz wegun, so sol ein probst mit vier gotzhus mannun ald mit vunfen sin hert schowon und sol inen du vurschlachun. Und son die kiesun an zwe du bestun hobt einz dz dem gotzhus als unschedlichest sie. Das sol man inun abnemun, und sol inen dz kochun uf dem velt ald in der kuchi, und sol man inen da rotun win gen vur die hut.

2) Glosse des Abtes Cesarius M.R. U.B. I. 145: quando familia operatur opera dominica, unde acceptura est panem et cerevisiam, illum panem ac cerevisiam ipsa familia in suo ordine tenetur et coquere et brazare.

3) Vgl. *Grimm* I. 690.

4) W. Hausbergen (Unterelsaß) 1408 I. 717: der meyer gibt den lüthen, die uns unser acker ... ehren, ... einmahl in dem jahre zu essen von der meyerey, also daß ein pflug habe über tisch nit me den zwo persohnen und einen knaben, oder ein hund für ein knaben (der Andrang scheint recht groß gewesen zu sein!), und sol mann in über tisch geben zwey gerichte von fleische, und soll das fleisch an zweyen enden racken über der schüsselbordt vier finger breit, und sollent da seyn neue becher und neue schüßlen (sic!), und genug weines. — W. Sulzbach (Oberelsaß) 1597 IV. 72: so auch die huober eim amptman fronen wie oblaut, ist jnen der amptman schuldig essen und trincken zu geben, roten und weissen wein gnuog, darzue flaisch dermassen, das solches über den teller abhenge, darzu ein weckhen brot, der über ein pfluoggrendel uffgange, das der so jme fronet mit sampt einem knecht und hundt zu essen gnuog daran haben.

5) *Grimm* IV. 576 § 5: Und die iunckern sollen ein pfeyffer haben, der den schnittern pfeyffe, und wann die sonne noch baums hoch stehet, so sollen sie dantzen, bis es nacht wird, und soll ihn kost geben, die da gut und gesund sey, und auch trinken, das da gut und gesund sey, das niemand darvon schwach oder ungesund werde. Vergl. *K. Bücher*, Arbeit und Rhythmus[3] 1902, pag. 289 f.

Reichnisse, auf die gewerbliche Arbeiter Anspruch hatten. Die Abendmahlzeit, die jenen allem Anschein nach nur gegeben wurde, wenn sie in einem mehr als eintägigen Arbeitsverhältnis standen, war im allgemeinen an jedem Frontag die Hauptsache.

Die Veranstaltungen, wie sie am Ende des Frontages üblich waren, finden sich ganz ähnlich bei den verschiedensten außereuropäischen Völkern und haben sich dort teilweise bis in die neueste Zeit erhalten — regelmässig in Verbindung mit einem Arbeitssystem, auf das *Bücher* zum ersten Male aufmerksam gemacht und für das er das bezeichnende Wort »Bittarbeit« geprägt hat[1]). Die Erklärung liegt im Worte selbst: der Hauswirt, der momentan mit den eigenen Arbeitskräften nicht ausreicht, bittet seine Nachbarn, ihm auszuhelfen, »er ladet sie ein« zu irgend einer schwierigen oder umfangreichen Arbeit. Wenn diese getan ist, bewirtet er die Gäste in seinem Hause.

Eine kurze Wiederholung der Hauptresultate unsrer Untersuchung wird zeigen, inwieweit wir berechtigt sind, die Wirtschaftsdienste innerhalb der mittelalterlichen Grundherrschaft auf einen ähnlichen Ursprung zurückzuführen.

1. Die älteste, quellenmässig belegte Art von Arbeit selbständiger Hauswirte auf fremdem Boden ist die Arbeit der »servi ut coloni« im landwirtschaftlichen Betriebe ihres Herrn bei den von Tacitus geschilderten Germanen. Diese servi sind keine servi im römischen Sinne, ihre materielle Lage ist so wenig verschieden von der ihres Herrn, daß man ohne Zwang an eine Art von »Bittdiensten« denken kann. Sind sie doch zweifellos nicht durch rechtskräftige Abmachungen zu einem bestimmten Quantum Arbeit verpflichtet, sie helfen nur dann in der Wirtschaft des Herrn aus, »quando opus fuerit«, wenn die Weiber und Knechte, die das Laufende erledigten, nicht mehr mit der Arbeit fertig werden konnten.

Dieser aushilfsmäßige Charakter der in Rede stehenden Dienste wurde zunächst aus Tatsachen der socialen Gruppierung bei den Germanen erschlossen. Was Tacitus über die Pflichten der germanischen Hintersassen erzählt, bestätigt die Richtigkeit dieser Deduction. Denn er vergleicht ihre Stellung mit der der römischen coloni, und deren Dienste hatten zu seiner Zeit ebendenselben Charakter.

---

1) *K. Bücher*, a. a. O. pag. 237 ff. u. Entst. d. Volksw.[4], 1904 313 ff.

2. Ein ähnlich hohes Alter dürfen wir einer anderen Art von Arbeitsleistungen zuschreiben, zu denen von jeher auch der freie Deutsche verpflichtet war: den auf Nachbarspflicht beruhenden Hilfeleistungen. Doch sind uns diese erst durch spätere Quellen bezeugt. Wir können darum nicht feststellen, ob sie für die Dienste der Hintersassen der germanischen Zeit, was ihre Entstehung und Ausgestaltung angeht, von entscheidender Bedeutung gewesen sind. Jedenfalls aber wird man annehmen dürfen, daß die Pflicht, den Nachbar auf diese Weise zu unterstützen, schon bestanden hat, ehe die Grundherrschaft die Form des Großbetriebs annahm, die ihr ihre historische Bedeutung gegeben hat.

3. In den großen Grundherrschaften des Mittelalters werden Frondienste in gleicher Weise von Freien und von Unfreien geleistet. Dem standen entgegen die Theorie von der Unvereinbarkeit von Freiheit und Frondienst und die Ansicht *Wittich*'s, daß der freie Deutsche zu allen Zeiten jede wirtschaftliche Arbeit gescheut habe. Beides mußte daher widerlegt werden.

Die Tatsache, daß auch Freie Frondienste leisten, verliert alles Befremdende, wenn man das hohe Alter des grundherrlichen Arbeitssystemes bedenkt (1) und wenn man weiß, daß auch der Freie schon früher unter Umständen in einer fremden Wirtschaft, in der des Nachbars, arbeiten mußte (2).

4. Eine genaue Betrachtung des grundherrlichen Arbeitssystems in seiner tatsächlichen Ausgestaltung ergab für das frühe Mittelalter, daß die Fronarbeiter — im Sinne von selbständigen Bauern, die in der herrschaftlichen Wirtschaft mitarbeiten — nur zur Arbeit in der Außenwirtschaft verpflichtet sind. Alle Arbeiten in der Innenwirtschaft wurden grundsätzlich nur von unfreiem Hausgesinde verrichtet. Das waren die einzigen Dienste, die nicht »ingenuili ordine« waren.

Die Verpflichtung zu Frondiensten auf Herrenland wurde schon sehr frühe zu einer Reallast des ausgetanen Bauerngutes. Je nach der Art der geschuldeten Arbeitsleistung konnte der Frondienst daher in gleicher Weise von Männern und von Frauen geleistet werden.

Was wir über die Arbeitszeit der Fröner beiderlei Geschlechtes erfahren, ist so, daß von einer übertriebenen Ausnützung ihrer Arbeitskraft keine Rede sein kann. Das war aber schon gar nicht anders zu erwarten, auch wenn man die mittelalterlichen Frondienste ausschließlich auf die Aushilfsdienste der »servi ut coloni«

des Tacitus zurückführen wollte. Denn deren Verhältnis zu ihren Herren war so geartet, ihre ganze Lebenshaltung hatte soviel mit der ihrer Herren Gemeinsames, daß es vollständig ausgeschlossen ist, an eine ähnliche Behandlung zu denken, wie sie die »familia rustica« der römischen Latifundien zu erleiden hatte.

Dieses eigentümliche Verhältnis zwischen Herren und Knechten bei den germanischen Völkern genügt aber nicht zur Erklärung der Gebräuche, die wir in § 6 des letzten Abschnittes beschrieben haben. Wenn der Grundherr oder sein Beamter die Fronarbeiter nach getanem Tagewerk zu einem kleinen Feste einladet, so steht er nicht allein als Herr seinen Knechten, die ihm Dienste tun, gegenüber, er entschädigt damit auch seine Nachbarn für die geleistete Hilfe. Damit soll nicht etwa behauptet werden, daß auch Leute die außerhalb des grundherrlichen Verbandes stehen, mit zur Arbeit herangezogen werden. Die alte Sitte der nachbarlichen Hilfeleistung kann aber wohl als Vorstufe zu der Entwicklung gedacht werden, durch die das System der Fronden über die unfreien Hintersassen hinaus ausgedehnt wurde, auf die es ursprünglich allein Anwendung fand.

Drittes Kapitel.

Vermengung öffentlicher und grundherrlicher Dienste.

Wenn in den früheren Ausführungen drei Arten von Frondiensten — staatliche, genossenschaftliche und grundherrliche — auseinandergehalten wurden, so war das nur statthaft zu dem ausgesprochenen Zwecke die Vielheit von Rechtsgründen, aus denen die Verpflichtung zu Diensten abzuleiten ist, zu analysieren. Im einzelnen concreten Fall mag schon im frühen Mittelalter eine deutliche Vorstellung davon, ob es sich um einen grundherrlichen oder einen öffentlichen Dienst handelte, gefehlt haben. Aber zum Verständnis der weiten Verbreitung, die das Arbeitssystem des Frondienstes im deutschen Mittelalter gefunden hat, war die erste Voraussetzung, daß wir die verschiedenen Verhältnisse von Rechten und Pflichten, auf Grund deren Frondienste geleistet werden, im einzelnen untersuchten.

Zur Ergänzung bedürfen aber gerade diejenigen Vorgänge eingehender Erklärung, als deren Folge eben diese Vermengung öffentlicher und grundherrlicher Frondienste zu verstehen ist.

Die bisherige Literatur hat schon wiederholt darauf hingewiesen, daß die Grundherren mit Erlangung der Immunität Rechte auf den Bezug ehemaliger Staatsfronden und daß sie einige Jahrhunderte später als Obereigentümer der Marken die früher genossenschaftlichen Dienste der Markgenossen als Aequivalent für die Nutzung der »nunmehr grundherrlichen Mark« für sich beanspruchten [1]). Durch diese Vorgänge seien sie in den Stand gesetzt worden, auch von Leuten, die in keinem dinglichen Abhängigkeitsverhältnis zu ihnen standen, die Leistung von Fronden zu verlangen. Im folgenden sollen diese beiden Rechtsent-

---

1) *Brunner*, Rechtsgeschichte II. 233. *Lamprecht*, Wirtschaftsleben I. 797 u. a. 435.

wicklungen genauer analysiert werden, besonders die Frage, wie sich daraus irgend welche Dienstpflicht entwickeln konnte, wird uns beschäftigen.

Durch alle Jahrhunderte der deutschen Geschichte können wir verfolgen, daß Beamte versuchen, öffentliche Dienste, zu deren Ableistung sie kraft ihres Amtes aufzubieten haben, für ihre eigenen Zwecke auszunützen. Die Gesetzgeber aller Zeiten haben dagegen angekämpft. Die carolingischen Capitularien werden wir später darüber hören. Hier sei nur ein Bericht aus dem 18. Jahrhundert angeführt: 1719 erging im Fürstentum Hildesheim auf »die fortdauernden Beschwerden der Landstände« hin ein Verbot an die Beamten »sich der Riegefuhren (Landesfronden) für ihre Privatangelegenheiten zu bedienen« [1]). Das wichtigste öffentliche Amt ist das Richteramt, das auf den ersten Blick Frondienste kaum zu verlangen scheint. Und doch hat gerade die iudiciaria potestas, die Gerichtsbarkeit, die im Laufe des Mittelalters in den mannigfaltigsten Abstufungen an die verschiedensten Gewalten verliehen wurde, in vielen Fällen den Genuß von Fronden ermöglicht, wo er ohne solche Verleihung nicht möglich gewesen wäre.

Nach dem, was früher über die Polizeidienste der Untertanen des carolingischen Staates und der Markgenossen gesagt wurde, ist es zu verstehen, wenn im Mittelalter jedem Inhaber irgend einer richterlichen Gewalt das Recht zusteht, die Leute, über die er Gerichtsbarkeit hat, zur Verfolgung, Festnahme und Bewachung von Verbrechern aufzubieten [2]). Aber auch präventive Sicher-

---

1) *Lüntzel*, *Herm. Ad.*, Die bäuerlichen Lasten im Fürstentume Hildesheim, H. 1830.

2) W. Lienz, Oest. W. V. 615. 15: Item wann in ainer herrschaft oder in gericht ain auflauf beschicht, darzue ain gericht zu krank wer zu unterstehen, und das gericht umb hilf und beistant die gerichtsleut anrüeft und dieselben dem gericht nicht hilf noch beistant täten, der oder dieselben sein der herrschaft verfallen zu peen ... W. Sontra (Reg.Bez. Cassel) *Grimm* III. 327: wer es, das wir von Berneburg eynen begriffen, des wir mechtig weren, das da rurte an hals und haut, den solten wir halten als lange, das wir das kunden getheden geyn Suntra. — W. Rievenich (Untermosel) *Grimm* II. 343: wan unser gnäd. herr angriff zu thun vermeindt, und seine diener zu schwach weren, so sollen sie die gemein ansprechen, daß sie inen beystandt thun. Alsdann soll man den angegriffenen menschen holen, und den wegh fueren nach Clussart, bis uff die mittelst arck der brucken. — Corveier Urkunde von 1230 in Haltaus Glossar pag. 1162: ... ad proclamationem terrae ad iusta iudicia contra malefactores exercenda iidem homines Corbeienses debent subservire.

heitsdienste konnte er verlangen, z. B. an Kirchweihtagen, wo es um Ruhe und Sicherheit nicht immer zum besten bestellt sein mochte [1]). Da auf dem flachen Lande Lohnarbeit erst sehr langsam Eingang fand, sind die Gerichtsleute oft zu allerhand Herstellungsarbeiten verpflichtet [2]), so z. B. zum Aufrichten des Galgens, häufiger nur zum Transport des Materials, das dazu und zur Execution peinlicher Strafen benötigt wurde [3]).

Aber schon bei den Westgoten war ein Verbot gegen die Grafen und deren Stellvertreter [4]), »qui populorum accipiunt potestatem et curam«, daß sie nicht »prosuis utilitatibus populos aggravare praesumant« notwendig. In einem Capitular unbestimmter Datierung ordnet Karl d. Gr. an, daß liberi homines den comitibus und vicariis zu keinerlei Diensten zu gehorchen verpflichtet sind, außer denen, die an den König, die auf Verlangen der haribannatores oder anderer vom König beauftragter Personen geleistet werden müssen [5]). Und seinen Sohn Pippin ermahnt er in einem Briefe sowohl liberos homines als auch homines servientes aecclesiarum Dei dagegen zu schützen, daß sie vor den Herzögen und anderen Beamten »in eorum opera« zu Wirtschaftsdiensten aller Art gezwungen werden [6]).

In manchen Gegenden, behauptet ein anderes Capitular, führten diese Bedrückungen zu einer wahren Verödung, weil viele ärmeren Leuten den ungerechten Anforderungen der Beamten

1) W. Buchenstein, Oest. W. V. 702. 20: Item ain haubtman mag vordern lassen, als vil gerichtsleut er will die kirchtäg zu behueten.

2) W. Michelbach, *Grimm* II. 98: so stock und galgen gebrech were, so sullen die grundthern irem meyer bevelen, daß er zu ime hole die hueber und nachbern, und geent in den walt und hauen darzu holtz und sullen die grundthern deßhalben in den wein, und dem zimmerman den machloen bezalen. — W. Demerath 1578. *Grimm* III. 841: were sach, das dat gericht bawfelligh were, so sollen die nachbaren darzu das holz füren, doch sullen die herrn das gericht bawen.

3) W. Preinsdorf (Elsass) V. 519: *Wenn jemand* mit recht gericht soll werden, alsdan soll ein gemein zu Preinsdorf mit iren mitverwandten holz zu brande, röder zum radbrechen und holz zum galgen zum blatz zu überantwurten schuldig sein.

4) Lex Visig. XII. 1. 2. ed. *Zeumer* pag. 406 f.

5) M.G. Cap. I. 144 (801—814) cap. 2: Ut liberi homines nullum obsequium comitibus faciant nec vicariis, neque in prato neque in messe neque in aratura aut vinea et coniectum ullum vel residuum (Abgaben) eis resolvant, excepto servitio quod ad regem pertinet et ad haribannatores vel his qui legationem ducunt.

6) Karoli ad Pippinum filium epistola. MG. Capit. I. 211 ff. Pervenit ad aures clementiae nostrae, quod aliqui duces et eorum iuniores... in eorum opera, id est vineis et campis seu pratis necnon et in eorum aedificiis illos faciant operare.

nicht mehr gewachsen waren und deshalb wegzogen [1]). Viel Erfolg hatte offenbar die carolingische Gesetzgebung nicht mit ihren wiederholten Verboten. Wieviel mehr mußte die Bevölkerung unter der insolentia von Beamten leiden, die nicht eine starke Hand über sich hatten, wie das unter Karl dem Großen der Fall war!

Diese eigenmächtige Ueberschreitung der Amtsgewalt können wir auch bei den Vögten, die sich die geistlichen Grundherrschaften einsetzten, sehr genau verfolgen. In den zahlreichen Urkunden des 11. und 12. Jahrhunderts, die die Rechte der Vögte gegen die der Klöster und Stifter abgrenzen, werden nicht selten auch die Dienste, die dem Vogte geleistet werden, entweder genau bemessen [2]) oder ihr Bezug wird von der Genehmigung des Abtes abhängig gemacht [3]).

Es steht heute fest, daß Urkunden dieser Art in sehr vielen

---

1) Cap. Mant. II. MG. Cap. I. 197. cap. 6. Audivimus etiam, quod iuniores comitum vel aliqui ministri rei publice ... aliquas redibutiones vel collectiones (fiscalische Einkünfte) quidam per pastum quidam etiam sine pastum, quasi deprecando, similiter quoque operas, collectiones frugum, arare, sementare, runcare, caricare, secare vel cetera his similia, a populo per easdem vel alias machinationes exigere consueverunt, non tantum ab aecclesiasticis sed etiam a reliquo populo, que omnia nobis et ab omni populo iuste amovenda videntur, quia in quibusdam locis in tantum inde populus oppressus est, ut multi ferre non valentes per fuga a dominis vel patronibus suis lapsi sunt et terre ipse in solitudinem redacte.

2) Carta de advocatis Prüm 1103 MR. Ub. I. 464 no 406. Nullus subadvocatus sive alia persona super res et familiam S. Salvatoris audeat placitare, peticiones facere, hospicia querere, ipse advocatus, qui bannum ab imperatore sibi a rege acceperit tria sola placita in anno statutis in locis habeat ... Unusquisque de familia diem unum in anno operetur advocato ad Prumiam sive ad Ham et nusquam alibi. — S. Maximiner Dienstrecht 1056. MR. Ub. I. 403 no 345. Angeblich eine Urkunde Heinrichs III.: Addimus etiam nos, et nostra imperiali auctoritate firmissime interdicimus, ut nullus advocatorum aliquod placitum preter tria iura debita in abbatia habeat, nullus illorum hospitia vel servitia in curtibus abbatis aut fratrum sive a rusticis violenter exigat, nullus eorum per inscisiones aut petitiones homines gravare, aut vi pecora illorum aut paraveredos tollere presumat.

3) Abkommen des Abtes Fulcard von St. Amand mit dem Probst Hermann 1063—76 bei *Waitz*, Urkunden zur deutschen Verfassungsgeschichte [2] Berlin 1886 no 7. pag. 14: Statutum est autem coram me et fidelibus nostris, quod amplius in hac villa precem, quem, vulgo vocant theloneum, non faciat, neque ipse nec aliquis filiorum vel successorum eius ... herban et corwedam (corvada = corvée, Frondienst) nullomodo habeant, n i s i j u s s i o n e v e l l i c e n t i a a b b a t u m. — W. S. Blasien (Schwarzwald) 1383 IV. 487: es hat nieman ze gebieten des gotzhaus gesind... denn ain apt. Bedörften aber ir die vögt oder die waltlut, so sont sy ain apt bitten.

Fällen gefälscht wurden und deshalb schon bei den Zeitgenossen in üblem Ruf standen [1]). Eben die Tendenz der Klöster und Stifter, sich und ihre Leute gegen diese Uebergriffe der Vögte zu schützen, gab Anlaß zu Fälschungen. Aber während Karl d. Gr. seinen Beamten diesen Misbrauch der Amtsgewalt schlechthin verbot, versuchten die geistlichen Grundherrschaften nur noch gewisse Grenzen dafür zu ziehen, sie waren genötigt innerhalb dieser zu gestatten, daß die Vögte die dem Vogteigericht unterstellten Leute für ihre eigenen Zwecke zu Diensten heranzogen. Sollte das seinen Grund ausschliesslich in der Schwäche der Stifter haben oder gibt es noch andere Tatsachen, die diesen Unterschied erklären helfen?

In die Zeit zwischen der Gesetzgebung Karls und den Abkommen der Klöster mit den Vögten fallen die meisten Immunitätsurkunden. Wie wirkt die Verleihung der Immunität auf die Leistung der Fronden? Wir müssen hier die Immunitäten der spätkarolingischen und die der ottonischen Zeit auseinanderhalten.

Im 9. Jahrhundert werden durch die Immunität nicht etwa die Immunitätsleute von der Leistung der staatlichen Frondienste befreit, auch werden diese nicht schlechthin innerhalb des Immunitätsbezirks zu Gunsten des Grundherrn erhoben, wie *Lamprecht* annimmt [2]). Die Immunität tritt zunächst auf allen Gebieten vermittelnd zwischen Staat und Untertanen, auf dem Gebiet des Gerichtswesens, so gut wie auf dem des Verwaltungswesens [3]). Wenn »ex imperiale praecepto« Brücken- und Straßenbauten angeordnet wurden, waren auch alle Bischöfe und Aebte verpflichtet, ihre Leute zu stellen [4]). Dabei wurde jedem Immunitätsherrn ein Stück

---

1) *Dopsch* in Mitt. d. Instit. f. öst. Gesch. XIX. 1898. pag. 611.

2) Wirtschaftsleben I. 1024.

3) *Seeliger*, Grundherrschaft. pag. 82.

4) Monachus Sang. MG. SS. II. 745. I. 30. Fuit consuetudo in illis temporibus, ut ubicumque aliquod opus ex imperiali praecepto faciendum esset, siquidem pontes, vel naves aut trajecti sive purgatio seu stramentum vel impletio coenosorum intinerum, ea comites per vicarios et officiales suos exequerentur in minoribus dumtaxat loboribus, a maioribus autem et maxime noviter extruendis nullus ducum vel comitum, nullus episcorum vel abbatum excusaretur aliquo modo. — Pippini Italiae reg. Cap. c. 4 MG. C. I. 192 Ut de restauratione ecclesiarum vel pontes faciendum aut stratas restaurandum omnino generaliter faciant, sicut antiqua fuit consuetudo, et n o n a n t e p o n a t u r e m u n i t a s nec pro hac re ulla occasio proveniat.

angewiesen, das er in einer bestimmten Zeit von seinen Leuten fertig stellen lassen mußte, wenn er nicht einer Strafe verfallen wollte. Den Arbeitsabschnitt mußte der Graf »secundum quod possibilitas fuerit« bemessen [1]). Ein Aufgebot (distringere) der Immunitätsleute »per alium exactorem« als durch den Immunitätsherrn oder dessen Beamte war ausgeschlossen. Das wird auch in verschiedenen Immunitätsurkunden des 9. Jahrhunderts ausdrücklich bestimmt [2]). So werden — um das nebenbei festzustellen — die Trierer Kirchenleute durch das Privileg Zwentibolds von 899 von den Beherbergungslasten (mansiones) nicht befreit, wie es der Herausgeber *Beyer* aufzufassen scheint; vielmehr tritt der Bischof als vermittelnde Instanz ein, nur »quem episcopus iusserit« müssen sie beherbergen [3]).

Anders die Immunitätsurkunden der Ottonen. Auch hier wird zunächst verboten, daß irgend welche exactores die Immunitätsleute zu Fronden aufbieten; im Gegensatz zu den Immunitäten des 9. Jahrhunderts werden die in Betracht kommenden Arbeiten im einzelnen aufgezählt: Die Immunitätsleute sollen vom iudex publicus nicht aufgeboten werden zu öffentlichen Wachdiensten (excubias), Verpflegungsleistungen (paratas), Spanndiensten (angarias), Befestigungsdiensten (instructiones murorum) Brükkenbauten (pontium novas et veteres structiones [4]). Das deutet

1) Cap. Mantuanum II. MG. Cap. I. 197. c. 7. De pontibus vero vel reliquis similibus operibus, que ecclesiastici per iustitiam et antiquam consuetudinem cum reliquo populo facere debent hoc praecipimus, ut r e c t o r ecclesiae i n t e r p e l l e t u r, et ei secundum quod possibilitas fuerit sua portio deputetur, et per alium exactorem ecclesiastici homines ad opera non conpellentur. Si vero opus suum c o n s t i t u t o d i e completum non habuerit, liceat c o m i t i pro pena prepositum operis pignerare iuxta aestimationem vel quantitatem inperfecti operis, quousque perficiatur: comis autem si neglexerit a rege vel misso regis iudicandus est. Vgl. zum letzten oben pag. 13.

2) Imm. Ludwigs für S. Emmeran 853. U.B. ob der Enns II. 17: ut nullus iudex publicus ... ullam potestatem habeat in quoquam illos distringendos, sed neque ad placitum ullum vel in hostem ullo unquam tempore ire compellat. Für Altaich 857: ut nullus iudex publicus ... loca vel agros, seu reliquas possessiones ... ad ... nullas redhibitiones vel mansiones aut paratas faciendas aut inlicitas occasiones requirendas ... ingredi audeat. Imm. Arnulfs für Metteln 889. *Wilmans*, Kaiserurkunden Westfalens I. 239. no 51: ut nullus iudex puplicus vel quilibet ex iudicaria potestate homines ... quibuslibet puplicis exactionibus distringere praesumat.

3) *Beyer* MR. U.B. I. 213. no 148: ut nemo ... in domibus ... hominum ... mansionem accipere, nisi quem episcopus iusserit, neque ullam eis quispiam in eorum mansionibus incommoditatem ulterius facere presumat.

4) 947 Otto bestätigt Trier die Immunität MG. Dipl. I. no 86 pag. 169: ut

[illegible] zwischen [illegible] und den [illegible] bestehen [illegible] gegeben.

[illegible] für Corvey. [illegible] Corvey den [illegible] Graf- [illegible] diese Leute [illegible] des [illegible] dass [illegible] ihrem [illegible] Das Recht des [illegible] zu beschäf- [illegible]

[illegible] noch [illegible] Karl der [illegible] — zu verhin- [illegible] die [illegible] Zwecke zu [illegible] Herr- [illegible] wichtigste [illegible]

[illegible]

[illegible] Grundherrschaft.

Kern der Immunitätsverleihung ist die Uebertragung der Gerichtsbarkeit [1]), deren Wandlungen im einzelnen uns hier nicht interessieren. Anfangs gestattet die staatliche Gewalt nur Ausführung der Staatsfronden unter Aufsicht und Leitung des Immunitätsherren. Schließlich muß sie auch ein Recht desselben, frühere Staatsfronden für seine privaten Zwecke zu verwenden, anerkennen. Die Praxis war dieser theoretischen Anerkennung wohl in den meisten Fällen vorausgeeilt.

Die Not zwingt nun die geistlichen Grundherrschaften bei einem weltlichen mächtigen Herren Schutz für sich und ihre Leute zu suchen. Als Entgelt überlassen sie diesen »Schutzherren« (advocatus, vocatus) wie bekannt, einen Teil ihrer Gerichtsbarkeit, das Recht, drei Dinge im Jahre abzuhalten und $^1/_3$ der Bußen zu beziehen; so wurde wenigstens in den Verträgen des 11. und 12. Jahrhundert verabredet, als diese durch die insolentia der Vögte notwendig geworden waren. Denn genau so wie die comites die ihnen vom König übertragene Amtsgewalt misbrauchten, so nützten auch die Vögte die ihnen von den Stiftern übertragene Amtsgewalt zu allerhand Bedrückungen der ihrem Vogteigericht unterstellten Leute aus. Diese von einer Dienstpflicht gegen die Vögte ganz zu befreien, machten die geistlichen Grundherren nicht einmal mehr den Versuch.

Es kann demnach nicht geleugnet werden: jede Uebertragung richterlicher Befugnisse — in der Zeit vom 9.—12. Jahrhundert erfolgte diese unter den verschiedensten Bedingungen — versetzt die mit Gerichtsbarkeit ausgestattete Gewalt ihren Gerichtsleuten gegenüber alsbald in ein Verhältnis, das ihr ermöglicht, von diesen Fronden für rein private Zwecke zu fordern.

Diese Tatsache mag auf den ersten Blick etwas Befremdendes haben. Aber wir haben ja schon oben gezeigt, daß der Gerichtsherr im Mittelalter die Arbeitskraft der seinem Gericht unterstellten Leute in manchen Fällen beanspruchen muß, nicht nur zu Polizeidiensten, sondern auch zu allerhand Transport- und Herstellungsarbeiten. Ein Gerichtsherr, der in seinem Gerichtssprengel etwa gleichzeitig einigen Grundbesitz hatte, hatte es ohne Zweifel leicht auch von Leuten, die in keinem dinglichen Abhängigkeitsverhältnis zu ihm standen, auf Grund seines Rechtes auf eigentliche Gerichtsdienste zunächst ganz vereinzelt Dienste für seine private

1) *Seeliger* a. a. O. 77 ff.

Zwecke verrichten zu lassen. Wie eine mächtige Herrschaft auf Grund des Rechtes auf einige Dienste die Dienstpflicht ihrer Leute immer mehr anzuspannen versteht, zeigen Vorgänge späterer Jahrhunderte mit aller Deutlichkeit. *Kindlinger* [1]) berichtet, daß die Gutsherren häufig »bei Erbgewinnungen sich nebst den alten Dienst ein bis zwei Spanndienste.. aufs neue ausbaten (sic!) und diese auch in die Gewinnbriefe setzten«.

Um das weitgehende Recht der mittelalterlichen Gerichtsherrschaft auf Frondienste zu erklären kommt noch ein Weiteres dazu: der wirtschaftliche Haupteffect der Erlangung irgend welcher Gerichtsbarkeit war im Mittelalter stets der Bezug der Gefälle, die Gerichtsbarkeit war ein nutzbares Object. Geldleistungen und Arbeitsleistungen wurden in den seltensten Fällen scharf geschieden; beide fielen unter den Begriff servitium. Es lag also sehr nahe, auch dieses Herrschaftsrecht nach beiden Richtungen auszunützen. Am wünschenswertesten war es natürlich für den Gerichtsherrn, wenn er sich von seinen Gerichtsleuten ein Recht auf den Bezug von Diensten aller Art weisen lassen konnte, auch von solchen, die mit seiner richterlichen Tätigkeit nichts zu tun hatten. Das haben auch viele Gerichtsherrschaften erreicht [2]).

---

1) Geschichte der deutschen Hörigkeit 1819. pag. 212 f.

2) W. Alflen 1476 *Grimm* VI. 593: Auch sal ein igklich mann, der in dem gericht zu A. wohnet, er hore zu wem das si, dinst doin unßerm gn. h. v. Trier, iß si mit heuwe machen, schinden oder auch mehen. — W. Alsenbrück, *Grimm* I. 791: wer in disem gericht sitzt und nit pfert oder gefert hat, der soll unsern herrn von Otterburg ein tag in dem hewmonat ein samler geben, und in der ernt ein tag ein schnitter, welches tags sie deß bescheiden, hat er aber pfert oder ein mene, so soll er unsern hern ein tag brachen und ein lentzen, wan sie ihren hoff selbst bawen. — W. Regensberg, *Grimm* I. 82: geschäh es, das ein frömder mensch, fröw oder man, in denen gerichten sässhaft wurd 3 tag und 6 wuchen und ein jar, unversprochen von allen herren und von allen gotzhüsern, der sol minen herren dienen und vallen alß sin eigen lütt. — W. Kirchzarten, *Grimm* I. 332. Wer ouch, das ein frömder man keme gen K., wannan der kunt, wil er in dem gericht beliben, so sol er keinen herren nemen, dann den, der herre ze K. ist, und sol im denne der man, wer es ist, einen schöffel habern dienen und einen tagwan, was er denne kan oder gelernet hat, und sol denne der herre in da schirmen, als ander sine lüte, und sol er ouch da nüssen wunne und weide. — W. Wiler, *Grimm* I. 362. Ist, das yeman kompt ziehen in des herrn gericht, der nicht erb noch lehen hett, und blipt der jor und tag hinder im, das im enhein herr ist nach volgen, der in versprech, so sol in der herr ze Wyler hulden für einen fryen man und (er) im dannanhin järlich dienen einen schöffel haber und einen tagwen tuon als er in den beste kan, und sol ouch geben ein hun und sol in ein herr darumb schirmen als einen andern sinen hindersäßen. —

Wenn der Gerichtssprengel einer Herrschaft zusammenfiel mit der Gemarkung eines Dorfes, so werden natürlich alle Einwohner des Dorfes zu solchen Diensten herangezogen [1]).

Nachdem wir nun den Uebergang staatlicher Lasten an die meist geistlichen Immunitätsherrschaften seiner eigentlichen Bedeutung nach dargestellt haben, bleibt uns noch jener zweite Vorgang, der ebenso zum festen Bestand der Wissenschaft gehört, zu genauerer Untersuchung: Die Leistung ehemals genossenschaftlicher Dienste an einen Markherren. Man denkt sich diese Entwicklung etwa so: der Eintritt mächtiger Grundherren in die Markgenossenschaft habe den »Anfangszustand relativer Vermögensgleichheit« beseitigt. Gleichzeitig sei infolge der Zunahme der Bevölkerung die Gefahr einer Erschöpfung der Mark in den Bereich der Möglichkeit gerückt. In ihrem eigenen Interesse hätten die mächtigeren Markgenossen den Einfluß, den ihnen ihre wirtschaftliche Ueberlegenheit über die ärmeren Genossen einräumte, dazu benutzt, auf eine ökonomischere Verwendung der gemeinen Mark hinzuwirken. So sei in vielen Marken ein Grundherr in den Besitz der höheren Markämter gekommen und habe so schliesslich das Obereigentum über die gemeine Mark erlangt, den übrigen Genossen habe er nur noch Nutzungsrechte darin eingeräumt. Da die Erhaltung der Mark nun dem Obereigentümer zufiel, hätten die Dienste in der gemeinen Mark nun auch an ihn geleistet werden müssen. Aber nicht genug.

Man braucht also keineswegs zu so verwickelten Vorgängen, wie »dem teilweisen Uebergang des hostilicium« zu greifen, um zu erklären, wieso es kommt, daß Gerichtsherrn als solchen Fronden gewiesen werden. cfr. *Lamprecht*, Wirtschaftsleben I. 1025.

1) W. Laudenbach 1468 *Grimm* VI. 63. *Die Herren von Rieneck* sind voigt und hern in schlos, in dorf, in feld und in der mark zu L. . . alle inwoner des selben dorfs, die an solich recht gehorn, sollen den selben irn geboten und verboten gehorsam sein, und auch nimant einigen frondienst thon oder atzunge geben, dan dem obg. unserm junkhern und sein erben. — W. Otterberg *Grimm* I. 779. Item weisen wir den gerichtsherren zu O. daß ein ieder gemeinsman schuldig ist drei tag mit der handt zu fröhnen, nemblich ein tag höge zu machen, den andern hew zu machen, den dritten tag in der erndt zu schneiden. Item soll er der gerichtsherr denselben essen trincken geben, wie eim arbeiter gebürt, und nachts wan sie heim wollen gehen, so soll er einem ieden ein pfenning brot und ein becher voll weins geben . . . Item nachdem die gemeind die drei tag dem gerichtsherren fröhnen müssen, haben sie dagegen ihr rawweudt zu suchen uff Otterburger wäldt und feldt biß in die waldmarck und wider herauß . . .

Der Umstand, daß die Genossen die Mark nur »aus Gnaden des Herrn« nutzen durften, habe dazu geführt, daß die Genossen an den Herrn »als selbstverständlichen Entgelt für die Allmendenutzung« Dienste leisteten, die nur der Wirtschaft des Herrn zugute kamen. Der ganze Frondienst auf den herrschaftlichen Beunden habe nur als »Aequivalent, als Entgelt für die nunmehr grundherrliche Mark« Eingang finden können[1].

Es muß allerdings zugegeben werden, daß in einigen Weistümern Allmendenutzung und Frondienste aller Art in diesen Zusammenhang gebracht werden[2]. Aber was bedeutet das? Was bedeutet überhaupt der Begriff Markherreneigentum?

Heutzutage, wo die Erkenntnis von den nachteiligen, man kann in vielen Fällen sagen unheilvollen Wirkungen der Gemeinheitsteilungen des 19. Jahrhunderts schon weit über die Kreise der wissenschaftlichen Literatur hinausgedrungen ist, braucht man über die Bedeutung der Allmendenutzung für die bäuerliche Wirtschaft des deutschen Mittelalters nicht mehr viel Worte zu verlieren. Bis in die Neuzeit hinein steht und fällt die Existenz des deutschen Bauern mit dem Bezug dieser wichtigen Hilfsquellen. Ein Markherr mochte eine noch so große Machtstellung den übrigen Mitgliedern der Markgenossenschaft gegenüber einnehmen, er mochte der ärgste Despot sein: daß er die Markgenossen von der Nutzung der gemeinen Mark ausschloß, daß er ihre Nutzungsrechte nur erheblich einengte, war ganz unmöglich, war undenkbar, nicht nur weil ein derartiger Eingriff in die althergebrachten Rechte ohne Zweifel stets zur Empörung geführt hätte. Die eigene Einsicht, daß diese Nutzungen für seine Bauern ein Existenzbedürfnis waren, ließ den Herrn nie zu solchen Versuchen kommen.

1 Vgl. *Lamprecht*, Wirtschaftsleben I, 490, bes. 1012.

2 Vgl. die Stellen bei *Lamprecht* I, 490; außerdem W. Dörrebach, *Grimm* II, 809: Erkennen wir auch unserm junckern und herrn sine dienst ... hierumb sollen sie haben wasser und weide von der gnaden gottes herrn und in gnaden unser herrn. — W. Selz, *Grimm* I, 761: darumbe das die burgere von S. [illegible] howent in den [illegible] werden, so gent die burgere von S. [illegible] smethere und [illegible] holwere einme abbete des closters zuo S. das stift von S. hat sunderliche 3 welde. — Es kommt auch vor, daß die Allmendenutzung nach dem Umfang der Dienstleistungen abgestuft wird. W. Ossingen, *Grimm* I, 90: Wir euch, ob einer oder mer ze O. einem herren undertheniger wer mit füren, mit andern diensten denn die andren, das mag ein vorster auch wol erkennen und ansechen, und dem me geben denn einem andern. — W. Schwarzenholz, *Grimm* II, 24: ... ein iegelicher man zu Schw., der dem gotshaus ein weinfur thut, ist ime erlaupt in dem buchwalde ein vorgeschriebenes Quantum zu hauwen.

Dieses ökonomische Verständnis der deutschen Herrschaften, an dem sich manche Gesetzgebungskommission des 19. Jahrhunderts ein Beispiel hätte nehmen können, spricht darum oft genug aus den Weistümern [1]).

Wenn es also in manchen Weistümern heißt, die Genossen nutzen die Mark nur aus Gnaden des »Obereigentümers« und müssen diesem als Entgelt für die Nutzungen Frondienste leisten, so darf man hinter diesen Aetiologieen keinerlei materiellen Hintergrund suchen, der zur Erklärung dieser Dienstpflicht beitragen könnte. Denn wie sollten die Bauern einen Entgelt leisten für etwas, was ihnen überhaupt nicht versagt werden konnte?

Die Aufnahme solcher Fictionen in ein Weistum läßt sich ja überhaupt nur so erklären, daß ein Herr, dem es darauf ankam, die Dienstpflicht der Markgenossen in erhöhtem Maße anzuspannen, diese auf solche Weise mehr plausibel machen wollte. —

Die überragende Stellung, die der Markherr als größter Grundherr in der Mark einnimmt, und der Uebergang der Markämter auf ihn wäre also der einzige Grund, warum die Genossen ihm gegenüber zu Frondiensten verpflichtet sind. Wie allgemein zugegeben wird, ist die oben geschilderte Entstehung von Markobereigentum bis jetzt nur in einem Teile von Deutschland in einzelnen Marken nachgewiesen [2]). Das liegt natürlich auch daran, daß diese Vorgänge in eine Zeit fallen, in denen die Quellen unsrer Wirtschaftsgeschichte äußerst spärlich fließen. Aber ver-

---

1) Vgl. schon die Glossen des Caesarius zum Prümer Urbar (MR. U.B. I. pag. 158) ... quia de silva ex pascuis non possunt carere. — W. Peiting, *Grimm* III. 651. Item den Puechinger walt hayd man darumb, ob das wär, daß die von P. ein not angieng, es wär von hunger oder von unfrids wegen, so mugent die nachpaurn wol gen zu einem herrn und mugen mit im reden, daß er in derlaub, daß sy den walt auftun und iederman darin haw, als vill er ausgefürn mug. Und das tut man darumb, das sy dester pass bey dem dorf mugen beleiben, und daß soll in khain herr nicht versagen. — W. Oberhilbersheim, *Grimm* IV. 598 f. *Sie weisen der* herrschaft als dem oberherrn in der gemarken zu O. wasser und weydte, doch also, daß der inwoner in denselben dorffern und gemärken wasser und waydte zu gebrauchen haben, uff dass sie in treuen ihren chur. u. fürstl. gnaden als ihrer herrschaft destobass gedienen mögen. — W. Werheim, *Grimm* III. 500 ... den markern die mark zu gebrauchen zu ihrer notturft, darumb das sie unsern gn. h. ihre bed u. zins geben können u. ihr schloß im bau halten, wasser und waid und alle gemeinschaft, das weist das merkergeding zu W... — W. Gondenbrett, *Grimm* II. 539. Doch soll der hoffman den langhalm nutzen (Weide im Walde), damit er dem herrn seinen dienst desto besser thun könne.

2) *Lamprecht* I. 697.

suchen wir einmal, diese Wandlungen auf einem etwas anderen Boden zu verfolgen, als es bislang geschehen.

In schweizerischen Offnungen findet sich für das Gebiet, innerhalb dessen eine Gemeinde Allmendenutzungen bezieht, manchmal die Bezeichnung »twing und bann« [1]). Dieser Ausdruck wird gewöhnlich für die Befugnis, die für die landwirtschaftliche Ordnung erforderlichen Gebote und Verbote zu erlassen, verwendet, also Regelung der Holznutzung, der Weide auf Gemeinland und Privatland, Aufsicht über Zäune und Wege, über die Dorfhandwerker, das Recht, Bannrechte einzuführen [2]). »Twing und bann« ist aber auch unter Umständen eine Teilgerichtsbarkeit; meist hat der Inhaber von »twing und bann« niedere Gerichtsbarkeit [3]). Wie kommt es, daß verschiedene Dinge mit demselben Ausdruck bezeichnet werden?

In den lateinischen Urkunden steht für »twing und bann« »districtus et bannus«. Districtus — distringere kennen wir schon aus den Immunitätsurkunden — ist das Recht der öffentlichen Gewalt und zwar der vom König ermächtigten öffentlichen Gewalt, zu gebieten und zu strafen. Auch der Bann, bannus steht in carolingischer Zeit nur dem Könige zu und kann auch später nur auf Grund königlicher Verleihung gehandhabt werden. Wir brauchen nur an den burgbann bei den Ottonen zu erinnern. Es läge also nahe zu vermuten, die Inhaber von twing und bann hätten stets ihre Befugnisse auf irgend welche öffentlich-rechtliche Titel zurückgeführt. Damit gerät man aber in Widerspruch mit der herrschenden Ansicht, nach der die Verordnungsgewalt in Gemeindeangelegenheiten ursprünglich den autonomen Markgenossenschaften zugestanden hat, denen sie dann von einzelnen Markherren entrissen wurde. Diese gelangten lediglich durch die eigene Kraft ihrer wirtschaftlichen Ueberlegenheit zu der die Mark beherrschenden Stellung.

Wir haben schon oben darauf hingewiesen, daß die Zeit, in die diese Vorgänge fallen, sehr arm an Quellen ist. Einen lücken-

1) *v. Wyss*, Abhandlungen z. Gesch. des schweiz. öffentl. Rechts. 1892. pag. 35.

2) W. Wiesendangen, *Grimm* I. 142. Item im gehörend zu alle zwing und bänn clain und groß über holtz, velde, wisen, acker, wingarten, wasser, wasserrünsen, gemainmerk, wayde und alles das, das zu verzwingend und zu verbannend ist, nutz usgenomen in dem zwing, bann und gerichten zu W. — W. Meggen, *Grimm* I. 165 . . . das m. h. v. Oesterrich in dem hof zu M., das gen Habspurg hoert, twing und ban hat über holtz und velt und elli gerichte, túbi und alle frevel.

3) *v. Wyss* ibid. p. 34.

losen, quellenmäßigen Nachweis werden wir also für die von der herrschenden Meinung abweichenden Gesichtspunkte so wenig geben können, wie diese ihn für die bekannte Genesis des Markobereigentums zu erbringen imstande war.

Der Beachtung wert sind vor allem zwei Sangaller Formeln: Form. Sang. miscell. nr. 9 (MG. Formulare pag. 383) und Collectio Sang. Form. 10 (ebenda pag. 403).

Die erstere ist das Formular für eine Auseinandersetzung in einem Streit zwischen einem Kloster (inter locum sancto illo vel illo nuncupatum) und den im selben Orte ansässigen Gauleuten (reliquos eorundem locorum pagenses). Der Streit war nach der Annahme des Verfassers der Formel über die Frage ausgebrochen, ob diese »caeteri cives« in einem großen Waldgebiete (silva vel potius saltu latissimo longissimoque) die Nutzungsrechte »per suam auctoritatem« an »ex eiusdem loci domini precario deberent«. »Jussu missorum imperatoris« kamen Vertreter aus allen in den Streit verwickelten Grafschaften zusammen und teilten, nachdem sie auf die Reliquien des Klosterheiligen vereidigt worden waren, den Wald in 2 Teile. Der eine sollte »ad cellam sancti illius proprie pertinere« und es sollte darin niemanden irgend ein Nutzungsrecht zustehen »nisi ex permisso rectorum eiusdem sancti loci«. In dem andern Teile sollten »omnes illi pagenses similiter sicut familia sancti ill. usum habere caedendi ligna et materies saginamque porcorum vel pastum peccorum«. Aber auch hier sollte dem Förster des Klosters die Aufsicht über rationelle Nutzung zustehen (eos admoneat et conveniat, ne inmoderate ruendo arbores glandiferas et sibi nocui et sancto loco inveniantur infesti); denn Raubbau liefe sowohl den Interessen der pagenses als denen des Klosters zuwider.

Wenn den Anweisungen des Försters keine Folge geleistet werde, sollte der Schutzherr des Klosters (provisor eiusdem loci) das öffentliche Gericht (comitem aut vicarium) anrufen, »ut ipsorum auctoritate ad iustitiam distringantur. Si vero neque illis consenserint, ad imperatoris iudicium venire compellantur«.

Die zweite Formel ist nach der Ueberschrift[1]) eine Vorlage für Teilungsurkunden über königliche oder genossenschaftliche, bischöfliche oder klösterliche Besitzungen. Sie faßt offenbar alle hier möglichen Combinationen ins Auge, daher auch einmal vom

1) Notitia divisionis possessionum regalium vel popularium, episcopalium vel monasterialium.

»fiscus regis«, das andre Mal von der »emunitas regis« die Rede ist. Im Gegensatz zu den »populares possessiones«, in denen »omnia omnibus essent communia in liquis cedendis et sagina porcorum et pastu pecorum«[1]), soll die immunitas regis »sine ullius communione« bleiben. Nutzung durch andere soll nur mit Erlaubnis eines königlichen Beamten oder eines vom König mit öffentlicher Gewalt ausgestatteten Herrn — eines Immunitätsherren zulässig sein. Uebertretungen sollen durch das öffentliche Gericht geahndet werden. Nur so kann ich die Worte erklären: Si autem quis sine permissione praefecti vel procuratoris regis aut venationem ibi exercere vel ligna aut materiem cedere convictus fuerit, iuxta decretum senatorum provintiae componat.

In beiden Fällen wird offenbar die gemeine Mark unter Beiziehung der Vertreter der öffentlichen Gewalt geteilt zwischen einer Grundherrschaft und den übrigen in der Mark berechtigten Gauleuten. In dem einen Teil soll — in beiden Fällen — niemand irgend welche Nutzungen genießen, der nicht von dieser Grundherrschaft — Grundherr ist entweder ein Kloster oder der König — dazu ermächtigt ist. In dem der Allgemeinheit zur Nutzung belassenen Teil steht nach Form. Sang. misc. 9 der Grundherrschaft ebenfalls das Recht zu, durch Beaufsichtigung der Nutzungsweise Raubbau zu verhüten. Wir haben also hier nebeneinander die »erste Etappe zur Entwicklung der Markherrschaft« und voll entwickeltes »Markobereigentum«.

Es soll zunächst nicht bestritten werden, daß diese Abmachung nicht möglich gewesen wäre, wenn nicht das Kloster oder was für eine Grundherrschaft es sein mag, in der Mark, in der die Teilung vorgenommen wurde, infolge seiner wirtschaftlichen Ueberlegenheit eine mächtige Stellung schon früher eingenommen hätte. Aber was von größtem Interesse ist, die Grundherrschaft läßt sich nicht nur die Herrschaftsrechte in dem ihr zugewiesenen Teil der Mark durch einen öffentlich-rechtlichen Akt bestätigen. Auch das Aufsichtsrecht in der gemeinen Mark stellt sich dar als Abspaltung eines öffentlichen Rechts, insofern als das ordentliche Gericht, unter Umständen das königliche Hofgericht den

1) Das Bifangrecht eines jeden Markgenossen findet ausdrückliche Anerkennung: nisi forsitan aliquis civium eorundem vel inanu consitum vel semine inspersum aut etiam in suo agro sua permissione concretum et ad ultimum a patre suo sibi ne mus immune vel aliquam silvaculam relictam habeat propriam vel cum suis coheredibus communem.

Anweisungen der von der Grundherrschaft eingesetzten Förster Nachdruck verschaffen muß.

Dadurch wird es auch verständlich, warum das Verordnungsrecht in Markangelegenheiten so oft mit den Ausdrücken districtus et bannus, twing und bann bezeichnet wird. In vielen Fällen beruht dieses Verordnungsrecht, wie man nach der Bezeichnung twing und bann schon vermuten mußte, auf öffentlich-rechtlicher Verleihung. Erst durch die Entscheidung einer »iussu missorum imperatoris« einberufenen Versammlung wurde in Form. Sang. misc. 9 die Verordnungsgewalt in Markangelegenheiten zu einem Recht des Klosters.

Damit ist auch zur Genüge erklärt, wie es möglich war, daß einzelne Grundherrschaften von allen Markgenossen, auch von denen, die in keinem dinglichen Abhängigkeitsverhältnisse standen, Frondienste auch für rein private Zwecke fordern konnten. Man braucht das Markobereigentum gar nicht zur Erklärung. Denn wir haben oben gezeigt, daß der Erwerb irgend welcher öffentlich-rechtlicher — meist richterlicher — Befugnisse über irgend ein Gebiet den Erwerber den Bewohnern dieses Gebietes gegenüber stets in eine Stellung bringt, die ihm den Bezug von Frondiensten auch für private Zwecke ermöglicht. Es ist hier kein Unterschied zwischen den comites der Carolingerzeit, den Immunitätsherren der Ottonenzeit, den Vögten der geistlichen Grundherrschaften und den Grundherrschaften, die auf Grund öffentlich-rechtlicher Verleihung in den Markgenossenschaften gewisse Befugnisse erlangen.

Es ist bekannt, wie die unter Karl dem Großen in der einen Person des Königs vereinigte öffentliche Gewalt im Laufe des Mittelalters durch fortgesetzte Verleihung der Gerichtsbarkeit und anderer öffentlich-rechtlicher Befugnisse eine für unsere Begriffe schwer abzuschätzende Zersplitterung erlitt. In einem fränkischen Dorfe wird z. B. im 15. Jahrhundert die Gerichtsbarkeit gewiesen: zur Hälfte dem Herrn von Würzburg, $^1/_4$ dem Herrn von Mainz, $^1/_4$ dem Grafen von Rieneck. Dementsprechend heißt es auch im Weistum: »wan man geputte zu fronen oder zu dienen mit pferden oder an pferde, so sollen sie yedem herren dienen, nachdem er teyl am dorfe hat« [1]). Bezeichnend für die Mannigfaltigkeit der Dienstverpflichtungen ist die ziemlich häufig vorkommende Be-

1) *Grimm* III. 537.

stimmung, daß derjenigen Herrschaft, die ihre Dienste zuerst ansagen läßt, auch zuerst gedient werden muß [1]).

---

1) W. Halsenbach u. Bickenbach, *Grimm* II. 237. Undt weyllen wir dan zweyen obrigkeiten underworffen, welche aber zuvorn und zum ersten zu den frondiensten bescheiden läst, derselben soll man auch zum ersten dienen. — W. Oerbach. *Grimm* I. 629: wilcher van beiden herren sins dienstes irst gesinnet, deme soilent sie ouch irst den dienst doin, ind deme andern sinen dienst darnae doin.

Druck von H. Laupp jr in Tübingen.

ZEITSCHRIFT
FÜR DIE
GESAMTE STAATSWISSENSCHAFT.
Herausgegeben von
Dr. K. Bücher,
o Professor an der Universität Leipzig.

Ergänzungsheft XIV.

Beiträge zur Lehre von den Lohnformen.

Von

Dr. Otto von Zwiedineck-Südenhorst,
ord. Professor an der technischen Hochschule in Karlsruhe.

Mit 2 Kurven.

TÜBINGEN.
VERLAG DER H. LAUPP'SCHEN BUCHHANDLUNG.
1904.

Preis im Einzelverkauf M. 3.60.

Preis für die Abonnenten der „Zeitschrift für die gesamte Staatswissenschaft" oder der „Ergänzungshefte" M. 2.80.

Ergänzungshefte
zur „Zeitschrift für die gesamte Staatswissenschaft".

Gross 8.

	Im Abonnem.*)	Im Einzelverkauf.
I. Gogitschayschwili, Ph., **Das Gewerbe in Georgien** unter besonderer Berücksichtigung der primitiven Betriebsformen. 1901.	2.80.	3.60.
II. Senkel, W., **Wollproduktion und Wollhandel im XIX. Jahrhundert** mit besonderer Berücksichtigung Deutschlands. Mit 4 Diagrammen. 1901.	4.—.	5.—.
III. Schneider, R., **Der Petroleumhandel.** 1902.	2.10.	2.75.
IV. Hacker, P., **Die Beiräte für besondere Gebiete der Staatstätigkeit im Deutschen Reiche und in seinen bedeutenderen Gliedstaaten.** 1903.	2.40.	3.—.
V. Hey, K., **Die Parzellenwirtschaften im Königreich Sachsen.** 1903.	4.60.	6.—.
VI. Pfütze, A., **Die landwirtschaftlichen Produktiv- und Absatzgenossenschaften in Frankreich.** 1903.	2.10.	2.75.
VII. Lübbers, L. E., **Ostfrieslands Schiffahrt und Seefischerei.** 1903. Mit 8 Tabellen.	2.45.	3.20.
VIII. Mitscherlich, A., **Die Schwankungen der landwirtschaftlichen Reinerträge** berechnet für einige Fruchtfolgen mit Hilfe der Fehlerwahrscheinlichkeitsrechnung. Mit 2 Tafeln und vielen Tabellen. 1903.	3.30.	4.20.
IX. Schulze, A., **Die Bankkatastrophen in Sachsen im Jahre 1901.** 1903.	2.80.	3.60.
X. Ludwig, F., **Die Gesindevermittlung in Deutschland.** Mit 2 graphischen Darstellungen im Text. 1903.	3.60.	4.50.
XI. Heubner, P. L., **Der Musterlagerverkehr der Leipziger Messen.** 1904.	2.—.	3.—.
XII. Kuske, B., **Das Schuldenwesen der deutschen Städte im Mittelalter.** 1904.	2.—.	2.50.
XIII. Siebeck, O., **Der Frondienst als Arbeitssystem.** Seine Entstehung und seine Ausbreitung. 1904.	2.—	2.50.
XIV. von Zwiedineck-Südenhorst, O., **Beiträge zur Lehre von den Lohnformen.** 1904.	2.80	3.60.

*) Die Abonnenten der »Zeitschrift für die gesamte Staatswissenschaft« erhalten die Ergänzungshefte ebenfalls zum Abonnementspreise.

I.

Zur Systematik und Terminologie.

Die Lehre von den sogenannten Lohnformen ist bis vor kurzem in der Literatur recht arg vernachlässigt gewesen, und wenn man die systematischen Darstellungen der Materie Arbeitslohn insbesondere in den Lehrbüchern der politischen Oekonomik durchgeht, so findet man mit einer gewissen Hinwegsetzung über die Ethymologie der Ausdrücke unter der Kapitelüberschrift »Lohnformen« nebeneinander gereiht die Unterscheidung von Geld- und und Naturallohn einerseits, von Zeit- und Stück- oder Akkordlohn anderseits [1]). Die Erörterung der letzteren Unterscheidung klingt dann zumeist noch in einige Bemerkungen über Prämienwesen und Gewinnbeteiligung aus. Es ist eine Schwäche der meisten Systeme, dass mitunter recht disparate Dinge unter einen Kapitel-Titel gesteckt werden, nicht zum Vorteil des Verständnisses und meist zum Nachteil der Uebersichtlichkeit.

Mit den sogenannten Lohnformen steht es im grossen und ganzen ähnlich. Ist die Unterscheidung von Natural- und Geldlohn wirklich eine Differenzierung der Löhne und damit gewiss auch der Lohnverhältnisse ihrer Form nach, so kann doch wohl der Ausdruck »Form des Lohnes« nicht auch für die beiden Kategorien Zeit- und Akkordlohn passend sein. Auch mit der Einteilung *Philippovich*'s [2]) wird man sich nicht zufrieden geben

---

1) Vgl. *Schönberg*, Art. Arbeitslohn im Handwb. d. Staatsw. 2. Aufl. I. S. 864 »Die Hauptformen des Lohnes sind I. Natural- und Geldlohn; 2. Zeitlohn, Stücklohn, Prämienlöhnung, Beteiligung am Gewinn«. *Kleinwächter*, Lehrbuch d. Nationalökonomie S. 414 in der Hauptsache ebenso; *Kehm* (Elster) Art. Arbeitslohn im Wörterb. d. Volksw. II. S. 191. *Conrad*, Grundriss zum Studium d. polit. Oekonomie I. Bd. 3. Aufl. S. 276 unterscheidet in ähnlicher Weise »Arten des Arbeitslohnes«.

2) *Philippovich*, Grundriss d. pol. Oekonomie I. Bd. 5. Aufl. § 123.

dürfen, wenn er von »Arten des Lohneinkommens« in demselben Sinne handelt. Diese Ueberschrift veranlasst zunächst die Frage, ob Arten des Lohneinkommens und Formen des Lohnverhältnisses dasselbe sind; und auch unter der Voraussetzung, dass die Identität beider in einem weitesten Verstande zugegeben werden kann, scheint doch auch hier gewissermassen ein logischer Schönheitsfehler vorzuliegen, wenn als Einkommensarten Naturallohn, Akkordlohn, Gewinnbeteiligungssystem u. s. f. nebeneinander gestellt sind.

Adolf Wagner geht, nach seinem Vorlesungsgrundriss [1]) zu schliessen, einheitlicher vor. Demzufolge erörtert er in § 38 Zeitlohn, Stücklohn, Verdienst in Gewinnbeteiligung u. s. f. als Lohnarten freier Lohnsysteme und fasst in § 58 einerseits die Unterscheidung von Natural- und Geld-, sowie Ehrenlohn unter der Ueberschrift »Lohnwährung«, während er anderseits im selben Zusammenhange mehrere »Lohnformen« — hier allerdings unter eben diesem Ausdruck — nach der Bemessungsart, nach der Beziehung zur Leistung und nach der Zeitdauer des Dienstes unterscheidet. Die Trennung, die *Wagner* durch gesonderte Behandlung des ökonomisch so tief einschneidenden Gegensatzes von Natural- und Geldlohn vorgenommen hat, ist absolut notwendig. Dies ist festzustellen, ohne dass damit ohne weiteres zugegeben sein soll, dass der Ausdruck Lohnwährung besonders glücklich gewählt ist, ja man wird sogar im Gegenteil zugeben müssen, dass die Verwendung dieses Ausdruckes zu Verwechslungen führen kann. Auch fragt es sich, ob nicht die Bezeichnung »Lohnform« für die Kategorien Natural- und Geldlohn und Ehrenlohn gerade besonders richtig und deshalb zweckmässig beizubehalten ist; handelt es sich ja doch in der Tat um die Form, die äussere Gestalt, in der die Lohnwertbeträge vom Lohnschuldner zu entrichten sind. An eine besondere Form des Lohnes oder Arbeitseinkommens kann dagegen wohl nicht gedacht werden, wenn die Begriffe Zeitlohn, Stücklohn oder Akkordlohn auftauchen. Der Unterschied zwischen diesen betrifft eben nicht die Form oder äussere Gestalt des Lohnes. Wenn man aber von Form nicht im erkenntnistheoretischen Sinne als von Anschauungs- und Denkform spricht — und das ist eben hier nicht der Fall — dann kann mit Form doch

---

1) Allgemeine und theoretische Volkswirtschaftslehre oder Sozialökonomik. 3. Aufl. Berlin 1901.

wohl nur die in einem gewissen Gegensatz zum Inhalt stehende äussere Erscheinung gemeint sein.

Es handelt sich daher darum, den Begriff »Lohnform« enger zu ziehen, als dies bisher geschehen ist, und ihn auf Eigentümlichkeiten des Arbeitslohnverhältnisses, wie es Zeit- und Stück- oder sonstige Akkordlöhnung sind, also auf die Kategorisierung der Lohnerscheinungen in diesem Sinne nicht auszudehnen.

Etwas anderes ist es gewiss, wenn vom juristischen Standpunkt aus von »Formen des Arbeits vertrages« gesprochen wird, wie dies *Lotmar* tut, der ausdrücklich Zeit- und Akkordlohn als Grundformen des Arbeitsvertrages bezeichnet [1]). »Formen des Arbeitsvertrages« ist natürlich etwas von Form des Lohnes, also des Entgeltes gänzlich Verschiedenes. Auch *Lotmar* fühlt übrigens das Bedürfnis, das Wesen des Begriffes »Form« hervorzuheben und so offenbar den Gegensatz zu den die Materie des Arbeitsvertrages betreffenden Elementen desselben zu betonen, wenn er seine Bezeichnungsweise damit begründet, dass »das, was jedem von ihnen (scil. Zeit- und Akkordlohn) wesentlich und eigentümlich ist, was sie also und was allein sie von einander unterscheidet, nicht durch die Materie des Arbeitsvertrages bedingt ist« [2]).

Diese Verwendung des Begriffs Form ist, wie gesagt, zweifellos an sich anders zu beurteilen, berechtigt aber ist die Terminologie doch auch hier nicht. *Lotmar* fährt in der Begründung der Bezeichnung »Formen des Arbeitsvertrages« fort: »denn was zunächst die Vergütung für sich anlangt, so ist die Form des Arbeitsvertrages unabhängig von der Grösse der Vergütung, unabhängig davon, dass die Vergütung absolut oder relativ bestimmt ist, und endlich auch unabhängig von ihrem Gegenstande«. Darnach wäre also das Charakteristische für das Formelement des Vertrages in der Unabhängigkeit desselben vom materiellen Inhalt des Vertrages zu suchen!? — So liegen die Dinge jedoch nicht, denn es handelt sich um das Vorhandensein des gerade entgegengesetzten Kausalzusammenhanges. Allerdings ist die Bemessung des Lohnes nach Zeit oder Leistung, also nach *Lotmar* die Vertragsform unabhängig von der Grösse der Vergütung, aber die Fragestellung hat vielmehr zu lauten: ob die Vergütung hinsichtlich Grösse und

1) *Lotmar*, Der Arbeitsvertrag nach dem Privatrecht des Deutschen Reiches. I. Bd. Leipzig 1902. S. 339.

2) Ebenda S. 332.

Gegenstandes von der Form des Vertrages in diesem Sinne, das ist von der Lohnbemessungsmethode, abhängig ist, und das wird wenigstens bezüglich der Grösse der Vergütung nicht verneint werden können. Denn die Vertragsbestimmung, ob Zeit oder Leistungserfolg der Arbeit Grundlage für die Lohnbemessung bilden soll, ist, das bestreitet *Lotmar* natürlich selbst nicht, von grösster Bedeutung für die Vertrags-M a t e r i e, und deshalb kann ihr auch nicht ein bloss formaler Charakter zugeschrieben werden.

Ist dies vom Standpunkte der wirtschaftstheoretischen Erwägung aus gegen *Lotmar*'s Argumentation einzuwenden, so ist m. E. auch vom Standpunkte der rechtswissenschaftlichen Terminologie aus gegen diese Verwendung des Begriffes Vertragsform zu bedenken, dass unter Formen des Vertrages das Element Schriftlichkeit, Mündlichkeit oder im weiteren noch besondere andere äussere Erfordernisse wie z. B. Notarietät, bücherliche Eintragung und dgl. verstanden werden. In dieser Hinsicht scheint sich allerdings in der Praxis eine Differenzierung der Vertragsform nach der Bemessungsmethode in der Weise anzubahnen, dass für die sogenannten Akkordverträge, wie *Bernhard* berichtet[1]), Schriftlichkeit der Vereinbarung mit wachsendem Erfolg von den Arbeitern gefordert wird. Aber die besondere Form ist natürlich ein sekundäres Moment, nichts dem Wesen des Stück- oder Akkordlohnes Eigentümliches. *Lotmar* hebt wohl hervor (S. 336), dass er eine »innere« Form meine, nicht eine äussere; innere Form bedeute dann eben die innerhalb des Arbeitsverhältnisses liegende Beziehung von Arbeit und Entgelt. Diese Verwendung des Ausdruckes Form führt, abgesehen von der Willkürlichkeit, mindestens zu Unklarheiten.

Eine weitere Auseinandersetzung mit *Lotmar*'s rechtswissenschaftlicher Behandlungsweise des Unterschiedes von Zeit- und Akkordlohnvertrag fällt übrigens unter die Betrachtungen der rechtlichen Tragweite dieser Unterscheidung, welche im II. Abschnitt noch eingehender zu erörtern sein wird.

Hier muss jedoch zunächst noch im Anschluss an die übliche Unterscheidung von Zeitlohn einerseits, »Stück- oder Akkordlohn« anderseits gegen die eingebürgerte Verwendung des Wortes »Akkord« Einsprache erhoben werden. Sowohl gegen die Gleichstellung von Stück- und Akkordlohn als auch gegen die Verwen-

---

1) *Bernhard*, Die Akkordarbeit in Deutschland. Leipzig 1903. S. 213 f.

dung des Ausdrucks Akkord bloss für die nach Massgabe der Leistung zu entrichtenden Löhne sprechen Gründe. Was das letztere anlangt, ist hervorzuheben, dass auch die Zeitlöhnung akkordiert, d. h. der Wurzel des Wortes nach vereinbart wird, dass also gar kein Anhaltspunkt an und für sich dafür vorliegt, den Ausdruck in einem so engen Sinne zur Bezeichnung eines ganz bestimmten Verhältnisses zu gebrauchen, zumal eben mit dieser Bezeichnung das Eigentümliche des Arbeitsverhältnisses gar nicht erfasst wird. Für die Beibehaltung dieser Terminologie kann nur der tief wurzelnde Sprachgebrauch geltend gemacht werden; gegen diesen anzukämpfen wäre denn auch von vornherein ein vergebliches Beginnen [1]).

Allein auch der Spachgebrauch ist in neuerer Zeit nicht so ganz sicher geblieben [2]), denn während man bis vor kurzem Stücklohn und Akkord tatsächlich zu identifizieren pflegte, wird die Unterscheidung beider immer gebräuchlicher; mit der Entwicklung der Tatbestände geht auch eine Differenzierung der Begriffe Hand in Hand. In einem sehr lesenswerten Aufsatze hat *Ed. Bernstein* [3]) jüngst die Differenzierung der Ausdrücke systematisch zu fassen unternommen. »Stücklohn und Akkordlohn sind beide zunächst Werklohn und in ihrer speziellen Bestimmtheit je Abarten oder Unterformen von ihm«. Akkordlohnarbeit soll überall da vorliegen, wo Arbeiten an einzelne Arbeiter oder Gruppen von Arbeitern im Gedinge vergeben werden, d. h. Vergebung meist mit Zuhilfenahme einer dritten Mittelsperson. Dieses Vergeben der Arbeit an Zwischenpersonen in Verding, die dann darauf achten, dass der Arbeiter die Zeit nicht vertrödelt, bezeichnet man vielfach und gerade in Interessentenkreisen als Akkord [4]). Für den Stücklohn gibt *Bernstein* keine weitere, den Gegensatz zum Akkord besonders kennzeichnende Definition. Aber mit der Sonderstellung der sozusagen vermittelten Arbeitsverhältnisse folgt er dem Sprachgebrauch, der jedenfalls auch Anspruch auf Berücksichtigung erheben kann [5]).

---

1) Aehnlich auch *Lotmar* a. a. O. S. 331, Note, der den Ausdruck Akkord durch »Werklohnvertrag« eigentlich ersetzen möchte.

2) Eine noch viel freiere Verwendung des Ausdrucks »Akkord« bei *Bernhard* a. a. O. S. 226, Note.

3) Sozialistische Monatshefte 1904 I. Bd. S. 271, Die Bedeutung der Lohnformen.

4) In diesem Sinne unterscheidet auch die österreichische Gewerbeordnung § 77.

5) Bemerkenswert ist, dass *Bernhard* a. a. O. dieser Differenzierung im Sprachgebrauch keine Rechnung trägt.

Weiter muss hier noch gegen die Auffassung, dass Gewinnbeteiligung eine besondere Lohnform sei, grundsätzlich Stellung genommen werden. Dass in einem gegebenen Falle zwischen der Lohnbemessungsmethode (also der Tatsache, dass der Lohn nach der Zeit oder nach dem Leistungserfolg bemessen wird) einerseits und dem Bestehen einer besonderen Gewinnbeteiligungsvereinbarung anderseits irgend ein ökonomischer ursächlicher Zusammenhang, irgend eine Abhängigkeit beider von einander besteht, wird kaum jemals nachgewiesen werden können. Die Gewinnbeteiligung hat in der Theorie wie in der Praxis von dem Problem des Lohnes als des vertragsmässig vereinbarten Arbeitsentgeltes unbedingt getrennt zu bleiben. Der Anteil am Gewinn ist etwas unter allen Umständen Zweifelhaftes und bringt das Moment des Risikos in die Einkommensverhältnisse des Arbeiters, das dem nackten Arbeitsentgelt des Arbeitslohnvertrages nicht anhaften darf. Deshalb gerade wird aber auch bei allen Arbeitsverhältnissen, die mit der Gewinnbeteiligungsverabredung zu Gunsten der Arbeiter abgeschlossen werden, vom ökonomischen Standpunkt aus nie auf die völlig selbständige und von der Gewinnbeteiligungszusage gänzlich unabhängige Lohnbestimmung verzichtet werden können.

Die Verbindung der Gewinnbeteiligungszusicherung mit dem Arbeitslohnverhältnis ist rechtlich entweder unverbindlich und dann ein schenkungsartiges Zugeständnis des Unternehmers oder, wenn vertragsmässig vereinbart und durch Kontrollmassregeln sichergestellt, ein von dem reinen Arbeitsvertrag m. E. absolut zu unterscheidendes gesellschaftsähnliches Verhältnis, das mit *Crome* als partiarisches Geschäft zu bezeichnen ist[1]) und formell juristisch sich, sofern es eben, das sei wiederholt, vertragsmässig zugesichert ist, als ein Zusatzvertrag darstellt[2]), niemals aber als eine Form des Lohnes oder des Arbeitsvertrages.

Zufolge dieser ökonomisch sehr relevanten Sonderstellung des reinen Arbeitslohnverhältnisses gegenüber der Gewinnanteilsvereinbarung, die neuestens auch in der rechtstheoretischen Behandlung des Verhältnisses ein Analogon gefunden hat[3]), wird auch bei

---

1) Gerade der Standpunkt *Crome*'s (Die partiarischen Rechtsgeschäfte nach römischem und heutigem Reichsrecht, Freiburg 1897), dass die Partiarqualität bei einem Rechtsgeschäfte auch eine bloss teilweise sein kann, entspricht vollständig der ökonomischen Morphologie des Verhältnisses. A. a. O. S. 24.

2) Nach *Crome* »als Effekt einer besonderen Geschäftsklausel«.

3) Eben bei *Crome* passim, insbes. S. 142 und 215 ff.

Gewinnbeteiligungsverhältnissen niemals auf eine selbständige gesunde Lohnpolitik verzichtet werden dürfen, innerhalb der das Problem der Lohnbemessung eine besondere Rolle spielt.

Endlich ist noch einer besonderen Kategorie von Arbeitsverhältnissen zu gedenken, deren Eigentümlichkeit sie auch zu einer besonderen sogenannten Lohnform machen soll: Es ist das Problem der Stabilisierung oder Etatisierung der Arbeitsverhältnisse. Darüber kann kein Zweifel bestehen, dass die Dauer des Vertragsverhältnisses diesem einen ganz besonderen Charakter verleihen kann, dass schon die Gestaltung des Kündigungsrechtes, die Vertragsauflösungsbedingungen schlechthin von grosser Tragweite für die materiellen Interessen der beiden Parteien und insbesondere des Arbeiters aber auch schon für den ganzen Verlauf des Vertragsverhältnisses sind oder wenigstens sein können.

Die rechtliche Sicherung des Arbeitsvertragsverhältnisses für längere Dauer hat nun gewiss nicht bloss ökonomische, besondere materielle Wirkungen für die Vertragsparteien, vielmehr ist es in der Tat nicht ausgeschlossen, dass durch diese Stabilisierung auch für ein Zurücktreten des rein wirtschaftlichen Interesses sozusagen Bahn gebrochen wird. Ich meine den Gedanken, den in ähnlicher Weise zuerst meines Wissens *Steinbach* entwickelt hat [1]), dass auf dem Wege der Stabilisierung, der Existenzsicherung das ethische Moment beruflicher Pflichterfüllung gegenüber dem wirtschaftlichen des rechtsgeschäftlichen Erwerbes in den Vordergrund treten müsse. Allein das ist ein Entwicklungsvorgang, der sich nur sehr allmählich zu weiterer Anerkennung durchringen wird, und fürs erste stehen wir noch in den Anfängen einer solchen Erhebung des sozialen Bewusstseins, weshalb wir denn auch ganz offen bekennen müssen, dass die Stabilisierung der Arbeitsverhältnisse noch ausschliesslich unter dem Schlagworte der Existenzsicherung steht. Neben diesem materiellen Moment kommt aber allerdings auch ein formalrechtliches in Betracht: die privatrechtliche Grundlage des Arbeitsverhältnisses wird durch eine öffentlich-rechtliche ersetzt. Mag das positive Recht immerhin da und dort auch das öffentliche Arbeiterstatut einer Gemeinde oder

---

1) *Steinbach* hat den Gedanken verschiedentlich und wiederholt ausgesprochen und vertreten. So »Erwerb und Beruf« Wien 1896 S. 24 u. 50 f. »Die Moral als Schranke«. Wien 1898 S. 54—62, »Rechtsgeschäfte der wirtschaftlichen Organisation« Wien 1897 S. 8 ff., endlich »Genossenschaftliche und herrschaftliche Verbände in der Organisation der Volkswirtschaft« Wien 1901 S. 30 ff.

eines Staatsbetriebes heute noch als privatrechtliches Vertragsinstrument erfassen, dem Wesen nach liegt doch eine neuartige Organisation des Arbeitsverhältnisses vor, die aber freilich nur fur ein beschränktes Gebiet von Arbeitsverhältnissen wird Anwendung finden können.

Jedenfalls geht es schon nicht an, alle Arbeitsverhältnisse, die auf einer für Lebenszeit geschlossenen Rechtsvereinbarung fussen, in gleicher Weise zu beurteilen; immer spielt die Frage der Fundierung der Rechtsansprüche aus dem Vertragsverhältnisse eine gewisse Rolle, und deshalb ist das lebenslängliche Dienstverhältnis beim Staat, bei einer Gemeinde oder einer sonstigen wirtschaftlichen Zwangsgemeinschaft anders zu beurteilen als ein Arbeitsvertrag ohne Kündigungsrecht auf Seite eines privaten Arbeitgebers, der erst dann der ersteren Kategorie von Dienstverhältnissen gleichwertig würde, wenn nach den Prinzipien der Wahrscheinlichkeitsrechnung der Anspruch auf Fortdauer des Arbeitsverhältnisses sozusagen versicherungstechnisch sichergestellt würde. Genau genommen ist nur die Dauer des Dienstverhältnisses, was *Ad. Wagner* ja ganz deutlich hervorhebt, das rein juristisch wesentliche Merkmal dieser neuartigen Arbeitsverhältnisse. Das ist, um auf den Ausgangspunkt der Untersuchungen zurückzukommen, natürlich auch kein blosses Formelement und demzufolge, wenn also auch von jeder materiellen Folgewirkung dieses Zeitumstandes abgesehen wird, handelt es sich nicht um eine besondere Form des Lohnes oder des Arbeitsvertrages. Also in der Lehre von den Lohnformen hat dieses Problem auch keinesfalls Platz, vielmehr wird es immer dringender, dass die Systematik der Lehre vom Arbeitsvertrag oder richtiger vom Arbeitseinkommen und den Arbeitskosten der rechtlichen Grundlage des Arbeitsverhältnisses eine besondere und eingehendere Erörterung zu teil werden lässt.

Fassen wir das gesagte zusammen, so folgt daraus für die Systematik:

1. dass die Lehre von den sogenannten Lohnformen auf die Erörterung des Gegensatzes von Natural- und Geldform des Lohnes zusammenschrumpft;

2. dass die Kategorisierung von Zeitlohn und sog. Akkordlohn, zu welch letzterer Kategorie Stücklohn und die besonders zu behandelnden Akkordverhältnisse, aber nicht auch weitere Sondervereinbarungen zu rechnen sind (gleitende Lohnskalen, gewisse Prä-

miensysteme etc.), dass diese Kategorisierung der Lohnverhältnisse einfach von dem Gesichtspunkte der Bemessungsmethode des Lohnes ausgeht, also zunächst ein ganz besonderes wirtschaftstheoretisches Problem ist, das um so mehr der Verselbständigung und Vertiefung bedarf, als man auf dem Wege der Deduzierung rechtlicher Konsequenzen aus der Unterscheidung der verschiedenen Bemessungsmethoden Gefahr läuft, die charakteristischen wirtschaftlichen Momente aus dem Auge zu verlieren [1]);

3. dass an Stelle der gebräuchlichen Ausdrücke Stücklohn und Akkordlohn bei Berücksichtigung des Sprachgebrauches und der tatsächlichen Verhältnisse ein beiden übergeordneter Begriff dem Begriff Zeitlohn gegenübergestellt werden muss, wofür sich der von *Bernstein* gewählte Ausdruck Werklohn empfiehlt [2]);

4. dass die Gewinnbeteiligung eine ökonomisch und rechtlich von dem Lohnverhältnisse völlig disparate Beziehung zwischen Unternehmer und Arbeiter ist, also ganz gewiss keine Lohnform.

5. dass bei der sogenannten Stabilisierung neuartige Rechtsgrundlagen für das Arbeitsverhältnis entwickelt werden, durch welche die Organisation der Arbeit in ihrem Wesen voraussichtlich eine Umgestaltung erfahren wird und da und dort tatsächlich auch schon erfährt, deren Tragweite mit den Wirkungen einer Aenderung der Vertragsform natürlich nicht mehr auf eine Stufe gestellt werden kann.

---

1) Inwieweit diese Kategorisierung mit einer rechtlichen Hand in Hand geht, inwieweit sie auf einer juristischen Differenzierung der Arbeitsverträge fusst, ist im II. Abschnitt zu untersuchen.

2) Das Bedenken *Lotmar's* gegen den Ausdruck Werklohn, an den er, wie erwähnt, selbst denkt, ist, scheint mir, nicht zu schwer zu nehmen. Der Theoretiker, und auf den kommt es hier zunächst an, wird Werklohnvertrag von Werkvertrag auseinanderzuhalten wissen. *Lotmar's* Argument für den Ausdruck »Akkord« berücksichtigt die tatsächliche Differenzierung im Sprachgebrauch doch zu wenig. A. a. O. S. 331.

II.

Juristische und wirtschaftstheoretische Behandlung des Unterschiedes von Zeit- und Werklohnvertrag.

Die Frage nach der rechtlichen Tragweite der Unterscheidung von Zeitlohn einerseits und Werklohn oder sogenanntem Akkordlohn anderseits hat zwei Seiten. Zunächst fragt es sich, ob diese Unterscheidung in einer Differenzierung der rechtlichen Grundlagen der Arbeitsverhältnisse wurzelt, d. h. mit anderen Worten, ob es zwei ihrem Wesen nach verschiedene Vertragstypen sind, die den beiden Kategorien von Arbeitsverhältnissen zugrunde liegen. Und weiter geht die Fragestellung, gleichviel wie man sich zur ersten Frage verhält, zustimmend oder abweichend, dahin, ob die Unterscheidung rechtlich bedeutsame Konsequenzen nach sich zieht.

Die Erörterung dieser Fragen führt naturgemäss zu einer Auseinandersetzung mit der juristischen Literatur.

Die erste Seite der Frage ist im Hinblicke auf das positive Recht, und zwar sowohl das römische Recht als das bürgerliche Gesetzbuch, dadurch komplizierter, dass die Parallele zum Gegensatz von locatio conductio operarum und locatio conductio operis, beziehungsweise von Dienst- uud Werkvertrag nahe liegt.

So ganz klar liegen die Dinge in der rechtswissenschaftlichen Literatur denn auch nicht. Nicht einmal darüber, ob ein solcher Parallelismus in dem Sinne anzunehmen ist, dass der Tatsachen-Differenzierung die rechtliche kongruent sei. In erster Linie kommt für uns der Standpunkt des Standard-work über den deutschen Arbeitsvertrag von *Lotmar* in Betracht[1]). Wie wir schon gesehen haben,

---

1) Für die Abgrenzung des Begriffes »Arbeitsvertrag« ist in erster Linie auf das 1. Kapitel des 1. Abschn. seines mehrzitierten Buches zu verweisen, das auch für den Nationalökonomen überaus wertvolle Betrachtungen enthält., insbes. S. 53—60.

gelangt er in der Analyse des Arbeitsvertrages dazu, Stück- und Akkordlohn als Grundformen des Arbeitsvertrages einander gegenüberzustellen. Nachdem er festgestellt hat, dass Dienst- und Werkvertrag nicht gewissermassen Oberarten sämtlicher gesetzlichen Arbeitsvertragstypen sein können, »weil nicht alle diese Typen auf dem Doppelgebiet des Dienst- und Werkvertrages unterzubringen sind«[1]), sucht er, dem Bedürfnis nach einer systematischen Gliederung der ganzen Materie »Arbeitsvertrag« folgend, für die Einteilung einen Gesichtspunkt zu gewinnen, auf den alle möglichen Arbeitsverträge reagieren und der auch der juristisch eingreifendste sein muss. *Lotmar* schreibt: »Da die gesetzlichen Typen durch ihre Rechtswirkungen gesondert sind und um dieser Differenzen willen unterschieden werden, so bedeutet eine nicht von den gesetzlichen Typen ausgehende Einteilung auch ein völliges Absehen von der Rechtswirkung als massgebendem Faktor und ermöglicht damit die der Aufgabe allein entsprechende Systematisierung, nämlich die rein auf die Tatbestände gestellte Ordnung« (S. 329). Und solchen Tatbestand erkennt er in dem Gegenübertreten von Zeit- und Akkordlohn, eine Distinktion, die, weil über wichtige materielle Bestimmungen des Arbeitsvertrages erhaben, nur ein innerer Formunterschied sein soll (S. 335). Wie steht es mit diesem Formunterschied bei *Lotmar*?

»Entweder ist die Vergütung im Vertrag bestimmt zur Gegenleistung für die Arbeit samt dem mit ihr verbundenen, sie begleitenden oder abschliessenden Erfolg, so dass dieser (die Wirkung oder das Ergebnis der Arbeit) einen Bestandteil des vertragsmässigen Entgeltverhältnisses bildet, indem er in der Arbeitszusage wie in der Entgeltszusage eingeschlossen ist, schon weil er nicht ausgeschlossen ist« (!). »Oder aber die Vergütung ist im Vertrag bestimmt zur Gegenleistung für die Arbeit unter Abzug des ihr begrifflich und real anhaftenden Erfolges. Dieser Abzug, diese im Vertrag selbst für das Entgeltverhältnis geschehende Abstraktion von der Arbeitswirkung kann nur dadurch erfolgen, dass die Vergütung für die Arbeit einer gewissen Zeit d. h. einer gewissen Dauer versprochen wird, und gibt sich am deutlichsten darin kund, dass ... die Vergütung für einen Zeitabschnitt ... versprochen wird ... Hier wird, und zwar allein durch das Abstellen auf den Zeitabschnitt, der Ar-

1) *Lotmar* a. a. O. S. 326.

beitserfolg in das Entgeltsverhältnis nicht einbezogen, er ist darin nicht als zu Entgeltendes eingeschlossen. Das Entgeltverhältnis nimmt von ihm Umgang« (S. 331). »Es enthält demnach der Tatbestand des Zeitlohnvertrages ein M e h r gegenüber dem des Akkordes, nämlich die Bestimmung der Vergütung für einen Zeitabschnitt« (S. 337).

Die Eigenartigkeit der *Lotmar*ischen Auffassung des Gegensatzes besteht darin, dass also seiner Ansicht nach »erst durch das H i n z u t r e t e n e i n e r g e w i s s e n B e s t i m m u n g der Arbeitsvertrag z u m Z e i t l o h n v e r t r a g wird«. Der Unterschied in den Grundformen sei also rein auf die Tatbestände gestellt (S. 341 f.), wie sie das Leben liefert.

Die Römer haben, so meint *Lotmar*, die tatbeständliche Differenz in dem Gegensatz von locatio operis und locatio operarum erfasst [1]), der deutsche Gesetzgeber aber sei, »wo er den Anlauf nimmt, generelle Typen aufzustellen, wo er als in beiden indifferent den Dienstvertrag und den Werkvertrag definiert, über eine unvollständige Scheidung von Akkord und Zeitlohnvertrag nicht hinausgekommen« (S. 343). Nur an der Mangelhaftigkeit der gesetzlichen Definitionen für die beiden Typen Dienst- und Werkvertrag liege es, dass jeder Werkvertrag auch ein Dienstvertrag sei, und nur den Werkvertrag auf »Akkordform zu beschränken« sei dem Gesetzgeber gelungen; dagegen auch den Dienstvertrag auf die Zeitlohnform zu beschränken oder zu unterscheiden, »welcher Teil (des Akkordes) dem Dienst-, welcher dem Werkvertrag angehört«, habe der Gesetzgeber unterlassen, wozu noch der Mangel des Gesetzes komme, dass »der Akkord als Dienstvertrag der von der Akkordform geforderten Regelung entbehren« müsse (S. 343).

Lotmar's Standpunkt ist also folgender:

Der Unterschied von Zeitlohn und Akkord- recte Werklohn wurzelt nicht im Gesetz, ist ein bloss tatbeständlicher; aber eigentlich sind es zwei Vertragstypen (nur nicht de lege lata des deutschen Reichsrechtes), denn der Unterschied fällt ja mit locatio operis und locatio operarum zusammen. Konsequent gedacht ist es nur, dass aus dem Unterschied eine Reihe wichtiger Rechtsfolgen sich ergeben, das kann, wenn verschiedene Verträge zugrunde liegen, wohl nicht anders sein.

Erinnert man sich dem gegenüber aber, dass Zeitlohnvertrag

---

1) A. a. O. S. 341.

und Akkord Formen, und zwar Grundformen eines und desselben Vertrages, des Arbeitsvertrages, sein sollen, so scheint darin doch ein gewisser Widerspruch vom rein juristischen Standpunkt eingeflossen zu sein, denn der Gegensatz zwischen locatio operarum und locatio operis greift in das Wesen der Rechtsgrundlagen der Parteibeziehungen ein und hebt sich jedenfalls weit über den blossen »inneren Formunterschied« im Verhältnis von Entgelt zur Leistung, der nach *Lotmar* das Wesen des Unterschiedes ausmachen soll. Während also in einer Hinsicht *Lotmar* auch seinerseits den Unterschied in dem Verhältnis des Entgelts zur Leistung d. i. mit anderen Worten in der Bemessungsweise für das Entgelt erkennt, behauptet er anderseits eine Verschiedenheit in den Rechtsgrundlagen, nichts anderes also, als dass das Objekt des Vertragsverhältnisses in beiden Fällen ein verschiedenes sei.

Dieses Abgehen vom erstmaligen Einteilungsgrund zeigt auch ein anderer Zusammenhang. *Lotmar* nimmt Kombinationen von Zeit- und Akkordlohnverhältnissen an, u. z. dort, wo eine Lohnvereinbarung derart getroffen wird, dass der Lohnbetrag mit der Zahl der Arbeitsergebnisse zunimmt und nebenbei eine Naturalvergütung läuft, wie namentlich bei landwirtschaftlichen Arbeitsverhältnissen; diese Vergütung erweise sich dadurch als Zeitlohn, dass sie von jener Zunahme der Arbeitsergebnisse unberührt bleibe [1]).

Lotmar hat noch nicht ausgeredet, denn er verweist auf die erst im II. Bande folgenden Ausführungen über die Einzelheiten der »Grundformen« wie auch über diese Kombination. Aus diesem Grunde ist auch eine eigentliche Diskussion verfrüht. Allein

1) A. a. O. S. 719—721. Geht man von der Anschauung aus, dass das Wesentliche des Gegensatzes von Zeit- und Akkordlohn in der Bemessungsmethode und in sonst nichts liegt, dann ist die Annahme einer Kombination von beiden einfach logisch zu verurteilen, denn es können niemals in diesem Sinne zwei Massstäbe zu der Messung einer Grösse verwendet werden. Zur Klarstellung dieses angeblich kombinierten Verhältnisses bedarf es einer solchen Kombinationsannahme aber gar nicht. Im gegebenen Fall wird sich zumeist unschwer erkennen lassen, ob man es mit einem Zeitlohn, mit Prämien oder mit einem Werklohn zu tun hat, als dessen Bestandteil die Naturalvergütung einerseits mit Rücksicht darauf geleistet wird, dass der Arbeitserfolg mindestens den Wert der Naturalleistungen erreicht, und anderseits mit Rücksicht auf die Notwendigkeit eines Minimums von Entgelt, das wegen der wirtschaftlichen Lage des Arbeiters unabhängig vom Arbeitserfolg unter allen Umständen geleistet werden müsste. Das Bewusstsein einer »Kombination« von Zeit- und Werklohn wird den Parteien bei Verbindung von Stücklohn mit Naturalvergütung kaum eigen sein.

ein Abgehen von dem ursprünglich erfassten Einteilungsgrunde ist in dem Gedanken einer solchen Kombinationsmöglichkeit unbedingt zu erkennen — ganz abgesehen davon, dass *Lotmar* damit die Konstruktion eines Zwitters zwischen zwei disparaten Begriffen unternimmt.

Noch manche andere Stelle bei *Lotmar* lässt erkennen, dass ihm der innere Formunterschied doch das Wesen des Gegensatzes nicht erschöpfe, dass er dieses vielmehr in dem Umstande erblicke, ob die Vergütung für die Arbeit schlechthin, d. i. die Arbeit samt ihrem Erfolg oder ob sie bloss für die Arbeit einer gewissen Länge vereinbart wird. (So S. 336 und 340.)

Obgleich für viele einzelne Behauptungen *Lotmars* die genauere Darstellung im II. Bande abgewartet werden muss, geht doch aus dem bisher von ihm mitgeteilten zur Genüge hervor, dass er einen von der theoretischen wie praktischen Sozialökonomik nicht annehmbaren Standpunkt vertritt. Gegen denselben ist, um das spätere verständlich zu machen, zunächst folgendes zu sagen:

Unbestreitbar ist es vom Standpunkte der Rechtswissenschaft nicht nur zulässig, sondern geradezu naheliegend, einen kollektiven Begriff »Arbeitsvertrag« aus der Menge von einzelnen Vertragstypen zu gewinnen, die das positive Recht einer besonderen Regelung unterwirft. Es ist dies gewiss nicht nur eine interessante theoretische, sondern auch zweifellos praktisch fruchtbare wissenschaftliche Arbeit, aus der für die Rechtssprechung sowohl, als auch für die Fortbildung des Rechts sehr belangreiche Gesichtspunkte gewonnen werden können. Ja man wird sogar weitergehen und zugeben können, dass auch für die theoretische Oekonomik manches Ergebnis der juristischen Denkarbeit sehr gut verwertbar sein wird. Streng logische Begriffsbildung, wie sie gerade die Rechtswissenschaft fördert, kann ja an und für sich schon mindestens hinsichtlich der Systematik, aber auch bezüglich jeder eingehenderen Untersuchung irgendwelcher Kausalzusammenhänge den ökonomischen Disziplinen nur förderlich sein.

So ist die Existenz des Begriffes Arbeitsvertrag in einem weiteren Sinne gewiss auch für die Sozialethik ein wertvoller Gewinn der juristischen Dialektik[1]). Und in diesem Sinne ist das wissen-

1) An der Entwicklung des kollektiven Arbeitsvertragsbegriffes wird schon längere Zeit gearbeitet. Besonders beteiligt daran sind *Förster* (Preuss. Privatrecht 1869), *Windscheid*, namentlich aber *W. Endemann*, so vor allem in seinem Aufsatze in Con-

schaftliche Unternehmen *Lotmars*, den Arbeitsvertrag nach dem Privatrecht des Deutschen Reiches systematisch zu untersuchen und darzustellen, für die politische Oekonomik von besonderer Bedeutung [1]), auch wenn die rechtswissenschaftliche Systematik Kategorien von Arbeitsverhältnissen aufstellt, durch welche nach ökonomischer Morphologie Gleichartiges getrennt und Ungleichartiges zusammengefasst wird — und das ist, wie gleich zu zeigen sein wird, ja auch in *Lotmars* Arbeit geschehen. Allein diese juristische Systematik reicht nicht nur nicht aus für die Bedürfnisse der ökonomischen Theorie, sondern sie läuft diesen in mancher Hinsicht geradezu zuwider. Die Erklärung für diese eigentlich wenig erfreuliche Tatsache ist unschwer zu finden, man hat sie in der Verschiedenheit der Beobachtungsobjekte der beiden Disziplinen zu suchen. In der Sozialökonomik kommen bei allen wirtschaftlichen Beziehungen die Menschen mit ihrer ganzen wirtschaftlichen Persönlichkeit in Betracht, während für die juristische Betrachtungsweise stets die Rechtsbeziehung in der Hauptsache isoliert, losgelöst von dem Komplex anderer wirtschaftlicher Interessen der Parteien Gegenstand der Untersuchung sind.

Daraus darf nicht ohne weiteres auf einen Vorwurf gegen die formal juridische Forschungsweise geschlossen werden, und auch ich bin weit entfernt »in dem hierin sich äussernden Formalismus der juristischen Begriffsbildung« einen Zug des »unsozialen Charakters des geltenden Privatrechtes oder der bestehenden Rechtspflege« erblicken zu wollen [2]). Gewiss, spezialisierte Rechtsnormen und unbefangene sich an die Norm bindende Rechtsprechung tun not, nicht aber unformale, positive Begriffe, ich stimme *Max Weber* darin voll zu. Aber wir können uns nicht dazu verstehen, vom ökonomischen Gesichtspunkt aus es für richtig zu halten, wenn *Lotmar* als gleichmässig zu beurteilende nebeneinander stellt: die Vergütung des Theaterbesuchers für die Lohengrinaufführung, des Zechenbesitzers für hundert Hektoliter Kohlenförderung, des Handschuhfabrikanten für das Schneiden eines Dutzend Hand-

rad's Jahrb. 1896 »Die rechtliche Behandlung der Arbeit« (S. 641—708), in dem er auch von seinem Standpunkte aus die von mir oben im Text berührte Tatsache feststellt, dass »zwischen Rechts- und Wirtschaftslehre noch ein tiefer Zwiespalt der Ansichten über Arbeit bestehe«. (S. 706.)

1) Die beste Würdigung des hervorragenden Werkes von diesem Gesichtspunkte m. W. bei *M. Weber*, Archiv f. soz. Gesetzgebung XVII. Bd. S. 723 ff.

2) *M. Weber* a. a. O. S. 725.

schuhe, des Hauseigentümers für die Vermittlung eines Hypothekendarlehens u. s. w., und ich halte dafür, dass es Verwirrung in die wirtschaftstheoretische Kategorisierung bringen muss, wenn der Preis, den der Passant auf der Strasse dem selbständig gewerbtreibenden Stiefelputzer für das Stiefelreinigen zahlt, ein Akkordlohn im gleichen Sinn sein soll, wie etwa der Lohn, den der Setzer für je 1000 Lettern vom Druckereibesitzer erhält. Nicht nur für die Wirtschaftstheorie scheint mir derartiges nicht unbedenklich, sondern auch für die Rechtsprechung — doch das gehört schon auf ein anderes Gebiet[1]).

Geführt hat hiezu dieser kollektive Begriff Arbeitsvertrag, der alle gesetzlichen Typen umfasst, und für ihn bahnt *Lotmar* auch die Systematisierung nach dem »inneren Formunterschied« an. Dass für diesen umfassenden Komplex von Vertragstypen eine solche Kategorisierung in dem Sinne gerechtfertigt werden kann, d. h. dass die verschiedenen gesetzlichen Typen darnach auseinandergehalten werden, ob die Entgeltbemessung nach Zeit oder nach dem Leistungserfolg geschieht, auch speziell für juristische Zwecke, das ist nicht zu bestreiten. Wogegen aber Einspruch erhoben werden muss, ist die Auffassung und eventuell daran anschliessend eine Judikatur des Inhaltes, dass zwei verschiedene Rechtsgrundlagen vorliegen sollen, je nachdem der unselbständige Lohnarbeiter seinen Lohn nach dem Zeitausmass oder nach dem Arbeitserfolg bemessen erhält.

Ist auch anzuerkennen, dass der Werklohnvertrag (Akkord) nicht als mit dem Werkvertrag kongruent, sondern vielfach als unter den Dienstvertrag fallend angesehen wird, so genügt das für die Klarstellung dieser Arbeitsverhältnisse i. e. S. noch nicht. Vielmehr ist geradezu die Sonderstellung derjenigen Kategorien von Arbeitsverhältnissen notwendig, bei welchen, wie *Lotmar* selbst sagt, die arbeitnehmende Partei keine andere Leistung gegen Entgelt zu bieten hat und für den Streit der Interessen nicht mit dem vollen Rüstzeug ausgestattet ist. Diese Sonderstellung mag vielleicht juristisch technisch schwer erreichbar sein, indem ich dafür eintrete, berufe ich mich aber auf einen juristischen Standpunkt, den auch *Lotmar* einzunehmen erklärt, nämlich auf denjenigen *Endemanns*, der sagt, »mit der vermeintlichen Scheidung von Dienst- und Werkvertrag ist nicht auszukommen; darauf ist na-

1) *Lotmar* selbst erkennt dabei übrigens auch die Unzulänglichkeit ausschliesslich juristischer Systematik gegenüber einer Reihe tatsächlicher Verhältnisse (S. 12 f.).

türlich gebührend Rücksicht zu nehmen, wie die Arbeit zu leisten ist, ob durch Eintritt in den Dienst des Arbeitgebers oder ob in ganz oder wenigstens teilweise die eigene Verantwortlichkeit des Arbeitenden mit sich bringender Weise oder ohne solche«[1]). Wenn d a r a u f Rücksicht genommen werden soll, dann darf aber nicht die Zufälligkeit der Entgeltbemessung nach dem Leistungserfolg die Grundlage dafür bilden, dass ihrer ganzen wirtschaftlichen Natur nach grundverschiedene Arbeitsverhältnisse den gleichen gesetzlichen Normen unterworfen werden.

Es ist eben n i c h t d a s s e l b e Verhältnis, wenn »A gegen Vergütung ihm übergebene Baumwolle verspinnen, d. h. in Garn verändern oder ihm übergebene Tabakblätter wickeln, d. h. in Cigarrenwickel verändern oder mit seinem Wagen den Transport des B nach N ausführen soll«[2]), auch dann nicht, wenn die dem A zugesagte Vergütung in allen Fällen in gleicher Weise, sei es nach Zeit oder nach der Leistung bemessen wird, und es ist unrichtig, den Transport mit dem Wagen des Transportierenden, also mit kapitalistischen Erwerbsmitteln auf eigenes Risiko mit der ohne eigenes Risiko seitens des Arbeiters durchgeführten Spinn- und Wickelarbeit auf eine und dieselbe Stufe zu stellen und an beide Kategorien von Arbeitsverhältnissen dieselben Rechtswirkungen knüpfen zu wollen.

Sofern der Standpunkt des positiven Rechtes für eine solche Identifizierung wesentlich verschiedener Arbeitsverhältnisse Anhalt bietet, so ist das zu bedauern; das auf ökonomische und soziale Tatsachen gestützte und deshalb zwingende Urteil kann de lege ferenda wie auch vom wirtschaftstheoretischen Standpunkt aus dem keine Rücksicht, sondern eben nur Kritik zu teil werden lassen.

Der sehr lehrreiche Versuch, ein besonderes »Akkordrecht« zu konstruieren, den *Bernhard* unternommen hat[3]), war theoretisch gerade im Hinblicke auf die juristische Literatur vollkommen gerechtfertigt. Dass das Resultat etwas dürftig ist, scheint mir für meine Auffassung zu sprechen. Die *Bernhard*'schen Untersuchungen laufen nämlich, da er den tatsächlichen Verhältnissen und damit

1) *Endemann* a. a. O. S. 706. Ueber *Lotmar*'s Stellung zu *Endemann* vgl. *Lotmar* a. a. O. S. 14.

2) *Lotmar* a. a. O. S. 337.

3) *Bernhard* a. a. O. Vierter Abschnitt: Die rechtliche Ordnung der Akkordarbeit.

ökonomischen Gesichtspunkten Rechnung trägt, auf nichts weniger hinaus als auf ein umfassendes Sonderrecht für das Werklohnverhältnis; er kommt zu keinem anderen Standpunkte gegenüber den einzelnen Rechtsfragen in Werklohn- wie in Zeitlohnverhältnissen.

Auch alle Entscheidungen, die *Bernhard* über die strittigen Fragen der Lohnbemessung bei Unzulänglichkeit der Akkordeinheit, d. h. im Falle die Akkordarbeit bei Auflösung des Vertrages nicht fertiggestellt ist, fällt[1]), auch alle diese Entscheidungen ergeben sich m. E. durch Analogie aus dem Falle einer Zeitlohnverabredung, die vor dem Ablaufe der Dauer, für welche sie rechtskräftig getroffen, aufgelöst wird (§§ 626—628 BGB.); es gilt vielleicht gerade nur das eine Prinzip festzuhalten, dass, wenn vor Fertigstellung der Akkordeinheit der Arbeiter ausscheidet, nicht ein beliebiger (etwa der ortsübliche) Zeitlohnsatz den vereinbarten Akkordlohnsatz ersetzen darf oder kann, dass vielmehr mit dem Einflusse der Bemessungsmethode auf die Arbeitsintensität gerechnet werden muss.

Alles, was aus den Rechtsstreitigkeiten, insbesondere den vor den Gewerbegerichten verhandelten, für die besondere rechtliche Stellung des Werklohnverhältnisses zu gewinnen ist, ist die spezifisch ökonomische Tatsache, dass das Arbeitseinkommen des Werklöhners ausserordentlich abhängig ist von verschiedenen Umständen in der Betriebsorganisation der betreffenden Unternehmung in den wirtschaftlichen Mitteln des Unternehmers u. dergl. [2]). In all dem kann man, wie *Bernhard* gleichfalls anzunehmen scheint[3]), in der Hauptsache nur ö k o n o m i s c h wichtige Zusammenhänge erkennen, und gerade w e i l z. B. der Unternehmer das unbedingte Direktionsrecht auch dem sogenannten Akkordarbeiter genau wie dem Zeitlöhner gegenüber behält, tritt diese Abhängigkeit des Arbeiters in seinem Einkommen vom wirtschaftlichen Milieu, in das er in dem Betrieb des Unternehmens getreten ist, hervor.

Mit dem modernen Arbeitsverhältnis tritt, auch wenn die Entgeltbemessung nach dem Arbeitserfolg geschieht, immer die v o l l e B i n d u n g d e r A r b e i t s k r a f t eines Individuums durch das Arbeitsverhältnis f ü r e i n e b e s t i m m t e Z e i t ein[4]);

---

1) *Bernhard* a. a. O. S. 226.

2) Ebenda S. 217, 223.

3) Ebenda S. 211 f.

4) Dass die Auffassung in England hierin eine andere zu sein scheint, geht aus

ein Tatbestand, dem übrigens nicht nur die Rechtsprechung, sondern auch das positive Recht ausdrücklich da und dort Rechnung trägt; so beispielsweise, indem es den Arbeitsherrn veranlasst, für ausreichende Beschäftigung des Werklöhners Sorge zu tragen [1]), und damit offenbar der ökonomischen Voraussetzung eines solchen Arbeitsverhältnisses, dass nämlich die Einkommenshöhe des Arbeiters nur von seiner Leistungsintensität abhängt, entsprechend Nachdruck verleiht.

Hier ist, wenn von Arbeitszeit der Stücklöhner die Rede ist, nicht etwa eine Lieferzeit gemeint [2]), sondern Arbeitszeit im engeren Sinne. Nur für die Heimarbeiter sind allerdings andere Verhältnisse, das Fehlen einer Arbeitszeit im engeren Sinn zu konstatieren. Wer wollte aber leugnen, dass es sich gerade im Zusammenhang damit bei diesen um ein eigenartiges Zwitterverhältnis zwischen Selbständigkeit und Unselbständigkeit handelt, dass die Mischung verschiedener sonst charakteristischer Qualitäten für die Kategorisierung dieser Arbeitsverhältnisse in ökonomischer und deshalb auch in juristischer Hinsicht Schwierigkeiten bietet? Es sind also Ausnahmsverhältnisse, die in der Gesetzgebung ebenso sehr einer besonderen Behandlung bedürften, wie sie z. B. dem Gesindeverhältnisse zu teil geworden sind, obwohl die ökonomischen Grundlagen und Voraussetzungen des Arbeitsverhältnisses an und für sich keine anderen sind. Man mag vom spezifisch formalrechtlichen Standpunkt aus, wie *Lotmar* dies zu tun geneigt scheint (S. 338, aber auch S. 470 ff.), die Beeinflussung des Arbeiters hinsichtlich der Zeiträume, innerhalb deren er die Arbeit zu verrichten hat, für nebensächlich im Wesen des Vertrages auffassen, ökonomisch ist darin ein ziemlich relevantes Symptom zu erblicken, ökonomisch gehört eine solche Einschränkung der absoluten Freiheit des Arbeiters zu den die Natur des Arbeitsverhältnisses ebenso mit bestimmenden Umständen wie die

---

dem Report on standard piece-rates of wages and sliding scales 1900 S. X (Board of trade, Labour departm ent) hervor, wo die Anschauung geäussert wird, dass nur die Durchführung einer bestimmten Arbeit Inhalt des piece—wage-agreement sei, also Werkvertragscharakter im Sinne unseres B.G.B. vorliege. Inwieweit diese Auffassung de lege lata in England berechtigt ist, bin ich zur Zeit nicht in der Lage zu konstatieren.

1) So § 124 Z. 4 der Reichsgewerbeordnung.

2) *Lotmar* a. a. O. S. 470 ff., treffliche Ausführungen, die aber wieder das spezifische Werklohnverhältnis des unselbständigen, insbesondere Fabrikarbeiters zu wenig berücksichtigen.

Unfreiwilligkeit des Arbeitsortes und sonstiger aus dem Direktionsrecht des Arbeitgebers resultierenden Bedingungen, unter welchen sich die Arbeitsleistung abspielt [1]).

Gewiss ist darin eine Wandlung in den Dingen zu beobachten; es ist aber eben das moderne Arbeitsverhältnis mit seinen gegenwärtig überwiegenden Erscheinungsformen im Auge zu behalten. Um die Tendenz der Entwicklung zu kennzeichnen, sei hier kurz auf eine ganz interessante Verschiedenheit der bezüglichen Umstände in einem bestimmten Industriezweige aufmerksam gemacht (vgl. Anhang I). Es zeigt die österreichisch-alpenländische Sensenindustrie in den alten Hammerwerksbetrieben langperiodige Zeitlöhnung für quantitativ ziemlich gleichmässige und genau begrenzte Arbeit, wobei das seitens des Arbeiters zur Verfügung zu stellende Zeitquantum in der Hauptsache von den Betriebsverhältnissen (Wasserkraft), vielfach aber von seiner Geschicklichkeit abhängt; auf der anderen Seite in neueren fabrikmässigen modern eingerichteten Grossbetrieben vielfach Stücklöhnung mit ganz bestimmter Fabrikarbeitszeit, wobei besonders hervorzuheben ist, dass zufolge der Arbeitsorganisation das Arbeitsquantum des einzelnen Arbeiters nicht ganz proportional mit seiner Geschicklichkeit steigen kann, der Arbeiter vielmehr in das allgemeine Produktionstempo des Betriebes sich einfügen muss. Mehr als bei dem nach Zeit gezahlten Arbeiter des alten Hammerwerks tritt für den nach dem Arbeitserfolg gelohnten Arbeiter des modernen Betriebes die Verdingung für eine bestimmte Arbeitszeit in die Erscheinung.

Wo ein solches zeitliches Sichzurverfügungstellen platzgreift, geht auch die Selbständigkeit in der Verwendung und der Verwertung der Arbeitskraft für den Arbeiter verloren. Kommt dann noch in Rücksicht, was *Neumann* [1]) teilweise richtig hervorgehoben hat, dass für den Werklöhner eine Verpflichtung bezüglich des wirtschaftlichen Erfolges nicht besteht, so dass also auch die Beziehung des Werklöhners zum Arbeitsprodukt eine nur sehr lose genannt werden kann, so wird die Analogie zur locatio conductio operis wohl immer mehr an Halt ver-

1) Vgl. auch *Bernhard* a. a. O. S. 220 f. und 230.

2) *Neumann*, Handausgabe des Bürgerlichen Gesetzbuches I. Berlin 1903, bemerkt zu § 612, die Vergütung (für Stücklohn) würde nur geschuldet, wenn die Arbeit einen gewissen Erfolg gehabt hat: der Unterschied zum Werkvertrag liegt darin, dass eine Verpflichtung diesen Erfolg herbeizuführen nicht besteht.

lieren, dagegen wird die Wesensgleichheit des Werklohnverhältnisses mit dem Zeitlohnverhältnisse für die Kategorie der wirtschaftlich unselbständigen Arbeiter (der gewerblichen Arbeiter, des Gesindes, der landwirtschaftlichen Arbeiter u. dgl.) immer klarer[1]).

Damit scheint mir aber dann doch die Erkenntnis gewonnen werden zu können, dass der Arbeitslohnvertrag in jenem engeren Sinne, dass mit demselben alle jene Arbeitsverhältnisse erfasst sein sollen, bei welchen der Arbeitnehmer bei vollem Verzicht auf Selbständigkeit wirtschaftlich ausschliesslich auf die Verwertung seiner Arbeitskraft angewiesen ist, kein solcher sein kann, durch den ein ökonomisches Risiko bei Eingehung des Rechtsverhältnisses für den Arbeitnehmer begründet wird. Wie wichtig es ist, diesen Gedanken der Risikoüberwindung für den Arbeiter auch in der juristischen Formulierung des Arbeitsverhältnisses herauszuarbeiten, erhellt aus der Entwicklung der realen Verhältnisse, d. h. aus der Fortbildung der Lohnvertragsgrundsätze, die im folgenden noch zu erörtern sein wird.

---

1) Bezeichnend ist gerade auch *Neumann's* Interpretation des § 616: Anspruch auf Vergütung bestehe auch für Stücklöhner fort, solange die Verhinderung der Diensterfüllung dauert, und zwar werde der durchschnittlich zu verdienende Stücklohn zu bezahlen sein. A. a. O. zu § 616.

III.

Tatsächliches zur Beurteilung der Stellung des Werklohnarbeiters.

Wurde im vorstehenden schon die Anschauung vertreten, dass eine einheitliche Grundlegung für die Fortbildung des Arbeitslohnverhältnisses im engeren Sinne, als des spezifischen Vertragsverhältnisses der unselbständigen Arbeiter, notwendig werde, so kann zur Bekräftigung dieser Anschauung auch auf Tatsachen hingewiesen werden, die dieselbe rechtfertigen.

Wenn der Unterschied zwischen Zeitlohn- und Werklohnverhältnis in einem anderen Vertragselement zu suchen wäre, als in dem der Bemessungsweise des Entgeltes, dann läge es wohl eigentlich nahe, dass auch in dem formalen Akte der Vertragsschliessung selbst schon eine gewisse Differenzierung platzgreift. Das ist nun, wenn man die Dinge nimmt, wie sie sich wirklich abspielen, nicht der Fall. Wenn *Bernhard* hervorhebt[1]), dass die Schriftform für den Akkordvertrag üblich sei — eine wesentliche Eigentümlichkeit kann natürlich auch er darin nicht erblicken — und darauf Gewicht legt, dass daran festgehalten werde, so tut er dies im Hinblicke auf seine Forderung einer »Regelung der Akkordarbeit«. Aber Arbeitslohnverträge i. e. S. werden geschlossen, ohne dass dabei stets von vornherein über die Lohnbemessung eine spezielle Vereinbarung getroffen würde. Ein Unterschied in der Lohnvertragsvereinbarung besteht nicht: der Setzer, der in einer Druckerei Aufnahme findet, wird als solcher aufgenommen, oft genug, ja sogar in der Regel ohne besondere Verständigung darüber, ob seine Leistung »im gewissen Gelde« entlohnt werden wird, oder nach Massgabe der Satzleistung (»im Berechnen«).

Das Fehlen einer solchen Vereinbarung über die Lohnbemes-

---

1) *Bernhard* a. a. O. S. 212 ff.

sung ist freilich, das muss eingeräumt werden, eigentlich erst möglich geworden mit der Abschliessung der Individualverträge auf der Basis eines kollektiven Tarifvertrages. Wenigstens muss in anderen Fällen als das Normale die Vertragschliessung mit einer Vereinbarung über einen Zeitlohnsatz oder über einen oder mehrere Werklohnsätze vermutet werden. Dieses »oder« kann aber (und das ist immer häufiger zu beobachten) zu einem »und« werden. Und in der Tat haben zahlreiche Unternehmungen die Aufnahme von Arbeitskräften in der Weise geregelt, dass von vorneherein bei der Aufnahme von Arbeitern neben Werklohnsätzen ein Zeitlohnsatz vereinbart wird. Ich verweise zur Illustrierung dieses auf den im Anhang II[1]) eingehender dargelegten Fall der Lohnvereinbarung in einem grossen deutschen Eisen- und Stahlwerk.

Mit dieser Vielseitigkeit der Vertragsschliessung bezüglich der Lohnbemessungsmethode steht übrigens auch die Frage in einem gewissen Zusammenhang, ob der Zeitlöhner zu Arbeiten im Werklohn verhalten werden kann und umgekehrt der ursprünglich zu Arbeiten im Werklohn aufgenommene zu Zeitlohnarbeiten. Im allgemeinen wird man freilich die Frage dahin beantworten können, die Möglichkeit eines solchen Wechsels in der Lohnbemessungsmethode hänge von der konkreten Vereinbarung ab. Aber diese Antwort entspricht nicht mehr ganz dem derzeitigen Stande der Rechtsanschauung der Interessenten. Diese, die wir vor allem in den Gewerbegerichtsentscheidungen sich spiegeln sehen, geht immer mehr darauf hinaus, dass ein solcher Wechsel in der Lohnbemessung vom Arbeitgeber ohne weiteres vorgenommen werden kann; eine Auffassung der Sachlage, der um so mehr Berechtigung zuzusprechen ist, als die Lohnbemessungsmethode in der ganz überwiegenden Zahl der Fälle heute im engsten Zusammenhange mit der Natur der betreffenden Arbeitsaufgaben steht. Und man wird davon ausgehend sogar sagen müssen, dass auch das positive Recht diese Rechtsanschauung unterstützt, insofern § 121 der Gewerbeordnung wohl auch darauf hinweist, dass die Ablehnung einer Arbeit wegen der damit zusammenhängenden Lohnbemessungsweise seitens des Arbeiters nicht ohne weiteres zulässig sein kann[2]).

---

1) Anhang II. Ich verweise auch auf die fesselnde Darstellung der »Denkwürdigkeiten und Erinnerungen eines Arbeiters«, Berlin 1903, insbes. »Im Stahlwerk«.

2) Einen ganz besonderen Grund für die Stellungnahme der Arbeiter gegen eine

Der Umstand, dass doch eigentlich der Uebergang vom vereinbarten Zeitlohnsatz zu einem Werklohnsatz eine besondere Vereinbarung über die Höhe desselben notwendig macht, erweist sich nach der Judikatur der Gewerbegerichte nicht als Hindernis dafür, dass auch ohne klare Willensübereinstimmung hierüber das Arbeitsverhältnis zu Recht besteht. Ist der Stücklohnsatz, den der Arbeitgeber zugesteht, zu niedrig, so genügt gewissermassen der Protest des Arbeiters, dass der betreffende Lohnsatz ihm zu niedrig sei, im übrigen aber habe er das Arbeitsverhältnis fortzusetzen und die Niedrigkeit des Lohnsatzes (selbstverständlich offenbar in Beziehung zum Zeitlohnsatz) im Rechtswege geltend zu machen [1]).

Genau genommen schliesst ja übrigens anderseits schon das Fehlen fortlaufender Gelegenheit zu Werklohnarbeit nach dem Stande der Gesetzgebung eine Berechtigung des Arbeitgebers zum Wechsel der Lohnbemessungsmethode in sich, da zufolge § 124 Z. 4 GO. der Arbeitgeber nicht riskieren kann, wenn er gerade nicht über »Stücklohnbeschäftigung verfügt«, den Arbeiter überhaupt nicht zu beschäftigen, er muss also in dem Fall, will er das Ausscheiden des Arbeiters verhüten, zum Zeitlohn übergehen. Die Möglichkeit der subsidiären Anwendung der Lohnbemessung nach Zeit kann also wohl kaum de lege lata vermieden werden [2]).

Mit dem grundsätzlichen Standpunkte, dass der Arbeiter einen Wechsel in der Lohnbemessungsmethode hinnehmen und ebenso im Verlauf des Vertragsverhältnisses eine Arbeit im Werklohn übernehmen muss, auch dann, wenn die Gefahr einer zu niedrigen Entlohnung besteht [3]), damit ist auch weiterer Boden auf dem Gebiete der Tatsachen für die Stellungnahme zu einem allgemeineren juristischen Probleme gewonnen, nämlich zur Abgrenzung der

---

Veränderung in der Lohnbemessung erwähnen *Webb's* Theorie und Praxis Bd. I. S. 268 Note 17.

1) Vgl. Das Gewerbegericht, VIII. Jahrg. Nr. 67. Im Zusammenhang damit *Unger*, Entscheidungen des Gewerbegerichtes zu Berlin 1898 Nr. 6, ebenso Entscheidungen österreichischer Gewerbegerichte Nr. 343, 387, 388, 634, 635 in der Sammlung der sozialen Rundschau des österr. Handelsministeriums.

2) *Unger* a. a. O. Nr. 3 vgl. die Begründungen zum II. und III. Streitfall »Gewerbegericht« V. Jahrg., Sp. 51—53.

3) Dass diese Rechtsanschauungen erst im Werden begriffen sind, erhellt aus den Widersprüchen, die in den Entscheidungen zu beobachten sind. Die österreichische Gewerbegerichts-Judikatur liess ab und zu hierin einen anderen Standpunkt erkennen. Vgl. z. B. Entscheidung 687 in der Sammlung der Sozialen Rundschau (Wien 1904, März).

Pflichten des Arbeiters, insofern daraus erhellt, dass diese Abgrenzung durchaus nicht für den Werklöhner zufolge der Beziehung zum Arbeitserfolg eine wesentlich andere ist als beim Zeitlohnverhältnisse, sondern dieselbe, die des Dienstlöhners. Höchstens insofern könnte diese Pflichtabgrenzung als ein spezifisch den Werklohn betreffendes Problem bezeichnet werden, als es bei dieser Lohnbemessungsmethode unter gewissen Umständen häufiger aktuell wird.

Ist in all dem schon ein gewisses Fortschreiten in der Rechtsanschauung gegenüber dem Arbeitsverhältnisse sozusagen neben dem positiven Recht zu erkennen, so lässt sich in anderer Beziehung auch eine Entwicklung über dieses hinaus beobachten, man stösst gerade auch wieder in der Rechtsprechung auf Aeusserungen des Rechtsgefühles, die sozusagen in ihren Grundlagen etwas von dem Charakter des prätorischen Rechtes an sich tragen. Die Ausführungen des vorstehenden II. Abschnittes decken sich ihrem Hauptinhalte nach mit den Auffassungen, die in der Judikatur allem Anschein nach mehr und mehr Raum gewinnen. Darnach können die Bestimmungen des BGB. über den Werkvertrag auf den »Arbeiterakkordvertrag« überhaupt keine, jedenfalls keine direkte, höchstens zum Teil eine analoge Anwendung finden, weil der Werkvertrag stets einen selbständigen Unternehmer voraussetzt. Damit ist das ganze Gebiet des Werklohnverhältnisses unter die Normen des Dienstvertrages des Zivilrechts subsumiert, und mithin auch in der Praxis offenbar dem Gedanken Bahn gebrochen, dass grundsätzlich rechtliche Verschiedenheiten in der Beurteilung von Arbeitsverhältnissen je nach der Verschiedenheit der Entgeltbemessung nicht platzgreifen können. Darin erschöpft sich aber noch nicht die Fortschrittlichkeit der gewerbegerichtlichen Judikatur, sie geht heute schon weiter und sucht sich über die Bestimmungen des bürgerlichen Rechts, soweit sie kann, hinwegzuhelfen überall dort, wo diese sich als Härten für den unselbständigen, auf den Lohnerwerb angewiesenen Berufsarbeiter erweisen. Auf Einzelheiten dieser Seite der Rechtsprechung ist in diesem Zusammenhang nicht einzugehen [1]). Wohl wird noch die

---

1) Man ist sich kaum bewusst, wie oft die Judikatur Gelegenheit hat, über eminent tief einschneidende Bestimmungen des positiven Rechts sich hinwegzusetzen. Namentlich die §§ 614 und 641 B.G.B. geben hiezu Anlass, indem der Umstand, dass die Lohnzahlung gesetzlich erst nach Ablauf der Dienste, bezw. nach Abnahme des Werkes eintreten muss, für den Arbeiter sehr häufig bei vorzeitiger

Wichtigkeit einer Aufgabe, die zum Teil auch der Judikatur als dem sozusagen prätorischen Recht und im weiteren der Legislative, aber damit auch der wissenschaftlichen Interpretation zufällt, beleuchtet werden müssen, eine Aufgabe, die auch die Fortbildung des Arbeitslohnvertrages in dem mehrerwähnten engeren Sinne betrifft: das ist die Verminderung des Risikos des Arbeiters und in erster Linie des hierin in der Tat ungünstiger gestellten Werklohnarbeiters. Dem muss aber noch einiges bezüglich der ökonomischen Stellung des Werklöhners Charakteristische vorausgeschickt werden.

Der im vorangehenden Abschnitte zuletzt ausgesprochene Gedanke, dass der Arbeitslohnvertrag aus der Natur der Umstände heraus, unter denen er zustande zu kommen pflegt, derart gestaltet sein muss, dass nur ein Minimum an ökonomischem Risiko aus ihm für den Arbeiter resultiert, der Gedanke ist zum grösseren Teile ein Problem de lege ferenda. Das positive Recht trägt demselben noch recht wenig Rechnung. Aber als Ausgangspunkt für eine Fortbildung des Arbeitsvertragsrechtes in dieser Richtung sind in der Tat bedeutsame und mindestens auch juristisch nicht zu vernachlässigende Ansätze in den Erscheinungen des realen Lebens zu beobachten.

Für eine richtige Erfassung dieses Problemes eines ökonomischen Risikos sind allerdings die Motive, die für die Entwicklung des modernen Werklohnwesens massgebend waren und immer dieselbe noch fördern, von einigem Belang.

Gewiss ist die Stücklohnung nichts an sich neues, ja im Ge-

Auflösung des Vertragsverhältnisses zu vollständigem Lohnverlust führen würde. Hierin ist nun allerdings auch eine Verschiedenheit in der Situation des Werklöhners gegenüber dem Zeitlöhner nicht abzuleugnen. Die fortlaufende Vorauszahlung von Taglohn bei einem auf längere Dauer geschlossenen Arbeitsverhältnis kann dem Gesetz gegenüber wohl auch schon als besonderes Entgegenkommen des Arbeitgebers betrachtet werden, so dass bei vorzeitiger Auflösung des Verhältnisses der Arbeiter, wenn er nicht schon Beträge ausgezahlt erhalten hat, nach § 614 sogar um seinen Lohn kommen konnte, weil die Dienste noch nicht zu Ende geleistet sind; beim Werklohnverhältnisse liegen die Dinge insofern noch ungünstiger, u. z. auch dann, wenn nicht die spezifischen Werkvertragsbestimmungen (§ 641) in Anwendung kommen, als die Lohnzahlungen von Tag zu Tag oder wochentlich bis zur Fertigstellung der Arbeitsaufgabe nach dem Wortlaute des Gesetzes tatsächlich als Vorschuss aufgefasst werden könnten, als ein Darlehen oder dergl. Hier wirkt die Judikatur längst überaus mildernd, und muss es, weil es an Normen für den Arbeitslohnvertrag i. e. S. fehlt. (Vgl. hiezu Das Gewerbegericht VIII. Jahrg. Entsch. Nr. 38)

genteil, wie ich schon in anderem Zusammenhange zu zeigen unternommen habe [1]), dürfte man in der Lohnzahlung nach Massgabe des Arbeitserfolges aller Wahrscheinlichkeit nach für die Mehrzahl der Handwerke die ältere Lohnbemessungsmethode zu erblicken haben. Dieser älteren Lohnbemessungsmethode, die noch aus der Entwicklungsstufe des gewerblichen Arbeitsverhältnisses stammt, auf der Meister und Geselle nebeneinander dem Arbeitsbesteller als Lohnempfänger gegenübergetreten sind, steht die neuere einigermassen kontrastierend gegenüber. Ueberwiegend war wohl auch der Zusammenhang mit der älteren völlig verloren gegangen, als die Arbeitsorganisation des gewerblichen Grossbetriebes diese Entgeltbemessungsmethode wieder zutage förderte. Die Kontinuität ist jedenfalls durch eine ausgesprochene Periode vorherrschender Zeitlöhnung gestört.

Für das neue, sozusagen moderne Werklohnsystem versucht *Bernhard* die entscheidenden Entwicklungsbedingungen klarzustellen. Manchen sehr richtigen Gesichtspunkt für die Erklärung der »Entwicklung der Akkordarbeit« hat er zweifellos herausgehoben [2]), so vor allem das kapitalistische Interesse, dass die in den allzu rasch technisch überholten Maschinen steckenden Kapitalswerte möglichst bald amortisiert werden. Aber einerseits stellt *Bernhard* selbst den Einfluss dieses Momentes auf die Verbreitung, bezw. Einführung des Werklohnsystemes in den Schatten, indem er darauf hinweist, dass der Arbeitgeber andere Mittel gebraucht habe, um die Arbeitsintensität zu steigern [3]). Anderseits sind gewisse Bemerkungen doch etwas zu oberflächlich [4]), und

1) Vgl. meine »Lohnpolitik und Lohntheorie«, Leipzig 1900 S. 43. Dazu auch *Webb*, Theorie und Praxis der englischen Gewerkvereine (Hugo) Bd. I. S. 254 Note.

2) *Bernhard* a. a. O. Erster Abschnitt passim.

3) Ebenda S. 17 ff. und 24.

4) So wenn er S. 9 a. a. O. schreibt: »In Deutschland hatte sich in der Praxis die Akkordlöhnung seit den vierziger Jahren zusehends verbreitet. Insbesondere wurden die Eisenbahnbauten durchweg in Akkord ausgeführt. Dies bot wiederum den Anlass, im Baugewerbe und in Fabrikindustrien diese Lohnform mehr und mehr anzuwenden. Aber nicht nur in den Fabriken und im Baugewerbe verbreitete sich das System, sondern es fand auch Eingang in die landwirtschaftlichen Betriebe. Der infolge der Eisenbahnbauten seit den vierziger Jahren hervortretende Leutemangel sollte durch vermehrte Arbeitsintensität ersetzt werden.« Das ist natürlich keine Erklärung, denn nur deshalb, weil bei Eisenbahnbauten Akkordlöhnung eingeführt war, sind nicht auch Industrie und Landwirtschaftsbetriebe zu diesem Lohnbemessungssystem übergegangen. Es haben jedenfalls oft auch zufällige Faktoren mitgespielt; diese festzustellen, ist Sache historisch-deskriptiver Untersuchungen. Darnach mag allerdings

mancher ziemlich naheliegende Kausalzusammenhang ist ganz übersehen worden. So ergibt sich m. E. gerade aus der *Bernhard*schen Darstellung, dass u. a. in der Textilindustrie die Organisation der Arbeit selbst, das durch den Arbeitsprozess bedingte gruppenweise Arbeiten auf die Lohnbemessungsmethode Einfluss gehabt haben muss [1]); noch bedeutsamer aber war gewiss für die Lohnbemessungsweise in der Textilindustrie der Zusammenhang mit den Heimarbeitsverhältnissen, aus denen heraus die englische Industrie gross geworden ist.

Es ist aber hier nicht der Ort, diese Einzelheiten weiter zu verfolgen, die auch eine Vertiefung in die Geschichte der verschiedenen Industriezweige erfordern würde. Für den gegenwärtigen Zusammenhang handelt es sich nur darum, ein ökonomisches Moment hervorzuheben, das nicht etwa bloss für den theoretischen Gedankengang, sondern auch praktisch als solches erscheint, das generell ganz erheblich zur Entwicklung, Einführung und Verbreitung, des Werklohnsystems in irgend einer Form beigetragen haben kann. Dieser ökonomische Faktor scheint mir darin erkennbar zu sein, dass in der Werklohnorganisation beim Arbeitsverhältnisse eine Befreiung des Unternehmers von einem Moment der Unsicherheit liegt, dem seine ganze Kalkulation im Falle der Durchführung seines Unternehmens mit der Lohnbemessung nach Massgabe der aufgewendeten Arbeitszeit unterliegt. Es soll hier gleich vorausgeschickt werden, dass es sich nicht um einen für alle Verhältnisse zutreffenden, sozusagen zwingenden Zusammenhang handelt. Allein die Tatsache, dass der Arbeitgeber mit der Bezahlung und vorher mit dem in Rechnungsetzen einer bestimmten Zeiteinheitsgrösse von Arbeit keine für irgendwelche Kalkulation unbedingt verlässliche Leistungs- oder Wertgrösse erfasst, wird mehr oder minder bei allen Zeitlohnverhältnissen fühlbar werden, und darin liegt ein Risiko.

Dieses Risiko kommt ganz naturgemäss in jenen Industrien am stärksten zur Geltung, in denen der Unternehmer nicht mit einer konstant gleichmässig fortlaufenden Produktion zu rechnen hat, sondern in denen er beständig neuartigen Aufträgen seiner Kunden und damit einem beständigen Wechsel in der Organi-

---

auch die Arbeiterschaft selbst da und dort das Bemessungssystem weiter übertragen haben, so z. B. vom Eisenbahnbau zur Landwirtschaft.

1) *Bernhard* a. a. O. Im Anhang I des ersten Abschnittes die Kapitel »Form der Akkordarbeit« S. 16 ff. und »die wichtigsten Gruppenarbeiten« S. 19.

sierung der Arbeit und in der Beschäftigung der einzelnen Arbeiter gegenübersteht, Industrien, in denen der Unternehmer durch die Marktverhältnisse gezwungen ist, seinen Auftraggebern Preise für die Aufträge namhaft zu machen, bevor er in die Durchführung der Aufträge eintritt. Er muss also eine Kalkulation auf Wahrscheinlichkeiten stellen. Damit seine Kalkulation auch im Verlaufe der Durchführung des Arbeitsprozesses, der dann auf Grund der Kalkulation eingeleitet wird, eingehalten werde, drängt die Sachlage ganz von selbst dazu, dass der Unternehmer die gesamten Arbeiten, für die er in seinem Voranschlag schon bestimmte Kosten einzusetzen gezwungen war, zu dem betreffenden Preis auch an die Arbeiter vergibt. Hat ein Baumeister ein Haus zu bauen übernommen und hiefür zur Einhaltung eines bestimmten »Limitos« der Kosten sich verpflichtet, so muss er bei Berechnung des Limitos einen gewissen Kostenbetrag für jeden Kubikmeter Mauerwerk und damit natürlich für die Arbeit an jedem solchen Kubikmeter angenommen und in die Rechnung eingesetzt haben. Diesen Kostenbetrag gilt es dann selbstverständlich einzuhalten, und das geschieht wohl am leichtesten durch Vergebung der Arbeit im Werklohnsatz. Wie bei den Steinmaurern steht es mehr oder minder bei allen übrigen Baugewerben, bei den Tischlern, Wagenbauern, Eisengiessern, Kesselschmieden, Schiffbauern, Maschinenbauern u. dgl. m. Ja, man wird allgemein sagen dürfen, dass diese Schwierigkeit sich in all den Gewerben vor allem einstellt, in denen die Produktionsobjekte ein mehr oder minder kompliziertes Ganze sind, dessen Bestandteile eben jenen starken Wechsel nach Massgabe der Bestellerangaben aufweisen. Jedenfalls treffen zwei Momente zusammen: die Ungleichmässigkeit der Produktionsprozesse im ganzen wie im einzelnen einerseits, die Notwendigkeit der Vorausberechnung des Produktpreises mit einiger Genauigkeit anderseits.

Auch *Bernstein* hebt diesen Umstand schon hervor[1]) und zwar speziell für das Maschinenbaugewerbe; es sei in steter technischer Fortentwicklung begriffen, »kleinere und grössere Umwälzungen der Technik ändern beständig am Arbeitsprozess, am Verhältnis zwischen Arbeiter, Werkzeug, bezw. Werkzeugmaschine und Material und machen so den Kostenpreis des Produkts zu einer bei stabilem Zeitlohn schwer bestimmbaren Grösse. Daher von

1) In seinem Aufsatz »Das Prämienlohnsystem und die Arbeiter«, Sozialist. Monatshefte 1902 Nr. 12.

dieser Seite her das immer stärkere Bestreben der Unternehmer, Stücklohnberechnung einzuführen«. Und in der ihm eigenen, sehr massvollen Weise knüpft er die Bemerkung an: »Es ist sehr naheliegend und nicht immer ungerecht, die stete Wiederkehr mit der Brandmarkung der »Profitgier« der Fabrikanten abzutun. Aber für die Erkenntnis der steigenden Zunahme dieser Versuche hat diese Erklärung keinen höheren Wert, als die Zurückführung des Widerstandes der Arbeiter gegen die Stückarbeit auf eine ihnen angeblich angeborene Faulheit und Begehrlichkeit«.

Dieses Risiko der fehlerhaften Lohnberechnung, das genau genommen immer besteht, so oft der Unternehmer eine Leistung im Auge hat, während er die Kosten nach der Zeit berechnet, also bei allen Zeitlohnverhältnissen, dieses Risiko einzuschränken, muss der Unternehmer bestrebt sein. Dieses Bestreben liegt im Wesen des rationell wirtschaftenden Unternehmertums. Indem ich vorhin von einer Abwälzung sprach, habe ich schon angedeutet, dass das Risiko nicht ganz verschwindet, vielmehr wenigstens zum Teil wieder erscheint, und zwar auf Seite des Arbeiters, dessen Arbeit nicht nach Zeiteinheiten, sondern nach der Leistung bemessen wird.

Wenn von dem Risiko, das mit der Werklöhnung verbunden ist, gesprochen wird, so soll damit nicht etwa an Vorgänge und Zustände gedacht werden, wie sie z. B. *B.* und *S. Webb* in ihrer Systematik des englischen Gewerkschaftswesens für englische [1]) und ähnlich neuestens *Pieper* für deutsche [2]) Kohlenbergwerksunternehmungen anführen, die nicht mehr immer als innerhalb der Grenzen des Strafgesetzes stehend kategorisiert werden können. Vielmehr braucht man hier nur jene Nachteile der im Werklohn Arbeitenden im Auge zu behalten, die sich tatsächlich und rechtlich als nichts anderes darstellen, denn als ökonomisches Risiko, das aus ihrem Arbeitsvertragsverhältnisse für sie entspringt.

Und worin kommt nun eigentlich das Risiko auf Seite des Werklöhners zur Erscheinung? Ein Unterschied in dem Ausmass an Haftung für eine Schädigung des Arbeitgebers, die auf die Arbeit speziell des Werklöhners zurückzuführen ist, ist nicht begründet, auch de lege lata nicht feststellbar. Da Zeit- und Werklohnverhältnis beide auf den Bestimmungen des Dienstvertrages fussen,

---

1) *Webb* a. a. O. S. 276.

2) *Pieper, Lorenz*, Die Lage der Bergarbeiter im Ruhrrevier. Stuttgart 1903 S. 65 ff. und 90 ff.

so kommen für beide auch bezüglich der Haftung dieselben Grundsätze zur Anwendung. Auch in der Judikatur der Gewerbegerichte hat sich, soweit ich sehe, — meine Beobachtungen erstrecken sich allerdings nur auf die deutsche und österreichische Rechtsprechung — bisher eine andere Auffassung nicht bemerkbar gemacht, was ja übrigens zu dem ganzen Grundzug der gewerbegerichtlichen Judikatur über das Werklohnverhältnis in vollem Einklang steht. Eine Differenzierung in der Haftung für Schaden könnte nur insofern erkannt werden, als der Werklöhner im Falle des Misslingens einer Arbeit nicht allein für den Materialschaden sondern gewiss auch mit seinem Werklohn aufzukommen hat, während beim Zeitlöhner unter Umständen von einer Kürzung des Lohnes schon wegen der Schwierigkeit, das Ausmass des durch das Missraten verwirkten Lohnes festzustellen, abgesehen werden dürfte, er also meist nur für Materialschaden herangezogen werden wird.

Aber es bleiben, abgesehen von dem Problem der Haftung, noch andere Momente, bezüglich deren das Risiko des Arbeiters in Frage kommen kann und tatsächlich auch kommt. Einige solche hat *Bernhard* behandelt[1]), es sind aber nur mittelbar ökonomische; ausser den von ihm hervorgehobenen kommen noch andere in Betracht. Wir haben dann folgende Faktoren zu beachten:

1. Abhängigkeit des Arbeitserfolges vom Material,
2. Abhängigkeit des Arbeitserfolges vom Werkzeug (Maschinen),
3. Einfluss der Zeitausnützung und im Zusammenhang damit
4. Abhängigkeit von anderen ausserhalb des Willens des Arbeiters liegenden Faktoren, die den Zeitaufwand des Arbeiters erhöhen,
5. Abhängigkeit des ökonomischen Ergebnisses des Arbeitsverhältnisses von der Richtigkeit der Kalkulation über das Kraft- und Zeiterfordernis.

1. Die Qualität des zu ver- oder bearbeitenden Materiales kann in ausserordentlich hohem Ausmasse den Erfolg der Werklöhnerarbeit beeinträchtigen. Gerade der schon erwähnte Fall des Bergarbeitsverhältnisses bietet ein drastisches Beispiel dafür, in welchem Masse die Gefahr ökonomischer Schädigung vom Ar-

---

1) *Bernhard* a. a. O. Dritter Abschnitt, I. Kapitel, passim, insbes. S. 145 ff. *B.* bringt manche wertvolle Bemerkung und Beobachtung, aber in einer wenig glücklichen Systematik.

beitgeber auf den Arbeiter abgewälzt werden kann, wenn dieser nach dem Leistungserfolg entlohnt wird. Aber auch für andere Produktionszweige können solche Verhältnisse festgestellt werden.

Die Abhängigkeit der möglichen Schnelligkeit des Arbeitsverlaufes von der Beschaffenheit des zu verarbeitenden Materials spielt bekanntlich auch in der Textilindustrie, aber fast noch mehr, was namentlich aus den Gewerbegerichtsentscheidungen hervorgeht, in den Metallgewerben (insbesondere jeder Art Dreherei, Hoblerei, Giesserei) eine wichtige Rolle. Die Gefahr des grösseren Zeitaufwandes und damit natürlich der Steigerung der Produktionskosten wird offenbar dadurch abgewälzt, dass der Zeitverlust nicht mehr vom Unternehmer bezahlt wird.

Es muss dabei durchaus nicht an eine Art dolosen Verhaltens des Arbeitgebers gedacht werden, also nicht, dass er etwa mit Wissen minderwertige schwerer zu verarbeitende Materialien dem Arbeiter überantwortet, sondern es genügt seine eigene Unsicherheit in der Beurteilung des angeschafften Materiales hinsichtlich der Leichtigkeit der Verarbeitung.

2. Aehnlich liegen die Dinge bezüglich der Abhängigkeit des Arbeitserfolges von der Ausrüstung des Betriebes mit Werkzeugen, Arbeitsmaschinen eventuell auch Krafteinrichtungen. Es bedarf keiner langen Reflexionen, um den Weg zu erkennen, auf dem der Arbeiter, der nach der Werkleistung entlohnt wird, einen Nachteil in der Ausrüstung aufgeladen bekommt, den nicht allein ökonomisch, sondern auch rechtlich der Betriebsbesitzer zu tragen hätte. Es macht natürlich kaum einen Unterschied, ob die Mangelhaftigkeit der zur Verfügung gestellten Werkzeuge oder Maschinen darin besteht, dass diese nicht dem jeweiligen Stande der Technik entsprechen, oder ob sie in der qualitativen Beschaffenheit, endlich in völligem Fehlen solcher Arbeitsmittel liegt.

Kapitalersparung oder Kapitalschwäche, sie sind es, die innerhalb des Gesamtprozesses der Herstellung des Produktes in der Regel einen Mehraufwand an Arbeitslohn notwendig machen und so im Konkurrenzkampf ein Defizit an Leistungsfähigkeit gegenüber den Konkurrenten bewirken können. Deshalb gilt es, den Mehraufwand an Arbeitslohn hintanzuhalten, und so kann und wird wohl gar oft diese ganz natürliche Kompensation innerhalb des Gesamtrechnungsprozesses der Kostenfeststellung für das Produkt dadurch überflüssig, dass die Lohnbemessung von dem Arbeitszeitaufwande unabhängig gemacht wird.

3. Die Zeitausnützung bietet insofern ein Element, durch welches dem Arbeiter ein ökonomisches Risiko aufgelastet werden kann, als a) willkürliche Pausen und Unterbrechungen dem in Werklohn stehenden Arbeiter zur Last fallen und b) die Intensität der Arbeit nicht immer ausschliesslich vom Willen oder der Ausdauer des Arbeiters abhängt, sondern von andern Umständen, wie insbesondere z. B. von Regulierungen an Maschinen, von irgend welchen Gehilfen bei der betreffenden Arbeit selbst, auch von der Leistungsfähigkeit des Vorarbeiters, noch mehr unter Umständen aber auch von dem Fortgange des Arbeitsprozesses in den Vorstadien, von der Qualität der vorgeleisteten Arbeiten u. dgl. m.

Kann und muss der erste Fall ungenügender Ausnützung der Arbeitszeit vom rein ökonomischen Standpunkt aus als ein solcher angesehen werden, bezüglich dessen die Risikoabwälzung vom Unternehmer auf den Arbeiter im grossen und ganzen als richtiger Vorgang zu beurteilen ist, so wird die Abwälzung im zweiten Fall, wenn auch vielleicht nicht als wirtschaftlich schlechthin bedenklich, so doch jedenfalls als unbillig, ungerecht bezeichnet werden müssen. Der Fall ist eben nicht anders zu beurteilen, als wenn ein Unternehmer eine Leistung zu bestimmtem Preise übernimmt und durch ausserhalb seines Wollens und Könnens liegende Umstände gezwungen wird, seine wirtschaftlichen Kräfte für die Arbeit auf längere Zeit zur Verfügung zu stellen, als dies andernfalls notwendig gewesen wäre; auch er wird vom Arbeitsbesteller eine Entschädigung über den ursprünglich vereinbarten Preis hinaus beanspruchen. So kommt es denn auch, dass von den Werklohnarbeitern oft derartige Hemmungen in ihrem Arbeitsfortgange zum Gegenstand von Klagen gemacht werden, die freilich meist nur den Erfolg haben, dass der Unternehmer andere Arbeitskategorien dafür haftbar macht, ein Erfolg, der von der Arbeiterschaft natürlich nicht beabsichtigt werden kann, weil dadurch Uneinigkeit unter die Arbeiterschaft gebracht wird, daher ein neues Argument gegen die Werklohnbemessung.

4. Handelt es sich bei dem unter 3. besprochenen Umstand um die Eventualität, dass die Arbeitskraft des Lohnarbeiters einige Zeit hindurch aus irgend einem Grunde brach gelegt wird, so ist weiter noch die Möglichkeit ins Auge zu fassen, dass der Zeitaufwand, der zur Erzielung der der Lohnbemessung

zu Grunde liegenden Leistungseinheit erforderlich ist, Schwankungen ausgesetzt ist, die nicht in irgend einer Qualität einer Arbeitsleistung ihren Grund haben, sondern in erster Linie in elementaren Umständen. Was ich hier in erster Linie im Auge habe, ist die Abhängigkeit des Arbeitsertrages der Kohlenbergarbeiter von der mehr oder minder günstigen Gestaltung des Flözes und damit im Zusammenhang auch von der Gunst der Steiger. »Der Kohlberg und der Steiger machen den Bergmann«[1]). Die aus Kontrollgründen unvermeidliche, aber gleichwohl oft genug unbillig gehandhabte und deshalb schwer empfundene Einrichtung des »Nullens« von Förderwagen, also von Arbeitsleistungen, ist gleichfalls in diesem Zusammenhang zu erwähnen[2]). Insofern das Aussuchen der »Steine« aus der gelösten Kohle wegen der Eigenartigkeit des Flözes vielfach unmöglich ist, das spärliche Licht und die stauberfüllte Luft die Unterscheidung an und für sich erschweren (z. B. namentlich bei Brandschiefer als Nebengestein), unterliegt der Arbeiter auch hierin einer Beeinträchtigung seines Verdienstes durch schwankende Umstände, die bei Zeitlohnbemessung den Arbeitgeber, beziehungsweise seinen Betriebsertrag treffen. Es werden allerdings gerade mit Rücksicht auf diese Verschiedenheit in der Gestaltung der einzelnen Kohlenflöze in den deutschen Kohlenbergwerken die Gedinge ziemlich weitgehend (sogar kameradschaftsweise, also je nach der Sachlage »vor Ort«) spezialisiert, aber gleichwohl wirkt die Schwankung in den Gesteinsverhältnissen auf den tatsächlichen Arbeitsverdienst gewaltig ein.

5. Aber nicht nur durch solche Schwankungen wird die Sicherheit in der Berechnung des wahrscheinlichen Kraft- und Zeiterfordernisses beeinflusst, die der Arbeiter vornehmen muss, bevor er sich auf einen Werklohnsatz einlässt, auch ganz abgesehen davon bringt die Notwendigkeit der Bestimmung mutmasslicher Kraft- und Zeitaufwendungen ein starkes Moment von Unsicherheit in die Verwertung der Arbeitskraft. Die Entgeltbestimmung im Werklohnverhältnisse ist vielfach auf Wahrscheinlichkeit basiert.

Es ist ja nicht allein die Intensität der Arbeitsanspannung, sondern auch die Leistungsfähigkeit des Arbeiters, die Qualität

---

1) *Pieper, Lorenz*, Die Lage der Bergarbeiter im Ruhrrevier. S. 67.

2) Ebenda S. 92 ff. »Nullen« heisst die Bezeichnung des Förderwagens durch den Brückenkontrolleur in der Weise, dass kein Lohn dafür berechnet wird.

der Arbeitskraft selbst, was bei der Zeitlohnbemessung ein Element der Unsicherheit in die Kalkulation des Arbeitgebers bringt. Auch in dieser Richtung tritt also eine Entlastung des Risikos des Arbeitgebers ein, sobald das Mass der Geschicklichkeit und Anpassungsfähigkeit des Arbeiters bei der Lohnbemessung voll zur Geltung kommt. Man könnte darnach freilich meinen, diese Unsicherheit und damit das Risiko werde daher mit der Werklohnbemessung aus der Welt geschafft, da ja der Arbeiter seine Qualitäten und das Ausmass seiner Leistungsfähigkeit kennen müsse. Allein das gilt wohl nur cum grano salis. Die Leistungsfähigkeit eines Menschen ist nichts absolutes, sie ist eine fassbare Grösse immer erst in Relation zu einer Arbeitsaufgabe. Und deshalb schon ist auch für den Arbeiter selbst zufolge der oft genug vorliegenden Unfähigkeit, die Arbeitsaufgabe ganz zu durchdringen, seine Leistungsfähigkeit auch für ihn eine unbestimmte Grösse, mit der er aber rechnen muss, wenn er die Forderung eines bestimmten Werklohnsatzes aufstellt. Bei Stücklöhnung trifft das freilich zumeist weniger zu als beim Akkord und bei diesem freilich umso mehr, je mehr Individuen zu einer Akkordgruppe zusammen geschlossen sind. Man kann also auch in dieser Beziehung wohl als generelle Erscheinung annehmen, dass das Risiko, das der Arbeitgeber bei Zeitlöhnung trägt, nicht wegfällt beim Uebergang zur Werklöhnung, sondern wenigstens zum grossen Teile auf die Schultern der Werklohnarbeiter abgewälzt wird, da diese bei der Vereinbarung des Werklohn-(Akkord-)satzes die Gefahr unrichtiger Einschätzung der eigenen Kräfte und damit der Unterschätzung des erforderlichen individuellen Zeitaufwandes voll und ganz auf sich nehmen.

IV.

Reformtendenzen und spezielle Aufgaben der Lohnsicherung beim Werklohnsystem.

Man möchte sich fast versucht fühlen, aus der eben hervorgehobenen ökonomischen Belastung, die ganz speziell nur die Werklöhner trifft, auf eine stärkere Differenzierung der Werklohnverhältnisse gegenüber den Zeitlohnverhältnissen zu argumentieren. Allein weitere Tatsachen, die im folgenden noch zu erörtern sind, stünden dem entgegen, wenn nicht schon aus anderen Gründen davon abgesehen werden müsste; ergibt sich doch schon aus den Ausführungen des II. Abschnittes, dass dieses ökonomische Risiko im positiven Recht noch keine Geltung erhalten hat.

Gegenüber dieser theoretisch noch wenig geklärten, aber praktisch da und dort stets schwer empfundenen Tatsache der Belastung der Werklöhner mit dieser Gefahr ökonomischer Schädigung kann die vielfach ablehnende Haltung der Arbeiterschaft gegen die Methode überhaupt nicht überraschend kommen. Wie *Bernhard* neuestens nachgewiesen hat [1]), ist es freilich nicht die Beseitigung der Werklohnbemessung schlechthin, die von der Arbeiterschaft gefordert wird, sondern nur Beseitigung derselben bei gefährlichen Arbeiten. Weit bedeutungsvoller und allgemeiner ist die Forderung einer »Regelung der Akkordarbeit«.

Die *Bernhard*'sche Arbeit kann das Verdienst für sich in Anspruch nehmen, wichtige Schwächen der Werklohnbemessung klargestellt zu haben, das sind vor allem Mängel in der Akkordberechnung und solche der Akkordverteilung. Das Buch weist auch auf ganz bestimmte Richtungen hin, in welchen die Reformarbeit sich bewegen müsste. Aber nicht um die Aenderung der

---

1) A. a. O. S. 136 f.

Berechnungsweise an und für sich kann es den Arbeitern natürlich zu tun sein, sondern stets auch hier nur um eine Besserung der Stellung des Werklöhners. Und da lässt sich denn mit ziemlicher Sicherheit behaupten, dass auch die Schwäche der Werklohnbemessung, die in dem auf den Arbeiter abgewälzten Risiko liegt, durch die Berechnungsweise wesentlich gemindert werden kann. Das Risiko kann z. B. zweifellos eine Verminderung dadurch erfahren, dass von der Bestimmung der Akkord- oder Stücksätze für ganze, grössere Arbeitskomplexe zur Feststellung von Werklohnsätzen für einzelne Arbeitsphasen, Teilprozesse, aus denen der ganze Arbeitskomplex zusammengesetzt ist, übergegangen wird. Es muss also, was *Bernhard* auch andeutet [1]), die Lohnbemessungseinheit verkleinert werden. Stärkere Entwicklung der Lohnbemessung nach Arbeitselementen [2]) wird mindestens auch die Gefahr unrichtiger Kalkulation, d. h. vor allem zu geringer Lohnsätze verringern.

Auch die Regelung der »Akkordverteilung« kommt für eine Minderung des Risikos in Betracht, denn bis zu einem gewissen Grade wirkt beispielsweise der Uebergang vom Akkord zu spezialisierten Stücklohnsätzen, der namentlich mit fortschreitender Technik öfter zu beobachten ist, auch wie ein Zurückwälzen des Risikos auf den Arbeitgeber; der Uebergang zum spezialisierten Stücklohn bedingt gegenüber dem Akkord eben Spezialkalkulationen über die betreffenden Arbeitsleistungen, die nach Stück entlohnt werden sollen, während vorher (beim Akkord für einen umfassenderen Arbeitskomplex) die Arbeitskosten eben einen grösseren, dem fertigen Produkt nähergebrachten Produktionskomplex betrafen [3]). Anderseits ist aber auch die Möglichkeit gegeben, dass mit dem Uebergang vom Stücklohn zu sog. gemeinschaftlichen

1) A. a. O. S. 147 f.

2) Das sind die einzelnen Handreichungen, die zur Fertigstellung einer Arbeit erforderlich sind. Vgl. *Bernhard* a. a. O. S. 149.

3) Also wenn statt eines Gesamtlohnes für alle an einem Arbeitsstück Beschäftigten nunmehr für alle einzelnen Arbeiten der Teilnehmer (Monteure, Schmiede, Metalldreher, Hobler, Bohrer, Fraiser, event. Rohreinzieher, Schlosser u. a. m.), z. B. für Dreherarbeit an Walzen, Rädern, Bolzen, Wellen u. s. f. die Einzelstücklöhne festgesetzt werden.

Waren die Arbeiter bishin in einem Akkordmeistersystem ohne Anteil am Akkordüberschuss beteiligt, dann liegen die Dinge freilich anders, dann kommt es darauf an, wie sie vorher entlohnt waren, ob nach Zeit oder zwar vom Meister, aber auch nach Einzelstücken.

Akkorden unter Umständen für die beteiligten Arbeiter eine Ausgleichung im Risiko nur untereinander bewirkt wird, nicht eine Entlastung von demselben.

Auf alle Fälle bleibt die Zurückwälzung des Risikos, welches vom Arbeitgeber auf den Arbeiter abgewälzt ist, ein besonderes Problem. An der Beschäftigung mit diesem Problem fehlt es nicht, ja man ist schon weit mehr in dasselbe eingedrungen, als man meinen dürfte. Wieder sind es in erster Linie Entscheidungen der Gewerbegerichte, die hier heranzuziehen sind, wo es gilt, den Ideen nachzuspüren, die die Fortbildung des Arbeitsvertragsverhältnisses leiten. Es ist dort ja freilich zunächst immer nur der einzelne Fall, der die Unbilligkeit und Härte einer solchen Gefahrübertragung, wie sie beim Werklohnverhältnis vor sich geht, zum Bewusstsein bringt. Wo aber die entsprechende Kraft, natürlich auch die Möglichkeit, unter halbwegs annehmbaren Verhältnissen die Geltendmachung der Interessen aufzunehmen, vorhanden ist, wo also nicht alles an Unbilligkeit ohne weiteres hingenommen wird, — und das ist ja schon dank der Gewerkvereinsorganisation vielfach, bei uns überwiegend der Fall — dort gelangt denn auch in einer Reihe von Gesichtspunkten wieder eine Beurteilung der Dinge zur Geltung, die unverkennbar die Benachteiligung des Werklöhners durch die oben besprochenen Gefahren ablehnt.

So wie eine Reihe von Gewerbegerichten bisher schon Entscheidungen in dem Sinne gefällt haben, dass der Arbeitgeber für eine Schädigung des Arbeiters aufzukommen hat, wenn dieser durch die Qualität des Materiales oder auch der Werkzeuge (Maschinen) im Fortgang seiner Arbeit aufgehalten wird [1]), so ist auch zu erwarten, dass in absehbarer Zeit, falls nicht die Gesetzgebung darin zuvorkommen sollte, zunächst die Rechtsprechung dem Arbeitgeber die Verantwortung für solche Schädigungen des Werklöhners auflasten wird, die überhaupt aus nicht im Willen oder groben Verschulden desselben liegenden Momenten resultieren. Wiederholt haben Gewerbegerichte gelegentlich einer Entscheidung über das vorzeitige Verlassen der Betriebsstätte wegen zu geringen Werklohnsatzes ausgesprochen, dass der Arbeiter die Pflicht ge-

---

1) Vgl. »Das Gewerbegericht« VI. Jahrg. Nr. 72, auch *Unger* a. a. O. Nr. 3, Fall I—III, auch die den § 124 Z. 4 G.O. betreffenden Entscheidungen sind mit heranzuziehen. Entscheidungen österreichischer Gewerbegerichte a. a. O. Bd. I. Nr. 97 Bd. III. 368 und Bd. IV. 601.

habt hätte, im Dienst zu bleiben, da ihm der Weg an das Gewerbegericht zur Geltendmachung seines verkürzten Interesses allzeit offen gestanden hätte. Also wird die Intervention des Gerichtes auch für den Fall unrichtig kalkulierter Lohn s ä t z e in Aussicht gestellt [1]). Ueberdies kann übrigens die Verkürzung des Interesses auch in einer zu geringen Verdienstmöglichkeit bei an und für sich entsprechenden Lohnsätzen liegen und in gleicher Weise Berücksichtigung finden. Das Gericht kann hierin tatsächlich umso weiter gehen; als das p o s i t i v e R e c h t den Anhaltspunkt zu Analogien bietet, wie das in der deutschen Gesetzgebung der Fall ist. Für unseren Gedankengang kommt insbesondere die Bestimmung des § 124 Z. 4 der G.O. in Betracht, die dem Arbeitgeber die Verpflichtung auferlegt, für eine ausreichende Beschäftigung des Werklöhners Sorge zu tragen, und die den Werklöhner wie den Zeitlöhner vor widerrechtlichen Uebervorteilungen seitens des Arbeitgebers ausdrücklich schützt. Es liegt auf der Hand, dass auch in dieser Richtung der Werklöhner einem Risiko ausgesetzt ist, dass der Arbeitgeber ihn nicht genügend beschäftigt. Denn, braucht der Unternehmer zwar einen Hilfsarbeiter, hat aber nicht genügend Arbeit, denselben gleichmässig fortlaufend zu beschäftigen, so kann er sich natürlich am leichtesten dadurch helfen, dass er die Lohnbemessung nach Massgabe der tatsächlichen Arbeitserfolge vereinbart. Es könnte also das Risiko einer überflüssigen Lohnausgabe wegen mangelhafter Ausnützung der Arbeitskraft paralysiert werden durch die Werklöhnung. Dagegen gibt § 124 Z. 4 G.O. unmittelbar Schutz. Dieses Schutzes bedarf der Werklohnarbeiter aber selbstverständlich ebenso dann, wenn seine ungenügende Beschäftigung in anderen Umständen der Betriebsgestaltung ihren Grund hat, wie namentlich in den oben schon erwähnten Fällen der Abhängigkeit von anderen Mitarbeitern und der Qualität anderer Arbeiten. Auch hiefür lässt sich aber die Norm des § 124 Z. 4, soweit speziell an die Stellung des Werklöhners dort gedacht ist, im Wege extensiver Interpretation in Anwendung bringen, ohne dass man einen Konflikt mit dem Geiste unserer deutschen Gesetzgebung darüber befürchten müsste. Denn unsere

---

1) Vgl. »Gewerbegericht« VII. Jahrg. Nr. 31 u. 62, IX. Jahrg. Nr. 56. Oesterreichische Entscheidungen a. a. O. Bd. I. Nr. 75 u. 167, Bd. II. Nr. 533 (Betriebsstörung), Bd. III Nr. 387. 368, Bd. IV. Nr. 634, 635; ausserdem zahlreiche Entscheidungen wegen unzulänglicher Beschäftigung.

Gesetzgebung ist unverkennbar auf dem Wege, die Lohnsicherung auszubauen.

Es wird vielleicht zugegeben werden müssen, dass *Hugo Sinzheimer*[1]) de lege lata etwas zu optimistisch urteilt, indem er im deutschen Reichsrecht bestimmte Prinzipien der Lohnsicherung, als vom Gesetzgeber planmässig entwickelt, erkennen zu können glaubt. Aber *Sinzheimer*'s Gedankengang gibt jedenfalls auch einem in der Masse der Arbeiterschaft und der sozialökonomisch Denkenden immer mehr Boden gewinnenden Urteil Ausdruck, wenn er von der ökonomischen Zweckbestimmung des Lohnes und damit von der Tatsache ausgeht, dass der Lohn das einzige Mittel zur Erhaltung der Existenz, der Persönlichkeit des Arbeiters ist, und es gerade heraussagt, dass diese Tatsache es sei, die dem Lohn im Unterschied von allen anderen Gegenleistungen einen besonderen Charakter gibt[2]). *Sinzheimer* unterscheidet dabei zwei Wege, auf welchen gesetzlich die Zweckbestimmung des Lohnes zum Ausdruck gebracht werden könnte: Lohnregulierung, d. h. autoritative Festsetzung des Lohnes in einer das Existenzminimum übersteigenden Höhe, und Lohnsicherung, wenn die Gesetzgebung sich damit bescheide, nur dafür zu sorgen, dass der Lohn dem Arbeiter in der ganzen bedungenen Höhe auch zukommt, unberührt von jedem Eingriff, woher immer ein solcher kommen mag. Aus dieser Alternative erhellt deutlich, dass *Sinzheimer* nur die autoritäre Lohnpolitik des positiven Rechts im Auge hat, die für wirtschaftliche Fragen natürlich nicht ausreicht. Es gibt eben noch andere Massregeln der Lohnpolitik zum Zwecke der Lohnsicherung, wobei allerdings der Begriff der Lohnsicherung einen etwas weiteren Inhalt erhält; aber gerade diese Massregeln,

---

1) *Hugo Sinzheimer*, Lohn und Aufrechnung, Berlin 1902, S. 2 ff.

2) Es mag juristisch bedenklich sein, wie *Wermert* in der Besprechung des Sinzheimer'schen Buches (Jahrb. f. Nationalök. u. Statistik III. F. Bd. XXVII. S. 712) hervorgehoben hat, bei der Interpretation einer gesetzlichen Bestimmung die Existenz eines Zweckgesetzes zu präsumieren, wo ein solches nicht vorliegt, »weil man dadurch den Weg für eine prätorianische Auffassung der Gesetze ebnen und der richterlichen Omnipotenz ausserordentlich Vorschub leisten würde.« Vom Standpunkt der Wirtschaftspolitik muss eine solche Interpretation unbedingt erwünscht erscheinen, die einem da und dort im positiven Recht auftauchenden sozialökonomisch wertvollen Gedanken zu weiterer Geltung verhilft. Die moderne Wirtschaftsordnung mit ihren schroffen sozialen und ökonomischen Gegensätzen braucht eine prätorische Auffassung der Gesetze und eine prätorische Fortbildung des positiven Rechts im Wege der Rechtsprechung nur allzu dringend!

die *Sinzheimer* nicht berücksichtigt, kommen für die Gestaltung des Werklohnverhältnisses vor allem in Betracht.

Die Lohnsicherung in diesem spezifischen Sinne der Sicherung eines bestimmten Lohnausmasses umfasst zwei Probleme: 1) die Sicherung eines gewissen Durchschnittsgesamtverdienstes auf eine Zeiteinheit projiziert, gegenüber dem ökonomischen Risiko, das in verschiedenen Richtungen, wie oben gezeigt wurde, das Ausmass des Lohneinkommens des Werklöhners erheblichen Schwankungen unterwirft, und 2) die Sicherung der vereinbarten absoluten Höhe der Werklohnsätze gegenüber dem Bestreben der Unternehmer, die vereinbarten, bezw. zugestandenen Werklohnsätze allmählich herabzusetzen, gegenüber dem »Akkorddrücken« oder »Gedingereissen«, »cutting-rates«, wie dieses Vorgehen in Arbeiterkreisen heisst.

Das erste Problem ist in der Gesetzgebung tatsächlich schon in Angriff genommen. Mit der den Stücklöhner betreffenden Bestimmung des § 124 Z. 4 G.O. wird eine solche Ausnützung der Arbeitskraft des Werklöhners bezweckt, dass diese ungehindert wirksam sein und damit wenigstens zu einer vollen Verwertung ihrer Leistungsfähigkeit gelangen könne. Es ist dies aber natürlich nur ein Ansatz zur wirklichen Lösung des Problems, dem von der Gesetzgebung aus freilich in absehbarer Zeit kaum näher gerückt werden wird. Denn die lohnpolitische Massregel, von der die Lösung des Problemes schliesslich nur zu erwarten ist, ist ein Minimallohn. Neben die Werklohnsatzvereinbarung tritt die Festsetzung eines bestimmten Zeiteinheitssatzes, durch welchen jenes Mass von Einkommen gesichert werden soll, das als Ziel der Lohnpolitik schlechthin angesehen werden kann.

Minimallöhne können in zweifacher Weise vorkommen und damit auch verschiedenen Zwecken dienen, entweder als Individualvereinbarung oder als Gegenstand kollektiver Vertragsschliessung. In der Regel wird in beiden Fällen Verschiedenes vorliegen, aber es kann die kollektive Minimallohn-Vereinbarung gleichwohl überall, wo die Individualvereinbarung möglich wäre, diese ersetzen. Die letztere hat ein viel engeres Anwendungsgebiet, sie hat nur Bedeutung als Nebenvereinbarung neben einem normalen Zeit- oder Werklohnvertrag. Ihr spezifischer Zweck ist dann eben Sicherung eines Einkommens neben und auf Grund einer hauptsächlichen und grundlegenden Lohnvereinbarung. Derartige Individualvereinbarungen sind bei Zeitlöhnung vor allem im Falle einer stundenweisen Lohnbemessung von Wert, wenn der Arbeiter sich ein gewisses Mindestmass von Beschäftigung oder von Lohn für eine grössere Zeiteinheit zusagen lässt. Und parallel hat der Werklöhner ein Interesse, und zwar noch viel regelmässiger, neben den Werklohnsätzen einen Mindestbetrag an Lohneinkommen sich für eine Zeiteinheit (Tag- oder Wochenverdienst) zu sichern. Derartige Nebenvereinbarungen können selbstverständlich auch im Wege kollektiver Vertragschliessung zustandekommen [1]). Aber dadurch wird das Wesen und der Zweck dieser Lohn- oder, um deutlicher zu sein, Verdienstminimierung nicht verändert und ist wohl getrennt zu halten von denjenigen ausschliesslich im Wege von kollektiven Vertragsschlüssen möglichen Minimallohnvereinbarungen, die grundsätzlich und allgemein für irgend ein Geltungsgebiet (fachlich, örtlich oder dergl.) Minimal lohnsätze schaffen; also Minimalsätze für die Zeiteinheits- wie für die Werklöhne, als Grundlage der Lohnbemessung [2]).

Die Minimalverdienstvereinbarungen haben in der Werklohnbemessung eine ganz besondere Wichtigkeit erlangt. Die Minimallohnvereinbarung ist und bleibt dann, gleichviel ob auf individueller oder kollektiver Vertragsschliessung fussend, immer Sicherung gegen die Gefahren der verschiedenen Eventualitäten ökonomischen Risikos, die mit der Werklohnbemessung vom Arbeiter übernommen werden. Der Zweck der »absoluten« Minimallohnfestsetzung, wie man die Normierung der Mindestlohn sätze auch nennen könnte, ist Schutz der Arbeiter gegen die Konjunktur des Arbeitsmarktes; dieser Zweck tritt hier bei den Werklohnnebenverabredungen völlig zurück gegenüber dem Zwecke des Schutzes gegen das Risiko.

Das Problem dieser Mindestverdienstvereinbarungen ist kein leichtes. Es spielt die schwierige Frage herein, ob der zuzusichernde Mindestverdienst der ortsübliche Zeitlohn für die betreffende Arbeitskategorie sein darf. Es scheint aufs erste ganz

---

1) So ist, um ein klassisches Beispiel anzuführen, für den Fall der Nebenvereinbarung zum Zeitlohn bei dem berühmten Dockerausstand in London die Verdienst-Minimierung durch Verpflichtung zu täglich vierstündiger Beschäftigung bei 6 Pence Stundenlohn vereinbart worden. (*Webb-Bernstein*, Geschichte des Trade-Unionismus S. 343.)

2) Ich selbst habe diesen Unterschied zwischen Minimalverdienst und Minimallohnsatz in meiner »Lohnpolitik und Lohntheorie« noch zu wenig herausgearbeitet

selbstverständlich, dass die üblichen Zeitlöhne sehr wohl als Mindestverdienst neben dem Werklohnvertrag in Aussicht gestellt, bezw. gefordert werden können. Anders denken darüber die Gerichte, denn derartige Nebenabreden wurden kürzlich wiederholt als »wider die guten Sitten« verstossend bezeichnet und deshalb den betreffenden richterlichen Entscheidungen n i c h t zu Grunde gelegt [1]). Der Standpunkt ist zwar im Kern verfehlt, gleichwohl ist eine Schwäche einer solchen Vereinbarung nicht zu übersehen: der Arbeitgeber verlässt sich auf den Anreiz, der in der Werklohnverabredung liegt, und unterlässt im Hinblicke darauf die Kontrollierung des Arbeiters, was bei Bauhandwerkern nicht selten eine grosse Rolle spielt. Ist der gesicherte Mindestzeitverdienst hoch genug, dann wirkt gar oft die Möglichkeit, auf Grund des Werklohnvertrages einen höheren Verdienst zu erzielen, nicht, und es kann auf diese Weise einer Vernachlässigung der Pflichten des Werklöhners zweifellos Vorschub geleistet werden.

Nicht auf allen Gebieten industrieller Arbeit ist dieses Bedenken aber ein so schwerwiegendes. Zumeist wird auch schon die Differenz zwischen dem nach Werklohnbemessung erreichbaren Verdienst einerseits und dem üblichen Zeitlohnsatz anderseits eine so ausgiebige sein, dass der Sporn zu intensiver Anspannung der Kräfte, der in der Höhe der Werklohnsätze steckt, genug wirksam sein dürfte. Aber es kann nicht darauf verzichtet werden, gerade den strebsamen Werklöhner vor der Gefahr eines Minderverdienstes im Vergleich mit dem in mässigem Tempo arbeitenden Zeitlöhner zu schützen. Deshalb muss auch trotz aller Schwierigkeiten das Problem dieses einfachsten Mittels zur Verwirklichung des Schutzes des Werklöhners im Auge behalten und studiert werden.

Neben diesem Problem steht das nicht minder wichtige, aber auch fast noch weniger spruchreife Problem des Schutzes der Werklöhner hinsichtlich der F e s t h a l t u n g d e r v o n d e n A r b e i t g e b e r n e i n m a l z u g e s t a n d e n e n W e r k l o h n s ä t z e. Die Vorgänge, um die es sich hier handelt, spielen sich Tag für Tag ab. Z. B. liess die Betriebsleitung einer Dynamomaschinen herstellenden grossen Unternehmung gewisse Dreharbeiten an einer Dynamokategorie im Zeitlohn bei Taglohnsätzen von 4 Mk. ausführen. Die Arbeit an einer Maschine erforderte $2^1/_2$ Tage. Die Betriebsleitung entschliesst sich, etwa veranlasst durch die

---

1) Vgl. »Das Gewerbegericht«, IX. Jahrg., Entscheidung Nr. 18 und 36.

Zahl gleichartiger Bestellungen, die Arbeit im Werklohn zu vergeben, und bietet den Arbeitern an, die Arbeit zu 8 Mk., also um 2 Mk. weniger, als die bisherigen Arbeitskosten betrugen, durchzuführen. Diese versuchen Widerstand, er bleibt ohne Erfolg, sie müssen die Arbeit übernehmen. Nach wenigen Tagen ist die Leistung der Arbeiter derart gestiegen, dass sie die Dreharbeit nicht nur in zwei, sondern bald in einem Tage erledigen, worauf die Betriebsleitung den Arbeitspreis auf 5 Mk. herabsetzt. Also ist der Lohnaufwand im Verlaufe weniger Wochen auf die Hälfte herabgedrückt worden. Derartige Fälle liessen sich zu Hunderten anführen.

Die Wirkung dieser Lohnsatzerniedrigungen (die Erniedrigung im obigen Fall ist vielleicht nur gerade dem Ausmass nach etwas grösser als gewöhnlich) wird leicht viel zu gering veranschlagt. Ingenieur *Beck* weist für einen Mittelbetrieb der Maschinenbauindustrie bei einer grösseren Zahl von Werklohnsätzen Herabsetzungen zwischen 7 und 55% nach, die innerhalb des Zeitraumes von 1897—1901 vom Arbeitgeber durchgesetzt worden sind [1]).

Die Frage: »Gibt es denn eine Sicherung gegen solche Vorgänge?« setzt die Beantwortung der Vorfrage voraus, ob denn aus dieser Verkürzung der Lohnsätze eine Schädigung der Arbeiterinteressen in dem Masse zu gewärtigen ist, dass eine Sicherung wirklich als Notwendigkeit anzusehen ist. Die Erörterung dieser Frage ist nichts anderes als eine Würdigung der heutigen Praxis der Werklohnbemessungsmethode überhaupt, jener Seite dieser Methode, die sie dem Unternehmer zweifellos besonders wertvoll macht. Sie schliesst aber die theoretisch-analytische Klarstellung eines Kausalzusammenhanges in sich, der noch die Darstellung anderer Tatsachen der Lohnbemessung vorausgehen muss. Hier ist zunächst nur festzustellen, dass diese Herabsetzung der Werklohnsätze den Ausgangspunkt für eine Reihe grosser Lohnkämpfe gebildet hat, da sie von den Arbeitern ungemein schwer empfunden wird.

Wie wichtig der Arbeiterschaft die Bekämpfung dieses Uebelstandes ist, dafür sprechen die positiven Abhilfemassnahmen, die von dieser Seite dagegen eingeleitet worden sind. Es sind Mittel und Wege gesucht worden, gegen diese Schattenseite der Werklöhnung einzugreifen. Die Art und Weise, in der bei der Verteilung und

1) *Beck, Hermann*, »Lohn- und Arbeitsverhältnisse in der deutschen Maschinenindustrie am Ausgang des 19. Jahrhunderts. Dresden 1902. S. 58.

Auszahlung von Werklöhnen da und dort vorgegangen wird, um der Gefahr der Lohnsatzkürzung vorzubeugen, ist aus der im Anhang II mitgeteilten Organisation der Akkordlöhnung zu ersehen; dort begegnet man dem zielbewussten klaren Bestreben, die aus der Steigerung der Arbeitsleistung resultierenden Differenzen der Akkordarbeitserträge gegenüber den durchschnittlichen Zeitlohnsätzen (als welche dort die ohnehin schon etwas höher gehaltenen Akkordabschlagszahlungen erscheinen) einigermassen zu verschleiern[1]).

Auf der anderen Seite ist die Arbeiterschaft gerade in der Verfolgung desselben Zieles (Kampf gegen die Lohnsatzkürzung) in das ganz verfehlte Fahrwasser der Ca'canny-Politik (»Hübsch sachte!«) geraten, ohne dass, soviel bis jetzt verlautet, die überaus sachlichen und gerade auch vom sozialistischen Standpunkte aus ganz logischen Warnungen *Sidney Webb's* und *Bernstein's*[2]) dieselbe vollständig zu verhindern vermocht hätten. Dass das Zurückhalten mit der Arbeitskraft seitens des Werklöhners keine besonders grossen Hoffnungen für die Zukunft rechtfertigt, dass der erfindungsreiche Unternehmergeist doch immer wieder einen Ausweg findet, um zur Intensivierung der Arbeitsleistung seiner Werklöhne zu gelangen, wird im nächsten Abschnitt zu zeigen sein.

Alle diese Bestrebungen erhalten übrigens umso grössere Bedeutung, als das Verständnis dafür, dass die Werklohnbemessungsmethode die gerechtere, »feinere«, »höherstehende« ist, durchaus nicht fehlt. Ich hatte in jüngster Zeit Gelegenheit, wie ein eingelerntes Schlagwort die folgende Charakteristik aus dem Munde verschiedener Arbeiter zu hören: »Akkord ist ein Mittel, die Arbeitskraft zu Gunsten des Kapitales auszubeuten«. Es steckte immer nur die Angst vor der Lohnsatzkürzung dahinter, im übrigen gab man mir immer zu, dass diese Bemessungsmethode weit mehr den Interessen des Arbeiters entspreche als Zeitlohnbemessung.

Wohl eine der wichtigsten Erscheinungen im Arbeitsverhältnisse, die mit als eine Folge dieser Herabsetzung der Werklohnsätze erkannt werden muss, ist die Ausbildung eines neuartigen

1) Anderseits erstaunliche Nachgiebigkeit gegenüber dem Akkorddrücken; vgl. die von *Göhre* herausg. »Denkwürdigkeiten« des Arbeiters Fischer. Bd. I., insbes. S. 308 ff.

2) Vgl. *Sidney Webb's* offenen Brief über das unten zu besprechende Prämienbonussystem (deutsch veröffentlicht in Bernstein's erwähntem Aufsatze Soz. Monatshefte 1902, 12. Heft).

Zeitlohnprämiensystems, das von den Unternehmern als ein Kompromiss zwischen den einander entgegenstehenden Bestrebungen der Arbeitsvertragsparteien hinsichtlich der Werklohnbemessungsmethode versucht und tatsächlich mit einigem Erfolg schon angewendet wurde. Ihm muss sich die Aufmerksamkeit umso mehr zuwenden, als auch von kompetenter Seite, die die Arbeiterinteressen wahrnimmt, diesem System das Wort geredet wird.

V.

Ein Kompromiss zwischen Zeit- und Werklohnbemessung: das Zeitlohnprämiensystem.

Ueber eine Reihe von besonderen Formen, unter denen Prämienaufschläge auf Zeit- oder Stücklöhne vertragsmässig den Arbeitern zugestanden werden, hat *Bernstein* im XVII. Jahrgang des Braunschen Archivs [1]) berichtet. Die Grundlage seines Referates bildeten nur englische Arbeitsvertragsverhältnisse [2]), die demjenigen, der sich über englische Lohnverhältnisse im laufenden erhielt, schon aus den Amtspublikationen und den Privatarbeiten von *D. F. Schloss* grösstenteils bekannt waren [3]).

Die verschiedenen an den angeführten Orten geschilderten und besprochenen Prämienlohnsysteme verdanken, wie im vorstehenden angedeutet, ihre Entstehung in der Hauptsache dem Gegenüberstehen zweier Tendenzen: auf Seite der Arbeitgeber ist es die unverkennbare Tendenz, eine im Zeitlohn beschäftigte Arbeiterschaft durch ihr eigenes Interesse zu einer Steigerung ihrer Produktivität zu veranlassen und dabei das Produktionsrisiko zu vermindern, auf Seite der Arbeitnehmer schlechthin die so vielfach zu Tage getretene Abneigung gegen den einfachen Stücklohn. Das Problem, zwischen diesen beiden einander widerstreitenden Kräften eine Resultierende zu finden, hat in den letzten Jahren die Arbeitgeberschaft in zunehmendem Masse in Anspruch genommen; und zwar neuestens auch deutsche Arbeitgeber.

Mehrere Varianten über ein und dasselbe Thema, mehrere

1) Einige Reformversuche im Lohnsystem, S. 309.

2) Vor allem nach dem »Report on Gainsharing« des Board of trade (labour department) 1895.

3) Ausser dem Note 2 erwähnten Report hat *Schloss* auch den Report on Profitsharing redigiert; vgl. ausserdem sein im Text wiederholt angezogenes Werk: Methods of industrial remuneration. 3. edit. 1898.

praktisch eingeführte Arten dieses Zeitprämiensystemes können als Ergebnis dieser Bestrebungen angesehen werden. Das Wesen dieser Systeme wurzelt in folgenden Hauptprinzipien:

1. Für die nach dem Zeitprämiensystem zu entlohnende Arbeitsaufgabe wird eine Grundzeit (allowed time oder allowance) eingeräumt, die in der Regel auf Grund längerer Beobachtungen berechnet worden ist.
2. Die Arbeiter erhalten einen sicheren Stundenlohn für jede tatsächlich auf die Arbeit verbrauchte Arbeitsstunde als Grundlohn.
3. Für jede ersparte Stunde (Differenz zwischen der tatsächlich gebrauchten und der Grundzeit) wird dem Arbeiter eine Prämie in der Höhe eines fixen oder veränderlichen Bruchteiles des Stundenlohnsatzes zuerkannt.

Die Bestimmung des Anteiles des Arbeiters an dem Lohnwerte der ersparten Zeit ist selbstverständlich von keiner geringen Bedeutung für die ökonomische Wirksamkeit eines solchen Prämiensystemes, aber in ihrer ganzen Tragweite wird sie doch nur dann richtig erfasst, wenn der Spielraum für die Zeitersparung Berücksichtigung findet, d. h. mit anderen Worten der Erfolg dieser Systeme hängt von der Bemessung der Grundzeit, die seitens des Arbeitgebers zugestanden wird, ebenso wesentlich ab wie von der absoluten Höhe des Grundlohnes und der Prämie. Das haben die Arbeitgeber denn auch gar bald erkannt und in dieser Richtung vielfach experimentiert.

F. A. Halsey, der Direktor des kanadischen Betriebes der Rand-Drillgesellschaft in Sherbrooke, der als Schöpfer der neuen Zeitprämiensysteme bezeichnet werden muss, hat, wie *Bernstein* schon berichtete, Gewicht gelegt auf die Einräumung einer hohen Grundzeit und einer verhältnismässig niedrigen Prämienrate; der Arbeiter vermöge bei solcher Sachlage sehr bald zu einer Zeitersparung zu gelangen und, was noch wichtiger sei, wenn sich eine Prämie als zu niedrig erweise, weil z. B. nur mässige Zeitersparungen möglich sind, so könne eine Erhöhung ohne weiteres vorgenommen werden, während eine Herabsetzung der Prämie das ganze System bei den Arbeitern in Misskredit bringen, es also in Frage stellen könne[1]). Ungeachtet dieses generell geäusserten Prinzipes räumt *Halsey* doch ein, dass zwischen Arbeitskategorien

1) Report on Gainsharing and certain other systems of Bonus on production 1895. S. 34 f.

unterschieden werden müsse: für Arbeiten, bei welchen eine Steigerung der Leistung mit einer proportionalen Inanspruchnahme der Muskelkraft Hand in Hand gehe, empfehle sich eine etwas »liberale« Prämienrate; für Arbeiten, die vor allem durch gesteigerte Aufmerksamkeit gefördert werden können, werde eine mässigere Prämienrate genügen [1]). *Halsey*, wie ich höre, ein von wirklich arbeiterfreundlicher Gesinnung erfüllter Betriebsleiter, behauptet für sein System durchaus nicht allgemeine Anwendbarkeit, die Richtigkeit seiner Prinzipien nimmt er nur für ziemlich gleichmässig fortlaufende Arbeiten in Anspruch. Hervorzuheben ist, dass *Halsey*'s System ein beständiges Ansteigen des Stundenverdienstes ohne Beschränkung [2]) im Auge hat, dass er aber auch gerade deshalb auf ziemlich niedrige Prämienraten Gewicht legt, damit ein Herabsetzen der Prämienrate (cutting down of the rate) vermieden werde.

Ueberaus bezeichnend für die Stellung der Arbeitgeber zu der Ausbildung dieser neuen Lohnformen ist es, dass besondere Massregeln erdacht werden, um den gesamten Arbeitsverdienst durch die Prämie nicht zu hoch steigen zu lassen. Ich kann mir es nicht versagen, auch noch auf das Prämiensystem des Mr. *James Rowan* aus Glasgow, Mitgliedes der Gesellschaft der Maschineningenieure, hier einzugehen [3]). Gleichwie bei den übrigen Zeitprämiensystemen wird von einer Grundzeit für jede Arbeit ausgegangen und nach Massgabe der ersparten Zeit eine Prämie gewährt. *Rowan*'s System zeichnet sich nun dadurch aus, dass die Prämie mit jeder Zeitersparnis steigt, bis nur noch die halbe Grundzeit als tatsächliche Arbeitszeit gebraucht wurde. Von diesem Punkte ab fällt das absolute Ausmass der Prämie wieder. Die Prämie besteht nämlich darin, dass der zur Auszahlung gelangende Grundlohn um ebenso viele Prozente erhöht wird, als Zeit von der Grundzeit in Ersparung gebracht wurde. Unter der

---

1) Report on Gainharing and certain other systems of Bonus on production 1895. S. 31 f.

2) Vgl. Anhang III. die (2) Stundenlohnkurven.

3) Es ist schon eine stattliche Literatur, die sich mit diesen Systemen von Zeitlohn-Prämien befasst hat, seltsamer Weise sind es aber fast ausschliesslich Techniker und technische Fachzeitungen, die sich für das Problem interessiert haben, so das Organ der American Society of Mechanical Engineers (Transactions), die Institution of Mechanical Engineers (Procedings 1901 und 1903), American Machinist (1899 bis 1902), The Engineer (1902), Cassiers Magazine (1898), in neuerer Zeit auch der Verein deutscher Ingenieure (Zeitschrift desselben 1903, Bd. XLVII).

Annahme einer Arbeit, für die eine Grundzeit von 10 Stunden festgesetzt ist, und eines Grundlohnes von 30 Pfennig pro Stunde ergibt sich folgendes Schema für das Lohnverhältnis:

Gebrauchte Arbeitszeit in Stunden	Zeitersparung in Prozent der Grundzeit	Grundlohn für die gebrauchte Arbeitszeit in Mark	Gesamtlohn in Mark	Prämie in Mark	Stündlicher Verdienst in Mark
10	—	3.00	3.00	—	0.30
9	10 %	2,70	2.97	0,27	0,33
8	20 »	2,40	2,88	0.48	0.36
7	30 »	2,10	2,73	0.63	0,39
6	40 »	1,80	2,52	0,72	0,42
5	50 »	1,50	2,25	0.75	0.45
4	60 »	1,20	1,92	0,72	0,48
3	70 »	0.90	1.53	0.63	0,51
2	80 »	0.60	1.08	0.48	0.54
1	90 »	0,30	0,57	0,27	0,57

Unverkennbar wird das von *Rowan* verfolgte Ziel bei diesem Prämiensystem erreicht. Selbst in dem natürlich nur theoretisch zu verstehenden Falle, dass die gebrauchte Arbeitszeit nahezu null würde, könnte der stündliche Verdienst nicht die Höhe des doppelten Grundlohnes erreichen [1]. Darin wird ein Hauptvorteil des Systems *Rowan* gegenüber anderen, vor allem gegenüber *Halsey*'s System erkannt, dass es bei sehr bedeutender Verkürzung der Arbeitszeit auch ein ganz erhebliches Steigen des Stundenverdienstes des Arbeiters gestattet. *Rowan*'s Prämiengewährung bietet die Absonderlichkeit, dass für die Ersparung von 10 Proz. der Grundzeit (in obigem Beispiel = eine Stunde) die gleiche absolute Prämie gegeben wird wie für die Ersparung von z. B. 90 Proz. (9 Stunden) der Grundzeit, während fur die Ersparung von z. B. 50 Proz. eine mehr als doppelt so hohe Prämie gewährt wird. Eine Begründung für diese höchst seltsame Prämienskala wird man vergebens suchen, sie kann wohl auch schwer gegeben werden, und dennoch soll gerade das System *Rowan* in England die weiteste Verbreitung gefunden haben, auch von deutschen Unternehmungen ist es eingeführt worden. Freilich ist eines unverkennbar: für den Unternehmer bietet das System *Rowan* eine Reihe schwerwiegender Vorteile nicht allein gegenüber dem einfachen

---

1) Vgl. hiezu den Anhang III. Bei dem theoretisch ins Auge zu fassenden Falle, dass die tatsächliche Arbeitsdauer Null wird, wurden die Kosten auch Null, denn es würde auch die Prämie Null.

Zeit- und gegenüber dem Stücklohn, sondern gerade auch gegenüber dem *Halsey*'schen und den diesem näherstehenden Systemen.

Es bietet vor allem eine Sicherheit gegen eine »Benachteiligung« des Arbeitgebers, die aus einer irrigen, und zwar zu hohen Grundzeit-Festsetzung resultiert. Die Prämienabnahme vom Kulminationspunkte der 50 proz. Zeitersparung an »schützt« gegen eine zu hohe Prämie, und dieses Moment war auch eines der wichtigsten, die *Rowan* zur Abänderung des *Halsey*'schen Systems in seinem Sinne veranlasst haben sollen. Diesem Vorzug gegenüber tritt auch der Umstand zurück, dass die Anfangsersparungen seitens der Arbeiter diesen in einem höheren Ausmasse zufallen, als dies beim System *Halsey*, wenigstens bei einem Prämiensatze von 50 oder weniger Proz. des ersparten Lohnes der Fall ist, mit anderen Worten: die Prämie ist nach *Rowan* für die ersten ersparten Stunden höher als bei fixen Prämienraten wie z. B. nach System *Halsey*, *Weir*, *Taylor* und wie sie sonst heissen [1]). Das soll nun gerade eine zu Gunsten der Arbeiter wirkende Eigentümlichkeit des *Rowan*systemes sein, weil angeblich nur die Ersparungen der ersten Stunden wirklich aktuell werden. In scharfen Widerspruch hiezu treten aber die Ausführungen von Unternehmern z. B. in der Institution of the Mechanical Engineers [2]), die ganz besonders die Beobachtung in den Vordergrund rücken, dass unter dem Einflusse der Zeitprämien die Arbeiten in $^1/_3$—$^1/_4$ der festgesetzten Grundzeiten ausgeführt werden und dass deshalb die veränderliche Prämienrate *Rowan*'s für den Arbeitgeber wesentlich günstiger sei.

Das Ausgefuhrte dürfte im grossen und ganzen genügen, um die Richtung zu charakterisieren, in der sich die Bestrebungen der Interessenten bewegen [3]). Auf die Folgen, die sich vor allem

1) Vgl. Anhang III.

2) März 1903 Procedings S. 228.

3) Literarische Aeusserungen zu dem Problem liegen, wie bemerkt, überwiegend von technischer Seite vor. Ingenieure haben sich, wie die vorangeführte Literatur erkennen lässt, mehrfach schon mit diesen Fragen beschäftigt. Auffallend ist dabei vor allem die überwiegend dem Unternehmer günstige Betrachtungsweise; das Interesse des Arbeiters an dem Prämiensystem wird mindestens als zu selbstverständlich angesehen und deshalb auch wird den eigentlichen Wirkungen auf die Arbeiterschaft meist zu wenig Aufmerksamkeit gewidmet. Auch an schlechthin oberflächlichen Ausführungen fehlt es nicht (so Zeitschr. des Vereins deutscher Ingenieure Bd. 47, S. 1127 f.). Im Gegensatze hiezu steht die Ausarbeitung von Prämiensystemen, die die im Texte besprochenen Systeme in der Richtung verbessernd ergänzen sollen, dass unverkennbare Unbilligkeiten in der Behandlung der Arbeiter vermieden werden, so das System

als **Erfolge der Betriebsverwaltungen** darstellen wurde schon von *Bernstein* hingewiesen[1]). Es liessen sich seinen Ziffernbeispielen noch eine Reihe anderer, neueren Datums an die Seite stellen. So erklärte *Rowan*, dass für seinen Betrieb an den Arbeitszeiten im Durchschnitte aller Arbeiten der vier Jahre 1899 bis 1902 gegenüber den früheren Zeiten Ersparungen um 20, beziehungsweise 23, 31 und schliesslich 37 Proz. erzielt worden seien. Ein nach *Halsey*'schem System entlohnender Betrieb hat bei Zeitersparnissen zwischen 23 und 43 Proz. 12—25 Proz. an den Lohnausgaben erspart, wobei die durchschnittlichen Tagesverdienste um 18—29 Proz. gestiegen seien. In einem besonderen Falle sind bei Verminderung der Arbeitszeit um 49 Proz., 30,4 Proz. des bisherigen Lohnaufwandes erspart worden, während die Produktionsmengen in der Zeiteinheit um 104 Proz. gestiegen sind. Für einen anderen Fall ist nachgewiesen worden, dass bei Arbeiten mit einer Gesamtgrundzeit von 1770 Stunden 29,2 Proz. der Zeit und für den Arbeitgeber an Lohn von den ursprünglich mit 650 $ veranschlagten Kosten 96,94 $ (= 14,6 Proz.) erspart wurde, d. h.

---

des Engländers *Isaac Ross* und jenes des Ingenieurs *Schiller* (vgl. Zeitschr. d. Ver. deutsch. Ing., Bd. 47, S. 1209), die beide das Rowansche System von dem Gesichtspunkte aus bekämpfen, dass bei demselben der Prämiensatz von einem gewissen Maximum an falle; vielmehr müsse, so meinen sie, die Prämie von dort ab erst recht steigen, weil dann in der Regel erst die **geistige** Kapazität einsetze, durch die eine weitere Erhöhung der Produktivität bewirkt wird, und weil die Wirksamkeit dieses Elementes gefördert zu werden verdiene. Eine besonders fühlbare Schwäche der Systeme Halsey, Rowan etc. decken die Genannten, insbesondere auch *Schiller*, auf: die Prämienhöhe ist abhängig von dem Grundlohnsatz, und dies führt zu der Ungerechtigkeit, dass bei gleicher Grundzeit der Arbeiter mit niedrigerem Stundenlohn eine grossere Zeitersparnis erreichen musse, um eine bestimmte Prämie zu erreichen, als der Arbeiter mit höherem Grundlohnsatz. Hievon ausgehend fordern sie eine Abstufung der Grundzeiten für die verschiedenen Arbeiter, so dass z. B. dem Arbeiter mit 20 Pfennig Stundenlohn eine Grundzeit von 8, dem mit 30 Pfennig eine solche von 6, dem mit 40 Pfennig eine Grundzeit von 4 Stunden eingeräumt werde. Es müsse also ein Einheitskostenbetrag ermittelt werden, und von diesem ausgehend müssten die Grundzeiten nach Massgabe der Hohe des Lohnsatzes abgestuft werden, so dass u. a. erreicht wird, dass bei verschiedenen Lohnsätzen, aber gleicher Herstellungszeit die Stundenverdienste annähernd gleich werden. In den Snow Steam Pump Works bei Buffalo N.-Y. ist eine gleitende Skala für die Prämien eingeführt, in der der dem Arbeiter zu vergütende Satz für die ersparte Arbeitszeit von seinem Stundenlohn abhängig ist. Sieben Klassen von Arbeitern sind unterschieden, und innerhalb jeder Klasse erhält derjenige, der den geringsten Lohnsatz hat, den grösseren Prämienanteil (Z. d. V. d. Ing. 47. Bd. S. 1133).

1) a. a. O. S. 322, 326 ff., 331.

während einer Arbeitszeit von rund $29^1/_2$ Wochen hat der Arbeiter 94,93 $ mehr verdient, als der Zeitlohn ausmachte. Die Westinghouse Electric Manufactg. Company in Pittsburg hat unter dem Einflusse des Prämiensystemes das Ausbringen in einzelnen Fabrikabteilungen um 50—150 Proz. erhöht. Auch in einem anderen Falle hat sich die Menge der in der Zeiteinheit ausgebrachten Stücke um über 100 Proz. gehoben [1]).

Die Zufriedenheit der Unternehmer mit dieser Lohnform fusst auf der wesentlichen Verbilligung der Produktionskosten, die aber nicht etwa nur auf die Lohnersparung, die absolute Verminderung an Löhnen zurückzuführen ist, sondern zu einem grossen Teil auch aus einer Verminderung der auf die Produktionseinheit entfallenden Generalunkosten — es wächst eben der Divisor bei Feststellung dieses Quotienten — resultiert.

Die Steigerung der Arbeitsintensität bleibt freilich auch für manche Betriebskosten nicht ohne Einfluss. Die stärkere Inanspruchnahme des Maschinenmateriales findet man verschiedentlich hervorgehoben; sie sei bei schnellerem Gang der Maschine, den der Arbeiter herbeiführt, sobald sein Interesse daran wachgerufen ist, unvermeidlich. Ja es ist sogar behauptet worden, das Arbeitsprodukt leide unter dem Beschleunigen des Arbeitstempos: die Maschine bewirkte bei grösserer Geschwindigkeit (z. B. beim Fräsen von Zahnrädern, Zahnstangen) eine zu grosse Erhitzung des Materiales, welches bei der Erkaltung sich verziehe und deformiere. Diesem Bedenken stehen aber Aeusserungen gegenüber, dass derartige Kosten gegenüber dem Gewinne der Unternehmung aus der Lohnersparung gar nicht in Frage kämen [2]). Und wenn weiter auf die Belastung der Betriebsverwaltung durch die beim Prämiensystem notwendig werdenden Lohnberechnungsbureaus hingewiesen wird, die die Rentabilität des Systemes fraglich erscheinen lassen, so ist dem gegenüber festzustellen, dass einerseits die Notwendigkeit, die Werkmeister von schwierigen Lohnberechnungen zu entlasten, und anderseits die Wirtschaftlichkeit, welche in der Spezialisierung dieser Verwaltungsarbeit sich dokumentiert, schon vielfach zur Einrichtung von solchen Rechnungsbureaus, u. z. auch seitens jener Unternehmungen geführt haben, bei denen ein Prämiensystem mit Grundzeitberechnung nicht organisiert ist [3]).

1) Zeitschr. d. V. d. Ing. *Möller*, Bd. 47, S. 1133 f.

2) Ebenda S. 1135, Note 2.

3) Die Kosten solcher Rechnungsbureaus werden gar nicht als besonderes Er-

Die überaus interessante Diskussion, die sich im Institut der Maschineningenieure Englands an einen Vortrag *Rowan's* über sein System knüpfte (März 1903), ergab freilich noch eine Reihe abfälliger Aeusserungen seitens der Unternehmer und vom Standpunkte derselben aus. Sie blieben aber nicht unwidersprochen, und man kann aus den Verhandlungen den Gewinn ziehen, dass der Erfolg eines Lohnsystems in den einzelnen Betrieben nicht allein mit Rücksicht auf die Verschiedenheit der Arbeiten, sondern auch in konkurrierenden gleichartigen Unternehmungen ein völlig verschiedener sein kann. Eines schickt sich nicht für alle! Es kommt ganz offenbar auch sehr viel auf die Persönlichkeiten an, sowohl unter den Arbeitern als unter den Leitern einer Unternehmung.

Das Urteil ist jedoch ganz überwiegend günstig, und nur das hohe Interesse der Unternehmer an dem Zeitprämiensystem vermag es begreiflich zu machen, dass seitens der Betriebsleitung mitunter die weitestgehenden Zugeständnisse an die Arbeiter gemacht wurden, um diese zur Annahme des Zeitprämiensystemes zu bestimmen [1]).

Diese günstige Beurteilung hat in England und in den Vereinigten Staaten ihre ganz besonderen Gründe.

Die Abneigung des Tradeunionismus gegen Stücklöhnung ist dort eine besonders starke freilich aber auch zum grossen Teil durch das Vorgehen der Arbeitgeber verursacht. Deshalb kommt dort das Prämiensystem vor allem mit dem einfachen Zeitlohn in Vergleichung und stellt sich hiebei ganz selbstverständlich als überaus vorteilhaft dar. Aber auch der Vergleich mit dem Stücklohnsystem fällt gleichwohl noch zu Gunsten des Prämiensystemes

fordernis empfunden, vielmehr bietet die Existenz derselben, wie mehrfach hervorgehoben wird, erst die Möglichkeit, zu ganz richtigen, scharfen Kostenanschlägen für Lieferungsanträge zu gelangen.

1) Eine amerikanische Werksverwaltung hat die Annahme des Zeitprämiensystemes ihren bishin im einfachen Zeitlohn arbeitenden Leuten gegen die folgenden Zugeständnisse sozusagen abgekauft: 1. Die Grundzeit soll niemals kürzer festgesetzt werden, als die kürzeste Zeit unter dem Stundenlohnsystem für das gleiche Stück und die gleiche Arbeitsmaschine ausmacht; 2. Niemand soll entlassen werden, wenn es ihm nicht gelingt, weniger Zeit zu brauchen als die festgesetzte Grundzeit; 3. Einen 50%igen Anteil an dem ersparten Lohn als Prämie. 4. Die Grundzeit sollte nur bei Einführung eines neuen Verfahrens geändert werden dürfen; 5. Alle Prämien sind innerhalb 2 Wochen nach Vollendung der Arbeit auszuzahlen; 6. Nach einem Jahre soll das System für alle, die es fordern, aufgehoben werden; 7. In diesem Falle soll der Arbeiter nicht gezwungen werden, so schnell zu arbeiten, als er unter dem Prämiensystem gearbeitet hat (Zeitschr. d. V. deutsch. Ing. a. a. O. S. 1134).

aus, weil dieses eben die wichtigsten Vorteile des Stücklohnsystemes aufweist und doch über eine grosse Schwierigkeit, die bei dem letzteren aufzutreten pflegt, hinweghilft, nämlich über das best verrufene oben besprochene cutting rates.

Es liegt ja nahe, dass man den Uebergang seitens einer Betriebsleitung vom reinen Stücklohnsystem zum Zeitprämiensystem für wenig wahrscheinlich hält. Und in der Tat ist in den oben erwähnten Verhandlungen diese Möglichkeit mehrfach berührt worden. Von verschiedenen Seiten wurden Zweifel geäussert, dass die Arbeiter sich dazu bestimmen lassen könnten, vom Stücklohn zum Prämiensystem überzugehen, da doch das Rechenexempel sehr einfach sei, dass der Arbeiter, der eine mit 10 Stunden bemessene Arbeit im Stücklohn in 5 Stunden durchführe, bei gleichem Arbeitserfolg, unter dem günstigen System *Weir* beispielsweise (50 Proz. Prämie) eine Einbusse des Arbeitsverdienstes um ein Viertel erfahre. Um den Uebergang zu ermöglichen, müsste in der Festsetzung der Grundzeiten eine Berechnungsweise platzgreifen, durch die dem Arbeiter die Erhaltung seines Stücklohnverdienstes gesichert würde, dann falle aber doch eigentlich das Interesse des Arbeitgebers an dem Systemwechsel weg. Allen diesen Bedenken gegenüber wurde auf die Tatsache hingewiesen, dass sich Arbeiter zu solchen Uebergängen verstanden haben. Ausserdem aber wurde eingestanden, dass der Uebergang vom Stücklohn zum Prämiensystem allerdings nur dort erörterungsfähig werde, wo ein Arbeitgeber sich mit dem Gedanken trage, die Stücklohnsätze herabzusetzen. Dieses Herabsetzen der Stücklöhne, sobald der Arbeiter es durch seine Fertigkeit zu einer nicht mehr gewöhnlichen Höhe des Arbeitsverdienstes gebracht hat, bringt den Arbeitgeber in Misskredit und verursacht stets einen Konflikt. Wenn daher durch einen Systemwechsel ein Weg gefunden wird, dasselbe Ziel oder wenigstens einen ähnlichen Erfolg ohne dieses plötzliche Abbrechen eines zugesicherten Lohnsatzes zu erreichen, so ist es wohl nur selbstverständlich, dass dieser Weg beschritten wird[1]). Das »cutting-rates« hatte bei den Engländern namentlich, wie auch die mehrerwähnten Verhandlungen erkennen lassen, ganz bedeutende Dimensionen angenommen, wodurch die

---

1) Hierüber ist u. a. auch die gleichfalls in der Zeitschrift des Vereins deutscher Ingenieure sich abspielende Kontroverse zweier Praktiker zu vergleichen, Bd. 47, S. 172 und 439.

Gewerkvereine sehr begreiflicherweise in die schroff ablehnende Stellung gegenüber dem Stücklohnsystem gedrängt wurden.

Behält man dies im Auge, dann gewinnt auch die Behauptung der Arbeitgeber, dass das Prämiensystem doch auch sehr im Interesse der Arbeitnehmer gelegen sei, den Schein ehrlicher Ueberzeugung, denn in der Tat müssen die Arbeiter ein Zeitprämiensystem mit unveränderlicher Grundzeitfestsetzung und festem Prämiensatze einem Stücklohnsystem mit sinkender Stücklohnrate auch dann vorziehen, wenn bei dem Prämiensystem dem Arbeiter eine Quote des auf ein Stück ursprünglich entfallenden Zeit- oder Stücklohnes entzogen wird.

Uebrigens sind auch in Deutschland aus Unternehmerkreisen und aus Kreisen der Techniker Stimmen gegen das Prämiensystem laut geworden, die hier in aller Kürze noch erwähnt sein sollen. Der Geh. Marinebaurat *Wiesinger* trat auf Grund seiner Erfahrungen für das einfache Werklohnsystem ein, das er auf den von ihm geleiteten Betrieben eingeführt hat, und zwar durch Festsetzung eines Tarifes, zu dem die Arbeiter Vertrauen gewonnen hätten, weil er Aenderungen an demselben nur insofern vorgenommen habe, als offenbar zu niedrige Sätze erhöht wurden [1]).

Weit schärfer hat seine Bedenken ein anderer Autor aus der Praxis geltend gemacht. Ausgehend von der Arbeit der Zeitkalkulation meinte derselbe, zunächst werde sich doch eine Stabilität der Leistungsfähigkeit entwickeln, und es werde dadurch schon zu einem normalen Stücklohn kommen; anderseits sei dieser aber auch kaum entbehrlich, da für Kalkulationsstücklisten doch ein Mittelpreis zur Verwendung gelangen müsste, also ein fester Stückpreis, womit man beim Stücklohnsystem angelangt sein werde. Jedenfalls sei ein Uebergang vom Stücklohn- zum Prämiensystem ganz verfehlt. Es sei übrigens durchaus nicht leichter, die Zeitdauer zu bestimmen, die zu einer bestimmten Arbeit aufgewendet werden darf, als den Preis, für den ein Stück hergestellt werden kann. Beides sei Sache der Uebung weit mehr als der Rechnung, und darin liege die Achillesferse: die Zahl der Treffer, die gleich bei einem neuen Stück gemacht werden, sei nicht höher, wenn man dem Arbeiter die Stunden ansagt, die er aufwenden darf, als wenn man ihm den Preis ansagt, den er dafür erhalte. Der

1) Zeitschr. des V. d. Ing. 47. Bd. S. 1757.

2) Ebenda S. 1472.

Vorzug des Prämiensystems, dass es Erhöhung der Leistungsfähigkeit von Maschinen und Einrichtungen besser berücksichtige, sei hinfällig. Wenn an Stelle einer Maschine oder Einrichtung eine neue leistungsfähigere tritt, so finde selbstverständlich auch eine Neuregelung der Preise für die mit Hilfe des »Neuen« hergestellten Waren statt, gleichviel in welcher Form das geschehe, ob durch Herabsetzung des Stücklohnes beim Akkordsystem oder der normalen Stundenzahl beim Prämiensystem; eine Verbesserung könne daher höchstens vielleicht dem Stundenlohn gegenüber beobachtet werden.

Wichtiger als diese Meinungsäusserungen ist die Stellungnahme der Arbeiter und der ihre Interessen vertretenden Literatur; ihr ist zunächst das Augenmerk zuzuwenden, an sie ist die eigentliche Kritik der Erscheinungen anzuschliessen.

VI.

Kritik der Lohnverkürzungen, insbesondere des Zeitprämiensystems.

[illegible]

[illegible]

danken, denen man heute auf Schritt und Tritt begegnet, wenn man in den Kreisen der Arbeiter — und zwar auch der besonnensten und nicht verhetzten — sich über ihr lohnpolitisches Denken orientiert. Das sind Vorstellungen, die weit fester Wurzel geschlagen haben als irgendwelche Zukunftsstaatsideen.

Im Gegensatz zu dieser ausgesprochen ablehnenden Haltung, die auch die fortgeschrittene Arbeiterschaft des englischen Maschinenbaues noch zu Zeiten des grossen Ausstandes 1897—1898 schroff einnahm, steht eine Strömung in den Arbeiterkreisen, die in ganz bewusster Weise bestrebt ist, die Abhängigkeit des Gesamtwohles eines Wirtschaftskreises von der Mitwirkung aller vorhandenen Kräfte, auch der Arbeiter, bei ihrer Lohnpolitik sich vor Augen zu halten. Diese Strömung entwickelt sich in der englischen Arbeiterschaft unter dem Einflusse der *Webbs*; in Deutschland vertritt sie literarisch vornehmlich *Bernstein*. *Bernstein* hat in seinen jüngsten dieses Thema betreffenden Aufsätzen sich in sehr klarer Weise und im Zusammenhang mit seinem Revisionsprogramme dahin ausgesprochen, dass eine »Beseitigung der Lohnform« in absehbarer Zeit nicht zu denken sei. Es bedürfe daher einer Politik der Lohnform, recte Lohnbemessungsmethode.

Da vermag er denn nicht ganz die schmerzliche Ironie zu unterdrücken, wenn er der Tatsache gedenkt, dass der Brüsseler internationale Sozialistenkongress 1891 den bekannten Beschluss gefasst habe, der die Arbeiter zum Kampf gegen das Stücklohnsystem aufrief. Dass die Stücklöhnung durchaus nicht die qualifiziert kapitalistische Lohnbemessungsmethode sei, wie *Marx* behauptete, lehrten die Tatsachen, denn es seien beispielsweise nicht etwa die kapitalschwachen Betriebe, die die Zeitlöhnung anwendeten. Die Lohnbemessung sei vielmehr eine Resultierende aus einer Reihe verschiedener Faktoren.

Gefahren berge die Werklöhnung, wo ihre Durchführung individuelle Vereinbarung des Unternehmers mit den einzelnen Arbeitern oder ganz kleinen Gruppen mit sich bringe; das sei der Fall in jenen Industrien, in denen die Arbeiter sich spezialisieren unter dem Einflusse des Arbeitsprozesses, wie im Maschinenbau, wo die Vielfaltigkeit der Erzeugnisse und die grössere Bedeutung der Kraft und Handfertigkeit des einzelnen Arbeiters ein grosses Hindernis für Ausarbeitung allgemeiner Stücklohntarife bildeten. Zeitlohn sei keineswegs immer vorteilhafter, schon wegen der Gefahr, dass Zwischenmeister sich einschieben, »die dafür sorgen, dass der Arbeiter ein der neuen Technik entsprechendes Mehrprodukt leistet, die ihm sonst zufallende Mehrbezahlung aber in die eigene Tasche stecken« [1]). Vor allem bedürfe man eines Lohnsystemes, das die nötige Elastizität aufweise, sich den technischen Aenderungen einer Industrie jeweilig anzupassen. Nur die Werklöhnung aber besitze eine solche, denn sie ermögliche, dass die Arbeiter in ihrem Einkommen nicht geschädigt, aber auch die Maschinen entsprechend ausgenützt würden.

Und damit stellt auch *Bernstein* das allgemeine wirtschaftliche Interesse an der Verbilligung der Produktion in den Vordergrund [2]). Der Arbeiter dürfe nicht in einen Gegensatz zur übrigen Gesamtheit kommen, eine Gefahr, die z. B. beim Gewinnbeteiligungssystem bestünde, weil dieses in seinem Wesen partikularistisch sei. Der »individuelle Akkord« müsse dem System der festen Löhne, aber eben im tarifmässig festgelegten Werklohne weichen. In der Stücklöhnung auf der Grundlage eines von organisierten Unternehmern und Arbeitern vereinbarten und ständiger gemeinsamer Kontrolle unterworfenen Tarifes glaubt er »die Lohnform der nächsten sozialistischen Zukunft« erkennen zu dürfen.

Aber nicht nur der Stücklohnbemessung soll Gerechtigkeit und Sachlichkeit bei Prüfung der Methoden zuteil werden. Gleich *Sidney Webb* hat auch *Bernstein* zu dem vorhin besprochenen Prämiensystem sich geäussert und zu erkennen gegeben, dass seines Erachtens die Arbeiterpartei demselben sympathisch gegenübertreten solle. Für seinen Gedankengang sind die folgenden zwei Stellen sehr bezeichnend:

»Der gesellschaftliche Fortschritt erfordert Vermehrung und Verbilligung der Produktion bei Verkürzung der Arbeitszeit — letzteres auch von anderen Gesichtspunkten als dem der Produktionstechnik aus. Verkürzung der Arbeitszeit heisst Erziehung zu qualifiziertem Konsum, zu höherem Bedarf und damit zu weiterem gesellschaftlichen Fortschritt. Verkürzung der Arbeitszeit ist aber mit gleichzeitiger Verbilligung der Produktion nur vereinbar, wenn die Arbeitszeit in der Fabrik gehörig ausgenutzt wird. So verwerflich jede Anspannung der Arbeitskraft ist, die der Gesamtheit Abbruch tut, so widersinnig ist der Schlendrian in der Fabrik. Allgemein durchgeführt, würde er ein ernsthaftes Hemmnis des Fortschrittes der Gesellschaft, werden. Nicht hier ist daher das Mittel der Erhöhung des Komforts der Arbeiterklasse zu suchen . . .«

»Wo die Technik einer Industrie die Einführung der Stückarbeit erlaubt, und

1) Sozialist. Monatshefte 1902, Heft 12.
2) Sozialist. Monatshefte 1904, Heft 4.

die Bedingungen der Konkurrenz auf sie hindrängen, da wird sie auf die Dauer nicht fernzuhalten sein. Es ist dann richtiger, sich auf die Bekämpfung der mit Stückarbeit verbundenen Gefahren einzurichten, als einen Teil der Energie auf aussichtsloses Stemmen gegen das unvermeidlich Gewordene zu verschwenden. Die Gefahren der Stückarbeit sind . . . nicht unüberwindlich.«

Wer sollte diese Denkweise nicht annehmen? Wenn man dies aber tut, wenn man die Notwendigkeit einräumt, dass die Lohnbemessungsmethode auch dem Zwecke dienen muss, eine bessere und vollere Ausnützung des Produktionsfaktors Arbeitskraft unter entsprechender Garantie zu bewirken, dann muss auch álles Streben darauf gerichtet werden, der Stücklöhnung weitere Verbreitung zu verschaffen, denn sie ist geeignet, zu jenem Ziel zu führen; sie entspricht dem natürlichen Streben des »employers«, die Produktivität auch durch Steigerung der Leistungen der menschlichen Arbeitskraft zu erhöhen, und sie bietet dem Arbeiter die Möglichkeit, in der Zeiteinheit eine höhere Verdienstquote zu erlangen.

Wenn nun auch *Bernstein* anfänglich nicht ausdrücklich die oben besprochenen Zeitlohnprämiensysteme schlechthin empfahl, so tat dies *S. Webb*, indem er als den einzigen stichhaltigen Einwand gegen das Prämienbonussystem die Gefahr gelten lässt, dass zufolge Vermehrung der Arbeitsleistung des einzelnen Arbeiters »eine Anzahl Arbeiter ausser Arbeit werde geworfen werden« und diesen Einwand als Trugschluss zurückweist, und zwar vor allem deshalb, weil die Nachfrage nach Maschinen aller Art unendlich ausdehnungsfähig sei und mit jeder Preisermässigung zunehme [1]). Andere wirkliche Einwände hebt *Bernstein* hervor, vor allem:

1. die Schwächung der Arbeitersolidarität, denn die Diffenzierung der Lohneinkommen treibe den Keil in die Arbeiterschaft,
2. die Ausscheidung der weniger leistungsfähigen Arbeiter seitens der Unternehmer,
3. unkollegiales Verhalten der leistungsfähigeren gegenüber den schwächeren, namentlich beim System »*Goodfellowship*«, wo der minder leistungsfähige den leistungsfähigeren in seinem Lohnerfolge beeinträchtigen kann.

Aber nur Schwächen seien das, die wohl ein gewisses Misstrauen rechtfertigen könnten, nicht aber grundsätzliche Gegnerschaft. Im übrigen steht er offenbar dem System mit der Forderung der gleichen Bedingungen gegenüber wie *Sidney Webb:* 1. Anerkennung

1) Sozialist. Monatshefte 1902, II. Bd. S. 923.

der Gewerkschaft als Vertretern der Arbeiter bei Normierung der Tarifsätze, 2. Verteilung des von der Gewerkschaft anerkannten Normalverdienstes als Mindestlohn [illegible] bei Stück- oder Prämienarbeit und 3. Strenge [illegible] der Tarifsätze bei gleichbleibenden technischen Vorbedingungen.

Tatsächlich haben Unternehmungen der Maschinenbauindustrie, die das Zeitprämiensystem haben, wie Bernhard berichtet, sich darauf eingelassen und sich verpflichtet:

1. Zeitlohnsätze in allen Fällen zu bezahlen als Mindestlohn,

2. [illegible] und Normalzeiten nach den bereits geltenden Grundsätzen [illegible] zu ermitteln,

3. eine einmal festgesetzte Zeitbestimmung für irgendwelche Arbeiten nur zu ändern, wenn die Arbeitsmethoden oder die Arbeitsmittel geändert werden,

4. das Prämiensystem nicht einzuführen, wenn nicht die Absicht besteht, es [illegible], [illegible] dass nur zum Zweck der Herabsetzung der Arbeitszeiten das Zeitprämiensystem [illegible] Verwendung finde.

In einem späteren Aufsatz vertritt Bernhard nicht mehr, dass er das System des Stücklohnes, noch der Zeitprämienlohnung als die [illegible] Lösung des Problems ansieht. [illegible] Arbeit in einer Firma gegen [illegible] Arbeit in einer anderen Firma ausgetauscht [illegible] über das [illegible] Programm [illegible] würde sich erfüllen, wenn eine [illegible] der Leistungsmenge der Arbeit [illegible] zu Bezahlung stellt.

Dies sind die wichtige [illegible] des Zeitprämiensystemes [illegible] in Frage stellen.

Eine [illegible] Beurteilung der neuen Methode setzt voraus, dass über das Wesen der Zeitprämienbemessung [illegible] Klarheit besteht. [illegible]

Ausgangspunkt und Grundlage des Systemes ist die Bemessung einer bestimmten Zeit für eine bestimmte Arbeitsaufgabe mit der [illegible]. Im Falle der [illegible] der [illegible] für die Erfüllung [illegible] Phasen für die Lösung der Arbeitsaufgabe.

Die Grundlagen des Arbeitsverhältnisses in dem engeren Sinne, in dem es hier aufgefasst werden muss, werden durch die Entgeltbemessungsmethode nicht verschoben. ‚Bei Werklöhnung handelt es sich wie bei Zeitlöhnung und ebenso bei Zeitprämienlöhnung um ein Vermieten der Arbeitskraft im weiteren Sinne (nicht Verkaufen der Ware Arbeit!). Diese Arbeitskraft kann freilich keiner elementaren Kraft oder einer Kraftmaschine gleich gestellt werden, denn in der ganz überwiegenden Zahl der Fälle funktioniert nicht die mechanische Kraft allein, sondern es wirken auch neben der Kraft im engeren Sinne andere Faktoren, darunter die drei wichtigsten: Geschicklichkeit, Intelligenz und schliesslich der Wille, diese und die Kraft zu entwickeln. Die Ausnützung der drei Faktoren Kraft, Geschicklichkeit und Intelligenz hängt bei der Zeitlöhnung zu einem grossen Teil von der Betriebsorganisation des Mieters ab; ein gewisser Einfluss bleibt dem Willen des Arbeiters aber stets eingeräumt. Gegenstand der Vermietung ist schon mit Rücksicht darauf nie etwas absolut Bestimmtes, auch dann nicht, wenn der Mieter das Maximum der drei gemieteten Elemente zu kennen glaubt, denn den Willen des Arbeiters kennt er nicht.

Nicht anders liegt die Sache bei der Werklöhnung; ein Unterschied liegt hier aber in dem Umstande, dass die Entgeltberechnungsmethode den Willen des Arbeiters beeinflusst, jene drei Faktoren besser, intensiver einzusetzen; die bewegende Kraft dem Willen gegenüber ist der Umstand, dass das Ausmass der Substanziierung der drei Arbeitselemente das Entgelt beeinflusst. Und darin liegt denn allerdings auch die Aehnlichkeit zwischen dem Werklohn und dem Zeitprämiensystem, denn auch bei diesem nimmt die Entgeltbemessung auf die Substanziierung der Arbeitselemente im Arbeitsprodukt Rücksicht.

Allein von der Bezahlung eines bestimmten Stückpreises wie beim Werklohnverhältnis kann beim Zeitprämiensystem wohl nicht die Rede sein, denn das Entgelt, das tatsächlich für ein Stück oder Werk, also für ein bestimmtes Quantum substanziierter Kraft, Geschicklichkeit und Intelligenz gezahlt wird, ist beim Zeitprämiensystem nichts weniger als konstant, sondern schwankt, und zwar seltsamerweise verkehrt proportioniert zu der Steigerung der Energie, mit der die drei Faktoren eingesetzt werden, d. h. je energischer der Arbeiter seine Potenzen einsetzt, je rascher demzufolge die Verkörperung derselben im Arbeits-

der Gewerkschaft als Vertreterin der Arbeiter bei Normierung der Tarifsätze, 2. Verbürgung des von der Gewerkschaft anerkannten Normalzeitlohnes als Mindestlohn bei Stück- oder Prämienarbeit und 3. Stetigkeit der Tarifsätze bei gleichbleibenden technischen Vorbedingungen.

Tatsächlich haben Unternehmungen der Maschinenbauindustrie, die ein Zeitprämiensystem haben, wie *Bernstein* berichtet, sich darauf eingelassen und sich verpflichtet:

1. Zeitlohnsatz in allen Fällen zu bezahlen, also Mindestlohn,

2. Ueberzeitarbeit und Nachtschichten nach den bereits geltenden Grundsätzen besonders zu entlohnen,

3. eine einmal festgelegte Zeitbestimmung für irgendwelche Arbeiten nur zu ändern, wenn die Arbeitsmethoden oder die Arbeitsmittel geändert werden.

4. das Bonussystem nicht einzuführen, wenn nicht die Absicht besteht, an ihm festzuhalten, letzteres zur Hintanhaltung, dass nur zum Zweck der Herabsetzung der Arbeitszeiten das Zeitprämiensystem vorübergehend Verwendung finde.

In einem jüngsten Aufsatz verhehlt *Bernstein* nicht mehr, dass er das System des Stückzeitlohnes, eben der Zeitprämienlöhnung als die voraussichtliche Lösung des Problems ansieht. »Gleichviel Arbeit in einer Form gegen gleichviel Arbeit in einer anderen Form ausgetauscht«, wie *Marx* über das Gothaer Programm schrieb, das, so meint *Bernstein*, würde sich erfüllen, wenn eine Lohnform nur den Dichtigkeitsgrad der Arbeit gebührend in Rechnung stellt.

Dies und die sonstige Unbedenklichkeit des Zeitprämiensystemes muss ich in Frage stellen.

Eine objektive Beurteilung der neuen Methode setzt voraus, dass über das Wesen der Zeitprämienbemessung völlige Klarheit besteht. Dass von einer grundsätzlichen Gleichartigkeit mit dem einfachen Stücklohnsystem nicht die Rede sein kann, liegt freilich nicht so offenkundig zutage.

Ausgangspunkt und Grundlage des Systemes ist die Zumessung einer bestimmten Zeit für eine bestimmte Arbeitsaufgabe mit der Zusicherung eines bestimmten Zeiteinheitslohnsatzes. Im Falle der gewöhnlichen Werklöhnung fehlt bei der Entgeltbemessung jede Beziehung zur Arbeitszeit, es handelt sich vielmehr nur um Bezahlung eines mehr oder minder willkürlichen Preises für die Lösung der Arbeitsaufgabe.

Die Grundlagen des Arbeitsverhältnisses in dem engeren Sinne, in dem es hier aufgefasst werden muss, werden durch die Entgeltbemessungsmethode nicht verschoben. „Bei Werklöhnung handelt es sich wie bei Zeitlöhnung und ebenso bei Zeitprämienlöhnung um ein Vermieten der Arbeitskraft im weiteren Sinne (nicht Verkaufen der Ware Arbeit!). Diese Arbeitskraft kann freilich keiner elementaren Kraft oder einer Kraftmaschine gleich gestellt werden, denn in der ganz überwiegenden Zahl der Fälle funktioniert nicht die mechanische Kraft allein, sondern es wirken auch neben der Kraft im engeren Sinne andere Faktoren, darunter die drei wichtigsten: Geschicklichkeit, Intelligenz und schliesslich der Wille, diese und die Kraft zu entwickeln. Die Ausnützung der drei Faktoren Kraft, Geschicklichkeit und Intelligenz hängt bei der Zeitlöhnung zu einem grossen Teil von der Betriebsorganisation des Mieters ab; ein gewisser Einfluss bleibt dem Willen des Arbeiters aber stets eingeräumt. Gegenstand der Vermietung ist schon mit Rücksicht darauf nie etwas absolut Bestimmtes, auch dann nicht, wenn der Mieter das Maximum der drei gemieteten Elemente zu kennen glaubt, denn den Willen des Arbeiters kennt er nicht.

Nicht anders liegt die Sache bei der Werklöhnung; ein Unterschied liegt hier aber in dem Umstande, dass die Entgeltberechnungsmethode den Willen des Arbeiters beeinflusst, jene drei Faktoren besser, intensiver einzusetzen; die bewegende Kraft dem Willen gegenüber ist der Umstand, dass das Ausmass der Substanziierung der drei Arbeitselemente das Entgelt beeinflusst. Und darin liegt denn allerdings auch die Aehnlichkeit zwischen dem Werklohn und dem Zeitprämiensystem, denn auch bei diesem nimmt die Entgeltbemessung auf die Substanziierung der Arbeitselemente im Arbeitsprodukt Rücksicht.

Allein von der Bezahlung eines bestimmten Stückpreises wie beim Werklohnverhältnis kann beim Zeitprämiensystem wohl nicht die Rede sein, denn das Entgelt, das tatsächlich für ein Stück oder Werk, also für ein bestimmtes Quantum substanziierter Kraft, Geschicklichkeit und Intelligenz gezahlt wird, ist beim Zeitprämiensystem nichts weniger als konstant, sondern schwankt, und zwar seltsamerweise verkehrt proportioniert zu der Steigerung der Energie, mit der die drei Faktoren eingesetzt werden, d. h. je energischer der Arbeiter seine Potenzen einsetzt, je rascher demzufolge die Verkörperung derselben im Arbeitsprodukt vor sich geht, um so geringer wird der Einheitssatz für das in der Produkteinheit substanziierte Quantum dieser Potenzen. Je rascher und geschickter der Arbeiter, um so niedriger der Preis für die Arbeit.

Konkret gesprochen an der Hand eines Beispieles:

Eingeräumte Grundzeit 10 Stunden, Stundenlohn 0,30 Mk. Prämienausmass 50 Proz. des ersparten Lohnes. — Bei tatsächlicher Arbeitszeit von 10 Stunden beträgt der Lohn für das verkörperte Quantum Kraft, Intelligenz und Geschicklichkeit 3 Mk., bei tatsächlicher Arbeitszeit von 5 Stunden also bei wesentlich intensiver eingesetzten Arbeitselementen beträgt der Lohn 2,25 Mk.

Es trifft also auch nicht zu, wie *Webb* und *Bernstein* annehmen, dass hier für die gleiche Arbeitsleistung auch gleiche Preise gezahlt werden, oder um mit *Marx* zu reden: »gleichviel Arbeit in einer Form gegen gleichviel Arbeit in einer anderen Form.«

Es liegt Bezahlung für das Verfugen über eine Arbeitskraft vor. Massstab für die Bemessung des Entgeltes bildet die Zeit, aber nicht die Dauer, während der das Verfügen eingeräumt ist, nicht die Arbeitszeit an sich. Da sie keinen vollkommen gerechten Anhaltspunkt für die Bemessung des Vertragsinhaltes, das ist das Quantum Kraft, Geschicklichkeit und Intelligenz im Vergleich mit einem anderen abgibt, so gilt es, die Intensität, auf die Zeit- oder die Produkteinheit projiziert, mit zu berücksichtigen. Bleibt also die Grundlage der Entgeltbemessung die Dauer der Arbeitstätigkeit, so kommt doch nicht diese allein, sondern auch die Intensität mit in Rechnung dadurch, dass die Leistungsmengen in der Zeiteinheit gemessen werden, und dass darnach der Preis für die Zeiteinheit verschieden abgestuft wird. — Von dieser Seite betrachtet ist eigentlich das Prämiensystem scheinbar überaus rationell, aber jedenfalls ein Zeit-, kein Werklohnsystem.

Mit dem Werklohnsystem verglichen hat es eben den Vorteil voraus, dass die Zahlung des Zeiteinheitslohnsatzes gesichert ist. Andere Vorzüge aber, die angeblich auch mit dem Prämiensystem auftreten, wie z. B. die Zusicherung, dass die Grundzeiten (allowed times) nur geändert werden durfen im Zusammenhang mit einer Aenderung in der Arbeitsmethode, sind keine im Wesen des Systems liegende Eigentümlichkeiten, sie sind beim einfachen Werklohnsystem ebensowohl zu erreichen, es kommt dabei nur auf die Kraft der Arbeiterschaft an.

Will man sich das Eingehen der Arbeiterschaft auf das Zeitlohnprämiensystem erklären — und einer solchen Erklärung bebedarf es wohl im Hinblicke auf das bezüglich des Fallens der Lohnquote gesagte — so ist in dieser Mindestlohnzusicherung jedenfalls ein Hauptmotiv zu erkennen. Das Wachsen des Zeiteinheitsverdienstes mit steigender Arbeitsintensität ist der Unterschied vom reinen Zeitlohnsystem und gibt ihm gegenüber diesem den Vorzug [1]). Insofern also die Arbeiterschaft vom Werklohn- zum Zeitlohnsystem übergehen will, geht sie daher einen ganz richtigen Weg, wenn sie den Uebergang mit diesem Zeitprämiensystem annimmt. Vielleicht entspricht es den Wünschen einer grossen Vielheit von Arbeitern wohl auch, wenn dabei der wesentlichste Missstand des Zeitlohnsystems auch hier zur Geltung kommt, nämlich der, dass der energische, rasche und geschickte Arbeiter im Vergleich zu den minder tüchtigen Arbeitern beim Prämiensystem zwar mehr verdient, aber doch um so schlechter gezahlt ist, je mehr Energie, Schnelligkeit und Geschicklichkeit er aufwendet. Das heisst also dann tatsächlich, mit einer geringen Abschwächung gegenüber dem reinen Zeitlohnsystem, B e g u n s t i g u n g u n d S c h u t z d e r L e i s t u n g s s c h w a c h e n und Förderung des Schlendrians, also gerade dasjenige, wogegen die gesunde und logisch konsequente Denkweise *Bernstein*'s sich wendet. Diesen für das Zeitlohnsystem charakteristischen Mangel des Zeitprämiensystems hat *Bernstein*, wenn nicht übersehen, so doch zu wenig gewürdigt, als er von diesem schrieb: die F o r m des Zeitlohnes wird festgehalten, aber dem W e s e n nach ist der Lohn bereits Stücklohn [2]).

Noch entschiedener muss widersprochen werden, wenn man, wie *Bernstein* dies im selben Zusammenhange zu tun geneigt scheint, auch das amerikanisch-englische Zeitprämiensystem bezeichnet als »Lohnform, die in ihren Hauptpunkten grosse Aehnlichkeit mit dem *Rodbertus*'schen Werkarbeitstag aufweist«. Für die Vereinbarung der Schuhmacher in Leicester trifft es vielleicht zu. Gerade das eigentliche Zeitprämiensystem ist aber davon weit entfernt.

Das Werklohnsystem soll nach der Meinung der Mehrzahl der Unternehmer die Schwäche haben, dass der Arbeiter bei dieser Lohnbemessung zu viel verdienen kann. Diesem Uebel

1) Vgl. oben die Zusammenstellung S. 50 letzte Spalte.

2) Im erwähnten Aufsatze in Braun's Archiv, Bd. XVII. S. 311.

beugt nun in der Tat das Prämiensystem vor. Um dies ganz anschaulich zu vergegenwärtigen, verweise ich nochmals auf die graphische Darstellung der Lohnbewegung durch Kurven, die ich im Anhang III zur Erläuterung beigegeben habe. In der Figur ist deutlich zu erkennen, wie die Differenz zwischen dem Werklohnsatz für die betreffende Arbeit einerseits und zwischen dem Lohnbetrag, der beim System *Halsey*[1]) auf die Arbeit entfällt, anderseits mit jeder Verminderung in der aufgewendeten Zeit grösser wird. Die mit Schraffen versehene Dreiecksfläche (AWX) beschreibt dieses Wachstum. Sobald die verwendete Zeit nahe an $^1/_{10}$ der eingeräumten Grundzeit kommt, ist der Lohn für die betreffende Arbeit bereits fast auf $^1/_8$ der ursprünglich in Aussicht genommenen Höhe, auf $^1/_8$ der Höhe des Werklohnsatzes herabgesunken. Oder um einen konkreteren Fall zu wählen: bei Abnahme der gebrauchten Zeit um die Hälfte (also auf 5 Stunden) ist der Betrag, der für die Arbeit entfällt, auch schon auf $^2/_3$ des Werklohnsatzes gefallen.

Es kann also gar keine Rede davon sein, dass hier der Lohn trotz der Veränderung der Produktivität in einem konstanten Quotienten des Produktes besteht, wie dies *Rodbertus* fordert[2]); denn ist z. B. der Lohn bei Herstellung der Arbeit innerhalb 10 Stunden P/n etwa = $^1/_4$ des Produktwertes, so ist er im System *Halsey* nach dem Gesagten bei bloss 5 stündiger Arbeitsdauer nur noch $^2/_3$. P/n also $^2/_{12}$. Vielmehr ergibt die Analyse des Zeitprämiensystems, dass der Arbeiter ganz offenkundig den Erfolg jener Produktivitätssteigerung, die ausschliesslich auf die Entwicklung seiner Potenzen zurückzuführen ist, nur zu einem Bruchteil für sich selbst erringt, dass also mit wachsender Produktivität der Arbeit speziell die Quote des Produktionsertrages, die auf die Arbeit entfällt, abnimmt; also gerade jenes Verhältnis, das *Rodbertus* als bekämpfenswert ausdrücklich erklärt hat, greift Platz.

Die Unternehmer suchen es zu rechtfertigen, dass von dieser ausschliesslich auf die Potenzen des Arbeiters zurückzuführenden Erhöhung der Produktivität und des Ertrages ihnen

---

1) Mit der Prämienquote = $^1/_3$. Inwieweit das System *Rowan* als vorteilhafter für den Arbeiter angesehen werden kann s. S. 50 f.

2) *Rodbertus'* literarischer Nachlass Bd. III. 8. Fragment, sowie *Rodbertus'* Briefe und sozialpolitische Ansichten (hrsg. v. Meyer) Bd. II. S. 555; vgl. auch meine Lohnpolitik und Lohntheorie S. 180.

ein ansehnlicher Teil zufalle. Dass sie solches versuchen, ist nur begreiflich, die auffallende Unnatürlichkeit dieses Anteiles wird eben empfunden. Man weist hier auf die grössere Abnutzung der Maschine bei grösserer Leistung und auf das Wachsen des Kraftverbrauches mit der Steigerung der Leistung. »Vermuten lässt sich allerdings, dass diese Abnutzung weit mehr als proportional wachse, so bemerkt hiezu ein Vertreter des Unternehmerstandpunktes, weil die Maschine leicht überanstrengt wird, wenn dem Arbeiter nur daran liegt, viel fertig zu stellen«. Positive Aufzeichnungen darüber fehlen, und von fachmännischer Seite wird doch schliesslich eingeräumt, dass die Abnutzung nur proportional der Produktionserhöhung sein dürfte[1]). Dass von der Notwendigkeit einer kostspieligeren Prüfung der fertigen Arbeitsstücke und grösseren Auslagen für die verwickeltere Lohnberechnung geredet wird, wurde schon an anderer Stelle hervorgehoben (oben S. 53). Etwas mehr Hintergrund hat vielleicht die Behauptung, dass die Ausstattung des Betriebes eine reichere sein müsse; eine Vermehrung der Werkzeuge sei notwendig, namentlich für die Arbeiter der Nachtschichte doppelte Garnituren, da keiner Zeit verlieren wolle mit der Wiederherstellung der vielleicht etwas ausbesserungsbedürftigen Werkzeuge der Arbeiter einer anderen Schicht.

All das trifft aber ebenso auf die Werklöhnung zu, die von den Unternehmern eingerichtet war, ohne dass die Notwendigkeit eines Abzuges von dem Lohne des rascheren Arbeiters erkannt worden ist. Ingenieur *Möller*, der über die Verhältnisse in Amerika berichtet, meint denn auch selbst, in Zweifel ziehen zu müssen, ob alle diese Aufwendungen 50 Proz. des Mehrverdienstes des Arbeiters [2]) ausmachen, zumal z. B. die Kontrolle der Arbeiter zum Teil gegenseitig durchgeführt werde, da einer dem anderen nacharbeitet und sich selbst schädigt, wenn er ein schlecht vorgearbeites Stück ausarbeitet, ohne es zu beanstanden, da ihn ja die volle Ersatzpflicht mit dem Verlust seines Lohnes treffe. Diese Kontrolle ist wohl gerade bei Maschinenbauarbeit eine besonders scharfe und hat gerade dort das Bedenken vom Arbeiterstandpunkt laut werden lassen, dass das Verhalten der Arbeiter unter der Herrschaft des Zeitprämiensystems ein unkollegiales werde. Es mag in anderen Industrien diese gegenseitige Kontrolle der Arbeiter vielleicht weniger wirksam sein; vorläufig handelt es sich

1) Zeitschr. d. Vereins deutscher Ingenieure, 47. Bd. S. 1135.

2) 50% beträgt der Abzug bei dem für den Arbeiter günstigsten System Weir.

aber gerade um die Maschinenbauindustrie, in der der Unternehmer angeblich gezwungen sein soll, vom Lohn des rascher Arbeitenden einen Teil für die durch Steigerung der Produktion stärker belasteten Betriebskosten zurückzubehalten.

Es ist zu seltsam, dass man vom einfachen Werklohnsystem immer gerühmt hat, es sei ökonomisch so vorteilhaft, weil der beschleunigte Kapitalumsatz dank der rascheren Arbeit für den Unternehmer eine wesentliche Verbilligung der Produktion bedeute, also Steigerung der Produktivität, und dass man nun davon kein Wort spricht oder schreibt! Uebrigens sei es gestattet, ein Argument vom Standpunkt rein kaufmännischer Betrachtungsweise speziell gegen das Herabsetzen der Werklohnsätze geltend zu machen. Man braucht doch nur die Frage aufzuwerfen, wie es denn mit dem Lohnaufwand steht, wenn die auf eine bestimmte Arbeitsverrichtung so gut eingearbeitete Arbeitskraft aus dem Betrieb ausscheidet und die Betriebsleitung gezwungen ist, die Arbeit an Arbeiter zu übertragen, die bisher mit der Arbeit nicht vertraut waren [1]). Kann man von einem »Marktpreis« der Arbeit reden, wenn ein Arbeitgeber für eine Arbeit vielleicht 30—40 Proz. jenes Lohnes nur zahlen will, den er zahlen müsste, wenn er neue, wenig eingearbeitete Kräfte auf dem Arbeitsmarkte sich zu beschaffen hätte? — Gewiss nicht! Also nicht einmal Marktpreis, wo der Arbeiter Monopolpreis fordern könnte!

Selbst nicht vom individualwirtschaftlichen Standpunkt aus ist also diese zunehmende Verkürzung des Lohnes zu Gunsten der Unternehmer zu rechtfertigen. Um wie viel weniger vom volkswirtschaftlichen, vom sozialökonomischen Standpunkt aus! In dieser Hinsicht braucht man sich nur die Wirkungen des Systemes klar zu machen:

1. Erhöhung des Arbeitseinkommens des einzelnen Arbeiters in der Zeiteinheit, jedoch bei sinkendem Lohnanteil auf die Produkteinheit, auf alle Fälle daher
2. Produktionsverbilligung mindestens wegen der Lohnaufwandverminderung, wahrscheinlich aber auch im Hinblicke auf grössere und raschere Kapitalausnutzung,
3. als mögliche Wirkung bezüglich des Produktionsumfanges entweder:

---

1) Vgl. den Fall bei *Beck*, Gerechter Arbeitslohn. 1902. Dresden. S. 37.

a) bei gleichbleibendem Aufwand an Betriebskapital (Lohnaufwand) Vermehrung der Produktion oder
b) bei gleichbleibendem Produktionsumfang Verminderung der Arbeiterzahl (da ja die Steigerung der Arbeitsleistung des einzelnen die Entlassung eines Bruchteiles ermöglicht) und damit Ersparung an Betriebskapital (Lohnaufwand).

Es ist genau der gleiche Kausalzusammenhang beim Zeitprämiensystem festzustellen wie beim »Akkordreissen«, beim »cutting-rates« im Werklohnsystem. Es ist natürlich, wenn man die verschiedenen Abarten des besprochenen Zeitprämiensystems vergleicht, auch zu unterscheiden, ob die Prämie sich auf 30 oder 50 oder 70 Proz. des Lohnwertes der ersparten Zeit stellt, oder gar auf 90 Proz.; denn in dem Masse, als die Prämie prozentuell wächst, nähert sich das System in seinem Erfolg bezüglich des Lohnanteiles an der Produkteinheit dem reinen Werklohnsystem mit konstantem Werklohnsatz. Der Unterschied der Abarten ist aber nur ein gradueller (d. h. betrifft nur die Quantität) nicht ein virtueller, und es gilt gegen das Prinzip, gegen den beim Zeitprämiensystem wie beim cutting-rates tatsächlich realisierten Gedanken der Verminderung des auf die Produkteinheit entfallenden Lohnbetrages Stellung zu nehmen.

Was man vor sich hat, ist in allen Fällen Steigerung der Produktivität aus der Entwicklung der Arbeitspotenzen allein, mit der Wirkung, dass der Ertrag dieser Steigerung zum grossen Teil nicht dem Arbeiter, sondern dem Arbeitgeber zur freien Verfügung zufällt. Die Beurteilung des ganzen Erscheinungskomplexes hat daher zwei Eventualitäten im Auge zu behalten:

1. Verbilligung der Produkte im freien Verkehr und damit Erhöhung der Kaufmöglichkeit für einen grösseren Kreis von Käufern,
2. Erhöhung des Einkommens des Unternehmers.

Ein drittes ist natürlich die Verbindung beider Eventualitäten. Der Fall kommt aber für die Beurteilung nicht besonders in Betracht, da, wie zu zeigen sein wird, die Kritik jeder der beiden Eventualitäten auch die Kombination beider sozialökonomisch in das richtige Licht setzt.

1. Was die Warenverbilligung anlangt, ist zu fragen: »wie weit geht sie?« und welche Wirkungen sind zu erwarten?

Die Ersparung am Arbeitslohn kann vollständig in der Ermässigung der Warenpreise aufgehen, entscheidend hiefür kann die Marktlage sein, aber gewiss auch unter Umständen das Belieben des Unternehmers: dann sind die Wirkungen verschieden zu beurteilen nach der Kategorie von Waren, um die es sich handelt. Sind es

a) Produktionsmittel (Werkzeuge, Maschinen, Rohstoffe, Produktionsstätten u. dgl.), dann kommt es darauf an, ob die Verwendung dieser Produktionsmittel für eine Gütererzeugung erfolgt, deren Erleichterung und Verbilligung im Interesse der Allgemeinheit oder nur zum Vorteile eines sehr beschränkten Kreises von Konsumenten erreicht wird, welche Alternative in b) und c) auseinandergehalten ist.

b) Konsumgüter eines weiten, umfassenden Konsumentenkreises, sozusagen Konsumgüter für die Allgemeinheit: dann wird zweifellos eine Erleichterung der Daseinsführung für die Arbeiter, also auch für die im Lohn verkürzten Arbeiter die Folge sein und zwar um so sicherer dann, wenn die oben erwähnte Wirkung auf den Produktionsumfang in einer Vermehrung der Produktion besteht (vgl. oben S. 68/69 3a). Allein jedenfalls darf dabei nicht übersehen werden, dass dann doch auf Kosten der betreffenden verkürzten Arbeiter auch solche Bevölkerungskreise einen Nutzen ziehen, die auch Konsumenten der Ware sind, die aber dieser Erleichterung in der Warenbeschaffung bezw. Lebensführung ganz und gar nicht bedürftig sind, dass also teilweise wenigstens eine Verteilung bewirkt werden kann, die sozialökonomisch nicht anzustreben ist. Tritt aber dann etwa hinsichtlich des Produktionsumfanges die andere Wirkung ein, dass die erhöhte Leistung der Arbeiter zu einer Verminderung der Arbeiterzahl bei der Produktion ausgenützt wird, dann kann mit einer günstigen Wirkung jedenfalls nur unter der Voraussetzung gerechnet werden, dass das dadurch ersparte Betriebskapital einem anderen, gleichfalls Allgemeinbedürfnissen dienenden Produktionszweig zugewendet wird und der Verminderung des Arbeiterbedarfes auf der einen Seite eine Nachfrage auf anderem Gebiete kompensierend gegenübertritt. Damit kommen wir übrigens zu jenen Wirkungen, die aus der Erhöhung des Unternehmereinkommens zu gewärtigen sind, die unter 2. zu besprechen sind.

c) Konsumgüter, die den Arbeitern in einem geringen Ausmass oder gar nicht zugänglich sind, also Konsumgüter der wirtschaftlich besser situierten Kreise: dann kann für eine Erhöhung der Lebensführung der Arbeiter und namentlich natürlich auch der in ihrem Lohn verkürzten Arbeiter keine Hoffnung genährt werden. Es kommen, abgesehen davon, analoge Möglichkeiten in Betracht wie bei den Konsumgütern für die Allgemeinheit (b), und es muss als günstigste Wirkung der Verbilligung betrachtet werden, wenn der Arbeitsmarkt dadurch eine Vermehrung der Nachfrage erfährt.

d) Aehnlich aber liegen die Dinge dann, wenn es sich um Leistung handelt, die der Allgemeinheit zugute kommen, weil sie öffentlichen Zwecken dienen, allgemeiner Nutzung zur Verfügung stehen, wie alle Produktionen, die ein öffentliches Gemeinwesen belasten, Strassen- und Brückenbau, Bau öffentlicher Anstalten, auch Verkehrsanstalten und Verkehrsmittel, sofern zur Deckung der Kosten Steuermittel verwendet werden. Denn dann bedeutet auch jede Lohnkürzung eine Erleichterung für die zu den Produktionskosten Heranzuziehenden, also die Steuerträger, das sind mutmasslich in aller Regel die Leistungsfähigeren.

Zusammenfassend darf daher wohl bezüglich der Warenverbilligung das Urteil dahin gefällt werden, dass dieselbe, sofern sie aus einer Verkürzung des Arbeitslohnes für die Produktionseinheit hervorgeht, nur in sehr beschränktem Ausmasse die Güterverteilung in einem für die wirtschaftlich Schwächeren günstigen Sinne beeinflusst. Die Warenverbilligung hat sozialökonomisch nur dann inneren Wert, wenn sie die Güterverteilung in solcher Weise beeinflusst, dass die Konsumtionsbasis der breiten Massen eine Erweiterung erfahrt, und das ist nur sehr bedingt im vorliegenden Fall zu gewärtigen. Es ist das wünschenswertere für die Gesamtheit, die Kaufkraft der Schwächeren unmittelbar zu kräftigen — und das geschieht durch Ermöglichung mindestens einer Parallelbewegung zwischen Lohneinkommen und Arbeitsproduktivität — als dies mittelbar im Wege der Ermässigung von Warenpreisen herbeiführen zu wollen.

2. Die Erhöhung des Arbeitgebereinkommens muss zunächst unmittelbar als Abzug von jener Quote des Produktwertes empfunden und wirksam werden, die vorher dem Arbeiter zugefallen war, ehe er durch Steigerung seiner Arbeitsintensität Arbeitszeit erspart hatte, bezw. ehe der Werklohnsatz gekürzt worden war. Die Wirkung kann gipfeln:

a) in einer Steigerung der Kapitalbildung innerhalb der Unternehmerklasse: es ist zu oft schon nachgewiesen worden, dass die absolute Kapitalvermehrung der Gesamtheit wenig Nutzen bringt, wenn die Kapitalverwendung nicht auch zur Hebung der Lebensführung der »unteren Schichten« zu einer Minderung der wirtschaftlichen Differenzierung führt. Welchen Zweck kann die Erweiterung der Kapitalbildung und im Gefolge derselben eine Produktionserweiterung haben, wenn ihr nicht auch eine Erhöhung der Kaufkraft breiter Schichten zur Seite geht?

Nicht als ob die Bedeutung der Kapitalbildung für die Entwicklung der Produktion und die Bedeutung dieser für die Entwicklung der Lebensführung im allgemeinen unterschätzt werden sollte. Aber im Interesse einer gesunden und sicheren Fundierung des gesamten Wirtschaftslebens eines Volkes muss es für wertvoller erkannt werden, dass Arbeiter dank der besseren Entfaltung ihrer Potenzen Lohneinkommen beziehen, die vielleicht ein Mehrfaches des Durchschnittstaglohnes ausmachen, als wenn der Wert dieses Mehrertrags der Arbeit in Kapitalform beim Unternehmer auftritt. Die Erweiterung der objektiven Konsumtionsmöglichkeit in Arbeiterkreisen ist und wird immer mehr Voraussetzung für die Fruchtbarkeit des Kapitales.

Immer eine gesunde, dem Individuum wie der Gesamtheit förderliche Richtung der Konsumtionsentwicklung beim Arbeiter vorausgesetzt! Das ist selbstverständlich. Aber das gehört auf das Gebiet ökonomischer und sittlicher Erziehung und kann hier nicht weiter in Betracht kommen. Aber Erfolg ist von solcher Erziehungstätigkeit doch auch erst zu erwarten, wenn die objektiven Voraussetzungen — und dazu gehört auch die Möglichkeit der Kapitalbildung in weiteren Kreisen — durch die Lohnpolitik mitgeschaffen werden.

b) in der Ausgestaltung der Konsumtion der Unternehmerklasse: sie geht jedenfalls in einer anderen Richtung vor sich als bei den Arbeitern. Auch sie kann gewiss unter Umständen der Entwicklung produktiver Kräfte in der Volkswirtschaft günstig sein, Entwicklung und Intensivierung der Bodenkultur, Viehzucht u. dgl. m. kann veranlasst und damit auch die Produktivitätssteigerung für andere Bevölkerungsschichten wirksam werden. Wenn von einer Steigerung oder Entwicklung des Konsums der Unternehmerklasse geredet wird, so ist aber überwiegend an qualifizierten Luxuskonsum zu denken, der die wirtschaftliche Differenzierung der Gesellschaftsklassen verschärft und die Grundpfeiler eines gleichmässig gesicherten Wirtschaftsverlaufes untergräbt, welcher volkswirtschaftlichen oder lokalen oder auch speziell einzelne Industrien erfassenden Kreisen Tür und Tor öffnen hilft, ohne dass die durch solche Konsumtionserweiterung verursachte Vermehrung der Nachfrage auf dem Arbeitsmarkte von irgend grösserem Belang werden könnte.

Also auch von der Erhöhung des Arbeitgebereinkommens aus Mitteln, die im Falle einer anderen Lohnbemessung den Arbeitern kraft ihrer Leistungserhöhung zukommen würden, ist keine Wirkung zu erwarten, die auch nur annähernd Anhaltspunkte dafür böte, dass die Verkürzung der auf die Produkteinheit entfallenden Lohnquote der Gesamtheit irgendwie förderlich sein könnte.

Die vorstehenden wirtschaftlichen Zusammenhänge sind freilich nur aphoristisch angedeutet, aber nur auf diesem Wege analytischer Behandlung der Kausalzusammenhänge ist m. E. der richtige objektive Standpunkt für die Beurteilung der vorliegenden Frage zu gewinnen.

Die Lohnbildung gilt bekanntlich sowohl als ein Einkommensproblem als auch als Produktionsproblem, und zwar letzteres, soweit es sich darum handelt, bei der Produktion das Ausmass der Opfer, die zur Herstellung neuer Güterwerte erforderlich sind, tunlichst zu vermindern. Diese bisherige Betrachtungsweise ist jedoch nur sehr beschränkt richtig [1]). Sieht man näher zu, so wird man gewahr, dass die Lohnbildung nur insofern ein Produktionsproblem wird und werden kann, als die Lohnhöhe die Höhe des Produktionsertrages beeinflusst. Auch hier kommt der ökonomische Faktor nicht seiner absoluten Höhe nach, sondern nur nach seinem Verhältnis zum Erfolge, der mit dem Aufwande erreicht werden soll, in Betracht. Während wohl das individuelle Interesse des Unternehmers auf die absolute Niedrigkeit des Lohnes fürs erste scheinbar insoweit gerichtet ist, als der tunlichst geringe Lohnaufwand die Herstellungskosten für ihn verbilligt und so die Differenz zwischen Erlös und Aufwand möglicherweise grösser werden kann, ist das Produktionsinteresse einer ganzen Volkswirtschaft an der Lohnbildung durchaus nicht zu identifizieren mit einer absoluten Verminderung des Lohnaufwandes, vielmehr hat die Volkswirtschaft hinsichtlich ihres Produktionslebens nur das Interesse, dass die Produktion in solcher Weise vor sich geht,

1) Den Satz habe ich selbst wiederholt uneingeschränkt geäussert in meiner Lohnpolitik und Lohntheorie.

dass die erzeugten neuen Güter höhere Werte sind als die darauf verwendeten Krafte. Der Arbeitslohn darf daher nicht als eine absolute Grösse beurteilt werden, eine richtige ökonomische Beurteilung hat von der Beziehung des gesamten Lohneinkommens zum Gesamtwert der Produkte auszugehen.

Hängt die Bildung von Werten bei der Produktion zum mindesten nach einer Seite davon ab, in welcher Weise die Produkte gewertet werden, so handelt es sich also wesentlich darum, die Entwicklung des Marktes nach der Seite der Nachfrage zu fördern, dahin zu wirken, dass die Produkte in Hände gelangen können, in denen sie einen hohen Grenzwert erreichen können.

Dann ist also nicht »Mitleidschwärmerei« und »Gerechtigkeitsduselei« der Ausgangspunkt einer Lohnpolitik, die die Arbeiterschaft mindestens vor Verkürzungen ihres Lohnes schützen will, sondern eine solche Lohnpolitik wird durch rein ökonomisch-theoretische Erwägung notwendig.

Und mag man selbst zugeben müssen, dass bei unserer Rechts- und Wirtschaftsordnung die Fortdauer des produktiven Lebens von individuellen Produktionserträgen abhängig ist, so ist gegenüber dem individualwirtschaftlichen Standpunkt zu bemerken, dass nicht bloss die Differenz von Erlös und Kosten den Ertrag bestimmen, sondern auch eine Multiplikationsoperation. Das Multiplikationsproblem besteht darin, dass man sich die Möglichkeit klar macht, wie vielfach diese auf die Produkteinheit entfallende Differenzgrösse zu realisieren ist [1]).

Und nun nach dieser lohntheoretischen Erwägung noch ein Wort zu unserem speziellen Problem.

1) Diese Tatsache ist vielen Unternehmern nichts Fremdes. Deshalb knüpft gar mancher seine Geschäftspraxis da an. Eine charakteristische Erscheinung hiefür ist es, dass auf die Signierung der Arbeitsprodukte, die von Arbeitern unter Gewerkvereins-Lohnbedingungen hergestellt sind, (*union-label* heisst diese Marke), von den Unternehmern selbst angestrebt wird, nur um in den Arbeiterkreisen, wenn auch nur mit mässigem Einheitsgewinn Absatz zu haben. In Amerika sind Unternehmer so weit gegangen, lokale Gewerkvereine unter ihren Arbeitern zu errichten, nur um der Vorteile teilhaftig zu werden, auch ihre Waren mit der Gewerkvereinsmarke auf den Markt bringen und mit grossem Umsatz arbeiten zu können. Auch ein Zeichen von der Bedeutung, die der Konsumkraft der Arbeiter beigemessen wird. (Vgl. Willett, Mabel Hurd The employment of women in the clothing trade. vol. XVI, Nr. 2 der Studies in history economics and public laws der Columbia University New-York, 1902. p. 180.)

Ist es gerechtfertigt, dass sich die Arbeiter mit einer Steigerung des Zeitlohnverdienstes zufrieden geben, wenn die Produktivität ihrer Arbeitskraft ohne jedes Zutun der Kapitalelemente (Werkzeug, Maschinen u. dgl.) in einem weit höheren Ausmasse gestiegen ist? Ist es gerechtfertigt, dass die Arbeiter sich begnügen, dass ihr Lohneinkommen, auf die Zeiteinheit bezogen, steigt, während die Steigerung der Produktivität ihrer Arbeitskraft günstigsten Falles der Gesamtheit in Gestalt verbilligter Warenpreise zukommt, und während das Verhältnis ihres Lohnes zum gesamten Produktionswert im Rückgang begriffen ist? — Die Antwort lautet nach dem Gesagten dreimal Nein!

Das ist der Punkt, an dem, wie ich meine, wir, obgleich so viele Dezennien später, immer noch auf den genialen einzig richtigen Gedanken *Rodbertus'* zurückgreifen müssen. *Rodbertus* hat 1862 in ganz klarer Weise das Postulat formuliert, dass der Arbeitslohn mit der Produktivität wachsen müsse. Er hat dabei noch die »Produktivität« allgemein verstanden wissen wollen; darum handelt es sich in unserem Falle zunächst nicht einmal, sondern nur darum, dass die Erhöhung der Produktivität ausschliesslich auf Grund der Entwicklung der Geschicklichkeit und Intelligenz auch ganz ausschliesslich eine uneingeschränkte proportionale Lohnerhöhung fordert; damit kommt diese Produktivitätssteigerung auch schon der Gesamtheit zu gute.

An der Produktionsverbilligung hat allerdings auch die Arbeiterschaft in gewissem Ausmasse Interesse, aber nur, wenn jene nicht in der Herabsetzung der Werklöhne ihre Wurzel hat; vor allem gewiss an der Verbilligung infolge Rückganges des Kapitalzinses. Bei Fortschritten in der Technik liegen die Dinge schon anders. Hier liegt eine Produktivitätssteigerung vor, an der die Arbeiter keinen Anteil haben, aber die Verbilligung, die daraus resultiert, kommt ihnen zu gute, sofern die technische Produktivitätserhöhung nicht in der Ausschaltung von Arbeitskräften gipfelt, deren Klasse dadurch eine Schwächung ihrer Kaufkraft erfährt. Denn obgleich die Erreichung der Produktivitätsteigerung (z. B. maschinelle Ausgestaltung des Produktionsprozesses) eine anderweitige Bindung von Arbeitskräften vielfach voraussetzen wird, so kann trotzdem eine Verdrängung von solchen als Saldo dieser Bilanz sich herausstellen.

Gerade im Hinblicke auf derartige Fälle einer Produktivitätssteigerung, in denen ohnehin der Anteil des Arbeitslohnes am

Produktwert immer geringer wird, muss eine gesunde Lohnpolitik ihre Kräfte ganz besonders darauf konzentrieren, dass mindestens jene Produktivitätssteigerungen, die ausschliesslich der Entwicklung der Potenzen der menschlichen Arbeit zuzuschreiben sind, auch mit einer proportionalen Lohnerhöhung entgeltet werden. Auch die Lohnbemessungsmethoden sind ein Problem der Lohnpolitik, und ganz besonders eröffnet sich der Lohnpolitik hier in der Bekämpfung einerseits des Zeitprämiensystemes und in dem Widerstande gegen die Herabsetzung von Werklohnsätzen, anderseits in der Reform der Werklohnsysteme und in der Forderung ihrer Ergänzung durch die Zusicherung des Zeitlohnmindestverdienstes, vielleicht in Gestalt des Werkzeitlohnes im Sinne des *Rodbertus*'schen Normalarbeitstages, eine Reihe wichtiger Aufgaben.

VII.

Zur Stabilisierung gemeinwirtschaftlicher Arbeitsverhältnisse.

1. Theoretisches zum Grundgedanken des Stabilisierungsproblemes.

In den vorstehenden Abschnitten wurde bei allen Erörterungen über das Problem der Lohnbemessungsmethode von der Voraussetzung ausgegangen, dass das Arbeitsverhältnis die Grundlage bildet für die spekulativen Erwerbszwecken dienende Privatunternehmung. Es war mithin damit zu rechnen, dass sich zwei individualwirtschaftliche Interessensphären scheinbar ausschliesslich antagonistisch gegenüberstehen. Dass und inwieweit dies nur »scheinbar« angenommen werden kann, dass tatsächlich die Beziehungen zwischen den beiden Interessenkreisen durch die Erkenntnis der wechselseitigen Abhängigkeit eine Förderung erfahren müssten, weil die Interessen weit harmonischer zusammenstehen, als es eben nur den Anschein hat, dass nicht Uebervorteilung des einen Teiles Nutzen des andern ist, das alles dürfte aus den Ausführungen des letzten Abschnittes wohl auch genugsam hervorgehen.

Mit der Betrachtung der eigentümlichen Rolle, die der Lohnbemessung bei solchen Arbeitsverhältnissen zukommt, würde natürlich der Wirkungskreis des Lohnbemessungsproblemes nur unvollkommen erfasst werden, denn man hat es nicht mehr bloss mit Arbeitsverhältnissen zu tun, in denen kapitalistische Erwerbsunternehmungen die Arbeitgeber sind, sondern, und zwar namentlich dank einer veränderten Auffassung von den wirtschaftlichen Aufgaben des politischen Gemeinwesens, mit einer wachsenden Zahl grosser Betriebe auf öffentlichrechtlicher Grundlage. Auch auf sie ist die Aufmerksamkeit bezüglich des in Rede stehenden Problemes der Lohnbemessungsmethode noch besonders zu lenken, denn es wären mindestens die Voraussetzungen dafür, dass die Dinge hier anders liegen, gegeben. Zunächst gilt es aber allerdings, die Besonderheit dieser staatlichen, kommunalen und sonstigen gebietskörperschaftlichen Arbeitsverhältnisse ins klare zu stellen.

Die mindestens sehr beachtenswerte Ausdehnung der Tätigkeit öffentlicher Gemeinwesen auf dem Gebiete der Bedarfsbefriedigung ihrer Glieder in Produktion und Verkehr, hat zunächst die Folge gehabt, dass in den letzten Jahren das Interesse dieser Arbeitgeber an der Lohngestaltung, wie auch das Interesse der Arbeiter an einem entsprechenden Verhalten der betreffenden Verwaltungskörper ganz bedeutend gewachsen ist. Es ist unverkennbar bereits in das Bewusstsein der Menge gedrungen, dass man es mit einem neuen Problem zu tun hat: wie soll dieses Arbeitsverhältnis bei Gemeinwirtschaften speziell gestaltet werden? Das Gefühl dafür, dass es sich nicht um ein gleichartiges Verhältnis wie im Falle eines privaten Unternehmers handeln könne, dieses Gefühl hat sich sehr bald da und dort bemerkbar gemacht. Aber die Frage, ob das Verhältnis zu einer förmlichen Beamtung ausgestaltet werden kann und soll, ist zwar neuestens mehrfach erörtert worden [1]), aber gerade in kompetenten Kreisen der verwaltenden Organe dieser Gemeinwesen geht man mit einer Aengstlichkeit sondergleichen zumeist um die Lösung des Problems herum und schafft Verhältnisse, nicht Fisch und nicht Fleisch, die jedenfalls nur das eine klar beweisen, dass man eigentlich die Besonderheit des Rechtsverhältnisses ganz und gar nicht er-

1) So neuestens auch mit ziemlich eingeschränkter Bejahung bei *Schmoller* (Grundriss, II. S. 736 f.) und eingehender bei *v. Philippovich* in der neuesten (5.) Auflage seines Grundrisses I. *Ph.* stellt das Arbeitsverhältnis der Staats-, Landes-, Gemeindebeamten, der Seeleute, Eisenbahnangestellten als besonderes Arbeitssystem »der Gebundenheit durch herrschaftliche Gewalt« den übrigen Systemen gegenüber (Systeme der Unfreiheit, individuellen Freiheit und korporativen Gebundenheit), indem er als Charakteristiken desselben einerseits die Entstehung durch Vertrag, also durch freie Willensentschliessung, anderseits die Unabhängigkeit des I n h a l t e s von der Willensentschliessung des Arbeiters hervorhebt. Unterwerfung der Arbeiter unter die Befehlsgewalt des »Dienst«-Gebers. Ob darin wirklich ein so tief einschneidendes Unterscheidungsmerkmal erfasst ist? Ich glaube im nachfolgenden das wirtschaftliche Problem der Existenzsicherung gegenüber dieser rechtlichen Eigentümlichkeit herausarbeiten zu sollen, zumal da diese auch anderen Systemen nicht fehlt (System der Unfreiheit!) und gerade auch das rein privatrechtliche Arbeitsverhältnis mit Befehlgebungsrecht des Arbeitgebers im weitesten Umfang vorkommt.

kennt. Mit wenigen Ausnahmen muss gesagt werden, dass — und vor allem gilt das von den deutschen Stadtverwaltungen — dass man sich noch zu keinem Standpunkt aufgeschwungen hat, der gewissermassen als Lösung der Vorfrage für eine Reihe wichtigster Erscheinungen eingenommen werden muss. Der Grund dafür ist zunächst gewiss auch in dem Umstand zu suchen, dass man über die Vorstellung einer ganz bestimmten Relation zwischen den Einkommensverhältnissen der Arbeiter zu denen der übrigen Klassen nicht hinauskommt. Noch mehr aber fehlt es m. E. wohl an Einsicht gegenüber Veränderlichkeit, sowie am Blick für den tatsächlichen Wandel, denen das Arbeitsverhältnis in seinen Grundlagen unterliegt.

Es können in diesem Zusammenhang nur in aller Kürze die Tendenzen des Entwicklungsganges angedeutet werden; da ich aber den Einblick in dieselben für eine wichtige Voraussetzung einer vorurteilslosen Stellungnahme zu den Emanzipationsfragen der Arbeiterschaft halte, so kann ich nicht verzichten, hier darauf einzugehen.

Die Entwicklung der Individualwirtschaft lässt zwei das Prinzip der Arbeitslast durchdringende Tendenzen zum Durchbruch kommen, die sich bemerkbar machen, sobald und insoweit eine Arbeitsaufgabe auch tatsächlich als Last empfunden wird[1]). Die beiden Tendenzen sind: 1. Abwälzung der Arbeit auf andere, 2. Verminderung der Arbeitslast durch und für den einzelnen Arbeitenden selbst. Führt die zweite Tendenz in der Hauptsache zur technischen Vervollkommnung der Arbeitsprozesse, so bildet die erste das treibende Element für die Ausgestaltung der verschiedenen Formen von Organisation der Arbeitskräfte und damit auch der verschiedenen Grundlagen des Arbeitsverhältnisses schlechthin.

Das Ziel der Arbeitsabwälzung wird nämlich erreicht: 1. zunächst durch reine Gewaltverhältnisse, unter denen die väterliche Gewalt wohl eine besondere Stellung einnimmt; dass auch der natürlichen Uebermacht des Mannes gegenüber der Frau eine grosse Bedeutung zukommt, wird nicht ganz in Abrede zu stellen sein. Vor allem aber ist an die Sklaverei zu denken;

1) Es soll aber mit diesem Satz und den folgenden Gedanken keineswegs der Theorie vom *horror laboris* die Reverenz bezeugt werden. Nach den *Bücher*'schen Forschungen (vgl. Arbeit und Rhythmus, insbes. I. Kapitel) kann die Unrichtigkeit dieses Studierstubenproduktes wohl nicht mehr angezweifelt werden.

wenigstens in den primitiven Erscheinungsformen erhält sie doch vielfach vor allem anderen durch die Arbeitsabwälzung den hauptsächlichsten Inhalt.

2. Die nächste Stufe ist gekennzeichnet durch ein patriarchales Verhältnis höherer Ordnung, kraft dessen der Herr eine rechtliche Verfügungsgewalt über den in seiner potestas stehenden Arbeitsfähigen besitzt. Auch hier bildet vielfach die natürliche Blutszusammengehörigkeit die Grundlage für das Herrschaftsverhältnis, aber erweitert ist der Kreis der Abhängigen, auf die die Arbeit überlastet wird, durch ein nach unseren Rechtsbegriffen auf öffentlichrechtlicher Grundlage basierendes Unterthänigkeitsverhältnis[1]. Das Individuum, auf das die Arbeit überwälzt wird, ist nicht mehr bloss »Sache«, also gewissermassen Werkzeug, sondern es sind schon Rechtsnormen, die die Verfügungsgewalt des Herrn beschränken, aber es ist die beschränktere Rechtssphäre des Arbeitnehmers, die die Grundlage der Ueberwälzung bildet — Leibeigenschaft, Hörigkeit des abendländischen Mittelalters. [illegible] gehören auch die einigermassen fortgeschrittenen Sklavereiverhältnisse[2].

3. Als dritte Stufe erst erkennen wir die Abwälzung der Arbeit im Wege privatrechtlicher Beziehungen, also grundsätzlich auf der Basis freiwilliger Vertragsschliessung zwischen zwei ihrer Persönlichkeit nach dem positiven Recht gegenüber gleichstehenden Subjekten. Die Arbeitsüberwälzung erfolgt also der Reihe nach erst auf Grund der Verschiedenheit physischer Machtmittel, dann derjenigen rechtlicher Persönlichkeit, endlich auf Grund der Differenz in der Verfügungsgewalt über materielle Güter.

Die Arbeitsüberwälzung geht grundsätzlich durchweg mit einer Uebervorteilung dessen, der die Arbeit übernimmt, vor sich[3]. Jedoch, und darin liegt die grosse Errungenschaft aller sozialen und wirtschaftlichen Kämpfe, die diese Emanzipation ge-

---

1. Vor allem das auf der potestas [illegible] und dem [illegible] des [illegible] Verhältnis. [illegible] auch [illegible] in diese Kategorie von Arbeitsverhältnissen.

2. Hierher gehört [illegible] Kolonat, [illegible] Altertum [illegible] wurde [illegible] auch schon durch Vertrag begründet. Vgl. z. B. [illegible] Kursus der Institutionen II S. 491.

3. Dass auch die Arbeitsverhältnisse auf der Grundlage des privatrechtlichen Vertrages in grossem Umfange auf Uebervorteilung [illegible] ist hier nicht erst zu beweisen. Das steht a priori fest auch für den, der nicht kommunistischen Idealen huldigt.

zeitigt haben, diese Uebervorteilung nimmt beständig ab, nicht unbedingt in dem Sinne, dass alle Arbeitsverhältnisse einer späteren Grundlage mit weniger Uebervorteilung und Ausbeutung sich abspielen als diejenigen einer vorhergegangenen, aber die gesellschaftlichen und wirtschaftlichen Läuterungsprozesse gehen vorwiegend unter dem Einfluss der Agglomeration der Uebervorteilten vor sich und fördern schon um dessentwillen die Interessen dieser. Und es kann dies auch gar nicht anders sein, nicht der äusseren Ereignisse wegen, sondern aus einem inneren Grunde.

Die Entwicklung des Verkehrs, ganz objektiv aufgefasst, und die Emanzipation der Arbeitenden zu selbständigen Gliedern in diesem Verkehrsleben, von deren ökonomischer Kraft die Intensität, Lebhaftigkeit und Regelmässigkeit des Verkehrslebens wesentlich und immer mehr abhängt, führen zu einem solchen Kausalzusammenhang zwischen dem wirtschaftlichen Gedeihen der beiden Parteien des Arbeitsverhältnisses, dass die Uebervorteilung des Arbeitenden immer weniger ein tatsächlicher dauernder Vorteil bleiben kann und bleibt, und zwar nicht nur für die Gesamtheit, sondern für jedes Glied derselben.

Es ist dies eine Tatsache, die dem wirtschaftshistorisch geschulten Auge nicht entgehen kann, die aber leider noch viel zu wenig erkannt wird in denjenigen Kreisen, die vor allem berufen wären, die Nutzanwendung aus dieser Erkenntnis zu ziehen; es ist dies eine Tatsache, die in der Krisenverursachung keine kleine Rolle spielt, wenn nach den wichtigsten causae stagnantes der Absatzstockungen gefragt wird[1]); es ist dies eine Tatsache, die dazu führt, vom rein wirtschaftlichen Standpunkt, nicht von dem einer sentimentalen Gerechtigkeitsschwärmerei aus, eine Korrektur der Güterverteilung im Rahmen der herrschenden Rechtsordnung und eventuell über diese hinaus zu fordern; eine Tatsache, die die absolute Wirksamkeit des Gesetzes der Güter-

1) Von den Krisentheoretikern, vor allem von *Herkner* berücksichtigt, so auch neuestens in seinen Ausführungen bei den Verhandlungen des Vereins für Sozialpolitik. Hamburg 1903 (Schriften d. V. f. S. CXIII. S. 184). Von *Sombart* in seinem »Versuch einer Systematik der Wirtschaftskrisen (Archiv f. Sozialw. u. Sozialpol. XIX. Bd.), wohl vermutlich innerhalb der »primären Kapitalkrisen« berücksichtigt, aber vorläufig, und so auch im Hamburger Referat (Schriften d. V. f. S. a. a. O.) zu wenig gewürdigt.

[illegible] gewissermassen als einen [illegible] der stets ver[illegible] [illegible] dieses Gesetz in seinen letzten Konsequenzen einen Zustand [illegible] muss, der eine Be[illegible].[1]

Die Bedingungen des Arbeitsverhältnisses so zu gestalten, dass die Uebervorteilung des Arbeiters einem [illegible] Minimum [illegible] der [illegible] jeder fortschrittlichen [illegible] und [illegible] eines Zweiges [illegible]

Es [illegible] für die Ausgestaltung des Arbeitsverhältnisses, [illegible] öffentlicher Gemeinwesen [illegible] Gebietskörperschaften [illegible] Arbeits[illegible], nicht gleichgültig [illegible] Weg zu finden, auf dem bereits auch nur der Schein einer Uebervorteilung vermieden wird. Das ist freilich an und für sich ein [illegible] Problem, da die Anschauungen darüber, wo die Uebervorteilung beginnt, von der [illegible] Stellung zum Wesen des Arbeitsverhältnisses abhängen und [illegible] stark auseinandergehen. Am wenigsten kann [illegible] Männern der Praxis, wie sie z. B. in Stadtverwaltungskörpern [illegible] werden, diese theoretischen Fragen [illegible] richtig zu lösen. Aber auch ganz abgesehen davon, gilt es dabei zunächst negativ vorzugehen. Und das ist in einer Hinsicht [illegible] und leicht. Denn es muss von vornherein auf alle Fälle sehr fraglich erscheinen, ob für diese Gemeinwesen die privatrechtliche Begründung ihrer Arbeitsverhältnisse in freier Konkurrenz mit allen privaten Unternehmern auf dem Arbeitsmarkte angemessen ist.

Die endgültige [illegible] dieser fraglichen Angemessenheit [illegible] in der Hauptsache in dem [illegible] aprioristisch hingestellten Grundsatz, dass diese öffentlichen Gemeinwesen bei ihren Arbeits[illegible] jede Uebervorteilung, soweit irgend möglich, zu vermeiden haben. Worin tritt nun aber Uebervorteilung am stärksten hervor? Welche Bedingungen des Arbeitsverhältnisses bedürfen in erster Linie einer Aus- oder Umgestal-

1 Das Gesetz ist [illegible] aufgefasst, wie [illegible] es im gleichnamigen Werk [illegible] (Jena 1901, Bd. I) also als Zusammenströmen stets wachsender Gütermassen in den Händen der [illegible] zu Ungunsten der armen [illegible], analog in den Händen der [illegible] zu Ungunsten der Nicht-[illegible]. Vgl. hierzu auch [illegible], Handwörterbuch d. St. 2. Aufl. S. 378.

tung, durch die die Uebervorteilung vermieden oder aber paralysiert werden könnte?

Soll sich die Beantwortung dieser Fragen nicht in Einzelheiten verlieren, so wird man sich zunächst daran halten müssen, dass eine der Grundursachen ungünstiger zerrütteter Lebensverhältnisse der Arbeiter ist: die Bildung des Arbeitsentgeltes im freien Arbeitsmarktverkehr mit geringer oder gar keiner Berücksichtigung der Existenzsicherung, mit anderen Worten die völlige Haltlosigkeit des Arbeitereinkommens unter dem Einflusse der nächsten wie auch der fernsten Konjunkturschwankungen.

Der Begriff Existenzsicherung umfasst aber verschiedenes; verschiedene Voraussetzungen müssen durch den Inhalt des Arbeitsverhältnisses erfüllt sein, wenn es die Grundlage einer gesicherten Existenz bilden soll.

In erster Linie kommen die Gegenwartbedürfnisse in Betracht, es muss das Arbeitsentgelt ein gewisses Ausmass von Einkommen schaffen und damit eine gewisse Lebensführung ermöglichen. Die Höhe des Lohnes, selbstverständlich ein Problem an und für sich, ist also vom Gesichtspunkte der Existenzsicherung ein qualifiziertes Problem für die Gemeinwirtschaften als Arbeitgeber[1]). Diese sind in erster Reihe berufen, Träger des Minimallohngedankens zu werden.

Aber fast noch wichtiger als diese Seite der Existenzsicherung ist die Sicherung einer gewissen Dauer des Arbeitseinkommens, beziehungsweise des Arbeitsverhältnisses. Und da muss nun gesagt werden, dass bei wenigen Arbeitsverhältnissen so wie bei denjenigen öffentlicher Gemeinwirtschaften die Grundlage des Arbeitsverhältnisses, das ist der Bestand einer Produktions- oder Verkehrsanstalt oder einer sonstigen Bedarfsbefriedigungsunternehmung, auf lange Dauer gesichert ist. Darnach steht also auch ausser Frage, dass die Gemeinwirtschaften wie kein anderer Arbeitgeber die Voraussetzung erfüllen, die eine vollständigere Sicherung der Existenz des Arbeiters ermöglicht: die Kontinuität des Betriebes einer gemeinwirtschaftlichen Unternehmung oder eines Verwaltungszweiges, der Zeit nach und in der Regel auch hinsichtlich des Umfanges, in dem Arbeitskräfte beschäftigt werden, wenigstens insoweit keine Verminderung in diesem Um-

1) Vgl. darüber meine Lohnpolitik und Lohntheorie, III. Abschnitt und V. Abschnitt, S. 377—397.

[illegible] jeder Arbeitgeber [illegible] in der Lage [illegible] die Beschäftigung seiner Arbeiter auf grosse Zeiträume, [illegible] dass die Arbeiter [illegible] wirtschafts- [illegible] können[1], [illegible] jeder solche Arbeitgeber [illegible] kann vernünf- [illegible] grössere Vorteil- [illegible] des Arbeitsverhältnisses für sich geltend machen [illegible] Argumentation unter [illegible] Arbeitgeber ge- [illegible] besser daran wäre, gerade wenn er mit [illegible] Stamm ständiger Arbeiter rechnen kann, [illegible] Wie dem aber auch sei, es genügt [illegible] klar zu sein, dass der Vorteil des Arbeitgebers das Übergewicht [illegible] gegenüber dem drängenderen Interesse der Arbeiter, einer gewissen Sicherheit in der Verwendung ihrer Arbeitskraft teilhaftig zu werden[2].

Mag dies nun aber immerhin der einzelne private Unternehmer, der mit Schwankungen der Nachfrage, vielleicht auf dem Weltmarkte zu kalkulieren hat, für seine Geschäftspraktiken in Anspruch nehmen, der Gemeinwirtschaft, die überhaupt auf diesem oder jenem Gebiete der Bedarfsdeckung nur funktioniert, damit die Gesamtheit — und das sind zum grösseren Teil wirtschaftlich Unselbständige, minder Leistungsfähige — eine Erleichterung in ihrer Bedarfsdeckung erfahre, damit sie nicht zu Gunsten eines wirtschaftlich Kräftigeren, eines privaten Unternehmers geschädigt werde, der Gemeinwirtschaft steht die Ausnützung des Vorteiles,

1) Auch [illegible] öffentlichen Personen kommen in diesem Sinne als Arbeitgeber in Betracht, sofern sie nicht auf beschränkte Zeit geschaffen sind.

2) Unverkennbar ist, dass solche Zusicherungen dauernder Beschäftigung durchaus nicht immer im Interesse des Arbeiters gelegen sind; der Arbeiter hat namentlich in jungen Jahren das Bedürfnis und auch eine gewisse Verpflichtung seiner Zukunft gegenüber an verschiedenen Orten sich in seinem Arbeitsgebiete umzutun, und ganz abgesehen vom Wandertrieb, vom Zug in die Fremde, kann und wird die Individualität des Arbeiters allein schon die Unsicherheit wenigstens geraume Zeit hindurch ihm entschieden wünschenswerter erscheinen lassen. Gar mancher wird die längste Zeit hindurch der gesicherten Verwendung in einem Betrieb so gut wie gar keinen Wert beilegen. Darauf aber eine Argumentation gegen das Interesse an der Kontinuität des Arbeitsverhältnisses konstruieren zu wollen, entbehrt natürlich jedes inneren Haltes.

der in der Unbeständigkeit der Arbeitsverhältnisse vielleicht liegen mag, schlecht an. Ja man möchte geradezu sagen, es liege ein logischer Widerspruch in solchem Verhalten bei Gemeinwirtschaften.

Das spezifische Streben nach einer Kontinuität des Einkommens ist natürlich eigentlich erst ein Produkt der modernen Wirtschaftsorganisation, es wird erst notwendig auf jener Stufe wirtschaftlicher Entwicklung, auf der die Bedarfsbefriedigung grosser Teile der Bevölkerung ausschliesslich im Wege verkehrswirtschaftlicher Güterbeschaffung erfolgt. Denn die Unsicherheit des Einkommens ist in jenen Perioden, in denen die einzelne Hauswirtschaft noch in grösserem Ausmasse Produktions-, nicht bloss Konsumtionswirtschaft war, nur für einen kleinen Bruchteil der Bevölkerung eines Wirtschaftskreises in Frage gekommen und hat vor allem nicht die Gesamtheit der unselbständig Arbeitenden bedroht; und zwar schon deshalb nicht, weil die älteren Grundlagen der Arbeitsüberwälzung, beziehungsweise des Arbeitsverhältnisses, von denen oben die Rede war, von vorneherein eine ungleich grössere Beständigkeit der Beziehungen zwischen dem »Herrn« und dem »Sklaven«, »Diener« oder »Knecht« oder »Untertan« u. s. f. schufen, und weil, wo diese Beständigkeit vielleicht fehlte, wie im städtischen Handwerk, das Gespenst der Einkommensunsicherheit nur verhältnismässig wenige einzelne Individuen, nicht aber ganze Familienhaushaltungen gefährdete. Freilich spielen dabei noch andere rechtliche Tatsachen mit, vor allem die ganze Handwerksordnung, darunter auch manche Härte individueller Freiheitseinschränkung wie z. B. Radizierung der Gewerbe, das Eheverbot für Gesellen u. dgl. m.

Ein anderes primäres Element, dem die Steigerung in der Unsicherheit des Einkommens der unselbständigen Arbeiter vor allem zuzuschreiben ist, ist in der Leichtbeweglichkeit des Kapitales und der damit zusammenhängenden Unbeständigkeit und Kurzlebigkeit der einzelnen Unternehmung zu suchen, Erscheinungen, die, man mag die Dinge drehen, wie man will, nur auf dem Boden völliger Gewerbefreiheit in solcher Stärke auftauchen und so grosse Bedeutung erlangen konnten. Das sekundäre ist dann die Tatsache, dass heute auf der schwankenden Grundlage eines jederzeit kündbaren Arbeitsverhältnisses die Einkommen der breitesten Schichten der Bevölkerung sich aufbauen.

Wo immer diesem Keime so vieler Krankheiten des sozialen

und wirtschaftlichen Organismus entgegengearbeitet werden kann, wo immer auch nur einigermassen zur Korrektur dieser Schwächen des freien Arbeitsverhältnisses etwas geschehen kann, dort muss der Hebel auch wirklich eingesetzt werden. Dies ist um so notwendiger, als immer noch auch in unseren Tagen zu beobachten ist, dass auf manchen Wirtschaftsgebieten die Tendenz herrscht, langfristige Arbeitsverhältnisse in kurzfristige zu verwandeln (Verdrängung des Gesindes durch Taglöhner im landwirtschaftlichen Betrieb). Perpetuierung des Arbeitsverhältnisses auf rechtlicher Grundlage, die Einräumung eines gewissen Rechtes auf einen einmal übertragenen Wirkungskreis als Arbeiter überall dort, wo solches möglich ist, muss als ein therapeutisches Mittel Anerkennung finden.[1])

Durch ein sehr einfaches Raisonnement gelangt man im Anschluss an den Gedanken der Existenzsicherung zu einem anderen Postulat des Stabilisierungsproblemes, das gewissermassen gleichfalls dem Prinzip entspricht, Ueberwälzungen seitens des Arbeitgebers hintanzuhalten. Man kann nämlich noch weiter geltend machen, dass, um Ueberwälzungen vorzubeugen, berücksichtigt werden muss, dass der Arbeiter, der längere Zeit hindurch seiner bestimmten Arbeitsaufgabe in gleichmässiger, vollständig zufriedenstellender Weise obgelegen ist, dann eine immer grössere Fertigkeit, aber auch Verlässlichkeit entwickeln wird, die nicht nur in seinem Interesse, sondern auch zum Nutzen des Arbeitgebers wirksam werden. Man wird ferner sagen müssen, dass die Sicherstellung der Existenz den wechselnden Lebensverhältnissen des Arbeiters, der Steigerung der Aufwandsansprüche, die an ihn herantreten, Rechnung tragen muss, dass also diese Sicherung sich nicht in der Zusicherung eines absolut fixen Arbeitsentgeltes erschöpfen darf, sondern dass das Arbeitseinkommen auch einer Entwicklung unterliegt, die eine Ausgestaltung der Lebensführung in materieller wie immaterieller Hinsicht ermöglicht. Mit der Dauer der Ausübung einer bestimmten Tätigkeit wird ganz [illegible] eine besondere Eignung der Arbeitskraft für jene Tätigkeit herbeigeführt und damit eine Erhöhung des Wertes der Arbeitskraft bewirkt, so dass diese [illegible] auf dem Arbeitsmarkte [illegible] nur mit höherem Aufwand

1) [illegible] Sicherung [illegible] angemessen [illegible] Arbeits- [illegible]

an Lohn zu erhalten sein würde.

Das sind die Erwägungen, die zu dem weiteren Postulat bei der Stabilisierung führen, dass mit der Kontinuität des Arbeitsverhältnisses auch ein Steigen des Arbeitsentgeltes Hand in Hand gehen müsse, ähnlich der Regelung systemmässiger Beamtenbezüge. Auch hier also nicht etwa bloss ein Gerechtigkeitsmotiv, sondern ein ökonomisches Raisonnement[1]).

Neben solchen spezifisch ökonomischen Argumenten, die eine Stabilisierung der Arbeitsverhältnisse einer Gemeinwirtschaft schon aus der besonderen Stellung der Gemeinwirtschaft als Arbeitgeber nicht nur wünschenwert oder billig, sondern geradezu notwendig erscheinen lassen, soll aber auch noch einer anderen, genau genommen rechtsphilosophischen Gedankenreihe Raum gegeben werden.

Auf dem Wege einer rechtsphilosophischen Betrachtung gelangt der als Sozialpolitiker eigentlich zu wenig beachtete, ausgezeichnete Jurist *Emil Steinbach* zur prinzipiellen Sonderstellung der »Diener« von Staats-, Kommunal- und dergleichen öffentlichrechtlichen Gemeinwirtschaftsverwaltungen. Sie ist für die theoretische Grundlegung des hier ins Auge gefassten praktisch-politischen Problemes der Stabilisierung von grosser Bedeutung. *Steinbach* unterscheidet berufliche und erwerbliche Organisationsformen der produktiven Arbeit und tritt dafür ein, dass der Gegensatz zwischen beiden immer mehr zum Bewusstsein komme. Er kennzeichnet ihn in folgender Weise: »Die Organisation des gewöhnlichen Erwerbes beruht wesentlich auf wirtschaftlichen, die Organisation des Berufes wesentlich auf ethischen Momenten. Bei der Organisation des Erwerbes ist der Ausgangspunkt das Recht, und der Erwerbtreibende übernimmt die entsprechende Pflicht nur deshalb, weil kein anderes Mittel besteht, um in den Genuss des Rechts zu gelangen, und ist nach der Natur der Sache berechtigt, die möglichste Verringerung dieser Pflicht anzustreben; bei der Organisation des Berufes in dem dargestellten engeren Sinne ist der Ausgangspunkt die Pflicht, deren Umfang in den angeführten Berufen gar nicht näher präzisiert ist und begrifflich

---

1) Auf andere Bedingungen, welche die Existenzsicherung ausmachen, namentlich Invalidenversicherung, Altersfürsorge u. s. f., ist in dieser, eine andere Seite des Problemes vor allem ins Auge fassenden Auseinandersetzung nicht näher einzugehen. Vgl. darüber *Lindemann*, Arbeiterpolitik und Wirtschaftspflege, I. Bd. S. 352 und die unten (S. 91) erwähnten Bücher *Klien*'s und *Mombert*'s.

bis zur äussersten Anspannung aller Kräfte, ja selbst bis zur Aufopferung des Lebens reicht. Nur gegen die Erfüllung dieser Pflichten werden die Ehren des Berufes und standesgemässer Lebensunterhalt gewährt«[1]).

Steinbach weist darauf hin, dass namentlich in der Organisation jener Stände, welchen die Ausübung einer wissenschaftlichen Tätigkeit obliegt, berufliche Elemente in grösserem Umfange seit jeher vorfindlich sind, dass diese Erscheinung aber nichts Zufälliges enthalte, sondern der historischen Entwicklung dieser Stände entspreche, dass in der öffentlichen Meinung jederzeit und noch heute die Ansicht bestehe, dass die Angehörigkeit zu einem dieser Stände nicht allein den Zweck habe, ihrem Inhaber zu einem mehr oder weniger reichen und ehrenvollen Einkommen zu verhelfen, sondern dass mit dieser Angehörigkeit auch schwerwiegende Pflichten der Gesamtheit gegenüber verbunden sind, denen der einzelne lediglich aus Erwerbsrücksichten sich nicht ohne weiteres entziehen darf[2]). Allein die heutige Entwicklung des Staats-, Landes- und Gemeindebeamtentums zeige, dass von Mitgliedern solcher Organisationen in sehr vielen Fällen auch Geschäfte rein wirtschaftlicher Art, und zwar häufig ganz ausschliesslich besorgt werden. Das gelte insbesondere von staatlichen und kommunalen Gewerbebetrieben, mögen dieselben monopolisiert sein oder nicht. In zahlreichen Fällen, namentlich in Betreff der sogenannten »Diener« im Gegensatze zu den eigentlichen Beamten handle es sich sogar nur um die Verrichtung untergeordneter, vielfach ganz manueller Dienste[3]). Ebenso zeige die neuere wirtschaftliche Entwicklung viele Fälle rein beruflicher Organisierung der Arbeiter grösserer Unternehmungen.

Ein charakteristisches Merkmal dieser »beruflichen« Qualifikation einer Tätigkeit soll wohl das Zutreffen des *Ulpian*'schen Ausspruches erkennen lassen: quaedam enim tametsi honeste accipiantur, inhoneste tamen petuntur. Das kann nun aber wohl, wenn man das »berufliche« Arbeitsverhältnis in dem weiteren Sinne verstehen will, nur cum grano salis gelten. Die Schaffung beruflicher Organisationen seitens solcher in

---

1) *Steinbach*, Erwerb und Beruf. Wien 1896. S. 24. Auch *Philippovich* schliesst sich übrigens diesem Steinbach'schen Gedankengang an.

2) Ebenda S. 42 ff.

3) *Steinbach*, Die Moral als Schranke des Rechtserwerbs und der Rechtsausübung. Wien 1898, S. 60.

der Ausübung ihres Rechtes zufolge ihrer spezifischen Tätigkeit Beschränkten zur Sicherung der wirtschaftlichen Existenz führt *Steinbach* selbst an und anerkennt damit eben gerade doch auch die Notwendigkeit eines materiellen Schutzes.

Es kann keinem Zweifel unterliegen, dass — und darin liegt der Kern des bedeutsamen Gedankenganges *Steinbach*'s — dass auch in dem immer mehr verkehrswirtschaftlich sich zuspitzenden Gesellschaftsorganismus unserer Zeit durch die Moral Schranken für den Rechtserwerb und die Rechtsausübung für eine rein wirtschaftszwecklich ausgeübte Tätigkeit gezogen sind. So sehr auch das Verwertungsstreben des Kapitales und deshalb auch der Kapitalserwerb die Wirtschaft beherrscht, so steht man doch auf verschiedenen Gebieten menschlicher produktiver Tätigkeit einer antagonistischen Tendenz gegenüber: einer Loslösung und geradezu Befreiung der wirtschaftlichen Arbeit von dem Druck der Erwerbshast. Voraussetzung für diese Entwicklung ist aber selbstverständlich die Existenzsicherung, denn nur auf dem Boden gesicherter Daseinsbedingungen kann überhaupt jenes Mass von selbstloser Pflichterfüllung gewährleistet werden, welches das Gemeinwesen braucht, um auf dem eingeschlagenen Wege gemeinwirtschaftlicher Bedarfsdeckung fortfahren zu können. Diese Grundauffassung der ganzen Frage schliesst dann freilich auch ein Zurücktreten jener vorhin erörterten Frage ein, ob hiebei ein Uebervorteilen stattfindet. Die Berücksichtigung derselben ist aber dann eben auch nicht mehr notwendig. Es gilt nur, sich klar zu machen, dass es Interessen der Gesamtheit sind, dass es der Egoismus der staatlichen, kommunalen oder sonstigen gebietskörperschaftlichen Gesellschaft ist, die hier eine andere Gestaltung der rechtlichen Seite des Arbeitsverhältnisses fordern.

Die Erfüllung dieser Dienstesaufgaben, welche die Gemeinwirtschaft stellt, soll, das ist immer wieder hervorzuheben, losgelöst werden von dem erwerbszwecklichen Charakter der sonstigen (eventuell gleichartigen, aber anderen, privaten Organisationen geleisteten) Arbeit. Nur dadurch kann tatsächlich das Pflichtmoment breitere Geltung erlangen, gegenüber dem Rechts-, beziehungsweise Vermögensrechtserwerb in den Vordergrund treten. Diese Loslösung geschieht aber eben nur durch eine nicht zu engherzige Existenzsicherung. Ist diese Aufgabe und, wie nach all dem Gesagten nicht zu zweifeln ist, diese gesellschaftliche Pflicht erfüllt, dann kann die Frage, ob da und dort eine Uebervorteilung der Arbeiter, der »Diener« der Gemeinwirtschaft, im Vergleich mit der Ausnützung der Arbeiter anderer, privater Arbeitsverhältnisse — denn nur ein solcher Vergleich käme in Betracht — platzgreift, nicht mehr jene besondere Wichtigkeit haben; denn der grössere Nutzen, der der Gemeinwirtschaft, also der Gesellschaft zugute kommt, verliert damit den Charakter der Ausbeutung, die etwa auf der Basis der allgemeinen Arbeitsmarktverhältnisse sonst möglich geworden wäre.

So spinnt sich diese eigentümliche Gedankenreihe von dem Zeitalter der Griechen, wo sie in dem Gegensatze der liberalen und der banausischen Tätigkeit zu erkennen ist[1]), und durch die Vermittlung der römischen Rechtsauffassung über die artes liberales, insbesondere die Inhonestität der Einklagung des Entgeltes für diese, bis in die modernsten Lebensfragen unseres Gesellschaftskörpers herein und gewinnt hier unverkennbar gewichtigen Einfluss auf die Organisation eines Teiles des wirtschaftlichen Lebens.

Die Stabilisierung des Arbeitsverhältnisses der Arbeiter im Dienste eines Gemeinwirtschaftskörpers ist auch nichts anderes als eine der Formen, in der diese Gedankenrichtung konkrete Gestalt gewinnt, und so finden wir die Fäden der Bestrebungen wirtschaftlicher Emanzipation einer Arbeiterklasse und die Fäden eines uralten sittlichen Prinzipes, das sich in Rechtsgrundsätzen erhalten hat, in einer und derselben Richtung zusammenlaufen. Deshalb darf wohl auch vermutet werden, dass sich die Idee der Arbeiterstabilisierung im weiteren Umfange gegen das starre Widerstreben eines gewissen ökonomischen Liberalismus ebenso durchsetzen wird, wie manches andere »freiwirtschaftliche« Prinzip allmählich von dem sicheren Gang der Dinge in den Boden getreten wurde. Auch die hemmenden Tendenzen der leitenden Verwaltungskreise werden diesen Gang der Dinge nicht aufzuhalten vermögen. Gleichwohl ist es notwendig, diese hemmenden Tendenzen auf ihre Fundamentierung hin zu prufen.

---

1) *Steinbach*, Die Moral als Schranke. S. 55 und 62.

2) So in meiner Lohnpolitik und Lohntheorie, insbes. S. 393 ff., ferner in Buchbesprechungen (*Klien, Mombert*) im Jahrb. f. Ges. u. Verw. XXVI u. XXVII. und in meinem Aufsatze »Das sogenannte Arbeiterbeamtentum und die nächsten Ziele in der Umgestaltung des staatlichen und kommunalen Arbeitslohnverhältnisses«, Jahrb. f. Ges. u. V. XXVII. S. 1309.

2. Die Bedenken gegen die Stabilisierung.

Zu dieser namentlich auch einen Programmpunkt des Munizipalsozialismus bildenden Forderung der Stabilisierung der in gemeinwirtschaftlichen Betrieben beschäftigten Arbeiter ist nun in jüngster Zeit verschiedentlich Stellung genommen worden. In der Literatur hat man die positiven Ergebnisse der Bestrebungen zu Gunsten dieser Entwicklung verfolgt und ist mit grösserer oder geringerer Unbefangenheit der Kritik dafür eingetreten. Auf die grosse Bedeutung, die einem solchen Vorgehen zukommt, habe ich schon wiederholt hingewiesen, ohne jedoch auf die unleugbaren, aufs erste bestechenden Gegenargumente einzugehen. In der Literatur sind solche allerdings auch nur sehr zerstreut geltend gemacht worden. Es ist aber nunmehr an der Zeit, denselben entgegenzutreten, und zwar um so mehr, als in der Haltung der Verwaltungen, die zu dem Problem bereits Stellung genommen haben, merkliche Verschiedenheiten zu beobachten sind, namentlich aber mit Rücksicht darauf, dass, gestützt auf diese Gegenargumente über die erwähnte Forderung ablehnende Entscheidungen von parlamentarischen Körperschaften gefällt werden.

Die Ausführungen der in erster Linie zu nennenden Arbeiten *Lindemann*'s *(Hugo)* [1]), *Mombert*'s [2]) und *Klien*'s [3]), die namentlich deutsche kommunale, sowie meine eigenen Darstellungen [4]) die vorwiegend österreichische Stabilisierungsvorgänge betreffen, auch einzelne Nachrichten über analoge Erscheinungen in England, sie alle zusammen weisen genügend Tatsachenmaterial auf, um erkennen zu lassen, dass auf der einen Seite wirklich schon viel in der erwähnten Richtung von gemeinwirtschaftlichen Verwaltungen geschehen ist, was zu einer gewissen Befriedigung Anlass gibt, dass aber anderseits auch eine kaum glaubliche Verknöcherung, teils aus Indolenz, teils aus einem gewissen Konservativismus resultierend, in den Kreisen kompetenter Verwaltungskörper zu finden ist. Mit der I n d o l e n z ist natürlich an dieser Stelle nicht zu rechten. Gegen sie anzukämpfen ist ja übrigens auch in erster Linie Sache

1) Namentlich »Arbeiterpolitik und Wirtschaftspolitik in der deutschen Städteverwaltung. I. Bd. Stuttgart 1904, insbes. S. 352.

2) *Mombert*, Die deutschen Stadtgemeinden und ihre Arbeiter (Münch. volksw. Studien, 50 St.), Stuttgart und Berlin, 1902, passim.

3) *Klien*. Minimallohn und Arbeiterbeamtentum Jena 1902, insbes. S. 36—78 und 151—180.

4) Vgl. S. 90, Note 2.

der wirtschaftlichen Parteien, also Sache der praktischen Politik. Die berufliche Interessenorganisation ist doch wohl so weit erstarkt, dass es als die Aufgabe der Interessenten selbst bezeichnet werden darf, die Initiative auch auf diesem Gebiete zu ergreifen, um die gedankenlos in den Tag hinein wirtschaftenden staatlichen, vor allem aber kommunalen Aemter und Verwaltungskommissionen auf ihre Aufgaben hinsichtlich der Ausgestaltung des Arbeitsverhältnisses aufmerksam zu machen.

Wohl aber gilt es hier, die Stellungnahme jener gemeinwirtschaftlichen Verwaltungen kennen zu lernen, deren ablehnende Haltung gegenüber dem Stabilisierungsproblem sich auf wirklich ernste Argumente glaubt stützen zu können. Die eingehendste Erörterung dieses Fragenkomplexes dürfte sich, so weit ich sehe, in den Kommissionsverhandlungen der zweiten Kammer des badischen Landtages über das Budget der Verkehrsanstalten abgespielt haben. Sie sollen hier in erster Linie herangezogen werden.

Wiederholt schon hatten die Werkstätten- und Maschinenhausarbeiter, aber auch die Güterbegleiter und Bremser [1]) der badischen Staatseisenbahnen sowohl an die grossherzogliche Generaldirektion der Staatsbahnen als auch an den Landtag die Bitte um Anstellung und Regelung ihrer Einkommensverhältnisse gerichtet, ohne dass sie einen Erfolg erzielen konnten. Sie glaubten ihre Bitte mit um so grösserer Berechtigung auch dem letzten Landtag (1903/4) vorlegen zu können, als seitens der badischen Staatsbahnverwaltung bereits seit geraumer Zeit, ähnlich wie bei anderen deutschen Staatsbahnverwaltungen, für eine Reihe von Bedienstetenkategorien des Bahnbetriebes systemisierte (etatmässige) Stellen geschaffen sind mit bestimmtem Anfangsgehalt und Dienst- und Alterszulagen (meist Biennal- und Triennalzulagen) und Wohnungsgeld, nebst sonstigen Nebeneinnahmen an Fahrtbezügen, Ersparnisprämien, Dienstkleidung u. s. f. Diese festen Anstellungsverhältnisse (i. e. Stabilisierung) sind geschaffen für das Bahnhofs- und Zugbegleitpersonal, für das Personal des Abfertigungs- und Zugförderungsdienstes, also Schaffner, Portiers, Wagenwärter, Weichen- und Stationswärter, Lokomotivführer und -Heizer.

1) Das Petit der Arbeiter geht u. a: auf: 1. Anstellung aller über 10 Jahre bei der Bahn beschäftigten Arbeiter, 2. Verbesserung der Invaliden- und Hinterbliebenenversorgung, 3. Lohnerhöhung, 4. Bezahlung der gesetzlichen Feiertage, resp. Bezahlung von Monatsgehältern, 5. einen genügenden, den »vertragsmässig Angestellten« gleichkommenden Urlaub mit Bezahlung, 6. Gewährung von Wohnungsgeldzuschuss.

Gerade im Hinblicke auf diese teilweise Durchführung der Stabilisierung liegt die Annahme auf der Hand, dass die, von den Arbeitern sogar als überaus loyaler Arbeitgeber gerühmte Staatsbahnverwaltung entweder bezüglich der durchgeführten Stabilisierungen üble Erfahrungen gemacht hat, oder aber dass bei den nicht stabilisierten Arbeiterkategorien besondere Gründe gegen die Stabilisierung vorliegen. Die Einwendungen, die von Seite der Verwaltung geltend gemacht werden, berühren mit keinem Worte die bisher schon stabilisierten Verhältnisse, also, können wohl auch nicht auf Erfahrungen gestützte Bedenken prinzipieller Natur eigentlich in Frage kommen, sondern nur Bedenken im Hinblicke auf die betreffenden Kategorien von Arbeitern, um deren Stabilisierung es sich handelt. Es wird dies denn auch klar ausgesprochen und geht überdies aus dem ganzen Zusammenhang hervor, dass sich die Einwendungen nur gegen die Stabilisierung von Werkstättenarbeitern richtet. Geltend gemacht wird im wesentlichen folgendes [1]:

1. Es sei nicht bekannt, dass private Unternehmer oder Aktiengesellschaften ihre Arbeiter in dem Sinne einer Stabilisierung angestellt hätten, solches sei auch nicht wahrscheinlich.

2. Wenn aber bei gemeindlichen Verwaltungen solche Anstellungen stattgefunden haben, so handle es sich dort in der Regel um Arbeitsgebiete, die mit der unmittelbaren Erzeugung von Werten, wie dies in den Werkstätten in grossem Umfange geschehe, wenig oder nichts zu tun haben und bei denen man das möglich höchste Mass der Leistung des einzelnen von vornherein leichter beurteilen kann als in den Werkstätten. Es kämen in den Gemeinden zumeist Arbeitsgebiete in Betracht (Gasfabriken, elektrische Zentralen, Pumpwerke), wo die Arbeitsleistung im wesentlichen durch die Maschine vollführt werde und die Menschenhand nur einen verhältnismässig geringen Einfluss auf das Mehr oder Weniger der Leistung habe. In Werkstättenbetrieben würden auch Gemeinden kaum eine derartige Stabilisierung durchführen.

3. Daran wird im Hinblicke auf die darnach zu erwartende, übrigens ja auch geforderte Lohnerhöhung die allgemeine Erwägung geknüpft, dass der Staat allerdings die Pflicht habe,

1) Vgl. Beilagen z. Protokoll der 120. Sitzung der II. Kammer 1901/2 (Nr. 70) und Beilage z. Protokoll der 52. Sitzung d. II. Kammer 1903/4 (Nr. 17).

soweit irgend tunlich als Muster für die private Industrie seine Betriebe einzurichten, und der Staat (Baden), habe sich dieser Pflicht nie und auf keinem Gebiete entzogen. Dazu gehöre aber, dass er seine Erzeugnisse, das ist in letzter Linie die Arbeit seiner Angestellten n i c h t t e u r e r b e z a h l t a l s a n g e m e s s e n ist, sonst höre der Staatsbetrieb auf, auf diesem Gebiete eine Musteranstalt zu sein und wirtschafte schlecht auf Kosten der Allgemeinheit. Da nun der Staatsbetrieb seine Erzeugnisse nicht verkaufe, sondern für sich verwerte, so fehle in seinem Kalkül die Regelung, die in der privaten Industrie durch den Wettbewerb, durch das Grundgesetz von Angebot und Nachfrage (scil. in den Waren und insofern fehle wohl die Rückwirkung des Preises auf Begrenzung der Kosten) sich ergebe. Der Staat könne und dürfe nicht auf eigene Faust die Arbeitslöhne erhöhen, sondern auch er werde stets mit der einschlägigen Privatindustrie in Fühlung bleiben müssen. Andernfalls, wenn nämlich der Staat als Lohntreiber auftrete, werde ja auch die Konkurrenzfähigkeit der privaten Industrie geschädigt und damit wieder das Interesse der Arbeiter selbst.

Zur Abwehr des Schreckgespenstes einer Lohnerhöhung wird das Argument der Arbeiter zurückgewiesen, dass der in privaten Unternehmungen Beschäftigte höheren Lohn vor dem im Staatsbetrieb Arbeitenden, und zwar auch bei Berücksichtigung der schlechten Zeiten voraus habe. Dort helfe man sich, so führt der Bericht der Generaldirektion aus, wenn nötig mit Entlassung, Einlegen von Feierschichten, Verkürzung der Arbeitszeit, wodurch auch die älteren Arbeiter getroffen werden. Die Bahnverwaltung dagegen suche ihre Arbeiter, solange es geht, voll fortzubeschäftigen und eine Verminderung in der Arbeiterzahl nur durch Unterlassung des Ersatzes, nicht aber durch Entlassung herbeizuführen. Deshalb könne die Verwaltung aber auch nicht den sprunghaften Erhöhungen folgen, sondern müsse die Löhne auf einer Höhe halten, die auch in schlechten Zeiten, d. h. wenn die Privatindustrie die Löhne herabsetzt, festgehalten werden könne. Der im Staatsbetrieb stehende Arbeiter müsse sich eben genau wie der Beamte (!) darüber entscheiden, ob er die bisweilen geringer als in der Privatindustrie gezahlte, aber sichere Stellung im Staatsbetriebe oder die höhere Bezahlung der privaten Industrie und deren Risiko vorzieht.

4. Bei a u s s e r g e w ö h n l i c h e n V o r k o m m n i s s e n,

Unfällen u. dgl., bei denen besondere Anstrengung der Arbeiter eintrete, erhalten sie auch einen wesentlich höheren Lohn, in der Regel das Doppelte des regelmässigen Taglohnes.

5. Der Einfluss der Feiertage auf die Verdiensthöhe könnte nicht als Argument für die Gewährung des Monatslohnes gelten, da Feiertage nicht mit unvorhergesehener Plötzlichkeit (!) eintreten, sondern monatelang vorhergesehen werden könnten so gut wie andere grössere einmalige Ausgaben, Anschaffung von Wintervorräten; ebenso wie vom Beamten müsse auch von den Arbeitern darauf Rücksicht genommen werden. Monatslohn könne daran nichts ändern[1]).

6. Die Forderung von Monatslohn sei um so merkwürdiger, da die Arbeiter doch Verkürzung der Lohnzahlungsperioden mit Erfolg angestrebt hätten. Die Zahlung von Monatslöhnen mache auch die Akkordlöhnung unmöglich, auf die nicht verzichtet werden könne.

7. Bedeutende Verbesserungen und Fortschritte in der Produktion würden durch Arbeiter doch recht selten veranlasst, diese Fortschritte bezögen sich in der Regel auf recht untergeordnete Dinge; für wichtigere Verbesserungen fehlten den Arbeitern die Kenntnisse. Zudem seien die Arbeitskräfte teils Handwerker, teils Taglöhner, von denen wenige Spezialkenntnisse gefordert werden. Die Hilfsarbeiter und Handlanger in den Werkstätten seien demnach jederzeit durch Zuzug von aussen leicht zu ersetzen.

Diese sehr ernstgemeinten Ausführungen lassen da und dort geradezu die nötige Vertiefung, die die Schwierigkeit des Problems fordert, vermissen.

Ad 1. Was den ersten Einwand anlangt, dass die privaten Unternehmer gleichfalls nicht an eine Stabilisierung ihrer Arbeitskräfte dächten, darf wohl auf eine spezielle Widerlegung im Hinblicke auf das im vorstehenden Kapitel über die spezielle Eignung der öffentlichen Gemeinwirtschaften zur Stabilisierung

1) Bezüglich der Feiertage als Ursache der Lohnverkürzung wird noch bemerkt: der Werkstättenarbeiter vollbringe bestimmte Leistungen und werde darnach gezahlt; also sei selbstverständlich, dass für eine Zeit, in der er nichts leiste, auch nichts gezahlt werde. Ein Vergleich mit dem Beamten sei unzulässig, weil dieser nicht lediglich von der Länge der Arbeitszeit abhängige Leistungen vollziehe (Akkord), sondern den mit seinem Amt zusammenhängenden Verpflichtungen gerecht zu werden habe, die ihn oft genug zwängen, über die ublichen Bureaustunden hinaus ohne jede Vergütung zu arbeiten, während Ueberstunden des Arbeiters mit 50 % Zuschlag bezahlt würden. Zudem seien Feiertage nicht von der Verwaltung eingesetzt (!!).

Gesagte verzichtet werden. Eine Sicherung der Kontinuität des Arbeitsverhältnisses zu geben, wie die öffentlichen Gemeinwesen dies können, vermag der private Unternehmer eben nicht.

Ad 2. Dass kommunale Unternehmungen nicht mit der »unmittelbaren Erzeugung von Werten« beschäftigt seien, trifft vielfach, aber durchaus nicht so uneingeschränkt zu, wie dies behauptet wird. Die Gewinnung von Heiz- und Leuchtgas zur Abgabe an die Bewohner einer Stadt gegen bestimmte Preise, die Herstellung elektrischer Kraft u. s. w. sind mindestens ebenso als »Werte«, die erzeugt werden müssen, zu betrachten wie die Ausstattung einer Lokomotive mit neuen Kesseln, Feuerbüchsen, Reparaturen an Langkesseln, Erneuerung von irgend welchen Wänden (Tür-, Gabel-, Seitenwänden), Ersetzung von Dampfcylindern, Anstücken von Sioderöhren u. s. f., welche all die Leistungen sein mögen, die fur die Staatseisenbahnwerkstätten ausgewiesen werden. Jedenfalls ist es aber völlig unzutreffend, wenn behauptet wird, es sei das möglich höchste Mass der Leistung des einzelnen in den kommunalen Betrieben von vornherein leichter zu beurteilen als z. B. bei Bedienung irgend einer Maschine oder bei der Herstellung von z. B. 6000—8000 Siederöhren, wie sie der Verwaltungsbericht der badischen Staatseisenbahnen einmal ausweist. Man denke doch nur z. B. an die Bedienung der Oefen in den Gaswerken, an die Leistung der Feuerhausarbeiter. Ob fur den einzelnen Arbeiter 20 oder 40 Minuten Pause zwischen dem Nachfüllen der Kohlenöfen abfallen, ist Sache der Betriebsleitung; meiner Beobachtung nach bestehen hierin sehr erhebliche Unterschiede zwischen den verschiedenen städtischen Gaswerken, die schon durch Verschiedenheit der Ofensysteme verursacht werden; niemand wird behaupten können, dass das »möglich höchste Leistungsmass« dabei fur die Lohnbestimmung von Bedeutung sei. Auch ist es unzutreffend, dass in den kommunalen Betrieben die Arbeiten wesentlich durch die Maschinen vollfuhrt werden, dass also gewissermassen die Maschinenleistung auch das Arbeitstempo bestimme. Unter den stabilisierten Arbeitern städtischer Verwaltungszweige sind genug zu finden, die mit Maschinen gar nichts zu tun haben, deren Arbeitsintensität ganz ebenso unkontrolliert ist wie die von Arbeitern in den Bahnwerkstätten. Schmiede, Schlosser, Monteure sind im Aussendienste jedes Gaswerks, Wasserwerks und jeder elektrischen Kraftzentrale erforderliche Arbeitskräfte. Aber daneben auch für den Innendienst eben solche Professionisten, die wesentlich in gleicher Weise hinsichtlich ihres Leistungsmaximums unbekannte Faktoren sind wie im Bahnwerkstättenbetrieb. Uebrigens ergibt sich aus einfachen wirtschaftlichen Prinzipien, dass eine Stadtverwaltung, die etwa wie Karlsruhe zwei Gaswerke, eine elektrische Kraftzentrale, ein Wasserwerk, den elektrischen Strassenbahnbetrieb, einen Lagerhausbetrieb mit Hafenanlage in eigener Regie betreibt auch eine eigene Werkstätte einrichtet, und doch sind auch die Arbeiter dieser Werkstätte »stabilisiert«, die ganz gleichartige Arbeiten wie in einer Eisenbahnwerkstätte zu verrichten haben. Der kommunale »Werkstättenbetrieb« mit stabilisierten Arbeiten ist also doch auch schon Tatsache geworden.

Die eigentliche Grundlage dieses Einwandes ist aber wohl weit mehr in dem Gedanken zu suchen, dass die Werkstättenverwaltung von jedem Arbeiter das möglich höchste Leistungsausmass dadurch zu erreichen glaubt, dass sie ihm mit der jederzeitigen Entlassung drohen kann. Sie verzichtet also vollkommen auf die Mitwirkung des Pflichtgefühles des Arbeiters! Auf diese Art wird man allerdings in der so notwendigen Entwicklung der ethischen Elemente in den Arbeiterkreisen kaum Fortschritte machen. Vertrauen nur weckt ethische Potenzen im Individuum. Vertrauensbruch kann und soll bestraft werden. Dafür Disziplinarmassregelung! Aber es darf Vertrauensbruch und Pflichtvergessenheit nicht schon so weit vorausgesetzt werden, dass die Gefahren desselben zur Argumentation gegen die Herstellung eines rechtlich begründeten Dauerverhältnisses benützt werden.

Ad 3. Die Ausführungen betreffend die Lohnhöhe sind wohl von der aprioristischen Ueberzeugung diktiert, dass die in der Privatindustrie unter dem Einflusse von Angebot und Nachfrage zustande kommenden Löhne absolut die angemessenen seien, dass unter allen Umständen die Preisbildung für eine Ware auf dem Markte auch auf die Lohngestaltung bei der Herstellung der Ware einwirke. Ebenso haltlos wie diese Prämisse ist die weitere, dass die Löhne, die der Staat in seinen Betrieben zahle, unter allen Umständen fur die Privatindustrie massgebend würden. Die Tatsachen zeigen absolut keinen solchen zwingenden Kausalnexus, an den wohl die Verwaltung selbst offenbar nicht glaubt, sonst könnte sie unmoglich wenige Zeilen später bemerken, die Staatsverwaltung müsse ihre Löhne selbständig regeln und auf solcher Höhe halten, die auch gehalten werden können in schlechten

Zeiten, wenn die Privatindustrie — hier offenbar unabhängig von den Löhnen der Staatsbetriebe! — die Löhne herabsetze.

Und noch ein Widerspruch! Wenn der Arbeiter »genau so wie der Beamte« überlegen muss, ob er sich den Staatsdienst mit sicherem aber niedrigerem Einkommen oder den Privatdienst mit unsicherem höherem Einkommen wahlen soll, dann muss dem Arbeiter auch genau die gleich sichere Grundlage geschaffen werden, so dass er wirklich wie der Beamte der Alternative gegenübersteht, also jene Sicherheit der Dienstesverwendung, wie sie eben in Privatstellungen nicht zu finden ist, und diese Sicherheit soll nicht auf das Wohlwollen, sondern mindestens auf die Disziplinarvorschriften gegründet sein. Daran knüpft sich übrigens von selbst auch das weitere Moment, dass der tatsachliche Zustand, das tatsächliche Behalten der Arbeiter, auch dort, wo die Tradition ein starkes Element ist, niemals gleiche Sicherheit gibt wie die eingeräumte rechtliche Basis eines dauernden Arbeitsverhältnisses.

Ad 4. Ueber die besondere Zahlung von Ueberleistungen, Ueberstunden u. dgl. als ein angebliches Hindernis gegen die Stabilisierung ist kaum ernst zu diskutieren, denn dass für solche besondere Leistungen besondere Zahlungen auch an die stabilisierten Arbeiter gemacht werden können, bedarf wohl keines Beweises. Warum wird nicht in diesem Gedanken die Analogie zum Beamten herangezogen, der bei wiederholten oder dauernden aussergewöhnlichen Dienstleistungen durch raschere Beförderung, wenigstens Aufsteigen in eine höhere Gehaltsklasse gar nicht selten, aber auch durch fallweise Remunerationen speziell entlohnt wird? — Ein Unterschied zwischen physischer und geistiger Arbeit muss freilich bei aussergewöhnlicher Inanspruchnahme berücksichtigt werden. Die physischen Kräfte versagen in solchen Fällen rascher, mindestens muss die aussergewöhnliche Inanspruchnahme durch aussergewöhnliche Nahrungszufuhr unterstutzt werden: was aber alles nur die raschere und unmittelbarere Entlohnung des physisch Arbeitenden auch im Falle eines stabilisierten Arbeitsverhältnisses motiviert. Und schliesslich: erhält nicht gerade der Beamte bei Erhöhung seiner Verpflegungskosten wegen auswärtiger Dienstesverwendung (ausserhalb des Wohnsitzes) ganz fix geregelte Taggelder? Solche Dinge sind bei den Einwendungen gegen die Stabilisierung völlig vergessen, die Parallele zum Beamten ist nur einseitig verwendet worden.

Ad 5. Bei einer wirklich durchgeführten Stabilisierung, die von dem Gedanken getragen ist, dass nicht erwerbliche Tendenzen Grundlage des staatlichen oder kommunalen Arbeitsverhältnisses sind, sondern dass es sich um Existenzsicherung für diejenigen, die eine Pflichterfüllung übernommen haben, handle, da kann auch die Frage, ob die Feiertage mit einzubeziehen sind in die Grundlage für die Lohnbemessung, wohl nicht schwer ins Gewicht fallen. Nimmt man auf die Idee der Existenzsicherung Rücksicht, dann wird das Ergebnis der Erwägung wohl zur Bejahung der Frage führen müssen. Demgegenüber spielt die mahnende Argumentation der Verwaltung, der Arbeiter solle rechtzeitig für den Verdienstausfall wegen eines Feiertages vorsorgen, eine wenig bedeutsame Rolle. Der Lohn des stabilisierten Arbeiters ist in der Hauptsache, soweit er als Existenzsicherung fungiert, ein einheitliches Ganzes, genau ebenso wie die Leistungen des Arbeiters zunächst als Ganzes aufgefasst werden müssen. Auf der einen Seite wird Pflichterfüllung übernommen, auf der anderen Seite die Existenzsicherung, deshalb ist auch die Einwendung nicht am Platze, dass für eine Zeit, in der keine Arbeit geleistet werde, auch kein Entgelt zu zahlen sei. Ob es sich empfiehlt, neben einem Grundlohn, der als einheitliches Entgelt als Existenzsicherung zu zahlen ist, andere ergänzende Bezüge nach Massgabe tatsächlicher Leistung eintreten zu lassen, ist eine andere Frage, die noch weiter unten zu erörtern sein wird.

Ad 6. Mit dem Gedanken der Existenzsicherung wird bis zu einem gewissen Grade implizite auch die Vorstellung vertreten, dass die Lohnzahlung eine möglichst langperiodige sein muss. Je entwickelter eine Wirtschaftsführung, um so mehr wird sie darauf ausgehen, auf tunlichst grosse, künftige Zeitabschnitte vorzusorgen, und umgekehrt kann eine Wirtschaft nur dann wirklich sich sicher entwickeln, in der Wirtschaftlichkeit fortschreiten, wenn ihr die Möglichkeit gegeben ist, mit bestimmten Mitteln für grössere Zeiträume der Zukunft zu rechnen. Durch monatliche Lohnzusicherung kann und soll die Arbeiterschaft über die Fährlichkeit kurzer vorübergehender Arbeitsunterbrechungen und Verdienstentgänge hinweggehoben werden. — Ein wesentliches Element der Stabilisierung ist diese Einführung längerer Perioden als Einheit der Lohnbemessung übrigens nicht; aber in diesem Uebergang von der kürzeren zur längeren Zeiteinheit ist ein Zurückdrängen des rein marktmässigen Interesses bei der Lohnbildung nicht zu verkennen. Dass die Bitte der Arbeiter um kürzere Lohnauszahlungsperioden damit nichts zu tun hat, bedarf wohl keiner besonderen Beweisführung [1]).

Inwieweit es richtig ist, dass die Monatlöhnung die Akkordlöhnung unmöglich mache, wird noch in anderem Zusammenhange zu berühren sein.

Ad 7. Dem letzten oben angeführten Einwand muss entgegnet werden, dass er beweist, wie wenig man dem eigentlichen Kern des Stabilisierungsproblems zu Leibe gerückt ist. Als ob es sich darum handelte, eine Stabilisierung der Arbeitsverhältnisse vorzunehmen, weil die Gefahr besteht, dass die Werkstätten der Staatsbahnverwaltung ihre Arbeitskräfte eines Tages verlieren können, also der Arbeitskräfte entblösst dastehen! Nein, darin ist das Problem nicht zu suchen. Sondern um ein besonderes Prinzip der Arbeitsorganisation handelt es sich, um die Ueberführung der gemeinwirtschaftlichen Arbeitsverhältnisse auf das Prinzip der beruflichen Organisation mit Pflichterfüllung auf der einen, Existenzsicherung auf der anderen Seite.

Diese Argumentation der Verwaltung gegen die Stabilisierung der Werkstättenarbeiter scheint nun aber wohl der Verwaltung selbst offenbar nicht ganz ausreichend; sie sucht der Stabilisierungsfrage neuestens mit dem Bedenken zu begegnen, dass die Stabilisierung zu einer Abnahme der Produktivität der eingestellten, also stabilisierten Arbeitskräfte führe, mit einem Wort, dass für die Gesamtwirtschaft notwendig eine Schädigung von der Stabilisierung gewärtigt werden müsse. Dieses Bedenken würde allerdings, wenn es den Tatsachen entspräche, überaus schwer wiegen, und wenn man einer solchen Wirkung der Stabilisierung nicht auf irgend einem Wege begegnete, wenn sie nicht paralysiert werden könnte, wenn also, wie *Bernstein* sagt, der Schlendrian in der Fabrik auf die Tagesordnung käme, wenn der wirtschaftliche Geist sozusagen darunter leiden müsste, dann müsste man wohl auch über das Organisationsprinzip den Stab brechen.

---

1) Dass der Uebergang zu Monatslöhnen eine Lohnsteigerung von 20% (statt für 300 Tage für 365 Tage) in sich schliessen müsse, wie die Verwaltung der Kammer gegenüber geltend macht, trifft nicht zu. Spricht doch nicht einmal die Petition der Arbeiter von der Lohnzahlung für Sonntage. Der Monatlohn wäre etwa auf 26- bis 27 fachen bisherigen Taglohn festzusetzen. Die »erheblichen Schwierigkeiten«, die die Verwaltung hiegegen einwendet, würden bei gutem Willen überwunden werden können.

Den Tatsachenbeweis, um den es sich also in erster Linie handelt, tritt die badische Eisenbahnbetriebsverwaltung in der Tat auch an und verweist auf die Ergebnisse der Stabilisierung der Werkstättenarbeiter bei der österreichischen Staatsbahnverwaltung. Diese Stabilisierung, über die ich erstmalig vor 4 Jahren[1]) berichtete, habe, so führt die badische Betriebsverwaltung aus, eine wesentliche Zunahme der Arbeiterzahl ohne eine der Zunahme entsprechende Mehrleistung zur Folge gehabt. Die Stabilisierung der Arbeiter begann im Laufe des Jahres 1895, ihre Wirkung äussere sich in der Veränderung, welche das Verhältnis von Arbeitslohn- zu Materialaufwand in den Jahren vor der Stabilisierung zu der bezüglichen Verhältnisziffer nach der Stabilisierung aufweise.

Im Durchschnitte der 4 Jahre 1892/95 sei auf eine Krone Lohnaufwand in den Werkstätten ein Materialaufwand von 1,3 Kronen entfallen, in den 4 Jahren 1896/99 nach der Stabilisierung betrug diese Durchschnittsrelation nur noch 1,11. Die mittlere Arbeiterzahl habe im Durchschnitte betragen

in den 4 Jahren vor der Stabilisierung 1892/95: 4888

in den 4 Jahren nach der Stabilisierung 1896/99: 6909,

woraus sich eine Zunahme der Arbeiterzahl nach der Stabilisierung um 41 Proz. ergebe. Der Verwaltungsbericht berechnet ferner eine durchschnittliche Zunahme der Arbeiterzahl in der Zeit von 1892—1895 von einem Jahr aufs andere um 6,7 Proz. und in der Zeit von 1896—1899 um fast 12 Proz. Gegenüber dem Arbeiterstande von 1892 mit 4385 Arbeitern stelle sich der Stand von 1899 mit 7701 Arbeitern um fast 76 Proz. höher. Der Materialaufwand sei aber in demselben Zeitraum nicht im gleichen Verhältnis grösser geworden, was um so auffallender sei, als die Einheitspreise der Materialien nach der Stabilisierung im Mittel wesentlich höher gewesen seien als in der vierjährigen Periode vor der Stabilisierung. Es hätte also schon bei nur gleichbleibender, noch mehr aber bei gesteigerter Leistung der Arbeiter nach der Stabilisierung eine den Betrag von 41 Proz. des Arbeiterzuwachses wesentlich übersteigende Zunahme, nicht aber eine erhebliche Abnahme an Materialkosten erwartet werden dürfen. Im Gegenteile aber fallen die auf einen Arbeiter und eine Krone Lohn bezogenen Materialwerte in den Jahren nach der Stabilisierung gegen die

1) Vgl. meine Lohnpolitik u. Lohntheorie S. 294 ff.

Zeit vorher, wie die oben genannten Verhältnisziffern zeigen, wesentlich ungunstiger aus [1]).

Diesen in der Tat bedenklichen Ziffern gegenüber, denen noch hinzuzufugen ware, dass der mittlere von einem Arbeiter verarbeitete Materialwert in den 4 Jahren

vor der Stabilisierung 1416 Kronen
nach der Stabilisierung 1259 »

betragen, mithin trotz erhohter Materialpreise um 11 Proz. abgenommen habe, vermag ich trotzdem nicht zuzugeben, dass damit der Beweis gegen die Berechtigung der Stabilisierung erbracht sei.

Was zunächst die Ziffern selbst anlangt, leidet die Exaktheit der Beweisführung in verschiedenen Richtungen; bezüglich der Einzelheiten, die in dieser Beweisfuhrung anfechtbar sind, verweise ich auf die Ausfuhrungen im Anhang IV [2]). Was, wie ich dort genauer zeige, fur die Vergleichung der Intensität der Arbeit bezw. Produktivität der Arbeit ins Gewicht fällt, aber gänzlich ausser acht gelassen ist, ist folgendes:

1. Der Umstand, dass das Arbeitsgebiet der österreichischen Staatsbahnwerkstätten eine ganz bedeutende Erweiterung erfahren hat, wodurch schon an und für sich Veranderungen in der Arbeitsorganisation und womit allein schon die Abnahme der Durchschnittsproduktivität eines Arbeiters zur Genüge erklart wäre. Dafur spricht schon das Schwanken des auf einen Arbeiter entfallenden Materialwertes von Jahr zu Jahr, z. B. das Fallen dieser Relation schon vor der Stabilisierung von 1444 Kronen Materialwert im Jahre 1893 auf 1398 Kronen im Jahre 1894.

2. Es handelt sich ganz uberwiegend um Reparaturarbeiten, bei denen die Relation zwischen dem Arbeitserfordernis und dem Materialerfordernis an sich grossen Schwankungen ausgesetzt ist. Aber selbst eine gewisse Gleichmassigkeit nach dem Gesetze der grossen Zahlen vorausgesetzt, kann, ja muss sogar angenommen werden, dass mit der fortschreitenden Entwicklung in der Neuherstellung der Fahrbetriebsmittel, um die es sich ja in erster Linie handelt, die Materialerhaltung eine hervorragende Rolle spielt. Auf die Wiederverwendung der vorhandenen gebrauchten Materialien ist das Streben der Technik solcher Werkstättenbetriebe ganz besonders gerichtet.

1) Beilage Nr. 17 zum Protokoll der 52. offentl. Sitzung der II. bad. Kammer 11. April 1904. S 24 f.

2) Anhang IV, siehe S. 123.

Betreffen diese Bemerkungen die Vermehrung des Arbeiterstandes im Verhältnis zum Materialwert, so besteht ein nicht minder kräftiges Bedenken gegen die Geltendmachung des Argumentes, dass der Lohnaufwand proportional dem Materialaufwand sich bewegen müsse.

3. Es geht die Entwicklung der Ausgaben für Arbeitslöhne ganz unabhängig von der Ausdehnung des Betriebes vor sich, da ja die Aenderung der Lohnsätze schon den Gesamtlohnaufwand beeinflusst. Ein Steigen der Lohnsätze musste daher schon an und für sich eine Verschiebung der Verhältniszahl (Materialaufwand auf 1 Krone Lohn) zur Folge haben. In der Tat sind nun Erhöhungen in den Lohnsätzen vorgenommen worden schon in den Jahren vor der Stabilisierung. Hieraus ergibt sich im Zusammenhalte mit dem unter 2. gesagten eine entgegengesetzte Bewegungstendenz: bei dem Lohnaufwand zum Steigen, beim Materialaufwand zum Abnehmen. Unter solchen Umständen kann die erwähnte Relation wohl kaum als Grundlage für die Beurteilung der Produktivität der Arbeit und die Entwicklung dieser Produktivität angenommen werden. Dass aber auch die Stabilisierung selbst gleichzeitig eine Lohnregulierung war und sein musste, kann keinen Augenblick in Abrede gestellt werden; und zwar musste eine Aenderung in den Löhnen schon wegen des Aufgebens der Werklöhnung eintreten, die gleichzeitig mit der Stabilisierung durchgeführt wurde.

Darnach ist freilich die Steigerung des Lohnaufwandes im Verhältnis zum Materialaufwand von 1895 auf 1896 in der Natur der Sache begründet gewesen. Die Lohnregulierung bei einem Uebergang von einer Bemessungsmethode zu einer anderen geht bei einem arbeiterfreundlichen Unternehmer in aller Regel wohl mit einer Aufrundung vor sich. Bei der lohnpolitischen Tendenz der österreichischen Staatsbahnverwaltung konnte die Wirkung der Stabilisierung der Arbeitsverhältnisse selbstverständlich nur in einer Erhöhung des Lohnaufwandes bestehen.

Ein Rückschluss auf die Intensität der Arbeit aus den Lohnziffern ist also von vornherein unzulässig, und es ergibt sich demnach auch auf diesem Gebiete die Haltlosigkeit der Einwendungen, die seitens der Stabilisierungsgegner vorgebracht werden. Die Behauptung, dass die Arbeitsenergie der in unkündbarem Dienstverhältnisse stehenden Arbeiter gerade wegen des rechtlichen Anspruches auf die Fortdauer des Arbeitsverhältnisses abnehmen müsse, ist unbewiesen.

Bedenken gegen die Stabilisierung bestehen aber durchaus nicht nur auf seite der arbeitgebenden gemeinwirtschaftlichen Verwaltungen. Auch in Arbeiterkreisen wird das Postulat der Stabilisierung nicht widerspruchslos verfochten. Die Argumente, die gegen die Stabilisierung von den Arbeitern vorgebracht werden, sind in der Hauptsache die zwei folgenden: 1. Wird behauptet, dass die wichtigste Voraussetzung für die Stabilisierung jedes Arbeiters, die tadellose oder wenigstens gute Fuhrung innerhalb einer gewissen Wartezeit, die Arbeiter zu willenlosen Duckmäusern mache, auf die bei einem notwendigen Widerstande gegen irgend welche Massregeln der Verwaltung nicht zu rechnen sei, so dass für die Verwaltung die Stabilisierungsaussicht geradezu nur ein Mittel zur Heranziehung charakterloser Kreaturen sei; 2. wird auf die Gefahr einer Einschrankung in der Bewegungsfreiheit hingewiesen, die sich die Verwaltungen nicht entgehen lassen würden, das Befehlgebungsrecht würde mindestens zur Hintanhaltung der Teilnahme am Gewerkschaftsleben benützt werden; bei voller Freiheit des Arbeitsverhaltnisses bestünde diese Gefahr für den Arbeiter nicht.

Diesen Bedenken kann ein gewisses Mass von Berechtigung nicht abgesprochen werden, und zwar gerade im Hinblicke auf das tatsachliche Verhalten gemeinwirtschaftlicher Betriebsleitungen, die bekanntlich da und dort so weit gehen, stabilisierten Arbeitern sogar die Konsumvereinsmitgliedschaft zu verbieten.

Eine grosse Schwierigkeit liegt unverkennbar darin, dass die Inhaber herrschaftlicher Gewalt (das ist zunächst das befehlgebende Organ fur das gemeinwirtschaftliche Arbeitsverhaltnis) Verständnis fur ihre ökonomischen Aufgaben als Arbeitgeber gewinnen müssen und, wenn sie es besitzen, nicht verlieren. Will man ähnlich wie *Anton Menger* die Befehlgebung auf Grund einseitig erlassener Gesetze oder Verordnungen als Ausgangspunkt fur die Leitung und auch fur die Fortbildung des Arbeitsverhältnisses anerkennen[1], dann ist die erste Voraussetzung hiefür, dass die Gesetzgebungs- oder Verordnungsgewalten sich ihrer sozialen Pflicht bewusst sind, stets auch die materielle und immaterielle Entwicklung der ihnen untergebenen Arbeiter im Auge zu behalten und zu fördern. Wo

1) Neue Staatslehre. Jena 1903. S. 140 f.

diese Voraussetzung erfüllt ist, dort würde auch die Einschränkung der Bewegungs-, insbesondere Koalitionsfreiheit platzgreifen können, aber wahrscheinlich eben doch nur in sehr beschränktem Ausmasse (etwa nur soweit zielbewusste, grundsätzliche Verhetzung hintangehalten werden soll) wirklich vorkommen. Wo aber diese Voraussetzung fehlt, gerade dort wird man den Arbeitern die Berechtigung im weitesten Ausmass zugestehen müssen, ihre Interessen und ihre Entwicklung im Wege kollektiven Zusammenschlusses zu fördern, und gerade dort wird tatsächlich die Koalitonsfreiheit auf ein bedeutungsloses Minimum zugestutzt sein.

Aus diesem Dilemma führt ausser der fortschreitenden Aufklärung der die herrschaftliche Gewalt ausübenden Organe nur eines, das ist, so paradox dies auch klingen mag, die Stabilisierung selbst. Die Verallgemeinerung dieser rechtlichen Grundlegung des Arbeitsverhältnisses vermehrt die Stabilisierten und wird die Erkenntnis verallgemeinern, dass die Stabilisierung kein besonderes Geschenk, sondern eine gesellschaftliche Pflicht ist; dadurch wird das Solidaritätsgefühl gehoben, und die in ihrer Existenz gesicherten Angestellten werden, nicht anders als es eigentliche Beamten tun mussten und müssen, ihr ernstes Streben auf die Emanzipation aus einer rückständigen Auffassung von einer gesellschaftlichen capitis deminutio richten. Dann werden vielleicht noch die in der Warte- oder Probezeit stehenden ein Minus an Nacken- und Charakterfestigkeit ab und zu aufweisen, die Gefahr allgemeiner Widerstandslosigkeit auch der Stabilisierten aber wird immer mehr schwinden und durch das Bewusstsein, im Dienste der Gesamtheit zu stehen und diese fördern zu können, verdrängt werden.

3. Spezielle Aufgaben der Lohnbemessungsmethode beim stabilisierten Arbeitsverhältnis.

Könnten aber schliesslich wirklich nachgewiesene Rückgänge in der Produktivität der Arbeit, deren ursächliche Abhängigkeit von einem Stabilisierungsvorgang ausser Zweifel gesetzt wäre, könnten, ja dürften sie das Urteil über die Stabilisierung tatsächlich endgültig bestimmen?

Die Antwort setzt die Lösung der Vorfrage voraus, inwieweit die Gesamtheit, das Gemeinwesen, für welches die Gemeinwirtschaft tätig ist, an der Steigerung der Produktivität der Arbeit interessiert ist, inwieweit sie durch ein Nachlassen der Arbeitsintensität in Mitleidenschaft gezogen wird. Dabei dürften aber wieder zwei grundsätzliche Anschauungen zu berücksichtigen sein, die in gewissem Sinne die Grenzen weisen, innerhalb deren der Weg abzustecken ist. Nach einer Seite steht fest, dass für die Gemeinwirtschaft durchaus nicht die Erwirtschaftung besonderer Reingewinne eigentlich Ziel des Betriebes sein kann, da in aller Regel andere Gründe für die Wahl des gemeinwirtschaftlichen Prinzipes bei Befriedigung irgendwelcher Gemeinbedürfnisse entscheidend sind. Allgemein dürfte vielleicht als solcher Grund nur die Hintanstellung eines privaten Unternehmergewinnes genannt werden können, im übrigen variiert die Begründung bekanntlich schon nach dem Gebiete wirtschaftlicher Arbeit, um das es sich handelt. Nach der anderen Seite aber kann auch kein Zweifel darüber bestehen, dass das wirtschaftliche Prinzip: mit tunlichst geringem Aufwand von Mitteln einen ins Auge gefassten Erfolg zu erreichen, auch hier leitend bleiben muss. Das heisst aber nichts anderes, als dass wie im privatwirtschaftlichen Betrieb auch in der gemeinwirtschaftlichen Betriebsorganisation der Schlendrian, wie *Bernstein* so prägnant sagt, unzulässig sein muss; Stabilisierung der Arbeitsverhältnisse auf Kosten des Energieausmasses, mit dem die Arbeit im gemeinwirtschaftlichen Betrieb durchschnittlich unter normalen Verhältnissen durchgeführt werden kann, kann also keinesfalls als anstrebenswert bezeichnet werden.

Gestattet danach der erste Grundsatz ein Mass von Arbeitsintensität, das jedenfalls nicht eine dauernde Maximalanspannung der Kraft, namentlich des Arbeitstempos voraussetzt, das vielmehr die tunlichst lange Erhaltung der Arbeitskraft — worin eben hier das ökonomische Prinzip gipfelt! — ermöglicht, so muss anderseits auch eine Kautel dafür geschaffen werden, dass Bummelei sich nicht breit machen kann.

Es handelt sich, wie oben wiederholt hervorgehoben wurde, um Pflichterfüllung; nur für diese Pflichterfüllung wird als Entgelt die Existenzsicherung geboten. Das Ausmass an Leistung, das den Inhalt der Pflicht ausmachen soll, kann nicht immer schon von vornherein genau abgegrenzt sein, es muss ganz analog dem Zustande im privaten Betriebe ein diskretionäres Befehlgebungsrecht dem leitenden Verwaltungsorgan eingeräumt sein, durch welches das Pflichtausmass bestimmt wird. Es genügt aber bei rechtlicher Begründung des Anspruches auf die Unkündbarkeit des Arbeitsverhältnisses das Befehlgebungsrecht des Arbeitgebers oder seiner Organe nicht, vielmehr muss diesem Befehlgebungsrecht subsidiär die Stütze eines disziplinären Entlassungsrechtes auf Grund von Pflichtversäumnissen beigegeben sein, durch welches die Unkündbarkeit eine Einschränkung erfährt. Die Art und Weise der Durchführung dieses disziplinären Verfahrens ist ein besonderes Problem, dessen Lösung m. E. besser nicht bloss in der Heranziehung einer zweiten höheren Verwaltungsinstanz, sondern in der Mitwirkung von Vertretern der Angestellten in einem besonderen Disziplinarausschuss gefunden wird[1]). Denn eine solche über Entlassungen entscheidende Instanz hat natürlich nicht nur als Stütze des befehlgebenden Organes, sondern auch als Kontrollstelle zum Schutze der dem »diskretionären« Befehlgebungsrecht unterstellten Arbeiter zu funktionieren.

Nun ist aber ohne weiteres klar, dass dasjenige Ausmass von Leistung, welches bereits eine Pflichtverletzung involviert, recht oft überhaupt nicht absolut bestimmbar ist, vielmehr ganz individuell, mindestens nur fallweise feststellbar sein wird, dass also für das Ermessen der Entlassungsinstanz an und für sich ein weiter Spielraum bestehen wird, dass aber auch das Interesse der Gemeinwirtschaft eine Verkürzung schon dadurch erfahren kann, dass der voll Leistungsfähige zwar jenes Ausmass von Leistung aufweist, mit welchem die Pflicht eben noch als erfüllt wird angesehen werden müssen, ohne dass aber die tatsächliche Leistung der wirklichen Leistungsfähigkeit des betreffenden Arbeiters entspräche. Gilt es nun einerseits auch, eine solche Verkürzung hintanzuhalten, so ist anderseits wohl auch evident, dass es überaus vorteilhaft ist, wenn Mittel und Wege gefunden werden, die die Pflichterfüllung als gesichert erscheinen lassen, ohne dass die Tätigkeit des Disziplinarausschusses oder der sonstigen Entlassungsinstanz allzu oft in Anspruch genommen oder auch nur als Antreibemittel angedroht werden muss, durch welche also dem vorgebeugt werden soll, dass die Pflichterfüllung sozusagen erzwungen werden muss.

Um in dieser Hinsicht einige Klarheit zu gewinnen, sind ver-

---

1) Auf die Einzelheiten, die hier wie überhaupt bei der Stabilisierung in Betracht kommen, kann auch in diesem Zusammenhange nicht eingegangen werden. Ueber Probezeit, Instanzengang bei Beschwerden u. dgl. finden sich massvolle und deshalb nur umso beachtenswertere Ausführungen bei *Lindemann*, Arbeiterpolitik u. Wirtschaftspflege I. S. 352 ff.

schiedene Kategorien von Arbeiten auseinanderzuhalten, und zwar zunächst:

a) Solche Arbeitsgebiete, bei welchen ohne Schwierigkeit aus der Natur der Arbeit für jeden Beschäftigten oder für Gruppen von mehreren solchen ein bestimmtes Arbeitspensum für einen bestimmten Zeitraum, etwa für einen Tag, aber auch für längere Zeiträume ausgelöst werden kann. Dieser Fall wird in der Regel zutreffen für das grosse Gebiet von Reinigungsarbeiten; nicht nur für Reinigung interner Betriebs-(Bureau-)räume, sondern auch die städtische Strassenreinigung ist hier heranzuziehen, für die tagweise nach Massgabe des jeweiligen Bedürfnisses das Arbeitspensum ausgegeben werden kann. Auch Wartedienstleistungen können hier in Betracht kommen, natürlich weniger die Pförtnereien u. dgl. Dienststellen, als vielmehr für Stellen mit bestimmten Tätigkeiten wie z. B. für Tierwärter in städtischen Stallungen, Schlacht- und Viehhöfen, bei denen die Arbeitsintensität selbstverständlich nach Massgabe des Bedürfnisses unter Umständen auch besonders gesteigert werden muss.

Hieher gehören aber auch alle jene Arbeitsverrichtungen, bei denen die Arbeitsleistungen der verschiedenen Arbeiter derart ineinandergreifen, dass die Erfüllung der Dienstpflicht schon durch die Organisation der Arbeit gesichert ist; auch die Abhängigkeit von irgend einer Maschine oder sonstigen Betriebseinrichtung kann die gleiche Wirkung haben, dass die Arbeitsintensität nur im geringsten Ausmass vom Willen des Arbeiters abhängt. Dies trifft zu für die internen Arbeiter in Gaswerken an den Retorten, in Wasserwerken an den Pumpeinrichtungen u. dgl. m.

Eine Pflichtversäumnis durch Nachlassen der Arbeitsintensität wird in allen diesen Fällen normalerweise höchstens in der Qualität dieser Leistungen möglich sein und in die Erscheinung treten.

b) Es ist aber nicht zu verkennen, dass in allen Fällen, wo die Arbeitsintensität mit dem Bedürfnisse schwanken muss, weil das Arbeitspensum eben von Zufälligkeiten abhängt, wo also dem die Arbeit leitenden Organ die Gelegenheit zu umfassenderer Anwendung des Befehlgebungsrechtes gegeben ist, die Dinge schon schwieriger liegen können; vielfach wird hier durch blosse Beaufsichtigung das zum Nachlassen in der Arbeitsintensität neigende Individuum angehalten werden können, oder es wird jedes Nachlassen in der Intensität so leicht bemerkt und kontrolliert, dass die Versuchung hiezu schon zurückgedrängt wird.

c) Es sind aber endlich auch solche Arbeitsgebiete konstatierbar, die mit verhältnismässig stark differenzierter Energie gepflegt werden können, ohne dass die Differenz zwischen dem möglichen und dem tatsächlich erzielten Leistungsergebnisse so leicht zu beurteilen und demgemäss die Pflichtverletzung feststellbar wäre. Ohne Zweifel sind spezifische Werkstattarbeiten, sowohl im internen Betrieb als auch auswärtige Dienstleistungen, wie Installationsarbeiten für Gas-, Wasser- oder Elektrizitätsanschlüsse dieser Kategorie zumeist zuzurechnen.

Während für die erste Kategorie Kontrollen über die Intensität so gut wie ganz entbehrlich sind, können sie für die zweite und namentlich die dritte Kategorie unentbehrlich werden.

Hier taucht aber nun die Frage auf, ob nicht gerade die Lohnbemessungsmethode auch für den gemeinwirtschaftlichen Betrieb die Handhabe bieten kann, jenes Mass von Leistungen zu sichern, das nicht mehr gerade auf dem Wege disziplinärer Strafdrohung gewährleistet werden kann.

Ist denn die Stabilisierung nur denkbar mit absolutem und unwandelbarem Zeitlohn? Muss denn das Prinzip der Entlohnung, wie es dem Beamten gegenüber nun schon durch eine jahrhundertelange Entwicklung sich fortgebildet hat, unbedingt auch dem manuellen Arbeiter gegenüber festgehalten werden, sobald das Arbeitsverhältnis ein dauerndes geworden ist? Ist denn mit der Stabilisierung nicht auch die Werklohnbemessung vereinbar? — Worin liegt wohl das wesentliche und charakteristische Element des spezifisch gemeinwirtschaftlichen Arbeitsentgeltes? In der Existenzsicherung, und zwar, wie oben ausgeführt wurde, in erster Linie durch Perpetuierung des Arbeitsverhältnisses, aber allerdings in zweiter Linie auch durch Zusicherung eines auf eine Zeiteinheit bezogenen Minimaleinkommens. Ist dann nun aber dieser Seite der Existenzsicherung nicht Genüge getan mit einer relativ mässigen Zeitlohnrate, die grundsätzlich nur subsidiär tatsächlich in Anwendung kommt, während die normale Lohnbemessung nach Massgabe der Werkleistung erfolgen könnte?

Alle diese Fragen sind zu bejahen. Und zwar uneingeschränkt zu bejahen schon im Hinblicke auf die tatsächlichen Verhältnisse, denn:

1. besteht für eine Reihe von in öffentlichen Unternehmungen stabil Angestellten, die der Kategorie der Lohnarbeiter zuzurechnen sind, die Einrichtung, dass nach Mass ihrer Dienstleistung ein

Zuschuss zu ihren Grundgehältern gewährt wird; dabei ist nicht nur an die Ersparnisprämien der Lokomotivfuhrer oder die Uebernachtungsgelder anderen Zugbegleitungspersonals bei Staatsbahnen zu denken, sondern an die Kilometergelder dieser »Staatsdiener«;

2. ist tatsächlich in Staatswerkstätten, ähnlich z. B. gerade in den badischen Staatsbahnwerkstätten, eine Werklöhnung eingeführt und doch mit der Zusicherung eines Mindestzeitlohnes verbunden. Weshalb soll nicht die zugesicherte Mindestzeitlohnrate auch im Falle der Stabilisierung die Grundlage für die Bestimmung des fixen Arbeitsentgeltes des »Gehaltes« bilden können und die Verdienstgestaltung nach wie vor durch die Werkleistung nach Massgabe der eingeführten Werklohnsätze bestimmt werden?

Dabei ist auf die Tatsache hinzuweisen, dass von den stabilisierten Arbeitern der österreichischen auf Erzielung von Reinerträgnissen eingerichteten Tabakproduktion im Durchschnitte rund 85 Proz. im Geding- und Akkordlohn stehen, wobei der festgesetzte Taglohn in Form einer vorläufigen à conto-Zahlung ausgezahlt wird. Jeder Gedinglöhner ist da in eine bestimmte Taglohnklasse eingereiht, deren Höhe nach der Art der Beschäftigung und nach lokalen Verhältnissen verschieden bemessen ist. Dadurch ist auch der Minimalverdienst gesichert. Den Lohnbemessungsmethoden (es sind ausser dem Zeitlohnsystem vier Werklohnsysteme, nämlich Individualgedinglohn, Gruppengedinglohn, Kumulativgedinglohn und Akkordlohn[1])) tut es durchaus keinen Eintrag, dass die Entlassung eines diensttauglichen »ständigen« Arbeiters nur im Falle eines Dienstvergehens im Disziplinarwege erfolgen kann. Bei 38000—40000 Arbeitern, die in diesen Staatsbetrieben beschäftigt sind, verdiente das anstandslose Funktionieren der Werklöhnung bei Minimalverdienstsicherung auf die Zeiteinheit — im Zusammenhang mit der Ständigkeit des Arbeitsver-

---

1) Individualgedinglohn ist einfacher Stücklohnsatz, nach dem ein einzelner Arbeiter bezw. Arbeiterin entlohnt wird; Bemessung erfolgt nicht immer nach der eigenen Leistung, sondern nach dem Arbeitserfolg einer anderen Person; Gruppengedinglohn ist Lohnbemessung nach Massgabe der Gesamtleistung einer bestimmten Gruppe von einander in die Hand Arbeitenden, z. B. bei Zigarettenfabrikation: Maschinenführerin, Stopferin, Gehilfin (Dreiergruppe); bei Kumulativgedinglohn erfolgt die Entlohnung nach Massgabe der Leistungen einer ganzen Abteilung von Arbeitern, auch hier nicht immer nach der eigenen Abteilungsleistung, z. B. bei der Zigarrenvorrichtung nach dem Arbeitserfolg der Zigarrenfabrikationsabteilung. Akkordlohn kommt hauptsächlich für Maschinenbauarbeiten u. dgl. in Anwendung.

hältnisses einige Beachtung [1]).

Aber auch wo die Arten eigentlicher Werklohnbemessung sich aus irgend welchen Gründen nicht oder nur schwer durchführbar erweisen, ist die Anwendung eines intensiveren Lohnbemessungssystems immer noch nicht ausgeschlossen. Die in neuerer Zeit aufgekommene Einrichtung des Werkzeit- oder Stückzeitlohnsystemes würde gerade auch hier, wenn nicht allgemein so mindestens subsidiär ohne Schwierigkeit verwendbar werden können. Ja, da und dort sind wichtige Voraussetzungen dafür schon erfüllt. Das System besteht darin, dass dem Arbeiter die Aufgabe mit Einhaltung einer bestimmten Arbeitszeit aufgetragen wird, ganz analog wie bei den oben erörterten Zeitprämiensystemen. Braucht der Arbeiter die ganze Zeit oder darüber hinaus noch mehr Zeit zu der betreffenden Aufgabe, so bleibt der vereinbarte Zeitgrundlohn für die Entlohnung massgebend. Führt der Arbeiter die Aufgabe in kürzerer Zeit durch, so kann eine entsprechende Erhöhung seines Verdienstes erfolgen. Die besondere Entlohnung für die Arbeitsbeschleunigung kann in beliebigem Ausmasse gehalten werden, also hier gleichfalls als Prämie zur Intensivierung der Leistungen Verwendung finden; »beliebig«, denn — und hierin gelangen wir zu einer Besonderheit des gemeinwirtschaftlichen stabilisierten Arbeitsverhältnisses — schon die Existenzsicherung durch Ständigkeit des Verhältnisses und Mindestverdienstsicherung für die Zeiteinheit würde hier eine andere Beurteilung der oben verurteilten Zeitlohnprämien [2]) gestatten. Dass nur ein Bruchteil des durch Beschleunigung bezw. Intensivierung ersparten Zeitlohnaufwandes dem Arbeiter als Prämie bezahlt würde, müsste bei gemeinwirtschaftlichen Verhältnissen eben vor allem auch im Hinblicke auf die Pflichttheorie [3]), auf die andere rechtliche Grundlegung dieses Arbeitsverhältnisses als gerechtfertigt anerkannt werden. Die Schwankungen der Arbeitsintensität nach Massgabe des Bedürfnisses ohne besondere Erhöhungen oder Minderungen des Verdienstes kommen ja bei einer Reihe von Arbeitsverrichtungen in gemeinwirtschaftlichen Verwaltungsgebieten vor. Steigerungen der Intensität, sofern sie etwa danach als unbezahlt aufgefasst werden sollten, kommen dem Ge-

---

1) Zu vgl. mein Aufsatz: Das sog. Arbeiterbeamtentum, Jahrb. f. Ges. u. Verw. XXVII. S. 140 und dort angegebene Quellen.

2) Vgl. oben Abschnitt VI u. S. 89 f.

3) Vgl. oben S. 87 f. und 106.

meinwesen zugute, eine Wirkung, der sich der Arbeiter mit der Uebernahme der Dienstverpflichtung doch wohl von vornherein unterworfen hat. Es handelt sich hier also schliesslich nur um die technisch gewiss nicht leichte, aber bei regelmässigen Betriebsverhältnissen, wie sie die gemeinwirtschaftlichen Unternehmungen und Verwaltungen aufweisen, durchaus erreichbare Aufgabe, die Arbeitszeiten zu fixieren. Auch ein dem einfachen Werklohnsystem am nächsten stehendes Verfahren, wie es z. B. die badischen Staatsbahnwerkstätten zur vollen Zufriedenheit der Arbeiter eingeführt haben, erreicht übrigens denselben Zweck. Dort wird für jede Arbeit ein Lohnsatz bestimmt und zwar meistens ziemlich generell ohne besondere Rücksicht auf Schwankungen im Arbeitserfordernis (z. B. für Revision eines einfachen Güterwagens 5 Mark). Die Arbeiter erhalten ihren, in der Regel schon um die Maximalprämie [1]) erhöhten Zeitlohn ausbezahlt und mit Abschluss jedes Monates wird festgestellt, ob nach Massgabe der geleisteten Arbeiten der Arbeiter die gesamte erhaltene Lohnsumme tatsächlisch sozusagen »ins Verdienen gebracht« hat, oder ob er mit einem Defizit in die nächste Abrechnungsperiode hinübergeht. Dadurch ist für den Arbeiter ein grösserer Spielraum geschaffen, er muss nur im Durchschnitte für seinen Maximallohn eine gewisse Summe von Leistungen aufweisen.

Sowohl mit der Zeitfixierung, wie auch mit dieser Methode eine Minimalleistung als Aufgabe zu stellen, bei deren Nichtpersolvierung eine Herabsetzung des Verdienstes bis auf den Minimalzeitlohn erfolgt, würde der diskretionären Befehlgebung wieder in anderer Richtung eine Schranke gezogen werden, die automatischer und doch individualisierend funktionieren könnte, so dass der immerhin etwas schwerfällige Mechanismus disziplinärer

1) In den badischen Staatseisenbahnwerkstätten ist, wie bemerkt, die Werklöhnung eingeführt, jedoch ist der Werklohnverdienst maximiert mit 40% eines veränderlichen Grundzeitlohnes. Nun werden die Werklohnsätze für die Arbeiter so festgesetzt, dass so ziemlich regelmässig die »Prämie« von 40% tatsächlich erreicht werden kann. Diese Einrichtung, die ubrigens auch seitens der Arbeiter so praktiziert wird, dass sie ihre Intensität innerhalb jener Grenzen halten, welche ihnen die 40-prozentige Erhohung des Zeitlohnes sichert, aber eben auch nicht mehr, diese Einrichtung funktioniert ähnlich wie ein einfaches Werkzeitlohnsystem indem eben doch fur einen bestimmten Verdienstbetrag eine gewisse Summe von Leistungen nachgewiesen sein muss. In der Begrenzung der Lohnerhöhung nach Massgabe der Leistung liegt ein wesentlicher Unterschied vom reinen Werklohnbemessungssystem und stellt sich das Verfahren als ein Werkzeitlohnsystem dar.

Entscheidungen zur Kontrollierung des Befehlgebungsrechtes seltener in Anspruch genommen würden.

So handelt es sich also auch hier nur darum, die Lohnbemessung entsprechend auszugestalten. Die Methode der Lohnbemessung ist auch hier ganz hervorragend berufen, die Stabilisierung zu ermöglichen und damit zur Fortbildung des Arbeitsverhältnisses beizutragen. Aber Stabilisierung und Lohnbemessung sind Dinge für sich und die erstere kann realisiert werden, ohne dass damit der Uebergang zu einer anderen Lohnbemessungsmethode verbunden werden müsste.

Gerade im Anschlusse an dieses Ergebnis der Untersuchungen muss noch eines gesagt werden: es kommt nicht auf die Einführung dieser oder jener Lohnbemessungsmethode an, sondern auch auf das »Wie« der Handhabung. Nichts machen die Arbeiter einem Arbeitgeber so sehr zum Vorwurf, nichts weckt und steigert ihr Misstrauen so sehr, als wenn sie beobachten können, dass die Lohnbemessungsmethode nur dem Zwecke dienen soll, ihre Leistungsfähigkeit auszunützen, so weit das irgend erreichbar ist, ohne dass dabei der erhöhten Leistungsfähigkeit im Entgelt voll Rechnung getragen werden muss, mit einem Wort sie zu überlisten. Soweit meine Erfahrungen reichen, geht die Ueberzeugung der Arbeiter dahin, dass in gemeinwirtschaftlichen Betrieben diese Gefahr nicht obwaltet. Mit um so grösserer Sicherheit wird der Lohnbemessungsmethode, namentlich wenn sie gleichmässig durchgeführt wird, die wichtige Funktion überlassen werden können, Regulator der Arbeitsintensität zu sein.

Anhang I.

Löhnungsmethoden in österreichisch-alpenländischen Sensenwerken.

Die Arbeit in der österreichischen-alpenländischen Sensenindustrie ist in der Weise organisiert, dass die Produktion der Quantität nach in sogenannte »Tagwerke« zerfällt. Ein Tagwerk ist beispielsweise: 200 Stück einer bestimmten Kategorie Sensen mit Durchschnittsdimensionen. An der Erzeugung dieser Produktionseinheit sind je nach den Fortschritten in der Zerlegung des Arbeitsprozesses und der Ausstattung der Sensen 14 bis 20 Arbeiter beteiligt. Jeder Arbeiter hat an den 200 Stück die ihm zugewiesene Arbeit, zu der er in fast allen Teilprozessen besonders qualifiziert zu sein pflegt, durchzuführen. Nach ihren Arbeiten haben die Arbeiter verschiedene Namen (Essmeister, Hammerschmied, Abrichter, Zeugschmied, Heizer, Hämmerer, Kramrichter, Kleinhämmerer, Polierer, Breitenheizer, Tupfer, Rückenheizer, Warzenmacher, Schleifer, Anstreicher, Färber u. s. f.). Die Organisation ist, durch die Produktionsweise bedingt, eine so feste, dass die Betriebe stets auf ein Tagwerk oder ein vielfaches von »Tagwerken« eingerichtet sind. Der einzelne Arbeiter ist also stets auf ein bestimmtes Quantum Arbeit verwiesen und mancher ist verhältnismässig sehr selbständig in seinem Arbeitsgebiet, da auch längere Unterbrechungen oder umgekehrt Beschleunigungen der betreffenden Arbeit die ubrigen Arbeiter im Fortgange der Arbeit nicht beeinflussen. In manchem Betrieb ist sogar durch örtliche Trennung diese Selbständigkeit des betreffenden einzelnen Arbeitsteilprozesses noch erhöht, z. B. durch Ausscheidung der Schleiferei aus der Hauptbetriebsstätte an eine andere Talstelle zwecks besserer Ausnützung der Wasserkraft.

Diese Organisation ist in den aus älterer Zeit bestehenden Sensenhammerwerken noch vorhanden, an ihr wird aber zum grossen Teile auch in den fabrikmässig ausgestalteten neueren Unternehmungen festgehalten.

Wie steht es nun mit der Entgeltbemessung?

In den älteren Unternehmungen mit einer gewissen Tradition herrscht heute noch die Zeitlohnbemessung ganz überwiegend, und zwar ist Monatslöhnung üblich[1]), also im grossen ganzen: bestimmtes Arbeitspensum, das aber qualitativ allerdings und deshalb auch quantitativ ab und zu Veränderungen ausgesetzt ist (nach der Warengattung, die gerade erzeugt wird), und gleichmässig fortlaufender Zeitlohn. Hervorzuheben ist dabei, dass die vorhin erwähnte Selbständigkeit der Arbeitsteilprozesse eine ziemliche Freiheit in der Einhaltung der Arbeitszeit ermöglicht, so dass, wer mit seinem Pensum fertig ist, die Betriebsstätte verlassen kann. Allerdings ist eine gewisse Abhängigkeit der Arbeiter von anderen betriebstechnischen Momenten gegeben, die ihre Freiheit ab und zu etwas einschränkt, z. B. die Einteilung der Arbeitszeit nach Massgabe des Wasserstandes wegen der Abnahme der Wasserkraft in den Nachmittagsstunden, was einen Arbeitsbeginn um 4 und selbst 3 Uhr morgens mitunter notwendig macht.

In dem fabrikmässigen Betrieb hat bereits eine viel genauere Lohnberechnungsweise Platz gegriffen. Eine Reihe von Arbeiten wird, wo sich dies empfiehlt, noch nach dem alten Tagwerkssystem durchgeführt, aber die Arbeit muss fortgesetzt werden innerhalb der Werksarbeitszeit, ein vorzeitiges Verlassen oder späteres Betreten der Betriebsstätte ist untersagt, damit die Disziplin nicht leide. Die Löhne werden zumeist allerdings auch noch als Zeitlöhne (Monatslöhne) vereinbart, für eine Reihe von Arbeiten aber ist Stücklöhnung aufgenommen worden, was durch die Einführung einzelner Maschinen (z. B. der Abrichtmaschine, die drei Arbeitskräfte erspart) gefördert wird. Die Verschiedenheit in der Ausführung legt die Differenzierung des Lohnes nahe, was natürlich gleichfalls zur Bemessung nach dem Stück drängt. Gleichwohl ist hier der für die alten Hammerwerksbetriebe konstatierte engere Zusammenhang zwischen dem

---

1) So erhalten z. B. in einem Hammerwerk ausser freier Wohnung oder Quartiergeld: Essmeister 130 K., Hammerschmied 100 K., Abrichter 90—100 K., Zeugschmied 70 K., Heizer 70 K., Hämmerer 64 K., Kramrichter 68 Kronen u. s. f. monatlich. (Meine Daten stammen aus dem Jahre 1899.)

Arbeiter und seinem Arbeitspensum nicht mehr vorhanden trotz des Ueberganges zum Werklohn, der eher eine Steigerung dieses Zusammenhanges vermuten liesse, und bewirkt wird dies genau genommen durch die Einzwängung des Arbeiters in die durch die Betriebsordnung vorgeschriebene Fabriksarbeitszeit.

Anhang II.

Tatsächlicher Vorgang der Lohnbemessung und Verrechnung in einigen industriellen Grossbetrieben.

In grossen Schiffbau- und Maschinenbauanstalten werden die Arbeitskräfte nur auf Grund ihrer Qualifikation ganz ohne Rücksicht auf die Art ihrer Verwendung zu Zeitlohn- oder Werklohnarbeiten aufgenommen. Dabei werden den neu aufzunehmenden von vornherein als Entgelt zugesagt: bei Verwendung zu Arbeiten, die nach Massgabe der Zeit entlohnt werden, je nach der Qualifikation z. B. 3 Mark und im Falle der Verwendung zu Arbeiten die nach Stückleistung oder im Akkord vergeben werden, gleichfalls sozusagen fixer Lohnsatz, der, zu dem obigen Taglohnsatz in entsprechendes Verhältnis gesetzt, etwa 4—5 Mark beträgt.

Die weitaus überwiegende Menge von Arbeiten wird in Akkord (i. e. S.) vergeben, und zwar herrscht das Akkordmeistersystem mit Beteiligung der Arbeiter am Akkordgewinn vor, obwohl, um den Tatsachen gerecht zu bleiben, zu bemerken ist, dass dieses Akkordmeistersystem oft in gruppenakkordartige Uebernahme der Arbeit seitens der Arbeiter übergeht [1]) (also nur durch Vermittlung des Monteurs oder Vorarbeiters), eine Unterscheidung, die übrigens hier nicht weiter von Belang ist.

Die Organisation der Arbeit ist eine derartige, dass der neu aufgenommene Arbeiter einer der Gruppen, d. h. in der Regel wohl zunächst einem Meister und von diesem einem Monteur, der wieder einer Gruppe vorsteht, zugewiesen wird. Die Beschäftigung des einzelnen Arbeiters erfolgt also stets im Wege des betreffenden Monteurs oder Vorarbeiters, dessen Gruppe er angehört. Ist ein Auftrag an einer Maschine auszuführen, so wird zunächst vom

---

1) Vgl. *Bernhard*, a. a. O. S. 178 ff. über die Terminologie, an der wohl festzuhalten ist.

Bureaú ein Preis-Limito dem Meister vorgeschrieben, und er verhandelt dann, in der Regel das Unternehmerinteresse vertretend, mit dem Monteur der Gruppe darüber, zu welchem Preise die betreffende Arbeit von der Gruppe durchgeführt bezw. übernommen wird. Der Monteur oder Vorarbeiter vereinbart schliesslich den Preis mit dem Meister, beispielsweise 100 Mark.

Kommt nun die betreffende Maschine in Arbeit, so läuft von dem Augenblicke an die Lohnzahlung für die — nehmen wir an — 5 Arbeiter der Gruppe auf Rechnung dieser Maschine. Die Aufgabe beansprucht nun beispielsweise die Arbeitsleistung aller 5 Gruppenarbeiter (d. i. einschliesslich des Vorarbeiters) durch zwei volle Tage und von 3 Arbeitern der Gruppe durch weitere zwei Tage. Unter der Annahme, dass die Arbeiter der Gruppe z. B. durchwegs mit 5 Mark »Akkordsatz« aufgenommen waren, käme darnach für die Arbeit eine Lohnzahlung von $(2 \times 5 \times 5) + (2 \times 3 \times 5) = 80$ Mark in Rechnung; es bliebe also ein auf die Gruppenangehörigen zu verteilender »Akkordrest« von 20 Mark.

Dieser Rest wird nicht sofort zur Verteilung gebracht; vielmehr wird bei der Verteilung eine bestimmte Politik verfolgt.

Um dem Herabdrücken von Akkordvereinbarungen und schon mehr oder minder fixeren Akkordsätzen (für öfter gleichmässigwiederkehrende Aufträge) vorzubeugen, ist das Streben der Vorarbeiter oder Monteure darauf gerichtet, eine Ausgleichung unter den Akkordresten herbeizuführen, d. h. keine erheblichen Reste von einzelnen Arbeiten als solche zur Verteilung zu beantragen. Durch die Schwierigkeit der Arbeitseinschätzung seitens des Vorarbeiters ergibt sich von selbst, dass mitunter für eine Arbeit ein zu geringer Akkordpreis vereinbart wird. Es werden daher Akkordreste von gunstiger übernommenen Arbeiten benützt, um sie zur Ergänzung der vollen Akkordsätze bei ungünstiger verlaufenden Aufträgen zu verwenden. Dies wird dadurch möglich, dass die Monteure dem Bureau darüber berichten lassen, auf Rechnung welcher Arbeitsaufträge die Entlohnung der Gruppenangehörigen zu buchen ist, und hierin einen gewissen Spielraum haben.

Die Akkordreste finden aber auch gegebenen Falls noch Verwendung, wenn Arbeiter nach Zeit entlohnt werden. Der Fall tritt aber allerdings nur selten ein. Der von vornherein vereinbarte Zeitlohnsatz gilt in erster Linie für Perioden schwächeren Geschäftsganges, in denen eben mehr Arbeitskräfte in Zeitlohn beschäftigt werden, zum grossen Teil um von Entlassungen von

Arbeitskräften Umgang nehmen zu können.

Die erstere Art der Akkordausgleichung ist in der Hauptsache wohl nur möglich, wenn, wie dies eben in Maschinenfabriken häufig der Fall ist, eine Gruppe zu gleicher Zeit an verschiedenen Maschinen auf Grund getrennter Akkordvereinbarungen arbeitet oder wenn die akkordierten Arbeiten kleinere, weniger Zeit in Anspruch nehmende sind und daher zeitlich rascher aufeinander folgen. Da diese Art der Lohnausgleichung gewissermassen ein Selbsthilfsmittel der Arbeiter ist, ohne dass wenigstens offiziell die Betriebsverwaltung davon weiss oder dieselbe genehmigt, ist die Ausgleichung auch in der Regel dann nicht oder nur schwer möglich, wenn die Akkordarbeiten in zu grossen zeitlichen Zwischenräumen vorkommen. Sie ist auch nicht möglich in Werkstätten, in denen längere Zeiträume hindurch stets eine und dieselbe Art von Maschinen ausgeführt wird, da ja in diesem Fall der akkordierte Lohn stets der gleiche bleibt, also sozusagen die Akkordlöhnung zur Stücklöhnung wird.

Da das Lohnbureau die Kostenberechnung nach Fertigstellung der Arbeit durchzuführen hat, sind Ausgleichungen wohl auch nur innerhalb verhältnismässig kurzer Zeit nach der Fertigstellung, höchstens 1—2 Wochen hindurch möglich. Die Angabe, auf welche Akkordarbeit die Akkordtaglohnsätze (also die höheren) abzuschreiben sind, erfolgt täglich oder alle zweiten vielleicht dritten Tage durch den Arbeiter selbst, jedoch stets erst nach Rücksprache mit dem Vorarbeiter der Gruppe, und zwar entweder direkt an das Arbeitsbureau während der Arbeitszeit oder vielfach durch Notierung auf kleinen Tafeln, die beim Verlassen der Fabrik am Ausgange abgeliefert werden.

Die eigentliche Verrechnung und Akkordausgleichung ist daher Sache des Monteurs oder Vorarbeiters, der auch schliesslich die Arbeit »fertig schreiben« lässt, d. h. erklärt, dass auf die Arbeit kein Lohnbetrag mehr in Rechnung zu setzen kommt. Der dann noch restierende Betrag vom vereinbarten Akkord wird bei der nächsten Lohnauszahlung unter die Gruppenarbeiter verteilt. Im allgemeinen betragen dank dieser Akkordausgleichungspolitik die so zur Verteilung gelangenden Reste nicht mehr als etwa 5 Proz. der vereinbarten Akkorde [1]).

1) Ich verdanke diese Mitteilungen verschiedenen meiner Schüler der Maschinenbauabteilung, die als Schlosser oder anderweitige Hilfsarbeiter das oder die vor ihrem Hochschulstudium erforderlichen praktischen Lehrjahre in grossen Betrieben, wie Krupp, Blohm und Voss u. a. m. zurückgelegt haben.

Anhang III.

Zur Erläuterung der Zeitlohnprämiensysteme.

Zwei Arten der Prämienberechnung sind auseinanderzuhalten, entweder wird zum Stundenlohn für die wirklich gebrauchte Zeit eine gleichbleibende Quote von dem ersparten Zeitlohn oder eine variable Quote zugeschlagen. Das erstere ist beim System *Halsey*, *Weir* und *Taylor* der Fall, das letztere beim System *Rowan*, sie betragt hier t/T, nimmt also mit abnehmendem t ab.

Ist T = Grundzeit (allowed time)
t = gebrauchte Zeit (i. d. R. Stundenzahl)
l = Stundenlohnsatz
q = die konstante Quote
L = Gesamtlohn für die Arbeit

dann ist für das System

Halsey: $L = tl + (T - t) l . q ; q = \frac{1}{3}$

Rowan: $L = tl \left(1 + \frac{T - t}{T} \right)$ weil $q = \frac{t}{T}$

Bei gegebener Grundzeit T = 10 Stunden für eine Arbeit und Stundenlohn l = 0,30 Mark erhält man für die stündlichen Lohnverdienste daher folgende Ziffern:

bei Arbeitsdauer (t)	Zeitlohn	Werklohn	Halsey	Rowan
	in Mark			
10 Stunden (Grundzeit)	0,30	0,30	0,30	0,30
9 » »	0,30	0,333	0,311	0,33
8 » »	0,30	0,375	0,325	0,36
5	0,30	0,60	0,40	0,45
4	0,30	0,75	0,45	0,48
2	0,30	1,50	0,70	0,54

Die Verdienste steigen also ausser beim Zeitlohnsystem durchweg, aber in sehr verschiedenem Ausmasse, wie dies die Kurven des nachstehenden Diagrammes I erkennen lassen.

I. Diagramm der stündlichen Verdienste mit zunehmender Zeitersparnis.

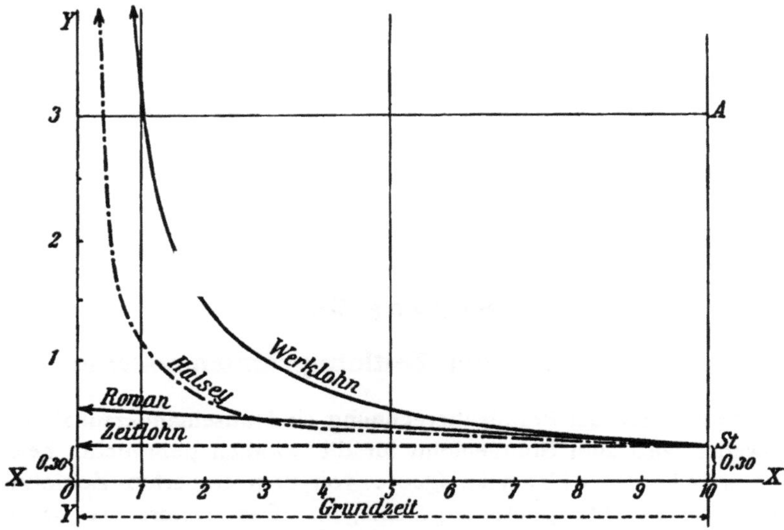

Für denselben Fall, in dem also vom Arbeitgeber Zeitbedarf von 10 Stunden für Durchschnittsarbeit und damit Kosten der Arbeit mit 3 Mark angenommen werden konnten, ergaben sich nun je nach Wahl des Berechnungssystemes mit fortschreitender Zeitersparnis sehr verschiedene Arbeitskosten.

II. Diagramm der für die ganze Arbeit aufgewendeten Lohnbeträge mit zunehmender Zeitersparnis.

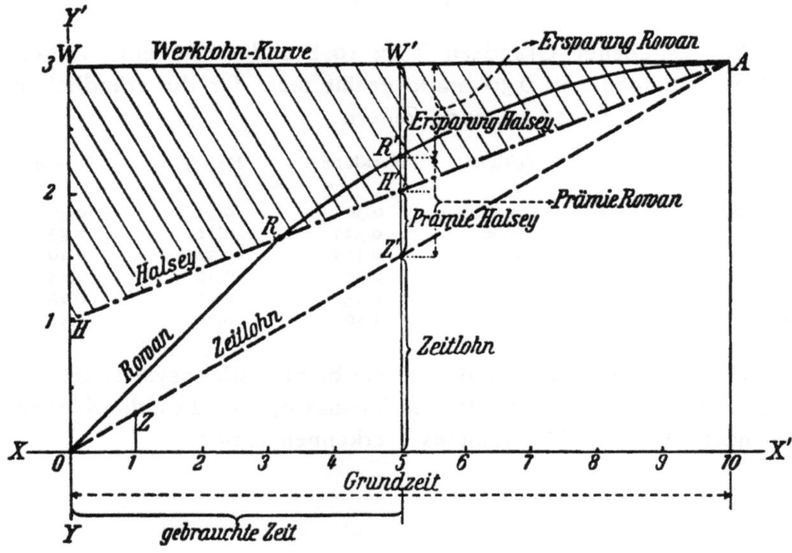

Auf der Y-Achse sind die Lohnbeträge verzeichnet, auf der X-Achse die Zeiten.

Die von A ausgehenden Kurven bezeichnen das Ausmass an Lohn, das bei den einzelnen Systemen für die Arbeit bei jedem Quantum wirklich gebrauchter Arbeitszeit (innerhalb der Grundzeit) tatsächlich gezahlt wird. Also zeigt bei der gegebenen Grundzeit = 10 Stunden und einem zugesicherten Stundenlohn von 0,30 Mark bei tatsächlich gebrauchter Zeit von 5 Stunden die Kurve

des Zeitlohnes	AO	bei Z'	auf einen Lohnbetrag in der halben Höhe wie bei 10stünd. Arbeit,
» Werklohnes	AW	» W'	auf denselben Lohnbetrag wie bei 10stünd. Arbeit,
» Systems Halsey	AH	» H'	auf einen Lohnbetrag von ²/₃ des Lohnes bei 10 stünd. Arbeit,
» » Rowan	ARO	» R'	auf einen Lohn von 2,25 M.

Der Werklohnsatz bleibt also konstant, wie viel Zeit der Arbeiter auch ersparen mag. Bei Zeitlohn sinkt der auf die Arbeit entfallende Lohnaufwand proportional mit der Verminderung der tatsächlich gebrauchten Zeit, so dass der Arbeiter aus der Steigerung seiner Leistung, d. h. Ersparung an Zeit gar keinen Nutzen zieht. Beim Prämiensystem *Halsey* sinkt der Lohnaufwand gleichfalls, jedoch langsamer: die Prämie (= $^1/_3$ des jeweilig gegenüber der Grundzeit ersparten Zeitlohnbetrages) bewirkt die Differenz des Steigungswinkels der Kurve AH gegenüber der Zeitlohnkurve AO, bewirkt also, dass die Kosten der Arbeit nie, auch nicht, falls die gebrauchte Zeit ideell gedacht null würde, selbst ganz null werden. Beim Prämiensystem *Rowan* nimmt der Lohnaufwand gleichfalls ab mit Verminderung des Zeitaufwandes, anfänglich jedoch in geringerem, später (bei grösserer Zeitersparnis als der Hälfte) in stärkerem Ausmasse als beim System *Halsey*.

Die Lohnaufwendung beträgt also für die ganze Werkleistung:

bei Arbeitsdauer von	Werklohn	System Halsey in Mark	System Rowan
10 Stunden	3,00	3,00	3,00
9 »	3,00	2,80	2,97
8	3,00	2,60	2,88
5	3,00	2,00	2,25
4	3,00	1,80	1,92
3	3,00	1,60	1,53
2 »	3,00	1,40	1,08

Anfänglich, d. h. für die ersten Zeitersparungen ergibt das System *Rowan* noch günstigere Werkverdienste; zwischen der 6. und 7. ersparten Stunde und von da ab mit jeder weiteren Ersparung gestaltet sich die Sachlage für den Arbeiter beim System *Halsey* günstiger.

Anhang IV.

Ziffernmässiges über die Wirkungen der Stabilisierung in den österreichischen Staatsbahnwerkstätten.

Die Argumente der badischen Staatseisenbahnverwaltung gegen die Stabilisierung der in den Werkstätten beschäftigten Arbeiter werden u. a. auf die Entwicklung der nachstehenden Ziffernreihen gestützt, die, aus den amtlichen Berichten der österreichischen Staatsbahnen entnommen, die Abnahme der Leistungen der stabilisierten Werkstättenarbeiter in den österreichischen Staatswerkstätten dartun sollen.

	Auf 1 Krone Lohn entfällt Materialwert in Kronen	Anzahl der Werkstättenarbeiter	Wert des verarbeiteten Materiales in Tausenden Kr.	Durchschnittsverdienst pro Arbeiter und Arbeitstag Kr.
1892	1,39	4385	6231	3,74
1893	1,33	4735	6846	3,92
1894	1,27	5010	7006	3,74
1895	1,21	5421	7615	3,92
1896	1,15	6086	8011	3,92
1897	1,12	6582	8414	3,92
1898	1,09	7268	8976	3,80
1899	1,08	7701	9311	3,97
1900	1,06	7996	9 902	4,19
1901	1,06	8324	10 370	4,16
1902	1,04	8531	10 429	4,18

Der Verwaltungsbericht stellt die durchschnittliche jährliche Zunahme der Arbeiterzahl vor der Stabilisierung im Mittel der 4 Jahre 1892/95 mit 6,7 Proz. fest, nach der Stabilisierung 1896/99 mit fast 12 Proz.

Nach einer einfacheren Methode der Berechnung beträgt jedoch der Zuwachs von 1892 auf 1895: 1036 Arbeiter, das macht gegenüber dem Stande von 1892: 23,5 Proz., also pro Jahr 7,8 Proz., nach der Stabilisierung betrug der Zuwachs von 1896—1899: 1615, gegenüber dem Stande von 1896 eine Vermehrung um 26,5 Proz., also pro Jahr 8,8 Proz. Fasst man aber den ganzen Zeitraum 1896/1902 ins Auge, so stellt sich der durchschnittliche Zuwachsprozentsatz pro Jahr auf nur 6,6 Proz.

Die Argumentation der Verwaltung stützt sich aber weiter auch auf das Verhältnis der Arbeiterzahl zum Wert des verbrauchten Materiales. Dieser Beweis leidet an der Ausseracht-lassung der Entwicklung des Betriebsumfanges. Damit bleibt aber auch völlig ausser Betracht, welche Verschiebungen in der Zahl der Arbeiter in den einzelnen Arbeitskategorien und damit weiter insbesondere in dem Verhältnisse der Zahl derjenigen Arbeiter, die zum Materialverbrauch in Relation gesetzt werden können, zur Zahl jener Arbeiter, bei denen solches unzulässig ist, mit der Ausdehnung des Betriebes eintreten konnte, vielleicht sogar musste.

Dazu kommt, dass die Leistungen der Werkstätten spezifische »Erhaltungsarbeit« sind, also überwiegend Reparaturarbeit. So sind 1902 in Reparatur gestanden: 2941 Lokomotiven, 2106 Tender, 19739 Personen- und Dienstwagen, 83954 Güterwagen. Kommen denn aber, so muss gefragt werden, bei Reparaturen die Materialquanten in einem so konstanten Verhältnisse zur Arbeitsleistung in Frage, dass nach dem Materialkonsum die Leistung bemessen werden kann? Aber auch angenommen, dass eine gewisse Gleichmässigkeit in diesem Verhältnisse bei grossen Betrieben Platz greifen kann, hat nicht auch die Zusammensetzung und Beschaffenheit des Fahrbetriebsmateriales Einfluss auf dieses Verhältnis? Und erfährt nicht diese Relation durch die technische Vervollkommnung der Fahrbetriebsmittel eine Veränderung? Muss denn nicht Bedacht genommen werden, dass mit der Verbesserung und den Fortschritten in der Einrichtung, namentlich der Lokomotiven, aber auch sonstiger Fahrbetriebsmittel eine andere Sachlage für die Reparaturarbeiten geschaffen ist, dass bei diesen Reparaturen der vollkommeneren Fahrbetriebsmittel der Aufwand für Materialersatz (wenn auch nicht allgemein, so doch bei vielen Kategorien) verhältnismässig abnimmt?

Dass der von der badischen Verwaltung präsumierte Kausalzusammenhang kein zwingender ist, dass Schwankungen in dem auf einen Arbeiter durchschnittlich entfallenden Materialverbrauchswert bei ziemlich gleichbleibenden Materialpreisen vorkommen, ohne dass eine Begründung dafür in der Entlohnungsänderung erblickt werden kann, zeigen diese Durchschnittsziffern in ihrer

Veränderung von Jahr zu Jahr. Der mittlere von einem Arbeiter verarbeitete Materialwert betrug:

vor der Stabilisierung		nach der Stabilisierung	
1892	1421 Kronen	1896	1316 Kronen
1893	1444 »	1897	1278 »
1894	1398 »	1898	1235 »
1895	1405	1899	1209
		1900	1238
		1901	1246

Der badische Verwaltungsbericht sucht diese Schwankungen mit den Materialpreisschwankungen zu erklären, führt aber für die österreichischen Staatsbahnwerkstätten die deutschen Marktpreise der betreffenden Jahre an, ohne Rücksicht darauf, mit welchen Materialpreisen die österreichische Verwaltung tatsächlich zu rechnen hatte. Mag der Kupferpreis immerhin als international gelten, für Walzeisen und Schwarzblech können deutsche Marktpreise für österreichische Unternehmungen sehr gleichgültig gewesen sein. Keinesfalls trifft die Argumentation betreffs der Materialpreise für die Schwankungen in der Periode 1892/94 zu[1]). Hier wäre übrigens noch darauf aufmerksam zu machen, dass in grosser Zahl minder leistungsfähige Arbeitskräfte eingestellt worden sind, dass der Nachwuchs also den Durchschnitt gleichfalls drücken musste. Unter dem Einflusse dieses Rückganges der Durchschnittsleistungsfähigkeit steht die Bewegung des Durchschnittsverdienstes gerade nach der Stabilisierung (1896 auf 1898!)

Noch weniger stichhältig ist der Hinweis auf die Verhältnisziffern: Materialaufwand zu Lohnaufwand. Vor allem aus den oben im Text angeführten Gründen: der Veränderung in den Lohnsätzen beim Uebergange vom Werklohn- zum Zeitlohnbemessungssystem. Will man übrigens derartige Verhältnisziffern verwenden, so darf man sich nicht mit den allgemeinen Hauptziffern begnügen, sondern muss in die Details eindringen. Es ist dann festzustellen,

1) Die Preisbewegung am österreichischen Eisenmarkt ist selbstverständlich nicht unabhängig von den Konjunkturen auf ausländischen Märkten, aber gleichwohl ist die Preisgestaltung im Laufe der letzten 10 bis 15 Jahre in erster Linie von den Wirkungen des Umgestaltungsprozesses beherrscht gewesen, der sich in der Produktionstechnik in den österreichischen Werken etwas verspätet vollzogen hat. Die Preise sind daher im genannten Zeitraum mit geringen Unterbrechungen gefallen. Manche Artikel haben im Preise 50% eingebüsst. Die Preissteigerung, die in Deutschland 1894—1897 sich bemerkbar machte, ist in Oesterreich erst von 1898 auf 1899, und auch da in wesentlich schwächerem Ausmasse zu beobachten gewesen. Der Frisch-Roheisenpreis ist von 1890 bis 1896 überhaupt konstant gefallen, von 1896 auf 1898 um 3% gestiegen.

in welcher Weise sich die Lohnaufwendungen auf die einzelnen Kategorien von Arbeiten verteilen. Die Steigerung oder Abnahme des Materialwertes, der auf die Einheit des Arbeitslohnes entfällt, kann z. B. auch darin ihren Grund haben, dass bei einem bestimmten Stück (Maschinenbestandteil oder dgl.) eine solche Veränderung in der Ausgestaltung eingetreten ist, dass zur Erhaltung desselben ein grösserer Arbeitsaufwand ohne Steigerung des Materialaufwandes notwendig geworden ist. Dass eine gewisse Ungleichheit in dem Verhältnisse zwischen Arbeitslohn- und Materialaufwand unter den verschiedenen Erhaltungsarbeiten besteht, geht aus folgenden Ziffern hervor.

In den Werkstätten wurden verausgabt bei den die Hauptausgabeposten bildenden Arbeitskategorien für Erhaltung

	1. der Lokomotiven und Tender		2. der Gepäck- und Personenwagen		3. der Güterwagen	
	vom gesamten		vom gesamten		vom gesamten	
	Lohn-aufwand	Material-aufwand	Lohn-aufwand	Material-aufwand	Lohn-aufwand	Material-aufwand
1894	34,29%	31,93%	21,16%	11,52%	20,69%	20,57%
1895	32,79 »	30,19 »	19,93 »	10,67 »	22,17 »	23,88 »
1896	33,21 »	29,48 »	19,02 »	10,08 »	21,57 »	22,92 »
1897	35,63 »	30,62 »	18,81 »	10,34 »	21,79 »	32,43 »
1898	38,18 »	32,39 »	19,20 »	10,73 »	21,97 »	25,59 »
1899	36,96 »	28,75 »	19,58 »	10,68 »	22,07 »	24,90 »
1900	35,74 »	28,72 »	19,27 »	10,76 »	22,07 »	23,40 »
1901	37,88 »	30,45 »	19,29 »	11,12 »	23,24 »	22,94 »
1902	38,79 »	32,94 »	19,46 »	10,78 »	22,84 »	21,42 »

Die vorstehenden Ziffern zeigen, dass ein Parallelismus in der Bewegung zwischen Lohn- und Materialaufwand bei den einzelnen Arbeitskategorien nicht angenommen werden darf. Die Differenz des prozentuellen Anteiles beider Kostenfaktoren vom Gesamtaufwand betrug bei der Lokomotiverhaltung 1894: 2,36 und 1898: 8,21 zu Ungunsten des Arbeitslohnanteiles, während gleichzeitig bei der Güterwagenerhaltung die Differenz von 0,12 zu Ungunsten des Arbeitsanteiles, zu 3,62 zu Gunsten des Arbeitsanteiles sich verändert hat. Wir dürfen daher eher allgemein sagen: der Materialverbrauch für die Werkstättenarbeiten mit den verhältnismässig wertvolleren Materialien ist relativ zurückgegangen, während der Materialverbrauch für Arbeiten, bei denen weniger wertvolle Materialien in Betracht kommen, relativ merklich gestiegen ist.

Alle diese Tatsachen sind in der Beweisführung der badischen Staatsbahnverwaltung unberücksichtigt geblieben, und deshalb kann die Behauptung, dass die Produktivität der Arbeiter durch Abnahme der Arbeitsintensität infolge der Stabilisierung gelitten habe, nicht als erwiesen angenommen werden. Gegenüber dieser ablehnenden Haltung der badischen Staatsbahnverwaltung liegt es übrigens nahe, auf die bezüglichen Verhältnisse in den badischen Eisenbahnwerkstätten das Augenmerk zu richten. Da ergibt sich, dass in den Hauptwerkstätten einer Lohnsteigerung von 1894 auf 1902 um 30 Proz. eine Steigerung des Materialverbrauches um nur 15 Proz. zur Seite steht. Berücksichtigt man die Niedrigkeit der Materialpreise 1902 und stellt man die fünfjährigen Durchschnitte von 1893—1897 denen von 1898—1902 für die gesamten Werkstätten (Haupt- und Betriebswerkstätten) gegenüber, so ergeben sich folgende Resultate:

	1893/97	1898/1902	Steigerung in Prozenten
Durchschnitts-Arbeiterstand:	2422 Arbeiter	3145 Arbeiter	35,3
Durchschnittsmaterialaufwand:	1,782 Mill. M.	1,981 Mill. M.	11,2

Die Arbeiterzahl ist also relativ mehr als dreimal so stark gewachsen als der Materialaufwand! Auch der Lohnaufwand erfuhr in den Durchschnitten der beiden fünfjährigen Perioden von 2408 auf 3176 Millionen Mark eine Steigerung um fast 32 Proz. In der ersten Periode entfallen auf einen Arbeiter 735,8 Mark, in der zweiten nur noch 629,8 Mark Materialaufwand. All dies ohne Stabilisierung!

⇝ J. C. B. Mohr (Paul Siebeck) in Tübingen. ⇜

Preisermässigung.

Den Preis der

Evangelisch-sozialen Zeitfragen

herausgegeben mit Unterstützung des Evangelisch-sozialen Kongresses

von Professor Otto Baumgarten

setze ich bis auf weiteres auf 20 Pf. pro Nummer fest.

Inhalt der erschienenen Hefte:

	Erste Reihe.	Früherer Preis:	Jetziger Preis:
Heft 1.	**Drews**, Mehr Herz fürs Volk. 1891.	—.50	—.20
„ 2.	**Evert**, Unsre gewerbliche Jugend und unsre Pflichten gegen sie. 1891.	—.50	—.20
„ 3.	**Baumgarten**, Der Seelsorger unsrer Tage. 1891.	—.50	—.20
„ 4.	**Lotz**, Christentum und Arbeiterbewegung. Ein Zwiegespräch. 1891.	—.50	—.20
„ 5.	**Stöcker**, Sozialdemokratie und Sozialmonarchie. 1891.	—.50	—.20
„ 6.	**von Soden**, Reformation und soziale Frage. 1891.	—.50	—.20
„ 7.	**v. d. Goltz**, Die Aufgaben der Kirche gegenüber dem Arbeiterstande in Stadt und Land. 1891.	—.50	—.20
„ 8/9.	**Oldenburg**, Die Ziele der deutschen Sozialdemokratie. 1891.	1.—	—.40
„ 10.	**Quistorp**, Die soziale Not der ländlichen Arbeiter und ihre Abhilfe. 1881.	—.50	—.20

	Zweite Reihe.		
Heft 1.	**Rade**, Unsre Landgemeinden und das Gemeindeideal. 1891.	—.50	—.20
„ 2.	**Mayer**, Die ländlichen Genossenschaften als Mittel zur Organisation des Bauernstandes. 1891.	—.50	—.20
„ 3.	**Kamp**, Erwerb und Wirtschaftsführung im Arbeiterhaushalt. 1892.	—.50	—.20
„ 4/5.	**Hirsch-Möller**, Gewerbegerichte und Einigungsämter in Deutschland und England. 1892.	1.—	—.40
„ 6.	**Arndt**, Die Religion der Sozialdemokratie. 1892.	—.50	—.20
„ 7.	**Weiss**, Frauenberuf. Ein Beitrag zur Frauenfrage. 1892.	—.50	—.20
„ 8.	**Traub**, Kürzere Arbeitszeit. Mit besonderer Berücksichtigung des Programms der evangelischen Arbeitervereine. 1893.	—.50	—.20
„ 9.	**Faisst**, Versicherung gegen unverschuldete Arbeitslosigkeit. Zur Orientierung und Besprechung, speziell für evangelische Arbeitervereine. 1894.	—.50	—.20

Druck von H. Laupp jr in Tübingen.

ZEITSCHRIFT
FÜR DIE
GESAMTE STAATSWISSENSCHAFT.

Herausgegeben von
Dr. K. Bücher,
o Professor an der Universität Leipzig.

Ergänzungsheft XV.

Salpeterwirtschaft und Salpeterpolitik.

Eine volkswirtschaftliche Studie
über
das ehemalige europäische Salpeterwesen
nebst Beilagen.

Von

Dr. rer. pol. et phil. **Ottomar Thiele.**

TÜBINGEN.
VERLAG DER H. LAUPP'SCHEN BUCHHANDLUNG.
1905.

Preis im Einzelverkauf M. 6.—.
Preis für die Abonnenten der „Zeitschrift für die gesamte Staatswissenschaft" oder der „Ergänzungshefte" M. 5.—.

Einleitung.

Das 19. Jahrhundert hat uns in seinem Ausgange ein volkswirtschaftlich und politisch hochbedeutsames Problem zur Lösung überlassen, das unter dem Namen der modernen Salpeterfrage allgemein bekannt geworden ist. Sein Ursprung geht auf die beiden Tatsachen zurück, dass einerseits die chilenischen Salpeterlager, welche bisher nahezu den gesamten Stickstoff-Salpeterbedarf der Weltwirtschaft befriedigt haben, ihrer völligen Erschöpfung in absehbarer Zeit entgegen gehen, während andererseits ein ihnen entsprechender Ersatz bis vor kurzem noch nicht existierte.

Allerdings nur »bis vor kurzem« — denn in jüngster Zeit ist es Wissenschaft und Technik gelungen, verschiedene Wege ausfindig zu machen, welche zu einer glücklichen Lösung jenes Problems zu führen versprechen [1]) und voraussichtlich die Stickstoff-Salpeterproduktion in wenigen Jahrzehnten von der chilenischen Salpeterquelle emanzipieren werden.

Vielleicht mag es im ersten Augenblicke befremdend erscheinen, dass der modernen Salpeterfrage eine so ausserordentliche Wichtigkeit beigemessen wird; aber wenn man bedenkt, dass fast sämtliche Heeresverwaltungen hinsichtlich der Deckung ihres Pulverbedarfes heutzutage lediglich auf den Chilesalpeter angewiesen sind, wenn man ferner in Betracht zieht, dass eine ganze Anzahl von Industrien auf dem letzteren basieren und dass endlich die Entwickelung der Produktionsfähigkeit unserer heutigen landwirtschaftlichen Betriebe zu gutem Teile erst auf Grund eines grossen Salpeterverbrauchs (Stickstoff-Statik) möglich geworden

1) Vgl. die Schrift des Verfassers: »Die moderne Salpeterfrage und ihre voraussichtliche Lösung.« Tübingen 1904. — Für das Verständnis der vorliegenden Arbeit ist ihre Kenntnis immerhin erwünscht.

ist — so durfte jene Behauptung nicht zu Unrecht bestehen. Eine etwa eintretende »Salpeternot« würde unter den zur Zeit herrschenden Verhaltnissen nicht allein schwere volkswirtschaftliche Nachteile hervorrufen, sie würde vielleicht auch in politischer Hinsicht wesentliche Umgestaltungen nach sich ziehen.

Es scheint, als ob der Salpeter vornehmlich zu denjenigen Dingen zählt, welche, seitdem sie im wirtschaftlichen Leben eine Rolle zu spielen anfingen, von Zeit zu Zeit allgemeinere Beunruhigung verursachen. Die Salpeterfrage ist in der Wirtschaftsgeschichte der europaischen Staaten keineswegs neu. In modifizierter Form und innerhalb der engeren Grenzen einer erst im Entstehen begriffenen Volkswirtschaft hat sie schon vor Jahrhunderten die Gemüter oftmals erregt und manchem Fürsten und Staatsmanne schwere Sorgen bereitet.

Als gegen Ende des 14. Jahrhunderts die in ihrer Wirtschaft autonomen Städte mit der allmählichen Einführung des Schiesspulvers für ihre Söldnertruppen begannen, war der Bedarf fast hundert Jahre lang ein so geringer, dass er durch den Salpeter, welcher mittels des Levantehandels von Ostindien nach Europa gebracht wurde, ohne weitere Schwierigkeiten gedeckt werden konnte. Aber nach und nach änderte sich dieser Zustand. Die Fürsten, welche die unverkennbaren Vorteile der Feuerwaffen für die Armierung ihrer stehenden Heereskorper ebenfalls auszunutzen suchten, steigerten die Nachfrage nach Salpeter in ungewöhnlich hohem Masse. Bedeutende Städte sahen sich schon damals veranlasst, die innerhalb ihres Gebietes natürlich vorkommenden salpeterhaltigen Stoffe, wie z. B. den Salpeterausschlag an den Mauern, die Salpetererde in den Ställen, Scheunen, Wohnungen u. s. w., durch geeignete Personen, Salpetermacher oder Salpetersieder genannt, sammeln und auf Salpeter verarbeiten zu lassen. Bald taten es ihnen die Territorialherren nach. Die seit der Mitte des 16. Jahrhunderts immer mehr hervortretende Unentbehrlichkeit des Schiesspulvers für das Kriegswesen, dazu die Unsicherheit, sich hinsichtlich eines so wichtigen Stoffes, wie es der Salpeter zweifellos ist, auf einen wenig leistungsfähigen und auch ziemlich kostspieligen Import verlassen zu mussen, regten verschiedene Fürsten zur Einrichtung einer im Dienste ihres Staates stehenden, heimischen Salpetergewinnung im grossen an.

»Seitdem die Regenten«, bemerkt Johann Beckmann,

der Begründer der modernen Technologie[1]), »den Salpeter zum Schiesspulver haben mussten, suchten sie ihn so wohlfeil als möglich zu erhalten. Vorher hatte niemand daran gedacht, dass der Regent berechtigt sein könnte, den Mauerbeschlag an Privathäusern ausschliesslich wegzunehmen, indem er, wenn er je nutzen konnte, ein accessorium fundi war. Aber nun dehnte man, unter allerlei Vorwand, den so oft gemissbrauchten Begriff von Regalien so weit aus, dass das sogenannte Salpeterregal eine der härtesten Bedrückungen ward, welche das Volk von seinem Regenten erdulden musste, und fast eben so bittere Klagen als das nicht besser begründete Jagdregal verursachte. Ich mag die daher entstandenen Leiden hier nicht schildern; sie sind noch in manchen Ländern in frischem Andenken«.

Fast in allen Ländern Europas ist etwa von der Mitte des 16. bis zu Beginn des 19. Jahrhunderts die Salpetergewinnung betrieben worden. Aber die eigentliche, d. h. staatlich organisierte Salpeterwirtschaft hat nur in einzelnen bestanden, so vor allem in Frankreich, Preussen, Bayern und Württemberg, sowie in Schweden und kurze Zeit über auch in England. Die meisten der übrigen Länder, wie Russland, Polen, Oesterreich, Ungarn Spanien u. s. w., waren in Bezug auf das Vorkommen reicher, natürlicher Salpeterablagerungen so günstig gestellt, dass sie durch eine hüttenmässige Ausbeutung derselben nicht allein ihren eigenen Bedarf bequem decken konnten, sondern auch noch einen sehr erheblichen Teil ihrer Produktion zu exportieren imstande waren. Der Staat als solcher wirkte hier auf die Salpetergewinnung kaum ein, höchstens hatte er den Salpeterhandel monopolisiert (Spanien), um sich auf diese Weise eine neue und nicht unbedeutende Einnahmequelle zu verschaffen.

Dagegen liessen jene zuerst genannten Länder, welche eine in staatlichen Diensten stehende Salpeterwirtschaft besassen, sich Schutz und Pflege dieses Produktionszweiges äusserst angelegen sein, und die Fürsten befolgten hier eine besondere Salpeterpolitik, die rechtlich in dem »Salpeterregal« ihren speziellen Ausdruck fand. Man hatte für das Salpeterwesen eine eigene Verwaltung eingerichtet, die entweder derjenigen des Heeres direkt unterstellt war, oder doch zum wenigsten mit ihr verschiedentlich in Berührung stand.

---

1) *J. Beckmann*, Beiträge zur Geschichte der Erfindungen. 1800. Bd. 5, T. 4, S. 587.

Das Salpeterwesen der europäischen Länder, insbesondere Deutschlands und Frankreichs, ist einer der interessantesten Gegenstände der Wirtschaftsgeschichte und Wirtschaftspolitik, der leider heute in völlige Vergessenheit geraten ist. Man findet diesen, in politischer Hinsicht einst so überaus wichtigen Wirtschaftszweig kaum in einem Werke der modernen Literatur erwähnt, und auch die älteren, aus vergangenen Jahrhunderten stammenden berücksichtigen ihn merkwürdigerweise nur so oberflächlich, dass man von seiner ehemaligen Bedeutung aus ihnen kaum eine rechte Vorstellung gewinnen kann.

Der Verfasser, welcher durch die »Moderne Salpeterfrage« auf diesen früheren Wirtschaftszweig hingelenkt wurde, ist von ihm so angezogen worden, dass er fast zwei Jahre eingehender Quellen- und Archivstudien auf ihn verwandt hat, um eine allgemeinere Beachtung wieder auf ihn hinzulenken. Aus leicht erkennbaren Gründen hat er die Art und Weise der Abfassung so zu gestalten versucht, dass bei ziemlicher Gedrängtheit und Uebersichtlichkeit des Gesamtbildes immerhin noch die Struktur des verarbeiteten Materials zu erkennen ist, wodurch er späteren, ähnlichen Studien eine vielleicht nicht unwillkommene Erleichterung zu verschaffen hofft. Sicherlich dürfte derjenige, welcher sich mit dem Gegenstande weiter befassen würde, reichlich Befriedigung an ihm finden. Was Sim. de Sismondi einst von der Geschichte im allgemeinen sagte (»Forschungen über die Verfassungen der freien Völker«), gilt nicht minder auch von der Wirtschaftsgeschichte und der Wirtschaftspolitik vergangener Zeiten: »Nur die Hoffnung, das Wohl der kommenden Geschlechter durch die Erfahrung der verflossenen Zeiten zu fördern, verleiht dem Studium der Geschichte ein grosses Interesse«.

Leider hat sich der Verfasser in der vorliegenden Untersuchung nur über die deutschen Verhältnisse des Salpeterwesens eingehender verbreiten können, hat dagegen die schwedischen, nicht minder wichtigen und interessanten, aus verschiedenen Gründen, in erster Linie aus Mangel an genügendem Material kaum zu berücksichtigen vermocht. Das französische Salpeterwesen hofft er, soweit ihm dies auf Grund des zu seiner Verfügung stehenden Stoffes möglich gewesen ist, befriedigend behandelt zu haben. Eine völlige Erschöpfung des Gegenstandes würde aber einmal den Umfang des Werkes bedeutend überschritten haben, ausserdem wäre der Verfasser wohl kaum imstande gewesen, eine solche zu bieten, da die Bibliothèque Nationale und die Archives Nationales sich seinen wiederholten Bitten um Materialunterstützung gegenüber so ablehnend verhielten, dass er selbst das hier Verarbeitete nur mit vieler Mühe und erst auf Umwegen erlangen konnte. Um so mehr ist er daher Herrn *Omont*-Paris, membre de l' Institut, verpflichtet, durch dessen überaus liebenswürdiges Entgegenkommen ihm die Kenntnisnahme des weitaus grössten Teiles von dem hier verwerteten Stoffe möglich geworden ist.

Als eine sehr angenehme Pflicht bleibt es dem Verfasser noch, auch an dieser Stelle für alle, in so freundlicher Weise gewährten Unterstützungen in Bezug auf die Sammlung des Materials seinen verbindlichsten Dank auszusprechen. Besonders ist er den Verwaltungen des Königl. Geheimen Staatsarchivs zu Berlin, des Königl. Staatsarchivs zu Magdeburg, des Königl. Archivs des Innern zu Ludwigsburg und des Königl. Kreisarchivs zu München verbunden. Endlich dankt er auch den Stadtbibliotheken, bezw. Stadtarchiven zu Magdeburg, Halle, Breslau und Frankfurt a. M., sowie der herzoglichen Schlossbibliothek zu Cöthen-Anhalt.

I.

Die Technik der Salpeterproduktion.

1. Die Gewinnung der salpeterhaltigen Rohstoffe.

Natürliche Fundstätten.

Die Entstehung der für die Volkswirtschaft so ausserordentlich wichtigen salpetersauren Salze oder Nitrate verdanken wir zwei sich überall und zu jeder Zeit abspielenden natürlichen Vorgängen, die zwar für die menschlichen Sinne gewöhnlich kaum wahrnehmbar sind, auf chemischem Wege jedoch leicht nachgewiesen werden können. Durch die in der Atmosphäre fortwährend stattfindenden dunkeln, elektrischen Entladungen werden Stickstoff, Sauerstoff und Wasserdampf der Luft zu Ammonium-Nitrit chemisch vereinigt, das durch Oxydation in das entsprechende Nitrat übergeführt wird[1]). Ist auch die Menge der auf diese Weise neu entstehenden Verbindung an und für sich nur eine relativ geringe, so muss doch jener Prozess, der sich bereits zu einer Zeit abspielte, als sich zuerst Wasser in tropfbar flüssiger Form auf unserem Planeten ansammelte, zweifellos als die Urquelle alles chemisch gebundenen Stickstoffs der Erde betrachtet werden. Seitdem sich aber pflanzliches und tierisches Leben entwickelte, tritt in der Natur neben diesem primären noch ein zweiter, sekundärer Vorgang der Nitratbildung auf: Infolge von Zersetzung und Fäulnis der in den vegetabilischen und animalischen Stoffen enthaltenen Proteïnsubstanzen entsteht Ammoniak, das im Erdboden durch den Einfluss von mikroskopisch kleinen Spaltpilzen, den Nitrifikationsorganismen, in Ammonium-

1) Vergl. *Otto N. Witt*, »Die chemische Industrie des Deutschen Reiches im Beginne des 20. Jahrhunderts«, 1902, S. 67 ff.

nitrit übergeführt wird. Bei Gegenwart der im Erdboden fast überall vorhandenen Alkalien oder alkalischen Erden geht dieses, nachdem es zum Nitrat oxydiert worden ist, in die salpetersauren Salze des Kaliums, Calciums, Magnesiums und eventuell auch des Natriums über. Allerdings wird dabei nicht alles Ammoniak in Salpetersäure verwandelt, ein grosser Teil entgeht der nitrifizierenden Einwirkung der Spaltpilze und gelangt schliesslich als Stickstoff wieder in die Atmosphäre zurück. Dieser Teil des Ammoniaks wäre für die Pflanzenwelt, wenn wir von der direkten Assimilation des Luftstickstoffs durch Leguminosen und gewisse Bodenbakterien absehen, unwiederbringlich verloren, wenn eben nicht jener bereits oben erwähnte Ammoniumnitritgehalt der atmosphärischen Niederschläge als ein ausgezeichnetes Ersatz- und Regulierungsmittel wirken würde.

Vergleichen wir die beiden Vorgänge der natürlichen Nitratbildung in Bezug auf die Intensität ihrer Wirkung oder vielmehr hinsichtlich der Quantität der hierbei neu entstehenden Verbindung, so kann wohl kein Zweifel darüber obwalten, dass überall dort, wo wir in der Natur auf eine beträchtlichere, sozusagen konzentriertere Ansammlung von Nitraten stossen, in erster Linie ein Zersetzungsprozess stickstoffhaltiger organischer Körper stattgefunden haben muss und dass diese Anhäufung, weil fast sämtliche salpetersauren Salze leicht löslich sind, durch ausserordentlich günstige meteorologische Verhältnisse befördert worden ist. Da die Landpflanzen vorwiegend Kalium- oder Calcium-Verbindungen, weniger dagegen solche des Magnesiums oder gar des Natriums enthalten, so trifft man hauptsächlich auf Fundstätten von Kalium- und Calciumsalpeter. Nur der Chilesalpeter, welcher ein Zersetzungsprodukt von Meerespflanzen ist, besteht fast ausschliesslich aus Natronsalpeter.

Während man in den mittleren und nördlicheren Teilen von Europa hauptsächlich Kalksalpeter natürlich vorfand und denselben erst auf Kalisalpeter verarbeiten musste, boten die südlichen Länder, vor allem aber einzelne Gegenden der subtropischen und tropischen Zone Asiens, vorwiegend Salpeterablagerungen von hohem Kaligehalt, die vielfach so ergiebig waren, dass sie nicht allein die lokalen Bedürfnisse völlig befriedigten, sondern auch einen sehr bedeutenden Ueberschuss zum Zwecke dauernden Exportes abwarfen.

In einer so glücklichen Lage befand sich in erster Linie Ostindien. Besonders in Bengalen, wo die tropische Natur mit einer Energie produziert und wieder zerstört, von welcher der Nordländer kaum eine rechte Vorstellung hat, ist der Boden oft so salpeterreich, dass das Brunnenwasser salzig danach schmeckt und als ein vorzügliches Düngemittel für den Anbau von Körnerfrüchten verwendet werden kann. Die im allgemeinen geringe Feldkultur, der ungewöhnlich fruchtbare Boden, welcher schon seit langer Zeit von einer dichten Bevölkerung bewohnt wurde, machten einst Ostindien zur Hauptquelle von Salpeter. Nach *Le Goux de Flaix*[1]) gab es noch zu Beginn des 19. Jahrhunderts in der Nähe des Ganges nicht selten Fundstätten, die bis zu einer Tiefe von etwa 150 Fuss salpeterhaltige Erde aufwiesen, so dass man aus dem Kubikfuss durchschnittlich etwa 12—14 Unzen (zirka $^3/_4$ Pfund) ohne grosse Mühe gewinnen konnte. Eine früher allerdings weniger bekannte und auch bis jetzt noch nicht ausgebeutete Fundstätte natürlicher Salpetererde ist das in unsern Tagen so viel besprochene Land zwischen Euphrat und Tigris[2]). Die ehemals fruchtbare, heute jedoch verödet daliegende Ebene, auf deren Boden sozusagen drei historische Schichten lagern, wird regelmässig im Frühjahre und Sommer durch Ueberschwemmung förmlich in einen Sumpf verwandelt. Nachdem sich das Wasser verlaufen hat, geht in kurzer Zeit ein solcher Verwesungsprozess vor sich, dass das ganze Land gleichsam von Salpeter durchsetzt wird. Aehnliche Verhältnisse können wir auch in den Gegenden des Nils in Aegypten beobachten; ein Land, dessen jährliche Salpeterproduktion einst zu einem erheblichen Export hinreichte.

In Europa besassen hauptsächlich Russland und Polen natürlich vorkommenden Salpeter in beträchtlichen Mengen. Im 18. Jahrhundert beutete man grosse, an den Ufern der Wolga liegende Salpeterfelder aus, und in der alten russischen Ukraine stiess man häufig auf weite Strecken, die mit einer 30—50 cm dicken Schicht schwarzer oder rötlicher Erde von sehr bedeutendem Salpetergehalte bedeckt waren. Auch in Spanien, welches Land schon zu jener Zeit einen starken Rückgang seiner Bodenkultur aufwies, waren ähnliche Salpeterablagerungen zu finden. In Ungarn und Galizien traten die Fundstätten so reichlich auf, dass sie noch zu Beginn des 19. Jahrhunderts fast den

1) *Le Goux de Flaix*, Ueber Ostindien, 1810, Bd. II, S. 390.

2) *Fr. Delitzschs* Babel- und Bibel-Vorträge.

gesamten Salpeterbedarf des österreichisch-ungarischen Staates zu decken vermochten. Crell[1]) berichtet von einem Salpeterflöz in Nieder-Ungarn, welches 30—36 Meilen lang, 12—15 Meilen breit und von erheblicher Mächtigkeit war. Infolge des vorhandenen Holzreichtums konnte man hier bei rationeller Verarbeitung der Salpetererde den Zentner gereinigten Salpeters zu höchstens 3 Gulden, einer für die damaligen Salpeterpreise sehr niedrigen Summe, herstellen.

In Deutschland und Frankreich, sowie in den übrigen bisher noch nicht genannten europäischen Ländern traf man grössere Fundstätten natürlicher Salpetererde nur selten. Hier war man hauptsächlich auf ein mühsames Zusammensuchen kleinerer Quantitäten angewiesen, welche sich meistens an solchen Orten vorfinden, wo Tier und Mensch längere Zeit verweilt haben und wo stickstoffhaltige organische Stoffe bei Anwesenheit lehmiger oder kalkiger Bestandteile in Zersetzung übergehen. Als recht ergiebige Fundorte galten früher die Düngergruben, die Schutt- und Aschehaufen, die Schindanger, desgleichen die Hühner- und Taubenhäuser, die Pferde- und Schafställe, die Scheunen und Tennen und endlich auch die Keller und Wohnungen auf dem Lande. Auch die früher so häufigen Lehm- und Wällerwände, die alten Kirchhofsmauern u. s. w. waren oft mit einer ziemlich dicken Kruste von Salpeter überzogen und wurden zur Sammlung salpeterhaltiger Rohstoffe gern aufgesucht.

Wirtschaftliche Betriebsarten der künstlichen Salpeterproduktion.

Solange ein Staat, und nicht nur dieser allein, sondern überhaupt jede Wirtschaft zur Befriedigung eines Bedürfnisses mit dem ausreicht, was ihm die Natur innerhalb seines Gebietes bereits fertig darbietet, denkt er wohl kaum daran, eine künstliche Produktion anzustreben und die Natur durch technische Hilfsmittel und Fertigkeiten zur Produktion gleichsam anzuleiten. Dieser Zustand ändert sich aber, sobald eine Steigerung des Bedarfes über die naturlich vorhandenen Mittel eintritt und ein grösserer Bezug jenes Produktes aus Gegenden, welche die Natur in dieser Hinsicht reichlicher bedacht hat, infolge gewichtiger Gründe, seien dieselben nun rein wirtschaftlicher, technischer

1) *Crell*s Annalen, 1793, Bd. I (Salpeterflöz in Ungarn).

oder politischer Art, als wenig vorteilhaft oder unklug zu bezeichnen wäre.

Nach den vorausgeschickten Betrachtungen über die natürliche Entstehungsweise des Salpeters musste sich seine Produktion, sobald sie künstlich betrieben werden sollte, bei dem damaligen Stande von Wissenschaft und Technik von vornherein als eine der Landwirtschaft nahe verwandte Urproduktion charakterisieren. Allerdings war diese letztere nicht Endzweck, sie diente vielmehr nur zur Gewinnung des Rohstoffes, welcher noch durch einen, dem Huttenwesen in mancherlei Beziehung angehörenden gewerblichen Prozess umgeformt und veredelt werden musste. Mit andern Worten: Die ehemalige Salpeterproduktion war Kunst- und Urproduktion zugleich; sie war ein frühzeitiger Repräsentant unserer heutigen chemischen Industriebetriebe, allerdings in primitiver Form.

Wie man in der Landwirtschaft zwischen extensiven und intensiven Betriebsarten unterscheidet, zwischen Betrieben, bei denen in erster Linie eine Ausnutzung der natürlichen Kräfte des Bodens bezweckt wird, und solchen, bei welchen die beiden übrigen Faktoren der Produktion, Kapital und Arbeit, die hervorragendste Rolle spielen, so entstanden auch verschiedene Betriebsarten künstlicher Salpeterproduktion, des »Salpeterbaues« schlechthin. Ihm gehören, abgesehen von Modifikationen oder Zwischenformen, folgende Betriebsarten an: Salpeterbrandwirtschaft, Salpetergruben-, Salpeterplantagen- und Salpetermauerbetrieb.

a. Die Salpeterbrandwirtschaft.

Als extensive Betriebsart des Salpeterbaues muss jene Produktionsweise angesehen werden, welche mit dem Namen einer »Salpeterbrandwirtschaft« bezeichnet worden ist. Sie besitzt eine auffallende Aehnlichkeit mit einer bekannten extensiven landwirtschaftlichen Betriebsform, der wilden Feldgraswirtschaft, und die Uebereinstimmung ist in den wesentlichen Momenten so weitgehend, dass man beide Betriebsformen miteinander identifizieren und die Salpeterbrandwirtschaft die erste Phase der wilden Feldgraswirtschaft nennen möchte. Da jedes landwirtschaftliche Betriebssystem nicht nur, wie *Krämer* bemerkt[1]), »das Produkt

1) *Buchenberger*, Agrarwesen und Agrarpolitik, 1892, Bd. I, S. 25. Vergl. auch die *v. Thünen*sche Theorie »Vom isolierten Staat«.

seiner Zeit ist«, sondern sich auch als eine Funktion des Raumes, d. h. der natürlichen Bodenbeschaffenheit, des Klimas und der meteorologischen Verhältnisse eines bestimmten Landstriches darstellt, so wird man die extensivste Betriebsart vorzüglich in solchen Gegenden antreffen, welche bei geringer Kultur die hierzu erforderlichen Bedingungen besitzen, d. h. eine zu dem Zwecke besonders geeignete grössere Bodenfläche von geringer Ertragsfähigkeit, das wesentlichste Merkmal extensiver Anbauweise. Bekanntlich pflegt man die wilde Feldgraswirtschaft in der Weise zu betreiben, dass man ein Stück Land, welches mit Gras und Gestrüpp bewachsen ist, vom Rasen befreit, diesen in Haufen ansammelt, darauf anzündet und später die Erde wieder zerstreut, um schliesslich so eine anbauwürdige Fläche zu erhalten. In Ländern mit tropischem Klima, wo die Sonne bei anhaltender Trockenheit den Rasen derartig versengt, dass er wie abgestorben darnieder liegt, brennt man ihn in der Regel sogleich ab und arbeitet den Boden erst später mit dem Grabscheite oder Pfluge um. Diese beiden Methoden der Urbarmachung bewirken nicht allein eine Vernichtung der schädlichen Gras- und Gestrüppbewucherung, sowie eine Lockerung des Erdreichs, sie rufen auch eine unbeabsichtigte Düngung des Bodens mit Kali- und Kalksalpeter hervor.

Durch das Abbrennen werden nämlich die pflanzlichen Stoffe nur zum kleinsten Teile in Asche verwandelt. Ueberwiegend findet, zumal bei der ersten Methode, höchstens eine Verkohlung statt, die von so geringer Intensität ist, dass der vorhandene Pflanzen-Stickstoff in der Kohle verbleibt und sich nun in einem zur Nitrifikation sehr geeigneten Zustande befindet. Durch Zerstreuen des Erdreiches oder durch Lockerung der abgebrannten Fläche wird die Oxydation des Stickstoffs zu Salpetersäure vermittelst Bakterienwirkung noch gefördert; denn einerseits wird auf diese Weise die Oberfläche des Bodens vergrössert, andererseits werden auch humose Substanzen, die sonst nur schwer der »Salpetersäuregärung« zugänglich sind, nutzbar gemacht.

Clavigero berichtet in seiner »Geschichte von Mexiko« [1]) von einer derartigen Düngungsmethode, welche in einzelnen Gegenden des ehemals kulturell hochentwickelten Aztekenreiches gebräuchlich war. Man vereinigte daselbst in gebirgigen Gegenden

1) *F. S. Clavigero*, Geschichte von Mexiko, ins Englische übersetzt von *Ch. Cullen*, 1787, Bd. I, S. 376.

unbewusst wilde Feldwechselwirtschaft und Salpeterbrandwirtschaft zu einem landwirtschaftlichen Betriebe. Die tiefer liegenden und intensiv nach Art des Gartenbaues bewirtschafteten Aecker waren mit einem weit verzweigten Berieselungssysteme versehen, das in dem höher gelegenen Bergplateau seinen Anfang nahm. Der Boden des Plateaus wurde in der Form der wilden Feldwechselwirtschaft einige Jahre hindurch bebaut; erwies er sich schliesslich nicht mehr genügend ertragfähig, so liess man ihn bewuchern und brannte Rasen und Gestrüpp zur Zeit der Trockenheit ab. Die Pflanzenasche gab mit der Humusschicht ein ausgezeichnetes Material für eine relativ schnelle Salpeterbildung, und in der Regenzeit wurde der auf diese Weise erzeugte Salpeter durch die Berieselungsbäche den unten gelegenen Aeckern zugeführt. Nachdem der Boden des Plateaus einige Zeit über brach gelegen hatte, pflegte man ihn von neuem zu bebauen, und so wechselten extensiver Ackerbau und Salpetergewinnung auf ein und derselben Fläche beständig ab.

Während die Salpeterbrandwirtschaft im alten Mexiko nur zum Zwecke der Düngung und, wie bereits bemerkt, gänzlich unbewusst betrieben wurde, bediente man sich ihrer in einzelnen Gegenden Ostindiens absichtlich zur Gewinnung von Salpeter als solchen. Hier wurden nicht selten die weiten, mit Gras und Gestrüpp reichlich bewachsenen Ebenen bergiger Gegenden im Herbst, wenn die Vegetation von der tropischen Hitze versengt worden ist, abgebrannt und ein paar Monate hindurch sich selbst überlassen. Begünstigt durch die jenen Ländern eigentümlichen Witterungsverhältnisse, erzeugte sich unter der Aschenoberfläche bald Salpeter, der später vom Regen in die Täler gespült wurde und hier nach dem Verdunsten des Wassers auskristallisierte. Um sich das mühsame Sammeln der abgelagerten Salpeterkrusten zu ersparen, leitete man zuweilen auch das von den Bergen rinnende Wasser in geräumige Gruben, wo es dann durch Sonnenhitze oder künstliche Wärme verdunstet wurde. Da die tropische Vegetation im allgemeinen von relativ hohem Kaligehalte ist, so erhielt man durch dieses einfache Verfahren, ohne besondere Kosten verursachende weitere Manipulationen, eine vollkommen handelsfähige Ware.

Eine der ostindischen ziemlich ähnliche Betriebsform extensiven Salpeterbaues wurde lange Zeit in Spanien gepflegt. Die Bodenkultur war dort in einzelnen Provinzen schon gegen Ende des 17. Jahrhunderts so gering, dass häufig ganze Strecken unbeackert blieben und nur insofern einen Ertrag abwarfen, als sich ihr Boden infolge vorteilhafter klimatischer Bedingungen stark mit Salpeter durchsetzte. Nicht selten brannte man auch die Vegetation ab und lockerte den Boden zwei- bis dreimal im Winter. Das Erdreich wurde dann bis zum August ruhig liegen gelassen, worauf man es in Haufen zusammenbrachte, auslaugte und wieder an den früheren Ort zerstreute. Nach Jahresfrist wurde diese Manipulation wiederholt, um ein neues Salpeterquantum aus dem Erdreiche zu gewinnen. Ein solcher Betrieb lieferte eine so günstige Ausbeute, dass er in der Regel viele Jahre hindurch auf dem nämlichen Standorte aufrecht erhalten werden konnte.

b. Salpetergruben.

Diese Betriebsform ist vermutlich die erste gewesen, welche man in Europa zum Zwecke einer künstlichen Salpetererzeugung angewandt hat. Aus einer, wahrscheinlich aus Konstanz stammenden Handschrift, welche das germanische Museum im »Mittelalterlichen Hausbuche« veröffentlicht hat, können wir ersehen, dass Salpetergruben schon im 15. Jahrhundert betrieben wurden: »Grabe eine Grube in ein ertrich«, so sagt die Vorschrift,[1]) »und lege cal vi (gebrannten Kalk) darin in zweiger finger dick, un dan geprunt stro üseln und ertrich eins schuhes dick darauff, und wider Kalk und stro und ertrich als vor. Gies dan alle tag harn dar auff drie wochen, so süde den salpeter darvon, und fülle die Grube wider auss als vor«. Aehnliches verlangt übrigens auch *Konrad Kyeser* in seinem Feuerbuche »Belifortis«[2]), das er im ersten Viertel des 15. Jahrhunderts geschrieben hat.

Im Laufe der Zeit wurden an dieser recht primitiven[3]) Betriebsvorschrift mancherlei Abänderungen und Verbesserungen vorgenommen. Man lernte hauptsächlich erkennen, dass zur Erhöhung der Ausbeute das Hauptgewicht auf eine möglichst sorgfältige Auswahl und Mischung der zur Salpetererzeugung dienenden Rohmaterialien zu legen war[4]): das für den Betrieb der

---

1) Zitiert nach *H. Peters*, Aus pharmazeutischer Vorzeit, 1898, S. 197.

2) *v. Romocki* Geschichte der Explosivstoffe, T. I, S. 163.

3) An Stelle von Gruben benutzte man, wie *Konrad Kyeser* berichtet, auch grössere Topfe.

4) Das Universallexikon aller Wissenschaften und Künste, 1742 (siehe Artikel »Salpeter«), kennt etwa 11 solcher Vorschriften.

Salpetergruben erforderliche Erdreich musste sowohl aus leicht zerfallenden, erdigen Stoffen, die reich an Kalk oder Kali waren, als auch aus schnell zersetzbaren, organischen Substanzen von beträchtlichem Stickstoffgehalte bestehen (Proteïnstoffe). In ersterer Hinsicht erwiesen sich der kohlensaure Kalk, besonders in der Form des ziemlich schnell verwitternden Muschelkalkes und Tuffsteins, desgleichen der gebrannte und gelöschte Kalk, sowie endlich die Asche des Brennholzes oder Strohes als sehr geeignete Materialien. Obwohl das Kochsalz oder »gemein saltz«, wie man es früher nannte, fur die Salpetererzeugung weniger tauglich war, ja eher noch eine Verschlechterung der Ausbeute bewirken musste, so verwandte man es trotzdem in beträchtlichen Quantitäten, denn es herrschte noch etwa bis zum Beginn des vergangenen Jahrhunderts allgemein die Meinung, Kochsalz könne bei Anwesenheit verfaulender Stoffe in Salpeter (Kalisalpeter) übergeführt werden. Wie wir später noch sehen werden, hat dieser Irrtum, auf welchen man eine Fabrikation von sogenanntem ›Kunstsalpeter« unter Umgehung der Urproduktion zu gründen vermeinte, in der zweiten Hälfte des 18. Jahrhunderts manches Projekt gezeitigt und verschiedenen Fürsten recht erhebliche pekuniäre Verluste gebracht.

Ausser den oben näher bezeichneten mineralischen Stoffen benutzte man zu derartigen Mischungen vielfach auch beträchtliche Mengen von Sand. Dieser trug zwar an und für sich zur Salpetererzeugung nicht bei, erhielt aber das Erdreich beständig in lockerem Zustande.

Die einzelnen Bestandteile wurden genügend zerkleinert, durcheinander gesiebt und in eine Grube von entsprechender Länge und Breite und in der Regel von $^1/_2$ m bis 1 m Tiefe geschüttet, so dass sie ungefähr bis zu $^2/_3$ ihres Rauminhaltes angefüllt war. Auf die Unterlage wurden allerlei Abfälle von verfaulendem Fleisch, Schlamm, Kuchenresten, Stroh u. s. w. bis zu einer Höhe von zirka 1 m (über dem Erdboden) geschichtet. Nun befeuchtete man die Masse mit Harn, Jauche oder Blutwasser und bedeckte sie mit Stroh oder einer weiteren etwa $^1/_4$ m dicken Lage jener Erdmischung. Um den Nitrifikationsprozess zu beschleunigen, wurde die Decke mittels eines Stabes mehrere Male durchstossen, wodurch die Masse eine grössere Anzahl von Luftlöchern erhielt, und eine bessere Verteilung der von Zeit zu Zeit anzuwendenden Flüssigkeit bezweckt wurde. Damit auch die schädlichen Einflüsse von Regen und Sonnenbrand vermieden wurden, hatte man über der Salpetergrube ein Schindeldach errichtet und sie nach der Wetterseite hin durch eine Bretterwand geschützt.

War der Fäulnisprozess allmählich so weit vorgeschritten, dass die organische Struktur der verwendeten pflanzlichen und tierischen Stoffe nicht mehr zu erkennen war, so wurde die Masse gehörig durcheinander gearbeitet und mit einem kleineren Quantum alter, salpeterhaltiger Dammerde vermischt. Man erzielte hierdurch eine bedeutend schnellere Salpeterbildung, denn diese Erde enthielt bereits eine Unzahl jener Nitrifikationsorganismen, mit denen die ganze Masse nun gewissermassen geimpft wurde. Regelmässiges Begiessen mit verdünnter Jauche oder mit Regenwasser, verbunden mit einem von Zeit zu Zeit erfolgenden Durcheinandermengen des Erdreichs, um für eine gute Durchlüftung zu sorgen, waren fast die einzigen Arbeiten, welche die Aufrechterhaltung des Betriebes einer Salpetergrube erforderte. Der Nitrifikationsprozess dauerte bei denjenigen Gruben, welche man im mittleren und nördlichen Europa bewirtschaftete, immerhin $1^1/_2$ bis 2 Jahre. Natürlich war der auf diese Weise gewonnene Salpeter zum grössten Teile Kalksalpeter und bedurfte noch einer weiteren Umwandlung in Kalisalpeter, bevor er als gebrauchsfähige Ware gelten konnte. Die Ausbeute bei dieser Betriebsform belief sich auf etwa $^1/_3$—$^1/_2$ Pfund reinen Kalisalpeters pro Kubikfuss Salpetererde.

In Frankreich, welches Land überhaupt den intensivsten und rationellsten Salpeterbau gepflegt hat, war der Salpetergrubenbetrieb auf eine hohe Stufe technischer Vervollkommnung in der Form der »Fosses à putréfaction« gebracht worden. Dies waren eigentümliche grubenartige Vorrichtungen, welche dazu dienten, Kadaverteile, Pflanzenreste, wie überhaupt allerlei wertlose, organische Abfalle durch einen intensiven Verwesungsprozess in salpeterhaltige Rohmaterialien überzuführen. Sie waren vielleicht die ersten Repräsentanten jener modernen Betriebsanlagen, welche eine technische Verwertung tierischer und pflanzlicher Abfallstoffe bezwecken, und deren hohe volkswirtschaftliche Bedeutung man immer mehr würdigen lernt.

Für den Standort einer solchen Fosse à putréfaction [1]) eignete

1) Diese Ausführungen stammen zum grössten Teile aus der »Instruction sur l'établissement des Nitrières, publiée par Ordre du Roi«, Paris, 1777, p. 58 ff.

[illegible] ... [illegible] Kanals in Verbindung standen. Ausserdem führte man von der Mitte einer jeden [illegible] eine zweite, rechtwinkelig zu dieser nach dem Flechtwerke.

Mittels einer derartigen Vorrichtung konnte man in verhältnismässig kurzer Zeit allerlei pflanzliche und tierische Abfälle, vermengt mit Torf, Sägemehl oder Moorerde, auf die wirksamste Weise in Zersetzung überführen. Daneben hatten die Fosses à putréfaction den gewöhnlichen Salpetergruben gegenüber den Vorteil, dass man ihren Betrieb auch während der Winterszeit aufrecht erhalten konnte. Man brauchte an kalten Tagen, an denen der Fäulnisprozess langsam von statten ging, im Kanal nur ein gelindes Holz- oder Kohlenfeuer anzuzünden, die Tür und die Laden des Schuppens etwas zu öffnen, so funktionierte die Fosse wie eine Art Kachelofen.

Allerdings war eine solche Fosse à putréfaction zu einer vollständigen Nitrifikation der zu verarbeitenden Materialien weniger geeignet, und sie diente daher meist nur zur Bereitung einer guten Dammerde, welche zum Aufbau der später noch zu beschreibenden Salpeterplantagen verwendet wurde. Bisweilen aber brachte man auch die auf diese Weise gewonnene Erde auf einen geräumigen Platz neben dem Schuppen, vermischte sie dort mit den bereits früher erwähnten mineralischen Bestandteilen und breitete sie gehörig aus, um den Einwirkungen der Atmosphäre eine möglichst grosse Oberfläche zu bieten. Die Erdmassen wurden dann fleissig mit Harn oder Regenwasser begossen und von Zeit zu Zeit gewendet. Nachdem die Salpeterbildung ziemlich beendigt worden war, wurde das Erdreich noch einige Wochen sich selbst überlassen, worauf es auf Salpeter verarbeitet werden konnte. Inzwischen hatte man in der Fosse neue Dammerde gewonnen, die mit den ausgelaugten Erdrückständen vermengt und der Endnitrifikation ausgesetzt wurde, wodurch für die Aufrechterhaltung eines ununterbrochenen Betriebes hinlänglich gesorgt war.

Nicht selten fand auch der einfachere Salpetergrubenbau als eine Art landwirtschaftlichen Nebenbetriebes Anwendung. Als solcher hat er beispielsweise längere Zeit im Kanton Appenzell bestanden: »Dort [1]) ist jeder Stall gewissermassen eine Salpeterpflanzung. Die Ställe sind in diesem Gebirgslande häufig nach einer Seite an einen Berg gebaut, und die andere Seite steht frei auf Pfählen, welche 2—3 Fuss hoch sind, so dass zwischen der Erde und dem Fussboden des Stalles ein freier Zwischenraum bleibt. In diesem Raume wird nun die Erde einige Fuss tief eingegraben und die Grube wieder mit einer zur Salpetererzeugung tauglichen Erde, in welche Urin aus den Ställen beständig herabfliesst, gefüllt. Diese Erde wird alle 2—3 Jahre, und wenn die ausgelaugte Erde wieder an dieselbe Stelle zurückgebracht wird, sogar alle Jahre ausgelaugt; und man erhält aus einem mittelmässig grossen Stalle ungefähr 10 Zentner Salpeter.« Selbst wenn man davon absieht, dass durch eine derartige Vorrichtung der Viehstall stets in reinlichem Zustande erhalten blieb, so ergab sie vor allen Dingen eine höchst willkommene Nebeneinnahme, die bei dem damaligen Salpeterpreise von 50 Talern Cour. pro Zentner [2]) für so kleine Wirtschaften, wie sie im allgemeinen in den Alpenländern bestehen, ziemlich erheblich gewesen sein dürfte. Zudem wurde hier der Rohertrag durch die entstehenden Produktionskosten kaum geschmälert, denn die beim Versieden hauptsächlich in Frage kommende Ausgabe für Holz war infolge der schweizerischen Allmendverhältnisse [3]) völlig be-

1) *Krünitz*, Oekonomisch-technologische Encyklopädie, 1822, Bd. 131, S. 380.

2) *Ch. H. Müller*, Ein neues leichtes Erwerbsmittel u. s. w., 1812, S. 6.

3) *De Laveleye*, Das Ureigentum, herausgegeben und vervollständigt von *K. Bücher*,

deutungslos. Ebenso stand das zur Anlage eines solchen Stalles erforderliche Holz in den Gemeindewaldungen zur Verfügung, und die zum »Brechen der Rohlauge« erforderliche grössere Aschenmenge war wegen der allgemein vorherrschenden Holzfeuerung reichlich vorhanden.

Auch in Deutschland, und zwar vor allem in Preussen, hatte man wiederholt in Vorschlag gebracht, Salpetergrubenbau in Form von landwirtschaftlichen Nebenbetrieben einzuführen. So wurde im Jahre 1794 in der Märkisch-Oekonomischen Gesellschaft[1]) auf den grossen Vorteil hingewiesen, der sich ergäbe, wenn ein jeder Landwirt im Dorfe nahe bei seinem Hause eine »Salpetergrube ins Gevierte von 10 bis 25 Schuh« aus Feldsteinen anlegen und mit einem Schindeldach überdecken würde. Wäre eine solche Grube nach und nach mit Küchenabfällen, tierischem und vegetabilischem Unrat, Abbruch von Gebäuden, Kalk u. s. w. gefüllt, die Masse mit »Lauge von Waschen und Harn« dann und wann befeuchtet und durcheinander gearbeitet worden, so könnten voraussichtlich in jedem Dorfe schon nach einigen Jahren etwa 8 Zentner geläuterten Salpeters auf diese Weise leicht gewonnen werden.

Noch zu Beginn des 19. Jahrhunderts, als die künstliche Salpeterproduktion in Preussen schon sehr in Verfall geraten war, finden wir einen eifrigen Verfechter einer ähnlichen Idee in dem königlichen Münzrendanten und korrespondierenden Mitgliede der »Sozietät für die gesamte Mineralogie« zu Jena, *Christian Heinrich Müller*. Durch seine Schrift, »Ein neues Erwerbsmittel, oder Anweisung, wie der rohe Salpeter als Nebenprodukt von jedem Grund- und Hausbesitzer und vielen Gewerbsleuten mit wenigen Kosten und grossem Vorteile fabriziert werden kann«, suchte er das allgemeine Interesse diesem völlig darniederliegenden Produktionszweige wieder zuzuwenden. Für holzreiche Gegenden empfahl er, die Viehställe vermittelst eines Balkenrostes mit Brettern zu dielen und dem Bretterboden zum Abfluss des Urins entweder nach der einen Seite oder von beiden Seiten nach einer in die Mitte zu verlegenden Rinne hin einen Fall von einigen Zoll zu geben. Unter den Dielen sollte der Boden vorher $2^1/_2$—3 Fuss

---

1879: »Allmenden der Schweiz«; vgl. auch *K. Büchers* »Allmenden« im Handwörterbuch der Staatswissenschaften, 2. Aufl., Bd. 1, S. 256 ff.

1) Annalen der Märkisch-Oekonomischen Gesellschaft zu Potsdam, 1796, Bd. II, S. 106 ff.

tief ausgegraben und mit einer zur Salpetererzeugung tauglichen Erdmischung angefüllt werden. »So notwendig es ist«, bemerkt er[1]), »dass die Dielen nicht ganz fest aneinander schliessen, damit die Luft, die Ausdünstungen des Stalles zu der Erde unter den Dielen treten und auch etwas Mistjauche durchsickern kann, so muss man doch, im Fall sich kein Lagerstroh im Stalle befindet, durch die Anlage der erwähnten Rinne das Zuströmen einer zu grossen Quantität Urins auf einer Stelle der Erde vermeiden, und denselben lieber in eine neben dem Stalle angebrachte und mit Ton ausgeschlagene Grube leiten, damit man hier die Mistjauche zu anderweitigem Behufe ansammeln kann. Auch würde es vorteilhafter sein, die Wände der Viehställe mit einem Anwurf von Kalk und Lehm, mit Stroh durchknetet, zu überziehen, indem sich an denselben auch Salpeter erzeugen würde.«

In Gegenden mit geringen Holzbeständen, wo eine derartige Einrichtung natürlich zu kostspielig werden würde, sollte man den Boden der Ställe einige Fuss tief ausgraben und die Grube mit einer geeigneten Erdmischung anfüllen. Der Boden konnte dann, wie sonst allgemein üblich, mit Stroh beschüttet und das Vieh 2—3 Jahre über im Stalle gehalten werden. Nach Verlauf dieser Zeit sollte das Erdreich aufgearbeitet und die Grube mit den ausgelaugten Rückständen von neuem beschickt werden. Auch die Mistplätze würden sich zum Betriebe von Salpetergruben nach der Meinung *Ch. H. Müller*s vorzüglich eignen. Man brauchte deren Boden nur 6—8 Fuss tief auszuschachten, die Grubenfläche mit einer dünnen Schicht Reisig zu belegen und auf diese Unterlage die mit Stroh und Schilf vermengte Erdmischung hügelförmig aufzuschütten, so dass nach allen Seiten hin ein geringer Fall vorhanden war. Der Hügel sollte zunächst mit etwas Stroh oder Schilf und sodann mit Mist, »so wie er aus dem Stalle geschafft würde«, bedeckt werden. Damit auch der Luftzutritt in das Innere der Erdmasse ermöglicht wurde, sollte man mittels eines Stabes von Zeit zu Zeit eine grössere Anzahl von Löchern in dieselbe stossen.

Aber nicht allein in ländlichen Wirtschaften würde sich die Einführung der Salpetergruben leicht bewerkstelligen lassen, auch in den städtischen könnte man sich auf ähnliche Weise und mit

---

1) *Ch. H. Müller*, a. a. O., S. 26.

wenigen Kosten eine kleine Nebeneinnahme verschaffen, die noch mit der weiteren Annehmlichkeit verknupft wäre, dass auf diese Weise der lästige Hausunrat, Küchenabfälle u. s. w. beseitigt und sogleich verwertet würden. »Ausser den Viehstallen und den Mistplätzen«, fährt *Ch. H. Müller* später fort [1]), »eignet sich zur Salpetererzielung der Boden solcher dunkeln Behältnisse, wo man Heu und Holz aufbewahrt, oder Unrat aus den Werkstätten und Küchen aufsammelt. Die Füllung dieses Bodenraumes bleibt dieselbe wie in den Ställen.«

c. Salpeterplantagen

wurden seiner Zeit hauptsächlich in Frankreich, weniger in Deutschland betrieben. Zwar hatte man auch hier, und zwar vor allem in der Halberstädtischen Gegend und in einzelnen Teilen Bayerns mit ihrer Einführung begonnen, doch sah man sich bald gezwungen, die Versuche wieder aufzugeben, da sich die natürlichen Verhältnisse für einen vorteilhaften Betrieb nicht eigneten. Die französischen Salpeterplantagen oder Salpeterpflanzungen, bekannt unter dem Namen »Nitrières«, hatten sich aus den Salpetergruben entwickelt und waren seit der Mitte des 18. Jahrhunderts immer mehr verbessert worden, bis sie schliesslich einen so hohen Grad der Produktivität erreichten, dass man sie als die Repräsentanten der intensivsten Betriebsform des Salpeterbaues ansehen kann.

Bevor wir zur Beschreibung einer solchen Salpeterplantage übergehen, wollen wir noch einige Worte über ihren Standort vorausschicken: [2])

1. Der Ort, auf dem eine Nitrière errichtet werden sollte, musste vor allem gegen etwa eintretende Ueberschwemmungen möglichst gesichert sein.

2. Der am besten aus Ton bestehende Boden musste eine gewisse Neigung haben, damit das Regenwasser schnell ablaufen konnte.

3. In der Nähe war ein Flüsschen oder ein grösserer Bach oder schliesslich auch ein ergiebiger Brunnen erwünscht, um bei Zeiten für die Vorbedingungen eines regelmässigen Begiessens der salpeterhaltigen Erde Sorge zu tragen.

4. Durfte die Plantage in nicht allzuweiter Entfernung von einer Stadt oder einem grösseren Dorfe liegen, damit eine ge-

1) *Ch. H. Müller*, a. a. O., S. 27, 28; desgl. auch S. 53.

2) »Instruction sur l'établissement des Nitrières«, a. a. O.

nügende Menge von Rohmaterialien, wie tierische und pflanzliche Abfälle, Exkremente, Mist, Asche, Harn etc., leicht zu erhalten war und ihre Herbeischaffung keine erheblichen Kosten verursachte.

5. Endlich musste Bau- und Brennholz in reichlichem Masse und zu billigen Preisen zur Verfügung stehen.

Entsprach der ausersehene Platz im allgemeinen diesen Anforderungen, so konnte mit dem Bau eines geräumigen Schuppens, dessen Seitenwände aus Schilf- resp. Strohmatten oder aus Lehm- und Wällerwänden bestanden, begonnen werden. Der Schuppen lag in der Regel mit seiner Längsseite, die wohl 100 Fuss betragen mochte, in der Richtung von Südosten nach Nordwesten. Er war meistens 2½—3 m hoch, etwa 19 m breit und mit einem giebelförmigen Dache versehen, dessen Bekleidung aus Stroh oder Schilf verfertigt worden war. In den Giebelseiten befand sich je eine grössere Flügeltür, während die beiden Längsseiten mit mehreren verschliessbaren Klappen versehen waren. Der tonige Untergrund des Schuppens wurde vorher bis zu einer Tiefe von ungefähr ½ m heraus geschafft und der wieder festgestampfte Boden mit einer Schicht jener bereits früher erwähnten, leicht verwitternden Kalkerde bedeckt.

Da die Nitrifikation vornehmlich an der Oberfläche der zubereiteten Erdmischung erfolgte, so musste bei der Anlage vor allem darauf geachtet werden, dem zur Salpetererzeugung zu verwendenden Erdreich bei vorteilhaftester Ausnützung des in Betracht kommenden Raumes eine möglichst grosse Oberfläche zu geben. Zu diesem Zwecke legte man im Innern des Schuppens eine gewisse Anzahl beliebig langer und ca. 1½ m breiter Beete an, die in einem Abstande von ungefähr ¾—1 m Länge voneinander getrennt waren. Sie wurden gewöhnlich so aufgeführt, dass ihr Querschnitt die Form eines gleichschenkeligen Trapezes besass. Dementsprechend schlug man in der Figur des Rechtecks mehrere Pfähle in die Erde, verband sie durch hochgestellte Bretter und brachte in diesen Raum eine ca. ⅓—½ m hohe Schicht von Dammerde oder einer Erdmischung, die aus verfaulenden Stoffen, aus Torf, Moorerde, Asche, Dünger etc. bestand. Nachdem sich die Masse genügend gesetzt hatte, schüttete man eine zweite Lage darauf und fuhr hierin so lange fort, bis das Beet schliesslich eine Höhe von 1½—2 m erreicht hatte. Um auch der Luft Zutritt in das Innere der Erdmassen zu verschaffen, wurden auf jede Schicht mehrere mässig dicke Stäbe während des Baues gelegt, die nach der Fertigstellung behutsam, so dass ein dauernder Luftkanal verblieb, herausgezogen wurden.

Trotz ihrer zweifellosen Ueberlegenheit der Salpetergrube gegenüber litt eine solche Nitrière doch an dem Uebelstande, dass sie nur aller 3 Jahre ertragfähig war und ihre Bedienung zeitweilig 3 Arbeiter erforderte. Aus diesem Grunde pflegte man gewöhnlich 3 Schuppen bei dreijähriger Rotationsperiode im Betriebe zu haben und die Anlage eines solchen Komplexes so einzurichten, dass die erste Nitrière im ersten, die zweite im folgenden und die dritte im letzten Jahre gebaut wurde. Gegen Ende dieses Jahres begann man mit der Verarbeitung des nunmehr nitrifizierten Erdreichs der ersten Nitrière und baute sie zu Beginn des ersten Jahres der neuen Rotationsperiode unter Verwendung der ausgelaugten Erdrückstände wieder auf, während gegen Ende des nämlichen Jahres mit der Ernte des zweiten Schuppens angefangen werden konnte. Auf diese Weise wurde der Uebelstand des langsamen Reifens der Erde vermieden und die Arbeitskraft von 3 Menschen ökonomisch verwertet. Oft bestanden auch Unternehmungen, welche mit Hilfe von 4 Arbeitern den Betrieb von 6 Nitrières, zu 2 Gruppen, aufrecht erhielten, und vereinzelt sogar solche von 15—18 Nitrières, zu 5 resp. 6 Gruppen, mit einer entsprechenden Anzahl von Arbeitskräften.

Nachdem wir die Salpeterplantage als solche kennen gelernt haben, wollen wir nunmehr die in ihr jährlich vorzunehmenden Arbeiten etwas ausführlicher besprechen. Eine Person war lediglich mit der Verarbeitung des salpeterreifen Erdreichs beschäftigt, und zwei weitere unterstützten sich gegenseitig in den Verrichtungen des Wiederaufbaues der Beete und deren Pflege. Da der Ertrag einer Salpeterplantage zum grössten Teile von der Behandlungsweise abhing, diese aber an Fleiss und Geschicklichkeit des Arbeiters verhältnismässig hohe Anforderungen stellte, so wurden im Betriebe fast nur geschulte Kräfte verwendet. Man bezahlte die Arbeiter in der Regel nach Zeitlohn, gab ihnen aber ausserdem, um ihren Eifer und ihr Interesse für das Unternehmen mehr zu wecken, je nach Ausfall der Ernte, bestimmte Gratifikationen, die entweder vorher ein für allemal festgesetzt worden waren, oder die in der Form des Anteilslohnes sich nach der Höhe des Ertrages richteten.

Das Begiessen der Beete war eine der wichtigsten Arbeiten,

denn von ihr hing die Produktivität der Pflanzung in erster Linie ab. Die Erdmassen mussten möglichst dauernd in einem solchen Zustande erhalten werden, dass sie weder zu feucht, noch zu trocken waren. Als besonders wirksame Flüssigkeiten galten menschlicher und tierischer Harn, Blutwasser und Mistjauche, die man anfangs in ziemlich konzentrierter Form anwandte. Je nachdem aber der Nitrifikationsprozess von statten. ging, verdünnte man sie mit Regenwasser, um zuletzt nur noch dieses allein zu benutzen. Auch die Jahreszeit hatte auf die Begiessungsarbeiten erheblichen Einfluss, denn die Beete mussten im Sommer häufig im Frühjahr und Herbst seltener, im Winter kaum durchtränkt werden. Während der kleinere Teil der Flüssigkeit auf die Beetdecke gesprengt wurde, goss man den grösseren vermittelst einer grossen kupfernen Kanne, deren Ausflussrohr ungefähr die halbe Beetbreite lang und am Ansatz mit einem Hahn versehen war, in die oberen und mittleren Luftkanäle ein. Zur Ausführung dieser Arbeit waren mindestens zwei Arbeiter nötig, von denen der eine das beständige Nachfüllen der Flüssigkeit, der andere das eigentliche Begiessen zu übernehmen hatte. Wenigstens einmal im Jahre mussten die Beete gänzlich umgearbeitet werden, wodurch der Nitrifikationsprozess zwar eine Zeit lang unterbrochen, die Erdmasse aber einer vollständigeren, durchgreifenderen Salpeterbildung unterworfen wurde. Führte man den Betrieb der Plantage in der oben beschriebenen Weise durch, so war schon nach Verlauf des ersten Jahres der Prozentgehalt des Erdreichs an Salpeter ein ziemlich beträchtlicher. Doch erreichte er erst im dritten Jahre sein Maximum. Eine weitere Steigerung der Rotationsperiode erwies sich als unrentabel.

Im allgemeinen konnte man durch Salpeterplantagenbetrieb etwa $^3/_4$—1 Pfund reinen Salpeters aus 100 Pfund salpeterhaltiger Erde (= $1^1/_4$ Kubikfuss = 0,04291 cbm) gewinnen [1]), aber nicht selten wurden auch bedeutend höhere Ausbeuten erzielt. In einigen Teilen Frankreichs z. B. gestalten sich die erforderlichen äusseren Umstände erheblich vorteilhafter, denn hier stand für den Bau der Beete jener poröse und leicht verwitternde Tuffstein zur Verfügung, der sich für eine verhältnismässig schnelle und durchgreifende Salpeterbildung so vorzüglich eignete, dass man

1) Ueber die Kostenberechnung von Anlage und Betrieb der Salpeterplantagen vergl. *Becker*, Theoretisch-praktische Anleitung zur künstlichen Erzeugung und Gewinnung von Salpeter, Braunschweig, 1814; desgl. *Krünitz*, Bd. 131, S. 372 ff.

häufig 2—2½ Pfund reinen Salpeters aus dem Kubikfuss gewinnen konnte.

Wie aus unseren bisherigen Betrachtungen über die französischen Salpeterplantagen hervorgehen dürfte, verlangten diese nicht allein ein relativ bedeutendes umlaufendes, sondern auch ein recht erhebliches stehendes Kapital, das sich zudem erst beim Betriebe einer grösseren Anzahl Schuppen entsprechend verzinste. Da also die Intensität ihres Betriebes in erster Linie eine Kapitalsintensität war, so eigneten sie sich fast nur als Unternehmungen im grossen.

Weniger hohe Anforderungen in Bezug auf Kapitalsinvestierung stellte eine in Schweden lange Zeit betriebene Abart der französischen Salpeterplantagen, die gegen Ende des 18. Jahrhunderts auch in verschiedenen Gegenden von Schlesien gepflegt wurde. Die Beete hatten die Form einer dreiseitigen Pyramide welche auf die einfachste Art und Weise errichtet wurde [1]). Ihre Grundfläche bestand aus einer Lage von Ziegelsteinen, die mit einer ca. 9 Zoll dicken Schicht Stroh bedeckt worden war. Es folgte nun eine etwas stärkere Schicht von Wiesenerde, Asche und Kalk, worauf mehrere Lagen von Stroh und Schlammerde regelmässig bis zum Gipfel der Pyramide abwechselten. Um den Bau vor den Unbilden der Witterung zu schützen, umgab man ihn mit Pfählen, die oben zusammengebunden wurden, und füllte die Zwischenräume mit Schilf oder Heidekraut aus. Hierdurch entstand zwischen der Oberfläche der Erdpyramide und ihrer Bekleidung ein freier Raum, der genügend gross sein musste, damit die Erdmassen mittels Harn etc. bequem durchfeuchtet und der allmählich an der Oberfläche auskristallisierende Salpeter abgekratzt werden konnte. Eine solche Pyramide war bereits nach Verlauf eines Jahres ertragfähig und konnte gewöhnlich 10 Jahre über im Betriebe erhalten werden. Bei ihrem späteren Abbau lieferten die Rückstände einen vorzüglichen Dünger, der besonders für den Hanf- und Flachsbau sehr geschätzt wurde. Diese Betriebsform künstlichen Salpeterbaues war seinerzeit vielen ländlichen Wirtschaften Schwedens als Nebenbetrieb angegliedert worden und hat sich als solcher vereinzelt bis gegen Ende des vorigen Jahrhunderts behauptet. Obwohl der Salpeterbau auch

1) Diese Ausführungen sind der von der Académie Royale erlassenen Preisschrift »Prixe extraordinaire, proposé par l'Académie Royale des Sciences pour l'Année 1778« (Paris, 1775) entnommen.

in Schweden später von Jahr zu Jahr immer mehr zurückging, wurden auf diese Weise doch noch in dem Zeitraume von 1871 bis 1875 jährlich etwa 500 Quintals[1]) produziert.

Auch in Frankreich hatte man gegen Ende des 18. Jahrhunderts Salpeterpyramiden, allerdings in primitiverer Form, als eine Art landwirtschaftlichen Nebenbetriebes einzuführen versucht. Die kleineren bäuerlichen Wirtschaften sollten derartige Anlagen aus Salpeter erzeugungsfähigen Materialien unter einer Strohhütte errichten und von der Spitze eines solchen Erdhaufens eine Vertiefung eingraben, in die ein poröses Tongefäss von 6—8 Zoll Durchmesser und 3—4 Fuss Länge eingesetzt werden konnte. Der Behälter musste von Zeit zu Zeit mit Harn, Mistjauche etc. gefüllt werden, wodurch allmählich und ohne weiteres Zutun die Erdmassen durchtränkt und beständig in einem Zustande mässiger Feuchtigkeit erhalten blieben. Unter solchen Verhältnissen, wo die Beschaffung der Begiessungsflüssigkeit zu umständlich oder mit zu hohen Ausgaben verbunden war, konnte man sich auf folgendem Wege leicht ein billiges Ersatzmittel herstellen: Man legte in der Ecke eines Stalles oder Schuppens einen grösseren Düngerhaufen an, gab dessen Unterlage eine geringe Neigung und brachte einige Fuss vor dem Haufen eine Rinne an, die in einen grösseren, in die Erde gegrabenen Bottich mündete. Je nach Bedarf schüttete man nun einige Eimer Brunnen- oder Regenwasser portionsweise über diesen Haufen, um darauf das sich in dem Behälter ansammelnde Wasser, welches die löslichen Düngerstoffe in sich aufgenommen hatte, zum Begiessen zu verwenden.

Sobald sich die Erde der Pyramide genügend mit Salpeter durchsetzt hatte, stand es jedem frei, sie entweder selbst auszulaugen und die gewonnene Flüssigkeit auf Rohsalpeter zu verarbeiten, oder falls man diese Arbeit scheute, resp. als zu zeitraubend fand, »das Recht, die Erde auszulaugen, ebenso wie die Ernte eines Weinbergs zu verkaufen«.

d. Salpetermauern.

Diese letzte Betriebsart war eine spezifisch norddeutsche. In ihrer ursprünglichen Form wird sie zuerst in *Hochbergs* »Adelichem Land- und Feldleben«, wie folgt erwähnt[2]): »Den Mauer-

1) »Exposition universelle de Paris 1878«, siehe »Royaume de Suède«.

2) *v. Hochberg*, Adeliches Land- und Feldleben, I. Bd., Kap. CVII. — Wahr-

kalch, damit das Gewölb soll gemauert werden, muss man bereiten, von ungeleschten Kalch, mit Reg-Wasser angefeuchtet, das mit dem Nordwind gefallen ist, 3 Theile Kalch, Schaafs-Harn 1 Theil, Schaaf Mist 3 Theile alles wohl durcheinander Geschlagen, und mit gemeinen Salz besprengt, damit das Gewölb zween Stein dick gemauret, und vier ehlen hoch zu geschlossen, so lang mans bauen will. Ober dem Gewölbe macht man einen Garten von guter Salpetererden, den besamet man nach Belieben, und wann der Mond im zunehmen, besprenget man den Garten mit vorgesammleten Regun-Wasser, das mit dem Nordwind gefallen ist wie gesagt, mit Salpeterlaugen und Schaafs Harn vermischet; thut man solches alle 14 Tage, so wächset der Salpeter in dem Gewölbe, wie etliche die Probe gethan.«

Eine eigentümliche und äusserst einfache Methode, Salpeter durch Mauerbetrieb zu produzieren, war infolge besonders günstiger Umstände in der Touraine möglich. Dort wurde der Tuffstein, aus dem man die Gebäude aufzuführen pflegte, in verhältnismässig kurzer Zeit so salpeterreich, dass die Salpetersieder nicht selten ein älteres Gebäude von dem Eigentümer erwarben, nur um es niederzureissen, und aus dem Bauschutte Salpeter zu fabrizieren [1]).

Im allgemeinen lagen jedoch die Verhältnisse für einen regelrechten Salpetermauerbetrieb, wie er seinerzeit in Deutschland gepflegt wurde, wesentlich anders. Hier musste durch Kapital und Arbeit das ersetzt werden, was die Natur in jenen vorteilhaften Produktionsstätten sozusagen von selbst bewirkte. Die Salpetermauern, deren Betrieb man in der heutigen Provinz Sachsen, vor allem in der Magdeburger und Mansfelder Gegend, bis zu einem hohen Grade der Vervollkommnung gebracht hatte, litten freilich an dem Uebelstande, dass sie im Vergleich zu den Salpeterplantagen weniger ertragfähig waren, doch wurde dieser Nachteil in erheblichem Masse durch das relativ geringe Anlagekapital, welches sie erforderten, wieder ausgeglichen.

Da bei den Salpetermauern, ganz ähnlich den schwedischen Pyramiden, die Salpeterbildung in erster Linie an der Wandoberfläche vor sich ging, ein eventuelles Umbauen also durch die

---

scheinlich geht aber die Angabe auf *Harsdorffers* »Philosophische und mathematische Erquicks-Stunden«, III. Teil. 9, 19, zurück.

1) Vergl. *Ludovici*, Kaufmännisches Lexikon, Teil IV, Leipzig, 1755, Artikel »Salpeter«.

ganze Art und Weise der Anlage und des Betriebes ausgeschlossen war, so musste man bei ihrer Errichtung vor allen Dingen für die Herstellung einer möglichst grossen Oberfläche bei hinreichender Stabilität sorgen, denn in Anbetracht sonst gleicher Umstände war offenbar die Produktivität einer Salpetermauer ihrer Oberfläche proportional. Ein sehr instruktives Beispiel hierfür bietet *Krünitz* [1]) in seiner »Oekonomisch-technologischen Encyklopädie«: »Man nehme vier Wände an, die 100 Fuss lang, 6 Fuss hoch, und unten nur 2 und oben $1^1/_2$ Fuss breit sind, und vier andere Wände, die $58^1/_2$ Fuss lang sind, 6 Fuss hoch, aber unten 5 und oben 2 Fuss breit sind. In diesen sind, wie in jenen, ungefähr 4200 Kubikfuss Erde enthalten. Man nehme nun ferner an, dass man 24mal, jedesmal $^1/_2$ Zoll tief, die Oberfläche abkratze und auslauge, so wird man die in den schmäleren Wänden enthaltenen 4200 Kubikfuss ganz abkratzen, sodass nichts von den Wänden übrig bleibt, indes man von den breiteren Wänden nur ungefähr 2100 Kubikfuss, also gerade die Hälfte gewinnt und die andere Hälfte noch einmal soviel Zeit erfordert, um abgekratzt zu werden«.

Als Standort der Wände hatte man möglichst einen solchen Platz auszuwählen, der zwar die schädlichen, nicht aber die der Salpeterbildung günstigen Einflüsse der Atmosphäre fernhielt. Ein frei gelegener und allen Winden zugänglicher Ort war daher ebenso unzweckmässig, wie ein von Gebäuden eingeschlossener Raum. Bevor man zum Bau selbst schritt, wurde der Boden mit einer Schicht leicht verwitternder Kalkerde bedeckt, damit später nur wenig von dem Salpeter, der etwa abbröckelte oder vom Regen abgespült wurde, verloren ging. Ein sandiger Untergrund musste vor allen Dingen erst durch eine Lage fest gestampften Tons in einen geeigneten Zustand gebracht werden. Da die Nord- und Ostwinde dem Nitrifikationsprozesse im allgemeinen zuträglicher waren als die Süd- und Westwinde, so wurden die Mauern meist in der Richtung von Südost nach Nordwest aufgebaut, wodurch der grössere Teil ihrer Oberfläche der günstigen Wetterseite zugekehrt war. Das mit zerhacktem Stroh vermischte Baumaterial, welches gewöhnlich aus 5 Teilen salpetererzeugungsfähiger Dammerde und einem Teil Asche bestand, wurde, um den Wänden die nötige Haltbarkeit zu verleihen, mit einem

1) *Krünitz*, a. a. O., Bd. 131, S. 343 ff.

grösseren Quantum Jauche oder Harn durchtränkt, als dies bei der Anlegung der Beete der Fall war. Aber auch ein übermässiges Anfeuchten hatte schädliche Folgen, denn entweder wurden hierdurch die Wände bei trockenem Wetter zu fest, oder sie drohten bei nasser Witterung einzustürzen. In der Regel legte man die Mauern in der Weise an, dass ihr Querschnitt die Gestalt eines gleichseitigen Trapezes besass, dessen obere Kante 1 Fuss und dessen untere $2^1/_2$ Fuss betrug. Eine solche Mauer war gewöhnlich 6 Fuss hoch und von ziemlicher Länge, welche nicht selten 150 Fuss erreichte. In die obere Wandfläche grub man eine etwa $^1/_2$ Fuss breite und einige Zoll tiefe Rinne ein, in welche die Begiessungsflüssigkeit von Zeit zu Zeit aufgefüllt wurde. Zum Schutze gegen Regen und Sonnenbrand dienten Strohdecken, die man in der Form eines giebelartigen Daches auf die Mauer zu setzen pflegte. Sie hatten jedoch den Nachteil, dass sie bei einer etwa vorzunehmenden Begiessung jedesmal vorher entfernt werden mussten. Weit bessere Dienste versah in dieser Hinsicht ein aus Stroh oder Ziegeln verfertigtes und in einem Abstande von ca. $^1/_2$ m über der Mauer befindliches Schutzdach, dessen längere Hälfte nach der Südwestseite ziemlich schräg abfiel, während die andere, kürzere, nur eine geringe Neigung hatte, so dass an dieser Seite die Dachkante fast senkrecht über dem Grundrisse der Mauer lag. Auch hatte man meist eine entsprechende Anzahl Stroh- oder Schilfdecken in Bereitschaft, um die Seitenflächen der Wände vor etwaigen Unbilden der Witterung zu schützen.

Die Behandlung der Salpetermauern erforderte im Vergleich mit den Salpeterplantagen eine weit grössere Aufmerksamkeit und Geschicklichkeit. Sonnenlicht, Wärme, Luft und Regen waren die 4 Momente, welche beim Betriebe eine Hauptrolle spielten und einen geübten Arbeiter zur praktischen Anwendung seiner ganzen langjährigen Erfahrungen veranlassen mochten.

Nachdem die Mauer etwa zwei Monate gestanden hatte, war ihre Oberfläche schon mit einer Salpeterkruste derartig bedeckt, dass man reichlich $^1/_2$—1 Zoll der oberen Erdmasse abkratzen konnte, wozu man sich in der Regel eines stumpfen Kehrbesens bediente, der nur die mürbe, d. h. die salpeterhaltige Erde loslöste. Bei dauernder günstiger Witterung wurde die Salpetererde aller 8 Tage, bisweilen auch öfters gesammelt, unter einem Schuppen ausgebreitet und etliche Wochen hindurch der Endnitrifikation überlassen. Waren die Wände nach und nach so dünn geworden, dass sie einzustürzen drohten, so unterbrach man ihre Bearbeitung, liess sie eine Zeit lang ruhig stehen und schlug sie darauf ein, um die Erdmassen gemeinsam mit den unter dem Schuppen aufbewahrten Materialien zu verwerten. Die ausgelaugten Erdrückstände verwandte man meist ohne weitere Zutaten später wieder zur Neuanlage. Da auf diese Weise keine neuen, zur Salpetererzeugung tauglichen Stoffe als höchstens diejenigen, welche infolge des Begiessens in die Erdmassen gelangten, benutzt wurden, der Betrieb sich also fast gänzlich auf eine Reproduktion beschränkte, so wurden die Wände allmählich unfruchtbar. Zwar versuchte man bisweilen, die Erde durch Vermischen mit frischer Pflanzen- oder Dammerde produktiver zu gestalten, doch wurde die Ertragfähigkeit hierdurch nur wenig gehoben, weshalb es entschieden vorteilhafter war, die Mauern nach 3—5 jährigem Betriebe aus frischen Rohmaterialien von neuem aufzubauen.

Die Salpeterproduktion durch Mauerbetrieb war in einfacher Form, d. h. durch Anlegung sogenannter Wällerwände, seit dem ersten Viertel des 18. Jahrhunderts in einzelnen Teilen Preussens auf Betreiben der Regierung offiziell in der Art und Weise eines ländlichen Nebenbetriebes eingeführt worden. Im ehemaligen Herzogtume Magdeburg, im Saalkreise, Halberstädtschen, sowie in der Grafschaft Mansfeld war jeder Grundbesitzer verpflichtet, eine gewisse Anzahl von Wällerwänden anzulegen und ihre Bewirtschaftung dem jeweils von der Regierung angestellten Bezirks-Salpetersieder zu überlassen. Eine derartige Wällerwand, welche zur Einfriedigung von Gärten, Höfen u. s. w. gern benutzt wurde, hielt sich sonst 25 Jahre über und wurde durch ein rationelles Abkratzen der Salpeterschicht höchstens 5 Jahre früher unbrauchbar. Die Anlagekosten für die Rute (6 Ellen) Wällerwand bei einer Höhe von 2 Ellen beliefen sich inklusive Strohbedachung auf etwa 10 Groschen [1]).

Da die Produktivität der Mauern im wesentlichen von den herrschenden Witterungsverhältnissen und der individuellen Behandlungsweise abhing, so lässt sich ihre Ertragfähigkeit nur ungenau angeben. Kratzte man die Erde in angemessenen Zwischenräumen, jährlich vielleicht 18—24 mal, ab, und zwar höch-

1) Bergmännisches Journal 1793, Jahrgang VI, S. 261.

[illegible] in einer Tiefe von [illegible] Zoll [illegible] wurden gewöhnlich [illegible] Pfund [illegible] aus 100 Pfund Salpetererde gewonnen. Ein Salpetersieder [illegible] in der Nähe von Mühlhausen, [illegible] im Februar [illegible] ungefähr 100 Fuder zu [illegible] Kubikfuss Erde [illegible] auf und obgleich dieser [illegible] war, so erntete er doch [illegible] im Sommer desselben Jahres [illegible], dass er ungefähr [illegible] der Erde [illegible] 3 Zentner Salpeter. Aus [illegible] erhielt er also [illegible] Pfund.

Vergleichen wir die Salpetermauern und Salpeterplantagen, so können wir über ihre Vorteile und Nachteile folgendes bemerken:

1. Die Ausbeute ist beim Plantagenbetrieb grösser als beim Mauerbetrieb; dagegen erfordert

2. dieser im Vergleich mit jenem ein sehr viel geringeres Anlagekapital.

3. Da die Salpetererzeugung bei den Wänden in erster Linie Reproduktion ist, so werden die Arbeiten qualitativ vereinfacht; desgleichen reduzieren sich auch die ziemlich beträchtlichen Ausgaben für Dünger, Abfallstoffe etc., welche bei dem Plantagenbetrieb alljährlich erforderlich sind. Infolgedessen gestaltet sich auch das Betriebskapital für die Salpetermauern entsprechend niedriger.

4. Während sich der Plantagenbetrieb mehr als Unternehmung im grossen eignet und erst bei entsprechendem Umfange rentabel wird, zeigt sich der Mauerbetrieb nicht nur für den Kleinbetrieb günstig, sondern kann auch als landwirtschaftlicher Nebenbetrieb mit Vorteil gepflegt werden.

5. Die Ertragfähigkeit ist bei den Salpetermauern bei weitem mehr von äusseren Umständen abhängig, als bei den Salpeterplantagen; dagegen geht

6. der Nitrifikationsprozess bei den Wänden im allgemeinen schneller als bei den Beeten von statten, wodurch eine Beschleunigung in der Amortisation des Anlagekapitals bedingt wird.

2. Gewinnung des Rohsalpeters.

Während wir uns bisher nur auf die urproduktive Seite der Salpetergewinnung beschränkt haben, gehen wir nunmehr zu

1) *Krünitz*, a. a. O., Bd. 131, S. 371.

einer ausführlicheren Beschreibung des gewerblichen Prozesses über, durch welchen die salpeterhaltigen Rohstoffe zu Rohsalpeter veredelt wurden.

Aus ökonomischen Rücksichten verwandte man zum »Auslaugen«, der ersten spezielleren Verrichtung bei der Rohsalpetergewinnung, in der Regel nur solche Erde, die einen möglichst hohen Prozentgehalt an Salpeter hatte. Infolge der damals noch ungenügenden chemischen Kenntnisse war die Beurteilung der laugewürdigen Materialien ziemlich schwierig und erforderte einen durch langjährige Erfahrung geschulten Blick [1]). Die alten Salpetersieder beurteilten die zur Verarbeitung tauglichen Erdstoffe meist nach der Intensität ihres eigentümlichen Geschmackes, aber in verbesserten Betrieben bestimmte man den Salpetergehalt vermittelst einer mehr technischen, jedoch ziemlich umständlichen und nach unseren heutigen Begriffen sehr ungenauen Methode, die sozusagen auf dem Prinzip einer Salpetergewinnung im kleinen beruhte.

Um die salpeterhaltige Erde auszulaugen, wurde sie zerkleinert, gesiebt und in mehrere etwa 6—8 Kubikfuss fassende Kübel, die auf Holzbänken standen, geschüttet [2]). An Stelle dieser Kübel bediente man sich in grösseren Siedereien geräumiger hölzerner Kästen, die 6 Fuss lang, 3 Fuss hoch, oben 5 und unten 3 Fuss breit waren, und zwar wurden je zwei derselben so aufgestellt, dass, sobald man einen in der Nähe ihres Bodens sitzenden Zapfen herauszog, die beiden Flüssigkeiten sich gemeinsam in ein neben der Bank stehendes grösseres Gefäss ergossen.

Dem Umfange der Siederei entsprechend, ersetzte man zuweilen auch die einzelnen Sammelgefässe durch ein einziges, den sogenannten »Sumpf«, ein in die Erde gegrabenes und ausgemauertes Loch, an dessen Rand die Auslaugekübel aufgestellt wurden, oder in welches man die Flüssigkeit mittels einer vorgelegten hölzernen Rinne leitete. Bevor die Kübel mit dem salpeterhaltigen Erdreich angefüllt wurden, legte man eine nicht allzu dicke Schicht Stroh auf den Boden derselben, um so eine Art Filter herzustellen und ein eventuelles Verstopfen des Spundloches zu verhindern. Damit ein schnelles Durchsickern der auslaugenden Flüssigkeit vermieden wurde, stampfte man die in den

---

1) *Bottée* et *Riffault*, L'Art du salpêtrier. Paris, 1811, p. 15.

2) Wir folgen hier im wesentlichen den Angaben von *Bottée* und *Riffault*, L'Art du salpêtrier, und von *Krünitz*, Oekonom.-techn. Encyklop. Bd. 131, S. 393 ff.

[illegible] an Brennmaterial bewirken konnte.

Da, wie schon zu Anfang darauf hingewiesen wurde, die salpeterhaltigen Rohstoffe in erster Linie Calciumsalpeter enthielten, der sich als solcher zur Schiesspulverbereitung nicht eignet, so mussten sie durch einen weiteren chemisch technischen Prozess in den gewünschten Kalisalpeter übergeführt werden, d. h. man musste den Calciumsalpeter durch Kalistoffe in Kalisalpeter konvertieren.

Dementsprechend vermischte man vor dem Auslaugen die salpeterhaltige Erde mit einem gehörigen Quantum Pflanzenasche, die bekanntlich sehr reich an kohlensaurem Kali ist, und extrahierte sie nach der oben beschriebenen Methode. Hierbei löste das Wasser sowohl den Kalksalpeter als das kohlensaure Kali; beide Körper wirkten aufeinander ein, und der nun entstehende leicht lösliche Kalisalpeter ging in die Lauge über, während das als Nebenprodukt resultierende unlösliche kohlensaure Calcium im Erdreiche zurückblieb.

In Deutschland und Frankreich wurde dieses ziemlich primitive Umsetzungsverfahren noch bis etwa in die Mitte des 18. Jahrhunderts von den Salpetersiedern fast allgemein angewandt. Seitdem aber begann man, »das Auslaugen« und »Brechen« als gesonderte Manipulation vorzunehmen und die in den Sammelgefässen aufgefangene Rohlauge als solche durch fette, kalihaltige Stoffe zu »brechen«. Als Konvertierungsmaterialien dienten lange Zeit Pflanzenasche und Abfalle der Seifensiedereien, und erst später verwendete man hierzu geeignetere Stoffe, wie Pottasche und schwefelsaures Kali, welch letzteres als Nebenprodukt bei der Salpetersäurefabrikation erhalten wurde. Diese beiden Materialien erfreuten sich besonders bei den französischen Salpetersiedern eines allgemeinen Gebrauchs; in Deutschland hatte man ihre Bedeutung lange verkannt, und erst gegen Ende des 18. Jahrhunderts, als die heimische Salpeterproduktion hier bereits dem Verfalle entgegenging, gelang es den hierbei beteiligten Regierungen, das tief eingewurzelte und völlig unberechtigte Vorurteil, welches die Salpetersieder der Verwendung von Pottasche und Kaliumsulfat entgegenbrachten, zu beseitigen.

Die kalihaltigen Stoffe wurden gewöhnlich nach Gutdünken der Rohlauge zugesetzt, was langjährige Erfahrung erforderte, denn nicht nur ein etwaiger Mangel, sondern auch ein Ueberschuss an Kali erschwerte die Kristallisation [1]) des Salpeters und beeinträchtigte die Ausbeute in erheblichem Masse. Da ausserdem Pottasche und schwefelsaures Kali seiner Zeit ziemlich hoch im Preise standen, so berechnete man bei grösseren Siedereien mit verbessertem Verfahren, wie sie z. B. in Frankreich mehrfach bestanden, die zum »Brechen« der Rohlauge erforderliche Menge an Pottasche und »salin« [2]) experimentell mittels einer speziell zu dem Zwecke konstruierten »Salpeterwage«.

Nachdem sich die zersetzte Rohlauge wieder geklärt hatte,

1) Wollte ein Sud zuweilen nicht geraten, so warfen die alten Salpetersieder, die meist unwissende Leute und nicht frei von Aberglauben waren, in der Meinung, es habe ein »böses Auge in den Kessel geblickt«, Kreuze von Hollunderholz in die Lauge, oder räucherten sie auch mit Schwarzkümmel, trockenem Johanniskraut u. s. w. (s. Leipziger ökonomische Schriften, 1749, Bd. V, S. 955).

2) Zur Gewinnung der Pottasche laugte man die Asche von Landpflanzen aus und dampfte die klare Lösung ein. Der trockene Rückstand, die Rohpottasche, in Frankreich »salin« genannt, wurde durch nochmalige Reinigung und darauf folgendes Glühen oder »Calcinieren« in die poröse, gelblich gefärbte Pottasche des Handels umgewandelt.

gelangte sie zur Versiedung, welche Verrichtung gewöhnlich in dem nämlichen Raume vorgenommen wurde, in dem die Manipulationen des Auslaugens und Brechens stattfanden. Doch geschah hierbei nicht selten auch eine Trennung in der Weise, dass sich die Salpetersieder mit Fassern und Bottichen nach den Orten begaben, wo sich die natürliche Salpetererde vorfand, diese dort sammelten und auslaugten, um darauf die gewonnene Rohlauge ihrer Siederei zuzuführen. Wie es in einer solchen Salpetersiederei oder Salpeterhütte damals aussah, erfahren wir aus einer Beschreibung[1]), die dem Saalbuche der anhaltischen Stadt Cothen entnommen ist und einen sehr instruktiven Einblick gewährt:

»Darauf vollget des Ambts Salpeter Hütten, So anno 1596 Neu erbauet, Welche in der Stadt gelegen . . . an der Mauern, 70 eln lang, davor erstlichen eine Pforten Und thor mit Haspen, Banden und klinke, ein Schosswerk hoch. Im Anfang die Stuben mit dreien gemeinen Glasfenstern, einen grünen kachelofen, die Stubentür mit Haspen, banden und klinken. Follgett ein Stall Uff 3 Pferde mit Krippen und Rauffen. Vollgt das Erdenhaus, do man die Erden hinein schütt, darauf die Hütte, darinnen die Saltzerden zugericht und begossen wird, sambt aller Zubehörung, Lauge Schlamm und Schiess Vasse, so auch Zöber, schaubkarren schuffeln, schlammkellen, kratzen, Radehauen, Schippen, sambt einen grossen eingemauerten Kessel, darinnen die Lohen und Salpeter gekocht, Und aller anderer Notdürftigen Zubehörung. Folgett die Läutercammer, darinnen der Läuterkessel Und Schiess Vass, die Tür schlosshaft mit Haspen und Banden. Im Anfang aber der Stube ein Stübichen Rausgemacht, darinnen sechs geringe Glasfenster, auch ein gruner Kachelofen, unterem Dachgiebel die Tür schlosshaft, daran ein klein bödichen von 6 Gebindt, ausgestacket und mit Lehm bekleibett, das Dach mit Biberschwenzen gedacket.«

Die Siederei, welche wir im folgenden kennen lernen werden, entspricht dem Typus verbesserter Betriebe, wie sie fast allgemein während des 18. Jahrhunderts in Bayern und Preussen bestanden. Das aus Backsteinen oder Brettern hergestellte Haus war in der Mitte mit einer grösseren Tür versehen, die auf den Flur führte. Dahinter lag die Küche mit dem Herd und einem kleineren Abteil fur Speisen und andere Vorräte. Zur einen Seite

---

1) *Hartung*, Geschichte der Stadt Cöthen, 1900, S. 409 ff.

des Flurs befand sich die zweifenstrige Stube nebst Kammer. Die andere Hälfte der Hütte war als Werkstätte eingerichtet und hatte ausser einem Eingange vom Flur noch einen zweiten von der Vorderseite. Nach hinten war dieser Raum mit einer weiteren Tür versehen, die zu einem Bretterschuppen für die Siedegerätschaften führte. An der Stubenseite war ein Stall für 1 bis 2 Pferde angebaut worden und an der Werkstatt ein geräumiger Schuppen, der zur Aufbewahrung des Holzes, der Salpetererde, Asche u. s. w. diente und vom Siederaume aus durch eine Tür betreten werden konnte. Das Haus war in einiger Entfernung von einem Gartenzaun umgeben, der zwei, einander gegenüberliegende Tore besass, und der Raum zwischen Hütte und Zaun vorn als Hof und hinten als Garten eingerichtet.

Betrachten wir nunmehr die Werkstatt selbst und ihren Betrieb. In der Oeffnung eines aus Backsteinen gemauerten Herdes befanden sich zwei eiserne Stangen, auf welchen ein kupferner Sudkessel zur Verdampfung der zersetzten und geklärten Rohlauge stand. Er war meistens ziemlich flach, pfannenartig und fasste eine verhältnismässig grosse Quantität Flüssigkeit. Die Feuerung geschah von einem Rost aus, und zwar hauptsächlich vermittelst Holz, weniger durch Torf oder Steinkohlen. Ueber dem Kessel ruhte auf mehreren hölzernen Querstäben ein Korb, dessen Boden mit einer Lage Stroh bedeckt war. In diesen wurde das sich beim Sieden zunächst ausscheidende Kochsalz mittels eines langstieligen Schöpflöffels geschüttet, wodurch die dem Salze noch anhaftende Lauge langsam wieder in den Kessel zurücktropfte. Um an Brennmaterial zu sparen [1]), liess man in kleineren Siedereien oft bei Winterszeit die zersetzte Rohlauge teilweise gefrieren und vermochte auf diese Weise, besonders wenn das Verfahren noch einige Male wiederholt wurde, eine ziemlich konzentrierte und nahezu kristallisierfähige Lauge zu erzielen. Natürlich war diese Methode für einen grossen regelmässigen Betrieb ungeeignet, und es konnte hier nur ein Verdampfen der Flüssigkeit in Betracht kommen. Zur möglichst ökonomischen Ausnutzung des Feuerungsmaterials leitete man

1) In Ostindien und Aegypten wurden die Siedereikosten durch die Ausnutzung der Sonnenhitze bedeutend reduziert. So hatte z. B. ein italienischer Chemiker, namens *Baffy*, bei Memphis eine auf diesem Prinzipe beruhende grosse Siederei mit Raffineriebetrieb konstruiert, die alljährlich recht beträchtliche Mengen (4500 Ztr.) Salpeters produzierte.

die Verbrennungsgase, resp. die erhitzte Luft, durch Züge um den Kessel, liess sie eventuell noch einen zweiten Sudkessel umstreichen und, nachdem sie ihre Wärme an eine grosse eiserne Pfanne abgegeben hatten, in welche der auskristallisierte Salpeter zum Trocknen geschüttet wurde, durch den Schornstein in das Freie treten.

Mit der Bedienung des Kessels und der Feuerung hatte ein Arbeiter hinlänglich zu tun. Bald musste der Kessel mit frischer Lauge gespeist, bald neues Brennmaterial aufgelegt werden; vor allem aber war darauf zu achten, dass die Temperatur des erhitzten Sudes nicht zu hoch stieg. Ein direktes Kochen musste überhaupt vermieden werden, denn die Sudlauge schäumte infolge der noch gelöst enthaltenen organischen Extraktivstoffe bisweilen so sehr, dass ein Uebersteigen ziemlich leicht vorkam, Trotz alledem bildete sich selbst bei Anwendung von verhältnismässig niedrigen Temperaturen noch immerhin eine reichliche Menge Schaum, der mittels einer besonderen Kelle in einen, dem bereits oben erwähnten Kochsalzkorbe ähnlichen Behälter geschüttet wurde. In grösseren Siedereien diente an Stelle der Schaumkelle folgende sinnreiche Vorrichtung: Senkrecht über dem Kessel, einige Zoll von dem Kochsalzkorbe entfernt, schwebte ein zweiter, aber bedeutend kleinerer, aus Kupfer- oder Eisenblech gefertigter Kessel, der »Pfuhleimer«, welcher an einer Kette in die siedende Flüssigkeit gesenkt wurde. Da während des Verdampfens der sich ausscheidende Schaum und Schlamm stets nach der Mitte des Sudkessels getrieben wurde, so sammelte er sich nach und nach in dem Pfuhleimer an und konnte durch ein blosses Herausheben des letzteren leicht entfernt werden.

Sobald weitere Schaum- oder Schlammbildungen nicht mehr erfolgten, zog man den Pfuhleimer aus der Flüssigkeit und schöpfte das gegen Ende des Sudprozesses reichlich auskristallisierende Kochsalz ab. Nachdem auch dieses beseitigt worden war, und auf der Oberfläche eine weisse dünne Salzhaut entstand, hörte man mit frischer Zufuhr von Brennmaterial nach und nach auf und liess den Sud erkalten. Die beginnende Bildung der Salzhaut war das gewöhnliche Zeichen, an dem die Kristallisationsfähigkeit des Sudes erkannt wurde. Von einer anderen Probe berichtet *von Hochberg* [1]): »Wenn du einen Tropfen auf ein Messer

---

1) *v. Hochberg*, a. a. O., I. Buch, Kapitel CVII.

tust, und selbiger gleich einem halben Beerlein gestehet, so magst du ihn als gerecht in ein oder mehr hölzerne oder metalline Geschirr giessen und an einem kalten Ort behalten.« Als drittes Anzeichen für die Vollendung des Sudes galt endlich noch die »Strohhalmprobe«, welche im 18. Jahrhundert in den preussischen Salpetersiedereien offiziell eingeführt worden war [1]). Danach sollte die Flüssigkeit als kristallisierbar erachtet werden, sobald an einem in die Sudlauge gehaltenen Strohhalme nach kurzer Zeit die Kristalle anzuschiessen begannen.

Nachdem sich der Sud genügend abgekühlt hatte, goss man die Flüssigkeit vorsichtig in die bereitgestellten einzelnen Kristalliergefässe oder »Schiessvassen«. Diese Behälter waren meistens aus Holz, oft auch aus Kupfer verfertigt und hatten ungefähr einen Durchmesser von $^1/_2$ Fuss und eine Tiefe von $14^1/_2$ Zoll. Damit die Kristallisation möglichst schnell und vollständig verlief, wurden die Gefässe im Sommer an einen kühlen Ort, im Winter unter einen offenen Schuppen gestellt. Gewöhnlich war sie nach Verlauf von drei Tagen beendet, worauf die noch vorhandene Flüssigkeit oder »Mutterlauge« von dem ausgeschiedenen Salpeter behutsam abgegossen wurde. Sie enthielt neben beträchtlichen Mengen von Kalisalpeter vor allem noch Kochsalz und Kalksalpeter, welch letzterer aus der meist nur unvollkommenen Zersetzung der Rohlauge resultierte. Neben der Mutterlauge war auch der während des Siedens sich absetzende Schlamm, sowie das auskristallisierende Kochsalz noch so mit Salpeter imprägniert, dass sich eine Verarbeitung dieser drei Nebenprodukte durchaus lohnte.

Schlamm und Schaum wurden mit einem entsprechenden Quantum Wasser verrührt und zum Kochen erhitzt. Nach längerem Stehen an einem kalten Orte setzten sich die ungelösten Bestandteile am Boden des Gefässes ab, worauf man die Flüssigkeit abgoss und beim Ansetzen eines neuen Sudes verwandte. Der dem Kochsalze noch anhaftende Salpeter wurde durch Uebergiessen mit einer kleinen Menge heissen Wassers gewonnen und die hierdurch erhaltene Flüssigkeit später auf Salpeter verarbeitet, während das als Nebenprodukt erzielte Kochsalz als Vieh- oder Lecksalz in der Landwirtschaft, zuweilen auch als Speisesalz im Haushalte verbraucht wurde.

---

1) Generaledikt vom 1. März 1767, betreffend »Salpetersieder«.

Die Mutterlauge endlich pflegte man in manchen Betrieben zu der noch unzersetzten Rohlauge wieder hinzuzufügen, in anderen auch gesondert zu verarbeiten. Zu diesem Zwecke wurde sie nochmals mit kalihaltigen Stoffen zersetzt, geklärt und zum zweiten Male versiedet. Der Ablauf dieses letzten Sudes war zur weiteren Gewinnung von Salpeter unbrauchbar; man verdunnte ihn daher mit Regenwasser und benutzte ihn spater beim Begiessen der Salpeterbeete oder Salpetermauern.

3. Raffination.

Der Rohsalpeter oder »Salpeter vom ersten Sude« (salpêtre brut), welcher von brauner Farbe war und in der Regel einen Gehalt von etwa 88 Prozent Kalisalpeter hatte, bedurfte noch einer gehörigen Reinigung oder Raffination, bevor er zu Schiesspulver verarbeitet werden konnte. Durch diesen Läuterungsprozess sollten die anhaftenden, farbenden Bestandteile, sowie das etwa noch vorhandene, bei der Kristallisation zum Teil mit ausfallende Kochsalz entfernt werden. In früherer Zeit scheinen besonders zwei Raffinationsmethoden gebräuchlich gewesen zu sein, von denen die eine schon in jener aus Konstanz stammenden Handschrift des 15. Jahrhunderts erwähnt wird. »Nimm zu einer haffschüssel vols leimen,« verlangt die Vorschrift, »ein hant foul kolengestüp pflocken, die rein sin, und saltz, süde es mit einander . . .«[1]. Von der anderen berichtet der sächsische hüttenkundige Alchimist *Georg Agricola* († 1555) in seinem Hauptwerke »De rer-metallica«[2]: »Die anderen sauberendt den salpeter auff ein andere weiss. Denn mit diesem fullendt sie den toppf auss lebeter kupfer gemachet, und auch mit ein kupffern deckel bedecket setzendt sie auff die glutt, und sieden in biss dass er flüssig werde. Aber die gedeckten toppfen verstreichen sie nicht, dass sie den Deckel dem ein Handhaben ist, so hinwegk genommen, sahen mögendt, ob es geflossen seye oder nicht; so es nun geflossen ist, so besprützen sie es mitt schwefel der zu pulver gemachet ist. Wenn aber der töppf so in das feuer gesetzet nicht brennet so zündendt sie in an, welches zumal mitt

1) Hieraus geht hervor, dass die für die moderne Technik so ausserordentlich wichtigen Reinigungs- respektive Entfarbungsmittel, nämlich Tonerde (leimen), Holz- oder Knochenkohle (kolengestup), und schliesslich auch das Aussalzen vermittelst Kochsalz (saltz) schon seit langer Zeit bekannt waren.

2) *Agricola*, de rer. met., MDLVI, S. 464 ff.

dicker füttigkeit des salpeters, die entbor schwimmet, und alles das da brennet, so verzert, lauter wirt, als bald thundt sie den toppf vom feur hinwegk, darnach auss im so erkaltet, nemedt sie den reinsten salpeter, welcher ein gestalt hat wie ein weisser marmelstein . . .«

Diesen ziemlich primitiven Verfahren entschieden überlegen war die Raffinationsmethode, welche im 18. Jahrhundert ziemlich allgemein benutzt wurde. Man löste den Salpeter unter gelindem Erwärmen im Sudkessel in der gleichen Menge Wasser auf, tat zur Entfärbung der braunen Lösung ein kleines Quantum Leim oder Holzkohle hinzu und erhitzte die Masse einmal zum Kochen. Darauf dämpfte man das Feuer und erhielt die Flüssigkeit eine geraume Weile über in mässigem Sieden, wobei die an der Oberfläche sich ansammelnden Verunreinigungen abgeschöpft wurden. War auch dies geschehen, so löschte man das Feuer und liess den Sud langsam erkalten, wobei sich noch ein beträchtlicher Teil von Schmutz und Kochsalz zu Boden setzte. Hierauf goss man die Flüssigkeit von den ausgeschiedenen Verunreinigungen vorsichtig in die bereit gestellten Kristallisiergefässe. Um eine allzu schnelle Ausstrahlung der Wärme zu verhindern und ein möglichst langsames Abkühlen der Sudlauge zu bewirken, wurden die Kristallisierschalen mit gut schliessenden Deckeln bedeckt und in Formen aus Stroh oder Lehm gestellt. Nachdem die Kristallisation beendet worden war, wurde die Mutterlauge entfernt und der gewonnene Salpeter in die bereits oben erwähnte Trockenpfanne geschüttet.

Der auf diese Weise erzeugte »Salpeter vom zweiten Sude« war handelsfähige Ware; zur Bereitung von Schiesspulver war er jedoch noch nicht geeignet, weshalb er noch ein zweites oder drittes Mal gereinigt werden musste. Hierdurch erhielt man entsprechende Qualitäten vom »dritten« resp. »vierten Sude«.

Zur Zeit der Revolution wurde in den französischen Raffinerien infolge der grossen Anforderungen, welche der damalige Schiesspulververbrauch an die Salpeterproduktion stellte, ein bedeutend einfacheres und schnelleres Läuterungsverfahren angewandt. Es gründete sich im Prinzipe auf die Erscheinung, dass das kalte Wasser, sobald es mit Salpeter gesättigt ist, zwar nichts mehr von diesem aufnimmt, jedoch den hierbei hauptsächlich in Betracht kommenden, verunreinigenden Bestandteil, das Kochsalz, durch Auflösen entfernt und zugleich die unlöslichen Stoffe durch Abspülen mechanisch beseitigt. Nach den Vorschriften von *Beaumé*, *Carny* und *Chaptal*[1]) wusch man den Salpeter vom »zweiten Sude« in besonderen, zu dem Zwecke eigens verfertigten Waschkästen zuerst mit 20 Proz., darauf mit 10 Proz. und schliesslich mit 5 Proz. kaltem Wasser. Diese Waschbassins waren mit zwei Böden versehen, von denen der obere und verstellbare siebartig durchlöchert war. Die von dem Salpeter abtropfende Flüssigkeit sammelte sich in dem zwischen Sieb und festem Boden befindlichen Raume an und konnte durch Oeffnen eines entsprechend angebrachten Spundes nach Belieben abgelassen werden. War der Waschprozess beendet, so verblieb der Salpeter noch 6—7 Tage in den Kästen und wurde dann entweder durch Ausbreiten an der freien Luft oder durch Erwärmen in der Trockenpfanne von der noch anhaftenden Feuchtigkeit befreit. Durch dieses Verfahren konnte man in verhältnismässig kurzer Zeit einen zur Bereitung des Schiesspulvers völlig tauglichen Salpeter gewinnen. Ein ähnliches Verfahren hatte in der Salpeterraffinerie zu Rothenburg a. S. gegen Ende ihres Bestehens Eingang gefunden. Es bestand darin, dass man den Rohsalpeter in dem fünften Teile seines Gewichts an Wasser auflöste und das Kochsalz, welches unaufgelöst zurückblieb, falls es sich in beträchtlicher Menge bei dem Rohsalpeter befand, aus dem Kessel krückte. Die Flussigkeit wurde dann gekocht, durch Zusatz von Tischlerleim geklärt und siedend in ein grosses kupfernes Gefäss abgelassen. Hier wurde sie bis zum völligen Erkalten durch beständiges Ruhren in Bewegung gebracht, wodurch der Salpeter als feines Mehl ausfiel (gestörte Kristallisation). Man tat ihn darauf in hölzerne Bütten und durchfeuchtete ihn so lange mit Wasser, bis sich aus der Reinheit des abtropfenden Wassers die des Salpeters ergab.

1) Siehe *Krünitz*, a. a. O., Bd. 131, S. 452. Vgl. auch Annales de Chimie, T. 20, S. 356.

II.

Die Entwickelung der Salpeterproduktionsanlagen.

Bevor wir auf die Entwickelung der Salpeterproduktionsanlagen vom 15. bis zum 19. Jahrhundert näher eingehen, wollen wir noch einen kurzen Blick auf die ehemalige Technik jenes Produktes werfen, für welches der Salpeter die Bedeutung eines Halbfabrikates besitzt, auf die Pulverfabrikation.

In geeigneten Werkstätten, den sogenannten Pulverhütten, bereitete man das Schiesspulver aus jener bekannten Mischung von Salpeter, Schwefel und Kohle, welch letztere meist durch Verbrennen von getrockneten Hanf- oder Kaiserkronenstengeln, häufig auch von Linden-, Hasel- oder Erlenholz gewonnen wurde. Die drei Substanzen vermischte man in den verschiedensten Mengenverhältnissen, und es bestand hierbei die Regel, dass mit wachsendem Prozentgehalte von Kohle und Schwefel das Pulver an Explosionskraft abnahm, während ihr Maximum etwa bei einer Mischung von 6 Teilen Salpeter, 1 Teil Schwefel und 1 Teil Kohle erreicht wurde [1]. In der Hauptsache fabrizierte man damals folgende drei Arten [2]:

1. Kartaunen- oder Stückpulver, poudre grénue (sehr grobkörnig, für Mörser, Stücke, Sprengminen, Feuerwerke).

2. Haken- oder Musketenpulver, poudre à mousquet (weniger grobkörnig, für Flinten).

---

1) Infolge seiner Eigenschaft, mit Kohle unter Feuererscheinung zu verbrennen, stellten die Alchimisten den Salpeter sinnbildlich als feurigen Drachen dar. — Bemerkenswert ist auch der französische Ausdruck: »Cet enfant est du salpêtre« für »extrèmement vif«.

2) *Krünitz*, a. a. O., Bd. 142, S. 666.

3. Lauf-, Pürsch- oder Scheibenpulver, poudre de chasse, poudre fine (das feinste und stärkste, für Jagdbüchsen).

Die Salpeter- Kohle- und Schwefelmischung wurde 12 Stunden in einem eisernen Mörser, dessen Boden aus Marmor [1]) oder dem harten Holze der Weissbuche verfertigt worden war, mit einer Keule gestampft. In besseren Betrieben hatte man diese ziemlich primitive Vorrichtung durch zwei Steine und die Tätigkeit des Stampfens durch die des Mahlens ersetzt. Dies waren die sogenannten Pulvermühlen, deren erste Lübeck besessen haben soll, und die in der Regel durch Wasserkraft, zuweilen auch durch ein Tretwerk [2]) betrieben wurden. Nachdem die Masse etwa 4 Stunden zerrieben worden war, wurde sie zum ersten Male gewendet, mit Wasser benetzt und weiter bearbeitet. Zum Durchfeuchten benutzte man häufig auch andere Flüssigkeiten [3]), wie Leinöl, Harn, Essig und Branntwein. Sie waren aber für die Güte des herzustellenden Pulvers völlig bedeutungslos, und hinsichtlich der Verwendung von Branntwein bemerkt ein Kameralist [4]) sehr treffend: »Es ist dies aber teils nichts nütze, teils gefährlich, weil sich die Pulvermüller oft mehr als den Satz damit benetzen.«

Nachdem die einzelnen Bestandteile gehörig zerstampft worden waren, brachte man die Masse in die »Körnstube«, wo sie in kleine Körnchen von verschiedener Grösse geformt und diese vermittelst feinmaschiger Siebe sortiert wurden. Hierauf polierte man das gekörnte Pulver dadurch, dass man es in ein Fass schüttete, mit etwas Schwefel vermengte und ein paar Stunden am Mühlrade rotieren liess. Um das Pulver schliesslich zu trocknen, wurde es im Sommer der Sonnenwärme ausgesetzt und im Winter in einem mässig geheizten Raume aufbewahrt.

Da fast alle Manipulationen mit Explosionsgefahr verknüpft waren, so stellte man die Pulverhütten oder Pulvermühlen nur selten aus massiven Gebäuden her, sondern führte sie meistens in leichtem Bretterbaue auf. Aus diesem Grunde durften die Pulvermühlen auch niemals innerhalb einer Stadt, höchstens an der Mauer derselben angelegt werden. —

---

1) Nach der damaligen Ansicht »schlug Marmor kein Feuer«.

2) *v. Hochberg*, a. a. O., Buch I, Kapitel CVII.

3) Fronsberger Kriegsbuch, 1573. (Siehe über »Pulverbereitung«.)

4) *Zinke* in seiner Kameralwissenschaft, 1755.

Wir kommen nunmehr zu unserer eigentlichen, in diesem Abschnitte gestellten Aufgabe, zur Entwickelung der Salpeterproduktionsanlagen. Vergegenwärtigen wir uns noch einmal kurz den gesamten Produktionsprozess, dessen Endprodukt das Schiesspulver schliesslich ist. Zunächst urproduktive Gewinnung der salpeterhaltigen Rohstoffe entweder aus natürlichen Fundstätten oder durch künstlichen Salpeterbau, dann Veredelung der Materialien zu Rohsalpeter nebst Herstellung des Halbfabrikates (des raffinierten Salpeters) und endlich Verarbeitung des letzteren zu Schiesspulver.

»Im Anfange des 14. Jahrhunderts«, bemerkt *Fr. Engels*[1]), »kam das Schiesspulver von den Arabern zu den Westeuropäern und wälzte, wie jedes Schulkind weiss, die ganze Kriegführung um. Die Einführung des Schiesspulvers und der Feuerwaffen war aber keineswegs eine Gewalttat, sondern ein industrieller, also wirtschaftlicher Fortschritt. Industrie bleibt Industrie, ob sie auf die Erzeugung oder Zerstörung von Gegenständen sich richtet. Und die Einführung der Feuerwaffen wirkte umwälzend nicht nur auf die Kriegführung selbst, sondern auch auf die politischen Herrschafts- und Knechtschaftsverhältnisse. Zur Erlangung von Pulver und Feuerwaffen gehörte Industrie und Geld, und beides besassen die Städtebürger. Die Feuerwaffen waren daher von Anfang an Waffen der Städte und der auf die Städte gestützten, emporkommenden Monarchie gegen den Feudaladel.«

Zweifellos war die Einführung des Schiesspulvers resp. die der Feuerwaffen kein Gewaltakt, sondern ein langsam vor sich gehender, wirtschaftlicher Fortschritt, denn selbst noch gegen Ende des 14. Jahrhunderts scheint man von der Anwendung des Pulvers zu kriegerischen Zwecken nur geringen Gebrauch gemacht zu haben. Die Stadt Strassburg, seinerzeit der wirtschaftliche und geistige Mittelpunkt von Südwestdeutschland, hielt während seiner vielen Kriege bis zum Jahre 1398 noch keinen Büchsenmeister, der sonst zur Bedienung etwa vorhandener Feuerwaffen unbedingt erforderlich gewesen wäre[2]). Es will vielmehr

1) *Fr. Engels*, Herrn E. Dührings Umwälzung der Wissenschaft. 3. Aufl., S. 173,

2) Erst 1398 engagierte der Rat einen Büchsenmeister, Clarus Ziegler, den Reinhard, der Büchsenmeister des Königs von Ungarn, empfohlen hatte (Strassburg. Urkundenbuch VI, S. 742, Nr. 1432). Ebenso bemerkt *Schultz* (Deutsches Leben im XIV. u. XV. Jahrh., S. 585): »1407 bestellt die Stadt Freiberg einen neuen Schützenmeister, dessen Obliegenheiten genau bestimmt werden; von Feuerwaffen ist auch da nicht die Rede«.

wissen, auch, dass man das Schiesspulver weit häufiger zu privaten Zwecken [illegible] zu [illegible] in Benutzung genommen hat, ähnlich wie man sich noch heutzutage aus chlorsaurem Kali, Strontian und Baryumnitrat u. s. w. nicht selten Feuerwerkskörper selbst verfertigt. Dem entspricht auch ganz eine Nürnberger Polizeiordnung aus jener Zeit, welche allen Bürgern verbot, zum ihren eigenen Bedarf Schiesspulver in den Häusern der Stadt herzustellen[1].

Schon um die Mitte des 14. Jahrhunderts besass fast jede Stadt von Bedeutung eine Pulvermühle oder ein »Büchsenhaus« und besoldete einen eigenen Büchsenmeister. Eine solche Einrichtung hatte sich infolge der damals noch ziemlich allgemein herrschenden Stadtwirtschaftspolitik für die Sicherheit und Verteidigung der Stadt und ihrer Bürger sozusagen von selbst ergeben. Trotzdem war, von wenigen Ausnahmen abgesehen, etwa bis zum dritten Viertel des 15. Jahrhunderts von einer eigentlichen Salpetergewinnung aus natürlich vorkommenden Rohmaterialien noch keine Rede, denn jede Stadt deckte ihren Bedarf durch ausländischen Salpeter[2], welcher mittels des Levantehandels nach Venedig gebracht und von hier aus durch jenen weitverzweigten Binnenhandel in die verschiedensten Städte weiter befördert wurde. Da der angekaufte Salpeter meist noch ziemlich unrein und oftmals sogar, wie berichtet wird[3], durch Beimengung minderwertiger Stoffe (Kochsalz u. s. w.) absichtlich verfälscht worden war, so musste der Büchsenmeister gewöhnlich den Salpeter, bevor er ihn zu Schiesspulver verarbeiten konnte, durch Läutern oder Umkristallisieren brauchbarer gestalten, in welchen Raffinationsarbeiten zweifellos der Ursprung des eigentlichen Salpetersiedereibetriebes zu finden ist. Als man die Bedeutung des Schiesspulvers allmählich immer mehr zu würdigen verstand und der Verbrauch von Salpeter demgemäss beständig zunahm, wurde durch die Versuche der Gelehrten und Alchimisten die Aufmerksamkeit auf die an Ort und Stelle natürlich vorkommenden sal-

1) *Baader*, Sammlung Nürnberger Polizeiordnungen (XIII. bis XV. Jahrhundert) S. 56. Vergl. auch *Schultz*, a. a. O., S. 582: »Das Pulver bereiteten sich die Leute wohl selbst, wenn man seiner bedurfte.« Daselbst finden sich auch einige Belege.

2) So befinden sich z. B. in der »Sammlung Hildesheimer Stadtrechnungen« von *Richard Doebner*, 1893, etwa seit dem Jahre 1380 erst seltener, dann aber immer häufiger wiederkehrende Ausgaben der Stadt Hildesheim (und Göttingen) für Salpeter und Schwefel.

3) *v. Romocki*, a. a. O.

peterhaltigen Rohstoffe gelenkt und die Büchsenmeister bald mit deren Verarbeitung betraut.

Hierdurch erfuhr der ursprüngliche Betrieb der alten Pulverhütte erheblichen Zuwachs, und grössere Städte [1]), wie Ulm [2]), Nürnberg, Breslau [3]) u. s. w. trugen demselben dadurch Rechnung, dass sie mit der Pulverhütte einen besonderen Salpetersiedereibetrieb verbanden. Ein solcher Zustand primitiver Produktionsvereinigung, welcher den lokalen Bedürfnissen vollkommen gerecht wurde, erhielt sich fast allgemein bis um die Mitte des 16. Jahrhunderts und hat selbst noch lange Zeit darüber hinaus vereinzelt fortbestanden [4]).

Die Verbindung der Urproduktion mit der eigentlichen gewerblichen Tätigkeit in all ihren Phasen bis zum Endprodukt, jenes charakteristische Zeichen eines noch in der Entstehung begriffenen Gewerbes, tritt uns demnach auch hier entgegen: In ein und demselben Betrieb wird der Rohstoff für das gewünschte Erzeugnis gewonnen, zum Halbfabrikat umgeformt und dieses endlich zum gebrauchsfertigen Produkt veredelt.

Allerdings war zu jener Zeit der urproduktive Teil der Salpetergewinnung fast ausschliesslich auf die Ausbeutung natürlicher Fundstätten beschränkt, und als dann der künstliche Salpeterbau allgemeineren Eingang fand (in der zweiten Hälfte des 18. Jahrhunderts), war jener Produktionskomplex bereits mehr oder weniger in seine einzelnen Komponenten zerfallen. Trotzalledem hat man aber auch später noch verschiedentlich den Versuch gemacht, auf dieser urproduktiven Grundlage die gesamte Produktionsvereinigung zu einem Betriebe lebensfähig zu gestalten.

Im Jahre 1759 beispielsweise wurde dem Kurfürsten von Bayern seitens zweier Schweizer, dem Grafen de la Palme und einem gewissen Joseph Abry, welche derartige Anlagen bereits in Bern und Brüssel angeblich auch mit gutem Erfolge

1) Vereinzelt auch kleinere: die Stadt Cöthen z. B. betrieb seit 1503 eine Pulverhütte nebst Salpeterwerk. (Siehe *Hartung*, »Geschichte der Stadt Cöthen«, 1900, S. 409 ff.)

2) *Veesenmeyer*, Fabis Tractatus, S. 47. — Zitiert nach *Nübling*, »Ulms Handel und Verkehr im Mittelalter«, Heft 5.

3) Codex diplom. Silesiae, Bd. 20, S. 118.

4) Beispiele: *A. Steinbeck*, »Geschichte des schlesischen Bergbaues«, 1857, S. 246 Codex diplom. Silesiae, Bd. 21, S. 174; desgl. »Zeitschrift für das Berg-, Hütten- und Salinenwesen in Preussen«, 1901, Bd. 49, S. 544.

in Betrieb gesetzt hatten, ein dementsprechender Entwurf unterbreitet [1]. Sie beabsichtigten, eine Pulvermuhle, die ohne Wasserkraft arbeiten und vollkommen explosionssicher sein sollte, zu errichten und diese mit einer Salpetersiederei nebst Raffineriebetrieb und vier Plantagen zu verbinden. Die Umtriebszeit der letzteren war auf einen dreijahrigen Turnus berechnet.

Der Kurfürst, welchem in erster Linie daran lag, eine möglichst hohe Pulverproduktion bei dem Unternehmen zu erzielen, erkannte bald die Unmöglichkeit, diesen Zweck mit einer so geringen Anzahl von Plantagen zu erreichen. Aus dem Grunde genehmigte er die Realisierung des Projekts in der Weise, dass zunächst eine Trennung von Salpetergewinnung und Pulverfabrikation vorgenommen und das Unternehmen auf Kosten und unter Aufsicht des Staates betrieben wurde.

Leider lässt sich nicht erkennen, ob die Anlagen in Bern und Brüssel, in welchen das Prinzip der Produktionsvereinigung streng durchgefuhrt worden war, mit einem gleich glücklichen Erfolge arbeiteten, als er bei der bayrischen, dank der hier vollzogenen Produktionsteilung, verzeichnet werden konnte. Wahrscheinlich aber sind jene Unternehmungen aus Rucksichten der Rentabilität bald gezwungen worden, den weitaus grössten Teil des für einen moglichst ökonomischen Betrieb der Pulvermühle erforderlichen Salpeters anzukaufen, wodurch ihr eigentümlicher Charakter verloren ging. —

Infolge der bestandig wachsenden Bedeutung des Schiesspulvers als Kriegsmunitionsmittel und des Aufkommens der stehenden Truppen, welche die erstarkenden Territorialherren unterhielten, wurden die letzteren darauf hingelenkt, die heimische Salpeter- und Pulverproduktion fur ihre Bedurfnisse in Anspruch zu nehmen. Daher erfolgte gegen Ende des 16. Jahrhunderts in den bedeutenderen Staaten, besonders in Frankreich, Brandenburg, Württemberg und Bayern, die Monopolisierung dieses wichtigen Produktionszweiges; eine Usurpation, die nach aussen hin, rechtlich durch das den Landesherren allein zustehende »Salpeterregal«, sanktioniert wurde. Eine der ersten Wirkungen dieses Regalitätsanspruchs auf die bisherige Salpeter- und Pulvergewinnung war rein organisatorisch-technischer Art: Zur Steigerung ihrer Leistungsfahigkeit und besseren Kontrolle trennte man die

1) Aus den Akten des »Konigl. Kreisarchivs« zu München.

Pulverfabrikation von der Salpetergewinnung und verlegte die erstere nach Art eines zentralisierten, grösseren Betriebes in die landesherrlichen Zeughäuser, während die letztere ihren seitherigen dezentralisierten Charakter auch fernerhin behielt. Verbote, welche den Salpetersiedern die Bereitung von Schiesspulver bei hoher Strafe untersagten, finden wir in Frankreich um 1600. Zur nämlichen Zeit, im Jahre 1598, erfolgten ähnliche in Württemberg [1]), einige Jahre später auch in Bayern [2]), am frühesten aber in Brandenburg durch das erste »Salpeteredikt« vom Montag nach Reminiscere des Jahres 1583. Seitdem hat dieser Trennungszustand bis zum Ende des 18. Jahrhunderts fast allgemein fortgedauert und nur insofern eine modifiziertere Form angenommen, als infolge des allmählich grössere Verbreitung findenden Salpeterbaues der Betrieb einen neuen Zuwachs erhielt.

Inzwischen hatte sich aber in Frankreich noch eine weitere Produktionsteilung, und zwar innerhalb des Siedereibetriebes selbst, vollzogen. Wir betrachteten die Salpetersiederei als ein Gewerbe, welches sich nicht nur mit der Gewinnung des Rohsalpeters aus den salpeterhaltigen Rohmaterialien, sondern auch mit seiner Raffination befasste. Es ist klar, dass in diesem Produktionsprozesse von vornherein ein Moment der Trennung lag, und dass diese eintreten musste, sobald die äusseren Verhältnisse sich dementsprechend gestalteten. Diesen Entwicklungsverlauf können wir in Frankreich beobachten, wo im 18. Jahrhundert die Bemühungen um die Befriedigung des ausserordentlich gestiegenen Salpeterbedarfs in dem offiziellen Verbote ihren Ausdruck fanden, welches den Salpetersiedern die Raffination des aus künstlicher oder natürlicher Salpetererde erzeugten Rohsalpeters strengstens untersagte und ihnen höchstens die Fabrikation des Salpeters »vom zweiten Sude« gestattete. Hierdurch sollte den Salpetersiedern Gelegenheit gegeben werden, ihre Arbeitskraft und Geschicklichkeit gänzlich der Rohsalpetergewinnung (und später auch dem künstlichen Salpeterbaue) zu widmen, während die Raffination des Rohsalpeters nunmehr in grossen, von Fachmännern geleiteten Fabriken vorgenommen wurde. In Frankreich gab es seinerzeit Raffinerien, welche, wie z. B. die »Raffinerie de l'Unité« zu Paris [3])

---

1) General-Reskript vom 17. Juli 1598. *Reyscher*, Sammlung württembergischer Gesetze, Bd. 16, I, S. 200.

2) Saliterordnung vom 21. März 1624.

3) Revue Scientifique, Tome XIII, p. 136. »Les Ateliers révolutionaires de Sal-

(errichtet zur Zeit der Revolution in der Abtei Saint-Germain-des-Prés), täglich bis zu 30000 Pfund gereinigten Salpeters fabrizierten, und Pulvermühlen, wie die zu Grenelle, die etwa ein gleiches Quantum Pulver herzustellen vermochten [2]).

Aber nicht nur ein wirtschaftlicher, sondern auch ein rein technischer Vorteil wurde durch diese Teilung des Produktionsprozesses erzielt. Wie wir gelegentlich bereits darauf aufmerksam machten, litt das in den Salpeterhütten raffinierte Fabrikat gewöhnlich an dem Uebelstande, dass es nur einen relativ niedrigen Prozentgehalt an Kali, dagegen einen ziemlich beträchtlichen an Kochsalz und Kalk besass. Diese beiden Mängel wurden in den grossen französischen Raffinerien, infolge der hier zur Reinigung des Rohsalpeters angewandten rationelleren und mehr auf wissenschaftlichen Grundlagen beruhenden Methoden, auf ein Minimum herabgemindert. Noch bis etwa zur Mitte des 19. Jahrhunderts besass Frankreich 12 solcher staatlichen Raffinerien, von denen 2 mit Pulverfabriken verbunden waren.

Die unverkennbaren Vorzüge, welche das in Frankreich allgemein befolgte Prinzip zur Folge hatte, d. h. die Raffination von der Rohsalpetergewinnung zu trennen, um sie zu einem zentralisierteren Betriebe zu organisieren, veranlassten auch Preussen, Bayern und Württemberg, demselben bis zu einem gewissen Grade stattzugeben: Man richtete nämlich in den Zeughäusern oder Salpetermagazinen einen kleineren Raffineriebetrieb ein, damit eine etwaige Läuterung schlechter Ware, welche die Salpetersieder nicht selten einlieferten, unverzüglich vorgenommen werden konnte. Preussen ging hierin sogar so weit, dass es im Jahre 1782 eine besondere Salpeterraffinerie errichtete. Diese Raffinerie [3]),

pêtre«. Desgl. Annales de Chimie, Tome XX (1797).

2) Dieselbe flog am 14. Fructidor, am II (1. September 1794) in die Luft.

3) Eine kurze Beschreibung dieser Anlage befindet sich (aus dem Jahre 1790) im »Bergmännischen Journal« (Jahrgang VI, S. 260 ff.): »Die Rothenburger Anlage insbesondere ist erst 8 Jahre alt. Man findet dort verschiedene Salpeterplantagen in bedeckten und unbedeckten Wänden. Diese Plantagen geben aber hier überhaupt nur etwa 40 Ctr. reinen Salpeter, dahingegen das ganze Quantum des raffinierten Salpeters 1500 Ctr. beträgt. — Die Kessel sind von Kupferblech 1 Leipziger Elle tief und 2 Ellen im Durchmesser. Bei dem Versieden der Lauge braucht man bei Holzfeuerung nur drei Tage, bei Steinkohlen aber 5 Tage. Zu einem Sude geht beinahe 1 Klafter $^3/_4$liches Holz (von 6 Fuss rheinländischer Länge und Höhe) oder aber 6 Scheffel Wettiner Steinkohlen drauf. Gegenwärtig versucht man auch mit Braun-

welche nicht nur ihren selbst produzierten Rohsalpeter, sondern auch den der nächstgelegenen Salpeterhütten verarbeitete, vermochte ihre Leistungsfähigkeit bald derartig zu steigern, dass sie zu Beginn des 19. Jahrhunderts imstande war, die gesamte Rohsalpeterproduktion des Saalkreises, des ehemaligen Herzogtums Magdeburg und der Grafschaft Mansfeld zu bewältigen[1]).

Wenn im allgemeinen auch diejenigen Betriebe, welche sich vorwiegend mit der Gewinnung des Rohsalpeters befassten, naturgemäss in der damaligen Zeit kaum eine entsprechende Entwickelung entfalten konnten, wie wir sie in den französischen Salpeterraffinerien beobachteten, so trug doch ihre immer mehr und mehr eintretende Verbindung mit dem künstlichen Salpeterbaue zu ihrer Vergrösserung und der Steigerung ihrer Produktivität wesentlich bei. Schon um die Mitte des 18. Jahrhunderts begann dieser Entwickelungsprozess; aber erst im Anfange des folgenden, als sich nach der Aufhebung des Salpeterregals das private Kapital dem künstlichen Salpeterbaue mehr zuwandte, gewann er (vor allem in Frankreich) an Umfang und Bedeutung. Ueberhaupt spielte seit jener Zeit die Fabrikation von Salpeter aus natürlich vorkommenden Rohstoffen nur noch eine nebensächliche Rolle. In Frankreich, wo die staatliche Monopolisierung der heimischen Salpeterproduktion, wenn auch in sehr viel milderer Form als früher, noch längere Zeit fortbestand, kam der Salpeterplantagenbau als Grossbetrieb in dem zweiten und dritten Dezennium des 19. Jahrhunderts sehr in Aufnahme, und manche Unternehmer bewirtschafteten damals nicht selten 10 bis 15 Plantagen von bedeutender Grösse. In Deutschland (Preussen) wurde der künstliche Salpeterbau zu Anfang des vorigen Jahrhunderts nur noch in einigen Gegenden intensiver betrieben; so befanden sich z. B. in Schlesien, wo man vorwiegend Salpeterpyramiden bewirtschaftete, im Jahre 1801 schon deren 160 und 1803 sogar über 250[2]). Die Salpeterhütten, welche hier in der Regel mit Raffinationsbetrieb verbunden waren[3]), pflegten ihre

kohlen von Langenbogen, die jedoch, ohne Steinkohlen vermischt, nicht brauchbar sind«.

1) Die Rothenburger Raffinerie wurde seinerzeit von dem daselbst befindlichen Königl. Oberbergamte geleitet.

2) *H. Fechner*, »Geschichte des schlesischen Berg- und Hüttenwesens« in der Zeitschrift für das Berg-, Hütten- und Salinenwesen in Preussen, 1902, Bd. 50, S. 299.

3) Eine wirtschaftliche Notwendigkeit, die folgenden Grund hatte: Damals kostete der Rohsalpeter 20 Rtlr. pro Zentner, welcher, wie z. B. zu Schnelleralde (Schle-

Pyramiden gewöhnlich in einer Anzahl von 10—25 Stück, zuweilen selbst bis zu deren 50 zu bewirtschaften. Um das Jahr 1800 errichtete Graf *Pilati*[1] folgende Salpeterhütten: Eine zu Schlegel bei Neurode, mit welcher später auch die Rückerser des Grafen *Stillfried* vereinigt wurde; eine weitere zu Weissbrod bei Habelschwerdt, desgleichen eine zu Ogen bei Grottkau und eine »Konzentrationshütte« (Raffinerie) zu Hertwigswalde. Die jährliche Produktion der *Pilati*schen Hütten betrug im Durchschnitt etwa 230 Ztr. rohen und 40 Ztr. geläuterten Salpeters[2]. Auch in dem kleinen Distrikte Heiligenstadt hatte der Salpeterbau in Gestalt des einfacheren Plantagenbetriebes oder der sogenannten »Planen« Eingang gefunden. *Krünitz* berichtet[3], dass damals in diesem Distrikte, »der nur ungefähr 10 □Meilen fasst, obgleich die Salpetergewinnung unter den ungünstigsten Umständen eingeführt wurde und noch in einem sehr unvollkommenen Zustande sich befand, im Jahre 1813 schon beinahe 100 Ztr. Salpeter gewonnen wurden, und bei fortgesetztem Betriebe wohl das Doppelte erzielt werden könnte«.

Aber noch ein weiteres Moment trug zur Entwickelung der Salpeterproduktionsanlagen bei. Wir haben in unseren bisherigen Ausführungen unter dem Namen »Produktionsvereinigung« innerhalb dieses Produktionszweiges jenen gewerblichen Organisationsprozess betrachtet, durch den eine Verbindung einzelner Produktionsabschnitte, in diesem Falle Rohsalpetergewinnung und Raffination oder Raffination und Pulverfabrikation oder endlich dieser drei zusammen, bewirkt wurde. Zweifellos anderer Art dürfte eine gewerbliche Kombinationsform sein, welche aus einem oder mehreren der oben genannten Produktionsabschnitte und aus einem mit diesem zwar in naher technischer Beziehung stehenden, aber nicht zum Produktionsprozess unmittelbar gehörenden gewerblichen Betrieb gebildet wird; sagen wir beispielsweise die Verbindung der Rohsalpetergewinnung mit einem Pottaschebrennereibetriebe.

———

tion), 19 Rtlr. 29 Sgr. Kosten verursachte. Dagegen wurde der Zentner geläuterten Salpeters mit 44 Rtlr. bezahlt, während die Produktionskosten in diesem Falle nur 32 Rtlr. betrugen.

1) *H. Fechner*, a. a. O., Bd. 50, S. 300.

2) Die genauere Produktionsstatistik befindet sich bei *Fechner*, a. a. O., Bd. 50, S. 301 und 302.

3) *Krünitz*, a. a. O., Bd. 131, S. 493.

L. Sinzheimer [1]), der in seinen Untersuchungen über den fabrikmässigen Grossbetrieb diesen Konzentrationsvorgang als »Kombination« bezeichnet hat, ist m. E. zu einer klaren Scheidung desselben von der gewöhnlichen Produktionsvereinigung nicht gelangt [2]). Es ist allerdings nicht zu bezweifeln, dass die beiden Organisationsarten in vielen Fällen in einander übergehen, aber richtiger und präziser würde man die letztere vielleicht »Betriebsvereinigung« nennen [3]). Während man im allgemeinen das Moment der Produktionsvereinigung schon seit langem beobachten kann, scheint die Betriebsvereinigung doch erst das Ergebnis moderner, grossgewerblicher Entwickelung zu sein. Es ist daher äusserst interessant, sie bereits gegen Ende des 18. Jahrhunderts innerhalb der, im Vergleiche zu den heutigen, noch ziemlich einfachen Salpeterproduktionsanlagen anzutreffen.

Hier wurde nämlich der zum »Brechen« der Rohlauge erforderliche, relativ beträchtliche Verbrauch von Kali oft die Veranlassung, einen weiteren Betrieb aufzunehmen, der diesen Stoff möglichst billig, z. B. als Nebenprodukt oder Abfallstoff, lieferte, eventuell auch, um durch direkte Fabrikation desselben Unabhängigkeit in bezug auf Konjunkturen und lokale Lage des Marktes zu erlangen. Wir können daher die Verbindung einer Salpetersiederei mit einer Pottaschebrennerei ziemlich häufig beobachten. In Bayern beispielsweise hatte man nach dem Vorbilde des von einem gewissen Hozendörffer zuerst eingerichteten Betriebes diese Art der Vereinigung verschiedentlich eingeführt. Die erzeugte Pottasche wurde zum grösseren Teile selbst verbraucht, zum kleineren an Färber, Seifensieder u. s. w. abgegeben. Dezentralisierter, aber sonst gleicher Natur, gestalteten sich die Verhältnisse in Frankreich. Dort versorgte die »Salpeterregie« ihre Salpeterhütten und Raffinerien mit Pottasche, welche sie in eigenen Brennereien zu diesem speziellen Zwecke herstellen liess. Eine weitere Betriebsvereinigung fand bei der Verbindung von Salpetersiederei einerseits, Scheidewasserdestillation oder Seifen-

---

1) *L. Sinzheimer*, Ueber die Grenzen der Weiterbildung des fabrikmässigen Grossbetriebes in Deutschland, 1893, S. 20 ff.

2) *L. Sinzheimer*, a. a. O., S. 31: »Nach *K. Büchers* Terminologie ist die Kombination Produktionsvereinigung«.

3) *K. Büchers* Artikel »Gewerbe«, H.W.B. d. Staatswissenschaften, 2. Aufl., Bd. IV, S. 392: »Man hat diesen Vorgang als Kombination bezeichnet; wir werden ihn vielleicht zutreffender Betriebsvereinigung nennen«.

siederei andererseits statt. Beide lieferten kalihaltige Stoffe in reichlichem Masse, und zwar die Scheidewasserdestillation als Nebenprodukt: das schwefelsaure Kali, die Seifensiederei als Abfallstoffe: die Seifenlauge und Seifenrückstände.

In den oben genannten drei Fällen der Betriebsvereinigung spielte die Salpetersiederei stets die Rolle des Hauptbetriebes, die Pottaschebrennerei resp. die Scheidewasserdestillation oder Seifensiederei die des Nebenbetriebes. Zuweilen gestaltete sich aber dieses Verhältnis auch umgekehrt. Allerdings trat dies in Bezug auf jene drei Gewerbe weniger hervor, als vielmehr bei einer Bleicherei oder Schwefelsäurefabrik, falls die letztere zugleich Scheidewasser herstellte.

Nachdem wir die Entwickelung der Salpeterproduktionsanlagen in grossen Zügen näher kennen gelernt haben, wenden wir uns in folgendem einer Reihe interessanter Versuche und Projekte zu, welche vornehmlich bei uns in Deutschland zur Hebung der heimischen Salpetergewinnung sowohl auf dem Gebiete der Organisation als auf dem der Technik gemacht wurden. In ersterer Hinsicht verdient hier eine Veranstaltung erwähnt zu werden, welche von privater Seite im Jahre 1742 geplant wurde und die an Grossartigkeit alle ähnlichen Versuche in den Schatten stellt, nämlich das Landenbergersche Projekt zur Gründung einer Salpeter- und Pottaschesiederei-Kompagnie in Schlesien [1]). Schon 100 Jahre früher hatte ein Schlesier ein ähnliches Unternehmen zu errichten versucht und zu diesem Zwecke auch eine »Salpeter-Gewerkschaft« gegründet [2]), welche aber nur von kurzem Bestande war. Die »Salpeter- und Pottaschesiederei-Compagnie« Landenbergers, die bezüglich ihrer inneren Organisation vielfach mit unseren modernen Erwerbsgesellschaften, besonders den Aktiengesellschaften, übereinstimmt, beruhte, wie alle derartigen privaten Kollektivunternehmungen jener Zeit, auf dem alten Oktroisystem. Demnach war ihre Gründung nicht durch das allgemeine Recht gestattet, sondern auf Grund eines landesherrlichen Spezialprivilegs.

---

1) *Bergius'* Magazin. 1774. Bd. 8. S. 19 ff.

2) Er erhielt 1642 vom Kaiser Ferdinand III. ein Privileg, das ihm gestattete, Salpeter »aller Orten, wo er zu finden und des Landes sonderbare Beschwerdt wird seyn können, gegen gebührende Abfindungen mit jeder Grundes Obrigkeit zu graben, denselben sieden und hierzu die bedürftigen Hütten einzusetzen und erbauen zu lassen« (*Steinbeck*, Geschichte des schlesischen Bergbaues 1857. Bd. II. S. 247).

Das von der Staatsgewalt ausgehende Oktroi regelte die öffentlichen Befugnisse und Pflichten der Gesellschaft, verbreitete sich aber auch auf solche privaten Verhältnisse, die ihm besonders wichtig erschienen. Eine derartige Assoziation, die durch Verleihung des Oktroi mit Körperschaftsrechten ausgestattet war, galt, wie *Ring*[1]) bemerkt, der Zeit des eudämonistischen Polizeistaates unterschiedslos als öffentliche Körperschaft, d. h. als Staatsanstalt.

Zur Gründung der »Compagnie« hatte der Entreprenneur Landenberger von der königlichen Kriegs- und Domänenkammer zu Breslau das ausschliessliche Privileg zur Anlage von Salpetersiedereien und Pottaschebrennereien in Ober- und Niederschlesien, mit Ausnahme der Grafschaft Glatz, erhalten, und es waren ihm und seiner Unternehmung die verschiedenen Vergünstigungen, welche die königlichen Salpetersieder infolge des Salpeterregals allgemein genossen, gewährt worden. Das Graben des Salpeters innerhalb privater Grundstücke und Gebäude wurde der Gesellschaft auf 20 Jahre gestattet, und zwar sollte sie die von ihr angelegten Salpeterpflanzungen oder -Mauern später zu »beständigem Erblehen« besitzen. Andererseits musste sie die jährlich erzielte Gesamtproduktion an Salpeter der königlichen Kammer verkaufen, jedoch den Zentner um 2 Rtlr. billiger, als der gewöhnliche schlesische Kurs des Salpeterpreises betrug.

Die von dem Entreprenneur publizierten »Präliminarpunkte«, zur Gründung der Kompagnie, enthielten im wesentlichen folgende Bestimmungen: Als Sitz der Gesellschaft, der Hauptkasse und des Hauptmaterialienlagers war Breslau in Aussicht genommen und der kaufmännische Teil der Leitung des Unternehmens einem tüchtigen Buchhalter, dem ein »wohlproffessionierter« Kassierer untergeordnet war, übertragen worden. Der Entreprenneur selbst sollte als Direktor der Kompagnie die Organisation der ganzen Anlage, sowie deren technische Leitung übernehmen. Zur Erleichterung der Betriebsführung wurden ihm mehrere »Subalternen«, die wohl unseren heutigen Werkmeistern oder Betriebsleitern entsprechen mochten, unterstellt. Diejenigen vier Gesellschaftsmitglieder, welche die höchsten Kapitalseinlagen in das Unternehmen gesteckt hatten, sollten zu »Deputatis der Kom-

---

1) *Ring*, Aktienrecht in Deutschland. H W.B. der Staatswissenschaften, 2. Aufl., Bd. I, S. 144.

pagnie ernannt werden, eine Institution, welche etwa mit dem Aufsichtsrate der modernen Aktiengesellschaften verglichen werden kann. Die Deputats hatten in Gemeinschaft mit dem Entrepreneur von Zeit zu Zeit die Rechnungen, Arbeiten und Kasse zu revidieren, die Verteilung der Rohmaterialien an die einzelnen Betriebe zu regeln und über sonstige Angelegenheiten und Fragen, welche die Kompagnie betrafen, zu beraten und zu verfügen. Eine unserer heutigen Generalversammlung entsprechende Einrichtung war nicht vorhanden, sie wäre auch infolge der grossen Machtbefugnisse, die der Entrepreneur und die Deputats innehatten, ziemlich zwecklos gewesen. Jedoch wurde gewissermassen als Ersatz für diese Institution die Bestimmung getroffen, dass eventuelle Streitigkeiten, die entweder zwischen den Gesellschaftsmitgliedern unter sich oder zwischen diesen und dem Verwaltungsapparat entstehen würden, durch unparteiische Rechtsprechung von Gelehrten oder Kaufleuten beigelegt werden sollten.

Das Grundkapital von 100 000 Rtlr. sollte durch Verkauf von 1000 auf Namen lautenden Anteilscheinen oder Aktien à 100 Rtlr. aufgebracht und nach der königlichen »Ratifikation« für jede Aktie ein gedruckter Schein den Teilnehmern ausgehändigt werden. Diese Anteilscheine konnten nach Belieben verkauft, vertauscht, vererbt oder »zediert« werden; doch musste man eine derartige Aenderung in jedem besonderen Falle dem Buchhalter rechtzeitig melden, damit eine Umschreibung des Namens vorgenommen werden konnte. Das Unternehmen sollte als eine Art »Successivgründung«, mit dem Prinzip der Zehnteldeckung realisiert werden, zu welchem Zwecke man die 1000 Aktien in 10 Emissionen ausgeben wollte. Sobald die erste derselben (also 100 Aktien) gezeichnet und nach der königlichen Ratifikation einkassiert worden war, sollte das Kapital sofort zur ersten Anlage verwandt werden, und erst nachdem diese 10 000 Rtlr. investiert worden waren, wollte man zur zweiten Emission schreiten. Auf diese Art und Weise sollte das gesamte Aktienkapital nach und nach aufgebracht und angelegt werden. Aller 6 Monate sollte vom Buchhalter und Kassierer eine »Profitrechnung« aufgestellt und der sich hieraus eventuell ergebende Gewinn zu 3/4 den Aktionären inklusive Aufsichtsrat und zu 1/4 dem Direktor zugeteilt werden.

Leider lässt sich aus den späteren Berichten nicht ersehen,

ob dieses für die damaligen Verhältnisse geradezu grossartige Unternehmen auch tatsächlich zur Durchführung gelangte; wenigstens erfahren wir von *Bergius,* trotzdem dessen Angaben aus einer späteren Zeit (1774) stammen, nichts hierüber. Höchst wahrscheinlich aber musste man es vor der Hand bei dem Projekte bewenden lassen, denn die bald darauf folgenden Kriege, welche lange in Schlesien wüteten, machten selbst nach ihrer für Preussen glücklichen Beendigung auf viele Jahre jede Aussicht auf Entwicklung und Gedeihen einer derartigen Unternehmung zu nichte [1]).

Aber auch später noch scheint Schlesien vornehmlich dasjenige Land gewesen zu sein, welches die damaligen Fachmänner für die Salpeterwirtschaft als besonders geeignet betrachtet haben. Im Jahre 1812 machte der königliche Münz-Rendant zu Berlin, Christian Heinrich Müller, den wir schon früher kennen gelernt haben, den Vorschlag zur Errichtung einer grossen Salpeterfabrik nebst Anlagen zur künstlichen Gewinnung von Salpetererde in der Breslauer Gegend und arbeitete auch einen »vorläufigen Entwurf« dazu aus [2]). Die Salpeterfabrik, welche als Siederei mit Raffineriebetrieb gedacht worden war, sollte jährlich ungefähr 50000 Pfund gereinigten Salpeters produzieren, ein für die damaligen Verhältnisse recht beträchtliches Quantum. Zur Anlage von künstlichen Produktionsstätten würden zu diesem Ertrage etwa 198000 Kubikfuss Erdmischung notwendig gewesen sein, sowie ein Raum von rund 50000 Quadratfuss Oberfläche. Eine solche Ausdehnung der Betriebsfläche hätte natürlich eine Zerlegung der Gesamtanlage in einzelne isolierte Produktionsstätten von vornherein erforderlich gemacht, und Christian Heinrich Müller glaubte nun hierbei in der Weise am besten zu verfahren, dass er vorschlug, die Kasematten und unterirdischen Gänge der eingegangenen Festungswerke zu Anlagen zu benutzen, zumal hier Bauschutt, vegetabilischer und tierischer Unrat in beträchtlichen Mengen billig zu haben war. Ausserdem würden hierbei die recht erheblichen Kosten für Schuppenbauten, die bei der Plantagenproduktion sonst erforderlich gewesen wären, von selbst wegfallen. Wenn diese Räume noch nicht ausreichen sollten, so

---

1) Nach den neueren Untersuchungen *Fechners* über das frühere schlesische Berg- und Hüttenwesen (Zeitschrift für das preussische Berg-, Hütten- und Salinenwesen, 1901, Bd. 49, S. 651 f.) ist die Gründung der Kompagnie nicht erfolgt.

2) *Ch. H. Müller,* a. a. O., S. 55 ff.

könnte man auch noch die Höfe, Schuppen und Keller der öffentlichen Gebäude, z. B. der Kasernen, Marställe u. s. w., benutzen, ebenso die vor den Stadttoren gelegenen Mistplätze, die zugleich eine vorzügliche Fundgrube von Rohstoffen für die künstliche Salpetererzeugung abgeben würden.

Aber ähnlich wie das vorhergehende, gelangte auch dieses Projekt nicht zur Durchführung. Fiskus und Stadt mochten sich nicht damit befreunden, wie denn überhaupt die Zeit der heimischen Salpeterproduktion in Deutschland am Ende der Napoleonischen Kriege bereits vorüber war. Auch zeigte sich kein privater Unternehmer geneigt, sein Kapital zu einer wenig aussichtsvollen Konkurrenz mit dem fremden Salpeter auf diese Weise zu verwenden.

Abgesehen von speziell Breslauer Verhältnissen, musste überhaupt jede grössere Stadt als ein fur Anlage und vorteilhaften Betrieb von Salpeterproduktionsstätten besonders günstiger Standort erscheinen [1]). Weit vorteilhafter als auf dem Lande, wo schon die Verarbeitung der zum Salpeterbau erforderlichen Rohmaterialien, wie Dünger, natürlich vorkommende Salpetererde, Asche u. s. w. sozusagen ein Vergehen an der Landwirtschaft war, lagen die Vorbedingungen zur Errichtung derartiger Unternehmungen in einer Grossstadt. Die zahlreichen Räume zur Ansammlung der Fäkalien, die vielen Schlammreservoire, die grosse Menge von Bauschutt der alten Gebäude, der Lehm- und Kalkwände u. s. w. lieferten billige und jederzeit leicht zu beschaffende Rohstoffe, die auch durch Transportunkosten nicht weiter verteuert wurden. Auch konnte man sich hier zur Ersparung der ziemlich bedeutenden Ausgaben für Asche als wohlfeiles Surrogat der Seifensiederasche, sowie der »Salzlauge« bedienen, welche die Seifensieder nach vollendetem Sude gewöhnlich als wertlosen Abfall weglaufen liessen. Wirkliche Schwierigkeiten verursachte hier allerdings der relativ hohe Preis der Feuerungsmaterialien, die ja bekanntlich in einer grossen Stadt verhältnismässig rar sind. Doch hätte sich auch hier vieles erübrigen lassen, und zwar in erster Linie durch Anlage rationeller Feuerstätten, sowie durch Verbrauch von Lohkuchen oder anderer Abfälle aus den

1) Auf die für diesen Zweck besonders günstigen Vorbedingungen, wie sie in den Seestädten Stettin, Danzig und Königsberg vorhanden waren, machte seinerzeit auch die Märkisch-Oekonomische Gesellschaft (siehe deren Abhandlungen, 1796, Bd. II, S. 108) aufmerksam.

Gerbereien, welche an und für sich billig sind und sich als Brennstoff zum Salpetersieden vorzüglich eigneten, da es dabei weniger auf die Erzielung einer hohen Temperatur, als vielmehr auf die einer gleichmässig gelinden Hitze ankam.

Diese unverkennbaren Vorteile veranlassten schon im Jahre 1766 einen unbekannt gebliebenen Fachmann [1]), für die Anlage grösserer Salpeterproduktionsstätten in volkreichen Städten Propaganda zu machen. Besonders günstig schienen ihm die Verhältnisse in Dresden zu liegen. »Wir haben hier«, so schreibt er, »faulende Materien von Menschen, Tieren und Pflanzen in erstaunender Menge. Die grosse Anzahl von Brandstellen und Schutt gibt einen hinlänglichen Vorrat kalkiger Materien an die Hand, mit welchen man die aus den Schleussen zu gewissen Zeiten herausgeräumte Schlammerde vermischt, eine gehörige Quantität Lehm, dergleichen im Plauischen Grunde vorzüglich zu bekommen, ist darunter zu mengen, mit sattsam gefaulter Mistlauge aus den Kloaken zu gehöriger Zeit zu befeuchten und unter bequemen, dazu erbauten Schuppen oder Hütten den Einwirkungen der Luft eine Zeitlang auszusetzen. Die hier in Dresden befindlichen Seifensieder können jährlich so viel Salzlauge liefern, dass daraus über 400 Ztr. weisser Salzfluss verfertigt werden kann. Gewöhnlich wird die Tonne von dieser Lauge zu 3 Ggr. verkauft. 4 Tonnen geben aber ungefähr 1 Zentner schwachen und etwas über 70 Pfund weissen Fluss. Man würde also mit 4 Tonnen, oder 12—16 Ggr., wenigstens 6 Scheffel Asche à 12 bis 16 Ggr. ersparen. Statt der gewöhnlichen Feuerungsmaterialien haben wir hier nicht nur hinlängliche Steinkohlen, sondern auch fast unerschöpfliche Schätze von guten Torfarten, welche die Unkosten bei dem Sieden sehr erleichtern.« Dieser Vorschlag hätte zweifellos eine grössere Beachtung verdient, aber die damalige Zeit brachte einer rationellen Verwertung von Abfallstoffen noch viel zu wenig Interesse entgegen, und so wurde denn auch dieses Projekt nicht verwirklicht.

Neben einer ganzen Anzahl derartiger Vorschläge und Projekte, welche im Prinzip den bisherigen entsprachen und ausschliesslich die Steigerung der Salpeterproduktion auf Grund einer grösseren und intensiveren Urproduktion anstrebten, finden wir aber seit der Mitte des 18. Jahrhunderts auch solche, die jenen Zweck unter der teilweisen oder gänzlichen Eliminierung der Ur-

1) Leipziger Intelligenzblatt, 1766, S. 90.

produktion zu erreichen suchten. Die dunkle Vorstellung, welche nicht nur die in der Praxis lebenden Fachmänner, sondern selbst die Gelehrten von der chemischen Natur des Salpeters und seiner Entstehungsweise besassen, zeitigte denn auch manchen Entwurf zur Anlage einer sogenannten »Kunstsalpeterfabrik«; Projekte, die wir heutzutage unschwer als nicht ausführbar betrachten würden, welche damals jedoch grossen Anklang fanden, und zwar um so mehr, als sie fast sämtlich eine angebliche Umwandlung teils wertloser, teils billiger Stoffe in Salpeter anstrebten und eine für jene Verhältnisse geradezu erstaunenswerte Massenproduktion in relativ kurzer Zeit zu versprechen schienen.

Obgleich verschiedene dieser Fabrikationsprozesse nach unseren jetzigen Anschauungen in gewisser Hinsicht einer reellen Grundlage nicht entbehrten, so war doch ihre wirtschaftliche Anwendbarkeit, und vor allem eine solche im grossen, unmöglich. Aber trotz ihres beständigen Misslingens lenkten jene Umwandlungsversuche nicht nur das Interesse der privaten Unternehmer, sondern auch das des Staates immer wieder auf sich. Und nicht mit Unrecht, denn gegebenen Falls hätte besonders der Staat durch die Erfindung eines solchen Verfahrens ein vorzügliches Mittel besessen, nicht allein die jährlichen und in der Regel ziemlich kostspieligen, Salpeterankäufe zu sistieren, sondern auch die Untertanen von dem drückenden Salpeterregale zu befreien. Daher können wir in der zweiten Hälfte des 18. Jahrhunderts häufig beobachten, dass einzelne Höfe gern mit Adepten und anderen Tausendkünstlern, welche derartige Erfindungen gegen gute Bezahlung anpriesen, in Verbindung traten [1]). Andere Staaten, so vor allem Frankreich und Preussen, suchten durch Aussetzung namhafter Preise für die Entdeckung eines technisch anwendbaren Verfahrens zur Fabrikation von »Kunstsalpeter« die Experimentierlust von Fachleuten u. s. w. anzuregen [2]), und die französische Regierung liess gegen Ende des 18. Jahrhunderts

1) Vergl. z. B. »Leipziger Sammlung von wirtschaftlichen Sachen«, 1749, Bd. 5, S. 975.

2) Im Jahre 1748 stellte die Akademie der Wissenschaften zu Berlin eine solche Aufgabe, deren Preis der Schrift des Dr. *Pietsch*, »Ueber den Ursprung und die Bildung des Salpeters«, verbunden mit einer Angabe zur Darstellung von »Kunstsalpeter« aus Vitriol, verfaulendem Harn und »lebendigem Kalk«, zuerkannt wurde. (Siehe Leipziger Intelligenzblatt, 1766, S. 285). Die Academie Royale des Sciences zu Paris stellte 1778 eine ähnliche Preisaufgabe, die aber trotz der Höhe der Summe nicht gelöst wurde.

offiziell [1]), d. h. unter der Leitung des Ministers »des contributions publiques« Versuche anstellen, um zu erproben, ob sich das chlorsaure Kali oder muriate-oxigène eventuell als Ersatzmittel des Salpeters bei der Schiesspulverfabrikation eignen würde [2]).

Betrachten wir jene Umwandlungsverfahren näher, so finden wir, dass hierbei neben mancherlei Modifikationen und vollkommen überflüssigen Ingredienzien, deren Zusatz meist nur eine Verschleierung des Reaktionsprozesses bezweckte, gewöhnlich Kochsalz, Kalk und Schwefelsäure eine Hauptrolle spielten. Unter den Gelehrten, Aerzten und Chemikern des 17. Jahrhunderts war nämlich allgemein der Irrtum verbreitet, Kochsalz könne zur Fäulnis gebracht werden und sich so in Salpeter verwandeln. Durch die seinerzeit viel gelesenen Schriften des preussischen Hofrats und Leibarztes Georg Ernst Stahl, eines der bedeutendsten Chemiker des 18. Jahrhunderts, welcher in seiner »Fundamenta Chymiae Docmaticae et Experimentalis«, vor allem aber in einer besonderen Abhandlung über den Salpeter mehrere Methoden zur Umwandlung von Kochsalz und einigen anderen Stoffen in Salpeter angegeben hatte, wurde das Interesse an der Auffindung eines zur Darstellung von »Kunstsalpeter« im grossen geeigneten Verfahrens auf das wirksamste angeregt.

Schon im Jahre 1726 suchte ein Bayer, namens Chr. F. Sternberg [3]), seinen Kurfürsten für ein Verfahren zu interessieren, welches die Konvertierung einer beliebigen Menge Kochsalz in ein gleiches, ja selbst in ein grösseres Quantum Salpeter versprach. Er erbot sich, den Zentner »gut probehaltigen Saliter« zu einem Selbstkostenpreise von nur 8 fl. 30 kr. herzustellen, und berechnete an Produktionskosten für die Gewinnung von 1100 Zentnern binnen Jahresfrist etwa 10000 fl. Nach seiner Meinung würde diesem Aufwande, welcher sich zudem noch in den folgenden Jahren erheblich reduzieren dürfte, eine ideelle »Einnahme« von 19800 fl. gegenüberstehen, falls man für den Zentner

1) Gesetz vom 8. Juni 1792.

2) Das chlorsaure Kali konnte dem Salpeter insofern kein gefährlicher Konkurrent werden, als es bekanntlich zu den brisanten oder momentan explodierenden Körpern gehört und daher die Gewehr- oder Geschützläufe zersprengen musste. In der Tat kamen bei den damaligen Experimenten mehrere Personen ums Leben. *Lavoisier*, welcher die Versuche leitete, wurde hierbei nur wie durch ein Wunder gerettet.

3) Diese Angaben, sowie viele der übrigen, welche das Salpeterwesen im ehemaligen Kurfürstentum Bayern betreffen, stammen aus den Akten des Königl. Kreisarchivs zu München.

Salinen [illegible] Annahme [illegible] Kur-
fürsten [illegible] Projektes zu bestimmen, [illegible] eine Umwandlung [illegible] Kochsalz nach der angegebenen Methode [illegible] angeboten wurde. [illegible] dass erst vor einigen Jahren [illegible] betracht[illegible] [illegible] in der schänd[illegible] [illegible]

Ein anderes Projekt, welches gegen Ende der vierziger Jahre [illegible] kapitalkräftigen Unternehmern und auch einzelnen Firmen anzubieten versuchte, war ebenfalls [illegible] Natur. Für den Preis von 100 000 Gulden erbot er sich, ein Verfahren zu zeigen, nach welchem man [illegible] zu diesem Zwecke errichteten Fabrik [illegible] in der Zeit von 20—24 Monaten, später jedoch [illegible] nicht weniger als 100 000 Zentner Kochsalz, wie überhaupt jede Art von Salz im Salpeter verwandeln könnte. »Zur Fabrikation selbst«, schreibt er an einen Interessenten, »sind vor allen Dingen gewisse besondere Zubereitungen und Handgriffe nötig, oder ein Mittel, wodurch das Salz bey dem Niederschlag sich geschickt putrifizieren, und nachdem die Putrefaktion geschehen, so erlangt man vermöge einer Zutat von neuen Ingredienzien bey freyer Luft den Nitrum, und dieser fängt dann [illegible] an zu triefen. [illegible] Sobald die erste Siedung angehet, [illegible] täglich [illegible] zu haben, als gebrauchet wird, kann man das ganze Jahr durch alle darzu nötigen Gefässe anschaffe und wenn solche da sind, kann man wohl 100 000 Ctr. Nitri verarbeiten. Ja ich verspreche alle Jahre viele Zentner Nitrum [illegible], wenn die Fabrique selbst von solchen Personen, welche in einem Lande etwas gelten, fabriziert wird, so [illegible] man bald sehen, dass nicht nur ein Dorff, sondern eine ganze Stadt grossen Vorteil davon haben wird, dem Lande [illegible] aber soll es zum Ruhme gereichen. Ja Bürger und Bauer werden von solchem Commercio profitieren. . . .« Nach seiner Ansicht würde sich jene Umwandlungsmethode besonders vorteil-

1 [illegible]

haft bei der Verwertung geringlötiger Salzsolen, deren gewöhnliche Aufarbeitung nicht mehr lohne, verwenden lassen; und man könnte ohne Schwierigkeiten, selbst unter Berechnung der erforderlichen Rohmaterialien zu den höchsten Preisen, einen vollkommen reinen »Kunstsalpeter« zu ungefähr 7 rheinischen Gulden produzieren, während man andererseits bedenken müsse, dass der ostindische Salpeter, welcher zudem noch 15 Proz. Verunreinigungen enthielt, mit 22 deutschen Reichstalern durchschnittlich zu bezahlen wäre. Unter solchen Umständen würde ein Staat, der die Fabrikation von Kunstsalpeter in entsprechendem Umfange betriebe, nicht nur seinen eigenen Bedarf an Salpeter durch Selbstproduktion auf leichte und billige Weise decken, sondern sogar den holländischen Salpeterhandel lahmlegen können. Glücklicherweise fand sich jedoch niemand, der für dieses Projekt hinlänglich Kapital und Vertrauen besessen hätte, und der angebliche Erfinder musste »sein Geheimnis mit ins Grab nehmen, zumal er solches viel lieber tun wollte, als von Betrügern und listigem Volke, welche mit List ihn auszuforschen suchten, Schaden zu leiden.«

Mit weit grösserem Erfolge wusste einige Jahre später [1]) der »erfahrene Bergwerksverständige« von Beyst aus Strassburg seine Erfindung, in wenigen Stunden aus 100 Pfund Kochsalz 100 Pfund Salpeter zu fabrizieren, zu veräussern. Nachdem er vor einer Anzahl von Personen eine vermeintliche Probe seiner Kunst abgelegt hatte, trat die französische Regierung mit ihm in Unterhandlung, die schliesslich zu dem Ergebnisse führte, dass sich der Erfinder verpflichtete, auf 40 Jahre die Hauptmagazine des Königreichs mit Salpeter zu versehen, wogegen ihm die Regierung einen einstweiligen Vorschuss von 200 000 livres bewilligte. Diese Summe wurde ihm auch sofort ausgezahlt; sie war jedoch, wie sich bald herausstellte, à fonds perdu angelegt worden.

Im Gegensatz zu diesen mehr schwindelhaften Projekten entbehrten manche andere Vorschläge, »Kunstsalpeter« auf chemischem Wege herzustellen, keineswegs jeder reellen Grundlage. Sicherlich waren die Versuche, welche jenen Zweck durch Verwendung von stickstoffhaltigen organischen Stoffen, von Schwefelsäure, Kalk u. s. w. anstrebten, theoretisch nahezu einwandsfrei [2]),

1) Leipziger Sammlungen von wirtschaftlichen Sachen, 1754, Bd. 10, S. 878.

2) Die Schwefelsäure bewirkt nämlich eine geradezu quantitative Umwandlung des in den organischen Stoffen enthaltenen Stickstoffs zu schwefelsaurem Ammoniak.

[illegible] und im grossen angewandt, konnten sie sich nicht bewähren.

In den sechziger Jahren des 18. Jahrhunderts hatte man in Bayern unter der Leitung des Hofkammerrats Hitzendorffer, welcher sich überhaupt um die Verbesserung des Salpeterwesens im Kurfürstentume sehr verdient gemacht hat, versuchsweise eine solche Salpeterproduktionsanlage in Betrieb gesetzt. Unter einem Schuppen von 40 Fuss Länge und 30 Fuss Breite, der an einem luftigen Orte gelegen und mit einem auf hölzernen Pfosten ruhenden Bretterdache überdeckt war, wurden 40 Fuder Erde, Mist und Biertreber »zur Putrefaktion« gebracht. Nach Vermischen der Masse mit 16 Zentner Vitriol, 8 Zentner Kochsalz, 2 Zentner Kalk, 6 Zentner Hammerschlag, 3 Zentner Glasscherben, 10 Fuder Lehm und Asche und 2 Fuder »Auswurf von Hornvieh«, sowie endlich von 8 Zentner Salpeter, der hierbei eine ähnliche Rolle spielen sollte, »wie der Sauerteig bei der Brotgärung«, wurden nach Verlauf von 6 Monaten 32 Zentner Salpeter gewonnen. Die anfangs geplante Absicht, derartige »Fabriquen« im Kurfürstentume allgemein einzuführen, musste aber aus Rentabilitätsgründen bald wieder aufgegeben werden.

Ein ähnlicher Vorschlag erfolgte ungefähr zur selben Zeit von einem sächsischen Fachmanne zwecks Verwertung von unbrauchbaren Abfallstoffen des Bergbaues, sowie von solchen Hüttenprodukten, bei denen eine Verarbeitung nicht mehr ökonomisch erschien. Früher nämlich bereitete man aus gewissen erzgebirgischen Gesteinsarten, besonders aus dem Altenbergischen Zinnstein, durch Calcinieren oder Brennen eine brauchbare Vitriollauge. Als aber später die »reichen Erdkiese« erschöpft waren und die aus den ärmeren gewonnene Lauge immer schwächer wurde, liess man den Zinnstein unbearbeitet liegen. Würde man nun nach Angabe des Autors[1]) dieses Material mit kalkartiger Erde, gefaultem Lehm, Mist und fixem Laugensalze vermischen« und kurze Zeit den Einwirkungen der freien Luft aussetzen, so konnte man bald einen »schönen Salpeter mit grossem Vorteile« daraus sieden. Zudem würde dem Gedeihen eines solchen Unternehmens noch ein zweiter günstiger Umstand erwachsen infolge der zahlreichen, im Erzgebirge vorhandenen

Dieses wird bei Anwesenheit des Kalkes unter Bildung von Ammoniak zersetzt, das durch die Nitrifikationsbakterien in Salpeter übergeführt wird.

1) Leipziger Intelligenzblatt 1760, S. [illegible].

Köhlereien, welche billiges Brennmaterial in bequemer Weise zu liefern imstande wären. Vielleicht würde sich gar eine grössere Köhlerei nebst Holzessigfabrikation als kombinierter Betrieb mit einer derartigen »Kunstsalpeterfabrik« verbinden lassen.

Als letztes Beispiel jener Versuche und Projekte soll schliesslich nicht unerwähnt bleiben, dass noch am Ende des 18. Jahrhunderts der bayrische wirkliche Hofrat und geheime Archivar v. Ekartshausen eine grössere Fabrik zur Erzeugung von Kunstsalpeter in München zu errichten plante. Er unterbreitete dem Kurfürsten, welchem bei den damals herrschenden hohen Salpeterpreisen jede Aussicht auf Vergrösserung der heimischen Produktion hoch willkommen war, einen zu dem Zweck ausgearbeiteten Entwurf und erhielt auch von ihm ein Privileg zur »Chymischen Erzeugung und Fabrique-mässigen Betrieb von Kunstsalpeter« nebst verschiedenen wichtigen Vergünstigungen [1]). —

Wenn wir alle diese verschiedenen Versuche und Projekte überblicken, welche in der Absicht, Kunstsalpeter in grossen Mengen zu fabrizieren, damals gezeitigt wurden, so fällt es uns heute nicht schwer, ihre Unfähigkeit zu erkennen, diesen Zweck auch nur annähernd zu erreichen. Dennoch verdienen sie aus der Vergessenheit gezogen zu werden, da sie zweifellos ein historisches Interesse insofern besitzen, als sie sich als die ersten Versuche repräsentieren, die »Salpeterfrage«, welche in unseren Tagen so sehr wieder von sich reden macht, zu lösen. Selbst nachdem die ehemalige Salpeterwirtschaft längst dem Untergange anheimgefallen war, hat dieses für die Volkswirtschaft und Politik so ausserordentlich wichtige Problem unausgesetzt, wenn auch in etwas lauer Weise, die Chemie beschäftigt. Aber erst in jüngster Zeit ist es wieder zur brennenden Frage geworden, und es steht in absehbarer Zeit zu erwarten, dass es nunmehr endgültig gelöst werden wird [2]).

Im grossen und ganzen fand mit dem Ende der Napoleonischen Kriege die Salpetergewinnung in Deutschland ihren Abschluss. Ihre gänzliche Unzulänglichkeit hatte sich in jenen stürmischen Zeiten, wo der Salpeterbedarf so ausserordentlich gestiegen war, aufs deutlichste gezeigt. Zwar wurde der Salpeter-

---

1) S. Beilage I. Ueber den Erfolg des Unternehmens fehlen die Angaben. Vermutlich ist die Fabrik überhaupt nicht in Betrieb gesetzt worden.

2) Vergl. im allgemeinen »Moderne Salpeterfrage«, a. a. O.

das auch später noch in einigen Gegenden von Bayern, Württemberg und Preussen betrieben, aber dies waren nur [illegible] [illegible], die bald aus dem Wirtschaftsleben verschwanden.

Anders in Frankreich. Dort waren bereits die Salpeterproduktionsanlagen im ersten Viertel des 19. Jahrhunderts imstande, den Gesamtbedarf des Staates zu befriedigen. Die Salpeterproduktionsanlagen, besonders die Salpeterplantagen, hatten sich allmählich in der grossartigsten Weise entwickelt. Selbst der [illegible] umfangreiche Salpeterbau in Schweden und Finnland, welcher noch in der zweiten Hälfte des vergangenen Jahrhunderts betrieben wurde, lässt sich mit dem etwa gleichzeitigen französischen an Umfang und Produktivität nicht vergleichen.

Aber der niedere Stand der ostindischen Salpeterpreise, welcher seit dem Jahre 1825 eintrat, bereitete auch der französischen Salpeterwirtschaft die empfindlichste Konkurrenz. Die staatlichen Raffinerien verarbeiteten nach und nach neben inländischem Salpeter immer mehr ausländische Rohprodukte, und in den vierziger Jahren ging die französische Salpetergewinnung schnell ihrem Untergange entgegen.

Während aber die modernen Salpeterfabriken, welche Chilesalpeter raffinieren oder durch Kalisalze »konvertieren«, in Deutschland mit den ehemaligen Salpeterproduktionsanlagen in keinem zeitlichen oder örtlichen Zusammenhange standen, entwickelten sich aus einzelnen französischen Raffinerien moderne Fabriken. Die noch heutzutage in Lille bestehende Salpeterraffinerie[1] wurde 1789 gegründet und der »Régie des Poudres et Salpêtres« am 7. Pluviose des Jahres II übergeben. Im Jahre 1813 stellte sie nicht weniger als 166000 kg gereinigten Salpeters her; 1861 wurde sie umgebaut und auf eine jährliche Produktion von 1200000 kg eingerichtet. Die Anlagen bedeckten damals[2] nahezu 1 ha Bodenfläche und bestanden aus mehreren grossen Magazinen zur Aufnahme von ca. 3 Mill. kg Rohsalpeter, einem besonderen Magazin, das 200000 kg raffinierten Salpeters zu fassen vermochte, einer Reihe von eigentlichen Raffineriebetrieben, einer Fassbinderei, die jährlich 12000 Salpetertonnen herstellte und mit grösseren Niederlagen an Böttcherholz und Reifen verbunden war, und end-

1) Die folgenden Angaben verdankt der Verfasser dem freundlichen Entgegenkommen des Herrn Präsidenten der Handelskammer zu Lille.

2) »Mémoire sur la raffinerie impériale de salpêtre de Lille« par *M. H. Violette*. 1863.

lich aus geräumigen Gebäuden für das Betriebspersonal. Man verarbeitete fast ausschliesslich Chilesalpeter, der zum kleineren Teile raffiniert, zum grösseren Teile mittels Pottasche (aus Schlempekohle, Holzasche und Varek gewonnen) in Kalisalpeter umgewandelt wurde. Seit einer Reihe von Jahren erzeugt die Raffinerie ausserdem noch Ammoniaknitrat und verschiedene Bichromatfabrikate.

III.

Das Salpetersiedergewerbe und die sozial-rechtliche Stellung der Salpetersieder.

Man wird bei Untersuchungen über den Ursprung gewerblicher Berufe häufig beobachten können, dass überall, wo eine neue kulturelle Errungenschaft die Möglichkeit zur Entstehung eines Gewerbes bietet, jene Gruppe von Personen, welche sich dem neuen Berufe zuwendet, zunächst nicht nur diesen allein ergreift, sondern mit demselben auch jeden weiteren zu verbinden sucht, der zum ersteren in naher Beziehung steht oder sich aus ihm gleichsam von selbst ergibt. Ein solcher integrierender Prozess wird notwendigerweise einmal sein Maximum erreichen, um sich darauf zu einem völlig entgegengesetzten, differenzierenden zu gestalten, sobald der in jenem Berufe vereinigte Arbeitskomplex den Anforderungen des Bedarfs, mögen diese nun aus Qualitäts- oder Quantitätsrücksichten eintreten, nicht mehr zu genügen vermag und auch die technischen Hilfsmittel eine Teilung des bisherigen Produktionsprozesses in einzelne selbständige Abschnitte gestatten. Es wird uns daher nicht Wunder nehmen, wenn uns fast ein ganzes Jahrhundert hindurch, obwohl wir von der Anwendung und der Fabrikation des Schiesspulvers während jener Zeit sicher unterrichtet sind, weder berufsmässige Salpetersieder noch Pulvermacher entgegentreten.

Anfangs wurde das Schiesspulver von den Büchsenmeistern[1]) hergestellt, welche sich jedoch nicht bloss mit dieser Beschäftigung allein befassten, sondern zugleich auch Geschützrohre[2]), Mörser

1) Nach *A. Schultz* (Deutsches Leben im XIV. u. XV. Jahrh.) gingen die Büchsenmeister aus den Armbrustschützenmeistern hervor.

2) Auch Handfeuerrohre.

und Kriegsfeuergeräte verfertigten und daneben noch Artillerie- oder Ingenieurdienste versahen [1]. Sie betrieben kein selbständiges, »handwerksmässiges« Gewerbe, sondern hatten sich einer Stadt oder einem Fürsten auf bestimmte Zeit verpflichtet und empfingen für ihre Dienste neben einem jährlichen Fixum noch angemessene Vergütungen für besondere Leistungen. Ihr Jahreslohn bestand, mittelalterlicher Wirtschaftsweise entsprechend, zu einem Teile in Geld, zum andern in Naturalien. Der Büchsenmeister des Markgrafen Friedrich v. Brandenburg (1454) beispielsweise [2]) erhielt jährlich 12 Schock Groschen und »ein gewöhnlich Hofgewand«, sowie freies Brennholz. Die Stadt Nürnberg [3]) (um 1430) bezahlte ihre Büchsenmeister mit einem jährlichen Salarium von 32—200 Gr. und gab ihnen ausserdem freie Wohnung und Amtskleidung, bisweilen auch Kost. Endlich lohnte die Stadt Hildesheim [4]) (seit 1410) ihren Büchsenmeister durch Geld, Bier, Kost und Kleidung und gewährte ihm noch eine jährliche besondere Zulage für »hustinse«.

Die Büchsenmeister scheinen fast allgemein die Stellung offizieller Beamten eingenommen zu haben, denn als solche werden sie z. B. im reichsstädtischen Haushalt von Nürnberg aufgeführt; ebenso in den Stadtrechnungen Hildesheims, wo sie unter die Schreiber, Baumeister, Marktmeister, Torwächter, Glockenläuter etc. rangieren.

Zur Ausführung ihrer Arbeiten stand ihnen in grösseren Städten das Zeughaus [5]), in kleineren das sogenannte Büchsenhaus [6]) zur Verfügung. Die erforderlichen Materialien wurden ihnen von der Stadt geliefert, welche zu dem Zwecke alljährlich bei den Bürgern ein bestimmtes »Büchsengeld« erhob [7]). Die zur Pulverfabrikakation erforderliche Kohle bereitete der Büchsenmacher in der Regel selbst und zwar vorwiegend aus Lindenholz [8]), von dem er ein bestimmtes Quantum nach Wunsch in jedem Jahre empfing.

---

1) *P. Sander*, Die reichsstädtische Haushaltung Nürnbergs von 1431—1440. 1902. S. 162.

2) *Riedel*, Cod. dipl. Brandenbg. T. III 3, S. 65.

3) *P. Sander*, a. a. O. S. 163.

4) *R. Doebner*, Hildesheimer Stadtrechnungen, 1893. Bd. I. S. 233, 256, 259 etc.

5) So z. B. in Nürnberg, vgl. *P. Sander*, a. a. O.

6) In Hildesheim: vgl. *R. Doebner*, a. a. O. Bd. I. S. 426, 453.

7) *R. Doebner*, a. a. O. Bd. II. S. 460. Die Hildesheimer Bürger zahlten beispielsweise im Jahre 1430 an Büchsengeld 702½ p. 2½ s. 2 d.

8) Daselbst Bd. I. S. 453: »Vor lindenhold quam in dat bussenhaus« (1412).

Da er infolge seiner vielseitigen Beschäftigungen meistens sehr in Anspruch genommen war, so wurden ihm bei dringendem Bedarfe ein oder auch mehrere Personen, die »allerleye mene arbeid deden«[1]) und von der Stadt mit Geld und Kost gelohnt wurden, zu Hilfeleistungen bereitwilligst zur Verfügung gestellt. Oefters hatte er auch einen eigenen »Knecht«, der ihn in seinen Arbeiten ständig unterstützte und sich allmählich selbst zum Meister ausbildete. Auch dieser wurde nicht vom Büchsenmeister selbst, sondern von dessen jeweiligen »Herrn« gelohnt. Unter anderen erhielt z. B. der Knecht des Büchsenmeisters des Markgrafen Friedrich v. Brandenburg jährlich vom Markgrafen selbst 2 Schock Groschen und ein »gewöhnlich Hofgewand« [2]).

Grössere Städte, wie Nürnberg[3]), hatten meistens 2—4 Büchsenmeister zugleich engagiert, darunter nicht selten Meister von Ruf, die auch oft schon bei einem Territorialherrn gedient hatten. Ausserdem besoldeten sie in der Regel noch eine ganze Reihe von Büchsenschützen, welche die Büchsenmeister in Friedenszeiten bei der Bereitung der Munitionsartikel unterstützten, in Kriegszeiten aber unter die Söldner traten. Die Zahl der Nürnberger Handbüchsenschützen belief sich in der Zeit von 1431—1440 auf 13 und stieg im Hussitenkriege (1449) sogar auf 145. Sie waren entweder auf längere Zeit gedungen und empfingen dann einen Wochenlohn nebst freier Kost, eventuell auch ein bestimmtes Wartegeld; oder nur auf kürzere Dauer, während welcher sie den sonst üblichen Stadtlohn erhielten.

Allem Anschein nach erfreuten sich die Büchsenmeister nicht bloss in den Städten, sondern auch bei den Fürsten einer geachteten Stellung. »Wann doch das ist«, heisst es in einem alten Kriegsbuche des 15. Jahrhunderts [4]), »das man von gutten büchsenmaistern grossen trost nimpt, to ist einem ieglichen fürsten graffen heren ritter ain bedürffen das ire büchsenmaister gutte maister sigint. . . .« Andrerseits wurden aber auch an den Büchsenmeister hinsichtlich seines Bildungsgrades verhältnismässig hohe Anforderungen gestellt. Vor allem sollte er »künnen schriben und lesen, denn er künt anders der Kunststück nit aller gedenken in sin sinn«; und auch fleissig, gottesfürchtig und nüchtern sollte

1) *R. Doebner*, a. a. O., Bd. II. S. 182, 212, 434.
2) *Riedel*, a. a. O., T. IIIs, S. 65.
3) *P. Sander*, a. a. O. S. 162.
4) *v. Romocki*, a. a O. S. 180. Vergl. auch Beilage II.

er sein, denn »wann er mit dem bulffer umbget, so hat er seinen grössten find under handen«.

Als im Ausgange der mittelalterlichen Stadtwirtschaft die Büchsenmeister immer mehr in die Dienste der Fürsten traten und allmählich einen wesentlichen Bestandteil der Artillerie zu bilden begannen, blieb ihre bevorzugte soziale Stellung gewahrt, und Kaiser Karl V. bestätigte nicht nur ihre bisherigen Privilegien, sondern vermehrte sie auch noch in erheblichem Masse (s. Beilage II).

Aber zu jener Zeit hatten die Büchsenmeister von der Vielseitigkeit ihrer ursprünglichen Beschäftigung bereits manches verloren; sie hatten sich nach und nach eigentümlich spezialisiert und vereinigten in ihrem Berufe seitdem nur noch die Künste des Artilleristen, des Kriegsingenieurs und des Feuerwerkers. Die Anfertigung der Büchsenrohre, Mörser und Lafetten hatten sie schon ziemlich früh [1]) besonderen Büchsengiessern überlassen, und auch die ehemaligen Raffinationsarbeiten für die Zurichtung der Materialien zum Schiesspulver, sowie die Bereitung des letzteren selbst, waren allmählich in andere Hände (Salpetersieder und Pulvermacher) übergegangen, obgleich sich die Büchsenmeister immerhin noch auf sie verstehen mussten [2]).

Die Gewinnung von Salpeter aus natürlich vorkommenden Materialien ist aller Wahrscheinlichkeit nach die letzte Technik gewesen, welche die Büchsenmeister in den Kreis ihrer ursprünglich mannigfachen Beschäftigungen gezogen haben. In der zweiten Hälfte des 15. Jahrhunderts nahmen einzelne Büchsenmeister diese neue Arbeit auf, welche damals noch als eine Art

---

1) 1431 werden bereits Büchsenmeister und »Büchsengiesser« von einander unterschieden (*Krünitz*, a. a. O. Bd. 142, S. 595). Doch wird z. B. im Bestallungsbrief des Büchsenmeisters von Freiberg 1463 noch das Giessen von Büchsen besonders hervorgehoben. (*A. Schultz*, Deutsches Leben im XIV. u. XV. Jahrh., S. 585.)

2) Vgl. Beilage II, Kap. 1, Art. 5. — Im 17. Jahrh. ging allmählich aus dem alten Berufe der Büchsenmeister ein neuer, nämlich der der Feuerwerker hervor; in welchem Sinne beispielsweise das »Artillerie-Mandat« des Kurfürsten Johann Georg II. von Sachsen vom 31. Juli 1673 (Cod. dipl. Sax.) bestimmte: »Sollen die Feuerwerker nicht alleyn schuldig seyn, den Salpeter also tüchtig zu bearbeiten und zu brechen und zu schmeltzen, dass er zu gutem Pulver und Feuerwerken zu gebrauchen, sondern auch, wenn im Zeughause Sachen zu verrichten vorfallen, nebenst denen andern Büchsenmeistern, sich dazu willig gebrauchen und solches Rottenweise herum gehen lassen.«

Kunst betrachtet wurde[1]), um ihrem Herrn einen Teil des kostspieligen und meist auch ziemlich schwer zu erlangenden Handels-Salpeters zu ersparen. Zugleich verschafften sie sich auf diese Weise eine hübsche Nebeneinnahme, denn der erzeugte Salpeter wurde ihnen, wenn auch unter dem laufenden Preise, so doch immerhin in angemessener Weise vergütet[2]).

Aber die Eigentümlichkeit dieser neuen Beschäftigung, welche verhältnismässig viel Zeit und Arbeit erforderte, veranlasste bald die Entstehung von zwei neuen, selbständigen Berufen, nämlich der der Pulvermacher und Salpetersieder.

Von vereinzelten Vorläufern abgesehen[3]), begannen die Salpetersieder als selbständiger Beruf etwa im letzten Viertel des 15. Jahrhunderts hervorzutreten[4]). Sie betrieben anfangs ihr Gewerbe vorwiegend im Dienste von Städten, die ihnen das ausschliessliche Recht, innerhalb des Weichbildes die salpeterhaltigen Rohstoffe sammeln zu dürfen, durch einen besonderen Dienstbrief (Patent) gewährt hatten (Beilage III). Sie besassen aber weniger den Charakter eines Beamten, wie z. B. die Büchsenmeister, als vielmehr den eines städtischen »Lohnwerkers«, welcher auf bestimmte Zeit seine Arbeitskraft und Geschicklichkeit der Stadt zur Verfügung gestellt hatte und von ihr im Stücklohn (pro Ztr. so und so viel) entschädigt wurde. Ihre eigenartige Stellung als Lohnwerker kennzeichnete sich unter anderem auch dadurch, dass sie sich zur ausschliesslichen Ablieferung ihres erzeugten Fabrikates an die Stadt verpflichten mussten, während diese ihrerseits die erforderlichen Rohmaterialien (Salpeterstoffe, Asche, Brennholz etc.) und Gerätschaften lieferte, ihm auch meistens eine Wohnung zur Einrichtung seiner Werkstatt unentgelt-

1) Vergl. Beilage IV.

2) Der Büchsenmeister des Herzogs von Württemberg verpflichtete sich im Jahre 1554, seinem Herrn jeden Zentner Salpeter für 9 Gulden zu überlassen, obgleich der laufende Preis damals mehr als 11 Gulden betrug. (Nach den Akten des Archivs des Innern zu Ludwigsburg.) — Vergl. auch Beilage IV: »Das er die stat damete nicht uberstze sonder alle czeit in leichterm Kaufe dann andir vom im becomen sal ane behulfe«

3) In Frankreich z. B. wird bereits in einer Urkunde von 1420 ein »salpestreur« erwähnt. (Vergl. »salpêtrier« in Hatzfeld-Darmesteter's Dictionnaire.)

4) Seit 1477 hatte Frankfurt einen »Salpetermacher« (Beilage III), namens Sixtus Kammensmit; an seine Stelle trat 1484 Eberhardt Wittich, Salpetermacher. In Schlesien findet man anstatt »Salpetermacher«, »szanetermacher« (Urkunde von 1533, vergl. Cod. dipl. Silesiae Bd. 21, S. 27), in Bayern »Saliterer«.

lich oder gegen geringe Mietsentschädigung (in Salpeter zahlbar) überliess. Der Rat der Stadt Striegau in Schlesien z. B. stellte im Jahre 1534 zwei »Meistern« den »Schleusshof« zum Salpetersieden gegen die jährliche Abgabe von 2 Zentner Salpeter zur Verfügung mit der ausdrücklichen Berechtigung, die Erde »unter den Lauben und in den Häusern« ausheben zu dürfen [1]); ebenso hatte die Stadt Nürnberg ihre eigene Salpeterhütte und gab ihrem Meister »Geschir Materien, Bier und Lohn« [2]). In Cöthen (Anhalt) endlich, wo die Stadt ihre Salpeterhütte (nebst Pulvermühle) vom »fürstlichen Amte« bewirtschaften liess, erhielt der Salpetersieder »von jedem Zentner Salpeter anderthalben Thaler an Geld. Ferner das Jahr einen Scheffel Rogken, einen Scheffel Gersten, zwey Kuchen Schaf, oder, da sie nicht vorhanden, 28 groschen vor beyde und ein Jherig Schwein«, sowie 69 Malter Holz. Ausserdem empfingen seine beiden Knechte jährlich »von einem Jederen Zentner 20 gr., 1 schffl. Rogken und 1 schffl. Gersten« [3]).

Mit den Salpetersiedern fast gleichzeitig gingen die Pulvermacher als selbständiger Beruf hervor. Doch nahmen sie anfangs nicht bloss die Fabrikation des Schiesspulvers vor, sondern auch die charakteristischen Arbeiten der eigentlichen Salpetersieder, wie andererseits wiederum die Salpetersieder den gewonnenen Salpeter vielfach selbst zu Schiesspulver verarbeiteten. Daher wird es uns erklärlich, wenn diejenigen Städte, welche eine Pulverhütte nebst entsprechendem Salpeterwerk besassen, unter andern Nürnberg [4]), Ulm [5]), Cöthen [6]) etc., wohl über einen Pulvermacher verfügten, dagegen nicht über einen besonderen Salpetersieder — und umgekehrt. Die völlige Trennung der Salpeterarbeiten von der Schiesspulverbereitung geschah erst gegen Ende des 16. Jahrhunderts und zwar vorwiegend in jenen Ländern, wo das Salpeterregal Eingang gefunden hatte und die Pulverfabrikation als ein staatlich monopolisierter Gewerbszweig in die landesherrlichen Zeughäuser verlegt worden war. In andern

1) Cod. dipl. Sil. Bd. 21, S. 37.

2) *Roth*, Gesch. d. Nürnberger Handels, 1801, Teil III. S. 180.

3) *Hartung*, Gesch. d. Stadt Cöthen, 1900, S. 409 ff.

4) *Roth*, a. a. O. S. 409.

5) *Nübling*, Ulms Handel und Verkehr im Mittelalter, T. 5.

6) *Hartung*, a. a. O. S. 409: »Fürst Waldemar machte 1506 mit einem Pulvermacher einen formellen Kontrakt. Eine Anstellung von speziellen Salpetersiedern geschah erst 100 Jahre später.«

Ländern haben die Pulvermacher noch lange Zeit das Salpetersieden betrieben, wie z. B. in Oesterreich, Schlesien, Mähren etc., und Kaiser Ferdinand III. erteilte noch im Jahre 1641 dem Pulvermacher von Glatz die Erlaubnis, in der Grafschaft überall Salpeter graben und sieden zu dürfen, während dieser das daraus verfertigte Pulver gegen entsprechende Bezahlung in das Zeughaus einzuliefern hatte[1]).

Die beständig zunehmende Bedeutung des Schiesspulvers und somit auch die des Salpeters zu einer Zeit, wo dem wachsenden Verbrauch beider Stoffe die Leistungsfähigkeit eines erst im Entstehen begriffenen Salpeterhandels nicht mehr genügte, liess eine staatliche Monopolisierung der inländischen Salpetergewinnung nur allzu gerechtfertigt erscheinen. Um sich den gesamten Ertrag der heimischen Produktion zu sichern, führten verschiedene Fürsten in ihren Ländern (Frankreich, Preussen, Württemberg, Bayern etc.) das Salpeterregal ein und erklärten kraft dieses Hoheitsrechtes alle im Lande sich vorfindenden salpeterhaltigen Stoffe als ihr persönliches Eigentum.

Diesem Regal zufolge wurde allen Städten und Grundherrn, welche die Salpetergewinnung bisher noch durch eigene Salpetersieder in eigenem Interesse vornehmen liessen, diese Befugnis entzogen, wodurch die Salpetersieder gezwungen wurden, ihre Arbeitskraft und Geschicklichkeit ausschliesslich in den Dienst der Landesherren zu stellen. Wer sich von da an dem Salpetersiederberuf widmete, bedurfte vor allen Dingen eines besonderen landesherrlichen Berechtigungsscheines, des Salpetersiederpatentes[2]), welches ihm das alleinige Recht zur Verarbeitung der in einem bestimmten Bezirke (der Grabstatt) vorhandenen salpeterhaltigen Rohstoffe zuerkannte, und zwar unter der ausdrücklichen Bedingung, das gewonnene Fabrikat ausschliesslich und allein an den Landesherrn abzuliefern. Zugleich verbot man den Salpetersiedern ihre bisherige Nebenbeschäftigung, das Pulvermachen, aufs strengste und liess es seitdem in den landesherrlichen Zeughäusern von besonderen, staatlich angestellten Pulvermachern vornehmen.

Die Einführung des Salpeterregals geschah zweifellos zum Vorteile der Salpetersieder und ihres Gewerbes, zum Nachteile aber der Untertanen. Diese waren nämlich nicht nur verpflichtet die sich auf ihrem Grund und Boden, in ihren Häusern etc. na-

1) *Steinbeck*, Gesch. d. schles. Bergbaues, 1857, Bd. II. S. 246.

2) Vergl. Beilagen V—VII.

türlich bildenden Salpeterstoffe den Siedern zu überlassen, sondern mussten auch für den Siedereibetrieb Brennholz, Asche, Geschirr, nicht selten sogar eine Hutte für die Werkstatt teils unentgeltlich, teils gegen sehr geringe Entschädigung zur Verfügung stellen. Hierdurch bildete sich das Salpetersiedergewerbe noch mehr zu jenem eigentümlichen Betriebssysteme aus, welches *K. Bücher* allgemeiner als »Lohnwerk« charakterisiert hat.

»Lohnwerk ist gewerbliche Berufsarbeit, bei welcher der Rohstoff dem Kunden, das Werkzeug dem Arbeiter gehört«[1]). Der Lohnwerker betreibt nur Kundenproduktion. Infolge seiner eigentümlichen Stellung, welche ihm gewissermassen die dauernde Erfüllung bestimmter Pflichten der Gesamtheit gegenüber auferlegt, erhält sein Beruf den Charakter eines öffentlichen Amtes. So sind noch heutzutage im indischen Dorfe der Gemeindewächter, der Schuhmacher, der Schmied, Töpfer etc. ausnahmslos Lohnwerker und sozusagen Dorfbeamte[2]). So waren auch die ehemaligen Salpetersieder, welche im Dienste des Staates oder, was in jenem Zeitalter absolutistischer Politik das gleiche war, des Landesherrn ihr Gewerbe betrieben, eine Art von Beamten, d. h. staatliche Lohnwerker.

Der Staat, resp. der Fürst versorgte sie, sei es nun direkt oder indirekt, mit Werkstätten zur Einrichtung der Siederei und gab ihnen Gelegenheit, sich durch allmähliche Zurückzahlungen zu deren Eigentümer emporzuarbeiten. Oft errichtete man auch in den Gemeinden nur eine leichte Bretterhütte, in welcher der Salpetersieder während seines vorübergehenden Aufenthaltes, ohne Entschädigung dafür zu leisten, seine Arbeiten vornehmen konnte, und die später wieder abgebrochen wurde. Hierdurch entstanden zwei Gruppen von Salpetersiedern, nämlich solche mit einer festen Betriebsstätte (Heimwerker) und solche, die nach Störerart, von Ort zu Ort ziehend, ohne eigene Werkstatt ihrem Berufe oblagen. In Württemberg nannte man die letzteren allgemein: »Salpetersieder, die nirgends verbürgert«, in Frankreich »salpêtriers ambulants.« In der Regel waren es die ärmeren unter den landesherrlichen Salpetersiedern, die in dieser Weise ihr Gewerbe betrieben. Sie besassen oft kaum die erforderlichen Handwerkszeuge, und die Gemeinden mussten ihnen ausser der Hütte noch allerlei Geräte,

1) *K. Büchers* Art. »Gewerbe« Handwörterb. d. St.W. II. Aufl. Bd. IV. S. 368.

2) Daselbst: S. 372. — Vergl. auch im allgem. *Sonnerat*, Reise nach Ostindien und China, 1783; Bd. I. S. 85. ff.

wie Laugebottiche, Kübel, Kessel u. s. w. zeitweilig überlassen.

Die Merkmale, welche dem Lohnwerke eigentümlich sind, trafen auch auf das Salpetersiedergewerbe zu. Allerdings arbeiteten die Salpetersieder stets nur fur ein und denselben Kunden, d. h. für den Landesherrn, doch war dieser kraft des Salpeterregals ausschliesslicher Besitzer des Rohmaterials und trug zugleich auch dafür Sorge, dass jedem Salpetersieder die weiteren, zur Veredlung des Rohproduktes erforderlichen Stoffe, wie Brennholz und Asche, jederzeit unentgeltlich zur Verfügung standen. Der Salpetersieder besass gewöhnlich nur Werkzeug und Hütte, weshalb sein Lohn, welchen er für jeden Zentner des gewonnenen Fabrikates erhielt, fast nur eine Entschädigung für geleistete, qualifizierte Arbeit war. Anfangs stand jener mit den laufenden Salpeterpreisen nahezu auf gleicher Höhe; während aber diese im Laufe der Zeit ganz erheblich stiegen, blieb er nahezu stabil und überschritt nur zeitweilig, d. h. bei besonderen Bedarfsanforderungen den ursprünglichen Betrag.

Auch jener Hauptübelstand, welcher ein charakteristisches Kennzeichen des Lohnwerks ist, die Materialunterschlagung, trat in dem Salpetergewerbe häufig zu Tage. Da der Landesherr das Verhältnis von Rohstoff und Fabrikat schwerlich kontrollieren lassen konnte, zumal das Material von den Salpetersiedern überhaupt erst gewonnen werden musste, so wurde hierdurch allen möglichen Betrügereien leicht Vorschub geleistet. Trotzdem die Salpetersieder zur richtigen Ablieferung eidlich verpflichtet worden waren, standen doch Unterschleife auf der Tagesordnung, und man suchte letzteren in der Weise wirksam entgegenzutreten, dass man die Salpetersieder in der damals meist übertriebenen Strenge nicht nur mit hohen Geldstrafen und der »Patententziehung«, mit Gefängnis oder Festung, sondern selbst mit der Landesverweisung und dem »Galgen« zu bestrafen drohte.

Andererseits aber erfreuten sich die Salpetersieder auch der besonderen Gunst ihres Fürsten. Sie standen in der Regel unter seiner speziellen Gerichtsbarkeit, waren von Steuern, Fronen, Zöllen u. s. w. befreit und brauchten keine Militärdienste, keine Bürger- oder Nachtwachen zu leisten. Allgemein genossen sie in Deutschland die Privilegien der Gewerkschaften[1]), in Frankreich die der Arbeiter in den »Manufactures Royales«[2]).

1) Vgl. *Karstens* Archiv f. Bergbau, Bd. 16. S. 370 ff.

2) Vergl. Archives des Arts français: »Réglements de la manufacture des

Solange das Salpeterregal bestand, verharrte der Salpetersieder in der Stellung des staatlichen Lohnwerkers[1]). Als es jedoch zu Beginn des 19. Jahrhunderts fast überall aufgehoben und das Salpetersieden für ein »freies Gewerbe« erklärt wurde, trat er mit einem Schlage in den Stand des »Hand- oder Preiswerkers« ein[2]). Während ihm bisher vornehmlich Arbeitskraft und Geschicklichkeit Erwerbsmittel gewesen waren, erstreckte sich dieses nunmehr auch auf den toten Stoff, für dessen Beschaffung ein nicht unbedeutendes gewerbliches Betriebskapital erforderlich wurde. Allerdings hatte der Salpetersieder vielfach auch früher schon infolge des Asche- und Brennholzankaufes für ein solches, wenn auch nur im kleinen, Sorge tragen müssen. Aber durch die Entziehung der Grabegerechtigkeiten, der Fuhren- und Holzprivilegien etc. stieg dasselbe plötzlich in sehr erheblichem Masse. Zwar betrieb der Salpetersieder auch fernerhin noch Kundenproduktion, aber an Stelle eines einzigen Kunden, des Staates, traten jetzt deren mehrere, von welchen dieser allerdings der hauptsächlichste blieb und meistens auch noch ein spezielles Vorkaufsrecht besass. Die Erhöhung des Betriebskapitals, welche durch Ankäufe von salpeterhaltigen Erdstoffen, von Rohmaterialien für den künstlichen Salpeterbau, sowie durch die Steigerung der Arbeitslöhne, des Brennholzes, der Asche u. s. w. hervorgerufen wurde, führte im Verein mit der beständig wachsenden Konkurrenz des ostindischen Salpeters schliesslich den völligen Untergang des ehemals, politisch hoch bedeutsamen Salpetersiedergewerbes herbei.

Wir kommen nunmehr zur Betrachtung des Salpetersiedergewerbes und der sozialrechtlichen Stellung der Salpetersieder in Frankreich, Württemberg und Preussen[3]).

1. Frankreich.

Wie in andern Ländern, so betrieben auch in Frankreich die

---

gobelins«; desgl. *Martin*, La grande industrie sous la règne de Louis XIV. 1899, T. I, p. 11.

1) Im Gegensatz zu den eigentlichen Salpetersiedern waren die in den staatlichen Raffinerien beschäftigten nach heutigen Begriffen Werkmeister, Betriebsführer etc.

2) Ueber »Preiswerk« vergl. *Bücher*, a. a. O., S. 374 ff.

3) Da das Salpetersiedergewerbe in Bayern im grossen und ganzen unter den nämlichen Verhältnissen, wie in Preussen bestand, ist es nicht besonders behandelt, sondern nur in den Anmerkungen gelegentlich berücksichtigt worden.

Salpetersieder, »Salpestreurs« auch »Salpestriers« genannt, anfangs ein privates Gewerbe, das sie im Interesse einer Stadt, eines Grandseigneurs oder des Königs ausübten. Gegen Ende des 15. Jahrhunderts erfolgte in diesem bisherigen Zustande eine wesentliche Aenderung dadurch, dass die im Lande vorhandenen Salpetersieder sämtlich in königliche Dienste treten mussten. Der König gewährte ihnen von nun an allein das ausschliessliche Privileg, innerhalb bestimmter Bezirke Salpeter graben und sieden zu dürfen, und unterstellte sie der Oberaufsicht des Grand Maistre des Arbalestriers, später Grand Maistre de l'Artillerie genannt, von welchem sie auch ihre Patente empfingen.

Die Salpetersieder waren nicht nur berechtigt, sondern auch verpflichtet, in den Privatwohnungen der Untertanen, deren Viehställen, Scheunen, Speichern und anderen der Salpeterbildung günstigen Räumlichkeiten die salpeterhaltigen Stoffe zu sammeln, um das alljährlich für sie offiziell festgesetzte Quantum Salpeter in die zu diesem Zwecke errichteten Salpeterspeicher regelmässig einliefern zu können [1]). Infolge der eigentümlichen Art und Weise, durch welche sie sich die zum Betriebe ihres Gewerbes erforderlichen Rohmaterialien beschaffen mussten, waren die Salpetersieder von vornherein den grössten Unannehmlichkeiten seitens der Untertanen ausgesetzt, weshalb König Franz I. den letzteren auf das strengste verbot, die Sieder bei der Ausübung ihres Berufes zu belästigen oder zu beschimpfen. Zugleich machte er es seinen Richtern, Verwaltungs- und Militärbeamten zur Pflicht, ihnen in misslichen Lagen mit Rat und Tat behilflich zu sein (Ordonnance vom 28. XI. 1540), und um ihnen auch eine gewisse Autorität zu verleihen, stellte er sie und ihre Familienangehörigen nebst Gehilfen unter seinen besonderen königlichen Schutz und Schirm [2]).

Allgemein genossen die Salpetersieder die Privilegien und Freiheiten der »Officiers ordinaires d'Artillerie«, und als spezielle Vergünstigung war den ärmeren unter ihnen gänzliche, den wohlhabenderen teilweise (bis zu 50 sols) Befreiung von der direkten Besteuerung (taille) zugebilligt worden. Auch waren sie von allen

1) Ordon. vom 28. Nov. 1540. Aus d. »Recueil général des anciennes lois françaises«, Paris 1829. Tome XII, Nr. 318, p. 701.

2) »Pour plus grande sûreté de leurs personnes, nous avons pris et mis prennons et mettons par cesdittes présentes, tant ensemblement que divisement en et soubz nostre protection et sauve-garde especiale.« (Ordonnance v. 13. II. 1543, Art. XIII.)

Lasten und Fronen entbunden. Was ihre Ausrüstung anbelangte, so hatten sie sich zwar mit kleineren Gerätschaften, wie Kratzen, Besen, Hämmern, Spaten, Hauen, Rodehacken etc. selbst zu versehen, doch standen ihnen Pferde und Geschirr zum Transport der salpeterhaltigen Erde oder der Rohlauge, sowie Wannen, Fässer, Pfannen, Kessel, und alle weiteren zum Sieden und Raffinieren des Salpeters erforderlichen grösseren Gerätschaften bei den Untertanen gegen geringe Entschädigung stets zur Verfügung. Das Brennmaterial erhielten sie unentgeltlich aus den königlichen Forsten, deren Beamte ausdrücklich angewiesen worden waren, ihnen auf Verlangen sofort trockenes Holz und Holzkohle zu verabreichen und ihnen auch das Reisiglesen ungehindert zu gestatten. Ebenso konnten sie die zum »Brechen« der Rohlauge nötige Asche, desgleichen alle für die Anlegung von Salpetergruben verwendbaren Dünger- und Erdmaterialien, ohne Entschädigung dafür zu leisten, jederzeit von den Untertanen fordern.

Da es nicht selten geschah, dass die Salpetersieder trotz des bestehenden Verbots an Privatpersonen, zumal diese das Fabrikat teurer bezahlten als der Staat, Salpeter veräusserten, so durfte seitdem kein Sieder bei Galgenstrafe (»sous peine de la hart«) mehr Salpeter produzieren, als das für seine Hütte offiziell festgesetzte und in seinem Patente genau bezeichnete Quantum betrug. Für jeden Zentner Salpeter empfing er im allgemeinen 9 livres tournois poix de marc; war jedoch der Salpeter »gut, verkaufsfähig und vom 2. Sude«, so erhöhte sich dieser Preis um 10 sols tournois pro Zentner. Wenn die Salpetersieder das vorgeschriebene Quantum aus Unfähigkeit oder Nachlässigkeit nicht zu produzieren vermochten, so unterlagen sie den Besteuerungsbestimmungen der taille, von der ausser ihnen sonst nur noch Adel und Geistlichkeit befreit waren[1]). Im Wiederholungsfalle wurden sie zur Niederlegung ihres Gewerbes und zur Zahlung einer sehr beträchtlichen Geldstrafe verurteilt. Der sich ergebende Erlös ihres eingebrachten Fabrikates wurde ihnen von einem der drei im Königreiche angestellten »Tresoriers des salpêstres« gemäss den hierzu angeordneten Bestimmungen ausbezahlt. Nach letzteren will es scheinen, als ob die Salpetersieder für jeden Zentner nur 9 livres in bar erhielten, während

1) Daneben allerdings auch ganz oder teilweise die Militär- und Verwaltungsbeamten, sowie die Arbeiter in den königl. Manufakturen.

der sich aus der Ablieferung von raffiniertem Salpeter (vom 2. Sude) ergebende Mehrbetrag zur Amortisation jener Summen, welche ihnen der Staat zur Anlage ihrer Hütten vorgeschossen hatte, verrechnet wurde.

Um die ziemlich weitgehenden Befugnisse, welche den Salpestriers bezüglich des Sammelns der salpeterhaltigen Erde in den Privaträumlichkeiten der Untertanen zugestanden worden waren, enger zu begrenzen und eventuellen Missbräuchen vorzubeugen, durften die Salpetersieder in den bewohnten Häusern nur mit Kratzen und Besen, in den unbewohnten aber auch mit Hämmern, Spaten, Hacken, Rodehacken etc. arbeiten; jedoch ohne den Untertanen hierbei wesentlichen Schaden zuzufügen, widrigenfalls sie Ersatz zu leisten hatten. Die Herstellung von Schiesspulver war den Salpetersiedern, wie überhaupt allen nicht hierzu besonders ermächtigten Personen, »bei Todesstrafe« verboten und die Konfiskation aller in ihrem Besitze befindlichen Gerätschaften, welche zur Pulverbereitung dienten, wie z. B. Mörser, Mörserkeulen, Kessel, Pulvermühlen mit Handbetrieb u. s. w. angeordnet worden [1]).

Die eigentümliche Betriebsweise, welche die meisten Salpetersieder ihre Hütte nach dem platten Lande zu verlegen zwang, scheint wesentlich dazu beigetragen zu haben, dass man in ihrem Gewerbe die charakteristische Erscheinung jener Zeit, die Zunftorganisation, nur selten beobachten kann. Die noch vorhandenen Aufzeichnungen geben leider nicht zu erkennen, ob die Salpetersieder wegen ihrer geringen Zahl in den bedeutenderen Städten Frankreichs vielleicht mit anderen Handwerkern zu Mischzünften vereinigt waren, denn nur in wenigen grossen Städten, z. B. in Paris und Tours, bildeten sie eine besondere Zunft oder Communauté [2]).

In Paris hatten sich die Verhältnisse in Bezug auf die Organisation der dort vorhandenen Salpetersieder ganz eigenartig entwickelt. Karl IX. hatte seinerzeit Stadtvogt und Stadtschöppen von Paris durch ein besonderes Privileg [3]) das Graben und Sieden

1) Gesetz vom Dezember 1601. Recueil général. T. XV, p. 263.

2) Sicher bestand eine Communauté des salpêtriers zu Paris, zu Tours höchst wahrscheinlich. (»Mémoire des salpêtriers de Tours«, 1790). Das bekannte Werk von *E. Martin Saint-Léon*, Histoire des corps de métiers 1897. erwähnt die Salpetersieder überhaupt nicht.

3) Arrest v. 31. Dezember 1567. Recueil général T. XIV. p. 226.

des Salpeters zum Zwecke der Pulverfabrikation gestattet; weshalb es also zeitweilig in dieser Stadt zweierlei Salpetersieder, städtische und königliche, gab. Bald aber finden wir sie zu einer einzigen Salpetersiederzunft, der »Communauté des salpêtriers du roi en la ville et faux-bourgs de Paris« vereinigt. Die Anfänge ihrer Organisation gehen etwa bis zum Ende des 16. Jahrhunderts zurück. Allerdings war der innere Zusammenhalt anfangs ein ziemlich loser, denn die »Zunft« besass weder Statuten noch Urkunden, welche ihr die Eigenschaft einer juristischen Person etwa verliehen hätten [1]). Einrichtungen der Lehrzeit, des Meisterstücks und Meisterrechts bestanden nicht, sondern jeder, der in die Zunft eintreten wollte, bedurfte nur eines vorschriftmässigen Patentes, das auf der Schreiberei des Artillerieamtes zu Paris ausgefertigt worden war. Auch gab es noch keine besondern Reglements, und man begnügte sich allgemein mit der mehr oder minder genauen Befolgung der durch Franz I. und Karl IX. erlassenen Salpetergesetze. Dieser Zustand, welcher nicht selten Verwirrung und Streit unter den Salpêtriers hervorrief, veranlasste sie schliesslich, sich über einige wichtige Zunftsatzungen zu einigen; und, um ihnen grössere Autorität zu verleihen, liessen sie dieselben bei der Schreiberei des Artillerie-Pulver- und Salpeter-Amtes im Chateau Louvre registrieren. Am 11. Mai 1658 wurden die Statuten vom »Procureur du Roy« offiziell genehmigt und Rechtens erklärt. Sie bestanden aus 20 Artikeln und enthielten im wesentlichen folgende Bestimmungen:

Die heilige Barbara wurde zur Schutzpatronin der Communauté erklärt [2]) und ein besonderer »Rat« als Aufsichtsorgan zur gewissenhaften Beobachtung der königlichen Salpeter-Ordonnanzen, sowie auch der neuen Zunftartikel eingesetzt. Er bestand aus einem »Syndikus« und 4 Salpetersiedern, »gardes« oder Zunftvorsteher [3]) genannt. Diese 5 Personen hatten zwei Jahre lang ihr Amt zu bekleiden, nach welcher Frist die Neubesetzung in der Weise vorgenommen wurde, dass man den Syndikus und

---

1) *Savary*, Diction. univers. de commerce. Paris MDCCXXIII, T. II, p. 1454.

2) Noch heute ist die heilige Barbara die Schutzpatronin der Artillerie. Das Barbarafest wird alljährlich am 4. Dezember (St. Barbara) gefeiert.

3) Ich benutze hier die *Farnam*sche Uebersetzung von »gardes« resp. »jurés« der Communautés. Vergl. im allgemeinen: H. *W. Farnam*, Die innere französische Gewerbepolitik von Colbert bis Turgot, in *G. Schmoller*s St.- u. Sozialw. Forschungen, Bd. I, Heft 4.

zwei Zunftvorsteher neu wählte, während die beiden anderen im Rate verblieben. Die Wahlen wurden in offizieller Zunftversammlung in Gegenwart des »Artillerieamtmannes« (Bailly de Artillerie) oder seines Stellvertreters erledigt. Wählbar waren nur Mitglieder der Communauté oder Artilleriebeamte, letztere aber nur zum Amte des Syndikus'.

Von Zeit zu Zeit musste der Syndikus nebst seinen 4 Ratsmitgliedern Besichtigungen vornehmen, die vom zuständigen Beamten des Salpeterwesens, dem »Commissaire Général des Poudres et Salpestres«, in jedem Falle vorher angeordnet wurden. Diese Revisionen galten den einzelnen Salpeterhütten im allgemeinen, den Feuerungsanlagen, Kesseln und Massen, welche beim Aschenkauf[1]) benutzt wurden, im besonderen. Wenn es sich hierbei herausstellte, dass ein Gerät den gewünschten Anforderungen nicht entsprach, so wurde es beschlagnahmt und im Pariser Arsenal einer genauen Prüfung unterzogen. Der Inhaber der beanstandeten Salpeterhütte wurde in der Zunftversammlung angezeigt, wo jede Uebertretung mit einer Geldbusse von 8 Pariser Pfund geahndet wurde. Bei erheblicheren Vergehen oder in Wiederholungsfällen erfolgte Patententziehung seitens der Behörde. Die anscheinend etwas allzu strenge Handhabung der Vorschriften über die Aschenmasse war trotzdem nicht unberechtigt, denn bei eventuellen Mängeln lag nicht etwa blosses Versehen, sondern ein offenbarer Betrug vor. Die Salpêtriers sollten nämlich ihre Massgefässe, welche amtlich geeicht und mit dem Artilleriewappen gezeichnet waren, ausschliesslich durch Vermittelung der Salpeterverwaltung beziehen, auf welche Weise Verschiedenheiten vermieden wurden. Aehnliche Bestimmungen galten auch für die in den Siedereien benutzten Laugefässer, deren Grösse und Inhalt von der Salpeterverwaltung offiziell festgesetzt worden war.

Die Versammlungen des Rates fanden alle vierzehn Tage am Sonnabend Nachmittag um 2 Uhr im Hause des Commissaire Général der Salpeterverwaltung statt. Hier wurde der eingelieferte Salpeter geprüft, und im Falle, dass ein und derselbe Sieder zwei schlechte Lieferungen nacheinander eingebracht hatte, dieser zur Schliessung seiner Hutte, sowie zur Rückgabe seines Patentes verurteilt. Alle drei Monate wurden in den ordentlichen Sitzungen des Rates auch die Aschenpreise festgelegt.

---

1) Das anfängliche Recht des unentgeltlichen Aschesammelns war besonders in grösseren Städten allmählich immer bedeutungsloser geworden.

Die regelmässige Ablieferung des fabrizierten Salpeters in die königlichen Magazine zu Paris war den Salpêtriers vom 15. zum 15. im Monate zur Pflicht gemacht. Daselbst konnten sie auch ein der Qualität und Quantität ihrer Lieferung entsprechendes Entgelt in Empfang nehmen, das vom Commissaire Général, als für das gesamte Salpeterwesen geltend, unter Berücksichtigung der einschlägigen gesetzlichen Bestimmungen normiert wurde. Derjenige Sieder, welcher irgend ein Quantum, sei es vom ersten oder zweiten Sude, verheimlichte, wurde mit der Konfiskation seiner Laugefässer, einer Geldbusse von 48 Pariser Pfund und mit zeitweiliger Patententziehung bestraft.

Neben einer Reihe von Artikeln, welche ausführlichere technische Bestimmungen über das Aufsuchen und die Bearbeitung der Salpetererde enthielten, befanden sich in den Satzungen auch solche von rein zünftlerischem Charakter. Jeder Salpêtrier, dessen Hütte für 2 bis höchstens 7 Sude eingerichtet war, durfte nur einen Gehilfen zum Sammeln der salpeterhaltigen Erdmaterialien anstellen, wogegen derjenige, welcher 8—12 Sude verarbeitete, sich deren zwei halten konnte. Die Arbeitszeit dauerte im Sommer (von Ostern bis St. Remigius) von 5 Uhr morgens bis 7 Uhr abends und im Winter von früh 6 Uhr bis abends 6 Uhr. Alle Streitsachen der Sieder untereinander, desgleichen Anträge auf Statutsänderungen wurden von einem speziellen Gerichtshofe, dem »Artillerieamt«, entschieden, und jeder Salpetersieder, der sich der Jurisdiktion einer anderen richterlichen Behörde unterwarf, wurde mit hoher Geldbusse und Entziehung seines Patentes bestraft. Wie aus diesen wenigen Satzungen hervorgeht, suchte die Communauté nicht nur ihre Interessen als geschlossene Körperschaft nach aussen hin zu vertreten, sondern auch ihre Mitglieder zugleich gegen unlautere Konkurrenz zu schützen. Im Sinne typischer Zunftauffassung liess sie erkennen, dass sich der eine so gut ernähren sollte, als der andere, damit keiner über den andern stehe. Besonders deutlich tritt diese Auffassung in den Festsetzungen der Arbeitszeit, der Zahl aufzunehmender Gehilfen, der Aschenpreise und der Masse für den Aschenkauf hervor.

Die obigen Zunftartikel wurden in den Jahren 1676 und 1705 revidiert und von neuem bestätigt. Spätere Aufzeichnungen scheinen aber seitdem über die Communauté nicht mehr vorgekommen zu sein, und nicht einmal der Zeitpunkt ihrer Auflösung lässt sich mit Sicherheit angeben. Höchst wahrscheinlich bestand die Zunft noch 1779; aber vermutlich hat sie den 4. August 1789 nicht überdauert, in welcher »denkwürdigen Nacht das Zunftwesen in Frankreich mit einem Schlage aus der Welt geschafft wurde« [1]).

Die Mitgliederzahl der Pariser Communauté hat wohl nur ausnahmsweise die Zahl von 28 selbständigen Salpetersiedern überschritten [2]). Diese Eigentümlichkeit erklärt sich aus dem von der Regierung beobachteten Verfahren, jedem Salpetersieder mit der Erteilung des Patentes zugleich auch einen genau begrenzten Arbeitsbezirk anzuweisen. Da nach den Ordonnanzen zum mindesten ein Sohn des Salpetersieders das Handwerk seines Vaters erlernen musste, so führte meistens ein männlicher Erbe den Betrieb der Hütte fort, denn nur in Ausnahmefällen war die Witwe des Verstorbenen hierzu berechtigt. Zuweilen übernahm auch ein Gehilfe nach dem Tode des Salpetersieders durch Heirat oder Zahlung einer entsprechenden Entschädigung an die Hinterbliebenen die Werkstatt, bezw. deren Betrieb nebst Einrichtung. Die Pariser Salpetersieder benutzten fast ausnahmslos gemietete Werkstätten und Wohnungen, da sie in der Regel zu arm waren, um selbst Eigentümer zu werden. Anfangs hatten sie die erforderlichen Räumlichkeiten; nur auf bestimmte Zeit gemietet, und mussten dafür gewöhnlich sehr erhebliche Preise bezahlen: Sie waren aus leicht begreiflichen Gründen schon an und für sich nicht gern gelitten, ganz abgesehen davon, dass der beständige Umgang mit Feuer eine nicht unbedenkliche Gefahr für das Gebäude mit sich brachte. Infolgedessen suchten die Hausbesitzer fast allgemein Salpetersieder als Mieter zu meiden, und falls sie ihnen dennoch Unterkunft gewährten, bemühten sie sich bald, sie durch allerlei Mittel, z. B. ausserordentliche Steigerung der Miete, »Plackereien«, ja selbst durch grobe Beleidigungen, wieder zum Umzuge zu veranlassen. Ein solcher war aber für die Salpetersieder infolge der zeitraubenden und mit erheblichen Kosten verbundenen Einrichtung einer neuen Werkstatt sehr erschwert.

Diese Zustände wurden allmählich so unerträglich [3]), dass

1) *W. Stieda*s Art. »Zunftwesen«, Handw. d. Staatsw., II. Aufl., Bd. 7, S. 1013.

2) Trotz des damaligen grossen Bedarfs existierten um 1790 nur noch 20 »Salpestriers du Roi« zu Paris.

3) So wurden 1716 z. B. nicht weniger als 6 von den vorhandenen 28 Salpetersiedern kurzer Hand auf die Strasse gesetzt.

die Communauté bei dem damaligen Generalpächter des gesamten Salpeterwesens vorstellig wurde und diesem ausdrücklich erklärte, die Zunft auflösen und den Betrieb ihres Gewerbes gänzlich aufgeben zu wollen, sobald jene Uebelstände nicht beseitigt würden. Der Generalpächter, namens Antoine de la Porte, wandte sich nunmehr an den König, welcher durch ein spezielles Gesetz vom 9. Juli 1718 allen Untertanen befahl, die an die Salpetersieder vermieteten Räumlichkeiten, Hütten etc. bei der ungewöhnlich hohen Strafe von 3000 Livres nebst Ersatzpflicht des durch ihr rücksichtsloses Vorgehen etwa verursachten Schadens, weder zu kündigen noch den Mietzins zu steigern [1]). Später wurde diese speziell für die Mitglieder der Pariser Communauté getroffene Bestimmung auch auf sämtliche im Königreiche vorhandenen Salpetersieder ausgedehnt und noch dahin erweitert, dass die Bürgermeister, Schöppen und Einwohner aller Städte, Flecken und Ortschaften, sobald sich ein Salpetersieder daselbst einzurichten beabsichtigte, diesem bereitwilligst Unterkunft für ein billiges und im voraus zu vereinbarendes Entgelt gewähren sollten.

Die ursprünglichen Privilegien und Freiheiten, welche den Salpetersiedern durch die Ordonnance vom 13. Februar 1543 garantiert worden waren, wurden im Laufe der Zeit noch erweitert. Das Gesetz vom März 1572 [2]) befreite alle Salpeter-Holz-Asche und Kohlentransporte, desgleichen sämtliche zur Salpeterfabrikation dienenden Werkzeuge und Gerätschaften, sobald sie mit einem vom »Grand Maistre de l'Artillerie« beglaubigten Geleitscheine versehen waren, von allen Eingangs- und Ausgangszöllen, Wegegeldern, überhaupt von jeder eventuell in Betracht zu ziehenden Abgabe (Tor- und Brückengelder, Querweg- und Engpassgelder) [3]). Auch waren die Salpêtriers nicht der Besteuerung des von ihnen produzierten oder konsumierten Salzes, der »Gabelle«, unterworfen, welche Bestimmung eine wesentliche Erleichterung für sie war, da die Salzsteuer im allgemeinen die Untertanen hart bedrückte. Allerdings musste ihr früheres Privileg

1) Die diesbezüglichen Data sind gesammelt in der Denkschrift »Mémoire de la Communauté des salpêtriers du Roy contre le sieur Antoine de la Porte, adjudicataire général des poudres et salpêtres«, 1716.

2) Recueil général. T. XIV. p. 252. Ebenso im Gesetz vom 7. Juli 1663 (Archives Nationales X. Ia 8663, fol. 350).

3) Zusammengefasst im Gesetz vom 24. März 1716 (Mémoire de la Com. a. a. O.). Eine Reihe ähnlicher Transportabgaben-Vergünstigungen enthalten die Gesetze vom 20. VII. 1700, 8. VIII. 1702, 21. X. 1702, 29. XI. 1710 u. 25. VII. 1713.

des freien Holz- und Holzkohlebezuges aus den königlichen Forsten infolge des beständig wachsenden Umfangs ihres Gewerbes immer mehr eingeschränkt werden. Sie behielten zwar noch das Recht, für den Bau ihrer Hütte eine bestimmte Menge Nutzholz aus den fiskalischen oder kommunalen Wäldern zu holen, doch hatten sie seitdem für die Beschaffung eines genügenden Quantums Brennholzes, das ihnen aber gewöhnlich zu Vorzugspreisen überlassen wurde, selbst zu sorgen. Auch ihr anfängliches Recht des ausschliesslichen und kostenlosen Bezuges von Asche war allmählich in ein »Vorkaufsrecht unter dem üblichen Preise« umgewandelt worden. Ausserdem brauchten sie weder Hand- noch Spannfronden zu leisten oder grundherrliche Abgaben zu entrichten, und ihr Wagen und Geschirr durfte unter keinem Vorwande, selbst nicht einmal zu Truppen- oder Munitionstransporten, beschlagnahmt werden.

Neben diesen vorwiegend privatrechtlichen Privilegien [1]) genossen sie noch eine ganze Reihe von mehr öffentlich-rechtlichem Charakter, wie sie in dem Gesetze vom 13. Februar 1748 (s. Beilage IX.) und in einigen anderen zu ersehen sind. Sie waren von Kriegs- und Militärdiensten gänzlich befreit, desgleichen auch ihre Söhne und Gehilfen, vorausgesetzt, dass diese während der Aushebung selbst und noch weitere 6 Monate über im Betriebe beschäftigt blieben. Bereits die Ordonnance vom Jahre 1572 hatte die Salpêtriers der Einquartierungspflicht enthoben. Nach dem Gesetze vom 13. Febr. 1748 war es allen Kriegs- und Heerschaukommissaren, den Bürgermeistern, Schöppen etc. strengstens untersagt, Quartierbillete auf die Hütten oder Wohnungen der Salpetersieder auszustellen, und schon Ludwig XIV. hatte den Chefs und Offizieren seiner Truppen verboten, bei einem Salpetersieder selbst Quartier zu beziehen, oder dies den »gewöhnlichen Soldaten« zu gestatten [2]). Bei Zuwiderhandlungen sollten die Offiziere wegen Ungehorsams und die Soldaten »mit dem Tode« bestraft werden. An weiteren Vergünstigungen erfreuten sich die Salpetersieder der Befreiung von der Steuereintreibung, den Nacht- und Bürgerwachen und anderen öffentlichen Aemtern. Sie brauchten auch keine Registrierungsgebühren für ihre Patente zu bezahlen und waren von allen Real- und Personalsteuern bis auf 10 Livres befreit.

---

1) Auch von der Uebernahme einer Vormundschaft oder eines Kuratels waren sie befreit.

2) Gesetz v. 21. I. 1676 (Mémoire de la Com. a. a. O.).

Die Jurisdiktion über die Salpetersieder, die in Fällen missbräuchlicher Anwendung ihrer weitgehenden Befugnisse anfänglich den ordentlichen Gerichten zustand [1]), wurde diesen durch das Gesetz vom 23. Febr. 1665 entzogen und dem »Bailly de l'Artillerie«, der bekanntlich schon die Gerichtsbarkeit über die Mitglieder der Pariser Zunft besass, übertragen. Bei schweren Vergehen, wie z. B. Unterschlagung von Salpeter, Herstellung von Schiesspulver etc. erkannte der König selbst. Später beanspruchte Ludwig XV. [2]) sogar die gesamte Rechtsprechung in allen Angelegenheiten, welche die Salpetersieder betrafen, für sich und seinen Staatsrat allein und verbot allen Gerichten jedwede Intervention in solchen Sachen bei 3000 Livres Strafe.

Viele ihrer Privilegien hatten die Salpetersieder den Generalpächtern des Salpeterwesens zu verdanken, welche sie ihnen allmählich als Entschädigung für vorhergegangene Lohnreduktionen erwirkt hatten. Mit der Aufhebung des Generalverpachtungssystems im Jahre 1775 wurden die Salpetersieder, welche nun wieder in unmittelbare Abhängigkeit vom Staate traten, für viele der ihnen seitdem entzogenen Privilegien durch entsprechende Erhöhung der Salpeterpreise schadlos gehalten. Sie empfingen für jedes Pfund eingelieferten Rohsalpeters [3]) 8 Sols, doch durfte der hierbei in Betracht kommende Abzug nur 4% betragen, vorausgesetzt, dass der Verlust an Rohsalpeter nach einer dreimaligen Raffination höchstens 30 Pfund vom Zentner ausmachen würde. Diesem gesteigerten Preise entsprechend, verbot man den Siedern, Wohnung oder Brennmaterial von den Gemeinden oder Privatleuten anders zu fordern, als auf Grund vorheriger Vereinbarung und sofortiger Barbezahlung zum laufenden Preise. Die salpeterhaltigen Bestandteile des Bauschuttes blieben aber nach wie vor ihrer kostenlosen Inbeschlagnahme vorbehalten, und die Bauunternehmer, Maurermeister und Strassenaufseher (officiers de la voierie) durften zum Einreissen der Gebäude nur dann die Einwilligung geben, wenn die Salpetersieder vorher rechtzeitig benachrichtigt worden waren. Bei 300 Livres Geldstrafe und Entziehung ihres Patentes mussten die letzteren ihr

---

1) Ord. v. Januar 1560, Art. 74. (Recueil d'édits et d'ordonnances royaux).

2) Gesetz v. 9. VII. 1718 (Mémoire de la Com. a. a. O.).

3) Seit 1716 war es den Salpetersiedern bei hoher Strafe verboten, die Raffination ihres gewonnenen Rohfabrikates selbst vorzunehmen.

Fabrikat regelmässig und zwar alle 14 Tage [1]) in die ihren Hütten am nächsten gelegenen Magazine der Salpeterregie einliefern. Ausserdem hatten sie das beim Salpetersieden als Nebenprodukt gewonnene Kochsalz, über welches sie früher nach Belieben verfügen konnten, dem Generalpächter des Salzmonopols (Ferme générale) gegen die übliche Bezahlung zu überlassen.

Trotz der erlittenen Einbusse verblieben aber den Salpetersiedern noch verschiedene wichtige Privilegien, wie z. B. die Befreiung vom Militärdienste, von den Fronen, von der Einquartierungspflicht etc. Durch den Arrêt vom 8. August 1777 kam man ihnen auch noch in sofern entgegen, als man diejenigen Gemeinden oder Privatpersonen, welche sich weigerten, auf Wunsch und gegen entsprechende Entschädigung seitens der Sieder Fuhren zu leisten, Holz zu verkaufen oder Wohnung zu gewähren, mit hohen Geldstrafen belegte [2]).

Zugleich suchte man die Salpetersieder durch »Produktionsprämien« zur allmählichen, freiwilligen Einschränkung der ihnen zustehenden Grabgerechtigkeit, der »fouille«, zu bewegen. Während nämlich die Salpeterregie den durch die »fouille« gewonnenen Rohsalpeter mit 8 Sous pro Pfund bezahlte, gewährte sie für den aus Bauschutt, beziehentlich ohne Ausübung der »fouille« hergestellten 9 Sous und für den durch künstlichen Salpeterbau erzeugten sogar 10 Sous pro Pfund; jedoch sämtliche Preise unter den üblichen Abzugsbedingungen von 4% und der Voraussetzung, dass der Salpeter beim Raffinieren nicht mehr als einen gewissen Prozentsatz verlieren durfte.

Seit jener Zeit begann die Blüteperiode des Salpetersiedergewerbes in Frankreich, die etwa zu Anfang der 90er Jahre des 18. Jahrhunderts ihren Höhepunkt erreichte. Die Möglichkeit, durch Fleiss und Geschicklichkeit seine wirtschaftliche Lage zu verbessern, verfehlte auch hier nicht, einen günstigen Einfluss, sowohl in sozialer wie in produktiver Hinsicht, auszuüben. Allerdings erhielt das Salpetersiedergewerbe eine gewisse Konkurrenz durch das Emporkommen grösserer, mit Rohsalpetergewinnung verbundener Plantagenbetriebe privater Unternehmer [3]), die

1) Nach d. Gesetz v. 8. Aug. 1777: mindestens einmal im Monat.

2) Die eine Hälfte der Summe empfing der betreffende Salpetersieder als Entschädigung, die andere wurde dem zunächst liegenden Armenhause zugewiesen.

3) Die »Entrepreneurs«, welche einen höheren Salpeterpreis empfingen, waren nach dem Tarif des Salpeterarrêt vom 14. Mai 1792 hauptsächlich in folgenden De-

vielfach keine berufsmässig ausgebildeten Salpetersieder beschäftigten. Doch wurde dieser Nachteil dadurch wieder ausgeglichen, dass andererseits eine ganze Reihe von Gemeinden, um sich von der »fouille« zu befreien [1]), Salpeterplantagen errichteten und in der Form des Administrations- oder Pachtbetriebes von einem königlichen Salpetersieder bewirtschaften liessen; ein Umstand, der wesentlich zur Herbeiführung eines auskömmlicheren Verhältnisses zwischen Salpetersiedern und Untertanen beitrug. Dennoch kamen Klagen und Streitigkeiten zwischen Salpetersiedern einerseits, Haus- beziehentlich Grundbesitzern anderseits ziemlich häufig vor, da man sich der Ausübung der »fouille« und dem Abholen des Bauschuttes durch die mannigfachsten Mittel zu entziehen suchte. Um derartigen Reibereien möglichst vorzubeugen, hatte man beispielsweise in Paris folgende Bestimmungen [2]) getroffen:

Die Haus- und Grundbesitzer, Mieter, Pächter, Bauunternehmer und Maurer waren verpflichtet, denjenigen Tag, an welchem sie mit dem Einreissen der Gebäude zu beginnen dachten, bei der Polizei rechtzeitig anzumelden, damit die Salpetersieder zur Abholung des Bauschuttes vorher benachrichtigt werden konnten. Auch waren die letzteren berechtigt, in allen Privathäusern die vorhandene Asche gegen geringe Entschädigung für sich in Beschlag zu nehmen. Doch durfte der jeweilige Vorrat ihrer Hütte weder den gewöhnlichen Bedarf übersteigen, noch durften sie von diesem Material etwas veräussern. Um in dieser Hinsicht eine gewisse Kontrolle, über die Bürger auszuüben, befahl man den Salpetersiedern und niederen Beamten der Salpeterregie, in den Privathäusern zu visitieren, grössere Aschenvorräte zu konfiszieren und etwaige Uebertretungen dieser Art zur Anzeige zu bringen. Die Salpetersieder hatten sogar das Recht zur eigenmächtigen Verhaftung zu schreiten, sobald sie jemand bemerkten, der die Asche heimlich aus der Stadt schaffte.

---

partements vorhanden: De la Somme, Du Jura, du Doubs et de la Saône, du Cher, du Calvados, Côte-d'Or, Saône et Loire, Du Rhône, Du Jura (Poligny). Im Gegensatz zu unseren heutigen Unternehmern waren sie jedoch in ihrer Betriebsweise nicht völlig frei: Sie durften nur Rohsalpeter herstellen und mussten denselben ausschliesslich an den Staat verkaufen.

1) Nach den Arrêts v. 24. Jan. 1778 und v. 8. Aug. 1777 konnten sich die Gemeinden durch Errichtung und Unterhalt einer selbst angelegten Salpeterplantage von der »fouille« befreien.

2) Recueil général a. a. O. T. XXVI, S. 132.

Andererseits wiederum waren sie verpflichtet, zum Sammeln der salpeterhaltigen Rohstoffe, des Bauschuttes, der Asche etc. nur solche Arbeiter oder »Stadtmänner« (»homes de ville«) anzustellen, welche die ausdrückliche Erlaubnis hierzu vermittelst eines vom Verwalter der Salpeterregie ausgefertigten und mit dem Namen des betreffenden Salpetersieders versehenen Scheins nachweisen konnten. Das Sammeln ohne Berechtigungsschein wurde an dem »Stadtmann« mit Gefangnisstrafe und 50 Livres geahndet. Uebergab der letztere die gesammelten Materialien einem andern Salpêtrier als demjenigen, der ihn beschäftigte, so ging er seiner bisherigen Beschäftigung verlustig und durfte von keinem Salpetersieder wieder angenommen werden. Bei der Ausübung ihres Berufes waren die »Stadtmänner« an die Einhaltung bestimmter Tageszeiten gebunden. Von St. Remigius bis März durften sie von 6 Uhr morgens bis 6 Uhr abends und von März bis St. Remigius von 5 Uhr morgens bis 7 Uhr abends ihren Arbeiten obliegen. Traf man sie aber bei ihrer Arbeit zu anderer Stunde an, so konfiszierte man die gesammelten Materialien, verkaufte sie und zahlte den Erlös dem betreffenden Denunzianten aus. Der »Stadtmann« selbst wurde infolge eines solchen Vergehens von der weiteren Verrichtung seines Berufes ausgeschlossen und zahlte 10 Livres Strafe. Ausserdem hatte der Salpetersieder, in dessen Diensten er stand, in dem Falle eine Busse von 50 Livres zu entrichten.

Neben den »Stadtmännern« standen häufig auch noch spezielle Aschensammler im Dienste der Salpêtriers. Während aber jene lediglich nach Zeit oder Stücklohn bezahlte Arbeiter waren, scheinen diese in gewisser Hinsicht bereits die Selbständigkeit eines »Kommissionärs« besessen zu haben. Sie durften zwar nur im Interesse der Salpetersieder handeln, hielten sich jedoch meistens eigenes Geschirr, sowie kleinere Aschenmagazine [1]) und verkauften die Asche für den offiziellen Preis von 2 s. 6 d. pro Scheffel (32 Mass), welche Summe kein Salpetersieder bei 100 Livres Strafe weder über- noch unterbieten durfte.

Alle »Stadtmänner«, Arbeiter und Aschensammler waren verpflichtet, beim Verlassen ihres Dienstes sich von demjenigen Salpetersieder, bei welchem sie bisher gearbeitet hatten, einen »Abschied« ausstellen zu lassen, denn es galt die Bestimmung, dass

1) Das Halten von Vorräten war ihnen jedoch nur dann gestattet, wenn sie ausdrücklich erklärten, dieselben nur an die Pariser Salpetersieder verkaufen zu wollen.

ein nicht verabschiedeter Arbeiter von keinem Salpetersieder bei 100 Livres Strafe wieder angenommen werden durfte. Wer ohne einen Abschied zu besitzen, seine Dienste anbot, wurde ins Gefängnis geworfen. Auch war es den »Stadtmännern« und Aschesammlern, ausgenommen bei schlechter Behandlung, strengstens verboten, ihrem Auftraggeber den Dienst zu kündigen, damit dieser nicht etwa in der Ausübung seines Berufes gehindert würde.

Im allgemeinen blieben die Verhältnisse, unter denen die Salpetersieder ihr Gewerbe betrieben, bis zum Ende der 80er Jahre die nämlichen und änderten sich auch während der Revolution nur wenig. Allerdings hatte man jene alte Bestimmung, die jedem Salpêtrier ein Ueberschreiten des in seinem Patente verzeichneten Produktions-Kontingentes strengstens untersagte, schon seit langem als schädlich erkannt und aufgehoben, und das Dekret des Nationalkonventes vom 9. Februar 1793, welches den Rohsalpeterpreis auf 15 s. 6 d. erhöhte, setzte sogar eine Prämie von 1 s. 6 d. pro Pfund für jedes Quantum mehr produzierten Salpeters aus. Die zur jährlichen Ablieferung offiziell vorgeschriebene Salpetermenge schwankte in den einzelnen Departements je nach Beschaffenheit der örtlichen Verhältnisse zwischen 600 und 5000 Pfund, und in Paris betrug sie sogar 25 000 Pfund (siehe Beilage XII). Etwa seit dem Jahre 1790 hatte man mit dem alten Brauche, die Salpetersieder zur jährlichen Lieferung der in ihrem Patente ein für allemal festgesetzten Quanta zu verpflichten, gebrochen, um durch offizielle Tarife die verschiedenen Salpetermengen der einzelnen Departements in jedem Jahre neu zu normieren. Daneben hatte die sich allmählich steigernde Leistungsfähigkeit der Hütten es zweckmässig erscheinen lassen, die Salpetersieder mit genügenden Quantitäten Pottasche, welche aus den Magazinen der Regie zu Vorzugspreisen bezogen werden konnten, zu versorgen. Diese Vergünstigung war ihnen jedoch erst durch den Arrêt vom 21. September 1793 gewährt worden, während sie vorher die ihnen vom Staate gelieferte Pottasche zum laufenden Marktpreise bezahlen mussten.

In der Zeit von 1791—1797 arbeiteten die Salpetersieder unter besonders günstigen Verhältnissen. Um den gesteigerten Bedarf, den die vielen Kriege forderten, zu befriedigen, gestattete man ihnen, die »fouille« überall wieder auszuüben, und gewährte ihnen zur Anspornung ihres Fleisses für jedes Pfund Rohsalpeter 24 Sous. Dieser ungewöhnlich hohe Preis wurde allerdings durch das Gesetz vom 13. Fructidor des Jahres V auf 22 Sous pro Pfund herabgesetzt. Zudem war dieser Betrag als Maximalsatz zu betrachten, da man dem Salpetersieder seitdem nur noch den Prozentgehalt an reinem Kalisalpeter bezahlte[1]).

Die infolge der ausserordentlich gesteigerten Salpeterproduktion damals zugleich getroffene Bestimmung, nach welcher jeder Salpetersieder die aufgegrabenen Stellen in den Häusern, Scheunen, Ställen etc. wieder instand bringen musste, hatte sich in Wirklichkeit nur schwer durchführen lassen. Um die fortwährend hierdurch entstehenden Zwistigkeiten zu vermeiden, hatte man daher den Salpetersiedern ausführliche Verhaltungsmassregeln gegeben, welche bei der Vornahme von Grabarbeiten genau zu befolgen waren. Sie durften nicht weiter als bis zu 11 Zentimeter oder 4 Zoll gegen Bretterwände, Pfosten u. s. w. vordringen und gegen Mauerwerk höchstens bis zu 22 Zentimeter oder 8 Zoll. Auch ein etwaiges tieferes Aufwühlen der Böden war ihnen unmöglich gemacht worden, denn falls sich der Salpeter erst in grösserer Tiefe als 2 Fuss vorfinden sollte, mussten die Salpetersieder das Graben einstellen. Derjenige, welcher diesen Anordnungen zuwiderhandelte oder gar absichtlich Beschädigungen anrichtete, verfiel einer strengen Bestrafung und hatte vollen Ersatz zu leisten. Beschwerden aller Art über das Verhalten der Salpêtriers seitens der Bürger mussten dem Friedensrichter (juge de paix) der betreffenden Gemeinde unterbreitet werden, der den Streit tunlichst in Güte beizulegen und eventuell auch die Zahlung einer angemessenen Entschädigung anzuordnen hatte. Ueberhaupt waren die Salpetersieder seitdem nur noch berechtigt, innerhalb einer gewissen Zeit, welche die Verwaltungsbehörde vorher offiziell bekannt gab, in den Städten oder Dörfern ihres Bezirkes die »fouille« vorzunehmen, und jeder Bürger konnte durch einen Sachverständigen den Zustand seines Hauses feststellen lassen, um auf Grund dieses Gutachtens später vielleicht den Sieder auf Entschädigung zu verklagen.

Zu jener Zeit, welche an die Salpeterproduktion Frankreichs so hohe Anforderungen stellte, gelangten in einzelnen Departements auch diejenigen Salpetersieder, welche ihr Gewerbe im Umherziehen betrieben (salpêtriers ambulants), zu grösserer Bedeu-

1) »Additions et changements aux deux projets de résolution relatifs aux poudres et salpêtres, qui vont être mis en discussion au Conseil des Cinq-Cents«, p. 3. Paris, Thermidor, an V.

tung. Man fand sie vorwiegend in solchen Gegenden, welche sich infolge der örtlichen Verhältnisse für die Errichtung einer festen Werkstätte weniger eigneten, so z. B. in Côte d'or, Saône-et-Loire, Haute-Marne etc.; doch waren sie vereinzelt auch in den übrigen Departements vorhanden.

Beabsichtigte ein solcher salpêtrier ambulant, seinen Beruf in irgend einem Orte seines Arbeitsbezirks auszuüben[1]), so hatte er zu diesem Zwecke um einen speziellen Erlaubnisschein seines Kommissariats (s. später) und um eine Beglaubigungsschrift des betreffenden Präfekten einzukommen. Mit diesen Schriftstücken versehen, meldete er sich einen Monat zuvor bei dem Maire der betreffenden Gemeinde an, welcher die Papiere prüfte und ihm ein aus zwei Räumen bestehendes Quartier anwies. Dasselbe musste möglichst in der Mitte des Ortes liegen und zum mindesten eine brauchbare Feuerstätte besitzen. Vorzugsweise nahm man hierzu Gemeindehäuser, für deren Benutzung der salpêtrier ambulant keine Mietsentschädigung zu zahlen brauchte, während er sonst die Abtretung privater Räumlichkeiten für die Dauer seines Aufenthaltes entsprechend zu vergüten hatte.

Nach Verlauf eines Monates brachte der Sieder seine Werkzeuge und Gerätschaften herbei, um die ihm angewiesene Wohnung als Werkstatt herzurichten. Da es früher nicht selten geschehen war, dass der Salpetersieder den Betrieb seiner Werkstatt infolge Holzmangels zeitweilig einstellen musste, denn oft erschien er erst zu einer Zeit, wo das Holz in den Gemeindewaldungen bereits verkauft oder verteilt worden war, so hatte man eine besondere Verordnung erlassen[2]), nach welcher jede Gemeinde[3]) zum Halten eines vom Kommissariat bezeichneten, ständigen Holzvorrates verpflichtet war. Zur Zeit des Abholzens oder der Holzverkäufe hatte der Maire für die Reservierung dieses Quantums zu sorgen, welches später nur dem Salpetersieder gegen Bezahlung des laufenden Preises überlassen werden durfte. Ausser der Holzlieferung leisteten ihm die Gemeinden auch notwendige

1) Die folgenden Angaben entstammen einer Verordnung, welche die Präfekten der Departements: Côte d'or, Saône-et-Loire und Haute-Marne gemeinsam erlassen hatten. Sie ist in einem »Briefe« enthalten, den der Kriegsminister am 8. März 1810 an sämtliche Präfekten sandte. (*Bottée et Riffault*, a. a. O. p. 26—32.)

2) Erlass des Kriegsministers an die Präfekten v. 30. Mai 1803. (10. Prairial an XI).

3) Nur die in holzarmen Gegenden gelegenen Gemeinden waren von dieser Verpflichtung befreit; dafür hatten sie jedoch jederzeit unentgeltliche Holzfuhren zu leisten.

Fuhren zum Transport seiner Gerätschaften oder des gewonnenen Salpeters, den er nach dem Hauptsitze des Kommissariats zu bringen verpflichtet war.

Die Maires hatten die Arbeiten der Salpêtriers ambulants entweder persönlich oder durch ihre Adjunkten zu überwachen. Sie mussten auch zu dem Zwecke ein genaues Verzeichnis über die Anzahl der nach Salpeter durchsuchten Häuser, über die in jedem derselben gewonnenen Laugequantitäten und endlich über die Gesamtsumme des in der Gemeinde produzierten Rohsalpeters führen. Von dieser Liste wurden zwei Abschriften angefertigt, deren eine der Salpetersieder und deren andere der Unterpräfekt erhielt, während das Original im Gemeindearchiv aufbewahrt blieb. Der Salpetersieder hatte dem Maire gegenüber gebührende Achtung zu beobachten, wogegen er von diesem nach besten Kräften unterstützt wurde. Daneben war dem Maire auch eine gewisse richterliche Funktion in Klagesachen und Beschwerden zwischen den Einwohnern und dem Salpetersieder eingeräumt worden. Ausserdem hatte er eine spezielle Beaufsichtigung über die Gemeindemitglieder im Interesse der Salpetersieder auszuüben, denn die Einwohner vernichteten nicht selten die salpeterhaltige Erde in den Häusern, Ställen, Scheunen u. s. w. durch Abwässern oder durch eigenmächtiges Ausgraben, um sich auf diese Weise der »fouille« zu entziehen. Da das Gesetz vom 13. Fructidor des Jahres V, welches das Graben und Suchen nach Salpeter in allen zum persönlichen Aufenthalt dienenden Räumen, sowie in den Wein- und Vorratskellern verbot, ein Mittel zur Umgehung der Grabarbeiten an die Hand gegeben hatte, so widersetzte man sich den Arbeiten des Salpetersieders, auf alle mögliche Weise. Besonders in solchen Fällen war es dem Maire zur Pflicht gemacht worden, sich auf die Seite der Sieder zu stellen, weil sonst die Streitigkeiten kaum ein Ende genommen hätten.

Beim Verlassen der Gemeinde empfing der Salpêtrier ambulant ein vom Maire ausgefertigtes Führungszeugnis. Dasselbe enthielt eine kurze Angabe über die Tätigkeit des Salpetersieders während seines Aufenthaltes im Orte, über etwaige gegen ihn erhobene Klagen oder Beschwerden, sowie endlich ein genaues Verzeichnis aller Schuldforderungen, welche die Gemeinde oder deren Mitglieder noch an ihn zu richten hatten. Nach seinem Abzuge war die Gemeinde auf geraume Zeit, die der Präfekt und der

Kommissar des Salpeterwesens (commissaire en chef des poudres et salpêtres) in jedem besonderen Falle bestimmten, von der Verpflichtung zur Aufnahme eines Salpêtrier ambulant befreit.

Unter dem Schutze des Gesetzes vom 13. Fructidor bestand das Salpetersiedergewerbe bis zum Jahre 1819, als durch das Gesetz vom 10. März[1]) das Recht zur Ausübung der »fouille«, wie überhaupt das Salpeterregal aufgehoben und das Salpetersieden (unter gewissen Bedingungen) für ein »freies Gewerbe« ererklärt wurde. Das Suchen und Graben nach Salpeter in den Häusern, Ställen, Scheunen u. s. w. durfte seitdem nur noch mit ausdrücklicher Erlaubnis der Eigentümer vorgenommen werden, eine Berechtigung, welche die Salpetersieder gewöhnlich recht teuer erkaufen mussten. Nur die unentgeltliche Verwendung des Bauschutts blieb ihnen in einer Reihe von Departements noch vorbehalten[2]). Hier wandten sich die Salpetersieder (salpêtriers commissionnés) dem künstlichen Salpeterbau in der Form des Plantagenbetriebes immer mehr zu. Die kapitalkräftigeren und intelligenteren unter ihnen schwangen sich zu selbständigen Unternehmern auf, während die ärmeren als Arbeiter in deren Dienste traten oder Plantagen »auf Kosten des Staates« bewirtschafteten. Hierdurch wurden die bisherigen Verhältnisse, welche innerhalb des französischen Salpetersiedergewerbes geherrscht hatten, völlig umgewandelt: An Stelle der ehemaligen Kleinbetriebe traten allmählich kapitalistische, grössere Unternehmungen, welche bis zum Ende der französischen Salpeterwirtschaft bestanden und die Salpetersieder als qualifizierte Arbeitskräfte neben anderen, nichtqualifizierten beschäftigten.

2. Württemberg.

Hier waren die Salpetersieder zu einer Landeszunft organisiert, welche etwa um das Jahr 1600 entstand und in sofern besonders bemerkenswert ist, als sie sich zu einer Zeit bildete, wo der allgemeine Charakter der Zünfte ein ausgesprochen lokaler, städtischer war. Diese Eigentümlichkeit wurde durch zwei, wesentlich von einander verschiedene Momente bedingt: Zunächst standen der etwaigen Gründung mehrerer Ortszünfte von Salpetersiedern prinzipielle Schwierigkeiten entgegen, da die Zahl der im ehemaligen

1) *Duvergier*, Collection complète des lois, décrets, ordonnances réglements etc., Paris 1828, Tome XXII, p. 131.

2) Siehe Beilage XVI.

Herzogtume Württemberg vorhandenen »Salpeterer« nur eine geringe war und die Hütten derselben im ganzen Lande zerstreut lagen; andererseits aber hatte man schon damals in Württemberg durch Erlass landesherrlicher Handwerksordnungen mit der Begründung von Landeszünften begonnen[1]), um den Widerspruch der verschiedenen Lokalstatuten gegen einander zu beseitigen.

Die erste »Salpeterordnung«, welche am 22. Mai 1603 vom Herzog Friedrich erlassen wurde[2]), war dem Bedürfnis entsprungen, neben verschiedenen technischen, bei dem Salpetergraben und -sieden speziell zu beobachtenden Vorschriften auch einige wichtigere Zunftbestimmungen zu normieren, welche Gewohnheit und Brauch gezeitigt hatten. Durch die später erfolgenden Publikationen neuer Salpeterordnungen, welche sich nach Form und Inhalt grössten Teils der obigen anlehnten, vermehrten sich die Satzungen, bis man sie schliesslich in der »General-Salpeterordnung« vom 20. Juli 1747 zusammenfasste[3]). Vornehmlich an der Hand dieser »Ordnung« wollen wir versuchen, einen Einblick in die Organisation und das Leben der Zunft zu gewinnen, doch sollen auch wichtigere, zur Erleichterung des Verständnisses beitragende Bestimmungen älterer Salpeterordnungen hierbei entsprechend berücksichtigt werden.

Die selbständige Ausübung des Salpetersiedens wurde auch in Württemberg nur demjenigen gestattet, der sich im Besitze eines landesherrlichen Patents befand und dadurch zum Salpetergraben und -sieden innerhalb eines genau bezeichneten Arbeitskreises ausdrücklich berechtigt worden war. In Württemberg wurde jedoch das Patent nur in dem Falle erteilt, wenn der Nachsuchende eine vorschriftsmässige Ausbildung zum Salpetersiederberufe nachweisen konnte, d. h. wenn er der Zunft als Meister angehörte. Wer das Handwerk erlernen wollte, musste zunächst bei einem zünftigen Meister eine bestimmte Lehrzeit abgeleistet haben, die ursprünglich auf zwei, später aber auf drei Jahre bemessen war, und nur die Meisterssöhne genossen seitdem noch die besondere Vergünstigung, bloss 2 Jahre lernen zu brauchen. Bei

1) *W. Stiedas* »Zunftwesen«, a. a. O. S. 1023.

2) »In der auf dem ständischen Archiv befindlichen grossen Hartmannschen Reskripten-Sammlung ist im Index eine erneute Ordnung von 1517 als fehlend angeführt.« (*Reyscher*, a. a. O., Bd. 16, I, S. 200.) Diese Angabe ist jedoch sehr zweifelhafter Natur, und auch *Reyscher* bemerkt: »Es findet sich aber sonst nirgends etwas davon, wie auch die Ordnung von 1603 sie an keiner Stelle erwähnt«.

3) Sammlung Würtemberg. Handwerks-Ordnungen, 1758, S. 801 ff.

der Aufnahme musste ein Lehrgeld gezahlt werden, welches anfangs 40 fl., später 20 fl. betrug. Konnte der betreffende diese Summe nicht beibringen, so wurde die Lehrzeit auf 4 Jahre ausgedehnt, doch hatte er in diesem Falle bei der Aufnahme und der Lossprechung wenigstens 2 fl. in die Lade zu legen. Während der Lehrzeit durfte er seinen Meister nicht verlassen, es wäre denn, er hätte die Erlernung eines anderen Handwerks beabsichtigt und der Herzog, welchem zu dem Zwecke ein formelles Gesuch mit Angabe des Grundes unterbreitet werden musste, den letzteren gebilligt. Nach Ablauf der Lehrzeit wurde der Lehrling »mit Wissen der Salpeterverwalter und in Gegenwart zweyer Obermeister wieder ledig gesprochen und aus der Salpeterzunftlade geschrieben«. Zugleich empfing er von seinem Meister den Abschied und von der Zunft den Lehrbrief (s. Beilage VIII), der von dem Salpeterverwalter und mindestens einem der beiden Obermeister unterzeichnet sein musste. Später hatte ausserdem noch der Ober-Inspektor des Salpeterwesens die beiden Urkunden, bevor sie dem neuen Gesellen ausgehändigt wurden, zu »examinieren und zu besiegeln«.

Die darauf folgende Wander- oder Gesellenzeit währte vier (anfangs bloss zwei) Jahre; wer diese Frist nicht einhielt, war gehalten, nach Gutdünken der Obermeister 10—15 fl. in die Lade zu legen. Kein Meisterknecht oder Geselle, der nicht im Besitz eines ordentlichen Lehrbriefes und Abschiedes war, durfte von einem Meister aufgenommen werden, und der letztere war gehalten, den neuen Gesellen binnen 4 Wochen dem zuständigen Salpeterverwalter vorzustellen, damit er »in die gewöhnliche Pflicht genommen wurde«. Der Modus, unter welchem die Aufnahme vollzogen wurde, war durch die Salpeterordnung vom 11. Januar 1665 [1]) besonders vorgeschrieben worden: sie mussten eidlich geloben, »dass sie getreu und redlich seyn, und wo sie etwas fälsch- oder betrügliches, und dieser Ordnung zu wieder geschehen und vorgegangen zu seyn, sehen oder erfahren, es gleich balden eröffnen und anzeigen wollen«.

Der Meistersknecht konnte nach Ablauf der Wanderjahre sofort das Meisterstück ablegen, ohne vorher die in den Zünften sonst allgemein üblichen Mutjahre abgeleistet zu haben. Zu dem

1) Die sämtlichen Salpeterordnungen befinden sich bei *Reyscher*, a. a. O. Bd. 16, I, und zwar; S.O. v. 1603 (S. 200), S.O. v. 1652 (S. 395), S.O. v. 1665 (S. 467), S.O. v. 1699 (S. 517), S.O. v. 1709 (S. 522), S.O. v. 1717 (S. 551).

Zwecke hatte er die zu einem Zentner reinen Salpeters erforderliche Salpetererde selbst zu graben, den Salpeter ohne fremde Beihilfe daraus zu sieden, ihn von allem »Saltz und Schalk« zu befreien und ihn endlich in einer solchen Beschaffenheit abzuliefern, dass er sowohl als »Kaufmannsgut« wie zur Pulverfabrikation verwandt werden konnte. Zugleich musste er auch einige Geschicklichkeit in der Böttcherei nachweisen und die Böden der Erd-, Aschen- und Laugenfässer, welche er für das Meisterstück benötigte, selbst verfertigen. Nachdem das Meisterstück von den beiden »nächst gesessenen Obermeistern« für gut befunden worden war, galt er als Meister. Bei der feierlichen Aufnahme wurde ihm der Willkommenstrunk gereicht, und er war verpflichtet, das Meistergeld, welches sich nach seiner Vermögenslage richtete, in die Handwerkslade zu legen.

Die Eigentümlichkeit des Salpetersiedergewerbes, als ein im Dienste des Landesherrn stehendes Gewerbe, erklärt die auffallende Erscheinung, dass die Zahl der vorhandenen, selbständigen Salpetersieder stets innerhalb gewisser Grenzen blieb, denn sie musste offenbar den von der Regierung festgesetzten Arbeitsbezirken oder Grabstätten entsprechen. Eine solche Grabstatt umfasste in der Regel 10—15 Ortschaften oder eine grössere Stadt nebst Umgebung. Bis gegen Ende des 17. Jahrhunderts scheinen in Württemberg nicht mehr als 20 selbständige Salpetersieder vorhanden gewesen zu sein [1]), welche Zahl sich später allerdings vermehrte, trotzdem aber wohl kaum beträchtlich über 100 gestiegen sein dürfte. Dieser Umstand bereitete dem Selbständigwerden eines Gesellen, selbst wenn er sein Meisterstück zur vollen Zufriedenheit der Obermeister bestanden hatte, nicht unbedeutende Schwierigkeiten. Gewöhnlich war er darauf angewiesen, eine bereits bestehende Salpeterhütte nebst Grabstatt von einem Sieder für eine ziemlich erhebliche Summe (400 bis 600 fl.) zu kaufen oder durch Heirat [2]) oder Erbschaft in den Besitz einer solchen zu gelangen. Nur bei Neubauten erhielt er unter besonderen Umständen eine staatliche Unterstützung, die er jedoch nach und nach wieder zurück zu zahlen hatte. Im allgemeinen aber befolgte man den Grundsatz, »dass man so vil mög-

---

1) S.O. v. 18. Mai 1652, Art. XIII: » . . . derwegen dann Wir über 20 Salpetersieder im Lande nicht passieren und uffkommen lassen wollen«.

2) Uebrigens kam es auch nicht selten vor, dass eine Witwe den Betrieb der Hütte ihres verstorbenen Mannes fortfuhrte.

lich solche Leut, welche im Land sesshafft und in etwas begütet zu Salpetersiedern annemme und bestelle«; eine Regel, welche sich schon infolge der eigentümlichen Arbeiten des Salpeterers und in Anbetracht der Ersatzverpflichtung etwa verursachter grösserer Beschädigungen erforderlich machte. Daher verlangte die S.-O. von 1603 die Hinterlegung einer Bürgschaft von 100 fl. bei dem Amtmanne desjenigen Ortes, in welchem der junge Meister seine Hütte aufschlug. Später wurde die Kaution auf 50 fl. ermässigt und schliesslich nach und nach völlig abgeschafft, da sich die durchschnittliche Vermögenslage der Salpetersieder im Laufe der Zeit immer mehr verschlechterte. Die ziemlich ungünstigen Verhältnisse, welche dem jungen Meister beim Selbständigwerden entgegentraten, hatten oft zur Folge, dass er entweder in seinem ehemaligen Arbeitsverhältnis als Gesell verblieb, oder sich im Auslande als selbständiger Salpetersieder niederliess.

Unter den Salpetersiedern Württembergs scheint der Zunftzwang nur in gemässigter Form gehandhabt worden zu sein. Jene einst so wichtigen Zunftmassregeln zur Wahrung der Interessen des Konsumenten (in diesem Falle war dies allerdings nur der Landesherr), wie des Produzenten waren hier mehr nebensächlicher Natur; ja man kann sagen, dass die erstere dieser beiden Kategorien in den Salpeterordnungen überhaupt nicht in Betracht gezogen worden ist[1]. Von der zweiten, d. h. von jenen Bestimmungen, die das Wohl der Produzenten oder die Wahrung gegen unlautere Konkurrenz bezweckten, hat wohl ausser den Zunftsatzungen bezüglich der Erlernung des Handwerks und der Erlangung des Meisterrechtes, höchstens noch das Verbot, »in keines anderen Amt einzudringen«, grössere Bedeutung besessen. Die typischen Zunftbestimmungen, die wir in der Pariser Communauté des salpêtriers beobachteten, wie z. B. die Festsetzung der Arbeitszeit, der Masse für den Aschekauf, der Zahl der Gehilfen u. s. w., finden wir hier nicht. Höchstens dürfte hierbei das Verbot in Betracht zu ziehen sein, welches keinem Meister ohne fürstliche Spezialerlaubnis das Annehmen von mehr als einem Lehrling gestattete, bei Strafe von 10 fl. zur Lade. Bei näherer Betrachtung erweist sich aber auch diese Satzung nicht als ein direktes Konkurrenzverbot, sondern vielmehr als eine gewerbe-

1) Auch die Strafen, welche auf Salpeterunterschlagungen standen, zählen nicht hierzu, denn sie waren ganz allgemein, auch ohne Zunftorganisation (Lohnwerk!) vorhanden.

polizeiliche Massnahme, um den Lehrlingen eine ordentliche Ausbildung zu garantieren [1]).

Als Vertreter der Zunft nach aussen und als Richter ihrer inneren Angelegenheiten fungierten 6 Obermeister, welche vom Landesherrn, jedoch nicht ohne Mitwirkung seitens der Salpetersieder, aus der Zahl der selbständigen Meister auf Lebenszeit ernannt wurden. Ursprünglich besass die Zunft keine Obermeister, sondern der »Major über die Artilleri«, welcher das gesamte Salpeterwesen beaufsichtigte, hatte sich auch mit den internen Angelegenheiten der Zunft zu befassen. Im Jahre 1652 wurde aber diese Befugnis einer besonderen Körperschaft, der »Obmeysterey ob der Steig«, die sich aus 4 Salpetersiedern [2]) zusammensetzte, übertragen, »darmit diser Unserer Ordtnung stricté nachgelept, auch gute Ordtnung und Polizey erhalten werde, mit dem Befelch, wa sich einiger Salpetersieder, oder Unsere Unterthanen einer in diesen vorgeschriebenen Puncten und Articuln, ainen oder mehrerun, oder aber sonsten mit ungebührenden Schelt- und Schmachworttcn, straffwürdig vergreiffen würden, Sie Macht und Gewalt haben, neben dem Ambtmann jedes Orts solche pönfällige Persohnen ihrem Verschulden gemäss, besonders wo Meister oder Knecht sich verleiten liessen, etwann von einem oder anderm, in dessen Behausung, Scheuren oder Stallung Salpeter zu bekommen für dass Graben, und selbiges zu underlassen, Gelt anzunehmen, zu straffen .....« [3]).

Im Jahre 1665 (S.O. v. 11. Jan.) errichtete Herzog Eberhardt noch zwei weitere »Obmeystereyen under der Steig«, und später wurden die drei Obmeistereien den Salpeter- und Kellerverwaltungen zu Urach, Stuttgart und Tübingen unterstellt. Seitdem fungierten in jeder Obmeisterei zwei zünftige Obermeister, die aber nur noch in Angelegenheiten der Zunftmitglieder unter sich entschieden. Ausserdem führten sie die Aufsicht über das Meister-, Gesellen- und Lehrlingswesen, ordneten die etwaige Zahlung von Strafgeldern und Leggeldern bei Ein- und Ausschreibungen, Meisterstücken u. s. w. an und verwahrten sie in den Handwerksladen, welche sich bei den Salpeter- und Kellereiverwaltungen der drei oben ge-

1) Diese Vermutung wird noch durch den Umstand bestätigt, dass eine ähnliche Bestimmung über das Halten von Meisterknechten nicht existierte.

2) Die Salpetersieder zu Beuren, Dettingen, Tuttlingen und zu Weilheim. (S.O. v. 18. Mai.)

3) S.O. v. 18. Mai 1652, Art. XIII.

nannten Städte befanden. Die einlaufenden Ladengelder waren nicht unerheblich, zumal die Salpeterordnungen ausdrücklich bestimmten, dass bei Uebertretungen der Salpeterordnungen auch durch Nichtmitglieder der Zunft die eine Hälfte der Kontravention an die fürstliche Rentkammer, die andere an die Handwerkslade des betreffenden Verwaltungskreises zu entrichten wäre. Jene drei Handwerksladen wurden später zu einer »Hauptlade« vereinigt, welche der Oberinspektor des Salpeterwesens verwahrte, um »zu dem End die gefallenen Meister- und Leg-Gelder jährlich bey der 4 Wochen vor Georgi von Unseren Ober-Inspector vornehmenden Abrechnung richtig einzuziehen und mit dem pflichtmässig eingezogenen Strafgeldern neben den Unterstützungsgeldern zu verrechnen« [1]). Diese Unterstützungsgelder gewährte die Zunft bedürftigen Mitgliedern in Fällen grosser Armut oder »da ein oder der ander erkranken oder sonsten verunglücken würde«.

Die staatliche Oberaufsicht über die Salpetersiederzunft führte anfangs der »Major über die Artillerie«, dessen Amtsbefugnisse später zwischen dem »Obrist-Leutnant und Commendant der Festung Hohen Tübingen« [2]) und einem »Rentkammerexpeditionsrath« geteilt wurden. Der letztere war zugleich auch mit der Oberleitung der drei Salpeter- und Kellereiverwaltungen betraut. Seit dem Jahre 1717 [4]) aber führte er die Oberaufsicht allein, während das Amt der unmittelbaren staatlichen Beaufsichtigung über die Salpetersieder einem besonderen »OberInspektor« übertragen wurde. Derselbe unterstand den Salpeterverwaltungen und entschied mit den Obermeistern auch in wichtigeren Zunftangelegenheiten. Endlich hatte man später noch eine Reihe von Unterinspektoren, meist Schultheissen und Viertelsmeistern, angestellt, sowie spezielle »Salpetervisitatoren«. Die letztere Institution erwies sich jedoch wenig nützlich, denn die »Visitatoren«, welche meist selbständige Salpetersieder waren, liessen sich häufig Bestechungen zu Schulden kommen und kümmerten sich entweder kaum um ihr Amt, oder vernachlässigten den Betrieb ihrer Hütte.

Die Ordnung, welche früher innerhalb der Salpetersiederzunft geherrscht hatte, erlahmte gegen Ende des 18. Jahrhunderts immer

1) S.O. v. 14. Jan. 1717, Art. XXVII.
2) S.O. v. 10. März 1699, Art. II.
3) General-Reskript vom 25. September 1691 (Archiv-Akten).
4) S.O. v. 14. Jan. 1717, Art. II.

mehr und mehr. Ein- und Ausschreibungen von Lehrlingen wurden kaum noch vorgenommen, die Bestimmungen über die Erlangung des Meisterrechtes nachlässig gehandhabt, Zahlungen von Leggeldern geschahen immer seltener, Strafgelder kamen nur noch spärlich ein, und die Lade, welche einst Geld verleihen konnte, hatte jetzt Schulden. Da die Ausbeuten der einzelnen Grabstätten beständig geringer wurden, so konnten sich viele Salpetersieder nur noch mühsam behaupten. Dieser Zustand wurde im Jahre 1798 vollkommen unhaltbar, als durch das Gesetz vom 13. Juni[1]) das Salpeterregal aufgehoben und den Salpeterern das unerlaubte Graben und Suchen nach Salpeter verboten wurde. Hierdurch verlor mancher den letzten wirtschaftlichen Halt, und viele wurden Tagelöhner oder gar Bettler. Zwar betrieben die Kapitalkräftigeren das Salpetersieden noch fort, aber auch diese sahen sich immer mehr gezwungen, eine lohnende Nebenbeschäftigung zu ergreifen. Im Jahre 1798 zählte die Zunft noch 100 selbständige Meister, von denen 28 der Handwerkslade zu Tübingen, 20 der zu Urach und 42 der zu Stuttgart[2]) angehörten. Von diesen waren im Jahre 1800: Salpetersieder ohne Beschäftigung 29%, mit Nebenbeschäftigung 11%, solche, die sich einem anderen Berufe gewidmet hatten, (Tagelöhner, Gemeindediener, Feldhüter etc.) 43% und Bettler 11%. Der Rest (ca. 6%) war gestorben oder arbeitsunfähig geworden. Nicht weniger als 52% waren gänzlich verarmt.

Schliesslich wurde durch landesherrlichen Erlass vom 11. September 1800 die Zunft aufgelöst. Schon am 11. Februar des nämlichen Jahres waren die einzelnen Kellerei- und Salpeterverwaltungen beauftragt worden, die Schlussrechnung der Salpeterladen aufzustellen, »zur Prob und Abhör zu befördern, sofort unter Zuziehung einiger von der Meisterschaft wegen Verteilung desjenigen, so in der Zunftlade an Geld oder Geldesvorrath etc. noch vorhanden seyn sollte, eine Verfügung zu treffen, sodann aber alles unterthänigst vorzulegen«. Hierbei stellte sich aber heraus, dass überhaupt nur noch die Handwerkslade zu Urach bestand[3]),

1) *Reyscher*, a. a. O. Bd. 14, S. 1144.

2) Diese, wie die folgenden statistischen Angaben sind auf Grund der Archiv-Akten zusammengestellt.

3) Die Lade zu Urach besass ausser einem silbernen Willkommensbecher keinen Bestand an »Geld oder Geldeswert«, dagegen hatte sie 146 fl. Schulden. Der Becher wurde versteigert und das Defizit durch Umlage von der Meisterschaft gedeckt.

und das Oberamt zu Stuttgart bemerkte hiezu, »dass zwar Laden zu Stuttgart, Tübingen und Urach existieren sollen, dass aber noch nie, wenigstens geben die Akten hierüber keinen Aufschluss, eine Lade dahier bei den Salpetersiedern vorhanden gewesen, gegenwärtig auch kein einziger Meister dahier sich befinde«.

Als eine Art Entschädigung für die Entziehung seiner bisherigen Grabebefugnis empfing jeder Salpetersieder vom Staate eine bestimmte Summe Geldes, die aber viel zu gering war, als dass sie eine wirkliche Unterstützung hätte sein können. Zudem betrieben nach der Aufhebung der Zunftverfassung häufig auch solche Personen das Salpetersieden, die, wie die Klagen der alten Salpetersieder lauteten, »die Profession nicht ordnungsmässig erlernt, bei keiner Lade im Land aus- und eingeschrieben seien, kein Lehrgeld bezahlt, kein Meisterstück gemachet und keine Meister im Lande gewesen seien, und deswegen ihre Profession nur ausser Landes betreiben dürften«. Die neuen Salpetersieder bereiteten den ehemals zünftigen die grösste Konkurrenz. Sie suchten sie aus ihren alten Grabstätten zu verdrängen, was ihnen um so leichter fiel, als die einzelnen Gemeinden den Salpetereren, gleichgültig ob diese ehedem zünftig gewesen waren oder nicht, gegen Zahlung einer bestimmten Summe [1]) pro »Stande« (Fass mit gefülltem Salpetererdreich) das Graben nach Salpeter in der früheren Weise gestatteten. Auf inständiges Bitten der alten Salpetersieder verfügte der König schliesslich am 28. Juli 1805 [2]), »dass in denjenigen Ortschaften, welche zu den Grabstätten Herschaftlicher Salpetersieder gehört haben, und worin diese ihr Gewerbe fortsetzen, keine anderen Salpetersieder zugelassen werden sollten«; ein Beschluss, der in Anbetracht der grossen Opfer, durch welche einst die zünftigen Salpetersieder ihre Selbständigkeit erlangt hatten, sehr gerechtfertigt war. —

Durch unsere letzten Betrachtungen sind wir auf das Gebiet der Pflichten, Privilegien, Gerechtsamen und gewerblichen Bestimmungen der Salpetersieder übergetreten, mit denen wir uns im folgenden etwas eingehender beschäftigen werden.

Wie wir bereits sahen, war jeder, der sich im Besitze eines Salpetersiederpatents befand und das Handwerk ordnungsmässig erlernt hatte, berechtigt, das Salpetergraben und -sieden im Dienste des Landesherrn innerhalb eines genau bezeichneten Arbeits-

1) Gewöhnlich 4—7 kr.

2) Nach den Archiv-Akten.

kreises ausschliesslich vorzunehmen. Kein Salpetersieder durfte die ihm angewiesene Grabstatt ohne besondere landesherrliche Erlaubnis verlassen, sondern erst nachdem er seiner Pflicht offiziell entbunden worden war. Da ihm seine eigentümliche soziale Stellung reichlich Gelegenheit zur missbräuchlichen Anwendung seiner ziemlich weitgehenden Befugnisse bot, so hatte er sich vor der Uebernahme der Grabstatt eidlich zu verpflichten, die Salpeterordnungen zu befolgen, »sich jederzeit unterthäniglich, fleissig und getreu erweisen und mit den Inwohnern friedlich, schidlich und nachbarlich zu leben«. Ueberhaupt hatte er samt seiner Familie und seinem Gesinde einem stillen, nüchternen und gottesfürchtigen Wandel nachzuleben, »wie einen evangelischen Christen, Augstburgischer Confession-Christen wohl anstehet und Gottes Wort, und die heiligen Sakramente andächtig und würdiglich besuchen«. Andererseits wurde jeder Untertan, der einen Salpeterer »verschimpffte und verkleinerte« oder ihn bei seinen Arbeiten ernstlich hinderte, durch die Vögte, reisige Amtleute oder Dorf-Schultheissen unnachsichtlich bestraft. Insbesondere erfreuten sich die Salpetersieder des Schutzes der Gemeindevorsteher oder Amtleute, die, sobald ein Salpeterer sein Geschirr im Orte eingestellt hatte, die zuletzt erlassene Salpeterordnung vor versammelter Gemeinde verlesen lassen mussten.

Gewöhnlich betrieben die württembergischen Salpetersieder ihr Gewerbe in der Weise, dass sie das Erdreich in den einzelnen Gemeinden nach einer bestimmten Reihenfolge sammelten, an Ort und Stelle auslaugten und die gewonnene Salpeterlauge zur weiteren Verarbeitung in die Hütte transportierten. Bei rationeller Bewirtschaftung der Grabstatt ergab sich hierdurch eine gewisse Gleichförmigkeit des Betriebes, sozusagen eine Rotationsperiode, deren Minimaldauer die Salpeterordnungen offiziell festgelegt hatten [1]). Diese Frist war anfangs (S.O. v. 1665), auf 8 später (S.O. v. 1717) auf 6 Jahre normiert worden. Beabsichtigte der Salpeterer, in einem Orte seine Hütte aufzuschlagen, so hatte er im Beisein des Vogtes oder Schultheiss' einen »bequemen und ohnschädlichen Flecken« auszusuchen, damit keine Feuersgefahr für die in der Nähe liegenden Gebäude entstehen konnte. In-

1) Anders in Bayern. Dort hatten die Sieder meist 50—80 Ortschaften zu bewirtschaften, so dass manche Dörfer über 30 Jahre verschont blieben. Ueberhaupt sollten die Saliterer dort nur die älteren Gründe und Böden auslaugen, die jüngeren dagegen zur weiteren Anreifung ruhig liegen lassen. (Salit.Ord. v. 6. Febr. 1704.)

folgedessen wurde die Salpeterhütte meistens am Ende der Ortschaft oder ausserhalb derselben errichtet. Den hierzu erforderlichen Grund und Boden erhielt der Salpeterer in der Regel unentgeltlich, wogegen er den Bau der Hütte aus eigenen Mitteln »ohne Jemands Beschwehrung« zu bestreiten hatte. Häufig mietete er auch eine günstig gelegene Hütte, wobei ihm eine besondere landesherrliche Vergünstigung insofern zu statten kam, als er in solchem Falle vom Eigentümer »nicht gesteigert« werden durfte. Allerdings gewährte der Staat zum Bau der Hütte bisweilen auch Geldunterstützungen, und die Salpeterordnungen befahlen den einzelnen Gemeinden sogar, den Salpeterern bei grosser Bedürftigkeit auf Wunsch unentgeltliche Wohnung zu gewähren und ihnen bretterne Sudhütten zu errichten [1]). In der Tat wurde denn auch für manchen Sieder auf Gemeindekosten eine Sudhütte, deren Bau etwa 30—50 fl. erforderte, unentgeltlich errichtet und ihm im Gemeindehause freie Wohnung angeboten. Nicht selten besass auch der Salpetersieder eine leicht zu transportierende bretterne Sudhütte eigentümlich, mit der er von Ort zu Ort zog, um auf diese Weise sein Gewerbe im Umherziehen zu betreiben.

Für die Beschaffung des Siedereiinventars und der Grabgerätschaften hatte jeder Salpeterer selbst zu sorgen; doch kam etwa seit der Mitte des 18. Jahrhunderts der Brauch immer mehr in Aufnahme, dass die Salpeterverwaltung einzelnen Siedern bei grosser Armut auf Vorschlag des Oberinspektors zu dem Zwecke kleinere Vorschüsse gewährte, die aber möglichst bald aus dem Erlöse des eingelieferten Salpeters wieder zurückgezahlt werden mussten, damit die Salpetersieder »nicht zum leichtsinnigen Schuldenmachen und zu einem verschwenderischen Leben« verleitet würden. Diese Ausgaben waren trotz der ziemlich einfachen Einrichtung der damaligen Sudhütten nicht unbeträchtlich und beliefen sich etwa auf 160 fl. [2]). Da die Sieder meistens auch kein eigenes Geschirr besassen und im Fuhrlohn häufig übervorteilt wurden, so hatte die Salpeterordnung ausdrücklich vorgesehen, dass beim Abzuge eines Salpeterers aus der Gemeinde die

1) Sie betraf hauptsächlich die »nicht verbürgerten« Sieder, die Störer; dagegen besassen die vermögenden »Heimwerker« in der Regel Sudhütte nebst Wohnhaus als Eigentum.

2) Man berechnete für 2 grössere Kessel nebst 2 kleineren Läuterkesseln samt Zubehör 120, für Siedegerätschaften 35 und für Grabwerkzeuge, wie Schaufeln, Kratzen, Rodehauen, Spaten, Besen etc. ungefähr 4—5 fl.

Bauern Fuhren »in Billigen und leidentlichen Lohn, wo nicht gar ohne Entgeld in der Frohn, veranstalten, und dazu hülffliche Hand leisten sollten« (S.O. v. 1717 Art. XI). Beim Suchen und Graben nach Salpeter durfte kein Eigentümer ohne besondere landesherrliche Erlaubnis verschont bleiben, und es mussten alle Räume mit Ausnahme derjenigen, welche zur persönlichen Wohnung dienten [1]), durchstöbert werden. Von diesen Belästigungen blieb selbst nicht einmal der Adel, mit Ausnahme des reichsunmittelbaren, und die Geistlichkeit verschont. Nachdem die Sieder das salpeterhaltige Erdreich ausgegraben hatten, mussten sie die entstandenen Löcher oder Unebenheiten mit den ausgelaugten Rückständen oder, falls dieselben nicht mehr ausreichten, mit guter, erzeugungsfähiger Erde wieder zufüllen. Steine, welche etwa beim Aufwühlen des Bodens herausgeschafft worden waren, sollten entfernt werden, damit das »Wachstum« des Salpeters nicht erstickt würde.

Auch in Württemberg besassen die Salpetersieder die Berechtigung zum unentgeltlichen Abholen der in dem Bauschutte enthaltenen salpeterreichen Stoffe. Daher waren die Zimmerer und Maurer strengstens gehalten, erst dann mit dem Abreissen der Gebäude zu beginnen, wenn sie den Amtmann oder den Salpetersieder rechtzeitig benachrichtigt hatten. Was die Beschaffung der zum Brechen der Rohlauge erforderlichen Aschenmaterialien anbetraf, so genossen die Salpetersieder ein Vorkaufsrecht nebst Vorzugspreis [2]) gegenüber den Pottaschebrennern, Seifensiedern,

1) Diese Einschränkung geschah jedoch erst durch das Reskript von 1756. (Archiv-Akten.)

2) In Bayern, wo das »Aschekaudern« (Aufkaufen und gewerbsm. Handel) verboten war, hatte man später jenes Vorkaufsrecht (incl. Vorzugspreis) auf folgende Weise abgelöst: die Saliterordnung vom 22. Juli 1796 (*G. K. Mayrs* Sammlg. Bd. V. S. 680) bestimmte:

1. Vom gegenwärtigen Jahre anfangend soll jeder Hausbesitzer im Lande verbunden sein, dem Salitersieder seines Bezirks jährlich eine Metze Asche gegen Bezahlung zum laufenden Preise zu überlassen.

2. Da dies eine geringe Quantität ist, die auch von einem Leerhäusler entbehrt werden kann, so ist auch kein Unterschied zwischen grossen und kleinen Gutsbesitzern noch zwischen gefreiten und ungefreiten Häusern zu machen, jedoch von den Salpetersiedern der Bedacht dahin zu nehmen, dass, wenn sie allenthalben so viel Asche nicht bedürfen, sie solche vorzüglich nur von den grösseren Gutsbesitzern abnehmen sollen, wo ein beträchtlicher Vorrat anzutreffen ist.

3. Der Besitzer eines bürgerlich- oder ständischen Bräuhaus soll auf obige Art jährlich 6 Metzen Asche abgeben. (Aehnliche Bestimmungen bereits in der Salit.-O. v. 30. Novembr. 1703. *G. K. Mayr* a. a. O.. 1788; S. 910.)

Färbern, Gerbern und Bleichern. Brennholz bezogen sie aus den landesherrlichen Forsten »gegen gewöhnliche Stammgelds-Reichung«, und zwar wurde ihnen für jeden im Jahre eingelieferten Zentner Salpeter 3 Klafter Holz gewährt. Die Forstmeister und Waldvögte hatten »das Holz bei Zeiten zu fällen«, damit die Siedereiarbeiten nicht etwa infolge Mangels an Brennstoffen aufgehalten würden. Lagen die »herrschaftlichen Forsten« zu weit entfernt, so konnte das Holz auch aus den Waldungen der Geistlichkeit oder der Gemeinden jedoch gegen eine gewisse, wenn auch nur geringe, Entschädigung bezogen werden. Bis zum Jahre 1735 hatten die Salpeterer das Brennholz meist gratis aus den herrschaftlichen Forsten erhalten. Seitdem aber (Gen–Reskr. v. 4. Juli) musste jeder Salpetersieder das Holz »im kursierenden Preise kaufen, wenn aber bey denen Forst-Aemtern oder von Herrschaftswegen etwas feil, so solte derselbe die Losung und Vorzug vor andern, ratione derjenigen Quantität, so er zum Salpetersieden ohnumgänglich nötig hat, haben und geniessen«. Doch durfte er das ihm zu Vorzugspreisen überlassene Brennholz weder in seinem Haushalte verbrauchen noch anderwärts wieder verkaufen. Deshalb hatte er auch alljährlich auf St. Georg auf der Kanzlei neben den übrigen Abrechnungen auch eine amtliche Bescheinigung über das verabfolgte Holzquantum und eine zweite über die im Jahr eingelieferte Salpetermenge vorzulegen. Zur Herbeischaffung des Holzes mussten die Bauern Fuhren stellen, und zwar richtete sich die Entschädigung nach den landesherrlichen Fuhrtaxen, deren willkürliche Steigerung strengstens verboten war. Für die Salpetersieder galt hier als besonders massgebend die Fuhrtaxe vom 22. März 1728, welche durch die Kommune-Ordnung v. 1. Juni 1758 dahin spezialisiert worden war, dass für den Klafter 16 Kr. als Bezahlung zu berechnen wären, wenn der Bauer dreimal oder noch öfter am Tage fahren konnte, dagegen 24 Kr. bei halbtägiger und 36 Kr. bei ganztägiger Versäumnis.

Jeder Salpetersieder war verpflichtet, das gewonnene Fabrikat in raffiniertem Zustande als »Kaufmannsgute und schöne, wolgeläuterte Ware«, sobald er 3—4 Ztr. fertiggestellt hatte, an die Salpeterverwaltung, beziehentlich an das Zeughaus abzuliefern. Daselbst wurde der Salpeter gewogen und auf seine sonstige Beschaffenheit hin geprüft. Schlechte Ware musste der betreffende Salpetersieder auf eigene Kosten nochmals läutern[1]). Im Vergleich

1) In Bayern wurde die »Läuterungsbestimmung« noch strenger gehandhabt.

mit andern Ländern war der Lohn, den die Salpeterer in Württemberg empfingen, am niedrigsten bemessen[1]), obwohl der Herzog seinerzeit ausdrücklich erklärt hatte[2]): »Gleich wie Wir sonsten intentioniert sind, das pretium des Salpeters jedesmahlen also gnädigst determiniren zu lassen, dass die Salpeter-Sieder dabey stehen können, und nicht genöthigt seyn mögen, nach vieler gethaner Arbeit und Müh davon zu lauffen«. Von dem gewonnenen Fabrikat durfte kein Salpeterer »das geringste, anderwärts hin verkaufen, vertauschen, verschenken, oder in andern Weg verändern, abtragen noch unterschlagen« ; eine Bestimmung, welche in ähnlicher Form bereits das General-Reskript v. 17. Juli 1598 (wahrscheinlich das erste Salpetergesetz Württembergs) vorgesehen hatte. Aus jenem Grunde war auch dem Salpetersieder strengstens verboten, »fremd, ausländische oder andere Personen in seiner Hütte zu dulden oder gar zu beherbergen«. Betrügereien wurden durch Entziehung des Patentes, Konfiskation der Werkzeuge und »mit dem Turm« bestraft. (S.O. v. 20. Juli 1747). Gegen etwaige Unterschlagungen von Salpeter hatte man sich noch in der Weise zu schützen gewusst, dass man die Sieder eidlich verpflichtete, jeden fertig gestellten Sud dem betreffenden Unterinspektor (Schultheissen, Viertelsmeister), der zu diesem Zwecke ein »Partikular-Register« führte, sofort anzuzeigen.

Wie in Frankreich, so genossen auch in Württemberg die Salpetersieder, desgleichen ihre Lehrlinge und Gesellen, Militärfreiheit[3]); ein Vorzug, welcher auch denjenigen Meistersöhnen gewährt wurde, welche im Hause ihres Vaters blieben und diesen gelegentlich bei seinen Arbeiten unterstützten, ohne jedoch selbst der Zunft anzugehören. (Gen.-Reskript v. 25. September

---

Bei der Ablieferung von unbrauchbarer Ware, erhielt sie der Saliterer zur besseren Läuterung zurück und hatte zugleich eine Geldstrafe zu zahlen. Im Wiederholungsfalle wurde er im Zeughause so lange inhaftiert, bis er den Salpeter in dem dortigen »Laboratorium« gehorig gereinigt hatte; ausserdem musste er das hierbei verbrauchte Brennholz, die Asche sowie auch seine Zehrung selbst bezahlen. (Salit.O. v. 30. Novbr. 1703, *G. K. Mayr*, a. a. O., 1788, S. 910.)

1) Das Maximum scheint 13 fl. gewesen zu sein. In Bayern z. B. erhielten. Die »Saliterer« 19—24 fl. pro Ztr.

2) S.O. v. 14 Jan. 1717, Art. XXVII.

3) In Bayern, wo die Saliterer das nämliche Privileg besassen, hatte der Churfürst zugleich verfügt, dass die Saliterer nur solche Knechte aufnehmen sollten, welche die »militärische Grösse« nicht hatten, damit den »Truppen die Kräfte nicht entzogen wurden«.

1691 [1]). Ausser der Militärfreiheit genossen die Salpeterer noch Befreiung von allen Zoll-, Brücken- und Wegegeldern bei Transporten, die ihr Gewerbebetrieb erforderte, sowie auch Zoll- und Accisefreiheit für den zu erzeugenden Salpeter. Zugleich waren sie von allen herrschaftlichen und »gemeinen« Frondiensten, »vom Hegen und Jagen« entbunden. Dieses Privileg beschränkte sich jedoch nur auf die Handfronden. Wenn sie aber eigenes Gespann oder Viehhaltung besassen, mussten sie ihrem Amtmanne die üblichen Spannfronden »bis auf ein Pferd« leisten, in welchem Falle man es ihnen jedoch freigestellt hatte, die Dienstleistungen in Geld oder in natura aus ihrer Viehhaltung zu bezahlen. Da die Salpeterer als Angehörige desjenigen Ortes, in welchem sie ihren festen Wohnsitz hatten, das Bürgergeld und die jährliche Bürgersteuer entrichten mussten, so besassen sie auch Anspruch auf die Verabreichung des »bürgerlichen Witthau« (die Holzallmende aus den Gemeindewaldungen), sowie auf das »bürgerliche Benefizium« der Weideberechtigung. Endlich war ihnen noch gestattet worden, ein Stück Vieh extra auf die gemeine Weide treiben und diese Gerechtsame eventuell auf andere übertragen zu dürfen, falls sie keine eigene Viehhaltung besassen.

Bis zum Jahre 1735 war ein Produktionsminimum für die Salpetersieder noch nicht vorgeschrieben worden. Da es aber seither nicht selten geschah, dass einzelne Salpeterer wohl die mit ihrem Gewerbe verbundenen Privilegien und Gerechtsamen genossen, jedoch kaum Entsprechendes dafür leisteten, so wurde jedem Sieder die Lieferung von wenigstens 15 Ztr. im Jahre »unter leistender Kaution, oder falls er nicht vermöglich, bey Verlust seiner Profession und Geschirr« befohlen [2]). Die Salpeterordnung vom Jahre 1747 ermässigte dieses Minimalquantum auf 10 Ztr., was immerhin noch ein relativ hoher Betrag war, da künstlicher Salpeterbau trotz der verschiedentlichen Bemühungen, denselben einzuführen, in Württemberg gänzlich fehlte. Dazu kam noch, dass infolge der schlechten Läuterungsmethoden, welche die Salpeter-

1) Diese Vergünstigung hatte sich vorher nur auf einen Sohn erstreckt, da das Generalreskript v. 13. Juni 1673 bestimmte, die Söhne der Salpetersieder von der Auswahl frei zu lassen, »es sey denn, dass einer mehr als einen manbahren bey sich hätte«. (*Reyscher*, a. a. O., Bd. 13, S. 514.)

2) General-Reskript v. 4. Juli 1735, Art. V.

sieder allgemein anwandten, ein beträchtlicher Teil des Rohmaterials verloren ging.

Um die Mitte des 18. Jahrhunderts hatte ein Bayer, namens Hozendorffer, ein »neues Verfahren« entdeckt, welches eine grössere Salpeter-Ausbeute ergab und nur darin bestand, dass man der Rohlauge grössere Mengen an Kali, besonders Pottasche, zusetzte. Nachdem er bereits in Bayern [1]), Oesterreich und Baden die Salpeterproduktion durch die Einführung seiner »Erfindung« gehoben hatte, berief ihn schliesslich der Herzog nach Württemberg, wo er für eine Belohnung von 3000 fl. sein »Geheimnis« mitteilte. »In Württemberg«, berichtet *Krünitz* [2]), »wurden von der Regierung alle Salpetersieder des Landes nach Stuttgart berufen, um diese Methode zu lernen; sie mussten dann einen Eid schwören, sie niemanden zu entdecken. Man lehrte die Salpetersieder die Erdlauge zu sättigen und keine Erdlauge mehr zu versieden, die nicht zum wenigsten »sechs grädig, d. h. in dem Mass 6 Loth Saltz enthielte, damit sie nicht soviel Holz verbrannten, als der daraus gesottene Salpeter werth war«. Merkwürdigerweise ignorierten aber viele Salpetersieder die erlernte Methode trotz ihrer unzweifelhaften Vorzüge und waren von ihrem alten Verfahren, das sie in der Zunft erlernt hatten, so eingenommen, dass sie sich nicht davon abbringen lassen wollten. Als weder in Güte, noch durch Drohungen und Geldstrafen etwas zu erreichen war, sah sich die Regierung schliesslich gezwungen, mehrere von ihnen zu entlassen.

Das den Siedern als Produktionsminimum vorgeschriebene Quantum von jährlich 15 Ztr. Salpeter konnten sie gegen Ende des 18. Jahrhunderts, da die Böden infolge unrationeller Bewirtschaftung nahezu ausgebeutet waren und künstlicher Salpeterbau nicht betrieben wurde, kaum noch bewältigen. Die Salpeterverwaltung sah sich daher gezwungen, für jede Grabstatt ein bestimmtes jährliches Quantum besonders festzusetzen. Für einzelne Hütten belief sich dasselbe noch auf 10, 11, ja auf 12 Ztr., aber im allgemeinen erachtete man 6—8 $^1/_2$ Ztr. unter den obwaltenden Umständen als ausreichend. Doch selbst diese reduzierten Quanta lieferten die Salpeterer nur selten ein. In den Jahren 1792/93—1797/98 z. B. war die Gesamtproduktion des Verwaltungsbezirkes Urach mit

1) Dieser Hozendorffer, den wir schon früher kennen gelernt haben, hatte sich überhaupt um das bayerische Salpeterwesen sehr verdient gemacht.

2) *Krünitz*, a. a. O., Bd. 131, S. 508.

29 tätigen Salpetersiedern auf 225 Ztr. jährlich festgesetzt worden, also etwa auf 8 Ztr. pro Hütte; in Wirklichkeit vermochten jedoch die Sieder während dieser Zeit durchschnittlich nur ungefähr 3 1/2 Ztr. im Jahre zu produzieren. Die im Verwaltungsbezirke Stuttgart befindlichen Salpetersieder erzeugten etwa das nämliche Quantum; nur im Verwaltungsbezirk Tübingen lagen die Verhältnisse wesentlich besser, denn hier betrug die von jedem der 22 tätigen Salpetersieder abgelieferte Menge im Durchschnitt 8 1/2 Ztr. Der Grund, welcher solche Differenzen zur Folge hatte, lag wohl nicht bloss an der schlechten Beschaffenheit der Grabstätten, sondern auch an den Siedern selbst, denn in den offiziellen Aufzeichnungen werden von sämtlichen Salpetersiedern nur ungefähr 1/3 und zwar fast durchgehends die Tübinger als wirklich arbeitssam bezeichnet. Andererseits erklärt sich aber jener Rückgang in der Produktion noch dadurch, dass sich schon seit den 80er Jahren verschiedentlich die Gemeinden von den Salpetersiedern widerrechtlich loskauften. Vielfach waren auch die Sieder zu arm, um sich die zu einer rationellen Verarbeitung der salpeterhaltigen Rohstoffe erforderlichen Materialien, wie Asche, Brennholz [1]) etc., in genügender Menge verschaffen zu können. Kein Wunder also, wenn die Produktion von Jahr zu Jahr schnell zurückging (s. Beil. XXI).

Die Wirkungen, welche die Aufhebung des Regals im Jahre 1798 auf das Salpetersiedergewerbe in Württemberg ausübte, haben wir im Vorhergehenden bereits kennen gelernt. Zwar durften die Sieder den gewonnenen Salpeter seitdem »zollfrei im Lande oder ausserhalb desselben« verkaufen, die hauptsächlichste Stütze ihres Gewerbes aber, das unentgeltliche Graben der salpeterhaltigen Erde, sowie der billige Holz- und Aschebezug, war ihnen entzogen worden. Dagegen beliess man ihnen die bisherigen »Personalfreiheiten« [2]) und gestattete ihnen, »entweder das Pottaschesieden auf untertänigstes Bitten, in Orten, wo kein ander ein ausschliessendes Recht hat, oder das Seifensieden zu betreiben« [3]). Ausser diesen geringen Vergünstigungen gewährte man den Salpetersiedern, sowie auch den »herrschaftlichen Dienern und Offizianten«, welche bei der bisherigen Salpeterverwaltung be-

1) Nicht selten stahlen sie das Holz aus den Forsten, um ihre Hütte nicht feiern zu lassen.

2) Art. III d. General Edikts v. 1798.

3) Daselbst Art. II.

schäftigt waren; eine »erkleckliche« Summe [1]) aus der Landschaftskasse »nach vorheriger Abschätzung einer Deputation«. Ferner hatte man den Oberämtern befohlen, ihre Gemeinden auf die »schädlichen Folgen« aufmerksam zu machen, welche »nicht nur für die Gebäude, sondern auch für die Gesundheit« entstehen würden, sobald das Graben und Kratzen nach Salpeter in denselben gänzlich aufhörte. Auf diese Weise sollten sie ermuntert werden, »die ohnehin brodlosen Salpetersieder gegen einen billigen Abtrag fortgraben zu lassen«. In den meisten Fällen gingen die Gemeinden auch auf diesen Vorschlag ein und gestatteten den Salpetersiedern gegen Zahlung einer bestimmten Summe, die sich nach der Anzahl der gefüllten »Standen« richtete, das Salpetergraben auch fernerhin.

Trotz der ungünstigen Verhältnisse behauptete sich immerhin noch ein ziemlich beträchtlicher Teil der ehemaligen Salpetersieder, die aber ihr Gewerbe seitdem fast nur noch im Umherziehen und meistens als Nebenbeschäftigung betrieben. Als später die Regierung (im Jahre 1809) die Salpetergewinnung bis 1816 an eine Reihe von Unternehmern verpachtete, die genügend kapitalkräftig und im Besitze eines obrigkeitlichen Befähigungsnachweises waren, traten viele der noch vorhandenen Salpetersieder in die Dienste derselben. Nach Ablauf dieser Pachtfrist [2]) entstanden etwa seit dem Jahre 1818 vereinzelt wieder selbständige Salpetersieder. Sie betrieben ihr Handwerk als konzessionspflichtiges Gewerbe bis zum Jahre 1828, als infolge der Bestimmungen der »allgemeinen Gewerbeordnung« vom 6. Juni das Salpetersieden auch ohne besondere staatliche Konzession erlaubt wurde. Nur das alte Sportelgesetz, das aber mehr eine polizeiliche Abgabe war, hatte noch für dieses Handwerk Geltung; jedoch nur in dem Falle, wenn es mit einer Bleicherei oder Pottaschenbrennerei zugleich betrieben wurde [3]). Bald darauf wurde durch Ministerial-Erlass vom 16. Aug. 1828 [4])

1) *Reyscher*, a. a. O., Bd. II, 1829; s. Gesetz v. 27. VI. 1800. Wie kärglich diese Summen bemessen waren, haben wir bereits bemerkt.

2) Wir kommen später noch ausführlicher auf diesen Entwicklungsverlauf des württembergischen Salpeterwesens zu sprechen.

3) *Reyscher*, a. a. O., Bd. 15, II, S. 643: »wegen der zu seiner Ausübung erforderlichen Einrichtungen, namentlich und in jedem Falle wegen der Feuerstätten, häufig aber auch wegen ander polizeilichen und finanziellen Beziehungen, z. B. der Pottaschenbrennerei wegen der Nähe von Waldungen und bei Bleichen wegen der Zehnt-Verhältnisse des Bleichgrundes«.

4) Daselbst Bd. 14, S. 323.

auch auf den persönlichen Befähigungsnachweis, welcher bisher zum Betriebe einer Salpetersiederei noch erforderlich gewesen war, Verzicht geleistet. Aber dieser Erlass war in Wirklichkeit bedeutungslos, denn neue Salpetersieder kamen nicht mehr auf und die wenigen, noch vorhandenen liessen ihr Gewerbe bald gänzlich eingehen.

3. Preussen.

Berufsmässige Salpetersieder waren in Brandenburg vereinzelt bereits um die Mitte des 16. Jahrhunderts vorhanden. Zu grösserer Bedeutung gelangten sie jedoch erst, nachdem im Jahre 1583 [1]) der Kurfürst Johann Georg das Salpeterregal offiziell eingeführt und dem gesamten Salpeterwesen seines Landes auf dem Wege landesherrlicher Gesetzgebung einheitliche Normen gegeben hatte. Damals befanden sich Salpetersieder in der Mittel- und Uckermark, in der Priegnitz, zu Ruppin und Stolp, sowie in den »Herrschaften Besskow und Storkow«. Aber der 30 jährige Krieg mit seinen traurigen wirtschaftlichen Begleiterscheinungen bereitete bald dem noch im Entstehen begriffenen brandenburgischen Salpeterwesen ein frühzeitiges Ende, und erst in den letzten Regierungsjahren des grossen Kurfürsten begann es wieder eine gedeihliche Entwicklung anzunehmen, vorwiegend jedoch in den Gegenden des ehemaligen Herzogtums Magdeburg, des Bistums Halberstadt und der Grafschaft Mansfeld.

Während die Salpetersieder in der ersten Periode des brandenburgischen Salpeterwesens, d. h. im 16. und 17. Jahrhundert, durch offizielle Patente vom Kurfürsten direkt (s. Beilage V.) angestellt wurden, war durch das Salpetergesetz vom 11. Juni 1685 dem Kriegsrat und Gouverneur von Magdeburg, Ernst Gottlieb v. Borstell, zugleich Oberinspektor des gesamten Salpeterwesens, die ausschliessliche Befugnis erteilt worden, Salpetersieder in kurfürstliche Dienste zu nehmen, ihnen eine bestimmte Grabstatt nebst Hütte anzuweisen, sie eidlich zu verpflichten [2]) und die erforderlichen Patente auszustellen, mit welchem sie sich den Magistraten und Schulzen gegenüber bei der Ausübung ihres Gewerbes zu legitimieren hatten.

1) Salpetergesetz vom Montag nach Reminiscere; dieses, wie die meisten der übrigen citierten Gesetze sind der *Mylius*schen Sammlung und dem Corp. Constitut. Magdeburgicar. Novissim. entnommen.

2) S. G. v. 5. Mai 1691: »Ich schwehre zu Gott dem allmächtigen, dass Sr.

Anfangs besassen nur wenige Salpetersieder eigene Hütten, ja viele hatten nicht einmal eigenes Siedereiinventar. Hütte samt Einrichtung gehörte entweder dem Landesherrn, d. h. den kurfürstlichen, beziehentlich den königlichen Aemtern, oder adeligen Grundherrn, vereinzelt auch bäuerlichen Besitzern. Die privaten Eigentümer vergaben ihre Hütten fast nur in Zeitpacht, und es stand in ihrem Belieben, den Pachtzins willkürlich festzusetzen. Aber bald wurden die Salpetersieder derartig gesteigert, dass sie die Pacht kaum noch bezahlen konnten, und nicht selten, »nachdem sie Mühe und Arbeit nicht gescheut hatten, davon laufen mussten«[1]). Um diesem Uebelstande abzuhelfen, wurden die Hütten von einer besonderen Kommission ihrem Werte nach geschätzt, von welchem jeder Salpetersieder nunmehr jährlich 6% an Pacht zu entrichten hatte[2]). Da die Eigentümer auch für die Beschaffung des Siedereiinventars, der Gerätschaften und Werkzeuge, sowie für den Ersatz abgenutzter Stücke, für Reparaturen etc. zu sorgen hatten, in dieser Hinsicht aber ihren Verpflichtungen nur schwerlich nachkamen, so wurde den Salpetersiedern in solchen Fällen ein entsprechender Vorschuss von der Verwaltung des Salpeterwesens bewilligt, welcher später vom Eigentümer zurückerstattet werden musste. Verweigerte der letztere die Bezahlung, so durfte die Pacht nicht eher entrichtet werden, als bis er seiner Schuldverpflichtung nachgekommen war. Sonst hatte aber der Salpetersieder den Hüttenzins rechtzeitig zu bezahlen, widrigenfalls der Eigentümer von der Verwaltung aus befriedigt wurde, während sich diese wiederum dem Sieder gegenüber an dem Erlöse des eingebrachten Salpeters schadlos hielt. Diese Bestimmung war nicht nur eine Er-

Churfürstliche Durchlaucht zu Brandenburg, unsern gnädigsten Herrn, ich treu und hold seyn, und daneben auff der innehabenden Hütte iederzeit reinen und tüchtigen Salpeter, der nicht mit Saltz oder Schlack vermischet ist, nach meinen besten Vermogen sieden und verfertigen, denselben auch nirgends anders als an Sr. Churfürstl. Durchlaucht zum Magdeburgischen oder Hällischen Salpeter-Magazin ohne Betrug umb den gesetzten Preiss liefern will, wie ich dann zugleich mit diesem Eyd angelobe, weder durch mich, meiner Frauen, Kinder oder Gesinde, noch niemand anders wer der auch seyn mag, einigen Salpeter Sr. Churfürstl. Durchlaucht zu veruntreuen, und anders wo zu verkauffen, und im übrigen dem publicierten Salpeter-Edikt in allen mich gemäss zu bezeigen, so wahr mir Gott helffe und sein H. Wort, durch Christum Jesum«.

1) S. G. v. 12. Dez. 1712.

2) S. G. v. 8. Sept. 1719.

leichterung für den Eigentümer, sondern auch für den Salpetersieder, denn früher[1]) konnte jener den säumigen Pächter ohne weiteres aus der Hütte weisen, eventuell auch an ihm die Exekution vornehmen lassen, wodurch dieser nicht selten um Brot und Arbeit gebracht wurde.

Auch die Hütten der königlichen Aemter wurden den Salpetersiedern bis um die Mitte des 18. Jahrhunderts fast allgemein in Zeitpacht überlassen. Eigentümlicherweise entsprach aber hier das Pachtverhältnis zeitweilig nicht der direkten, sondern der Pacht aus zweiter Hand. Die Regierung hatte nämlich damals die königlichen Hütten insgesamt einem »Generalpächter« verpachtet, der dieselben seinerseits wieder an die einzelnen Sieder in Afterpacht vergab. Nachdem jedoch dieses Generalverpachtungssystem definitiv beseitigt und an seiner Stelle »Administration« eingeführt worden war, vererbpachteten die königlichen Aemter ihre Hütten unmittelbar an die betreffenden Salpetersieder[2]). In der zweiten Hälfte des 18. Jahrhunderts gingen auch die privaten Salpeterhütten nach und nach in den Besitz der Administration oder einzelner kapitalkräftiger Salpetersieder über. Die Ankäufe scheinen damals so allgemein gewesen zu sein, dass wir etwa seit der Mitte der 80er Jahre kaum noch einen privaten Eigentümer finden, der seine Hütte einem Sieder verpachtet hatte.

Ueberhaupt hatte es sich die Salpeterverwaltung schon einige Dezennien früher angelegen sein lassen, die Sieder möglichst zu Eigentümern der Hütte zu machen[3]). Wenn nämlich die aus privater Hand gepachteten Siedereien zu schadhaft geworden waren, und die Reparaturen sich infolgedessen allzusehr häuften, gab man den

1) S. G. v. 20. Juni 1716.

2) So besass z. B. ein Salpetersieder die Hütte des königlichen Amtes zu Calbe in Erbpacht und entrichtete ein Erbbestandsgeld von 200 Tlr. und einen jährlichen Kanon von 20 Tlr. Ein anderer Sieder, der die Hütte des königlichen Amtes zu Helfta bewirtschaftete, zahlte kein Erbbestandsgeld, sondern jährlich 8 Rtlr. 18 gr. »Salpeter-Erbzins« ; daneben hatte er noch »Anspruch auf 5 Rtlr. fixiertes Lehen im Veränderungsfalle. (Das Material zu diesen Ausführungen entstammt den Akten des Königl. Preuss. Staatsarchivs zu Magdeburg.)

3) Dagegen waren in Bayern die Salpetersieder von Anfang an Eigentümer der Hütten gewesen. Als die Regierung in der ersten Hälfte des 17. Jahrhunderts die Salpetergewinnung auf landesherrliche Kosten einführte, erhielten die Salterer Vorschüsse von 200—650 fl., die sie in 20 Jahren zu amortisieren hatten.

Salpetersiedern durch namhafte Geldunterstützungen, die sie allmählich zurückzuzahlen hatten, Gelegenheit, sich eigene Werkstätten zu errichten. Ausserdem erhielten sie Freibauholz und zwar 10 starke Eichen [1]) oder, falls solche nicht vorhanden waren, 20 Stück Fichten oder Tannen. Auch bei Reparaturen, welche sie an eigenen Hütten vorzunehmen hatten, stand es ihnen frei, entweder das erforderliche Bauholz aus den staatlichen Waldungen unentgeltlich zu beziehen oder sich an Stelle desselben eine entsprechende Entschädigung bis zu einer Höhe von 25 Rtlr. auszahlen zu lassen. Doch war der Salpetersieder verpflichtet, bei derartigen Veränderungen die Salpeterverwaltung rechtzeitig zu benachrichtigen, damit diese einen Bauinspektor zur Begutachtung und Kostenveranschlagung entsenden konnte. Insbesondere unterstützte man die Salpetersieder bei der Anlage von Erdschuppen, von denen jede Hütte gewöhnlich 1—2 besass [2]).

Zu grossem Vorteile gereichte es den preussischen Salpetersiedern, dass sie fast allgemein neben ihrer Hütte einige Morgen Acker in Pacht bewirtschafteten. Sie waren hierdurch weniger den jährlichen Schwankungen der Salpeterausbeuten ihrer Grabstätten ausgesetzt und konnten ihre Hütten, da ihnen eine grössere Pachtung von Acker nicht möglich war, trotzdem in gutem Betriebe erhalten. In richtiger Würdigung dieses Vorzuges hatte besonders Friedrich der Grosse dafür Sorge getragen, dass die Domänen den Siedern einige Morgen, meist $^1/_2$—1 Hufe [3]), in Zeit- oder Erbpacht gegen einen geringen Pachtschilling überliessen, oder aber dass man ihnen bei Verpachtungen von Gemeinde- oder Kirchenäckern 6—8 Morgen andern Bewerbern zuvor anbot [4]). Ausserdem hatten die Salpetersieder Anwartschaft auf die »Gemeindekabeln« desjenigen Ortes, in welchem sich ihre Hütte befand. Die Wohlhabenderen unter ihnen bewirtschafteten auch wohl einige Morgen, die sie von Bauern oder Bürgern gepachtet hatten. Der gleichzeitige Betrieb eines ländlichen An-

1) S. G. v. 1. März 1767.

2) Nach dem S. G. v. 1. III. 1767 sollte sogar jede Hütte mindestens 4 Erdschuppen haben.

3) So zahlte z. B. der Salpetersieder zu Etgersleben, der etwas mehr als eine Hufe seit 1770 von dem Amte gepachtet hatte, jährlich 65 Rtlr. 8 gr. und ausserdem 10 Rtlr. »anstatt des üblichen Weidegeldes und für die der Wirtschaft davon entgehenden Nutzungen«.

4) Eine ähnliche Vergünstigung datiert bereits aus dem Jahre 1719 (S. G. vom 8. Sept.)

wesens führte von selbst zur Anschaffung von Wagen und Geschirr, von Pferden oder Ochsen und gestaltete zugleich das Halten von Mast- und Milchvieh rentabel, zumal jedem Salpetersieder gestattet war, 2 Kühe, 4 Schweine und 10 Schafe auf die gemeine Weide zu treiben [1]). Durch den Besitz eines eigenen Geschirres waren die Sieder in den Stand gesetzt, das Fuhrlohn, welches sie sonst für das häufige Herbeiführen von Holz, Asche, Erde, Lauge u. s. w. entrichten mussten, selbst zu verdienen.

Während die Regierung auf diese Weise an dem wirtschaftlichen Wohlergehen ihrer Salpetersieder regen Anteil nahm, verlangte sie aber auch von ihnen, dass sie mit grösstem Fleisse ihrem Berufe oblagen, dass sie stets auf ihren Hütten verblieben und niemals in fremde Dienste traten. Sie sollten ihre Werkstatt, Schuppen und Stallungen in gutem Stande erhalten, die ihnen angewiesenen Plätze, mit Ausnahme eines kleinen Fleckens für einen Gemüsegarten, nur zur Anlage von Wänden oder Plänen benutzen und ihr Geschirr etc. lediglich für den eigenen Bedarf, niemals aber im Dienste anderer, verwenden [2]). Kein Salpetersieder durfte in seiner Wohnung Fremde beherbergen und auch keinerlei »fremde Zusammenkünfte oder Gelage« dulden [3]). Ueberhaupt hatte er sich eines »christlichen, stillen und ehrbaren Wandels« zu befleissigen. Seine Söhne sollte er möglichst zur Erlernung des Handwerks anhalten, und wenn sich sein »Knecht« oder Sohn später selbständig machte, erhielt der alte wie der junge Meister eine Belohnung von 10 Rtlr. [4]). Leider lässt das vorhandene Material nur unklar erkennen, in welcher Weise die gewerbliche Ausbildung des Salpetersieders geregelt worden war. Ein scharfer Unterschied zwischen Lehrlingen und Gesellen, wie wir ihn in der württembergischen Salpetersiederzunft beobachteten, scheint bei dem preussischen Salpetersiedergewerbe, das überhaupt niemals zünftig gewesen ist, nicht gemacht worden zu sein [5]). Zwar bestanden etwa seit der Mitte des 18.

---

1) S. G. v. 1. März 1767.

2) S. G. v. 1. März 1767. Allgemeine Bestimmungen, Art. 15: »Bei Gefängnisstrafe«.

3) Daselbst: Spezialinstrukt. f. d. Salpetersieder.

4) S. G. v. 12. März 1723.

5) Eigentümlich hatte sich die gewerbliche Ausbildung der Saliterer in Bayern gestaltet. Auch hier bestand keine Zunft; wohl aber war ein Unterschied zwischen Lehrlingen und Gesellen vorhanden. Der Lehrling musste 2 Jahre lernen und er-

Jahrhunderts zwei Obermeister, nämlich zu Rothenburg a. d. Saale und Magdeburg (Etgersleben), doch waren diese keineswegs Zunftmeister, sondern man hatte sie lediglich mit der Beurteilung, bisweilen auch mit der Raffination des eingelieferten Salpeters betraut, wofür sie alljährlich 5 Rtlr. von der Verwaltung empfingen. Zur Ausübung seines Gewerbes konnte jeder Salpetersieder in der ihm angewiesenen Grabstatt, die etwa 10—12 Ortschaften umfasste, dem Sammeln der salpeterhaltigen Stoffe ungehindert obliegen. Bei Strafe des »Festungshauses« aber war es ihm verboten, Salpetererde nur zum Schein auszugraben, um auf diese Weise Erpressungen zu erzielen, und jeder Untertan, der sich durch einen Salpetersieder unrechtmässig belästigt glaubte, war gehalten, »bei gehöriger Stelle« Beschwerde zu führen[1]).

Das fertige Fabrikat hatte jeder Salpetersieder wohlgeläutert und getrocknet in das ihm zu dem Zwecke speziell bezeichnete Magazin, wo er auch den entsprechenden Geldbetrag »nach Abzug des Zehnten und der gewöhnlichen Provision« erhielt, innerhalb einer bestimmten Frist abzuliefern. Derjenige Sieder, welcher sich Unterschlagungen zu Schulden kommen liess, d. h. Salpeter und Salpeterlauge anderwärts verkaufte oder gar aus dem Lande führte, wurde unnachsichtlich mit Gefängnis und Züchtigung bestraft. Da manche Sieder kein eigenes Geschirr und Gespann besassen, so hatte man ihnen anfangs [2]) das Recht zugebilligt, von den Raten der Stadt, beziehentlich den Schulzen der Dörfer bei dringendem Bedarfe Freifuhren zu beanspruchen. Später [3]) jedoch sollte man ihnen nur noch gegen bestimmte Entschädigung Fuhren leisten, auser bei der Ernte- und Saatzeit oder bei besonders schlechten Wegen. Für den Betrieb ihrer Hütte stand ihnen Grude und Strohasche bei jedermann kostenlos zur Verfugung. Die Seifensieder waren verpflichtet, ihnen Asche und Rückstände zu festen Preisen zu verkaufen, und zwar sollten sie fur das 4spännige Fuder höchstens 12, für das 2spännige 6 Groschen

---

hielt nach Ablauf dieser Frist einen Lehrbrief. Die Dauer der Gesellenzeit war unbestimmt. Wollte sich ein Knecht selbständig machen, so wurde er im Beisein seines Lehrmeisters von 4 hierzu offiziell bestellten Salitermeistern auf dem Zeugamte examiniert, nachdem er vorher »seine Prob« gemacht hatte. Trotzdem kamen auch hier »Stimper« häufig vor.

1) Anfangs bei dem Generalpächter, später bei der Administration, beziehentlich bei der Kriegs- und Domänenkammer.

2) S. G. v. Michaelis 1590.

3) S. G. v. 1. Marz 1767: Allgem. Best. Art. 12.

nehmen[1]). Die gekaufte Ware musste aber binnen 4 Wochen abgeholt werden, widrigenfalls der Seifensieder nach Belieben über dieselbe verfügen konnte. Das Brennholz bezogen die Salpeterer in der Regel direkt aus den Waldungen, und die Förster der staatlichen und königlichen Wälder waren gehalten, ihnen auf Vorzeigen eines von der Salpeterverwaltung ausgefertigten und mit dem Salpetersiegel bedruckten Scheines das gewünschte Holzquantum zu dem günstigsten Preise ohne Aufschub zu verabfolgen. Auch die »Adeligen und anderen Eingesessenen« mussten zu den nämlichen Preisen Brennholz verabreichen. Jeder Salpetersieder hatte 14 Tage vor Eintritt der Quartale Crucis und Reminiscere seine Schuld zu begleichen und diesen Termin genau einzuhalten, widrigenfalls sich der Förster durch Exekution schadlos halten konnte. Aehnliche Bestimmungen galten auch bezüglich der Ankäufe von Torf und Steinkohlen[2]), welch letztere besonders die Salpetersieder des Saalkreises und der ehemaligen Grafschaft Mansfeld, wo schon damals viel Steinkohlen gewonnen wurden, zu ausserordentlich wohlfeilen Preisen bezogen[3]).

Die Privilegien der preussischen Salpetersieder waren mannigfaltiger Natur. Zwar mussten sie von dem gewonnenen Salpeter den »Zehend« entrichten, doch waren sie in Bezug auf die sonst üblichen Abgaben befreit. Die gleichen Vergünstigungen genossen auch ihre »Knechte«, sowie das Gesinde, welches sie etwa für den landwirtschaftlichen Betrieb benötigten[4]). Ausserdem brauchten sie keine Frondienste zu verrichten: weder beim königlichen Amte, noch in der Gemeinde, noch endlich bei dem adeligen Gutsherrn. Von Kontribution, Requisition und Servis blieben sie verschont, und Militärdienste hatten weder sie noch ihre Söhne oder »Salpeterknechte« abzuleisten. Sie waren frei von Bürger- und Gemeindewachen, sowie von den Verpflichtungen des Nachbar- oder Beisassenrechtes und der Grenzwachen, welche die Gemeinden beim Ausbrechen von Viehseuchen zu stellen hatten.

---

1) S. G. v. 1. März 1767, Allgem. Best. Art. 6.

2) Daselbst: Allgem. Best. Art. 10.

3) Man überliess ihnen z. B. den Wispel Steinkohlen in Löbejün für 5 Tlr. 18 gr., während er sonst allgemein 14 Taler und mehr kostete. Bei ihrem durchschnittlichen Verbrauch von etwa 10 bis 20 Wispel im Jahre ergab sich für sie hierdurch ein nicht unbeträchtlicher Gewinn.

4) Daselbst: Allgem. Best. Art. 11.

[illegible] aus der Anrsekasse [illegible]

Außer den weiteren [illegible] besaßen die Salpetersieder auch in Preußen eigene Gerichtsbarkeit[2]. In Angelegenheiten, die sich unmittelbar aus ihrem Berufe herleiteten, unterstanden sie anfangs der Jurisdiktion des Gouverneurs von Magdeburg, an dessen Stelle während der Dauer der Verpachtung eine dem Generalpächter speziell beigegebene »Kommission« und während der Administration die jeweiligen Administratoren traten. Als gegen Ende des 18. Jahrhunderts die Verwaltung dem Oberbergamte zu Rothenburg a. S. übertragen wurde, ging auch die Gerichtsbarkeit der Salpetersieder an dasselbe über.

Bei dem richterlichen Verfahren musste nach dem »gemeinen Recht, den Landesgesetzen auch Edikten« erkannt werden, und zwar sollte man nach Wichtigkeit der Sache mit einer besonders

1 In Kursachsen z. B. [illegible] die Salpetersieder [illegible] Gesetz v. 13. Jan. 1747. (Cod. [illegible] Saxon. [illegible] 4 Gr. zur allgemeinen Kopfsteuer [illegible].

2 S. G. v. 17. Mai 1735 und 1. März 1767, Allgem. Best. Art. 11.

3 Bestimmungen hierüber finden sich in den S. G. v. Michaelis 1500, v. 12. Dez. 1712, 20. Jan. 1716, 30. März 1720, 17. März 1735, und 10. März 1746; besonders aber vom 6. Nov. 1755 und v. 16. Mai 1752.

hierzu ernannten Körperschaft, dem »Deputationskollegium« (später der Kriegs- und Domänenkammer, darauf dem Bergwerks- und Hüttendepartement), beschliessen. Die Rechtsprechung in Angelegenheiten der Salpetersieder als solche war den unteren Gerichtsbarkeiten entzogen worden, damit die Sieder nicht etwa durch übermässige Gerichtssporteln und Geldstrafen »ausgezogen« oder durch unzeitige Gefängnisstrafe an der Fortsetzung ihres Gewerbebetriebes gehindert würden. Nur in privaten Angelegenheiten erkannten die ordentlichen Obrigkeiten sowohl »in civilibus als criminalibus«. Sie durften aber Personalarrest nur dann verhängen, wenn der Salpetersieder ein solches Verbrechen begangen hatte, das mit »sofortiger Captur« bestraft werden musste. War er »sonst de fuga suspect«, so sollte man die Salpeterverwaltung hiervon benachrichtigen, damit alles Weitere angeordnet und der Betrieb der Hütte ungestört fortgeführt werden konnte. Jeder Sieder, der sich durch übermässige Sporteln oder Geldstrafen oder unnötige Prozesse beeinträchtigt glaubte, konnte sich an die Salpeterverwaltung wenden, welche zur baldigen Erledigung solcher Angelegenheiten einen »besonders geschickten Justitiar« hielt [1]).

Eine speziellere Regelung der Gerichtsbarkeit »in civilibus« uber die Salpetersieder (zwischen Gerichtsobrigkeit und Verwaltung, d. h. Administration) brachte erst das Gesetz vom 16. Mai 1782 (s. Beilage X). Während die in diesem Gesetze getroffenen Bestimmungen über die Verschuldungsmöglichkeit der Salpetersieder nur auf ihren Immobiliarbesitz Bezug nahmen, war diese hinsichtlich des Mobiliarbesitzes bereits früher [2]) geregelt worden. Nach dem Gesetze vom Jahre 1755 hing das Schulden- und Kreditwesen der Salpetersieder von der Salpeter-Kommission, beziehentlich Administration ab, damit dieselbe für etwa geliehene Vorschüsse hinlängliche Sicherheit hatte und sich gegebenen Falls »in keinen langwierigen Konkurs einzulassen brauchte«. Die Salpetersieder sollten sich daher bei dringendem Geldbedarf nur an die vorgesetzte Verwaltungsbehörde wenden, und niemand durfte ihnen bei Verlust seiner Forderung Geld borgen. Das war eine wohlbegründete Vorsichtsmassregel, die sich im Laufe der Zeit als äusserst zweckmässig herausgestellt hatte. Früher [3]) war es nämlich häufig vorgekommen, dass sich die Salpetersieder aus der

1) S. G. v. 17. Mai 1735.
2) S. G. v. 6. Nov. 1755.
3) S. G. v. 12. Dez. 1712.

Salpeterkasse Vorschüsse auszahlen liessen, obwohl sie sich schon dritten gegenüber (meistens dem Eigentümer, von dem sie die Hütte gepachtet hatten), weit über ihren eigenen Besitz verschuldet hatten. Liess nun der Gläubiger in solchen Fällen das Konkursverfahren über den betreffenden Salpetersieder eröffnen, so konnten die Forderungen der Salpeterverwaltung gewöhnlich nicht mehr gedeckt werden. Aus demselben Grunde war auch jeder Eigentümer einer Salpeterhütte verpflichtet, bei Verkauf, Tausch oder Neubesetzung derselben die Kommission bezw. die Administration beizeiten zu benachrichtigen, damit die zu einer solchen Aenderung erforderliche Genehmigung erteilt oder die vorgeschlagene Persönlichkeit zurückgewiesen werden konnte [1]).

Auch in Preussen waren die Salpetersieder bei der Ausübung ihres Gewerbes an gesetzliche Bestimmungen gebunden. Nach dem ersten Salpeter-Edikt vom Montag nach Reminiscere 1583 durfte das Graben und Suchen nach Salpeter nur zu solchen Zeiten vorgenommen werden, wo die Untertanen am wenigsten belästigt wurden. Während die Sieder anfangs gehalten waren, die durch ihre Arbeit entstandenen Löcher und Unebenheiten in den Fussböden wieder zuzufüllen, wurde diese Verpflichtung später dem betreffenden Eigentümer auferlegt, welcher die Böden binnen 4 Wochen mittelst einer zur Salpetererzeugung tauglichen Erde wieder instand zu setzen hatte. Beim Graben durften sie nur eine Hand hoch Erde aus den Scheunen, Fluren, Ställen, Kellern etc. entfernen, wogegen sie beim Abkratzen der älteren Lehm- und Wällerwände »gründlich«, wie es das S.G. vom 11. Juni 1685 vorschrieb, verfahren sollten. Diejenigen Wände, welche Stadt, Dorf oder Kirchhof umfriedigten, durften erst nach vorheriger Besichtigung und Begutachtung seitens eines Beamten oder Geschworenen bearbeitet werden, der dem betreffenden Salpetersieder zugleich anzugeben hatte, wieviel er von der Mauer entfernen konnte. Die Kirchhöfe und Glockentürme [2]) mussten gänzlich verschont bleiben; doch war in den Kreuzgängen der Kirchen und Klöster, »sofern es dem Gottesdienst kein Hindernis gab«, das Graben der Salpetererde gestattet [3]).

Damit die Salpetersieder nicht bloss auf die Verarbeitung der natürlichen Rohstoffe angewiesen waren, hatte man sie

1) S. G. v. 6. Nov. 1755.
2) S. G. v. Juni 1611.
3) S. G. v. 11. Juni 1685.

verpflichtet, eine gehörige Anzahl von Salpeterwänden zu unterhalten. Bei dem Bau derselben mussten sie nach rationellen Grundsätzen verfahren, die ihnen die Regierung in offiziellen Instruktionen zukommen liess. Danach sollten sie vor allem Sorge tragen, dass der ihnen zu diesem Zwecke angewiesene Platz, der gewöhnlich vor dem Grundenhause des Ortes lag, tunlichst ausgenutzt wurde; am besten in der Weise, dass sich zwischen den aufgeschlagenen Salpetermauern noch eine Anzahl von flachen Gruben oder »Planen« befanden (kombinierter Salpetergruben- und Mauerbetrieb). Wenn der Salpetersieder jenen Vorschriften ordentlich nachkam, so war es ihm ein leichtes, stets ein beträchtliches Quantum Salpetererde vorrätig zu haben und beständig zwei Schuppen, den einen mit laugewürdiger, den andern mit anreifender Erde versehen, im Betriebe zu erhalten.

Das Auslaugen der salpeterhaltigen Rohstoffe wurde meist in der Hütte vorgenommen, und nur bei weiten Transporten geschah es an Ort und Stelle, oft auch bloss in der einfachen Art des »Abwässerns« der Erdböden, wie es z. B. in Bayern vielfach gebräuchlich war. Jeder fertiggestellte Sud musste der Ortsbehörde, beziehentlich der hierzu bestellten Persönlichkeit umgehend angezeigt werden, und der Ablieferungszwang wurde lange Zeit so streng durchgeführt, dass man jeden Salpetersieder unnachsichtlich bestrafte, der nicht wöchentlich den gewonnenen Salpeter in das betreffende Magazin einbrachte [1]). Absichtliche Verunreinigung des Fabrikates mit grösseren Mengen von Kochsalz oder ähnlichen Stoffen, um hierdurch ein grösseres Gewicht zu erzielen, wurde mit Gefängnis- oder Leibesstrafe geahndet, und derjenige, welcher von solchen Betrügereien erfuhr, war verpflichtet, sie baldigst den Acciseämtern zu Magdeburg oder Halle anzuzeigen, wofür er eine entsprechende Belohnung empfing [2]).

Bis zum Jahre 1780 lieferten die Salpetersieder nur raffinierten Salpeter in die Magazine. Da aber das Fabrikat oft an Qualität zu wünschen übrig liess, so begann man seitdem, die Raf-

1) S. G. v. 20. Juni 1716. Später wurde diese Frist um 14 Tage und darauf um 4 Wochen verlängert. Nach den S. G. v. 11. Juni 1687 stand es dem Sieder bei der Abfertigung frei, entweder die Wägung im Magazin eigenhändig und im Beisein eines Beamten auszuführen, oder das Gewicht auf der Ratswage amtlich feststellen zu lassen.

2) S. G. v. 29. März 1780.

fination des eingebrachten Rohsalpeters in den beiden Magazinen zu Magdeburg und Rothenburg a./S. allmählich immer mehr durchzuführen. Nach der Errichtung der Rothenburger Raffinerie wurde innerhalb weniger Jahre die Organisation so weit gebracht, dass man daselbst nahezu die gesamte Rohproduktion der magdeburgisch-halberstädtisch-mansfeldischen Gegend läuterte, während die Salpetersieder nur noch ausnahmsweise raffinierten Salpeter ablieferten, der dann allerdings auch entsprechend höher (ziemlich die Hälfte des Salpeterpreises mehr) bezahlt wurde. Noch zu Beginn der 90er Jahre war die Leistungsfähigkeit der Hütten so bedeutend, dass die Salpetersieder im allgemeinen das ihnen vorgeschriebene Quantum zu liefern vermochten. Dieses war nicht unbeträchtlich, denn es belief sich für eine ganze Anzahl von Hütten auf 50—70 Zentner.

Aber bald änderte sich dies. Obwohl sich die ursprüngliche Summe, welche die Sieder etwa um das Jahr 1700 für den Zentner Salpeter empfingen, im Laufe der Zeit nahezu verdoppelt hatte [1]), liessen die beständig steigenden Betriebskosten doch kaum einen wirklichen Profit übrig, und die Klagen der Sieder, »dass sie nicht mehr zurechtkämen«, häuften sich gegen Ende des 18. Jahrhunderts immer mehr und mehr. Da überdies auch die Regierung schon seit längerer Zeit die Untertanen von den Bedrükkungen des Salpeterregals zu befreien beabsichtigte, so beschloss sie, das Salpetersiedergewerbe in ein freies (allerdings konzessionspflichtiges) und mehr auf künstlichem Salpeterbaue beruhendes umzuwandeln. Eine derartige Veränderung ohne besondere Zugeständnisse für die bisherigen Salpetersieder musste diesen natürlich zu grossem Nachteile gereichen. Daher schlug man ihnen in einem besonderen »Proponenda« (s. Beilage XI) vor, ihnen insofern entgegenkommen zu wollen, als sie alle Privilegien behalten sollten, wenn sie auf ihre alte Befugnis, »ohne Erlaubnis der Eigentümer zu graben und zu kratzen« und auf das Recht des unentgeltlichen Bauholz- und wohlfeilen Brennstoffbezuges verzichteten. Dagegen blieb es ihnen freigestellt, den erzeugten Rohsalpeter entweder selbst zu raffinieren und im Lande zu verkaufen oder gegen einen angemessenen Preis in die Rothenburger Raffinerie einzuliefern.

Mit diesen Bedingungen waren die Salpetersieder einverstan-

---

4) Im Jahre 1685, 9 Tlr.; 1779, 12—13 Tlr.; 1790, 16 Tlr. für rohen, 24 Tlr. für gereinigten Salpeter.

den, zumal, wie sie bemerkten[1]), »hierdurch nicht nur die Salpeterfabrikation conserviret, sondern auch ihnen ihr Unterhalt gesichert und den übrigen Unterthanen eine grosse Erleichterung verschafft werden könne, und dass, wenn ihnen auf eine andere Art nicht bald geholfen werden sollte, das ganze Salpeterwesen unfehlbar zusammenfallen müsse, da die Wellerwände immer weniger würden«. Zugleich kamen sie mit den einzelnen Gemeinden darin überein, dass sie die Verpflichtung der Zehntabgabe in Gestalt einer jährlich an die Regierung zu zahlenden Geldsumme übernahmen, wogegen die Sieder auf ihr bisheriges Recht, Salpetermauern oder Wällerwände von den Gemeinden errichten zu lassen, verzichteten. Am 18. Juni 1803 erhielten die obigen Bestimmungen Gesetzeskraft, und das Salpetersiedergewerbe konnte seitdem als »ein freies Handwerk« von jedermann betrieben werden, der um eine Konzessionserteilung beim Berg- und Hüttendepartement des Genraldirektoriums einkam. Wie bemerkt, hatte man es den Siedern anheimgestellt, entweder die Raffination selbst vorzunehmen, oder den erzeugten Rohsalpeter in die Rothenburger Raffinerie zur Läuterung einzuliefern. Aber obgleich man ihnen jetzt 30 Rtlr. (gegen 16 früher) bewilligte, warf der Siedereibetrieb kaum einen nennenswerten Gewinn ab, da das momentan erzielte Plus fast allein schon durch die Mehrausgabe für Brennmaterial aufgehoben wurde. Hierzu trat noch der Umstand, dass die Produktivität der Hütten immer mehr nachliess, da ihre bisherige Hauptquelle, die von den Gemeinden erbauten Wällerwände, einging und eine etwaige Wiedererrichtung für den Salpetersieder mit allzu grossen Kosten verknüpft war.

Erfreulicherweise hatte die Aufhebung des Salpeterregals in Preussen nicht jene schweren wirtschaftlichen Schäden für die Salpetersieder zur Folge, wie wir sie seinerzeit in Württemberg beobachteten. Dieser günstige Umstand war zweifellos darauf zurückzuführen, dass die preussischen Salpetersieder, obgleich ihr Gewerbe keinen nennenswerten Profit mehr abwarf, in der gleichzeitigen Bewirtschaftung eines kleinen ländlichen Anwesens einen nicht unbedeutenden, wirtschaftlichen Halt besassen. Tatsächlich wandten sich die meisten von ihnen allmählich immer mehr dem Ackerbaue zu. Allerdings durften sie hierbei ihr altes Gewerbe nicht gänzlich vernachlässigen, weil ihnen sonst jene Vergünstigung, nach welcher sie die von den königlichen Aemtern und öffent-

1) Aus den Akten des Königl. preuss. Staatsarchivs zu Magdeburg.

lichen Anstalten [1]) gepachteten Grundstücke zu dem früheren Pachtpreise auch fernerhin behalten durften, genommen wurde [2]). Dennoch liess man die Hütten verschiedentlich auch völlig eingehen oder verkaufte sie an den Fiskus. Im Jahre 1808 hatten von den ehemals 32 selbständigen Salpetersiedern nur noch 14 ihre Hütten einigermassen im Betriebe, die damals insgesamt bloss 60 Zentner jährlich zu produzieren vermochten. Sechs Hutten waren gänzlich eingegangen und 12 hatten den Betrieb eingestellt. Ein Fachmann [3]), der die Gegend zu jener Zeit bereiste, erklärt den Verfall wie folgt:

»Dieser Ruin entstand teils durch die aufgehobenen Freiheiten der Sieder, teils durch die Umstände der Zeit. Die den Siedern genommene Befugnis des Kratzens und Grabens in den Privatgebäuden etc., sowie die Erklärung des Salpetergewerbes für ein freies hat nicht nur Mangel an laugewürdiger Erde herbeigeführt, da keine der existierenden Hütten imstande ist, sich von ihren eigenen Hütten zu erhalten, sondern die selbst noch zugestandenen Freiheiten so locker gemacht, dass keiner die darin noch auferlegten Verbindlichkeiten zu beobachten sich verbunden glaubte, obgleich die eingesetzten Orts- und Distriktsbehörden öfter von seiten des Oberbergamtes zu Rothenburg darum ersucht worden sind; andernteils aber haben auch die durch die Zeitumstände herbeigeführten Erhöhungen der Arbeitslöhne und des Feuerungsmaterials die Fabrikationskosten des Salpeters so erhöht, dass, obschon die Sieder den Zentner jetzt mit 30 Rtlr. bezahlt erhalten, dennoch der grösste Teil derselben dabei nicht bestehen kann.«

---

1) Durch Kabinettsordre v. 19. Mai 1804 wurden hiervon ausgenommen: Kirchen-, Pfarr-, Hospital-, Schul- und Aecker milder Stiftungen.

2) Gesetz vom 18. Juni 1803, Art. 5

3) Der Bergwerks- und Salinen-Direktor Gerhard, welcher im Auftrage der westfälischen Regierung die Salpeterhütten von Magdeburg, Halberstadt und Mansfeld bereiste.

IV.

Die Verwaltung des Salpeterwesens.

1. Frankreich.

Von allen europäischen Ländern stellte Frankreich zuerst seine heimische Salpeterproduktion in die Dienste des Staates. Schon gegen Ende des 15. Jahrhunderts versuchten die französischen Könige, die Pulver- und Salpeterfabrikation monopolistisch zu regalisieren[1]) und allmählich durch geschickte Organisation und Verwaltung zu einer ihrem Bedarfe entsprechenden Leistungsfähigkeit zu gestalten. Die grosse Bedeutung des Schiesspulvers für das gesamte Kriegswesen hatte die Vereinigung der Verwaltung des Pulver- und Salpeterwesens mit der des Kriegswesens, speziell mit der Artillerieverwaltung, sozusagen von selbst ergeben; eine Eigentümlichkeit, welche wir nicht nur in Frankreich beobachten können, sondern auch in Oesterreich, Preussen, Württemberg und Bayern.

Leider sind die Nachrichten über das ehemalige französische Salpeterwesen bis um die Mitte des 16. Jahrhunderts so wenig ergiebig, dass man kaum einen rechten Einblick in dasselbe gewinnen kann. Aller Wahrscheinlichkeit nach wurde aber trotz des errichteten Monopols die Bereitung des Salpeters aus den natürlich vorkommenden Erdmaterialien bis zu jener Zeit nicht ausschliesslich von königlichen Salpetersiedern ausgeübt, sondern auch von privaten, welche ohne Vorwissen und Erlaubnis des Staates das Gewerbe auf eigene Faust betrieben. Das erzeugte Fabrikat lieferten sie natürlich nicht in das Pariser Magazin ein, wie es sonst allen Salpetersiedern offiziell befohlen worden war,

4) Vgl. im allgemeinen *Bottée* et *Riffault*, Traité de l' art de fabriquer la poudre à canon, Paris 1811.

[illegible] es an [illegible] Büchsenmeisterei. Büchsen-meister [illegible] an das Ausland, »[illegible] durch sie«, wie eine alte [illegible] den Salpeter an die Feinde des [illegible] und auf solche Weise diese gegen ihren eigenen König unterstützten«. Die Überwachung über das Salpeterwesen besass anfangs der »Grand Maître des Arbalestriers«, dessen Titel später in den eines »Grand Maître de l'Artillerie« umgewandelt wurde. Er nahm die Salpetersieder und Pulvermacher in die Dienste des Königs und erteilte ihnen durch »Patente« die Berechtigung zum Graben und Sammeln der Salpetererde »fouiller«. Ihm unterstand der »Trésorier des salpêtres« zu Paris, welcher die Fabrikate in dem sich daselbst befindlichen Magazin (damals dem einzigen in Frankreich) in Empfang zu nehmen und die entsprechenden Geldbeträge an die Salpetersieder auszuzahlen hatte. Da dieses Amt eine wichtige Vertrauensstellung war, so musste der jeweilige Trésorier zur grösseren Sicherheit, laut Ordonnance Ludwigs XII. vom 11. Juni 1511 [2], die relativ beträchtliche Summe von 500 livres als Kaution hinterlegen.

Unter Franz I. wurde das französische Salpeter- und Pulverwesen in neue Bahnen gelenkt, und die Salpetergesetze, welche man bisher nur lax gehandhabt hatte, wurden jetzt in aller Strenge zur Anwendung gebracht. Bei Strafe der Gütereinziehung und des Galgens (»sous peine de la hart«) befahl die Ordonnance vom 28. November 1540, allen im Lande gewonnenen Salpeter unverzüglich in das Salpetermagazin nach Paris zu schaffen und ermächtigte jeden, der mit Recht Unterschlagungen von Salpeter seitens irgend einer Person vermutete, die Räumlichkeiten des Betreffenden durchsuchen zu lassen, den etwa vorgefundenen Salpeter an sich zu nehmen und den Betrüger dem Gericht zu überantworten.

Zu Anfang der 40. Jahre (Ordon. v. 13. Febr. 1543) hatte sich der König ganz besonders um die Vervollkommnung des Salpeter- und Pulverwesens bemüht. Er erhöhte die Zahl der Salpetersieder auf 300 und gewährte ihnen, um sie zu grösserem Fleisse anzuhalten, jene weitgehenden Privilegien, die wir bereits früher kennen gelernt haben. Auch der Verwaltungsapparat,

---

1) Ordon. v. 28. Nov 1540. Recueil général, a. a. O., Tome XII, p. 701.

2) »Ordonnance des Roys de France«, Tome XXI.

dessen Organisation den Anforderungen schon seit geraumer Zeit nicht mehr genügte, erfuhr eine wesentliche Umgestaltung. An Stelle des einen Salpeterstapelplatzes zu Paris wurden nunmehr deren 14 eingerichtet, die entsprechend im Lande verteilt lagen. Zugleich setzte man zwei weitere »Trésoriers« ein und übertrug jedem derselben eine bestimmte Anzahl der in den Städten und Provinzen befindlichen Salpeterspeicher. Der »Trésorier des salpêtres d'oultre Seyne et Yonne« verwaltete: die Jsle de France mit Paris, die Normandie mit Rouen, die Champagne mit Troyes, die Picardie mit Soissons; der »Trésorier de Languedoil«: die Languedoil mit Tours, die Guyenne mit Bordeaux, die Bretagne mit Nantes; der »Trésorier de Languedoc«: die Languedoc mit Toulouse und Narbonne, die Bourgogne mit Auxonne, die Provence mit Marseille, die Dauphinée mit Grenoble, die Lyonnais, Forestz und Beaujollais mit Lyon und die Bresse mit Bourges.

Neben den drei Trésoriers des salpêtres bestanden in den nämlichen Städten noch drei besondere »Trésoriers Gardes de l'Artillerie et munitions«. Diese verwalteten die in die Speicher oder Magazine zugleich eingelieferten Mengen von Pulver, Schwefel, Flinten- und Kanonenkugeln, überhaupt das gesamte Munitionswesen der zugehörigen Provinzen. Sie standen unmittelbar unter dem »Contrerolleur de l'Artillerie« und hatten über die Verwaltung ihres Amtes jährliche Berichte an die königliche Rechnungskammer (Chambre des Comptes) nach Paris zu senden. Von den ihrer Obhut anvertrauten Munitionsvorräten (dem Pulver, Schwefel etc., sowie auch von dem Salpeter, über den sie eine allgemeine Rechnung mitführten) durften sie ohne ausdrückliches Geheiss des Königs, des »Maitre de l'Artillerie« oder seiner »Lieuxtenans« weder grössere noch kleinere Quantitäten veräussern. Sie hatten sich während eines Krieges beständig im königlichen Gefolge aufzuhalten, damit sie jederzeit über den jeweiligen Stand der Magazinvorräte Aufschluss geben und die etwaige Herbeischaffung von Munition anordnen konnten.

Die Trésoriers des salpêtres erhielten zur sofortigen Bezahlung des eingebrachten Salpeters aus dem königlichen Schatz jährlich die Summe von 36000 livres tournois, und zwar empfing ein jeder hiervon der Quantität Salpeter entsprechend, welche sich auf Grund der Kontingentierungssummen der für die einzelnen Hütten seines Bezirks vom Grand Maitre de l'Artillerie oder Contrerolleur Général festgesetzten Salpeterbeträge ergab. Jeder

Trésorier hatte über die Salpeterproduktion seines Bezirkes ausführliche Rechnung zu führen und zu dem Zwecke eine besondere Liste anzulegen, in welche die einzelnen Salpetersieder, ihre Wohnungen, ihre »offiziellen« und »effektiven« Produktionsquanta, sowie schliesslich auch die für die letzteren bezahlten Gelder eingetragen wurden. Am dritten Tage nach Jahresschluss hatten sie die in ihren Magazinen und Speichern vorhandenen Salpetermengen zu wägen, um eine Abschlussrechnung anzufertigen und der königlichen Rechnungskammer zuzusenden. Allem Anschein nach bestanden aber die Trésoriers des salpêtres nur noch kurze Zeit, denn ihre Funktionen wurden bald darauf zu einem Teile den Trésoriers de l'Artillerie, zum andern den »Commissaires des salpêtres«, welche seitdem die Salpeterspeicher verwalteten, übertragen.

Heinrich II., unter dessen Regierung die Leistungsfähigkeit der heimischen Salpeterproduktion eine weitere Steigerung erfuhr, hatte die Bezahlung des eingelieferten Salpeters von dem königlichen Schatze in der Weise abzuwälzen gewusst, dass er durch Ordonnance vom Jahre 1547 allen Städten und Gemeinwesen die jährliche Lieferung von 800000 Pfund Salpeter in die königlichen Magazine zur Pflicht machte; beziehentlich ihnen befahl, das hierzu erforderliche Geld, welehes sie aus den Einkünften der Gemeinde-, Patrimonial- und Oktroipfennigen entnehmen sollten, zur Bezahlung der Salpetersieder aufzubringen. Aber diese Bestimmung, dank welcher die Arsenale geraume Zeit ständig mit genügenden Mengen Salpeter versehen gewesen waren, liess bereits unter Karl IX. an Wirksamkeit bedeutend nach.

Gegen Ende des 16. Jahrhunderts hatte die Salpeterproduktion Frankreichs nicht nur mit dem infolge der vielen Kriege beträchtlich gestiegenen Verbrauch kaum noch Schritt halten können, sie war auch im Vergleich zu ihrer früheren Intensitat erheblich zurückgegangen, und der Staat sah sich schon seit einiger Zeit gezwungen, den grössten Teil seines jährlichen Salpeterbedarfs vom Auslande zu beziehen. Dieses Uebel trat um so mehr hervor, als der laufende Salpeterpreis damals 20 bis 25 s. pro Pfund betrug, während man ihn bei eigener Produktion nuf etwa 7 s. herabzumindern vermochte; ein Umstand, der nicht umsonst das Interesse Heinrichs IV. auf sich lenkte. Er befahl den Beamten der Pulver- und Salpeterverwaltung, die Salpêtriers zu grösserem Fleisse anzuhalten, und regelte die Art und Weise in welcher ihre seitherige Bezahlung geschah, von neuem. Die Ordonnance vom 6. April 1596[1]) bestimmte, dass alljährlich die Summe von 24850 Talern (écus; 1 écu etwa = 3 Livres) aus den »Recettes Générales des Finances« zu Paris, Tours, Rouen, Bourges und Poitiers zur Bezahlung des erforderlichen Pulvers und Salpeters an die heimischen Produzenten verwandt werden sollte. Von diesem Betrage entfielen auf die »Generalsteuerkasse« zu Paris 2400 Tlr., zu Tours 3333 1/3 Tlr., Rouen 5450, Bourges 4666 2/3, Chalons 3333 1/3 und Poitiers 4666 2/3. Die Bezahlung dieser Gelder wurde allen andern zuvor gesetzt und ihre Erhebung in den Etat der »ordentlichen Steuern« (charges ordinaires) aufgenommen und zwar durch die »Présidens-Trésoriers généraux de France« jener Städte, welche sie durch ihre »Generalsteuereinnehmer« (Receveurs généraux) eintreiben und spätestens 6 Wochen nach Jahresschluss den einzelnen Trésoriers de l'Artillerie zustellen lassen mussten. Die letzteren hatten jene Beträge persönlich in Empfang zu nehmen, zu dem Zwecke die betreffenden Provinzen zu bereisen und die Gelder so bald als möglich den »Commissairs des salpêtres« zu übergeben.

Im Jahre 1572 hatte es Karl IX. durch die Ordonnance vom März[2]) für nötig erachtet, den Charakter der Salpetergewinnung und des Salpeterhandels als königliches Monopol und Regal nochmals ausdrücklich zu betonen, die Ausübung des Salpetersiedergewerbes nur berufsmässigen und mit einem königlichen Patente versehenen Salpêtriers zu gestatten und sie allen übrigen Untertanen bei Todesstrafe zu verbieten. Dreissig Jahre später[3]) erliess Heinrich IV. ähnliche Bestimmungen bezüglich der Pulverfabrikation. Die noch bestehenden, privaten Pulvermühlen mussten den Betrieb einstellen, da die Herstellung des Pulvers seitdem nur noch in den 6 Arsenälen oder Magazinen zu Paris, Troyes, Chalons, Metz, Lyon und Tours durch staatlich angestellte Pulvermüller und Arbeiter vorgenommen werden durfte. Um jedoch durch dieses Monopol den Verkauf von Pulver an die Untertanen nicht zu erschweren, wurden einige Tage in der Woche offiziell bekannt gemacht, an welchen die Magazine Pulver für den Einzelbedarf abgaben. Ausserdem errichtete man in jeder

---

1) Extrait des Registres de la Chambre des Comptes de Paris, Mémorial 2. L. fol. 381. (Archives nationales A. D. VI, 16.)

2) Recueil général, Tome XIV, p. 252.

3) Ordonnance v. Dez. 1601; daselbst, Tome XV, p. 263.

Provinz drei weitere Verkaufsstellen, in welchen die Commissaires des salpêtres Pulver verabfolgten. Das Pfund »feinstes« Pulver kostete damals 14 s., das »feine« 12 und das »grobe« 10 s.

Durch die Einführung des »Generalverpachtungssystems« im Jahre 1628 vollzog sich in der Verwaltung des französischen Salpeterwesens eine bedeutsame Aenderung. Während es bisher unmittelbar und sozusagen als eine Art Nationalindustrie für den Bedarf des Staates produziert hatte, wodurch die vielen Harten und Bedrückungen, welche es naturgemass mit sich brachte, eine erheblich gemilderte Form annahmen, wurde es infolge dieser Neuerung zu einem reinen Unternehmergeschaft des Generalpächters herabgewürdigt, der es natürlich in erster Linie als ein Mittel zur eigenen Bereicherung ansah. Man hoffte durch die Einführung dieses Systems jenen Mangel an Schiesspulver zu beseitigen, der sich seit dem Beginn des 17. Jahrhunderts öfters unliebsam bemerkbar gemacht hatte, um auf diese Weise wenigstens auf das für den ordentlichen Bedarf erforderliche Quantum an Salpeter und Schiesspulver mit Sicherheit rechnen zu können. Am 9. August 1628 wurde mit einem gewissen Nikolas Japin ein offizieller Kontrakt abgeschlossen, nach welchem sich derselbe verpflichtete, alljährlich die königlichen Magazine mit 200000 Pfund wohlgeläuterten Salpeters zu versorgen, wogegen ihm der Staat die »Intendance« des gesamten Pulver- und Salpeterwesens übertrug und ihm pro Pfund Salpeter 8 s. gewährte. Der sich hierdurch ergebende Betrag wurde aus einem besonderen »fonds« von 80000 Livres bestritten, welcher aus den »Recettes Générales« der bereits oben genannten Städte hervorging.

Für den ordentlichen Bedarf hätte dieses Quantum zweifellos genügt, wenn nicht infolge der damals ausbrechenden kriegerischen Unruhen ein recht bedeutender, ausserordentlicher hinzugetreten wäre, den die Regierung zeitweilig durch ziemlich kostspielige Salpeterankäufe vom Auslande decken musste. Die heimische Produktion zeigte sich damals ausser stande, die Bedürfnisse des Staates auch nur annähernd zu befriedigen; sie war innerhalb weniger Jahre in einen traurigen Zustand geraten, und die Salpetersieder scheuten sich trotz der strengen Verbote nicht, einen grossen Teil ihres gewonnenen Fabrikates an Wiederverkäufer, meistens Exporteure, zu veräussern, zumal sie von diesen einen sehr viel höheren Preis erhielten. Nicht selten kam es daher vor, dass der französische Staat Salpeter, der in seinem eigenen Lande produziert worden war, unter starken pekuniären Verlusten vom Auslande zurückkaufen musste. Diesen unerträglichen Zuständen abzuhelfen, war ernstes Bemühen der Regierung. Schon im Jahre 1633[1]) (Edikt v. Juni) wurde das Pachtverhältnis mit Nicolas Japin gelöst und das Salpeter- und Pulverwesen wieder in eigene Regie genommen. Zugleich reorganisierte man den Verwaltungsapparat und die hierzu gehörigen Einrichtungen, so dass von nun an 30 Magazine, 200 Pulvermacher und Arbeiter, 500 Salpetersieder und 1000 Verkäufer vorhanden waren. Die Oberleitung erhielt der »Surintendant général des poudres et salpêtres«, welcher dem Staatsrate angehörte, und dem zur Erleichterung seiner mannigfachen Pflichten und Aufgaben ein »Commissaire général« beigegeben worden war, während man die spezielle Verwaltung eines jeden der 30 Magazine einem besonderen »Commissaire« und 2 »sergeants« übertragen hatte.

Da aber die Umgestaltung damals zu plötzlich geschah und bald die grösste Verwirrung, besonders hinsichtlich der Anstellung jener Unzahl von Salpetersiedern, Pulvermüllern und Verkäufern anrichtete, so entsprach der Erfolg den gehegten Erwartungen in keiner Weise, und man sah sich bald gezwungen, zum ehemaligen Generalverpachtungssystem zurückzukommen. In der Tat wurde denn auch dieses durch die Ordonnance vom Januar 1634 wieder eingeführt.

Laut Bestimmung der letzteren hatte sich der »Adjudicataire« oder Generalpächter zu verpflichten, das offizielle Quantum von 250000 Pfund raffinierten Salpeters alljährlich in die königlichen Magazine zu liefern. Die Bezahlung wurde wie früher den Städten und Gemeinden übertragen, d. h. man befahl ihnen offiziell die jährliche Lieferung jenes Quantums und trat zur Beschaffung desselben mit dem Generalpächter in Verbindung, »da es ihnen«, so bemerkt jenes Edikt, »offenbar zu grosse Mühe und Unbequemlichkeit machen würde, diese Menge in natura zu liefern; zugleich aber in Erwägung, dass sie eventuell gezwungen wären, geeignete Personen zum Suchen, Sieden und Transportieren des Salpeters anzunehmen und hierdurch grosse Unkosten und Ausgaben zu tragen hätten«.

Ausser jenem offiziellen Quantum hatte der Generalpächter noch ein zweites ausserordentliches zu liefern, dessen Grösse in

1) Aus der Ordon. v. Jan. 1634. (Arch. Nat. A. D. VI, 16).

jedem Jahre besonders bestimmt wurde. Den darüber hinaus produzierten Salpeter konnte er auf eigene Rechnung zu Pulver verarbeiten und dieses zu festen Preisen an die Untertanen oder mit besonderer staatlicher Erlaubnis auch an das Ausland verkaufen. Für die Beschaffung und Löhnung der produzierenden und debitierenden Kräfte musste er selbst sorgen, und er hatte vor der Anstellung der einzelnen Salpetersieder, Pulvermacher und Pulververkäufer eine entsprechende Anzahl Patente bei der zuständigen Verwaltungsbehörde zu erwirken (s. u.). Der Pachtkontrakt wurde auf bestimmte Zeit, in der Regel auf 9 Jahre, abgeschlossen und erlosch vor Ablauf dieser Frist, wenn der Generalpächter, falls nicht anderweitige Vereinbarungen hierüber getroffen wurden, seinen Verpflichtungen nicht nachkam. Im Veränderungsfalle hatte der neue Pächter die Vorräte zu den offiziellen Preisen, welche der Staat bezahlte, zu übernehmen und die von seinem Vorgänger fur Reparaturen, Meliorationen etc. gemachten Kapitalsinvestierungen in angemessener Weise zu vergüten.

Die Einführung der neuen Generalpacht hatte das Bestehen eines speziellen, staatlichen Verwaltungsapparates des Pulver- und Salpeterwesens nicht ausgeschlossen, dessen Organisation sich folgendermassen gestaltete[1]: Die höchste Stelle nahm der »Surintendant général« ein, welcher, dem Staatsrate angehörend, auch die bisherigen Funktionen des Grand Maître de l'Artillerie, soweit sie das Pulver- und Salpeterwesen betrafen, versah. Er stellte die Patente aus, ordnete die Lieferungen von Salpeter und die Verarbeitung desselben zu Schiesspulver an, normierte die Verkaufspreise des Salpeters und Pulvers und bestimmte je nach Bedarf über etwaige Ankäufe dieser beiden Fabrikate vom Auslande. Da sich der Surintendant möglichst beständig im Gefolge des Königs aufhalten sollte, damit er diesem jederzeit über den Bestand der Magazine, ihre Vorräte etc. Bericht erstatten konnte, war ihm als Stellvertreter der sogenannte »Commissair général des poudres et salpêtres de France« beigegeben, der zugleich die Aufsicht über die Provinzialverwaltungsbeamten führte und mit den Salpetersiedern selbst Lieferungsverträge abschliessen konnte, falls der Generalpächter seinen Lieferungsverbindlichkeiten nicht nachkam. Er stellte die einlaufenden offiziellen Mitteilungen, welche ihm die magazinverwaltenden »Commissaires provinciaux«

1) Ordon. vom Juni 1634.

zu erstatten hatten, zu einem Jahresbericht zusammen, und unterbreitete ihn später dem Surintendant. Die Commissaires provinciaux, welche mit dem »Lieuxtenans provinciaux de l'Artillerie« in den Arsenälen oder Magazinen wohnten, hatten den eingelieferten Salpeter auf seine Beschaffenheit hin zu prüfen, dem Generalpächter über den Befund zu bescheinigen und achtzugeben, dass ausser dem »Adjudicataire« niemand Salpeter oder Pulver im Königreiche verkaufte [1]). Daneben fertigten sie den Kaufleuten, Münzmeistern, Goldschmieden und Metallscheidern, sobald diese mehr als 6 Pfund Pulver oder 10 Pfund Salpeter erstanden, besondere Certifikate aus, durch welche sie von allen Wege-, Brücken- und Zollabgaben beim Transport ihrer Ware befreit waren.

Schon Heinrich II. hatte den Goldschmieden, Münzmeistern und Metallscheidern den freien Gebrauch von Salpeter durch die Ordonnance vom 2. November 1556 [2]) privilegiert. Das »Edikt« vom Januar 1634 bestätigte diese Vergünstigung von neuem und gewährte ihnen ausserdem noch einen Vorzugspreis von 11 s. pro Pfund raffinierten Salpeters. Doch durften sie das gekaufte Quantum nur für den eigenen Bedarf und zum Zwecke gewerblicher Arbeiten, mit Ausschluss der Pulverfabrikation, verwenden, bei Strafe von 500—3000 Livres und eventueller Züchtigung. Damit sich auch die Edelleute, Kriegsleute (gens de Guerre) und Seehandel treibenden Kaufleute genügend mit Pulver versehen konnten und hierbei nicht durch allzu hohe Preise übervorteilt wurden [3]), liess man die Pulverpreise durch den Surintendant festsetzen und bestimmte zwei Tage in der Woche, an denen der Generalpächter durch seine Beamten in den Magazinen und Verkaufsstellen der grösseren Städte Schiesspulver an Private verkaufen durfte. Von jedem abgegebenen Pfund musste er aber eine Provision von 1 s. an die höheren Verwaltungsbeamten bezahlen, und zwar empfing hiervon der Surintendant 6 d., der

1) Zur Verwaltung der gesamten Munitionsvorräte der Magazine und Arsenäle befanden sich in jedem der 18 Departements 3 »Controlleurs provinciaux«. Dieselben lösten sich alljährlich in der Verwaltung ab, wodurch ihre verschiedenen Bezeichnungen: »Ancien«, »Alternatif« und »Triennal« herrührten. Sie genossen die Freiheiten und Privilegien der Artillerieoffiziere, in deren militärischem Rang sie standen, und scheinen die direkten Untergebenen der »Trésoriers de l' Artillerie« gewesen zu sein.

2) Recueil général, a. a. O., T. XIII, p. 466.

3) Die Preise hatten sich innerhalb von 30 Jahren (seit 1601) mehr als verdoppelt.

Commissaire général 3 d. und die Commissaires provinciaux insgesamt ebenfalls 3 d.

Trotz aller Bemühungen seitens des Staates und Generalpächters konnte aber die Leistungsfähigkeit des Salpeterwesens doch nicht mit dem durch kriegerische Unruhen damals beträchtlich gestiegenen Bedarfe Schritt halten, und Ludwig XIII. sah sich im Jahre 1636 (Ordonnance vom 11. August) genötigt, allen Untertanen »anlässlich der Belagerung von Corbie und anderer unvorhergesehener Ereignisse« [1]) das eigenmächtige Graben und Sieden von Salpeter und sogar die Schiesspulverfabrikation wieder zu gestatten. Aber obgleich der hierdurch hervorgerufene Zustand im französischen Salpeterwesen nur als ein vorübergehender vorgesehen war, liess man ihn schliesslich doch über ein Vierteljahrhundert fortbestehen, denn die andauernden inneren und äusseren Unruhen, wie der 24jährige Krieg gegen Spanien, die häufigen Volks- und Adelsaufstände, die Beteiligung am 30jährigen Kriege etc., hatten vorläufig jede staatliche Einwirkung auf das heimische Salpeterwesen suspendiert. Man wurde an die Ordonnance vom Jahre 1636 erst wieder erinnert, als deren nachteiligen Folgen immer mehr hervortraten. Die privaten Salpetersieder waren nämlich nicht nur den staatlichen in der Ausubung ihres Gewerbes ausserordentlich hinderlich, sondern sie lieferten in den meisten Fällen den gewonnenen Salpeter überhaupt nicht an den Staat ab. Dieser hatte denn auch oft die grösste Mühe, sich genügend mit Munition zu versorgen [2]), während die privaten Verkäufe von Salpeter und Schiesspulver nach dem Auslande überhand nahmen. Allein, seitdem Ludwig XIV. seine Selbstherrschaft angetreten und Colbert zum Finanzminister ernannt hatte, wurde das gesamte Pulver- und Salpeterwesen Frankreichs bald wieder in bessere Bahnen gelenkt.

Zunächst räumte man mit den Hauptübelständen, welche jene Ordonnance gezeitigt hatte, gründlichst auf. Der Arrêt vom Juni 1663 annullierte die letztere und erneuerte die alten Ordonnances, welche auf die unerlaubte Gewinnung von Salpeter und auf die Fabrikation von Schiesspulver, sowie auch auf den privaten Handel mit diesen beiden wichtigen Stoffen, die härtesten Strafen gesetzt hatten. Das Fabrikations- und Handelsmonopol

1) Entnommen dem Arrêt vom Juni 1663 (Arch. Nat. X Ia, 8663).

2) Daselbst: » . . . . non seulement il est beaucoup enchérie mais l'on a peine d'en recouvrir la quantité suffisante«.

von Salpeter und Schiesspulver besass, nach wie vor, der Generalpächter, welcher sich verpflichtet hatte, die königlichen Magazine alljährlich mit 600000 Pfund Pulver zum Preise von 9 s. pro Pfund zu versorgen[1]), wogegen ihm der Verkauf des produzierten Ueberschusses, soweit der König infolge ausserordentlicher Bedürfnisse nicht einen besonderen Lieferungsvertrag abschloss, zu den offiziellen Preisen von 18 und 14 s. pro Pfund an die Edelleute, Rheder etc. freigegeben wurde. In dringenden Fällen war ihm der alleinige Salpeterankauf vom Auslande gestattet und auch ziemlich erleichtert worden, denn der bekannte Zolltarif Colberts vom Jahre 1664 erhob nur einen Einfuhrzoll von 20 s. (parisis), dagegen einen Ausfuhrzoll von 4 Livres pro Zentner[2]).

Auch innerhalb des Verwaltungsapparates geschahen damals wesentliche Umänderungen, die hauptsächlich auf eine Verminderung der höheren Stellen abzielten. Man übertrug von neuem das Amt des Surintendant dem Grand Maître de l'Artillerie, dessen Stellvertreter bekanntlich der Contrerolleur général war, während das des »Commissaire général des poudres et salpêtres de France« dem Generalpächter[3]) selbst vorbehalten blieb. Auf diese Weise gewann der letztere in der Verwaltung des Pulver- und Salpeterwesens immer grösseren Einfluss, wodurch die staatliche Kontrolle, welcher er hisher unterstand, und die ihn zur Wahrung der nationalen Interessen in gewisser Hinsicht noch angehalten hatte, fortwährend an Bedeutung verlor.

Trotzdem waren die staatlichen Einwirkungen auf das gesamte Pulver- und Salpeterwesen zu jener Zeit noch unverkennbar. Jene Organisation der französischen Salpeterproduktion, welche die Gewinnung des Rohsalpeters von der Raffination trennte und letztere in der Form grösserer und zentralisierterer Betriebe einrichtete, muss als ein Ausfluss merkantilistischer Wirtschaftspolitik betrachtet werden, denn die systematische Regulierung der gewerblichen Tatigkeit, wodurch dieselbe gezwungen wurde, anstatt dem natürlichen Entwicklungsgange, durch die Gesetzgebung gewiesenen Bahnen zu folgen, war bekanntlich jener wirtschaftlichen Periode besonders eigentümlich[4]). Ausserdem

1) Arrêt v. Juni 1663, a. a. O.

2) *Savary*, Dictionnaire universelle de Commerce, p. 1454.

3) Aus den 4 »Salpeter-Arrests« v. Jahre 1665 (Arch. Nat. E. 1727) ist dieser Zustand unzweideutig zu erkennen.

4) Vgl. *J. K. Ingram*, Gesch. d. Volkswirtschaftslehre, übersetzt von *Roschlau*, S. 54.

muss es als ein spezielles Verdienst Colberts angesehen werden, dass die Beseitigung der Abgaben bei Salpeter- und Pulvertransporten endgültig [1]) durchgesetzt und so wenigstens nach dieser Seite hin mit dem damals herrschenden System von provinzialen, grundherrlichen und stadtischen Binnenzollen aufgeräumt wurde [2]). Das Gesetz vom 14. Juli 1665, welches alle Grundherrn, Städte u. s. w., sobald sie bei Pulver- und Salpetertransporten Abgaben forderten, mit 10000 Livres [3]) und Ersatz der Unkosten, Zinsen etc. bestrafte, wurde unnachsichtlich gehandhabt und verfehlte infolgedessen auch seine Wirkungen nicht.

Gegen Ende des 17. Jahrhunderts hatte sich das Verhältnis zwischen Staat und Generalpachter derartig verändert, dass der letztere fast die gesamte Gewalt über das Pulver- und Salpeterwesen in seine Hand bekam. Während er vorher mehr eine vermittelnde Stellung zwischen den produzierenden Kräften und dem Staate eingenommen hatte, brachte er seitdem seine Rolle als selbständiger Unternehmer, der sich jeder staatlichen Intervention entzogen hatte, zur Geltung. Die Tätigkeit des Staates innerhalb des Pulver- und Salpeterwesens beschränkte sich nur noch auf die Investierung grösserer Kapitalien zur Errichtung neuer Betriebsanlagen und auf die Jurisdiktion in solchen öffentlichrechtlichen Angelegenheiten, welche auf Zuwiderhandlungen gegen die einschlagigen Salpetergesetze und Verordnungen beruhten.

Da der »Adjudicataire« beim Antritt der Pacht [4]) die gesamten Anlagen des Pulver- und Salpeterwesens, wie z. B. die Pul-

1) Derartige Bestimmungen finden sich zwar schon in der Ordon. v. März 1572, sie blieben jedoch damals erfolglos.

2) Die definitive Beseitigung der Binnenzolle erfolgte bekanntlich erst durch die Revolution. Auf Betreiben Colberts wurde durch den Tarif von 1664 ein Teil der alten Binnenzolle aufgehoben. Anfangs hatte er die gänzliche Aufhebung dieser Zölle beabsichtigt, aber die Regierung wagte es nicht, eine so tiefgreifende Umänderung ohne Einwilligung der Provinzialstande vorzunehmen. Die Folge war, dass später ungefähr die Halfte der Provinzen, die nach aussen liegenden, den Tarif nicht annahmen und daher den Namen »provinces étrangères« erhielten. Die übrigen sog. »provinces des cinq grosses Fermes« bildeten aber ein einheitliches Gebiet. — Vgl. *H. W. Farnam*, a. a. O., S. 7.

3) Die enorme Hohe der Strafe wurde aber schon durch den Arrêt v. 22. Okt. 1665 auf 1000 Livres herabgemindert.

4) Wir folgen hier dem Pachtkontrakt zwischen dem Staate und Antoine de la Porte v. 1716, enthalten in der »Mémoire de la Communauté des salpestriers«, a. a. O.

vermühlen, die Raffinerien, die staatlichen Salpeterhütten, die Magazine etc. zu übernehmen hatte[1]), so musste er über ein bedeutendes Vermögen verfügen und zur grösseren Sicherheit eine gewisse Anzahl kapitalkräftiger Bürgen stellen. Die Vorräte an Salpeter, Pulver, Schwefel Kohle u. s. w., sowie die zur Pulver- und Salpeterfabrikation dienenden Werkzeuge hatte er seinem Vorgänger abzukaufen: die Materialien nach den laufenden Preisen, die Gerätschaften nach ihrem, durch Abschätzung von einer besonderen Kommission festgestellten Werte, wogegen der Staat seinerseits alle während der Pacht vorgenommenen Meliorationen und Neuanlagen in angemessener Weise vergütete.

Zur Zeit des spanischen Erbfolgekrieges hatte Ludwig XIV. das offizielle, jährliche Lieferungsquantum beträchtlich erhöhen müssen, obschon es gegen Ende des 17. Jahrhunderts mehr als 1 Million Pfund betrug. Diese Zahl ist jedoch als Produktionsminimum zu betrachten, denn das tatsächlich eingelieferte Quantum war in der Regel bedeutend grösser; um 1690 z. B. soll die jährliche Produktion 1,5 Millionen Pfund Salpeter und später noch weit mehr betragen haben[2]). Noch zu Anfang seiner Regierung forderte Ludwig XV. vom Generalpächter alljährlich 1500000 Pfund Pulver oder Salpeter vom dritten Sude. Den Lieferungspreis bestimmte er zu 6 s. pro Pfund und versprach die Gesamtsumme von 450000 Livres in 3 Raten »selbst«, d. h. aus der Staatskasse zu bezahlen, und zwar die beiden ersten Viertel des Betrages am 1. Juli, das dritte am 1. Oktober und das letzte, nachdem der Rest des vereinbarten Quantums eingeliefert worden war. Zugleich hatte der Adjudicataire das noch vorhandene schadhaft gewordene Pulver umzuarbeiten, wofur er bei frisch zu stampfendem 100 s. und bei frisch zu trocknenden 3 Livres pro Zentner erhielt. Die Kosten für die Reparaturen, welche alljährlich an den Gebäuden und dem Inventar vorgenommen worden waren, trug zu einem Teile der König, zum andern der Generalpächter. Gewöhnlich entledigte sich der erstere dieser Verpflichtung durch Zahlung einer jährlichen Pauschalsumme, die in der Regel 18000 Livres betrug.

---

1) Die Pacht, welche er für die einzelnen Anlagen etc. bezahlte, durfte nach dem Arrêt v. 10. Dez. 1669 (inhaltlich enthalten in der Mémoire de la Communauté a. a. O.) während der Pachtzeit nicht gesteigert werden; ein gleiches galt den Salpetersiedern und Pulvermachern gegenüber, welche die Hütten in Afterpacht besassen.

2) Dictionnaire de Commerce, Copenhague MDCCLXII; T. II, p. 23: Angeblich 4,5 Millionen; die Zahl ist aber jedenfalls übertrieben.

Der Pachtvertrag bildete die rechtliche Form der Uebertragung jener Befugnisse, welche dem Könige durch das Pulver- und Salpeterregal zustanden, an den Generalpächter, der kraft seiner »Commission générale« zur Ausübung der »fouille« bei allen Untertanen, mit Ausnahme des Adels, berechtigt war. Anfangs konnte er zu diesem Zwecke eine beliebige Anzahl von Salpetersiedern anstellen, später jedoch durfte das Maximum von 800 Salpêtriers nicht überschritten werden[1]). Die Raffination und Verarbeitung des Salpeters zu Schiesspulver[2]) liess der Generalpächter, durch eigene Salpetersieder resp. Pulvermüller vornehmen, und seine Beamten verwalteten auch die Magazine und besorgten den Debit von Jagdpulver (andere Qualitäten durfte er nicht mehr vertreiben[3]) an die Wiederverkäufer. Diese waren ebenfalls von ihm abhängig, denn sie durften ohne seine Erlaubnis bei 300 Livres Strafe und der Konfiskation kein Pulver an die Untertanen veräussern und in dem Falle auch nur zu den Preisen, welche der Pächter durch die Regierung offiziell festsetzen liess[4]). Zur Wahrung seines Privilegs, des ausschliesslichen Pulver- und Salpeterhandels[5]), hatte er einen besonderen »Aufsichtsapparat« eingeführt, der aus Receveurs, Capitaines, Lieutenants und Gardes bestand. Diejenigen Pulver- und Salpetertransporte, welche nicht mit seinem Geleitscheine versehen waren, wurden von diesen Beamten ohne weiteres zu seinen Gunsten konfisziert. Hierbei erhielt er nicht nur »Schiffe, Wagen, Pferde« u. s. w., sondern sogar die auf solche gesetzwidrige Handlungen angeordnete Kontraventionalstrafe von 1000 Livres, von der er aber ein Drittel dem

1) Arrêt vom 13. Febr. 1748.

2) Alle Seigneurs, Besitzer von Landgütern oder Schlössern, welche »falsche« (faux), d. h. eigene Pulvermühle oder Salpetersieder annahmen, zahlten 3000 Livres Strafe. (Arrêt vom 1. Okt. 1699.)

3) Noch der Pulvertarif vom 30. Nov. 1677 bestimmte für Jagdpulver 24 s. und Musketenpulver 12 s. pro Pfund. Die Rheder und überseeischen Handel treibenden Kaufleute, welche die hauptsächlichsten Abnehmer von Musketenpulver waren, bezogen das letztere sogar für 9 s. Da sie aber ihren Bedarf später durch ausländisches Pulver billiger zu decken wussten, zog man das Musketenpulver ganz aus dem Verkehr.

4) Nach den Arrêts v. 1. Oktober 1699 und 24. März 1716 scheint der Generalpächter den Wiederverkäufern das Pfund Jagdpulver 4 s. unter dem offiziellen Preise überlassen zu haben.

5) Der Generalpächter konnte zwar Pulver und Salpeter vom Auslande ankaufen, nie aber an dieses verkaufen.

Denunzianten abzugeben hatte [1]).

Da die Einfuhr von ausländischem Pulver ausser dem Generalpächter später auch noch einer Reihe von Seehandel treibenden Kaufleuten (Ostindische Kompagnie) doch nur für eigenen Bedarf gestattet wurde, so mussten die ankommenden Handelsschiffe das sich an Bord befindende Quantum Pulver einem besonderen Hafenaufseher anzeigen, welcher vom Generalpächter zu diesem Zwecke angestellt worden war und sich persönlich von der Richtigkeit der gemachten Angaben zu überzeugen hatte. In- oder ausländische Schiffe, welche mit Salpeter oder Pulver Zwischenhandel trieben und französische Häfen als Stapelplätze aufsuchten, mussten ihre Ware in das nächstgelegene Magazin des Generalpächters bringen und durften damit ohne seine ausdrückliche Erlaubnis »weder direkten noch indirekten Handel« treiben [2]).

Während des Generalverpachtungssystems lassen sich in der Verwaltung des Pulver- und Salpeterwesens 3 Perioden nach der Rolle, welche der Generalpächter innerhalb derselben spielte, nicht unschwer erkennen. Bis etwa zum Jahre 1663 übte er auf sie kaum einen nennenswerten Einfluss aus, ja man kann sagen, dass er beinahe ausserhalb derselben stand. Die zweite Periode, welche ungefähr mit dem Ende des 17. Jahrhunderts abschloss, zeigte ihn bereits in der wichtigen Stellung eines Generalinspektors, denn er versah die Funktionen des ehemaligen »Commissaire général des poudres et salpêtres de France«. Während der letzten endlich, die bis zum Jahre 1775 dauerte, besass er selbst die Oberleitung, und die ganze Verwaltung befand sich in seiner Hand. Der Einfluss der Staatsgewalt war auf das geringste Mass reduziert, und sogar der Aufsichtsapparat wurde vom Pächter eingesetzt, der ausserdem das Recht hatte, einen Teil seiner Machtbefugnisse einem seiner Bürgen zu übertragen, so z. B. die Ausfertigung der Patente und Salpeterbegleitscheine und nicht selten auch die Generalinspektion.

Da es dem Generalpächter in seiner Eigenschaft als Unternehmer vor allem darauf ankommen musste, den höchstmöglichen Kapitalsprofit herauszuwirtschaften, wozu er später infolge der immer kürzer werdenden Pachtfrist noch mehr gedrängt wurde, so kann es uns nicht wundernehmen, wenn das Verpachtungssystem,

---

1) Arrêt v. 1. Okt. 1699.

2) Daselbst.

besonders in seiner letzten Form, der heimischen Salpeter- und Pulverproduktion zu grossem Nachteile gereichte. Dazu trug auch noch der ziemlich niedrige Preis bei, welchen der Staat für das eingelieferte Fabrikat bezahlte; ein Uebelstand, den der Generalpächter dadurch zu umgehen suchte, dass er für sich und seine Angestellten die ausgedehntesten Privilegien beanspruchte, während er den in seinen Diensten stehenden Salpetersiedern, Pulvermüllern und Beamten nur niedrige Löhne gewährte. Die mannigfachen Freiheiten und Vergünstigungen, welche allgemein die Salpetersieder genossen, wurden allmählich auch auf die Magazinbeamten, Pulvermüller, Aufseher etc. übertragen. Sie waren von der taille etc. befreit und erfreuten sich, dem Arrêt vom 13. Februar 1748 gemäss, des königlichen Schutzes und Schirmes (protection et sauvegarde), und jeder, der ihrer Person oder ihrem Eigentume Schaden zufügte, wurde zum mindesten mit 300 Livres bestraft. Natürlicherweise benutzten die Beamten des Generalpächters ihre bevorzugte Stellung nicht selten zu allerlei Missbräuchen, und die Bedrückungen, welche die Untertanen dadurch zu erdulden hatten, nahmen beständig zu, ebenso auch die Dienstleistungen und Lasten, die das Salpeterregal ihnen auferlegte. Kurz, der im Inlande produzierte Salpeter kam dem Staate auf diese Weise recht teuer zu stehen: Würde man nur die damaligen Leistungen der Gemeinden in Geld umrechnen, so kostete etwa um die Mitte des 18. Jahrhunderts das Pfund Salpeter, welches der Generalpächter den Salpetersiedern mit 7 s. bezahlte, den französischen Staat beinahe 40 s.[1]).

Aber noch einen anderen, bei weitem bedenklicheren Uebelstand hatte das Generalverpachtungssystem in der letzten Zeit seines Bestehens mit sich gebracht. Der Staat war oft nicht mehr in der Lage, seinen notwendigsten Bedarf an Salpeter durch inländische Produktion zu decken. Das Recht, Salpeter importieren zu dürfen, welches dem Generalpächter bekanntlich gewährt worden war, hatte für die Entwicklung der heimischen Salpeterproduktion die nachteiligsten Folgen gezeitigt, denn der zu jener Zeit verhaltnismassig niedrige Preis des ostindischen Salpeters veranlasste den Pächter nicht selten, sich den grössten Teil des ordentlichen Lieferungsquantums durch Vermittlung der französischen »Handelskompagnie« zu verschaffen.

1) *Krünitz*, a. a. O., Bd. 131, S. 483.

Die Wirkung, welche diese Politik des Generalpächters auf das gesamte Salpeterwesen Frankreichs ausüben musste, machte sich denn auch bald bemerkbar. Die Produktion der Salpeterhütten ging beständig zurück, und das Salpetersiedergewerbe wurde von vielen nur noch zu dem Zwecke betrieben, um die mit diesem Berufe verbundenen Vorteile und Privilegien zu geniessen. Obwohl die Zahl der Salpêtriers damals ungefähr 800 betrug, gegen etwa 500 am Ende des 17. Jahrhunderts, war die Leistungsfähigkeit der französischen Salpeterproduktion kaum noch halb so gross.

Die Fehler in der von Frankreich seinerzeit befolgten Salpeterpolitik traten schon während des Krieges gegen England (1741—48) unangenehm hervor, als sich zuerst ein empfindlicher Mangel an Pulver und Salpeter einstellte, der in dem Kriege von 1756 direkt verhängnisvoll wurde. Die eigene Produktion erwies sich damals als völlig unzulänglich, so dass der Staat in Bezug auf die Deckung seines Salpeterbedarfes beinahe gänzlich auf das Ausland angewiesen war, welches zudem die unglaublichsten Preise forderte. Die an und für sich schon zerrütteten Finanzen waren den hierdurch hervorgerufenen Ausgaben nicht mehr gewachsen, und der für Frankreich so fatale Friedensschluss von 1763 wurde zu gutem Teile, wie die »Mémoires du maréchal de Belle Isle et de Turgot sur les guerres de 1748 et de 1756« [1]) behaupten, durch die grosse Salpeternot diktiert. Noch einmal kam diese zum Vorschein, als sich im Jahre 1766 Frankreich wiederum mit England im Kriege befand [2]). Salpeter musste damals unter schweren pekuniären Opfern von den Holländern [3]) gekauft werden, und wenn der Krieg von längerer Dauer gewesen wäre, so hätte Frankreich leicht in die gefährlichste Lage geraten können.

Im allgemeinen würden solche trüben Erfahrungen eine einsichtsvollere Regierung, als es die unter Ludwig XV. war, zur tatkräftigsten Initiative auf dem Gebiete der heimischen Salpeterproduktion veranlasst haben; in Frankreich jedoch blieb alles beim alten. Erst dem berühmten Finanzminister Ludwigs XVI., Turgot, hatte es die Reorganisation und Neubelebung seines

---

1) »Examen des diverses opinions, émises à la Chambre des Députés, dans la Session de 1828, sur la Fabrication et la Libre Importation du Salpêtre« p. 34.

2) *Krünitz*, a. a. O., Bd. 131, S. 482.

3) Durch den Verlust ihrer Besitzungen in Hindostan (1760) wurde der Salpeterexport für die französische »Compagnie« bedeutungslos.

Pulver- und Salpeterwesens zu verdanken.

Will man in der Verwaltung des ehemaligen französischen Salpeterwesens eine Einteilung nach historischem Gesichtspunkte treffen, so kann man sagen, dass mit dem Auftreten Turgots in dem Finanzministerium die zweite Periode und zugleich die Blütezeit der heimischen Salpeterproduktion begann. Dieser berühmte Staatsmann und Nationalökonom erkannte in der Generalverpachtung und der ausschliesslichen Salpetergewinnung durch die »fouille« mit Recht die beiden Haupthindernisse, welche einer gedeihlichen Entwicklung des Pulver- und Salpeterwesens im Wege standen. Als prinzipieller Feind des Generalverpachtungssystems [1], welches nach und nach in den verschiedensten Zweigen der Verwaltung Eingang gefunden hatte, gelang es ihm bald, den König von den Nachteilen dieses Systems besonders in Bezug auf das heimische Salpeterwesen zu überzeugen, so dass Ludwig XVI. durch Arrêt vom 28. Mai 1775 den mit einem gewissen Alexis Demont abgeschlossenen und bis zum 31. Dezember 1779 laufenden Pachtkontrakt löste. An Stelle der Generalverpachtung, welche fast 150 Jahre über bestanden hatte, wurde nunmehr die »Régie des Poudres et Salpêtres pour le compte du Roy« am 1. Juli 1775 eingeführt, deren Dauer vorläufig bis zum Jahre 1780 vorgesehen worden war. Als sich jedoch ihre vorteilhaften Wirkungen immer mehr zeigten, verlängerte man die Frist bis 1786 und kurz vor Ablauf der letzteren, durch den Arrêt vom 28. Oktober 1785, auf unbestimmte Zeit.

An der Spitze der Régie standen 4 Regisseure [2], welchen

1) Vgl. *Lippert*, »A. R. J. v. Turgot« im Handw. B. d. Staatsw. 2. Aufl. Bd. VII, S. 232. Vor Turgot waren 60 Pächter vorhanden. Diese alle sogleich abzuschaffen, war natürlich nicht möglich. Man musste sich vor der Hand damit begnügen, ihre Befugnisse tunlichst zu beschranken. (Vgl. auch *H. W. Farnam*, a. a. O., S. 35).

2) Anfangs (Arrêt v. 24. Juni 1775) waren die 4 Regisseure zugleich auch die Bürgen eines gewissen Jean-Baptiste Bergaud, der die Lösung der Verbindlichkeiten zwischen dem Staate und dem letzten Generalpächter übernommen hatte. Dieser J. B. Bergaud scheint auf kurze Zeit (etwa bis Ende der 70er Jahre) sozusagen die Stellung eines Administrators innegehabt zu haben, denn in dem Arrêt v. 30. Mai 1775 wurden ihm die sämtlichen Produktionsanlagen des Pulver- und Salpeterwesens übergeben. Anscheinend behielt er diese Stellung nur bis zur Rückerstattung seiner Kapitalsvorschüsse, welche durch Amortisation und durch die Einlagen der Regisseure erfolgte. Die beiden genannten Arrêts, welche ihn erwähnen, tragen nur wenig zur Aufklärung seiner eigentümlichen Position bei.

die »General-Administration« über »Fabrikation, Verkauf und Debit des Salpeters und Pulvers« im ganzen Königreiche übertragen worden war. Sie wurden vom Könige ernannt und rekrutierten sich in der Regel aus solchen Männern, welche nicht nur in dem Besitze von aussergewöhnlichen, naturwissenschaftlichen oder technischen Kenntnissen waren (z. B. kein Geringerer als der berühmte Lavoisier), sondern auch über grössere Kapitalien verfügten; und zwar letzteres aus dem Grunde, weil sie zur Bildung des für die Bewirtschaftung des Pulver- und Salpeterwesens erforderlichen Fonds in erheblichem Masse beizutragen hatten. Ihre Einlagen beliefen sich im Jahre 1779 auf 800000—1000000 Livres, welche sie zu gleichen Teilen besassen und die ihnen vom Staate zu 5% ohne Vorbehalt, Abzug oder dergleichen (»soit pour Vingtième, Dixième ni autres impositions mises ou â mettre«) verzinst wurden. Ausserdem erhielt jeder Regisseur ein bestimmtes jährliches Gehalt, das etwa 10000 Livres betrug und sich aus den »Droits de présence et de remise« zusammensetzte[1]).

Die Regisseure hatten die Verwaltungs- und Aufsichtsbeamten[2]), welche nicht allein genügend kautionsfähig, sondern auch technisch gebildet und von gutem Rufe sein sollten, desgleichen Magazinverkäufer, Pulvermüller und Salpetersieder, sowie alle für die Arbeiten des Asche- und Erdreichsammelns geeigneten Personen anzustellen. Die Salpetersiederpatente wurden vom »Secrétaire d'Etat« des Kriegsdepartements ausgefertigt, zu welchem Zwecke die Regisseure Neuannahmen dorthin rechtzeitig zu melden und alljährlich einen genauen Bericht über die Salpetersieder, ihre wirtschaftliche Lage und Produktion zu senden hatten. Um eine genaue Orientierung über die jeweilige Situation des gesamten Pulver- und Salpeterwesens zu ermöglichen, waren die Regisseure gehalten, am Ende jedes Monats eine detaillierte Abschlussrechnung der laufenden Ausgaben und Einnahmen nebst ausführlicher Angabe der etwa nötig werdenden Reparaturen,

---

1) Die »Droits de présence« wurden ihm infolge seiner Teilnahme an den wöchentlich zweimal zur Beratung über Betriebsangelegenheiten abzuhaltenden Versammlungen gewährt und beliefen sich anfangs auf 2400, später auf 4000 Liv. Die »Droits de remise« bestanden aus verschiedenen Provisionsgeldern, welche die Regisseure 1. für jedes Pfund Pulver, das über 800000 Pfund verkauft wurde, und 2. für jedes Pfund Salpeter, das in den neu errichteten Salpeterhütten und Plantagen der Regie gewonnen wurde, empfingen.

2) Der gesamte Verwaltungsapparat wird später noch ausführlicher behandelt werden. (Vgl. auch Beilage XIII.)

Neubauten u. s. w. dem »Contrôleur général« und dem »Intendant des Finances« [1]) vorzulegen und eine sogenannte »Generalbilanz« dem Staatsrate am Schlusse eines jeden Jahres zu unterbreiten. Vor allen Dingen hatten sie dafür zu sorgen, dass die Arsenäle beständig mit genugenden Munitionsvorräten versehen waren: zu Friedenszeiten wurde als Lieferungsminimum 1 Million Pfund Pulver, von welcher Quantität 750000 Pfund die Landheer-Arsenale und 250000 Pfund diejenigen der Marine empfingen, für ausreichend erachtet. Neben einer gehörigen Pulvermenge für den ausserordentlichen Bedarf, liessen die Regisseure zugleich auch eine solche für den öffentlichen Verkauf fabrizieren. Sie traten daher oft mit den Rhedern und Seehandel treibenden Kaufleuten in Verbindung und veranlassten diese durch die entgegenkommendsten Bedingungen, ihren Bedarf durch inländisches Fabrikat zu decken, »damit das Geld Frankreich erhalten blieb und nicht, wie bisher, ins Ausland wanderte« [2]). Man hatte den Import von Salpeter und Schiesspulver allgemein verboten, selbst den Regisseuren, falls diese nicht etwa ausnahmsweise auf Grund eines besonderen Auftrages seitens des Contrôleur général des finances hierzu ermächtigt wurden. Doch bemühte man sich, derartige Ankäufe möglichst zu vermeiden, und hielt die Regisseure vielmehr an, in erster Linie ihr Augenmerk auf eine Vermehrung der heimischen Produktion zu richten. Zu dem Zwecke wurden ihnen in den verschiedensten Städten, Flecken und Dörfern geeignete Plätze für den Bau neuer Salpeterhütten (Ateliers) oder Raffinerien angewiesen, während sie die erforderlichen Geldmittel aus dem oben erwähnten Fonds zu bestreiten hatten. Die investierten Kapitalien wurden nach und nach durch einen bestimmten Teil des jährlichen Reingewinns, der aus der gesamten Pulver- und Salpeterproduktion floss, amortisiert, und auf diese Weise die Einlagen der Regisseure allmählich wieder zurückerstattet.

Zweifellos bemerkenswerter als diese Massnahmen war die offizielle Einführung des künstlichen Salpeterbaues in der Form von Salpeterplantagen; eine Neuerung, welche man hauptsächlich den Bemühungen Turgots zu verdanken hatte. Schon an

1) Diese beiden Aemter bekleideten damals Turgot und d'Ormesson.

2) Arrêt v. 24. Juni 1775, Art. X: »Les dits Régisseurs pouvont vendre aux Armateurs et Négocians, les poudre de guerre et de traite aux prix dont ils conviendront avec eux de gré, à l'effet de les engager à ne plus faire sortir l'argent du royaume par des achats à l'Etranger«.

und für sich musste die künstliche Salpeterproduktion infolge ihrer charakteristischen, mit der Landwirtschaft in mancherlei Beziehung stehenden Eigentümlichkeiten das Interesse dieses »Physiokraten der Praxis« erwecken, da sie, wie jene, nach physiokratischen Anschauungen als »wahrhaft produktiv« erschien, um einen Reinertrag (produit net) abzuwerfen und somit auch den Nationalreichtum zu erhöhen [1]). Weit mehr als dieser Umstand hatte aber wohl auch noch ein anderes Moment auf die von Turgot befolgte Salpeterpolitik Ausschlag gebend eingewirkt: Ein intensiver künstlicher Salpeterbau versprach, die heimische Salpeterproduktion allmählich vollständig von der »fouille« loszulösen, wodurch die verarmte ländliche Bevölkerung von einer harten Bedrückung befreit wurde. Dieser Vorteil, der indirekt wiederum der Landwirtschaft, und an deren Hebung war es ja den Physiokraten bekanntlich am meisten gelegen, zugute kommen musste, scheint für Turgot bestimmend gewesen zu sein; durch den Arrêt vom 30. Mai 1775 wurde allen Salpetersiedern vom 1. Januar 1778 ab das eigenmächtige Suchen und Graben nach salpeterhaltigen Erdmaterialien bei allen Untertanen verboten.

Wenn auch im allgemeinen die Politik, durch welche Turgot den französischen Staat vor dem drohenden Gespenst der Revolution zu schützen suchte, fehlschlug und sein schnelles Fiasko (er wurde schon am 12. Mai 1776 entlassen) nicht wenig dazu beitrug, den Physiokratismus als solchen bei den meisten zeitgenössischen Nationalökonomen und Staatsmännern in Misskredit zu bringen, auf dem Gebiete des französischen Salpeterwesens sollte sich seine reformatorische Tätigkeit bald segensreich erweisen.

Mit der Einführung des künstlichen Salpeterbaues wurden nicht allein die Regisseure betraut, sondern man suchte auch kapitalkräftigere Salpetersieder durch Aussetzen besonderer Produktionsprämien [2]) für denselben zu interessieren. Die Unternehmerlust von Privaten wurde wiederholt durch Veröffentlichung eingehender Instruktionen [3]) zur Errichtung von Plantagen geweckt

---

1) Vgl. *J. K. Ingram*, a. a. O., S. 83.

2) Während der Preis pro Pfund Salpeter, der durch die »fouille« gewonnen worden war, sich nur auf 8 s. belief, wurde er bei Plantagenbetrieb auf 12 s. erhöht. (Vgl. auch früher.)

3) Die erste »Instruction sur l' Etablissement des Nitrières«; welche wir bei der Beschreibung der Plantagen des öfteren benutzten, datiert vom Jahre 1777; es folgten die von 1793 und 1797.

und noch dadurch wirksam gefördert, dass man solchen Entrepreneurs mancherlei Vergünstigungen gewährte, wie z. B. Befreiung von der Militär- und Einquartierungspflicht, von den Grund- und Gebäudesteuern für die Salpeteranlagen u. s. w [1]). Ausserdem hatte der König persönlich einen Preis von 6000 Livres gestiftet, welcher demjenigen zuerkannt werden sollte, der sich auf dem Gebiete des Plantagenbaues besondere Verdienste erwerben würde. Man versprach den Gemeinden, Klöstern und geistlichen Orden, sie gänzlich von der fouille zu befreien, sobald sie auf eigene Kosten nach einem von den Regisseuren gut geheissenen Plane »Nitrières« errichteten [2]). Während die Plantagen der Geistlichkeit eine jährliche Ertragfähigkeit von wenigstens 1000 Pfund haben mussten, brauchte die Ausbeute der den Gemeinden gehörenden Nitrières nur im Verhältnis zu der sonst innerhalb ihres Gebietes durch die »fouille« gewonnenen Menge Salpeters zu stehen. Die Verarbeitung der im Plantagenbetriebe erzeugten salpeterhaltigen Stoffe konnten die Gemeinden etc. nach Belieben dem Salpetersieder ihres Bezirkes, oder einem besonderen »Exploiteur« übertragen. Im letzteren Falle empfingen sie für den eingelieferten Rohsalpeter pro Pfund 10 s., exklusive 4 % Abzug. Auch stand es ihnen frei, die Nitrière an die Regierung abzutreten, welche ihnen dann einen Gewinnanteil von 1 s. pro Pfund Rohsalpeter bewilligte. Kleinere Gemeinden konnten entweder in Gemeinschaft eine Plantage von entsprechender Leistungsfähigkeit betreiben, oder aber die Errichtung und den Betrieb derselben einem Unternehmer übertragen [3]). Im allgemeinen sollten die Nitrières möglichst auf Gemeindegrund und -boden erbaut werden, damit den privaten Grundbesitzern nicht unnötig Terrain entzogen

1) Arrêt v. 8. August 1777, Art. X.

2) Arrêts v. 8. August 1777 und 24. Jan. 1778.

3) Aehnlich hatte man ungefähr 10 Jahre früher die Einführung des künstlichen Salpeterbaues, in der Form des »Pyramidenbetriebs«, in Bayern versucht, doch hatte man dort nur solche Gemeinden verpflichtet, welche mehr als 20 Häuser umfassten. In diesem Sinne bestimmte die Saliterordnung vom 29. Dez. 1766: » . . . damit die Untertanen keine Beschwerde mit dem Auslaugen etc haben, so sollen eigens von Uns bestellte Leute oder Sieder gegen gebührenden Lohn diese Tätigkeiten verrichten; folglich der Gemeinde weiter nichts als die Errichts- und Unterhaltungskosten der in hölzernen Brettern und einem Strohdache bestehend mithin sehr wenig Kosten und Mühe erfordernder Piramide obliegt«. *G. K. Mayrs* Sammlung, a. a. O., 1784, Bd. I., S. 291 und S. 297.) Auf diese Weise waren die Gemeinden nicht nur vom Salitergraben befreit, sondern erhielten auch für jeden Ztr. Salpeter 1 fl. 30 Kr. Der Erfolg war jedoch nur gering.

würde, und nur ausnahmsweise durfte zu solchen Zwecken ein Stück Land angekauft werden.

Nicht allein durch Einführung des Plantagenbaues suchte man die »fouille« zu beseitigen und die heimische Salpeterproduktion zu erhöhen, auch die bisher beständig gescheiterten Bemühungen zur fabrikmässigen Darstellung von sogenanntem Kunstsalpeter wurden zu jener Zeit eifrig wiederaufgenommen. Im Jahre 1777 setzte die Akademie der Wissenschaften für die Auffindung eines derartigen Verfahrens einen Preis von 4000 Livres aus und lud alle Vertreter der Wissenschaft und Technik zum Wettbewerbe ein [1]). Wie wir bereits gesehen haben, wurde aber eine auch nur einigermassen befriedigende Lösung des Problems nicht gefunden. Ebenso war jene Absicht gescheitert, die »fouille« vom 1. Januar 1788 an gänzlich zu verbieten, obgleich es nicht zu verkennen war, dass sich die Ertragfähigkeit der durch den Salpeterbau erzielten Produktion beständig im Zunehmen befand. Immerhin war die Gesamtproduktion von kaum 1 Million Pfund Salpeter 1775 auf deren 2 im Jahre 1777 [2]) gestiegen, und in dem Arrêt vom 5. September 1779 hob der König besonders hervor: »Er bemerke mit grosser Befriedigung, dass die Regie den Finanzen, der Krone und den Untertanen die Vorteile gebracht habe, welche man sich von derselben versprochen, dass der Gewinn, der vorher dem Generalpächter zugeflossen sei, jetzt dem Staatsschatze zu gute käme, und dass die Regisseure durch Anlegung von Plantagen und durch die Entdeckung natürlicher Salpetererde [3]) die Salpeterernte des Königreichs derartig vermehrt hätten, dass man bald hoffen könne, auf die ungewisse und viele Beschwerden verursachende Quelle der Ankäufe fremden Salpeters ganz zu verzichten« [4]).

In der Tat nahm seitdem die Produktivität der heimischen Salpetergewinnung beständig zu: 1783 belief sie sich bereits auf 3 Millionen Pfund und im Jahre 1790 auf etwa 4 Millionen. Der Anteil von Paris (ville et campagne) machte allein 1 100 000 Pfund

1) Die gestellte Aufgabe lautete: »Trouver les moyens les plus prompts et les plus économiques de procurer en France une production et une récolte de salpêtre plus abondantes que celles, qu'on obtient présentement, et surtout qui puissent dispenser des recherches que les salpêtrier ont le droit de faire dans les maisons des particuliers«.

2) *Krünitz*, a. a. O., Bd. 131, S. 486.

3) Die in der Touraine gefundenen »Salpetersteine«.

4) Arrêt v. 5. Sept. 1779.

aus, die 4 Departements d'Indre et Loire (Chinon), de la Meurte et des Vosges, de la Mayenne und d'Indre et Loire (Tours) lieferten ungefähr das nämliche Quantum, während sich der Rest auf die übrigen verteilte (s. Beilage XII). Der fakultative Bezug des Salpeters vom Auslande, welchen sich die Regierung anlässlich des Importverbotes vom Jahre 1775 vorbehalten hatte, hörte etwa seit 1785 gänzlich auf, denn die heimische Produktion konnte jetzt den gesamten Bedarf Frankreichs durch eigene Mittel decken; eine Fähigkeit, die sie selbst während der Revolutions- und Koalitionskriege bewahrte. Die günstige Lage des französischen Pulver- und Salpeterwesens wurde für die Aufhebung jenes Importverbotes (für Salpeter und Pulver) bald bestimmend, um an dessen Stelle einen relativ mässigen Schutzzoll von 6 Livres pro Zentner Salpeter und 15 Livres pro Zentner Pulver einzuführen [1]). Aber schon nach wenigen Jahren [2]) liess man auch diesen Zoll fallen, behauptete jedoch das alte Exportverbot noch fernerhin.

Die Grundlage der französischen Pulver- und Salpeterverwaltung war eine so solide, dass sie selbst den heftigen Stürmen der Revolution widerstand. Allerdings wandelte die Assemblée Nationale am 23. Sept. 1791 ihren Namen in »Régie Nationale« um; aber abgesehen von einer Vermehrung des Personals, die jedoch hauptsächlich eine Folge des Zunehmens der Salpeterproduktion war, liess man es beim alten bewenden. Diese Erweiterung geschah auf Grund des Gesetzes vom 19. Okt. 1791 [3]).

Die Leitung der Regie befand sich von nun an in den Händen von 3 Regisseuren, welche vom Könige aus den höheren Beamten derselben ernannt wurden. Sie unterstanden dem Minister »des contributions publiques« und mussten ihren dauernden Aufenthalt in Paris nehmen. Zur Erledigung der laufenden Regieangelegenheiten hatten sie tägliche Versammlungen abzuhalten, in welchen über Organisations- und Betriebsänderungen beraten und über Ankäufe von Pottasche etc. [4]) verfügt wurde. Ueber die monatlichen Ausgaben und Einnahmen, die Magazinbestände, die erzielte Produktion und ihre Kosten mussten die Regisseure Rech-

---

1) Arrêts v. 26. Nov. 1785 und 14. Mai 1786.

2) Loi v. 8. Juni 1792, Art. II.

3) Später erneuert durch das Gesetz v. 10. Juni 1793. (Vgl. Beilage XIII.)

4) Pottasche wurde seit 1790 von der Regie teilweise selbst fabriziert, teilweise en gros bezogen und den Salpetersiedern zum offiziellen Preise von 37 Livres 10 sous pro Zentner, später sogar zum Selbstkostenpreise überlassen.

nung führen, damit sie am Ende eines jeden Jahres einen Gesamtbericht und Generalbeschluss dem zuständigen Minister unterbreiten konnten. Diesem hatten sie auch alle Vierteljahre einen ausführlichen Bericht über den Fleiss und das Treiben der höheren Provinzialbeamten der Regie zu erstatten.

Die Verwaltungsbeamten selbst setzten sich aus solchen, die im Generalbureau zu Paris, und solchen, die in den Provinzen beziehentlich Departements beschäftigt wurden, zusammen. Den Bureaudienst versahen 19 Personen, und zwar 1 Korrespondenzdirektor nebst 1 Unterdirektor, 1 Rechnungsdirektor nebst 1 Rechnungsrevisor, 1 Kassierer nebst 1 Hauptgehilfen, 10 Expedienten oder Schreiber, 2 Boten und 1 besonderer Kassenbote. Die Verwaltung und Beaufsichtigung der in den verschiedenen Departements verteilten Magazine, Raffinerien, Pulvermühlen, Salpeter- und Pottaschehütten, Verkaufsstellen u. s. w. geschah durch 70 Provinzialbeamte und etwa 30 Magazinaufseher. Die ersteren rekrutierten sich aus: 2 General- und 2 Spezialinspektoren, 47 Kommissaren (davon 24 erster, 11 zweiter und 12 dritter Klasse); 8 Kontrolleuren, 4 Eleven, 3 Salpeteraufsehern (nämlich 2 zu Paris und 1 zu Marseile) und 4 Departementscommis, wovon sich 2 zu Paris, 1 zu Besançon und 1 zu Dijon befand. (Vergl. Beilage XIII.)

Anstellung und Avancement der sämtlichen Beamten erfolgte nach bestimmten Regeln, welche das oben genannte Gesetz normierte. Demnach konnte niemand Regiebeamter werden, von wenigen niederen Stellen des Bureaudienstes abgesehen, der nicht eine gewisse Zeit lang Eleve gewesen war. Es wurden jedoch nur solche Personen als Eleven angenommen, die mindestens 18 Jahre zählten und ein Examen in der Geometrie, elementaren Mechanik, Experimental-Physik und Chemie bestanden hatten. Daneben wurden zum Eintritt in den Bureaudienst auch solche junge Leute zugelassen, welche den Nachweis für die Befähigung eines Expedienten erbrachten. Bei Vakanz erhielten die Eleven nach ihrem Dienstalter die Stelle eines Kontrolleurs oder Kommissars III. Klasse und rückten dann allmählich auf. Das Avancement der übrigen Beamten richtete sich nach Dienstalter und Rang. Beim Antritt seines Amtes hatte jeder Kontrolleur oder Spezialinspektor eine Kaution von 6000 Livres zu hinterlegen, jeder Generalinspektor 12 000 Livres und jeder Regisseur [1]) 60 000 Livres

1) Die ursprünglichen Fonds, welche die Regisseure anfangs aus ihrem Vermögen

welche Kapitalien in angemessener Weise verzinst wurden. Die Kommissare I., II. und III. Klasse, sowie der Kassierer mussten über einen grösseren Besitz von Liegenschaften verfügen und diese der Regie als Kaution verpfänden. Im allgemeinen wurden die Beamten durch feste Gehälter (s. Beilage XIII) besoldet, und nur mit den Stellen der Regisseure und Kommissare aller Klassen war ein Nebeneinkommen verbunden, welches, bis zu einem bestimmten Maximalbetrage steigend, sich nach der Menge des von der Regie verkauften Pulvers und Salpeters richtete. Abgesehen von Pensionen und Ruhegehältern (retraites), welche die Regie ihren in den Ruhestand tretenden Beamten bewilligte, beliefen sich die jährlichen Ausgaben für die Besoldung der noch im Amte tätigen auf die ansehnliche Summe von rund 284 300 Livres, wovon etwa 70000 Livres allein der Bureauverwaltungsapparat (inkl. Gehälter der Regisseure) erforderte. Ausserdem wurden jährlich 12 000 Livres und bei besonders hohen Anforderungen sogar 20 000 Livres als Gratifikationen verteilt, um dadurch nicht nur die Beamten, sondern auch die Arbeiter der Regie zu erhöhter Tätigkeit anzuregen. Von jener Summe erhielten nämlich die Kommissare und Inspektoren 2 Viertel, die Kontrolleure nebst Bureaubeamten einerseits, die Arbeiter andererseits je 1 Viertel.

Die Oberaufsicht über das gesamte Pulver- und Salpeterwesen führte seit dem Jahre 1791 an Stelle des »Controleur général des Finances« der »Ministre des Contributions«, welcher die Verkaufspreise des Pulvers und Salpeters und die den Salpetersiedern zu gewährenden Produktionspreise festzusetzen hatte. Durch das Dekret vom 9. Februar 1793 wurden die letzteren auf 13 s. 6 d. erhöht; ausserdem erhielt jeder Sieder, der mehr einlieferte, als das im offiziellen Produktionstarif[1]) für sein Departement (s. Beilage XII) normierte Einzelquantum betrug, eine Prämie von 1 s. 6 d. pro Pfund.

Dieser für die Salpetersieder ausserordentlich günstige Umstand war nicht unbegründet, denn im Jahre 1793 hatte der ausbrechende Krieg, welcher die Republik fast mit allen bedeutenderen Staaten Europas zu verwickeln drohte, den Nationalkonvent zu ganz aussergewöhnlichen Massnahmen auf dem Gebiete der Verwaltung und Organisation des heimischen Salpeterwesens veranlasst.

gebildet hatten, waren inzwischen zurückerstattet worden.

1) Dieser Tarif wurde alljährlich vom Ministre des Contributions auf Grund der von den Regisseuren gemachten Vorschläge festgesetzt.

Hierdurch wurde eine, wenn auch nur kurze, so doch für diesen »nationalen Produktionszweig« Frankreichs geradezu glänzende Epoche hervorgerufen, welche in der Wirtschaftsgeschichte aller Völker wohl einzig dastehen dürfte. Allerdings fand dieses Vorgehen in Bayern eine gewisse Nachahmung, und zwar fast zur selben Zeit, aber aus entgegengesetztem Grunde (s. Beilage XV), d. h. nicht zum Schutze, sondern zur Bekämpfung der französischen Revolution. Aber die Wirkung, welche es dort verursachte, lässt sich mit der in Frankreich entfalteten Tätigkeit nicht im entferntesten vergleichen.

Als man im Jahre 1777 die Unmöglichkeit erkannte, die »fouille« vom 1. Januar 1778 an gänzlich zu verbieten, wie es ja anfangs geplant worden war, nahm man wenigstens die Keller und Wohnhäuser durch den Arrêt vom 8. August 1777 von dem Recht des eigenmächtigen Suchens und Grabens seitens der Salpêtriers aus. Allein, infolge des ausserordentlich gestiegenen Bedarfes sah sich der Nationalkonvent 1793 gezwungen, die »fouille« in den Kellern und Wohnungen provisorisch, d. h. für die Dauer des Krieges, wieder zu gestatten. Dementsprechend stellte das Dekret vom 28. August 1793 alle in der Republik vorhandenen salpeterhaltigen Stoffe zur ausschliesslichen Verfügung des Conseil exécutif. Die in den Magazinen und Raffinerien beschäftigten Arbeiter wurden zur Verrichtung der Grabarbeiten herangezogen, und damit auch weniger salpeterreiches Material ausgelaugt wurde, erhöhte man den Preis für das Pfund Rohsalpeter zeitweilig sogar auf 24 s. Die Ausübung der »fouille« geschah unter Aufsicht der Gemeinde- beziehentlich Stadtbehörden, und kein Bürger durfte sich ihr widersetzen.

Bewirkten schon diese Massnahmen eine geradezu fieberhafte Tätigkeit, so sollte sie bald noch eine weitere Steigerung erfahren. Am 14. Frimaire des Jahres II der Republik (4. Dez. 1793) erliess der Nationalkonvent ein Dekret, welches alle französischen Bürger zur Teilnahme an den Salpeterarbeiten aufforderte (s. Beilage XIV). Danach mussten alle Gemeinden, die dem Arrondissement eines Salpetersieders noch nicht angehörten, und bei denen auf eine befriedigende Ausbeute durch Ausübung der »fouille« zu hoffen war, auf Wunsch ihres »Distrikts-Agenten« (s. Beilage XIV) eine Salpeterhutte errichten. In dieser wurden die von den Bürgern eingebrachten salpeterhaltigen Rohstoffe, bez. die von ihnen bereits hergestellten Salpeterlaugen verarbeitet. Der Gemeinderat war gehalten, den gewonnenen Salpeter nach dem Hauptstapelplatze des Distrikts zu schaffen. Hier wurde das Fabrikat von einem Regierungsbeamten auf seine Beschaffenheit hin geprüft, gewogen und zum Preise von 24 s. pro Pfund berechnet, worauf der betreffende Betrag den Gemeinden ausgezahlt wurde, damit diese ihre Auslagen für Errichtung und Betrieb der Hütte rechtzeitig decken konnten. Zur Bestreitung dieser Lieferungen etc. waren dem Minister zunächst 4 Millionen Livres bewilligt worden, welche Summe aber später noch erhöht werden musste.

Der Erfolg des Dekrets war ein wahrhaft bewundernswerter. Man hatte nicht umsonst an den Patriotismus eines Volkes appelliert, das vor keinem Opfer zurückschreckte, sich die mühsam erkämpfte Freiheit zu bewahren, und in kürzester Zeit entstanden über 6000 private und gemeinwirtschaftliche Salpeterwerkstätten. Um die Kenntnisse über die Kunst des Salpetersiedens möglichst schnell zu verbreiten, wurden aus jedem Distrikt[1] zwei Agenten »robustes, intelligents et adroits« nach Paris beordert, woselbst sie von berühmten Gelehrten, wie Berthollet, Carny, Pluvinet, Monge, Hassenfratz und Perrier etc., über die Salpeterfabrikation unterrichtet wurden. Die Regierung[2] teilte sie darauf den einzelnen Distrikten zu und stand mit ihnen beständig in Korrespondenz, um auf diese Weise ihre Kenntnisse zu erweitern und zu festigen. Nach den Aussagen *Fricars*[3], eines der eifrigsten Mitglieder des Wohlfahrtsausschusses, soll sich die Zahl dieser »Agenten« auf etwa 1200 belaufen haben. Sie bereisten Ort für Ort, gaben theoretische und praktische Anleitungen und machten

1 Im Februar 1790 war Frankreich in 83 Departements, 600 Distrikte und 41 000 Gemeinden eingeteilt worden.

2 Durch das Dekret vom 18 Pluviôse des Jahres II (5. Febr. 1794) wurde eine besondere »Vereinigungskommission der Republik« gebildet, welche dem Wohlfahrtsausschusse unterstand. Ihr gehörten drei Mitglieder an, welche der Konvent ernannte, und die sich mit folgenden Angelegenheiten zu befassen hatten: 1. Fabrikation von Kanonen, Lafetten etc. sowie allen Materialien, welche die Land- oder Marineartillerie benötigte; 2. Fabrikation von Gewehren, Pistolen nebst allen übrigen Handfeuerwaffen; 3. Fabrikation von Säbeln; 4. Pottasche, Salpeter, Pulver; 5. Errichtung, Unterhalt und Beaufsichtigung von Anlagen, Magazinen, Kriegs- und Marinearsenalen etc. — Die Regie wurde in ihrer Existenz hierdurch nicht beeinträchtigt, doch unterstand sie seitdem nicht mehr dem »Ministre des Contributions«, sondern der obigen Kommission.

3 Siehe dessen Bericht in den Annales de Chimie, T. XX (1797) citiert nach der Revue Scientifique, T. XIII, p. 136: »Les Ateliers revolutionnaires de Salpêtre« von *M. Balland*.

die Bürger auf die Fundstätten des Salpeters aufmerksam. In grösseren Gemeinden verfuhren sie hierbei sozusagen systematisch: Sie unterrichteten eine Anzahl von Bürgern über die Methode, die salpeterhaltigen Stoffe zu erkennen, worauf jeder derselben die Durchsuchung einer entsprechenden Reihe von Häusern übernahm[1]). Derjenige Bürger, welcher sich dieser Belästigung, sowie der »fouille« oder überhaupt den Anordnungen des Distriktsagenten widersetzte, wurde als »verdächtig« denunziert und bis zum Friedensschluss mit Gefängnis bestraft[2]).

Ein äusserer Zwang scheint jedoch nur in den seltensten Fällen ausgeübt worden zu sein, denn die Begeisterung, welche die Bevölkerung allgemein ergriffen hatte, war so stark und nachhaltig, dass man sich gern in allem unterwarf: konnte ein jeder doch auf diese Weise zur Verteidigung des Vaterlandes und zur Unterstützung der zahlreichen Heereskörper beitragen, welche das vor kurzem ergangene Massenaufgebot[3]) ins Feld geführt hatte. Ueberall sammelten die Bürger die Erdstoffe, welche ihnen als tauglich bezeichnet worden waren, und laugten sie in ihren Brunnenbecken, Waschfässern u. s. w. aus, um die gewonnene Lauge selbst, d. h. zu Haus in ihren Wasch- oder Küchenkesseln zu versieden, oder um sie in die Gemeindewerkstatt zur weiteren Verarbeitung einzuliefern. Zur Beschaffung des Siedereiinventars waren die entbehrlichen Tonnen, Bottiche, Obstwein-, Oel- und Bierfässser, Braukessel etc. requiriert worden. Die Siedereiarbeiten selbst wurden in der Regel nur von geübteren Leuten, meistens von Brauknechten oder Küfern verrichtet, welche auf diese Weise täglich 40—50 s. verdienten.

Diese ausserordentliche Tätigkeit hätte aber in kürzester Zeit ihren Abschluss finden müssen, wenn nicht die »Verteidigungs-Kommission« rechtzeitig für einen hinlänglichen Vorrat von kalihaltigen Stoffen, von Pflanzenasche oder Pottasche (Salin) gesorgt hätte. Schon am 21. September 1793 hatte die Regie den Salpetersiedern bekannt gemacht, dass die Magazine Pottasche und »Salin« zum Selbstkostenpreise je nach Bedarf abgeben würden. Als aber die Salpeterproduktion infolge jenes Aufrufs so plötzlich zunahm, machte sich bald ein empfindlicher Mangel an derartigen Stoffen bemerkbar. Um diesem abzuhelfen, erliess der Konvent

1) *H. Bardy*, »Les Ateliers revol. de salpêtre à Saint-Dié«, 1901.
2) Decret v. 13. Pluviôse, an II.
3) Das bekannte Aufgebot der französischen Jugend (lévée en masse).

am 29. Germinal des Jahres II (18. April 1794) ein Dekret, in welchem er alle Bürger, insbesondere die Eigentümer und Pächter [illegible] auf [illegible] zur Gewinnung von Pottasche [illegible] aufforderte. Alle Pflanzen, die weder zur Fütterung noch sonst zu der landwirtschaftl. Verwendung finden [illegible] Farnkraut [illegible] Heidekraut [illegible] Gestrüpp [illegible] und auf unbebauten Landstrecken [illegible] verbrannt werden, um die Asche auszulaugen und die Flüssigkeit durch Eindampfen auf Salz zu verarbeiten. Das gewonnene Pottasche wurde dann entweder in den [illegible] Salpetersiedereien verwendet oder in die Magazine eingeliefert, wo man den [illegible] Ausserdem hatte die [illegible] Kommission [illegible] Gemeinden, deren natürliche Lage eine günstige Aussicht erwarten liess, durch besondere Rundschreiben zu [illegible] Tätigkeit ermuntert. Derartige Anregungen hatten meist den gewünschten Erfolg, wie dies beispielsweise folgender Aufruf[2] beweist, den die Gemeinde von [illegible] damals an ihre Mitbürger richtete:

Bürger!

»Während der unerschütterliche Mut die jungen Vaterlandsverteidiger in gewaltigen Massen an die Grenzen geführt hat, müssen nun auch ihre Väter, Mütter und Schwestern durch tatkräftige Unterstützung die erste und die der Natur und dem Herzen eines jeden braven Franzosen teuerste Pflicht dadurch zu erfüllen suchen, dass sie ihnen alle Mittel bieten, welche Angriff und Verteidigung erfordern.

Männer, Frauen, Jungfrauen, begebt Euch in die Berge, sammelt dort das Heidekraut und Gestrüpp, verwandelt es zu Asche und verarbeitet diese zu Rohpottasche, die bekanntlich für die Raffination oder Läuterung des Salpeters unentbehrlich ist.

Es ist ebenso notwendig, sich mit solchen Arbeiten zu befassen, als Erde zu sammeln und daraus Salpeter zu sieden.

Daher werden alle Bürger und Bürgerinnen hierdurch aufgefordert, sich zu versammeln, um das Heidekraut und Gestrüpp zu roden und zu verbrennen.

1 Der »Wohlfahrtsausschuss« verteilte auch [illegible] »Instructions sur l'art de fabriquer le salin et la potasse«.

2 *H. [illegible]*, a. a. O.

Man versehe sich mit Hauen, Spaten, Messern und Beilen!«[1])

Gewöhnlich beteiligten sich an diesen Rodungsarbeiten, welche unter der Leitung eines angesehenen Bürgers vorgenommen wurden, fast alle Einwohner der Gemeinde im Alter von mindestens 7 Jahren. Der hierzu bestimmte Tag wurde vorher durch die Ortsbehörde öffentlich bekannt gemacht. Früh am Morgen zog man gemeinsam aus, um am Abend das gesammelte Gestrüpp in grossen Haufen aufzuschichten. Nachdem es dort einige Zeit getrocknet hatte, wurde es unter Absingen von Freiheitsliedern angezündet. Später schaufelte man die Asche in Bier- oder Weinfässer und brachte sie zur weiteren Verarbeitung in die eigene oder nächstgelegene Gemeindesalpeterwerkstatt, welche seit der Einführung des »Kultus der Vernunft« nicht selten in einer Kirche hergerichtet worden war.

Bei einer so intensiven Tätigkeit von nahezu der gesamten Bevölkerung kann es uns nicht wundernehmen, wenn innerhalb eines Jahres (1793—1794)[2]) die Salpeterproduktion Frankreichs plötzlich auf 16754039 Pfund stieg, während sie im vorhergehenden Jahre noch $4^1/_2$ Millionen Pfund betragen hatte. Als man seinerzeit jenen Aufruf zur allgemeinen Beteiligung an der Salpetergewinnung erliess, war vorgesehen worden, dass jeder Distrikt etwa 36000 Pfund Salpeter liefern sollte, was für die gesamte Republik ungefähr 21600000 Pfund ausgemacht haben würde[3]). Wenn sich schliesslich ein Fehlbetrag von rund 5 Millionen Pfund ergab, so lag der Grund meistens in der kurzen Dauer des Bestehens vieler Gemeindewerkstätten. Diese wurden nämlich nicht selten gezwungen, schon nach 6—7 Monaten den Betrieb einzustellen[4]), da die Böden inzwischen völlig ausgebeutet worden

1) Anlässlich eines Rundschreibens seitens der »Verteidigungskommission« vom 30. Floréal, an II, wurden die Gemeindemitglieder ausserdem noch zum Sammeln von Holz, das eine für die Pulverfabrikation taugliche Kohle abgab, aufgefordert.

2) Genauer, vom 22. Sept. 1793, Beginn des Jahres II, bis zum Ende desselben.

3) Diese Angaben, welche von dem Wohlfahrtsausschussmitgliede Prieur (a. a. O.) stammen, stehen allerdings im Widerspruche zu jenen in der früher öfters citierten Schrift: »Examen des diverses opinions etc, 1828« p. 21: »Une grande récolte, mais de beaucoup inférieure à celle que l' on espérait; l' augmentation n'exéda pas un quart«. Abgesehen davon, dass die Notizen Prieurs vom Jahre 1797 und von ihm als einem unmittelbaren Augenzeugen herrühren, sind sie der Intensität jener Massenproduktion zweifellos entsprechender.

4) Die Einstellung der provisorisch betriebenen Salpetergewinnung erfolgte allgemein gegen Ende des Jahres II. Das Inventar der Hütten wurde teilweise wieder zurückgegeben, teilweise auch meistbietend versteigert.

waren. Ueberhaupt hatte jene Massenproduktion, welche ohne Plan und Ziel alles verarbeitete, was nur einigermassen in Anbetracht des hohen Preises für Rohsalpeter auslaugewürdig erschien, eine unangenehme Nachwirkung zur Folge: Der Ertrag aus der »fouille« war in den folgenden Jahren verhältnismässig gering, und wenn sich die Gesamtproduktion trotzdem auf durchschnittlich $4^1/_2$ Millionen Pfund hielt und nach etlichen Jahren sogar noch beträchtlich stieg [1]), so war dieser Umstand in erster Linie einem sich immer mehr entwickelnden, künstlichen Salpeterbaue zu verdanken.

Seit der Mitte der 90er Jahre hatte man sich demselben um so mehr zugewandt, als die Ausübungsberechtigung der »fouille« in ihrem vollen Umfange nur eine provisorische sein sollte. In der Tat brachte denn auch das Gesetz vom 13. Fructidor des Jahres V (30. August 1797) eine neue Regulierung der Salpetergewinnung, besonders in Bezug auf das Sammeln der Rohmaterialien [2]). Man verbot die »fouille« in den Wohnhäusern, Wein- und Vorratskellern, sowie in den Scheunentennen, welche aus Lehm oder Ton verfertigt waren, während sie unter den bereits früher besprochenen Vorsichtsmassregeln in den Scheunen, Schuppen, Pferde- und Schafställen, Taubenhäusern u. s. w. noch gestattet wurde. Im wesentlichen war man also auf den Zustand, wie er in dieser Hinsicht vor Erlass des Dekrets vom 5. Juni 1793 herrschte, wieder zurückgekommen.

Inzwischen hatten sich innerhalb des Verwaltungsapparates mancherlei Veränderungen vollzogen. Schon am 7. Ventôse des Jahres II (25. Februar 1794) war der Name der Regie auf Antrag der Regisseure in »Agence nationale des poudres et salpêtres« umgewandelt worden. Diese eifrigen Republikaner nannten sich seitdem »Agents nationaux«, denn sie mochten es mit ihren revolutionären Anschauungen nicht mehr vereinbaren, dass sie durch ihren bisherigen Titel beständig an das »verhasste Königtum« erinnert wurden. Aber trotz alledem hatte die Agence nationale keinen langen Bestand: Am 1. Thermior (19. Juli 1794) hob sie der Konvent wieder auf und betraute den Wohlfahrtsausschuss mit der Neuorganisation des Pulver- und Salpeterwesens. Die Erledigung dieses Auftrages wurde an die Verteidigungskommission weitergegeben. Diese löste jedoch die Aufgabe nicht zur

1) Vgl. *Krünitz*, a. a. O., Bd. 131, S. 489.

2) *Bottée* et *Riffault*, a. a. O., p. 5.

Zufriedenheit des Konvents, was allerdings in Anbetracht der Unordnung und Verwirrung, welche jene Massenproduktion in das gesamte Salpeterwesen gebracht hatte, nicht zu verwundern war, weshalb man die Regelung jener wichtigen Angelegenheit nunmehr der »Finanzkommission« übertrug. Letztere legte im Thermidor des Jahres V dem »Rate der Fünfhundert« einen entsprechenden Entwurf vor, der am 13. Fructidor des Jahres V (30. August 1797) zum Gesetz erhoben wurde.

Im grossen und ganzen hatte man die Einrichtungen der ehemaligen Regie unter dem Namen einer »Administration des poudres et salpêtres« wieder eingeführt, doch waren an Stelle der drei Regisseure drei Generaladministratoren ernannt worden. Der provinziale Verwaltungsapparat bestand aus 3 Inspektoren, 24 Kommissaren I. Klasse, 12 Kommissaren II. Klasse, 8 Kommissar-Adjunkten und 2 Eleven. Die Generalaufsicht über die Administration führte anfangs der Finanzminister, seit 1800 (Arrêt vom 16. Februar) jedoch der Kriegsminister. Die 3 Administratoren, welche ihren ständigen Aufenthalt in Paris zu nehmen hatten, arbeiteten unmittelbar unter dem Minister [1]). Sie mussten seine Befehle an die einzelnen Verwaltungsorgane weitergeben und ihm sowohl monatlich als jährlich ausführliche Berichte und Abrechnungen vorlegen. Alle Beschlüsse in Fabrikations-, Verkaufs- und Ankaufsangelegenheiten mussten in ordentlichen »Generalversammlungen« gefasst werden, welche dreimal in der Dekade von dem jeweiligen Präsidenten (einem der Administratoren) einberufen wurden. Zur Erledigung der Protokoll- und Korrespondenzarbeiten nahmen ausserdem noch zwei Kommissare an den Sitzungen teil. Die Inspektoren empfingen vom jeweilig präsidierenden Administrator bestimmte Instruktionen, welche sie bei der Bereisung der Magazine, Raffinerien, Pulvermühlen, Salpeterhütten u. s. w. genau zu befolgen hatten. Bei ihren Revisionen mussten sie die Bücher der Kommissare und die Vorräte der Magazine prüfen; sie hatten sich über das Verhalten der Beamten und Arbeiter zu informieren, mussten eingerissene Uebelstände abstellen und Verbesserungen anordnen. Ueberhaupt waren sie verpflichtet, für eine gedeihliche Fortentwicklung der einzelnen Anlagen und Betriebe Sorge zu tragen und hatten von allem Bemerkenswerten, das sie bei ihren Inspektionen vorfanden, den Ad-

---

1) Ein Erlass vom 17. September 1797 betraute diesen auch mit der Ausstellung der Patente. (*Bottée* et *Riffault*, a. a. O., p. IX.)

ministratoren baldigst Bericht zu erstatten. Ausserdem fanden sie sich jährlich mindestens einmal in Paris zusammen, um mit den letzteren den Zustand des Pulver- und Salpeterwesens zu besprechen. Die Kommissare erster Klasse leiteten gewöhnlich eine Pulvermühle oder Salpeterraffinerie. Nicht selten war auch eine Nitrière, ein Einnahme- oder Verkaufsbureau mit der Beaufsichtigung einer Raffinerie verbunden, oder diese Anlagen bildeten ein besonderes Kommissariat für sich, welchem aber in dem Falle ein Kommissar zweiter Klasse vorstand. Die Kommissar-Adjunkten wurden in der Regel einem Kommissar erster Klasse zugeteilt, um diesen in der Leitung der ihm anvertrauten Betriebe zu unterstützen. Die Eleven endlich wurden nur aushilfsweise, und zwar hauptsächlich zur Bereicherung ihrer Kenntnisse beschäftigt: doch vertraten sie bisweilen auch die Kommissare in Krankheits- oder sonstigen Verhinderungsfallen.

Das untere Beamtenpersonal bestand aus Magazineinnehmern, die die Lieferungen von Rohsalpeter, Pottasche und anderen Materialien zu erledigen hatten, Magazinaufsehern, Verkäufern und Werkmeistern von Pulvermühlen, Raffinerien oder grösseren Salpeterplantagen. Die Anstellung dieser Beamten erfolgte nach Bedarf durch die Administratoren, welche auch die Höhe ihrer Gehälter bestimmten. Die nicht qualifizierten Arbeiter in den Pulvermühlen, Raffinerien und Magazinen wurden von den betreffenden Betriebsleitern angenommen und im Tagelohn beschäftigt.

Die Gehälter der höheren Beamten setzten sich zusammen aus jährlichem Fixum und Remisen[1]). Letztere waren so gehalten, dass ihr jährlicher Betrag demjenigen des Fixums ungefähr gleich kam. Man hatte sie eingeführt, um den Eifer der Beamten anzuspornen, die Fabrikation zu verbessern, die Ertragsfähigkeit der Betriebe zu erhöhen und die Unkosten im allgemeinen zu verringern. Daher standen sie im Verhältnis: 1) zur Menge des eingelieferten Rohsalpeters; 2) zur Menge der selbst erzeugten rohen und kalcimierten Pottasche und derjenigen, welche vom Auslande unter dem

1) Das Fixum betrug für jeden der Administratoren . . . . . . 6000 fr.
» » Inspektoren . . . . 3500 »
» » Kommissare I. Kl. . . . . . . 3000 »
» » Kommissare II. Kl. . . . . . . 2000 »
» » Kommissar-Adjunkten 1200
» » Eleven (die keine Remisen bezogen) 1200 »

Handelspreise angekauft worden war; 3) zur Menge des verkauften Pulvers; 4) zur Reduktion der Betriebskosten durch eventuelle Verbesserungen; 5) endlich zur Höhe des jährlichen Reingewinns, der in den Staatsschatz floss. Die Art und Weise der Verteilung dieser Summen wurde jährlich vom Finanzminister geregelt. Ausserdem verteilte man, wie früher üblich, in jedem Jahre ungefähr 12 000 fr. an Gratifikationen. Die Gehälter wurden jedoch nicht voll ausgezahlt, sondern sie erlitten noch einen kleinen Abzug von 4 centimes pro fr., welcher zur Bildung eines Pensionsfonds verwendet wurde.

Als Norm der Pension [1]) war die Durchschnittssumme desjenigen Gehaltes zu Grunde gelegt worden, welches der betreffende Beamte während der letzten drei Dienstjahre bezogen hatte. Wer 30 Jahre bei dem Pulver- und Salpeterwesen beschäftigt gewesen war, erhielt die erste Hälfte dieses Betrages als jährliche Pension und für jedes weitere Jahr $^1/_{20}$ der zweiten. Das Pensionsminimum betrug für jeden Beamten 400 fr., das Maximum war bei 3000 fr. im allgemeinen erreicht und stieg nur bei den Administratoren bis zur Höhe des dienstlichen Gehaltes. Die Witwen erhielten die Hälfte der zuletzt gezahlten vollen Pension; doch wurde ihnen der Gesamtbetrag für 30jährige Dienstzeit bewilligt, wenn Todesfall ihres Mannes durch Verunglückung im Berufe erfolgt war. Die Arbeiter in den Pulvermühlen, welche 30 Jahre gedient hatten oder durch Unglücksfall erwerbsunfähig geworden waren, empfingen die Hälfte ihres jährlichen Lohneinkommens als Pension; die Witwen derjenigen Arbeiter, welche infolge einer Explosion ums Leben gekommen waren, ein Drittel desselben.

Auch nach aussen waren die im Pulver- und Salpeterwesen beschäftigten Personen als im Staatsdienste Angestellte kenntlich [2]). Die Administratoren, Beamten und Arbeiter trugen im Dienste eine besondere Uniform, welche die Civil- und Militärbehörden offiziell anzuerkennen hatten und die ausser den Salpetersiedern und Salpeterplantagen-Unternehmern sonst niemand weiter anlegen durfte [3]).

---

1) Arrêté du 10 Prairial, an XI (30. Mai 1805), *Rondonneau*, Collection des lois françaises; T. 5, p. 389.

2) Arrêté du 25. Ventôse, an VI (15. März 1798), *Rondonneau*, »Collection générale des lois etc.« T. VI. II, p. 786. Ueber die spätere Uniform (seit 1818), welche dieser ähnlich war, vgl. *Duvergier*, a. a. O., T. XXI, p. 394 (Ordon. v. 15. Juli 1818; Titre X.).

3) Sie bestand aus einem Ueberrock, der aus blauem, d. h. in der Nationalfarbe

Das in Paris befindliche Zentralbureau wurde von vier Staatsauditeuren und einem Oberst der Artillerie geleitet, welcher zugleich als kaiserlicher Kommissar fungierte (die Angabe stammt aus dem Jahre 1812[1]). Es umfasste 3 Abteilungen: für die Korrespondenz, das Rechnungswesen und die Fonds. In der ersten und dritten arbeiteten ein Chef und ein Gehilfe, in der zweiten ein Chef nebst einem Gehilfen, zwei Protokollanten (Vérificateurs) und sieben Kanzlisten. Im Jahre 1811 verwaltete die Administration des Pulver- und Salpeterwesens in den einzelnen Departements nicht weniger als 43 Pulvermühlen, 16 Raffinerien, 9 eigene und zwar sehr grosse Salpeterpflanzungen, 36 Niederlagen und Magazine für den Empfang des eingelieferten Salpeters, und für den Pulver- und Salpeterverkauf. Der gesamte Apparat funktionierte so vorzüglich, dass Frankreich damals alljährlich, wie *Krünitz* berichtet[2]), in seinen Raffinerien gegen 14 Millionen Pfund gereinigten Salpeters und in seinen Pulvermühlen etwa 17 Millionen Pfund Pulver zu produzieren vermochte. »Auf diese Weise«, bemerkt ein damaliger Fachmann[3]), »hat Frankreich die Erzeugnisse der Natur und die Hilfsmittel, welche die Wissenschaften boten, auf eine kluge Art benutzt, um sich für immer den reichlichen Besitz eines Produktes zu sichern, ohne welche jede Nation nicht bloss dem Auslande zinsbar, sondern gewissermassen auch wehrlos ist«.

Der im vorhergehenden geschilderte Zustand innerhalb der Verwaltung und Organisation des französischen Pulver- und Salpeterwesens dauerte ungefähr bis gegen Ende des Jahres 1817,

---

gehaltenem Tuche, verfertigt war, nebst gleichfarbiger Weste und Hose. Der Rock hatte keine Aufschläge, sondern nur einen hohen, umgelegten Kragen. Er war von oben bis unten zugeknöpft und mit Taschen und einem Besatz in Gestalt von offenen Brustrispen versehen. Die Knöpfe hatten ein vergoldetes Blättchen, welches einen Blitzstrahl und die doppelte Inschrift »Republique française; poudres et salpêtres« zeigte. Die Magazineinnehmer, Werkmeister der Pulvermühlen und Raffinerien, Verkäufer, Magazinaufseher, sowie auch die Salpetersieder und Unternehmer trugen denselben Rock, aber ohne Stickerei und Tressen, die in den Pulvermühlen und Raffinerien beschäftigten Arbeiter dagegen nur eine Jacke, die aus dem nämlichen Tuche gearbeitet war.

1) Es ist dies die erste Angabe, die ich für die Einrichtung des Zentralbureaus nach dem Jahre 1797 habe finden können; sie stammt aus *Krünitz*, a. a. O., Bd. 131, S. 488.

2) *Krünitz*, a. a. O., Bd. 131, S. 488. Diese Angaben sind jedoch wahrscheinlich zu hoch gegriffen; vgl. *Baumstark*, Kameral. Encyklop. S. 676.

3) *Becker*. (Nach *Krünitz*, a. a. O., Bd. 131, S. 488 citiert.)

als man mit abermaligen Umgestaltungen, die in dem Gesetz vom 11. August 1819 ihren Abschluss fanden, begann. Der selbständige Charakter, welcher sich im Laufe der Zeit in diesem Verwaltungszweige herausgebildet hatte, erlitt damals eine erhebliche Einbusse insofern, als man ihn nunmehr wieder mit der Artillerieverwaltung verband. Die Aemter der Generaladministratoren und Inspektoren wurden aufgehoben, ihre bisherigen Inhaber pensioniert und die Oberleitung einem einzigen Beamten, dem »Generaldirektor« übertragen, welcher aus der Zahl der aktiven Generalleutnants der Artillerie durch königliche Ernennung hervorging. (Ordonnance vom 19. Nov. 1817[1]).

Die Ursache dieser Verwaltungsmassnahme war eine beabsichtigte Vereinfachung der Organisation durch Isolierung jener, in der Verwaltung des Pulver- und Salpeterwesens bisher vereinigten Funktionen. Derartige Anregungen waren schon seit einiger Zeit im Staatsrate erfolgt; sie bezweckten 1) die Absonderung des Pulverdebits von der Generaladministration und 2) die Aufhebung des Salpeterregals, welches ja infolge des Gesetzes vom 13. Fructidor des Jahres V innerhalb gewisser Grenzen noch fortbestand, sowie die Beseitigung des Monopols der Salpeterfabrikation und des Salpeterhandels. Der Administration sollte seitdem nur noch die Verwaltung der Pulverfabriken und Salpeterraffinerien nebst den königlichen Plantagen und einigen Magazinen oder Niederlagen zur Inempfangnahme des Rohsalpeters verbleiben.

Durch die Ordonnance vom 25. März des Jahres 1818 [2]) brachte man den ersten Teil dieses Planes zur Durchführung. Das Monopol des Pulverdebits wurde der Generaldirektion der indirekten Steuern übertragen, in deren Verwaltung zugleich auch die Pulvermagazine und deren Verkaufsstellen übergingen. Die bisherigen Magazineinnehmer, Verkäufer und Magazinaufseher traten teilweise mit, teilweise ohne Pension aus dem Staatsdienste, und ihre Stellen wurden durch Beamte der indirekten Steuern besetzt.

Kurze Zeit darauf wurde auch der andere Teil, und zwar durch die Gesetze vom 10. März und 11. August 1819[3]), verwirk-

1) *Rondonneau*, Collection générale depuis 1814—1819; T. 13, p. 315. Der erste Generaldirektor war Graf Ruty, Generalleutnant d. Artillerie.

2) *Rondonneau*, a. a. O., T. 16, p. 204.

3) *Duvergier*, a. a. O., T. 22, p. 96 u. p. 230.

licht, deren Inhalt wir im grossen und ganzen bereits früher kennen gelernt haben. Im Prinzip hatte man die Gewinnung und den Verkauf des Salpeters frei gegeben, den Salpetersiedern aber, welche auch fernerhin ihr Gewerbe im Dienste des Staates betrieben (salpêtriers commissionnés), insofern eine Vergünstigung gewährt, als man ihnen den unentgeltlichen Bezug des Bauschuttes zur Anlage von Plantagen nach wie vor beliess und die alleinige Ausübung ihres Gewerbes in einer Reihe von Departements, den »départements compris dans les circonscriptions des salpêtrières royales« gestattete. (Siehe Beilage XVI.)

In den übrigen Departements stand die Salpetergewinnung »gänzlich und ausschliesslich« dem privaten Gewerbefleisse frei, und niemand war daselbst zur unentgeltlichen Ueberlassung des Bauschuttes verpflichtet. Doch wurde auch hier die Verarbeitung dieser Materialien unter gewissen Bedingungen seitens der Regierung gestattet; d. h., wenn der betreffende Plantagen-Unternehmer einen Berechtigungsschein (licence) zu dem Zwecke erwirkt hatte, den jedermann zum Preise von 20 Fr. erhalten konnte. Diese privaten Salpeterproduzenten hiessen »fabricans par licence«; neben ihnen existierten noch die sogenannten »fabricans libres«, welche von jener Institution keinen Gebrauch machten, ihr Gewerbe also völlig frei betrieben.

Die Administration bewirtschaftete damals folgende Anlagen:

1. Pulverfabriken: in Toulouse, Bordeaux, Essonne, S.-Jean-d'Angely, Le Pont-de-Buis, Esquerdes, S.-Ponce, Metz, Vouges, S.-Chamas, Maronne.

2. Raffinerien: in Paris, Besançon, Marseille, Avignon, Lyon, Dijon, Lille, Nancy, Toulouse, Bordeaux[1]).

3. Raffinerien mit Pulverfabrikation verbunden: in Le Ripault und Colmar.

Diesen Veränderungen in der Organisation der Betriebsanlagen waren bereits entsprechende in der Verwaltung vorausgegangen. Sie waren durch die Ordonnance vom 15. Juli 1818 [2]) geregelt worden und blieben im grossen und ganzen [3]) bis zum

1) Häufig waren die einzelnen Raffinerien mit einer grösseren Plantage verbunden (z. B. Paris, Lille etc.) oder mit einem Magazin, »Entrepôt«, zur Inempfangnahme des von den Salpêtriers commissionnés oder den privaten Unternehmern eingelieferten Rohsalpeters.

2) *Rondonneau*, a. a. O., T. 16, p. 334.

3) Eine vorübergehende Aenderung brachte allerdings das Gesetz vom 23. Sept.

Ende des französischen Salpeterwesens bestehen. Die Verwaltung des Pulver- und Salpeterwesens in ihrer letzten Organisationsreform unterstand dem Kriegsminister, und die Oberleitung besass der Generaldirektor, ein aktiver Generalleutnant der Artillerie. Das Personal der »Administration des Poudres et Salpêtres« setzte sich zusammen aus Verwaltungsbeamten, Inspektoren, Bureaubeamten, Arbeitern verschiedener Berufe, die fest angestellt waren und schliesslich Salpêtriers commissionnés. Zu den eigentlichen Verwaltungsbeamten gehörten: der Generaldirektor nebst einem Kommissar I. Klasse als Beisitzenden, dann 21 Kommissare [1]), 2 Kommissaradjunkten, 2 Kommissar-Eleven und 3 Entrepôt-Verwalter. Jeder der Kommissare leitete einen Betrieb, der, seinem Umfange entsprechend, einer bestimmten Klasse zugeteilt war. Es bestanden 3 Kommissariate I. Klasse zu Le Ripault (Pulverfabrik verbunden mit Raffinerie), Essonne (Pulverfabrik) und Paris (Raffinerie); 13 Kommissariate II. Klasse zu Colmar (Pulverfabrik verbunden mit Raffinerie), Toulouse (für die Pulverfabrik allein), Bordeaux (für die Pulverfabrik allein), S.-Jean-d'Angely (Pulverfabrik), Le Pont-de-Buis (Pulverfabrik), Esquerdes (Pulverfabrik), S.-Ponce (Pulverfabrik), Metz (Pulverfabrik), Vouges (Pulverfabrik), S.-Chamas (Pulverfabrik), Maronne (Pulverfabrik), Besançon (Raffinerie), Marseille (Raffinerie); und 5 Kommissariate III. Klasse zu Avignon (Raffinerie), Lyon (Raffinerie), Dijon (Raffinerie), Lille (Raffinerie), Nancy (Raffinerie). Die beiden Kommissar-Adjunkten leiteten die Raffinerien zu Toulouse und Bordeaux. Die Eleven, welche als solche erst nach einem am Polytechnikum zu Paris bestandenen Examen angenommen wurden [2]), beschäftigte man nur aushilfsweise in einem der Kommissariate dritter Klasse. Die Inspektion der Anlagen war eine zeitweilige und eine ständige. Erstere geschah durch besondere Generalinspektoren, die in der Regel aktive Generalleutnants waren, und erstreckte sich über die Gesamtzahl der Betriebe. Die zweite erfolgte für jeden Betrieb besonders durch Offiziere des Artilleriestabes, und zwar hatte man zu Inspektoren der Kom-

1829. Aufgehoben durch Ordon. v. 26. Febr. 1839. (*Duvergier*, a. a. O., T. 29, p. 295, resp. T. 39, p. 23.)

1) Seit 1839 war die Anzahl der Kommissare unbestimmt; sie richtete sich ganz nach der Zahl der jeweilig im Betriebe befindlichen Pulverfabriken und Raffinerien.

2) Diese Bestimmung bestand schon seit 1815. (Dekret vom 1. V.; *Rondonneau*, a. a. O., T. 14, p. 70.)

missariate I. Klasse 3 höhere Offiziere und zu denjenigen II. und III. Klasse 18 Hauptleute bestellt. Als Bureaubeamte waren vorhanden: 1 Korrespondenzchef. 1 Rechnungschef, 1 Schatzmeister und eine Reihe von Subalternen, wie z. B. Bureauvorsteher, Kanzlisten, Expedienten, deren Zahl der Kriegsminister auf Antrag des Generaldirektors bestimmte. Der letztere normierte auch die Zahl der in den einzelnen Betrieben beschäftigten Arbeiter mit fester Anstellung (Werkmeister, Vorarbeiter etc.) und stellte die Patente für die Salpêtriers commissionnés aus.

Der »Administration des Poudres et Salpêtres« war ein besonderes »Comité« beigegeben, das sich mit Versuchen und Verbesserungen befasste, die das Pulver- und Salpeterwesen betrafen, sonst aber der Verwaltung desselben gänzlich fern stand. Die Resultate und Beschlüsse, welche man in den einzelnen Sitzungen des »Comité« fasste, wurden fixiert und bei grösserer Wichtigkeit dem Centralcomité der Artillerie zur weiteren Beratung übergeben. Das »Comité« selbst bestand aus dem Generaldirektor als Präsidenten, seinem Beisitzer, der die laufenden Arbeiten zu erledigen hatte, und einem Mitgliede der Akademie der Wissenschaften. Ausserdem fungierten noch als ständige Berater der Inspektor und Kommissar der Salpeterraffinerie zu Paris. Der erste Vertreter der Akademie der Wissenschaften, welcher dem »Comité« als Mitglied angehörte, war der berühmte Physiker Gay-Lussac.

Werfen wir zum Schluss noch einen kurzen Blick auf die Lage des französischen Salpeterwesens im 19. Jahrhundert. Die durch das Gesetz v. 8. Juni 1792 den Händlern und Fabrikanten gewährte freie Einfuhr fremden, besonders ostindischen Salpeters wurde im Jahre 1800 (Arrêté vom 16. II.) auf die Fabrikanten allein beschränkt; jedoch unter der ausdrücklichen Bedingung, dass sie denselben nur als Rohstoff (matière première), d. h. zur Salpetersäure- und Schwefelsäurefabrikation benutzten und ihn in bestimmten Häfen unter Aufsicht der Zollbeamten ausschifften. Dagegen stand es der Administration jederzeit frei, Salpeter und andere Materialien, die zur Pulverfabrikation dienten, zollfrei nach Bedarf einzufuhren. Wenn auch der Salpeterimport im Vergleich mit der heimischen Produktion anfangs nur gering war, so nahm er doch etwa seit dem Jahre 1814 derartig zu, dass er sich bereits 1817 auf rund 1 600 000 Pfund belief[1]). Als nach

1) *Karsten*, Archiv für Bergbau und Hüttenwesen; Bd. IV 1, S. 134. Seit dem

wenigen Jahren das Salpeterregal aufgehoben wurde, erwies sich die Errichtung eines ungewöhnlich hohen Zolles zum Schutze der inländischen Salpeter-Produzenten als eine billige Notwendigkeit [1]). In der Tat belegte das Gesetz vom 10. März 1819 jeden Quintal Salpeter, der mittels französischer Schiffe eingeführt worden war, mit einer Abgabe von 72,50 Fr. und den durch fremde Fahrzeuge importierten mit einer solchen von 78,50 Fr. Hierdurch wurde es der inländischen Salpeterproduktion ermöglicht, ihre Existenz auch fernerhin zu behaupten, zumal die Administration für das kg. Rohsalpeter (Reingehalt) 2 Fr. und ausserdem noch eine angemessene Transportvergütung, die sich nach der Kilometerzahl richtete, bewilligte. Aber das rapide Sinken der Preise für ostindischen Salpeter, von 35 sh. im Jahre 1819 auf etwa 23—25 sh. pro Zentner (cowt) seit 1824, brachten den Staat bald zur Erkenntnis, dass er zwar dank seiner heimischen Produktion alljährlich eine bedeutende Summe dem Lande erhielt, dass ihm jedoch sein jährlicher Salpeter-Konsum in Wirklichkeit ausserordentlich teuer zu stehen kam. Die Reaktion gegen das Gesetz von 1819 trat bald ein. Zunächst wurde der Preis für inländisches Fabrikat auf 1,80 Fr. pro kg herabgesetzt und kurze Zeit darauf (Gesetz vom 13. Dez. 1829 und 13. Mai 1831) auch der Schutzzoll um 20 Fr. pro Quintal ermässigt. Diese beiden Bestimmungen bildeten sozusagen die unterste Grenze, welche bei Gefahr der Vernichtung der heimischen Produktion nicht überschritten werden durfte. Als daher im folgenden Jahre ein neuer Antrag auf Reduktion des Schutzzolles bis zu 45 Fr. in der Kammer gestellt wurde, erhob sich die heftigste Opposition [2]). Man wies nicht umsonst darauf hin, dass selbst die beiden berühmtesten Vertreter des Freihandels, A. Smith [3]) und J. B. Say [4]), die Errichtung eines entsprechenden Schutzzolles auf solche Gegenstände, welche gewisse inländische Industriezweige für die Verteidigung des Landes

Anfange des 19. Jahrhunderts hatte der Export ostindischen Salpeters nach Europa ausserordentlich zugenommen. Schon um 1805 exportierte die englische, holländische und dänische Kompagnie etwa $^1/_2$ Millionen Zentner. (*Le Goux de Flaix*, a. a. O., Bd. I, S. 385.)

1) Andererseits waren auf den Export von Schwefel- und Salpetersäure entsprechende Prämien gesetzt worden.

2) Hierdurch entstand die öfters citierte »Mémoire sur la nécessité« etc. 1833; a. a. O.

3) Wealth of Nations, B. III, chap. 2.

4) Traité d' économie politique, T. I, p. 266.

erzeugten, ausdrücklich befürwortet hätten, und dass man gegebenen Falls die französischen Produzenten nicht ohne angemessene Entschädigung der Konkurrenz des Auslandes preisgeben dürfe. Diese Ausgabe würde aber zum mindesten eine Verdreifachung erfahren durch die Zinsen desjenigen Kapitals, welches zur Beschaffung eines grösseren und ständig zu haltenden Salpetervorrats, unbeschadet des jährlichen Konsums, erforderlich wäre; eine Notwendigkeit, welche bei einer heimischen Produktion nicht berücksichtigt zu werden brauchte.

Schliesslich liess man es bei dem alten Schutzzolle bewenden, setzte aber den offiziellen Preis für inländisches Fabrikat im Jahre 1836[1]) auf 1,10 Fr. pro kg herab. Bei einem derartigen Stande konnten sich unter den damaligen Produktionsverhältnissen natürlich die kleineren Plantagenbesitzer nicht mehr halten. Allmählich folgten auch die grösseren, so dass die Raffinerien der Administration seit den 40er Jahren zum weitaus grössten Teile fremden Salpeter verarbeiteten. Hierdurch schied die Salpeterfabrikation nach und nach von selbst aus der bisherigen Verwaltung aus, während die Pulverfabrikation als staatliches Monopol fortbestand. Noch heute ist in Frankreich die Fabrikation des Pulvers dem Kriegsministerium, der Verkauf dem Finanzministerium unterstellt [2]).

2. Preussen,

beziehentlich der ehemalige brandenburgische Territorialstaat, begann in der zweiten Hälfte des 15. Jahrhunderts, das Schiesspulver zu Kriegszwecken allgemein einzuführen. Nach einem »Anschlage« vom Jahre 1479 sollte jede der 3 Hauptstädte einen besonderen Büchsenmeister halten, der für die Bereitung der erforderlichen Munitionsartikel zu sorgen hatte. Einige Jahre später wurde auch den kleineren Städten, welche damals in Festungen umgewandelt wurden, befohlen, Büchsenmeister in ihre Dienste zu nehmen [3]). Der Kurfürst selbst besoldete einen eigenen Büchsenmeister, der für die Instandhaltung der Pulvermühle, der Geschütze und des Büchsenhauses zu sorgen und seinem Herrn das nötige Schiesspulver zu bereiten hatte. Daneben war ihm gestattet, auch für

1) Gesetz vom 24. Nov. *Duvergier*, a. a. O., Jahrgang 1836.
2) *M. v. Heckels* Art. »Pulver« im Handwb. d. Staatsw. II. Aufl. Bd. VI, S. 276.
3) *C. Bornhak*, Gesch. d. Preuss. Verwaltungsrechtes, 1884. T. I, S. 178.

Private, soweit hierdurch nicht der kurfürstliche Dienst geschädigt wurde, Pulver zu fabrizieren.

Wie überall, so wurde auch in Brandenburg in jener Zeit der ersten landesherrlichen Pulverbereitung der hierzu erforderliche Salpeter von auswärts bezogen. Noch im Jahre 1518 war der Markgraf Joachim I. gezwungen, Salpeter vom »Auslande« anzukaufen, weshalb er sich an einen Pulvermacher zu Magdeburg wandte, damit dieser für ihn 16 500 Pfund Salpeter zum Preise von 9 Gulden pro Zentner (110 Pfund) erstand[1]). Aber allmählich entwickelte sich die heimische Salpeterproduktion derartig, dass die Zahl der Salpeterhütten schon im Jahre 1571 nicht weniger als 10 betrug. Es befanden sich damals Hütten zu Freienwalde, Königsberg, Löbus, Lynow, Tangermünde, Berlinchen, Morin, Soldin, Schönfliess und Dramburg; später kamen noch Wusterhausen (1575), Ruppin (1578) und Beerwalde (1590) hinzu. Obgleich die meisten der Hütten erst seit den 60er Jahren betrieben wurden, bezifferte sich ihre Produktion doch in der Zeit von 1556—1571 bereits auf rund 2100 Ztr. Der gewonnene Salpeter wurde in geläutertem Zustande nach Kölln geschafft, woselbst man ihn in zwei Pulvermühlen verarbeitete. Die Bezahlung des eingebrachten Fabrikats empfingen die Salpetersieder in der kurfürstlichen Hofrentei[2]).

Zur Erleichterung ihres Gewerbes, vor allem aber um die Produktivität des Salpeterwesens zu steigern, war den Salpetersiedern das Sammeln der salpeterhaltigen Rohstoffe nicht bloss bei den Bürgern und Bauern, sondern auch bei der Geistlichkeit und dem Adel gestattet worden. Anscheinend wurde von diesem Rechte auch reichlich Gebrauch gemacht, denn in den 70er Jahren liefen Klageschriften sowohl seitens der Sieder, die sich über erlittene Misshandlungen bei der Ausübung ihres Berufes beschwerten, als auch von den Untertanen, die sich ihrerseits wieder über erlittene Belästigungen beklagten, beständig ein[3]).

Obgleich sich der Kurfürst in den Salpetersiederpatenten die ausschliessliche Ablieferung des gewonnenen Produktes an sein »Hoflager« ausbedungen und überhaupt strenge Massnahmen gegen den Salpeterverkauf, besonders gegen dessen Ausfuhr getroffen

1) Die meisten Angaben, welche das 16. Jahrhundert betreffen, sind den Akten des Geh. Staatsarchivs zu Berlin entnommen.

2) *C. Bornhak*, a. a. O., T. I, S. 214.

3) 1578 reichten nicht weniger als 8 Städte Klageschriften ein.

hatte, so kam es doch nicht selten vor, dass der Salpeter an die Havel-Elbe- und Oderschiffer verhandelt, und von diesen nach Frankfurt, Magdeburg, Hamburg und selbst »zu den Türken« gebracht wurde. Diesen Uebelständen, welche sich im Laufe der Zeit im Salpeterwesen seines Landes herausgebildet hatten, suchte der Kurfürst Johann Georg dadurch ein Ende zu bereiten, dass er im Jahre 1583 durch das »Edikt« vom Montag nach Reminiscere (25. Februar) die Bereitung von Salpeter und Schiesspulver nebst dem Handel derselben monopolisierte und zum landesherrlichen Regal erhob. Seitdem wurde jeder Transport von Pulver oder Salpeter, der im Inlande an Private oder nach dem Auslande verkauft werden sollte, von den Landbereitern oder Zollbeamten »samt Schiff, Ross und Wagen« konfisziert. Um aber hierdurch den »inneren Konsum« von Pulver nicht zu erschweren, errichtete man eine ganze Reihe von Verkaufsstellen, wo ein jeder seinen »persönlichen Bedarf« decken konnte. Der im Kurfürstentume gewonnene Salpeter musste in die beiden Zeughäuser zu Spandau und Küstrin abgeliefert werden, und zwar brachten die Salpetersieder der Alt-, Mittel- und Uckermark, der Priegnitz, sowie »im Lande zu Stolp, Ruppin, Beskow und Storkow« ihr Fabrikat nach jener, diejenigen der Neumark und in »den übrigen zugehörigen Ländern« nach dieser Stadt.

Obwohl es unverkennbar war, dass sich der Kurfürst um die Hebung des Salpeterwesens seines Landes ausserordentlich bemühte, so scheiterten doch alle Erfolge immer wieder an dem hartnäckigen Widerstande, welchen die Bevölkerung dem neuen Gewerbe allgemein entgegensetzte. Drohungen und selbst harte Strafen fruchteten nur wenig und hatten höchstens den Erfolg, dass man den Arbeiten der Sieder durch heimliche Vernichtung des Salpeterwachstums, durch Abschwemmen und Pflastern der Ställe und Scheunen etc. nur noch mehr zu entgehen suchte. Vor allem war es der Adel, welcher das Salpeterregal als eine Beeinträchtigung seiner Selbständigkeit empfand und alles aufbot, um sich von dieser lästigen Fessel zu befreien. Tatsächlich glückte ihm dies auch im Jahre 1611, als Johann Sigismund im Landtags-Abschied vom 11. Juni (Art. 27) ausdrücklich bestimmte: » . . . wollen Wir auch den Salpetersiedern einbinden lassen, dass sie sich in suchung des Salpeters der vorigen Mandaten verhalten, und der Edelleute, Rittersitze und Höffe, auch Scheunen,

Meyereien und Schäfereyen gentzlich verschonen.« Allein, bald wurde mit dieser speziellen Vergünstigung der grösste Missbrauch getrieben, denn der Adel nahm sie nicht nur für sich selbst, sondern auch für seine Hörigen und Leibeigenen in Anspruch. Es dauerte nicht lange, so befand sich das brandenburgische Salpeterwesen im traurigsten Zustande, und die kurfürstlichen »Salpeteredikte« wurden kaum noch beachtet. Die Lieferungen der Salpetersieder wurden allmählich immer spärlicher, oft blieben sie überhaupt aus. Stadt- und Dorfgemeinden gruben auf eigene Faust die salpeterhaltige Erde und verkauften das gewonnene Fabrikat nach dem Auslande. Vergeblich suchte der Nachfolger Johann Sigismunds den Zerfall des Salpeterwesens durch das Gesetz vom 15. August 1621 aufzuhalten, indem er die alten »Edikte« in ihrer vollen Strenge erneuerte und das Privileg des Adels und der Geistlichkeit (denn auch diese war allmählich in den Genuss desselben gelangt) aufhob. Aber alle Bemühungen waren erfolglos, und der dreissigjährige Krieg schien die Vernichtung des erst im Entstehen begriffenen Produktionszweiges vollenden zu wollen. Wie es damals im Kurfürstentum aussah, geht aus einem Briefe hervor, den der Rat zu Berlin im Jahre 1640 an den Kurprinzen richtete [1]: »Freund und Feind«, heisst es da, »hätten das Land zur Wüste gemacht, Ackerbau könne gar nicht mehr getrieben werden, alle Geschäfte und Nahrung hätten aufgehört, Städte und Dörfer ständen wüst. Auf viele Meilen weit fände man weder Menschen noch Vieh, weder Hund noch Katze.« Bei einem derartigen Zustande des Landes war natürlich vor der Hand an eine Neubelebung des heimischen Salpeterwesens nicht zu denken.

Durch den dreissigjährigen Krieg fand die erste Entwicklungsperiode des brandenburgisch-preussischen Salpeterwesens einen frühzeitigen Abschluss. Auch unter dem Grossen Kurfürsten vermochte es sich kaum wieder zu erheben, und erst in den letzten Jahren seiner Regierung trat in dieser Beziehung ein Umschwung ein. In dem ehemaligen Herzogtume Magdeburg [2]) und dem Fürstentume Halberstadt bestanden schon seit längerer Zeit mehrere Salpeterhütten, die sich noch in verhältnismässig gutem Zustande befanden. Als daher im Jahre 1680 die beiden Länder definitiv

---

1) *E. Berner*, Gesch. d. Preuss. Staates 1896; II. Aufl. S. 124.

2) Hierzu muss auch die ehemalige Grafschaft Mansfeld gerechnet werden, die damals unter magdeburgischer Hoheit stand, definitiv aber an Preussen erst 1716 kam.

mit Brandenburg vereinigt wurden, war es ein glücklicher Gedanke, gerade diesen Gegenden als Standort einer neu anzulegenden, landesherrlichen Salpeterwirtschaft den Vorzug zu geben, dagegen die Bemühungen, das Salpeterwesen in die alten Marken wieder einzuführen, endgultig fallen zu lassen.

Im Jahre 1685 begann man mit der Realisierung dieses Planes. Das Gesetz vom 11. Juni führte das Salpeterregal in dem Umfange, wie es in den alten brandenburgischen Provinzen einst bestanden hatte, wieder ein und übertrug die Leitung (Direktion) des Salpeterwesens dem Kriegsrat, Generalmajor und Gouverneur von Magdeburg, Ernst Gottlieb v. Börstell. Hierdurch wurde, im Gegensatz zu früher, eine besondere Behörde für die Verwaltung des Salpeterwesens geschaffen. Die bereits vorhandenen Salpetersieder wurden von dem »Direktor« vereidigt und mit neu angestellten in die Dienste des Landesherrn genommen. Man gab ihnen die Berechtigung, bei allen Untertanen, selbst in den Aemtern und Klöstern, jedoch mit Ausnahme der Prälaten-Wohnhäuser, der Adelshauser und Rittersitze, nach Salpeter zu graben. Das gewonnene Fabrikat wurde in die Magazine zu Magdeburg und Halle eingeliefert, woselbst auch die Apotheker und Krämer ihren Bedarf an Salpeter decken konnten. Den Untertanen war es strengstens untersagt, innerhalb oder ausserhalb des Kurfürstentums mit Salpeter Handel zu treiben, und selbst Ausländern wurde die Durchfuhr dieser Ware nur auf Grund eines besonderen Passes erlaubt. Um dem Einschwärzen tatkräftig entgegenzutreten, versprach man den Zollwächtern, welche einen unerlaubten Salpetertransport aufhoben, ein Drittel seines Wertes zur Belohnung.

Anfangs machte die Entwicklung des Salpeterwesens nur geringe Fortschritte. Auch hier scheiterten alle Bemühungen grösstenteils an dem Widerstande, den die Untertanen den Salpetersiedern gegenüber bekundeten. Man verjagte sie von ihren Grabarbeiten, beschimpfte sie und bewarf sie mit Steinen. Man weigerte sich, ihnen Holz zu verkaufen, schüttete die Asche und Grude in die Teiche[1]) oder düngte damit die Aecker. Beschwerden, welche die Salpetersieder bei den Gerichtsobrigkeiten

1) Dies scheint jedoch weniger aus Böswilligkeit, als mehr aus alter Gewohnheit geschehen zu sein. Noch heute kann man in diesen Gegenden oft beobachten, dass die Landbewohner, um sich von der lästigen Asche zu befreien, diese in die Teiche oder Bäche werfen. (Feuersgefahr.)

führten, blieben meist erfolglos. Aber auch die Salpetersieder liessen sich manch grobes Vergehen zuschulden kommen. Sie missbrauchten ihre Befugnisse, und obwohl sie eidlich verpflichtet waren, den Salpeter ausschliesslich für den Kurfürsten zu produzieren, verkauften sie ihn doch häufig an Private.

Mit diesen Uebelständen suchte das Salpeteredikt vom 13. Mai 1687 und im Anschluss daran auch das vom 5. Mai 1691 aufzuräumen. Man ermahnte die Untertanen, Grude und Asche nicht mehr zu vernichten, sondern künftig auf einen mit Pfählen abgegrenzten Fleck vor dem Dorfe aufzuhäufen. Diese Flecken mussten die Gemeinden später mit einer Wällerwand von 8 Fuss Höhe umgeben, und diese die Salpetersieder in gutem Stande erhalten [1]). Bisweilen versah man die Einfriedigung auch mit einem Dache, und es entstanden auf diese Weise die sogenannten Grudenhäuser, welche in der Mitte des 18. Jahrhunderts fast vor allen Städten und Dörfern der Magdeburgisch-Halberstädtisch-Mansfeldschen Gegend zu finden waren. Die Anlage derselben wurde in den späteren Salpetergesetzen genau normiert: Man errichtete sie aus Wällerwänden von 16 Fuss im Quadrat, 8 Fuss Höhe und 2 Fuss Dicke und bedeckte sie mit einem Stroh- oder Schilfdache [2]). Der Schlüssel des Grudenhauses wurde vom Schulzen, Bauermeister, bisweilen auch von einem Geschworenen oder Viertelsmeister verwahrt, welche an jedem Sonnabend die Tür des Häuschens zu öffnen und dafür zu sorgen hatten, dass die Holz- und Strohasche, der »Kaff vom Rübensamen«, der Bauschutt u. s. w. von den Einwohnern regelmässig eingebracht wurde. Gewöhnlich geschah dies zwischen 2 und 5 Uhr nachmittags unter Aufsicht des Stadt- oder Gemeindedieners, eines Landknechtes oder Vogtes. Auch die Seifensieder mussten auf besonderen Wunsch der Salpetersieder ihre Rückstände und ausgelaugte Asche regelmässig in die Grudenhäuser schaffen. In der Tat erwiesen sich diese Häuser ausserordentlich nützlich. Sie erleichterten den Salpetersiedern nicht nur den Bezug von kalihaltigen Stoffen, sondern bewirkten auch eine grössere Sauberkeit der Höfe und Gärten, der Teiche und Gewässer, und verminderten, da sie mindestens 100 Schritte vor der Ortschaft liegen mussten, die Feuersgefahr, welche häufig durch unacht-

1) Salpeteredikt v. 12. März 1723.
2) Salpeteredikt v. 1. März 1767. Allgem. Best.

sames Wegwerfen der noch glimmenden Asche entstand.

An dieser Stelle wollen wir noch einer anderen Einrichtung gedenken, welche der staatlichen Initiative zu verdanken war und sich allmählich zu einer der hauptsächlichsten Stützen des preussischen Salpeterwesens herausgebildet hatte. Dies waren die oft schon genannten Wällerwände, welche sowohl zu Einfriedigungszwecken, als auch zur Salpetererzeugung dienten. Bereits im Jahre 1719 [1]) hatte man den Untertanen die Errichtung von Lehm- oder Wällerwänden statt der Zäune, Planken und Hecken, mit denen bisher vorwiegend Höfe und Gärten umgeben wurden, anempfohlen. Da sich jedoch anfangs niemand hieran kehren mochte, so wurde durch das Gesetz vom 30. März 1729 die allgemeine Einführung solcher Wände nachdrücklichst befohlen. Als Baumaterial sollte man weder »Ton noch Kalk, weder Steine noch Knochen«, sondern fettes Erdreich, das mit zerhacktem Stroh durchwällert und mit Mistjauche angefeuchtet worden war, verwenden [2]). Eine solche Wand war gewöhnlich 5—6 Fuss hoch, 2 Fuss breit und häufig auch mit einem Schilf- oder Strohdache bedeckt. In der Regel wurde beim Bau der Wände der Salpetersieder, zu dessen Grabstatt die Gemeinde gehörte, hinzugezogen, damit die Anlegung nach der offiziellen Vorschrift erfolgte. Eine solche hatte man aus dem Grunde jeder Gemeinde bekannt gegeben, weil die zuerst angelegten Wände meistens eine kärgliche Ausbeute lieferten. Man beging nämlich anfangs den Fehler, bloss trockene Erde als Baumaterial zu benutzen und diese zwischen Brettern emporzustampfen. Um diesem Vorgehen wirksam entgegenzutreten, wurde nach dem »Salpeteredikt« vom 17. Mai 1735 fur jeden Fuss unvorschriftsmässig errichteter Wällerwand eine Strafe von 12 gr. angeordnet.

Von der Verpflichtung, Wällerwände zu Einfriedigungszwecken anzulegen, war in der Regel kein Grundbesitzer befreit, mochte er in der Stadt oder auf dem Lande wohnen, mochte er dem Adel oder der Geistlichkeit angehören. Selbst die »königlichen Aemter« waren hiervon nicht ausgenommen und gingen auch meist mit gutem Beispiele voran. Derjenige Besitzer, welcher nach dem Jahre 1729 seinen Garten oder Hof mit Hecken, Zäunen oder mit Steinmauern umgeben hatte, musste diese binnen $^1/_2$ Jahr ent-

1) Gesetz vom 8. September 1719.

2) Bestimmungen über den Wällerwandbau enthalten die Gesetze vom 30. Marz 1729, vom 17. Mai 1735, und vom 1. März 1767.

fernen und statt ihrer Wällerwände aufführen, widrigenfalls er pro Rute 10 Rtlr. Strafe zahlte [1]). Doch wurde die Errichtung von Steinmauern ausnahmsweise, d. h. in solchen Fällen gestattet, wo die Möglichkeit einer regelmässigen Ueberschwemmung vorlag. Ausserdem brauchten die in dem 3. Holzkreise ansässigen Grundbesitzer (Kreis Jerichow und Ziesar), keine Wällerwände zu errichten, weil sich hier die Baumaterialien als ungeeignet erwiesen hatten. Im Jahre 1747 war die Rutenzahl der vorhandenen Wände eine recht stattliche, sie belief sich auf nahezu 90000. Hiervon kamen auf die Dorfgemeinden allein 70136, auf die Städte 12060, die adeligen Güter 6800 und die königlichen Aemter 740 [2]).

Den Untertanen gereichte jedoch diese Einrichtung vielfach zum Schaden. Allerdings geschah dies weniger durch die Errichtung der Wällerwände selbst, als vielmehr infolge ihrer Bewirtschaftung, welche besonders auf den Bauernhöfen drückend empfunden wurde, denn hier lagen die Salpetersieder dem Besitzer fast das ganze Jahr über zur Last. Es war daher für den letzteren eine grosse Erleichterung, als man später die einzelnen Gemeinden vor willkurlichen Eingriffen dadurch zu schützen suchte, dass man ihnen gestattete, eine dem Einfriedigungskreis entsprechende Rutenzahl von Wällerwänden an einem solchen Flecken zu errichten, wo ihre Bewirtschaftung, ohne Belästigungen zu verursachen, von dem betreffenden Salpetersieder vorgenommen werden konnte. Der bekannte Staatswirt des 18. Jahrhunderts, *v. Justi,* scheint zuerst auf die Vorteile dieser Aenderung aufmerksam gemacht zu haben. »Da der Salpeter«, schreibt er [3]), »eine Hauptmaterie des Pulvers, zu dem heutigen Kriegswesen unentbehrlich ist, und mithin die Unterthanen zur Bestreitung des Aufwandes bey dem Militär-Etat desto mehr Abgaben entrichten müssen, so ist es allerdings rathsam, dass nicht allein der Regent sich des Vorkaufsrechts des Salpeters in seinem Lande bedient, sondern auch allerley Anstalten macht, solchen mit möglichster Ersparung der Kosten und in genügsamer Menge zu gewinnen .... man kann gar leicht genugsame Anstalten machen, den Salpeter genugsam zu gewinnen, ohne dass man nötig hat, den Unterthanen die Wände einhacken zu lassen; und es ist eher rathsam, dass man

1) Arme Untertanen brauchten nur wenige Ruten im Jahre aufzuführen.

2) Vgl. die ausführliche Statistik in Beilage XVII.

3) *v. Justi,* Staatswirtschaft, 1758, Teil II, S. 273.

von den Unterthanen nach einer besondern Anweisung und Vermischung gewisse Wände darzu setzen lässt, als dass sie alle 5—6 Jahre neue Wände um ihre Höfe und Gärten führen müssen, wenn die Salpetersieder ihre alten Wände einscharren«.

Kehren wir nunmehr zu unseren früheren Betrachtungen zurück und erinnern wir uns, dass wir zuletzt das »Salpeteredikt« vom 5. Mai 1691 erwähnten, welches die im Salpeterwesen zu Tage tretenden Uebelstände abzustellen suchte [1]). Leider fruchtete auch dieses Gesetz nur wenig, und die darauf, am 24. Februar 1703 und 8. März 1710, erlassenen teilten das nämliche Schicksal. Ueberhaupt hatte das preussische Salpeterwesen unter der Regierung Friedrich's I. kaum nennenswerte Fortschritte gemacht. Dieser Umstand bewirkte denn auch eine grosse Leere in den Pulvermagazinen und Zeughäusern des Königreichs, die infolge der herrschenden Geldnot und der drohenden Kriegsgefahr um so fataler hervortrat.

Noch in den letzten Tagen seiner Regierung hatte Friedrich I. auf dem Gebiete der Verwaltung des Salpeterwesens eine wichtige Neuerung durch die Einführung des »Verpachtungssystems« getroffen. Am 12. Dezember 1712 wurden die königlichen Salpeterhütten auf 6 Jahre dem Kommerzienrat Guischard verpachtet, der einem besonderen »Salpeter-Direktorium«, bestehend aus dem Oberstleutnant der Artillerie Bredauen und dem Rat Jagwitz, unterstellt war. Friedrich Wilhelm I. liess zwar zu Anfang seiner Regierung diese Einrichtung unverändert, als aber die Pachtzeit im Jahre 1719 abgelaufen war, setzte er eine »Administration des Salpeterwesens« ein und ernannte zwei Kapitäne der Artillerie zu Direktoren derselben. — Bekanntlich war es eine Eigentümlichkeit dieses Königs, der sich selbst mit den Einzelheiten der Verwaltung aufs eingehendste befasste, fast alle Zweige derselben seinen Offizieren anzuvertrauen. — Diese Institution blieb während der Dauer seiner Regierung bestehen und erlitt erst im Jahre 1746 durch die Wiedereinführung des »Verpachtungssystemes« eine abermalige Aenderung [2]).

1) Im Jahre 1691 erfolgte zugleich ein Wechsel in der Person des Direktors des Salpeterwesens. Das Amt erhielt damals der Rat und Kriegskommissar Johann Steinhäuser zu Magdeburg.

2) Das preussische Verpachtungssystem unterscheidet sich von dem französischen in der Hauptsache dadurch, dass es nur eine teilweise Verpachtung, d. h. nur eine Verpachtung der staatlichen (konigl.) Hütten war, wogegen in Frankreich das gesamte Salpeterwesen verpachtet wurde.

Das Verwaltungstalent Friedrich Wilhelms I. wies auch dem Salpeterwesen seines Landes neue Bahnen. Mit grösster Strenge setzte er es durch, dass bei allen Untertanen, »ohne Ansehen von Stand oder Geburt« (Edikt vom 20. Juni 1716) die salpeterhaltigen Stoffe gesammelt wurden. Wer sich den Arbeiten der Salpetersieder widersetzte, sollte nicht mehr mit »Contraventionen« belegt, sondern »in jedem Falle vielmehr bestraffet« werden. Man veranlasste die Eigentümer, die ihnen gehörenden Salpeterhütten in gutem Stande zu erhalten und scheute bei Zuwiderhandlungen selbst keine Zwangsmassregeln. Die Zahl der vorhandenen Salpetersieder suchte man durch allerlei Vergünstigungen, die ihnen speziell gewährt wurden, zu erhöhen. Zugleich begann man damals auch mit der allgemeinen Einführung der Grudenhäuser und Wällerwände und errichtete für die Sieder der Halberstädter Gegend, um sie mit zeitraubenden Transporten zu verschonen, ein neues Magazin zu Halberstadt. Unerlaubten Salpeterverkäufen, welche sich die Salpetersieder zuschulden kommen liessen, trat man dadurch wirksam entgegen, dass man die ungetreuen Sieder unnachsichtlich mit Gefängnis oder Festungsbau, die Käufer aber mit 200 Tlr.[1]) bestrafte. Diese vielfachen Massnahmen im Verein mit jener Energie, welche diesem Könige eigentümlich war, blieben nicht erfolglos. Bereits im Jahre 1723 hatte das Salpeterwesen in der Magdeburg-Halberstädtischen Gegend solche Fortschritte gemacht, »dass man nunmehr daran denken konnte«, wie das Salpeteredikt vom 12. März 1723 bemerkt, »in der Neu- und Altmark sowie in den übrigen Provinzen Salpeterhütten anzulegen«. Doch liess die Durchführung dieses Planes allerdings noch lange Zeit auf sich warten.

Seitdem nahm die Entwicklung des preussischen Salpeterwesens einen gedeihlichen Verlauf. Zwar machte sich in manchen Jahren dieser oder jener Uebelstand noch bemerkbar, aber rechtzeitig erlassene Salpetergesetze, welche häufig die Form von sogenannten »Generaledikten« besassen, d. h. zugleich eine Zusammenfassung der wichtigeren, bereits bestehenden Bestimmungen enthielten, schafften bald Abhilfe. So bezweckte zum Beispiel das Generalgesetz vom 30. März 1729 ausser der obligatorischen Einführung der Wällerwände in der Hauptsache eine Regelung des Prozessverfahrens bei Uebertretungen der »Salpeteredikte«, welche

1) Da eine so hohe Summe gewöhnlich kaum eingetrieben werden konnte, normierte das »Edikt« v. 10. Juli 1782 die Kontravention auf 1 Tlr. pro Pfund.

sich die Untertanen im allgemeinen, die Salpetersieder im besonderen zu schulden kommen liessen. Danach hatten die ordentlichen Gerichtsbehörden, sobald ein Untertan bei der Administration angezeigt worden war, diesen auf Grund der »Spezialverordnung« vom 26. Sept. 1727 ohne Unterschied der Person vorzuladen, den Tatbestand zu Protokoll zu nehmen und die Verteidigung des Angeklagten »kürzlich zu hören«, worauf die Akten an die ständige Deputation des Magdeburgisch-Halberstädtischen Kammerkollegs geschickt werden sollten. Diese hatte in Gemeinschaft mit dem Administrator, der in Salpetersachen »ad sessionem et votum admittiert« war, einen »Beschluss« zu fassen und denselben nebst einem »Aktenmässigen Bericht« zur Entscheidung des Königs einzusenden, »worauf derselbe nach Beschaffenheit Resolution ertheilte, auch die Strafe determinierte, welche nach Abzug des Denuncianten-Anteils und der Quartae Fiscalis bey der Salpeter-Casse richtig berechnet und durch der Deputation Attest justifiziert wurde«. Wenn zwischen Deputation und Administrator Meinungsverschiedenheit herrschte, so hatte jene der General- Oberfinanz- Kriegs- und Domänen-Direktion, dieser dem Generalmajor und Kommandeur der Artillerie, welcher die Oberaufsicht über das gesamte Pulver- und Salpeterwesen führte, ausführlichen Bericht uber die betreffende Angelegenheit zu erstatten. Diese beiden Verwaltungsorgane mussten jedes für sich den Fall untersuchen und den gefassten »Beschluss« der Genehmigung des Königs unterbreiten. Um der Autorität der Administration und der Deputation grösseren Nachdruck zu verleihen, stand ihnen bei etwaigen Zuwiderhandlungen ihrer getroffenen »Beschlüsse« auf Wunsch militärische Hilfe zur Verfugung.

Im Jahre 1735 (G. vom 17. Mai) wurde die Kriegs- und Domänenkammer zu Magdeburg mit der Verwaltung des Salpeterwesens betraut und eines ihrer Mitglieder, der geheime Kriegs- und Domänenrat v. Krug, zum Administrator bestellt. Einen besonderen, der Administration zugehörigen Aufsichtsapparat gab es damals noch nicht. Der Umfang des preussischen Salpeterwesens, das sich ja nur über die Gebiete links der Elbe erstreckte, war noch so klein, dass die »Obrigkeiten« (Steuerbehörden etc.) und Landräte bei ihren Visitationen jene Funktion mit übernehmen konnten.

Eine Aenderung dieses Zustandes erfolgte erst unter Friedrich dem Grossen. Wie wir bereits sahen, hatte dieser durch das »Salpeteredikt« vom 10. März 1746 das »Verpachtungssystem« wieder eingeführt. Das gesamte Salpeterwesen unterstand damals dem Militärdepartement des General- Oberfinanz- Kriegs- und Domänendirektoriums, speziell den beiden Kriegs- und Domänenkammern zu Magdeburg und Halberstadt. Die Oberaufsicht führte eine ständige Deputation, welche aus den höheren Beamten der beiden Kammern gewählt wurde, während die eigentliche Leitung des Salpeterwesens der »Salpeterkommission« anvertraut worden war. Dieselbe bestand aus einem Direktor, welcher zugleich Pächter der Salpeterhütten war, einem Justitiar, einem Hütteninspektor, einem Rendanten nebst Aktuar und 2 Hüttenbereitern zu Magdeburg und Rothenburg a./S. Die letzteren verwalteten zugleich die sich daselbst befindlichen Salpetermagazine [1]). Ausserdem war noch eine Anzahl von »Spezialaufsehern« vorhanden; ein Amt, welches in den Städten gewöhnlich von einem Rats- oder Viertelsherrn [2]), auf dem Lande von einem Schulzen oder Schöppen bekleidet wurde. Bei ihren Visitationen hatten Hütteninspektor, Hüttenbereiter und Spezialaufseher besondere Instruktionen zu befolgen, von denen uns das Generaledikt vom 1. März 1767 genauere Kenntnis verschafft.

Der Hütteninspektor [3]), auch Salpeterinspektor genannt, hatte beim Antritt seines Amtes feierlich zu geloben, dass er »sein ganzes Interesse und den grössten Fleiss« der Erhaltung und Förderung des Salpeterwesens widmen und allen Befehlen, die er von dem Militärdepartement des Generaldirektoriums erhielt, jederzeit pünktlich entsprechen, insonderheit auch alle ihm von der Salpeterkommission erteilten Aufträge erledigen und die ihm untergebenen Hüttenbereiter, Spezialaufseher und Salpetersieder zu getreuer Pflichterfüllung anhalten würde. Die Revision der Hütten hatte er alle 4 Wochen vorzunehmen, und zwar musste er im ersten Monat diejenigen von Rothenburg (Saalkreis), im zweiten die von Magdeburg und im dritten die von Mansfeld bereisen. Doch hatte er bei jeder neuen Revision eine andere

1) An Stelle des einst zu Halle befindlichen Magazines wurde in den 20er Jahren des 18. Jahrhunderts eine »Faktorei« zu Cönnern errichtet, die aber später (etwa um 1735) nach Rothenburg verlegt wurde.

2) Viertelsherrn gab es gewöhnlich in jedem Stadtviertel zwei. Meist waren sie angesehene Handwerker, welche durch dieses Amt eine Art von gewerbepolizeilicher Aufsicht ausübten.

3) Die Instruktionen des Hütteninspektors galten übrigens auch für die Hüttenbereiter.

Tour zu wählen und diese möglichst so einzurichten, dass er nicht mit dem vielleicht zur selben Zeit revidierenden Hüttenbereiter zusammentraf. Geschah es aber trotzdem, so hatten beide Teile über das bisherige Ergebnis ihrer Beobachtungen strengstens Stillschweigen einander gegenüber zu beobachten.

Hütteninspektor und Bereiter sollten gute Kenntnisse in der Technik und Chemie der Salpetergewinnung besitzen, denn sie waren auf ihren Reisen gehalten, den Salpetersiedern jederzeit Aufklärungen zu geben, z. B. über die chemische Beschaffenheit der Rohlauge, über die Einwirkung der Asche auf dieselbe, über die Bereitung und den Vorzug der Pottasche, über rationelle Feuerungsanlagen u. s. w. Die Namen der Hütten, in denen sie Belehrung erteilt hatten, mussten sie in einer zu Rothenburg befindlichen Liste eintragen, um sich bei der nächsten Visitation zu überzeugen, ob auch die Unterweisungen befolgt worden waren. Der Inspektor hatte in seinem Tagebuch alles Bemerkenswerte zu verzeichnen, gleichgültig, ob es gute oder schlechte Verhältnisse betraf, wie es ihm überhaupt bei Strafe der Kassation verboten war, irgend welche Uebelstände zu verheimlichen oder sich gar sein Schweigen von den Salpetersiedern erkaufen zu lassen. Am Ende eines jeden Monats musste er einen ausführlichen Bericht in zwei Exemplaren der Salpeterkommission einreichen. Derselbe enthielt 1) eine Aufzählung der in dem betreffenden Monat bereisten Ortschaften, 2) eine Beschreibung des allgemeinen Zustandes der einzelnen Hütten, besonders ihres Vorrats an Holz, Erde, Kohle, Torf, Salpeter, Asche etc.; 3) eine Liste über die Anzahl der vorhandenen Schlamm- oder Wällerwände und Pläne in Ruten.

Zugleich hatte sich der Hütteninspektor über die Meinungen, welche in den Gemeinden über das Salpeterwesen herrschten, zu orientieren, desgleichen auch über die persönlichen Verhältnisse der Salpetersieder, vor allem aber der Spezialaufseher. Er sollte sich überzeugen, ob die letzteren ihren Pflichten getreulich nachkämen, und ob sie auch in den Gemeinden genügend Ansehen besässen, um ihren Anordnungen gehörig Geltung verschaffen zu können. Der Inspektor war gehalten, sich überall eines freundlichen und gefälligen Wesens zu befleissigen, »um sich Liebe und Vertrauen, den Anstalten aber Faveur und Hülfe zu erwerben«. Besondere Aufmerksamkeit hatte er den an der Grenze gelegenen Hütten, sowie denjenigen sächsischen und anhaltischen Ortschaften zu schenken,, die von den Salpetersiedern bei der Ablieferung passiert wurden. Jeder, der einen etwaigen Grenzschmuggel anzeigen würde, erhielt, gleichgültig ob er In- oder Ausländer war, vom Inspektor eine Belohnung von 10 Rtlr. und die Zusicherung, dass sein Name verschwiegen bleiben würde.

Die Spezialaufseher mussten alle 8 Tage, oft auch infolge eines speziellen Auftrages seitens der Kommission, jede der ihrer Beaufsichtigung zugewiesenen Hütten besuchen, um sich zu überzeugen, ob die Salpetersieder und Untertanen den Salpetergesetzen ordentlich nachlebten. Ueber den vorgefundenen Zustand hatten sie einen kurzen Bericht niederzuschreiben, welchen sie dem visitierenden Hütteninspektor bei Gelegenheit übergaben. Sie hatten dafür zu sorgen, dass die zuletzt erlassenen »Salpeteredikte« in den Schänken angeschlagen und Sonntags von den Kanzeln oder vor der Kirchtür der Gemeinde regelmässig verlesen wurden [1]); gegebenenfalls sollten sie die Prediger, Küster oder Schulmeister an diese Pflicht erinnern. Sobald die Spezialaufseher von einer Uebertretung erfuhren, waren sie gehalten, diese der königlichen Kriegs- und Domänenkammer und der Salpeterkommission unverzüglich anzuzeigen, damit der Vorfall schleunigst vom zuständigen Departementsrat untersucht und zur »nötigen Remedur« gebracht werden konnte. Andererseits aber sollten auch die Untertanen und die Salpetersieder gehörig auf die Spezialaufseher Obacht geben, damit diese ihre Instruktionen befolgten und sich keine Verheimlichungen oder Bestechungen zu schulden kommen liessen.

Ferner sollten die Aufseher darauf achten, dass die neu zu errichtenden Wällerwände nicht mit Steinen oder Knochen schichtweise durchsetzt wurden, und dass man die Scheundehlen, Keller, Fluren und Ställe nicht pflasterte oder mit Kies bedeckte. Sie sollten beim Aufschlagen der Wällerwände den Untertanen behilflich sein, damit sich diese mit der Kunst, regelrechte Wände zu bauen, allmählich vertraut machten. Zugleich hatten sie dafür zu sorgen, dass man an jedem Sonnabend die Asche [2]) in die Grudenhäuser schaffte und nicht etwa auf den Mist oder

1) Anfangs wurde das letzte Salpetergesetz nur einmal im Jahre verlesen; als sich aber in den 50er Jahren die Uebertretungen häuften, befahl eine Spezialverordnung vom 10. Oktober 1755, dass die Prediger etc. das Salpetergesetz vom 10. III. 1746 an jedem Sonntage verlesen sollten.

2) Häufig waren dies nur Laugerückstände, denn man extrahierte die Asche vor-

gar in das Wasser schüttete, welches Vergehen mit 2 Tlr. und mehr bestraft wurde.

Für ihre Mühe und Arbeit erhielten die Spezialaufseher neben dem auf ihre etwaigen Denunziationen entfallenden vierten Teil der Kontravention noch ein entsprechendes »Douceur«, bei besonderem Fleisse auch aus der Kämmerei- oder Gemeindekasse je nach Grösse des Ortes jährlich 3—5 Tlr. Wo dies nicht möglich war, sollte man ihnen ein Stück Feld oder Weide vom Gemeindeacker oder Anger überweisen. Häufig gewährte man ihnen auch »einige Vergünstigungen an Servis [1]), Einquartierung, Fronen, Bürgerwachen und Nahrungssteuern«.

Wie Friedrich der Grosse auch immer das Salpeterwesen seines Landes zu vervollkommnen suchte, bis zu einer Emanzipation des Konsums vom ausländischen Salpeter vermochte er die Produktivität nicht zu steigern, zumal der Bedarf in den damaligen kriegerischen Zeiten ausserordentlich gestiegen war. Auf seine Veranlassung hin wurde im Jahre 1748 von der Akademie der Wissenschaften zu Berlin eine Preisaufgabe gestellt, welche die Gelehrten und Fachmänner zu einer genaueren Untersuchung über die Art und Weise der Salpetererzeugung, besonders der auf künstlichem Wege, anzuregen suchte. Allein, obschon die Akademie der Abhandlung des Dr. *Pietsch* [2]) den Preis zuerkannte, ein wirklicher Vorteil, d. h. die Auffindung einer in der Praxis im grossen anwendbaren Methode zur künstlichen Salpetergewinnung, war hierdurch nicht erreicht worden, und man musste es auch ferner beim alten bewenden lassen. Die verhältnismässig geringe Ertragfähigkeit der preussischen Salpeterhütten lag aber weniger am Mangel salpeterhaltiger Rohstoffe, als vielmehr an der schlechten Zersetzungsmethode der Rohlauge, denn der Verlust an der Salpeterausbeute beim Versieden der Lauge war infolge des allzu niedrigen Kaligehaltes zu gross. Diesen Fehler erkannte ein damaliger Fachmann namens Weber, der in Württemberg das Hozendorffer'sche Verfahren [3]) kennen gelernt hatte und in den

her mittels Wassers, um die hierdurch gewonnene Lauge zum Waschen oder Beizen zu verwenden.

1) Servisfreiheit wurde nur verweigert, wenn der Aufseher zugleich ein bürgerliches Gewerbe betrieb.

2) *Pietsch*, Ueber die Entstehung u. d. Ursprung des Salpeters, 1750.

3) Dasselbe beruhte auf der Zersetzung der Rohlauge mit einer grösseren Menge Pottasche.

70er Jahren nach Preussen kam, um hier die Salpeterfabrikation zu verbessern.

Bevor er sich beim Direktor der Salpeterkommission, der zugleich Pächter war, meldete, beobachtete er die Arbeitsweise eines Magdeburger Salpetersieders und merkte bald, dass in der Tat die Hauptursache der geringen Ausbeute in der ungenügenden Zersetzung der Rohlauge lag. Trotz der Versicherung, vieles verbessern zu können, wurde er jedoch von dem Direktor mit den Worten abgewiesen, das preussische Verfahren, den Salpeter zu sieden, wäre so ausgezeichnet, dass überhaupt keine Verbesserungen vorgenommen werden könnten, und am wenigsten von einem Schwaben. Doch Weber liess sich hierdurch nicht entmutigen, sondern sandte 2 Proben Salpeterlauge, von denen die eine nach der allgemein üblichen, die andere nach seiner Methode behandelt worden war, an ein Mitglied der Akademie mit der Bitte, die Flüssigkeiten getrennt auf Salpeter versieden zu lassen, damit über beide Verfahren ein unparteiisches Urteil vorliege. Bald darauf erhielt er von der Akademie das Zeugnis, dass seine Methode der gewöhnlichen bei weitem vorzuziehen wäre. Mit diesem günstigen Bescheid wandte er sich zum zweiten Male an den Direktor der Salpeterkommission, der ihn aber in seiner Verlegenheit an einen Kriegsrat der Kriegs- und Domänenkammer wies. Diesem erklärte nun Weber den Zweck seines Aufenthaltes im preussischen Staate und legte ihm auch das Zeugnis der Akademie vor. Er empfing hier die ungeteilte Anerkennung seines Verfahrens, jedoch mit der Bemerkung, dass dasselbe auch in Preussen nicht unbekannt wäre, und dass man in Zukunft besser darauf sehen würde, dass die Salpetersieder mehr nach den Grundsätzen der Chemie verführen. So blieb denn alles wie zuvor, und Weber, der es wohl verstanden hätte, die Ertragfähigkeit der preussischen Salpeterhütten bedeutend zu erhöhen, versuchte nach solchen Erfahrungen nicht wieder, dem Staate einen so offenbaren Vorteil aufzudrängen[1]).

1) »Wenn man betrachtet«, so schreibt er, »wie schwer es ist, heute zu Tage mit einem Projekte bei Hofe durchzudringen; wie lange ein Fremder auf die gnädigste Resolution warten muss, um Sr. Majestät oder Sr. Durchlaucht ein Projekt untertänigst zu Füssen zu legen und untertänigst zu flehen, dass der Hof gnädigst genehmige, dem Publikum so viele Vorteile zu verschaffen oder ihm selbst so viele Tausende zu ersparen, so gehört schon hierzu viele Entschliessung, besonders von einem Manne, der nicht gewohnt ist zu flehen, und der es auch nicht nötig hat. Wenn man nun weiter betrachtet, wie man durch Minister, Beamte und durch die Fabrikanten

Nachdem Friedrich der Grosse zur Genüge erfahren hatte, dass direkt, d. h. auf dem Wege der Technik nichts zu erreichen war, suchte er das Salpeterwesen durch Verwaltungsmassnahmen zu heben. Im Jahre 1779 führte er die Administration wieder ein und unterstellte das Salpeterwesen dem Bergwerks- und Hüttendepartement des General- Oberfinanz- Kriegs- und Domänendirektoriums, speziell dem Oberbergamt zu Rothenburg. Durch diese Massnahme hoffte er, dem Salpeterwesen Männer mit naturwissenschaftlichen und technischen Kenntnissen zuzuführen, welche es verstehen würden, die Produktivität durch allerlei Verbesserungen allmählich so zu steigern, dass der gesamte Salpeterbedarf des Königreichs durch eigene Produktion gedeckt werden konnte. Sicherlich war zu erwarten, dass hierdurch eine günstige Wendung herbeigefuhrt werden würde, aber eine Realisierung jenes Gedankens vermochte diese Massnahme allein wohl kaum zu bewirken, und ein damaliger Sachverständiger, *Becker* [1]), bemerkt hierzu:

»Wenn dieser Zweck erreicht werden sollte, so musste die Verwaltung des Salpeterwesens nicht aus einem so untergeordneten Gesichtspunkte und als Nebensache betrachtet werden. Das Salpeterwesen, und besonders der wichtigste Teil desselben, die künstliche Erzeugung des Salpeters, ist der Gegenstand besonderer Studien, mit welchen die bergmännischen Studien allerdings in Berührung stehen. Jedoch erfordert die gehörige Verwaltung des Salpeterwesens noch mehr als die Verwaltung der Salinen und anderer Zweige des bergmännischen Betriebes, einen besonderen Apparat von theoretischen und praktischen Kenntnissen. Wenn also die Verbindung des Salpeterwesens mit der Bergwerksverwaltung den Zweck haben soll, dass die Salpeterproduktion vervollkommnet und zugleich in einem den Bedürfnissen des Staates angemessenen Umfange sollte betrieben werden, so würde es unumgänglich nötig seyn, dass die Verwaltung des Salpeterwesens einen besonderen Zweig der Bergwerksadministration ausmachte und besonderen, eigentlich hierzu qualifizierten Individuen übertragen würde«.

---

selbst, die die Sache am meisten angeht, und ihren Nutzen befördert, beinahe durch unüberwindliche Hindernisse abgeschreckt wird, so sollte man sich den Gedanken vergehen lassen, Gutes in der Welt, wenigstens in der deutschen Welt zu stiften«. *Weber*, Nützliche Wahrheiten f. Fabrikanten u. Künstler, 1787.

1) *Becker*, Theoretisch-praktische Anleitung zur künstlichen Erzeugung von Salpeter 1814. (Nach *Krünitz*, a. a. O., Bd. 131, S. 494 citiert.)

»Die Salpeterproduktion«, fährt er fort, »bedarf zu ihrer Vervollkommnung um desto mehr eines Centralorgans, da sie, wie die Landwirtschaft, in jedem Lande nach ihrer Verschiedenheit des Landes und Klimas ihren besonderen Charakter hat, und es dem einzelnen Sieder und Pflanzer nicht möglich ist, in seinem engen Kreise diesen besonderen Charakter aufzufassen. Nur wenn die Erfahrung und Beobachtung aus allen Teilen des Landes gesammelt und mit einem wissenschaftlichen Geiste zusammengestellt werden, kann der dem Lande eigentümliche Charakter der Salpeterproduktion richtig aufgefasst und sie in ihrer rationellen Besonderheit ausgebildet werden. Hieraus ergibt sich, warum immer der Zweck verfehlt wurde und verfehlt werden musste, so lange man die Leitung der Salpeterproduktion irgend einer Behörde als ein untergeordnetes Nebengeschäft übertrug«.

Die Wiedereinführung der Administration war hauptsächlich dem damaligen Wirklichen geheimen Etats- Kriegs- und dirigirenden Minister und Oberberghauptmann Freih. von Heinitz zu verdanken, welcher sich überhaupt um das preussische Salpeterwesen sehr verdient gemacht hat. Er lernte die Lage desselben aus eigener Anschauung während einer speziell zu dem Zwecke unternommenen Bereisung der Magdeburger und Mansfeldschen Gegenden kennen und verwertete die gesammelten Beobachtungen später zu einem Entwurfe für die Hebung der heimischen Produktion, der die Grundlagen des Gesetzes vom 29. März 1780 bildete. Danach waren es im wesentlichen zwei Momente, welche eine Besserung der Verhältnisse bewirken sollten, nämlich erstens die Beschaffung einer reichlichen Menge salpeterhaltiger Rohmaterialien, und zweitens eine rationellere und ökonomische Verarbeitung derselben zur Verminderung der Produktionskosten.

Man gab den Salpetersiedern genaue Anleitungen über die Kunst des Baues ertragfähiger Wällerwände und Schaufelpläne. Die Regierung selbst errichtete von neuem und auf eigene Kosten die von ihr im Jahre 1748 angelegten Schlammwände, die während der Zeit des siebenjährigen Krieges sehr in Verfall geraten waren. Zugleich gab man den Salpetersiedern entsprechende Unterweisungen, damit die Kosten des Siedereibetriebes reduziert und die hierdurch erzielten Gewinne zur Anlegung von »Pflanzungen« oder zum Bau von Schuppen verwendet würden. Auch suchte man private Unternehmer für den Betrieb von Salpetersiedereien und Salpeterpflanzungen zu gewinnen, und die

Administration erbot sich, jederzeit Auskunft über Kosten, Bewirtschaftungsweise etc. der produktivsten Anlagen zu erteilen, »denn es wäre leicht möglich, dass bei einem Reingewinn von 3—4 Rtlr. pro Zentner, den nicht sehr erheblichen Anlagekosten und der Aussicht, die Salpetergewinnung eventuell als Nebengewerbe zu betreiben, sich mancher Partikulier diesem wichtigen Gewerbszweige widmen würde«.

Um die Salpetersieder besser kontrollieren zu können, liess die Administration von Zeit zu Zeit durch Versuche in mehreren Hütten offiziell feststellen, wieviel Eimer Lauge in der Regel ein Zentner raffinierten Salpeters erforderte, wieviel Asche oder Pottasche zum Brechen der Rohlauge nötig wäre u. s. w. Da der beste Salpeter meistens von der Magdeburger Hütte geliefert wurde, so bestimmte v. Heinitz, dass die Sieder entweder mit der Läuterungskunst des sich daselbst befindenden Obermeisters bekannt gemacht würden, oder aber dass die Administration künftighin nur noch Salpeter vom ersten Sude annehmen und diesen in Rothenburg oder Magdeburg raffinieren lassen sollte, damit die fortwährenden Klagen und Beschwerden, welche die Artillerie schon lange über das eingelieferte Fabrikat fuhrte, endlich verstummten. Ueberhaupt sollte alles versucht werden, den Salpeter von solcher Qualität herzustellen, dass er mit dem ausländischen konkurrieren könnte und statt 15 Rtlr. bald 19—20 Rtlr. kosten wurde, in welchem Falle man auch in der Lage wäre, den Salpetersiedern höhere Preise zu bewilligen. Alljährlich schickte die Administration besondere Fragebogen an die Sieder, welche diese auszufüllen und zurückzusenden hatten, und die offizielle Erhebungen über Beschaffenheit und Ertrag der einzelnen Hütten (Beilage XVIII) bezweckten.

Das rege Interesse, welches der Staat in den 80er Jahren an der Hebung seiner Salpeterproduktion nahm, machte sich bald belohnt. Schon im Jahre 1786 konnte v. Heinitz berichten, dass sich der Ertrag der Salpeterhütten, deren Zahl damals 34 betrug[1]), seit 1779 um 200 Zentner jährlich vermehrt hatte [2]). Allerdings vermochte die heimische Salpetergewinnung den Konsum des Königreichs, der im Durchschnitt ungefähr 3000

1) Zu den in Beilage XVII erwähnten Hütten sind noch 10 weitere in der Halberstädtischen Gegend hinzuzuzählen.

2) *v. Heinitz*, »Mémoires sur les produits du régne mineral de la Monarchie prussienne«, 1786; p. 28.

Zentner raffinierten Salpeters betrug, noch nicht zu decken, und alljährlich musste noch ein recht erheblicher Betrag für Salpeterankäufe an das Ausland gezahlt werden. Um dem Lande wenigstens einen Teil dieser Summe zu erhalten, machte v. Heinitz einige Jahre später, nachdem die Raffinerie zu Rothenburg errichtet worden war (1783), folgenden bemerkenswerten Vorschlag[1]:

Der Import des ostindischen und polnischen Salpeters sollte der Seehandlungsgesellschaft ausschliesslich übertragen werden. Diese von Friedrich dem Grossen 1772 gegründete Unternehmung hatte bereits seit dem Jahre 1775 durch Fusion mit der ebenfalls 1772 ins Leben gerufenen Salzhandlungsgesellschaft das Privilegium des alleinigen Salzhandels in Preussen besessen, weshalb der Gedanke wohl ziemlich nahe liegen mochte, ihr auch den Salpeterimport anzuvertrauen. Der angekaufte ausländische Rohsalpeter sollte in der Rothenburger Raffinerie gereinigt und unter günstigen Bedingungen an die Konsumenten abgegeben werden, um den hierdurch erzielten Gewinn später zur Vermehrung der Salpeterpflanzungen zu verwenden. Auf diese Weise würde sich die Produktivität des heimischen Salpeterwesens allmählich so steigern, dass man in nicht allzu langer Zeit die Ankäufe von ausländischem Rohsalpeter gänzlich sistieren könnte.

Wenn sich auch das Heinitzsche Projekt zur Steigerung der heimischen Salpeterproduktion tatsächlich niemals verwirklichte, so hatte sich immerhin doch ihr Ertrag in kurzer Zeit sehr beträchtlich vermehrt, und Friedrich der Grosse konnte im Jahre 1786 (Publicandum vom 17. Juni) die »Einfuhr fremden Salpeters in den Ländern diesseits der Weser« gänzlich verbieten. Jedes zum »inneren Konsum« durch Händler importierte Quantum Salpeter wurde seitdem konfisziert und mit einer Geldstrafe von 40 Tlr. pro Zentner belegt. Zugleich beauftragte man das »Haupt-Eisen-Comtoir« zu Berlin, den Vertrieb des geläuterten Salpeters en gros zu übernehmen und im Königreiche eine entsprechende Anzahl Zweigniederlassungen zu gründen, die mit reichlichen Vorräten versehen waren, damit der Detailhandel durch jene Zentralisation nicht erschwert würde. Das Haupt-Eisen-Comtoir« erhielt den Salpeter vom Generaldirektorium des Bergwerks- und Hüttendepartements zu offiziell festgesetzten Preisen, die es beim Vertriebe eigenmächtig nicht erhöhen durfte.

---

1) *v. Heinitz*, Mémoires, a. a. O.

Nur ausnahmsweise, d. h. bei dringendem Bedarfe konnte fremder Salpeter von Kaufleuten auf Grund eines besonderen Passes, der vom Generaldirektorium kostenfrei ausgestellt wurde, importiert werden. Dagegen gab man den »Transithandel mit ausländischem Salpeter« gänzlich frei, allerdings unter der Bedingung, dass die Ware bis zur Weiterbeförderung auf den Packhöfen sorgfältig verwahrt und ihr späterer Ausgang vom »letzten Grenzzollamt« bescheinigt würde. Um über den Transithandel eine genauere Kontrolle ausüben zu können, waren die betreffenden Kaufleute verpflichtet, alljährlich einen ausführlichen Bericht über die von ihnen verhandelten [1]), sowie über die zur Zeit noch im Lande vorhandenen Mengen fremden Salpeters dem Generaldirektorium vorzulegen.

Wie bereits bemerkt, war das Gesetz vom Jahre 1786 hauptsächlich auf Grund der gedeihlichen Entwicklung der heimischen Salpeterproduktion erlassen worden. Und mit Recht, denn nicht allein in der Magdeburg-Halberstadt-Mansfeldschen Gegend hatte sich der Ertrag der Salpeterhütten wesentlich gehoben, auch im Netzedistrikt (Cujarien) und in Schlesien, wo man seit Anfang der 80er Jahre zu produzieren begann, schien das Salpeterwesen gute Fortschritte zu machen. Allerdings hatte man die Salpeterproduktion in Schlesien damals nicht neu eingeführt, sie bestand schon seit etwa der Mitte des 16. Jahrhunderts.

Durch den Krieg von 1744—1745 war das Salpeterwesen in dieser Provinz sehr in Verfall geraten, aber in wenigen Jahren erhob es sich wieder, so dass 1755/56 die Zahl der Salpeterhütten, die sich zum grösseren Teile in der Reichensteiner Gegend befanden, schon 8 betrug [2]). Durch den siebenjährigen Krieg wurde jedoch auch dieser neue Entwicklungsverlauf wieder gehemmt, und erst infolge der Bemühungen seitens der Regierung in den 80er Jahren machte sich hier eine Besseruug der Lage des Salpeterwesens bemerkbar. Zwar belief sich die Ausbeute der schlesischen Hütten bis zum Jahre 1790 im Durchschnitt nur auf etwa 50 Ztr. (à 110 Pfund) jährlich; als aber die Salpeterpreise in den 90er Jahren plötzlich

1) Ostindischer Salpeter wurde damals von Amsterdam über Hamburg nach Magdeburg verhandelt.

2) Zeitschrift f. d. Berg-, Hütten-, Salinen-Wesen, a. a. O., Bd. 49, S. 544. Ausserdem waren noch 10 private Pulvermühlen vorhanden. Die Zahl der Konzessionäre betrug 13.

auf das Doppelte und zeitweilig auf das Dreifache stiegen[1]), nahm auch die schlesische Salpetergewinnung einen kräftigen Aufschwung, und seit 1796 betrug die jährliche Ausbeute ca. 300 Ztr. und mehr.

Während die Salpeterproduktion in Schlesien allmählich zugenommen hatte, war sie in der Magdeburg-Halberstädtischen Gegend seit dem Beginne der 90er Jahre beständig zurückgegangen. Diesen Rückschritt vermochten auch die steigenden Salpeterpreise nicht mehr aufzuhalten, denn obschon die 34 Salpeterhütten im Jahre 1787 immerhin noch rund 900 Ztr. erzeugten, belief sich ihre Produktion 1792 doch bloss noch auf etwa 650 Ztr. und 1797 sogar kaum auf 500 Ztr.[2]). In der Annahme, dass die Freigebung der Salpetergewinnung eine Besserung hervorrufen würde, regelte Friedrich Wilhelm III. durch das Gesetz vom 30. September 1798 das Salpeterwesen von neuem und knüpfte an den Betrieb einer Salpeterhütte nur noch die obligatorische Nachsuchung einer Konzessionserteilung beim Bergwerks- und Hüttendepartement des Generaldirektoriums. Seither konnte ein jeder seinen gewonnenen Salpeter, gleichgültig, ob im rohen oder raffinierten Zustande, verkaufen, an wen er wollte, jedoch unter Wahrung eines besonderen Vorkaufsrechtes dem Staate gegenüber, der sich seinerseits verpflichtet hatte, »dafür zu sorgen, dass der fabrizierte Salpeter jederzeit für einen angemessenen Preis Abnahme fände, um zu diesem Zwecke den im Lande nicht konsumierten und abgesetzten Salpeter für einen den Fabrikanten nicht nachteiligen Preis auf ihr Verlangen zum militärischen Gebrauch anzukaufen«. Um die heimische Salpeterproduktion zu einer den Staatsbedürfnissen angemessenen Ausdehnung allmählich zu gestalten, versprach der König, bei Anlegung neuer Salpeterhütten durch Private entsprechende Produktionsprämien zu gewähren und beabsichtigte selbst, auf eigene Kosten »zum Beyspiel und Unterricht einige Anlagen im Grossen« errichten zu lassen. Zugleich beauftragte er das Bergwerks- und Hüttendepartement mit der Abfassung einer leicht verständlichen Anleitung über die Kunst, den Salpeter nach rationellen Grundsätzen zu gewinnen, die jedem Interessenten auf Wunsch kostenlos zugestellt wurde. Leider erfüllten sich aber die auf die Hebung der Salpeterproduktion gesetzten Erwartungen nicht, zumal das um 1800 plötzlich eintretende Fallen der Salpeterpreise

1) Im Jahre 1795 bezahlte man in England pro Zentner 170 sh; vgl. *Mc. Culloch*, Commercial Dictionary, 1854; p. 1131.

2) Nach den Akten des königl. Staatsarchivs zu Magdeburg.

die Salpetergewinnung immer unrentabler erscheinen liess. (s. Beilage XXI.)

Es war ein Akt der Billigkeit, dass man seinerzeit das Gesetz vom 30. Sept. 1798 ohne weitere, speziellere Bestimmungen nicht auch auf das Salpeterwesen der Magdeburg-Halberstädtischen Gegenden ausdehnte, da es hier auf einer wesentlich anderen Grundlage (Regalität), als in Schlesien und im Netzedistrikte, beruhte. Daher hatte auch der Artikel 5 dieses Gesetzes ausdrücklich bemerkt: »Die vorstehenden Bestimmungen finden auf die Provinzen Magdeburg nebst Mansfeld und Halberstadt, worin den Salpetersiedern besondere Rechte u. s. w. verliehen worden, vorerst noch keine Anwendung«. Das Oberbergamt zu Rothenburg wurde infolgedessen beauftragt, einen Plan zur Abänderung des Salpeterwesens jener Provinzen zu entwerfen.

Wenn die Untertanen, so fuhrte der Entwurf ungefähr aus, von den Belästigungen, welche das Salpeterregal ihnen auferlegt, in der Weise befreit werden sollen, dass man ihnen erlaubt, Mauern und Hecken nach Belieben zu errichten und die Keller- und Stallerde selbst zu benutzen, so entgeht den Salpetersiedern das Material, aus dem sie bisher den meisten Salpeter mit den wenigsten Kosten gesotten haben. Sie müssen daher entsprechend entschädigt werden, was nicht anders geschehen kann, als dass entweder die zu jeder Hütte gelegenen Ortschaften diese ankaufen, die Sieder auf Lebenszeit ernähren und die Salpetergewinnung nach Anleitung des Oberbergamtes auf eigene Rechnung betreiben lassen, oder dass sie den Zehntbetrag der Hütte nach einem 12jährigen Durchschnitte in natura oder nach einem Mittelpreise in Geld alljährlich an die Oberbergamtskasse abführen. Letztere muss alsdann die Sieder durch höhere Preise abfinden oder auch durch die Erlaubnis, über ihr Fabrikat nach Belieben verfügen zu durfen. Der erste Weg würde kostspielig und infolge der fortzusetzenden Salpetergewinnung unsicher sein, wogegen sich der zweite Vorschlag leichter ausfuhren liesse. Es bliebe in dem Falle nur der königlichen Kammer überlassen, in welcher Weise sie die etwaigen »Praestationen« unter die Untertanen zu verteilen beabsichtigte, und ob sie die zu leistende Zehntentschädigung nach den Huttenbezirken oder Kreisen oder endlich nach andern, die ganze Provinz treffenden Anlagesätzen zu bestimmen für gut befinden wurde.

Nach einem auf Grund der in den letzten 12 Jahren (von

1787 bis 1798) eingelieferten Hüttenerträge angefertigten Ueberschlage würde der Zehntbetrag rund 60 Ztr. jährlich ausmachen, gegen dessen Zahlung die sonst in Anrechnung zu bringenden Fuhren, Düngerlieferungen und alle übrigen Lasten ausser der Erhaltung der Grudenhäuser aufhören würden. Diese Ausnahme müsse jedoch deshalb beibehalten werden, weil ohne Grude und Holzasche keine Salpeterfabrikation möglich sei, die Asche aber in den holzarmen Gegenden sonst zu teuer zu stehen käme. Sie wäre aber um so weniger bedenklich, als die Grudenhäuser, welche an sich schon durch Verhütung von Feuersgefahr äusserst nützlich seien, zum weitaus grössten Teile bereits existierten, und ihre Unterhaltung von einer ganzen Gemeinde kaum drückend empfunden werden würde, zumal die Grude für die Untertanen wertlos sei.

Die Gemeinden würden durch diese Aenderung zweifellos mehr gewinnen, als ihr voraussichtlicher Entschädigungsbeitrag ausmachen durfte. Denn 1) ersparten sie die Reparaturen der Wällerwände, die sie ausserdem durch wohlfeilere Umzäunungen ersetzen könnten; 2) könnten sie ihre Scheunen, Ställe, Keller u. s. w. pflastern, was ihnen früher nicht gestattet worden war; 3) könnten sie die alte Erde von einfallenden Wänden und Gebäuden, sowie auch die Stallerde als vorzüglichen Dünger verwenden; 4) wären sie aller »Plackereien« enthoben und 5) könnten sie schliesslich das Geld, welches die Spezialaufseher aus den Gemeindekassen seither erhoben hätten, zu den Abfindungsbeiträgen legen [1]).

Um die Salpetersieder für die ihnen entgehende Zufuhrerde und für die bei eigener Anschaffung des Brennmaterials ihnen zufallenden grösseren Ausgaben zu entschädigen, sollten sie die meisten ihrer bisherigen Privilegien und die freie Verfügbarkeit über ihren gewonnenen Salpeter, allerdings unter Wahrung eines Vorkaufsrechts seitens der Regierung, behalten. Ausserdem konnte derjenige Salpetersieder, der sich mit den obigen Bedingungen nicht einverstanden erklären würde, die Hütte an das Oberbergamt nach einer von den beiden Salpeterobermeistern nebst einigen sachverständigen Mauer- oder Zimmermeistern festzusetzenden Taxe verkaufen, während man ihm auf Wunsch lohnende Beschäf-

1) Es waren jene 3—5 Taler, die jede Gemeinde (Generaledikt vom 1. März 1767) dem Spezialaufseher bei »besonderem Fleisse« alljährlich zu zahlen hatte. Tatsächlich geschah dies kaum, denn man behauptete meist, dass jene Voraussetzung nicht erfüllt wäre.

tigung in den Berg- und Hüttenwerken oder in den Steinbrüchen gewähren wollte.

Mit diesen Vorschlägen zur Abänderung des bisherigen Salpeterwesens der Kreise Magdeburg, Halberstadt, Mansfeld und des Saalkreises erklärten sich nicht allein die »Stände«, sondern auch die Salpetersieder einverstanden. Man ernannte nunmehr eine besondere Kommission, die aus den Landräten und einigen höheren Beamten des Rothenburger Oberbergamtes bestand, um die oben erwähnte Zehntentschädigung zu regeln.

Der Gesamtbetrag wurde schliesslich auf 61 Ztr. raffinierten Salpeters normiert [1]). Er sollte jährlich in Geldeswert, und zwar pro Ztr. 35 Rtlr. (jedoch so lange, als der Salpeterpreis nach dem Hamburger Preiskurant nicht unter 30 Rtlr. stehen würde) an die Oberbergamtskasse zu Rothenburg entrichtet werden. Die sich hierdurch ergebende Summe von 2135 Rtlr. hatte das Land zu $^4/_5$ und die Städte, da diese weniger durch die Arbeiten der Salpetersieder geschädigt worden waren, zu $^1/_5$ aufzubringen. Die Repartition erfolgte in den Städten nach Massgabe des Häuserservis', auf dem Lande nach der Hufenzahl, wodurch die ärmeren Klassen fast ganzlich verschont blieben. Zum »platten Lande« zählten hierbei auch die königlichen Aemter, die adeligen Guter, Stifte und Klöster; nur Kirchen, Pfarrhäuser und Dorfschulen wurden ausgenommen.

Endlich waren die Abänderungsarbeiten so weit gediehen, dass im Jahre 1803 durch das Gesetz vom 26. Februar die alten Salpetergerechtsamen aufgehoben und durch das Gesetz vom 18. Juni des nämlichen Jahres das Salpetersieden als ein freies aber konzessionspflichtiges Gewerbe im ganzen Königreiche erklärt werden konnte. »Durch diese Verwaltungsmassnahmen«, so schloss das Gesetz vom 18. Juni, »hofft der König, dass bei Herstellung gegenseitiger Freiheit alle Untertanen sich beeifern werden, die Salpetersieder in ihrem Gewerbe zu unterstützen, dies aber durch Fortsetzung ihres Gewerbes und durch möglichste Vervollkomm-

1) Nach einer vom Oberbergamt zusammengestellten Produktionsstatistik der letzten 12 Jahre entfiel auf:

den Kreis Magdeburg	der Betrag von	26 Ztr.	64 Pf. (1 Ztr. = 110 Pf.)
» » Mansfeld	» » »	8 »	95 »
» » Halberstadt	» » »	13 »	75 »
» Saalkreis	» » »	12 »	80 »
	in Summa also:	61 Ztr.	94 Pf.

nung desselben sich des Genusses der ihnen zugesicherten Wohltaten fortwährend würdig machen werden«.

Infolge dieser bedeutsamen Aenderung im preussischen Salpeterwesen war natürlich auch sein bisher noch bestehender Verwaltungsapparat entbehrlich geworden. Man schaffte ihn daher ab und behielt nur noch das Amt der Magazinverwalter zu Magdeburg und Rothenburg und das der Spezialaufseher bei. [1]) Doch blieben die bisherigen Funktionen der letzteren nicht mehr die nämlichen, denn die Salpetersieder waren ja durch das Gesetz vom 18. Juni 1803 ihrer Beaufsichtigung entrückt, und auch die Gemeinden hatten nicht mehr die Verpflichtung, Wällerwände zu errichten und zu unterhalten. Den Spezialaufsehern war also nur noch die Beaufsichtigung der Grudenhäuser belassen. Während jedoch ihr Amt früher von angesehenen Personen, wie z. B. von Schulzen, Schöppen, Viertelsmeistern etc. verwaltet worden war, widmeten sich schon gegen Ende der 80er Jahre vorwiegend kleinere Handwerker diesem Nebenberufe, um hierdurch Befreiungen vom Nachbarrecht und Nahrungsgeld, von den Einquartierungen, Pikett- und Bürgerwachen etc. zu erlangen. Infolge ihrer unbedeutenden sozialen Stellung besassen sie kaum genügende Autorität, ihren Anordnungen bezüglich der regelmässigen Einlieferung von Grude und Asche, der Instandhaltung von Grudenhäusern u. s. w. den nötigen Nachdruck zu verleihen. Die Bäcker verkauften die Asche an die Bauern, welche sie zu Düngungszwecken verwandten, während man die eigenen Aschenabfälle im Haushalte zum Bleichen, Gerben u. s. w. selbst verbrauchte. In manchen Gemeinden waren zwar Spezialaufseher, aber keine Grudenhäuser vorhanden; in anderen wiederum hatte man die Aufseher stillschweigend durch einige Scheffel Getreide abgefunden.

Diese zerrütteten Verhältnisse wirkten natürlich auf die Salpetergewinnung ausserordentlich schädigend ein, zumal diese so wie so schon unter den ungünstigsten Umständen (Eingehen der Wällerwände, steigende Produktionskosten, niedriger Salpeterpreis etc.) zu produzieren gezwungen war. Es trat daher bald das Entgegengesetzte von dem ein, was der König seinerzeit durch die Freigebung der Salpetergewinnung [2]) erwartet hatte: neue Hütten

1) Reskript v. 22. Januar 1804.

2) Zur weiteren Ermunterung hatte der König zunächst 6jährige und durch das Gesetz vom 10. Okt. 1811 sogar dauernde Befreiung vom Bergzehnt zugesichert, denn

wurden nicht mehr errichtet, und der grösste Teil der alten ging allmählich ein.

Die Produktion betrug:

1803	von 30	Hütten	noch rund	410 Ztr.
1804	» 27	»	» »	250 »
1805	» 26	»	» »	145 »
1806	» 18	»	» »	75 »
1807	» 12	»	» »	50 »

Im Jahre 1811 schien sich die darniederliegende Salpetergewinnung des Saale- und Elbedepartements noch einmal erheben zu wollen. Man hatte nämlich im damaligen Königreiche Westfalen durch Dekret vom 13. Dezember 1810 mit der Einführung des Salpeterwesens begonnen und zu dem Zwecke auch einen besonderen Verwaltungsapparat (Administration) nach französischem Muster [1]) geschaffen. Der Aufschwung hatte jedoch keinen längeren Bestand, als das Königreich selbst, und nach 1813 stellte eine Salpeterhütte nach der andern den Betrieb wieder ein. Von den ehemals 34 preussischen Salpeterhütten bestanden 1820 nur noch die zu Halberstadt und Halle, welche vom Oberbergamte [2]) durch 3 Arbeiter betrieben wurden [3]); die übrigen waren völlig eingegangen.

obwohl die Salpetergewinnung »frei« gegeben worden war, unterlag sie infolge ihrer eigentümlichen Stellung zu Berg- und Hüttenbetrieben noch dieser Abgabe.

1) *Krünitz*, a. a. O., Bd. 131, S. 502.

2) Dasselbe war 1816 von Rothenburg nach Halle verlegt worden.

3) *Karstens* Archiv, a. a. O., Bd. II, 2. S. 7.

V.

Das Salpeterregal.

Selbständig trat das Salpeterregal in Deutschland erst gegen Ende des 16. Jahrhunderts auf. Obwohl die Verarbeitung von natürlich vorkommenden salpeterhaltigen Erden schon seit der Mitte des 15. Jahrhunderts betrieben wurde, hatte man die hohe politische Bedeutung des Salpeters anfangs noch nicht in der Weise zu würdigen verstanden, um für ihn ein besonderes Regal geltend zu machen. Infolge seiner eigentümlichen Gewinnungsweise unterlag er vorher allgemein den Bestimmungen des Bergregals.

Die rechtmässige Ausübung dieses Regals stand in der ersten Zeit heimischer Salpetergewinnung ausser dem Kaiser nur noch den Kurfürsten [1]) zu. Nichtsdestoweniger können wir aber vielfach die Beobachtung machen, dass damals auch geistliche und weltliche Standesherren, ja selbst Städte sich des Bergregals bedienten, um einer oder mehreren Personen (Gewerkschaft) den Bergbau unter gewissen Bedingungen zu gestatten. In den letzteren Fällen war jedoch die Ausübung des Bergregals, sofern nicht willkürliche Aneignung vorlag, ein übertragenes Recht. Die Kaiser, bezw. die Kurfürsten entäusserten sich dessen häufig durch Beleihung und Verpfändung; denn, da dem jeweiligen Inhaber des Bergregals infolge seines vorwiegend finanziellen Charakters

1) Im Jahre 1356 war dieser Zustand der Regalitätsverhältnisse durch das Verfassungsgesetz der goldenen Bulle als rechtmässig anerkannt worden. Später, nach mehr als $1^1/_2$ Jahrhunderten, wurde auch den Reichsständen insgesamt der Besitz der Regalien zugesprochen, und zwar zuerst durch die Wahlkapitulation vom Jahre 1519 und schliesslich durch den »Westfälischen Frieden« (Art. IX).

bestimmte Ertragsabgaben (meistens der Zehnte) zuflossen, so war die Abtretung dieses Rechtes ein beliebtes Mittel, sich für geleistete Dienste erkenntlich zu zeigen oder sich Geld zu verschaffen.

Nach *Beckmann* soll die Regalität des Salpeters in Deutschland zuerst vom Erzbischof Günther zu Magdeburg in Anspruch genommen worden sein [1]). Derselbe verlieh 1419 (?) einem »Meister« das Recht, in dem Gericht Giebichenstein bei Halle ein Jahr lang Salpeter zu graben und zu sieden, wofür dieser ihm eine Tonne Salpeter unentgeltlich und jedes weitere Pfund für 5 Kreuzgroschen überlassen sollte. Der nachfolgende Erzbischof Friedrich verbriefte im Jahr 1460 einem Bürger zu Halle das nämliche Recht auf 4 Jahre gegen eine jährliche Abgabe von einer Tonne guten, geläuterten Salpeter. Unter ähnlichen Bedingungen vergab Erzbischof Ernst 1477 die Kehrung des Salpeters auf Lebenszeit.

Während im 15. Jahrhundert der Brauch, Grabgerechtigkeiten in Gestalt von Salpetersiederpatenten zu erteilen, noch verhältnismässig selten war, kam er im 16., besonders aber im 17. Jahrhundert immer mehr in Aufnahme. Fast alle Territorialherrn und viele Reichsstände bedienten sich damals dieses Rechtes: so vor allem die Kurfürsten von Bayern, Brandenburg, von der Pfalz; die Erzbischöfe von Mainz, Trier, Magdeburg; die Landesherrn von Württemberg, Baden, Brandenburg-Culmbach, Braunschweig-Wolfenbüttel, Anhalt u. s. w., die Bischöfe von Würzburg, Breslau und München; ausserdem noch eine ganze Reihe von Reichsunmittelbaren [2]), sowie auch viele Städte und Herren aus dem reichsmittelbaren Adel, die der Gunst ihres Fürsten dieses Privileg verdankten. Der Kaiser selbst beanspruchte die Regalität des Salpeters nur noch in denjenigen Ländern, wo er selbst Territorialherr war, wie z. B. in Böhmen, Mähren, Schlesien etc.

So verschiedenartig an Stand und Macht auch immer die einzelnen Regalherren waren, die den Salpetersiedern Grabgerechtigkeiten erteilten, im grossen und ganzen wahrten sie die Zugehörigkeit der Salpetergewinnung zum Bergregal. Wie den Bergleuten im allgemeinen, so gestatteten sie den Salpetersiedern im besonderen die Ausübung ihres Berufes innerhalb eines bestimmten Bezirkes, während einer gewissen Zeit, gegen eine im

1) *Beckmann*, Beiträge zur Geschichte der Erfindungen (1780—1805) Bd. V., Teil 4, S. 588. (Die Angabe scheint aber nicht ganz einwandsfrei zu sein.)

2) *H. L. Gockel*, Ueber das Regal an der Salpetergewinnung, Altdorf 1740; § 15.

voraus vereinbarte Abgabe von der Ausbeute, gewöhnlich in Gestalt des Zehnten, der entweder in Geld oder in natura entrichtet werden musste. Anfangs behielt sich der Regalherr meistens nur ein Vorkaufsrecht an dem gewonnenen Produkte vor; allmählich aber, und zwar der zunehmenden, politischen Bedeutung des Salpeters entsprechend, bildete sich dieses Recht zu einem wirklichen Ablieferungszwange heraus [1]). Vor allem waren es die mächtigeren Territorialherren, die sich dieses Mittels gern bedienten, um ihre Zeughäuser auf billige Weise mit Salpeter zu füllen. Nicht selten ersetzten sie auch den direkten Ablieferungszwang dadurch, dass sie allen im Inlande erzeugten Salpeter durch besondere Händler für sich aufkaufen liessen und ihren Untertanen den Bezug desselben nur durch das Zeughaus gestatteten. Diese Politik befolgte z. B. der Kaiser Ferdinand, der durch ein »General-Mandat« vom 16. Oktober 1546 [2]) einen Olmützer Bürger beauftragte, allen in seinen Ländern, Schlesien, Mähren und Böhmen bereiteten Salpeter aufzukaufen und den Salitersiedern dafür einen angemessenen Preis »bei zimblicher barer betzallung« zu gewähren.

Gegen Ende des 16. Jahrhunderts trat in der Regalität des Salpeters eine bedeutsame Aenderung ein. Während der Regalherr bisher sozusagen nur ein Ober-Eigentumsrecht von mehr finanziellem Charakter auf Grund des Bergregals an dem gewonnenen Salpeter geltend gemacht hatte, erklärten nunmehr die Kurfürsten von Bayern und Brandenburg, desgleichen der Herzog von Württemberg (Frankreich war hierin schon einige Jahre vorausgegangen) alle in ihren Ländern vorhandenen salpeterhaltigen Stoffe als ihr persönliches Eigentum, welches nach ihrer Meinung in Anbetracht seiner grossen Bedeutung für die Verteidigung des Landes mit der Würde eines Herrschers unzertrennlich verknüpft wäre. Nicht selten bezeichneten sie daher das Salpeterregal als ihr »Landesdefensionregal«. Wir verstehen jetzt die ungewöhnlich harten Strafen, wie z. B. hohe Geldbussen, Gefängnis und Leibesstrafen, Verweisung ausser Landes und Galgenstrafe, welche

---

1) Der Markgraf Georg zu Brandenburg (Ansbach) z. B. machte in seinen schlesischen Fürstentümern den Salpetersiedern gegenüber nur ein Vorkaufsrecht geltend (1538). Er befahl ihnen, »ihm den Salitter zu gut halten und den kauf vor andern gonnen, sonderlich dieweil dasselbig mit barem gelde zu bezahlen, auch gemeiner Christenheit zugut gebrauchen bedacht und urbottig ist«. (Cod. dipl. Siles. a. a. O., Bd. 21, S. 58.)

2) *Schmidt*, Berggesetze Oesterreichs; Bd. 1, T. I, S. 386.

[illegible]

[illegible]

[illegible]

[illegible]

[illegible]

pulvers und somit in seiner Wichtigkeit für die Staatsverteidigung seine besondere Veranlassung«.

Mit Recht erklärt *Rau* die Entstehung des Salpeterregals vom historischen Standpunkte aus und betrachtet es als ein Entwicklungsprodukt seiner Zeit. Hierdurch trat er jener Auffassung der alten Kameralisten entgegen, welche es lediglich als einen unmittelbaren Ausfluss des Kriegshoheitsrechtes ansahen und es sogar aus dem Waffenregal der alten römischen Kaiser herleiteten [1]). Selbst in neuerer Zeit finden wir noch eine derartige Ansicht vertreten: »Als ein Ausfluss des Kriegshoheitsrechtes«, sagt *E. Baumstark* [2]), »wurde seit der Erfindung des Schiesspulvers das Salpeterregal angesehen«. Aber schon *L. Himmelstoss* hat seinerzeit darauf aufmerksam gemacht, dass sich aus einer so ergiebigen Quelle, wie sie das Kriegshoheitsrecht des Herrschers darbot, schliesslich alles mögliche herleiten und zum Regal erheben liess. Der Missbrauch ist ja genugsam bekannt, den die sogenannten »Plusmacher« mit dem Regalienwesen, der Sache und dem Namen nach, trieben [3]). »Von dem ergiebigen Satze ausgehend«, bemerkt *Himmelstoss* [4]), »alles sei Regal, was nur immer die Ausübung eines Hoheitsrechtes erforderlich macht, schlossen sie (die Kameralisten) vom Rechte des Krieges auf das Recht, Pulvermühlen zu gestatten, und vom Pulver auf den Salpeter, als wesentlichsten Bestandteil des Pulvers. Ein fernerer Schluss in dieser Kette, welche weder einen Anfang noch ein Ende hat, würde gerade dahin geführt haben: die Soldaten sind durch den Krieg bedingt — Kleidung ist für jeden Menschen wesentliches Bedürfnis, und auf diesem Wege — wie schön hätte sie nicht ihre Urteilskraft zu einem Schafs- und Kalbsregal geführt!«

Wenn man schliesslich auch davon absah, in Wirklichkeit derartige Konsequenzen aus dem Kriegshoheitsrechte zu ziehen, so hatte man es doch immerhin, dank den Lehren der Kameralisten, in einzelnen Territorien bis zu einem Glas-, ja selbst zu

1) Massgebend war für sie die Stelle im Cod. Just. »de fabricensibus« (von den Waffenschmieden), L. XI, Tit. 9.

2) *E. Baumstark*, Kameralist. Encyklopädie, 1835, S. 767.

3) *Tröltsch*, Regalien, Handw. B. d. Staatsw., Bd. VI, S. 352: »Gegen die Mitte des 17. Jahrhunderts glaubte Klock 400 Finanzregalien feststellen zu können«.

4) *Himmelstoss*, Versuch einer Entwicklung des Begriffes und der rechtlichen Verhältnisse der Regalität in Deutschland, 1804, S. 81 ff.

einem Pottasche-Regal gebracht [1]). In Brandenburg [2]) z. B. war die Bereitung des Glases, zu der man Salpeter benötigte, kurfürstliches Regal. In ähnlicher Weise wurde das Pottascheregal nicht etwa aus der Regalität der Forsten abgeleitet, was vielleicht noch am natürlichsten gewesen wäre, sondern aus der des Salpeters, weil die Asche, aus der bekanntlich Pottasche gewonnen wurde, für die Salpeterfabrikation unentbehrlich war.

Andererseits wird die Annahme, dass sich das Salpeterregal aus dem Bergregal entwickelte, noch durch die eigenartige soziale Stellung bestätigt, welche die in den beiden Produktionszweigen beschäftigten Personen den andern Untertanen gegenüber einnahmen. Obgleich, wie wir früher ausführlich klargelegt haben, die Salpetersieder nicht aus den Bergleuten hervorgegangen waren, erfreuten sich doch diese beiden Berufsklassen nahezu der gleichen Privilegien [3]). In der Hauptsache waren es folgende:

1. Besondere Gerichtsbarkeit;
2. Befreiung vom Militärdienst;
3. Befreiung von Steuern, Schoss, Zoll, Maut etc.;
4. Befreiung von Fronen und Roboten;
5. Befreiung von Hutungsabgaben;
6. Befreiung vom Zunftzwang (mit Ausnahme von Württemberg);
7. Befreiung vom Zehnt auf längere Zeit (in Württemberg und Bayern sogar dauernd);
8. Freies Bauholz fur die Errichtung der Hütte; z. T. auch freies Brennholz.

Andererseits muss als ein besonderer Ausfluss des Salpeterregals der Umstand angesehen werden, dass der Landesherr selbst die auf künstlichem Wege von den Untertanen produzierten salpeterhaltigen Stoffe als sein Eigentum betrachtete [4]). Daher gestattete

---

1) Vom Pottascheregal berichtet *L. v. Seckendorf* in seinem »Teutschen Fürstenstaat« (Ausgabe: Jena, 1720), wie folgt: »Pottaschesieden durfte sonst niemand aus der gewöhnlichen Asche des Holzes, es sei denn auf Grund obrigkeitlicher Erlaubnis und unter Leistung des Zehnten, oder sonst irgend einer bestimmten Abgabe«. In anderer Form bestand auch das Pottascheregal darin, dass einzelnen Personen teils unentgeltlich teils gegen eine gewisse »Pachtabgabe« das Sammeln der Asche bei den Untertanen gestattet wurde.

2) *C. Bornhak*, Gesch. d. Preuss. Verwaltungsrechtes, 1884, T. I, S. 214.

3) Dieselben sind von *A. Steinbeck*, in Karstens Archiv für Bergbau, Bd. 16, S. 370 ff, spezifiziert.

4) In diesem Sinne bemerkt *v. Justi* »Grundsätze der Polizeywissenschaft«, 1782,

er zwar den künstlichen Salpeterbau, auch ohne besondere Erlaubnis, liess aber die Verarbeitung der erzeugten salpeterhaltigen Rohstoffe nur durch die in seinem Dienste stehenden Salpetersieder vornehmen. Im wesentlichen hat *Zinke*[1]) die dem Landesherrn aus dem Salpeterregal erwachsenden Rechte folgendermassen spezifiziert: »Der Landesherr ist befugt:

1. Die Salpetererde allenthalben suchen, graben, kratzen und machen zu lassen;
2. Salpeterhütten anzulegen;
3. Anstalten, damit der Salpeter-Anpflug und die Beschwängerung geschickter Erde z. B. der Salpeter-Erd-Wände, Haufen, Gruben befördert werde, machen zu lassen;
4. die errichteten Hütten an Privatos auszutun;
5. die Einfuhr des fremden Salpeters (welches auch von Küchen-Salzen zu merken) einzuschränken;
6. sich den Verkauf und die Lieferung des Salpeters zu den herrschaftlichen Magazinen, Zeughäusern und Pulvermühlen bey den Privat Salpeterhütten zuzueignen;
7. Salpeterzehenden einzuführen;
8. den Salpeterpreis zu setzen;
9. besondere Privilegien wegen dieses Negotii zu erteilen;
10. die Salpetersieder sonderlich in polizeimässige Ordnung zu setzen.«

Unter der rücksichtslosen Strenge, mit welcher das Salpeterregal in der Regel ausgeübt wurde, hatten fast alle Klassen der Untertanen teils mehr, teils weniger zu leiden. In der Tat verfuhr man oft so schonungslos, dass es uns schliesslich nicht wundernehmen kann, wenn das Salpeterregal, wie *Beckmann* versichert, vom Volke noch weit mehr als das Jagdregal gehasst wurde. Besonders war die ländliche Bevölkerung den härtesten Bedrückungen ausgesetzt; aber auch in den Städten kamen Belästigungen infolge des häufigen Suchens und Grabens nach Salpeter fortwährend vor. Zudem waren gerade hier solche Arbeiten für die Häuser ziemlich gefährlich, denn abgesehen von ihrem hohen Alter, waren die letzteren wegen ihrer eigentümlichen schma-

---

S. 133: »Der Salpeter aber ist zu unseren Zeiten zu dem Kriegswesen so notwendig, dass der Landes-Herr sich die Siedereyen allerdings private zuzueignen, und durch Anlegung von Salpeterwänden durch die Untertanen, mit möglichster Ersparung einzurichten Ursache hat«.

1) *Zinke*, Cameralwissenschaft, 1755, Teil II, S. 976.

len und hohen Bauart den isolierter liegenden, verhältnismässig breiteren und niedrigeren Häusern der Dörfer gegenüber sehr viel weniger widerstandsfähig [1]).

Anderer Art waren die Unannehmlichkeiten, welche die Monopolisierung des Salpeterhandels verursachte. Die Kaufleute und Apotheker, die Goldschmiede und Metallscheider wurden hierdurch gezwungen, den erforderlichen Salpeter auf die umständlichste Weise aus den staatlichen Magazinen oder Zeughäusern und stets nur in kleinen Mengen zu einem Preise zu beziehen, den der Landesherr willkürlich festsetzte. Zuwiderhandlungen gegen die Monopol-Bestimmungen wurden mit strengen Strafen, z. B. mit hohen Geldbussen, Gefängnis- oder Leibesstrafen, Konzessionsentziehungen etc. geahndet. Auch die Erschwerung hinsichtlich der Beschaffung von Asche, welche die Bleicher, Rotgerber, Färber und Seifensieder für ihren Gewerbebetrieb so notwendig brauchten, war eine natürliche Folge des Salpeterregals.

In den vorhergehenden Untersuchungen haben wir bereits eine ganze Reihe von Massnahmen kennen gelernt, welche in Preussen, Bayern und Württemberg zu gunsten des Salpeterwesens, zum Nachteile der Untertanen getroffen wurden. Wie tief die Salpetergesetze vielfach in die Wirtschaftsweise der Bevölkerung, besonders der ländlichen, eingriffen, haben wir schon früher oft beobachten können. Selbst eine so bevorzugte soziale Stellung, wie sie sich Adel und Geistlichkeit damals allgemein erfreuten, vermochte beide bisweilen kaum vor solchen Bedrückungen zu schützen [2]). In Preussen zwang man die Untertanen, anstatt der billigen Zäune und Hecken Wällerwände zur Einfriedigung zu

---

1) Mit welcher Unvorsichtigkeit die Salpetersieder zuweilen verfuhren, erhellt aus folgendem Falle: Noch in den 80er Jahren des 18. Jahrhunderts beschwerte sich ein Magdeburger Seidenhändler darüber, dass eines Tages plötzlich zwei »Salpeterknechte« ihr Geschirr bei ihm eingestellt und aus dem Keller seines Hauses, das so wie so schon »grösstenteils schwach« war, nicht weniger als 8 Fuder Erde fortgeschafft hätten, wobei sie »nicht nur bis dicht zu den Grundmauern vorgedrungen wären, sondern dieselben sogar noch stellenweise unterwühlt hätten«.

2) So bestimmte die bayerische Saliterordnung v. 30. Nov. 1703, Abt. 5: » . . . sollen die Saliterer nicht alleyn bey denen Gerichts-Hofmarchsunterthanen sondern auch bei Unseren Landsassen, und Hofmarchs-Inhabern, Schlössern, Häusern, Ställen und anderen dergl. Orten und Wohnungen, wie und wo sie seyn mögen, nicht weniger auch bei denen Pfärrern und Beneficianten ohne Unterschied noch Consideration dem Saliter nachgraben«. Diese Bestimmung bestand bis 1789, als durch »Ordnung« vom 9. Sept. »die bewohnten Häuser und Schlösser der Pfarrer und Honoratioribus« allerdings ausgenommen wurden.

verwenden; man zwang sie auch anderwärts, ihre Wohnungen den Salpetersiedern jederzeit zu öffnen, damit sie nach Salpeterstoffen durchsucht werden konnten, wobei nicht selten die Fussböden aufgerissen und der Putz von den Wänden abgekratzt wurde. Man verbot den Untertanen, die Ställe und Keller zu pflastern und gestattete ihnen (z. B. den bayrischen Bauern) selbst nicht einmal, die Fussböden ihrer Wohnstuben und Kammern mit Brettern zu verschlagen. In Württemberg wurde sogar die Anlegung der Ställe in den Bauernwirtschaften durch die Salpeterordnungen besonders vorgeschrieben. »Da erfahrungsgemäss der Harn der Schweine«, so bemerkt das Gesetz vom 20. Juli 1747, »der Salpeterbildung besonders schädlich ist, so dürfen die Untertanen die Schweineställe nicht inmitten der anderen Ställe anbringen, sondern sie sollen sie entweder nach einer Seite hin oder aber vor das Haus hin verlegen und falls sich von den Rinnen oder Dachraufen das Wasser nahe den Ställen ansammelt, kleine Abflussgräben ziehen, damit durch dergleichen Nachlässigkeit die beste Salpetererde nicht ertrinken muss.«

Um die oft lästigen Bestimmungen etwas zu mildern, liess man in besonderen Fällen Ausnahmen zu. Man gestattete in Preussen z. B. in solchen Gegenden, wo fast regelmässig Ueberschwemmungen im Frühjahr eintraten, Zäune und Hecken statt der Wällerwände zu errichten; man erlaubte auf Grund eines obrigkeitlichen Gutachtens in Württemberg, dass diejenigen Ställe, welche durch allzu grosse Nasse das Verweilen des Viehes unmöglich machten, gepflastert oder mit Brettern belegt werden durften. Zuweilen verbot man auch das Graben in den Wohnstuben, Kammern und Scheunentennen; bei letzteren allerdings meistens nur zur Zeit der Ernte und des Dreschens oder solange sie mit nicht gedroschenem Getreide gefüllt waren. In Bayern mussten zur Winterszeit die Wohnstuben der Bauern und die Zechstuben der Wirtsleute verschont bleiben, desgleichen auch die Stallungen, falls zur Unterbringung des Viehes keine anderen Räumlichkeiten vorhanden waren. Ferner suchte man die Bedrückungen noch dadurch zu mildern, dass man den Salpetersiedern in der Regel die Wiederausfüllung der aufgegrabenen Böden bei hoher Strafe zur Pflicht machte und missbräuchliche Anwendungen ihrer weitgehenden Befugnisse streng ahndete.

Trotz alledem standen aber Uebergriffe und Gewalttätigkeiten, welche sich die Salpetersieder zu Schulden kommen liessen, sozusagen auf der Tagesordnung. »Die Salpetersieder«, bemerkt ein damaliger Schriftsteller [1]), »bestehen erfahrungsgemäss zum grössten Teile aus liederlichen, frechen und betrügerischen Menschen, von denen die Eigentümer, bei welchen sie die Salpetererde suchen, mannigfaltige Belästigungen erfahren, besonders wo sie zugleich zum Vorteil des Landesherrn arbeiten, und daher unter solchem Vorwand Gelegenheit haben, den Untertanen aus allerhand Privataffekten durch übermässiges Salpeterkratzen und unnötig verursachten Schaden an ihren Gebäuden schwer zu fallen. Dort wo der Landesherr das Salpeterwesen unter seine Regalien rechnet, werden die Sieder als wirkliche Geisseln des armen Landmannes angesehen«. Man kann sich heute kaum noch eine rechte Vorstellung von den Roheiten und Uebergriffen der Salpetersieder bilden, welche die Untertanen über sich ergehen lassen mussten. Ohne vorherige Benachrichtigung [2]) erschienen die Salpeterer und begannen in allen Wohnräumen, Ställen, Scheunen u. s. w. nach Salpeter zu graben. Oft stürzten sie hierbei die Möbel um, warfen die Betten, Geräte, Getreidegarben auf den Hof, trieben das Vieh aus den Ställen, rissen die Fliesen und Dielen auf, kratzten den Wandverschlag ab und unterwühlten die Grundmauern und Pfosten in den Kellern. Schonungslos gruben sie in alten Klöstern und Kirchen, bisweilen sogar auf den Gottesäckern, und es kam nicht selten dabei vor, dass sie die Gebeine der Toten herauswühlten, ohne sie später wieder zu verscharren.

Anderer Art waren die Bedrückungen, welche das Salpeterregal den Untertanen in der Form von allerlei Dienstleistungen auferlegte. Die Gemeinden waren verpflichtet, den Salpetersiedern auf Wunsch Fuhren, meist unentgeltlich, zu leisten und ihnen freies Bau- und Brennholz zu liefern. Hatten die Salpetersieder das ihnen überwiesene Holzquantum verbraucht, so verlangten sie ein neues oder stahlen es bei Verweigerung aus den Wäldern, requirierten es vielleicht auch von den Einwohnern mit Gewalt. Infolge ihrer Machtbefugnisse wurden sie oft zum leichtsinnigen

1) Leipziger Sammlung v. ökon. Sachen, a. a. O., Bd. I, S. 297.

2) Anders in Braunschweig-Wolfenbüttel. Der Landtagsabschied vom 27. Jan. 1619 bestimmte: »Art. 37. Dem Salpetersieder soll zwar das Graben in den Ställen, Scheunen auch Häusern gestattet sein, und in denen nicht behindert; gleichwohl aber darüber der Eigentums Herr von denselben vorher begrüsset werden, welcher ihm auch das Graben ohne erhebliche Ursache nicht abschlagen kann«. (Promtuarium d. fürst. Braunschweig, Wolfenbüttel-Landes Verordnungen, 1777, S. 558.)

Schuldenmachen verleitet, denn man weigerte sich in der Regel kaum, ihnen das gewünschte Darlehn zu bewilligen, aus Furcht, sie möchten die Abweisung später durch allerlei Bedrückungen vergelten. Aus dem nämlichen Grunde wagte man auch nicht, Unterschlagungen von Salpeter, Holz u. s. w., die sich die Sieder häufig zuschulden kommen liessen, anzuzeigen. Eine württembergische Gemeinde z. B. hatte einst ihren Salpetersieder wegen eines solchen Vergehens bei der Obrigkeit denunziert. Als derselbe nach Verlauf von 7 Jahren wieder in derselben Gemeinde grub, wollte er ihr zeigen, »was die Salpetersieder im Lande tun könnten«. Einen Bauern belästigte er 4 Wochen über, einen andern 9 Wochen, einen dritten fast $^{3}/_{4}$ Jahr, so dass der letztere seine Ernte nicht unterbringen konnte und sein Vieh anderswo einstellen musste. Klagen und Beschwerden über Ausschreitungen der Salpetersieder liefen bei den Regierungen beständig ein; aber gewöhnlich hatten sie nur geringen Erfolg, denn die Salpetersieder wurden, falls keine besonders schweren Vergehen vorlagen, fast immer in Schutz genommen.

Kein Wunder, wenn es die Untertanen daher gewöhnlich vorzogen, lieber zur Selbsthilfe zu greifen, als sich bei der Obrigkeit zu beschweren. Man setzte den Arbeiten der Salpetersieder fast überall energischen Widerstand entgegen, beschimpfte sie, jagte sie aus dem Hause und warf ihre Werkzeuge und Behälter auf die Strasse. Die Regierung ihrerseits ahndete solche Vergehen der Untertanen aufs strengste und stellte sie als besonders sträflich hin, in welchem Sinne z. B. die württembergische Salpeter-Ordnung vom 14. Januar 1717 bemerkt: »Die Unterthanen scheuen sich nicht, Uns als dem Landesfürsten wegen führender Salpeterhandlung und Conservierung eines solchen so nöthig und nützlichen Regalis, übel nachzureden, sodann die Salpetersieder äusserst zu verschimpffen, zu verkleinern und denen selben alle Hünderung zu thun«.

Aber auch auf anderem Wege, sozusagen durch präventive Massnahmen, suchte man jene Bedrücker fern zu halten. Man sammelte die salpeterhaltigen Stoffe in den Kellern und Wohnräumen und brachte sie als Dünger auf die Aecker. Häufig wurden auch die Tennen und Ställe abgewässert, um die Salpeterbildung durch Ueberschwemmen zu vernichten, und nicht selten bedeckte man die Erdböden der Ställe mit einer hohen Sand- oder Kiesschicht oder pflasterte sie. Vielfach wurden auch die

Tennen der Scheunen und die Fussböden der Wohnräume aus einem Material hergestellt (Kalk, Mörtel und Lehm mit Kot gemischt), welches später so fest wurde, dass man es nur mit grosser Muhe wieder aufreissen konnte. In Bayern war es zeitweise üblich, aus den gewöhnlichen Tennen »Vieh- und Mastställe« zu machen und an ihrer Statt »doppelte Tennen« zu errichten. Man überbaute nämlich die Böden der Scheunen in einiger Höhe durch Brücken und legte so eine zweite Tenne an, auf welcher nun das Dreschen ungestört vorgenommen werden konnte, da eine natürliche Salpeterbildung hier kaum noch möglich war. Derartige Vorsichtsmassregeln erregten natürlich den Unwillen der Regierung, und der Kurfürst von Bayern befahl einst allen Ernstes: »Gegen die Bürger, insbesondere gegen die Pauers-Leuthe mit der Zuchthausstraff oder Landesverweisung vorzugehen, welche denn bey denen halzstarrigen gesind mehr als all andere Straffe verfangen würden.«

Erst gegen Ende des 18. Jahrhunderts gab man, wie z. B. in Frankreich und Bayern, den einzelnen Gemeinden Gelegenheit, sich von den Belästigungen der Salpetersieder durch Anlegung von Salpeterplantagen oder Salpeterpyramiden zu befreien, deren Ertragfähigkeit der im Jahr über in der Gemeinde durchschnittlich gewonnenen Salpeterausbeute entsprach. Bayern ging später hierin sogar so weit, dass es durch ein Gesetz vom Jahre 1807[1]) jeder Gemeinde frei stellte, sich eventuell durch Lieferung einer bestimmten Quantität gekauften Salpeters, für welche die Regierung den offiziellen Salpeterpreis bezahlte, von der Salpetergerechtigkeit loszukaufen.

Zweifellos war es in volkswirtschaftlicher wie sozialpolitischer Hinsicht ein bedeutender Fortschritt, als man im Anfange des 19. Jahrhunderts, als dem Staate andere Mittel und Wege zur Befriedigung seines Salpeterbedarfs geboten wurden, das Salpeterregal in allen Ländern aufhob. So wichtig auch immer dem Landesherrn die Aufrechterhaltung dieses Regals infolge seiner hohen politischen Bedeutung erscheinen mochte, so sehr zeigte es sich andererseits der selbständigen wirtschaftlichen Entfaltung seiner Untertanen hinderlich. Sicherlich hatte es in den vergangenen Jahrhunderten, als der Bezug fremden Salpeters nicht ohne Beschwerden war, seine Existenzberechtigung gehabt; seitdem aber die ostindischen Kompagnien die europäischen

1) Regier. Blatt 1807, S. 1110. (Aus dem »General-Index über alle Landesverordnungen von 1806—9«.)

Märkte reichlich und billig mit Salpeter versahen, seitdem man Mittel gefunden hatte, durch künstlichen Salpeterbau selbst noch im Inlande genugsam zu produzieren — man denke hierbei nur an den blühenden Salpeterplantagenbau Frankreichs — war das Salpeterregal entbehrlich geworden. »Das Salpeterregal ist durchaus unnötig«, bemerkt *E. Baumstark*[1]), »denn abgesehen davon, dass die Salpetersiederei ein von jedermann betreibbares Geschäft ist, so folgt aus der Kriegshoheit (*B.* leitete bekanntlich das Salpeterregal aus dieser ab) sonst nichts, als dass der Staat das Kriegsmaterial herbeischaffen muss. Da dies aber die Finanzverwaltung angeht, so tritt sie mit der Verpflichtung auf, jenes so wohlfeil als möglich und mit der geringsten Störung der Volksbetrieb- und Gewerbsamkeit zu tun. Zu diesem Zwecke ist die Regalisierung der falsche und nur die Freilassung des Gewerbes der rechte Weg«.

Seit dem Jahre 1742 hatte sich in Preussen ein eigenartiger Zustand in der Regalität des Salpeters herausgebildet, denn infolge der Erwerbung Schlesiens waren im Königreiche mit einem Schlage beide Regalitätsformen vorhanden. Während nämlich in den alten Provinzen das Salpeterregal als solches bestand, war die Salpetergewinnung in Schlesien von jeher[2]) dem Bergregal subsummiert gewesen, und man hatte bei der Erwerbung dieser neuen Provinz es nicht für notwendig erachtet, den bisherigen Zustand in der Regalität des Salpeters zu ändern. Allerdings beabsichtigte Friedrich der Grosse im Jahre 1755, auch in Schlesien das eigentliche Salpeterregal einzuführen. Aber infolge des ausbrechenden Krieges gelangte dieser Plan nicht zur Durchführung, und später bestimmte die revidierte schlesische Bergordnung (v. 5. Juli 1769) sogar ausdrücklich: »Es gehören also zu Unsren Berg-Werks-Regal alle Metalle und Halbmetalle, das Eisen allein ausgenommen, ferner Arsenik, Kobalt, Nickel, Vitriol, Alaun, S a l p e t e r, Steinsalz, Salzquellen, Steinkohlen, Schwefel etc. . . .«[3]) Zu Beginn des 19. Jahrhunderts wurde auch in Preussen die Salpetergewinnung dem Bergregal subsummiert, und zwar durch das Gesetz vom 17. Sept. 1811, welches bestimmte, »dass die Beleihung zur Salpeterfabrikation als zum Bergregal gehörig von den Ober-Bergämtern seitdem zu geschehen habe«.

---

1) *Baumstark*, a. a. O.

2) Vgl. *A. Steinbeck*, Gesch. d. schles. Bergbaues, 1857, Bd. II, S. 245.

3) *Arndt*, Gesch. und Theorie d. Bergregals, 1879, S. 251.

Schon in den vorhergehenden Untersuchungen haben wir näher ausgeführt, unter welchen Bedingungen seinerzeit der preussische und auch der französische Staat seinen Untertanen gegenüber auf das Recht der Ausübung des Salpeterregals Verzicht leistete. Während das Regal in Frankreich ohne weitere pekuniäre Verbindlichkeiten für die Untertanen abgeschafft wurde, geschah dies in Preussen bekanntlich nicht ohne bestimmte Entschädigung, und zwar in Gestalt des Salpeterzehnt. Besonders erwähnenswert ist die Ablösungsgesetzgebung, welche sich in Württemberg an die offizielle Beseitigung des Salpeterregals knüpfte.

Hier war bereits gegen Ende des 18. Jahrhunderts »der Landschaftliche Grössere Ausschuss« zu wiederholten Malen beim Herzoge wegen Aufhebung des Salpeterregals vorstellig geworden. Endlich willfahrte dieser den Bitten durch das Gesetz vom 17. März 1798, machte jedoch die Zahlung einer entsprechenden und alljährlich zu entrichtenden Ablösungssumme zur Bedingung. Der Betrag wurde damals auf 8200 fl. festgesetzt und musste in vierteljährlichen Raten à 2050 fl. gezahlt werden. Ausserdem hatten die einzelnen Kreise in Kriegszeiten das nötige Pulver für das herzogliche Militär auf ihre Kosten zu liefern.

Die auf die einzelnen Gemeinden entfallenden Quoten der Ablösungssumme suchten diese meist durch die bereits früher erwähnten »Standengelder« aufzubringen, welche sie von den Salpetersiedern für fernerhin gewährte Grabebefugnis erhielten. Auch kamen verschiedene Oberämter mit der Regierung darin überein, dass die letztere auf die für jene in Betracht kommenden Teile der Abfindungssumme verzichtete, dafur aber die Salpetergerechtigkeit wieder ausübte und den Salpetersiedern gegen ein jährliches »Locarium« übertrug. Beispielsweise gewährte die Regierung einem Salpeterer in einem »Bestandsbrief« für die Zeit von 1804 bis 1810 das Grabrecht in den Oberämtern Ellwangen, Gmünd, Aalen, Giengen, Hall und Vellberg für ein Lokarium von 500 fl. mit der ausdrücklichen Erlaubnis, dieses Recht »nach seinem ganzen Umfange, so wie es die altwürtembergische Salpeterordnung vorschreibt, auszuüben« [1]. Hierdurch war das Salpeterregal teilweise wieder eingeführt worden; ja, man zog eine Zeit lang sogar in Erwägung, jenes Vorgehen auch allgemein in An-

1) Nach den Archiv-Akten.

wendung zu bringen. Wenn auch diese Absicht schliesslich wieder aufgegeben wurde, so geschah es hauptsächlich aus dem Grunde, weil man in dem Falle auf die Ablösungsumme hätte verzichten müssen, zumal bei einem Salpeterbedarf (in Friedenszeiten) von jährlich rund 200 Ztr., nach den früheren Erfahrungen zu urteilen, die Wiedereinführung der ehemaligen, staatlich organisierten Salpetergewinnung kaum einen nennenswerten Gewinn abwerfen würde. Das Landes-Oekonomie-Collegium, dem jene Frage im Jahre 1807 vom Staatsministerium zur Begutachtung vorgelegt wurde, führte auch dementsprechend aus [1]: »Ein absolutes Bedürfnis für den Staat scheine eine neue Salpetereinrichtung nicht zu seyn; der Salpeterbetrieb werde auch nie zu einer fruchtbaren Finanzquelle benutzt werden können und die Beschwerde, welche die Ausübung des Salpeterregals vormals den königl. Untertanen zugezogen, und der nachteilige Einfluss, welchen der ehemalige Salpeterzwang auf die Industrie gehabt habe, stehe mit dem unwichtigen Ertrage für die königl. Kassen in keinem Verhältnisse. Inzwischen liesse sich vielleicht von den bereits etablierten Salpetersiedern oder von etwa aufzustellenden Entreprenneurs, wovon etwa jedem ein Kreis überlassen werden könnte, noch ein Vorteil für die königl. Kassen erzielen, und es dürfte daher zu untersuchen seyn, ob auf eine öffentl. Bekanntmachung sich Liebhaber einfinden würden, welche mit Umgehung des drückenden Zwanges für die Unterthanen sich jährlich zur Lieferung eines bestimmten Salpeterquantums in gemässigten Preisen oder zu einer bestimmten Abgabe von jedem erzeugten Ctr. mit Einbedingung des Vorkaufsrechtes für die Herrschaft gegen Bezahlung der laufenden Preise verstehen würden«.

In der Tat wurde der letztere Vorschlag befolgt, und die Regierung schrieb im Mai 1809 die Verpachtung der Salpetergewinnung in den einzelnen Kameraldistrikten gegen ein jährliches Locarium, das in Geld und Salpeter bestehen sollte, öffentlich aus (s. Beilage XIX). Jeder Bewerber hatte bei Uebernahme der Pacht, deren Dauer auf 7 Jahre bemessen worden war, eine entsprechende Kaution zu hinterlegen und ein obrigkeitliches Zeugnis zu erbringen, dass er entweder selbst das Salpetersieden verstände, oder solches durch geübte Personen vornehmen lassen wollte. Für letztere hatte er persönlich einzustehen, wie er denn

1) Nach den Archiv-Akten.

überhaupt für alle beim Graben nach Salpeter verursachten Beschädigungen den betreffenden Eigentümern Ersatz leisten musste. Doch durften im Gegensatz zu früher die von ihm angestellten Salpetersieder von den Gemeinden oder deren Mitgliedern weder unentgeltliche Holz- oder Aschelieferungen noch Freifuhren verlangen, sondern hatten alle Leistungen, auch der königl. Kammer gegenüber, bar zu bezahlen. Indessen sollten die Gemeindevorsteher bei der Anlage der Salpeterhütte insofern behilflich sein, als sie dem Pachter »einen schicklichen Platz in einem billigen Kauf- oder Miethpreise« zu überlassen hatten. Bei der Ausübung des Salpetergewerbes waren die Arbeiten so einzurichten, dass alle Ortschaften während der 7jährigen Pachtzeit ausnahmslos einmal, aber auch nicht öfter, gehörig nach Salpeterstoffen durchsucht wurden, wobei aber nicht nur »die beste Erde auf Raub weggenommen, sondern auch das Geringe angegriffen« werden sollte. Da ausserdem, wie Artikel 6 des Pachtbriefes ausdrücklich bestimmte, »das Recht, nach Salpeter zu graben, ein Regal ist, so darf der Pächter solches nicht vernachlässigen, auch nicht gegen eine Abfindung oder aus Gefälligkeit einzelne Communen und Privateigentümer frei lassen, bei Strafe und Confiscation dessen, was er für die Freilassung empfangen hat«.

Auf diese Art und Weise waren also mit Ausnahme der unentgeltlichen Dienstleistungen, billigen Holzlieferungen etc. die alten Regalitätszustände, welche man auf dem Wege der Gesetzgebung seinerzeit beseitigt zu haben glaubte, in Wirklichkeit auf dem Wege der Verwaltung wieder eingeführt worden. Für die ihnen entgangenen Vorteile suchten nun die Unternehmer alles aufzubieten, um sich auf andre Weise schadlos zu halten. Die in ihren Diensten stehenden Salpetersieder verfuhren den Untertanen gegenüber rücksichtsloser denn je und trieben trotz der ausdrücklichen Verwarnung mit den Salpetergründen den schonungslosesten Raubbau, wie sich denn tatsächlich fast kein »Entrepreneur« an die im Pachtkontrakt hierüber vorgesehenen Bestimmungen kehrte. Schon nach Verlauf eines Jahres sah sich die Regierung gezwungen, gegen die Bedrückungen energisch einzuschreiten und durch Reskript vom 10. September 1810[1]) anzuordnen, dass

1. »Das Graben in den Wohnungen zur ebenen Erde eben-

1) *Keyscher*, a. a. O.

falls und höchstens nur in dem Falle, wenn der Besitzer einer solchen Stube und Kammer zwei oder mehrere Stuben und Kammern hat, in die er sich bei dem vorzunehmenden Graben ohne Nachteil seiner Gesundheit und Gewerbsverhältnisse mit seiner Familie zurückziehen kann, und wenn das Graben bei guter, angemessener Jahreszeit geschieht, zu gestatten; und

2. Zur Vermeidung des gefährlichen Um- und Untergrabens der Fundamente und Schwellen das Graben in den Gebäuden nur in Gemässheit der vorliegenden Bauordnung, und also durchaus ohne Nachteil der Fundamente und Schwellen, und in gehöriger Entfernung von denselben vorzunehmen seye«.

Leider hatte das Reskript nur wenig Erfolg. Die Unternehmer, bezw. ihre Angestellten wussten auch diese Anordnungen zu umgehen, und die Folge davon war, dass beständig Klagen und Beschwerden einliefen, welche wegen allerlei Uebergriffe und Gewalttaten bei der Regierung erhoben wurden. Als jene 7 Jahre verstrichen waren, brach man mit dieser Form der Verpachtung und übertrug das Salpeterregal »pachtweise« den einzelnen Oberämtern [1]). Die Pachtzeit wurde auf 6 Jahre festgesetzt mit dem ausdrücklichen Vorbehalt einer eventuell im Laufe dieser Frist etwa vorzunehmenden Abänderung. Sämtliche Oberämter verpflichteten sich damals, ein »Locar« von insgesamt 10000 fl. an die Oberfinanzkammer und 984 fl. an die königl. Hof- und Domänenkammer, sowie 400 Ztr. gereinigten Salpeters an das Arsenal zu Ludwigsburg alljährlich abzuliefern. Die »Subrepartition« in den einzelnen Oberämtern [2]) sollte nach der Seelenzahl geschehen, während die weitere Verteilung der Quoten an die verschiedenen Amtsorte jedem Oberamte selbst überlassen blieb. In der Regel wurden die Salpeterlieferungen von den Oberämtern an Kaufleute oder Apotheker, die sich kontraktlich verpflichteten (s. Beilage XX), für diesen Teil der Verbindlichkeiten einzustehen, vergeben.

Auf diese Weise wurden die Untertanen von den Bedrückungen, welche die Ausübung des Salpetergewerbes trotz der formellen gesetzlichen Aufhebung des Regals zur Folge gehabt hatte, end-

---

1) *Reyscher*, a. a. O., Bd. 16 II, S. 209. (Gesetz v. 4. Nov. 1816.)

2) So entfiel zum Beispiel auf die Oberämter: Brackenheim der Betrag von 170 fl. und $6^3/_4$ Ztr. Salpeter, auf Gerabronn 190 fl. und $7^1/_2$ Ztr., Waiblingen 285 fl. und $3^1/_2$ Ztr., Kirchheim 180 fl. und 7 Ztr., Crailsheim 150 fl. und 6 Ztr., Gmünd 160 fl. und $6^1/_2$ Ztr. u. s. w.

lich befreit, denn die im Lande befindlichen Salpetersieder durften seitdem nur noch mit ihrer ausdrücklichen Genehmigung salpeterhaltige Stoffe innerhalb ihres Besitztums sammeln. Allerdings hatten die Untertanen diese Befreiung nur durch eine alljährlich zu entrichtende Abfindungssumme von der Regierung erlangen können, aber schon im Jahre 1820 [1]) leistete diese auf die Zahlung der obigen Summen Verzicht und erklärte auch die Lieferungsverträge, welche die einzelnen Oberämter wegen der Beschaffung von Salpeter abgeschlossen hatten, ausser Kraft.

Von allen europäischen Ländern, in denen das Salpeterregal bestanden hat, ging England mit dessen Aufhebung voran. Ueberhaupt hatte es sich dort nur während der Regierung Karls I. behaupten können [2]). Am längsten hat es zweifellos, wenn zuletzt auch nur nominell, in Schweden gedauert, denn dort ist noch heutigen Tages jeder Grundeigentümer verpflichtet, dem Staate alljährlich eine bestimmte Summe Geldes für Salpeter zu zahlen [3]).

---

1) *Reyscher*, a. a. O., Bd. 16 II. S. 367. (Ges. v. 27. Juli).

2) *Scobel*sche Sammlg. v. Akten und Verordg. d. Parlaments v. 1640—56.

3) Dictionnaire du Commerce, de la Banque et de l'Industrie; 1902. T. II, p. 893.

Schluss.

Wir sind am Ende unsrer Untersuchung über das ehemalige Salpeterwesen angelangt und wollen uns nun mit dem hierdurch gewonnenen Einblick einer kurzen Schlussbetrachtung zuwenden.

Erinnern wir uns wieder an die Worte der Einleitung, so werden wir jetzt weit besser das zu beurteilen und zu verstehen wissen, was dort nur als unbewiesene Behauptung hingestellt werden konnte, nämlich dass die heutigentags fast ganz der Vergessenheit anheimgefallene Salpeterwirtschaft einst eine hohe volkswirtschaftliche Bedeutung besessen, und dass ihre Politik einen wichtigen Zweig in der Verwaltung des absolutistisch regierten Staates geschaffen hat. Allerdings werden wir heute, wo uns durch die Entwicklung von Verkehr und Technik ganz andere, vollkommenere Mittel und Wege zur Deckung unseres Stickstoff-Salpeterbedarfs geboten sind, das ehemalige Salpeterwesen mit all seinen sozialen und wirtschaftlichen Begleiterscheinungen verurteilen müssen. Aber seinerzeit war es auf Grund der herrschenden politischen und volkswirtschaftlichen Verhältnisse in seiner Existenz durchaus berechtigt, und wir dürfen nie vergessen, dass auch unsere moderne Volkswirtschaft erst das Entwicklungsprodukt früherer Zustände ist, die keineswegs immer als wünschenswert und segensreich angesehen wurden, und dass sie erst in ihnen ihre starken Wurzeln befestigen musste, ehe sie sich so glänzend und grossartig entfalten konnte.

Andere Zeiten, anderes Leben, und gerade in wirtschaftlicher Hinsicht so sehr veränderlich! Von kleinen, unscheinbaren Anfängen ausgehend, sahen wir, wie das Salpeterwesen allmählich emporwuchs, wie es infolge seiner politischen Bedeutung bald das Interesse des Staates gefangen nahm und sich, dank dessen

Fürsorge und Pflege, immer mehr ausbreitete. In Frankreich wurde es innerhalb zweier Jahrhunderte zu einem, sich über das ganze Land erstreckenden, staatlich organisierten Wirtschaftszweig, zur Nationalindustrie. Einzelne deutsche Staaten folgten diesem Beispiele und erreichten Aehnliches, wenn auch in kleinerem Massstabe. Durch die Regalität erhielt die Salpetergewinnung einen besonderen Charakter oder Vorzug, und man betrachtete sie in vielen Staaten als ein dem Herrscher allein zustehendes Hoheitsrecht, das mit der königlichen Würde als unzertrennlich verknüpft galt. So bildete sich das Salpeterwesen nach und nach zu einem hervorragenden Merkmal des Despotismus und der merkantilistischen Wirtschaftspolitik aus. Mit dem Absolutismus fast gleichzeitig entstanden, begleitete es ihn auf seinem Entwicklungsgange. Mit ihm erreichte es im 18. Jahrhundert seinen Höhepunkt, wo es das Denken der Staatswirte beherrschte, und niemand an seinem Bestande zu rütteln wagte. Aber auch ihm wurden die beginnenden Zeiten der Aufklärung und des Liberalismus verhängnisvoll, und der im Volke immer mehr hervortretende Wunsch nach politischer und sozialer Neugestaltung wurde schliesslich auch für die Beseitigung des Salpeterwesens bestimmend.

Allerdings konnte man es infolge unzulänglicher Ersatzmittel noch nicht gänzlich entbehren. Vorläufig begnügte man sich deshalb mit der Einschränkung gewisser ihm eigentümlicher Begleiterscheinungen, die von den Untertanen besonders drückend empfunden wurden. Der Staat verzichtete zunächst auf die den Salpetersiedern zu gewährenden Dienstleistungen und Unterstützungen und bald auch auf die in seinem Gebiete sich vorfindenden natürlichen Salpeterrohstoffe, bei deren Aufsuchen und Sammeln Bedrückungen unvermeidlich waren. Um sich jedoch für die ihm auf diese Weise entgehenden Materialien schadlos zu halten, bemühte er sich, eine künstliche Produktion in Gestalt des Salpeterbaues einzuführen, und regte auch private Unternehmer durch Produktionsprämien zu diesem neuen Zweige wirtschaftlicher Tätigkeit an. Zwar waren Wissenschaft und Technik noch zu wenig vorgeschritten, um eine rationelle künstliche Salpetergewinnung zu ermöglichen, aber trotzdem wurde selbst auf diesem noch ziemlich primitiven Wege Hervorragendes geleistet. Das beste Beispiel hierfür bietet Frankreich und Schweden, wo man durch Salpeterplantagen- beziehentlich Pyramidenbetrieb eine rationelle Verwertung allerlei stickstoffhaltiger Produktions- und Konsumtionsabfälle in grossartigem Massstabe durchführte. Aber nach und nach merkte man, dass durch den Salpeterbau der Landwirtschaft, mit der er ja vielfach als Nebenbetrieb verbunden war, äusserst nützliche Stoffe, die an und für sich schon keineswegs im Ueberflusse vorhandenen natürlichen Düngemittel entzogen wurden. Als sich daher der ostindische Salpeterexport immer mehr entwickelte und die Salpeterpreise entsprechend fielen, zog sich das private Kapital von solchen Unternehmungen zurück, und auch der Staat gab seine heimische Salpeterproduktion, die er anfangs noch durch hohe Zölle zu schützen suchte, nach und nach der Konkurrenz des auswärtigen Salpeterhandels preis. Mit dem zunehmenden Export von chilenischem Salpeter seit dem Jahre 1830 und der bald darauf folgenden Entdeckung des Konvertverfahrens, d. h. der Kunst, durch billige Kalistoffe Natronsalpeter in Kalisalpeter überzuführen, sank das ehemalige Salpeterwesen zur völligen Bedeutungslosigkeit herab und verschwand allmählich aus dem Rahmen der Volkswirtschaft. Heutzutage hat es für uns nur noch ein historisches Interesse, das aber durch die moderne Salpeterfrage von neuem geweckt worden ist. Es zeigt uns, mit welchen Mitteln man ehemals die so oft in Erscheinung tretende »Salpeternot« abzustellen wusste.

In einer früheren Abhandlung[1]) habe ich bereits klarzulegen versucht, auf welchem Wege die moderne Technik das immer brennender werdende Salpeterproblem, das infolge der voraussichtlich bald eintretenden Erschöpfung unserer heutigen Stickstoff-Salpeterquelle entstanden ist, vielleicht in kurzer Zeit befriedigend lösen wird. Im Prinzip durch künstliche Erzeugung von Nitraten oder Salpetersurrogaten aus einfacheren Stoffen, die uns die Natur in kolossalen Mengen schon fertig darbietet. Ein solcher Uebergang von der Urproduktion zur Kunstproduktion ist in der chemischen Industrie keineswegs neu; ja man kann sagen, dass dieser Prozess zu den charakteristischsten Kennzeichen dieses jüngsten Zweiges unserer Industrie zählt. Am deutlichsten zeigt er sich in der Fabrikation organischer Farbstoffe, die früher nur auf dem Wege der Urproduktion gewonnen werden konnten. Aber auch auf anderen, nicht minder

1) Die moderne Salpeterfrage, a. a. O.

wichtigen Gebieten hat er sich bereits vollzogen oder beginnt er sich immer mehr geltend zu machen. Ueberhaupt scheint die kulturell-wirtschaftliche Bedeutung der modernen chemischen Technik vornehmlich darin zu liegen, dass sie uns von der Urproduktion, besonders von derjenigen ihrer beiden Formen, bei welcher die Natur zur Produktion gewissermassen erst angeleitet werden muss, zu emanzipieren und einer rationelleren Gütererzeugung und Konsumtion zuzufuhren sucht.

Beilagen.

I.

Privileg für eine in München zu errichtende Fabrik zur »Chymischen Erzeugung und Fabriquemässigen Betrieb von Kunstsalpeter« [1]).

15. Januar 1799.

1. Erteilen Wir dem erwähnten v. Eckartshausen, dann dessen Erben Associés oder Cessionarien dieses gebethene Privilegium dergestalt, dass derselbe von diesem künftigen Salpeter, so viel er mag, produziren, und sowohl im Lande, als auch im Auslande verkaufen darf;

2. ist jedoch das Churfürstliche Oberlandzeugamt nicht im geringsten gehalten, von gedachten v. Eckartshausen, oder vielmehr aus dessen Fabrique einigen Salpeter abzunehmen, wohl aber der v. Eckartshausen, dann dessen Erben, Associés oder Cessionarii verbunden, seim künftig erzeugten Salpeter dem Churfürstlichen Oberlandzeugamt auf jeden Falle zum Ankauf vorzüglich anzubieten, und solches iedesmal zu beobachten, bevor eine beträchtliche Quantität irgend anders wohin oder in das Ausland verführet oder verkauft wird;

3. soll zwar der Ankaufspreis dieses Salpeters für das Oberlandzeugamt nach dem Anerbieten des v. Eckartshausen um $^1/_{10}$ wohlfeiler als der Kurrentpreis verbleiben; dieser Ankaufspreis aber in der Folge wenn die Fabrique im guten Gange seyn wird, nach Maass der Produktion und abwerfenden Gewinnstes noch näher bestimmet werden. Auch werden Wir

4. dem v. Eckartshausen nach hergestellter Fabrique und in gehörigen Gang gebrachten Betrieb derselben die Erbauung einer oder mehrerer Pulvermühlen unter dem Vorbehalt der erforderlichen Restriction nicht versagen.

5. Verleihen Wir ihm v. Eckartshausen respekt. seiner zu errichtenden Fabrique das jus praelationis in Schuldsachen, wie selbes in der Mauthordnung enthalten ist, und sich dessen andere Unserer Fabriquen zu erfreuen haben.

6. Erlauben Wir dem Besitzer dieser Fabrique den Grosso- und Minuto-Verschleiss seines auf Chymische Art selbst erzeugten Salpeters, verbieten aber demselben bey dem Verlust dieses Privilegii mit einem Fremden oder andern als obig erzeugten Salpeter den geringsten Verkehr zu treiben.

7. Hat der v. Eckartshausen die verbindliche Obliegenheit, stets darauf zu

---

1) *G. K. Mayr*, Samlg. d. Churpfalz-Baierschen Landesverordg. Bd. VI, S. 174.

sehen, dass das Churfürstliche Landzeugamt sowohl, als das Publikum aus seiner Fabrique stets mit ächten, guten, dauerhaften und unschädlichen Salpeter versehen; und darauf der Geldausfluss für diesen Artikel sorgfältig vermieden werde, wobey nicht minder

8. das Augenmerk zu nehmen ist, dass in dieser Fabrique vorzüglich Innländern Arbeit verschafft und seiner Zeit tüchtige Arbeiter daraus erzogen werden. Uebrigens stehet

9. diese Kunst-Salpeter-Fabrique unter Unserm Hofkriegsrath, wohin sich also v. Eckartshausen oder der Besitzer derselben in Vorfallenheiten umsichere, und kräftige Manutenenz je und allzeit zu erwarten hat.

II.

Obliegenheiten, Gerechtsamen und Pflichten der Büchsenmeister[1]).

Das erste Kapittell.

Was für Stück vnd gute Sitten, wie auch Gewohnheit ein Jeder Büchsenmeister an sich haben soll.

Erstlich, soll Er Gottesfürchtig sein, vnd Gott vor Augen haben, mehr denn andrer Leut, denn wann Er mit den Stücken vmbgehet, hat Er seinen grösten Feind unter Händen, vnd mus alzeit die gröste Sorg vnd Gefahr dabey haben.

Zum andern, soll Er sich auch wiessen bescheidentlich zu halten, mit denen so Er vmbgehet, vnd ein künstlicher vnd vnverzagter Mann sein, nicht stolz, hoffertig, oder aufgeblassen, sondern guten Bescheid vnd Bericht geben, auch red vnd antwort, demienigen der Ihn fraget vnd anredet. massen man alzeit mehr mit guten Bescheid vnd Unterrichtung ausrichten kann, sonder mit bösen fluchen vnd schelten.

Drittens, soll Er sich auch Erbar mit Worten vnd Werken erzaigen, vnd alzeit bey guten Sinnen seyn, Sonderlich soll Er sich hütten vor Trunkenheit, daraus dann alles Bösses herrührt.

Viertens, soll Er auch schreiben vnd lesen können, sonsten kan vnd mag Er diese Stück, Zur dieser Kunst gehörig, nicht wol alle in Sins behalten.

Fünftens, soll er alle die Stück, es sey des wilden oder zahmen Feuerwerkes, das ist, zu Schimpff und Ernst können machen, auch das Pulver vnd Salpeter zuleutern, v. zu reinign, von ersten biss zum letzten.

Sechstens, soll Er auch können u. wissen zu ordiniren vnd zu bauen, an Festungen vnd Kazenschirmungen (eine besondere Art von Verschanzung!), von Schantzen vnd Körben von Brucken vnd Lägern unter die stück und Schissrigell, in Summa alles dasienige, so zur Artollerie gehörig. Alss hastu einen kurtzen Bericht, was ein Buchsenmeister können vnd wissen soll, wofern er anderss seiner Kunst ain Vergnügen thun will.

Das ander Kapitell.

Von der Büchsenmeister Freyheit, welche Kayser Carl der Fünffte Ihnen hinderlassen hat.

Erstlich, wann eine Stad wirt stürmenter Hand gewonnen vnd erobert

1) Nach einem bisher noch ungedruckten Manuskript aus dem Anfang des 17. Jahrhunderts. Dasselbe befindet sich im Besitz des Herzogl. Anhalt. Schlossbibliothek zu Cöthen.

wird, soll der Büchsenmaister Ihr Monat (Monatslohn!) aus: vnd auf das neu wieder angehen.

Zum andern, wenn ein Büchsenmaister in einer Stad oder Besatzung lieget, vnd der feind den sturm nicht gewinnet, auch so offt Er einen sturm thut, soll alzeit seine Besoldung aus: vnd auff das neu wieder angehen, Jedoch, dass Sie sich den Feldartirungsbrieff gemess verhalten.

Drittens, soll kein Büchsenmaister ohne Handlanger sein, sonder zwei, drey oder vier Handlanger, nach Gröss dess Stücks halten, wo Er mit einem Hauptmann bekand, der wird Sie darnach wissen zu besolden, Sie sollen aber mit Vorwissen des Zeugmeisters angenommen werden.

Viertens, ob es sich begäbe, dass ein Büchsenmaister in Gefahr käme, es were Unter den Soldaten, oder reisigen Zeug, Soll der Profoss oder sein Knecht mit Ihm nichts zuschaffen haben, oder Hand an ihn anlegen, allein der Zeugmeister soll Ihn nach seinem Verbrechen mit Gelegenheit darumb straffen.

Fünfftens, ob es sich begebe, dass ein Soldat unter andern Soldaten, oder reisigen Zeug in Gefahr käme, Balgens halbers, vnd der Profoss od sein knecht hand anlegen wollten, Er aber dem Geschütz oder Artollerie zulieffe, ein Stück mit freyer Hand ergrieffe, soll er drey Tags Freyheit haben, denn in solcher Zeit mehr guter Rath wird zu finden sein.

Sechstens, das stück, so dem Büchsenmeister unterthänig gemacht wird, vnd Er darzur geschworen hat, vnd wenn es darzur kompt, dass Er daraus schisset, vnd Ihm misslinget, doch aber zuvorn keinen Schuss daraus gethan, es geschehe auf einen Thurm, Mauern oder Scharmützel, soll die Obrigkeit nicht hand anlegen, denn ein Büchsenmeister der zuvor aus einen stück nie keinen Schuss gethan, hat drey freyer Schuss, vnd der vierte ist dess herrn, damit Er das stück erlernet.

Zum Siebenden, soll der Büchsenmeistern Ihren Weibern vnd Jung in der Munition vnd Artollerie auff zweyen Heer: vnd Kuhlwagen zurfahren gestattet werden, vnd nicht vnter dem Tross zu gehen.

Zum Achten, Ob sichs begebe, dass mann vmb das Proviant an dem reihen stehen müsste, ob es were in einer Besatzung oder Feldlager, es liege das Proviant auff der Erden oder Wasser, sol den Büchsenmeistern gestattet werden, wann er seine Züntruten bey sich hat, vnd begehret vmb Geld Proviant, so darff Er nicht an den reihen stehen, damit Er förderlichst wieder zu seinen stücken mag kommen, vnd dem Feldherrn dardurch nichtens Verseume; Weiter soll ihme gestattet werden in der Artollerie zu Marquetentern oder zu kochen, den Büchsenmeistern oder Furleuten die das Geschütz führen, doch dass Er sein Stück in guter Hut habe, vnd dem Feldherrn nichts verwarlost werde.

Zum Neunden, Wenn mann den Feind mit dem Heer oder Wagen durch das Land ziehet, vnd dassselbige Preis gemacht wird, so gehören des Büchsenmeisters die Glocken in allen Städen vnd Märkten, sowolen auch in Dörffern, Schlössern vnd andern Flecken, da Ihm aber das Heer abkauffen wolle, soll es Ihme verstattet werden.

Zum Zehenden, ob es sich begebe, dass ein Stad mit sturmenter Hand eingenommen wird, so gehören den Büchsenmeistern die Kriegsrüstung, die Zeugheusser, das gross Hauptstück in der Stad, die Ladung in allen Stücken, das auffgeschlagene Pulver, vnd Glocken zu, dessgleichen wenn ein Feld erobert wird, Alss dann soll ein Feldmarschall vnd Zeugmeister solches multipliciren, vnd den Büchsenmeistern abkauffen, Ihnen ein genanntes Geld darumb geben, doch soll der Feldmarschall die Billigkeit mit Ihnen treffen, dass es den Büchsenmeistern zu gedulten sey, Wenn auch der Feldmarschall oder Zeugmeister den Büchsenmeistern den Artikelsbrieff verlesen hat, soll Er sie fragen, ob Sie bey den Articuln bleiben wollen, So sprechen Sie, ja, warumb nicht, darumb sind wir dar, vnd wollen dabey bestendig verbleiben, wie unser Leib vnd Leben wehret, vnd so lang wir Herrn haben, alss dann soll Ihnen der Feldmarschall oder Zeugmeister den Eid vorlesen vnd von Ihnen nehmen.

Das dritte Kapitell.

Folget nun was Wesens vnd Standes ein Jeder Büchsenmeister sein soll, vnd was Ihm vor stück gehöret.

Erstlich, sollen die Büchsenmeister einen Zeugmeister haben, derselbe soll mit einen Leutenant, Zeugschreiber, vnd so es die Noth erfordert, mit einem Tollmetscher, Profossen, vnd Stockknecht versehen sein.

Zum andern, sollen die Büchsenmeister Got für Augen haben, nicht gottslästern, sondern ernsthafft, vnd doch gegen Jedermann bescheiden sein, noch den Wein übergehen lassen, vnd da Einer hierwieder handeln würde, der soll auff gelegenheit des Verbrechenss, vnd gutachtens dess Zeugmeisters, gestrafft werden.

Drittens, ob es sich begebe, dass ein Büchsenmeister ein Eheweib hatte, vnd derselbe mit einer andern in hurhen zu schaffen hatte, vnd kompt in die Artollerie, soll Ihm solches nit gestattet werden, Er habe denn sein Eheweib mit sich. dessgleichen auch einen Jungen gesellen, allein Er habe denn ein Eheweib, wo aber einer darüber betroffen würde, vnd der Zeugmeister Ihn darumb straffete, es wäre zum ersten, andern vnd dritten Mahl, vnd er nicht davon ablassen wolle, der soll durch den Zeugmeister am Leibe gestrafft werden.

Vierttens, wann ein Büchsenmeister einem stücke vnterthänig gemacht wird, es sey gros oder klein, so soll ers in guter Hut haben, allemassen wie sein eigen Leib, wie sichs gehöret, nichts davon berauben oder verkauffen, es sey krauth (Pulver) oder Loth (Kugel), was dann zu dem Stücke gehöret, vnd wo einer darüber betroffen würde, der soll durch den Zeugmeister am Leibe gestrafft werden.

Fünftens, soll kein Büchsenmeister bey nächtlicher Weile, von seinen stücken liegen, ohne wissen seines Zeugmeisters, Feldmarschallen oder Kriegsrathes. es sey in einer Besatzung oder Festung, Soll auch bey Tags nicht vors Läger hinausgehen, auf Futterey oder Beut, es erlaube Ihms denn der Zeugmeister, oder obgemeldter herren Einer, da aber einer wäre, der sein stück also belestigt, der soll gestrafft werden.

Sechstens, ob es sich begebe, dass man einen Büchsenmeister vnd Handlanger mit seinen stücken gebrauchen wollte, es were gegen oder vor den Feind, auff Wasser oder Land, wo es die Notturfft erforderte, vnd Er seinen Eid, den Er geschworen, wegen Überflüssigen Trinkenss, keinen Genügen thäte, vnd das Stück nicht regieren könnte, der soll am Leib durch den Zeugmeister gestrafft werden.

Zum Siebenden, soll kein Büchsenmeister ohne Wissen des Zeugmeisters, Marschalls oder Kriegsräthen vnd Hauptleuthen schiessen, Sie befehlen Ihms denn, denn es auch durch einen Schuss gewonnen oder verlohren werden kann.

Zum Achten, soll kein Büchsenmeister einigs Meuterey mit seiner Kunst unter die andern machen, sondern es soll der Meister wie der Geringste seyn, wie es denn der Notdurfft erfordert, es sey in einer Schantzen oder Scharmützel, es soll einer dem andern seine Kunst mitteilen, damit dem Feldherrn nichts verstumet wird, vnd die Stücke nicht zersprenget werden.

Zum Neunden, Wann es sich begebe, dass ein Stad zum Sturm beschossen auch dadurch gewonnen vnd erobert würde, soll ein Jeder Büchsenmeister vnd Handlanger bey seinem stücke standhaftig verbleiben, das in guter Hut haben, mit laden vnd Zündrutten; Wann es sich begebe, dass sich der Feind stärkete, vnd heraus in die Artollerie fiele, vnd erobert das Geschütz sampt dem Läger, durch welches dem Kriegsherrn wirklicher Schad geschehe, darumb soll Er sein Stück, ohn wissen vnd willen dess Zeugmeisters, Marschallen, nicht entblösts, dieselben befehlen Ihm dann, ob einer darunter were, vnd in die Stad hinnein lauffen wolte, helfen plündern, der soll von Zeugmeistern am Leibe gestrafft werden, Alss soll sich ein jeder Büchsenmeister nach laut dess Artikelsbrieff wissen zuhalten, damit dem Feldherrn nichts verstumet, vnd Er nicht an Leib vnd Leben gestrafft werde.

Zum Zehenden, sollen auch die Handlanger den Büchsenmeistern in allen billigen Dingen unterthänig sein, vnd was ihnen durch die Meister anbefohlen wird, ohne einigs Wiederred willig und gern thun, damit der Meister sampt Ihnen, durch den Zeugmeister oder obgedachten Herren nicht am Leibe gestrafft werden. Es sollen alle die so vorgemelten Artikel den Handlangern ernstlich eingebunden werden, dieselben ebenmässig zu halten, vnd alles dasienige was den Büchsenmeister durch den Zeugmeister oder obgedachten Herrn einem commendiret wird, willig und gern thun, In fall sich einer darwieder legen würde, der soll durch den Zeugmeister am Leibe gestrafft werden.

Eilfftens, soll auch kein Büchsenmeister einen andern die kunst, heimlich oder öffentlich zulehren macht haben, Er habe denn zuvor einen Herrn zu Feld gedienet, vnd eine Festung helffen gewinnen, oder verliehren.

Schliesslichen, vnd Insonderheit, soll ein Jeder Büchsenmeister Gott vor Augen haben, denn wenn Er mit dem Stück umbgehet, hat er seinen grösten Feind in Händen, also muss Er dreyfache Sorg an ihm haben, Er soll sich auch bescheidentlich halten, mit Jedermann, Er soll auch ein ernsthaffter vnverzagter Mann sein, vnd in Kriegen Tröstlich, denn mann grossen Trost von einen solchen Mann nimbt, darumb soll Er sich Tröstlichen vnd bescheidentlichen wissen zuhalten, denn andere.

III.

Dienstbrief des »Salpetermechers« der Stadt Frankfurt a. M. — 1477[1]).

Ich Sixtus Kammensmit salpetermecher erkennen offenlich mit diesem brieffe, das ich mich zu den ersamen vnd wisen myn lieben herren burgermeistern vnd rate der stat Franckfort getan vnd mich yne dru jare die nesten folgende nach datum diess brieffs dabynnen wyder sie ihre burgeren, bysessen, dienere, die iren vnd die ine zuuerantworten steen, nit zutun oder schaffen getan werden heimelich oder offenlich mit gerichte noch sost in keyne wise sonder yne getruwelichen zudienen, iren schaden zu warnen, ire bestis zuwerben vnd furzuckeren, alsferre mich crafft vnd macht getragen mag, vnd weres, das ich ine dabynnen semptlich oder sonderlich zngesprechen hette oder gewonne oder sie gein mit darvmb vnd daurn sal vnd wil ich recht vnd bescheidenheit geben vnd nennen vor des richsgerichte zu Franckfort oder vorgenannten mynen herren dem rate, oder war sie es syn wi-

1) Das Original befindet sich im Stadtarchiv zu Frankfurt.

sen, ane alle geuerde. vnd was salpeters ich bynnen der vorgenannten jarezale bynnen der stede Frankfort gerichte vnd termeny machen werden, den sal vnd wil ich komen vnd werden lassen den vorgenannten mynen herren dem rate zu Frankfort yden centener fur eylff gulden, so ferre sie des begeren. obe ich aber vsswendig der stede Frankfort gerichte vnd termeny salpeter mechte, so ich den dan gemacht han, wes des ist uber das als die herren, onder den ich das machen, von mir nemen, da sal vnd wil ich das den vorgenanten mynen herren zuuor anbieden; vnd so ferre sie den nemen wollen den centener vmb die eylff gulden gedien vnd werden lassen ane alle geuerde vnd vmb den vorgenanten mynen verbont vnd dinst sollen vnd wollen myne herren mir in ydem vorgenanten jare geben sechs elen duchs zu eyn cleyde, als sie ire richtern eynem plegen zugeben, vnd han mir darzu zugesagt, was sie mir mit bete zu furdernus an die jhenen, die da stelle han getan mogen, wullen sie willig sin in diesen sachen, vssgescheiden alle argeliste vnd geuerde. vnd des zu verkunde han ich Sixtus Kammensmit obgenant myn eigen ingesigel an diesen brieff gehangen. Datum anno domini millesimo quadringentesimo septuagesimo septimo feria quinta infra octanas festi pasche.

IV.

Abkommen, welches der Rat der Stadt Breslau am 14. Januar 1492 mit seinem Büchsenmeister zwecks Lieferung von Salpeter trifft[1]).

Wir bekennen etc. . . . . komen ist Bernhard Rohner, buchsenmeister unser diener und hat uns erczelt, wie er in meynunge sey, salnitter lernen zu machen und welde das fertig lernen zu machen, und so er das kunde, wulde er den der stat alhie zulossen steen und damit nicht ubersetigen, auch dabey gemeldet, das er das tethe der stat zu gutte, und gebeten, so er den fertig machen kunde und diss ar ausgelernet, das wir alsdann nymands alhie uber en zu arbeiten und salniter zu machen vergonnen wolden. Haben wir angesehin die gutte meynunge, dy er uns vorgeben hat, auch traue dinste, die er der stat tuet und hinfur thun sal, und haben im zugesagit, so er das iar den salniter lernet machen gut und fertig und wol konnen wirt, also das er damit volferit, so wellen wir uber en alhie nymandis gonnen salniter zu machen nach zu arbten, idoch also das er die stat damete nicht ubersetcze sonder alleczeit in leichterm koufe dann andir von im becomen sal ane behulfe.

Am sonnobind vor Anthonii confessoris.

Vertrag zwischen dem Büchsenmeister der Stadt Breslau und seinem Gesellen wegen der Erlernung des Salpetersiedens.

Bekennen etc. . . . . komen seint Bernhard Rohner buchsenmeister unser diener an eyme und Baltazar Hunger am andern und haben sich anenander vorwilliget und vorpflicht nach innenhalt einer czedil, die sy vor ausbrachten und in ihrer keginwort ist gelesen worden, also lautende von worthe zu worthe:

---

1) Breslauer Stadtarchiv. Signaturenbuch Hs. G. 5. 59. S. 169/170. — Siehe auch Codex diplomat. Silesiae, Bd. 20, S. 118. Bei derselben Urkunde befindet sich auch der »Vertrag«.

Ich meister Bernhard buchsenmeister der stat Breslow bekenne dem gutten gesellen Baltazar Hunger, das ich im eine wergstat wil bauen uff ein iar uff meyer gelt und wil mit im arbten uff gleichen gewyn, und was ich vor speise vor houlcz vor assche vor lon ausgebe, das geet uff uns beiden in dem iare. Und wenn er mich gelerit hat und das iar umb ist, so wil ich im ein Mechlissche [Mecheln!] kleit koufen ragk yoppen und hozen und wil keynen lernen, sunder meyne kinder ausgenomen. Ap mir dy kinder abegingen in todisnotten und ich alders halben nicht geerbten mochte, so mag ichs meyner gutten frunde adir gonner einem lernen, der mich vorsteen mochte.

Ich Baltazar Hunger bekenne uffentlich, das ich dem vorsichtigen mann meister Bernhard buchsenmeister der stat Breslow zugesagt habe vor gutten leuten, en zu lernen salniter zu machen und den zu leutern und das salcz zu machen und das von dem salniter zu scheiden, und keyne kunst vor im zu vorbergen, sunder dy alle zu lernen. Item auch wil ich keynen uber en lernen, der im alhie zu Breslow schaden mochte.

Am sonnobind ut supra.

V.

Brandenburgisches Salpetersiederpatent vom Jahre 1575.

Wir Johann Georg Churfürst etc. ... Bekennen und thunkundt offentlich gegen Jedermenniglich, dass wir unsern lieben getreuen Jürgen Jahn erlaubt und zugelassen, von dato an ein Jar lang In unser Stadt Wusterhausen und in denen dörffern, ... Zustendig Salpeter Erde zuführen, zu graben und zu siedn. Dergestalt und alss das er den Leuten keinen Schaden zufügen, und die Flurr und anders auf seine Unkosten widder gleich und Zurechte machen, durchaus bey Eides Pflichten den Zehenden So viel er des Sal Peters siedn wirdt entrichten, des gleichen Jeden Centner umb eilff Thaler barr bezalung In unser Hoflager alhier zu bringen und lieffern solle. Mit der Verwarnung do er den Sal Peter andrn verkauffen oder sonst damit gebrauchen wurde, das er des Sal Peters und seins Werkzeugs vorlustigt, durch unser Straffe disfals zuwertig sein solle. Und wir der Landesfürste erlaubn und vergünnenn bemelten Jürgen Jahn solch Sal Petergraben und Siedn ein Jahr lang allenthalben wie es stehet In Krafft dis brieffs, und befehln demnach auch dem Rathe und Bürgern bemelter unser Stadt Wusterhausen auch den Schulzen und gemeinen Pauern des Dorfes Rorlarr und gantzer (?), Ir wollet gedachten Jahnen solch furchen und graben der Sal Peter Erde bey euch obgemeltermassen unweigerlich gestatten und darein forderlich sein, das wollen wir uns also zugeschehen gentzlichen vorlassen und in gnaden erkennen ...

gegeben zu Cöln am Spree Montags nach Trinitatis

anno dom. 75.

VI.

Bayrisches Salitererpatent.

Von Gottes genaden Wir Maria Anna in Ober: vnd Nidern Bayrn, auch der obern Pfalz Herzogin, Pfalzgrävin bey' Rhein, Curfürstin, Landtgrävin zu Leichtenberg, gebornne Königl: Princessin zu Ungarn Vnd Behaimb, Erzherzogin zu Österreich, Herzogin zu Burgundt, Vnd grävin zu Tyroll Wittib Vnd Vormunderin. Entbieten allen Vnd ieden Vnsern Hochen: vnd Nidern auch Landtsessn Burgerlichen obrigkheiten Vnd Vnderthanen insgemain, denen die Vnser offnes Patent vorkhombt Vnser gnad Vnd gruess zuvor, Vnd geben Inen hiemit zuvernemmen. Demnach Vns gegenwertig Hans Schwörzenwald Salitersieder zu Pframvrnig (?) Underthenigst zuerkhennen gebn, was gestalten ihme das Saliter graben thails Orths alwo err beburget nit gestattet: ander gänzlich verwöhrt werden wolle. Alss befehlen Wir alln Hochen: Vnd Nidrn Beambten; Landsessen, Hofmarchs Inhabern, Burgerlichn obrigkheiten, Vnd Vnderthanen, hiemit gdst., dass sie obbemelten Hans Schwörzenwald dass Salitergraben in seinem ausgezaigten gezirkh nit allein Vnwaigerlich verstatten, vnd auch Vilmer alls befürderlichn Vorschub: aber einiger hindernuss, bei Vermeidung Vnsrer Vngnad vnd straff hierin nit erweisn. Doch solle er Salitersieder schuldig seyn sich in solchen gruben der Saliterordnung allerdings zu verhalten vnd die gemachtn grueben ohne der Vnderthanen entgelt wider einfüllen, auch alle daraus erwachsende schädn, wovern sich ibergebühr ain oder andersmahl bezaigen wurdn, ersetzn: Geben vnder Vnsrem hiervorgethrukthen Churfstl. Secrete in Unsrer Haupt-Landtresidenz Statt München denn vierzehntn Monnatstag octobr: Im Aintausendt Sechshundertdryund Siebenzigstn Jahr.

VII.

Württembergisches Salpetersiederpatent[1]) von 1678.

Von Gottes Gnaden Friedrich, Herzog zu Würtemberg u. Teck, Graf zu Mömpelgard, Herr zu Heydenheim etc.

Den letzten Januarii dieses 1687sten Jahres ist mit Jerg Grünen von Münkenhällischen Gebiets, wegen untertänigst gebetenen Salpetersiedens und Grabens zu Möckmühl in der Amts-Stadt bey Unser Fürstl. Kanzley nachfolgender Accord. von Uns hiemit gdgst ratificirtermassen geschlossen worden.

1. Solle derselbe mit seinem Weib Kinder und Gesind, ein stilles. nüchternes, auch Gottesfürchtiges Leben, wie einem evangel. Christen, Augstburg Confession-Christen wohl anstehet, führen, Gottes Wort, und die heiligen Sakramenten andächtig u. würdiglich besuchen.

2. Mit den Inwohnern, und wo Er Bestandweis sich einlässt, friedlich, schidlich und nachbarlich leben.

3. Sich der wohlbekannten Salpeter- auch andern Fürstlichen Ordnungen gemäss verhalten, den Geboten und Verboten sich gehorsamlich unterwerfen, recht zu geben, und zu nehmen, auch sich jederzeit unterthgl fleissig u. getreu erweissen.

4. Solle derselbe einen bequemen u. ohnschädl. Ort zu Aufrichtung seiner Sied-Hütten mit Zuziehung Unseres Vogtes u. Burgermeister allda, sich aussehen, damit keine Feuersgefahr entstehen könne, und deswegen solle er jederzeit mit dem Feuer wachtsam und vorsichtig umgehen.

5. Wo er bei einem Unser Unterthan in Häussern, Scheuen, Ställen, den Salpeter zu graben, aufbricht, solle er den Fundamenten keinen Schaden thun, die die Unterthan an Ihrem Gewerb u. Feldgeschäfte zu Unzeiten nicht verhindern, auch die aufgebrochen Erden wieder eineben, u in vorigen Stand sezen, ohne Mäniglichs rechtmässige Klag, und hierinnen der gelobten Salpeter-Ordnung, bey seinem theuren Eid nachkommen, auch sich selbsten vor Ungelegenheit u. Straf hüten.

6. Solle er Kaufmansguten, u. schönen wol geläuterten Salpeter machen, u. be-

---

1) Das Original befindet sich im Kgl. Archiv des Innern zu Ludwigsburg.

reiten, auch selbigen ohne allen Unsern Kosten, so offt er 3—4 Ctr beysamen hat, zu Unserm Fürstl. Hof allhero auf das Gewicht liefern.

7. Von dem Salpeter nicht das geringste, anderwärts hin verkauffen, vertauschen, verschenken, oder in andern Weg verändern abtragen noch unterschlagen.

8. Sein Geschirr, Kessel u. alles, was er nöthig hat, auf seinen eignen Kosten haben u. erhalten, also auch seine Wohnung um eim leidl. Zins selbsten bestehen, u. seine Sudhütte ohne Jemands Beschwehrung aufrichten.

9. Unsere Unterthan, um das, was sie Ihnen verleyhen, arbeiten, Fuhren führen tragen oder geben, die Gebühr nach bezahlen.

10. Im Fall er ein Knecht oder Jungen hat zu dem Geschäft aufdingen oder lehren wollte, solle Er sich zu vorhero unterthgst anmelden, u. Unser gdgst. Bescheids abwarten.

11. Solle Er von dem Salpeter graben zu Möckmühl nicht Wieder aussetzen u. sich anders wo einlassen, er habe dann zuvor sich unterthgst angemeldet u. seye seiner Pflicht erlassen worden.

12. Hingegen haben Wir ihm vor jeden Centner wolgeläuterten u. Kaufmansguten Sallpeter, so oft Er Lieferung thut, zu bezahlen versprochen: dreyzehn Gulden. Sodann solle Er bey seinem Auf- und Abzug auch wegen des Holzes u. Aschen, so gebraucht, zollfrey sein.

Zu deren Festhaltung hat Jerg Grünen seine Handt von sich gegeben u. solche mit Einen leibl. Eid bestätiget, welches Wir mit Unserm Fürstl. Canzley Insiegel hiemit bezeigen. etc etc. . . .

VIII.

Lehrbrief.

Des Durchlauchtigsten Herzogen und Herrn, Herrn Carl, Herzogen zu Würtemberg und Tecks, Grafen zu Mömpelgardt, Herrn zu Heydenheim und Justingen c. c. Rittern des goldnen Vliesses, und des Löbl: Schwäbischen Crayses General-Feldmarschallen c. c. Rennkammer Expeditions Rath, Keller, und der Zeit gnädigst verordneter Pulver- und Salpeter-Verwalter zu Tübingen, ich Wilhelm Christopf Hermann, urkunde und bekenne hiemit, dass Vorweiser dieses Christian Jetter von Engstlatt, Balinger Oberamts, bey dem Salpeter Sieder Hans Martin Haug das Salpeter Handwerk der Ordnung gemäss, als eines Meisters Sohn 2 Jahr lang gelernet, mithin auch bey der allhiesigen Salpeter-Zunft-Laden auf solche Zeit ein- und ausgeschrieben worden. Welchem nach er Jetter also aller Orten vor einen gelernten Gesellen passiren und solcher Gestalten auf- und angenommen werden kann. Und gleich wie er diese seine Lehrzeit über sich jederzeit getreu, gehorsam und fleissig aufgeführet; also wird er auch in Betracht dessen nun jeder Männiglichen zu aller Beförderung de meliori recommendiret, welches ich in dergleichen und andern Gelegenheiten wiederum zu demeriren beflissen seyn werde.

Dessen zu wahrem Urkund habe ich mich nebst denen Ober-Meistern nicht allein eigenhändig unterschrieben, sondern auch Unser gewöhnliches Signet hievorgedruckt. So geschehen und gegeben den 5ten May Anno Ein Tausend, Sieben Hundert, Siebenzig und Acht.

Herzogl: Würtembergischer Pulver- und Salpeter-Verwalter
W. C. Hermann.
Salpetersieder Obermeister der Tübinger Zunft-Laden
Jacob Herre.

IX.

Ordonnance vom 13. Februar 1748, betreffend die Privilegien der Salpetersieder Frankreichs[1]).

1. Die Salpetersieder sollen für das Jahr 1748 und für alle folgenden, vorausgesetzt dass nicht anderweitig hierüber verfügt wird, 5 Livres zur allgemeinen Steuer- (taille) und dieselbe Summe zur Inventarsteuer etc. zahlen; doch dürfen sie weder mit der Personalsteuer, noch mit der Realsteuer stärker als bis zu diesen Beträgen belastet werden, unter der Voraussetzung, dass sie kein Nebengewerbe betreiben oder an dritte Personen keine Räumlichkeiten vermietet, resp. Ländereien verpachtet haben. In dem Falle werden sie von den betreffenden Intendanten und Kommissaren der Provinzial-Verwaltung offiziell zur Pacht- oder Gewerbesteuer eingeschätzt. Die sich hierbei ergebende Summe darf aber keineswegs durch Mehrveranlagungen etwaiger grundherrlicher Steuern erhöht werden.

2. Die Salpetersieder geniessen ausser allen Privilegien und Vorrechten, die ihnen bisher gewährt wurden, wie z. B. die Einquartierungsvergünstigung etc., auch die Befreiung vom Kriegsdienste, von der Uebernahme einer Vormundschaft oder eines Kuratels, von der Steuereintreibung, den Nacht- und Bürgerwachen, sowie von andern öffentlichen Pflichten. S. M. verbietet allen Kriegs- und Heerschaukommissaren, insonderheit den Bürgermeistern, Schöppen und andern Beamten der Stadtgemeinden und Kirchsprengel, auf die Häuser der Salpetersieder Quartierbillette auszustellen, widrigenfalls sie persönlich dafür zu haften und den etwa verursachten Schaden oder Verlust mit Zinsen zu ersetzen haben.

3. Die Söhne der Salpetersieder, ihre Arbeiter und Gehilfen, die 3 Monate vor der Publikation von Aushebungsbefehlen im Betriebe beschäftigt waren und ihre Arbeit bei einem Salpetersieder auch weiterhin fortsetzen, brauchen das Los nicht zu ziehen. Doch müssen sie noch mindestens 6 Monate lang nach der Aushebung in den Diensten eines Salpetersieders bleiben, widrigenfalls sie als Fahnenflüchtige betrachtet, festgenommen und eingestellt werden.

4. Die Salpetersieder, ihre Kinder und Arbeiter, die bei der Salpetergewinnung beschäftigt werden, sind von Fronen aller Art befreit. Die Pferde, Maultiere und Wagen, die für den Betrieb erforderlich sind, dürfen unter keinem Vorwande, selbst nicht einmal für Truppen- und Munitionstransporte, beschlagnahmt werden. Diejenigen Offiziere, die dem zuwiderhandeln, werden wegen Ungehorsams bestraft und die mit in Betracht kommenden Bürgermeister, Schöppen etc. mit einer Geldstrafe von 100 Livres belangt.

5. Von den Pulver- und Salpeterkommissaren eines jeden Departements sollen offizielle Listen, welche Namen, Zunamen und Wohnungsort der in jedem Steuergerichtsbezirke vorhandenen Salpetersieder enthalten, den einzelnen Steuergerichtsschreibereien ausgefertigt werden. Diese Aufstellungen müssen kostenlos von den Kanzleibeamten angenommen und ihre Einlieferungen durch Duplikate, die in den Händen des betreffenden Kommissars verbleiben, bescheinigt werden. Ausserdem verbietet S. M. jenen Beamten, kein Prozessverfahren gegen die Salpetersieder wegen etwaiger Registrierungsgebühren der Patente anzustrengen. Gegebenenfalls soll ein solches sofort eingestellt und der Zuwiderhandelnde mit einer Geldstrafe von 500 Livres belangt werden.

---

1) Aus den Archives Nationales, A. D. 890.

6. S. M. stellt alle »Commis«, Beamten, Salpetersieder und Arbeiter, die im Dienste des Generalpächters stehen, unter seinen persönlichen Schutz und Schirm und bestraft jeden, der ihr Eigentum, ihre Geräte, Werkzeuge etc. beschädigt, mit 300 Livres.

7. Diejenigen Salpetersieder, welche die in ihren Patenten genau angegebene Menge Salpeter nicht liefern, gehen der obigen Privilegien verlustig.

X.

Gesetz vom 16. Mai 1782, betreffend die Jurisdiktion über die Salpetersieder in Preussen [1]).

1. Die Salpetersieder unterstehen in allen causis personalibus ohne Unterschied der Jurisdiktion der Salpeteradministration und können auch nur von dieser rechtlich belangt werden; ausgenommen sind

2. a) Ehesachen, welche vor die mit den Regierungen kombinierten Ober-Consistoria gehören,

b) Delicta communia, deren Untersuchung dem mit den Ober-Gerichten beliehenen Jurisdiktionario gebührt,

c) Persönliche Schuldigkeiten und Praestationes, sie haben Namen wie sie wollen, womit dergleichen Leute etwa, als Unterthanen ihren Erb-Obrigkeiten verpflichtet sind.

3. Die Jurisdiktion über die Hütten der Salpetersieder gebührt dem Judice rei sitae.

4. Diesem kompetiert auch die Direktion des Hypothekenwesens dieser Fundierungen, die Führung der Bücher, und überhaupt alle davon abhängenden actus.

5. Der Judex rei sitae darf aber keine Besitz-Aenderungen vornehmen lassen, keinen Kauf oder dergleichen Fundos konfirmieren und keinen Titulum possessiones eintragen, wenn nicht zuvor der Consens der Salpeteradministration dazu gebracht werde.

6. Ebenso darf er ohne dergleichen vorgängige Einwilligung keine Schuld oder anderes dingliches Recht auf die Hütte eines Salpetersieders in dem Hypothekenbuche vermerken.

7. Um alle Vernachlässigungen dieser Vorschrift zu vermeiden, und das Publikum gegen alle Inductiones sicher zu stellen, soll in dem Hypothekenbuche bey jeder Salpeterhütte eine allgemeine Clausul de non alienando nec appignerando, ohne Vorwissen und Genehmigung der Administration ex officio eingetragen werden.

8. Wenn über das Vermögen eines Salpetersieders Konkurs entsteht, so gehört die Direction und Instruction desselben für die Salpeteradministration.

9. Diese muss jedoch, nicht nur bei der Citation und Classificierung der Gläubiger auf diejenigen, welche mit ihren Consens auf die Hütte eingetragen sind, Rücksicht nehmen und sich zu dem Ende von dem Judice rei sitae einen Hypothekenschein communicieren lassen, sondern sie muss auch wegen etwaiger Sequestration ingleichen wegen Tax- und Subhastation der Hütten, den Judicem rei sitae ordnungsmässig requiriren.

10. Wenn ein Salpetersieder stirbt, so endigt die Personalgerichtsbarkeit der Administration, und diese concurriert bey seinem Nachlass nur in soweit, als sie

1) Aus den Akten des Stadtarchivs zu Magdeburg.

[illegible]

6. [illegible] für den [illegible] [illegible] Art und Zeit der [illegible] an die Kgl. [illegible]

7. [illegible] den Zentnern [illegible] Salpeters an die Kgl. [illegible] Ueberlassen sich wegen Uebernahme [illegible] durch die den Hütten bisher beigelegten Ortschaften gegen [illegible] der nach § 1 und § 2 des [illegible] vom 1. März 1707 ihnen zustehenden [illegible][2]), mit [illegible] zu vergleichen.

1) Aus den Akten des Königl. Staatsarchivs zu Magdeburg.

2) Die[illegible] Bestimmungen enthalten im wesentlichen die Verpflichtung der Gemeinden, eine [illegible] Anzahl von Wallerwänden zu errichten und zu unterhalten.

XII.
Produktionstarif der Régie nationale des Poudres et Salpêtres für das Jahr 1793.

Name des Departements:	Sitz des Régie-Commissaires:	Kontingent f. jed. salpêtrier: (in Pfund)	Vermutliche Produktion: (in Pfund)
De la Somme	Amiens	600	800
Du Jura, du Doubs et de la Saône	Besançon	1 000	180 000
De la Gironde, de la Garonne et des Landes	Bordeaux	5 000	7 000
Du Cher	Bourges	2 000	30 000
Du Calvados	Caen	3 000	15 000
De la Marne	Châlons	1 000	10 000
De la Vienne	Châtellerault	4 000	100 000
D'Indre et Loire	Chinon	4 000	350 000
Du Puy-de-Dôme	Clermont	1 000	50 000
Haut et Bas Rhin	Colmar	500	100 000
Côte-d'Or, Saône et Loire	Dijon	1 000	130 000
De L'Aisne	La Fère	1 000	5 000
Du Nord	Lille	500	500
Rhône et Loire	Lyon	1 000	60 000
Des Bouches-du-Rhône	Marseille	1 000	180 000
De l'Hérault et de l'Aude	Montpellier	500	70 000
De l'Allier et Nièvre	Moulins-Nevers	1 500	13 000
De la Meurte et des Vosges	Nancy	500	190 000
Du Loiret	Orléans	4 000	48 000
Paris (la ville)	Paris	25 000	} 1 100 000
Paris (la campagne)	Paris	3 000	
Des Pyrénées orientales	Perpignan	600	24 000
Du Jura	Poligny	1 000	50 000
De la Seine inférе. et de l'Eure	Rouen	500	20 000
De la Charente inférieure	St. Jean-d'Angely	1 000	18 000
Du Pas-de-Calais	Saint-Omer	500	7 000
De la Mayenne	Saumur	4 000	350 000
De la Haute-Garonne	Toulouse	500	19 000
D'Indre et Loire	Tours	4 000	250 000
De la Meuse	Verdun	1 000	24 000
		Summa:	3 401 300

XIII.

General-Kosten-Etat der Régie Nationale des Poudres et Salpêtres (1793.)

a. Generalbureau zu Paris.

Zahl und Bezeichnung der Beamten	Festes Gehalt pro Person	Gehalts-maximum pro Person	Totalität	Art der Beschäftigung der Beamten
3 Regisseure	8000 Liv.	12 000 Liv.	36 000 Liv.	Revision d. Arbeiten eines jeden, Erteilen d. Befehle, tägliche Versammlung zur Erledigung der Korrespondenz, Rechnungsgeschäfte und sonstigen Vorfälle; überhaupt die Leitung der ganzen Verwaltungsmaschine, Beratung mit d. Ministern.
1 Korrespondenzdirektor nebst	5000 »		5 000 »	Tägliche Korrespondenzführung mit allen Verwaltungsbehörden, den Kommissaren und andern Regiebeamten.
1 Unterdirektor	3000 »		3 000 »	
1 Rechnungs-Direktor*	4000 »		4 000 »	Durchsicht und Beglaubigung von 47 Rechnungsberichten d. Kommissare, Aufstellung d. Generalberichtes, Prüfung von ca. 8000 Belegen, Bureauaufsicht, Aufstellung von Etats, Rechnungsauszügen etc.
1 Rechnungsprufungs-Beamter	2400 »		2 400 »	
1 Kassierer	6000 »	—	6 000 »	Alle vorkommenden Kassengeschäfte eines grossen Betriebes.
1 Hauptgehilfe	2400 »	—	2 400 »	
10 Expedienten { 9 à 1500	1500 »	—	13 500 »	Korrespondenzkopien, Kopien von Rechnungen, Berichten, sowie der 14tägigen, monatlichen und vierteljährlichen Etats.
{ 1 à 1800	1800 »	—	1 800 »	
2 Bureauboten	800 »	—	1 600 »	Botendienste für 5 Bureaux, die täglichen Botendienste nach den Ministerien etc.
1 Kassenbote	700 »	—	700 »	Wichtige Botendienste zur Einholung der von den Kommissaren gesandten Wertsendungen.
			76 400 Liv.	

b. Provinzialbeamte.

Zahl und Bezeichnung der Beamten	Festes Gehalt pro Person	Gehaltsmaximum pro Person	Totalität	Art der Beschäftigung der Beamten
2 Generalinspektoren	7000 Liv.	—	14 000 Liv.	Bereisen die Republik zur Kontrollierung der Beamten, Prüfung des Standes der Arbeiten und Abstellung von Missbräuchen.
2 Spezialinspektoren	3000 »	—	6 000 »	Bereisen ein Departement nach dem andern zur Beaufsichtigung der Arbeiten.
47 Kommissare: 24 erster Klasse	4000 »	7000 Liv.	98 901 »	Pulverfabriken, grosse Raffinerien, Annahme von Salpeter u. Pottasche; Pottaschebrennereien.
11 zweiter »	1800 »	2400 »	19 968 »	Die nämlichen Arbeiten, aber in kleinerem Massstabe.
12 dritter »	1500 »	1800 »	18 116 »	Pulver- und Salpeterverkauf, Aufsicht über die Materialien-Lagerplätze.
8 Kontrolleure	1500 »	—	12 000 »	Für die Aufsicht in den Departements, in denen viele Betriebe vorhanden sind.
4 Eleven	800 »	1200 »	3 600 »	Beschäftigung nur auf Grund besonderer Instruktionen, Vertretungen etc.
3 Salpeteraufseher: 2 zu Paris	1500 »	—	3 000 »	Beaufsichtigung der Salpetersieder und Arbeiter, der Materialienabfertigung.
1 zu Marseille	900 »	—	900 »	Hafenabfertigungen und Beaufsichtigung der Salpetersieder.
4 Departem.-Commis: 2 zu Paris	1500 »	—	3 000 »	Annahme und Verkauf v. Salpeter (sehr beschäftigt).
1 zu Besançon	1200 »	—	1 200 »	Brennen der Rohpottasche und Annahme von Salpeterlieferungen.
1 zu Dijon	1000 »	—	1 000 »	Beaufsichtigung d. Fabrik, die 7 Meilen von der Stadt entfernt ist.
Magazinaufseher, Zahl unterminiert	?	—	20 000 »	Beschäftigung, je nachdem sie in den Departements, Städten etc. gebraucht werden. Pulververkauf eventuell.
Registrierungskosten, Papier, Feuerung, Licht, Portier, Bureauxkosten etwa	6200 »		6 200 »	
			207 885 Liv.	
			76 400 »	

XIV.

Erlass des Nationalkonvents vom 4. Dezember 1793 zwecks öffentlicher Teilnahme an der Salpetergewinnung.

Da es der Nationalkonvent für notwendig erachtet, alle Bürger Frankreichs Mann für Mann zur Beschützung der Freiheit aufzurufen, damit jeder die Waffen ergreife und zur Bekämpfung der Tyrannei beitrage, so hat er in dem Augenblicke, wo die Waffen- und Munitionsfabrikation gewaltig steigt, und auch die Salpetergewinnung entsprechend erhöht werden muss, wie folgt bestimmt:

1. Alle Bürger, ob Hausbesitzer oder Mieter, abgesehen von solchen, deren Wohnung im Arrondissement eines Salpetersieders liegt (wovon weiter unten die Rede sein wird), werden hiermit aufgefordert, die salpeterhaltigen Stoffe ihrer Keller, Wohnräume, Ställe etc. selbst auszulaugen und auf Salpeter zu verarbeiten. Die Regie zahlt für jedes eingelieferte Pfund Rohsalpeter 24 s.

2. Damit die zu dem Zwecke erforderlichen Manipulationen allen Bürgern geläufig werden, schickt der Wohlfahrtsausschuss in jede Gemeinde eine ausführliche Beschreibung der Kunst, die Erdstoffe richtig zu verarbeiten. Diese Instruktion soll drei Dekaden hintereinander unter dem Baume der Freiheit verlesen und später beim Gemeinderat aufbewahrt werden.

3. Damit solche Arbeiten auch von denjenigen verrichtet werden können, denen es an nötigem Raume mangelt, so werden die Gemeinden aufgefordert, eine gemeinsame Salpeterhütte zu errichten, wo die Erde ausgelaugt, respektive die von den Bürgern eingebrachte Salpeterlauge versiedet werden kann. Zu dem Behufe wählen sie den geeignetsten Mann aus ihrer Mitte, der wegen seiner Kenntnisse und seines Patriotismus hinlänglich bekannt ist, um ihm die Aufsicht über die Arbeiten zu übertragen. Dieser muss auch den Bürgern zu Hause entsprechende Unterweisungen erteilen. Der Salpeter, welcher durch solch gemeinsame Arbeit gewonnen wird, soll ebenfalls mit 24 s. bezahlt werden.

4. Der Gemeinderat darf mit Genehmigung der Distrikts-Verwaltung ein Haus mieten, das sich zu einer derartigen Gemeinde-Salpeterwerkstatt einrichten lässt. Die Miete, wie überhaupt alle übrigen Unkosten sollen aus dem Erlöse für das Fabrikat beglichen werden.

5. Damit auch die neuen Einrichtungen Erfolg haben, soll die Regie in jedem Departement einen besonderen Beamten anstellen, der hauptsächlich die Distrikts-Salpeteragenten (s. u.) zu unterrichten, sich von deren Fähigkeiten zu überzeugen und mit ihnen beständig zu korrespondieren hat. Der Ministre des Contributions wird auf Antrag der Regie das Gehalt dieser Beamten festsetzen.

6. Jede Distrikts-Verwaltung soll zu dem obigen Regiebeamten des betreffenden Departements einen Bürger senden, der sich bei diesem hinsichtlich seiner Kenntnisse auszuweisen hat, oder den derselbe eventuell so lange unterweisen soll, bis er ihn für den Beruf eines Distrikts-Agenten genügend befähigt erachtet.

7. Ist dies der Fall, so übergibt er ihm einen Befähigungsausweis, worauf jener als Distrikts-Agent öffentlich anerkannt werden muss. Hiervon hat die Distrikts-Verwaltung dem Minister sofort Bericht zu erstatten.

8. Die Agenten erhalten monatlich 150 Livres. Der Minister lässt ihnen diese Summe auf Grund eines von der Distrikts-Verwaltung ausgestellten Scheins überweisen, und zwar aus dem Fonds, der für das Pulver- und Salpeterwesen angelegt worden ist.

9. Die Agenten sind gehalten, die Gemeinden ihres Distrikts so bald als möglich zu bereisen, um für die Verbreitung der besten und am meisten ökonomischen Methode der Salpetergewinnung zu sorgen; insbesondere haben sie diejenigen Orte, an denen Salpeter gewöhnlich zu finden ist, zu besichtigen, so dass keine Vernachlässigung bei der Verarbeitung der salpeterhaltigen Materialien vorkommen kann.

10. Wenn der Agent in einer Gemeinde auf Fundstätten stösst, die eine gute Ausbeute erwarten lassen, so soll er darauf dringen, dass der Gemeinderat eine Werkstatt errichten lässt.

11. Falls die Gemeinde zur Bestreitung der ersten Kosten einen Vorschuss braucht, so hat sie die Distrikts-Verwaltung darum zu bitten, die ihr denselben auf den Rat ihres Agenten hin gewährt. Die betreffende Summe wird aus der Kasse des Distrikts-Einnehmers einstweilen ausgelegt und aus dem Ertrage der Hütte allmählich wieder zurück erstattet, widrigenfalls sie durch Umlagen bei den Gemeindemitgliedern gedeckt wird.

12. Die Bürger, resp. der Gemeinderat, haben den gewonnenen Salpeter nach dem Hauptstapelplatze des Distrikts zu schaffen, und zwar zu der Zeit, die von der Verwaltung vorher bekannt gegeben wird. Daselbst prüft der Agent dessen Beschaffenheit und wägt ihn in Gegenwart eines besonderen, von der Distrikts-Verwaltung zu dem Zwecke eigens bestellten Kommissars, welcher das eingelieferte Quantum zu bescheinigen hat, damit der Einbringer die entsprechende Summe Geldes beim Distrikts-Einnehmer erheben kann. Eine Abrechnung über die Einnahmen und Ausgaben der Einnehmerkasse soll von der Distrikts-Verwaltung dem Minister vorgelegt werden, der die Auslagen der Kasse unverzüglich zurück zu erstatten hat.

13. Die in den Stapelplätzen angesammelten Salpeterquantitäten sind Eigentum der Regie, welche sie zur Läuterung in die Raffinerie zu transportieren hat.

14. Der Minister wird auf Antrag der Regie ermächtigt, die Zahl der Agenten, der Produktionsvermehrung entsprechend, zu erhöhen. Zur Bestreitung der Unkosten, welche infolge der ausserordentlichen Salpeter- und Schiesspulverfabrikation erwachsen, wird ihm die Summe von 4 Millionen Livres zur Verfügung gestellt.

15. Wenn der Agent der Meinung ist, dass die in einer Gemeinde vorhandenen salpeterhaltigen Materialien vom Salpetersieder des Arrondissements (Art. 1) im Jahr über allein verarbeitet werden können, so sind die Bürger von der Pflicht der Salpeterarbeiten entbunden. Die Distrikts-Verwaltung hat darüber zu wachen, dass mit dieser Bestimmung kein Missbrauch getrieben werde, damit die Republik nicht eines Teiles ihrer Salpeterausbeute verlustig gehe, den sie bei intensiverer Tätigkeit sonst zu erwarten gehabt hätte. Derartige Zuwiderhandlungen sind dem Wohlfahrtsausschuss umgehend mitzuteilen.

XV.

Vermehrung der Saliter-Erzeugung in Bayern [1]).

Da man zu der vermehrten Einrichtung der Pulvererzeugung [2]), auch die mehrere Saliter-Erzeugung äusserst nöthig hat, so werden alle Saliter-Sieder und Meister

1) Aus den Akten des Königl. Kreisarchivs zu München.

2) Das Original enthält 3 Aufrufe: Der erste betrifft die Aussetzung einer Belohnung für die Auffindung einer Feuerstein-Grube, der zweite die Errichtung neuer Pulvermühlen und der dritte das Salpeterwesen.

hiemit öffentlich ermahnet, die Vermehrung derselben sich äusserst angelegen seyn zu lassen, und ich habe die Erlaubniss jedem Salitterer, der im Jahre 5 Centner Salitter mehr, als gewöhnlich an das Churfürstliche oberste Landzeugamte liefert, ein Goldstück zur Vergeltung seines Eifers und Fleisses und zum Andenken dass er bey besonderer Bedürfniss des Vaterlandes auch ein wirksamer Unterthan hat seyn können und wollen, abzureichen — gegen ein blosses Zeugniss nämlich von dem obersten Landzeugamte.

Dass will sagen für jede 5 Zentner mehr folglich wenn er 10 Zentner mehr als gewöhnlich geliefert hat, so erhält er zween Goldstücke, und so weiter, auch drey und vier.

Dazu gehört nun aber auch, dass die Landes-Innwohner, das Salittergraben; guten fleissigen, ohne Exzess, und Gewaltthätigkeiten ankommenden Salitterern, das Graben eben nicht erschweren möchten und ich ersuche demnach, besonders dermalen, bey der allgemeinen Staats-Bedürfniss jeden biederen Baiern, und Oberpfälzer wess Standes, und Würde er auch seyn möge im Namen der Verteidigungs-Anstalt des guten, und in Kraft und Muth sich rüstenden Vaterlandes, jenen bescheidenen, und wirklich fleissigen Salitterern, welche wahrhaft der Salitter-Siederey fleissig nachgehen, und obliegen; allen gefälligen, und patriotischen Vorschub zu geben — denn die Treibung dieses Gewerbes, ist nun eine wahre, Bedürfniss des Staates geworden.

München den 1. März 1794.

Baron von Hohenhausen
General-Major u. General-Quartiermeister.

XVI.

Departements compris dans les circonscriptions des Salpêtrières Royales[1]).

1. Hauptsitz des Commissariats, P a r i s ; départements: Seine, Seine-et-Marne, Seine-et-Oise, Aisne, Oise, Eure, Eure-et-Loire, Calvados, Yonne.

2. Hauptsitz des Comissariats, L e R i p a u l t ; départements Loiret, Loir-et-Cher, Indre-et-Loire, Indre, Marne-et-Loire, Vienne, Cher.

3. Hauptsitz des Commissariats, B o r d e a u x ; départements: Charente, Gironde, Dordogne, Lot-et-Garonne.

4. Hauptsitz des Commissariats, T o u l o u s e ; départements: Hérault, Tarn-et-Garonne, Haute-Garonne, Aude, Pyrénées-Orientales, (Daneben als Entrepôt des Departements l'Hérault, Montpellier)

5. Hauptsitz des Commissariats, M a r s e i l l e ; départements: Gard, Bouches-du-Rhône, Var, Basses-Alpes, Vaucluse, (Das frühere Commissariat Avignon wurde abgeschafft und durch ein Entrepôt für das Departement Vaucluse ersetzt.)

6. Hauptsitz des Commissariats, L y o n ; départements: Haute-Loire, Puy-de-Dôme, Allier, Nièvre, Loire, Rhône, Isère, Ain, Saône-et-Loire (daneben das Entrepôt Clermont für die Departements: Allier, Puy-de-Dôme, Haute-Loire, Nièvre).

7. Hauptsitz des Commissariats B e s a n ç o n ; départements: Côte-d'Or, Haute-Marne, Haute-Saône, Doubs, Jura, (Das frühere Commissariat Dijon wurde abgeschafft und durch ein Entrepôt für die Departements: Côte-d'Or, Haute-Marne ersetzt).

---

1) *Duvergier*, Collection des Lois, tome XXII, p. 230.: Tabelle »A«.

8. Hauptsitz des Commissariats, Colmar; départements: Haut-Rhin, Bas-Rhin.

9. Hauptsitz des Commissariats, Nancy; départements: Vosges, Meurthe, Moselle, Meuse, Aube, Marne, Ardennes, (Daneben das Entrepôt Châlons).

10. Hauptsitz des Commissariats, Lille; départements: Nord, Pas-de-Calais, Somme.

Departements des privaten Salpetersiedereibetriebes [1]).

Seine-Inférieure, Manche, Orne, Sarthe, Mayenne, Ille-et-Vilaine, Côtes-du-Nord, Fiuistère, Morbihan, Loire-Inférieure, Vendée, Deux-Sèvres, Charente-Inférieure, Landes, Gers, Basses-Pyrénées, Hautes-Pyrénées, Arriège, Tarne, Aveyron, Lot, Corrèze, Haute-Vienne, Creuse, Cantal, Lozère, Ardèche, Drôme, Hautes-Alpes, Corse.

XVII s. S. 234.

XVIII.

Fragebogen der Preussischen Salpeter-Administration an die Salpetersieder [2]).

1) Wem die Hütten gehören?
2) Quo titulo die Sieder selbige besitzen?
3) Wie sie beschaffen?
4) Was sie an Erde, Asche und Grude vorrätig haben?
5) Welche Distrikte dazu gehören?
6) Was sie an Schuppen und Gerätschaften haben?
7) Was daran fehle?
8) Wieviel sie jährlich sieden können?
9) Was sie an Holz oder Kohlen brauchen?
10) Woher und für welchen Preis sie die Feuerungsmittel erhalten?
11) Wieviel Schubkarren Erde in ein Schlammfass kommen und wieviel solcher Fässer vorhanden?
12) Wieviel gute Lauge davon erhalten wird?
13) Wieviel Nachlauge?
14) Wieviel Centner Salpeter jährlich gefertigt werden?
15) Was solcher den Siedern an Gelde einbringt?
16) Wieviel Steinkohlen oder Holz jährlich dazu gebraucht werden und was solche an Gelde betragen?
17) Wieviel auf die Hütte Pferde gerechnet werden?
18) Wie hoch diese kommen?
19) Wieviel Arbeiter und Gesinde und was es kostet?
20) Wie hoch die Unterhaltungskosten für Gebäude und Geräte?
21) Wie hoch die Zinsabgaben und Steuern jährlich sind?
22) Wie hoch die Abgaben überhaupt?
23) Wie hoch die jährlichen Einnahmen?
24) Wie hoch der jährliche Profit überhaupt?
25) Wie hoch der Profit von einem Centner Salpeter insbesondere?

---

1) *Duvergier*, a. a. O. Tabelle »B«.

2) Nach *Krünitz*, Oekonomisch-Technolog. Encyklopädie, Bd. 132, S. 128 u. 135.

XVII.

Bericht über die Anzahl der Wallerwände, die im Jahre 1747 im Herzogtume Magdeburg im Saalkreise und in der Grafschaft Mansfeld vorhanden waren.

Nr.	Name der Hütte	Anzahl der Ortschaften	Anzahl der Ruten	Anzahl der adlig. Güter	Anzahl der Ruten	Bezeichnung der Städte	Anzahl der Ruten	Bezeichnung der königlichen Aemter	Anzahl der Ruten	Gesamtsumme der Rutenzahl
1	Connern (Saalkr.)	14	3 986	—	-	Connern	356	—	—	4 342
2	Friedeburg (Mansf.)	10	4 281	3	203	Gerbstadt	659	Friedeburg	112	5 345
3	Oerner (Mansf.)	8	3 318	7	550	Lambach, Mansf.	1 822	—	—	5 690
4	Helfta (Mansf.)	10	4 871	9	585		—	Bischoffsrode	245	5 701
5	Schochwitz (Mansf.)	10	2 747	3	107	--	--	—	—	2 804
6	Deutleben (Saalkr.)	11	1 601	—	--	Wettin	143	Brachwitz	84	1 828
7	Alsdorf (Mansf.)	13	1 579	16	707	--	—	—	—	2 376
8	Schraplau (Mansf.)	11	3 040	7	342	Schraplau	307	—	—	3 689
9	Seeburg (Mansf.)	11	5 982	6	432	.	—	—	—	6 414
10	Teutschenthal (Mansf.)	9	3 086	4	269	--	—	—	—	3 355
11	Halle (Saalkr.)	18	5 071	8	523	Halle	5 500	Niedleb., Giebichst. u. Gronau	216	11 409
12	Alsleben (Saalkr.)	9	3 006	7	167	Alsleben	540			3 713
13	Lobejun (Saalkr.)	4	1 603	2	226	Lobejun	1 502	—	—	3 331
14	Rendeburg (Saalkr.)	26	7 342	8	768	--	—	—	—	8 110
15	Teicha (Saalkr.)	24	4 889	5	375	—	—	Seeben	7	5 271
16	Remkersleben (Magdebg.)	10	3 931	5	185	Gr. Wanzleben	206	—	—	4 322
17	Etgersleben (Magdebg.)	12	2 703	4	72	Egeln	44	Etgersl. Alzendorf	42	2 861
18	Stemmern (Magdebg.)	7	2 186	3	107	--	--	—	—	2 383
19	Buckau (Magdebg.)	8	1 812	6	135	Sudenbg., Magdebg.	438	—	—	2 385
20	Magdeburg (Magdebg.)	7	4 001	2	167	—	—	—	—	4 168
21	Mentzendorf (Magdebg.)	5	1 365	2	16	—	—	—	—	1 381
22	Dommstadt (Magdebg.)	3	328	1	42	.	--	—	—	370
23	Mammendorf (Magdebg.)	14	2 381	10	140	--	—	—	—	2 521
24	Calbe (Magdebg.)	10	5 147	4	252	Calbe	442	Zuchau, Micheln	34	5 875
	Summa	282	70 130	122	6800	13	12 000	11	740	89 734

XIX.

Verpachtung der Cameraldistrikte zur Salpetergewinnung in Württemberg [1]).

1. Wird dem Pächter das ausschliessliche Recht erteilt, in dem Cameral-Distrikt, sowohl Königl. eigenen, als Souveränitäts-Orten nach Salpeter zu graben oder durch tüchtige Leute graben zu lassen;

2. Die Wohn- und Lusthäuser derjenigen Fürsten und Grafen, welche vormals unmittelbar waren, ausgenommen;

3. Sämtl. Königl. Gebäude, auch die Königl. Meierei- und Oekonomiegebäude ebenfalls.

4. Der Pacht nimmt von Jacobi 1809 seinen Anfang, und dauert bis Jacobi 1816.

5. Der Pächter muss die Zahl seiner Arbeiter, seiner Geschirre und seine ganze Anstalt so einrichten, dass er innerhalb der 7jährigen Pachtzeit nicht zweimal an einen Ort, welches ausdrücklich verboten ist, sondern nach einer gewissen Ordnung in dem ihm angewiesenen Distrikte nur einmal herumkommt. Er darf also nicht nur obenhin die beste Erde auf Raub wegnehmen, sondern muss auch das Geringe angreifen, und miteinander auslaugen.

6. Da das Recht, nach Salpeter zu graben, ein Regal ist, so darf der Pächter solches nicht vernachlässigen, auch nicht gegen eine Abfindung, oder aus Gefälligkeit, einzelne Communen und Privateigentümer frei lassen, bei Strafe und Confiscation dessen, was er für die Freilassung empfangen hat.

7. Der Pächter hat von den Communen nichts, auch keine Frohnen anzusprechen, sondern alles im laufenden Preise zu bezahlen. Nur werden die Communvorsteher angewiesen werden, behülflich zu sein, dass der Pächter einen schicklichen Platz erhält zu einer Hütte in einem billigen Kauf- oder Miethpreise.

8. Der Pächter muss den Gebäude-Eigentümer für jeden Schaden, welchen er durch Salpetergraben verursacht, Ersatz nach einer von Obrigkeitswegen zu bestimmenden Taxation geben.

9. Das zum Salpetersieden erforderliche Holz wird dem Pächter von der allergnädigsten Herrschaft nicht anders, als gegen Bezahlung, jedoch in billigen Preisen, abgegeben, weshalb er sich an die Königl. Ober Forst-Aemter zu wenden hat.

10. Nachdem alle Aschensammlungsaccorde und Privilegien gänzlich aufgehoben sind, so steht das Aschen-Auf- und Verkaufen jedermann, also auch dem Salpeter-Pächter, jedoch ohne besonderen Vorzug: ganz frei.

11. Was der Pächter nach Ablieferung des zum Locarium anbedungenen Quantums an Salpeter übrig hat, darf er, wenn der Herrschaftliche Bedarf gedeckt ist, als zu welchem Ende der allerhöchsten Landesherrschaft das Vorkaufs-Recht ausdrücklich vorbehalten wird, gegen Entrichtung der gesetzlichen Abgaben ins Ausland verkaufen.

12. Der Pächter ist mit seinen Arbeitern, für die er, was diesen Salpeterpacht anbetrifft, zu haften hat, der Aufsicht des Cameral-Verwalters unterworfen, welcher visitieren wird. An ihn müssen alle Umstände, Beschwerden, Anfragen und Anzeigen, den Pacht-Contract betreffend, gelangen, und von ihm ist Auskunft und Erledigung zu erwarten.

---

1) *Reyscher*, Sammlg. württembg. Gesetze, Bd. 16, II., S. 120.

13. Sollte einer oder der andere Teil, sich damit nicht beruhigen, oder die Sache von Wichtigkeit sein, so ist sie vor das Oberamt zu bringen, welches die Sache in Gemeinschaft mit dem Cameral-Verwalter untersuchen und entscheiden, oder an die höhere Behörde berichten wird. Daher muss

14. Der Pächter, wenn er eine Grabstätte verlassen will, dem Cameralamt ein Zeugnis der Ortsvorsteher über sein und seiner Arbeiter Verhalten, auch ob sie keine Schulden hinterlassen, vorlegen und zugleich seine künftige Grabstatt anzeigen.

15. Wenn während der Bestandszeit der Pächter stirbt, hört in der Regel der Pacht auf; wollten aber seine Erben den Pacht fortsetzen, so mögen sie sich supplicando bei der Königl. Ober-Finanzkammer, Landwirtschaftl. Departements, unter Beibericht des Cameral-Beamten, melden und Resolution erwarten.

16. Sollte der Pächter mit Bezahlung des Pachtgeldes und Lieferung des ausbedungenen Salpeterquantums in termino nicht einhalten, oder sich sonsten Verschulden zur Last fallen lassen, wodurch er sich des Pachtes verlustig macht, so muss er sich gefallen lassen, dass ihm der Bestand abgenommen und eine neue Verleihung vorgenommen wird. Würde hierbei ein geringeres Locarium erlöst werden, so hat er das Obmangelnde zu ersetzen.

17. Der Pächter bezahlt jährlich in Geld: .... und zwar hälftig auf Lichtmess, hälftig auf Georgi jeden Jahres, bar zur Cameral-Verwaltung; und liefert: .... Ctr. guten und gereinigten Salpeter, vor Schluss des Rechnungsjahres unentgeltlich franco.

18. Der Pächter muss innerhalb 3 Wochen eine gerichtliche Caution zur Cameral-Verwaltung einlegen, worin er mit seinem Eheweib auf legale Art für alles, was er wegen dieses Pachts schuldig bleiben, oder zu ersetzen haben würde, sein Vermögen generaliter, und noch spezielle Sicherheits-Objekte im gerichtlichen Wert von: ...., öffentlich verpfändet.

19. Ausserdem hat er den Herrschaftl. Tax und Stempel, auch die Gebühr für die Ausfertigung des Bestand-Briefes zu bezahlen.

20. Uebrigens wird beigefügt, dass demjenigen Salpetersieder, welcher in Produzierung des Salpeters nach Qualität und Quantität, nach Verhältnis des Locars. in einem Jahr die grösste Industrie zeigen wird, ein verhältnismässig Prämium ausgesetzt werden solle. Wenn also der Pächter hierauf Anspruch machen zu können glaubt, so hat er sich bei der Cameral-Verwaltung zu melden, welche das weitere an die allerhöchste Behörde gelangen lassen wird.

XX.

Pachtaccord zwischen dem Ober-Amt Blaubeuren und dem Kaufmann Dauer in Ulm wegen Lieferung von Salpeter. — 1816 [1]).

1. Accord-Nehmer hat jährlich auf Jacobi und zwar 1817 Erstmals Vier und Einen Viertel Cent. Salpeter, in richtigem Centner-Gewicht und in einer — ohne weitere Läuterung zur fabrication guten Pulvers tauglichen Qualität, frey an das Königliche Arsenal in Ludwigsburg einzuliefern.

2. Der Accord wird auf 6 Jahre von 18$^{16}/_{22}$ abgeschlossen, und verzichtet jeder Teil auf Minderungs- oder Aufschlag-Ansprüche wegen des in dieser Zeit einfallenden Wechsels der Salpeterpreise.

---

1) Aus den Akten des Archivs des Innern zu Ludwigsburg.

3. Da indessen Stadt und Amt Blaubeuren seine Pacht mit dem K. Finanz-Departement nur unter Vorbehalt der Landes-Rechte und der Rebcission dieses Pachts für den Fall abgeschlossen hat, dass durch eine herr- oder landschaftliche Verabschiedung eine das Salpeter-Wesen als Regal entweder aufhebende oder für das ganze Land reluirende Uebereinkunft zu Stand käme: So kann auch gegenwärtige quasi-Affter-Pacht auf keine andere Art geschlossen und muss daher vom Accordnehmer auf Entschädigungsansprüche wegen etwa aus solchen Gründen erfolgende Aufkündigung inner der 6 Jahre im Voraus verzichtet werden.

4. Die Zahlung des Accordpreises geschieht alljährlich aus der Amtspflege-Casse, längstens inner 4 Wochen nach Einlieferung eines richtigen Recipisses vom Königl. Arsenal.

5. Accordnehmer hat über seine Befähigung für dieses Unternehmen ein Obrigkeitliches Zeugniss bey zu bringen, und, mittelst Verpfändung Seines ganzen Vermögens, Stadt und Amt für Schaden und Nachtheile zu versichern.

6. Die A. H. Ratification Königl. Section der Commun-Verwaltung wird sich vorbehalten.

Den Zuschlag erhält Kaufmann Dauer in Ulm für 44 fl. 30 kr. pro Ctr.

XXI.

Salpeterproduktion Württembergs von 1792/93—1797/98[1]).

Jahr	1792/3 Pfund	1793/4 Pfund	1794/5 Pfund	1795/6 Pfund	1796/7 Pfund	1797/8 Pfund	Summa
Tübingen	20 772	24 566	23 024	24 317	17 706	18 672	129 057
Urach	11 713	13 608	12 126	11 394	8 667	6 492	64 000
Stuttgart	11 417	14 719	11 904	10 869	8 863	6 251	64 023
Summa:	43 902	52 893	47 054	46 580	35 236	31 415	257 080

Rentabilität der schlesischen Salpeterproduktion von 1799—1805[2]).

Jahr	Gesamtproduktion	Gewinn	Verlust
1799	304 Ztr. 48 Pfd.	657 Rtlr. 4 sgr. 11½ Pfg.	145 Rtlr. 5 sgr. 7 Pfg.
1800	146 Ztr. 54 Pfd. roh; 4 Ztr. geläutert	138 » — » — »	121 » 27 » 3 »
1801	216 Ztr. 99 Pfd. roh; 18 Ztr. geläutert	667 » 28 » 3 »	142 » — » — »
1802	163 Ztr. 99 Pfd.	131 » — » — »(?)	64 » 22 » 3 »
1803	116¾ Ztr. — Pfd.	220 » 18 » 3 »	35 » 18 » 6 »
1804	116 Ztr. — Pfd.	103 » 17 » 8 »	unbestimmt
1805	67 Ztr. roh; 6½ Ztr. gel.	83 » 7 » — »	235 » — » — »

1) Nach den Akten des Archivs des Innern zu Ludwigsburg.

2) Nach dem offiziellen Bericht des Bergamtes Reichenstein (vgl. Zeitschrift f. Berg-, Hütten- und Salinenwesen in Preussen, Bd. 50, S. 299.)

J. C. B. Mohr (Paul Siebeck) in Tübingen.

Abhandlungen

aus dem

Staats- Verwaltungs- und Völkerrecht.

Herausgegeben von

Dr. **Philipp Zorn**, Geh. Justizrat, ord. Professor der Rechte

Dr. **Fritz Stier-Somlo**, Professor, Dozent der Rechte

in Bonn a. Rh.

Die von den Herausgebern beabsichtigte Sammlung von Abhandlungen aus dem Staats- Verwaltungs- und Völkerrecht soll der monographischen Durcharbeitung dieser Disziplinen dienen. Hervorgegangen aus dem Bedürfnis der Zusammenfassung und wissenschaftlichen Festhaltung besonders tüchtiger Seminararbeiten soll doch die Sammlung keineswegs auf solche beschränkt, sondern auch zur Aufnahme anderer monographischer Arbeiten der bezeichneten Wissensgebiete offen stehen; auch staatswissenschaftliche Arbeiten, insoweit sie der Verarbeitung von Gesetzesmaterial gewidmet sind, sind von der Aufnahme nicht ausgeschlossen.

Das Bedürfnis nach eindringender wissenschaftlicher Einzelforschung in den bezeichneten Wissensgebieten ist unbestreitbar vorhanden und macht sich stark geltend; sowohl die seit 1867 auf neue Grundlagen gestellte und wissenschaftlich neugeborene Disziplin des Staatsrechtes, als die vom Staatsleben in Reich und Einzelstaaten in der letzten Zeit weit überflügelte Disziplin des Verwaltungsrechtes, als die in Deutschland viel zu wenig gewertete Disziplin des Völkerrechtes bedürfen in hohem Grade der monographischen Einzelarbeit.

Die redaktionelle Leitung der Sammlung hat Professor Dr. Stier-Somlo (Bonn, Kronprinzenstrasse 3) übernommen.

Die Herausgeber.

Die **„Abhandlungen aus dem Staats- Verwaltungs- und Völkerrecht“** erscheinen in zwangloser Folge.

Abonnementspreis für einen Band bis zu 25 Druckbogen Grossoktav M. 8.—.

Jedes Heft ist einzeln zu erhöhtem Preise käuflich.

Die Verlagsbuchhandlung.

Zunächst erscheinen:

I, 1. **Die Entstehung des belgischen Staates und des Norddeutschen Bundes.** Von Dr. Heinrich Pohl. 1905. Einzelpr. M. 1.60.

I, 2. **Die „Grundrechte“.** Von Friedrich Giese. Einzelpr. ca. M. 3.60.

I, 3. **Ueber die Tilgung von Staatsschulden.** Von Dr. Konrad Zorn. Einzelpreis ca. M. 3.20.

Druck von H. Laupp jr in Tübingen.

Lightning Source UK Ltd.
Milton Keynes UK
UKHW020237091218
333599UK00007B/290/P